泉州市志

（1991—2010）

第五册

中共泉州市委党史和地方志研究室 编

方志出版社
Publishing House of Local Records

目 录

第五册

卷四十二 海外乡亲

卷四十三 外事 侨务

卷四十四 泉台关系

卷四十五 泉港澳交流交往

卷四十六 方言 民俗

卷四十七 宗教 民间信仰

卷四十八　人物

卷四十九　县（市、区）概况

附录

索引

编后记

卷四十二 海外乡亲

泉州是全国著名侨乡，华侨历史悠久。泉籍侨胞在侨居地与当地居民并肩劳动，拓荒垦殖，修桥造路，兴办文化教育和其他社会事业，为所在国和地区经济发展和社会进步做出重大贡献。1991—2010 年，不少祖籍泉州的华侨华人在所在国和地区声名显赫。在东南亚的印度尼西亚、马来西亚、新加坡、菲律宾，以及在非洲马达加斯加、南非，南美洲的巴西、巴拉圭等都有泉州籍商人。20 世纪 90 年代后，当地的泉州籍乡亲，为促进中外交流和华侨华人社会的繁荣，兴办华文教育、拓展中华文化事业。据不完全统计，2010 年，泉州籍华侨华人逾 750 万人，主要分布在亚洲、欧洲、非洲、大洋洲、北美洲、南美洲等 130 多个国家、地区（不含泉籍华侨华人不足 100 人的 29 个国家、地区）。泉州归侨、侨眷属 255 万人，占福建省归侨、侨眷属总数的 40% 以上。至 2010 年，泉州籍乡亲参与创办的各类海外社团累计约 1 万家，分布在 50 多个国家、地区。泉州籍华侨华人关心祖国和家乡的经济社会建设事业，投身祖国改革开放，参与家乡经济建设，回乡投资兴业和捐资办公益事业。

第一章 移居国外

第一节　出国

1991—2010 年，经福建省公安部门批准往国外定居、探亲、留学、劳务、就业、商务的泉州人有 10 多万人。

2000 年，省、市各劳务输出公司经办的劳务出国人员审批业务移交公安出入境管理机构前，获准在劳务地定居的泉州人有两万多人，多数定居新加坡和西亚、大洋洲、南美洲。由外地教育、公安机构批准出国留学人员，其中转定居人数超两万人。省内其他地（市）和外省相关部门批准持护照出国定居人员，包括山美水库移民、上山下乡知青，以及在外地工作的泉州人及其子女，有 10 多万人。据市公安部门结合注销出国定居人员户口的调查，至 2002 年，出国的泉籍新移民 85 万人，其中晋江人 42.98 万人。

1988—2002 年泉州公安部门审批出国部分情况表

表 42-1-1　　单位：人

年份	定居	探亲	留学	劳务	应聘就业	商务	合计
1988—1993	1521	15303	3377	44	13	—	20258
1994—1996	2710	22121	269	95	412	—	25607
1997—2002	1742	88857	964	934	30	5468	97995
合计	5973	126281	4610	1073	455	5468	143860

2002年，泉州人出国留学、赴国外承包工程、劳务以及赴外投资办企业等人员增多，扩及40多个国家、地区；国外新华侨华人将长辈接往定居地、为子女赴国外购房定居等其他方式移居国外。部分国家对进口商品实施反倾销，泉商民营企业改以半成品出口，派出熟练工对半成品进行合成、总装，技术移民增多；经济较发达国家和部分发展中国家经济发展需要，蓝领技工成为部分国家优先吸收的移民，部分泉州的技工、技术人员出国即转定居；随着中国经济发展，企业产品成本提升，泉商企业迁往生产成本低、产品出口税率低的国家（如越南、柬埔寨、老挝），随企外迁、外派管理、技术人员和技工增多。劳务输出人员获留用后转定居增多。国内建筑业所有制改革，混合所有制、民营建筑企业，以及非国有企业、民营建筑企业赴东亚、中亚、西亚、非洲、东欧、中欧和北美、南美洲国家、地区承建工程，建材开发、供应商跟进人员增多；泉州的民营企业家实力壮大，民营企业收购菲律宾、意大利、匈牙利、德国、马达加斯加、南非、美国、加拿大、巴西等国企业，建立海外研发基地，开设连锁店及加盟店，企业派驻国外人员增多。

2005年，泉州市重点侨情调查显示，1978—2005年，出国定居的泉州新华侨华人28.89万人，出国定居状态不明的旅外人员15.87万人，至2005年有部分出国人员居留国外逾30年，未获定居权。2009年年底起，以晋江人为主体的泉州人赴世界各地经销泉商民营企业产品成风。

1991—2010年年底，近100万名泉州新移民出国（不含未获定居权的原山美水库外迁后出国的10余万人，以及虽获国外定居权，实际居留国外尚未满18个月的10多万人员），泉州市的新华侨华人及其在国外出生二、三代逾110万人。

第二节 分布

1991年，根据泉州市公安、司法、外经、侨务等部门相关档案资料记载和统计，受中国台港澳地区泉州人出国投资、经商、任职转定居成为新华侨，以及泉州人从家乡、国内其他地区出国与亲人团聚定居、留学、经商、经贸考察、劳务输出、应聘就业转定居及二次移民影响，泉籍国外新华侨分布的主要国家、地区有87个。包括亚洲的菲律宾、印度尼西亚、马来西亚、新加坡、缅甸、泰国、柬埔寨、老挝、文莱、孟加拉国、斯里兰卡、韩国、日本、印度、蒙古国、阿曼、巴林、阿联酋、也门、科威特、沙特阿拉伯、土耳其；欧洲的英国、德国、法国、荷兰、西班牙、意大利、瑞典、瑞士、奥地利、比利时、丹麦、希腊、爱尔兰、挪威、芬兰、马耳他、俄罗斯、保加利亚、罗马尼亚、匈牙利、波兰、捷克斯洛伐克；非洲的埃及、南非、斯威士兰、马拉维、毛里求斯、几内亚、赤道几内亚、坦桑尼亚；大洋洲的澳大利亚、新西兰、巴布亚新几内亚、北马里亚纳群岛自由联邦、关岛（美）、汤加、帕劳、密克罗尼西亚联邦、马绍尔群岛、法属波利尼西亚（塔希提）、斐济；北美洲的美国、加拿大、墨西哥、巴拿马、伯利兹、尼加拉瓜、哥斯达黎加、萨尔瓦多、巴哈马、安提瓜和巴布达、海地、多米尼加、荷属安的列斯；南美洲的哥伦比亚、厄瓜多尔、苏里南、巴西、委内瑞拉、巴拉圭、秘鲁、智利、阿根廷、玻利维亚。同年，泉籍华侨华人620多万人，分布在六大洲126个国家、地区，其中14个国家人数较多，有泉州籍华侨华人616.8万人。

1992年，四代以上的泉籍土生华人、华裔不明祖籍地县（市、区）、乡镇、村的比例上升。1996年12月，全市各县（市、区）分布在120个国家、地区的华侨、华人有623.08万人。

2005年12月，未完全融入居住地的泉籍华侨华人有750.93万人，主要分布在129个国家、地区，国外泉籍华侨、华人，40%以上不明其祖籍乡镇。有泉籍华侨华人的马尔代夫、尼泊尔、巴基斯坦、伊拉克、突尼斯、利比里亚、埃塞俄比亚、索马里、赤道几内亚、留尼汪（法）、法属波利尼西亚（塔希提）、新喀里多尼亚、所罗门群岛等13个国家、地区的泉州人，虽受战乱或其他原因影响曾暂时部分外迁邻国或返乡，隔两三年，除个别国家、地区外，外迁者多数返回，增加一些泉籍新华侨。

至2010年12月，泉籍华侨华人750万人，分布在130多个国家、地区。

1996 年泉州市华侨、华人分布汇总表（一）

表 42-1-2　单位：万人

类别	亚洲								
	马来西亚	菲律宾	印度尼西亚	新加坡	缅甸	泰国	越南	日本	其他国家
鲤城区	0.64	4.99	12.63	0.72	0.14	0.18	0.19	0.04	柬埔寨、孟加拉国、斯里兰卡
丰泽区	0.90	2.10	4.10	1.00	0.50	0.40	0.60	0.05	柬埔寨、孟加拉国
洛江区	1.19	2.57	7.70	1.26	0.53	0.33	0.13	—	柬埔寨、老挝、文莱
惠安县	18.80	18.60	5.10	9.57	3.50	0.75	1.10	0.39	柬埔寨、孟加拉国
晋江市	8.20	67.82	9.57	5.10	1.73	3.60	1.16	0.13	柬埔寨
石狮市	1.83	23.50	0.35	0.17	0.03	0.02	0.32	0.02	柬埔寨
南安市	43.05	30.00	33.00	20.00	6.20	4.10	0.60	0.30	柬埔寨、文莱、韩国、朝鲜
安溪县	23.63	1.28	23.50	22.12	5.20	1.40	1.70	0.05	文莱、柬埔寨、印度、巴布亚新几内亚、斐济
永春县	58.09	1.12	21.79	5.95	0.17	6.11	3.70	0.03	柬埔寨、老挝、孟加拉国、文莱
德化县	10.50	0.02	1.00	0.34	0.07	0.01	0.02	—	柬埔寨
肖厝开发区	14.70	0.08	0.43	5.33	—	—	—	—	
小计	181.53	152.08	119.17	71.56	18.07	16.9	9.52	1.01	

1996 年泉州市华侨、华人分布汇总表（二）

表 42-1-3　单位：万人

类别	大洋洲	北美洲		欧洲			其他	总合计	其他国家（地区）
	澳大利亚	美国	加拿大	德国	法国	英国			
鲤城区	0.53	1.41	0.68	0.05	0.02	0.14	0.84	23.20	塞班、关岛（美）、伯利兹，阿根廷、玻利维亚，新西兰、瑞典、意大利、挪威等 52 个国家和地区
丰泽区	0.40	0.60	0.40	0.04	0.05	0.03	0.98	12.15	瑞士、瑞典、委内瑞拉、阿根廷、玻利维亚、伯利兹，毛里求斯等
洛江区	0.11	0.09	0.10	—	—	—	0.36	14.37	印度、新西兰
惠安县	0.45	1.20	0.85	0.05	0.01	0.12	0.40	60.89	阿根廷、玻利维亚，纳米比亚、马达加斯加、毛里求斯、瑞典、新西兰等
晋江市	0.15	1.19	0.26	0.02	0.02	0.01	0.19	99.15	荷兰、西班牙、瑞典、瑞士、丹麦、挪威、意大利，新西兰、委内瑞拉、巴西、苏里南、多米尼加等 30 多个国家和地区
石狮市	0.23	0.64	0.53	—	0.02	0.08	0.31	28.05	意大利、西班牙、瑞士、比利时、匈牙利、马耳他、新西兰，阿根廷、巴西、玻利维亚、苏里南、毛里求斯等
南安市	0.70	2.10	0.30	0.20	0.20	0.20	1.94	142.89	荷兰、西班牙、瑞典、瑞士、丹麦、捷克、新西兰、帕劳，委内瑞拉、玻利维亚、阿根廷，南非等
安溪县	0.04	0.28	0.06	0.01	0.01	0.03	0.04	79.35	荷兰、瑞士、奥地利、挪威、希腊、意大利、新西兰，毛里求斯、南非等

续表 42-1-3

类别	大洋洲	北美洲		欧洲			其他	总合计	其他国家（地区）
	澳大利亚	美国	加拿大	德国	法国	英国			
永春县	0.14	0.53	0.15	0.02	0.02	0.04	0.12	97.98	瑞士、荷兰、瑞典、丹麦、挪威，新西兰、巴布亚新几内亚，巴西、牙买加、乌拉圭，多哥等 23 个国家
德化县	0.07	0.15	0.05	—	—	—	0.10	12.33	瑞士、荷兰等
肖厝开发区	0.11	0.21	0.20	—	—	0.04	0.02	21.12	东欧部分国家、毛里求斯、百慕大等
小计	2.93	8.40	3.58	0.39	0.35	0.69	5.30	591.48	—

说明：本表统计数字至 1996 年 12 月底。1999 年至 2002 年 6 月的补充侨情普查其他栏，调整为主要分布在 124 个国家、地区，对外公布数采用泉州的华侨、华人分布在 129 个国家、地区

第二章 在居住地

泉籍华侨华人在居住地与当地人民休戚与共，为当地经济发展和社会进步做出重大贡献。20 世纪 90 年代以来，海外泉籍华侨华人在居住国的经济影响力不断增加，在东南亚地区，特别是菲律宾、马来西亚、新加坡、印度尼西亚等地陆续涌现出众多商业巨子，在非洲、美洲等华侨华人新兴地区泉商也开始崭露头角。1991—2010 年，泉籍侨商所涉足的经济领域从较为单一的传统制造业，逐渐拓展到金融、房地产、电子信息、物流等现代服务业，并出现不少多元化经营的跨国公司；泉籍华侨华人在居住地所从事的职业日渐多样化，从事高等教育、科学研究、企业管理、社会服务、医疗卫生等行业的人数日益增多，有不少人已跻身一流科教人才行列。随着泉籍华侨华人在居住国的深度融合及参政意识的不断加强，在政坛上也陆续涌现出一些颇具代表性的人物（本章记述以在居住地人数多少为序，人数相近的国家合并为同一个条目）。

第一节 在亚洲

一、马来西亚

1990 年后，不少泉州人以团聚、留学、同当地人结婚、投资移民形式，获准定居马来西亚。1996 年的侨情普查显示，马来西亚有泉籍华侨华人 186.53 万人，以永春、南安籍乡亲居多。2005 年，马来西亚有泉籍华侨华人总人数 198.79 万人。2010 年，有泉籍华侨华人 199 万多人，98% 以上加入当地国籍。其中，新华侨总数约 1.5 万人，另有未获定居权的出国人员 2200 多人。在马来西亚的泉州人主要从事金融、橡胶、五金、建筑、房地产，以及农土产、建筑材料加工业等。

早期的马来西亚区域华侨社团以信仰社团形式出现。2003 年 8 月，马来西亚社团注册局公布华人注册社团 7276 家，华社非注册社团 2000 多家。2007 年，马来西亚泉属和泉州人为主体创办的同乡会馆连同属下各类二级社团总数达 1000 多家，其中以泉籍乡亲为主的福建会馆（公会、公所）有 100 多家。2009 年，马来西亚有泉属同乡社团 111 家。

二、菲律宾

泉州人移居菲律宾历史逾千年。1996 年，菲律宾有泉籍华侨华人 153.08 万人，约占菲律宾 180 万华侨华人的 85%。至 2005 年 12 月，菲律宾有泉籍华侨华人 166.28 万人，约占菲律宾华侨华人总数的 90%，以晋江、南安、石狮、惠安籍居多。在菲律宾的泉州人主要从事金融、橡胶、五金、建筑、房地产业等。

1990 年起，泉属各县（市、区）、乡镇同乡会先后成立。1997 年起，随着菲华泉州公会的成立，以新华侨、华人为主体的新华侨社团先后成立。2005 年，菲律宾华侨社团 3000 多家。至 2010 年 10 月，居菲律宾泉籍社团突破 4000 家。

三、印度尼西亚

印度尼西亚是泉州人移居早、人数多的国家之一。1990 年后，在印度尼西亚的泉州籍华侨华人 124.67 万人。2001 年，印度尼西亚有泉籍华侨华人 310 万人。其中，南安人约占 50%，安溪人约占 20%。2005 年年底，泉州各县（市、区）的印度尼西亚华侨华人有 170.77 万人。2010 年，印度尼西亚有泉籍乡亲约 189 万人，95% 以上加入当地国籍，其中新华侨（包括在印度尼西亚出生的下一代，下同）5 万多人。在印度尼西亚的泉州人主要从事金融、橡胶、五金、建筑、房地产业等。

2010 年，印度尼西亚各类华侨社团 2500 多家，以泉籍乡亲为主创办或任主要负责人社团和泉属社团有 700 多家，主要分布在雅加达、东爪哇、苏北、南苏（拉威西），以及西爪哇、中爪哇、占碑、汤加（里曼丹）、南加等地。

四、新加坡

20 世纪 90 年代，泉州人移居新加坡人数增多，赴新加坡留学后定居泉州新移民增多。2005 年 12 月，新加坡有泉籍华侨华人 110.06 万人，约占新加坡华侨华人总数的 37.54%。2010 年，新加坡泉籍华侨华人 111 万人。泉州华侨华人在新加坡主要从事金融、橡胶、五金、建筑、房地产业等，农业、建筑材料加工业也有较大发展。

新加坡有泉属社团和以泉籍乡亲为主体或为首的民间社团，包括宗亲、经济、文教（包括文化、教育、艺术、体育、医药）、宗教及其他团体组织约 300 多家。

五、缅甸

宋、元时期，以泉州人为主体的闽南人，驾舶赴缅甸勃固、蒲甘，其时，两地即有闽南人定居勃固。1972—2005 年，5 万多名泉籍新移民定居缅甸。1996 年，缅甸有泉籍华侨华人 18.17 万人。2005 年，缅甸泉籍华侨华人 37.5 万人。2010 年，缅甸泉籍华侨华人逾 78 万人，约占全缅华侨华人总数的 20%，90% 加入缅甸国籍。

六、泰国

泰国是古代泉州人较早移居的国家之一。1992 年，泉籍华侨华人 9.31 万人。1996 年和 2005 年，泰国有泉籍华侨华人 17.09 万人、16.43 万人。2010 年，泰国泉籍华侨华人 38 万人，以南安、永春、晋江、安溪籍居多。

七、越南

泉州人移居越南始于宋代。1996 年，越南有泉籍华侨华人 9.72 万人。2005 年年底，越南有泉籍华侨华人 12.64 万人，约占越南华侨华人总数的 10%，其中新华侨超过 2.5 万人。另有前往经商、任职的出国人员至少 460 多人。2010 年，越南泉籍华侨华人约 13 万人。

八、柬埔寨

泉州人移居柬埔寨始于宋代。2004 年，随着海内外泉商将柬埔寨视为产业转移的重地，赴柬投资加速和在柬企业扩大规模，派出的管理人员、熟练技工及随往的眷属也随之增多。2010 年，柬埔寨泉籍华侨华人 4.2 万人。主要分布在金边周围、暹粒和马德望、茶胶、吉里翁、陇棋等省和西哈努克市。

九、文莱

唐代至南宋，文莱是泉州往东、西洋航线的分界线和中途站。明代中期以前，泉州人为主体的文莱华侨甚多。2005 年，文莱有泉籍华侨华人 2.71 万人。2010 年，文莱有泉籍华侨华人约 3 万人。泉州籍新华侨总数（不含金门人数）仅约百人，以晋江、南安、惠安、鲤城籍居多。

十、韩国

唐后期，泉州人开始移居朝鲜半岛南部。1997 年，韩国成为泉州人重要移居国。2003 年后，赴韩投资的泉籍民营企业逐渐增多。2005 年，韩国泉籍华侨华人逾 1.5 万人，其中南安、惠安籍的超 5000 人。2010 年，韩国泉籍华侨华人 2 万多人，以南安、惠安、晋江、石狮籍居多。

十一、阿拉伯联合酋长国

8 世纪中期，泉州与阿联酋有经贸往来。进入 21 世纪后，泉州人以技术移民、投资移民、亲属团聚、劳务输出等方式前往阿联酋，旅居阿联酋泉州人增多。2010 年，阿联酋有泉州人 1.8 万多人，其中出国人员四五百人，新华侨居多。以惠安、南安、晋江、石狮和泉州市属区籍居多，主要分布在迪拜，次为首都阿布扎比。

十二、日本

泉州人往日本始于唐天宝十二年（753 年），泉州超功寺僧昙静随鉴真和尚东渡。随着以泉州为起点的海上丝绸之路东洋航线的开辟，宋代不少泉州人东渡日本，移居日本的泉州人以团聚移民居多，次为留学生转定居。1996 年，日本的泉籍华侨华人 1.11 万人。2005 年年底，日本有泉州人 1.45 万人。其中，华侨华人 1.36 万多人，留学生和商务居住等出国人员 860 多人。2010 年，日本泉籍华侨华人近 1.5 万人，以惠安、南安、金门、永春、晋江籍居多，其中加入日本国籍的约占 40%，多系新华侨，主要分布在东京、大阪、神户、京都、名古屋、爱媛县等地。

十三、东帝汶

早在元代，《岛夷志略》就记载到泉州吴宅（今属洛江区梧宅）人发舟往东帝汶贸易，并定居当地。至2010年，东帝汶当地泉州人及其后裔逾7000人，以南安、惠安、安溪、永春籍居多。

在东帝汶的泉州人，多从事土产、洋杂货出入口贸易及中介商、杂货商、零售商。东帝汶独立后，重返东帝汶的部分泉商，仍以从事土产收购的中介商、土产与百货进出口，及经营手工作坊、商店为业。其他多从事土特产加工、矿山开发，或从事城市、房屋、道路建设与房地产开发。

十四、老挝

泉州人移居老挝始于清代初期。2010年，老挝有泉籍华侨华人逾4000人，其中以新移民、投资移民及其雇佣人员居多。主要分布在万象所在的中寮及北部的上寮各省，以南安、惠安、鲤城、晋江、安溪、永春籍居多，次及其他县（市、区）。

十五、以色列

泉州人移居以色列始于20世纪50年代。1992年起，因劳务及技术移民，以色列泉籍新华侨增多。2010年，在以色列的泉籍华侨华人约3000人，其中惠安籍1200多人。

以色列的泉州人，原以建筑工人居多。21世纪后，部分建筑、装饰工被以色列雇主反复高薪延聘，进入蓝领中产阶层，随着经济发展，部分建立自己的企业。2003年后，泉州民营石材业、纺织业开始到以色列建立办事处或派驻人员。2010年，当地泉商企业多数仍属小微型企业。

十六、巴勒斯坦

泉州人往巴勒斯坦略迟于以色列，至1996年，泉籍华侨约20多人。至2010年，巴勒斯坦泉籍华侨约有100人，其中晋江、惠安、南安籍较多，主要分布在约旦河西岸以拉马拉、拿撒勒为中心的阿拉伯人居住区。

在巴勒斯坦的泉州人多从事贸易、建筑等行业。

十七、印度

南北朝梁普通年间（520—527年），印度僧人拘那罗陀侨居南安，在今泉州丰州留下遗迹。2005年，印度有泉州人1200多人。2010年，印度有泉籍华侨华人2700多人，其中新华侨500多人，以南安、惠安和晋江籍居多。

十八、沙特阿拉伯

唐代中后期，有零星泉州人侨居沙特阿拉伯。2010年，沙特阿拉伯有泉籍华侨逾1100人，仅次于阿联酋和以色列。

沙特阿拉伯的泉州人，主要从事建材、纺织、鞋服、箱包、机械、建筑装饰、工艺品、餐饮等，少数应聘在当地政府、科教文卫机构任职。

十九、斯里兰卡

斯里兰卡原名锡兰，唐代末期，就有泉州僧人释智宣曾居锡兰岛（斯里兰卡岛）。1986年，斯里兰卡尚与家乡保持联系的泉州人仍有近千人，近70%为南安人。2010年，斯里兰卡有泉籍华侨华人1100多人。

在斯里兰卡的泉州人，以经营杂货店、百货商场、进出口贸易居多。

二十、阿曼

1996年，居留阿曼的惠安人有641人。2010年，阿曼有泉籍华侨华人约1000人，逾70%为惠安籍，次为南安、永春、晋江籍。

阿曼的泉州人，多从事建筑业及与建筑业相关的建筑材料、石材贸易与加工业。其他多为日用商品经销商和餐饮、理发等服务业经营及从业人员。

二十一、土耳其

14世纪初，已有泉商往土耳其。20世纪90年代，南安人开始前往该国。2005年，在土耳其的南安人118人。2003年起，土耳其泉州人开始增多。至2010年，土耳其的泉籍华侨总人数600多人，以南安、惠安籍居多，主要分布在伊斯坦布尔、安卡拉及一些交通便捷的城市郊区。

泉州人在土耳其主要从事石材开采、加工，及化纤原料开采、餐饮、商贸、运输业等。

二十二、孟加拉国 卡塔尔 塞浦路斯 吉尔吉斯斯坦 伊朗 科威特

（一）孟加拉国

据《岛夷志略》载，元代后期，孟加拉国是泉州舶商远航之地。20世纪80年代中期，台湾籍的泉州乡亲前往孟加拉国投资办厂，到泉州招聘10多名大学毕业生协助创立和管理所创办的企业。1996年，孟加拉国泉州人40多户160人，约占当地华侨的1/3。2005年，孟加拉国泉籍华侨300余名。2010年，孟加拉国泉籍华侨500多人，以惠安、鲤城、永春、石狮籍居多。

孟加拉国的泉州人，主要从事棉纺、鞋服、物流、服务、教师等行业。

（二）卡塔尔

卡塔尔是宋元时期泉州船舶西洋航线上的重要国家之一。卡塔尔成为石油业主导国民经济的国家后，东南亚和港台泉州人前往开展商贸活动者渐多。20世纪70年代，在海外的惠安人开始移居卡塔尔。2010年，卡塔尔有泉籍华侨逾500人，以惠安、南安、晋江、石狮人居多。

卡塔尔的泉州人以建筑、装饰工程人员和纺织品、鞋服、机械、石材等行业企业经营、经销人员居多。

（三）塞浦路斯

2010年，塞浦路斯有泉籍华侨500人以上。塞国的泉州人多为小型工商企业主和在当地企业员工。

（四）吉尔吉斯斯坦

20世纪90年代初，泉州南安人率先前往吉尔吉斯斯坦。1992年起，逾500名泉州人移居吉尔吉斯斯坦。至2009年，因哈萨克斯坦众多华人向该国转移，泉州人一度增多。2010年4月，该国政局动荡，华商纷纷离开。旅吉尔吉斯斯坦泉州人先后进入周边国家，或回国，泉籍华侨华人仍有500多人。

在吉尔吉斯斯坦的泉州人，以经商和开设工厂者居多。大部分从事建筑业及相关的建筑材料生产、石料开采及加工业，部分泉商的公司稍具规模。

（五）伊朗

唐代中期，波斯人和泉州人在两地互为侨居。前往伊朗的泉州人后裔融入当地民族。到泉州的波斯人后裔，成为泉州地区回族成员。2010 年，伊朗有泉籍华侨至少 500 人，以惠安、南安、晋江、石狮和丰泽籍居多，其中部分人系因中国援建伊朗项目居住在伊朗。

泉州人在伊朗主要从事建筑业和石材开采、加工业、经销建筑材料、机械设备、纺织服装、鞋帽箱包等。

（六）科威特

1990 年年底，科威特仅剩下照管停业企业、停建项目的零星泉州人。两伊战争结束后，科威特泉州人逐渐增多。进入 21 世纪，南安石业企业开始向科威特派驻人员，其他行业的泉商开始跟进。2010 年，科威特的泉籍华侨华人逾 300 人，以惠安、南安、晋江、石狮人居多。

在科威特的泉州人，主要从事商业贸易的商人、建筑工程人员和泉州民营企业所设办事处的推销人员及派驻人员，以及在当地受聘的专业技术人员。

二十三、哈萨克斯坦 塔吉克斯坦 乌兹别克斯坦 马尔代夫 约旦 巴基斯坦

（一）哈萨克斯坦

20 世纪 60 年代以前，泉州人赴该国留学、工作。2005 年，该国泉籍华侨人数逾 500 人。2010 年，该国泉籍华侨华人 300 多人，以惠安、南安、晋江、石狮、安溪籍居多。

在哈萨克斯坦的泉州人早期以受聘在当地企事业单位任职的管理人员、专业技术人员居多，次为自设石材加工、家具厂和承揽建筑工程的小企业主。后以工商业综合经营者及其管理人员、技工略多，次为在当地企事业单位任职人员，亦有部分人经营茶庄、体育用品店。

（二）塔吉克斯坦

泉州人往塔吉克斯坦始于宋元时期。1997 年，泉州人往该国经商人员增加。2010 年，塔吉克斯坦泉籍华侨华人 300 多人，以惠安、南安、安溪籍为主。

泉州人在塔吉克斯坦以石材开采、加工企业的管理人员、技工、勤杂工居多。其他为修建公路、房屋的建筑公司人员，以及经营商贸、餐饮业的商人。

（三）乌兹别克斯坦

宋元时期有泉州人往乌兹别克斯坦。20 世纪 90 年代中后期，赴乌兹别克斯坦投资的泉商开始增多。2005 年，乌兹别克斯坦有泉籍华侨 200 多人。2010 年，该国泉籍华侨 300 多人，以晋江、南安、惠安籍居多。

泉州人在乌兹别克斯坦以从事进出口贸易、纺织加工业、服装生产和日用品制造业为主。

（四）马尔代夫

宋元时期，马尔代夫是泉舶往西亚航线上的国家。2000 年始，晋江人首先赴马尔代夫经商，从事服装、移动通信设备销售。2010 年，马尔代夫有泉州人约 300 人，其中华侨华人 100 多人，以晋江、石狮籍居多。

（五）约旦

约旦的亚喀巴港是古代海上丝绸之路的重要港口城市，宋代与泉州有交往。至 2010 年，约旦有泉籍华侨 300 多人，原籍以永春、惠安、晋江、南安籍居多。

约旦的泉州人以经营国际贸易、纺织鞋帽产销、石材销售与装饰和建筑公司等企业及办事处的经营管理人员、技工居多。

（六）巴基斯坦

1958—1960 年，巴基斯坦已有泉籍华侨。2010 年，该国有泉籍华侨华人近百人、出国人员逾 200 人。原籍以晋江、惠安籍居多。

早期往巴基斯坦的泉州人，多以经营食品店、中餐馆为主，或以建筑、海员为业。现该国泉州人以

经营进出口贸易、家居用品、石材开采、建筑业、茶业为主，或在该国中资和当地企业任职。

二十四、蒙古国 也门 巴林 伊拉克

（一）蒙古国

泉州人移居蒙古国始于20世纪50年代中期。1988年，蒙古国实行改革开放，蒙古国的泉州人开始增多。2010年，蒙古国的泉籍华侨300多人，以鲤城、丰泽、南安、惠安、晋江、石狮籍居多，多数集中在首都乌兰巴托。

蒙古国的泉籍华侨初期多为泥瓦匠、木工、油漆工、汽车修理工。后有部分人改从事承包建筑工程、房屋装修和开汽车配件店。1988年起，部分曾赴内蒙古投资的香港泉商和民营企业家从事中蒙边境贸易。1998年以后，在蒙古国的泉州人大部分从商，多数在当地商场经销中国货，兼收购蒙古国土特产销往中国。少数人从事建筑、房屋装修业。

（二）也门

宋代，也门亚丁是泉州往非洲东部航线的重要停泊港，是泉州香料的来源地之一。1986年，该国有不少于50名泉籍华侨。1996年，泉籍乡亲逾百人。2005年，也门有泉籍华侨逾200人。2010年，泉籍华侨略有增加，原籍以惠安、南安、晋江、安溪、永春籍居多。

泉州人在也门多从事建筑业及与建筑相关建筑材料、石材贸易与加工业。其他从事日用商品经销与服务业，有个别进出口商和小种植园经营者。进入21世纪后，经营纺织服装、鞋类产品、机电设备和一次性卫生用品的国际贸易商增多

（三）巴林

泉州与巴林的往来始于南宋。2010年，巴林的泉籍华侨200人。

在巴林，泉州人以建筑、装饰工程管理人员和技工，及其他劳务人员居多，次为建筑材料、家居用品及其他日用消费品经销人员。

（四）伊拉克

泉州人往伊拉克始于宋代。20世纪60年代，有泉州人前往伊拉克，参与支援当地建设。

2003年，伊拉克战争爆发时，除留下少数人照管承建项目外，泉州人均暂时离开。

2004年起，部分泉州民营企业在伊拉克派驻人员或设办事处。2010年，伊拉克有泉籍华侨华人逾200人，以惠安、南安、晋江籍居多，主要从事建筑业、石材经销和日用品经销。

二十五、朝鲜 阿富汗 土库曼斯坦 黎巴嫩 叙利亚

（一）朝鲜

早在唐代，泉州港就通航朝鲜半岛。1990年后，泉商赴朝投资，朝鲜开始有泉籍新华侨。2010年，朝鲜有泉籍华侨华人约400人，以南安籍居多。

历史上在朝鲜的泉州人，以开设进出口贸易商行的商人及其雇员居多，少数人以加工石材为业。

（二）阿富汗

泉州人往阿富汗始于宋元时期。2002年以后，移居阿富汗的泉州人渐增。2003年起，由乌兹别克斯坦、塔吉克斯坦南下的阿富汗泉州人开始增多。2010年，阿富汗的泉籍华侨华人有100多人，多数为惠安、南安籍，主要分布在该国东北部。

在阿富汗的泉州人除外派援建项目技工外，主要从事高档石材开采。

（三）土库曼斯坦

泉州人往土库曼斯坦始于宋元时期。1998年以后，有泉州人移居该国。2010年，土库曼斯坦至少有

泉籍华侨 100 人，以晋江、南安、惠安籍居多。

在土库曼斯坦的泉州人以投资石材贸易、纺织企业和体育用品企业连锁店的管理人员、技术人员、店员居多，一部分建筑承包商及其技工，服务相关企业的贸易、餐饮商人。

（四）黎巴嫩

宋代，黎巴嫩作为大食的一部分，与泉州有交往。2010 年，该国有泉籍华侨逾 100 人，以鲤城、南安、惠安、晋江籍居多。

该国的泉州人以工商企业界、建筑业人士居多。主要从事进出口贸易，石材加工与建筑、装饰业，纺织与服装工业，也有泉州建材行业派驻人员。

（五）叙利亚

叙利亚与泉州交往始于宋代。2010 年，该国泉籍华侨华人约 100 多人，包括从东南亚以及中国香港地区前往的泉州人，泉州民营企业派驻当地企业的管理人员、技术人员，主要从事进出口贸易和建筑业。

二十六、尼泊尔　亚美尼亚　格鲁吉亚　不丹　阿塞拜疆

（一）尼泊尔

1980 年之前，尼泊尔有泉籍华侨。1990 年前后，福建援建尼泊尔甘蔗厂后，泉州人增多。2001 年起，尼泊尔大动荡致当地泉州人剧减。2010 年，尼泊尔有泉籍华侨约 80 多人。

（二）亚美尼亚

2010 年，亚美尼亚有泉州人 60 多人，主要为惠安、南安籍，主要从事大理石和彩色凝灰岩开采与加工业，少数经营泉州非纺织、食品类消费品。

（三）格鲁吉亚

2005 年，格鲁吉亚有泉籍新华侨 30 多人。2010 年，格鲁吉亚有泉籍华侨有 50 多人，以惠安人居多。

在格鲁吉亚的泉州人，主要开采重晶石等建筑材料，粗加工后运往中东用于建筑装饰。部分人经营国际贸易、商业，或从事建筑业。

（四）不丹

2010 年，不丹泉籍华侨 50 多人，主要经营泉州雕塑工艺品，及其他日用品销售。

（五）阿塞拜疆

2010 年，该国有泉籍华侨 30 多人，以惠安籍居多，主要从事建筑、建材业。

第二节　在欧洲

一、英国

19 世纪中后期有泉州人定居英国。21 世纪，英国成为泉州出国留学人员最多的国家之一。2010 年，该国泉籍华侨华人 2.5 万多人，以留学生居多。

二、法国

1989 年，在法国的泉州人约 7000 人。2010 年，法国（包括海外正式领土）有泉籍华侨华人 2.2 万人。其中在法国本土的有 2.1 万多人。该国泉州籍华侨华人以南安籍居多，次为泉州市属区、晋江、石狮、惠安籍，主要集中在巴黎、次为里昂，余分布在马赛、尼斯、奥尔良等城市。

三、德国

1992年，在德国的泉州人约5000人，约占德国华侨华人总数的10%。2010年，该国泉籍华侨华人约2万人。泉州赴德投资企业管理、技术人员和赴德会亲团聚、技术移民、留学转定居人员逾8000人。以留学生为主体的泉籍出国人员逾600人。该国泉州人以南安籍居多，主要分布在法兰克福、巴特洪堡、波恩、科隆、慕尼黑、不来梅、汉堡、柏林。

四、荷兰

20世纪初，印度尼西亚泉商在荷兰设商业机构，派驻人员。此后，有印度尼西亚泉州人赴荷留学。1990年，有不少泉州人赴荷兰会亲、留学。2010年，荷兰泉籍华侨华人约1.5万人，以南安籍居多。此外，以留学生为主体的泉籍出国人员至少有100多人。荷兰的泉州人，原多分布在该国首都阿姆斯特丹和西部城市鹿特丹、海牙等地，1982年后渐及荷兰各地城镇。

五、意大利

南宋嘉定年间（1208—1224年），有泉州人往意大利南部的西西里岛。元代也有泉州人前往意大利。2000年，受泉州民营企业赴意大利并购企业的影响，泉州人移居意大利增多。2005年，意大利有泉籍华侨华人近万人。2010年，该国泉籍华侨华人逾1.2万人，另有劳务输出人员、留学生，和在当地的投资企业管理人员、技工等近千名出国人员，主要分布在罗马、普拉托、米兰、佛罗伦萨、博洛尼亚、威尼斯、帕多瓦等意大利中西部和东北部城市郊区，少数分布在南部的那不勒斯、西西里岛。

六、西班牙

15世纪之前，泉州人沿“海上丝绸之路”往西班牙。1990年，该国有泉州人3000多人。其后，陆续有泉州人由东南亚和中国前往。2010年，西班牙有泉籍华侨、华人华裔约5000多人。祖籍泉州市区、永春的居多。

七、俄罗斯

泉州人移居俄罗斯始于清康熙二十四年（1685年），永春人林兴珠率福建藤牌兵，随清军征战雅克萨，有士兵与当地姑娘婚配，后代因国土沦丧成为华侨。20世纪初，也有泉州人往俄罗斯。2005年，俄罗斯泉籍华侨华人逾5000人，以安溪籍最多。在俄罗斯的泉州人主要分布在圣彼得堡、莫斯科等。

八、瑞典

1990年，瑞典有泉籍华侨华人约2000人。21世纪初，前往瑞典的泉州人增多。2005年，瑞典泉籍华侨华人近千人。2010年，瑞典泉籍华侨华人3000多人，以南安、丰泽、鲤城、晋江、永春籍居多。

在瑞典的泉州人，主要从事餐饮服务、旅游、工商业，少数在科研机构和大企业工程技术部门任职。

九、匈牙利

匈牙利是泉商进军欧洲的重要基地，1999 年，该国泉籍华侨 1800 多人。2005 年，该国泉籍华侨 2500 多人。2010 年，该国泉籍华侨近 2500 人、出国人员 330 人，以晋江、石狮、南安籍居多，次为惠安、安溪、丰泽籍。

十、捷克

泉州人移居捷克始于 20 世纪 50 年代。1990 年，有匈牙利的泉州人移居捷克。1999 年，该国有泉州人 400 多人。2010 年，捷克泉籍华侨约 2000 人，多数为石狮、晋江、南安、惠安、永春籍。

在捷克的泉州人多从事服装、鞋帽批发与分销，另有部分人经营保健品，或开设食品加工与销售相结合的厂、店，也有经营餐馆和摆摊设点的个体户。

泉州人参与创办的社团有捷克福建同乡联合会、捷中商业协会和捷克福建商会。

十一、奥地利

1990 年，奥地利泉籍乡亲 2000 人。2010 年，奥地利有泉籍华侨华人 2000 多人，以鲤城、晋江、南安、惠安籍居多。

20 世纪 90 年代，该国泉州人后代任职当地企业的技术人员、管理人员。还有经营餐馆、贸易公司、建筑建材公司等。奥地利有华侨华人社团 30 多家。

十二、罗马尼亚

1991 年，前往罗马尼亚投资、探亲的泉州人增多。1999 年，在罗马尼亚的泉州人逾 1800 人，以南安、晋江、石狮籍居多。1999 年后，旅罗马尼亚泉籍乡亲曾达 2500 人以上。2010 年，该国泉籍华侨华人 2000 多人。

十三、瑞士

泉州人定居瑞士始于 20 世纪 40 年代联合国在瑞士设机构后。1996 年，该国有泉籍华侨华人 1000 多人。2005 年，该国泉籍华侨华人 1400 多人。其中，丰泽籍 500 多人、石狮籍 400 多人，南安、永春籍约 100 人。2010 年，瑞士的泉籍乡亲有 1500 多人。

十四、比利时

泉州人移居比利时始于 20 世纪 60 年代。1990 年，该国泉籍乡亲近千人。2005 年，移居比利时的泉州人增多。2010 年，该国泉籍华侨华人逾千人，多数加入当地国籍，其中新华侨华人有 200 多人，以晋江、石狮、南安、惠安、永春及泉州市属区居多。

在比利时的泉州人以经营餐馆、杂货店，从事建筑、建材为主，少数在当地企业任职员、工程技术人员。泉州企业在当地设贸易公司、经营专卖店。

十五、波兰

1939 年前，有零星泉州人移居波兰。2010 年，波兰至少有泉籍华侨 800 多人。

在波兰的泉州人职业以商人和协助商务的管理人员、技工占绝大多数。从事行业包括服装鞋帽、体育用品、茶业、石材、建筑、电脑科技、投资，有部分人从事文化事业。

十六、塞尔维亚

2010 年，塞尔维亚有泉籍华侨逾 800 人，以沿海各县（市、区）和永春籍居多。该国泉州人主要从事服装及日用品贸易。部分泉州人经营建筑用石材开采。

十七、挪威 丹麦 希腊 葡萄牙 斯洛伐克 克罗地亚

（一）挪威

20 世纪 70 年代初，有旅居马来西亚的泉州人前往挪威。至 1996 年，该国泉籍华侨华人 400 多人，以泉州市区和晋江、石狮、南安、惠安、安溪、永春籍居多。2003 年起，随着泉州民营企业赴北欧投资、开店，当地泉州人渐多。2010 年，挪威泉籍华侨华人约 600 人，另有出国人员 20 多人。

20 世纪 90 年代后期前，挪威的泉州人多数在当地企业任职，或受雇为工人、店员，少数人经营餐饮、食品店等。21 世纪，多家泉州民营企业在挪威首都奥斯陆开设体育用品、鞋服专卖店、加盟店。

（二）丹麦

1990 年，前往丹麦的泉籍新华侨开始增多，该国有泉州人 300 多人。2010 年，丹麦有泉籍华侨华人 500 多人，以南安籍居多，多数居住在丹麦首都哥本哈根。

1990 年前，在该国的泉州人以经营烧烤店、餐馆、杂货店、外贸居多，有部分人任职于当地企业。2003 年后，有泉州民营企业的鞋帽、服装、体育用品、陶瓷、工艺品专卖店，有泉州人开设加盟店。

丹麦有 5 家华侨华人社团，其中丹麦华人友谊会最具影响力。

（三）希腊

1991 年年底，希腊有泉籍乡亲 100 多人，以鲤城、丰泽、晋江、石狮、南安、惠安、安溪籍居多。2010 年，有泉籍华侨华人约 500 人。

泉州人在希腊以商人及其雇员、医生、导游、工人居多。商人主要经营进出口贸易、餐饮业、杂货店和建筑公司。

（四）葡萄牙

16 世纪中期起，泉州人从马六甲、东帝汶、中国澳门往葡萄牙。2005 年，该国泉籍新华侨和出国人员增多。2010 年，葡萄牙的泉籍华侨华人逾 500 人，以晋江、南安、惠安、泉州市属区和石狮籍居多。

20 世纪 90 年代末期起，当地泉州人经营行业除传统的商业领域外，还包括纺织服装业、鞋业、陶瓷业。2003 年，经营大理石开采、妇女儿童用品、体育用品的泉商增多。

（五）斯洛伐克

1990 年始，有泉州人移居斯洛伐克。1999 年，泉州人约 200 人。2007 年后，去往该国泉州人增多。2010 年，该国泉籍华侨华人逾 500 人，以晋江、石狮、南安籍居多。

（六）克罗地亚

泉州人往克罗地亚始于该国独立前夕，多由塞尔维亚移居当地。2010 年，该国泉籍华侨有逾 500 人，以泉州沿海各县（市、区）和永春居多。

在克罗地亚的泉州人以经营日用小商品、体育用品的商人及其雇员、眷属居多。

十八、芬兰 乌克兰 爱尔兰 斯洛文尼亚 冰岛

（一）芬兰

20 世纪 80 年代后期，有零星泉州人从泉州赴芬兰与亲人团聚、留学。1990 年，芬兰的泉州人仍不足百名。2010 年，该国泉州人约 300 多人，以泉州市区、晋江、南安、惠安籍居多，多数居住在首都赫尔辛基和古都、海港图尔库。

泉州人在芬兰除开餐馆、从事建筑业外，多数人在当地企业任职。在芬兰，有泉商鞋服、体育用品专卖店、加盟店，石材采购、开采和石材加工工具厂商分公司。

（二）乌克兰

1992 年起，有福建人前往乌克兰，泉州人仅有少数留学生。2000 年后，在该国的泉州人陆续增多。2010 年，乌克兰泉籍华侨逾 300 人，以留学生居多。

（三）爱尔兰

泉州人移居该国始于 1975 年。1990 年后，该国成为泉籍留学生人数较多的国家之一。2005—2010 年，泉籍华侨华人 300 多人，以惠安籍居多。

在爱尔兰的泉州人多在该国首都都柏林华人企业任职，从事建筑装饰业或经营鞋帽服装等轻工产品，及泉州相关民营企业派驻人员。

（四）斯洛文尼亚

泉州人往斯洛文尼亚始于该国独立前夕。2010 年，该国泉州人 300 多人，来自泉州多数县（市、区）。

在斯洛文尼亚的泉州人初期以经营日用小商品的居多，后来经营服装、针织品、体育用品的贸易商及其雇员、家眷增多。

（五）冰岛

1984 年，有南安人前往冰岛旅游并留居。2010 年，冰岛有泉籍华侨 170 多人。该国泉州人主要在冰岛西南部四座城市及东南部旅游区开餐馆，个别人从事进出口贸易。

十九、拉脱维亚 立陶宛 保加利亚 马耳他

（一）拉脱维亚

2010 年，该国泉籍华侨约 200 人。

当地泉州人主要经营餐饮、日用商品、茶叶店，及建筑、石材开采业。

（二）立陶宛

20 世纪 30 年代，有泉州人往立陶宛。20 世纪 90 年代初期，晋江、南安、惠安、安溪、石狮和泉州市属区人前往该国定居。2010 年，该国泉籍华侨约有 200 人。

该国泉州人多数从事餐饮业、茶业和小商品经营，也有部分人从事建筑、石材开采。

（三）保加利亚

泉州人移居保加利亚始于 20 世纪 80 年代。2010 年，该国泉籍华侨约 200 人，多为泉州市区、南安、惠安、晋江、石狮籍。

保加利亚的泉州人多从事进出口贸易，也有跨马其顿、塞尔维亚等原南斯拉夫地区国家贩卖商品的个体户。

（四）马耳他

2010 年，该国泉州人约 200 多人，以石狮、晋江、南安籍居多。

泉州人在该国主营进出口贸易、经销泉州商品，有部分人从事餐饮业，或在当地外商投资企业任技术、管理人员。

二十、白俄罗斯 卢森堡 爱沙尼亚 阿尔巴尼亚

（一）白俄罗斯

20 世纪 90 年代中期，有少数泉州人定居白俄罗斯。2000 年后，当地泉州人逐渐增多。2008 年，当地泉州人约有 200 人。2010 年，该国泉籍华侨 100 多人，以晋江、南安、安溪籍居多。

该国有泉州体育用品、鞋帽服装贸易公司、专卖店、加盟店。

（二）卢森堡

泉州人移居卢森堡始于 19 世纪后期。2010 年，该国泉州人至少 100 人，绝大多数未加入当地国籍，以鲤城、石狮、晋江、南安、金门等籍为主。

在卢森堡的泉州人多以经商、从事饮食服务为职业。

（三）爱沙尼亚

1991 年，有南安、晋江人往该国。2010 年，该国泉籍华侨 100 多人，以泉州沿海各县（市、区）居多。当地泉州人主要从事进出口和日用商品贸易、跨国境物流、建筑、石灰矿开采加工及其他服务业。

（四）阿尔巴尼亚

2010 年，该国泉籍华侨逾百人，主要为泉州市属区、惠安、晋江、南安、石狮籍，在阿尔巴尼亚的泉州人主要从事经商、建筑、服务业。

二十一、摩纳哥 摩尔多瓦 黑山 波斯尼亚和黑塞哥维那 马其顿 安道尔

（一）摩纳哥

2010 年，该国泉籍华侨 70 多人，以南安、晋江籍居多。多数为小商贩和旅游业、赌场、金融企业员工，也有跨境从事建筑业的惠安人。

（二）摩尔多瓦

2010 年，摩尔多瓦有泉籍华侨 50 多人，多数为惠安、永春、南安籍。泉州人在该国多以经营建材、进出口贸易和从事建筑业者居多。

（三）黑山

2000 年前，黑山有泉籍华侨。2010 年，由其他东欧国家二次移民，及由泉州前往的新华侨 50 多人，以惠安居多。该国泉州人主要从事商业、建筑业。

（四）波斯尼亚和黑塞哥维那

1996 年，波黑有泉籍出国人员。2003 年，该国泉州人约近百人。2010 年，波黑泉籍华侨仅有 20 多人，惠安籍居多。主要从事进出口贸易、建筑和建材业。

（五）马其顿

泉州人往马其顿始于 1999 年。2010 年，该国泉籍华侨 20 多人，以惠安、南安籍居多。主要从事进出口贸易、建筑、建材和非金属矿开采。

（六）安道尔

20 世纪 90 年代，安道尔就有泉籍华侨。2010 年，泉籍华侨华人 20 多人，多数为泉州市区、晋江、惠安籍。在安道尔泉州人多数为商人和建筑工匠。

第三节　在非洲

一、南非

2010年，南非有泉籍华侨华人2500人，以晋江、南安、惠安、石狮和泉州市属区籍居多。

二、留尼汪（法）

1990年，该国泉籍华侨华人近5000人。2010年，该国第三代以内的泉籍华侨华人2100多人，其中新华侨及其直系亲属有100多人。

当地泉州人主要从事服装、体育用品专营、加盟店等。

三、埃及

2010年，埃及有泉籍华侨华人逾2000人。主要分布在北部名城亚历山大和首都开罗。

四、尼日利亚

泉州人移居尼日利亚始于20世纪70年代。2010年，该国泉籍华侨华人逾1500人，以晋江、南安、惠安、石狮和泉州市属区籍居多。

该国泉州人早期以经商和在当地中国企业任职居多。后以经商、办企业及企业管理人员、技术人员居多，少数从事医药、机械维修等业。从商者多经营鞋类、纺织服装和食品及其他日用商品，从事制造业者，以开设纺织、塑料、建材、家具厂居多。

五、毛里求斯

1996年，毛里求斯有泉籍华侨华人2000多人，遍及泉州各县（市、区）。2010年，该国泉籍华侨华人约1500人。

六、马达加斯加

泉州人往马达加斯加始于宋代。2005年，该国泉籍华侨华人约900人，其中惠安、石狮、晋江、南安籍有800多人。2010年，该国有泉籍华侨华人1300多人，其中新华侨华人1100多人。

七、利比亚

2010年，利比亚有泉籍华侨逾900多人。另有泉州民营企业和邻国泉商派出的经营机构的主管、财务、翻译等出国人员300多名。

八、加纳

加纳是泉州人较早移居的非洲国家之一。2000 年，该国有泉州人 70 人。2010 年，该国泉籍华侨华人 1100 多人，以惠安，南安、晋江、石狮、鲤城籍居多。

在加纳的泉州人主要从事商业贸易、石材加工、建筑、渔业捕捞、纺织鞋服和塑料品加工、餐饮、汽车和摩托车维修服务业、医药等。

九、埃塞俄比亚

南宋嘉定年间（1208—1224 年），就有泉州人乘船前往埃塞俄比亚。2010 年，该国有泉籍华侨 1000 多人，以晋江、南安、惠安、石狮、永春籍居多。

十、安哥拉

1994 年 11 月，有泉州人由邻国赴安哥拉经商。1998 年年底，安哥拉内战再次爆发后，多数泉州人前往邻国。2010 年，安哥拉泉籍华侨逾 1000 人，以晋江、南安、惠安、石狮籍居多。

泉州人在安哥拉以经营商品贸易、制造业、建筑业、石料开采业居多。有部分人从事产品售后服务业。

十一、多哥

19 世纪末期，当地有零星泉州人。2000 年后，以会亲、技术移民、投资移民方式前往的泉州人剧增。2010 年，该国泉籍华侨华人近 1000 人，以晋江、南安、惠安、石狮、鲤城籍居多。

在多哥的泉州人主要从事商业、餐饮业。其后，以经营国际贸易（包括转口贸易）、商业，花生和棉花、纺织品、塑料品加工，摩托销售与维修服务及其他服务业为主，兼有从事建筑、餐饮者。

十二、阿尔及利亚

2010 年，阿尔及利亚有泉籍华侨在 800 人以上，多为泉州沿海各县（市、区）人。

该国泉州民营企业以分机构居多，主营泉州生产的各类商品，次为经营建筑、建筑装饰、餐饮业、旅游业。

十三、纳米比亚　莫桑比克　肯尼亚　苏丹

（一）纳米比亚

20 世纪 80 年代初，有泉州人从非洲西部南下到纳米比亚考察、推销商品。20 世纪 80 年代末期，前往纳米比亚的泉州人开始逐渐增多。1996 年，该国有泉州人 50 多人。2010 年，该国泉籍华侨逾 600 人，以晋江、石狮、南安籍居多，主要分布在首都温得和克、鲸湾（沃尔维斯湾），以及靠近安哥拉的一些城镇。

在纳米比亚的泉州人以从事国际贸易、经营工矿企业和商品批发、零售业，以及旅游餐饮业居多。

（二）莫桑比克

泉州人往莫桑比克始于 19 世纪初期。1996 年之后，以会亲、留学方式赴莫桑比克的泉州人增多。2010 年，该国泉籍华侨华人 500 多人。以晋江、南安、惠安、石狮籍居多。

在莫桑比克的泉州人多从事餐饮业，开设酒楼、饮食店和五金杂货店或国际贸易、商品批发和农渔业、建筑、建材业等。

（三）肯尼亚

20世纪前半期有泉商往肯尼亚。20世纪80年代后期，肯尼亚有泉籍新华侨。2010年，肯尼亚有泉籍华侨逾500人，以晋江、石狮、南安、惠安、永春籍居多。

早期前往的泉州人在当地以捕鱼、经商、垦殖、建筑为业。新华侨改以主营国际贸易、物流、医药和旅游服务业，及投资纺织、制鞋、食品加工企业，以及萤石、重晶石、大理石石料开采加工和建筑装饰业。

（四）苏丹

宋代，泉州与苏丹有贸易往来，亦有泉州人居留当地。1996年，该国泉州人逾100人。2010年，当地泉籍华侨华人500多人，有部分出国人员，以晋江、南安、惠安、石狮、永春籍居多。

十四、喀麦隆　摩洛哥　贝宁　几内亚　坦桑尼亚

（一）喀麦隆

20世纪90年代初期，在喀麦隆的泉州人为数不多。2010年，该国有泉籍华侨500多人，另有100多名泉籍出国人员，以晋江人居多。

在喀麦隆的泉州人以经商为主，主要经营纺织服装、体育用品、摩托车销售和售后服务。部分经营食杂商店或建筑、木材加工业。

（二）摩洛哥

宋元时期，有泉商前往摩洛哥从事贸易。2002年，有泉州人定居摩洛哥。2003年后，赴该国的泉州人增多。2010年，该国泉州人逾500人，其中华侨超300人，以南安和惠安、晋江、石狮籍居多。

在摩洛哥的泉州人以经营石材、建筑装饰业和鞋服、机电产品贸易居多，部分泉州人从事捕鱼、冷藏、加工等职业。

（三）贝宁

20世纪80年代中期起，泉州人承包建筑工程和劳务输出定居，或商贸前往贝宁。2000年，前往贝宁与亲人团聚、技术和投资移民的泉州人增多。2010年，该国泉籍华侨华人500人，以晋江、惠安、南安籍居多。

在贝宁的泉州人以经营转口贸易、商业和棉花、纺织品、皮革加工企业，建筑、捕鱼和摩托车销售维修业者，以及相应的管理人员、技术人员和技工居多。

（四）几内亚

泉州人往几内亚始于20世纪60年代。1996年，该国泉籍华侨至少100人。2010年，该国泉籍华侨华人500多人，大部分为新华侨，以南安和惠安籍居多。

在几内亚的泉州人早期以经营贸易、投资矿产品和木材加工企业，以及农茶企业的企业主或雇员居多，有部分从事餐饮服务业。2007年，从事鞋服贸易、石材及其他行业的增多。

（五）坦桑尼亚

宋代，泉州开辟往层拨（今桑给巴尔）航线，就有泉州人前往坦桑尼亚经商。郑和下西洋后，有泉州舶商前往。2010年，该国泉籍新华侨500多人，以石狮、晋江、南安、惠安、永春籍居多。

十五、博茨瓦纳　津巴布韦　利比里亚　吉布提　布隆迪

（一）博茨瓦纳

1949年前，有零星泉州人往博茨瓦纳。2010年，该国泉籍华侨华人逾400人，以惠安、南安、晋江、

石狮籍居多。主要分布在首都哈博罗内、弗朗西斯敦和西北部旅游中心马翁。

在博茨瓦纳的泉州人主要从事贸易业、建筑业、纺织业、旅游业、鞋业等。

（二）津巴布韦

2005年，泉州人从闽粤前往津巴布韦渐多。2010年，该国泉籍华侨华人300多人，以晋江、南安、惠安、石狮、鲤城籍居多。

在津巴布韦的泉州人主要经营国际贸易、商业、建筑业，投资纺织、铬铁厂矿和非金属矿开采，以及旅游、物流业等。

（三）利比里亚

1990年，利比里亚的南安、晋江人约40人。2010年，该国有泉籍华侨华人逾300人，其中新华侨约100人。在利比里亚的泉州人以经商、从事餐饮业为主，或在当地企业、文教机构任职为业。

（四）吉布提

宋代有泉州人往吉布提（豪萨）。1997年，当地泉籍华侨逐渐增多。2010年，吉布提有泉籍华侨300多人，以晋江、南安、惠安籍居多。

在吉布提的泉州人以经营泉州民营企业产品转口贸易的泉商派出人员，以及从事建筑业人员居多。

（五）布隆迪

1988年5月，惠安县沼气站技术员柳德聪赴布隆迪传授沼气节能灶技术。1990—1993年，有惠安籍建筑工匠赴布隆迪。2010年，该国有泉籍华侨逾300人。

在布隆迪的泉州人主要经营国际贸易、商业、建筑、医药、机械与摩托车售后服务、黄金加工等。

十六、莱索托 突尼斯 科特迪瓦 塞拉利昂 卢旺达 马拉维

（一）莱索托

1996年，该国泉籍华侨华人不足100人。2010年，泉籍华侨华人200人，以沿海各县（市、区）籍居多。

在莱索托的泉州人以从事商业贸易，开设纺织厂和建筑公司的经营管理和翻译人员居多。

（二）突尼斯

2010年，突尼斯有泉籍华侨华人约200人，多为南安、晋江、石狮、鲤城、惠安籍。突尼斯的泉州人主要经营纺织品、鞋服国际贸易、石材开采加工等。

（三）科特迪瓦

2010年，科特迪瓦有泉籍华侨华人200多人，另有泉籍出国人员近200人。

在科特迪瓦的泉州人从事商业贸易居多，主要经营纺织鞋服和体育用品及其他日用消费品。

（四）塞拉利昂

2010年，塞拉利昂有泉籍华侨华人200多人，以丰泽、鲤城和晋江、南安、惠安、安溪籍居多。

在塞拉利昂的泉州人主要从事商业贸易兼进口贸易、铁矿砂开采与出口、建筑、食品、餐饮、服务业等。

（五）卢旺达

2010年，卢旺达泉籍华侨约200人，以石狮、永春籍居多。

在卢旺达的泉州人主要从事商业贸易、医药、物流、服务业，以及建材加工业等。

（六）马拉维

1995年，马拉维有泉籍华侨华人20多人，1996年后开始增加。2010年，该国泉籍华侨华人200人，以南安人居多。

在马拉维的泉州人以从事国际贸易和批发、建筑和木材加工业、旅游业居多。知名泉商企业马拉维鑫淼国际贸易有限公司。

十七、刚果（金）刚果（布）加蓬 赞比亚 毛里塔尼亚

（一）刚果（金）

2003 年，有泉州人移居刚果（金）。2010 年，该国有泉籍华侨 200 多人，以晋江、南安、惠安籍居多。

在刚果（金）的泉州人从事职业和经营范围较广。从事贸易、建筑建材、餐饮、医药、矿产开采和旅游业居多。

（二）刚果（布）

19 世纪 80 年代，有泉州人前往刚果（布）。2010 年，该国泉籍新华侨逾 200 人，以惠安、南安、晋江籍居多。

在刚果（布）的泉州人主要从事商业、建筑、农业和食品、木材加工业等，有少数从事医疗、服务、日用品加工等。

（三）加蓬

20 世纪 90 年代初，泉籍华侨由赤道几内亚移居加蓬。2010 年，该国有泉州人 200 多人，其中华侨有 60 多人，以晋江、惠安、南安籍居多。

加蓬的泉州人初期曾以建筑工匠居多。随着当地经济的发展，泉州人以经营食品加工、销售，渔业捕捞、加工，以及日用消费品销售为主。

（四）赞比亚

1990 年，赞比亚有泉籍华侨。2010 年，该国泉籍华侨逾 200 人，以惠安、南安、石狮、晋江籍居多。

在赞比亚的泉州人多数从事建筑、建材进口与加工业，有部分从事商业、医药和采矿业等。

（五）毛里塔尼亚

2006 年前，该国仅有零星泉籍乡亲。2007 年，该国泉州人开始增多。2010 年，该国泉州人 200 多人，以晋江、南安籍居多。

十八、马里 塞内加尔 冈比亚 几内亚比绍

（一）马里

1968 年，有泉州人前往马里。2010 年，该国有泉籍华侨 100 多人，以晋江籍居多，次为南安、惠安、安溪籍。在马里的泉州人主要从事商业贸易、皮革加工、农业等行业。

（二）塞内加尔

1976 年 6 月，有泉州人前往塞内加尔。1998 年后，有泉州人移居该国。2010 年，该国泉籍华侨 100 多人，以南安、惠安、晋江人居多。

泉籍华侨在该国以经商居多，主要经销鞋服及其他泉州产轻工业产品。

（三）冈比亚

2010 年，冈比亚有泉籍华侨华人、出国人员各近 100 人，主要来自晋江、南安、惠安等县（市）。

在冈比亚泉籍华侨初期以经商、投资农渔产品加工业居多。21 世纪，从事旅游服务业、金红石矿开采、进出口贸易者增多。

（四）几内亚比绍

2010 年，几内亚比绍有泉州人 100 多人，其中定居该国的泉籍新华侨 50 多人，大部分为惠安人。主要从事建筑业和渔业，经营小型杂货店和水产品店铺。

十九、赤道几内亚 斯威士兰 布基纳法索 乌干达 佛得角

（一）赤道几内亚

2010 年，赤道几内亚有泉籍华侨 100 多人，以南安、惠安、永春和泉州市属区籍居多。该国泉州人主要从事建筑业、商业、生物医药业等。

（二）斯威士兰

19 世纪初，有泉州人移居斯威士兰。2010 年，该国泉籍华侨华人近 100 人。在斯威士兰的泉州人以从事纺织业、商贸业为主。

（三）布基纳法索

2010 年，该国泉籍华侨近百人，以晋江人居多。在布基纳法索的泉籍华侨及泉州人以从事商贸业和农牧产品加工为主。

（四）乌干达

1998 年前，有零星泉州人前往乌干达经商，但无长期居留。2000 年后，该国泉籍华侨逐渐增多。2010 年，该国泉籍华侨 100 多人，以石狮、晋江、南安、惠安籍居多。在乌干达的泉州人主要以经商和从事建筑装饰、石料开采业等。

（五）佛得角

2000 年，佛得角有泉州人 10 多人。2010 年，该国泉籍华侨近 100 人，以惠安籍居多。在佛得角的泉籍华侨华人主要以渔业捕捞与加工、商业贸易为主，少数从事建筑、建筑装饰和海运维修业。

二十、厄立特里亚 尼日尔 塞舌尔 科摩罗 索马里

（一）厄立特里亚

宋、元时期，有泉州舶商往厄立特里亚。1992 年前，有零星泉籍新华侨。2003—2007 年，该国泉州人增多。2010 年，该国泉州人近百人，以南安、永春人居多。

早期泉州人在厄立特里亚以商贩、建筑工匠居多。

（二）尼日尔

1997 年前，尼日尔有零星泉籍华侨。2010 年，该国泉籍华侨、出国人员总数约 70 人，以晋江、金门籍居多。泉州人在该国主要从事进出口贸易。

（三）塞舌尔

20 世纪初，塞舌尔有泉籍华侨。20 世纪 90 年代，有泉州人移居塞舌尔。2010 年，该国泉籍华侨华人 40 多人，多数为新华侨，以惠安、晋江、南安籍居多。当地泉州人主要从事渔业和商业贸易，少数人从事旅游服务业。

（四）科摩罗

20 世纪初，科摩罗有零星泉州人。2006 年，该国有泉籍新移民。2010 年，该国泉籍新华侨约 30 多人，以晋江籍居多。在科摩罗的泉州人主要从事建筑业、商业等。

（五）索马里

宋、元时期，有泉州舶商前往索马里经商贸易。1986 年，该国泉籍华侨近百人。2010 年，该国泉籍华侨 20 多人，以永春、南安、晋江籍居多。在索马里的泉州人多在该国首都摩加迪沙开设商店。

第四节　在大洋洲

一、澳大利亚

21 世纪，澳大利亚成为继菲律宾、缅甸、美国、加拿大、新加坡、泰国之后泉籍新移民第七大移居国。2005 年 12 月，泉籍华侨华人和出国人员总数已达 4.5 万～ 5 万人。其中，新南威尔斯州就有泉州人 3 万多人，维多利亚州有泉州人 1 万多人，昆士兰的泉州人也有 5000 多人。2010 年，澳大利亚泉籍华侨华人总数已达 10.5 万人，占全澳大利亚华侨华人总数的 10% 左右，以南安人居多，其中以留学生为主体的泉籍出国人员至少有 3500 人。

二、新西兰

1852 年，有泉州人移居新西兰。1990 年，新西兰泉籍华侨华人约 3000 多人。2005 年，新西兰有泉籍华侨华人近 6000 人。2010 年，新西兰有泉籍华侨华人约 7000 人，其中由福建前往的新华侨华人逾 2000 人，以泉州市属区、晋江、南安、惠安、石狮、永春籍居多。主要分布奥克兰，次为惠灵顿，其余分布在基督城（克赖斯特彻奇）、哈密尔顿及旅游胜地昆斯敦（皇后镇）等 10 多个市、镇。

三、巴布亚新几内亚

19 世纪 60 年代起，开始有泉籍华工从澳大利亚、新加坡、印度尼西亚应募前往该岛的巴布亚新几内亚，并有人定居当地。1986 年，巴布亚新几内亚有泉籍华侨华人超过 1000 人。2010 年，该国泉籍华侨华人逾 3600 人，以晋江、南安、惠安、鲤城、安溪、永春籍居多，主要分布在首都莫尔兹比港、莱城、新不列颠岛的拉包尔、新爱尔兰岛的卡维思。

四、汤加

1992 年，汤加有泉州人 300 多人。2010 年，该国有泉籍华侨华人逾 500 人，以鲤城、晋江、石狮、惠安、南安、安溪籍居多。

在汤加的泉州人以各类企业经营、管理、技工为职业。

五、萨摩亚

2010 年，该国泉籍华侨华人 500 人，以惠安、石狮、晋江、南安、永春籍居多。

在萨摩亚的泉州人主要从事投资控股和鞋服、雨具、妇女用品、五金贸易等。

六、帕劳

泉州人往帕劳有 100 多年历史。2010 年，该国泉籍华侨华人 400 人，以泉州市属区、晋江、惠安、石狮、南安籍的新华侨华人居多。

在帕劳的泉州人以商人、职员为主，主要经营进出口贸易、投资、海产品（包括黑珍珠）采集加工、旅游、服务等。

七、北马里亚纳（美）

1996年，北马里亚纳（美）泉籍华侨华人约300人。2010年，泉籍华侨华人逾1000人。在北马里亚纳的泉州人，主要从事针织、制衣、国际贸易、航空、物流、文化娱乐、渔业、旅游业、服务业、金融业等。

八、斐济

1986年，斐济泉州人逾200人。2010年，该国泉籍华侨华人300多人，以鲤城、晋江、石狮、惠安、南安、安溪籍居多，主要分布在首都苏瓦、楠迪市，其余分散在多个岛屿。

在斐济群岛的泉州人，主营捕鱼及捕鱼服务，木材、电子产品、服装、进出口贸易，以及旅游、零售商、制造业、房地产业等。

九、所罗门群岛

1996年，所罗门群岛有泉籍华侨华人200多人。2010年，该国有泉籍新老华侨华人200多人，以晋江、南安、泉州市区籍居多。

在所罗门的泉州人主要经营椰子、棕榈、可可、木材等农林资源开发、加工和国际贸易，少数人从事渔业或者传统的中介商。

十、马绍尔群岛

2010年，马绍尔泉籍华侨华人逾200人，以惠安、鲤城、晋江、石狮籍居多，主要分布在马朱罗、夸贾林两岛。

在马绍尔群岛的泉州人职业以泉商投资企业管理人员、职工居多。主要经营进出口贸易、捕鱼服务与加工、物流业，少数人与当地人合资经营日用商品零售业。

十一、密克罗尼西亚联邦

20世纪70年代初，泉州人从菲律宾、中国台湾、中国香港移居密克罗尼西亚。2010年，该国泉籍华侨华人逾200人，以鲤城、石狮、晋江、南安、永春籍居多，多数分布在该国首都帕利基尔所在的波纳佩岛和东部的库塞埃岛。

密克罗尼西亚的泉州人以商人、企业管理人员和职工居多，主要经营进出口贸易、食杂、捕鱼服务与加工、旅游、保险、物流业等。

十二、瓦努阿图

中瓦建交后，有泉籍建筑人员参加中国援建该国主岛埃法特岛环岛公路、机场项目。随着当地经济的发展，移居该国的泉州人不断增多。2010年，该国有泉籍华侨华人200多人，以晋江、石狮、惠安、安溪人居多。

在瓦努阿图的泉州人主营渔业、进出口贸易、农林水产品加工和旅游业、工艺品销售、建筑业等。

十三、波利尼西亚（法）

2010年，法属波利尼西亚有泉籍新华侨华人逾100人，以惠安、晋江、南安、安溪籍居多，主要聚居在首府帕皮提。

在法属波利尼西亚的泉州人有商人、企业管理人员、技术人员，主要经营进出口贸易，次及农果种植和加工业及小型纺织、家具厂等。

十四、新喀里多尼亚（法）

2010年，新喀里多尼亚有泉籍新华侨100多人，以泉州沿海各县（市、区）人居多。

在新喀里多尼亚的泉州人以经营进出口贸易、食品店、工艺品店、杂货店、超级市场居多。

十五、基里巴斯

2010年，基里巴斯泉籍华侨华人80多人，以泉州市属区、晋江、石狮、金门籍居多。该国泉州人主营进出口贸易、商店经营等。

十六、库克群岛

2010年，库克群岛有泉籍华侨华人50多人，以晋江籍居多。在库克群岛的泉州人，以从事旅游景点建设的商人及管理人员、技工居多，也有跨国公司所设分机构、办事处管理人员。

十七、瑙鲁

1996年，瑙鲁有泉籍华侨华人。2005年，该国泉州人20多人，80%加入当地国籍。2010年，泉籍华侨华人50多人，以鲤城、石狮、晋江、南安籍居多。

在瑙鲁的泉州人多数在当地香港投资公司任职，以及开餐馆或经营小型百货、杂货店等。

第五节　在北美洲

一、美国

1851年，开始有泉州人移居美国。1997—2003年，由泉州地区出国留学的有1000多人。至1996年12月，泉州市各县（市、区）旅居美国的华侨、华人有8.6万人。2005年12月，泉籍美国华侨、华人有11.38万人。在美国留学、经商，未获定居权的出国人员有2000多人。2010年年底，在美国的泉籍华侨华人约15万人，未获定居权的居美国出国人员总数逾5000人。美国泉籍乡亲主要分布在加州的洛杉矶、圣迭戈、旧金山和纽约地区，次为芝加哥、西雅图、圣路易斯、亚特兰大、斯科茨代尔（凤凰城）、休斯敦等城市及周围城镇。

二、加拿大

1991年，加拿大有泉籍华侨华人2.26万人。1996年，该国有泉籍华侨华人3.68万人。2005年，该国有泉籍华侨华人 4.31 万多人，其中以留学人员为主的出国人员 1068 人。2010 年，该国有泉籍华侨华人逾 10.5 万人，出国人员近 2000 人，以晋江、鲤城、南安、惠安、金门、石狮籍居多，主要分布在大多伦多地区、大温哥华地区，次为卡尔加里、埃德蒙顿、蒙特利尔。

三、墨西哥

墨西哥是泉籍华侨移居美洲最早的国家之一。2005 年，有惠安籍墨西哥华侨华人 587 人。2010 年，墨西哥有泉籍华侨华人超 5500 人，以晋江、南安、惠安、石狮和鲤城居多。主要分布在梅里达、坎昆、塔帕楚（丘）拉、阿卡普尔科—德华雷斯、普埃布拉、蒂华纳、墨西加利和首都墨西哥城。

四、巴拿马

2010 年，巴拿马有泉籍华侨华人 8000 多人，以南安、晋江籍居多，主要分布在巴拿马城、科隆、圣地亚哥、戴维（达维德）等城市及郊区城镇。

五、洪都拉斯

19 世纪后期，有泉州人移居洪都拉斯。至 1990 年，该国有泉籍华侨华人近百人。2010 年，该国有泉籍华侨华人 800 多人，以泉州沿海县（市、区）人居多，主要分布在拉塞瓦、特鲁希略、伦皮拉港等沿海城市和首都特古西加尔巴。

六、危地马拉

16 世纪末期，泉州人开始前往危地马拉。2010 年，该国有泉籍华侨华人逾 500 人，以晋江、南安、惠安籍居多。

七、哥斯达黎加

16 世纪末期，有泉州人移居哥斯达黎加。1990 年，该国有泉籍华侨华人约 300 人。

2010 年，该国有泉籍华侨华人 400 多人，以泉州沿海县（市、区）居多。主要分布在首都圣何塞（圣约瑟）与克波斯港、利蒙。

在哥斯达黎加的泉籍华裔多在政府部门及待遇较好的机构任职，一些泉籍华商经营进出口商行、小型食品、纺织、日用品制造厂，或农牧果场。

八、伯利兹 萨尔瓦多 古巴 安提瓜和巴布达 特立尼达和多巴哥 库拉索(荷)

（一）伯利兹

20 世纪 30 年代起，泉州人开始移民和赴伯利兹留学。2010 年，该国有泉籍华侨华人 300 多人，以泉州市属各区、晋江、南安、惠安籍居多。在伯利兹的泉州人主要投资制衣厂、木材和水产品加工业、旅游业等。

（二）萨尔瓦多

泉州人移居萨尔瓦多距今已有 400 多年历史。20 世纪 90 年代中期起，前往该国的泉州人逐渐增多。

2010年，萨尔瓦多有泉籍华侨华人300多人，以晋江、南安、惠安、石狮和泉州市属区籍居多。泉籍新华侨华人在萨尔瓦多多从事国际贸易、农产品和水产品加工业等。

（三）古巴

1847年，有泉州人前往古巴。2010年，古巴有泉籍华侨逾300人，以泉州沿海各县（市、区）居多。

（四）安提瓜和巴布达

1990年，安提瓜和巴布达有泉籍华侨华人100多人。2010年，该国有泉籍华侨华人300多人，以南安、鲤城、丰泽籍居多。

早期泉州人多经营小型农场，或种植蔬菜。随着当地经济的发展，渐及餐馆、旅店、旅游用品商店、杂货店及厂商合一的食品店。该国加入离岸金融中心行列后，部分泉州人成为当地金融信托业员工。

（五）特立尼达和多巴哥

19世纪初，有泉州人前往特立尼达和多巴哥。1990年，特立尼达和多巴哥泉籍华侨华人约300多人。2010年，该国泉籍华侨华人300多人，以南安、晋江和泉州市属区籍居多。主要分布在首都西班牙港和圣费尔南多。

特立尼达和多巴哥独立后，居住在当地的泉籍华人、华裔大部分成为商、工、农、渔企业主，经营杂货店居多。

（六）库拉索（荷）

20世纪90年代初，库拉索有泉籍新华侨。2010年，库拉索泉籍华侨华人约300人，以南安、晋江籍居多。库拉索的泉州人多数为炼油工人，次为在唐人街开餐馆、小商店商人，少数以垦荒、种果菜为业。

九、巴巴多斯 牙买加 多米尼加 多米尼克 尼加拉瓜

（一）巴巴多斯

1986年后，巴巴多斯成为泉州人移居北美、南美洲的目的地。20世90年代初，该国的泉籍新华侨开始增多。2007年，该国有泉州人200多人。2010年，该国有泉籍华侨华人200多人，以南安、惠安、晋江籍居多。在巴巴多斯的泉州人多数从事旅游业、建筑业，次为服务业，个别兼营进出口贸易。

（二）牙买加

1990年，牙买加有泉州人100多人，近百人获得定居权。2010年，该国有泉籍新华侨200多人，少量出国人员，以晋江、南安籍居多。在牙买加的泉州人主营百货店、五金杂货店、超市、粮店，或开设食品加工厂，经营种养殖业。

（三）多米尼加

1990年，多米尼加泉籍华侨近百人。2010年，该国泉籍华侨华人200多人，以南安、晋江籍居多，主要分布在首都圣多明格、普拉塔港。

（四）多米尼克

2004年3月，多米尼克与中国建交，该国泉籍华侨华人有增加。2005年，该国有泉州人逾百人。2010年，该国有泉籍华侨华人200多人，来自市区和沿海县（市）居多。

在多米尼亚的泉州人主要从事旅游服务业、进出口贸易、商业、纺织工业、跨国和跨行业投资等。

（五）尼加拉瓜

泉州人移居尼加拉瓜有400多年历史。2010年，该国有泉籍华侨华人近200人，以南安、晋江籍居多，主要分布在马拉瓜等西部沿海城市。

在尼加拉瓜的泉籍华裔主要从事建筑、贸易、医疗等行业，老华侨华人多经营餐饮、杂货店。泉籍新华侨则多经营国际贸易和农牧产品收购、加工业等。

十、巴哈马 海地 圣基茨和尼维斯

（一）巴哈马

1990年，巴哈马有泉籍华侨华人100多人。2010年，该国的泉籍华侨华人有300多人，以晋江、石狮和鲤城籍居多。

在巴哈马的泉州人多数开设餐馆、旅店、旅游用品店及其他商店，部分人从事食品加工业、金融业、投资和果菜种植业。

（二）海地

20世纪40年代之前，海地有泉州人。2005年后，当地泉州人增多。2010年，该国泉籍华侨逾100人，以晋江、南安和泉州市属区人居多。

（三）圣基茨和尼维斯

20世纪90年代初，该国有零星泉州人。2010年，该国有泉籍华侨华人100多人，以南安、晋江籍居多。在圣基茨和尼维斯的泉州人主要经营餐饮、食品、旅店和旅游业。

十一、圣卢西亚 圣文森特和格林纳丁斯

（一）圣卢西亚

2010年，圣卢西亚有泉籍华侨华人50多人，分属包括金门在内的泉州沿海各县（市、区）人。该国泉州人主要从事旅游服务业、商业，少数人兼营进出口贸易。

（二）圣文森特和格林纳丁斯

20世纪80年代，该国有泉籍华侨。2010年，该国泉籍华侨逾50人，以南安、晋江、惠安籍居多。在圣文森特和格林纳丁斯的泉州人主要从事建筑业、旅游服务业，部分人在当地金融信托服务业任职。

第六节 在南美洲

一、巴西

2010年，巴西泉籍华侨华人3万人，以晋江、南安、安溪、石狮、惠安籍居多，多数人聚居商业中心城市圣保罗、观光旅游区里约热内卢，次为首都巴西利亚、南部经贸重镇库（古）里蒂巴和阿雷格里港、紧邻巴拉圭的边境重镇福斯—杜伊瓜苏。

二、委内瑞拉

清咸丰六年（1856年），有泉州人移居委内瑞拉。1996年，委内瑞拉有泉籍华侨华人约8000人。2010年，该国有泉籍华侨华人约1.2万人，以南安籍居多。

三、秘鲁

明嘉靖四十年（1561年），有泉州人移居秘鲁。1990年，秘鲁有泉籍新移民2500多人。2010年，该国有泉籍华侨华人约6000多人，以南安、晋江、惠安、石狮、安溪、鲤城、丰泽籍居多。

四、智利

泉州人往智利有440多年历史。1990年，智利泉籍华侨华人700多人。2010年，该国泉籍华侨华人约6000人，以晋江、南安、惠安、石狮、鲤城籍居多，主要分布在首都圣地亚哥和北部海港伊基克。

五、阿根廷

20世纪50年代，有泉州人移居阿根廷。1992年，阿根廷有泉籍华侨2000多人。2010年，该国有泉州人8000多人，以晋江、石狮、南安、惠安、鲤城、丰泽籍居多。主要分布在包括联邦首都区和布宜诺斯艾利斯省，部分分布在比拉尔、科多科瓦、罗萨里奥等地。

六、哥伦比亚

明嘉靖四十四年（1565年），泉州人从菲律宾往哥伦比亚。1990年，哥伦比亚有泉籍华侨华人700多人。2010年，该国有泉籍华侨华人约4700人，以鲤城、丰泽、晋江、南安、惠安籍居多，主要分布在该国首都圣菲波哥大，以及卡塔赫纳、圣马尔塔两市。

七、苏里南

2010年，苏里南有泉籍华侨华人逾3000人，多数加入当地国籍，其中新华侨200多人，以南安、安溪、永春、晋江、鲤城、惠安、石狮籍居多。主要聚居首都帕拉马里博，其他分布在阿尔比纳、尼格里和芒古（铝矿区）等城镇。

八、巴拉圭

1996年，巴拉圭有泉籍华侨华人2000多人。2010年，该国有泉籍华侨华人3000多人，以南安、晋江、惠安、石狮和泉州市区籍居多，多数居住埃斯特城（又译东方市），首都亚森松及贝多芬市。

九、玻利维亚

16世纪后期，有泉州人移居玻利维亚。1990年，该国有泉籍新华侨2000多人。1996年，该国有泉籍华侨华人超2500人。2010年，玻利维亚有泉籍华侨华人3000多人，以晋江、南安、惠安、石狮、鲤城、丰泽籍居多。

十、圭亚那

1852年，有泉州人前往英属圭亚那。1990年，该国有泉籍华侨华人600多人。2010年，该国有泉籍华侨华人800多人，以南安、晋江、惠安和鲤城、丰泽籍居多。

在圭亚那的泉州人主营进出口贸易兼批发与零售、超级市场、餐馆、娱乐业，部分经营伐木和木材加工、橡胶园和橡胶厂及中小型农场。

十一、厄瓜多尔

明嘉靖四十四年（1565年），有泉州人前往厄瓜多尔。1990年，该国有泉籍华侨华人200多人。2010年，该国有泉籍华侨华人500多人，以晋江、南安籍居多。在厄瓜多尔的泉州人主要从事医生、工程师、律师等职业。

十二、乌拉圭

1990年，乌拉圭有零星泉州人。2005年，该国有泉籍华侨华人100多人。2010年，该国有泉籍华侨华人200多人，出国人员100多人，以南安、惠安、晋江、永春籍居多。主要分布在首都蒙得维的亚、西北边境城市萨尔托，部分分布在中部的其他城镇。

卷四十三 外事 侨务

泉州地处福建东南沿海，是全国著名侨乡。1990—2010 年，福建省、泉州市侨务部门共开展三次专题侨情调查。1990—1992 年调查显示，泉州市有华侨华人 623 万，分布在 126 个国家。至 2010 年，泉籍华侨华人逾 750 万人，占全省华侨华人总数 60%，主要分布在 130 多个国家、地区，全市有归侨、侨眷 255 万人。1990 年，全市 139 个乡镇中，75% 是重点侨乡。至 2010 年，全市重点侨乡乡镇、街道增至 125 个。

1991 年起，泉州市侨务工作机构由原来的侨办、侨联、人大侨委的“三侨”体制向外事侨务办公室、人大华侨民族宗教委员会、政协台港澳侨和外事委员会、归国华侨联合会、致公党“五侨”体制过渡。至 2000 年建立“五侨联席会议”制度。泉州侨务工作围绕“请进来，走出去”，服务泉州经济建设与服务海外侨胞为核心，开展保护华侨归侨侨眷权益、服务华侨投资企业、捐赠管理、归侨安置救济与扶贫，加强联谊交流，开展海外华文教育等侨务工作。1991—2010 年，泉州对外友好交流日益频繁，来访的国家和团组数量增多，交流合作领域遍及经贸、科技、教育、文化等。全市对外缔结的国际友城从 5 个增加到 6 个。

海外泉籍华侨华人一向关心祖国、家乡建设。1990 年，泉籍华侨华人在泉投资企业有 75 家、投资金额 4600 多万美元。1992 年邓小平南方谈话发表后，海外泉籍侨胞和新华侨掀起回祖国、回家乡投资浪潮。至 2010 年，全市累计投产或开业的外商投资企业近万家，对泉州这一时期的经济发展做出较大贡献。

海外泉籍华侨华人历来热心家乡各项公益事业，为家乡的社会经济发展慷慨解囊、出资出力。1991 年，全市接受侨捐逾 2 亿元，并逐年增加。据统计，1991—2010 年，海外泉籍华侨华人捐资祖国公益事业达 200 亿元以上，其中捐资本市各项慈善公益事业 75 亿元，极大促进全市文教、卫生、基础设施等社会事业发展。

第一章 外 事

第一节 外事交往

一、重要来访

（一）外国政要来访

1994 年 4 月，澳大利亚联邦总督比尔·海登偕夫人一行 15 人来访，参观海外交通史博物馆和开元寺。8 月，文莱达鲁萨兰国苏丹和国家元首哈吉·哈桑纳尔·博尔基亚一行 38 人来访，市领导何立峰、曾华彬陪同考察福建炼油厂，并参观圣墓。

2000 年 2 月，以议长约瑟夫为团长的安提瓜和巴布达议会代表团来访，参观开元寺、海交馆、东艺石雕厂等。4月，泰国众议院颂萨·杰素拉隆副议长一行20人来访，参观开元寺、老君岩。5月，菲律宾总统约瑟夫·E·埃斯特拉达率国事访问团一行265人来访，参观位于晋江市上郭村的菲律宾民族英雄扶西·黎刹纪念设施并为扶西·黎刹塑像奠基，市领导施永康等参加奠基典礼；同月，新加坡前总统黄金辉率团一行20人来访。同年，老挝中央政治局委员、副总理兼财政部部长本扬·沃拉吉一行来访。

2001年7月，俄罗斯国家杜马副主席奇林加洛夫率俄国际战略和政治研究中心代表团一行7人来访，市领导薛祖亮等会见代表团一行。9月，约旦王国副首相兼经济事务大臣穆罕默德·哈拉伊格率约旦代表团及阿盟代表团一行26人来访，参观清净寺、海交馆、圣墓等地。

2003年1月，菲律宾众议院议长德维尼西亚一行60人来访。9月，马来西亚副总理巴达维一行88人（包括5位内阁部长）来访，参观海交馆和圣墓、清净寺等地；同月，菲律宾前总统拉莫斯夫妇一行10人来访。11月，印度尼西亚前总统瓦希德夫妇一行16人来访，参观海交馆、清净寺等地，市领导郑道溪等会见客人。

2005年7月，以泰国上议院议长素春为团长的上议院代表团一行16人来访，参观开元寺和海交馆，与华侨大学商谈开展华文教育一事，华侨大学聘素春上议长为“名誉教授”。

2006年10月，菲律宾总统阿罗约一行200多人来访，在晋江黎刹广场向黎刹塑像敬献花圈，并考察晋江SM广场。

2007年11月23日，汤加王国议长率议会代表团一行11人来访，到泉州市九牧王、群峰机械公司等民营企业和海交馆、开元寺等地考察。

2009年9月，萨摩亚独立国副总理一行2人来访，考察九牧王（中国）有限公司、参观老君岩、闽台缘博物馆、开元寺等。10月，新加坡前总理、国务资政吴作栋一行23人来访，赴永春吴岭村参观祠堂、祖屋、学校。

2010年3月，柬埔寨王国国王诺罗敦·西哈莫尼一行13人来访，参观开元寺、考察泉州经济开发区特步（中国）公司、九牧王公司。9月，保加利亚副总统安格尔·马林一行8人访问泉州，参观开元寺、老君岩、海交馆，观看木偶、南音表演；同月，秘鲁共和国副总统路易斯·詹彼得里·罗哈斯一行6人来访，并参观闽台缘博物馆。

（二）政党 经贸 文教界等外宾来访

1991—2010年，到泉州市访问的外国政党代表团共162批、2032人次；外国经贸界团组68批、544人次；文教界代表团123批、1406人次。交流合作领域涉及教育管理、高等教育的校际合作、教师人才的培养等多个方面。

1991—2010年重要外宾到访泉州情况表

表43-1-1

年份	批次（批）	人数（人）	部分重要外宾访泉简况
1991	1	7	菲律宾移民局局长到泉州访问
1992	4	20	俄罗斯国家土地资源代表团到泉州访问 叙利亚共产党总书记尤素福·费萨尔到泉州访问
1993	18	147	马来西亚原初级产品部部长林敬益到泉州访问 日本平户市市长油屋亮太郎到泉州访问 澳大利亚达尔文市市长布朗到泉州访问
1994	6	25	日本那霸文化调查团到泉州参观访问 英国海外开发署指定的咨询专家到泉州考察
1995	19	229	德国艾伯特基金会项目执行人到泉州访问
1996	20	264	新加坡社会发展部庄日昆部长到泉州访问 马来西亚房屋与地方政府部长陈祖排到泉州访问

续表 43-1-1

年份	批次(批)	人数(人)	部分重要外宾访泉简况
1997	28	478	缅甸畜牧水产部部长到泉州访问 比利时列日省省长、议长到泉州访问 缅甸商务部部长、驻华大使到泉州访问 联合国教科文组织协调员迪安博士到泉州访问
1998	18	161	刚果（民）外交部秘书长穆凯亚·基昂万比到泉州访问 新西兰紧急事务民防局局长约翰·诺顿到泉州访问
1999	18	120	菲律宾内湖省省长扶西·利纳到泉州访问 新加坡贸工部部长杨荣文到泉州访问
2000	17	244	印度工商部长莫拉索里·马兰到泉州访问 老挝中央政治局委员、副总理兼财政部部长本扬·沃拉吉到泉州访问 多米尼加革命党总书记、政府内务部部长苏贝尔维到泉州访问
2001	18	191	立陶宛外交部经济司司长、立中经贸混委会立方主席罗马斯·施维达斯到泉州访问 也门文化部部长鲁哈尼到泉州访问 老挝最高检察院检察长坎班·披拉冯到泉州访问 菲律宾外交部副部长富兰克林·M·艾伯大林到泉州访问
2002	29	280	联合国教科文组织亚太地区文化事务专员理查德·英格哈特到泉州考察 印度尼西亚总统特别顾问陶菲克·基亚马斯到泉州访问 国际花园城市协会秘书长史密斯到泉州考察 联合国教科文组织项目官员阿丽丝到泉州参加“世界各国文化展示中心”奠基仪式，并考察泉州申遗点
2003	17	112	印度尼西亚大同党主席吴能彬到泉州访问 瓦努阿图财政部部长塞拉·莫利萨到泉州考察 伊朗亚兹德省省长卡朗塔里到泉州访问 马来西亚新闻部长丹斯里·哈吉·卡哈立德·雅各到泉州访问
2004	21	473	巴勒斯坦革命委员会委员迪亚布·尼莫尔·穆罕默德·鲁哈到泉州访问 国际古迹遗址理事会总协调员尤嘎博士到泉州考察申报世界文化遗产工作
2005	22	264	圣多美和普林西比解放运动—社会民主党主席波塞尔·达科斯塔到泉州访问 美国宾夕法尼亚州众议长约翰·派卓到泉州考察 巴西塞阿腊州州长露西亚·阿尔坎特拉到泉州参观访问
2006	31	364	马来西亚房屋与地方政府部长黄家定到泉州访问 斐济总检察长约翰亚·耐古拉维到泉州参观访问 菲律宾农业部长黄严辉到泉州参观访问 马来西亚雪兰莪州州长到泉州参观访问
2007	21	141	厄立特里亚人民民主与正义阵线中央执委尤素夫·伊德里斯·萨伊克率团到泉州访问 瑞典卡尔玛市市长、瑞典驻广州总领事司马武到泉州参观访问 莫桑比克伊尼扬巴内省省长梅格、驻华大使到泉州参观访问 爱沙尼亚审计长米克尔·奥维尔到泉州访问
2008	20	250	斯里兰卡建筑和工程服务部长拉吉塔·塞纳拉特内到泉州访问 加拿大列治文市市长马保定到泉州参观访问
2009	16	113	罗马尼亚一中国友好协会主席弗洛雷亚·杜米特雷斯库到泉州访问 1988 年诺贝尔化学奖得主罗伯特·胡贝尔教授到华侨大学讲座 汤加一中国友好协会副主席斯欧塞阿·莫哈到泉州参观访问
2010	16	194	德国莱法州沃尔姆斯德中友协代表团到泉州参观访问 德国国际文化交流基金会主席冈特·铁驰到泉州洽谈有关泉州申办亚洲合唱节等事宜
合计	360	4077	

二、重要出访

1991年10月，泉州市人大常委会主任王继超一行3人，赴日本进行为期7天的友好访问。12月，市委书记张明俊一行4人，赴日本进行为期15天的经贸考察交流活动。

1992年2月，市长林大穆一行5人，赴印度尼西亚进行为期15天的经贸考察交流活动。8月，市委书记陈营官一行6人，赴新加坡、印度尼西亚进行为期21天的招商洽谈活动。10月，林大穆市长率泉州市代表团访问日本浦添市，同浦添市各界广泛商讨两市合作与交流；同月，泉州市南音乐团和惠安高甲戏团组成的泉州市民族艺术代表团访问浦添，进行为期12天的友好交流活动。

1993年6月，市委书记陈营官一行7人，赴马来西亚进行为期10天的经贸考察交流活动。9月，市人大常委会主任王继超一行3人，赴菲律宾进行为期8天的友好访问。

1994年2月，应美国蒙特利公园市政府邀请，市长林大穆率泉州市代表团一行5人访问美国，并签署缔结友好城市关系协议书。8月，市长林大穆等随陈明义省长访问日本浦添市，出席“冲绳·福建经济研讨会”。

1995年12月，市长林大穆一行9人，赴美国、巴西、阿根廷进行为期15天的经贸考察交流活动。同月，市政协主席傅圆圆一行6人，由省委常委、组织部部长陈营官带队，赴美国、巴西进行为期15天的经贸考察交流活动。

1996年2月，市委书记丘广钟一行10人，赴美国、巴西、阿根廷进行为期15天的经贸考察交流活动。8月，市政协主席傅圆圆率团一行6人赴泰国、马来西亚，进行为期14天的经贸考察交流活动。9月—10月，应德国诺伊施塔特市邀请，市长何立峰率泉州市代表团一行10人，首次赴德国诺伊施塔特市进行为期10天的友好城市访问。10月，市委巡视员尤垂镇一行5人赴菲律宾参加为期5天的艺术节活动。12月，市人大常委会主任涂瑞南一行4人，赴日本、韩国进行为期12天的经贸考察交流活动。

1997年4月，市长何立峰一行5人，赴意大利、荷兰进行为期16天的经贸考察交流活动。7月，市政协主席傅圆圆一行4人，由省委常委、组织部部长陈营官带队，赴意大利、比利时进行为期14天的经贸考察交流活动。8月，市长何立峰一行3人，赴菲律宾进行为期10天的经贸考察交流活动。10月，市委书记丘广钟一行5人，赴澳大利亚、新西兰进行为期12天的经贸考察交流活动。11月，市委巡视员尤垂镇一行18人，赴日本开展为期5天的文化交流活动；同月，市人大常委会主任涂瑞南一行6人，赴马来西亚进行为期10天的经贸考察交流活动。

1998年4月，市委书记何立峰一行5人，赴英国、加拿大进行为期14天的经贸考察交流活动。7月，市人大常委会主任涂瑞南一行6人，赴澳大利亚、新西兰进行为期12天的经贸考察交流活动。9月，市委巡视员尤垂镇一行4人，赴澳大利亚进行为期10天的经贸考察交流活动。10月，市长施永康一行7人，赴法国、加拿大进行为期14天的经贸考察交流活动。11月，应日本浦添市政府邀请，市长施永康一行10人，赴日本参加泉州·浦添结好十周年庆典活动。

1999年3月，市政协主席傅圆圆一行5人，赴澳大利亚、新西兰进行为期12天的经贸考察交流活动。4月，市委书记何立峰一行4人，赴澳大利亚、新西兰进行为期15天的经贸考察交流活动。

2000年5月，市人大常委会主任涂瑞南一行4人，赴美国、加拿大进行为期12天的经贸考察交流活动。8月，市政协主席傅圆圆一行5人，赴菲律宾、加拿大进行为期12天的经贸考察交流活动。

2001年5月，市委书记刘德章一行6人，赴菲律宾、马来西亚进行为期14天的经贸考察交流活动。9月，市长施永康一行6人，赴俄罗斯进行为期12天的经贸考察交流活动。11月，市人大常委会主任薛祖亮一行7人，赴澳大利亚进行为期10天的经贸考察交流活动。

2002年4月，市政协主席傅圆圆一行6人，赴丹麦、瑞典进行为期12天的经贸考察交流活动。5月，市人大常委会主任薛祖亮赴秘鲁、加拿大访问。7月，市政府巡视员林文麟一行11人，赴俄罗斯、匈牙利进行为期12天的经贸考察交流活动。9月，市委书记施永康赴德国、芬兰进行为期14天的经贸考察交流活动。10 月，市长何团经一行 9 人，赴菲律宾、马来西亚进行为期 12 天的经贸考察交流活动。12 月，市委书记施永康一行 5 人，赴缅甸、越南等地进行为期 12 天的经贸考察交流活动。

2003 年 8 月，市政协主席傅圆圆一行 6 人，赴埃及、南非等地进行为期 12 天的经贸考察交流活动。10 月，市委书记施永康一行 5 人，赴菲律宾、塞班进行为期 12 天的经贸考察交流活动。

2004 年 4 月，市长郑道溪一行 8 人，赴菲律宾、马来西亚等地进行为期 12 天的经贸考察交流活动。5 月，市政协主席傅圆圆一行 7 人，赴俄罗斯、韩国进行为期 12 天的经贸考察交流活动。8 月，市委书记施永康一行 7 人，赴阿联酋、挪威进行为期 12 天的经贸考察交流活动。

2005 年 7 月，市人大常委会主任傅圆圆一行 5 人，赴加拿大进行为期 12 天的经贸考察交流活动。9 月，市人大常委会主任薛祖亮一行 5 人，赴奥地利、挪威经贸考察交流。

2006 年 5 月，市政协主席林荣取一行 12 人，赴法国、德国、意大利进行经贸考察交流活动。5 月，市委书记郑道溪一行 5 人，赴法国、挪威、美国进行为期 12 天的经贸考察交流活动，顺访美国友城蒙特利公园市并与圣迭戈郡签署缔结友好城市关系意向书。在圣迭戈郡，代表团举办泉州市投资项目推介会；廖小军副市长和圣迭戈州立大学文学院院长王保罗还分别代表泉州市和圣迭戈州立大学签署合作意向书；泉州市外经贸局、圣迭戈世界贸易中心、美国泉州科教工商促进会三方签订合作备忘录，以推动泉州与圣迭戈之间贸易信息、贸易机会、贸易人才的交流，促进两地的经贸合作。7 月，市委书记郑道溪赴马来西亚、印度尼西亚、新加坡、菲律宾访问。12 月，市人大常委会主任傅圆圆一行 6 人，赴法国、德国、瑞士进行为期 12 天的经贸考察交流活动。

2007 年 4 月，市委书记郑道溪一行 6 人，赴南非、埃及、阿联酋进行为期 12 天的经贸考察交流活动。5 月，市长朱明随黄小晶省长率领的福建省代表团赴法国、德国、荷兰访问，其间，顺访友好城市诺伊施塔特市。8 月，市政协主席林荣取赴奥地利、比利时访问。9 月，市政协主席林荣取一行 8 人，赴日本、加拿大、美国经贸考察交流。12 月，市人大常委会主任傅圆圆一行 7 人，赴缅甸、越南、老挝进行为期 12 天的经贸考察交流活动。

2008 年 3 月，市委书记郑道溪一行 7 人，赴巴西、阿根廷、委内瑞拉进行为期 12 天的经贸考察交流活动。12 月，市人大常委会主任傅圆圆一行 6 人，赴美国、加拿大进行为期 12 天的经贸考察交流活动，访问友好城市圣迭戈郡。

2009 年 6 月，市政协主席林荣取一行 7 人，赴南非、阿联酋、新加坡进行为期 12 天的经贸考察交流。11 月，市长李建国一行 6 人，赴日本、韩国进行为期 10 天的经贸考察交流。

2010 年 2 月，市人大常委会主任傅圆圆一行 6 人，赴德国、捷克、匈牙利进行为期 12 天的经贸考察交流活动。6 月，市长李建国一行 11 人，赴阿联酋、巴西、阿根廷参加庆典活动并进行经贸考察交流。7 月，市政协主席林荣取一行 6 人，赴挪威、瑞典、瑞士进行为期 12 天的经贸考察交流。12 月，市人大常委会主任傅圆圆一行 7 人，赴土耳其、阿联酋进行为期 10 天的经贸考察交流活动。

第二节　大型涉外活动

1991 年 2 月 14—19 日，联合国教科文组织“海上丝绸之路”考察团乘“和平方舟”号轮到泉州考察，30 个国家的 50 多名专家和记者出席“中国与海上丝绸之路”国际学术讨论会，并对伊斯兰圣墓、洛阳桥、九日山摩崖石刻、开元寺、草庵摩尼教遗迹等进行考察。3 月 1—5 日，由中国艺术研究院和省文化厅等单位联合举办的“中国南戏暨目连戏国际学术研讨会”在泉州召开，来自美国、英国、日本、加拿大等国和全国各地的专家学者及有关领导 60 多人出席。

1994 年 2 月 21—26 日，“伊斯兰文化对海上丝绸之路的贡献”国际学术讨论会在泉州举办。这次讨论会由联合国教科文组织丝绸之路综合研究项目组织、中国联合国教科文组织全国委员会、中国伊斯兰教协会、福建省政府、福建社科院、泉州市政府主办，由中国与海上丝绸之路研究中心和泉州海外交通史博物馆协作筹办。沙特、埃及、伊朗、日本、美国等12个国家的学者、宗教界人士参加。其间，还举办联合国教科文组织海上丝绸之路国际考察队访问泉州三周年纪念仪式、泉州伊斯兰国际经贸洽谈展销会、第五届中国泉州国际南音大会唱等文化和经济活动。其中，第五届中国泉州国际南音大会唱由日本、菲律宾、印度尼西亚、新加坡、马来西亚等9个国家和中国台港澳地区的13个南音社团参演，共有1800多人参加。10月29日，在泉州举行的中国郑州嵩山、泉州少林武术大会演暨国际南少林五祖拳联谊会1994年会开幕，来自美国、英国、日本、印度尼西亚、新加坡、菲律宾、加拿大等12个国家和地区的武术代表团与各界群众1000多人出席。

1996年3月4日，泉州"地改市"10周年庆祝大会在侨乡体育馆举行。中央、省、市相关领导、国际友城代表团及国内友城代表、海外祝贺团、外资企业代表、海内外专家、学者和团体的代表近3000人参加盛会，庆祝活动共有21个项目。

1997年12月1—4日，联合国教科文组织"文化发展10年"和"丝绸之路综合研究项目10年"结束庆典活动暨"中国与东南亚"国际学术讨论会在泉州举行，联合国教科文组织"丝绸之路综合研究"项目协调员杜·迪安，中国联合国教科文组织全国委员会副秘书长朱小玉和10多个国家、地区的代表，以及国内100多位专家学者参加会议。

2000年2月17—21日，第六届中国泉州国际南音大会唱在泉州市举办。来自印度尼西亚、新加坡、马来西亚、菲律宾、日本等五国，中国台港澳地区和省内厦门、漳州、泉州等地的30多个南音社团参加，同时举办为期3天的"南音学术研讨会"。10月9—11日，第三届中国泉州国际木偶节在泉州举办。来自英国、新加坡、比利时、日本、新西兰、西班牙6个国家，中国台湾、香港地区及辽宁、浙江、广东、江西、福建的32个表演团体数百位木偶表演艺术家汇聚一堂，展示技艺，交流经验。

2001年7月17—20日，泉州市举办"海上丝绸之路"民俗文化活动。来自索马里、阿曼、沙特、科威特、约旦、毛里塔尼亚、摩洛哥、卡塔尔、苏丹、叙利亚、突尼斯、也门、伊拉克、伊朗、马来西亚等国家的18位驻华使节，以及海内外60多位海交、古船专家云集泉州，开展对泉州伊斯兰历史文化、中国古代船舶发展史的学术研究和观摩、考察，并参加"海丝"民俗文化活动。8月18—22日，泉州市政府、中国合唱协会、中央电视台青少部联合主办的"泉州国际童声合唱节"在泉州举办，日本浦添市童声合唱团、泰国曼谷瓦塔娜少女合唱团、越南河内绿色还剑湖少儿合唱团、越南胡志明市耳环鸟合唱团、中国中央人民广播电台少年儿童合唱团，以及台湾浩浩儿童声乐合唱团、香港元朗儿童合唱团、澳门教业中学合唱团参加。

2002年2月23—26日，第一届中国泉州"海上丝绸之路"文化节暨"文庙广场元宵仿古大游园"民俗文化系列活动在泉州举办。其间，举行"仿古大游园"、"祭孔文艺表演"、"民间百戏"、南音演唱、元宵花灯展览、电视文艺晚会等民俗文化活动，展现"海丝"文化源远流长。9月20—21日，第七届中国泉州国际南音大会唱暨中国古乐大会唱在泉州市举办。来自印度尼西亚、日本、新加坡、马来西亚、澳大利亚、菲律宾6个国家，中国台湾、香港、澳门，陕西、山西、河南和省内厦门、漳州、三明、泉州等地的42个南音、古乐团体参加。9月21—22日，泉州港与"海上丝绸之路"国际学术研讨会在泉州举行。160多名海内外学者、专家参加，共提交82篇学术论文，其中26位代表作论文报告，会议还组织实地考察。原世界遗产管理委员会官员亨利·克利尔等14位专家被聘为高级顾问。

2003年2月14—16日，中国闽南文化节暨第二届中国泉州"海上丝绸之路"文化节在泉州举办。其间，举办大型民俗文化踩街游灯活动、20国华侨华人图片展和泉州百个家族移居台湾族谱展等活动。国务院副总理钱其琛、全国政协副主席罗豪才出席，科威特驻华大使和毛里塔尼亚驻华使馆参赞应邀参加。

2004年2月4—6日，第三届中国泉州"海上丝绸之路"文化节暨"海上丝绸之路"国际风情节在泉州举办。由阿曼、巴林、巴勒斯坦、也门、约旦、叙利亚、伊朗、印度尼西亚、苏丹、文莱驻华大使及利比亚、科威特、伊拉克驻华代办等组成的13个国家使节团一行24人应邀参加。5日，使节团一行出席"泉州伊斯兰文化陈列馆落成仪式"。该陈列馆共获阿曼苏丹、沙特国王及摩洛哥王国政府捐助建设款约51

万美元。

2005 年 2 月 22—25 日，第四届中国泉州“海上丝绸之路”文化节暨第八届中国泉州国际南音大会唱在泉州举办。文化节以大力弘扬中华民族优秀传统文化为宗旨，推动“海上丝绸之路·泉州史迹”申报“世界文化遗产”和“中国泉州南音”申报“人类口头及非物质文化遗产代表作”活动，增进对外文化交流与合作，扩大泉州作为“最佳中国魅力城市”的影响力。印度尼西亚、菲律宾、新加坡、马来西亚、美国、日本 6 个国家的南音社团参加文化节。

第三节 国际友好城市交往

一、与日本冲绳县浦添市友好交往

1988 年，泉州市与日本冲绳县浦添市结为友好城市。同年 9 月，泉州市市长陈荣春率代表团一行 24 人应邀访问浦添市。其间，两市政府正式签订缔结友好城市协议书。1988—2010 年，泉州市与浦添市开展经贸、教育、文化、体育等方面交流。至 2010 年，双方互派团组共 77 批。

1991 年 8 月，泉州市青少年足球代表团访问浦添市，同当地初中学生进行友谊联赛。11 月，浦添市比嘉升市长率团访问泉州，商讨邀请泉州市南音代表团访日及结好 5 周年物产展等活动。

1992 年 8 月，浦添市比嘉升市长率日本冲绳“中国大陆三千公里行”代表团一行 76 人到泉州访问；同月，浦添市市长助理宜保成幸率物产代表团来访。10 月，泉州市市长林大穆率代表团一行 4 人和泉州市民族艺术代表团一行 27 人先后到浦添市访问。11 月，浦添市市民部长前岛明男率团一行 10 人到泉州，商讨在浦添市举办泉州物产展事宜。

1993 年 7 月，浦添市悦华石油公司代表团第四次访问泉州，进行物产展合同商品核对并商讨庆祝两市缔结友城 5 周年活动事宜。10 月，浦添市市长宜保成幸率团 137 人乘包机到泉州参加缔结友好城市 5 周年活动。12 月，泉州市代表团出席在浦添市举办的“泉州物产展”。

1994 年 2 月，浦添市市长助理又吉幸一率团一行 6 人参加泉州市举行的“第五届泉州中国国际南音节”。6 月，泉州市首次派研修员到浦添市进行人才交流，为期半年。8 月，泉州市市长林大穆率团访问浦添市，并出席冲绳·福建经济研讨会。

1995 年 8 月，浦添市议会议员仲座方康来访。10 月，浦添市商业高中代表到泉州，探讨与泉州市旅游职业学校结好事宜。

1996 年 3 月，浦添市派团到泉州访问；同月，浦添市艺术代表团到泉州参加 1996 年泉州国际民间艺术节。

1997 年 7 月，泉州市教育代表团访问浦添市。9 月，浦添市市长宫城健一率团访问泉州市。同月，浦添市组团参加第二届泉州“9·9”商品交易会。

1998 年 7 月，浦添市市长助理照屋宽顺率代表团到泉州，商讨在浦添市举行泉州·浦添缔结友好城市十周年庆典事宜。11 月，泉州市市长施永康率泉州市代表团、木偶表演代表团、经济代表团参加泉州·浦添结好十周年庆典。

1999 年 2 月，浦添市副市长吉长胜盛率政府代表团一行 13 人访问泉州市，参加首届泉州旅游节。

2000 年 3 月，浦添市市长宫城健一、议长奥本道夫率团访问泉州市，参加第二届泉州旅游节。7 月，泉州市副市长黄少萍率团赴浦添市参加浦添市建市 30 周年庆典。10 月，浦添市市长宫城健一、议长奥本道夫率团一行 124 人到泉州市进行友好访问，并参加第三届泉州国际木偶节。

2001 年 5 月，浦添市副市长吉村清率教育代表团一行 6 人访问泉州，与市教委签署两市青少年交流备忘录。6 月，泉州市再次派研修员到浦添市进行为期半年的研修。8 月，浦添市市长仪间光男、议长与座澄雄一行 47 人访问泉州，参加 2001 中国泉州国际童声合唱节。12 月，泉州市海外交通史博物馆相关人员赴浦添市参加“琉球与福建民俗文化比较研究”课题研讨。

2002年7月，泉州市少儿友好交流团一行20人赴浦添市交流访问。8月，浦添市“收入役”外间宏一行2人访问泉州，商讨两市结好15周年庆祝活动及今后交往事宜。10月，浦添市工商界人士一行5人到泉州考察，并与有关厂商就开展石材、瓷器等贸易达成意向。12月，泉州市经贸考察团一行19人赴浦添市考察访问。

2003年10月，浦添市市长仪间光男、议长川上宰夫一行37人到泉州，参加两市结好15周年庆祝活动。

2004年3月，冲绳空手道协会会长渡嘉敷唯贤一行4人访问泉州，其间，开展武术交流。4月，浦添市文化部部长安里进率团一行11人访问泉州，与泉州市有关部门商谈举办“中国福建·琉球交流500年展”（即泉州文物展）的具体事宜。8月，浦添市少儿友好访问团一行23人访问泉州，与泉州市中小学生进行友好交流。10月，浦添市市长仪间光男一行17人参加在福州举办的首届福建省国际友好城市大会，其间，代表团访问泉州市，并与市政府签署“中国福建·琉球交流500年展”意向书。11月，浦添市经贸考察团一行8人到泉州考察石材、纺织、家具等企业，并商谈合作事宜。

2005年2月，日本浦添市文化代表团到泉州市与海交馆具体商定“中国·福建—琉球交流500年展”（即泉州文物展）事宜，并参加第四届“海丝”文化节。3—5月，由泉州市和浦添市联合举办的“中国·福建—琉球交流500年展”（即泉州文物展）在浦添市美术馆成功举行。泉州市100多件文物赴展，副市长洪泽生参加文物展开幕式。6月底至7月初，应浦添市市长仪间光男邀请，泉州市代表团一行6人访问浦添，参加其建市35周年庆典。8月，泉州市政协副主席林玉莲率领泉州市少年儿童代表团一行21人赴浦添市进行为期5天的交流访问。10月，泉州市委副书记周振华率泉州市青年商会代表团一行8人赴浦添市考察。

2006年4月，浦添市前议长奥本道夫率浦添市议会代表团一行7人访问泉州。5月，泉州市副市长潘燕燕率泉州市文化旅游考察团一行5人赴浦添市考察访问。6月，日本冲绳国立剧院代表团一行8人到泉州与泉州梨园剧团洽谈演出事宜。8月，浦添市教育长西原广美率领浦添市少儿友好访问团一行23人访问泉州，与泉州市中小学生进行友好交流。10月，泉州梨园剧团代表团一行25人赴浦添市参加“中日传统戏曲交流会”。

2007年5月，浦添市市长仪间光男率经贸考察团一行38人到泉州访问。6月，泉州市第三次派研修员到浦添市进行为期半年的研修。8月，浦添市乒乓球代表团一行5人到泉州，与泉州市共同组成“泉州—浦添代表队”参加在北京举办的中日友好城市初中生乒乓球大会；同月，市政协副主席骆沙鸣率泉州市少儿友好交流团一行21人赴浦添交流访问。

2008年8月，浦添市教育长西原广美率领浦添市少儿友好访问团一行24人访问泉州，与泉州市中小学生进行友好交流。

2009年7月，泉州市采风团赴浦添市进行访问，对该市“太阳之子节”、当地民俗风情等进行采风。8月，泉州市人大常委会副主任张贻伦率泉州市少儿友好交流团一行23人赴浦添交流访问。

2010年6月，泉州市代表团赴浦添市参加浦添市建市40周年庆典活动。8月，浦添市教育长西原广美率浦添市少儿友好访问团一行23人访问泉州，与泉州市中小学生进行友好交流。

二、与美国加利福尼亚州蒙特利公园市友好交往

1987年11月，全国友协推荐泉州市与蒙特利公园市结成友好城市。1988年11月13日，美国蒙特利公园市市议员、前市长豪斯曼和市政府礼宾官巴巴拉·哈默女士、市商会理事玛丽·威廉女士一行3人到泉州访问。豪斯曼一行参观开元寺、清净寺、洛阳桥、海外交通史博物馆、华侨大学、惠安石雕厂、泉州木偶剧团等。

1993年7月，“泉州·蒙特利公园市友好城市协会”正式成立，并向蒙特利公园市议会正式提出两市缔结友好城市的申请。8月23日，蒙特利公园市王震博士到访，商谈泉蒙结好事宜。10月3日，王震

博士再次到泉州访问，商定泉州市代表团1994年年初访美并签订友城协议书等事宜。10月11日，蒙特利公园市议会以全数五票通过与泉州缔结友好城市关系的议案。

1994年2月，应蒙特利公园市市长玛丽·波维斯邀请，以市长林大穆为团长的泉州市政府代表团一行5人，访问蒙特利公园市。24日上午，泉州市与美国蒙特利公园市签署缔结友好城市关系协议书。蒙特利公园市将2月24日定为“泉州日”。泉州市送给蒙特利公园市一块大型东西塔辉绿岩影雕和3盒反映泉州风貌的录像带；蒙特利公园市送给泉州一尊金属雕鹰和一把蒙特利公园市的金钥匙。同年，泉州市龚清书等2位水仙花雕刻师，应蒙特利公园市“泉州—蒙特利公园市友好城市协会”和蒙特利公园市商会邀请，参加蒙特利公园市新春花市，进行雕刻表演。

1994年6月，蒙特利公园市蒙泉友协会长黄陈月如到泉州访问。8月15—19日，市长赵美心率蒙泉友协代表团一行21人到泉州访问。同年，泉州市中泉公司在蒙特利公园市成立经贸办事处。

1996年9月，蒙特利公园市候任市长玛丽·波维斯率蒙特利公园市经贸代表团一行9人参加泉州“9·9”商贸会。

1997年10月，蒙特利公园市市长亚伦索率团一行3人到泉州访问。1997年10—11月，副市长余茂桂率泉州市经济考察团一行7人访问蒙特利公园市。同年，泉州五矿公司在蒙特利公园市设立并开展仓储业务。

1999年2月，美国蒙泉友协代表团一行13人到泉州访问，参加首届泉州旅游节。6月，蒙特利公园市市长赵美心率友城代表团一行17人访泉。12月，泉州市委副书记、泉州市人民对外友好协会会长薛祖亮率团一行6人访问蒙特利公园市。

2000年2月，蒙泉友协副会长陈志东率蒙特利公园市友好人士一行4人到泉州访问，参加第二届泉州旅游节。

2001年5月，蒙泉友协新任会长陈文赞率团一行4人到泉州访问，蒙特利公园市东洛杉矶学院入学部主任洪杰民与泉州五中签订开展文教交流意向书。9月，蒙特利公园市东洛杉矶学院入学部主任洪杰民到泉州访问并向泉州五中赠送书籍。11月，蒙特利公园市市长弗朗西斯科·亚伦索率团一行4人到泉州市进行友好访问。

2002年2月，蒙泉友协组团到泉州参加第一届泉州“海丝文化节”。3月和8月，蒙泉友协会长陈文赞先后与蒙特利公园市有关人员到泉州进行商贸考察和文教交流。

2003年2月，蒙泉友协组团一行到泉州参加第二届泉州“海丝”民俗文化节暨中国民系（闽南）文化节。

2004年3月，蒙泉友协会长陈文赞到泉州访问，商讨友好城市交往事宜。5月，蒙泉友协会长陈文赞随北美福建同乡联合会代表团到闽参加第五届世界福建同乡恳亲大会，并顺访泉州。10月，蒙泉友协代表团到闽参加首届福建省国际友城大会并访问泉州。12月，蒙特利公园市市长伍国庆率代表团一行5人访问泉州。

2005年3月，泉州市政府向蒙特利公园市赠送的400多盏花灯在蒙特利公园市“元宵彩灯嘉年华会”上展览。5月，蒙泉友协会长陈文赞与蒙特利公园市商界人士一行3人到泉州考察市场。8月，蒙泉友协会长陈文赞与蒙特利公园市商界人士一行3人到泉州商洽经贸合作事宜。

2006年2月，蒙泉友协会长陈文赞一行2人到泉参加第五届泉州“海丝”文化节，商讨2006年友城交往事宜，并考察树脂市场。5月，市委书记郑道溪率代表团一行7人访问美国圣地亚哥郡，并顺访蒙特利公园市。

2009年8月，泉州七中与蒙特利公园市马克凯珀尔高中首次尝试开展学生文化交流计划，于每年的7月中旬至8月间互派两名学生进行为期10年的交流活动（单数年泉州市派学生至蒙特利公园市交流，双数年蒙特利公园市派学生至泉州市交流），当年泉州七中首次派两名学生赴蒙特利公园市交流，但由于签证原因，未能成行。

2010年2月26日至3月1日，蒙特利公园市市长黄维刚一行5人到泉州参加“首届海峡两岸闽南文化节”。

至2010年，双方共互派团组27批。

三、与德国莱法州诺伊施塔特市友好交往

1994年8月，德国莱法州大学恩勒特教授到泉州访问，探讨缔结友好城市事宜。

1995年8月，中国人民对外友好协会正式批准泉州市与德国诺伊施塔特市缔结友好城市关系。10月31日至11月4日，应泉州市政府邀请，由市长于尔根·魏勒尔率领的德国诺伊施塔特市代表团一行10人访问泉州。11月2日，泉州市与德国诺伊施塔特市签署缔结友好城市关系协议，双方商定，泉州市人民对外友好协会和诺伊施塔特市经济促进委员会为两市友好交往的联系窗口，并各自指定联系人。双方一致同意在对方城市设立经济性、宣传性窗口，以进一步加强两市人民的相互了解和友谊。其间，诺伊施塔特市代表团参观华侨大学、泉州实验小学，实地考察晋江、石狮两地成片开发区、“三资”企业和商品市场，游览名胜古迹。自缔结友好城市关系后，两市开展经济、贸易、文化、艺术、教育等方面的交流，两市的友好交往与合作较为密切。

1996年3月，诺伊施塔特市青少年合唱团来访，参加1996年泉州国际民间艺术节。5月，德国莱法州教育部部长率代表团一行6人到泉州访问。9月22日至10月1日，市长何立峰率泉州市代表团一行10人首次访问诺伊施塔特市。同年，诺伊施塔特市葡萄酒罐装厂和自行车计程器生产厂与泉州市签订合作意向书。

1997年3月，泉州市赴德国经贸代表团一行4人顺访诺伊施塔特市；同月，德国诺伊施塔特市风情摄影展在泉州举行。10月，副市长方贤明率泉州市赴德金融考察团一行6人顺访诺伊施塔特市；同月，泉州市友协摄影家代表团一行5人访问诺伊施塔特市并举行泉州风情摄影展。同年，泉州市从诺伊施塔特市进口葡萄酒3.2万瓶。

1999年4月，诺伊施塔特市市民友好参访团一行10人访问泉州市。11月，副市长曾华彬率泉州经贸代表团一行10人访问诺伊施塔特市，参加莱法州第二届“法尔兹”消费品展。

2000年10月，魏勒尔市长率领诺伊施塔特市代表团一行10人访问泉州市，参加两市结好5周年庆祝活动。

2001年10月，泉州市代表团一行10人访问诺伊施塔特市，参加德国葡萄酒节活动。11月，莱法州经济代表团一行17人访问泉州，与泉州市有关部门和企业洽谈环保、防伪技术、产品购销等合作事宜。

2002年8月，经诺伊施塔特市推荐，德国东源咨询暨贸易公司首席代表到泉州访问，与泉州市领导就泉州申请加入欧盟亚洲城市发展计划事宜进行商谈。9月，莱法州教育代表团一行9人访问泉州，商讨泉州与诺伊施塔特市开展教育、文化交流等事宜。

2003年8月，泉州市经贸代表团一行5人访问诺伊施塔特市，在诺伊施塔特市政府协助下，泉州市在法兰克福成立“德国（泉州）贸易促进中心”。

2004年4月，莱法州文化艺术基金会主席和莱法州德中友协主席冯·波利斯伯爵一行8人，应福建师范大学和泉州画院邀请，访问泉州市。10月，德国莱法州蒙塔鲍尔音乐学校艺术代表团一行8人访问泉州，与泉州师院艺术学院学生交流。11月，德国诺伊施塔特市百杯酒农合作社代表团一行2人，到泉州与泉港公司洽谈葡萄酒贸易合作事宜，并举办“德国葡萄酒品尝会”。

2005年4月，诺伊施塔特市市长汉斯·盖奥格·瑞夫勒率领由副市长、议会各党派代表等组成的代表团一行10人对泉州进行正式友好访问；同月，莱法州德中友协主席冯·波利斯伯爵夫人组织艺术家代表团一行11人访问泉州。7月，德国洪恩巴赫公司组织经贸代表团一行4人到泉州与泉州佳誉公司商谈合作事宜。9月，市人大常委会副主任魏坚率泉州市代表团一行7人访问诺伊施塔特市，参加泉州市·诺伊施塔特市建立友好城市关系十周年庆祝活动。

2006年2月，德国莱法州博物馆馆长高赫博士到泉州考察，并与泉州海交馆商谈开展友好交流事宜。5月，由泉州市人民对外友好协会、德国诺伊施塔特市经济发展委员会和德国驻广州总领事馆主办，泉港贸易有限公司和德国诺伊施塔特市万杯酒农合作社承办的“2006德国莱法州葡萄酒节”在泉州市举办。诺伊施塔特市市长汉斯·盖奥格·瑞夫勒和德国驻广州副总领事魏荣博随莱法州经贸代表团一行16人，到泉州市访问，并参加葡萄酒节开幕式及品酒会。6月，德国莱法州文化艺术家联合会主席冯·波利斯伯爵夫妇组织艺术家交流团一行6人到泉州访问，探讨与泉州市开展文化艺术交流以及在泉州市高校开设德语课的可能性。10月，莱法州爵士乐团19人到泉与泉州师院艺术系交流、演出。同年9—12月，应德国诺伊施塔特市汉斯·盖奥格·瑞夫勒市长邀请，泉州市首次派研修员前往诺伊施塔特市进行为期3个月的研修交流。同年，泉州市泉港贸易有限公司向德国诺伊施塔特市“万杯酒农合作社”进口葡萄酒约22万欧元。

2007年5月，市长朱明随省长黄小晶率领的福建省代表团访问莱法州，并顺访诺伊施塔特市。8月，莱法州州务秘书（经济部副部长）恩勒特教授率经贸考察团一行6人访问泉州。10月，德语第二外语选修课正式在华侨大学开设，任课教师为莱法州福建友好促进会和诺伊施塔特市选派的资深教授；同月，莱法州福建友好促进会主席、艺术家联合会主席冯·波利斯伯爵夫妇到泉州考察，与华侨大学、泉州师院探讨与莱法州高校开展校际合作交流事宜。

2008年5月，莱法州经济部代表团一行5人访问泉州市，与华侨大学探讨合作开展关于莱法州葡萄酒在福建省的市场调查课题。6月，莱法州福建友好促进会主席、艺术家联合会主席冯·波利斯伯爵夫妇到泉考察，观看南音、提线木偶、高甲戏、梨园戏等地方戏曲，并与有关剧团座谈，探讨2009年邀请部分剧种赴莱法州参加福建省与莱法州结好二十周年庆典活动事宜。10月，泉州市采风团一行8人访问诺伊施塔特市，参加德国葡萄酒节。11月，诺伊施塔特市常务副市长英格·罗特令斯霍夫参加在北京举办的“首届中国国际友好城市大会”之后，对泉州进行为期5天的访问。

2009年5—6月，应莱法州福建友好促进会邀请，泉州市提线木偶戏、梨园戏、茶道等表演艺术家，赴莱法州和诺伊施塔特市交流演出，庆祝两省州结好二十周年。

2010年2—3月，诺伊施塔特市分管文化的副市长马克·魏格尔率代表团一行4人到泉州参加首届“海峡两岸闽南文化节”。6月11日，副市长陈荣洲率经贸代表团一行11人访问诺伊施塔特市。6月28—29日，泉州青年商会代表团访问诺伊施塔特市。8月，泉州市青少年代表团一行14人首次应邀赴德国诺伊施塔特市访问，与诺伊施塔特市青少年学生进行“1+1”住家式友好交流。10月，诺伊施塔特市市长汉斯·盖奥格·瑞夫勒率代表团一行10人访问泉州，共庆两市结好15周年。其间，两市共同举办“经贸洽谈会”“摄影油画展”等系列庆祝活动。

至2010年，两市互派团组45批。

四、与土耳其梅尔辛伊尼赛市友好交往

1999年11月，应友好城市德国诺伊施塔特市政府的邀请，泉州市副市长曾华彬率经贸代表团赴德国访问并参加在诺伊施塔特市举行的第二届“法尔兹消费品展销会”。土耳其梅尔辛伊尼赛市泽·奥兹古尔市长作为诺伊施塔特市友好城市嘉宾应邀率团到会。其间，奥兹古尔市长与泉州市代表团接触，并在诺伊施塔特市政府的协助下与泉州市领导举行会谈，就开展友好交流与合作等事宜达成共识。梅尔辛伊尼赛市代表团还表达希望同泉州市发展国际友好城市关系的诚挚愿望。

2000年3月，应泉州市市长施永康的正式邀请，奥兹古尔市长率土耳其梅尔辛代表团一行5人对泉州市进行为期4天的访问，参观考察泉州市的投资环境、“三资”企业和名胜古迹，与泉州市领导就两市开展友好交往和发展友城关系等事宜举行正式会谈，并签署会谈备忘录。

2000年6月底，应市长奥兹古尔的正式邀请，副市长曾华彬率泉州市代表团回访梅尔辛伊尼赛市，对当地政治、经济、社会、文化等各方面情况进行考察，受到该市政府和当地各界的热情接待。其间，

两市领导签署“泉州市·梅尔辛伊尼赛市建立友城关系意向书”。

2000年6月，泉州市工商企业考察团访问梅尔辛伊尼赛市，与当地众多商家广泛接触洽谈，达成一些贸易合作意向。

2000年12月，福建省人大常委会副主任王建双率省经贸考察团访问土耳其期间，梅尔辛伊尼赛市对该团予以热情接待，并向福建省领导通报与泉州市的结好议案申请已获该市议会一致通过的信息，表达期待尽早与泉州市正式缔结友好城市的愿望。

2001年9月，梅尔辛市经贸代表团参加厦门“9·8”贸洽会，并设立摊位。

2002年4月，奥兹古尔市长率领梅尔辛伊尼赛市代表团一行13人应邀访问泉州市，两市市长签署缔结友好城市关系协议书。同月，泉州五矿公司与梅尔辛MEFA建筑公司签署合同，泉州五矿公司向对方出口石材价值20多万美元。8月，泉州市青少年友好访问团一行19人应邀赴梅尔辛伊尼赛市访问，与当地青少年开展1+1住家式的交流活动。12月，华侨大学与梅尔辛大学就两校开展友好交流及华大帮助梅尔辛大学成立中文系等有关事宜达成初步意向。

2004年10月，易卜拉欣·冈茨市长首次率团一行6人对泉州进行正式友好访问，并参加在福州举办的首届福建省国际友城大会。

2005年8月，泉州市青少年代表团一行21人，赴梅尔辛市进行友好交流访问，与当地青少年开展1+1住家式的交流活动。9月，市人大常委会副主任魏坚率泉州市代表团一行7人访问土耳其梅尔辛伊尼赛市。

2006年7月，梅尔辛市青少年代表团一行17人首次到泉州与泉州市青少年开展为期10天的“1+1”住家式交流活动。9月，泉州市民间艺术家代表团一行7人应邀赴梅尔辛市参加国际艺术节，演出取得成功。

2007年8月，泉州市青少年代表团一行20人应邀赴梅尔辛市进行友好交流访问，与当地青少年开展1+1住家式的交流活动。9月，泉州市木偶艺术代表团一行6人应邀赴梅尔辛市参加国际艺术节活动。10月，市委常委王亚君率泉州市经贸考察团一行9人，顺访土耳其梅尔辛伊尼塞市。

2008年7月，梅尔辛市青少年代表团一行15人到泉州访问，与泉州市中学生开展为期10天的“1+1”住家式友好交流活动。

2010年2—3月，梅尔辛市派人到泉州泉州市参加首届“海峡两岸闽南文化节”。7月，梅尔辛市青少年友好交流团一行17人到泉州访问，与泉州市中学生开展为期12天的“1+1”住家式友好交流活动。

至2010年，双方互派团组14批。

五、与美国加利福尼亚州圣迭戈郡友好交往

2005年9月，经旅美侨胞余建强、康玛水等人热心牵线，美国圣迭戈郡政委员会副主席、第四区行政长官朗·罗伯兹率领由圣迭戈商界、教育界、新闻界人士组成的代表团一行12人首次访问泉州。市委书记郑道溪会见代表团一行，双方就开展友好交往与合作等事宜达成共识。

2006年5月，应圣迭戈郡政委员会副主席、第四区行政长官罗伯兹的邀请，市委书记郑道溪率团访问圣迭戈郡，与罗伯兹等官员举行会谈，并签署缔结友好城市关系意向书。其间，代表团在圣迭戈郡举办泉州市投资项目推介会；副市长廖小军和圣迭戈州立大学文学院院长王保罗签署合作意向书；泉州市外经贸局、圣迭戈世界贸易中心、美国泉州科教工商促进会三方签订合作备忘录。11月，罗伯兹率圣迭戈商界、教育界代表团一行19人对泉州进行正式友好访问。代表团一行考察泉州世贸中心场址、惠南工业区以及外走马埭围垦工程。圣迭戈州立大学校长史提夫·韦伯等人还参观访问泉州师范学院并与泉州师范学院有关领导进行友好座谈。11月6日，市委书记郑道溪、市长朱明、市人大常委会主任傅圆圆、市政协主席林荣取会见代表团一行，其间，圣迭戈世贸中心总裁贝拉·惠拉女士宣读世贸中心联合会批

准设立泉州世贸中心的复函。会见结束后，双方签署缔结友好市郡关系协议书。

2007 年 2 月，泉州市教育访问团访问圣迭戈州立大学，两校签订友好合作协议和附属协议。根据该协议，泉州师院于 2007 年 8 月底选派 4 位教师赴圣迭戈州立大学进行为期半年的语言及专业培训。5 月，圣迭戈州立大学汉语研究学院院长刘丽蓉教授访问泉州师院，对泉州师院推荐的 12 名赴美研修候选人进行考核。8 月、9 月，泉州师范学院 4 名教师分两批到达美国圣迭戈州立大学，开始为期 3 个半月的学习和科研。9 月，泉州青年商会代表团一行 8 人访问圣迭戈，商讨泉州世贸中心筹建相关事宜。10 月，美国南加州发生重大森林火灾，圣迭戈郡受灾情况严重，闻讯后，市委书记郑道溪和市长朱明立即分别以泉州市委和泉州市政府及个人名义向圣迭戈郡政委员会发函慰问。12 月，圣迭戈世贸中心总裁、CEO 贝拉•惠拉女士到泉州参加泉州世贸中心用地摘牌暨泉州世贸中心奠基仪式，和 2007 全球世界贸易中心泉州峰会相关签约仪式。同年，世贸中心正式在泉州落户。

2008 年 3 月，圣迭戈郡政委员会主席罗伯兹率领圣迭戈郡商务代表团一行 12 人访问泉州，并与泉州市合作在泉举办的“经商美国”说明会。美国有关专家就在美经商、企业设立、营销和品牌建立等方面举行联合讲座，与泉州市企业进行“一对一”会面和咨询。9 月，圣迭戈世贸中心总裁、CEO 贝拉 • 惠拉女士带领由加州商务投资服务中心、圣迭戈郡政府、经济发展局、圣迭戈郡旅游会展局、港务局、机场管理局等有关部门联合组成的商务代表团一行 10 人访问泉州，并举行“圣迭戈投资和商务环境”介绍会。11 月，美国圣地亚哥州立大学执行校长南茜 • 玛兰一行访问华侨大学。华侨大学与圣地亚哥州立大学在陈嘉庚纪念堂科学厅签署合作协议。根据协议，两校将在学生互派、教师互访、科学研究、项目开发等方面开展合作。12 月，泉州市人大常委会主任傅圆圆率泉州市代表团一行 7 人访问圣迭戈。

2009 年 5 月，华侨大学访问团访问美国圣地亚哥州立大学，两校签署《中国华侨大学派遣教师赴美国圣地亚哥州立大学交流项目》协议。根据此协议，华侨大学选拔教师或研究人员前往圣地亚哥州立大学进行为期 6 个月或一年的进修、访问、合作研究。其间，双方还就某些学科专业领域邀请讲学、合作培养研究生、合作开展研究、合作开发语言资料库、共同开展语言实验等达成初步意向。9 月，华侨大学两名学生首批赴美国圣地亚哥州立大学进行为期一学期的交流学习。

2010 年 2 月，美国泉州科教工商促进会会长余建强、秘书长康玛水作为圣迭戈郡指定代表，参加泉州市举办的“首届闽南文化节”活动。

六、与法国朗格多克—鲁西永大区埃罗省友好交往

2007 年 11 月，市委副秘书长张锡坤一行 3 人赴法参加中法地方政府论坛，并顺访埃罗省，初步探讨两地缔结友好城市可能性。

2008 年 1 月 31 日，埃罗省省长、副省长到泉州访问，两地签署结好意向书。10 月，以泉州市媒体为主体的泉州市采风团一行 8 人赴埃罗访问，开展交流活动。

2009 年 5 月，埃罗省代表团一行 14 人访问泉州市。代表团主要成员包括埃罗省议会副主席、议员、负责国际交流、经贸、旅游的官员及企业代表。双方共同举办“埃罗省经贸旅游推介会”并签署会谈备忘录。

2010 年 2—3 月，埃罗省省长安德雷 • 韦兹内、副省长雅克 • 阿特兰一行 6 人访问泉州市，参加“首届海峡两岸闽南文化节”，并于 2 月 28 日正式与泉州市签署缔结友好城市关系协议书。3 月，埃罗省代表团一行 16 人访问泉州市。代表团深入安溪县考察，探讨安溪乌龙茶与埃罗省葡萄酒，以及安溪茶文化和埃罗省葡萄酒文化之间开展交流与合作事宜；参观泉州市有关企业，并与有关企业家进行座谈。6 月，泉州经贸代表团一行 11 人赴埃罗省进行访问，考察当地的葡萄酒庄、医药集团与服装企业。其间，埃罗省省长等与代表团会面，就两地之间的经贸、文化、人员等领域交流进行洽谈。

第四节 涉外管理

一、因公出国（境）管理

1991年，泉州市严格按外交部、省外办的有关规定，进一步规范因公出国（境）审批程序，对每一批出访人员的构成、出访国家、出访时间和经费等进行认真审核，确保每一批团组任务明确、人选得当、线路合理、费用合理。坚决制止弄虚作假及借机公费出国（境）旅游的团组和人员。

1991—1995年，泉州市共办理出国（境）事项及签证0.6万批、1万多人次。

1996—2000年，全市共办理出国（境）事项及签证1.6万批、3.6万人次。

2001年，泉州外事工作部门完善工作制度，在与省外办电脑联网基础上，实行审批、签证、护照电脑网络管理，使因公出国（境）管理更加规范化。泉州市外办对多种所有制企业实行分类管理，整理151家出口创汇大户、628家纳税大户、79家高新技术企业和131家重点跟踪服务企业资料。全年护照、通行证的收缴率比上年提高95%。全年审核、审批因公出国（境）1658批、2980人次，办理护照签证1880批、4400人次，签证成功率98%。邀请外国人商务入境181批、310人次。

2002年，泉州市委办下发《关于简化手续方便企业人员商务出国（境）的通知》，简化办事程序，缓解企业商务人员出国难问题。同时实行三级责任制，制止一批不符合规定的报批事项。

2003年，泉州市外事办提出加强出国（境）5条措施，严格把关出访任务、地点、人员结构、团组人数、在外时间、费用来源、邀请方资信等方面；推行办事公开制度，实行首问责任制。全市共办理出国（境）事项1221批、2413人次；办理护照签证、通行证签注1419批、3021人次，制止不符合规定审批事项31批、71人次；筛选年纳税50万元以上，出口创汇100万美元以上企业、省级认定高新技术企业等2380家，简化出国（境）审批手续。

2004年，全市办理因公出国（境）审批事项1435批、1577人次，办理护照签证1912批、4009人次。并根据省、市有关规定，做好领导出访团审核把关，规范审批手续，制止不符合规定团组33批、63人次。根据税务、外贸、科委、海关等部门提供的资料，为2000多家符合条件的企业简化申办出国（境）手续。同年，办理邀请外国人商务入境275批、497人次。

2006年，泉州市加强对领导干部因公出国（境）审查力度，简化企业人员出国（境）手续，整理确认全市两千多家出国（境）重点扶持企业和120家优质服务对象，对这些重点企业人员出国（境）手续予以简化，对符合规定，材料齐全的团组和人员实行申报手续与办理签证、签注同时进行，缩短办理时间，提高工作效率。

2007年，泉州市外办制定下发《关于进一步加强因公出访管理工作的通知》等文件，加强对领导干部因公出国（境）管理。同时，全市严格执行证照管理规定，按时收缴各类证照2200多本，严肃处理10多批超期违规团组。

2008年，泉州市办理因公出国（境）审批事项1081批、2280人次；办理护照签证、通行证签注1200批、4932人次；办理外国人商务入境签证840批、1236人。

2009年，泉州市外办与市纪委、市委组织部、市外事侨务办、市财政局、市人事局和市审计局等部门建立因公出国（境）管理专项工作联席会议制度。全市审批因公行政出国（境）团组287批、562人次，分别比近三年平均数减少31%和25%。同时，开展国家工作人员出国（境）证照专项检查，巩固制止公款出国（境）旅游工作成效；加大为企业服务力度，整理上报3638家重点扶持企业作为第二批简化政审手续对象。同年，全市办理因公出国（境）审批事项1215批2762人次，办理护照签证及通行证签注1995批7290人次。

2010年，泉州市外办严格审核审批，扩大简化企业政审手续试点范围，为企业循因公渠道出访提供优质服务，全市受理因公出国（境）审批1331批2530人次，办理护照、通行证、签证签注1421批5060人次；

发放 APEC 商务旅行卡 39 批 50 人次，办理 APEC 商务旅行卡 156 人次。同年，制止照顾性出访和无明确出访任务考察团组 12 批 25 人次，调整压缩不合理团组 31 批 42 人次。

二、外籍人员及涉外事项管理

1991 年，泉州市外办执行省劳动局、省公安厅、省人事局关于外国人在中国就业有关手续的通知，强化对外国人的管理。该通知规定外国人申请在华就业，由各级劳动部门办理手续。外国人在中国就业被批准后，凭“外国人就业证”和聘雇单位公函及健康证明到公安部门办理居留手续。

1993 年年底，福建省逐步开展聘请外国文教专家单位资格认可工作，在福建省范围内，凡欲聘请外国文教专家（含一般教师）的单位，都应在取得由国家外国专家局颁发的“聘请外国文教专家单位资格认可证书”后，才能聘请外国文教专家来本单位工作。当年，华侨大学、仰恩大学获得聘请资格认可并领到“资格认可证书”。

1996 年下半年，泉州市外办设立涉外管理科，对涉外人、事和涉外案件进行归口管理。管理和指导有关部门管理到泉州工作的外国专家及全市的出国培训工作，处理或协助有关单位处理涉及外国人管理工作的重要事项。根据外交部《关于处理涉外案件若干问题的规定》，办理涉及外国人的治安刑事案件，外国船舶发生事故及海事纠纷，外国人在华死亡及民事、经济纠纷等案件，以及中国驻外使馆、外国驻华领事馆要求协助解决的事务。至 2000 年，市外办处理和配合有关部门及时、妥善处理涉外案件累计 99 起。

2001 年，泉州市外办及时妥善地处理好各类涉外事项 13 起。其中，外国驻华使馆调查件 3 起，领事往来 3 起，涉外案件 2 起。

2002 年，泉州市外办配合有关部门及时妥善处理各类涉外事项 7 起。

2003 年，泉州市外办制定《聘请外国文教专家单位资格年检制度实施细则说明》，对 10 家聘请外国专家的文教单位进行年检，专家进行资格初审。同年，全市处理涉外案件 6 起，受理翻译职称考试 6 起。

2004 年，泉州市外办控制执行专门签证规定国家的外国人入境，对 7 个国家公民来华加强审核审查工作。

2005 年，泉州市外办协调处理 11 起涉外事项，其中包括处理泉州三联机械制造公司与阿富汗某公司的商业纠纷事件、查证美国驻广州总领事馆反映的泉州市某公司涉美商标侵权案件等。推荐外国专家参评福建省第四届“友谊奖”。协助申办日本“利民工程”项目援助。

2006 年，泉州市制定《泉州市涉外、涉侨突发事件应急预案》，初步建立涉外涉侨突发事件的快速反应机制。同年，市外办协调有关部门，妥善处理 6 起涉外案件。做好外国专家管理工作，组织对全市非法聘请外国人任教情况进行全面清理整治。

2007 年，泉州市外办协调市有关部门处理 18 起涉外案（事）件。同时，做好海外领事保护工作，对泉州市在俄公民和法人情况以及俄罗斯公民在泉州市居留、就业情况进行调查摸底，协助泉州在俄商会组织有效应对俄罗斯政府整顿外籍劳务市场和零售市场举措，采取措施规避风险、减少损失。

2009 年，泉州市依法处理涉外案件，协助有关部门妥善处理 17 起涉外案（事）件。同时，建立防控甲型 H1N1 流感工作机制，建立加强境外非政府组织在泉活动及民间组织参与国际活动管理工作联席会议及小范围协调机制。配合驻印度尼西亚使馆和相关部门处理泉州渔工越界捕捞被印度尼西亚当局扣押事件。

2010 年，泉州市落实《泉州市涉外涉侨突发事件应急预案》，闽晋渔 5179 号渔船遭到日本非法抓扣、石狮商人与乌克兰商人经济纠纷等 18 起涉外案（事）件得到妥善处理。同年，完成日本“利民工程”援助项目——德化县水口镇饮水工程，以及德国政府小额援助项目永春县苏坑镇中心小学电脑室的申报工作。

三、外国记者接待

1991—2010年，外国记者来华采访由国家和省级有关部门审批。泉州市外事部门指导有关部门做好外国记者采访活动安排，并做好接待工作。1996—2000年，先后接待来自日本、韩国、菲律宾、文莱、美国、英国、法国、德国、澳大利亚、阿根廷等10个国家的外国记者35批、196人次。

2002年，全市接待外国记者9批52人次，配合省外事办邀请并接待日本NHK、共同社及新加坡联合早报等国外新闻媒体到泉州采访。

2004年，全市接待外国记者11批30多人次到泉州市区、晋江、惠安、安溪、德化等地采访拍摄古寺庙、古街镇、古桥古瓷窑、古民居、木偶艺术、市场风光、旅游风光。

第二章 侨 务

第一节 侨乡

一、归侨与侨眷

泉州市是全国著名的侨乡，据2005年侨情普查显示，全市海外华侨华人679.96万人（其中新华侨、华人28.39万人），分布129个国家和地区，其中东南亚的华侨华人约占总数的95%；全市共有归侨1.18万人、侨眷253.23万人。2010年，泉籍华侨华人逾750万人，占全省华侨华人总数60%，主要分布在130多个国家和地区，全市有归侨、侨眷255万人。

2005年泉州各县（市、区）归侨、侨眷一览表

表43-2-1

县（市、区）	总人口（万人）	归侨（人）	侨眷属（万人）	
			总数	其中直系
合计	667.66	11846	253.23	82.15
鲤城区	26.94	1694	12.95	10.3
丰泽区	19.09	579	8.54	8.54
洛江区	17.66	961	8.13	1.76
泉港区	36.64	108	13.11	0.07
石狮市	30.85	140	12.42	6.23
晋江市	103.29	432	58.05	18.06
南安市	148.07	3063	68.9	23.06
惠安县	92.49	457	37.08	3.6
安溪县	106.85	1026	19.96	3.17
永春县	55.12	2867	7.47	3.26
德化县	30.66	519	6.61	4.09

二、重点侨乡

1991年，泉州市辖鲤城区，石狮市和晋江、惠安、南安、安溪、永春、德化、金门7个县，下设6个街道、84个镇、46个乡（其中民族乡1个），其中重点侨乡100个，占总数的70.9%。其余未列为重点侨乡的乡镇均为一般侨乡。

2010年，泉州市辖鲤城、丰泽、洛江、泉港4个区，惠安、安溪、永春、德化、金门（待统一）5个县，代管石狮、晋江和南安3个省辖县级市，下设30个街道、106个镇、27个乡（其中民族乡1个），其中重点侨乡129个，占总数的79.14%。其余未列为重点侨乡的乡镇均为一般侨乡。

2010年5月泉州市重点侨乡乡镇（街道）分布表

表43-2-2

县（市、区）	乡镇（街道）
鲤城区	开元、鲤中、海滨、临江、江南、浮桥、金龙、常泰街道
丰泽区	东海、北峰、清源、城东、华大、东湖、丰泽、泉秀街道
洛江区	万安、双阳街道，马甲、罗溪镇，虹山乡
泉港区	山腰街道，前黄、南埔、界山、龙后、峰尾镇
石狮市	湖滨、凤里街道，灵秀、宝盖、虹江、永宁、祥芝、鸿山、锦尚镇
晋江市	青阳、梅岭、西园、罗山、新塘、灵源街道，龙湖、金井、深沪、东石、安海、陈埭、池店、英林、永和、内坑、磁灶、紫帽、西滨镇
南安市	溪美、柳城、美林街道，省新、丰州、霞美、官桥、水头、石井、东田、洪濑、洪梅、康美、梅山、罗东、乐峰、九都、码头、金陶、诗山、蓬华、仑苍、英都、翔云镇，眉山、向阳乡
惠安县	洛阳、张坂、东园、螺城、崇武、山霞、东岭、东桥、涂寨、辋川、黄塘、螺阳镇，百崎回族乡
安溪县	凤城、城厢、蓬莱、官桥、龙门、金谷、湖头、西坪、魁斗、芦田、虎邱镇，尚卿、龙涓、参内、大坪乡
永春县	桃城、蓬壶、达埔、吾峰、石鼓、五里街、东平、东关、岵山、仙夹、湖洋镇，介福乡
德化县	龙浔、浔中、盖德、三班、龙门滩、雷峰、上涌镇，国宝乡

第二节　参与家乡建设

一、投资

1991—2000年间，受邓小平南方谈话精神鼓舞，泉州市旅外华侨华人回乡投资热情高涨，全市侨资企业发展迅速。1991—1993年，侨资企业落户泉州数量增多，全市实际利用外资为20世纪80年代的4～5倍以上。

1992年，泉州实际引进开业的海外投资企业361家、实际利用外资2.97亿美元，比1991年分别增长31.02%和2.2倍多。同年，海外乡亲参与投资创办不少涉侨乡镇企业，继“三来一补”（来料加工、来样制作、来件装配和补偿贸易）企业之后，相继转为中外合资、合作企业。

1995年，泉州市确立“走出去、请进来”的侨务工作发展策略，市、县两级政府出台相关政策，扶持归侨、侨眷创办民营企业，促进泉州涉侨企业发展。泉州市海外侨胞以各种形式回乡投资，投资领域包括纺织服装、制鞋制革、陶瓷建材、塑料五金、食品、玩具、能源研发、现代物流、仓储及配套服务及购物中心等。侨资与民间资本有机结合、侨资企业与民营企业融为一体的独特发展模式，推动泉州民营企业走上外向型经济发展道路。

2000—2010年间，泉州各县（市、区）旅外侨亲，掀起新一轮投资泉州经济建设热潮，投资集中在第二产业，尤其是制造业。第三产业投资规模也有增长，其中服务业成为投资新热点。外经贸局、土地管理局、建设局等有关部门，优化审批服务；一些规模较大、实力较强的骨干企业，吸引侨资，进一步扩大企业规模，推动产业升级换代，增强企业实力。以中小企业为主的外资股份公司，和外资集团开始出现。泉州市侨资企业，扩展到包括日本、韩国、美国、英国在内的60多个国家和地区，全市累计实际利用外资150多亿美元，其中侨资企业数约占投资企业数80%，侨资合同外资及实际利用侨资，约占合同外资总额和实际到资总额80%以上。海外侨胞利用其国际商业网络，把泉州民营企业的产品，推销到国际市场，使国际市场成为泉州市民营企业商品销售的重要场所，国际贸易成为拉动泉州民营经济增长的重要动力。泉州市侨资企业成为纺织服装、鞋业2个产值超千亿元，装备制造和建筑建材等两个产值超500亿元的产业集群中坚力量；成为泉州非公有制企业发展国民经济主体之一，助力非公有经济在泉州国民经济中占比超过90%，使泉州成为福建省侨资企业数最多、侨资总量最大城市，成为福建省乃至全国发展最快、最具活力的地区之一，并入选“全国18个改革开放典型地区”。

1991—2010年泉州市外商投资企业批准情况表

表43-2-3

年份	批准企业数（个）	投资总额（万美元）	合同外资（万美元）	开业投产数（个）	实际利用外资（万美元）
1991	410	35021	31716	249	9262
1992	980	146200	107042	361	29681
1993	1527	281797	234744	755	58800
1994	802	132046	114590	734	72420
1995	606	144284	127926	580	76451
1996	672	106361	81831	633	77096
1997	506	111767	82214	446	78163
1998	487	108358	82275	307	70787
1999	395	130404	115840	270	56930
2000	419	102286	87373	283	62331
2001	514	138587	120286	290	80127
2002	578	146671	130372	317	82101
2003	904	233209	160809	388	90360
2004	777	228589	166331	508	108351
2005	561	236825	170021	464	120019
2006	524	296387	204756	511	146120
2007	394	855982	292389	419	177572
2008	140	322966	186887	266	235009
2009	103	195620	95910	133	235275
2010	156	256911	161089	129	249091
合计	11455	4210271	2754401	8043	2115946

二、捐赠公益

1991年后，随着各项侨务政策和宗教政策的落实，泉州海外华侨华人捐赠家乡社会公益事业日益增多，据统计，1991—2010年，全市累计接受海外华侨华人捐资75.29亿元，约占全省捐赠总额的60%。捐资捐赠主要用于教育、卫生及社会公益事业等方面，其中60%用于兴办教育，全市80%以上中小学校接受侨捐资助；10%用于医疗卫生设施建设，市、县（市、区）、乡（镇）三级共233所医院受惠；30%用于文化体育事业和其他社会公益事业，如捐建泉州华侨历史博物馆、泉州市青少年宫、泉州市图书馆、泉州侨乡体育馆等重要文体设施，以及晋江、石狮、南安、安溪、永春大部分乡村道路桥梁。

（一）兴办教育

1991—2010年，泉籍华侨华人积极投资家乡的教育事业，掀起捐资捐赠教育的热潮。泉州市80%以上的学校都接受过侨捐侨助。1991—2010年，全市海外侨胞共捐资44.35亿元用于教育事业，其中接受华侨捐资达亿元以上的学校主要有华侨大学、泉州师范学院、南安光前学村等；接受捐资达5000万元以上的有晋江季延中学、黎明职业大学、安溪慈山学园；接受捐资达1000万元以上的有泉州师范学院附属培文实验高级中学、泉州医学高等专科学校、泉州培元中学、安溪铭选中学、泉州儿童发展职业学院等等。

（二）兴办医疗

1991—2010年，泉籍海外侨胞共捐赠5.22亿元，用于医院基建或医疗器械购买，进一步改善家乡的医疗卫生条件。

1992年，石狮旅外侨胞捐建泉州市中医院科学楼、捐建泉州福建医科大学第二附属医院高级病房大楼、捐资3400万元兴建石狮华侨医院、捐资1500万元兴建创办石狮妇幼保健院（儿童医院）；晋江旅外侨胞捐建泉州福建医科大学第二附属医院高维珊楼；惠安旅外侨胞捐460多万元建惠安县医院门诊大楼；泉州旅外侨胞捐建泉州儿童医院、东海卫生院、石狮医院、子英医院、蚶江卫生院、永宁卫生院等医疗设施项目。1992—1993年，安溪旅外侨胞捐资1000万港元兴建铭选医院，共建有门诊综合楼、住院部、传染病房等10幢主体楼和14项附属配套工程，建筑面积1.75万平方米，是一座集医疗、疗养于一体的综合性医院。

1994年，石狮旅外侨胞捐建石狮子英医院康复楼。南安旅外侨胞在家乡投资创办芙蓉基金会，发展家乡文化医疗卫生公益事业，捐资2294万元迁建南安国专医院（后改名泉州市光前医院），共建设医院多种用房13座。安溪旅外侨胞捐资1700多万元，发展家乡医疗卫生事业。

1995年，南安旅外侨胞捐资100万元助建泉州残疾人康复中心、捐建南安市精神病人疗养院菲华楼。

1996年，晋江旅外侨胞捐资1840万元，兴建泉州市儿童医院门诊综合大楼、病房大楼及连廊。

1997年6月，泉州旅外侨胞捐资兴建泉州市急救指挥中心大楼，配置急救车11辆、指挥车2辆。

1998年，南安旅外侨胞捐资1170万元为南安国专医院（后改名泉州市光前医院）添置大型医疗设备。

1999年3月，晋江旅外侨胞捐资创办永和镇英墩医院（土地、建筑及设备等）捐献给晋江市政府，又捐资200多万元兴建医院门诊大楼1幢。

2000年11月，安溪旅外侨胞捐资建设安溪蓬莱医院。

2001年3月，南安旅外侨胞捐赠南安市医院120急救中心基建款。

2002年6月，南安旅外侨胞捐建南安市医院病房大楼。

2004年11月，南安旅外侨胞捐建泉州市第一医院式魁急救中心大楼；晋江旅外侨胞捐资200万元重修晋江市医院“爱国楼”。

2001—2010年，泉州各县（市、区）华侨华人捐资投入医疗卫生事业的主要项目还有晋江旅外侨胞捐资2000万元，购进当时最先进的医疗设备，赠给晋江市英林镇的卫生机构，捐资建设晋江金井中心卫生院明玉楼，金井中心卫生院宿舍楼，晋江罗山医院三层门诊大楼、医生宿舍楼，捐资支持晋江市中医院医技大楼建设，捐资支持晋江市医院、晋江东石医院建设，捐资支持晋江市晋南医院建设，捐资晋江东石卫生院、晋江东石保健院、厦门中山医院建设。惠安旅外侨胞捐建东岭医院门诊楼、住院部；永春旅外侨胞捐资1800万元，建设县医院病房大楼。

（三）兴办文体设施

1991年，晋江旅外侨胞捐资268万元，兴建晋江市图书馆。

1992年，晋江旅外侨胞捐资在侨乡体育馆兴建陈延奎体育场。

1993年，南安旅外侨胞捐资150万元，助建泉州华侨历史博物馆。

1994年，石狮曾坑华侨捐资兴建石狮市华侨文化中心大楼。

1995年，德化旅外侨胞捐资德化县连山图书馆。1995—1996年，南安市梅山镇旅外侨胞出资842万元，捐建南安李成智公众图书馆并添置图书及设备。

1996年，石狮旅外侨胞捐资200多万元，建成石狮市图书馆。

1997年，南安旅外侨胞资100万元，创办泉州华侨历史博物馆图书研究暨资料中心。同年，石狮旅外华侨集资帮助政府建设石狮市体育馆。

1998年，石狮旅外侨胞捐资250万元兴建祥芝镇文体活动中心。

1999年，晋江旅外侨胞捐资1000万元，助建晋江体育馆。同年，鲤城旅外侨胞发动组织海外泉州王宫同乡会，联袂捐资100多万元，重修王宫陈氏宗祠，设置泉州王宫陈氏华侨历史纪念馆，这是全国首个由家族成员捐资建成的村级博物馆。

2000年，南安旅外侨胞捐资100万元，助建石井镇郑成功碑林。

2004年，安溪旅外侨胞捐资2500万元，兴建安溪梧桐体育馆。同年，晋江旅外侨胞在家乡英林镇先后捐资兴建体育场、多功能大礼堂、科学综合大楼、图书馆大楼、英林影剧院。

2007年，石狮旅外侨胞投入1000多万元，捐资建设石狮万翔图书馆。

（四）建设基础设施

1991年，晋江旅外侨胞捐资80万元，改建沙塘村全村卫生公厕；捐资160万元，兴建沙塘村文化俱乐部；捐资修建大宗祠、小宗祠、祖厝、沙塘中心幼儿园大楼，购买幼儿园设施等。旅外侨胞捐资200万元兴建苏坑至石厦普济桥水泥路；捐资100多万元，建设“德成道路”水泥路、凉亭、钞溪大桥等。

1991—1993年，安溪旅外侨胞捐资300万港元，兴建颖如大桥。

1993年，晋江旅外侨胞捐资120万元，修建永和镇玉溪村“华山大道”；石狮旅外侨胞捐资助修宝盖镇玉浦村至石狮市区水泥公路；南安旅外侨胞捐资修建码头镇枫树村水泥道路、旅外侨胞捐资协建梅山镇鼎诚村“光铭大道”。

1994年，安溪旅外侨胞捐资800万元，建设安溪铭选大桥。晋江旅外侨胞捐资铺建龙湖镇苏坑村水泥路；捐资1000余万元，建设石圳文化中心、华侨体育中心和华侨学校，总建筑面积6740平方米；捐资100万元，创设公益事业基金会，以存本取息方式用于公益事业的部分支出；捐建金井镇新市村村中水泥路“文协路”。南安旅外侨胞捐赠600万元投资蓉溪水电站，其收益作为芙蓉基金会的公益基金。

1995年，泉州市特别是晋江市广大侨胞捐资千万元，参与兴建晋江机场；安溪侨胞捐赠参与安溪龙门隧道建设。晋江旅外侨胞，捐资兴建金井镇溜江“防波海堤”、陈埭至泉州公路上的“妈祝桥”“天赐桥”、捐资支持英林镇建设；德化旅外侨胞捐资建设德化连山村公路、桥梁。

1996—1997年，晋江旅外侨胞捐资建设东石镇梅塘村村委会大楼、东石镇梅塘村两条水泥路、龙湖镇龙玉村村委会。石狮旅外侨胞捐资助建蚶江镇水头村村委会大楼。南安旅外侨胞，捐资建设码头镇诗芸水泥公路、梅山镇鼎诚村鼓山大桥、水头镇埕边溪大桥“墀圆桥”和水头镇埕边村水泥路。

1998年，晋江旅外侨胞捐资修建沪坑至郭厝的水泥路、东石镇三乡村吴厝环村水泥路、兴建吴厝自然村农田排水设施。南安旅外侨胞修建长6.5千米翔云镇翔美水泥路、秋芦至翔云镇的大岭公路（水泥路）、金淘镇杏山村内道路。安溪旅外侨胞捐资260万元，兴建蓬莱镇至彭格村及村间水泥路，总里程达8千米多。

1999年，安溪旅外侨胞捐资120万元，建设安溪魁斗镇蓬庭村蓬洲大桥。晋江旅外侨胞出资建金井镇溜江老人会所、溜江义山园。南安旅外乡贤，捐资修建洪濑镇集新村2180米的象头水泥路、诗山镇鳌峰村村委会办公大楼及添置办公设备。

2000 年，晋江旅外侨胞在金井镇捐建镇标 1 座和金井镇钞岱村王姓路段全部水泥路，并重修中秋路口至崎顶水泥路，共计 5250 平方米；捐资兴建金井镇溜江村南北两条通往溜江“防波海堤”的水泥路；修建龙湖镇前港新村环村水泥路，助建村灯光球场；修筑东石镇东塔公路至湖头村乡村大道 2 千米。安溪旅外侨胞先后独资或出资参与建设蓬莱镇联中村大崁联谊会办公大楼、龙门隧道、蓬莱侨联大厦等。

2001 年，晋江旅外侨胞独资捐建金井镇由疏港公路到义山园的 500 米水泥路；捐资翻修金井镇钞岱村水泥路；独资兴建金井镇山柄村入口处的山门及至村内中段水泥路；捐资兴建龙华镇秀山村村委会综合楼；捐建深沪镇浔光村巡安路。石狮侨眷捐资建设蚶江镇水头村内水泥大道和桥梁。南安旅外侨胞捐资修建金淘镇深辉村金龙桥通往柴水井 4 千米水泥路，捐资修建金淘镇钱山村乡间道路。

2002 年，晋江旅外侨胞捐资 120 万元，动工兴建金井镇古垵村通往金井村的水泥路，全长 2000 米；捐资助建龙湖镇埭头村文化活动中心；捐资为龙湖镇苏坑村村委会更新办公设备，购置电视影像，资助老人会购置健身器材；捐建深沪镇浔光村华安殿路；捐建深沪镇浔光村安华路。石狮旅外永宁同乡会，捐资兴建永宁西门外水泥道路。南安旅外侨胞，捐资翻建码头镇大庭村柏油道路，为水泥路安装道路设施；捐建金淘镇深辉村两条水泥路。

2003 年，晋江旅外侨胞捐资 50 万元，修建龙湖镇施琅纪念馆旧馆和新馆建设侨联大厦；晋江旅外侨胞，捐资铺建金井镇福泉村泰福境路口至临水夫人宫口水泥路；捐资铺设两条水泥路；捐资兴建龙湖镇秀山村历山“书阔大道”“志兑路”、村灯光球场。石狮旅外侨胞筹资改建永宁育英大道，捐资 100 多万元投入永宁镇霞泽村旧村改造，捐资兴建永宁三公巷至大街头水泥路、永宁思源路、永宁白厝街益隆路。南安旅外乡贤捐资拓宽建设诗山镇鳌峰村水泥道路、翻建官桥镇成竹村碧柱自然村村道、建造官桥镇东头村前溪大桥、助建“官黄公路”、重建村中大道及村中菜市场。

2005 年，洛江旅外乡贤捐资助建洛江万虹公路、兴建洛江区罗溪镇双溪村老人活动中心及配套设施。晋江旅外侨胞捐资修建东石镇张厝村 1050 米西环村路。石狮旅外乡贤出资支持石狮锦尚镇侨联大厦建设。

2006 年，石狮侨眷侨属捐资 100 多万元，用于蚶江镇水头村公益事业建设等。

此外，晋江旅外侨胞，捐资建设晋江机场、晋江市华侨历史博物馆、村老友会大厦、村委会大楼、乡村水泥路、深沪影剧院、吴氏宗祠、深沪侨联、英林侨联、同心桥、迎宾楼、镇政府大厦等，累计捐资总额达 1033.5 万元。安溪旅外侨胞捐资 100 万元，建成安溪县善坛村供水工程。

（五）兴办慈善福利

1992 年，安溪旅外侨胞捐资 189 万元，兴建曾星如敬老基金楼，其楼房租金收入作为安溪老人活动的专用资金。

1993 年 9 月，南安市诗山镇联星村旅外侨胞捐资 800 多万元，创办福建乃至全国第一家农村乡镇福利院——诗山福利院，10 年收养 250 多名孤儿和 146 名老人，长年包揽院内男女老少衣食住行、就学求医、寿终入殓等全部费用，对有条件在家养老则每月支付生活费 120 ～ 150 元，福利院培养 7 名大专生、4 名中专生、17 名高中生。

1995 年，晋江旅外侨胞捐建金井钞岱村三层楼的老人会所、龙湖镇洪溪村老人会“施修顺纪念楼”。南安旅外侨胞捐资在码头镇枫树村首创家族福利基金，为村里老人养老提供补助。德化旅外侨胞捐资成立德化赤水扶贫基金会。

1996 年，晋江旅外侨胞捐资建设村老友会大楼。石狮旅外侨胞共同出资成立石狮有关教育慈善基金会。南安旅外侨胞在南安梅山镇设立扶贫基金会。

1997 年，南安旅外侨胞捐资设立诗山镇鳌峰村奖教奖学敬老基金会。惠安旅外侨胞捐资创立洛阳镇屿头村扶贫发展基金会，并把购楼租金捐献该基金会。

1998 年，晋江旅外侨胞捐资设立晋江市深沪镇社会福利慈善会、东石镇第一个老人基金慈善福利、东石镇三乡村老人活动基金会、兴建吴厝自然村老人活动中心大楼。

2000 年 12 月，晋江金井旅外侨胞捐资创建文化教育公益基金会，用于国内和家乡文化教育事业及突发性灾害救助；捐建老人会会址、提供活动经费，承办大型老人运动会。

2001 年，惠安旅外侨胞捐资助建东园镇玉坂老年活动中心。

2002 年，南安旅外侨胞捐资为南安市官桥镇蓝桥村兴建老人会所、资助 10 名南安一中贫困学生，每位学生每年助学金 3500 元，直至高中毕业。晋江旅外侨胞、独资兴建金井镇山柄村老人会所“老人之家”。南安旅外侨胞，从 1994—2003 年共发放敬老金 30 多万元。

2004 年 7 月，德化旅外侨胞捐资 128 万元，兴建德化县老人公寓。

2005 年，晋江旅外侨胞捐资兴建金井镇石圳老年人活动中心，捐资修建磁灶镇大埔村老年活动中心。

2002—2005 年，福建省黄仲咸教育基金会，连续 4 年对福建省边远老区贫困学生（其中，2002 年资助 400 名、2003 年资助 1650 名、2004 年资助 5000 名、2005 年资助 6000 名）进行资助，惠及全省 70 余个县（市、区），1.31 万人次，发放助学金 660 多万元，每人每年 500 元；捐赠大田县希望小学 1 万元。同期，泉州旅外侨胞，连续 4 年资助 310 多名考上大学、高职专科的农村“二女户”女儿，每人给予 1000 ～ 3000 元资助。

至 2010 年，晋江旅外侨胞向晋江市慈善总会捐款 500 万元，向泉州市慈善总会“千墅慈善基金”捐款 210 万元，向福建省青少年发展基金会捐款 100 万元，向福建省儿童基金会捐款 50 万元。

20 世纪 90 年代以来，国内先后发生长江流域水灾、四川汶川大地震、青海玉树地震等自然灾害，泉籍旅外侨胞捐资支持灾区救灾和灾后重建家园，其中石狮旅外华侨捐资救灾、慈善款项达 1.17 亿元。

2003 年，晋江旅外侨胞为新农村建设捐资 3900 万元，用于河北、河南、四川和福建等四省有代表性的村落发展社会主义新农村事业；捐资 100 万元，支持洛阳市委统战部“凝聚力工程”；捐资安徽省蚌埠市新城区社会事业局 100 万元。

2008 年 5 月，四川汶川发生地震，泉州海外侨胞心系祖国，向汶川地震灾区献爱心捐款，帮助灾区人民重建家园。同年，石狮旅外华侨在汶川大地震后第二天捐款 1.1 亿元，帮助灾区人民重拾信心、重建家园；为地震中受灾最为严重的地方捐建 100 家“世茂爱心医院”，为灾区医疗卫生和灾后重建做出贡献。

（六）设立基金会

在硬件设施建设基本完成的情况下，泉州市各类侨捐资金转而成立基金会，并逐渐投向市、县（市、区）乃至镇、村等各级慈善会，用于各项社会公益事业。至 2010 年，全市由海外华侨华人捐赠设立的各种基金达 1000 多个，总额达 5.6 亿元，每年发放奖教助学金逾 5000 万元。

1991—2010 年海外乡亲捐赠泉州社会公益情况表

表 43-2-4 **单位：万元**

年份	总额	其中各项金额			
		教育	医疗卫生	公益福利	其他
1991	23716	11303	2630	3208	6575
1992	29570	14875	4405	6085	4205
1993	32739	17427	4925	6016	4371
1994	39831	22129	3533	11511	2658
1995	40085	25014	2028	9556	3487
1996	44583	27715	2058	10736	4074
1997	43529	25400	3216	13793	1120
1998	30471	18442	2624	7140	2265
1999	32591	20633	734	9653	1571
2000	34536.31	23051.23	1439.72	7003.47	3041.89
2001	32964.37	21023.39	1516.90	6180.12	4243.96

续表 43-2-4

年份	总额	其中各项金额			
		教育	医疗卫生	公益福利	其他
2002	41205.45	26028.35	2690.12	8316.84	4170.14
2003	35199.66	20313.93	729.59	8385.09	5771.05
2004	37005.39	23896.35	3260.06	7337.03	2511.95
2005	35263.31	26700.13	714.34	5407.94	2440.9
2006	48524.90	26599.60	1265.60	11735.88	8923.82
2007	45998.23	26030.91	2430.42	13765.40	3771.5
2008	47283.85	26476.62	4495.84	4438.38	11873.01
2009	35141.30	19241.26	2425.71	4330.23	9144.11
2010	42647.08	21234.74	5091.23	6704.00	9617.11
总计	752884.85	443534.51	52212.53	161302.38	95835.44

（七）兴办其他事业

1992 年，泉州海外乡亲同乡会纷纷以海外社团名义，向家乡捐款赠物。晋江在建市庆典活动中，接受海外捐款 724.4 万元。德化旅外侨胞捐资 200 万元，捐建德化九仙山灵鹫岩寺。

1994 年，德化旅外侨胞捐资资助修建德化城关基督教堂。

1997 年，晋江旅外侨胞捐资兴建闽南比干庙。

1998 年 8 月，德化旅外侨胞捐修建德化永安岩寺。

2000 年，晋江金井旅外侨胞捐资重建李氏宗祠等，捐资协助举办“李清泉诞辰 100 周年学术研讨会”等公益事业。安溪旅外侨胞捐资参与建设安溪清水岩、德门祖宇、登庸祖厝、中亭庙等。

2001 年，晋江毓英学校旅外校友捐建“毓英抗日烈士纪念碑”，纪念第二次世界大战中牺牲在南洋战场的毓英校友，激励学生报效祖国。石狮旅外侨胞捐资 100 多万元，建设石狮仑后村功德堂，后又捐资 1000 多万元，修建石狮布金院高僧文物园和法净寺。

2002 年，南安旅外侨胞捐资 100 多万元，建设码头镇天赐岩游览区。

2004 年，晋江旅外侨胞捐资 210 万元兴建陈埭涵口陵园。

2010 年，晋江旅外乡贤捐资建设福州闽王墓及太原堂，在王姓族中建立扶贫济困事业；捐资 130 万元，建设内坑老区革命纪念堂、助建中共泉州中心县委纪念楼；捐资龙泉禅寺 100 万元；旅外侨胞捐资水头镇朱祠修复工程。

第三节　侨务工作

一、保护归侨侨眷权益

（一）落实侨务政策

1991 年 1 月，《中华人民共和国归侨侨眷权益保护法》颁布施行，泉州市人大常委会华侨委、市外侨办、市侨联联合发文，提出贯彻意见。2 月，市、县两级统战、侨办、侨联联合举行归侨侨眷迎春联欢会，开展归侨侨眷权益保护知识竞赛、“侨务法规宣传月”活动，以不同形式宣传贯彻国家和地方等涉侨、护侨系列法律法规；建立与重点外资企业挂钩联系、定期走访制度，营造依法护侨的良好社会氛围；配合省、市、县人大常委会开展侨务立法调研和执法检查，严肃查处侵犯侨益案件，加大依法保护侨益力度。

1992年8月，《福建省实施〈中华人民共和国归侨侨眷权益保护法〉办法》颁布实施，泉州市各县（市、区）分别召开有人大常委会、政协、统战、侨办、侨联、公安、法院等有关部门及乡镇领导参加的会议，强调在重点侨乡以法护侨、维护侨益重要意义，侨法宣传活动在全市铺开。

1993年，《中华人民共和国归侨侨眷权益保护法》《福建省实施〈中华人民共和国归侨侨眷权益保护法〉办法》颁布三周年，泉州市、县两级组织开展《中华人民共和国归侨侨眷权益保护法》《福建省实施〈中华人民共和国归侨侨眷权益保护法〉办法》专题法律讲座。市人大常委会、市侨办、市侨联联合检查全市三年来贯彻实施《福建省华侨捐赠兴办公益事业管理条例》情况；市外侨办、市侨联等单位联合举办侨务知识竞赛，8个县（市、区）10个代表队参加。

1994年3月，泉州市人大常委会华侨委、市侨办、市侨联和司法部门组成的侨务执法检查组，在重点乡镇检查依法护侨的情况，协调处理久拖难决涉侨案件，清理旧案、督办新案；德化县马来西亚华侨刘氏家乡祖厝产业被占、马来西亚林氏的旧店房更换管理者等得到妥善处理。11月，泉州市人大常委会华侨委、市侨办、市侨联深入基层，检查涉侨法律政策贯彻落实情况。12月，泉州市侨办在全市开展侨法宣传月和“12·4”法制日活动。

1995年10月，《福建省鼓励归侨侨眷兴办企业的若干规定》出台后，泉州市外侨办会同市委宣传部、市人大常委会华侨委、市司法局、市侨联联合印发贯彻意见。11月，各县（市、区）开展宣传活动和执法检查。

1996年，泉州市开展华侨返乡接待服务、解决新移民出国前遗留问题，扶持华侨返乡创业、为其国外子女回国就学和留在家乡子女就学提供照顾服务，扶持华侨返乡投资企业，保护其在祖（籍）国、家乡捐投资权益及其他正当权益。10月，省政府办公厅转发省侨办《关于我省华侨农场领导体制改革意见的通知》，泉州市贯彻省政府关于“华侨农场下放地（市）、县管理”决定，对全市3个华侨农场情况进行调查摸底，拟定华侨农场体制改革方案；为市直2100多名归侨办理归侨身份认定证书，为1897名归侨离、退休职工办理归侨身份认定，为50多名归侨、侨眷职工办理“农转非”手续。

1997年，东南亚发生金融危机，泉州市政府根据市外侨办调研情况，印发《关于东南亚金融危机期间严禁到东南亚地区募捐的通知》，打电话、寄慰问信、上门拜访并用，慰问遭受金融危机影响侨胞。全市办理确认归侨身份证书5000份；为归侨离退休职工出具生活补助证明700份，协调国营企业予以兑现；解决侨务系统“农转非”75人。

1998年，泉州市政府出台《关于贯彻〈中华人民共和国归侨侨眷权益保护法〉的若干意见》，市人大常委会、市外侨办开展对全市执行《中华人民共和国归侨侨眷权益保护法》情况执法检查，各县（市、区）外侨办参与同级人大侨务执法检查，对涉侨热点、难点问题进行了解、分析、督促解决。

1999年，泉州市外侨办牵头召开4次“五侨部门”（侨办、侨联、致公党、人大常委会华侨委员会、政协台港澳侨委员会）专题工作会议，探讨解决涉侨热点问题，举行《中华人民共和国归侨侨眷权益保护法》颁布10周年知识竞赛。

2000年，泉州建立“五侨”（市人大常委会华侨委、市政协台港澳侨联络委、市外侨办、市侨联、市致公党）联席会议制度，开展侨务工作调研，定期通报侨务工作情况。全市办理归侨身份认定300余份，为归侨及其直系亲属办理农转非手续21人次。

2001年，泉州市政府每季度召开一次全市“五侨”联席会议，就涉侨热点难点问题进行探讨，寻求解决办法。组织侨务系统干部参加全国侨联、国务院侨办、法制日报社等主办的知识竞赛活动。为省人大常委会提供修订《福建省实施〈中华人民共和国归侨侨眷权益保护法〉办法》建议和意见。

2002年，泉州市宣传贯彻新修订的《中华人民共和国归侨侨眷权益保护法》和《福建省华侨捐赠兴办公益事业管理条例》，泉州市外侨办与市人大常委会华侨委配合，对华侨、华人兴办公益事业开展调研活动。

2003年，国务院颁布新修订的《中华人民共和国归侨侨眷权益保护法实施办法》，泉州市“五侨”部门联合发文，各县（市、区）“五侨”单位部署学习，通过“五侨”联席会、座谈会，进行各种形式侨务执法检查。市政府召开各县（市、区）分管领导、涉侨部门及侨界人士座谈会，学习“两法”，研究解决涉侨问题对策。市外侨办配合全国人大常委会华侨委做好立法调查，为《中华人民共和国归侨侨眷权益保护法》等立法调研提供大量第一手素材、建议和意见。全年办理归侨身份认定 57 件，归侨、侨眷证照 16 件。

2004 年，泉州市外事侨务办召开泉州市各县（市、区）侨办副主任以上干部会议，以会代训《中华人民共和国归侨侨眷权益保护法实施办法》。泉州市政府召开学习贯彻《中华人民共和国归侨侨眷权益保护法实施办法》座谈会。

2005 年，泉州市外侨办组织学习、讨论拟出台的《福建省实施〈中华人民共和国归侨侨眷权益保护法〉办法（修订稿初稿）》、省委、省政府《关于进一步加强侨务工作的意见（初稿）》，并结合实际提出意见，省侨办大部分采纳。泉州市外侨办转发《出境定居归侨侨眷享受一次性离职费的复函》侨务政策。12 月初，泉州市委、市政府召开全市侨务工作会议，贯彻全国、全省侨务工作会议精神，总结侨务工作情况，表彰一批全市侨务工作先进集体和先进个人，部署侨务工作任务。市外侨办重点研究市人大代表和政协委员集中提出解决贫困归侨生活问题建议和提案，筹措资金帮扶贫困归侨脱贫致富。

2006 年 4 月，全国人大常委会副委员长韩启德带队到泉州检查侨法执法。9 月 28 日，《福建省实施〈中华人民共和国归侨侨眷权益保护法〉办法》修订稿公布，市外侨办和市人大常委会侨委联合开展宣传活动，市“五侨”部门联合召开座谈会，学习《中华人民共和国公益事业捐赠法》《中华人民共和国归侨侨眷权益保护法》《福建省华侨捐赠兴办公益事业管理条例》《福建省实施〈中华人民共和国归侨侨眷权益保护法〉办法》内容，布置宣传贯彻《福建省实施〈中华人民共和国归侨侨眷权益保护法〉办法》的具体工作。市外侨办会同有关部门和地方对双阳、雪峰、北硿 3 个华侨农场存在问题进行调查研究，妥善解决历史遗留问题。

2007 年，泉州市外侨办制定《泉州市人民政府外事侨务办公室涉外涉侨突发事件应急预案》，成立应急领导小组，统筹协调职能，完善涉外涉侨应急处置机制，提高应对和处置突发事件能力。贯彻国务院《关于推进华侨农场改革和发展的意见》文件精神，研究华侨农场历史遗留问题和具体困难。市外侨办会同省国土资源厅，到永春北硿华侨茶果场和洛江双阳华侨农场，调研土地确权发证进度情况，协调解决发证中遇到的重要困难和问题。

2008 年，根据国务院《关于推进华侨农场改革和发展的意见》文件精神，泉州市外侨办、市国土部门，完成南安雪峰华侨农场土地确权工作，双阳、北硿华侨农场土地确权工作进入扫尾阶段，落实农场改革发展各项措施。

2009 年，泉州市双阳农场成立双阳华侨农场归侨事务监督委员会，发挥其参与财务资产经营管理，化解上访矛盾及维护归侨侨眷合法权益等方面的积极作用。省侨办、市外侨办、市委编办和南安市政府等部门沟通协调，推动在雪峰华侨农场建立华侨经济开发区管委会。

2010 年，泉州市、县两级政府对华侨农场体制改革和社会经济发展，采取措施推动华侨农场持续发展。3 月，经泉州市编办批准，雪峰华侨农场管委会作为南安市政府派出机构，行使乡镇一级职能。9 月底，市委办、市府办联合下发《关于开展纪念“归侨侨眷权益保护法”颁布 20 周年活动的通知》，各侨办开展侨法宣传、执法检查、为侨办实事等活动。

（二）侨务信访

1991 年，泉州市开展清理侨务信访案件工作，化解原已处理案件，及原未处理、被侵占原物归还等案件，着重从政治影响和归侨侨眷建房难入手解决。全市处理 1958 年以来，侵占侨胞、归侨侨眷财产侨务信访积案 1000 多件。

1992 年，泉州市落实各项侨务政策，清理侨务信访历史积案。其中，惠安县委、县政府领导到惠东惠南重点侨乡现场办公，全县清理积案 1500 多件；晋江市侨办会同有关部门到金井镇处理涉侨案件 21 起；石狮市各乡镇解决涉侨典型案件；德化县及时处理涉侨案件，发现一起处理一起，基本做到无积案。

1993 年 6 月，泉州市结束清理侵犯侨益历史积案工作，全市各县（市、区）共清理侨务信访历史积案万多起。市侨办接待各种来访人员 880 人次，处理人民来信 341 件，其中侨房权益的来信占 23.32%。

1994 年，市、县两级外侨办做好来访来信接待。市外侨办接待来访人员 710 人，处理群众来信 268 件，参与协调来信来访中有关旧城改造涉及侨房拆迁安置热点问题；惠安县督促清理历史积案中疑难案件，办结侨务案件 1111 件；德化县接待来访者 380 人次，收到来信 45 件，44 件得到及时处理。

1996 年，泉州市外侨办查办群众来信 110 多件，接待群众来访 350 多人次，处理结案上级查报件 12 件；协调和协助处理涉外事件 17 起。

1997 年，泉州市外侨办办理华侨、归侨侨眷来信 142 件，接待群众来访 163 人次。当年，主要承办原石狮永宁军港建设内迁，归侨侨眷的拆迁补偿后续收尾工作。

1998 年，泉州市外侨办受理华侨、华人及归侨侨眷来访来信 218 件次，回复率 85%，及时与有关部门协调、研究，解决普遍性投诉问题，如增发离退休归侨职工生活补贴问题，协调泉州中侨集团及省五建解决涉侨问题；主动协助疑难投诉件，引导投诉者通过法律途径寻求解决办法。

1999 年，泉州市外侨办针对涉侨热点难点信访件，督促有关部门、单位按政策规定办事，兑现归侨职工生活补助款问题；受理涉侨来访来信 200 余件次，回复率达 90% 以上。处理双阳华侨农场归侨职工集体上访和雪峰华侨农场部分离退休干部社保问题投诉等。

2000 年，市、县（市、区）通过“五侨”联席会议，发挥涉侨单位力量，处理涉侨投诉案件，其中市外侨办全年处理涉侨信访 80 件，回复率达 90%。

2001 年，泉州市外侨办受理侨务信访件 63 件。其中，房屋拆迁和纠纷案件 25 件，其他包括刑事、治安、出入境、就业、工作调动、落实政策遗留问题、经济纠纷及其他民事纠纷等来信来访问题，结案率逾 93.6%。办理市人大代表建议、市政协委员提案 7 件。

2002 年，受理华侨、归侨侨眷来信来访 96 件。其中，房屋、坟墓拆迁和宗祠、土地问题占多数，其余为治安刑事案件、外商投资纠纷、询问、寻根和知识产权保护等；采取转办、走办、查办、催办、跟踪、督查，结案 89 件，结案率超过 95%；办理市人大代表建议和政协委员提案共 5 件。

2003 年，泉州市外侨办办理人大代表建议和政协委员提案 3 件；受理涉侨来信 125 件。其中，国内侨务信访 46 件全部办结，国外侨务信访 79 件，结案率 96%。

2004 年，市外侨办受理涉侨来信 108 件，主要涉及房屋、土地、祖坟祖屋、经济纠纷等，结案率 95%。

2005 年，泉州市外侨办受理海外侨务信访 40 件，归侨侨眷信访件 42 件次，涉及房屋、土地、坟墓、刑事、经济、民事纠纷、寻亲、环保、文物保护、出入境等，结案率 90%；接受办理市人大代表建议和市政协委员提案件 4 件。

2006 年，泉州市侨办采取提供法律服务、转办、函请有关部门协助解决、加强跟踪力度等办法，形成解决信访问题合力。全年处理侨务信访 70 件，涉及房产、土地、坟墓、刑事治安、宗教、婚姻、出入境、寻亲等，结案率达 95.7%。

2007 年，泉州市外侨办办理省、市政协委员提案 2 件，市人大代表建议 2 件，接待处理侨务来信来访 109 件次，涉及房屋土地、坟墓、宗祠、刑事治安、经济纠纷、寻亲、落实政治待遇政策等，为来访者提供法律意见，进行思想疏导，协调各有关部门妥善处理，维护信访者的合法权益。

2008 年，泉州市外侨办办理省政协委员、市人大代表、市政协委员建议、提案 4 件，受理信访件 91 件。8 月，解决华侨房产历史遗留问题，退还 810 平方米的地产和房产，维护华侨合法权益。

2009—2010 年，泉州市外侨办办理人大代表建议、政协委员提案 17 件，受理涉侨信访件 57 件，办结 54 件，95% 以上信访件得到妥善处理。2010 年，市外侨办与信访局共同研究涉侨服务及涉侨案件中出现新情况、新问题，排查突出的涉侨信访问题和矛盾纠纷；到双阳调研华侨农场“场带队农民工”、被开除原农场职工要求参加职工社保集体信访件，提出解决历史遗留问题建议，为双阳华侨农场大部分被除名人员办理基本养老保险，争取相应比例的参保缴费补助，妥善解决问题。

（三）归侨安居

1992 年，泉州市落实侨务政策扫尾工作，退还华侨私房产权 1 户、473 平方米，退还使用权 16 户、2463.59 平方米；落实华侨政策遗留的案件 4 起；办理回收 20 世纪 60 年代精减下放的归侨职工“农转非”手续 355 人。

1993 年，泉州市外侨办批办 20 世纪 60 年代精减回收归侨职工农转非手续 150 人，协助各县解决 8 户华侨私房遗留问题。惠安县政府帮助 15 位 60 年代被精减下放归侨、侨眷照顾回原单位工作，或办理退休手续，领取退休（职）金；德化县完成全县 73 幢 2.60 万平方米华侨私房清退工作，回收安置 20 世纪 60 年代被精减下放归侨直系亲属职工 136 人，解决 72 户 203 人户粮问题。

1995 年，针对新时期归侨、侨眷对旧城改造侨房拆迁补偿问题反映较多情况，泉州市外侨办会同鲤城区侨办进行实地考察调研，向市人大常委会提出在公路建设、旧城改造等过程中合理补偿被拆迁侨房建议，制定“拆一补一，不计差价”补偿办法。以泉州市卓氏祠堂、曾公亮祠堂的解决为突破口，涉侨宗祠退赔、保护和使用等问题得到解决。永宁军港征用侨房历史遗留问题的解决也获得进展。

1996 年，泉州市加强涉侨难点、热点问题处理，如旧城改造侨房拆迁补偿问题等。

1998 年，泉州华侨农场加挂“华侨经济开发区”牌子。市外侨办对原华侨农场危房改造问题落实相关配套优惠政策。

1999 年，泉州有关县（市、区）把华侨农场纳入当地发展规划，帮助华侨农场落实“侨居工程”建设项目，结合旧村改造新村建设，协调 3 个华侨农场申报危房改造的“侨居工程”方案，经省侨办批准并拨出资金 71 万元，改造或重建危房 2 万多平方米。当年，福建省全国人大视察组、省人大侨务执法检查组专项检查泉州侨房租赁。

2000—2001 年，泉州市委、市政府把“侨居工程”列入年度为民办实事项目。在 3 个华侨农场组织实施“侨居造福工程”，由省补助 71 万元，市财政补贴 53.9 万元，其余各县（市、区）财政相应投入，新建住房 1.45 万平方米、共计安置 98 户，旧房改造 56 户、3435 平方米。解决归难侨 154 户（双阳 44 户、雪峰 38 户、北硿 72 户）。2001 年，市财政拨出 33 万元专款扶持，全市 3 个华侨农场共新建住宅 121 套 1.85 万平方米、旧房改造 54 套 3376 平方米，193 户归侨乔迁新居。

2002 年，市、县两级政府拨出专款，协助华侨农场归侨侨眷改善居住条件，其中洛江双阳华侨农场、南安雪峰华侨农场、永春北硿华侨茶果场“侨居造福工程”列入年度市委、市政府为民办实事项目。3 个华侨农场共新建“侨居工程”103 套 1.07 万平方米，改造旧房 48 套 2550 平方米。

2003 年，泉州市继续推动华侨农场“侨居造福工程”列入市委、市政府为民办实事项目，争取省政府拨款 61 万元，市政府拨款 30 万元，新建“侨居工程”154 套 1.26 万平方米，改造旧房 48 套 2550 平方米；市政府分别拨出 10 万元、12 万元解决雪峰农场幼儿园危险校舍和北硿茶果场道路问题。

2004 年，泉州市政府新建“侨居工程”200 套、2 万平方米，扶持贫困归侨侨眷和帮助华侨农场发展成为市政府为民办实事的项目之一。

2005 年 11 月，国务院侨办、财政部到雪峰华侨农场、北硿华侨茶果场“侨居造福工程”，调研侨房产权办理情况，督促指导华侨农场按政策规定，为符合条件侨房办理产权证，华侨农场历年集资建房产权证及后续五期侨居工程产权证基本办结；3 个华侨农场争取到侨居工程市级补助款 25 万元。

2006 年，泉州市政府继续实施侨居造福工程。全市开展散居社会贫困归侨住房困难户专题调查，全市归侨 1.2 万多人，侨眷 256 万人，占全市人口的 30.2%，除部分定居在农场外，散居社会归侨总人数为 8300 多人，部分归侨住房条件较差。市、县两级侨务部门，采取优先安排廉租房、修缮公有闲置房、租借民房和政府补贴建房等方式，解决城镇贫困归侨的居住问题；帮助居住在农村的贫困归侨，在自愿原则下，筹措补助资金改造危房。全年新建侨居 104 套 1.16 万平方米，改造危房 20 套 1600 平方米。

2007 年，泉州市、县两级财政补贴 420 万元，完成华侨农场职工危房改造任务，组织实施“侨居造福工程”，洛江双阳华侨农场、南安雪峰华侨农场、永春北硿华侨茶果场 3 个农场新建安居房 298 套 2.09

万平方米，廉租房212套1.06万平方米。市、县两级财政补贴214万元，解决3个华侨农场“饮水工程”。洛江双阳华侨农场建设4.2千米供水管道工程，南安雪峰华侨农场建设500立方米自来水蓄水池及水管配套设施项目，永春北硿华侨茶果场建设6个居民点蓄水池，解决910户3100名群众饮水安全问题。市财政补助115万元，扶持北硿华侨茶果场基础设施建设，拓宽、硬化场内两条总长4千米通村道路；改造水仙老茶园66.67公顷，新种铁观音40公顷。

2008年，泉州市市、县两级财政补贴306万元，在洛江双阳华侨农场、南安雪峰华侨农场、永春北硿华侨茶果场3个农场新建安居房192套1万平方米、廉租房173套1.03万平方米。

2009年，基本完成洛江双阳华侨农场、南安雪峰华侨农场、永春北硿华侨茶果场土地确权工作；建设侨居房490套、廉租房385套，改善归侨侨眷居住条件，解决华侨农场职工居住问题。

2010年，泉州市持续推进华侨农场侨居工程建设和土地确权后续工作，加快“侨居造福工程”基础配套设施建设和“侨居房”入住率。泉州在全省率先为散居社会贫困归侨建设侨居房，市、县两级政府开展“侨居造福工程”建设，把30户贫困归侨建设侨居房纳入为民办实事项目，市、县两级各补助2万元，补助资金120万元，由镇村解决用地新建或翻建侨居房。

（四）救济扶贫

1992年，泉州市侨务部门扶持贫难侨开展生产自救，采取政策引导，加强内联外引，利用无息贷款，鼓励、扶持贫困归侨侨眷兴办企业。1994年，泉州市发放贫难侨救济款8.5万元。1995年，泉州市发放贫难侨救济款9万元。

1996年，全市各县（市、区）侨办分批上报扶贫项目20多个，全年发放难贫侨扶助款10多万元。贯彻落实省财政厅、省侨办《关于归侨退休职工增发生活补贴的通知》文件规定，对1969年12月31日前（含中华人民共和国成立前）回国定居并参加工作省内行政、事业、企业单位归侨退休职工增发生活补贴，每人每月60元。

1997年，泉州市开展贫难侨特困户、归侨贫困户基本情况调查，各县（市、区）落实扶贫项目资金扶助生活上有困难贫困归侨发展生产、安排好生活。其中，鲤城区对全区41户特、贫困归侨，按月发放生活补助费；永春县发放救济款、慰问金；德化县春节慰问归侨、侨眷属90户，发放补助款7000元，落实归侨离退休职工增发生活补贴问题，办理归侨离退休职工增发生活补助费人数达128人，办理归侨身份认定书148份；南安市为267名退休归侨干部职工办理增加生活补贴费（每月增加60元）有关手续。

1998年，泉州市政府把贫难侨基本生活保障问题列入全市扶贫济困工作范畴，市外侨办提出《关于加强对特、贫困归侨的扶贫济困工作意见》，发放正常社会救济款11.5万元。

1999年，泉州市根据省政府办公厅《关于切实做好农村归侨特困户基本生活保障工作的通知》文件精神，做好在农村归侨特困户基本生活保障工作，对农村归侨特困户进行重新调查登记，全市有100多户农村特困归侨，纳入当地最低生活保障范畴，予以定期补助。

2000年，泉州市外侨办将全市鳏寡孤独、丧失劳动能力、无经济来源150多名特困归侨列入当地最低生活保障线范畴；人均年收入不足1800元的贫困归侨，乡镇和村委会利用当地资源，呈报上级批准下拨一次性无息贷款，鼓励因地制宜生产自救。全市600户贫困归侨，列入脱贫致富奔小康工程，发放贫难侨补助款14.8万元。

2001年1月，泉州市政府组织到丰泽区北峰街道、华侨大学、仰恩大学慰问归侨、台属特困户和侨属师生。市“五侨”和市民政局联合到南安市金淘镇，召开特困归侨帮扶工作现场会，总结试点经验。8月，全市各县（市、区）对辖区范围内的贫困归侨进行入户调查，全市特困归侨有75户113人享受当地最低生活保障。

2002年，市、县两级核对特困归侨数据，把符合条件的特困归侨纳入最低生活保障线。全市有特困归侨359户811人，享受当地最低生活保障。

2003年，泉州市贯彻落实省政府《关于切实做好农村归侨特困户基本生活保障工作的通知》精神，做好贫困归侨享受当地最低保障工作，重新调查登记农村归侨特困户，100多户列为当地最低生活保障对象，给予定期补助；未能纳入最低生活保障线贫困归侨，定期给予生活补助。

2004年4月，泉州市落实省侨办《关于举办归难侨保安技能培训班的通知》要求，举办各类技术培训班，让青年归侨侨眷掌握一技之长。市外侨办专门拨款 5万元支持永春县东关镇北硿村16户贫困归侨侨眷脱贫致富；永春县确定18户贫困归侨作为生产自救工作帮扶户，在省侨办及马来西亚槟城北马永春会馆 落实发放扶持资金5万元，组织难贫归侨子女进行就业培训216人次，并帮助联系就业。

2005年，全市开展鳏寡孤独、丧失劳动能力、无经济来源特困归侨调查摸底，全市826人享受最低生活保障。市、县（区） 向省侨办争取难贫侨补助款16万元，用于贫困归侨的扶持救助，全年约有300户贫困归侨受益。两年向 省侨办争取难贫侨补助款32万元，约660户贫困归侨侨眷受益，帮助受灾归侨户恢复生产。

2006年，全市鳏寡孤独、丧失劳动能力、无经济来源的811名特困归侨被纳入地方最低生活保障。各县（市、区）乡镇和村利用当地资源，采用生产自救和临时应急补助办法，帮助一般贫困归侨脱贫致富奔小康。

2007年，泉州市贯彻落实省侨办扶助贫困归侨大学生有关文件精神，收集汇总全市有关情况上报省侨办，资助14名贫困归侨侨眷大学生解决就学困难。市政府向省国资委反映华塑厂情况，配合省国资委到华塑厂调研，提出妥善处理华塑厂归侨侨眷职工困难问题意见。

2008年，泉州市全面调查摸底散居在全市各乡村、街道的贫困归侨1.2万多人，其中散居农村贫困归侨1621户，纳入低保826人。汇总南侨机工遗孀调查情况并上报。

2009年4月，泉州市下发《关于做好贫困归侨侨眷扶持工作的通知》，市、县两级拨出专项资金、确定帮扶项目，共同扶持40户有发展生产能力的贫困归侨。同时，市政府把散居社会贫困归侨侨居工程建设列入新一年为民办实事项目，并利用泉州侨乡优势，联系海外侨胞开展“侨爱工程——万侨助万村活动”，捐资资助贫困归侨。11月，省侨办在晋江召开全省“侨爱工程——万侨助万村活动”座谈会，推动工作深入开展。

2010年，泉州市开展分类帮扶，把255名鳏寡孤独、丧失劳动能力年老归侨和生活困难、符合低保归侨侨眷纳入低保和医保。在资金、技术、管理上引导、帮助散居社会贫困归侨发展生产，县、乡财政给予适当配套资金扶持；市、县两级侨办建立挂钩联系制度，专人负责指导督促和帮扶工作。

（五）社会保障

1998年5月，省政府办公厅印发《福建省华侨农场职工养老保险实施方案》，泉州市华侨农场原职工养老保险问题由省统一协调解决，教育、卫生等列入地方发展规划。

2001年，永春县采取财政拨一部分、个人交一部分的办法，把北硿华侨茶果场70名退休干部社会保险，全部纳入事业社保，从当年6月起，由劳动社保公司按自收自支事业单位的工资标准发放退休金。

2006年，泉州市政府、洛江区政府，出资解决双阳华侨农场下岗职工发放社保补贴问题，洛江区筹集700万元，解决华侨农场部分归侨侨眷医保问题。

2007年8月，省财政厅、省侨办印发《关于进一步做好归侨退休职工增发生活补贴工作的通知》，泉州市调查汇总确因单位破产、经营困难或其他特殊原因不能发放生活补贴归侨退休职工情况。2007—2010年，全市市直单位确因单位破产、经营困难，或其他特殊原因不能发放生活补贴的归侨退休职工共346人。全市落实省劳动保障厅等三部门《关于做好华侨农场部分未参保和中断缴费职工基本养老保险工作的通知》，市、区两级政府研究解决双阳华侨农场改革后自谋职业人员养老保险问题。9月，全市落实省政府办公厅《关于做好我省华侨农场职工参加城镇职工基本医疗保险工作的意见》，对华侨农场职工参加社保和医保情况进行全面摸底和资金测算，解决全市华侨农场职工的医疗保险问题。

2008年4月，泉州市做好华侨农场职工参加基本医疗保险发证工作，解决华侨农场医保、社保问题，全市3个华侨农场共有3075人参加基本医疗保险、3089人参加职工基本养老保险。

2010 年，泉州市制定下发《关于做好贫困归侨侨眷扶持工作的通知》，将贫困归侨纳入低保和医保，明确要求由乡镇或县级侨务部门提出建议名单，经县级民政部门审核，按照同等优先的原则列入低保。

二、服务经济建设

1990 年 8 月起，泉州市发挥著名侨乡、海外华侨华人多的特点，采取“请进来、走出去”等形式，加强联谊，逐步形成国外工作联系网络，为泉州经济的发展做出贡献。同时，鼓励侨办乡镇企业和侨属企业转化为中外合资、中外合作企业。

1991 年，以泉州市侨办为首的市、县（市、区）三侨（包括人大常委会侨委、侨联）各部门和乡镇、村侨务工作者接待返乡的华侨华人。其中，市、县两级侨务部门接待 2.3 万人次，市、县（市、区）领导会见的重要团组 350 个、较具经济实力的海外企业家和社团领袖 2500 多人次。较具规模的有蔡威利投资建立的泉州威利艾得莉日用化妆品有限公司、许明良昆仲创立的信达明纺织有限公司、杨永源投资的晋江永源织造有限公司等，以及由曾系山西省上山下乡归侨知青、新加坡新华侨企业家黄鸿年控股的香港中策集团与泉州 37 家国营企业合资的泉州中侨集团。

1992 年年初，泉州侨务工作围绕经济建设，立足国内、面向海外，以开展海外大户工作为重点展开。全市向海外寄发侨刊乡讯 11.2 万份、各种其他宣传品 1.54 万份，宣传对外开放方针政策和家乡巨变。市政府与企业界组成 130 多个出访团拜访华侨社团、泉籍企业家和侨领。利用各种机会，加强与海外泉籍企业家的联系。

1993—1997 年，在东南亚、北美、欧洲、澳大利亚等国家建立固定联络点。推动泉籍乡亲人数多、社团少的国家建立市、县（市）同乡社团。5 年间，在海内外举办 10 多次大型国际招商活动，引进侨资企业 3300 多家。

1998 年年初，东南亚金融危机爆发。泉州市组织侨务部门到东南亚泉商在泉投资企业慰问并协助联系银行贷款，共渡难关。

2001 年 5 月，泉州市委、市政府出台《关于进一步加快开放型经济发展若干问题的决定》，各县（市、区）先后出台以优化投资软环境，完善外商投资企业制度、重点项目跟踪服务制度、领导现场办公制度、“窗口”收费“一条龙”服务制度，营造良好的经营和发展环境。同年，市、县（市、区）两级加强对涉及侨资企业纠纷的疑难案件协调处理力度。

三、捐赠管理

20 世纪 90 年代，省、市、县政府贯彻华侨捐赠自愿原则，防止变相募捐。1991 年 5 月，泉州市在安溪县召开华侨捐赠工作经验交流现场会。全市表彰捐资办学的华侨、华人。其中，7 人获省金质奖章、7 人获省银质奖章、21 人获市铜质奖章。

1993 年 7 月，省政府对 1950—1992 年华侨华人捐资医疗卫生事业 30 万元～ 50 万元的团体和个人，颁发银质奖章和金质奖章，授予荣誉奖状、荣誉证书。10 月，泉州市南安梅山旅外侨胞获国家“一等功臣”称号和国家一级和平勋章。

1994 年，泉州市贯彻实施《福建省华侨捐赠兴办公益事业管理条例》，把侨捐工程列入全市建筑市场管理范围，实施工程捐建制度和颁发竣工验收证书制度。同年，全市申报表彰 1990—1993 年度华侨捐资办学金质奖章 176 人，银质奖章 109 人，铜质奖章 293 人。

1995 年，泉州市明确接受华侨捐赠应申报和侨捐工作须纳入基本建设管理程序，各县（市、区）重申和完善接受华侨捐赠报批程序，全面检查侨捐工程，对违反基本建设管理程序者，按《福建省建筑市场管理实施侨办办法》处罚，确保侨建工程的安全和质量。印发《关于重申对华侨将“三资”企业利润捐赠公益事业严格实施申报手续的通知》，鼓励侨胞将捐赠与投资相结合。同年，表彰1993年度以来华侨捐赠办学166个团体和个人。

1996年6月，泉州市制定《关于表彰华侨、台港澳同胞捐资兴办公益事业的暂行规定》，对中华人民共和国成立以来华侨捐资在10万元以上者，分别授予铜质、银质和金质奖章和颁发荣誉奖匾奖状，捐资500万元以上的，以市政府名义立碑纪念。同年，省政府批准授予金质奖章102个（团体16、个人86），银质奖章60个（团体10、个人50）。同年，安溪侨胞李陆大获中国扶贫基金会表彰，中国科学院紫金山天文台推荐命名编号3609号小行星为“李陆大星”，全国人大常委会副委员长雷洁琼向李陆大颁发小行星命名证书，全国政协副主席万国权为李陆大颁赠小行星命名牌匾。

1998年，市、县两级完成中华人民共和国成立以来海外乡亲捐资兴办公益事业突出贡献者的表彰工作。其中，泉州市政府表彰3432人，获铜质奖章者1209人，授予荣誉奖匾2223人；省政府表彰348人，获金质奖章264人、银质奖章84人；另有4人和1个社团组织获省政府立碑表彰。

1999年，全市表彰174人。其中，金质奖章27人，银质奖章16人，铜质奖章119人；另外受省、市政府立碑表彰 7人。

2000年，全市表彰317人次。其中，金质奖章99人次，银质奖章33人次，铜质奖章180人次；另获省、市政府立碑表彰 5人。

2001年，泉州市修订表彰暂行规定，明确受赠单位必须主动申办捐赠确认手续，督促各级侨务部门主动做好华侨捐赠兴办公益事业表彰工作。同年，全市表彰海外乡亲捐赠公益事业突出贡献者87人次。其中，金牌19人、银牌27人、铜牌41人。

2002年，泉州市落实《福建省华侨捐赠兴办公益事业管理条例》，规范捐赠确认程序，引导、管理华侨、华人捐资兴办社会公益事业工作。市政府开展清理审批项目工作，市人大侨委、市外侨办配合对华侨、华人兴办公益事业开展调研活动。同年，全市受省政府金质奖章表彰有46人次，银质奖章表彰有11人次，铜质奖章表彰有17人次。

2003年，泉州市全年办理捐资确72件，办理表彰84人次。其中，报请省政府金质奖章表彰44人次，银质奖章表彰15人次，市政府铜质奖章表彰48人次。

2004年，泉州市政府出台《泉州市华侨捐赠兴办公益事业表彰暂行规定》。全市侨务系统建立侨捐资料库，搜集整理历年来侨捐资料，其中汇总捐赠上千万侨捐资料100多份上报省政府表彰。全市侨务部门加强对侨捐引导，重点引导侨捐投向各地慈善总会，以统筹利用。各县（市、区）制定鼓励和保护侨捐有关规定和办法，并先后成立慈善总会。同年5月，省政府表彰140多名捐资公益事业1000万元以上的侨胞。

2005 年，泉州市开展中小学布局调整中农村侨捐学校并校问题侨捐财产保护工作，办理侨捐确认64件。

2006年，泉州市开展侨务和侨捐工作，规范侨捐管理和表彰工作，维护捐赠者合法权益。12月，全市专门召开侨捐基金会管理经验交流会。同年，全市办理侨捐确认55件，省政府立碑表彰8件，市政府立碑表彰17件，举行省、市政府立碑表彰仪式18人次。

2007年，泉州市统计汇总2004年以来捐资上千万以上华侨、华人，及时办理28人次省、市政府立碑表彰申报工作，为15人次举办省、市政府立碑表彰仪式。同年，全市确认侨捐达3亿元。

2008年，“5•12”四川汶川大地震后，泉州市外事侨务系统及时收集灾情信息，向海外华侨、华人社团、侨资企业发出倡议，号召海内外华人华侨为地震灾区捐款献爱心。同年，泉州市办理全国农运会37个侨资企业及个人侨捐确认、表彰工作，全年省政府表彰49件62人次，市政府表彰58件71人次，举行省政府立碑表彰仪式8次，市政府立碑表彰仪式6次。

2009 年，泉州市加强侨捐资金、侨捐项目和侨捐财产管理，全面清查侨捐校及教育设备设施。

2010年，针对农村学生生源减少，乡村侨捐学校合并，捐赠教育（学校）项目转变用途等情况，全市开展侨捐学校专项调查，及时处理侨捐学校撤并中存在的问题，维护捐赠者权益。同时，加强对侨捐项目协调和服务，做好捐赠表彰工作，引导侨捐投向新农村建设，推动“侨爱工程”。同年，严格管理全市侨捐基金会，规范账户独立、专款专用、会务公开等制度，定期或不定期地向捐赠者反馈基金运作情况。

四、联谊交流

1991年2月，联合国教科文组织“海上丝绸之路”考察团乘“和平方舟”号轮到泉州考察，部分泉籍侨胞应邀参加观摩活动。

1992年1月，首届世界南安同乡联谊会暨世界南安同乡联谊恳亲会在马来西亚举行，世界南安同乡联谊会成立。10月，第一届世界安溪乡亲联谊大会在新加坡举行，世界安溪乡亲联谊会成立。同年，泉州市举办一系列“走出去，请进来”活动，拓展国外侨务工作。

1993年11月，世界永春社团联谊会成立暨第一届代表大会在永春举行。12月，亚洲晋江社团联谊会第二届大会暨第一届世界晋江同乡联谊大会在新加坡举行。

1994年10月，在泉州举行中国郑州嵩山、泉州少林武术大会演暨国际南少林五祖拳联谊会1994年会，美国、英国、日本、印度尼西亚、新加坡、菲律宾、加拿大等12个国家和地区的武术代表团与各界群众1000多人出席。

1996年3月，12个国家和地区的35个艺术团体参加“1996年中国泉州国际民间艺术节”。9月，首届泉州1999年商品交易会在展览馆成功举行，东南亚、北美洲以泉籍乡亲为主体的17个团组和企业界人士517人参加交易会。9月，施琅将军逝世300周年纪念大会暨施琅学术研讨会在泉州召开，海内外乡亲、专家、学者2000多人出席。

1997年5月，世界晋江同乡总会成立大会暨第一届会员大会在泉州晋江市举办，22个国家和地区的晋江乡亲出席会议。11月，第三届世界安溪乡亲联谊大会在安溪县城举行，世界各地1000多名安溪乡亲出席。

1998年10月，第四届世界南安同乡联谊会暨南安建市五周年庆典大会在泉州南安市举行。中央、省、市有关领导，各友好城市和海内外乡亲3000多人参加大会。10月28日，省海外交流协会、晋江市政府和厦门大学南洋研究院联合举办中国侨乡社会经济发展国际学术研讨会，中央、省、市有关领导和海内外有关单位60位专家学者参会。

1999年3月，全国部分中等城市海外联谊会第五次年会在泉州召开。中华海外联谊会代表、全国14个中等城市的海外联谊会会长、旅游界人士和部分海外乡亲100多人出席年会。9月，由省政府主办、泉州市政府承办的第三届世界福建同乡会恳亲大会在泉州举行，38个国家和地区的340个社团、2630人，以及部、省级领导和其他国内嘉宾共3000多人参加大会，为福建举办的最大型海外联谊活动；同月，世界惠安泉港同乡联谊会在惠安举行。

2000年10月，世界舜裔联谊会第十四届国际大会在晋江举行。菲律宾、马来西亚、新加坡、印度尼西亚、泰国、日本、美国等国家的陈、胡、姚、田、虞、袁、王、陆、孙、东10个姓氏、80多家社团的600多名代表出席大会。大会决定成立世界舜裔联谊会海峡两岸和平统一促进会筹委会。大会同时举行晋江经贸洽谈会和外商投资项目签约仪式，以及泉州重华舜裔纪念堂中殿落成剪彩仪式等活动。11月，世界永春社团联谊会第四届代表大会暨2000年永春芦柑贸洽会秋季茶王赛在泉州市永春棣兰体育馆开幕。马来西亚、菲律宾、新加坡、美国、英国等国家和地区近百个永春宗亲社团代表等2000多人参加开幕式。

2001年5月，第三届泉州旅游节暨第五届中国国际舞狮邀请赛在泉州石狮市举行。国内13支舞狮队同台献技，比利时、意大利、印度尼西亚运动协会和武术总会派人到场观摩，菲律宾、印度尼西亚、新加坡、马来西亚的泉属社团代表和嘉宾参加旅游节。9月，泉州市举办泉州市慈善总会成立暨第一届理事会、泉州师范学院董事会成立捐资表彰大会、泉州高新技术企业孵化基地揭牌、“9·7”泉州投资推介会暨项目签约仪式及土地拍卖等五大系列活动。菲律宾、新加坡、马来西亚、印度尼西亚、日本、韩国、美国、加拿大、澳大利亚、意大利、纳米比亚、库克群岛等国家和地区的泉籍乡亲参加系列活动。

2002年2月，2002年中国泉州“海丝”文化节举行。全国侨联原主席庄炎林、国务院侨办副主任刘泽彭、华侨大学海外校董，以及旅居菲律宾、新加坡、印度尼西亚、韩国、日本、美国、加拿大、澳大利亚等国家的海外乡亲参加“海丝”文化节活动。9月20—22日，第七届中国泉州国际南音大会唱和“泉州港与海上丝绸之路”国际学术研讨会在泉州举行，印度尼西亚、马来西亚、新加坡、菲律宾、日本、韩国、美国、加拿大、法国、德国、荷兰等国家的南音团体及专家和泉籍乡亲参会。10月，世界六桂联谊会第七届国际大会暨泉州经贸洽谈会在泉州举行，菲律宾、新加坡、马来西亚、印度尼西亚、泰国、美国、日本等国家的六桂宗亲社团和六桂文化研究团体的代表参加；同月，世界永春社团联谊会第五届代表大会在马尼拉举行，菲律宾、新加坡、马来西亚、印度尼西亚、泰国、越南、柬埔寨、缅甸、日本、澳大利亚、新西兰、美国、加拿大、法国、英国、匈牙利等10多个国家，以及国内部分省市的近百家永春社团代表、永春乡亲代表400多人参会。11月，世界戴氏宗亲总会第四届理事就职典礼暨第五届恳亲大会及南安经贸洽谈会在泉州南安举行。其间，还举行瑞基大礼堂、注礼中心小学新校舍及恳亲楼等系列工程落成剪彩仪式，菲律宾、印度尼西亚、马来西亚、新加坡、缅甸、美国等国家的戴氏乡亲参会。12月，中华茶产业国际合作高峰会在安溪县“中国茶都”举行，联合国粮农组织及有关国际机构官员常凯松、孙阳、佩雷斯、芭芭拉，以及日本、英国、美国、伊朗等20多个国家和地区的茶叶贸易界人士参加开幕式、论坛、茶艺交流品尝、投资洽谈和经贸交易等一系列活动。

2003年2月，中国民系（闽南）文化节暨第二届中国泉州“海上丝绸之路”文化节在泉州市区举行，菲律宾、新加坡、马来西亚、印度尼西亚、泰国、日本、澳大利亚、美国、法国、英国等国家的泉籍乡亲参加文化节活动，其中著名侨领、海外社团领袖、知名企业家100多人。9月，第五届泉州旅游节在惠安举行，菲律宾、新加坡、马来西亚、印度尼西亚、泰国、缅甸、澳大利亚、美国、加拿大、英国等国家的泉籍乡亲参加旅游节活动。12月，首届世界南安青年联谊恳亲大会在南安举行，菲律宾、新加坡、印度尼西亚、马来西亚、泰国、缅甸、日本、澳大利亚、德国、美国、加拿大等国家的泉籍乡亲、青年代表及国内部分省（市）商会的南安青年代表参加活动。

2004年2月，泉州市举行第三届泉州“海丝”文化节暨“海丝”国际风情节。约旦、也门、叙利亚等12个国家的驻华使节，菲律宾、马来西亚、新加坡、澳大利亚等国家260多名泉籍乡亲参加文化节活动。5月，首届世界闽商大会在福州召开，400多名泉籍工商界精英参加。11月，世界安溪青年联谊会大会暨第一届理事会在安溪举行；同月，第六届世界安溪乡亲联谊大会在安溪“中国茶都”举行。

2005年2月，泉州市举行泉州“海丝”文化节（闽台文化汇展）暨第八届中国（泉州）国际南音大会唱。菲律宾、新加坡、马来西亚、印度尼西亚、日本、美国、澳大利亚等17个国家的同乡社团领导人、文艺界人士、南音社团代表等参加活动。4月28日至5月4日，世界晋江同乡总会在加拿大温哥华举行成立5周年暨第五届董事就职典礼，加拿大泉州晋江联谊会会长颜乾成就任第五届世界晋江同乡总会会长。5月，第三届世界华侨华人社团联谊大会先后在北京、福建召开，在福建的活动冠名为“海峡西岸行”，主要活动在厦门、泉州两市展开。其间，世界各地80多个国家社团代表、500多位侨胞抵泉州参观华侨大学、开元寺和海外交通史博物馆。

2007年8月10日，世界晋江同乡总会第六届董事会举行庆祝香港回归祖国十周年暨两会董事联合就职典礼，施教明就任两会会长。10月，世界永春第八届代表大会在雅加达举行，印度尼西亚各地和新加坡、马来西亚、菲律宾、越南、澳大利亚等34个国家和地区，以及永春县的代表1250多人出席大会。同月，第三届世界南安青年联谊大会在南安市召开。11月，世界石狮同乡联谊会在石狮举行。12月，晋江市海外联谊会第二届理事大会暨世界晋江青年联谊会成立大会在晋江召开。会议确定，自2008年起举办主题为“情源晋江”活动，每年从晋江高中生选取20余名优秀生到海外交流。12月，世界晋江同乡总会第六届第一次董事会议在晋江举行。

2008年10月，第八届永春社团联谊会会员代表大会在印度尼西亚雅加达举行，来自马来西亚、新加坡、菲律宾、澳大利亚、泰国、美国及印度尼西亚等国家的各界永春乡贤500多人参加会议。

2009年7月，世界石狮同乡联谊会在石狮举行年会，世界各地的石狮乡贤共同围绕世界石狮同乡联谊会会务发展、石狮经济社会事务发展及由世界石狮同乡联谊会特约赞助的“CCTV模特电视大赛海峡赛区”决赛等进行研究与讨论。10月，第五届世界惠安泉港同乡联谊会在惠安县崇武举行，新加坡、马来西亚、菲律宾、缅甸、美国、英国、澳大利亚等国家的社团参加。南安第四届海外联谊大会暨第四届世界南安青年联谊大会在南安召开，美国、法国、英国、澳大利亚、南非、加拿大、巴西、新加坡、菲律宾、印度尼西亚、马来西亚、缅甸、泰国等国侨亲，国内各地乡贤和青年代表共550多人参加。11月，第十届世界华商大会在菲律宾马尼拉召开，陈永栽担任大会主席。

2010年2月28日，首届世界泉州同乡恳亲大会、世界泉商大会暨世界泉州青年联谊会成立大会在泉州举行，28个国家和地区的1200多名海内外泉籍乡亲参加。国务院侨办主任李海峰、全国侨联主席林军、中共中央统战部副部长尤兰田出席会议，并为首届世界泉州青年联谊会会长、理事长、监事长颁发证书。

五、华文教育

（一）选派华文教师赴海外支教

2005年，泉州市首次选派15名中小学、幼儿园华文教师和督导教师赴菲律宾任教。

2006年3月，泉州首批公派至菲律宾华校任教的教师回国，第二批赴菲律宾任教教师选派工作随即开展，组织外派教师到华侨大学华文学院进行培训。6月，第二批17名中文教师赴菲律宾任教。

2007年，泉州市选派第三批9名华文教师赴菲律宾支教。

2008年7月12日，第四批4名华文教师赴菲律宾任教。

2009年，泉州市选派9名华文教师赴菲律宾任教。10月，国务院侨办向泉州市前4批45名外派教师发放外派任教荣誉证书。

2010年，泉州市选派第六批13名华文教师赴菲律宾任教。受国务院侨办、省侨办委托，泉州首次承办全省外派教师集中培训。

（二）举办海外华裔青少年夏（冬）令营

1991年4月，泉州市外侨办与菲华新联公会合作举办菲律宾华裔青少年夏令营，营期14天，营员27人，到泉州市区、石狮、惠安等地学习参观。

1992年，泉州市举办3期海外华裔青少年夏（冬）令营，马来西亚、菲律宾、新加坡等地90多名青少年参加。4月，石狮市侨台外事局邀请菲律宾华裔青年观光团一行25人来泉州参访，营期14天。10月，马来西亚晋江会馆青年访问团一行20人到泉州访问，团员大部分为会馆青年骨干，营期13天。11月，新加坡南安会馆青年团友好访问团一行45人到泉州访问，营期11天。

1993年，泉州市举办5期海外华裔青少年夏令营，邀请菲律宾、新加坡、印度尼西亚等国家华裔青少年126人参加。

1994年，泉州市举办两期海外华裔青少年夏令营，共50人参加；接待省侨办举办的3期夏令营。4月，市外侨办邀请泉州籍菲华联谊会成员的子女20人到泉州，开始为期15天的“寻根之旅”。

1995年，泉州市侨办、鲤城侨办、石狮侨台外事局分别举办3期海外华裔青少年夏令营活动，营员来自印度尼西亚、菲律宾等国家和地区。

1997年5月，泉州市外侨办举办菲华新联公会夏令营活动，23人参加，由菲华新联公会理事许福源任团长，副团长、领队均为华校教师，该营在泉州探亲、寻根谒祖等。

1998年，泉州市外侨办举办菲华宿务华裔青少年夏令营活动。石狮市举办菲华石狮各乡联合会第七届夏令营活动，该活动线路延伸到北京。

1999年10月，泉州市外侨办组织菲律宾晋江同乡总会和马来西亚南安社团联合会35名华裔青年，参加福建省第三届海外华裔青年联欢节活动，该活动吸引16个国家和地区123名青年参加。

2000年，泉州市外侨办与菲华泉州公会合作举办菲律宾华裔青少年冬令营活动。菲律宾晋江同乡总会、马来西亚晋江社团联合会组织58名祖籍泉州的华裔青少年参加国务院侨办举办的“中国寻根之旅”夏令营活动。石狮市举办40名祖籍石狮的华裔青少年参加的菲华青年夏令营活动。

2001年，泉州市重点推动各县（市、区）侨办开展海外华裔青少年夏（冬）令营工作。先后举办菲律宾恰朗华商中学夏令营、第十届菲华石狮市青少年夏令营、东海滨城学园菲华少儿华语进修团、泉州市第二十六期海外华裔青少年夏令营（菲律宾工商总会、印度尼西亚闽南同乡联谊会参加），菲律宾、印度尼西亚的151名华裔青少年参加。

2002年，泉州市、县（市、区）两级侨务部门举办9期海外华裔青少年夏（冬）令营，420名海外华裔青少年参加。同年，泉州市侨办协助省侨办在海外举办“中华文化夏令营”。12月，市外侨办与菲华泉州公会联合举办泉州市第29届海外华裔青少年夏（冬）令营，营员29人。

2003年，泉州市外侨办举办3期菲华夏令营活动，参加人数350多人次，其中菲华青少年华文教育团活动，营期42天，32人参加。

2004年，泉州市侨务部门组织5期海外华裔青少年夏令营活动，菲律宾、新加坡、印度尼西亚等地171名华裔闽南籍青年参加，其中市外侨办联系菲律宾、印度尼西亚、新加坡7个社团组织59名闽南籍青年参加泉州广电中心与省侨办协同举办的“2004寻根之旅夏令营暨第三届福建海外华裔青年联欢节”活动。

2005年，泉州市外侨办举办华文培训班、海外华裔青少年夏（冬）令营计6期，世界各地300名海外华裔青少年参加。5月11—16日，市外侨办与菲律宾体育总会联合举办“泉州市第31届海外华裔青少年夏（冬）令营”活动。

2006年，泉州市外侨办举办夏（冬）令营10期，新加坡、菲律宾、印度尼西亚、缅甸的华裔青少年400多人次参加回祖籍国（地）开展寻根谒祖、观光游览等活动。5月，泉州市外侨办同菲律宾华教中心、菲律宾商报联合举办菲律宾华裔青少年夏令营活动，43名菲律宾华裔中小学生参加；同月，泉州外侨办同新加坡南洋小学合作，组织61名华裔小学生到泉州、南安开展华文教育夏令营活动。6月，市外侨办与新加坡泉属青年会组织新加坡华裔青少年夏令营，19名华裔青少年到泉州开展为期6天的参访活动；同月，泉州市同印度尼西亚棉兰南安同乡会、菲律宾晋江同乡总会、新加坡五大会馆合作，组织华裔青少年中小学生到泉州开展华文教育夏令营活动。7月，市外侨办结合国务院侨办开展“中国寻根之旅”活动，组织印度尼西亚、缅甸华裔青少年45名，开展“海外华裔青少年夏（冬）令营”活动。12月，市外侨办同马来西亚晋江同乡联合会联合举办冬令营，41名马来西亚华裔青少年参加活动。

2007年，泉州市外侨办举办7期海外华裔青少年华文教育夏(冬)令营，菲律宾、马来西亚、印度尼西亚、韩国、美国的250名青少年参加活动。活动内容包括国画、书法、武术、剪纸等优秀传统文化和南音、木偶等富有地方特色传统文化。

2008年，泉州市举办8期350人参加的“海外华裔青少年夏（冬）令营”活动。6月，新加坡30多名华裔青少年参加由省侨办、市外侨办、永春县外侨办、新加坡永春会馆联合举办福建海外华裔青少年“中国寻根之旅——八闽千家情”夏令营活动；6—7月，印度尼西亚苏北省44名华裔青少年参加在泉州师范学院附属鹏峰中学艺术馆举行第三期印度尼西亚华裔青少年华文教育夏令营活动。

2009年，泉州市外侨办举办9期360人参加的“海外华裔青少年夏（冬）令营”活动。3月，马来西亚槟城钟灵中学13名师生参加海外华裔青少年“中国寻根之旅”夏令营福建惠安营；同月，新加坡义安理工学院的47名师生在安溪县尚卿乡灶坑小学举行为期12天夏令营活动。4月，第十七届菲华石狮青少年夏令营在石狮市开营。11月，新加坡南华小学师生一行56人到国专中心小学开展为期10天的海外华裔青少年“中国寻根之旅”冬令营福建南安营活动。12月，马来西亚各地的43名安溪后裔，参加海外华裔青少年“中国寻根之旅”冬令营福建安溪才艺营活动；同月，印度尼西亚苏北省40多名华裔青少年参加海外华裔青少年“中国寻根之旅”冬令营福建南安才艺营活动。

2010 年，泉州市外侨办举办 18 期海外华裔青少年夏（冬）令营，菲律宾、马来西亚、新加坡、印度尼西亚、缅甸等国的华裔青少年 842 人参加，夏令营规模、数量创历年之最。同年，马来西亚、菲律宾、印度尼西亚、新加坡等国华裔青少年到泉州参加夏令营或冬令营。

（三）华文教育基地（院校）建设

1994 年，泉州市筹建“海外华裔青少年活动中心”。

1995 年，泉州市海外华裔青少年活动中心选址丰泽区刺桐路。

2002 年，丰泽区侨办与泉州师院、福建省电力专科学校联合设立两个外事侨务教育培训基地。

2004 年，丰泽区侨办参加在福州举行的福建省华文教育工作五年规划（草案）研讨会，在会上作经验介绍。

2005 年，泉州市“海外华裔青少年活动中心”动工建设。

2008 年，为提高华文教育水平，泉州市外侨办与市教育局联合，向省上报泉州培元中学、石狮石光华侨联合中学、晋江市南侨中学、泉州市实验小学、泉州市第二实验小学、泉州幼儿师范学校附属幼儿园 6 所学校作为泉州市首批省级海外华文教育基地。

2009 年，泉州市推荐上报泉州师范学院附属鹏峰中学、永春第二中学、安溪梧桐中学 3 所学校为省级海外华文教育基地。

2010 年，泉州市引导市内学校与海外华校缔结友好学校，不定期开展校际交流，建立互访机制，互派教师任教或观摩、研讨、考察，探索联合办学模式，实现国际教育资源共享。其中，培元中学和美国、加拿大等地 4 所中文学校缔结姊妹学校，晋江南侨中学与菲律宾侨中学院、晋江季延中学与美国阳光坡中学、石狮八中与菲律宾侨中学院缔结姐妹学校关系，南安国光中学与新加坡光华中学、华中初级学院建立华文教学交流及社会实践交流制度。

（四）华文教育交流

1992 年，新加坡青年访问团、美国华裔青年观光团、印度尼西亚泗水仙溪福利基金会青年访闽考察团、新加坡华文教师访闽考察团等到泉州寻根谒祖、参观访问。

1994 年，泉州市少年儿童艺术团 36 人到马来西亚、新加坡进行为期 24 天的访问演出，马来西亚《星州日报》《中国报》《南洋商报》和新加坡《联合早报》等 10 余家华文报纸连篇追踪报道。同年，菲律宾侨中学院舞蹈团到泉州访问演出。

1998 年，泉州市外侨办与华侨大学、市青年联合会联合举办东南亚华裔留学生“中外青年元宵联欢晚会”。

1999 年 2 月，泉州市外侨办与市侨联、市学联联合举办中外青年迎新春联欢晚会，120 多名华大外籍师生参加联合晚会。

2000 年，泉州市少年儿童艺术代表团到马来西亚为侨社巡回演出，开展两地少年儿童交流活动。同年，海外华裔青少年到泉州市南少林武术学校学习华文和武术。

2001 年 4—5 月，泉州滨城学园和菲律宾华文教育研究中心联合组织菲律宾少儿华语泉州进修团 36 人，到泉州进修华文，这是泉州市首次接待来泉州进修的海外华文进修团。

2002 年，泉州市外侨办举办两期海外青少年来泉访问交流活动。华侨大学、泉州师院东海滨城学园、南安国光中学举办 6 期华文短训活动，500 余名华裔青少年参加华文教育短训班，学习华文、中国传统文化艺术，结合劳动生活实践、参观旅游、联欢活动，增强与祖（籍）国、家乡感情和中华文化认同感。6 月，新加坡中正中学华乐团一行 100 多人到泉州访学，与泉州市、南安市等各地青少年进行联欢交流，举行专场演奏会。

2006 年，泉州市组织教育系统有关人员到马来西亚进行华文教育考察，开展双向交流。5 月，石狮市组织 17 名大、中学生赴菲律宾，开展第二届赴菲夏令营交流访学活动。

2007 年，泉州市外侨办组织两个青少年团组赴菲律宾、马来西亚进行交流访问；接待马来西亚槟州华文教育参访团，参访团参观访问泉州市部分重点中学，并进行交流、洽谈合作。7月，新加坡安溪会馆组织6名华文教师到安溪梧桐中学、洋内小学见习。11月，泉州市侨办组织泉州一中、泉州实验小学、刺桐幼儿园等单位组成华文教育考察团赴马来西亚考察华文教育发展状况。

2010年，泉州市惠安外侨办组织省级海外华文教育基地惠安荷山中学11名学生赴马来西亚与钟灵中学华裔学生结对联谊活动，8名学生赴日本冲绳嘉手纳町友好访问。

六、侨情调查研究

（一）侨情调（普）查

1990—2010年，省、市侨务部门共开展三次专题侨情调查。1990—1992年调查显示，泉州市有华侨华人623万人，分布在126个国家、地区。其中，祖籍可分解到乡镇、街道的泉州华侨华人有544.41万人，分布在120个国家、地区；近万名分布国家、地区不详，80余万名华侨华人在家乡已无近亲属或家乡事务委托代理人。

1996—1998年，泉州市再次开展侨情普查工作。普查显示，全市海外华侨华人623.08万人，分布在129个国家和地区。其中，东南亚约占95%，按总数排列依次是马来西亚186.53万人、菲律宾153.08万人、印度尼西亚124.67万人、新加坡87.56万人、缅甸18.17万人、泰国17.09万人、越南9.72万人；各县（市、区）华侨华人按总数排列依次为：南安142.89万人、晋江99.15万人、永春97.98万人、安溪79.35万人、惠安60.89万人、石狮28.05万人、鲤城23.2万人、泉港21.12万人、洛江14.37万人、丰泽12.15万人、德化12.33万人，金门31.6万人。南安、安溪居缅甸、印度尼西亚、菲律宾、新加坡移民和外地出国人员多数未计入。泉州人新移民（包括下一代）有40余万人、分布在90多个国家、地区。

1999年至2002年6月，全市补充侨情调查工作。调查显示：包括金门在内的泉州各县（市、区）旅居国外华侨、华人总数达689万多人，主要分布在130多个国家、地区。

2002—2004年，丰泽区、石狮市、晋江市、惠安县开展侨情调查，调查显示，各县（市、区）海外华侨、华人总数比1997年调查数增加近40万人。

2005年，泉州市政府制定《泉州市侨情调查实施方案》和《侨情调查培训手册》，组织30多名市、县（市、区）侨情调查工作骨干，赴新加坡、马来西亚、印度尼西亚、缅甸、泰国等国家，开展新一轮侨情调查工作。调查显示，至2005年12月，全市海外华侨华人679.96万人（其中新华侨华人28.39万人），分布在129个国家和地区，其中东南亚的华侨华人约占总数的95%，按总数排列依次是马来西亚194.79万人、印度尼西亚164.27万人、菲律宾161.28万人、新加坡102.56万人、缅甸37.4万人、泰国16.43万人、越南12.44万人；各县（市、区）华侨华人按总数排列依次为：南安169.01万人、晋江112.9万人、永春116.01万人、安溪93.11万人、惠安75.05万人、石狮29.26万人、鲤城26.31万人、泉港13.02万人、洛江16.14万人、丰泽15.93万人、德化13.22万人。全市归侨1.18万人、侨眷82.15万人。

2006年8月至2007年，泉州市开展侨情补充调查和专项侨情调查。调查显示，至2006年，全市海外华侨、华人总数达720.93万人（其中新华侨华人28.39万人），分布于世界129个国家和地区。东南亚的华侨华人占总数的95%，按总数排列依次是马来西亚194.79万人、印度尼西亚164.27万人、菲律宾161.28万人、新加坡102.56万人、缅甸37.4万人、泰国16.43万人、越南12.44万人。各县（市、区）华侨华人按总数排列依次为：南安169.01万人、晋江112.9万人、永春107.33万人、安溪93.11万人、惠安75.05万人、石狮29.26万人、鲤城26.31万人、泉港22.67万人、洛江16.14万人、丰泽15.93万人、德化13.22万人。全市归侨1.18万人、侨眷82.15万人。

2007—2010年，泉州市没有开展专项侨情普查工作。

（二）海外新移民调查

泉州市是全国较早展开移民调查城市之一。1990—2010年，泉州市共开展8次海外新移民调查。

1990年起，泉州市因编纂第一轮《泉州市华侨志》，正式展开国外新移民调查，查清出生于泉州的国外新移民分布在87个国家、地区。

1996年，为推进海外新移民工作，弥补老华侨、华人眷属家乡空户率高不利于开展国外侨务工作缺陷，4—5月，泉州市外侨办开展第五次新移民调查，查清1972—1993年有超过40万泉州人移居60多个国家和地区。10月，结合省侨情普查，市外事侨务办展开第六次新移民调查。

1997年，泉州市贯彻落实国务院关于加强新移民工作要求，将新移民工作列为海外侨务工作重点，邀请部分新移民到泉州访问，有许荣茂、戴新民、王飞虎、戴亚明、戴国兴、庄永泉、庄哲猛、许福源等。

1998年1月，泉州市第六次新移民调查结果显示：不计持云南边境通行证往缅甸、老挝、泰国人数，由国内移居国外的泉州新移民及在国外出生下一代泉籍人士，总人数达50多万人。其中，菲律宾约15万人、加拿大10万～12万人、美国3万人、泰国和澳大利亚均逾万人，英国4000多人、新加坡3000多人、日本2000多人，千人以上的有德国、意大利、荷兰、瑞典、新西兰、塞班、巴拿马、玻利维亚、阿根廷、委内瑞拉、秘鲁、巴西等10多个国家。下半年，市、县（市、区）公安部门结合注销已定居国外人员户口。10月，市外侨办启动新一轮国外新移民调查研究，有针对性地加强对留学定居人员跟踪联络工作。

1999年1—5月，泉州市、县（市、区）侨务行政机构按省侨办部署，开展海外科技人才和专家学者调查。全市调查到有海外硕士以上学位和高、中级职称人才610人，其中新华侨、华人专业人才305人。

2000年，泉州市外侨办与市教委联合开展“泉州市新移居海外校友和重点学校海外校友会基本情况调查”，被列入重点调查对象学校，发动教师利用春节学生拜年、校友聚会等机会开展调查；促进未建立海外校友会国家、地区校友建立校友会，发挥其与母校沟通桥梁作用；促进海外新移民组建海外校友会及将已成立海外校友会改组为以新移民为主体校友会，促进开展侨务部门对海外新移民情况了解和工作，完成汇总调查表约200份。

2001年，泉州市开展国外泉州人新移民情况调查，利用欧美国家的泉州新移民开始参加世界性同乡联谊活动和返乡参与经贸活动契机，推动泉州国外侨务工作基础较薄弱的欧美国家的泉州新移民组建泉属社团或参与组织福建、闽南同乡社团。

2003年，泉州市外侨办指导各县（市、区）进行侨情普查工作。1月，晋江市举行新一轮侨情普查工作，永春开展海外留学人员调查登记和资料整理工作。前一轮海外新移民调查期间正处于机构改革中的惠安，做好海外留学生服务家乡建设工作，以县外事侨务办为首赴惠安一中、荷山中学、惠南中学、惠安四中和16个乡镇，对定居国外百名留学生展开专项调查。同年，泉州启动历时10年海外泉州籍人才调查。

2005年9月，泉州市外侨办根据省、市统一部署，专门调查华侨华人中的重点人士和新生代优秀人才。至2006年12月，惠安县组织5个团组分别到菲律宾、马来西亚、新加坡、印度尼西亚、缅甸、泰国、澳大利亚、新西兰等国家和港澳地区开展海外侨情调查，详细了解华人出国、在外经营和发展生存情况，填补国内调查不足。同年，市外侨办和有关方面开展加强服务华裔二、三代及他们的下一代工作调研。

2007年，泉州市筹备世界泉州籍青年联谊会，加强与海外华侨华人新生代联系，建立与海外泉属社团青年团的联系，收集了解海外华侨华人新生代情况。

2008年，泉州市外侨办、市委组织部等部门联合印发《关于开展海外泉州籍人才调查摸底工作的通知》，各县（市、区）有关部门开展海外华侨、华人专业人才专题调查，借助乡镇（街道）侨联和各级侨务工作骨干、各类学校校友会、海外泉州籍社团和热心人士以及驻外使领馆等多种渠道力量开展调查摸底工作。

2009年，泉州市外侨办、市委组织部召集各县（市、区）有关部门研讨推进工作办法、措施，推动调查摸底工作开展，收集到各地上报海外泉州籍人才名单2129人。

2010年，泉州市重视做好华裔新生代工作，及时更新海外重点侨胞档案资料，健全海外人才库，保持经常性联系。调查资料显示，泉州的海外新华侨、华人及其海外直系眷属有110万多人，出国学生、专业人才超万人。

第三章 机 构

第一节　外事侨务机关

一、泉州市人大常委会华侨民族宗教委员会

1986年1月，泉州市十届人大常委会第一次会议作出决定，设立市人大常委会华侨委员会，12月更名为华侨工作委员会；1991年，撤销民族工作委员会，其职能并入华侨工作委员会，更名为华侨民族宗教工作委员会；2005年，机构改革时更名为华侨民族宗教委员会。市人大常委会华侨民族宗教委员会是市人大常委会工作机构，在侨务、外事、对台、民族、宗教、旅游等方面为常委会行使职权提供服务。

二、泉州市外事侨务办公室

泉州市外事侨务办公室简称泉州市外事侨务办或市外侨办。1986年1月1日，晋江地区外事办公室、晋江地区侨务办公室改称泉州市人民政府外事办公室、泉州市人民政府侨务办公室，合署办公。

1995年，泉州市侨务办公室与市外事办公室合并，设立泉州市人民政府外事侨务办公室，为市政府主管全市外事和侨务工作的职能部门和市委外事领导小组的办事机构。

1996年7月，泉州市外事侨务办正式设立科级事业单位"泉州市对外交流服务中心"。

2010年，实行机构改革，内设科室调整为人事秘书科、监察室、国外科、侨政科、出国（境）管理科、国际交流科、领事文化科7个科室和事业单位泉州市外事翻译与对外交流服务中心。

三、泉州市政协台港澳侨和外事委

1986年1月，中国人民政治协商会议泉州市第六届委员会审议通过，合并上一届祖国统一工作组与华侨工作组，组成泉州市政协"三胞"工作委员会。由泉州市政协委员中华侨、归侨、侨眷、港澳同胞和有关部门领导人组成，组织学习和宣传国家侨务政策和祖国统一方针政策，联络海外侨胞和台港澳同胞。以组织视察和提案等形式，反映华侨、归侨、侨眷和台港澳同胞意见；发挥华侨、归侨、侨眷、台港澳同胞中的政协委员和归侨人民团体参政议政职能。

四、中国致公党泉州市委员会

致公党泉州市委会是致公党在福建省较早建立的地方组织，致公党泉州市委会设4个专门工作委员会：参政议政工作委员会、海外联谊工作委员会、妇女工作委员会、青年工作委员会。

五、县（市、区）涉侨机构、外事侨务部门

泉州市各县（市、区）政府外事侨务管理机构，源于1952年1月至1979年8月，各县、市成立的侨务科或侨务办公室，其后名称有所变化。此后，县（市、区）设置、机构改革，县（市、区）一级政

府外事、侨务机构有所增多，名称及管理工作有所调整。泉州市辖区，除泉州经济技术开发区外事侨务工作由该区管委会科技经济发展局综合科负责（初由区党工委党务部负责）外，各县（市、区）均设有涉侨机构、外事侨务办公室或侨台外事局。

第二节 归侨团体

一、泉州市归国华侨联合会

泉州市归国华侨联合会（简称“泉州市侨联”），前身是晋江专区归国华侨联合会。1985 年 1 月，泉州市升格为地级市。1986 年 1 月，晋江地区归国华侨联合会改称泉州市归国华侨联合会。1988 年 10 月、1997 年 7 月、2002 年 9 月、2007 年 9 月，分别召开泉州市第三、第四、第五、第六次归侨侨眷代表大会。

2007 年泉州市各县（市、区）侨联组织情况表

表 43–3–1

单位名称	成立时间	乡（镇、街道）		村居（社区）	
		成立侨联（个）	驻会人数（人）	成立侨联数（个）	成员数（人）
泉州市侨联	1962.1	直属团体 7 个	—	—	—
鲤城区侨联	1951.1	8	33	77	453
丰泽区侨联	1998.9	8	30	71	218
洛江区侨联	1998.5	6	10	24	399
泉港区侨联	2000.4	6	21	24	53
石狮市侨联	1991.7	9	74	121	1233
晋江市侨联	1951.4	15	45	398	1516
南安市侨联	1954.4	27	18	355	519
惠安县侨联	1957.1	8	8	125	583
安溪县侨联	1956.9	12	16	117	450
永春县侨联	1949.10	12	44	110	440
德化县侨联	1951.7	7	—	—	—
合计		118	299	1422	5864

二、其他团体

（一）泉州市归国华侨联合会青年委员会

由泉州市青年归侨侨眷、侨联工作者、留学归国人员及泉州的海外乡亲中年轻一代组成的群众团体直属泉州市侨联。2007 年 3 月召开成立大会，选举产生第一届委员会，加强联络海外及中国台港澳地区的泉州青年，开展引资引智工作，扶助泉州市及西部地区贫困归侨侨眷子女上学，发挥泉州市侨联工作助手的作用。

（二）泉州市菲律宾归国华侨联谊会

泉州市唯一按侨居地归侨成立、经市民政局注册的社会团体，有会员 100 多人。1990 年 9 月 23 日成立，选举产生第一届委员会。该联谊会践行“联系和团结菲律宾归侨侨眷和海外侨胞，保护其合法权益，发扬爱国爱乡的光荣传统，为祖国的发展和统一大业服务”的工作宗旨，开展会务活动；开展海内外联谊工作，与菲律宾华支退伍军人总会等海外侨团组织、中国香港及国内兄弟联谊会保持密切联系；编印5期特刊，参与捐款救灾和招商引资，协助菲律宾华侨抗日纪念馆、纪念碑的建设工程等。

（三）华侨大学归国华侨联合会

该会1981年12月成立，至2007年历经7届，会员101人。其中，有2位曾任校领导，10多位任院（系）负责人；有2位被派往驻外使馆工作；有10多位先后担任各级人大代表、政协委员，履行参政议政职能。

（四）福建省闽东南地质大队归国华侨联合会

闽东南地质大队隶属于福建省地质矿产勘查开发局。1993年，该大队有归侨侨眷近百人，同年4月，召开首届归侨侨眷代表大会，选举产生第一届侨联委员会。侨联主要贯彻党的侨务方针政策和时事政治，完成生产任务，举办文体活动、组织参观旅游、参与精神文明建设等。

（五）福建医科大学附属第二医院归国华侨联合会

福医大附属第二医院归国华侨联合会成立于1981年12月。1991年起，该侨联每年组织归侨侨眷医务人员参加各类义诊活动，并开展内引外联工作，至2010年参与引导侨资近1000万元，接受海外乡亲、港澳同胞捐赠大量医疗设备。

（六）中国旅行社泉州分社归国华侨联合会

泉州中旅社有归侨干部职工72人、侨眷属100多人。1988年7月，该社召开归国华侨员工代表大会，选举产生泉州中旅社归国华侨联合会第一届委员会。中旅社侨联成立后，组织归侨侨眷开展政治学习和文体活动，参与该社接待海外乡亲和港澳同胞的活动，发挥侨联组织桥梁和纽带作用。

第三节　其他机构

一、涉侨团体

（一）泉州市对外文化交流协会

1986年成立，是从事对外文化交流的群众团体，组织、推动同各友好国家开展文化、艺术、新闻、出版、广播、影视、科技、教育、体育、卫生等方面的交流与合作，主要从事举办、推动全市性的对外文化交流和文化节庆活动，组织文化团组到境外、国外交流活动，接待海外新闻文化界和热心文化交流的知名人士，增进泉州人民与世界各国人民之间相互了解，密切友好往来。

（二）泉州市海外联谊会

1997年9月成立，主要工作是促进泉州市各界人士同海外侨胞和外籍华人之间的相互了解和友谊，促进泉州经济、科学技术、卫生体育和社会福利事业的发展；促进海内外的泉州华商交流，做好“请进来、走出去”等方面工作。

（三）华侨大学泉州校友会

华侨大学系国家综合性大学，为加强校友之间联络，促进母校发展，1984年2月，召开华侨大学泉州校友会成立大会，选举产生首届理事会。校友会成员绝大多数是归侨侨眷，成立后依托在泉州市侨联，成为其团体会员。校友会践行“爱国爱校，团结互助，加强联谊，为母校进步和发展效力”宗旨，常年开展会务活动。通过换届选举，吸纳新会员，增强校友会凝聚力；坚持办实事、好事，热情为校友排忧解难；加强海内外校友联系，增进对母校的情谊；激励校友敬业爱岗，为祖国建设添砖加瓦；多方筹措资金，建立校友会活动基金。

（四）泉州华侨历史学会

1987年4月成立，泉州市侨联下属事业单位，核定编制1人。主要从事华侨华人历史研究、搜集华侨文物史料、出版《华侨史》刊物。学会开展侨史研究、参与学术交流，组织会员开展侨乡田野调查，协助泉州华侨历史博物馆征集文物资料及专题馆陈列布展；举办（联办）李光前、李清泉、颜子俊、李子芳、尤扬祖、许立等侨界知名人士学术研讨会；组织会员撰写数百篇论文，编印9辑《华侨史》和专著《在缅甸的泉州乡亲》，协助《浓浓赤子情》一书征稿活动，参与《泉州市华侨志》等志书编纂出版工作；开展“抢救归侨历史活资料”及侨批文化研究等工作。

（五）泉州侨乡开发协会

1984年11月成立，初始会员136人，绝大多数是参加闽中和闽西南地下游击队的厅、处级离休老干部，以及少数退休领导干部和社会人士。1999年，召开第三次会员大会，协会领导机构改为理事会。协会引进外资建设安平开发区、引进三益钢铁有限公司，协助华侨、华人在家乡兴办公益事业，促进泉州发展文教、旅游事业。

（六）世界泉州青年联谊会

2010年2月在泉州成立，旨在广泛联络世界各地的泉州青年，弘扬中华优秀传统文化，增进乡谊，扩大交往，加强合作，共谋发展，初始会员277名。

二、涉侨馆所

（一）华侨大学华侨华人研究所

1980年成立，其前身是华侨大学华侨史研究室，1995年改名为华侨华人研究所，直属于学校的重点科研机构，有专业史学硕士学位点。研究所研究范围涉及华侨、华人的历史、现状、经济、教育、文化以及社会等方面，以华侨华人历史文化与海外华文教育两个方面的教学与科研为工作重点。

（二）泉州华侨历史博物馆

1996年成立，泉州市侨联下属科级建制事业单位，核定编制12名，内设保管部、陈列群工部和办公室3个部室。2007年，该馆有专业技术人员10人，布展“出国史馆”和“泉州人在南洋”2个基本陈列，馆内有4459件藏品，设有李成智华侨华人图书资料中心，有各类藏书8000多册。其中，有10多种中、外文学术期刊，数千册族谱及华侨华人社团刊物等。举办100多个专题展览和国内外巡回展，先后被中国侨联、福建省及泉州市政府确定为“爱国主义教育基地”及“泉州红领巾文化教育单位”。

卷四十四 泉台关系

1991—2010 年，泉州市贯彻执行中共中央对台方针政策，密切与台湾往来，推动两地文化、经贸合作交流。

2001 年 2 月 6 日起，泉州南安至金门航线成为继“两门”“两马”之后的第三条直接往来客运航线。2004 年，泉州湾小额贸易居全省各市前列，晋江深沪、南安石井 2 个口岸被列为试行更加开放管理措施的对台小额贸易口岸。2005 年 9 月，泉州市政府成立“泉州市海峡两岸农业合作试验区工作领导小组”，制定《海峡两岸（泉州）农业合作实验区规划》，提出建立“三大基地”（农产品贸易基地、农产品加工基地、农产品生产基地），构建“四大平台”（台湾农民再创业发展平台、农业经营模式交流平台、农业高新技术引进创新服务开发平台、农业合作项目招商平台）。办好“一个项目洽谈会”、建设“两个中心”、“三大产业合作带”、“四大农产品加工园区”、“五大合作”领域、“六大农业创业园区”，把泉州建设成为台湾农业外移基地、岛内鲜活农产品供应基地和两岸经贸政策先行试验区。2007 年，泉州市制定实施《泉台产业对接专项规划》。其后，举办多届“海博会”“鞋博会”，承接部分台湾房地产开发、石化、机电、LED、建材、现代服务业等产业转移；加大对台招商选资，推动一批重点台资项目、高科技项目签约落地。2010 年，南安至金门航线运载旅客突破 31.32 万人次，其中台胞 24.76 万人次。至 2010 年年底，泉州市累计批准台资企业 1386 家，投资总额 28.34 亿美元，合同台资 17.62 亿美元；泉州对台小额贸易额累计 3.12 亿美元。

因泉台渊源关系的特殊性，泉州曾在泉台两地交往史上创下不少“第一”，如第一艘台轮来靠，第一次进行两岸小额贸易，第一个设置台轮停泊点，第一家台资企业上市等。中国闽台缘博物馆在泉州建成开馆，全面印证泉台两地关系的历史渊源脉络。至 2010 年年底，泉台双向文化交流项目 994 项 36645 人次。

第一章 台胞台属及社团

第一节 台胞台属

一、台胞

（一）在台泉籍台胞

据台湾人口统计数字和台湾泉属各县同乡会刊及其他资料，泉籍台湾同胞主要居住在台北市、台北县、新竹市、台南市、台南县、高雄市、高雄县和澎湖县。迁台的泉州人不忘故土，往往以姓氏或籍贯作为聚居地的地名，文化重镇鹿港被称为“小泉州”。

据台湾户籍统计，1997 年台湾汉族同胞约 2000 万人，祖籍福建的台胞占汉族同胞的 80%，其中泉籍占44.8%。

（二）在泉台胞

泉州市是祖国大陆台胞定居最多的地方。至2010年，全市有台胞1322户，4774人。其中，泉州市直单位（含清濛开发区）119户，241人；鲤城区83户，255人；丰泽区33户，132人；洛江区2户，4人；泉港区31户，101人；晋江市300户，1061人；石狮市161户，701人；南安市46户，180人；惠安县263户，979人；安溪县201户，799人；永春县49户，196人；德化县34户，125人。

二、台属

1990年年底，泉州有台湾同胞亲属（简称“台属”）681户、2521人。2010年，在泉州居住的台属有16.7万人。

第二节 社团

一、同乡会

20世纪90年代，台湾有以泉州人为基础组建的福建、闽南同乡社团主要有9个，主要泉属同乡社团16个。会员以泉州人居多，或泉州人担任要职的福建同乡会、闽南同乡会等有10多家。

2010年，泉州在台湾的市级、县级、乡（镇）级同乡会逾100家。会员以泉州人居多及由泉州人担任要职的福建同乡会、闽南同乡会有台北市福建同乡会、高雄市福建同乡会、高雄县福建同乡会、台中市福建同乡会、台北市闽南同乡会、基隆市闽南同乡会、高雄市闽南同乡会、台中市闽南同乡会、南投县闽南同乡会等10多家。

二、宗亲会

1987年，台湾当局开放赴大陆探亲后，在台泉籍台胞掀起赴大陆寻亲热，在台泉籍各姓氏宗亲成立宗亲会、家族会。

至2010年，台湾各地的泉籍宗亲会、家族会增至300多个。宗亲会和家族会联络服务宗亲，组织宗亲回大陆祖籍地谒祖、扫墓、寻亲。

三、联谊会

1986年，泉州市台湾同胞联谊会成立，主要职能是联络在泉台胞，发动在泉台胞联络与接待在台亲友，协助政府组织台籍青少年参加省、市夏令营，协助政府慰问台籍、台属病残老弱、困难户，专访台胞知名人士，协助台胞寻根觅祖、谒祖活动。同年，泉州市金门同胞联谊会（简称“市金联会”）成立，联络服务在泉金门同胞，开展对外联谊活动，协助金门同胞回祖籍地寻亲谒祖。

1995年6月6日，泉台民间交流协会成立，首批团体会员42个、个人会员53人。12月，泉州市台资协会成立。

第二章 泉台往来

第一节　直航联航

一、货运直航

1992 年 3 月，福建省提出“两门对开，两马先行”的福建沿海与金门、马祖地区直接往来构想。

1997 年 4 月 19 日，两岸开始进行高雄与福州、厦门间的“不通关、不入境”的境外通航。

2000 年 3 月 21 日，台湾地区通过《离岛建设条例》第 18 条（小三通条款），并于同年 4 月 5 日实施。12 月 13 日，台湾地区行政机构根据《离岛建设条例》通过《试办金门马祖与大陆地区通航实施办法》（简称《实施办法》），以作为福建沿海与金门、马祖地区直接往来的管理依据。2001 年 1 月 1 日，《实施办法》开始实施定点定时的货客运通航。

2001 年 8 月，国台办、外经贸部和交通部个案批准晋江名优特产品（金门）展销会货物从泉州港围头作业区直航金门。27 日，“长安 109”号货轮，运载 14.6 吨货物从泉州围头直航金门。这是中华人民共和国成立以来，泉州与所属金门县的首次货轮直航。

2002 年 5 月，经国务院批准，国台办宣布增开泉州港（不含围头港区）为对台通航港口。9 月，泉州丰泽船务公司所属“泉丰 169 号”货轮装载建材等商品，按一般贸易方式，由泉州后渚港直航金门，开创泉州货轮、货物与所属金门县正式往来的先例。至此，泉州与所属金门县货运实现常态化通航。11 月，泉州市南安轮船公司“成功 17”号货轮，运载 800 吨建材，从泉州石井港区直航金门。

2006 年 6 月 18 日，台湾全富海运股份有限公司“全富轮”号货轮，运载包括纺织服装、食品、鞋帽等货物，从泉州南安石井港直航澎湖马公港，参加澎湖“两岸（福建）优良家庭用品礼品展销会”，首次实现南安石井到澎湖货运直航。

2007 年 5 月 19 日，“全富轮”货轮运载 1500 吨货物，从泉州南安石井港启航直达澎湖马公港，至此，南安石井到澎湖货物直航实现常态化。

2008 年 4 月 11 日，国台办同意晋江围头港区通过验收后列为对台通航货运口岸。4 月 18 日，台湾力氏国际股份有限公司“通顺”轮承载着参加晋江鞋博会台湾客商的参展货物，首次从台湾布袋港直航泉州口岸围头港区。11 月 4 日，大陆海协会会长陈云林与台湾海基会董事长江丙坤在台北签署两岸空运、海运、邮政与食品安全四项协议。12 月 7 日，泉州丰泽船务公司“新运盛 6”号货轮，运载 2500 吨建材，从泉州后渚港区正式直航至澎湖马公港。12 月 15 日，海峡两岸直接“三通”（通邮、通航、通商）全面启动，当日，泉州丰泽船务公司“新运盛 6”号货轮和南安石井轮船公司“成功 71”号货轮，运载 7000 吨建材，从泉州石井港区正式直航至台湾台南安平港和台北港。这是海协会、海基会签订海上直航协议后，泉州货轮首航台湾本岛。

2001—2010 年，泉州市与所属金门及澎湖、马祖货运直航累计达 4130 航次、货物 540.77 万吨、价值 1.1 亿美元。

二、客运直航

2001 年 8 月之前，两岸客运直航尚未开通。

2001 年 8 月，国台办、外经贸部和交通部个案批准晋江名优特产品（金门）展销会人员从泉州港后渚作业区直航金门。28 日，“鼓浪屿”号货轮运载 113 名旅客从泉州后渚港直航金门。这是中华人民共和国成立后，泉州与所属金门县的首次客轮直航。

2002 年 5 月，经国务院批准，泉州港（不含围头港区）增列为对台通航港口。7 月 23 日，对台通航港口正式启动，花莲港籍“超级星”号客轮载着 200 多名澎湖民众，从台湾澎湖直航泉州后渚港。7 月 25 日，泉州天后宫妈祖赴澎湖会香暨泉澎直航首航仪式在后渚港区举行，泉州天后宫妈祖护驾团一行 19 人，与澎湖 200 多名妈祖信众同乘“超级星”号客轮，从后渚港出发直航澎湖，这是泉州与澎湖之间的首次海上直航，也是大陆与台湾地区首次人员直接往来。

2003 年 1 月，金门县“金门杨氏宗亲会参访团”200 多人乘坐“东方之星”号客轮由金门直航泉州后渚港；1 月 13 日，该团成员和在泉州的一部分台商，乘坐“东方之星”号客轮，由泉州后渚港返回金门县。

2005 年 9 月，国台办同意将泉州港、石井港区建成与金门直接往来客运口岸。

2006 年 5 月，石井港区增列为对台客运码头、开通对金门客运直航。6 月 8 日，泉州港石井港区对台客运码头首航仪式在南安市石井镇举行。“泉州轮”由泉州石井港区开航，“新金龙”号自金门水头码头航向石井港区。至此，继金门和厦门、马祖和马尾两条航线后的第三条航线——泉州南安至金门航线正式开通，客运直航实现常态化。航线旅客主要以台商和金门、马祖、澎湖居民为主。6 月 9 日起，南安至金门航线每天往返各两航次，由 248 人座“泉州轮”载客服务，泉州起航时间为上午 9 时 20 分、下午 2 时，金门起航时间为上午 11 时 30 分、下午 3 时 50 分。航线的单程票价，金门购票为新台币 720 元，泉州购票为人民币 180 元。6 月 19 日起，台湾本岛居民也可直接通过南安至金门航线往返泉台两地。10 月 13 日，泉州（澎湖）文化周直航启动仪式在泉州港石井港区举行，台湾“满天星 1 号”客轮从石井港区直航澎湖。

2008 年，南安至金门航线共运营 1430 航次，运送两岸旅客 6.41 万人次，台胞所占比例达到 85.74%，同比增长 23.51%，其中下半年客流增长明显，运送旅客达 3.9 万人次，接近 2007 年总和。

2009 年 9 月 1 日起，泉州南安至金门客运航线航班由过去的每日一艘船 2 个航班 4 个往返，增加至每日两艘船 3 个航班 6 个往返，进一步方便两岸旅客的往来。第二查验通道也于当日正式投入使用，实行出入分离制度，口岸的对台客运量增至 2500 人次 / 天。同年，南安至金门客运航线共运行 1668 航次，运载旅客 8.62 万人次，其中台胞 7.24 万人次。

2010 年 4 月，泉州南安至金门航线月客流量自 2006 年开通以来首次突破 1 万人次；11 月，该航线累计运送旅客首次突破 30 万人次。同年，南安至金门客运航线运行 2132 航次，运送旅客 10.07 万人次，其中台胞 8.2 万人次。

三、联运 航空运输

1998 年，泉州晋江机场运行。12 月，厦门航空公司开通晋江至香港转台湾的临时包机航班，开始帮助该公司申办赴台湾航班。

2002 年 12 月，泉州晋江机场开通往澳门、香港转台湾客货临时包机。

2003 年发生“非典”疫情期间，泉州晋江机场一度暂停往香港、澳门客货临时包机。

2006 年 1 月 25 日，首批在泉州的台胞在厦门机场包机往台湾。

2007 年 12 月，有台湾经香港、澳门往泉州的临时包机。

2010 年，泉州市政府成立泉州民航发展协调领导小组，贯彻《民用机场管理条例》，协助机场申请对台湾客货运直航，全年临时航空口岸延长两次。12 月 30 日，泉州晋江机场正式获批对台客货运直航点。

第二节　泉台人员往来

自 1987 年 11 月 2 日台湾当局有条件地开放民众赴大陆探亲以来，每年到泉州寻根谒祖、探亲旅游、经商贸易、观光考察的台胞络绎不绝。

1991 年，到泉州台胞为 6.40 万人次，泉州赴台探亲、探病、奔丧 328 人，入台定居 26 人。

1992 年，到泉州台胞 6.37 万人次，泉州赴台探病、奔丧 124 人，探亲 198 人，入台定居 86 人。

1993 年，到泉州台胞 4.94 万人次，泉州赴台探亲、探病、奔丧 474 人，入台定居 314 人。

1994 年，到泉州台胞 4.91 万人次，泉州赴台探亲、探病、奔丧 545 人，赴台定居 502 人。

1996—2000 年，来泉台胞近 20.97 万人次，泉州赴台探视、探病、奔丧、定居的有 2.24 万人次。

2001 年，到泉州台胞 5 万多人次，因私赴台 4884 人次。

2003 年，到泉州台胞 6.8 万多人次，因私赴台 3515 人次。

2005 年，到泉州台胞 10 万多人次，因私赴台 3633 人次、往来金门 922 人次。

2006 年 5 月，泉州南安至金门航线正式开通，客运实现常态化直航；6 月，台湾本岛居民也可直接通过泉州南安至金门航线往返泉台两地，泉台两地民众往来增多。当年，到泉州台胞 9.43 万人次，因私赴台 7740 人次，其中往来金门 5075 人次。

2008 年 12 月，海峡两岸直接“三通”全面启动后，泉台两地民众交往更加密切，来泉寻根谒祖、探亲旅游、经商贸易、观光考察的台胞骤增，当年，到泉州台胞达 12.84 万人次，因私赴台 1.74 万人次，其中往台湾本岛及金、马、澎旅游 1.35 万人次。

2010 年，到泉州台胞 14.13 万人次，因私赴台 2.11 万人次。

据不完全统计，1991—2010 年，全市接待到泉州的台湾同胞 148 万人次，因私赴台 12 万多人次。1991—2010 年，泉州涉台婚姻登记共 6330 对。

第三章　泉台文化交流

第一节　戏曲音乐交流

一、戏剧交流

1991 年 3 月，由省文化厅、中国艺术研究院主办，省戏曲研究所和泉州、莆田文化局、泉州戏曲研究社协办的第二次中国南戏暨目连戏国际学术研讨会在泉州举行。英国、美国、加拿大、日本、韩国等国家和中国 9 个省市以及来自台湾的 70 多名专家学者参会，与会学者观摩梨园戏《刘文龙》《蔡伯喈》《蒋世隆》，傀儡戏《窦滔》，莆仙戏《目连》等 10 多个全本戏与折子戏。会上，泉州地方戏曲研究社分赠与会者泉州学者论文和《刘文龙》戏文校注汇编本《南戏遗响》一书，进行交流。

1995 年 9 月，“1995 年闽台艺术节”在石狮市永宁黄金海岸度假村举办，台北汉唐乐府、台湾亦宛然掌中剧团、福建梨园实验剧团及掌中戏、木偶、南音、高甲等 22 个表演团体，在艺术节上献演。

1997 年 2 月至 3 月中旬，泉州木偶戏剧团到台湾交流巡回演出 35 场。8 月，泉州梨园剧团经由香港赴台湾鹿港参加由中正文化中心主办的海峡两岸梨园戏学术研讨会，分别在台北、鹿港演出《陈三五娘》《节妇吟》《李亚仙》《士久弄》《玉真行》《过桥入窑》《摘花》《冷温亭》等梨园戏剧目。

1999 年 12 月至 2000 年 2 月，首届中华早期住民博览会在台湾举办。泉州木偶戏剧团随“中华民俗技术展演团”赴台演出并观展。

2000年10月，第三届中国泉州国际木偶节在泉州举办。台北小西园掌中剧团、亦宛然掌中剧团、嘉义诸罗山掌中剧团、云林新兴阁掌中剧团、宜兰福龙轩傀儡剧团46人应邀参加演出。

2002年2月，泉州木偶戏剧团应金门美术学会邀请，赴金门参加元宵节文艺演出，表演木偶戏10余场。6月，晋江青艺高甲剧团应金门金城镇古地城隍庙管委会邀请，经厦门直航金门参加演出。11月，台湾地方戏剧协进会的25名监事到泉州访问，观摩泉州艺术学校教学，并与戏剧界人士举行座谈。

2005年6—7月，泉州木偶戏剧团应台湾雅韵艺术传播有限公司邀请，在台北政治大学、台湾清华大学、台南成功大学、宜兰传统艺术中心等作巡回演出。

2006年2月，泉州木偶戏剧团参加在台北举办的“情系艺动、情系东南”文艺晚会，获“海峡两岸文化交流特殊贡献奖”。10月，泉州赴澎湖文化交流团海上直航澎湖文化交流演出，向澎湖乡亲展示泉州高甲、南音、掌中木偶等传统戏曲，以及泉州南少林武术、安溪茶艺、德化陶瓷精品、泉州书画家作品等泉州独特民俗风情和民间工艺，轰动澎湖，岛内TVBS电视台、民视等各大主流媒体竞相报道。

2008年4月，泉州梨园、南音、木偶等戏曲团体，随泉州市参访团到台南郑成功文化节作戏曲展演。11月23日至12月9日，泉州市高甲戏剧团和泉州市木偶戏剧团、惠安县掌中木偶戏剧团、安溪茶文化艺术团、德化兴玉陶瓷研究所、德化三羊陶瓷研究所等单位组成文化交流团，在台北、高雄、宜兰等地进行“泉州戏·茶·瓷艺术节”文化交流，演出新版的《连升三级》《妗婆打》《昭君出塞》《古城会》《笋江波》《管甫送》《送水饭》等经典传统剧目。

二、音乐交流

1991年10月，第二届南音学术研讨会在泉州举办，中国南音学会会长赵沨主持，海峡两岸及海外专家学者60多人出席，对被称为“中国音乐历史活化石”南音历史渊源、乐调考证及南音与地方戏曲及其他古老乐种的关系，进行深入比较研究。

1992年，英国牛津大学龙彼得教授发现、辑录的《明刊闽南戏曲弦管选本三种》在台湾出版，台湾清华大学教授王秋桂，特意邮寄2部赠予泉州戏曲研究社。1993年，泉州戏曲研究社邀请王秋桂，陪同龙彼得到泉州考察，并商定该书在大陆合作出版事宜。1995年，《明刊闽南戏曲弦管选本三种》在北京出版发行。

1994年2月，省文化厅、省对外文化交流协会、泉州市政府联合举办第五届“中国泉州国际南音大会唱”，主要活动有南音邀请赛、大型南音整弦游街活动、南音弦友拜馆活动、广场民间民俗艺术表演、南音学术座谈会、地方戏剧展演等，中国台湾、香港、澳门，福建泉州、厦门、同安、漳州、三明，以及新加坡、日本、印度尼西亚、菲律宾等25个代表队参加。

1995年，台湾学术界赠予泉州戏曲研究社《南音指谱》《南管名曲选集》《闽南音乐指谱全集》《南音锦曲全集》《南音锦曲续集》《鹿港南管音乐的调查与研究》等南音史料。这些资料弥补泉州戏曲弦管史料的缺失，为《泉州传统戏曲丛书》和《泉州戏曲弦管研究丛书》等编辑出版，提供不可多得的底本。

1999年2月，鲤城区浮桥镇仙景小学南音班一行15人，应台北板桥江子翠实验剧场邀请赴台访问，在台北、台中、台南、鹿港、高雄、屏东等地演出。

2000年2月，第六届“中国泉州国际南音大会唱”在泉州举办，开展南音演唱比赛、南音学术研讨会、“三南”（南戏、南音、南少林）文艺演出、花灯展览等活动。台湾、香港、澳门、泉州各县（市、区）、厦门、漳州、三明等地，以及印度尼西亚、日本、马来西亚、新加坡、菲律宾等国29个代表队、434名南音弦友同台献艺。

2001年8月，泉州国际童声合唱节举行，台湾派合唱团参加。

2002年9月，第七届“中国泉州国际南音大会唱暨中国古乐大会唱”在泉州举办，台北汉唐乐府、嘉义县阿里山乡山美村艺术团、荷澳中国传统音乐观摩团共36人应邀出席，参加南音演唱交流、南音申报“世遗”专题研讨会。

2003年8月，“海峡童声合唱夏令营”在泉州举办，台北成功儿童合唱团、金门少年合唱团，与泉州市区8个中小学及晋江少年儿童合唱团，共500多人同台演唱交流。

2004年7月，金门县金城中学国乐团130人，应泉州市台资企业协会邀请，到泉州市青少年宫音乐厅参加“仲夏夜之梦”音乐交流演出，这是金门学生乐团首次到泉州专场演出。4月27日，由中国电视艺术家协会和厦门、泉州、漳州三地电视台联合，在泉州举办“中华闽南语歌曲青年歌手电视大赛”总决赛，台港澳地区参赛选手共600多人。

2005年2月，“中国海丝文化节暨第八届中国泉州国际南音大会唱”　在泉州举办，举行大型民俗踩街、民间歌吹漫步、南音专场晚会《共一轮明月》、南音交流演唱、泉州南音曲艺陈列馆开馆仪式等活动。台湾台北汉唐乐府、嘉义阿里山山美艺术团、金门县金沙镇管弦社、台北松山奉天宫南乐团等艺术团近百人，及台湾各界人士45人参会。7月，金门金城中学学生国乐团到石狮访问，与石狮的中小学艺术团体开展系列交流活动。9月，金门南乐研究社、金门金沙弦管社共26人，到南安市参加南音大会唱活动。

2006年2月，泉州市夕阳红老年艺术团一行22人赴台开展文艺交流活动。同年7月，泉州市艺术学校、鲤城南音社、梨园古筝培训班和台湾新竹市鼓艺团、金门开国小学鼓艺团近百名青少年在府文庙广场举行“中华鼓韵”两岸青少年交流音乐会。

2008年2月，两岸青年音乐家在泉州音乐厅，举行“海西风华·青春泉州”音乐交流会，台湾艺术界知名人士参加。

2009年4月，泉州市委宣传部领导率市台办、市广播电视局、泉州人民广播电台等单位组成团队赴台，参加第三届“海峡两岸闽南语歌星总决赛”。

2010年2月，首届“海峡两岸闽南文化节”在泉州举办，其间，先后举办“中华情·闽南风”大型文艺晚会、闽南文化论坛、两岸戏曲展演、南音大会唱等系列活动，海峡两岸及海内外3000多名嘉宾参加文化节活动。

第二节　民俗文化交流

1991年以后，每年通过直航、旅游等渠道到泉州进香祭祖寻亲的台胞达5万～10万人次，活动规模、规格不断提升。

1992年4月，晋江深沪宝泉庵董事会应台南学甲慈济宫邀请，组团赴台参加保生大帝祭典等民间信仰交流活动。11月，泉州民俗文化交流访问团一行12人，赴台湾开展为期15天的访问和交流。自此，泉台文化交流由单向交流变为双向交流。

1993年12月至1994年5月，泉州妈祖信仰文物首次赴台展出。

1994年2月，台湾地区南音社团代表队参加中国泉州国际南音大会唱，观看泉州地区“大鼓吹”“东鼓阵”“拍胸舞”“鼓舞阵”“水车阁”“装阁”等民俗表演。

1996年，泉州天后宫建宫800周年庆典，台湾信众及各界人士近2000人到泉州参加庆典活动。同年，台湾南投县体育协会门球队到石狮访问，并与石狮门球队交流门球竞技。

2000年，台中大甲镇澜宫3000多名台湾妈祖信众到泉州天后宫进香。

2001年1月，泉州闽台关系史博物馆应台湾鹿港文教基金会邀请，组织泉州花灯赴鹿港举行“泉州—鹿港花灯联展”。同月，泉州市10名工艺师与台湾民俗文化界人士进行交流活动。6月，台湾云林县麦寮乡光大寮聚宝宫385名信众，乘“金门快轮”从高雄出发，循金厦航线到泉州泉郡富美宫祖庙谒祖进香，并参加“萧太傅学术研讨会”。这是台湾民众首次以个案方式，直航祖国大陆进行民间交流。

2002年2月，泉州市政府主办第一届中国泉州“海上丝绸之路”文化节，来自中国台港澳地区，以及美国、加拿大、韩国、日本、新加坡、菲律宾等国的嘉宾和媒体1000多人参加。同年7—8月，澎湖县各界人士460多人次乘“超级星”号客轮，从澎湖马公港直航泉州后渚港，迎驾泉州天后宫妈祖赴澎湖会香，这次活动标志着泉州港开启对台通航，也是50多年以来，两岸民众首次乘客轮从海上直接往来。

2003年2月、2004年2月、2005年2月，泉州承办第二、第三、第四届中国泉州“海上丝绸之路”文化节，举行《闽南风·海丝情》大型民俗主题踩街活动、闽南“海丝”摄影画展和闽南灯谜展、灯展、歌吹漫步等民俗活动，台港澳乡亲踊跃参加。

2004年3月，台湾“中国崇道会”联合21所宫观187名信众，到厦门参加“海峡慈航普度大圣会”，并到厦门普陀寺、湄洲妈祖庙、南安诗山凤山寺进香。

2005年3月，彰化市南瑶宫1200多名妈祖信众到泉州天后宫进香。5月6日，嘉义县“中寮城隍庙进香团”248名信众，包乘“合富”快轮到安溪城隍庙谒祖进香。

2006年2月，台湾87名妈祖信众自发组团到泉州参加天后宫建宫810周年庆典活动，参与“泉台妈祖渊源座谈会”；同月，鹿港天后宫300多名信众，到泉州天后宫祭拜妈祖。9月25—29日，由台湾台中大甲镇澜宫发起，台湾各地50多所妈祖宫庙、4000多名妈祖信众组成的“2006年台湾妈祖联谊会暨大甲镇澜宫湄洲妈祖进香团”到泉州天后宫谒祖进香。10月6日，泉州晚报社在府文庙主办2006泉州博饼民俗月“状元王”大赛，海峡两岸数万民众参与，其间，象征“和谐团圆”的“闽台第一碗”，成为此次闽台文化交流的一大亮点。10月13日，泉州南少林武术界随泉州澎湖文化交流团赴澎湖交流表演。

2007年6月，首届闽台对渡文化节暨蚶江海上泼水节在石狮市举办。12月，泉州赴澎湖民俗民间信仰交流考察团一行71人，护送妈祖金身巡游金门、澎湖。

2008年2月，中国闽台缘博物馆与金门县政府联合举办“金门民俗风情展”。5月，金门县太极拳委员会参访团49人到石狮参加太极拳交流表演，这是金门县太极拳委员会首次组团到泉州进行太极拳竞技交流。6月7—9日，第二届闽台对渡文化节暨蚶江海上泼水节在石狮市蚶江后澳古渡举办，其间，开展“海上捉鸭”“海上捉金猪”“龙舟竞赛”“攻炮城”“海上泼水”等传统民俗活动。同月，关岳文化与民间信仰学术研讨会在泉州举办，两岸近150名民间信仰学者与会，其中台湾学者26名。7月，闽台狮文化研讨会在石狮举办，两岸学者交流狮文化研究成果和刣狮表演艺术。10—11月，第六届全国农民运动会在泉州举办，台湾代表团252人参加，主要参与田径专项、龙舟赛等赛事。

2009年2月，“泉澎乞龟”民俗文化活动在泉州天后宫举办。5月，石狮民俗交流团一行715人，首次护送石狮蚶江镇蚶江村“五王爷”赴台湾彰化、云林等地开展民俗文化活动。5月，第三届闽台对渡文化节暨蚶江海上泼水节在石狮举办，其间，开展对渡论坛、海上长泳、美食大赛等活动。10月，台湾妈祖宫信众65人到泉州天后宫参加妈祖巡安活动。

2010年2月，泉州南少林武术参加海峡两岸闽南文化节系列活动。4月，金门南门境天后宫（顺济宫）、金门龙凤宫、金城天后宫、峰山天后宫等宫庙信众400多人，到泉州天后宫祭拜妈祖。6月，台湾“中华道教文化团体联合总会”参访团一行36人到泉州参访交流；同月，泉州举办台湾百家关帝信众福建谒祖会香暨泉州首届关帝文化节，台湾信众1800多人到泉州关帝庙谒祖会香；同月，石狮市举办第四届闽台对渡文化暨蚶江海上泼水节，69名台湾嘉宾到石狮参加系列民俗活动及对渡文化研讨。8月，晋江举办首届海峡两岸（围头）返亲节，51名嫁到台湾、澎湖、金门的“围头新娘”与夫婿、子女138人返乡参加“七夕”活动。11月，安溪104名清水祖师信众，护送玉雕清水祖师神像赴台北县三峡祖师庙安座，台知名人士朱立伦参加安座仪式。同年，泉州举办第三届海峡两岸健身大赛。

第三节 寻根谒祖

一、恳亲谒祖

1987年，台湾当局开放民众到大陆探亲后，台胞寻根谒祖热情高涨。1991年，到泉州寻根谒祖的台胞达10万人，以台湾开闽王氏恳亲团人数居多，最多一次达1500多人。1991年后，台胞寻根谒祖活动规模、规格不断提升。王、李、陈、林、黄、曾、颜、余、郑、杨、董、高、卢、辜、吴、洪、郭、萧、肖、骆、施、傅、胡、赵、蔡、梁等姓氏或组团或派人到泉州故里恳亲谒祖。

2003年1月，"金门杨氏宗亲会参访团"200多人，乘坐"东方之星"号客轮，由金门首航泉州后渚港。10月，台湾知名诗人、散文家余光中偕夫人到泉州开展文化活动，并前往家乡永春县桃城镇洋上村谒祖。

2004年2月，金门李氏迎祖团193人到南安水头、官桥、石井迎祖。2月，辜严倬云女士受其夫台湾海基会董事长辜振甫委托，带其女回祖籍地惠安寻根省亲。5月，新竹曾氏宗亲到市区龙头山曾氏宗祠祭祖；台中市惠安同乡会、台北市惠安同乡会、台北市闽南同乡会组团到泉港参加惠安乡亲联谊恳亲大会。6月，台塑董事长王永庆偕夫人到祖地安溪拜访。9月，台湾时报董事长王玉发到晋江市新塘街道沙塘村谒祖。9月，市政协主席傅圆圆率团到台湾台北参加世界南安乡亲联谊恳亲大会。10月，泉州六桂文史研究会一行146人，赴金门参加世界六桂宗亲恳亲大会。11月，中国国民党原中常委赵守博偕台湾全球董杨宗亲总会祭祖团，到泉州旧馆驿参加董杨大宗祠复建落成典礼。

2005年2月，台中市原市长蔡政忠回安溪魁斗镇祭祖。7月，"中华台澎金马黄氏宗亲联合会"恳亲团一行260多人，到泉州开元寺黄氏祖祠檀樾祠拜谒"紫云"黄氏先祖。10月，台北市卢氏宗亲会到安溪寻根参访。

2006年5月，全美台湾同乡联谊会会长梁义大、顾问梁义光等一行，应中华全国台胞联谊会邀请，到大陆参观访问。其间，到祖籍地南安诗山镇凤坡村寻根谒祖。7月，台湾黄氏宗亲总会大陆恳亲总团一行320人，到泉州拜谒江夏堂和紫云堂黄氏先祖。9月，台湾曾氏宗亲总会赴泉州龙山曾氏大宗祠禅师谒祖团一行26人到泉州谒祖。

2007年，先后有金门陈氏宗亲、萧氏宗亲、李氏宗亲、林氏宗亲组团到泉州晋江、永春、德化、安溪、惠安等地开展恳亲联谊活动。

2008年5月，台湾地区政界人士李鸿钧到安溪湖头福寿村寻根认祖。

2009年3—4月，台北市晋江同乡会一行15人回晋江祭祖扫墓。

2010年8月，首届海峡两岸（围头）返亲节在晋江金井举办。

二、族谱展示

1991年起，泉州海交馆持续开展涉台族谱搜集、整理工作，为闽台族谱交流打下坚实的基础。

1998年11—12月，泉州组织《石井村郑氏宗族谱》《温陵浔海施氏大宗谱》《桃源儒林辜氏宗族源流》等谱牒共135册，以及民间祭祀器物、家传文书、神祇塑像、生活器具等闽台历史文物53件，参加在台北市南海路"历史博物馆"举行的"台闽族谱暨家传文物特展"。这是泉州首次以家传谱牒及遗留文物为实证，在台湾展示泉台两地的渊源传承，本次活动，在台湾掀起新一轮的"寻根潮"。

2003年2—4月，"泉州百个家族移民台湾族谱展"在泉州海外交通史博物馆展出。展出的百个家族族谱资料内容详尽，大量记载族人前往台湾经商、求学、应聘任教或设帐授徒等方面的事迹，有姓名可查的迁台者有2万多人，地缘与血缘关系移民特征明显。这是泉州市首次向公众大规模展示有关泉州人移居台湾的族谱。族谱展引起闽台两地民众和谱牒研究人员的广泛关注，原定4天的展示时间延长至70天，前来寻根认祖者达1万多人次。至2006年1月，泉州海交馆从民间搜集整理到的泉台关系族谱达2000多册，涉及200多个家族。

2008年7月，在泉州市郑成功主题文化交流活动中举办泉台百家姓族谱联展，并举行"泉台百家姓渊源报告会"。

2009年5月，泉州举办"闽台姓氏族谱和涉台文物暨宗亲恳亲会"。

第四节 涉台历史名人纪念

一、郑成功文化交流

2002年5月，南安市举办纪念郑成功收复台湾340周年系列活动，台湾学者及各界人士200多人参加。同年，台南市开始举办郑成功文化节。2004年起，台南市邀请郑成功出生地、郑成功成长地等城市派团前往参访。泉州应邀多次组团赴台南参加活动，增进泉州与台南的交流交往，发展两市合作关系。

2006年7月，中国国民党台南县委参访团一行40人到泉州参访。参访团拜谒郑成功陵墓，参观郑成功纪念馆及碑林。

2008年4月，在台南市延平郡王祠举行泉州赠送台南郑成功石雕像揭彩仪式。

2009年11月，台湾郑氏宗亲会50多名宗亲、台湾南部8家媒体、15名记者到南安参加“民族英雄郑成功陵园拜谒仪式”活动。

2010年9月，首届泉州·南安郑成功文化旅游节在南安举行。活动以“成功故里情两岸一家亲”为主题，开展弘扬郑成功精神诗词创作比赛、纪念郑成功书画展、郑成功文化主题公园奠基仪式、郑成功学术研讨会、郑成功民俗活动、南安市旅游推介会、特色文艺演出及成功故里游等一系列交流活动。该届郑成功文化旅游节被国台办列入2010年海峡两岸重点交流项目。

二、施琅纪念活动

1996年9月，泉州市举办施琅将军逝世300周年纪念大会暨施琅学术研讨会。

2001年，晋江举办纪念施琅将军诞辰380周年纪念活动，台湾各界100多人与会，与海内外乡亲共同发表“促进祖国统一宣言”。

2003年8月，晋江市举办纪念施琅将军暨清廷统一台湾320周年系列活动，台湾各界175人到泉州参加纪念活动，同时还举行闽南语歌曲大奖赛和海峡两岸施琅将军学术研讨会。研讨会在两岸产生较大影响，受到中共中央台办、国务院台办的肯定。

第五节 教育传媒交流

一、教育交流

1991年，泉台院校之间开始校际互访、教育研讨、互聘客座教授等形式的教育交流合作。

1993—1995年，泉州组织相关人员随“福建省少儿艺术访问团”访问台湾，组织泉州少儿艺术团师生访台，走访台湾海基会。

2002年2月，南安一中赴金门进行教育交流。

2005年1月，金门技术学院福建沿海交流访问团到泉州开展教育交流，并作学术报告。8月，金门县教师参访团到华侨大学、泉州中营职业学院，进行教育交流座谈。

2009年，泉州高校考察团首次赴台交流。其中，7所高校与台湾对应学校建立双向交流关系，4所高校与台湾高校开展人才培养培训合作。黎明职业大学、泉州信息职业技术学院5个项目被省教育厅确定为闽台高职院校联合培养人才项目。泉州医学高等专科学校与台湾美和技术学院举办“闽台医技护理职教交流合作学院”，2所学校首次联合举办学生夏令营。同年，泉州首次选派大学生赴台学习，其中，黎明职业大学分别选派10名学生赴台湾朝阳科技大学、6名学生赴台湾建国科技大学学习，泉州医高专2

名学生赴台湾美和技术学院学习。

2010 年 3 月，台湾工业职业教育访问团到泉州进行为期 3 天的考察交流。泉台两地 40 多所职业院校校长共谋泉台教育交流、合作与发展，签订 24 项合作办学的意向书和协议。其中，高职院校 16 项、中等职业学校 8 项，合作范围有校际间的学术交流、师资交流与培训、合作办学、互派学生、教材编写等。

二、传媒交流

1998 年，泉州电视台组团入台拍摄专题片，编辑成 27 集节目，大陆十多个省市电视台播出，其中专题片《深深的海沟》获全国电视评奖一等奖。

2000 年 7 月，台湾传讯电视中天频道到泉州拍摄泉州特色文化宣传片。同月，台湾 27 家媒体到泉州，报道台中大甲镇澜宫谒祖进香团在泉州天后宫进香盛况。

2002 年 7 月，台湾《中国时报》、中广公司、《联合报》、TVBS 等多家媒体历时 18 天，密集报道泉澎直航、天后宫妈祖赴澎湖会香的消息。同月，台湾地区广播电视台协会理事长杨碧村，率“台湾地区广播电视文化交流访问团”一行 36 人到泉州，就两岸媒体交流、电视节目传播工程技术、电视节目制作等与泉州人民广播电台、市台办、市台联会进行交流座谈。

2005 年 4 月，台湾石匠有限公司一行 5 人到泉州拍摄《海洋大系》专题电视节目。5—6 月，台湾卓越传播公司、华艺音像公司到泉州拍摄《唐山过台湾》专题片。

2006—2010 年，泉州电视台、《泉州晚报》记者及各县（市、区）的新闻媒体，多次赴台湾、金门、澎湖采访拍摄宣传片。同期，台湾新闻媒体频繁到泉州采访，2008 年就有 6 批次 30 多名记者到泉州采访。

2007 年 5 月，泉州电视台闽南语频道开播。闽南语频道以方言节目为主打、以闽南人文为特色，以“传承闽南文化，服务两岸乡亲”为宗旨，邀请台湾媒体联合制作，汇集《泉州讲古》《唱歌拼输赢》《闽台天时》等精品节目。频道信号覆盖包括金门在内的闽中南大部分地区。一些台湾受众以信函、电话、手机短信、网上贴文等方式，表示对泉州媒体和节目喜爱。

2008 年，泉州广播电台“刺桐之声”频道与台湾安迪传媒公司联合制作闽南语栏目《安安节目》，成功落地台湾南部，并受到广泛关注。

2009 年，台湾东森电视台、TVBS 电视台、中天电视台及其他平面媒体，4 批次到泉州采访报道，重点介绍泉州泉港石化产业基地和部分重大建设项目，宣传泉州南建筑、永春白鹤拳等历史文化遗产。11 月，泉州泉台交流合作促进会、泉州新闻工作者协会联合主办的台湾南部记者团“海西”采风行活动启动。同年，泉州电视台与台湾南部地区和澎湖地方电视台，初步建立对口协作关系，与台湾南部电视台定期交换节目与资讯，并进行栏目合作，联合摄制介绍泉州风光的电视纪录系列片在台湾播出，受到广泛关注。

2010 年 4 月，市台办邀请台湾《民众日报》采访组到泉州作专刊采访，深入报道泉州经济、社会、文化、教育等发展情况。2010 年 5 月 5 日，《泉州专刊》在台湾岛内发行，专刊 40 个专页，内容包括泉州市情总览、历史文化、民间工艺、宗教信仰、教育发展、城市建设规划、泉台交流合作、台资载体建设发展情况、各县域经济特色等，系统展示泉州的市情与特色。

第六节　学术交流

1992 年 11 月，台湾“中国药学院”主办的第七回国际东洋医学大会在台湾举行，泉州中医界张永树、林禾禧、王泉英、阮传发撰写的 5 篇学术论文参加交流。

1992 年，由泉州中医院闽台医史研究室承担《闽台医史研究》课题完成并撰写成书，全书约 25 万字。该科研课题获省卫生厅 1992 年医药卫生科技进步奖一等奖。

1993 年 7 月，台湾武园集团赴中国大陆联合考察访问团一行 27 人，与泉州中医药界开展学术交流和联谊活动。泉州中医药学会聘请黄善德为名誉会长，同时聘请台湾中医药研究会副理事长李敬为名誉副会长。

1995 年 10 月，台湾武园集团中医药代表团一行 17 人，出席在惠安举行的第三届中国泉州—东南亚中医药学术研讨会，两岸专家学者 38 篇论文和《闽台医史研究》部分论文参加交流，出版《泉台中医药交流会资料汇编》一书。

1996 年 10 月，第三次中国南戏国际学术研讨会在泉州举办，北京、上海、江苏、浙江、台湾和福建的 60 多位专家、学者参加研讨会，会议首发吴捷秋的《梨园戏艺术史论》、黄少龙的《泉州傀儡艺术概述》，以及论文和资料汇编《艺术论丛》《明刊三种之研究》。福建梨园戏实验剧团专门排练《明刊三种》中的《事久弄》《深林边》《云英行》《煮糜》《公主别》五折“古戏” 进行展演。

1997 年，泉州戏研社 7 人应邀参加在台北召开的海峡两岸梨园戏学术研讨会。其间，台南成功大学施炳华教授惠赠清顺治刊本《荔枝记》复制件 1 本，填补泉州市乃至全国戏曲剧目史料的空缺。

1999—2000 年，泉州市连续举办泉州学学术研讨会，两岸专家、学者与会，通过对闽南地区和台湾在历史文化、民间习俗、民间信仰等方面进行比较论证，从根本上论证阐明闽台文化一脉相承，是中华文化的重要组成部分。

2001 年 8 月，海峡两岸海上交通史学术研讨会在泉州举办，两岸学者 60 多人与会。

2002 年 2 月和 2004 年 2 月，在中国泉州海上丝绸之路文化节期间举办闽南文化论坛，两岸学者就闽南文化形成、发展、传播及其与周边文化相互关系、闽南人精神等进行研讨交流。2003 年 10 月，第二届闽南文化学术研讨会在泉州举办，来自海峡两岸的专家、学者 100 多人与会，交流闽台地方文化研究成果。

2008 年 6 月，由中国社会科学院台港澳学术交流委员会、中国社会科学院世界宗教研究所、华侨大学、台湾中华宗教哲学研究社主办的海峡两岸宗教文化与经济社会发展学术研讨会在华侨大学举办，台湾 26 名专家、学者与会。

2009 年 9 月，纪念孔子诞辰 2560 周年暨首届闽台孔庙保护学术研讨会在泉州举办，两岸专家学者与会。其间，泉州府文庙与台南市孔庙签订建立交流合作协议书。

2010 年 6 月 ，第四届海西科技论坛暨寰宇生产力产业经管交流论坛在泉州市举办，海峡两岸以及港澳地区的生产力促进机构、科技企业、创业投资企业、高校科研院所等 500 多名代表，围绕“加强科技创新 服务中小企业”主题展开交流与探讨。12 月，第三届海峡两岸（泉港）石化产业发展论坛在泉港举办，两岸学者围绕“石化园区安全环保与发展”主题进行研讨，推进两岸石化产业深度对接。

第四章 泉台经贸交流与合作

第一节 经贸交流与合作

一、经贸交流

1995 年 8 月，泉州市 4 名青年企业家随省海峡两岸经济文化管理访问团入台，成为泉州市第一个赴台经贸团组。同月，石狮市成功举办“海峡两岸首届纺织品博览会”，55 家台资企业 100 多位台商与大陆 1000 多家厂商联展各类纺织品和服装，成交额达 4.2 亿元。

1996 年，泉州市举办首届泉州“9·9”商品交易会，140 多位台湾企业界人士前来参会。

1998 年 3 月，首届海峡两岸纺织服装博览会在石狮举办，参展企业 256 家，展位数 400 多个。吸引台湾及国内各服装名城的服装协会和企业参展。5 月，台湾“工商建研会”大陆经贸考察团一行 130 人赴泉考察。

1999 年 3 月，第二届海峡两岸纺织服装博览会在石狮市举办，博览会展位增至 800 个，参展产品包括服装、服饰及面料、针织品及各类纺织品、纺织原料，皮革制品及鞋类，制衣设备、纺织机械及器材，美国、德国、英国、日本等国家和中国台湾、香港地区的 500 多家企业参展。其间，增加战略研讨会、作品汇展和明星、名模综艺会演三大活动。该届海博会为期 4 天，订货额达到 8.26 亿元，比首届增加 7000 多万元；签订各类投资项目 22 个，投资总额 6000 多万美元。同年，泉州市经贸考察团赴台湾经贸考察。

2000 年 3 月，第三届海峡两岸纺织服装博览会在石狮市举办，展馆内设有台湾馆，展位 106 个，共有 33 家台湾及台资企业参展。9 月，台湾工业总会福建经贸考察团与泉州市政府建立永久性经贸合作关系并签约。

2001 年 3 月，第四届海峡两岸纺织服装博览会在石狮举办。台湾纺拓会成为承办成员单位，组织部分台湾纺织、成衣和服饰企业组团跨海与会参展。台湾、台资企业的展位近 100 个，创历届海博会之最。3 月，台湾营造公会金门县会员工商考察团到泉州参访。12 月，海峡两岸茶文化交流会在安溪县举办，台湾茶叶业界人士 14 个代表团 120 多人出席交流会，92 个展馆中台湾茶企占 32 个。该届交流会上共洽谈订货项目 65 个、金额 2.55 亿元。

2002 年 3 月，第五届海峡两岸纺织服装博览会在石狮举办，海峡两岸 5000 多名宾客参加开幕式。该届海博会由海峡两岸首次共同主办，突出对台特色和经贸交流功能，台商和台资企业专门组织考察团并开设台湾纺织服装精品馆，展位为历届最多，该届海博会订货成交额达 11.2 亿元，为历届最高。7 月 23 日，台湾塑胶制品商业同业公会联合会访问团到泉港区考察，商洽投建“台湾塑胶工业园区”的相关细则。9 月 8 日，台湾塑胶公会与泉港区政府在“9·8”洽谈会上签订创建“塑胶工业园”协议，协议用地 66.67 公顷，总投资 3000 万美元。

2003 年 3 月，第六届海峡两岸纺织服装博览会暨 2003 休闲服装博览会在石狮举办。该届博览会展馆单独设立台湾馆，台湾纺拓会等 4 个同业公会作为主办单位参加，展位达 126 个，占总展位数的 13%。11 月，首届海峡两岸高新技术成果（产品）博览会暨招商引资签约大会在石狮举行。

2004 年 3 月，第七届海峡两岸纺织服装博览会暨 2004 休闲服装博览会在石狮举办。作为国内唯一以海峡两岸经贸合作为主题的纺织服装专业市场，该届海博会突出“两岸合作”特色和“休闲时尚”主题，设 1 个主会场和 4 个分展区。主会场规模达 2 万平方米，设展位 1000 个，分设“台湾馆”“休闲品牌馆”“韩国面料馆”等 10 个展馆，参展产品包括服装、服饰、面料辅料、纺织机械等。该届海博会历时 5 天，正式签约 10 个项目，总投资 4.29 亿美元，协议利用外资 4.06 亿美元，其中最大的签约项目投资总额达 3 亿美元。12 月，首届海峡两岸五金机电交易会在洛江区中国泉州五金机电商城举办，500 多家厂家参会。

2005 年 4 月，第八届海峡两岸纺织服装博览会暨 2005 休闲服装博览会在石狮开幕，该届海博会共实现意向交易额 42.6 亿元，比第七届海博会增长 36.5%；共有 15.6 万人次参观海博会，是第七届海博会的 3 倍。8 月，泉州科技产业赴台考察团应约赴台，与台湾科技产业同行座谈交流并考察台湾高新技术企业。9 月，2005 年中国泉州汽车工程机械配件展览会暨第 7 届中国重型汽车工程机械配件交易会在泉州展览城举行。新加坡、印度尼西亚、马来西亚、越南、缅甸等 10 多个国家和中国香港、中国台湾地区的客商前来采购、考察和商务洽谈，共签订意向合同 3.87 亿元。10 月，台湾中纤公司到泉港区考察投资环境。12 月，首届福建石油和化学展洽会暨海峡石化产业发展论坛在泉港区召开。台湾石油化学工业同业公会、台湾文化经济发展协会、台湾塑胶制品商业同业公会参与活动主办，展洽会设立台湾馆等六个展馆，共有 27 家台湾地区石化企业参展；同月，泉州市贸促会考察团赴台湾考察台湾中国人造纤维股份有限公司，跟踪落实项目进展情况。

2006 年 3 月 7 日，台湾居民陈志成在安溪县茶都收到安溪县工商局颁发的营业执照，成为泉州第一个台胞个体户。4 月，第九届海峡两岸（石狮）纺织服装博览会在石狮举办，17 个台湾代表团 100 多家企业代表出席，26 家台资企业 100 个展位参展；同月，第八届中国（晋江）国际鞋业博览会在晋江举办，该展会特别设立台湾馆，设展位 130 个，有 25 家台湾（资）企业参展。台湾制鞋工业同业工会、台湾机器工业同业工会首次参与协办本届鞋博会，并组团 40 多人参加活动。其间，有 30 多家台湾客商前来参观和洽购。6 月，两岸（福建）优良家庭用品礼品展销会在澎湖举办，泉州市组织申鹭达水龙头、永春华升棕饰品、晋江华塑文具、礼品等，泉州锦绣庄木偶系列产品、民间艺品及鞋帽服装等企业参展。10 月，台湾长荣集团海运公司组织人员到泉州考察投资环境。12 月，台湾海峡西岸经济区交流研讨参访团一行 11 人到泉州考察参访，参观考察泉港石化产业建设情况。

2007 年 3 月，泉州市经贸考察团赴台考察，考察团就长荣集团投资泉州船厂造船项目有关问题进行实质性磋商，并与长荣集团的高层管理人员进行事务性磋商。4 月，第十届海峡两岸纺织服装博览会暨 2007 年休闲服装博览会在石狮举办。6 月，“2007 金门—德化陶瓷展售会”在金门县体育馆举办，这是大陆在金门设立的第一个地方名优特商品展售点。7 月，惠安台商创业基地首家入驻台商企业——宏汉制衣有限公司开业。9 月，中国国民党副主席江丙坤率台湾石化企业界人士一行 13 人到泉州考察石化基地，先后考察福建炼油乙烯合资项目、石化园区、富源石化和泰山石化等项目的建设情况。10 月，台湾新光金融控股股份有限公司新光健康管理中心参访团一行 400 人到泉州参访。12 月，海峡两岸经贸交流协会、全国台湾同胞投资企业联谊会、闽台经济合作促进委员会、泉州市政府主办的“2007 泉台产业合作投资洽谈会”在泉州举行，共签约项目 92 个，投资总额 145.09 亿元，拟利用台资 19.3 亿美元。

2008 年 3 月 24 日，台湾台中市、新竹市、新竹县、南投县、彰化县电脑同业公会一行 35 人到泉州市丰泽区开展商务考察，参观考察丰泽区经济、社会发展及项目建设。4 月 9 日，台湾电机电子工业同业公会一行 10 人到泉州参访。4 月 18 日，第十一届海峡两岸纺织服装博览会暨 2008 休闲服装博览会在石狮开幕。同日，由台商投资兴建的台湾纺织服装研发贸易大厦正式开工。4 月 19 日，第十届中国（晋江）国际鞋业博览会在晋江开幕，台湾制鞋工业同业公会、机器工业同业公会等知名台商团组参会。9 月，台湾永续和平考察团一行 12 人，到泉州晋江考察台商投资公共事业、金融、物流、房地产、服务外包及服务贸易领域事宜。

2009 年 2 月，福建省经贸交流考察团在台北与台湾石化同业举行会谈，泉港与台湾石化工业同业公会签署交流合作备忘录。4 月，第十二届海峡两岸纺织服装博览会暨 2009 休闲服装博览会开幕，首日成交额达 23.21 亿元；同月，晋江围头对台保税物流中心正式启用。5 月，首届海峡论坛经贸活动之一的泉港区台湾石化专区筹建处揭牌仪式在泉港石化工业区举行。闽台经济促进会、福建省台办、省经贸委、省外贸厅、省石化协会和泉州市、泉港区有关人员，台湾石化同业公会代表及会员企业代表参加揭牌仪式。6 月，台湾电机电子工业同业公会福建汽车电子考察团一行 35 人到泉州开展商务考察。

2010 年 4 月 18 日，泉州商品博览会暨第十三届海峡两岸纺织服装博览会 · 2010 休闲服装博览会在石狮开幕。该届海博会主展馆面积由第十二届的 1.5 万平方米 1600 个展位扩大到 4.5 万平方米 2500 个展位，分“品牌服装、面辅料、机械设备”三大展馆，打造“两岸业界合作、产业资源整合、推动区域合作、休闲时尚发布、商贸洽谈对接”等五大看点。其中，台湾馆的参展企业共 53 家，参展面积达 5680 平方米，折合 630 个国际标准展位，占据主展区的 25.2%，参展规模再创历届之最。5 月，泉州中泉（集团）公司在台北设立台湾中泉国际有限公司，从事商务、劳务、船务等经营业务，为福建省首家国有全资赴台投资企业；同月，泉州市经贸文化交流团及各县（市、区）13 个分团总计 248 人赴台考察，加强了与台湾政经界知名人士、重要工商团体、主要行业协会、大型台资企业及寓台民间社团的交流。6 月，品牌鞋企特步公司在台北设立专卖店，成为首个正式进入台湾市场的大陆运动品牌。9 月，台湾工业局一行 4 人到泉州考察石化产业发展情况，先后考察福建联合石化公司、泉港南埔片区、青兰山石化码头、中化泉州炼油项目等。

二、对台小额贸易

1991 年，泉州市沿海设有惠安崇武、泉州后渚、石狮梅林 3 个台轮停泊点。停泊点设有贸易公司，开展对台小额贸易与输台短期渔工劳务。当年，对台小额贸易额 127.4 万美元。

1991—2000 年，全市台轮停泊点共接待前来贸易的台轮 3496 船次、1.62 万人次，贸易额 2726.25 万美元。

1992 年 1 月，省政府批准在晋江深沪台轮停泊站与东石台轮停泊点之间，设立海上民间贸易交易点——围头海上贸易交货点，成为全省第一个对台民间贸易交货点；3 月，省政府批准增设晋江深沪台轮停泊点，随后停泊点内设晋江海峡贸易公司；9 月，省政府批准增设南安石井台轮停泊点，内设福建闽台农产品市场有限公司。各台轮停泊站内设贸易机构，专司对台小额贸易。

1993 年，省政府批准设立晋江东石台轮停泊点，由福建省台胞贸易公司经营。9 月，为便于中国大陆沿海省市与台湾地区的货物交流，引导海峡两岸小额贸易正常开展，对外贸易部、海关总署发布对台湾地区小额贸易管理办法，规定台湾 100 吨以下渔业船只，每船每航次进出口限额为 10 万美元。

1994 年，全市对台小额贸易成交额 102.14 万美元。

1995 年 5 月，晋江金井围头港万吨闽台贸易码头开工建设。6 月，省政府批准设立石狮梅林对台小额贸易点，由石狮凤里对台贸易公司经营。同年，全市对台小额贸易额 310.8 万美元。

1996 年 1 月，省政府批准设立石狮祥芝台轮停泊点。7 月，省政府批准设立石狮祥芝对台小额贸易点，由石狮凤里对台贸易公司经营。同年，全市对台小额贸易成交额 148 万美元。

1998 年 4 月，省政府批准设立泉港肖厝台轮停泊点。12 月，省政府批准设立泉港肖厝对台小额贸易点，由泉港湄港对台贸易公司经营。同年，全市对台小额贸易成交额 599.6 万美元。

1999 年，全市接待贸易台轮 1557 船次，对台小额贸易额 668.37 万美元。

2000 年，全市接待贸易台轮 1568 船次，对台小额贸易额 143.59 万美元。

2001 年年底，国台办、公安部、外经贸部、农业部、海关总署等七部委组成中央台湾渔船停泊点整顿工作小组，联合发文通知对全国台轮停泊点和对台小额贸易点进行整顿，同时规范对台小额贸易管理。泉州对台小额贸易停滞发展。

2002 年，针对台轮停泊点和对台贸易点服务质量不高，双边贸易管理制度不完善等情况，泉州贯彻执行中央有关通知要求，成立整顿领导小组整顿全市台轮停泊点和小额贸易点。经整顿，全市台轮停泊点和小额贸易点扩建贸易码头、完善配套设施、配备码头起重设备，加强贸易规范管理。

2005 年 8 月，根据省政府关于加快台货海上快运工作会议精神，泉州、石狮海关将对台小额贸易货物纳入海关监管的合法轨道，晋江围头民间对台贸易交货点业务统一纳入晋江深沪对台小额贸易点监管，至此，到围头贸易的船只移至深沪对台小额贸易点。2001—2005 年，全市共接待前来贸易的台轮 897 船次、3964 人次、贸易额 1110.19 万美元。

2006 年 8 月，各对台小额贸易点已按海关要求扩建和配套有关港监设施，经海关验收合格正式投入使用，泉州对台小额贸易在停滞整顿后迅速发展，主要向台湾出口海产品、生活日常用品和运进台资企业所需零配件、台商日常生活用品等。同年，全市接待贸易台轮 727 船次，对台小额贸易成交额 476.94 万美元。

2007 年 4 月，闽台农产品交易市场首次迎来台湾货轮。10 月 1 日，对台小额贸易点放开台湾船舶不超过 100 吨位和交易不超 10 万美元的限制，南安石井港区成为第一批试点口岸，晋江深沪成为第二批试点口岸。10 月 12 日，高雄籍“新发 2 号”货轮，运载金额 10.03 万美元的货物 121.63 吨，以对台贸易方式进入石井口岸。同年，全市接待贸易台轮 934 船次，对台小额贸易成交额 1683.69 万美元。

2008 年 4 月 11 日，国台办同意晋江围头港区通过对外开放验收后列为对台通航货运口岸。同年，全市接待贸易台轮 1326 船次，对台小额贸易成交额 2679.6 万美元。

2009年，全市接待贸易台轮1698船次，对台小额贸易额3295.2万美元。

2010年，全市接待贸易台轮1433船次，对台小额贸易额9415.1万美元。

三、引进台资

1991年，泉州市新批台资企业57家。全市有台资企业104家，协议台资7714万美元，其中，投产企业50家，实际投资4731万美元。这些台资企业，大多数集中在晋江、鲤城、石狮、南安等地。投资行业有雨具鞋帽、纺织服装、工艺品、食品、五金、机械和养殖。同时，台商还在泉州各地，兴办“三来一补”形式的加工装配企业18家。

1992—1993年，台资企业在泉州的发展达到第一个高潮，两年内全市批准台资企业270家，总投资额3.64亿美元，企业分布延伸至山区县。

1994年，因李登辉鼓吹“两国论”，两岸关系紧张，台资到泉州投资步伐放缓。

1996—2000年，泉州改善投资环境，提出“以台引台、以侨引台、以台引侨”的招商战略，吸引不少台胞到泉州考察、投资企业，台资企业在泉发展出现第二个高潮。其间批准台资企业395家，投资总额6.25亿美元。至2000年年底，全市累计批准台资企业1064家、总投资额13.16亿美元。

2001年，泉州实施“项目带动”战略，以“海峡两岸”为主题，举办系列博览会活动，开展招商引资工作。至年底，全市累计批准台资企业1231家，投资领域涉及传统制造业、石化、高端科技产业、物业服务业等。

2004年，泉州开始建设台商工业区、台湾学者（泉州）创业园。台商开始赴惠安、泉港投资。

2006年10月，泉州市委、市政府出台《关于鼓励台商投资的若干意见》，从用地、税收、信贷、服务等方面，提出鼓励台商投资的优惠政策。当年，建成泉州市第一个专属台资企业投资区——惠安黄塘台商创业基地，吸引台商入驻32个项目。同年，泉州出口加工区列为承接台湾高科技出口型企业转移的载体之一。

2007年，南安光电产业基地、滨江汽配与机械产业基地、泉州出口加工区南安配套专区，开辟台商创业园，实施17条优惠政策。同年8月，台湾创辉光伏公司投资7200万美元入驻该企业园。12月举办泉台产业合作投资洽谈会，共签约项目92项，投资总额145.09亿元，拟利用台资19.3亿美元。

2008年，泉州推进惠安绿谷高科技产业基地、石狮台资投资产业园、南安光电产业基地等各类承接台商投资的园区建设，形成以规划中的台商投资区为核心、以县域为支撑的台商投资承接园区载体。同时，简化台资企业设立手续，绿色通道服务拓展至所有台资项目，长照科技、创辉电子、恩帝科技电子等重点台资项目投资建设。

2009年，泉州投资区筹建委员会成立，组建开发有限公司，编制完成58平方千米的总体规划、产业布局规划和一批专业规划，加快推进“七通一平”基础建设，台湾中美兄弟制药、和谐光电等一批台资项目申请入驻。同年，实施《泉台产业对接专项规划》，石化、光机电、农业、旅游业等产业的对接步伐加快。结合泉州产业实际规划建设石化专业、光伏产业、装备制造业、船舶、生物医药、信息与软件等若干个“海峡两岸产业对接合作园区”，以之为载体加快与台湾科技园区“点对点”对接。年内，泉港台湾石化专区建设取得进展，台湾石化同业公会泉港石化专区筹建处挂牌，主要投资项目和框架协议签订，其中100万吨/年的轻油裂解乙烯项目，由公会旗下6家会员企业于“9·8”投洽会正式签约。其他园区的建设和招商，均有不同程度进展。

2001—2010年，泉州市累计批准台资企业1386家，投资总额28.34亿美元，合同投资17.62亿美元。

2001—2010年泉州市引进台资情况表

表44-4-1

年 度	2001	2002	2003	2004	2005	2006	2007	2008	2009	2010
投资项目（个）	62	56	61	51	40	36	55	34	20	31

续表 44-4-1

年　度	2001	2002	2003	2004	2005	2006	2007	2008	2009	2010
投资总额（万美元）	9418	7296	6860	8967	9785	15257	36327	58968	4654	14831
实际利用台资（万美元）	6988	7296	5369	4537	6554	6773	11830	21618	21017	23696

四、渔工劳务合作

1991 年，惠安崇武港作为福建向台湾输送短期渔工劳务的试点地，继续向台湾输出渔工劳务。1996—2000 年，泉州输台渔工劳务 3.8 万人次。

2001 年年底，为规范对台小额贸易和对台渔工劳务合作管理，泉州暂停对台渔工劳务合作。

2006 年，泉台劳务合作恢复。2007 年 3 月，崇武港重新派出赴台渔工劳务人员 22 人，合同金额 3.70 万美元。

2010 年 4 月，根据《海峡两岸渔船船员劳务合作协议》，大陆 48 名渔工赴台。同年，泉州市对台渔工劳务 2900 多人次，占大陆对台渔工劳务输出总数 65%。

第二节　产业合作与交流

一、农业合作交流

1990—1992 年，台湾农商界人士继续到泉州投资茶叶、水果、花卉养殖的种养和加工等农业项目，随之带进稻谷、甘蔗、西瓜、番石榴、木瓜、罗非鱼、虱目鱼等台湾优良品种在泉州试种。台商投资较具规模的农业企业，有安溪三和制茶、安溪龙兴农业综合开发有限公司。至 1995 年，泉州市引进的台湾优良品种，主要有“台糖 14 号”甘蔗，“台中 4 号、5 号”菠萝、“高朗 1 号”蜜枣等水果，阿里山种猪、台湾肉鸡等畜禽，台湾对虾、甘脂鱼等水产。

1995 年，泉州农科所开展台湾粮油作物良种引进利用研究。至 2000 年，先后引进台湾粮油作物新品种 50 个，并进行观察鉴定利用，其中水稻利用台湾品种“台引 3-1”作母本，以 6783 作父本进行杂交，选育出具有株型好、穗头大、结实率高等优点的迟熟早籼新品系。

1996 年，海峡两岸农业合作项目——永春芦柑生产技术综合改进计划，得到台湾“农村发展基金会”的技术和资金支持。当年，永春推广台湾优质芦柑 6666.67 公顷。至 1999 年，永春芦柑创汇 2865 万美元。

1998 年 12 月，泉州成立泉台农业合作交流领导小组及其办公室，开展泉台农业合作交流工作。

1999 年，南安、洛江引进台湾亚热带果木新品种，并各自建立果树、花卉生产基地。安溪与台湾开展乌龙茶树栽培、茶叶加工合作。2000 年，台商投资安溪创办茶叶企业进入热潮。

2002 年 9 月 7—9 日，首届海峡两岸农业合作交流展洽会（简称“海洽会”）在晋江市举办。展洽会设立综合展示厅，集中展示泉州市农业、农村经济发展情况及农业招商引资成果。并设立茶叶、糖果类、粮食制品、水产品、水果、花卉、蔬菜、食用菌、畜禽加工品、木竹加工品等 10 个专业馆，展示展销摊位 250 个。其间，签订农业项目 55 个，总投资 1.41 亿美元，利用台资 6729.2 万美元。交流合作项目涵盖农业、林业、畜牧业、水产业等，以及农村第二、第三产业。该届海洽会参展台资企业约占总参展企业的 24.5%，签订的农业合作项目中台商投资项目占 50%。9 月 7 日，组委会举行以“加强海峡两岸农业技术合作交流，促进农业持续发展”为主题的泉州市首届海峡两岸农业合作交流论坛大会。至当年 12 月，全市累计批准台资农业企业 57 家，利用台资 3984 万美元。部分县（市、区）吸收台资成片租赁 承包山地开发种植，推广“基地十农户十市场”的发展模式，引进日本甜柿、台湾水果、“东方美人茶”“冻顶乌龙茶”等优良品种。

2003年，泉州市接待台湾农业考察团5个，新批准台资农业项目6个，总投资额344.7万美元。

2004年9月9—10日，第二届海峡两岸农业合作交流展洽会在泉州举办。其间，全市各个县（市、区）推出苏夫人姑生态农业观光园等100个具有地方特色和规模效益的招商项目，项目涵盖农、林、牧、渔、加工和旅游观光、市场建设等。现场签约农业项目31个，投资金额4745万美元。该届海洽会到会台商120人，占到会客商总数的95%。9日下午举行第二届海峡两岸（泉州）农业合作交流论坛。台湾农业研究专家作“台湾农村面临之挑战”“两岸农产品贸易与投资之研究”“两岸农业合作交流途径与发展方向”等专题学术报告。

2005年9月，泉州市海峡两岸农业合作试验区工作领导小组及其办公室成立，开始制定《海峡两岸（泉州）农业合作试验区规划（讨论稿）》。11月，南安市石井镇闽台农产品交易市场，获国家有关部门批准，享有对台小额贸易经营权、对台湾地区直接贸易往来经营权。11月4日，台湾第一次把价值3036美元的2.53吨槟榔从金门运到石井港区，并以一周两船的频率呈常态化运转。同年底，全市台资投入农业项目85个。其中，种养业51个、加工业及其他项目34个，项目总投资近6亿元；引进台湾种、养殖业的试验性和商品性良种500种，农业生产加工设备1000台（套）。接待到泉州参观考察、科技学术交流和洽谈商务的台湾农业政界人士、专家学者、企业家300团5000多人次。

2006年6月，第三届海峡两岸（泉州）农业合作交流洽谈会暨首届海峡两岸（泉州）农产品展洽会在南安市石井镇闽台农产品市场举办，350多名台湾客商参展。现场共签约项目66个（其中，合同28个，协议、意向38个），总投资金额20.5亿元，利用外资2.2亿美元。同月，台湾企业家携带9种台湾水果和300多种农副产品在泉州商场举办直销活动，这是台湾农产品第一次在泉州直销。

2007年，泉州市举办海峡两岸（泉州）农产品采购订货会，120多家台湾农业企业参会，共签订农业合作项目及购销合同21份，总金额19.6亿元。7月，台湾农会组团到泉州考察农业合作项目。11月，首届海峡两岸茶业博览会在泉州市举行，台湾农会组团前来参会，该届博览会共460家企业参展，400家企业、214个项目参加签约，投资总额41.19亿元，利用台资3.04亿美元。

2008年3月，台南县农会到泉州考察，探讨泉州与台南县农产品产供销合作事宜。9月5—7日，首届海峡两岸（泉州）农产品采购订货会在南安福建闽台农产品市场举办。共有3000多名来自海峡两岸的农产品经销商、采购商、农贸协会代表、企业家参加。该届采购订货会共设标准展位420个，其中台湾农业主题馆120多个。120多家台湾农业企业集中展出果蔬、水产品、肉类、深加工食品等农业产品。同时，设立农业高新技术成果及特色产业园区专业展示推介区，集中展示台湾水产养殖、食品加工、食品和农产品冷链物流技术等方面的最新成果。其间，共签订农业合作项目及购销合同21个（份），总金额达19.6亿元。

2009年5月，台湾佛法山住持圣轮法师出席首届海峡（厦门）论坛，与永春代表团签订协议，捐资28.7万元用于保护西峰岩近3.33公顷佛手老茶园，支持种植3.33公顷佛手新茶园；同月，泉州农科所创建“台湾农业技术、新品种推广中心”。在泉州现代农业科技示范园区（位于惠安县螺阳镇泉州市农业科学研究所内）内，划出10公顷作为中心的建设用地。11月，经海峡两岸（福建）农业合作试验区领导小组批复同意设立海峡两岸（福建·安溪）茶叶合作示范基地。同年，南安溪南甲鱼养殖专业合作社，引进台湾甲鱼蛋79批，进行本地规模化孵化繁育，养殖甲鱼92公顷。南安闽台农产品市场一期工程竣工，与台湾屏东开展台湾活鱼购销合作。与台湾捕捞技术协会合作，在晋江深沪投资近3000万元，引进台湾大型围网（三脚虎）技术，自行设计建造三艘大型灯围渔船，试产时，平均单产比传统灯围的明显提高。惠安慧峰水产养殖有限公司、石狮丰源水产食品有限公司，分别引进台资25万美元、200万美元，扩大生产，改进技术。南安码头镇东大村及南安艺苑牧场，利用低海拔山地和废弃柑橘园，引进台商种植百香果。安溪县茶叶合作社和台湾茶叶公会，建立长期合作机制，派人到安溪协助培训合作社人员及帮助建立运作机制，安溪茶叶合作社生产的茶叶，台湾茶叶公会参加销售，建立长期合作流通渠道。惠安崇武口岸成为大陆台湾零关税水产品进口的最大集散地。

2010 年 7 月，农业部批准在泉州市农业科学研究所设立的“台湾农业技术交流推广中心”，升格为国家级对台农业科技合作交流推广平台，每月有多批次台湾农业专家、台商技术人员到中心指导和研发工作。至年底，中心累计接待台湾客人 40 多批次、近 200 人次。9 月，第三届海峡两岸（泉州）农产品采购订货会成功举办。12 月，泉州市委农办、市科技局与市台盟联合举办“海西（桐江）春雨行动——泉台农民合作组织研习班”。

二、旅游业合作交流

2002 年 4 月 28 日，金门县访问团一行 121 人到泉州参观考察，并参加在永春举办的第四届泉州旅游节。

2003 年 3 月 8—11 日，金门县代表团参加在惠安县举行的“第五届泉州旅游节”，开设金门展馆 3 个。

2005 年 4 月 8 日，金门旅游产品推介团一行 48 人到泉州进行观光推介。

2006 年 4 月 30 日，首届海峡两岸乡村游启动仪式在德化县唐寨山森林公园广场举行。

2007 年 3 月 4 日，泉州旅游协会与澎湖县旅游发展协会签署《建立旅游市场合作和交流关系协议》。5 月 7 日，澎湖赴闽旅游首发团一行 36 人经泉州南安至金门航线顺利抵达泉州石井港，参观游览泉州郑成功纪念馆、开元寺、老君岩、闽台博物馆、崇武古城等。5 月 17 日，金门旅游界代表团到泉州推介旅游产品。9 月 28 日，福建居民赴澎湖旅游正式启动，泉州市居民赴澎湖旅游首发团 68 人于当日上午，乘坐“泉州轮”号客轮，到金门搭乘飞机前往澎湖，标志着泉澎旅游双向对接正式启动。

2008 年 7 月 18 日，大陆居民赴台旅游正式实施。9 月 29 日，泉州市旅游局组织召开新闻媒体通报会，宣布大陆居民经金马澎赴台旅游泉州首发团 91 名旅客，于当日上午从石井对台客运码头出发，乘“泉金轮”号客轮前往金门，再转乘飞机飞往台湾，旅游行程为期 9 天。此次首发团是继 2006 年 6 月 8 日开通南安至金门航线和 2007 年 9 月 28 日组织赴澎湖旅游首发团之后，泉台交流合作又一新篇章，为推进泉台两地直接往来发挥积极作用。

2009 年，泉州市旅游部门组成大型旅游推介团赴台参加 2009 台北两岸观光博览会，开展旅游交流，推介泉州旅游资源，扩大泉州祖地游品牌。泉州市组织对台旅游团、社开展“百万游客海峡行”大型促销活动，在大陆 10 多个大中城市进行旅游推介，宣传“泉州—金门—台湾”旅游；泉州市旅游协会与台南县旅游发展协会签署《建立旅游市场合作与交流关系协议书》；泉州市“古港听涛——2009 泉州文化之旅”活动中，邀请台湾 43 家旅行社从业者到泉州参加，进一步宣传推介泉州“海峡”旅游文化品牌。同年 4 月，泉州市旅游协会、台南市观光协会在台南市签订《建立旅游市场合作与交流关系协议书》。

2010 年 4 月，澎湖旅游推介团到泉州举办旅游推介会，两地进一步构筑扩大各领域合作、促进共同发展的桥梁和平台。12 月，泉州市赴澎湖考察交流团，在澎湖举办一场“‘魅力泉州’旅游推介会”，集中展示泉州清源山、老君岩、开元寺、晋江草庵、安溪清水岩、永春牛姆林、德化石牛山等风景区的魅力与风采。此次旅游推介会，是泉州在澎湖举办的规模最大、规格最高的一次推介活动。惠安天马国际旅行社与澎湖佳期旅行社及台湾华曜旅行社；泉州中国国际旅行社与澎湖海豚湾旅行社；晋江旅游协会与金门县旅游商业同业公会，先后签订旅游合作协议，泉州锦绣庄民间艺术园与澎湖西河堂名特海鲜总汇签订泉州—澎湖旅游商品（特产品）营销合作协议。泉台两地业者着力在整合旅游资源、策划开发旅游产品、推广双方旅游品牌、拓展客源市场、开拓旅游观光购物市场等方面进行全方位合作，共同打造海峡生态游、两岸自然风光游、泉台民俗风情游及宗教朝圣、寻根游等精品路线。

第五章 涉台事务

第一节 对台宣传

1991年起，泉州市对台主要宣传“和平统一、一国两制”的基本方针以及党和政府发展两岸关系的各项主张和具体政策等。

1995年1月30日起，重点宣传中共中央总书记江泽民《为促进祖国统一大业的完成而继续奋斗》中关于发展台湾海峡两岸关系的主张的八项主张。同年，针对台湾“李登辉访美”以及在美国期间发表分裂祖国的言论，开展反对“台独”“和平统一、一国两制”方针宣传，以及闽台“五缘”（即地缘相近、血缘相亲、文缘相承、商缘相连、法缘相循）宣传。

1998年，《泉州晚报》针对台湾及港澳、海外乡亲的不同阅读习惯，创办《泉州晚报》（海外版）。1999年，《泉州晚报》每期寄送300份报纸，通过3个中转点赠阅分发台湾岛内各地乡亲。开辟《泉州晚报》电子版，通过互联网在台湾传播。

2000年和2004年，围绕台湾地区领导人选举，泉州市重点宣传中国政府发表的《一个中国原则与台湾问题》白皮书。

2005年起，泉州市首个对台宣传专业频道闽南语广播——泉广“刺桐之声”正式开播，用闽南语播报，以新闻、音乐、娱乐等节目为主形式，以轻松亲切的风格，向海峡对岸传递乡音乡情乡讯。泉州网和泉州电视台先后开通“闽南文化频道”和“闽南语频道”发布最新的闽南文化资讯新闻，定期提供闽南文化活动最新的视点与声音，向台湾同胞介绍梨园戏、木偶戏、高甲戏、打城戏、南音、北管等地方艺术的历史渊源。泉州有关部门编印的《寻根览胜话泉州》《台胞回乡指南》《泉州画册》等宣传品输送入岛达2万册，泉州南音、高甲、木偶、梨园等VCD片输送入岛达5000多片。

2006年5月27日，中国闽台缘博物馆正式开馆。该馆征集涉台文物文献近2万件，集闽台历史文化渊源的收藏、研究、展示于一体；每年接待近万名台胞，通过举办“情系闽台缘”图片展、话剧“闽台情缘”“海峡西岸台胞青年夏令营”等活动，开展与台湾博物馆交流。

2007年，泉州市重点对台宣传中共中央总书记胡锦涛《关于新形势下发展两岸关系四点意见》。4月起，《泉州晚报》、《泉州晚报》（海外版）开始在泉州与所属金门县航线上设立报刊赠阅点，往来的台胞可及时阅读，并可随身带走，成为“送报入岛”的一个新渠道。

1991—2010年，泉州市媒体邀请台湾媒体联合制作专题片、专刊，系统介绍泉州风光和泉州各个领域的建设成就；联合制作《新闻相拍报》《泉州讲古》《唱歌拼输赢》《闽台天时》等精品节目。泉州市共向有关新闻媒体提供对台宣传稿件近2万篇，制作各种画册、录像带、CD、VCD、书刊数万种，全市各媒体刊发涉台新闻报道5000余条。2006—2010年，泉州协助、配合中央电视台、省电视台、东南电视台、北京电影制片厂、省电影制片厂等上百个媒介采集素材、安排采访、拍摄专题片、故事片、借助省级以上新闻、影视媒体，集中介绍泉州。有的节目在中央电视台《中国新闻》《正大综艺》等名牌栏目播出。

第二节 海事处理

1991年4月28日至5月4日，台湾海基会派代表团首访中国大陆，并赴泉州处理台湾“三保警”杀害大陆渔民事件。

1993年4月，金门红十字会将在台湾海峡遇险的惠安渔民，移交给泉州红十字会。

1996—2000年，泉州处理涉台海事9起。

1997年4月30日，“闽狮渔2410号”船在海上作业时被台轮“龙昌一号”撞沉。事故发生后，台轮将6名落水船员救起并送返祥芝港，赔偿“闽狮渔2410号”船40万元。

2002年起，泉州市密切与金门、澎湖有关渔业协会、红十字组织的关系，疏通两岸海难自救、互救和解决海事纠纷的接触渠道。

2003年，泉州市妥善处理本地渔船民被抓扣、临检及海事纠纷8起。

2005年，惠安、石狮、晋江、南安等县（市）渔船被台湾海巡署以越界作业或电鱼作业为由抓扣10余起。泉州有关方面与台湾海巡署联系，妥善处理被抓扣事件，渔船民安全返回。

2006年，泉州对作业于台湾海峡（包括外海）的渔船安装双信道电台。

2007—2010年，泉州涉台海事纠纷甚少发生。

第三节　海上救助

2002年3月8日下午3时，台轮“银波12号”由金门出发往大伯岛附近作业时，因机舱电瓶故障起火，导致船体烧毁沉没，船上8名船员全部落水，晋江台轮停泊点获取信息后，晋江深沪台轮停泊点人员和在停泊点停靠的厦门海关903艇，立即前往出事海域，将8名台胞救起。3月13日上午，金门红十字会派“晟丰号”渔船，前来深沪台轮停泊点交接。在交接座谈会上，被救渔民赠送写有“情系两岸心、同是一家人”的锦旗给深沪台轮停泊点，下午，8名被救船员离开深沪台轮停泊点。

2006年12月17日15时，晋江深沪边防派出所接到台湾渔船“上和号”船长的电话求救，该船金门籍船员洪俊德腹痛难忍，要求停靠深沪台轮停泊点求医，16时20分“上和号”船靠岸，边防官兵提前为台湾渔船民办好登陆证，联系好医院救护，经诊断洪俊德患有急性阑尾炎，在深沪卫生院及时抢救脱险。

2009年5月14日，金门“德旺一号”货轮载着15吨杂货从料罗湾驶往石狮梅林码头，行驶到晋江金井镇南江村海域时，因为船头装满货物，吃水线低，又遇上大风浪，导致船头进水，向围头海域外海不断漂去。接到求救信号后，晋江围头边防工作站、泉州海上搜救中心、泉州海事局、120等部门，派出20多名官兵及海上义务救助队，乘3艘渔船赶到出事海域，与来自金门的两艘救援船联手展开营救。当天晚上，遇险台轮成功停靠在围头港务码头，4名船员及15吨货物安然无恙。

2010年3月1日，台轮“锦龙号”，在晋江深沪海域因发动机汽缸损坏在海上抛锚，石狮永宁边防工作站经3个多小时的施救，成功将遇险台轮牵引回永宁梅林港，确保台轮及6名船员的生命财产安全。

1991—2010年，泉州沿海渔船民抢救遇险台湾渔船民达94艘、354人次。

第四节　投诉协调

1991年起，泉州各级对台工作部门及相关涉台部门，建立健全台胞台属来信来访承办督查制度。

1996—2000年，泉州市接待来访台胞台属2600人次、处理台胞台属来信386封，其中涉及刑事、房地产纠纷、婚姻登记、寻根寻人等投诉咨询，除转到司法机关依法处理的案件外，所有案件都得到答复或处理。

1998年10月，泉州市台湾同胞投诉中心设立，加强对涉台案件的协调处理。

2001年，泉州市台办加大台商投诉问题协调解决力度，受理台商投诉14件，办结11件。

2003年，泉州市全年接待涉台来信来访113件次，内容涉及刑事、房地产纠纷、婚姻登记、寻根寻人等投诉及咨询，均给予答复或有效处理。

2006年，泉州市各级对台工作部门和相关涉台部门，认真执行台胞台属来信来访承办督查制度，全年处理台胞来信来访168件次。

2008年，泉州市建立健全泉州市台商投诉协调工作联席会议制度，完善台商权益保障工作机制，保护台商合法权益，市对台工作机构全年受理台商投诉15件，结案11件，办结率73.3%。

2010年，泉州市对台工作机构与市中级法院出台《关于为台商提供司法保障与法律服务的意见》，成立“维护台商合法权益联合指导小组”，聘请16位台商担任涉台民商事案件调解员。同年，接待和处理台胞台属的来信来访50件次；受理台商投诉案件14件，办结14件，办结率100%；受理台商求助案件32件，办结28件，办结率88%，协同市中院调处涉台民商事案件3件。

第五节 工作机构

一、市级对台工作机构

1991年1月，中共泉州市委续设中共泉州市委对台工作部，负责组织指导、协调、管理全市对台工作。同年4月，中共泉州市委对台工作部改称中共泉州市委台湾工作部，加挂“泉州市台湾事务办公室”牌。

1995年12月，撤销中共泉州市委台湾工作部，设立中共泉州市委台湾工作办公室，加挂“泉州市人民政府台湾事务办公室”牌子，规格为正处级，下设秘书科、宣传与交流科、联络科、沿海科（挂“三通”工作办公室牌子）、经济科（挂“台胞投诉调解办公室”牌子）5个职能科，核定编制18名。

至2010年，机构名称及其职能科室不变。

二、县（市、区）对台工作机构

1991年年初，泉州市辖区内晋江市、石狮市、惠安县、鲤城区、南安县、安溪县、永春县、德化县8个县（市、区），均设有县（市、区）委对台工作部。其后，县（市、区）对台工作部改称县（市、区）委台湾工作部，对外称台湾事务办公室，规格为正科级。

1993年，南安因撤县设市，其对台机构改称中共南安市委台湾工作部。

1996年，泉州市各县（市、区）委台湾工作部改称县（市、区）委台湾工作办公室，与县（市、区）委办公室合署办公。

1997年8月，鲤城区析分为鲤城区、丰泽区、洛江区，增设丰泽区委台湾工作办公室、洛江区委台湾工作办公室。

2002年，泉州市各县（市、区）委台湾工作办公室为县（市、区）委直属工作部门。同年，增设泉港区委台湾工作办公室。

2010年，泉州市保持11个县级对台工作机构。

卷四十五 泉港澳交流交往

香港、澳门历史上就是出外打拼的泉州人的主要聚居地之一。有记载表明，元明时期，泉州人即在港澳活动、定居。明清时期，泉州商人在港澳一带经商贸易，或以两地为贸易中转地。1949年后，泉州与港澳往来更为密切。20世纪70年代起，泉州人赴港澳定居、经商日益增多。20世纪80年代中期开始，泉州人在港澳经济活动勃兴，三地往来互动频繁密切。2010年，在港澳的泉州人逾80万人（包括居港澳金门人0.7万人，不包括居港澳多代待寻根和居住菲律宾的港胞）。为吸引在港澳设公司的海外泉籍侨商和赴国外投资的港澳泉商返乡投资，泉州市政府多次在香港举办招商会，泉籍的港商、澳商纷纷赴泉州投资。港澳泉州人创办、恢复泉属社团，泉州人和泉属社团为基础的同乡社团、宗亲社团、经济社团、慈善社团和校友会、校董会、体育会等各类社团纷纷成立。至2010年2月，首届世界泉州同乡恳亲大会召开前夕，港澳两地已有泉籍社团51家、泉属社团超过175家。泉籍港澳同胞参政议政的人员不断增多。至2010年，45位泉籍港澳乡贤在港澳从政、参政，在全国各地任省、市政协委员（包括市政协特邀委员）的泉籍港澳乡贤，则数以百计。泉籍港澳同胞一向有捐资社会公益的传统，不少港澳泉籍乡贤捐资泉州兴学、慈善赈灾。1991—2010年，港澳同胞（包括港澳侨界人士）捐资兴办泉州社会公益逾40亿元。

第一章 港澳同胞分布

第一节 香港同胞分布

1991年，旅居香港的泉州人63.69万人，约占闽籍旅港同胞的80%。其中，原籍鲤城区的有8万人，晋江23.7万人，石狮5.41万人，惠安6.66万人，南安17万人，安溪1.07万人，永春1.2万人，德化0.15万人，金门0.5万人。

1997年，香港回归祖国后，与泉州的经贸、旅游活动往来频繁，旅居香港的泉籍乡亲有所增加。

1998年，旅居香港的泉州人69.42万人。

2005年，根据调查，旅居香港的泉州人有73.22万人。其中，鲤城区6.29万人、丰泽区1.87万人、洛江区1.11万人、泉港区0.28万人、晋江市25.1万人、石狮市5.37万人、南安市21.28万人、惠安县7.4万人、安溪县1.25万人、永春县2.4万人、德化县0.37万人、金门县0.5万人。香港同胞眷属33.31万人。其中，鲤城区3.6万人、丰泽区1.32万人、洛江区0.05万人、泉港区0.13万人、晋江市13.3万人、石狮市2.57万人、南安市10.88万人、惠安县0.72万人、安溪县0.23万人、永春县0.34万人、德化县0.17万人。

第二节 澳门同胞分布

1991 年，旅居澳门的泉州人 4.47 万人，主要聚居于北区祐汉新村、黑沙湾和筷子基等地。

1998 年，旅居澳门的泉州人 5.85 万人。

2005 年底，根据调查，旅居澳门的泉州人增至 6.57 万人。其中，鲤城区 0.23 万人、丰泽区 0.23 万人、洛江区 0.05 万人、泉港区 0.02 万人、晋江市 1.6 万人、石狮市 0.86 万人、南安市 2.37 万人、惠安县 0.8 万人、安溪县 0.1 万人、永春县 0.12 万人、德化县 0.01 万多人、金门县 0.2 万人。澳门同胞眷属 3.73 万人。其中，鲤城区 0.21 万人、丰泽区 0.23 万人、洛江区 18 人、泉港区 0.02 万人、晋江市 0.91 万人、石狮市 0.75 万人、南安市 1.3 万人、惠安县 0.24 万人、安溪县 0.03 万人、永春县 0.02 万人、德化县 0.02 万人。

1991—2010 年泉州市批准赴港澳定居情况表

表 45-1-1 **单位：人**

年度	批准赴港澳定居人数		年度	批准赴港澳定居人数	
	香港	澳门		香港	澳门
1991	4136	88	2001	2495	75
1992	3797		2002	2768	419
1993	4986	87	2003	1502	
1994	5547	135	2004	1199	818
1995	5677	155	2005	1733	253
1996	3857	160	2006	1960	
1997	2695	166	2007	1142	
1998	909	1898	2008	1268	
1999	498	320	2009	1834	
2000	777	290	2010	3608	

说明：资料来源为泉州市公安局。其中 1992 年、2003 年、2006 年、2007 年、2008 年、2009 年、2010 年为赴港澳定居合计数

第二章 社 团

第一节 香港社团

一、福建社团

2010 年，香港以泉州籍人士为主建立的福建社团 40 多家。其中，著名的有旅港福建商会、香港福建同乡会、香港福建体育会、香港福建社团联会、香港福建希望工程基金会等。社团在团结闽籍乡亲，维护香港繁荣稳定，支持祖国和家乡建设等方面发挥着重要作用。

（一）旅港福建商会

在原香港福建同乡会所的基础上成立，此后，福建商会改理监事制，曾任理事长的泉州人有王少平、

庄成宗、颜期仁（均晋江人），林诚致、曾星如（均安溪人），黄光汉（惠安人），许东亮（金门人），王为谦、杨孙西、卢文端（石狮人）等。福建商会2000年创设旅港福建商会教育基金有限公司。

（二）香港福建体育会

2007—2010年，香港福建体育会设有篮球队、足球队、乒乓球队、武术队、南音团、南音戏剧委员会等机构，为香港最活跃的体育团体之一，会长苏千墅。

（三）香港福建同乡会

原名福建旅港同乡会，1993年成立关注同乡权益委员会，2005年设立将军澳分会，施展望任会长。

（四）香港福建希望工程基金会

1994年12月28日，由施展望等一批闽籍青年企业家发起成立。2000年，成为香港特别行政区认可的非营利慈善机构。施展望、许奇锋、萧寒、邱祥坤、陈进强、施建新、朱铭泉、林学甫、颜纯炯、林志胜、吴健南、王明洋、董吴玲玲、徐伟福等先后出任主席。

（五）香港福建社团联会

1997年5月8日由旅港福建商会、香港福建同乡会、香港福建体育会、福州十邑旅港同乡会和香港厦门联谊总会发起成立。2010年，联会有福建籍社团成员187个。

二、泉属同乡会

香港各泉属同乡会本着“联络乡情，为乡亲谋求福利，爱国爱港爱乡”的宗旨，积极参与香港的政治经济事务，成为旅港乡亲与家乡联系的桥梁，同时为家乡的社会与公益事业做出贡献。截至2010年，据不完全统计，香港有泉属同乡会80多个，其中市、县同乡会11个，其余均为各县（市、区）的乡（镇）、村旅港同乡会。

（一）香港南安公会

1979年9月8日成立。原名旅港南安公会，第二届改为现名。第一、第二届主席和四、五届理事长余俊惠，第三届主席黄丰州，第六、第七届理事长傅子初。第八届开始增设会长、副会长。第八、九届会长林树哲，第十、第十一届会长余文聪，第十二届会长陈通贵，第十三届会长陈庆辉，第十四届（2009—2011年）会长叶益强。2000年起每年出版会讯。

（二）德化居港人士同乡会

1983年2月成立德化县旅港人士联谊会。颜福尧任第一、第二届理事长。1987年4月23日更名为德化县居港人士同乡会（简称“香港德化同乡会”），1988年1月3日举行同乡会揭牌庆典。颜纯炯任第三至第十届会长。

（三）香港安溪同乡会

1983年8月28日成立。第一届会长曾星如，第二至第八届会长林赞水，第九、十届会长陈永斌，第十一、第十二届会长林黎明，第十三届会长林文侨。

（四）香港永春同乡会

1984年4月28日成立。第一届理事长颜彬声。第二至第四届理事长颜章根。第五届理事长颜金炜。第六届起，改理事长为会长。陈荣助任第六至八届会长。第九届会长刘正庆，第十届（2009—2010年）会长刘本全。1997年设立永春同乡福利基金会有限公司。

（五）香港晋江同乡会

1985年8月10日成立，又称香港晋江社团总会。第一、第二届会长王为谦，第三、第四届会长施子清，第五届会长卢温胜，第六届会长庄菊生，第七届会长吴天赐，第八届会长施世筑，第九届会长颜乾成，第十届会长苏千墅，第十一届会长姚加环，第十二届（2007—2009年）会长施教明。香港晋江同乡会设有医疗保健室和教育福利基金，并不定期出版《晋江》会刊。

（六）香港惠安同乡会

1987年9月19日成立。第一、第二届主席黄光汉，第三、第四届主席庄绍绥。第五届主席曾文豪，第六届主席黄可嘉，第七至九届主席骆志鸿，第十届主席骆大川，第十一届主席曾金城。

（七）香港金门同乡会

1988年10月2日成立。第一、第二届理事长薛庆华。第三届起增设会长，第三至第六届会长许东亮，第七届会长谢聪敏，第八届会长许秀青。

（八）香港泉州同乡会

1989年1月17日成立。第一、第二届会长陈守仁。第三届起不设会长，当届理事长谢必荣。第四届理事长黄达群，第五届理事长徐伟福，第六届理事长罗兴祥，第七届理事长刘与量，第八届理事长陈燕南，第九届理事长畲明聪，第十届（2010年）理事长蔡毅。

（九）香港泉州市同乡总会

1989年1月19日由泉州市所属旅港8个市、县同乡会（公会），即香港惠安同乡会、香港晋江同乡会、香港泉州同乡会、香港南安公会、石狮市旅港同乡公会、香港安溪同乡会、香港永春同乡会和香港德化同乡会联合组成。第一届会长黄光汉，第二届会长施子清，第三届会长谢必荣，第四届会长林树哲，第五届会长李贤义，第六届会长林赞水，第七届会长陈荣助，第八届会长颜纯炯，第九届会长骆大川，第十届（2009—2010年）会长洪建筑。

（十）石狮旅港同乡公会

1990年7月28日成立。第一届会长王仁森，第二、第三届会长邱季端，第四届会长佘德聪，第五届会长李贤义，第六届会长卢章煌，第七届会长王明洋，第八届会长洪清宜，第九届会长王亚南，第十届（2008—2010年）会长李木理（女），1995年设立教育基金会，不定期出版会刊《狮声》。

（十一）香港泉州慈善促进总会

2001年9月2日成立。以“团结乡亲、共襄善举、造福桑梓，服务社群”为宗旨，在香港、泉州两地开展各种慈善活动。第一、第二届主席陈守仁。第三届会长陈守仁、主席骆志鸿。在泉州设有办事处。

（十二）香港泉州东海联谊会

2007年8月成立，由泉州市丰泽区东海、泉秀、丰泽、东湖四个街道旅港同胞组成。第一届会长赵建河。

三、校友会

香港有泉州各地中等以上学校旅港校友会20多家。华侨大学香港校友会，原名旅港华侨大学校友会，1997年改名为华侨大学香港校友会。杨家庭、谢文盛、汪琼南、潘耿福、王钦贤、李碧葱、曾敏丽等先后出任会长，2007—2008年会长曾敏丽。泉州培元中学香港校友会，1955年成立，2009年会长韦梓辉。晋江三中（毓英学校）旅港校友会，1979年成立，第十四届会长蔡秋景。香港南安华侨中学校友会，1982年成立，第十届理事长陈通贵。晋江一中香港校友会，1982年成立，第四届会长蔡相如。石狮石光中学香港校友会，1983年成立，第十一届（2008年）会长蔡志通。晋江南侨中学香港校友会，1983年成立，第十三届（2008年）会长施纯民。石狮华侨中学旅港校友会，1986年成立，第十一届（2008年）会长戴长旋。旅港南安侨光中学校友会，1986年成立，第十一届（2008年）会长王秋霞。旅港南安成功中学校友分会，1987年成立，第十届会长黄少玉。福建省立晋中（泉州五中）香港校友会，1988年成立，第七届会长廖竞扬。养正中学香港校友会，1989年成立，第十届会长杨长椿。石狮永宁中学香港校友会，1990年成立，第九届会长（2009年）王礼炳。深沪中学暨附中香港校友会，1990年成立。晋江华侨中学香港校友会，1991年成立。香港（南安）五星中学校友会，1992年成立，第七届会长柯少杰。泉州一中香港校友会，1992年成立，第六届会长张旋龙。石狮二中香港校友会，1993年成立，2009年会长林佑碧。国光中学香港校友会，1993年成立。阳溪中学旅港校友会，1996年成立。英林中学香港校友会，2000年成立。台港澳蚶江中学校友会，2002 年成立。金井侨中晋江职校港澳校友会，2004 年成立，第二届会长洪肇柏。居港南安新侨中学校友会，2004 年成立。

四、其他团体

（一）宗亲会

香港有泉属宗亲社团 20 多家。其中，主要的有香港施氏宗亲会、吴氏宗亲会、庄严宗亲总会、庄氏宗亲总会、曾氏宗亲总会、旅港陈氏宗亲会、许氏宗亲会、卢氏宗亲会、刘林刘氏宗亲会、福建旅港戴氏宗亲会、南安渭滨同乡会等。2008 年 10 月 25 日，港澳卓氏宗亲联合创办旅港卓氏港澳宗亲会成立，首届会长卓榆滨。

（二）归侨团体

1982 年，印度尼西亚归侨发起成立香港侨友社。创办侨友旅社、英雄印刷厂、汪侨有限公司等企业，设有业余艺术团。晋江籍人士蔡其后曾出任第四届理事长。

1993 年 3 月，缅甸归侨发起香港缅华互助会成立。王锦彪蝉联主席至今，曾文仲、王万材、黄周娟娟任名誉会长。1993 年 12 月，香港华侨华人总会成立。黄保欣、黄光汉为该会名誉会长，王锦彪、黄周娟娟自该会成立起分别任副会长、监事至今。

2004 年 2 月，香港侨界社团联会成立。第一、第二届会长陈有庆。黄光汉曾任副会长兼名誉主席，王锦彪、曾文仲任常务会董。

第二节 澳门社团

一、同乡社团

1990 年 12 月，澳门福建同乡会成立，梁披云任首届会长。1991 年 1 月 3 日，澳门福建同乡总会成立，第一、第二、第三届会长颜延龄。1991 年 3 月，澳门福建体育联合会成立，第一、第二届会长许健康，第三届会长陈明金。1993 年 5 月 30 日由张明星、刘良川、黄飞虎等惠安籍旅澳人士发起成立澳门惠安同乡会。第一、第二、第三、第四、第五届会长黄飞虎。1993 年 8 月 15 日，由许自励、陈智仁、蔡宗生等石狮籍旅澳人士发起组建澳门石狮同乡总会，陈智仁任首届会长，第二届会长（2007—2011 年）王永权。1995 年 2 月 23 日，由何富强、王彬成、黄飞虎、王正伟、洪鸿波、许自励等泉州、莆田、福州、龙岩籍知名人士发起成立澳门福建总商会，许自励任首届会长，第二届会长何富强。1998 年 10 月 12 日，南安籍旅澳人士发起成立澳门南安同乡会，会长潘怡成。1999 年 6 月 6 日，澳门闽台总商会成立，许自励任首届会长。1998 年 5 月 25 日，由庄丽华等一批泉籍妇女发起成立澳门福建妇女联谊会。2009 年 2 月 26 日，安溪籍旅澳人士发起成立澳门安溪同乡会，首届会长林文彻。2009 年 8 月 11 日，泉籍人士发起成立澳门泉州同乡总会，李集招任首届会长。2010 年，南安同乡会成立澳门南安商会。

二、归侨团体

1991—2010 年，澳门归侨总会开展联谊、文化、教育、文娱、体育、互助福利活动，办有年讯会刊，会员 800 多人，是澳门最大的社团之一，设有侨总青委会和联络、文教、财务、福利、康乐、妇女等部。1995 年，闽侨联谊会成立，南安人郭赞良连任第一、第二、第三届会长。

三、其他团体

（一）宗亲团体

澳门宗亲团体数量不多，泉籍会员较多的有澳门西河堂，由漳、泉、莆、潮四属林姓族人于清光绪年间（1875—1908年）发起创立，1991—2010年间仍较活跃。澳门梁族联谊会，由旅居澳门梅镜梁氏宗亲发起组创，会员和理监事中有不少永春、南安籍梁氏宗亲。1994年，澳门施氏宗亲会成立。2005年，澳门庄严宗亲会成立。

（二）宗教团体

1989年，澳门闽南籍乡亲组建澳门基督教会闽南宣道堂，至2010年会员100多人，设有学生助学金，补助对象包括教会和社会贫困学童，教友主要联络人为晋江同乡会副理事长洪鸿波。

（三）校友会

2000年，澳门英林中学校友会成立。2006年，东石侨声中学澳门校友会成立。2008年，养正中学澳门校友会成立。

第三章 交流往来

第一节 经贸往来

一、与香港经贸往来

1991年后，泉州加速港资引进力度，多次在香港举办大型招商活动，并鼓励企业前往香港上市融资。

1992年6月，泉州在香港召开招商会，签订投资合约507项，总投资23.11亿美元，其中签订合同234项，总投资7.45亿美元，合同资金6.33亿美元。8月，泉州市41家市属国有工业企业与香港中策投资有限公司全面合资，成立泉州中侨（集团）股份有限公司，总投资10亿元，注册资本4亿元，经营范围将拓展工业、商业、交通运输、房地产开发、金融证券、旅游、咨询服务等行业。这是大陆国有企业首次集体与港商合资。

1993年6月，泉州在港的招商会共签订投资合约1143项，总投资51.13亿美元，合约外资43.56亿美元。其中，签订合同796项，总投资28.54亿美元，合同资金25.73亿美元。

1995年3月，泉州组团参加在香港举办的福建（香港）招商活动。

1998年12月，晋江恒安集团在香港联交所挂牌上市，募集资金7亿多港元。这是第一家在香港上市的内地民营企业。

2001年1月，以全国政协委员、中央人民政府驻港联络办副主任邹哲开及全国政协委员、香港协进联盟监委会主席杨孙西为顾问，全国政协委员、香港立法会议员、港进联主席刘汉铨为团长的香港工商界福建访问团一行24人，到泉州考察访问。

2002年11月，泉州组团参加"闽港经济合作论坛暨2002香港福建节"，其间，泉州代表团举行"旅游推广会和经贸洽谈会"，重点推介29个招商项目、签约9个项目。其间，共签约50个项目，投资总额8.06亿美元。

2003年3月，鲤城区在香港举行中国泉州鲤城（香港）招商项目推介会。6月，《内地与香港关于建立更紧密经贸关系的安排》的签署促进泉港两地的经济往来。8月，由香港工商及科技局局长曾俊华率领的香港工贸考察团一行30多人到泉州访问，考察泉州经济技术开发区的高新技术企业孵化基地及部分企业。9月，以香港中国企业协会副会长陈守杰为团长的香港商贸投资考察团一行18人到泉州考察。

2004年7月，泉州个人赴港澳旅游全面开放，凡常住户口在泉州的居民（只要不是国家法律规定的不准出境人员），均可向其所在的公安部门申请个人赴港澳地区旅游。9月，泉州晋江机场开通至香港的临时包机航线，两地人员来往更加便捷。11月，泉州组团参加香港—福建经贸合作洽谈会。

2005年1月，泉州市工商局出台规定，港澳居民在泉州申请设立个体工商户无需外资主管部分审批，只需提交申请人签署的《个体工商户（港澳居民）设立登记申请书》、申请人的身份证件及身份核证文件、经营场所证明和国家法律、法规规定提交的其他文件，普通港澳市民到泉州从事经商活动更加方便。8月，泉州·香港投资项目推介洽谈会在香港举行，推出投资项目179个，签约项目152个，投资总额45.45亿美元，协议利用资金23.6亿美元。11月，晋江市在香港会展中心举行招商项目推介活动，签约项目14项，总投资2.02亿美元，利用资金1.56亿美元。

2007年4月，香港贸发局总裁林天福在全国政协常委黄光汉、全国人大代表黄宜弘陪同下，到泉州访问，考察投资项目。7月，星辰通信、安踏体育先后在香港证券市场上市。安踏共发行6亿股，获得约27.46亿港币的所得款净额，创下中国本土纯运动品牌在海外资本市场的最大融资。9月，香港贸发局福州首席代表吴文慧女士参加在石狮举行的“香港—石狮企业走向国际的理想平台”研讨会，探讨石狮企业如何与香港企业对接及企业上市、融资问题。同月，香港中国企业协会代表团到泉州考察访问。

从1997年香港回归到2007年的10年间，泉州与香港两地快速增长的经贸往来为泉州累计引进港资总额达到119.97亿美元。其间，共有3783家港资企业落户泉州，占同时期引进资金总额的50.31%、企业总数的63.88%。引进港资的同时，泉州企业也开始逐步到香港投资兴业。

2008年5月，香港贸发局华南区首席代表钟永嘉一行到安溪县考察茶产业，希望能在贸易服务和品牌推广方面，为安溪县茶产业在香港地区，乃至全球范围内的发展和推广给予扶持帮助。同月，副市长陈荣洲率19家民营企业的23位董事长或高管人员赴香港参加“透过香港，走向国际”研讨及考察活动。6月，特步国际控股有限公司在香港上市。同月，香港贸发局总裁林天福率该局在全球42个代表处的首席代表到泉州考察泉州的经济社会发展情况，寻找合作商机。8月，泉州市政府与香港贸易发展局在泉州签订《经贸合作备忘录》。按照协议内容，泉州通过会展业合作及网上商贸平台链接等形式，借助香港贸发局的优势，把泉州的服装、鞋业、石材、茶业等特色产业集群和重点出口产业基地快速推向国际市场，打造区域品牌。双方通过工作坊、培训班等方式，加强两地企业交流合作，推动泉州企业赴港发展上市。两地都成立工作组，定期互访交流，互相提供有关本地经济、贸易等方面的资讯和最新的国际行情等，不定期交换调研报告。香港贸发局还根据泉州产业特色、经济特点，为泉州赴港发展企业提供量身定做的商贸配对、名牌打造、企业融资、采购及销售渠道拓展等服务。同月，香港贸发局副总裁黄锦辉参观考察石狮服装城。11月，香港投资推广署到泉州举办“投资香港深度行——泉州站”的招商活动，进一步推动泉企赴港投资。2008年1—10月，赴港投资发展的泉企达17家。

2009年6月，361度国际有限公司在香港上市。7月，香港安溪同乡会一行18人到泉州考察。9月，中国利郎有限公司、匹克体育用品有限公司在香港上市。

2010年1月18—21日，以“魅力泉州、情系香江”为主题的“品牌泉州香江行”系列活动在香港举办。该活动由泉州市政府和福建省外经贸厅联合举办，是一场集品牌展示、贸易拓展、项目推介、管理研讨、文化交流于一体的大型系列商务活动，主要借助“香港时装节”平台，树立泉州品牌企业形象，展示泉州城市元素和文化积淀，推进闽港产业对接和经贸合作长足发展。其间，“共创商机、互动双赢”泉州·香港经贸合作圆桌会议在香港会展中心举行。泉州、香港两地工商界精英，共同探讨加强泉州和香港经贸合作途径，分享企业经营经验。4月，第十三届海峡两岸纺织服装博览会暨2010休闲服装博览在石狮举行，香港石狮同乡公会组团参加。5月，优兰发纸业有限公司在香港上市。12月，应香港贸发局、香港投资推广署邀请，市长李建国率团赴港开展经贸考察交流活动。

二、与澳门经贸往来

1991 年后，泉州与澳门间的经济互访增多，泉州市多次组团赴澳门招商。

1992 年 6 月，以澳门中华总商会副会长、澳门建筑置业商会会长崔德祺为团长的澳门建筑置业商会代表团一行 29 人到泉州参观访问。

1994 年 5 月，泉州市委书记陈营官率泉州市经贸考察团到澳门访问。9 月，以张明星为名誉团长，庄文才为团长的澳门地产商会赴福建考察团一行 17 人到泉州考察。

1998 年 4 月，泉州市经贸代表团一行 51 人赴澳门，参加尤里卡欧亚企业洽谈会及澳门第三届投资博览会，共签订投资项目 8 个，投资总额 7420 万美元，其中协议外资 6390 万美元。

1999 年 12 月，澳门回归祖国，泉澳两地间的经贸联系由此掀开新的篇章。

2001 年 8 月，澳门妈祖文化旅游节推介团到泉州推介有关旅游节相关活动。

2003 年 10 月，《内地与澳门关于建立更紧密经贸关系的安排》的签署有力推动泉澳的经济往来。

2004 年 7 月，泉州个人赴港澳旅游全面开放，大批泉州游客前往香港、澳门旅游。

2005 年 1 月，港澳居民在泉州申请设立个体工商户无需外资主管部分审批的规定出台后，陆续有普通澳门居民到泉州从事经商活动。

2008 年 10 月，泉州组团参加由澳门贸易投资促进局主办的第十三届澳门国际贸易投资展览会。

2009 年 4 月，澳门永春同乡会理事长张志民、监事长尤裕挚一行 12 人，参观小湖洋、北硿、碧卿林场等地，就整合永春东部地区旅游资源、建设东部山水一日游、规划两日游以及休闲度假游进行考察，并就新成立的“澳门永春投资公司”参与家乡建设进行探讨。

2010 年 4 月，第十三届海峡两岸纺织服装博览会暨 2010 休闲服装博览在石狮举行，澳门、石狮同乡会分别组团参加。

第二节　教育交流往来

一、与香港教育交流往来

1990 年 12 月，香港浸会学院、香港中文大学等高校学者访闽团抵泉访问。

1993 年 7 月，香港知名金融分析家及财经专栏作家吕志华到泉州举办讲座。

1994 年 9 月，香港知名企业家、科学家余新河到华侨大学作数学专题讲座。

2001 年，泉州晋光小学开始录取香港籍新生。

2005 年 3 月，香港福建中学“赴闽美育参观学习团”一行 32 人到德化参观访问，先后走访陶瓷职业技术学院、陶瓷博物馆等，并与德化一中缔结为“友好学校”。6 月，香港福建中学毕业生 30 多人，到华侨大学进行考察。7 月，华侨大学与香港国际专业促进会，在泉州合办成人高等教育学历班。同年，晋江旅港乡贤林泗维个人出资，组织香港志愿者在每年暑假到泉州的中小学支教，办英语训练班，加强两地师生交流。

2006 年 4 月，华侨大学与 8 所香港中学代表共同签署合作联盟网络协议。根据协议，钟声慈善社胡陈金枝纪念中学、天主教慈幼会伍少梅中学、佛教慈航智林纪念中学、伊斯兰脱维善纪念中学、潮州会馆中学、佛教慧远中学、香港能仁书院（中学部）、释慧文中学 8 所学校符合条件的中学生可免试进入华侨大学预科班学习。

2007 年，华侨大学主办，华侨大学香港校友会承办世界华文教育论坛，论坛在香港九龙湾国际展贸中心举行。

2008 年 4 月，华侨大学客座教授、香港凤凰卫视著名主持人杨锦麟应邀到华侨大学作台海局势的专题讲座。

2010 年 8 月，首届福建·石狮台港澳青少年夏令营在石狮成功举办，来自台湾、香港、澳门的 70 多名小朋友参加此次活动。在为期一周的时间里，营员们先后参观石狮博物馆、城隍庙、姑嫂塔、石光华侨联合中学、中国闽台缘博物馆、泉州市海交馆、开元寺，游览莆田湄洲湾妈祖圣地、厦门大学、鼓浪屿、会展中心等地，并接受生活纪律训练教育，听取民族、人文讲座，与同龄学生座谈交流。

二、与澳门教育交流往来

1996—1999 年，澳门教育基金出资 50 万港元，2000—2002 年由东方葡萄牙学会出资 83 万葡币，资助每年选聘 1～2 名葡语教师到华侨大学任教，开设葡文选修课，供华大的澳门学生选修，以符合澳门学生毕业后进入澳门供职条件。

1997 年，华侨大学开始在澳门组织兼职硕士研究生课程。

1999 年，华侨大学与澳门业余进修中心合作办学，根据当地需求设立进修班，为在职人员提供进修机会。工商管理本科澳门班共有 43 人，其中 26 人被授予学士学位。

2001 年，华侨大学开始在澳门招收兼读制博士研究生。同年，澳门大学和澳门理工学院首次向福建省招收兼读制博士研究生。

2004 年 4 月，澳门大学教授施议对（晋江人）受邀为晋江英林中学作“学力与天赋”的专题报告。

2005 年 9 月，澳门特别行政区行政长官何厚铧视察华侨大学。同年，澳门大学、澳门理工学院、澳门旅游学院、澳门科技大学、澳门镜湖护理学院和亚洲（澳门）国际公开大学 6 所高校面向内地包括福建在内的 14 个省市招生。

第三节　文化交流往来

一、与香港文化交流往来

（一）传统戏剧及音乐艺术

1993 年年初，谢英东率香港新声国乐团到泉州交流演出。

1994 年元宵节，泉州组织第五届国际南音大会唱，香港福建体育文艺队代表团参加。10 月，泉州木偶剧团赴港参加“1994 年国际儿童艺术节”，在多个演出中心表演大型传统神话剧《火焰山》。

1995 年 8 月，泉州侨乡少儿国乐团赴港，进行为期 5 天的访问演出，举行了“南国音韵汇香江”音乐会。

1996 年，应泉州音乐家协会之邀，香港女高音歌唱家陈丽珍到泉州，在华侨大学陈嘉庚纪念堂举办个人独唱会。

1997 年 7 月，泉州木偶剧团再次应邀到港演出。8 月，泉州木偶剧团木偶大师黄奕缺和中青年演员在香港大会堂表演童话剧《千桃岩》、传统折子戏《入城》及人偶同台的《狮子舞》《驯猴》等节目，不少香港观众为之痴迷。

1998 年，泉籍人洪我课在香港创办综艺木偶剧团。

2000 年 8 月，为庆祝香港晋江市同乡会成立 15 周年，晋江市高甲戏团应邀赴港演出。10 月，应香港惠安同乡会邀请，以惠安南桥南音社为主的文化艺术团赴香港交流访问，访问团与香港福建体育会南音团、香港晋江同乡会南音团联欢演出。

2001 年 5 月，应香港泉州市同乡总会邀请，由泉州高甲剧团、省梨园剧团、泉州木偶剧团组成泉州传统戏剧艺术赴港访问团，在香港举办多场传统戏剧展演。这次展演，是中华人民共和国成立 50 多年来泉州市赴港献演规模最大、人数最多、剧种最有特色的一次文化艺术交流活动。

2002年，晋江市高甲戏剧团携优秀传统剧目《闹元宵》赴港演出，参加香港东区议会举办的“新世纪、新东区”地区节及闽南文化系列活动。11月28日，泉州市木偶剧团的《驯猴》、惠安的《惠女风情》、石狮的《东方醒狮》、安溪的《茶艺表演》等赴港参加“闽港经济合作论坛暨2002香港福建节”开幕式演出。2002年起，泉州每年举办“海上丝绸之路”文化节，邀请香港同胞参加。香港社团积极组织乡亲回乡恳亲，参与文化节活动。

2003年12月，应香港泉州慈善促进总会邀请，福建省梨园戏实验剧团到港，进行为期3天6场慈善演出，上演《苏秦》《韩国华》《长乐宫》等剧目。

2004年，香港特别行政区康文署举办“香港文化艺术节”，泉州市南音乐团应邀参加演出，并往城市大学、科技大学作泉州南音课程讲演。各县（市、区）地方南音社团，积极赴香港联谊交流。7月，香港举办“诗威德杯”2004年香港少年儿童钢琴赛，泉州市30多名少年儿童选手组成参赛团赴港参加比赛，1人获得特等奖，5人获一等奖。8月，安溪高甲戏剧团赴港，参加香港福建金秋联欢晚会，表演一批高甲戏剧精品节目。11月，应“香港文化艺术节”组委会邀请，泉州南音乐团一行12人赴港进行展示性演出；同月，应香港石狮同乡公会的邀请，泉州歌剧团一行22人赴港为旅港乡亲作专场演出。同年，晋江籍香港歌星张明敏到泉州举办演唱会。

2005年2月，香港福建体育会南音代表团、香港泉州同乡会等南音社团，应邀到泉州参加第八届“国际泉州南音大会唱”。

2007年10月，晋江市木偶剧团应香港艺术发展局邀请，赴香港为10所中小学学生进行演出，这是继2006年在香港偶影艺术中心演出后，该剧团再次赴港演出。

2008年5月，为迎接北京奥运会，晋江市高甲戏剧团应香港晋江同乡会之邀赴港演出。

2009年11月，应香港联艺文化交流中心邀请，泉州市文化局组织福建省梨园戏实验剧团、泉州市南音乐团近30名优秀表演艺术家赴港交流。活动主要以泉州南音、梨园戏知识讲座为主，辅以示范演出，讲演结合。其间，泉州南音乐团吴璟瑜和福建省梨园戏实验剧团汪照安等演员先后在香港中文大学、香港演艺学院、香港城市大学、香港浸会大学、香港理工大学及香港大学等院校进行精彩演讲及示范表演，演出了南音名“指”《风打梨》，名曲《暗想暗猜》《去秦邦》，名“谱”《梅花操》及梨园折子戏《陈三五娘·赏花》《高文举·玉真行》《董生与李氏·巫山云散》等，1200多名学生和市民到场听讲座并观看演出。

（二）书画摄影

1992年4月，香港画家王星源的画展在石狮市文化展览馆展出。

1997年5月，晋江市举办晋江撤县建市5周年暨世界晋江同乡总会成立大型庆典活动，邀请香港中华摄影学会举办会员作品展。

2001年4月，香港中华摄影学会摄影艺术家一行20多人到泉州采风创作，并与泉州摄影同行举办讲座、交流经验。

2005年11月，中国民主同盟泉州市委员会在泉州举办“泉籍台港澳书法摄影名家特邀作品联展”。

2006年，晋江旅港著名年画收藏家许晴野的114幅年画（包括台湾、福建、广东、山东等地清代、民国时期的艺术珍品），在晋江市博物馆展览。8月，香港著名摄影艺术家水禾田“大地影像”摄影艺术作品展在泉州府文庙举行。香港实业家洪建筑摄影艺术展在石狮市文化馆举办，展览还展出香港画家蔡金章多幅作品。

2007年3月，惠安籍香港知名书法家张培元在泉州举办诗书画印个人作品展。

2008年12月，旅港晋江画家叶金城在晋江图书馆举办慈善画展，展出60余幅虎画作品，展览作品拍卖所得悉数捐给晋江市慈善总会。

（三）报刊影视

1995年11月，由香港《文汇报》《大公报》《经济导报》《新晚报》《香港商报》《澳门日报》等报社组成的港澳记者访闽团一行12人，到泉州参观访问；12月，香港文汇报记者到泉州采访国有企业、“三资”企业及乡镇企业。

2000年1月8日，《香港商报·中国泉州》专版在香港创刊，该版由泉州商报社和中共泉州市委宣传部联合创办，每月出版一至二期。

2002年5月，香港文汇报社长张国良一行到泉州考察。

2004年6月，香港商报社采访团到泉州访问，考察泉州企业及社会。

2006年3月，由香港凤凰中文台、中新社香港分社和香港《大公报》《文汇报》《香港商报》等报社组成的港澳新闻媒体访问团，到泉州访问。

（四）文学社科

2004年年初，香港中文大学人类学系35名学者，在海交馆举行为期两天的研讨会，随后到晋江参观、调研侨资企业与侨乡建筑；11月，香港作家金庸访问泉州。

2005年，在石狮举办第二届香港女作家蔡丽双博士诗文朗诵歌词表演会。

2008年，香港文化界、工商界人士共同发起成立中国茶文化国际交流协会，协会会员有不少泉籍人士在港，石狮籍企业家杨孙西任首届会长。

二、与澳门文化交流往来

（一）艺术

1996年春节期间，应澳门市政厅邀请，晋江木偶剧团、杂技团、魔术队到澳门演出，丰富澳门同胞春节文化生活，促进文化交流。

2001年10月，应澳门特区政府旅游局、文化局和澳门中华妈祖基金会邀请，泉州市组成包括高甲、梨园、木偶、艺校以及拍胸舞队、惠女服饰表演队等多艺术种类在内的戏曲艺术表演团，赴澳演出，为澳门同胞献上精彩的传统戏曲艺术节目。

2002年9月，泉州籍庄雪云在泉籍乡贤陈明金的鼎力相助下，创办澳门南音社，泉州南音乐团赴澳门参加庆典大会并献唱。2002年起，泉州每年举办“海上丝绸之路”文化节，均邀请澳门同胞参加，澳门的同乡社团组织乡亲回乡恳亲、参加文化节活动。

2006年4月，泉州木偶剧团应邀参加澳门举办的“妈祖文化节”，上演《嘉礼献瑞》《小沙弥下山》《钟馗醉酒》《闹元宵》《三打白骨精》《四海龙王贺寿》《大出苏》等经典剧目。

（二）报刊媒体

1999年6月，泉州市政府邀请新华社澳门分社副社长宗光耀作澳门形势与澳门基本法报告。9月，由泉州电视台与澳门广播电视有限公司联合举办第一届“泉州电视节”，为期19天，每天晚上在澳广视中文台黄金时间播出一个小时节目，向澳门观众系统介绍泉州的经济、社会、文化、风土人情、旅游景观及泉澳经贸合作的历史和现状，增进泉澳两地相互了解，这也是泉州首次在澳门举办电视节。在澳门回归一周年之际，澳门与泉州再度合作，举办第二届泉州电视节。

2001年1月，在澳门议事亭广场举办“福建之夜”文艺晚会。《澳门日报》内地稿件中开辟有“乡情”专栏，每周三个版面，专门刊发内地各省市的建设情况，是澳门同胞了解内地变化的窗口，《澳门日报》在泉州、晋江设有固定供稿人员。惠安籍澳门同胞庄文永，曾任《澳门日报》编辑、澳门诗社社长。

（三）其他文化交流

1998年8月，作为闽澳各界宣传澳门基本法系列活动之一的“认识澳门、共迎回归”大型图片展在泉州海交馆开幕。

2008年12月，澳门集邮协会和泉州市集邮协会在澳门教科文中心联合举办“澳门—泉州联合邮展”。

第四节 体育交流往来

1991年12月，香港福建体育会带领香港男子篮球队，访问泉州、福州及厦门，进行多场比赛。

1995年6月，香港晋江同乡会与香港篮球总会、香港福建体育会联合组织香港明星篮球队暨工商新闻访闽团，访问泉州、福州、晋江、石狮等地，进行四场表演赛。

1996年，香港福建体育会、香港篮球总会、香港泉州同乡总会等香港社团，联合举办1996年超级工商“福建杯”国际篮球邀请赛，在泉州、厦门、晋江、石狮等地进行10多场篮球比赛。

2004年2月，惠安崇武西华武术学校3名选手组成的代表队，参加第二届香港国际武术节，获2枚金牌、3枚银牌、2枚铜牌。

2005年9月，泉州南少林武僧应邀前往香港进行专场演出。

2007年3月，香港和澳门国际武术节组委会主办的第五届香港国际武术节，泉州派员参加，晋江武术健儿夺得7枚金牌、10枚银牌和12枚铜牌。

2005—2008年，香港警察中国武术会组织警官子女，在泉州南少林武术学校开展五次夏令营活动。香港的青少年在泉期间，与该校师生一起学习武术，参观泉州名胜古迹，促进两地学生的交流。

第四章 参与家乡建设

第一节 投资

一、香港泉商回泉投资

1991年起，香港泉商回乡投资形成高潮，当年新批香港投资企业332家，合同投资总额15.68亿元。

1992年，新批香港投资企业769家，合同投资总额64.24亿元。

1995年，新批香港投资企业427家，合同投资总额8.7亿美元。同年，开业、投产企业416家，实际到资6.02亿美元。

进入21世纪后，由香港赴泉州投资企业已占同期外资企业的近七成，投资金额则占逾七成。

2008年，香港企业在泉州投资创办的在册企业为3515家，注册资本108.91亿美元，投资总额156.36亿美元。

2010年，香港企业在泉州投资创办的在册企业为8678家，注册资本176.24亿美元，投资总额214.1亿美元。

1991—2010年香港在泉州投资总额5000万美元以上企业情况表

表45-3-1 单位：万美元

企业名称	设立年份	注册资本	投资总额	经营范围
福建晋江万利瓷业有限公司	1991	2929.2	5126.1	生产建筑陶瓷
石狮市猛士达鞋业有限公司	1992	3222.12	9153.75	生产时装鞋、旅游鞋、服装、帽子、皮带、袜子、丝巾、领带、球拍、篮球、包袋
福建恒安集团有限公司	1992	7489.57	8495.6	生产妇幼卫生用品、不干胶、无纺布、塑料包装袋、流延薄膜、彩印胶袋、个人卫生用品

续表 45-3-1

企业名称	设立年份	注册资本	投资总额	经营范围
泉州南海建设开发有限公司	1993	3487.58	7282.90	在泉州市丰泽区东海镇规划范围内建造、出售、出租高级别墅及配套服务设施，并进行相应的物业管理；园林绿化综合性栽植
南益地产集团有限公司	1993	5145.2	6302.87	房地产综合开发与经营
晋江恒达陶瓷有限公司	1993	4326.7	5242.13	生产各种建筑陶瓷
富贵鸟（中国）有限公司	1995	3532	6831	生产皮鞋、皮带、皮包及其他皮制品；生产服装、服饰品、针纺制品，鞋服技术研发
晋江市三福纺织实业有限公司	1996	7761.97	10263.76	生产服装，从事高档织物面料织造及后整理加工
锦兴（福建）化纤纺织实业有限公司	1997	3694.78	6395	生产差别化化学纤维、针织布、捻丝、复合超细丝及高仿真化学纤维
泉州市松苑锦涤实业有限公司	1997	4658	5158	生产直接纺聚酯纤维及中间产品
福建格林集团有限公司	1998	3610	7000	生产服装、包袋、塑料制品、陶瓷工艺品及布料织造
安踏（中国）有限公司	2000	7690.8	21854.69	生产运动鞋、塑料鞋、橡胶鞋靴、针织品、编织品、服装、帽、皮箱、包（袋）、体育用品、鞋材，鞋与服装设计配套服务
晋江市锦福化纤聚合有限公司	2001	5888	9888	生产差别化化学纤维及服装、针织布、复合超细旦纤维，化纤布及化纤前期精细加工
特步（中国）有限公司	2002	10672.97	11958.87	生产纺织品、服装、皮革服饰、家具、陶瓷洁具、五金配件、运动鞋、运动器材及相关技术交流和推广
福建泰山石化仓储发展有限公司	2002	4400	9700	仓储设施的建设、经营
石狮市日泰复合化纤有限公司	2003	9999	9999	生产差别化化学纤维及中间产品
泉州泰山石化码头发展有限公司	2003	4000	10000	5000 吨级和 3000 吨级石油化工泊位各 1 个及配套储运设施经营，危险化学品的仓储、装卸、调兑及相关服务
三六一度（福建）体育用品有限公司	2003	3613.12	7097.2	生产运动鞋、服装、包袋、袜子、帽子、手套
福建百宏聚纤科技实业有限公司	2003	39999	52999	生产差别化化学纤维
九牧王股份有限公司	2004	6920.99	6920.99	生产纺织品、服装、皮革服饰、家具、运动鞋及相关技术交流和推广
喜得龙（中国）有限公司	2004	5032.56	5032.56	生产运动鞋、服装、体育运动用品、塑料制品、包袋制品
贵人鸟股份有限公司	2004	6342	6342	从事鞋、服装、体育用品、运动防护用具、皮箱、包、袜子、帽生产、研发及批发
利郎（中国）有限公司	2005	3871.2	6452	生产服装、服饰、各种鞋、家私、五金、塑料制品
三六一度（中国）有限公司	2005	7226.24	12904	生产服装、运动鞋、包、箱、袜子、帽子、手套、针织布、机械配件、运动器械、鞋底、纸箱
斯舒郎（中国）服饰有限公司	2005	3804.2	9130.08	服装、服饰品的生产；服装、鞋帽、箱包、体育用品、日用百货的批发及零售
福建希尼亚服装织造有限公司	2005	4241.82	7712.4	生产服装、针织布、织带、织唛及从事服装批发、零售（不设店铺）
艾迪耐斯（中国）有限公司	2006	1935.6	5806.8	生产运动鞋、鞋底、运动服、包袋、帽、袜、制鞋机械设备、体育器材、纸箱、针织布

续表 45-3-1

企业名称	设立年份	注册资本	投资总额	经营范围
福建省德荣纺织科技有限公司	2006	2061.5	6184.51	从事高档织物面料的织造及后整理加工，纺织服装面料、工业用纺织品新技术、新产品、新材料的研究开发，生产精纺呢绒、针织品
清美（中国）有限公司	2006	5806.8	5806.8	生产鞋材、运动鞋、服装、运动器材、包袋、塑料制品、化纤布
金保利（泉州）科技实业有限公司	2006	8000	20000	从事新型电子元器件、太阳能电池等高技术绿色电池及太阳能光伏组件、太阳能应用产品、风能产品的生产；太阳能产品和风能产品的研发以及批发和零售
晋江市宝鑫动力机械有限公司	2007	5135.68	12507.18	生产农业机械、园林机械、齿轮、其他机械配件；机械生产技术支持、管理经营咨询及相关配套服务；摩托车及其配件的生产管理、技术开发、营销策划及相关咨询服务；从事内燃机及配件、汽车配件、机械配件生产
福建福隆石化有限公司	2007	3000	9000	生产环己酮
福建长盛石化有限公司	2007	3000	9000	生产己二酸
福建长荣石化有限公司	2007	3000	9000	生产己内酰胺
晶蓝光电科技（泉州）有限公司	2007	7800	15800	从事半导体、元器件专用材料开发、生产；功率半导体、光电半导体、晶圆、晶片开发、生产；功率半导体模组、光电半导体模组、LED 灯具及相关配套产品的开发、生产；货物及技术进出口业务
祥华（福建）纺织有限公司	2007	2558	6395	生产高档织物面料、纺织品，货物、技术进出口业务
福建钧石能源有限公司	2008	6980	9978	太阳能电池及其应用产品开发、设备制造和生产；太阳能电池设备控制软件开发。
泉州骏杰实业有限公司	2008	5000	5000	电力变压器等电气设备的生产制造与加工；电力变压器、配电柜批发与零售；机器设备制造技术研发
益明建材物流（泉州）有限公司	2008	5000	8000	从事建材相关仓储设施的建设与经营，建材及相关商品批发、零售。
福建正麒高纤科技股份有限公司	2010	6040	6040	生产差别化化学纤维、复合超细旦纤维、特种工业切片，及化工产品、服装、纺织品批发
泉州市南丽置业发展有限公司	2010	3068.77	5937.69	开发、建造、出售及出租综合商住楼
三六一度（福建）体育用品销售有限公司	2010	2562.8	5125.6	体育用品、服装、鞋帽批发

二、澳门泉商回泉投资

随着澳门泉商经济的发展，澳门泉籍乡亲开始赴泉州投资办企业。1991 年，新批澳门投资企业 12 家，合同投资总额 5559 万元。

1992 年，全市新批澳门投资企业 45 家，合同投资总额 3.75 亿元。

1995 年，全市新批澳门投资企业 12 家，合同投资总额 5202 万美元。同年，开业、投产企业 20 家，实际到资 396 万美元。

2008 年，澳门泉商在泉州投资创办的在册企业有 219 家，注册资本 4.93 亿美元，投资总额 6.57 亿美元。

2010 年，澳门泉商在泉州累计投资企业 438 家，合同投资 7.93 亿美元；已开业企业 267 家，实际到资 6.16 亿美元，占泉州外商投资企业 3.06%、投资总额的近 3%。

2010 年澳门在泉州投资总额 2000 万美元以上企业情况表

表 45-3-2　　单位：万美元

企业名称	设立年份	注册资本	投资总额	经营范围
德宝（石狮）织染有限公司	1996	1500	2800	纺织品织造、印花、贴合、抽纱及服装、鞋帽、箱包制造
泉州嘉德利电子材料有限公司	2002	2000	4500	生产新型电子元器件专用材料、电容器薄膜、真空镀膜，电力机械、电子机械设备及相关产品
泉州友达置业管理有限公司	2003	3852.03	10272.08	物业管理及配套服务、建筑材料和设备批发
晋江宝龙大酒店有限公司	2003	1671.78	3296.78	从事客房及中西餐饮、康乐、娱乐等配套服务
福建合德轻工有限公司	2003	1933.2	2964.24	生产高档织物面料及后整理、纺织品、服装
海兴材料科技有限公司	2005	1000	2000	生产 PTT、涤纶、锦纶功能性长丝和短纤，批发纺织纤维、纱线、纺织面料、服装
泉州金晟实业有限公司	2006	1243.6	2477.25	生产手机零配件，在晋江市东石镇中片工业基地规划范围内建设、出租、出售标准厂房及配套设施
福建石狮台昱房地产开发有限公司	2007	1450	2900	在石狮服装城 2007G-02 号地块建设、经营台湾纺织服装研发贸易大厦及配套设施

第二节　捐资

港澳同胞热心家乡公益事业，据不完全统计，1990—1992 年，港澳同胞年均捐资泉州市公益事业金额已达 5850 万元；1996—2004 年，泉州港澳同胞捐资家乡兴办医院、筑桥铺路、修复文物古迹、兴建科技体育场馆、扶残敬老、赈灾济民，涉及领域广泛，捐资金额达 29.72 亿元。

一、捐资兴办教育

20 世纪 80 年代末 90 年代初，港胞余新河先后捐资 400 余万元，建设泉州一中图书楼、校舍，设立奖学奖教基金，购置教学办公设备。

1993 年，港胞余新河捐资 128 万元建造南安五星中学成功教学楼、捐资 800 万元在石井兴建大木中学、修建成功中心小学成功教学楼。同年，港胞李成敬捐资 80 万元兴建南安石井溯江幼儿园，后又捐资兴建溯江小学成敬教学楼并设立李成敬教育基金会。

1990—1994 年，永春籍港胞梁良斗、梁祖辉、梁清辉等捐建黎明大学清风楼、俭德楼。安溪香港钟氏家族捐资 800 多万元，在安溪兴建铭选中学。港胞曾纪华捐资 50 万港元修建惠安一中教学研究楼。香港南益集团公司董事长吕振万，独资 100 万港元，为南安县美林镇 9 个村 11 个点新建校舍 62 间，总面积 4078 平方米；捐资 100 万元助建泉州五中吕振万大楼。港胞杨孙西，捐资 800 万元兴建石狮市第一中学，并捐资 200 万元作为学校教育基金，至 2010 年共为石狮一中的教育基金和校舍兴建捐资 1830 万元。惠安港胞林珏锟独资兴办锦水村幼儿园并捐资 50 万兴建锦水中学教学楼。永春六中旅港校友陈少煌，捐资 100 万元，为母校兴建一座美体音馆，并设立教育基金。港胞吴爱惜捐资 74 万元兴建永春六中“新民科学楼”及系列工程。惠安籍港胞蔡瑞仁资助创办上坂中学，又捐资兴建上坂小学校舍。1992 年，港胞陈文栋与港埠旅外乡亲捐资兴建培青学校，并设立培青学校教育基金，捐资 80 多万元。港胞庄瑞杰捐资 80 多万元兴建培元中学庄瑞杰楼，2007 年，又捐款 100 万元，作为扶贫助学基金。

1993 年，港胞朱龙泉捐资 135 万元，兴建泉州六中朱龙泉科学楼。

1995 年，港胞梁良斗捐资 60 多万元，新建永春崇贤中学崇德楼。旅港乡贤曾纪华捐资 350 万元，兴建惠安一中曾纪华科学大楼。港胞郭永钦捐资55万元，捐建肖厝龙山小学教学楼及配套设施建设。港胞洪祖杭捐资140万元，兴建晋江英林中学大礼堂，其后，又捐建科学综合楼、图书馆大楼、标准运动场等建筑设施；港胞洪祖星、洪炳坤兄弟捐建英林中学教师宿舍楼，旅港英林中学校友会捐资50万元，新建香港校友楼。港胞颜乾成、陈有德、陈山成各捐资100万元，为安海职业中专学校建造教学楼。港胞黄保欣，为母校泉州培元中学捐资200万港元，兴建“黄润苍教学楼”。1996年，港胞许天真在惠安辋川捐资160多万元，兴建候卿中学“碧枢楼”及玉围小学、玉围幼儿园“聚碧楼”。晋江阳溪中学旅港校友吴春芳，为母校捐资60万元兴建教师套房。晋江港胞吴文灿捐资50万元，修建家乡大埔村幼儿园。晋江籍港胞林文灿捐资100万元，作为永和镇南峰中学建设资金。港胞李嘉诚捐资700万兴建惠安嘉惠中学。

1997年，晋江籍港胞苏千墅捐资200万元，兴建晋江侨中“孙江楼”。晋江籍澳门同胞李天赏独资230余万捐建安海早毓小学新校舍。南安旅港同胞郭赞良捐资24万元，为华美中学兴建一座学生宿舍楼。永春港胞黄跨助、林孝首分别捐资60万元和100万元，兴建永春师范音乐楼和永春三中培绸楼。惠安籍港胞黄光汉捐资110万元，兴建霞美小学“长水教学楼”。惠安港胞陈晏枝出资500多万元，兴办溪东学校，后又捐资100多万用于扩建校舍，且每年捐资10万元，作为学校教育经费。

1998年，晋江籍港胞柯清智捐资300万元，兴建家乡缺塘小学柯贤奕教学楼及附属建筑。港胞杨建山捐资200万元，兴建惠安第五中学杨其水教学楼。

1999年，晋江籍港胞苏千墅捐资65万元，助建青阳桂华幼儿园教学楼，助建晋江一中多媒体教室、天文馆，青阳希信小学微机室。港胞苏永安捐资100万元，为母校晋江安海养正中学兴建“苏远外艺术馆”。港胞吕振万捐赠100万元，兴建泉州儿童发展职业学院“吕振万艺术楼”，并捐赠20万元作为奖教金。

2000年，陈守仁为泉州第十一中学捐资50万元，建设陈守仁教学楼。南安港胞林树哲捐建泉州七中春晖图书楼。港胞陈荣助夫妻捐资250万元，为永春六中兴建图书楼。南安籍港胞洪亚铁捐资50万，并与港胞洪长灿募集资金590万元，翻建华美中心小学，翌年，再次捐资20万元，支持小学建设。石狮籍港胞施良侨捐资550万元，兴建华侨大学施良侨科技实验楼；2001年捐资120万元，兴建石狮市第三实验小学教学楼，2002年捐资80万元，助建泉州五中电教楼。2000年，港胞苏千墅独资288万元，兴建泉州师范学院现代教育技术中心大楼。李群华捐建“泉州七中李群华体育馆”。香港蔡建文家族捐资600万元，建设晋江毓英中学蔡建文科学楼。港胞林艺民捐资145万元，修建南安师范附小登科综合楼及学校设施。

2002年，港胞徐伟福捐资100万元，建设泉州五中徐伟福艺术楼；邱季端捐资250万元，兴建泉州五中邱季端体育馆，蔡毅捐资80万元助建泉州五中蔡毅综合楼，杨国良捐资100万元，兴建石狮市第三实验小学孙星楼。香港庄士集团主席庄绍绥捐资500万元，助建泉港庄重文实验小学。

2003年，南安港胞陈福泉父子捐资100万元，兴建梅山蓝园中学泰山科学楼。港胞侯昌财捐资500多万兴建南安罗东罗新中学桐昌科学楼、维新小学昌财科学楼、昌财幼儿园等。

2004年，石狮港胞许荣茂向石狮华侨中学、五星小学教育基金捐赠350万元。港胞林孝首捐资100万港元，为永春三中添置仪器设备。石狮港胞蔡经阳捐资1500万元，为石狮市石光华侨联合中学建办公大楼。惠安港胞骆志鸿捐资110万元，在张坂中学兴建“骆忠信教学楼”，又捐建培元中学骆忠信教学楼、惠南中学骆忠信综合楼、群力小学教学楼及综合楼。石狮港胞王亚南捐建泉州师范学院“王爱约实验楼”。石狮港胞邱天生捐建泉州师范学院“邱天生实验楼”。澳门同胞陈明确、陈明白、陈明金、陈明旭兄弟，捐资100万元，兴建晋江市南岳中学“怀情楼”，并为东石镇湖头小学捐款30万元，用于购置电化教学设备。澳门同胞蔡天守向南岳中学捐资50万元。晋江港胞陈文栋捐资200万元，兴建深沪中学金田教学楼，又捐资100万元，兴建深沪镇狮峰小学教学宿舍楼。港胞叶延栋捐资60万元，兴建南安诗山社二小学鸿兴教学楼；澳门同胞李友智、吕百丁夫妻捐资50万元，兴建社二小学礼堂；港胞叶寅生捐资在社二小学设立教学基金。

2005年，永春籍港胞郑秀英捐资126万元，支持永春教育事业。港胞林积车捐资50万元，支持石狮莲埭小学校舍建设。港胞曾文广等捐资100万元，助建晋江内坑中学“曾文广教学楼”。晋江养正中学香港校友苏永安捐资100万元，兴建苏远外艺术馆；翌年，澳门校友吴锡琛、曾少娥捐资100万元，兴建吴修潭图书馆。

2006年，港胞陈仲升为家乡晋江市永和群滨学校捐资180万元，建造“伯宽教学楼”。港胞柯清智捐资150万元，兴建晋江罗山中学综合办公楼。石狮港胞洪清宜捐资100万元，助建泉州师范学院洪维瑞教学楼。惠安港胞骆志鸿先后捐资建设泉州师范学院骆忠信教学楼及黎明大学骆忠信大楼。港胞王亚南认捐300万元设立“通达”慈善基金。

2007年，旅港同胞吴瑞林捐资50万元，助建晋江灵水中学教学楼。澳门福建同乡总会会长颜延龄捐赠100万元，给安海养正小学兴建教学楼。港胞林孝首再次捐资100多万元，为永春三中兴建教师宿舍楼。港胞徐伟福捐资100万元，助建泉州市通政中心小学徐伟福楼；捐资25万元，在安溪龙涓修建内灶希望小学。港胞黄伟哲、姚淑丽夫妻向母校石狮石光中学捐资100万元，用于学校新校区生态园建设。

2008年，香港实业家庄子雄夫妻捐资65万元，兴建惠安东园中学庄孙美治宿舍楼。港胞钟琼林捐资160多万元，修建安溪县虞宗小学双楼。石狮港胞蔡衍善、蔡丽双夫妻捐资500万元，兴建石狮鹏山经贸学校大礼堂。港胞蔡佳定捐资250万元，建设石狮容卿小学科技楼。柯君恒捐建晋江南湾中学科技楼。

2010年，石狮港胞邱季端捐资200万元，建设泉州师范学院“邱季端实验楼”。石狮港胞蔡天真捐资120万元兴建石狮第七中学“清珍科技教学楼”；捐资230万元兴建祥芝幼儿园；捐建祥芝中心小学教师宿舍楼50万元；捐资400万元兴建祥芝中心小学大礼堂。晋江港胞黄忠炫、黄丽云夫妻为东石中学捐资230万元兴建毓补科技楼。许健康捐资235万元兴建侨声中学图书馆并设教育基金。港胞蔡良平捐资200万元建设侨声中学学生公寓示范楼及教育基金。庄永兴捐建泉州洛江成功侨心小学。许荣茂捐建泉州师范学院“荣茂综合楼”等。

黎明大学新校区建设，港澳先贤贡献颇多，港胞戴明瑞捐资200万元兴建瑞基教学楼，颜金炜捐资100万元兴建颜彬声夫人五号学生公寓，港胞胡应湘捐赠100万元兴建胡应湘六号学生公寓，后又捐资300万元兴建多功能胡应湘体育馆。港胞李建超捐资50万元兴建国潘·珠瑞大楼，港胞李嘉诚捐资200万港元兴建图书馆大楼，港胞骆志鸿捐资50万元兴建骆忠信大楼，香港南益集团捐赠100万元，兴建吕振万大楼。

二、捐资兴办医疗卫生设施

1991年起，泉籍港澳同胞热心家乡公益事业，回乡捐资兴建卫生院、添置医疗设施等。1992年，香港著名慈善家吕振万、陈观峰夫妻创建南安水头海都医院，并长期关心医院建设，2005年再次捐资600多万元，购买先进医疗设备。

1993年，晋江籍港胞蔡芳祥捐资54万元兴建永和卫生院坂头分院。

1994年，港胞李贤义、卢章煌、卢温胜等捐资扩建石狮市永宁镇子英医院；李贤义兴建康复楼；卢温胜、卢章煌捐建门诊大楼沙美楼。港胞李传碧、苏晋南分别捐资100万元及价值25万元旅行车一部给晋江市医院。

1995年，港胞施子清、洪祖杭各捐资175万元新建晋南医院。德化籍港胞颜宝铃、颜禧强夫妇捐资150万元，兴建德化县医院“福尧门诊大楼”。

1996年，港胞许天真独资捐建晋江英墩华侨医院，不久后，再斥资300万元扩建医院。石狮港胞蔡经阳捐资500万元兴建“石狮市儿童医院”（后改名石狮市妇幼保健院）；2003年再捐1000万元扩建石狮市妇幼保健院。

1997年，晋江籍港胞捐资300万元兴建泉州市李庆来急救中心综合大楼。

1998年，永春籍港胞陈荣助捐资80万港元兴建岵山医院医技综合大楼，随后捐款40万元购买医疗设备、完善医院配套设施。

2002年，惠安港胞骆志鸿捐资50万元兴建泉州市中医院骆忠信教学楼，获福建省人民政府颁发金质奖章、“捐资办医”奖匾及证书。

2003年，“非典”疫情期间，泉籍港澳同胞慷慨解囊，捐款捐物，协助家乡抗击非典。

2008年，石狮港胞许经鍪家族向泉州市生育关怀行动项目捐资200万元。

在鲤城区东海医院、晋江安海医院、惠安惠南华侨医院、南安仑苍镇卫生院等一批医院、卫生院和医疗所站的建设中，港澳同胞也做出积极贡献，先后捐赠各级医疗机构超过40部救护车和大量医疗器械。

三、捐建交通、通信基础设施

1991年起，泉籍港澳同胞捐资参与家乡交通、通信基础设施的热情剧增，大大改善各地投资环境。1991年，港胞李传碧捐资100万元，助建晋江深沪渔业码头。张嘉星捐资100万元为家乡晋江涵口村铺设水泥路，施振衔与胞兄捐资80多万元，修建家乡晋江洋下村环村水泥路。澳门同胞李天赏捐资铺设长达三四千米的家乡水泥路。

1993年，旅澳同胞潘伟民捐资100万元，兴建南安炉中村故乡桥、乐峰镇政府围墙、铺设洋头村水泥路、资助村老人会等。

1994—1996年，晋江机场扩建工程，澳门晋江同乡会发动会员认捐1150万元，港胞洪祖杭捐资500万元，澳门同胞许健康捐资250万元，王为谦捐资100万元，李群华、施至诚、苏千墅、姚嘉环、郭文梯、施子清、鄞荣源、柯千衙、黄加种、庄杰文、黄呈辉、卢温胜、洪长存、杨孙西等港澳先贤也纷纷认捐，为机场建设做出重大贡献。

1997年，董欣育捐资65万元，兴建石狮市永宁镇区水泥路。王庆堂带头捐资20万元，带动南安水头镇朴二、朴三村港澳乡亲筹集50万元，修建家乡道路和排污设施。晋江吴辉体独资铺设家乡东石吴厝环村水泥路，兴建吴厝村农田排水设备。

2000年，李集招独自投资200多万元，建设家乡金井镇镇区到乌漏沟桥的路灯工程，捐资300多万元铺设石圳村“回生路”。晋江港胞施颜良捐资200多万元，修建家乡龙湖前港村水泥大道。

2005年，旅港乡亲黄通成捐资200万元，帮助家乡罗溪镇修建万虹公路。

四、捐建文体设施

港澳同胞在文化体育领域以捐建文体活动场所、修葺名胜古迹、赞助文化体育活动等为主。

1991年，杨孙西为石狮市体育馆捐资50万元。许荣茂为石狮市政府人民广场捐资80万元。卢文端、卢文烟捐资500万港元兴建石狮鸳鸯池公园。晋江港胞施志远捐资40万元，在家乡龙湖镇石厦村兴建大楼，作为老年人文娱活动场所。王安泽独资52万元兴建晋江金井镇丙洲村文化体育中心，洪长存等捐建晋江英林洪氏大宗祠。永春旅港乡亲陈少煌在家乡捐建村老年人活动中心，颜彬声捐资修建魁星岩文化古迹、翁公祠武术馆等。

1992年，晋江旅港归侨庄启程捐资300万元港币兴建晋江敏月公园。

1994年，港胞林积车、洪丽榕夫妻捐资450万元兴建石狮蚶江文化公园。

1996年，德化籍港胞颜纯炯及胞妹颜宝铃捐资250万元在德化县城兴建“福尧图书馆”，颜宝铃还捐资200万元在德化建“飞达体育馆”。石狮港胞蔡衍善、蔡丽双夫妻捐资500万元修建石狮柯顺公园。洪长存捐资在晋江英林兴建长存公园，首期投入680万元。

1998年，港胞李传碧捐资250万元作为晋江市深沪文化中心广场启动资金。

2000 年，永春旅港乡亲颜纯炯家族捐资 80 万元建设永春县城城雕。

2007 年，蔡辉煌捐资 300 万元兴建石狮市灵秀镇容卿小学体育馆。港胞吴辉体捐资 300 多万元在家乡晋江东石兴建吴厝文化活动中心。

2008 年，永春旅港同胞周友智与夫人捐资 118 万元建设永春县象山寨公园。

此外，港胞张嘉星捐资 90 万元修建东石佛祖宫及湖中张氏祠堂等；卢章煌捐建石狮文林图书馆；蔡天真捐资 175 万元兴建石狮祥芝文体活动中心，并捐资 20 万元助建石狮市体育中心。

港澳同胞对泉州地区的文化、体育活动也提供相应的支持，对侨乡人民的精神文明建设做出积极贡献。惠安籍港胞王万材，捐资南侨南音社、玉坂村文化活动中心等；晋江旅港乡亲洪长存，捐资资助晋江乡讯社、南英诗社活动经费；晋江旅居澳门同胞姚明开，赞助永和镇连续五届举办中华杯篮球赛。蔡瑞仁倡修村志《螺阳三蔡志》，并负责全部修志费用。

2005 年，晋江港胞陈金明向东石镇光渺村路东文化活动中心捐资 50 万元，作为活动经费。

2007 年，港胞许荣茂捐赠 1000 万元，支持泉州成功举办 2008 年全国第六届农运会。

五、捐资慈善福利事业

1998 年，香港金泉贸易有限公司董事长陈文栋捐资 300 万元设立深沪陈文栋社会福利慈善会，这是全省第一个个人独资设立的乡镇级慈善会。同年，晋江港胞吴辉体捐资设立吴厝村老人慈善福利基金会及慈善基金会。

2001 年，陈守仁、骆志鸿、林树哲等在港乡贤倡议成立香港泉州慈善促进总会，同时参与家乡的社会福利慈善事业，配合泉州市慈善总会进行免费的“慈善门诊”“复明工程”“行走工程”“助学工程”“助孤工程”等项目。至 2005 年，香港泉州慈善促进会累计为泉州公益事业捐资 2251.81 万元。其中，陈守仁捐资 240 万元，南益集团捐资 212 万元，陈亨利捐资 100 万元，骆志鸿捐资 100 万元。

2002 年，港胞邱季瑞向石狮慈善总会捐赠 100 万元。杨孙西，向石狮市慈善总会捐赠 100 万元。港胞苏千墅向晋江慈善总会捐赠 100 万元。港胞施能狮向晋江慈善总会捐赠 100 万元。

2003 年，旅澳同胞潘伟民捐资 100 万元在南安设立慈善基金（2006 年再次捐资 500 万元）。

2004 年，港胞颜宝铃捐资 100 万元启动资金支持永春县建老人公寓。石狮港胞姚志胜捐赠福建省残疾人福利基金会 400 万元，捐资 110 万元作为泉州东梅社区老人会活动经费。澳门同胞王正伟捐资 40 万元在石狮东村设立老年人福利基金会，又捐资 100 万元助建石狮中华慈善总会“慈善老人（孤寡）福利院”。石狮港胞张志猛捐资 150 万元助建福利院。

2005 年，石狮港胞张志猛捐资 300 万元设立泉州慈善总会“万川基金”，2007 年又捐资 1000 万元增补该基金。

2006 年，港胞苏千墅捐资 210 万元在泉州市慈善总会设立“千墅慈善基金”。 同年，旅居澳门乡亲王正伟捐赠 1000 万元，在泉州市慈善总会设立“金爵慈善基金”（此前分别两次为泉州慈善总会捐资 3000 万元）。陈守仁共向泉州慈善总会捐赠 300 万元，设立陈守仁家族慈善基金。王亚南向泉州市慈善总会捐赠 300 万元，设立“通达慈善基金”。邱季端向泉州市慈善总会捐赠 1000 万元，设立“邱季端慈善基金”。同年，南安市慈善总会成立，港胞林树哲任会长，南益集团捐资 1000 万元，港胞林树哲、黄朝阳、戴新民各捐资 500 万元。

2007 年，石狮籍澳门同胞林积苗向泉州慈善总会捐赠 500 万元；石狮籍港胞陈新民向泉州市慈善总会捐资 300 万元设立慈善基金。晋江港胞吴辉体向泉州市慈善总会捐资 500 万元设立慈善基金。南安澳门同胞王彬成向泉州市慈善总会捐资 100 万元设立王彬成慈善教育基金。同年，许荣茂为石狮市中华慈善总会捐资 500 万元，澳门同胞林积苗向石狮慈善总会捐资 150 万元。

2008 年，石狮籍港胞李木理向泉州市慈善总会捐赠 300 万元；石狮籍港胞何萍萍向泉州市慈善总会捐资 300 万元。南安籍港胞王启水捐资 100 万元在泉州市慈善总会设立“启瑞慈善基金”。

2010 年，石狮旅港同胞蔡经阳、林怀婉夫妻捐资 1300 万元，设立石狮市蔡经阳慈善基金，用于发展家乡大仑社区的助教助学、扶贫济困、扶持弱势群体、关心资助老年人的福利事业等。3 月，鲤城区旅港乡贤叶建明、叶华雄父子捐赠 300 万港元，设立泉州市鲤城区慈善会叶建明、叶华雄基金，该基金用于鲤城区扶贫、济困、助老等慈善资助项目。

第五章 参政议政

第一节 在港澳参政议政的泉籍乡贤

1996 年，泉籍乡贤担任香港特别行政区政府第一届政府推选委员会委员有蔡素玉、陈金烈、洪祖杭、黄保欣、黄光汉、黄建源、黄克立、黄宜弘、黄玉山、李群华、卢文端、吕振万、施祥鹏、施学慨、施展熊、施子清、王为谦、吴连烽、吴文拱、杨孙西、曾星如、张华锋、张明敏、庄启程、庄绍绥。

2002 年，泉籍乡贤担任香港特别行政区第二届推选委会委员有蔡素玉、陈铭润、洪祖杭、洪祖星、黄涤岩、柯清辉、李国兴、李群华、卢文端、施子清、吴文拱、杨孙西、张华峰、张明敏。

1998—2010 年，泉籍乡贤担任香港特别行政区立法会议员有蔡素玉（第一至三届）、黄宜弘（第一至三届）。担任香港特别行政区筹委会委员有黄保欣、黄宜弘。任香港特别行政区筹委会委员有黄保欣、黄宜弘、杨孙西。其中，黄保欣于 1981—1992 年任香港贸易发展局中国贸易咨询委员会主席；1990—1999 年出任“一国两制”研究中心副主席；1991 年任香港机场咨询委员会委员；1992 年担任国务院香港事务顾问；1995 年出任香港机场管理局主席； 1997—2006 年出任香港基本法委员会委员；1999 年担任“一国两制”研究中心顾问委员会主席。蔡素玉于 2001—2008 年任香港特别行政区立法会环境事务委员会主席；1998—2001 年任香港特别行政区立法会民政事务委员会主席。卢文端，曾任香港特别行政区全国人大代表选举会议成员、香港城市规划委员会成员、香港廉政公署道德发展咨询委员会委员。黄玉山，2008 年 6 月被全国人大常委会委任命为第三任香港特别行政区基本法委员会委员。

泉籍乡贤还积极参与澳门的各项政治活动。其中，梁披云曾担任澳门特区筹委会委员；陈明金、梁披云、梁仲虬、许健康、颜延龄等人曾任澳门特区政府第一届推选委员会委员。陈明金于 2005 年当选为澳门特别行政区立法会议员，担任澳门特别行政区第三届政府行政会委员。

以上泉籍港澳知名人士，在香港澳门议会或全国人大、全国政协任职期间，积极建言献策，参政议政，发挥作用。

第二节 在内地参政议政的港澳泉籍乡贤

一、全国人大代表

1988 年 3 月起，泉籍港澳人士中被选为全国人大代表的有：黄光汉（第七至九届）、黄涤岩（第八届）、黄保欣（第九至第十届）、黄宜弘（第九至第十届）、黄玉山（第十一届）、蔡素玉（第十一届）。

二、全国政协委员

从第六届全国政协开始，增加“港澳同胞”这一界别，第八届全国政协时修改为“香港同胞”和“澳门同胞”，在第九届时，分别改称为“香港特邀人士”“澳门特邀人士”。不计具民营企业家身份、驻泉州的全国政协委员，全国政协第七至第十一届委员中有泉籍委员 84 名。第七届有泉籍港澳委员 3 名，其中常委 1 名；第八届有泉籍港澳委员 7 名，其中常委 1 名；第九届有泉籍港澳委员 20 名，其中常委 1 名；第十届有泉籍港澳委员 26 名，其中常委 2 名；第十一届有泉籍港澳委员 28 名，其中常委 2 名。

全国政协第七至第十一届港澳泉籍委员一览表

表 45-5-1

届　别	常委	委　　员
第七届（1988—1993 年）	黄克立	黄克立　梁披云　许东亮
第八届（1993—1998 年）	黄克立	黄克立　梁披云　施祥鹏　施子清　杨孙西　曾星如　施展熊
第九届（1998—2003 年）	黄克立	黄朝阳　黄克立　李　扬　梁仲虬　施祥鹏　施子清　施展熊　杨孙西　颜延龄　曾星如　周安达源　卢文端　洪清源　陈金烈　曾文仲　李群华　庄启程　洪祖杭　许明良　洪敬南
第十届（2003—2008 年）	黄光汉 杨孙西	黄光汉　洪祖杭　林树哲　卢文端　李群华　李　扬　施祥鹏　施展熊　施子清　许健康　颜延龄　杨孙西　庄启程　曾文仲　黄紫玉　邱维廉　许荣茂　李贤义　卢温胜　庄绍绥　张华峰　陈明金　洪敬南　王𦺁鸣　郭修圃　周安达源
第十一届（2008—2013 年）	杨孙西 洪祖杭	杨孙西　洪祖杭　施子清　施祥鹏　卢文端　颜延龄　林树哲　施展熊　黄朝阳　郭修圃　黄紫玉　曾文仲　李群华　庄启程　李　扬　许荣茂　李贤义　许健康　陈明金　卢温胜　庄绍绥　张华峰　邱维廉　陈成秀　王彬成　王𦺁鸣　洪敬南　周安达源

三、福建政协委员

1988 年，政协福建省第六届委员会增设港澳同胞界别。六届省政协有泉籍港澳委员 30 名，其中常委 4 名。

1993 年，政协福建省第七届委员会把侨联界中的海外华侨划出，与港澳同胞一起，组成“港澳同胞、华侨界”。1995 年 3 月 22 日，政协福建省七届十二次常委会会议决定，将澳门委员和华侨委员从“港澳同胞、华侨界”中划出，单独设立澳门同胞、香港同胞界别。七届省政协有泉籍港澳委员 68 名，其中常委 12 名。八届省政协有泉籍港澳委员 74 名，其中常委 14 名。

2003—2008 年，政协福建省第九届委员会根据中央统战部有关文件精神，不再单独设立香港界和澳门界别，改设特邀（二）界。九届省政协有泉籍港澳委员 83 名，其中常委 14 名。十届省政协有泉籍港澳委员 108 名，其中常委 14 名。

福建省政协泉籍港澳常委一览表

表 45-5-2

届　别	常委
第六届（1988—1993 年）	陈中群　黄涤岩　黄光汉　曾星如
第七届（1993—1998 年）	陈金烈　陈中群　黄涤岩　黄光汉　施祥鹏　施子清　许健康　颜延龄　杨孙西　曾星如　庄文才
第八届（1998—2003 年）	陈金烈　黄涤岩　梁仲虬　林树哲　卢温胜　施祥鹏　施子清　许健康　颜延龄　杨孙西　张明星　曾文仲　庄文才
第九届（2003—2008 年）	陈明金　何富强　李贤义　林树哲　卢温胜　邱季端　王彬成　许健康　许荣茂　颜纯炯　颜延龄　张明星　庄绍绥　庄文才
第十届（2008—2013 年）	陈明金　何富强　李贤义　林树哲　卢温胜　邱季端　王彬成　许荣茂　许健康　颜延龄　颜纯炯　张明星　庄绍绥　庄文才

四、泉州政协委员

1991—1996年，政协泉州市第七届委员会设港澳同胞、特别邀请人士界别，并增补四位委员。七届市政协有泉籍港澳委员24名，其中常委2名。

1996—2001年，政协泉州市第八届委员会改设香港同胞和澳门同胞、华侨以及特别邀请人士界别。八届市政协有泉籍港澳委员52名，其中常委7名。

2001—2013年，政协泉州市第九、十届委员会不再单独设置香港界别、澳门界别，改为设置特邀（二）界别，以进一步加强泉籍港澳委员队伍建设。九届市政协有泉籍港澳委员54名，其中常委7名。十届市政协有泉籍港澳委员67名，其中常委7名。

泉州市政协港澳委员和特别邀请人士常委一览表

表45-5-3

届别	常委
第七届（1991—1996年）	施子清　李鸠陵
第八届（1996—2001年）	黄达群　林经纬　林树哲　卢温胜　邱季端　王彬成　颜洪龄
第九届（2001—2007年）	李建超　林文侨　施世筑　王亚南　吴长谋　徐伟福　颜洪龄
第十届（2008—2013年）	陈明确　陈荣助　陈通贵　潘伟民　王亚南　吴长谋　姚加环

卷四十六 方言 民俗

泉州方言是闽南方言的一个次方言，隶属于汉语七大方言之一的闽语，历史上曾经是闽南方言的代表。闽南最早的地方戏剧种梨园戏以及南音至今仍以泉州音为标准音。 泉州方言的形成，跟晋人衣冠南渡、中唐及唐末五代十国时期中原人大批南下入闽有着密切的关系，所以泉州方言中至今还保留着古汉语语音、词汇的许多特点，犹如古汉语的“活化石”。泉州方言的使用范围覆盖泉州地区大部分，包括今天的鲤城、丰泽、洛江、泉港区部分、晋江、南安、石狮、惠安、安溪、永春、德化、金门和清濛科技工业区等县（市、区）。泉州方言由于各地发展不平衡，以及受厦门、漳州、漳平、大田、尤溪、莆仙等邻近方言的影响，内部也存在着差别，个别差别比较大，但大部分可以通话。

泉州民俗文化历史悠久，涵盖生活、生产、岁时、礼仪、民风，以及其他民俗。在历史长期的演化中，儒、道、释三家相互融合。泉州人对神祇的崇拜对象有名山大泽、宝刹寺院之神；有忠义勇为、护国保民之神；有生前为地方所敬重，死后被立祠纪念的乡贤名宦，以及祖宗、宗族神等。

第一章 方 言

第一节 语 音

一、声母

泉州方言共有 14 个声母，分别用 17 个符号表示：

P	P‘	b（m）	
边比备	普皮平	文某煤米妹	
t	t‘	l（n）	
地都重	他托彻	柳利日耐拿	
ts	ts‘		s
争齐之	出秋市		时四常
k	k‘	g（ŋ）	h
求公古	气靠琴	语牛雅	喜虎非
ø			
英员油			

说明：

1. 表中第一个例字是泉州地方韵书《汇音妙悟》的代表字。

2. 加符号的［m、n、ŋ］是［b、l、g］的音位变体。当［b、l、g］与鼻化韵相拼时，分别变成［m、n、

ŋ]，如“妈”[mã˥]、“年”[nĩ]、“雅”[ŋã˥]。由于[b、l、g]和[m、n、ŋ]这两组声母没有区别意义的作用，因此标音时不再区分，一律标为[b、l、g]。

3. [h]是一个喉清擦音，发音部位比正常位置稍前，但不是舌根清擦音[X]。

4. [ø]表示零声母。零声母出现的位置总是固定不变的，凡是在韵母前头没有其他声母的地方，都可以说有一个零声母，所以在实际标音时都把它省略掉。

二、韵母

泉州方言共有87个韵母：

		i	伊基米	u	有夫取
a	阿家饱	ia	爷爹社	ua	娃拖瓜
ɔ	乌姑祖				
o	蚝糕波	io	摇桥轿		
ə	祸过岁				
e	裔马家			ue	挨鸡杯
ɯ	余据次				
		iu	优九周	ui	胃规气
ai	哀该使				
au	凹交厚	iau	妖娇超		
m	姆媒梅	im	音林深		
am	庵三谈	iam	庵兼欠		
əm	欣森参				
		in	因品仁	un	温军存
an	安汉奸	ian	烟坚展	uan	弯选烦
ŋ	央糖床	iŋ	英升兴		
aŋ	翁江讲	iaŋ	甥响亮	uaŋ	风
ɔŋ	汪公封	iɔŋ	央恭疆		
		ĩ	婴天更		
ã	涵衫担	iã	营京城	uã	安寒官
ɔ̃	恶毛傲				
ẽ	妹奶				
		iũ	鸯娘羊	uĩ	闲梅关
ãi	唉乃耐			uãi	湾
		iãu	猫鸟蛲		
		ĩʔ	捏	uĩʔ	蜢
ãʔ	凹喝	iãʔ	赢		
ɔ̃ʔ	瘼				
ẽʔ	咩				
		iũʔ	懩		
ãiʔ	唉嗜			uãiʔ	挎
ãuʔ	嗷殼耆	iãuʔ	蛲		
		iʔ	踦铁滴	uʔ	[illegible]托浡

aʔ	盒 匣 百	iaʔ	页 削 壁	uaʔ	活 割 末
ɔʔ	呕				
oʔ	学 粕 薄	ioʔ	药 着 尺		
əʔ	呃 缺 月				
eʔ	秽麦 伯			ueʔ	狭 八 拔
ɯʔ	踋 渍				
auʔ	拗 笃 沓	iauʔ	娎 悄 嚼		
mʔ	吘默				
ŋʔ	嗯 物 蹭				
		iuʔ	搐 掬 溜	uiʔ	挖 血 刮
		ip	揖立急		
ap	压 答鸽	iap	叶接涩		
		it	乙蜜植	ut	郁骨佛
at	遏踢察	iat	谒结秩	uat	越活 发
ak	沃 学 角	iak	亿逼碧		
ɔk	屋国福	iɔk	欲曲育		

说明：

1. 表中的黑字为俗字。
2. [ə] 实际发音开口度较大，音值接近于 [ɣ]。
3. [m]、[ŋ] 可以单独作韵母。
4. [ən]、[ik]、[ət] 三韵只在戏曲中保存，在一般的口中几乎消失，故未列上。
5. 在拟声词中才有的韵母，如 [u]，不列上韵母表。
6. [ŋ] 韵和许多声母相拼时，中间往往有过渡音 [ə]，为简便起见实际音标略去。

三、声调

泉州方言有 7 个声调：

调类	调型	调值	例　　字
阴平	˧	33	高猪专尊低边安开抽初粗天偏婚伤三飞征
阳平	˨˦	24	穷陈床才唐平寒神徐扶鹅娘人龙涵文云
阴上	˥	55	古展纸走短比碗口丑楚草体普好手死粉五女染老暖买网有
阳上	˨	22	近柱是坐抱厚社父
去声	˦˩	41	盖帐醉对变爱抗唱菜怕汉世送放共阵助贱大病害树谢饭岸让漏怒帽望用
阴入	˥	5	急竹织积得笔一曲出七匹黑湿锡福割桌接搭百约尺切铁拍歇
阳入	˨˦	24	月入六纳麦袜药局宅食杂读白俗服

除上面 7 个声调外，还有一个轻声。轻声本身并不单独出现，它的调值常常随着前后的声调而变化，本书用 [·|] 来表示。

这里要说明一点，阴平、阴上、阳上的调型本应为 ˧$_{33}$、˥$_{33}$、˧、˨$_{22}$，为排版方便，本志一律排为 ˧、˥、˨。

四、变调

在泉州方言里，由两个或两个以上音节组成的词里，除了轻声音节、最末一个音节和表示语音停顿的音节以外，其他音节的声调常常要发生变调，其中最常见、最基本的变调是双音节组成的词的标调。

双音词变规律表

表 46-1-1

原调	阴平 33	阳平 24	阴上 55	阳上 22	去声 41		阴入 5		阳入 24
变调		22	24		55	22	收 ptk24	收 ʔ	22
词例	山西	涂骹	火星	厚衫	汉书	大猪	一心	铁钉	白金
	山场	涂猴	火炉	厚茶	汉人	大床	一人	铁锤	白旗
	山顶	涂粉	火海	厚酒	汉水	大饼	一统	铁板	白酒
	山下	涂下	火网	厚被	汉瓦	大病	一定	铁柱	白网
	山势	涂炭	火箭	厚布	汉字	大汉	一切	铁柄	白菜
	山隙	涂虱	火擦	厚癖	汉室	大竹	一色	铁笔	白菊
	山石	涂粒	火舌	厚袜	汉族	大石	一直	铁勺	白药

表中词例的后字一律不变调。从表中可以看出，泉州方言的阴平、阳上不发生变调；去声和阴入的变调比较特殊；凡属古清声母的去声变读为 [55]，凡属古浊声母的去声变读为 [22]；凡属 [p、t、k] 的阴入字变读为 [24]；凡收喉塞 [ʔ] 的阴入字一般不变调。

三个音节和三个音节以上的词，原则上是按双音节词的变调规律变化的。有两种特殊情况要注意：第一，后字如读轻声，前字则读原调；第二，单音形容词三叠时有独特的变调规律，一般地说，第一音都变为阳平，第二音按原来规律变调，第三音不变调，如“红红红”[aŋ ˨˦˨˦ aŋ ˨˦˧ aŋ ˨˦]，第一个“红”如按一般规律变调应变为 [22]，在这里则变为 [24]。这里需要指出一种例外现象：如果三叠的单音形容词是古清声母的去声字，其第一、第二音则都要变为阴上 [55]，如“正正正”[tsiã ˥˩˥ tsiã ˥˩˥ tsiã ˥˩]。

在泉州方言里，变调是一种司空见惯的现象，而且很有规律。为排版方便，本书词汇及成篇语料的标音一概按单字读音标出。

五、轻声

泉州方言的大部分轻声字都可以在另一种语法环境中读为原来的字调，如“年”[lĩ ˨˦]，在“前年”中读为轻声，在“今年”中则读原来字调 [24]。因此泉州方言的轻声也可以视为一种音变的现象。

泉州方言的轻声一般读为中轻，标为 [·˧]，有时由于语气的需要读为略高而轻的 [·˦]，或略低而轻的 [·˨]。

泉州方言的轻声一般都和语法地位有着密切的关系，常见的有下面几种：

1. 名词后缀。如：

林·氏 lim ˨˦ si·˧

陈·先 tan ˨˦ sian·˧

前·年 tsun ˨˦ lĩ·˧

八·日八号 pueʔ ˥ lit·˧

日·时白天 lit ˨˦ si·˧

印·兮印的　in˨ e˧
2. 动词后缀。如：
食·着吃过　tsiaʔ˨˦ tioʔ˧
徛·嘿站着　k'a˧ lə˧
去·喽去了　k'ɯ˨ lɔ˧
3. 人称代词宾语。如：
叫·我　kio˨ gua˧
叫·伊叫他　kio˨ i˧
叫·汝叫你　kio˨ lɯ˧
叫·伝叫我们　kio˨ gun˧
叫·亻因叫他们　kio˨ in˧
叫·恁叫你们　kio˨ lin˧
4. 述补结构中的动词补语。如：
揣·来拿来　tueʔ˨˦ lai˧
偷·去偷走　t'au˧ k'ɯ˧
必·开裂开　pit˥ k'ui˧
5. 疑问句末的否定词。如：
汝说·无？你说了没有　lɯ˥ səʔ˥ bo˧
伊卜来·呣？他要来吗　i˧ bəʔ˥ lai˨˦ m˧
批收着·未？信收到没有　p'ue˧ siu˧ tioʔ˧bə˧
伊会写字·烩？他会写字不会　i˧ e˧ sia˥ li˨ bue˧
6. 置于句末的助词。如：
书揣着·喽。书找到了　tsɯ˧ ts'ə˨ tioʔ˧lɔ˧
我捌伊·噢。我认识他啊　gua˥ pat˥i˧ɔ˧
汝想想·口累。你想想吧　lɯ˥ siũ˧ siũ˧ lə˧

在泉州方言里，念不念轻声，一般只有重点或语气上的不同，只有少数有区别意义的作用。如："八日"，如果"日"念轻声，读为[pueʔ˥ lit˧]，则是"八号那天"的意思；如果"日"不念轻声，读为[pueʔ˥ lit˨˦]，则是"八天"的意思。

六、音变

（一）合音

由于联合发音而引起的某些音节的合并。
二十一：li˧ tsap˨˦ it˥ > liap˨˦ it˥
三十一：sã˧ tsap˨˦ it˥ > sam˧ it˥
四十一：si˨ tsap˨˦ it˥ > siap˥ it˥
啥侬谁：siã˥ laŋ˨˦ > it˥ > siaŋ˨˦
家己侬自己人：ka˧ ki˨ laŋ˨˦ > kai˨ laŋ˨˦
相同：sa˧ taŋ˨˦ > saŋ˨˦
一角银一角钱：tsit˨˦ kak˥ gun˨˦ > tsit˨˦ kan˨˦
赶紧来赶快来：kuã˥ kin˥ lai˨˦ > kuãn˥ lai˨˦
来一下：lai˨˦ tsit˨˦ e˨ > lai˨˦ tse˧

（二）同化

语音上两个不相同或不相似的音连在一起说，而变为相同或相似的音。例如：

干贝：kam˧（<kan˧）pue˦˩

新妇媳妇：sim˧（<sin˧）pu˨

新闻：sim˧（<sin˧）bun˨˦

烦恼：huan˨˦ ho˥（<lo˥）

（三）异化

两个原来相同的音为避免雷同等原因，变成不相同的音。例如：

琵琶：k'i˨˦(<pi˨˦) pe˨˦

枇杷：k'i˨˦(<pi˨˦)pe˨˦

（四）增音

原有音节因受前后音素的影响而增加某个音。例如：

衣裳：in˧（<i˧）tsiũ˨˦

四界到处：siak˥（<si˦˩）kue˦˩

今仔日今天：kin˧ lã˥（<ã˥）lit˨˦

明仔日明天：bin˨˦ lã˥(<ã˥) lit˨˦

（五）减音

在连读时某个音素丢失。例如：

番薯地瓜：han˧（<huan˧）tsɯ˨˦

四百一：si˦˩ aʔ˥(<paʔ˥)it˥

七、文白异读

（一）特点

泉州方言的字音常有文白两读。文读称为读书音，白读称为说话音（日常口语里使用的音）。大体说来，白读音是由上古音（即汉语在《诗经》时代或造成汉字形声字的时代）直接演变而成。文读音则是唐末北方读书人移民到泉州时所带来的语音渗入泉州话以后演变出来的。泉州方言的文白异读有下面三个主要特点：

1. 文白异读通常出现在一定的词汇环境里，具有区别词汇意义的重要作用。因此，在具体的词汇里，文白两种读法大多数是固定的，不能任意变读。如“老”，在“父老”一词中固定读文读音 [lɔ̃˥]，不读白读音 [lau˨]。如果不这样读，把“父老”的“老”读为 [lau˨]，人们会觉得不伦不类，或听不懂。又如“伤寒”，文读 [siɔŋ˧ han˨˦] 是一种疾病的名称，白读 [siũ˧ kuã˨˦] 是“太冷”的意思，如果文白不分，则会让人误解语意。

2. 有文白异读的字不是个别的，而是普遍的，成规律的。因此，泉州方言的文白异读是非常丰富的。据统计，中国科学院语言研究所（现中国社会科学院语言研究所）编印的《方言调查字表》，收有 3000 多个单字，以闽南方言的代表点厦门来说，有文白对应关系的字就有 1000 多个，占总数的三分之一多。泉州方言文白读的情况，跟厦门差不多。如果用传统的类推法为标准来划分文白异读，还远不止这一些。像泉州方言存在这样普遍的文白异读的现象，在汉语诸方言中是不多见的。

3. 泉州方言的文白读广泛存在人们的口语之中。在最通俗的口语里，既有全用白读读出的词儿，还有半文半白的词儿。如“平安”[piŋ˨˦ an˧] 一词，全读文读；“年节”[lĩ˨˦ tsueʔ˥] 一词，全读白读；“公园”[kɔŋ˧ hŋ˨˦] 一词，前为文读，后为白读；“接接”[tsiʔ˥ tsiap˥] 一词，则前为白读，后为文读。

（二）类型

泉州方言文白对应的类型多种多样。从音节结构看，主要有六种不同的类型：

1. 韵母声调相同，声母不同。例如：

富（文）hu ˦˩ ～贵　　（白）pu ˦˩ ～起来
注（文）tsu ˦˩ ～意　　（白）tu ˦˩ 一～钱
呼（文）hɔ ˧ ～叫　　（白）k‘ɔ ˧ ～鸡

2. 声母声调相同，韵母不同。例如：

细（文）se ˦˩ ～致　　（白）sue ˦˩ 大～
指（文）tsi ˥ ～示　　（白）tsuĩ ˥ 尾～仔（小拇指）
淹（文）iam ˧ ～没　　（白）im ˧ ～水

3. 声调相同，声母韵母不同。例如：

贩（文）huan ˦˩ 商～　　（白）p‘uã ˦˩ ～货
行（文）hiŋ ˨˦ ～动　　（白）kiã ˨˦ ～路
转（文）tsuaŋ ˥ 旋～　　（白）tŋ ˥ ～大（发育）

4. 声母相同，韵母声调不同。例如：

老（文）lɔ̃ ˥ 父～　　（白）lau ˧ ～母
两（文）liɔŋ ˥ ～全　　（白）lŋ ˧ ～边
有（文）iu ˥ 所～　　（白）u ˧ ～心

5. 声母韵母相同，声调不同。例如：

腐（文）hu ˥ ～败　　（白）hu ˦˩ 豆～
卤（文）lɔ ˥ ～味　　（白）lɔ ˧ 盐～

6. 声韵调都不同。例如：

耳（文）lĩ ˥ ～机　　（白）hi ˧ ～仔（耳朵）
雨（文）u ˥ ～水　　（白）hɔ ˧ 落～
远（文）uan ˥ ～足　　（白）hŋ ˧ ～路

以上六种，前三种类型较为常见。四、五两种类型少见。最后一种类型变化最大。

八、语音特点

泉州话跟北京话比较，在语音上有下面一些主要特点：

1. 北京话 [n-]、[l-]、[ʐ-] 三个声母，泉州话不分，都可读为 [l-]。例如：女 [lɯ˥]、林 [lim ˨˦]、染 [lĩ˥]。

2. 泉州话没有 [f-] 声母、北京话 [f-] 声母的字（古非敷奉母），泉州话多读为 [h-] 声母。例如：夫 [hu ˧]、付 [hu ˦˩]、父 [hu ˧]。清代学者钱大昕说“古无轻唇音”，在泉州话中得到了印证，同时也是泉州话保留上古音遗迹的一个重要证据。

3. 北京话有平舌音 [ts-]、[ts‘-]、[s-] 和翘舌音 [tʂ-]、[tʂ‘-]、[ʂ-] 两套声母，而泉州话只有平舌音声母而没有翘舌音声母。北京话读 [tʂ-]、[tʂ‘-] 声母里的一部分字（古知彻澄母），在泉州话的口音里读为 [t-]、[t‘-] 声母。例如：中 [tiɔŋ ˧]、池 [ti ˨˦]、耻 [t‘i ˥]。钱大昕说“古无舌上音”在泉州话中也得到了印证，并为泉州话保留上古音遗迹又提供一个重要的证据。

4. 北京话有 [tɕ-]、[tɕ‘-]、[ɕ-] 这套声母，泉州话没有。北京话这套声母的字，泉州话分读 [ts-]、[ts‘-]、[s-]（古精清从心邪母）和 [k-]、[k‘-]、[h-] 声母（古见溪群晓匣母）。例如：精 [tsiŋ ˧]、清 [ts‘iŋ ˧]、星 [siŋ ˧]、经 [kiŋ ˧]、卿 [k‘iŋ ˧]、兴 [hiŋ ˧]。

5. 北京话零声母有一部分字（古云母——喻三）在泉州话可读 [h-] 声母（与中古匣母同）。例如：雨 [hɔ ˧]、云 [hun ˨˦]。这保存了“喻三归匣”的上古音特点。

6. 北京话零声母有一部分字（古似母）泉州话口语里读 [ts-]、[ts‘-]、[s-] 声母。例如：痒 [tsiũ ˧]、榕 [ts‘iŋ ˨˦]、盐 [sĩ ˥˩]。这一语音现象为汉语语音史的研究提供了宝贵的材料。

7. 北京话擦音声母 [s-]、[ʂ-]、[ɕ-] 的一部分字（古心邪生船书禅母）泉州话口语音可读塞擦音声母 [ts-]、[ts‘-]。例如：笑 [ts‘io ˥˩]、饲 [ts‘i ˥˩]、星 [ts‘ĩ ˧]、蛇 [tsua ˨˦]、少 [tsio ˥]、石 [tsioʔ ˨˦]。这一语音现象同样为汉语语音史的研究提供了宝贵的材料。

8. 北京话擦音声母 [h-]、[ɕ-] 的一部分字（古晓匣母）泉州话口语音可读 [k-]、[k‘-] 声母。例如：呼 [k‘ɔ ˧]、许 [k‘ɔ ˥]、寒 [kuã ˨˦]、厚 [kau ˧]。另有一部分字（古匣母）泉州话的语音里读零声母。例如：鞋 [ue ˨˦]、黄 [ŋ˨˦]、狭 [ueʔ ˨˦]。这在其他方言中是罕见的。

9. 中古全浊声母的字，今北京音和泉州话都清化。北京话清化的规律是：古全浊声母平声字读送气音、仄声字读不送气音。泉州话的清化规律是：古全浊声母多数字清化后不送气音，但也有相当一部分字读送气音，有些字甚至有不送气音和送气音两读的现象。例如，北京话的“婆 [p‘ɔ ˨˦]、头 [t‘ɔu ˨˦]、齐 [tɕ‘i ˨˦]；病 [piŋ ˥˩]、柱 [tʂu ˥˩]；桃 [t‘au ˨˦]、成 [tʂ‘əŋ ˨˦]”，泉州话分读为 [pɔ ˨˦]、[t‘au ˨˦]、[tʂue ˨˦]；[pĩ ˥˩]、[t‘iau ˧]；[t‘o ˨˦]、[ʂiŋ ˨˦]/[ts‘iã ˨˦]。

10. 北京话没有浊音声母 [b-]、[g-]，而泉州话有。泉州话读 [b-]、[g-] 声母的，北京话分读 [m-]、[n-] 和零声母。例如，泉州话的“眉 [bi ˨˦]、牛 [gu ˨˦]、迎 [giŋ ˨˦]”，北京话分读为 [mei ˧˥]、[niu ˧˥]、[iŋ ˧˥]。

11. 北京话有撮口呼，泉州话没有。北京话读撮口呼的字，泉州话分读为合口呼、齐齿呼和开口呼。例如，北京话的“军 [tɕyn ˥]、玉 [y ˥˩]、雪 [ɕye ˨˩˦]、去 [tɕ‘y ˥˩]”，泉州话分读为 [kun ˧]、[giɔk ˨˦]、[səʔ ˥]、[k‘ɯ ˥˩]。

12. 北京话只有 [-n]、[-ŋ] 两套鼻音韵尾，泉州话多了一套 [-m] 韵尾。北京话 [-n] 韵尾的一部分字（古深咸两摄阳声韵），泉州话读 [-m] 韵尾。例如，北京话的“林 [lin ˨˦]、阴 [in ˥]、严 [ian ˨˦]、减 [tɕian ˨˩˦]”，泉州话分读为 [lim ˨˦]、[im ˧]、[giam ˨˦]、[kiam ˥]。

13. 北京话没有 [ɯ-] 韵母，泉州话有。北京话读舌面韵母 [-u]、[-y] 和舌尖韵母 [-sɿ]、[-ʅ] 的（古遇止两摄的部分字），泉州话读为 [-ɯ]。例如泉州话的“猪 [tʂu ˥]、矩 [tɕy ˨˩˦]、斯 [sɿ ˥]、士 [ʂʅ ˥˩]”，泉州话分读为 [tɯ ˧]、[kɯ ˥]、[sɯ ˧]、[sɯ ˧]。

14. 北京话没有入声韵母，泉州话有入声韵母，甚至有鼻化入声韵母，入声韵母有 [-p]、[-t]、[-k]、[-ʔ] 四套，例如：压 [ap ˥]、力 [lat ˨˦]、国 [kɔk ˥]、鸭 [aʔ ˥]、物 [bŋʔ ˨˦]、合 [hãʔ ˨˦]。

15. 北京话没有鼻化韵，泉州话的鼻化韵相当丰富。例如：胆 [tã ˥]、山 [suã˧]、火 [hɔ̃˥]、且 [ts‘iã˥]、捏 [lĩʔ ˨˦]、闪 [sĩʔ ˥]。

16. 北京话有阴平、阳平、上声、去声四个声调，没有入声声调，而泉州话有阴平、阳平、阴上、阳上、去声、阴入、阳入七个声调，有入声声调。

泉州话声调和中古汉语清浊音、声调的对应关系大致如下表。表中的黑体字泉州话文读归阴上，白读归阳上。

泉州话与中古浅话声调对应表

表 46–1–2

泉州声调	例	古清浊	中古声调
阴平	高猪专尊低边安开抽初粗天偏婚伤三飞	清	平声
阳平	穷陈床长唐平寒神徐扶	全浊	
	鹅娘人龙难麻文云	次浊	

续表 46-1-2

泉州声调	例	古清浊	中古声调
阴上	古展纸走短比碗口丑楚草体普好手死粉	清	上声
	五老网有女染暖买	全浊	
阳上	近柱是坐抱厚社似父	次浊	
去声	盖帐正醉对变爱抗唱菜怕汉世送放	清	去声
	共阵助贱大病害树谢饭	全浊	
	岸让漏怒帽望用	次浊	
阴入	急竹织积得笔一曲出七匹黑湿锡福割桌窄接搭百约缺尺切铁拍歇说削发	清	入声
阳入	月入六纳麦袜药	全浊	
	局宅食杂读白合舌俗服	次浊	

第二节　词　汇

一、分类词录

本词录收词两千余条，按意义大致分为25类排列。在收词时，尽量多收一些富有地方色彩的词语。有些词语现在已几乎不用或少用了，有些词语反映的事物不太健康，有的词语不太文雅，但为了保存泉州方言的材料，本词录还是把这些词收进来。

每条词语先列汉字后标读音，与普通话差别比较大的词在音标后作简要的注释，有些条目还举出用例。意义大体相同的词排在一起，第一条顶格排，第二条另行退一格排列。

泉州方言用字相当复杂，有些常用字的写法至今尚有争议，如“人”，是写“农”，还是写“侬”；“房子”，是写“厝”，还是写“康”，仁者见仁，智者见智。这样复杂的问题，要在本志中得到解决，是不客观的。因此本志不着重考求本字，有时用俗字，写不出的声韵调组合用同音字或方框“口”代替。

（一）天文

日头 lit˨˦t‘au˨˦ 太阳

日 lit˨˦

月 gəʔ˨˦

月娘 gəʔ˨˦ liũ˨˦ 月亮

月眉 gəʔ˨˦ bai˨˦ 新月

日失 lit˨˦ sit˥ 日食

月失 gəʔ˨˦ sit 月食

红霞 aŋ˨˦ he˨˦ 彩霞

河溪 o˨˦ k‘ue˧ 银河

星 ts‘ĩ˧ 星星

扫帚星 sau˧˩ ts‘iu˥ ts‘ĩ˧ 彗星

泄屎星 ts‘uaʔ˥ sai˥ ts‘ĩ˧ 流星

天 t‘ĩ˧ ①天②天气：昨日天诚好（昨天天气很好）

云 hun˨˦

好天 ho˥ t‘ĩ˧ 晴天

否天 p‘ai˥ t‘ĩ˧ 天气不好

乌阴天 ɔ˧ im˧ t‘˧ 阴天

瞋雷 tan˨˦ lui˨˦ 打雷

叱爁 ts‘ĩʔ˥ lã˧˩ 闪电

雷瞋叱光 lui˨˦ tan˨˦ ts‘iʔ˥ kŋ˧ 雷鸣电闪

落雨 loʔ˨˦ hɔ˧ 下雨

雨来 hɔ˧ lia˨˦

雨仔 hɔ˧ ã˥ 小雨

雨微仔 hɔ˧ bə˧ ã˥ 毛毛雨

西北雨 sai˧ pak˥ hɔ˧ 雷阵雨

走山掖 tsau˥ suã˧ ia˧˩ 阵雨

檐头流 tsĩ˨˦ t‘au˨˦ lau˨˦ 大雨时屋檐下形成的水柱

共 k‘iŋ˧ 彩虹

罩雾 tau˧˩ bu˧˩ 雾气笼罩

落霜 loʔ˨˦ sŋ˧ 下霜

烊霜 iũ˨˦ sŋ˧ 化霜

冰 piŋ˧

烧风 sio˧ huaŋ˧ 热风

细风 sue ˥˩ huaŋ ˧ 微风
风台 huaŋ ˧ t‘ai ˧ 台风
趖螺风 səʔ ˧˥ lə ˧˥ huaŋ ˧ 旋风
出水淋 tsut ˥ tsui ˥ lam ˥ 返潮
苦旱 k‘ɔ ˥ u ã ˧ 干旱

（二）地理

乡里 hi ũ ˧ li ˥ 家乡、乡村
街路 kue ˧ lɔ ˥˩ 街道
街市 kue ˧ ts‘i ˧ 市镇
塍园 ts‘an ˧˥ hŋ ˧˥ 田地
塍洋 ts‘an ˧˥ iũ ˧˥ 平坦而大片的水田
塍头角尾 ts‘an ˧˥ t‘au ˧˥ kak ˥ bə ˥ 田边地角
水塍 tsui ˥ ts‘an ˧˥ 水田
澹塍 tam ˧˥ ts‘an ˧˥
深塍 ts‘im ˧ ts‘an ˧˥ 烂泥田
凋塍 ta ˧ ts‘an ˧˥ 旱田
旱塍 u ã ˧ ts‘an ˧˥
乌涂 ɔ ˧ t‘ɔ ˧˥ 黑土
赤涂 ts‘ia ˥ t‘ɔ ˧˥ 红土
红涂 aŋ ˧˥t‘ɔ ˧˥
涂团 t‘ɔ ˧˥t‘ŋʔ ˧˥ 土块
塍涂糜 ts‘an ˧˥t‘ɔ ˧˥ bə ˧˥ 烂泥巴
涂糜 t‘ɔ ˧˥ bə ˧˥
涂粉 t‘ɔ ˧˥ hun ˥ 尘土
塍岸 ts‘an ˧˥ hu ã ˥˩ 田埂
涂骹底 t‘ɔ ˧˥ k‘a ˧ tue ˥ 地底下
涂骹 t‘ɔ ˧˥ k‘a ˧ 地板：扫～～
涂陷 t‘ɔ ˧˥ ham ˥˩ 地洞
大水 tua ˥˩ tsui ˥ 洪水
滚蛟龙 kun ˥ kau ˧ liŋ ˧˥ 山洪
水泉 tsui ˥tsu ã˧˥ 泉水
泉水 tsu ã˧˥ tsui ˥
井水 ts ĩ ˥ tsui ˥
大溪 tua ˥˩ k‘ue ˧ 大河
溪仔 k‘ue ˧ ã ˥ 小溪
沟仔 kau ˧ ã ˥ 小水沟
水圳 tsui ˥ tsun ˥˩ 水渠
涵腔 am ˧˥ k‘aŋ ˧ 涵洞
古井 kɔ ˥ts ĩ ˥ 水井
水井 tsui ˥ ts ˥
水泉腔 tsui ˥ tsuã˧˥ k‘aŋ ˧ 泉眼
池 ti ˧˥ 池塘

水窟 tsui ˥ k‘ut ˥ 水坑
海舷 hai ˥ k ĩ ˧˥ 海边
草埔 ts‘au ˥ pɔ̃ ˧ 草地
大山 tua ˥˩ su ã ˧
山仔 su ã ˧ ã ˥ 小山包
山骹 su ã ˧ k‘a ˧ 山脚下
山面 su ã ˧ bin ˥˩ 山表
山头麓谷 su ã ˧t‘au ˧˥ lɔk ˧˥ kɔk ˥ 山巅
青草石 ts‘ĩ ˧ ts‘au ˥ tsioʔ ˧˥ 青岗岩
石石 siaʔ ˧˥ tsioʔ ˧˥ 大理石
大石 tua ˥˩ tsioʔ ˧˥ 大石头
细石 sue ˥˩ tsioʔ ˧˥ 小石头
石仔 tsioʔ ˧˥ ã ˥
石枋 tsioʔ ˧˥ paŋ ˧ 石板
幼沙 iu ˥˩ sua ˧ 细沙
沙母 sua ˧ bu ˥ 粗沙
小路 sio ˥ lɔ ˥˩
路仔 lɔ ˥˩ã ˥
骹栈 k‘a ˧ tsan ˥˩ 台阶
霸灰 pa ˥˩ hə ˧ 水泥
乌灰 ɔ ˧ hə ˧
柴炭 ts‘a ˧˥ t‘u ã ˥˩ 木炭
火炭 hə ˥ t‘u ã ˥˩
火灰 hə ˥ hu ˧ 草木灰

（三）时令时间

今年 kin ˧ l ĩ ˧˥
旧年 ku ˥˩ l ĩ ˧˥ 去年
前年 tsun ˧˥ l ĩ ˧
逊前年 sun ˥˩ tsun ˧˥ l ĩ ˧ 大前年
往过 ɔŋ ˥ kə ˥˩ 往时
顶年 tiŋ ˥ l ĩ ˧˥ 往年
古早 kɔ ˥ tsa ˥ 古时候
顶摆 tiŋ ˥ pai ˥ 上次
新年 sin ˧ l ĩ ˧˥ 明年
后年 au ˧ l ĩ ˧˥
逐年 tak ˧˥ l ĩ ˧˥ 每年
归年 kui ˧ l ĩ ˧˥ 整年
成年 tsi ˧˥ l ĩ ˧˥ 年把
月头 gəʔ ˧˥ t‘au ˧˥ 月初
月初 gəʔ ˧˥ ts‘ɔ ˧
中旬 tiɔŋ ˧ sun ˧˥
月尾 gəʔ ˧˥ bə ˥ 月底

月底　gəʔ˨˦ tue˥
大月　tua˨˩gəʔ˨˦ 大建
细月　sue˨˩ gəʔ˨˦ 小建
个外月 ko˨˩ gua˨˩ gəʔ˨˦ 一个多月
今仔　kin˧ lã˨˦ 今天
明仔　bin˨˦ lã˨˦ 明天
后日　au˧ lit˨ 后天
落后日　loʔ˨˦ au˧ lit˨ 大后天
昨日　tsaʔ˨˦ lit˨˦ 昨天
昨日　tsoʔ˨˦ lit˨ 前天
礼外拜　le˥ gua˨˩ pai˨˩ 一个多星期
十外日　tsap˨˦gua˨˩ lit˨˦ 十多天
天光　t'ĩ˧ kŋ˧ 天亮
天光早　t'ĩ˧ kŋ˧ tsa˥ 清晨
透早　t'au˨˩ tsa˥ 一大早
早起　tsa˥ k'i˥ 上午
日昼　lit˨˦ tau˨˩ 中午
下昼　e˧ tau˨˩
暗晡　am˨˩ pɔ˧ 下午
下晡　e˧ pɔ˧
卜暗仔　bəʔ˥ am˨˩ ã˥ 傍晚
暗头　am˨˩ t'au˨˦ 入夜
日时　lit˨˦si˨ 白天
暗暝　am˨˩ bĩ˨˦ 晚上
暝时　bĩ˨˦ si˨ 夜里
半暝　puã˨˩ bĩ˨˦ 半夜
顶半暝　tiŋ˥ puã˨˩ bĩ˨˦ 上半夜
下半暝　e˧ puã˨˩ bĩ˨˦ 下半夜
归暗暝　kui˧ am˨˩ bĩ˨˦ 整夜
归暗　kui˧ am˨˩
归日　kui˧ lit˨˦ 整天
礼拜日　le˥ pai˨˩ lit˨˦ 星期天
拜日　pai˨˩ lit˨˦
现时　hian˨˩ si˨˦ 现在
即阵　tsit˥ tsun˨˩ 这时
即邦　tsit˥ paŋ˧ 这次
迄阵　hit˥ tsun˨˩ 那时
迄邦　hit˥ paŋ˧ 那次
偌久　lua˧ ku˥ 多少时候
野久　ia˥ ku˥ 很久
一下仔　tsit˨˦ e˨˩ ã˥ 一下子，一会儿
一阵仔　tsit˨˦ tsun˨˩ ã˥
一丝仔久　tsit˨˦ si˧ ã˥ ku˥
一世侬　tsit˨˦ si˨˩ laŋ˨˦ 一辈子
年头　lĩ˨˦ t'au˨˦ 年初
年尾　lĩ˨˦ bə˥ 年底
年兜　lĩ˨˦ tau˧ 春节前夕
年兜暗　lĩ˨˦ tau˧ am˨˩ 除夕
四交五月　si˨˩ kau˥ gɔ˧ gəʔ˨˦ 青黄不接的四五月间
五月节　gɔ˧ gəʔ˨˦ tsueʔ˥ 端午节
春天　ts'un˧t'ĩ˧
夏天　he˨˩ t'ĩ˧
热天　luaʔ˨˦ t'ĩ˧
热侬　luaʔ˨˦ laŋ˨
秋天　ts'iu˧ t'ĩ˧
冬天　taŋ˧ t'ĩ˧
寒天　kuã˨˦ t'ĩ˧
寒侬　kuã˨˦ laŋ˨
立春　lip˨˦ ts'un˧
雨水　u˥ sui˥
惊蛰　kiŋ˧ tiak˨˦
春分　ts'un˧ hun˧
清明　ts'uĩ˧ biã˨˦
谷雨　kɔk˥ u˥
立夏　lip˨˦ he˨˩
小满　siau˥ buan˥
芒种　bɔŋ˨˦ tsiŋ˥
夏至　hə˨˩ tsi˨˩
小暑　siau˥ sɯ˥
大暑　tai˨˩ sɯ˥
立秋　lip˨˦ ts'iu˧
处暑　ts'ɯ˥ sɯ˥
白露　peʔ˨˦ lɔ˨˩
秋分　ts'iu˧ hun˧
寒露　han˨˦ lɔ˨˩
霜降　sŋ˧ kaŋ˨˩
立冬　lip˨˦ taŋ˨˩
小雪　siau˥ suat˥
大雪　tai˨˩ suat˥
冬至　tɔŋ˧ tsi˨˩
冬节　taŋ˧ tsueʔ˥
小寒　siau˥ han˨˦
大寒　tai˨˩ han˨˦

（四）工农 商贸 交通

煤矿 buĩ˨˦ k‘ɔŋ˧˩˧
铁矿 t‘iʔ˥ k‘ɔŋ˧˩˧
开矿 k‘ui˧ f k‘ɔŋ˧˩˧
拍铁 p‘aʔ˥ t‘iʔ˥
拍铁兮 p‘aʔ˥ t‘iʔ˥ e·˧ 铁匠
补鞋兮 pɔ˥ ue˨˦ e·˧ 鞋匠
柴师 ts‘a˨˦ sai˧ 木匠
作木兮 tsoʔ˥ bak˨˦ e·˧
条柴 liau˨˦ ts‘a˨˦ 把原木锯成板材
锯仔 kɯ˧˩˧ ã˥ 小锯子
幼锯 iu˧˩˧ kɯ˧˩˧ 细齿的锯子
剷刀 t‘ue˧ to˧ 刨子
斧头 pɔ˥ t‘au˨˦
锯屑 kɯ˧˩˧ sut˥ 锯末
柴拜 ts‘a˨˦ p‘ə˧˩˧ 斧子劈下的碎木
柴拜花 ts‘a˨˦ p‘ə˧˩˧ hue˧ 刨花
破篾 p‘ua˧˩˧ biʔ˨˦ 破篾条
篾皮 biʔ˨˦ p‘ə˨˦ 竹青
篾瓤 biʔ˨˦ lŋ˨˦ 篾黄
鞋楦 ue˨˦ sŋ˧ 楦头
鞋替 ue˨˦ t‘ueʔ˥ 鞋垫
钉锤 tan˧ t‘ui˨˦ 锤子
牵风柜 k‘an˧ huaŋ˧ kui˧˩˧ 拉风箱
作面线 tsoʔ˥ bĩ˧˩˧ suã˧˩˧ 制作面线
摊面 luã˥ bĩ˧˩˧ 和面
牵面线 k‘an˧ bĩ˧˩˧ sua˧˩˧ 拉面线
作塍 tsoʔ˥ ts‘an˨˦ 种田
抾粪 k‘ioʔ˥ pun˧˩˧ 拾粪
车水 ts‘ia˧ tsui˥
戽水 hɔ˧˩˧ tsui˥
播塍 pɔ˧˩˧ ts‘an˨˦ 插秧
掖秧 ia˧ ˧ 撒种
壅肥 iŋ˧˩˧ pui˨˦ 上肥
沃水 ak˥ tsui˥ 浇水
落肥 loʔ˨˦ pui˨˦ 施肥
熏塍 hun˧ ts‘an˨˦ 烧草熏田的土，以增加地里的热力和肥力
薅草 k‘au˧ ts‘an˥ 耙草
割秞 kuaʔ˥ tiu˧ 割稻
攵麦 ha˨˦ beʔ˨˦ 捆麦子
捒秞 sak˥ tiu˧ 打稻子
拍粟 p‘aʔ˥ ts‘iak˥
曝粟 p‘ak˨˦ ts‘iak˥ 晒谷子
挽麦 ban˥ beʔ˨˦ 拔麦子
挨米 ue˧ bi˥ 砻谷
绞米 ka˥ bi˥ 碾米
舂粞 ts‘iŋ˧ ts‘ue˧˩˧ 捣米成粉
锲仔 kueʔ˥ ã˥ 镰刀
柴锲 ts‘a˨˦ kueʔ˥ 砍柴刀
乡扫 hiũ˧ sue˧˩˧ 扒落叶、枯草和谷物的筢子
锄锥 tɯ˨˦ tsui˧ 山锄
双头锥 saŋ˧ t‘au˨˦ tsui˧ 十字镐
粟桶 ts‘iak˥ t‘aŋ˥ 打稻子用的大木桶
钩索 kau˧ soʔ˥ 捆柴草用的、带钩的绳子
曝粟埕 p‘ak˨˦ ts‘iak˥ tiã˨˦ 晒谷场
斗笼 tau˥ laŋ˥ 盛谷用的大竹篮
畚箕 pun˧˩˧ ki˧
扁担 pin˧ tã˧
风鼓 huaŋ˧ kɔ˥ 扇车（扬谷的农具）
柴樫 ts‘a˨˦ k‘it˨˦ 木桩木钉
屎礐 sai˥ hak˨˦ 厕所
屎缸 sai˥ kŋ˧ 粪缸
牛屎篮 gu˨˦ sai˥ lã˨˦ 粪筐
粗桶 ts‘o˧ t‘aŋ˥ 粪桶
粗桸 ts‘o˧ hia˧ 粪勺
瓮壶 aŋ˧˩˧ ɔ˨˦ 童用便器
夜壶 ia˧˩˧ hɔ˨˦ 尿壶
牛喙笼 gu˨˦ ts‘ui˧˩˧ laŋ˥ 笼喙
牛贯鼻 gu˨˦ kŋ˧˩˧ p‘i˧˩˧ 穿过牛鼻的铜环
涂砻 t‘ɔ˨˦ laŋ˨˦ 砻谷的农具
砻钩 laŋ˨˦ kau˧ 砻上的长把手
牛牢 gu˨˦ tiau˨˦ 牛栏
猪牢 tɯ˧ tiau˨˦ 竹篮
鸡岫 kue˧ siu˧˩˧ 鸡窝
做生理 tsue˧˩˧ sŋ˧ li˥ 做生意
字号 li˧˩˧ ho˧˩˧ 牌号
开店 k‘ui˧ tuĩ˧˩˧ （tiam˧˩˧） 开铺子
布郊 pɔ˧˩˧ kau˧ 布店、布行
店仔 tuĩ˧˩˧ ã˥ 小铺子
租厝 tsɔ˧ ts‘u˧˩˧ 租房
点货 tiam˥ hə˧˩˧ 清点货物
头家 t‘au˨˦ ke˧ 老板
伙计 hə˥ ki˧˩˧ 店员
贩仔 huan˧˩˧ ã˥ 小贩

趁钱 t‘an˨˩ tsĩ˨˦ 挣钱
了本 liau˥ pŋ˥ 亏本
蚀本 sip˨˦ pŋ˥
收账 siu˧ siau˨˩ 讨账
讨钱 t‘o˥ tsĩ˨˦
欠钱 k‘iam˨˩ tsĩ˨˦
大秤 tua˨˩ ts‘in˨˩
秤仔 ts‘in˨˩ ã˥ 小秤
厘戥 li˨˦ tiŋ˥ 戥子
磅 pɔŋ˧ ①磅秤（名词）。②磅（动词）
纸字 tsua˥ li˨˩ 纸币
金仔 kim˧ ã˥ 金子
黄金 ŋ˨˦ kim˧
正金 tsiã˨˩ kim˧ 真金
铜镭 taŋ˨˦ lui˧ 铜元
铜涧 taŋ˨˦ kua˧ 铜元
大银 tua˨˩ gun˨˦ 银元
银角仔 gun˨˦ kak˥ ã˥ 银质辅币
裁缝店 ts‘ai˨˦ hɔŋ˨˦ tuĩ˨˩ （tiam˨˩）
沙皮店 sua˧ p‘ə˨˦ tuĩ˨˩ 杂货店
酱料店 tsiũ˨˩ liau˨˩ tuĩ˨˩
点心店 tiam˥ sim˧ tuĩ˨˩
典当 tian˥ tŋ˨˩ 当铺
剃头店 t‘iʔ˥ t‘au˨˦ tuĩ˨˩ 理发店
讲价 kaŋ˥ ke˨˩ 讨价还价
起价 k‘i˥ ke˨˩ 涨价
落价 loʔ˨˦ ke˨˩ 跌价
赊 sia˧
散钱 suã˥ tsĩ˨˦ 零钱
巴刹 pa˧ sat˥ 市场
五骹架 gɔ˧ k‘a˧ ke˨˩ 骑楼式走廊
花仔布 hue˧ ã˥ pɔ˨˩ 花布
车仔 ts‘ia˧ ã˥ 缝纫机
马绢 bã˥ kin˨˩
针车 tsam˧ ts‘ia˧
经布 kĩ˧ pɔ˨˩ 织布
布碎 pɔ˨˩ ts‘ui˨˩ 碎布
剪布 lian˥ pɔ˨˩ 买布
石桥 tsioʔ˨˦ kio˨˦
圆拱桥 uan˨˦ kɔŋ˧ kio˨˦ 拱桥
桥仔 kio˨˦ ã˥ 小桥
竹排 tiak˥ pai˨˦

火船 hə˥ tsun˨˦ 汽船、轮船
轮船 lun˨˦ tsun˨˦
帆船 p‘aŋ˨˦ tsun˨˦
柴船 ts‘a˨˦ tsun˨˦ 木船
大车 tua˨˩ ts‘ia˧ 汽船
汽车 k‘i˨˩ ts‘ia˧
骹踏车 k‘a˧ taʔ˨˦ ts‘ia˧ 自行车
噗噗车 p‘ɔk˨˦ p‘ɔk˨˦ ts‘ia˧ 摩托车
摩托车 bɔ̃˨˦ t‘ɔk˥ ts‘ia˧
火车 hə˥ ts‘ia˧
飞机 hui˧ ki˧
三轮车 sã˧ lun˨˦ ts‘ia˧
拖拉机 t‘ua˧ la˧ ki˧
船老舦 tsun˨˦ lau˥ tai˨˩ 舵手
舦公 tai˨˩ kɔŋ˧
驾驶员 ka˨˩ sɯ˥ uan˨˦
司机 sɯ˧ ki˧
行车 kiã˨˦ ts‘ia˧ 开车
开车 k‘ui˧ ts‘ia˧
搭渡 taʔ˥ tɔ˨˩ 摆渡
做脚 tsue˨˩ kioʔ˥ 当脚夫
搬运 puã˧ un˨˩
出门 ts‘ut˥ bŋ˨˦ 外出
所费 sɔ˥ hui˨˩ 费用

（五）动物

鸡母 kue˧ bu˥ 母鸡
鸡角 kue˧ kak˥ 公鸡
鸡仔 kue˧ ã˥ 小鸡
鸡梿 kue˧ luã˨˩ 小母鸡
鸭母 aʔ˥ bu˥ 母鸭
鸭角 aʔ˥ kak˥ 公鸭
番鸭 huan˧ aʔ˥ 鸭子的一种品种
兔角 t‘ɔ˨˩ kak˥ 公兔
兔母 t‘ɔ˨˩ bu˥ 母兔
竹鼠 tiak˥ ts‘ɯ˥ 涂兔子
猪公 tɯ˧ kaŋ˧ 公猪
猪哥 tɯ˧ ko˧ 配种的公猪
猪母 tɯ˧ bu˥ 母猪
猪仔 tɯ˧ ã˥ 小猪
牛母 gu˨˦ bu˥ 母牛
牛犅 gu˨˦ kaŋ˥ 公牛
赤牛 tsiaʔ˥ gu˨˦ 黄牛

水牛 sui˥ gu˩˧

狗母 kau˥ bu˥母狗

狗公 kau˥ kaŋ˧公狗

狗仔 kau˥ ã˥小狗

痟狗 siau˥ kau˥疯狗

狂狗 kɔŋ˩˧ kau˥

带鱼 tua˥ hɯ˩˧

澳鱼 oʔ˥ hɯ˩˧

墨鱼 bak˩˧ hɯ˩˧乌贼

黄花鱼 ŋ˩˧ hue˧ hɯ˩˧

巴郎鱼 pa˧ laŋ˧ hɯ˩˧

柔鱼 liu˩˧ hɯ˩˧鱿鱼

鳗鱼 buã˩˧ hɯ˩˧

鲫鱼 tsit˥ hɯ˩˧

草鱼 ts'au˥ hɯ˩˧

鳝鱼 sian˥˩˧ hɯ˩˧

涂萨 t'ɔ˩˧ sat˥鲶鱼

涂鳅 t'ɔ˩˧ liu˧泥鳅

对虾 tui˥˩ he˩˧

龙虾 liŋ˩˧ he˩˧

虾米 he˩˧ bi˥虾仁干

虾皋 he˩˧ pi˧虾皮

海参 hai˥ səm˧

蚝 o˩˧牡蛎

蚝干 o˩˧ kuã˧牡蛎干

蛏 t'an˧

蛏干 t'an˧ kuã˧

蛇 t'e˥˩水母

海蛇 hai˥ t'e˥˩

蟳 tsim˩˧青蟹

毛蟹 hŋ˩˧ hue˧

蠘 ts'iʔ˩˧梭子蟹

爪 tsiau˥鸟儿

老鹞 la˧ hioʔ˩˧老鹰

猫头鹰 liãu˧ t'au˩˧ iŋ˧

雀仔 tsiaʔ˥ ã˥麻雀

客爪 k'eʔ˥ ts'iau˥喜鹊

山鸡 suã˧ kue˧野鸡

白头鸶 peʔ˩˧ t'au˩˧ si˧白鹭

白头鹄 peʔ˩˧ t'au˩˧ k'ɔk˩˧白头翁

乌鸦 ɔ˧ a˧

鸽仔 kap˥ ã˥鸽子

雁 gan˥˩

海爪 hai˥ tsiau˥海鸟

水鸡 sui˥ kue˧青蛙

塍螺 ts'an˩˧ lə˩˧田螺

鹅蚌 gia˩˧ paŋ˧蚌

沙蟟 sua˧ la˩˧蚬

蝰蝶 am˩˧ bui˩˧小青蛙

坑降 k'ĩ˧ kaŋ˥˩石鳞（棘胸蛙）

乌胿鱼 ɔ˧ kui˧ hɯ˩˧蝌蚪

涂猴 t'ɔ˩˧ kau˩˧蝼蛄

金龟 kim˧ ku˧金龟子

塍婴 ts'an˩˧ ĩ˧蜻蜓

蜈蜞 gɔ˧ k'i˩˧蚂蟥

厚蚓 kau˧ un˥蚯蚓

火萤 hə˥ iã˩˧萤火虫

洋飞狮 iũ˩˧ pə˧ sai˧蝉

蝉蜕 siam˩˧ t'ue˥˩

蠓仔 baŋ˥ ã˥蚊子

乌钉蠓 ɔ˧ taŋ˥˩ baŋ˥一种黑蚊子

蚁 hia˧

狗蚁 kau˥ hia˧

黄丝蚁 ŋ˩˧ si˧ hia˧

娘仔 liũ˩˧ ã˥蚕

娘帽 liũ˩˧ bo˥˩蚕茧

山猪 suã˧ tɯ˧野猪

豪猪 ho˩˧ tɯ˧

鲮鲤 la˩˧ li˥穿山甲

日婆 lit˩˧ po˩˧蝙蝠

胡蝇 hɔ˩˧ sin˩˧苍蝇

虼蠽 ka˧ tsuaʔ˩˧蟑螂

木虱 bak˩˧ sat˥臭虫

虼蚤 ka˧ tsau˥跳蚤

闷虫 bun˥˩ t'aŋ˩˧蛔虫

饭匙铳 pŋ˥˩ si˩˧ ts'iŋ˥˩眼镜蛇

青竹丝 ts'ĩ˧ tiak˥ si˧竹叶青（蛇）

土地公蛇 t'ɔ˥ ti˥˩ kɔŋ˧ tsua˩˧四脚蛇

四骹妈 si˥˩ k'a˧ bã˥

锦蛇 kim˥ tsua˩˧蟒蛇

鳝侬 sian˧ laŋ˩˧壁虎

蜈蚣 gia˩˧ kaŋ˧

（六）植物

釉 tiu˧稻子

番薯 han˧ tsɯ˨˦ 地瓜
树薯 ts'iu˥˩ tsɯ˨˦ 木薯
塍薯 ts'an˨˦ tsɯ˨˦ 薯的一种
槟榔芋 piŋ˧ lŋ˨˦ ɔ˥˩
番黍 huan˧ sue˥ 高粱
黍仔 sue˥ ã˥ 小米
玉穗 gioʔ˨˦ sui˥˩ 玉米
番大麦 huan˧ tua˥˩ beʔ˨˦
乌豆 ɔ˧ tau˥˩ 黑豆
白豆 peʔ˨˦ tau˥˩ 黄豆
绿豆 liak˨˦ tau˥˩
莲花豆 lian˨˦ hua˧ tau˥˩ 蚕豆
马齿豆 be˥ k'i˥ tau˥˩
菜豆 ts'ai˥˩ tau˥˩ 豇豆
荷奶豆 ho˨˦ lin˧ tau˥˩ 青豌豆
甘妈得 kam˧ bã˥ tit˥ 西红柿
霸葱 pa˥˩ ts'aŋ˧ 洋葱头
菜花 ts'ai˥˩ hue˧ 花菜
蒜头 sŋ˥˩ t'au˨˦
蒜仔 sŋ˥˩ ã˥ 青蒜
番姜 huan˧ kiũ˧ 辣椒
水姜 tsui˥ kiũ˧ 嫩姜
姜母 kiũ˧ bu˥ 老姜
茭白笋 ka˧ piak˨˦ sun˥ 茭白
冬笋 taŋ˧ sun˥
春笋 ts'un˧ sun˥
笋菜 sun˥ ts'ai˥˩ 莴笋
金针菜 kim˧ tsam˧ ts'ai˥˩ 黄花菜
白木耳 peʔ˨˦ bɔk˨˦ li˥ 银耳
乌木耳 ɔ˧ bɔk˨˦ li˥ 黑木耳
蕹菜 iŋ˥˩ ts'ai˥˩ 空心菜
高丽菜 ko˧ le˨˦ ts'ai˥˩ 包菜
山东白 sua˧ taŋ˧ peʔ˨˦ 大白菜
莙荙菜 kun˧ tuaʔ˨˦ ts'ai˥˩ 叶甜菜
茄菝菜 ka˧ puaʔ˨˦ ts'ai˥˩
白菜仔 peʔ˨˦ ts'ai˥˩ ã˥ 小白菜
芥菜 kua˥˩ ts'ai˥˩
格蓝菜 keʔ˨˦ lãʔ˨˦ ts'ai˥˩ 甘蓝的一种
菠薐菜 pɔ˧ lun˨˦ ts'ai˥˩ 菠菜
芫荽 ian˨˦ sui˧ 香菜
茼蒿菜 taŋ˨˦ hə˧ ts'ai˥˩
冬瓜 taŋ˧ kue˧ 南瓜

金瓜 kim˧ kue˧
匏 pu˨˦ 葫芦瓜
大瓜 tua˥˩ kue˧ 冬瓜
红菜 aŋ˨˦ ts'ai˥˩ 茄子
美荠 bə˥ tsi˨˦ 荸荠
葛薯 kuaʔ˥ tsɯ˨˦ 凉薯
菜头 ts'ai˥˩ t'au˨˦ 白萝卜
香菇 hiũ˧ kɔ˧
红菇 aŋ˨˦ kɔ˧
碰柑 p'ɔŋ˥˩ kam˧ 芦柑
王梨 ɔŋ˨˦ lai˨˦ 菠萝
檨仔 suan˥˩ ã˥ 芒果
风鼓 huaŋ˧ kɔ˥ 洋桃
苹果 p'iaŋ˨˦ kɔ˧
金桔仔 kim˧ kiat˥ ã˥
油柑 iu˨˦ kam˧ 油柑子
柿 k'i˧ 柿子
栬 p'au˧ 柚子
荔枝 lian˥˩ tsi˧
龙眼 guĩ˨˦ guĩ˥
芎蕉 k'iŋ˧ tsio˧ 香蕉
杨梅 ts'iũ˨˦ m˨˦
篮仔佛 lã˨˦ ã˥ put˨˦ 番石榴
涂豆 t'ɔ˨˦ tau˥˩ 花生
涂豆仁 t'ɔ˨˦ tau˥˩ lin˨˦ 花生仁
藕节 gio˥ tsat˥ 藕
树木 ts'iu˥˩ bak˨˦
树林 ts'iu˥˩ lã˨˦
松柏 tsiŋ˨˦ peʔ˥ 松树
榕树 tsiŋ˨˦ ts'iu˥˩
相思仔 siu˧ si˧ ã˥ 小相思树
琼仔树 k'iŋ˨˦ ã˥ ts'iu˥˩ 乌桕
枫树 pŋ˧ ts'iu˥˩
万年青 ban˥˩ lian˨˦ ts'iŋ˧
黄栀 ŋ˨˦ ki˧ 栀子
仙人球 sian˧ lin˨˦ kiu˨˦
石榴 siaʔ˨˦ liu˨˦
鸡冠花 kue˧ kə˥˩ hue˧
艾 hiã˥˩ 艾草
草藤 ts'au˥ tin˨˦ 一种藤草

（七）房屋 器具

厝 ts'u˥˩ 房屋

楼 lau ʎ 楼房
砖坪 tsŋ ˧ pi ʎ 阳台
楼顶 lau ʎ tiŋ ˥ 楼上
楼骹 lau ʎ k'a ˧ 楼下
巷廊 haŋ ˨ loŋ ʎ 两墙间的小通道
滴水 tiʔ ˥ tsui ˥ 屋檐
大房 tua ˨ paŋ ʎ 正厅两边的房间
边房 pĩ˧ paŋ ʎ 大房边的房间
后房 au ˧ paŋ ʎ 大房后门的房间
后轩 au ˧ hian ˧ 正堂后的房间
顶落 tiŋ ˥ loʔ ʎ 上堂
下落 e ˧ loʔ ʎ 下堂
大厅 tua ˨ t'ĩa ˧ 正堂
深井 ts'im ˧ tsĩ ˥ 天井
下厅 e ˧ t'ĩa ˧ 门厅
门口埕 bŋ ʎ k'au ˥ tĩa ʎ 大门外的场地
灶骹 tsau ˨ k'a ˧ 厨房
后尾 au ˧ bə ˥ 后院
厝顶 ts'u ˨ tiŋ ˥ 房顶
厝脊 ts'u ˨ tsit ˥ 屋脊
翘脊 k'iau ˥ tsit ˥ 飞檐
天窗 t'ĩ ˧ t'aŋ ˧
中脊楹 tioŋ ˧ tsit ˥ ĩ ʎ 大梁
楹仔 ĩ ʎ ã ˥ 房梁
桷枝 kak ˥ ki ˧ 檩条
窗仔 t'aŋ ˧ ã ˥ 窗户
石珠 tsioʔ ʎ tsu ˧ 柱石
门扇 bŋ ʎ s ĩ ˨ 门板
钥机 ioʔ ʎ kui ˥ 门栓上的机关
门垫 bŋ ʎ tu ĩ ˧ 门槛
椅头 i ˥ t'au ʎ 凳
桌仔 toʔ ˥ã ˥ 小桌子
琴椅 k'im ʎ i ˥ 一种宽而长的椅子
椅条 i ˥ liau ʎ 长板凳
交椅 kau ˧ i ˥ 靠背椅
鼓仔椅 kɔ ˥ ã ˥ i ˥ 圆凳子
长案桌 tioŋ ʎ an ˨ toʔ ˥ 厅堂上放神龛的高而长的桌子
八仙桌 pat ˥ sian ˧ toʔ ˥ 方桌
眠床 bin ʎ ts'ŋ ʎ 床
铺枋 p'ɔ ˧ paŋ ˧ 铺板
面桶 bin ˨ t'aŋ ˥ 脸盆
骹桶 k'a ˧ t'aŋ ˥ 洗脚盆

面巾 bin ˨ kun ˧ 毛巾
骹巾 k'a ˧ kun ˧ 擦脚布
手巾仔 ts'iu ˥ kun ˧ ã ˥ 手帕
茶瓯 te ʎ au ˧ 茶盅
酒盏 tsiu ˥ tsu a ˥ 酒盅
箸 tɯ ˨ 筷子
汤匙 t'ŋ ˧ si ʎ 调羹
饭匙 pŋ ˨ si ʎ 饭铲
茭箎 ka ˧ tsɯ ˨ 草袋
起火 k'i ˥ hə ˥ 生火
番仔火 huan ˧ ã ˥ hə ˥ 火柴
火擦 hə ˥ ts'at ˥
火油 hə ˥ iu ʎ 花生油
生油 sŋ ˧ iu ʎ
纸捻 tsua ˥ lian ˥ 纸煤儿
涂油 t'ɔ ʎ iu ʎ 煤油
番仔油 huan ˧ ã˥ iu ʎ
铁勺 t'iʔ ˥ siaʔ ʎ
铁铫 t'iʔ ˥ tio ˨ 小铁锅
匏桸 pu ʎ hia ˧ 水瓢
匏栳 pu ʎ lau ˥
刀砧 to ˧ tiam ˧ 砧板
油漏 iu ʎ lau ˨ 油漏斗
酒矸 tsiu ˥ kan ˧ 酒瓶
桌布巾 toʔ ˥ pɔ ˨ kun ˧ 抹布
火箸 hə ˥ tɯ ˥ 火筷子
火窗 hə ˥t'aŋ ˧ 手炉
鸡毛筅 kue ˧ bŋ ʎ ts'u ĩ˥ 鸡毛掸
索 soʔ ˥ 绳子
电罐 tian ˨ kuan ˨ 热水瓶
电瓶 tian ˨ pan ʎ
茶鼓 te ʎ ko ˥ 茶壶
箸笼 tɯ ˨ laŋ ˧ 装筷子用的竹笼
尿盆 lio ˨ p'un ʎ 马桶
铰剪 ka ˧ tsian ˥ 剪刀
钻仔 tsŋ ˨ ã˥ 锥子
盖仔 kua ˨ ã˥ 箩筐

（八）衣服 穿戴

羊毛 i ũ ʎ bŋ ʎ 毛线
衫裤 s ã ˧ k'ɔ ˨ 衣服
洋装衫 i ũ ʎ tsoŋ ˧ sã ˧ 西装上衣
洋装裤 i ũ ʎ tsoŋ ˧ k'ɔ ˨ 西装裤

外衫 gua˧˩ sã˧ 外衣

袡仔 kaʔ˥ ã˥ 背心

开骹裤 k'ui˧ k'a˧ k'ɔ˧˩ 开裆裤

柴屐 ts'a˧˥ kaʔ˧˥ 木屐

浅拖 ts'ian˥ t'ua˧ 拖鞋

鞋拖 ue˧˥ t'ua˧

空气鞋 k'ɔŋ˧ k'i˧˩ ue˧˥ 凉鞋

手䘨 ts'iu˥ ŋ˥ 袖子

裤骹 k'ɔ˧˩ k'a˧ 裤脚

裤头带 k'ɔ˧˩ t'au˧˥ tua˧˩ 裤带

袋仔 tə˧˩ ã˥ 衣服口袋

招瓢 tsau˧ p'iɔ˧˥ 礼帽

洞葛 tɔŋ˧˩ kat˥ 文明杖

澜垂 luã˧ se˧˥ 围嘴儿

留拨 lau˧˥ puaʔ˥ 留分头

剪头鬃 tsian˥ t'au˧˥ tsaŋ˧ 比披肩发短的一种女发型

髻仔 kə˧˩ ã˥ 辫子

芋圆头 ɔ˧˩ ĩ˧˥ t'au˧˥ 光头

手指 ts'iu˥ tsi˥ 戒指

耳坠 hi˧ t'ui˧˩

手圈 ts'iu˥ k'uan˧

手镯 ts'iu˥ soʔ˧˥

领巾 liã˥ kun˧ 围巾

棕蓑 tsaŋ˧ sui˧ 蓑衣

熨衫裤 ut˥ sã˧ k'ɔ˧˩ 烫衣服

烘衫裤 haŋ˧ sã˧ k'ɔ˧˩ 烘衣服

曝衫裤 p'ak˧˥ sã˧ k'ɔ˧˩ 晒衣服

雪文 sap˥ bun˧˥ 肥皂

芳水 p'aŋ˧ tsui˥ 香水

烧水 sio˥ tsui˥ 热水

烧汤 sio˧˥ t'ŋ˧

（九）食物

稳仔米 un˥ ã˥ bi˥ 晚稻米

秫米 tsut˧˥ bi˥ 糯米

潘 p'un˧ 泔水

潘水 p'un˧ tsui˥

米潘 bi˥ p'un˧

糜 bãi˧ 泛指粥和饭

糜 bə˧˥

饮糜 am˥ bə˧˥

饮 am˥ 米汤

饭 pŋ˧˩ 干饭

饭庀 pŋ˧˩ p'i˥ 锅巴

鼎庀 tiã˥ p'i˥

沸 pui˧˩ 沸腾

滚 kun˥ ①水开，～水②滚动

食早起 tsiaʔ˧˥ tsa˥ k'i˥ 吃早饭

食日昼 tsiaʔ˧˥ lit˧˥ tau˧˩ 吃午饭

食暗 tsiaʔ˧˥ am˧˩ 吃晚饭

点心 tiam˥ sim˧ ①正餐外的小点②指糕点

底饭 tue˥ pŋ˧˩ 盛饭

精肉 tsiã˧ hiak˧˥ 瘦肉

精脉 tsiã˧ baʔ˥

肥肉 pui˧˥ hiak˥

肥脉 pui˧˥ baʔ˥

猪骹节 tɯ˧ k'a˧ tsat˥ 猪蹄

面头 bĩ˧˩ t'au˧˥ 馒头

扁食 pian˥ sit˧˥ 混沌

焖饭 bun˧˩ pŋ˧˩ 焖干饭

熻饭 ip˥ pŋ˧˩

咸糜 kiam˧˥ bə˧˥ 菜粥

肉羹 hiak˧˥ kĩ˧

豆奶 tau˧˩ lin˧ 豆浆

豆花 tau˧˩ hue˧ 豆花儿

配饭 p'ə˧˩ pŋ˧˩ 下饭

泡茶 p'au˧˩ te˧˥ 沏茶

烧酒 sio˧ tsiu˥ ①白酒②泛指酒

豆油 tau˧˩ iu˧˥ 酱油

豉油 si˧˩ iu˧˥

酱清 tsiũ˧˩ ts'iŋ˧ 酱油的一部分

饼药 piã˥ ioʔ˧˥ 纯碱

碱仔粉 kĩ˧ ã˥ hun˥

八角 pueʔ˥ kak˥ 大茴香

鸡胘膜 kue˧ kian˧ boʔ˧˥ 鸡内金

米粉 bi˥ hun˥

面干 bĩ˧˩ kuã˧ 线面

面 bĩ˧˩ 面条

圆仔 ĩ˧˥ ã˥ 汤圆

珍粿 tĩ˧ kə˥ 糯米年糕

炊粿 ts'ə˧ kə˥ 蒸米粿

龟 ku˧ ①指动物“龟”②一种糯米蒸制的食品，上印龟的

油炸鬼 iu˧˥ tsaʔ˧˥ kui˥ 油条

（十）交往

探亲情 t'am˧˩ ts'in˧ tsiã˧˥ 探亲戚

红包 aŋ˩˥ pau˧ 礼金
侬客 laŋ˩˥ k'eʔ˥ 客人
好礼 ho˥ le˥ 对人热情、有礼貌
食熏 tsiaʔ˩˥ hun˧ 抽烟
烧熏 sio˧ hun˧
点熏 tiam˥ hun˧
縢茶 t'in˩˥ te˩˥ 倒茶
食茶 tsiaʔ˩˥ te˩˥ 喝茶
啉茶 lim˧ te˩˥
请桌 ts'iã˥ toʔ˥ 请客
食桌 tsiaʔ˩˥ toʔ˥ 赴宴
食酒 tsiaʔ˩˥ tsiu˥ 喝酒
细腻 sue˥˩ li˥˩ ①客气②小心
翕像 hip˥ siɔŋ˧ 照像
送顺风 saŋ˥˩ sun˥˩ hɔŋ˧ 饯行
脱草鞋 t'ŋ˥˩ ts'au˥ ue˩˥ 接风
相笑 sa˧ ts'io˥˩ 讥笑
相骂 sa˧ bã˥˩ 吵架
相赦 sa˧ sia˥˩ 互相揭短
创空 ts'ɔŋ˥˩ k'ɔŋ˧ 算计人
创戆 ts'ɔŋ˥˩ gɔŋ˥˩ 作弄人
无和 bo˩˥ ho˩˥ 不团结
无面子 bo˩˥ bin˥˩ tsɯ˥ 丢脸
咒誓 tsiu˥˩ tsua˥˩ 发誓

（十一）婚丧 生育

媒侬 m˩˥ laŋ˩˥ 媒人
娶姥 ts'ua˥˩ bɔ˥ 娶老婆
乞姥 k'it˥ bɔ˥
新侬 sin˧ laŋ˩˥ 新娘
新侬房 sin˧ laŋ˩˥ paŋ˩˥ 新房
吵新侬 ts'a˥ sin˧ laŋ˩˥ 闹新房
嫁查姥仔 ke˥˩ tsa˧ bɔ˥ a˥ 嫁女儿
姥后头 bɔ˥ au˧ t'au˩˥ 岳家
后头 au˧ t'au˩˥ 娘家
大姥 tua˥˩ bɔ˥ 大老婆
细姨 sue˥˩ i˩˥ 小老婆
后姥 au˧ bɔ˥ 继妻
契兄 kue˥˩ hiã˧ 情夫
讨契兄 t'o˥ k'ue˥˩ hiã˧ 偷汉子
过身 kə˥˩ sin˧ 老人去世
做功德 tsue˥˩ kɔŋ˧ tiak˥ 人死做法事
作墓 tsoʔ˥ bɔ˥˩ 修坟墓
引魂 in˥ hun˩˥ 招魂
病团 pĩ˥˩ kã˥ 害喜
带身 tua˥˩ sin˧ 怀孕
生团 sĩ˧ kã˥ 生小孩
做月内 tsue˥˩ gəʔ˩˥ lai˧ 坐月子
细汉 sue˥˩ han˥˩ 小个子
大汉 tua˥˩ han˥˩ ①高个子②长大
食奶 tsiaʔ˩˥ lin˧ 吃奶
生份 sĩ˧ hun˥˩ 认生

（十二）宗教迷信

公妈 kɔŋ˧ bã˥ 祖先
师公 sai˧ kɔŋ˧ 道士
菜姑 ts'ai˥˩ kɔ˧ 尼姑
食菜 tsiaʔ˩˥ ts'ai˥˩ 吃素
请佛 ts'iã˥put˩˥ 一种请神活动
跳僮 t'iau˥˩ taŋ˩˥ 跳神
短命仔 tə˥ biã˥˩ ã˥ 短命鬼
夭寿仔 iau˥ siu˥˩ ã˥
前世 tsuĩ˩˥ si˥˩ 前生
后世 au˧ si˥˩ 来世
跋杯 puaʔ˩˥ pue˧ 以杯珓，占卜凶吉
圣 siã˥˩ 灵验
金纸 kim˧ tsua˥ 一种迷信用品，纸上涂有金箔
纸钱 tsua˥ tsĩ˩˥ 一种迷信用品，纸上打有铜钱的烙印
食教 tsiaʔ˩˥ kau˥˩ 信教（一般指基督教）
乞雨 k'it˥ hɔ˧ 求雨
揭火 k'at˥ hə˥ 迎神赶庙会的一种迷信活动
割香 kuaʔ˥ hiũ˧
敬 kiŋ˥˩ 指上供神佛或祖先等
圣妈 siã˥˩ bã˥ 神婆
观落阴 kuan˧ loʔ˩˥ im˧ 看阴间
下愿 he˧ guan˥˩ 许愿
还愿 huan˩˥ guan˥˩
看命 k'uã˥˩ biã˥˩ 算命
相命 siɔŋ˥˩ biã˥˩
听香 t'iã˧ hiũ˧ 一种迷信活动，以燃香后听到的第一句话为签言

（十三）身体

头壳 t'au˩˥ k'ak˥ 脑袋
头毛 t'au˩˥ bŋ˩˥ 头发
螺状 lə˩˥ tsŋ˥˩ 头上的旋
头额 t'au˩˥ hiaʔ˩˥ 额头
面 bin˥˩ 脸

目眉 bak˨˦ bai˨˦ 眉毛
目睫毛 bak˨˦ tsiaʔ˥ bŋ˨˦ 睫毛
重巡 tiŋ˨˦ sun˨˦ 双眼皮
目珠 bak˨˦ tsiu˧ 眼睛
目珠仁 bak˨˦ tsiu˧ lin˨˦ 眼珠
目屎 bak˨˦ sai˥ 眼泪
目屎膏 bak˨˦ sai˥ ko˧ 眼垢
鼻 p'i˥˧ ①鼻子②鼻涕
鼻腔 p'i˥˧ k'aŋ˧ 鼻孔
鼻屎 p'i˥˧ sai˥ 干鼻涕
鼻屎膏 p'i˥˧ sai˥ ko˧
喙 ts'ui˥˧ 嘴巴
喙腔 ts'ui˥˧ k'aŋ˧ 口腔
喙锸 ts'ui˥˧ k'ɔ˧ 嘴
喙唇 ts'ui˥˧ tun˨˦ 嘴唇
舌仔 tsiʔ˨˦ ã˥ 舌头
喙须 ts'ui˥˧ ts'iu˧ 胡子
胡须 ts'iu˧ 络腮胡子
耳仔 hi˧ ã˥ 耳轮
耳腔 hi˧ k'aŋ˧ 耳朵
酒窟 tsiu˥ k'ut˥ 酒窝
颔胜 am˨˦ kui˧ 脖子
巴脊 pa˧ tsiaʔ˥ 脊背
巴脊骨 pa˧ tsiaʔ˥ kut˥ 脊椎骨
饭匙骨 pŋ˥˧ si˨˦ kut˥ 肩胛骨
心肝头 sim˧ kuã˧ t'au˨˦ 胸口
奶 lin˧ ①乳房②奶汁
腹肚 pak˥ tɔ˥ 肚子
腹脐 pak˥ tsai˨˦ 肚脐
肚脐 tɔ˧ tsai˨˦
肩胛头 kuĩ˧ kaʔ˥ t'au˨˦ 肩膀
手骨 ts'iu˥ kut˥ 胳膊
手肚 ts'iu˥ tɔ˥ 前臂
正手 tsiã˥˧ ts'iu˥ 右手
倒手 to˥˧ ts'iu˥ 左手
拃头仔 tsŋ˥ t'au˨˦ ã˥ 手指头
拃头拇 tsŋ˥ t'au˨˦ bu˥
大头拇 tua˥˧ t'au˨˦ bu˥
尾指 bə˥ tsuĩ˥ 小指
中指 tiɔŋ˧ tsuĩ˥ 中指
手腡 ts'iu˥ lə˨˦ 指纹
拳头拇 kun˨˦ t'au˨˦ bu˥ 拳头

卵 lan˧ 男阴
卵爪 lan˧ tsiau˥
卵脬 lan˧ p'a˧ 阴囊
卵核 lan˧ hut˨˦ 睾丸
𡳞屄 tsi˧ bai˧ 女阴
尻川 k'a˧ ts'ŋ˧ 屁股
骹肚 k'a˧ tɔ˥ 小腿
骹头肤 k'a˧ t'au˨˦ hu˧ 膝盖
骹目 k'a˧ bak˨˦ 踝子骨
骹 k'a˧ 脚
骹拃头拇 k'a˧ tsŋ˥ t'au˨˦ bu˥
骹拃甲 k'a˧ tsŋ˥ kaʔ˥ 脚指甲
骹迹底 k'a˧ sioʔ˥ tue˥ 脚底板
骹盘 k'a˧ puã˨˦ 脚面

（十四）疾病

破病 p'ua˥˧ pĩ˥˧ 生病
呣好 m˥˧ ho˥
漏屎 lau˥˧ sai˥ 腹泻
泄屎 ts'uaʔ˥ sai˥
老鼠症 lɔ˥ ts'ɯ˥ tsiŋ˥˧ 鼠疫
肺痨 hui˥˧ lɔ˨˦ 肺病
鼓胀 kɔ˥ tiɔŋ˥˧ 肝炎腹水
寒热 kuã˨˦ liat˨˦ 疟疾
着痧 tioʔ˨˦ se˧ 发痧
咳 sau˥˧ 咳嗽
头眩 t'au˨˦ hin˨˦ 头晕
眩车 hin˨˦ ts'ia˧ 晕车
眩船 hin˨˦ tsun˨˦ 晕船
蛀齿 tsiu˥˧ k'i˥ 蛀牙
蛀鼻 tsiu˥˧ p'i˥˧ 烂鼻子
癞痢 t'ai˥ ko˧ 麻风
出仿 ts'ut˥ hɔŋ˥ 出天花
出癖 ts'ut˥ p'iaʔ˨˦ 麻疹
瘟爱 un˧ ai˥˧ 腮腺炎
生疥 sĩ˧ kue˥˧ 长疥疮
臭头 ts'au˥˧ t'au˨˦ 癞痢头
臭骹 ts'au˥˧ k'a˧ 烂脚烂腿
臭骹鼻臁 ts'au˥˧ k'a˧ p'i˥˧ liam˨˦ 臁疮
膈食 keʔ˥ sit˨˦ 食道癌
痟 siau˥ 神经病
泛浡 ham˥˧ p'uʔ˨˦ 水肿
目鱼 bak˨˦ hɯ˨˦ 对眼

猫面 liãu˧ bin˥˩ 麻脸
青盲 tsʻĩ˧ bĩ˨˦ 瞎子
哑口 iak˥ kau˥ 哑巴
缺喙 kʻiʔ˥ tsʻui˥˩ 豁嘴
臭聋 tsʻau˥˩ laŋ˨˦ 耳聋
臭耳聋 tsʻau˥˩ hi˧ laŋ˨˦
破相 pʻua˥˩ siũ˥˩ 残废
瘸手 kʻə˨˦ tsʻiu˥ 手病
瘸骹 kʻə˨˦ kʻa˧ 脚病
瘟痀 un˥ ku˧ 驼背
腹肚疼 pak˥ tɔ˥ tʻiã˥˩ 肚子疼
睐脉 bai˥˩ beʔ˨˦ 号脉
食药 tsiaʔ˨˦ ioʔ˨˦ 吃药
食补 tsiaʔ˨˦ pɔ˥ 进补

（十五）人品

婴仔 ĩ˧ ã˥ 婴儿
后生家 hau˧ sĩ˧ ke˧ 年轻人
老侬 lau˥ laŋ˨˦ 老头子
老岁仔 lau˥ hə˥˩ ã˥
查姥 tsa˧ bɔ˥ 女人
丈夫 ta˧ pɔ˧ 男人
乞食 kʻit˥ tsiaʔ˨˦ 乞丐
讨食 tʻo˥ tsiaʔ˨˦ 讨饭
高裕侬 kɔ˧ lu˧ laŋ˨˦ 富人
娆 hiau˨˦ 形容女人不稳重、不正经
鳖仔 piʔ˥ ã˥ ①胆小，不大方②小鳖
浪荡囝 lɔŋ˥˩ tɔŋ˧ kã˥ 败家子
戆 gɔŋ˥˩ 傻
阉 am˧
死穲 si˥ bai˥ 呆板
僭喙 tsʻiam˥˩ tsʻui˥˩ 抢话
僭权 tsʻiam˥˩ kuan˨˦ 越权
爪牙 tsiau˥ ge˨˦ 多嘴
风龟 hɔŋ˧ ku˧ 爱吹牛皮
九鬼 kiau˥ kui˥ 赌徒
熏鬼 hun˧ kui˥ 烟鬼
浮 pʻu˨˦ 出风头
赤 tsiaʔ˥ ①赤色②形容女人的凶狠③穷困
激骨 kiak˥ kut˥ 说话做事故意不顺从人意
孝男面 hau˥˩ lam˨˦ bin˥˩ 哭丧面
巧 kʻiau˥ 聪明
古意 kɔ˥ i˥˩ 温和老实
勥 kʻiaŋ˥˩ 能干，有本事
势 gau˨˦
佬仔 lau˥ ã˥ 扒手
先生 sian˧ sĩ˧ ①老师②医生③尊称
作塍侬 tsoʔ˥ tsʻan˨˦ laŋ˨˦ 种田人
煮食兮 tsɯ˥ tsiaʔ˨˦ e˧ 厨师，炊事员
查姥姛 tsa˧ bɔ˥ kan˥ 丫环
番客 huan˧ kʻeʔ˥ 华侨
番客婶 huan˧ kʻeʔ˥ tsim˥ 侨妇
番婆 huan˧ po˨˦ 外国女人
番仔 huan˧ ã˥ 外国人

（十六）亲属

太太公 tʻai˥˩ tʻai˥˩ kɔŋ˧ 高祖父
太太妈 tʻai˥˩ tʻai˥˩ bã˥ 高祖母
太公 tʻai˥˩ kɔŋ˧ 曾祖父
太妈 tʻai˥˩ bã˥ 曾祖母
阿公 a˥ kɔŋ˧ 祖父
引公 in˥ kɔŋ˧
阿妈 a˥ bã˥ 祖母
引妈 in˥ bã˥
伯公 peʔ˥ kɔŋ˧ 伯祖父
姆婆 m˥ po˨˦ 伯祖母
叔公 tsiak˥ kɔŋ˧ 叔祖父
婶婆 tsim˥ po˨˦ 叔祖母
姑婆丈 kɔ˧ po˨˦ tiũ˧ 姑祖父
姑婆 kɔ˧ po˨˦ 姑祖母
阿爹 a˥ tia˧ 父亲
阿爸 a˥ pa˥˩
阿母 a˥ bu˥ 母亲
大官 ta˧ kuã˧ 公公
大家 ta˧ ke˧ 婆婆
阿伯 a˥ peʔ˥ 伯父
阿姆 a˥ m˥ 伯母
阿叔 a˥ tsiak˥ 叔父
阿婶 a˥ tsim˥ 叔母
阿姑 a˥ kɔ˧ 姑母
姑丈 kɔ˧ tiũ˧ 姑父
阿兄 a˥ hiã˧ 兄
兄嫂 hiã˧ so˥ 嫂
小弟 sio˥ ti˧ 弟弟
小婶 sio˥ tsim˥ ①弟妇②夫弟妇
阿姊 a˥ tsi˥ 姐姐

姊丈 tsi ˥ ti ũ ˧ [姐夫]
小妹 sio ˥ bə ˨˩ [妹妹]
妹婿 bə ˨˩ sai ˨˩ [妹夫]
大伯 tua ˨˩ peʔ ˥ [夫兄]
小叔 sio ˥ tsiak ˥ [夫弟]
大娘姑 tua ˨˩ li ũ ˨˦ kɔ ˧ [大姐]
小姑 sio ˥ kɔ ˧ [夫妹]
翁 aŋ ˧ [丈夫]
姥 bɔ ˥ [妻子]
厝里侬 ts'u ˨˩ lai ˧ laŋ ˨˦
翁姥仔 aŋ ˧ bɔ ˥ ã ˥ [夫妻俩]
同姒 taŋ ˨˦ sai ˨˩ [妯娌]
同姒仔 taŋ ˨˦ sai ˨˩ ã ˥
囝 k ã ˥ [儿子]
新妇 sin ˧ pu ˧ [儿媳妇]
新妇仔 sin ˧ pu ˧ ã ˥ [童养媳]
查姥仔 tsa ˧ bɔ ˥ ã ˥ [女儿]
囝婿 k ã ˥ sai ˨˩ [女婿]
孙仔 sun ˧ ã ˥ [侄子]
孙 sun˧ [孙子]
丈夫孙 ta ˧ pɔ ˧ sun ˧
孙新妇 sun ˧ sin ˧ pu ˧ [①孙媳妇②侄媳妇]
婠姥孙 tsa ˧ bɔ ˥ sun ˧ [①孙女②侄女]
孙婿 sun ˧ sai ˨˩ [孙女婿]
婠姥孙婿 tsa ˧ bɔ ˥ sun ˧ sai ˨˩ [①孙女婿②侄女婿]
侄孙 tit ˨˦ sun ˧
加撚孙 ka ˧ lu ĩ ˥ sun ˧ [曾孙，玄孙]
外家公 gua ˨˩ ke ˧ kɔŋ ˧ [外祖父]
外家妈 gua ˨˩ ke ˧ b ã ˥ [外祖母]
舅公 ku ˧ kɔŋ ˧ [舅祖父]
妗妈 kim ˧ b ã ˥ [舅祖父]
姨妈丈 i ˨˦ b ã ˥ ti ũ ˧ [姨祖父]
姨妈 i ˨˦ b ã ˥ [姨祖母]
阿舅 a ˥ ku ˧ [舅父]
阿妗 a ˥ kim ˧ [舅母]
阿姨 a ˥ i ˨˦ [姨母]
姨丈 i ˨˦ ti ũ˧
表阿兄 piau ˥ ã ˥ hi ã ˧ [表哥]
表小弟 piau ˥ sio ˥ ti ˧ [表弟]
表阿姊 piau ˥ ã ˥ tsi ˥ [表姐]
表小妹 piau ˥ sio ˥ bə ˨˩ [表妹]
外甥 gua ˨˩ sŋ ˧ [①外甥②外孙]
外甥新妇 gua ˨˩ sŋ ˧ sin ˧ pu ˧ [①甥媳妇②外孙媳妇]
外甥女 gua ˨˩ sŋ ˧ lɯ ˥ [①外甥女②外孙女]
外甥婿 gua ˨˩ sŋ ˧sai ˨˩ [①甥女婿②外孙女婿]
外甥孙 gua ˨˩ sŋ ˧ sun ˧
外甥孙婿 gua ˨˩ sŋ ˧ sun ˧ sai ˨˩
亲家 ts'iŋ ˧ ke ˧ [亲家公]
亲姆 ts'ĩ ˧ m ˥ [亲家母]
丈侬公 ti ũ ˧ laŋ ˨˦ kɔŋ ˧ [岳祖父]
丈侬妈 ti ũ ˧ laŋ ˨˦ bã˥ [岳祖父]
丈侬 ti ũ ˧ laŋ ˨˦ [岳父]
丈姆 ti ũ ˧ m ˥ [岳母]
丈姆婆 ti ũ ˧ m ˥ po ˨˦
姥大舅 bɔ ˥ tua ˨˩ gu ˧ [内兄]
舅仔 gu ˧ ã ˥ [内弟]
姥大姨 bɔ ˥ tua ˨˩ i ˨˦ [内姐]
姨仔 i ˨˦ ã ˥ [内妹]
小妗 sio ˥ kim ˧ [娘家弟妇]

（十七）文化 教育

学堂 oʔ ˨˦ tŋ ˨˦ [学校]
文凭 bun ˨˦ pin ˨˦ [毕业证书]
放假 paŋ ˨˩ ka ˥ （ke ˨˩）
放暇 paŋ ˨˩ he ˧ [放学]
读册 t'ak ˨˦ ts'eʔ ˥ [读书]
读书 t'ak ˨˦ tsɯ ˧
越念 uat ˨˦ liam ˨˩ [背诵]
写诞 sia ˥ t ã ˨˩ [写错]
铁笔 t'iʔ ˥ pit ˥ [钢笔]
水笔 tsui ˥ pit ˥
笔室 pit ˥ t'at ˥ [笔帽儿]
格尺 keʔ ˥ ts'ioʔ ˥ [尺子]
写批 sia ˥ p'ue ˧ [写信]
批纸 p'ue ˧ tsua ˥ [信纸]
批壳 p'ue ˧ k'ak ˥ [信封]
寄批 ka ˨˩ p'ue ˧ [寄信]
放风吹 paŋ ˨˩ huaŋ ˧ ts'e ˧ [放风筝]
行棋 ki ã ˨˦ ki ˨˦ [下棋]
缚柴骹 pak ˨˦ ˥ ts'a ˨˦ k'a ˧ [踩高跷]
搬戏 pu ã ˧ hi ˨˩ [演戏]
搬嘉儡 pu ã ˧ ka ˧ lə ˥ [演木偶戏]
放孔明灯 paŋ ˨˩ k'ɔŋ ˥ biŋ ˨˦ tiŋ ˧
弄龙 laŋ ˨˩ liŋ ˨˦ [舞龙]
弄狮 laŋ ˨˩ sai ˧ [舞狮子]

夷狮 t'ai ˨˦ sai ˧

缚灯 pak ˨˦ tiŋ ˧ 扎制花灯

装阁 tsŋ ˧ koʔ ˥ 一种化装娱乐活动

撩曲 liau ˨˦ kiak ˥ 唱南曲

品仔 p'in ˥ ã ˥ 笛子

洞箫 tɔŋ ˦˩ siau ˧

小叫 sio ˥ kiau ˧ 小锣

镲仔 ts'eʔ ˨˦ ã ˥ 小钹

嗳仔 ai ˦˩ ã ˥ 唢呐

洗浴 sue ˥ hiak ˨˦ 游泳

反肚泅 pũi ˥ tɔ ˥ siu ˨˦ 仰泳

沉沫 tim ˦˩ bi ˦˩ 潜水

沉沫泅 tim ˦˩ bi ˦˩ siu ˨˦ 潜泳

徛泅 k'a ˧ siu ˨˦ 踩水

揾呼鸡 ŋ ˧ k'ɔ ˧ kue ˧ 捉迷藏

拍球 p'aʔ ˥ kiu ˨˦ 打球

走掠 tsau ˥ liaʔ ˨˦ 追逐

行拳头 kiã ˨˦ kun ˨˦ t'au ˨˦ 打拳

练拳头 lian ˦˩ kun ˨˦ t'au ˨˦

拍拳 p'aʔ ˥ kun ˨˦

（十八）动作

瞭 lioʔ ˥ 瞟：～一下

吼 hau ˥ 哭

乭头 tuʔ ˥ t'au ˨˦ 点头

越头 uat ˨˦ t'au ˨˦ 转头

桦头 kaʔ ˨˦ t'au ˨˦ 抬头

鼻 p'i ˦˩ 闻

散鼻 san ˦˩ p'i ˦˩ 擤鼻涕

食 tsiaʔ ˨˦ 吃

啉 lim ˧ 饮

哺 pɔ ˦˩ 嚼

嚓 k'ue ˦˩ 啃

呸 p'ui ˦˩ 吐：～澜（吐唾液）

斟 tsim ˧ 吻

应 in ˦˩ 回答：～一声

应呃 in ˦˩ əʔ ˨˦ 打嗝

净 tsĩ ˦˩ 强辩

滥糁说 lam ˦˩ sam ˥ səʔ ˥ 乱说

数念 siau ˦˩ liam ˦˩ 想念

数想 siau ˦˩ siũ ˧ ①梦想②算计

受气 siu ˧ k'i ˦˩ 生气

畅 t'iɔŋ ˦˩ 舒畅、痛快

激心 kiak ˥ sim ˧ 伤心

吞忍 t'un ˧ lun ˥ 忍受

怨叹 uan ˦˩ t'an ˦˩ 埋怨

着惊 tioʔ ˨˦ kiã ˧ 吃惊

滚笑 kun ˥ ts'io ˦˩ 开玩笑

反侥 huan ˥ hiau ˧ ①变形②变卦

恿 siŋ ˧ 娇惯、纵容

擘腹 peʔ ˥ pak ˥ 焦虑

慑 liap ˥ 害怕

惊 kiã ˧

映望 ŋ ˦˩ baŋ ˦˩ 希望

见笑 kian ˦˩ siau ˦˩ 惭愧

忝 t'iã ˦˩ 疼爱

忝痛 t'iã ˦˩ t'aŋ ˦˩

拍 p'aʔ ˥ 打

捡 liam ˦˩ 掐

遏 at ˥ 折

镳 lue ˦˩ 打磨、～破（磨破）

摸 k'iu ˥ 拉

揣 t'ueʔ ˨˦ 拿

枷 ka ˨˦ ①双手拿：～桌仔（搬桌子）②用肩扛：～货

摸 bĩ ˧ 抓取

掠 liaʔ ˨˦ 捉：～（捉人）

桦 kaʔ ˨˦ 举：～旗

扦 kuã ˧ 提：～水

拗 auʔ ˥ ①折叠：～纸②压价

掘 kut ˨˦ 挖

掴 kuat ˥ 用巴掌打人：～喙边（打耳光）

敲 k'a ˦˩ ～鼓

捣 ɔ ˥ 用筷子把饭扒到嘴里的动作：～糜

糁 sam ˥ 敷：～药

掖 ia ˧ 撒：～种

擢 tiuʔ ˥ 牵拉；提拔

㔍 ts'uaʔ ˥ 拉物体，使之分离：～线

扬 but ˨˦ 打

揮 ts'ə ˦˩ 找

敨 t'au ˥ 解开：～索（解开绳子）

掼 kɔŋ ˦˩ ①仍：～出去（扔掉）②抢：～侬兮物件（抢人的财物）③撞击：～空（撞一个窟窿）

拢 laŋ ˥ 提：～裤（提裤子）

夷 t'ai ˨˦ 杀：～头

饲 ts'i ˦˩ ①赡养：～爸妈②饲养：～鸡鸭③抚养：～囝儿

沃 ak ˥浇：～水
挽 ban ˥拔：～草
褫 piʔ ˥挽：～手䘢（挽袖子）
作 tsoʔ ˥干：～穑（干活）
烰 pu ˩˧在火里烘烤：～番薯（烤地瓜）
抾 k'ioʔ ˥①拾、捡：～麦穗②收取：～税
担 tã ˧挑
赢 iãʔ ˩˧背负
行 kiã ˩˧走
走 tsau ˥跑
徛 k'a˧站
跻骹 k'iau ˧ k'a ˧翘脚
睏 k'un ˨睡
洗身 sue ˥ sin ˧洗澡
洗面 sue ˥ bin ˨洗脸
洗喙 sue ˥ ts'ui ˨刷牙
趖 so ˩˧①溜达：伊四界～（他到处溜达）②爬：蛇～来～去
趏 peʔ ˥爬：～岭
觇 biʔ ˥躲藏起来：～揮
囥 k'ŋ ˨藏
詈 ts'oʔ ˥詈骂：～侬（骂人）
佚佗 t'it ˥ t'o ˩˧玩耍

（十九）位置

顶面 tiŋ ˥ bin ˨上面
顶骹 tiŋ ˥ k'a ˧
下骹 e ˧ k'a ˧下面
下底 e ˧ tue ˥
底骹 tue ˥ k'a ˧
左爿 tsɔ ˥ pũi ˧左边
倒手爿 to ˨ ts'iu ˥ pũi˧
大爿 tua ˨ pũi ˧
右爿 iu ˨ pũi ˧右边
正手爿 tsiã ˨ ts'iu ˥ pu ˧
细爿 sue ˨ pũi ˧
面头前 bin ˨ t'au ˩˧ tsũi ˩˧面前
后壁 au ˧ piaʔ ˥后面
尾头 bə ˥ t'au˧后来；末了
舷头 kĩ ˩˧ t'au˧边上
边舷 pĩ ˧ kĩ ˩˧边沿
边头 pĩ ˧ t'au˧旁边
角头 kak ˥ t'au˧角落
远头 hŋ ˧ t'au˧远处
近头 kun ˧ t'au˧近处
北顶 pak ˥ tiŋ ˥北方
顶角 tiŋ ˥ kak ˥上边；北边
下南 e ˧ lam ˩˧南方
东爿 taŋ ˧ pũi ˧东边
西爿 sai ˧ pũi ˧西边
南爿 lam ˩˧ pũi ˧南边
北爿 pak ˥ pũi ˧北边

（二十）一般名词

事志 tai ˨ tsi ˨事情
物件 bŋʔ ˩˧ kiã ˧
所在 sɔ ˥ tsai ˧地方、位置
时节 si ˩˧ tsueʔ ˥时候
因由 in ˧ iu ˩˧原因
声说 siã ˧ səʔ ˥声音、音响
味素 bi ˨ sɔ ˨味道儿
色致 siak ˥ ti ˨色泽：布兮～诚好（布的色泽很好）
骹数 k'a ˧ siau ˨脚色
脚数 kioʔ ˥siau ˨
岁子 hə ˨ tsi ˥岁数
性地 siŋ ˨ te ˨脾气
力草 lat ˩˧ ts'au ˥力气

（二十一）代词

我 gua ˥
汝 lɯ ˥你
伊 i ˧他或她
阮 gun ˥①我们（不包括对方）②我（以复数代单数）
恁 lin ˥你们
伵 in ˧他们
伯 lan ˥咱们
家己 ke ˧ ki ˨自己
逐牙 tak ˩˧ ge ˩˧①大家②每个人
别侬 pat ˩˧ laŋ ˩˧别人
即牙 ts'it ˥ ge ˩˧这个
迄牙 hit ˥ ge ˩˧那个
即搭 tsit ˥ taʔ ˥这儿
即迹 tsit ˥ liaʔ ˥
迄搭 hit ˥ taʔ ˥那儿
迄迹 hit ˥ liaʔ ˥
即款 tsit ˥ k'uan ˥这种
迄款 hit ˥ k'uan ˥那种
啥乜 siã ˩˧ bĩʔ ˥什么

哪落 to ˥ loʔ ˥ 哪儿
别乜 pat ˨˦ biʔ ˥ 别的
别迹 pat ˨˦ liaʔ ˥ 别处
偌久 lua ˨ ku ˥ 多久
偌侪 lua ˨ tsue ˨˩˧ 多少
怎仔 tsi ũ ˨˩˧ ã˥ 怎样
怎仔兮 tsi ũ ˨˩˧ ã˥ e ˨˦ 怎么样
谁 siaŋ ˨˦（啥侬〔sĩa˨˦laŋ˨˦〕的合音）

（二十二）性状　颜色

否 p'ai ˥ 坏；不好：～看（不好看）
水 sui ˥ 漂亮
晃 hɔŋ ˥ 色泽艳丽
肥 pui ˨˦ ①肥：～猪②胖：大～（大胖子）
瘖 san ˥ 瘦
勇 iɔŋ ˥ 强壮
猛 biŋ ˥ 力气大：伊诚～（他力气很大）
贫惮 pin ˨˦ tu ã˨ 懒惰
臭惮 ts'au ˨˩˧ tu ã˨
济仁 tse ˥ lin ˨˦ 凡事挑剔或过分讲究
死穲 si ˥ bai ˥ 不活泼
忠直 tiɔŋ ˧ tit ˨˦ 直爽
妥直 t'o ˨˩˧ tit ˨˦ 直爽
阔气 k'uaʔ ˥ k'i ˨˩˧ 慷慨
痃屎 k'iapʔ ˥ sai ˥ 吝啬
咸涩 kiam ˨˦ siap ˥
猫侣 li ãu ˧ siau ˨˦
小皮 siau ˥ p'i ˨˦ 贪小便宜
温柔 un ˧ liu ˨˦ 性情温和
拐哥 kuai ˨ ko ˧ 执拗
孽 giat ˨˦ 顽皮、淘气
孽卵 giat ˨˦ lan ˨
碍卵 gai ˨˩˧ lan ˨
骨力 kut ˥ lat ˨˦ 勤快
空侃 k'ɔŋ ˧ k'am ˥ 目空一切，神气活现
侃气 k'am ˥ ki ˨˩˧
侃卵 k'am ˥ lan ˨
好体 ho ˥ t'e ˥ 好样子，好运气
债汁 tsiʔ ˥ tsap ˥ 多事、啰嗦
粗 ts'ɔ ˧ ①粗糙②粗大③一般的④问题大
幼 iu ˨˩˧ ①嫩②细
模 tu ĩ ˨˩˧ 硬、结实
有 p'ã˨˩˧ 松、不结实
涔 k'o ˥ 液体浓
潡 ka ˨˩˧ 液体稀
芳 p'aŋ ˧ 香
凋 ta ˧ 干
澹 tam ˨˦ 湿
饕 tsi ã˥ 淡：菜～
热 luaʔ ˨˦
寒 ku ã˨˦ 冷
悬 ku ĩ˨˦ 高
下 ke ˨ 低
捷 tsiap ˨˦ 快
茹 lɯ ˨˦ 乱
俗 sioʔ ˨˦ 不热闹、乏味
俗 siɔk ˨˦ ①便宜②俗气
恶 oʔ ˥ 难
滇 t ĩ˨ 满
清 ts'in ˨˩˧ 凉
秋清 ts'iu ˧ ts'in ˨˩˧ ①清凉②乘凉
枵 iau ˧ 饿
闹热 lau ˨˩˧ liat ˨˦ 热闹
失德 sit ˥ tiak ˥ ①缺德②可怜
射 lio ˨˩˧ 高：伊野～（他很高）
乌 ɔ ˧ 黑
芳冲冲 p'aŋ ˧ ts'iŋ ˨˩˧ ts'iŋ ˨˩˧ 香喷喷
红支支 aŋ ˨˦ ki ˧ ki ˧ 红通通
红贡贡 aŋ ˨˦ kɔŋ ˨˩˧ kɔŋ ˨˩˧
红忽忽 aŋ ˨˦ hut ˥ hut ˥˨˩˧
白皙皙 peʔ ˨˦ siak ˥ siak ˥ 白花花
乌脞脞 ɔ ˧ so ˨˦ so ˨˦ 黑乎乎
青茏茏 ts'ĩ ˧ laŋ ˧ laŋ ˧ 青幽幽
暗摸摸 am ˨˩˧ bɔ ˧ bɔ ˧ 黑洞洞
金当当 kim ˧ taŋ ˧ taŋ ˧ 金闪闪
恒笃笃 an ˨˦ tɔk ˥ tɔk ˥ 紧绷绷
枵瘼瘼 iau ˧ b ɔ̃ʔ˥ b ɔ̃ʔ˥ 饿极了
水文文 sui ˥ bun ˧ bun ˧ 漂亮极了
静寂寂 tsiŋ ˨ tsiʔ ˥ tsiʔ ˥
软糊糊 lŋ ˥ kɔ ˨˦ kɔ ˨˦ 软绵绵
烧滚滚 sio ˧ kun ˥ kun ˥ 热乎乎
潡漉漉 ka ˨˩˧ lɔk ˥ lɔk ˥ 很稀
清卑卑 ts'in ˨˩˧ pi ˧ pi ˧ 凉冰冰
光焱焱 kŋ ˧ i ã ˨˩˧ i ã ˨˩˧ 光闪闪
散掖掖 su ã˨˩˧ ia ˨ ia ˨ 很松散

洽勒勒 kap˨˦ ləʔ˥ ləʔ˥ 办事、装束不漂亮
罗涕涕 lo˨˦ t'i˥˧ t'i˥˧ 啰里啰嗦
珍勿勿 tĩ˧ but˥ but˥ 甜滋滋
咸笃笃 kiam˨˦ tɔk˥ tɔk˥ 咸乎乎
酸拈拈 sŋ˧ liam˧ liam˧ 酸溜溜
食哱哱 tsi aʔ˥ puʔ˨˦ puʔ˨˦ 很淡、不咸
茹 lɯ˨˦ siau˨˦ siau˨˦ 佋佋乱乎乎
畅勿勿 t'iɔŋ˥˧ but˥ but˥ 兴高采烈
瘖支支 san˥ ki˧ ki˧ 瘦巴巴
肥渍渍 pui˨˦ tsiʔ˥ tsiʔ˥ 胖乎乎
轻濛濛 k'in˧ baŋ˧ baŋ˧ 轻飘飘
幼濛濛 iu˥˧ baŋ˧ baŋ˧ 很细
粗耙耙 ts'ɔ˧ pe˨˦ pe˨˦ 粗乎乎
僐縠縠 sian˧ kauʔ˥ kauʔ˥ 很累
瘟落落 ia˥˧ lak˥ lak˥
兴泥泥 hiŋ˥˧ ts'iɔ k˨˦ ts'iɔk˨˦ 兴致勃勃
糊糊 kɔ˨˦ kɔ˨˦ 粘乎乎
沙沙 sua˧ sua˧ 东西里有细沙状
破破 p'ua˥˧ p'ua˥˧ 破烂的样子
核核 hut˨˦ hut˨˦ 米、麦等食物没煮烂的状况

（二十三）副词

旧时 ku˥˧ si˨˦ 过去
旧底 ku˥˧ tue˥ 原本、本来
往过 ɔŋ˥ kə˥˧ 以往
往摆 ɔŋ˥ pai˥
头先 t'au˨˦ su ĩ˧ 刚才；先
寝 ts'im˥ 刚、刚才
寝寝 ts'im˥ ts'im˥
拄 tu˥
拄拄 tu˥ tu˥
拄即 tu˥ tsiaʔ˥
现时 hian˥˧ si˨˦ 现在
即阵 tsit˥ tsun˥˧
等漯 tan˥ lə˧ 等一会儿
小等 sio˥ tan˥
较停 k'a˥ t'iŋ˨˦
较等 k'a˥ tan˥
一仔久 tsit˨˦ ã˥ ku˥ 一会儿
一阵仔 tsit˨˦ tsun˥˧ ã˥
赶紧 ku ã˥ kin˥ 赶快
较紧 k'a˥ kin˥
当 tŋ˧ 正：油～热

嘿 lə˥˧ 在、正在：伊～读册（他正在读书）
佫 koʔ˥ 又、再：～去一逝（再去一趟）
唔八 m̩˥˧ pat˥ 未曾
犹未 ia˥ bə˥˧ 还没有
拢总 lɔŋ˥ tsɔŋ˥ 全部
计 ke˥˧ 都：恁～来（你们都来）
拢共 lɔŋ˥ kiɔŋ˥˧ 总共
相合 sa˧ kap˥ 一起、共同；两个侬～食（两个人一起吃）
做阵 tsue˥˧ tin˥˧ 一起
加减 ke˧ kiam˥ 或多或少
干凋 kan˧ ta˧ 光：～说，唔去做，有啥路用（只说不做有什么用）
诚 tsi ã˨˦ 相当，很：伊～好（他很好）
野 ia˥ 很：～侪（很多）
崭然 tsam˥ lian˨˦ 相当：～侪（相当多）
较 k'a˥ 比较、稍微：伊兮病～好咯（他的病稍微好一些）
小可 sio˥ k'ua˥ 稍微：～削一丝仔去（稍微削去一点儿）
小可仔 sio˥ k'ua˥ ã˥
淡薄 tam˧ poʔ˨˦ 微薄、少许
伤 si ũ˧ 过量：～侪（过多）
稳 un˥ 准，一定：伊～来（他准会来）
唔 m̩˥˧ 不：～说
𫜫 bue˧ 不会：伊～来（他不会来）
免 bian˥ 不必、不要：汝～来（你不必来）
唔嗵 m̩˥˧ t'aŋ˧ 不能，不可以：～说
嗵 t'aŋ˧ 可以：～去
煞 suaʔ˥ ①竟然：即字伊～唔捌（这字他竟然不认识）②立即：汝～来（你马上来）
险 hiam˥ 差一点儿：伊～考入大学（他差一点儿考上大学）
险险 hiam˥ hiam˥
横直 hu ĩ˨˦ tit˨˦ 横竖、反正
唔管 m̩˥˧ kuan˥ 不管

（二十四）数量词

个 ge˨˦ ①个：一～侬（一个人）②件：一～物件（一件东西）③只：一～影（一只影子）
枝 ki˧ ①枝：一～花②只一～手③面：一～旗
支 ki˧ ①把：一～刀。②根：一～头毛（一根头发）。③面：一～旗
只 ki˧ ①只：一～狗②头：一～牛（一头牛）③匹：一～马④口：一～猪⑤架：一～飞机⑥艘：一～军舰⑦条：一～船⑧台：一～拖拉机⑨辆：一～骹踏车（一辆自行车）
尾 bə˥ 条：一～鱼
块 tə˥˧ ①块：一～豆腐②片：一～瓦③所：一～厝（一所房子）④把：一～交椅⑤张：一～桌（一张桌子）⑥个：一～碗
间 ku ĩ˧ ①：间一～房（一间屋子）②所：一～学堂（一所学堂）③座：一～宫

仔（一座小庙）

仙 sian ˧ ①尊：一～佛（一尊菩萨）②个：一～纸依仔（一个小纸人）③条：一～娘仔（一条蚕）

从 tsaŋ ʎ ①棵：一～树②支：一～熏支（一支香烟）

门 bŋ̃ ʎ ①门：一～大炮②个一～炮（一个炮仗）

领 li ã ˥ ①张：一～牛皮②顶：一～蚊帐（一顶蚊帐）③件：一～衫（一件上衣）④床：一～被（一床被子）

顶 tŋ ˥ ①顶：一～轿②辆：一～车～

蕊 lui ˥ ①朵：一～花②只：一～目珠（一只眼睛）

绾 ku ã ˧ ①串：一～鱼②挂：一～炮（一挂鞭炮）

奇 k'a ˧ ①只：一～鞋②个：一～桶③根：一～箸（一根筷子）④盏：一～灯

葩 p'a ˧ ①簇：一～花②条：一～狗尾（一条狗尾巴）③盏：一～灯

腹 pak ˥ ①泡：一～尿②肚子：一～话

字 li ˅ 五分钟：一～久（五分钟时间）

页 iaʔ ʎ 一～纸

格 keʔ ˥ ①层：五～橱②格：十五～纸（十五格稿纸）

爿 pu ĩ ʎ ①片：一～姜（一片姜）②边：分两～

项 haŋ ˧ ①件：一～事志（一件事）②样：一～物件

位 ui ˅ ①位：一～依客（一位客人）②个：一～所在（一个地方）

张 ti ũ ˧ ①张：一～纸②封：一～批（一封信）

条 tiau ʎ ①条：一～河②根：一～索（一根绳子）③件：一～事志（一件事情）④宗：一～案（一宗案件）⑤道：一～沟

缚 pak ʎ 一～箸（一捆筷子）

爻 ha ʎ 一～草（一捆草）

摆 pai ˥ 次、趟：去一～

迣 tsua ˅ 次、趟：来一～

帮 paŋ ˧ ①帮：迄～依（那帮人）②次：三～（三次）

矸 kan ˧ 瓶：一～油

鼓 kɔ ˥ ①壶：一～茶

砳 p'iat ˥ 一～茶

铺 p'ɔ ˅ 一～路（十里为一铺）

箍 k'ɔ ˧ 元：一～银（一元钱）

（二十五）虚词

1. 介词

待 tɯ ˧ 在：伊～泉州读册（他在泉州读书）

踮 tiaɯ ˅

驻 tua ˅

对 tui ˅ ①对：～事不～依（对事不对人）②从：伊～泉州来（他从泉州来）

从 tsŋ ʎ 伊～小就无父母（他从小就没有父母）

向 ŋ ˅ 伊～厦门来（他从厦门来）

合 kap ˥ 跟、同：明仔我～伊去厦门（明天我跟他去厦门）

据在 kɯ ˅ tsai ˧ 任、任凭 ～伊说，我就是呣去（任凭他说，我就是不去）

据 kɯ ˅

共 kaŋ ˅ ①向、对：伊～我说过（他对我说过）②给：我～依洗衫裤（我给人洗衣服）③把：～伊掠起来（把他抓起来）

与 t'ɔ ˅ 被：伊～依拍（他被人打）

乞 k'it ˥

将 tsiɔŋ ˧ 把：汝着～书读好（你应该把书读好）

除起 tɯ ʎ k'i ˥ 除了：～伊：无别人

告 kau ˅ 到：～泉州犹偌远（泉州还多远）

2. 连词

也 a ˥ 或者（还是）：买桃，～买李，计会做咧（是买桃，还是买李，都可以）

也是 a ˥ si ˧

甲 kap ˥ 和：我～伊去上海（我和他去上海）

若 l ã ˧ 如果：～有依来，汝就喊我一声（如果有人来，你就喊我一声）

虽然 sui ˧ lian ʎ…… 呣久 $\overset{m}{1}$ ˅ ku ˥ 虽然……但是：伊虽然做依诚好，呣久无能力（他虽然为人很好，但是没有能力）

呣若 $\overset{m}{1}$ ˅ l ã ˧…… 佫 koʔ ˥ 不但……而且：旧年呣若水灾佫起大风，五谷则失收（去年不但闹水灾，而且刮大风，所以粮食歉收）

只有 tsi ˥ u ˧…… 则 tsiaʔ ˥ 只有……才：只有我亲耳听见，我则相信（只有我亲耳听见，我才相信）

若（是）l ã（si ˧）…… 就 tsiu ˅ 如果……就：明日若（是）好天，我就去安溪（明天如果晴天，我就去安溪）

3. 助词

兮 e ˧ 的：伊～册（他的书）｜林兮（姓林的）

仔 ã ˥ 地：汝慢慢～行（你慢慢地走）

a ˥ 得：走～野远（跑得很远）

所 sɔ ˥ 伊～说无一句着（他所说的没有一句对）

尔 l ĩ ˧ 一样、一般、似的：伊生仔若花尔（她长得像花一样漂亮）

漯 lə ˧ 着：伊徛～看戏（他站着看戏）

咯 lɔ ˧ 了：食～（吃了）

过 kə ˧ 去～

着 tioʔ ˧ 去～香港（去过香港）

4. 叹词

欸 e ˅ 表示呼唤惊讶：～，去泉州兮车几点（喂，去泉州的车几点开）｜～，蛇！

唔 gua ˅ 表惊异：～伊考了100分（啊，他考100分）

哼 hŋ ˧ 应答声

咴 h ə̃ ˧ 应答声

嗬 h ɔ̃ ʎ 表惊讶：～，伊佫无来（嗬，他竟没来）

嗐 hai ˅ 表叹息：～依老咯（嗐，人老了）

5. 语气词

咯 lɔ ˧ 陈述语气词，相当于"了"：即卷册我看过～（这本书我看过了）

呢 l ĩ ˧ 陈述语气词，相当于"罢了"、"而已"：无大病，只是一丝仔感冒～（没有大病，只是一点儿感冒而已）

噢 ɔ˧ 汝赶紧来～（你赶快来吧）
啊 a˧ 祈使语气词，毋嗵啉清水～（不要喝凉水啊）
嘿 lɔ˧ 汝较少食淡薄～（你少吃一点吧）
啊 a˧ 感叹语气词：伊歌唱仔野好～（她歌唱得很好啊）

二、词汇特点

泉州方言词汇丰富，且富有地方色彩。下面从词源、词形和词义等几个方面来说明它的主要特点。

（一）词源

从词源看，泉州方言和普通话一样，都是源于古代汉语，因此，它的基本词汇有许多是和普通话相同的，只是语音上的差异，如“山”“水”“天”“地”“笑”“骂”等。但有些古汉语词在普通话里已经不说了，而在泉州方言的口语中还保留着。

例如：潡 [ka ˧˩] 稀：糜真～。《集韵》：“潡，居效切。”《玉篇》：“水也。”

囝 [k ã˥] 子女：悃～。《集韵》：“囝，九件切，闽人呼儿曰囝。”

趖 [so ˨˦] 漫游：东～西～。《说文》：“趖，走意。”《集韵》：“趖，苏和切。”

卵 [lŋ ˧] 蛋：鸡～。《说文》：“凡物无乳者卵生。卢管切。”

册 [tsʻeʔ ˥] 书：读～。《广雅・释诂》：“册，书也。”《广韵》：“楚革切。”

痀 [ku ˧] 弯腰：～落去。《广韵》：“痀，举朱切，曲脊。”

趏 [peʔ ˥] 爬：～岭。《集韵》：“趏，莫白切，越也。”

园 [kʻŋ ˧˩] 藏：～物件。《集韵》：“园，口浪切，藏也。”

覕 [biʔ ˥] 躲藏起来。《广韵》：“覕，莫结切，不相见貌。”

以上列举的都是单音节词，下面举一些双音节词。

法度 [huat ˥ tɔ ˧˩] 办法、规矩：无～。《尚书・大禹谟》：“儆戒无虞，罔失法度。”

设使 [siat ˥ sɯ ˥] 假使。曹操《让县自明水志令》：“设使国家无孤，不知当几人称帝，几人称王。”

下晡 [e ˧ pɔ ˧] 下午。《汉书・天文志》：“晡至下晡，为叔；下晡至日入，为麻。”

此外，由于泉州是侨乡，去南洋的人甚多，因此带来一些外来词，这些外来词至今还没有进入共同语，来源于印度尼西亚语的如：

啉 [lim ˧]：饮～水

斟 [tsim ˧]：吻～喙（接吻）

檩 [pin ˥]：别～针（别针）

雪文 [sap ˥ bun ˨˦]：肥皂

洞葛 [tɔŋ ˧ kat ˥]：文明杖

朱律 [tsu ˧ lut ˨˦]：雪茄

五骹架 [gɔ ˧ kʻa ˧ ke ˧˩]：骑楼式的人行道

甘妈得 [kam ˧ b ã˥ tit ˥]：西红柿

加爆棉 [ka ˧ pɔk ˨˦ b ĩ ˨˦]：木棉

来源于英语的如：

奥赛 [au ˧˩ sai˧]：坏、糟

马绢 [b ã˥ kin ˧˩]：缝纫机

揀 [sak ˥]：推搡

还有一些词语的来源不明，或是泉州人民的创造，或是古越语的遗留，或是其他的来源，有待考证。例如：

猫面 [li ãu ˧ bin ˧˩]：麻子

臭涂 [ts‘au ˧˩ t‘ɔ ˨˦]：电石

年冬 [l ĩ ˨˦ t aŋ ˧]：年成，年景

浅拖 [ts‘ian ˥t‘ua ˧]：拖鞋

月娘 [gəʔ ˨˦ li ũ˨˦]：月亮

电火 [tian ˧˩ hə ˥]：电灯

骨力 [kut ˥ lat ˨˦]：勤劳

（二）词形

从词形（或说结构）看，泉州方言的词汇和普通话有不少差异，很有特色。下面举出几项，略加说明：

1. 构词词素相同，但次序颠倒。例如：

泉州语	普通话	泉州语	普通话
人（侬）客	客　人	历　日	日　历
猪　公	公　猪	闹　热	热　闹
鸡　母	母　鸡	业　产	产　业
布　碎	碎　布	头　前	前　头
面　线	线　面	小　胆	胆　小
浮　沉	沉　浮	利　便	便　利
节　季	季　节	久　长	长　久

2. 构词词素部分不同，或者完全不同。例如：

泉州话	普通话	泉州语	普通话
涂　沙	泥　沙	熏　支	香　烟
天　乌	天　黑	鼎　庀	锅　巴
殕　味	霉　味	乌　涂	黑　土
熏　斗	烟　斗	涂　糜	泥　巴
鼎　盖	锅　盖	生　殕	发　霉

3. 单双音节不同。泉州话以单音节词为最，而普通话以双音节词为多。因此，泉州话的单音节词在普通话里往往要读为双音节词。例如：

泉州话	普通话	泉州语	普通话
盘	盘　子	石	石　头
舌	舌　头	尾	尾　巴
安	安　装	督	督　促
本	本　钱		监　督
补	弥　补	稳	稳　固
计	计　策		稳　重
阔	宽　阔		稳　当
文	文　章	消	消　化

（三）词义

从词义看，泉州话有不少词形和普通话相同，而词义殊异、范围大小不同的词语。例如：

例词	泉州话词义	普通话词义
豆油	酱油	一种食用油
		接受花粉、结成子实或采用三
母本	本金	

		条等方法进行繁殖的植株
生涩	吃未成熟的水果时舌头有麻木、干燥的感觉	（言词、文字等）不流畅、不纯熟
铁笔	钢笔	刻蜡纸用的铁笔
走	跑	走
鼻	①鼻涕。②闻。③鼻子	鼻子

以上是词形相同，而词义完全不同的词语。这类词语，还有一种变读别义的。例如：

加工　当读 [ke ˧ kaŋ ˧] 时，义为“多此一举”，不同于普通话；当读 [ka ˧ kaŋ ˧] 时，义同普通话的“加工”。

加减　当读 [ke ˧ kim ˥] 时，义为“或多或少”，不同于普通话；当读 [ka ˧ kiam ˥] 时，义同普通话的“加减”。

大家　当读 [ta ˧ ke ˧] 时，义为“婆婆”，不同于普通话；当读 [tai ˦˩ ke ˧] 时，义同普通话的“大家”。

大官　当读 [ta ˧ ku ã ˧] 时，义为“公公”，不同于普通话；当读 [tua ˦˩ ku ã ˧] 时，义同普通话的“大官”。

饮　当读 [am ˥] 时，义为“米汤”，不同于普通话；当读 [im ˥] 时，义同普通话的“饮”。

水　当读 [sui ˥] 时，有“漂亮”“美丽”义，不同于普通话；当读 [tsui ˥] 时，义同普通话的“水”。

这类词语最有意思，但最容易引起误会。为便于称说，不妨叫它“歧义词”。下面，举一些词义范围和普通话不同的词语。竖线以前是泉州话和普通话通用的义项，竖线后是泉州话特有的义项。

肥 [pui ˨˦] ①肥：～猪。|②胖：迄个侬诚～那个人很胖。

位 [ui ˦˩] ①位：各～。|②位置：镇～占位置。

幼 [iu ˦˩] ①幼：～稚。|②细嫩：笋诚～笋很嫩。③颗粒小：共米舂～把米（粉）研细。④精细：～布。⑤音量小：～声。

电 [tian˦˩] ①电：触～。|②烫：～头毛烫头发。

粗 [ts‘ɔ˧] ①粗：～大、～糙、～鲁。|②平常的、普通的：～货平常普通的货物。|③肥料：沃～浇肥

以上是些词义范围比普通话广的词语。下面举些词义范围比普通话窄的词语：

普通话	泉州话
打	①打 [t ã˥]：～扮、半～。②拍 [p‘aʔ ˥] ～算
下	①下 [e ˧]：～面。②落 [loʔ ˨˦]：～雨。
湿	①湿 [sip ˥]：～热。②澹 [tam ˨˦]：～粟湿的谷子。
穿	①穿 [ts‘ŋ˧]：～针。②颂 [ts‘iŋ ˦˩]：～衫穿衣。
多	①多 [tɔ ˧]：～面手。②加 [ke ˧] ～读。③侪 [tsue ˦˩]：～少。④偌 [lua ˧]：～侪多少。

从上面对比，可以清楚地看到，泉州话的“打”“下”“湿”“穿”“多”的词义范围要比普通话窄。

第三节　语　法

一、构词特点

（一）多用单纯词

泉州话多用单纯词表示普通话用合成词才能表示的概念。例如：

泉州话	普通话	泉州话	普通话
花	花　儿	月	月　儿

鸟	鸟儿	桌	桌子
椅	椅子	盘	盘子
计	计策	阔	宽阔

（二）用内部曲折构词

泉州话的第一人称代词“我”［gua ˥］和“阮我们”［gun ˥］，第二人称代词“汝你”［lɯ˥］和“恁你们”［lin ˥］，第三人称代词“伊他、她”［i ˧］和“俀他们”［in ˧］，都以有无鼻音尾［-n］来区别单复数；指示代词“即这”［tsit ˥］和“迄那”［hit ˥］，是通过声母［ts-］和［h-］的变化来表示近指和远指。

（三）用文白异读构词

泉州话常用文白异读来构词。例如：

接接 tsiʔ ˥ tsiap ˥ 迎接、接待　　盐盐 s ʎ iam ʎ 用盐腌东西

食食 tsiaʔ ʎ sit ʎ 饮食　　冗冗 liɔŋ √ liŋ √ 宽裕

从上面例子可以看到，有时白读在前文读在后，有时文读在前白读在后。

（四）用特有词素构词

泉州话	普通话	泉州话	普通话
床枋	床板	批信	信件
涂油	煤油	面干	线面
腹肚	肚子	性地	性子
目镜	眼镜		

上面词例中加着重号的词素，是泉州话特有的词素。

（五）用同素反序法构词

“同素反序法”，即词素相同而位置不同的一种构词方式。例如：

泉州话	普通话	泉州话	普通话
闹热	热闹	联对	对联
业产	产业	节季	季节
人客	客人	头前	前头
历日	日历	久长	长久
鞋拖	拖鞋	解劝	劝解
利便	便利	千秋	秋千
小胆	胆小	鸡母	母鸡
面线	线面	狗公	公狗
牛母	母牛	猪母	母猪

以上的词例，二者的词素和词义相同，只是构词次序不同。泉州话中，还有一些词素相同构词次序不同而词义也不同的逆序词：

泉州话	普通话	泉州话	普通话
头路工作	路头路途	尾后后面	后尾后院
吹风被风吹	风吹风筝		

（六）用不同复合方式构词

泉州话有一些复合词，其构词方式与普通话不尽相同。下面列出几种：

1. 名量结构的偏正式复合词。例如：

泉州话	普通话	泉州话	普通话
麦粒	麦粒	火堆	火堆
糜粒	饭粒	戏出	戏目

箸　奇	筷　子	门　扇	门　板
树　丛	树　木	熏　支	香　烟
鸟　只	鸟　儿		

2. 形量结构的偏正式复合词。例如：

泉州话	**普通话**	**泉州话**	**普通话**
大（牛）	大牛	细（牛）	小牛
大奇（桶）	大桶	细奇（桶）	小桶
大顶（轿）	大轿	细顶（轿）	小轿
侪尾（鱼）	鱼多	大批（货）	大批货物
大碗（饭）	大碗饭		

3. 名动结构的偏正式复合词。例如：

泉州话	**普通话**	**泉州话**	**普通话**
火　擦	火　柴	头　梳	梳　子
齿　刷	牙　刷	门　闩	门　栓

这种结构的复合词，表面上似陈述式复合词，而实际上则是前头的名词素从对象方面修饰后边的动词素的“偏正结构”。

以上三种复合词，在普通话中也有，但只有可数的几个。如“麦粒”“火堆”“大碗茶”“大锅饭”“大笔款子”“大批货物”“牙刷”等，而泉州话较多。

4. 三音联合式复合词。例如：

泉州话	**普通话**	**泉州话**	**普通话**
食颂用	生活费用	枵寒饿	饥寒交迫
开使用	挥霍钱财	食跋佚	吃喝玩乐
挨吹唱	吹拉弹唱	被铺席	铺盖行李

（七）用特有词头和词尾构词

用特有的词头构成新词。例如：

阿 [a ˧] －般用在称谓名词前画或人名前面。放在称谓名词前面时构成了亲属的称呼，”阿叔$_{\text{叔父}}$”“阿爹$_{\text{爹爹}}$”“阿爸$_{\text{爸爸}}$”“阿兄$_{\text{哥哥}}$”“阿妹$_{\text{妹妹}}$”等。放在人名前（如果是双音节，放在第二个音节前），带有一种亲昵的感情，例如“阿英”“阿通”等。“阿”的这种用法在普通话中也有，如“阿哥”，但范围很有限。

狗 [kau ˥] 一般放在人名前面，用法同“阿”，表示亲昵可爱。例如“林英”，可说成“狗英”；“林国基”，可以说成“狗基”。

臭 [ts‘au ˥˩] 用于某些形容词前表示轻视、厌恶，并有加强程度的作用。如“臭老$_{\text{过分老相}}$”“臭惰$_{\text{懒惰}}$”“臭聋$_{\text{耳聋}}$”等。

障 [tsi ũ˥˩] 用于一些时间名词之前，表示“正当”意思，同时起加长音节的作用。如“障早起$_{\text{早上}}$”“障日昼$_{\text{中午}}$”“障下晡$_{\text{下午}}$”“障暗头$_{\text{傍晚}}$”“障暗暝$_{\text{晚上}}$”等。

用特有的词尾构成新词。常见的有两类：

单词尾词：

仔 [ã˥] 尾构成的新词：

（1）同姒仔$_{\text{妯娌}}$：同姒$_{\text{妯娌}}$
兄弟仔$_{\text{兄弟}}$：兄弟$_{\text{兄弟}}$
叔孙仔$_{\text{叔侄}}$：叔孙$_{\text{叔侄}}$
贼仔$_{\text{小偷}}$：贼

北仔$_{\text{北方人}}$

（4）孙仔侄儿
外甥仔$_{\text{外甥}}$
国治仔$_{\text{国治（人名）}}$

李仔(李子)：李　　通仔(人名，全称“连通”)

（2）厝仔(小房子)　　（5）糖仔(糖果)

桌仔(小桌子)　　粿仔(水煮的米粉疙瘩)

马仔(小马儿)　　马仔(喽罗、奴才)：马(马)

老公仔(小老头子)　　嗶仔(哨子)

（3）番仔(洋人)　　桷仔(檩条)

戏仔(演员)　　裨仔(背心)

词例（1）的“仔”主要起着增加音节加长词形和使结构较松散的词组凝结成单词的作用。词例（2）的“仔”有表示小称的作用。词例（3）的“仔”有表蔑称的作用。词例（4）的“仔”有表爱称的作用。词例（5）的“仔”有明显表义的作用，如果去了“仔”，词义即发生变化，或者就不能说。

侬［laŋ ˨˦］尾构成的新词：

媠媠侬(侬女人)　　团仔侬(小孩)

姿娘侬(女人)　　出门侬(外出的人)

丈夫侬(男人)　　作塍侬(种田人)

序大侬(父母亲)　　作工侬(工人)

“侬”附加在一些名词素或动词素之后构成名词，指某一类人或某一辈人。

声［siã ˧］尾构成的新词：

斤声(斤数)　　点声(钟点)

尺声(尺数)　　钱声(钱数)

斗声(斗数)　　磅声(重量)

“声”附加在一些量词素之后构成名词，指数量。

仙［sian ˧］尾构成的新词：

讲古仙(聊大天的人)　　风水仙(地理先生)

佚佗仙(游手好闲的人)　　鸦片仙(鸦片鬼)

“仙”附加在一些动词素和名词素之后构成名词，称呼某一行业的人或某一类人。

鬼［kui ˥］尾构成的新词：

枵鬼(饿鬼)　　双面刀鬼(搬弄是非者)

九鬼(赌徒)　　腌臜鬼(不讲卫生的人)

“鬼”和形容词素或名词素构成名词，称呼某一类人，通常是贬义的。

神［sin ˨˦］尾构成的新词：

风神好(吹牛的人)　　倥侃神(虚骄之徒)

“神”附加在名词素之后构成新词，多指某一类人，含贬义。

路［lɔ ˧˩］尾构成的新词：

手路(手艺)　　头路(职业)

穑路(活儿)　　对路(正确)

“路”附加在一些名词素或形容词素之后构成名词或形容词，表示事物门类或性质。

水［tsui ˥］尾构成的新词：

（1）钱水(钱源)　　色水(色泽)

喙水(口才)　　（2）硬水(繁重、艰巨)

面水(面貌)　　软水(轻松)

词例（1）的“水”附加在名词素之后构成名词，表示数量、状态、质地等。词例（2）的“水”附加在形容词素之后构成形容词，表示性质和状态。

气［k'ui ˧˩］尾构成的新词：

重气 分最重　　紧气 快速的状态

轻气 分最轻　　好气 好的景况

软气 轻微的状态　　差气 差劲

硬气 繁重的状态、费劲、吃力

“气”附加在形容词素之后构成形容词，表示性质，程度或状态。

草［ts'au ˥］尾构成的新词：

力草 力气的状态　　货草 货色的状态　　市草 行情的状态

“草”附加在名词素之后构成名词，表示估量的状况。

哥［ko ˧］尾构成的新词：

痽［gai˨˦］哥 刁顽　　嘐哥 罗唆

“哥”附加在形容词素之后构成形容词，表示性质，含贬义。

头［t'au ˨˦］尾构成的新词：

（1）树头 树墩子　　外头 外面

角头 角落儿　　边头 旁边儿

椅头 方凳　　东头 东边

（2）灰头 灰渣　　西头 西边

番薯头 甘薯渣　　（4）车头 汽车、火车的驾驶室，车站

布头 碎布　　店头 商店

（3）顶头 上面　　灶头 灶台

下头 下面　　家俬头 工具

内头 里头　　心肝头 胸口

词例（1）的“头”附加在名词素之后构成名词，表示物体是短小的，而且在形状上是方形或块状物。词例（2）的“头”附加在名词素之后构成名词，表示东西是下脚料。词例（3）的“头”附加在单纯方位名词素之后构成合成的方位名词，表示所指方位的范围。词例（4）的“头”附加在名词素之后构成名词，“头”作为名词的标志。

口［k'au ˥］尾构成的新词：

（会）看口（咧）可以看得　　（鱠）看口（咧）看不得

词例的“口”附加在动词素之后构成动词，这种动词常与“会”、“狯不会”［bue ˧］搭配，表示是否可能或是否值得。

双词尾词：

鸡豚仔 小鸡儿　　侬刳仔 半小伙子

猪胚仔 小猪崽　　毛箭仔 未完全长出的毛发

上面词例中的双词尾“豚仔”、“胚仔”、“割仔”、“箭仔”附在名词素之后构成名词，表示小称。

（八）用重叠方式构词

1. 用单音名词素重叠构成形容词。例如：

水水 形容东西像水一样的状态，如：食起来～。

涂涂 形容食品有土腥味，如：塍螺无洗清气，食起来～。

天天 形容人漫不经心，对人对事若无其事，如：汝呣嗵～呣应侬。

沙沙 形容食品中有细沙的状态，如：碎米糜食起来～。

猴猴 形容人瘦小，像猴子一样，如：佃兄～。

冰冰 形容食物凉的状态，如；万金油食起来～。

胶胶形容食物粘手的状态，如：肉着煮遭～则有补。

2. 用单音动词素重叠构成形容词。例如：

开开形容门敞着的状态，如：门～，厝里面无侬。

倒倒形容物体欲倒的状态，如：迄支旗竿～。

痀痀形容人或物体的驼背状，如：汝着～，铳则拍舱着。

笑笑形容人笑的状态，如：汝骂伊，伊犹是～。

2. 用单音量词素重叠构成形容词。例如：

核核形容豆、米一类食物没有熬烂的状态，如：糜犹未煮熟，食起来～。

粒粒形容东西不光滑，有疙瘩状，如：那兮饭煮仔～。

这种构词方式普通话也有，所不同的是普通话造出来的词只是词形的变化，没有意义的变化，如“妈”和“妈妈”、“爸”和“爸爸”意义都相同，而泉州话有意义和词性的变化，如“水”是名词，是一种液体，“水水”是形容词，形容东西像水一样的状态。

二、词类特点

（一）名词主要特点

在计量、指定、逐指时，泉州话的名词所配搭的量词往往和普通话不同，下面的三组短语，(1)组是计量，(2)组是指定，(3)组是逐指：

	泉州话	普通话
(1)	一领被	一床被子
	一尾鱼	一条鱼
	一蕊花	一朵花
(2)	即领被	这床被子
	即尾鱼	这条鱼
	即蕊花	这朵花
(3)	一领一领兮被	一条条的被子
	一尾一尾兮鱼	一条条的鱼
	一蕊一蕊兮花	一朵朵的花

泉州话表示“每一”时与普通话不同。前者是用“逐＋名词”的组合方式来表示，如“逐侬每人”、“逐桌每桌”，而普通话则用“每（一）＋名词”和重叠的方式来表示，如“每人”、“每家”、“每一人”、“每一家”，“人人”、“家家”。

泉州话有些方位词可以重叠。重叠后表示程度加深。例如：“边、角、尾”可以重叠为“边边很边缘的地方、角角很偏僻的角落、尾尾非常靠后”。

（二）动词主要特点

泉州话动词时态的表示与普通话不完全一样。例如：

	泉州话	普通话
持续时态：	徛嘿	站着
	嘿写	写着
	待嘿睏	在睡着
完成时态：	食咯	吃了
	食了咯	吃了
	洗了咯	洗了

经历时态： 捌当着 当过
捌去着 去过
捌食着 吃过

泉州话动词的重叠式及其所表示的语法意义与普通话不尽相同。例如：

AA 式：

（1）汝想想咧则共我说。你好好地想一下才告诉我

（2）共侬赶赶出去。把人全都赶出去

（3）水漏漏落来。水不断地漏下来

例（1）的“想想”有增强语气和强调的意味。例（2）的“赶赶”表示动作的对象是全范围的。例（3）的“漏漏”表示动作是不断的。

泉州话有些动词可以用仔［a˥］表示程度。例如：气仔非常生气、想仔非常想念、爱仔非常喜欢、惊仔非常害怕、走仔拼命跑。

（三）形容词主要特点

泉州话单音形容词的重叠式，除“AA”式（如“红红”）外，还有“AAA”式，例如：

红红红 青青青 白白白 黄黄黄

“AA”式充当补语时（加“洗遘白白”）和“AAA”式一样，都表示对程度的强调，而后者所强调的程度要比前者更甚。

泉州话双音形容词的重叠式，除“AABB”式（如“清清楚楚”）外，还有“ABAB”式，例如：

清气清气很干净 老实老实很老实

无论是“AABB”式，还是“ABAB”式，都表示对程度的强调。

泉州话的形容词普遍可以用仔［a˥］来表示程度，例如：大仔很大、细仔很小、白仔很白、光仔很亮、慢仔很慢、清气仔很干净。

（四）数量词主要特点

泉州话概数的表示法和普通话不尽相同。首先，泉州话的概数词比普通话丰富，而且大都不一样，如“成十年（十来年）、几落摆（好几回）、十所日（十来天）、十外岁（十多岁）、两千几（两千多）、四十吐（四十出头）、五十捅（五十出头）、三百空（三百挂零）”等，少数单音概数词还可以用重叠式来强调未定尾数之多，如“十几几（十几好几）、百外外（一百好几）等。

泉州话的称数法不同于普通话。请比较下面两组例子：

	泉州话	普通话
（1）	一百空五	一百零五
（2）	百一	一百一
	角三	一角三
	斤七	一斤七

例（1），泉州话在整数与零数之间所用的连结词是“空”［kʻɔŋ˧］，而普通话是“零”。例（2），泉州话可省说整数“一”，而普通话则不行。

泉州话量词逐指义的表示不同于普通话，泉州话通常是用“逐＋量”组合和“数＋量”的重叠式来表示。例如：“逐个”每一个、“逐张”每一张、“逐只”每一只，“一个一个”、“一张一张”、“一只一只”。而普通话常用量词重叠式和“数＋量”重叠式来表示。例如：“个个”“张张”“条条”，“一个一个”“一张一张”“一条一条”。

泉州话有少数序数词和基数词可以修饰形容词，表程度。例如“第一好”最好、“第一大”最大、“万好”极好、“万大”极大、“成万好”非常好、“成万水”非常漂亮等。

（五）代词主要特点

泉州话的代词一般分为近指和远指，但在一定的语境中，远指可再分为较远指和更远指。近指是用“即”[tsit ˥] 来表示，如“即位”这个位置。较远指是用“迄”[hit ˥] 来表示，如：“迄位”那个位置；更远指也是用“迄”[hit ˥] 来表示，但要读重音，并辅以手势，如“迄 [ˈhit ˥] 位”。

泉州话的人称代词可以和“侬”（音 [laŋ ˨˦]，相当于普通话的“人家”）结合，表示生动语气。如“侬我爱食芋”我爱吃芋头、“侬汝细汉佫野乖”你小时候很乖、“侬伊卜去北京”他要去北京、“侬阮兄弟佫𫧃否”我们兄弟的关系还很不错、“侬恁佫有一份奖金”你们还有一份奖金、“侬個佫有布行”他们还有布行、“侬伯泉州佫诚水”咱们泉州很漂亮等。

（六）副词主要特点

可以省略所修饰的谓语。例如：

问：汝佫挑工来一趟啊？你还特意来一趟

答：我是顺路，呣是挑工啊。我是顺道来的，不是特意来的

修饰语“顺路”“挑工”之后的谓语“来”被省略了。

有的可以单独回答问题。例如：

（1）问：汝钱有够无？你钱够吗

答：拄好。刚刚好

（2）问：汝捌读册呣？你曾经读过书吗

答：捌。曾经读过

例（1）（2）的副词“拄好”“捌”都单独回答了问题。

三、语序特点

（一）双宾语位置

为了突出物品，泉州话可以把指物或人的远宾语提到动词前面，近宾语仍留在动词后面。

例如：

册一本与伊。给他一本书　　工人几个借我。借我几个工人

（二）定语位置

泉州话表示数量的定语可以后置。例如：

票一张与我。给我一张票　　鸡一斤偌钱？一斤鸡多少钱

羊一只走去了？一只羊跑掉了

这里，“一张”“一只”“一斤”分别置于中心词“票”“羊”“鸡”之后。这种用法，在疑问句中最常见。

（三）状语位置

泉州话的状语，有的也可以置于动词之后。例如：

汝行边。你靠边走　　半斤米食无够。半斤米不够吃

我行头前。我前面走

这里，状语“边”“头前”“无够”分别置于动词“行”“食”的后面。

（四）补语位置

泉州话的补语，有的可以置于宾语之后。例如：

我拍伊无法。我打不过他　　伊砗我口倒。他推不倒我

这里，补语“无法”“口倒”分置于宾语“伊”“我”的后面。

四、句法特点

（一）能愿句

在泉州话中，“会”除了能作动词，表示理解、懂得、熟悉、通晓的意义外（如“我会英文”），还可以作能愿动词，相当于普通话的“能”。因此，泉州话能愿句的表示法与普通语不完全相同。例如：

	泉州话	普通话
（1）	我病好咯，会食糜咯。	我病好了，能吃饭了。
	骹肿咯，袂行路。	脚肿了，不能走路了。
（2）	后日伊会来泉州猃？	后天他能不能来泉州？
	伊后日袂来。	他后天不能来。
（3）	伊一日会写三千字。	他一天能写三千字。
	我一日袂写三千字。	我一天不能写三千字。

从例中我们可以看到，方言用“会”“袂”表示的能愿句，普通话分别用“能”“不能”来表示。

（二）比较句

泉州话等比式比较句与普通话不同。它常常在形容词前面加“平平”两字作修饰语，相当于普通话的“一样”、“同样”。例如：

我甲伊平平悬。我和他一样高

迄两包糖平平重。那两包糖一样重

泉州话的差比式比较句有几种格式与普通话不同，例如：

	泉州话	普通话
（1）	我比伊较肥。	我比他胖。
	今仔比昨日较热。	今天比昨天热。
（2）	我较躼伊。	我比他高。
	阮兄较势我。	我哥哥比我本事大。
（3）	我躼伊三寸。	我比他高三寸。
	我大伊五岁。	我比他大五岁。

例（1）泉州话是用“甲 + 比 + 乙 + 较 + 性状词”的格式来表示差比式比较句，而普通话是用“甲 + 比 + 乙 + 性状词”来表示，泉州话多了一个“较”字；例（2）泉州话是用“甲 + 较 + 性状词 + 乙”来表示差比式比较句，而普通话是用“甲 + 比 + 乙 + 性状词”来表示，两者差别较大；例（3）泉州话是用“甲 + 性状词 + 乙”的格式来表示差比式比较句，而普通话是用“甲 + 比 + 乙 + 性状词”的格式来表示，二者除结构不同外，泉州话还少了一个“比”字。

（三）被动句

泉州话被动句的表示法与普通话不完全相同。它缺少相当于普通话“被”的专用介词，而是采用给类动词“与”［tɔ˨˦］和既当动词又当介词的“乞”［kʻit˥］来表示。例如：

伊昨日待德化与侬拍。他昨天在德化被人打了

伊兮册与侬偷去咯。他的书被人偷走了

伊乞狗咬一下。他被狗咬了一下

册乞雨沃着。书被雨淋

（四）处置句

泉州话的处置句很有特色。首先，它缺少相当于普通话“把”字的专用词，多用“将、共、按、掠”等。例如：

汝将册揣来。你把书拿来

汝共伊园待哪落。你把他藏在什么地方

伊按我看做别人，我也无掠伊看做家己侬他把我当别人看待，我也没有把他当作自己人看待

此外，它还有一些不同于普通话的表达形式，主要有下面几种：

1. “（主语）+宾语+谓语”结构形式：

（汝）饮糜食嘿则去。（你）把饭吃了才走

（汝）作业做了则睏。（你）把作业做完了才睡

2. “宾语+共+代词+谓语”结构形式。

旧厝共伊拆拆挞去咯。把旧房子都拆掉

迄碗鸡肉共伊食落去。把那碗鸡肉吃下去

3. “宾语+主语+共+代词+谓语”结构形式：

迄碗鸡肉我共伊食落去咯。我把那碗鸡肉吃下去了

迄本册我共伊烧挞咯。我把那本书烧掉了

（五）“来去”句

泉州话在表示离开说话人所在地去做或要去做某件事时，有时用“来去”来表示，这类句子称为“来去”句。例如：

我来去看戏。我去看戏

阮卜来去看电影咯。我们要去看电影了

伯来去食饭。咱们去吃饭

“来去”句的主语只能是第一人称，而不能用第二人称和第三人称，如不能说“汝来去看戏”、“伊卜来去看电影”，但是可以说“汝甲我做阵来去看戏你和我一起去看戏”、“我卜来去看电影，伊也卜来去看电影我要去看电影，他也要去看电影”。“来”在这里似乎已虚化。

（六）疑问句

泉州话是非式疑问句的表达方式比普通话简略，通常只要在陈述句末尾加上一个否定副词。例如：

昨日汝去上课无？昨天你去没去上课

汝卜读册呣？你念书不念书

汝食未？你吃了吗

伊会去袂？他能去吗

（七）“有无”句

在泉州话中，“有”、“无”可以构成多种形式的句子，我们称这类句子为“有无”句。泉州话“有”、“无”的用法有的和普通话相同。例如，二者都可以带名词宾语（如：有人；无人），但也有一些用法与普通话不同。主要有下面几种：

（1）泉州话的“有”“无”可以用在动词、形容词前，表示事实的存在或对事实的否定。例如：

伊最近有来一世。他最近来过一趟

我最近无去。我最近没去

饭犹有烧。饭还热乎

菜无咸。菜不咸

（2）泉州话的“有”“无”可以直接作补语，对动词作肯定或否定的判断。例如：

我听有。我听到了，或我听明白了

伊看无。他看不见，或他看不明白

（3）泉州话的“有”“无”可以作状语，与动词组成偏正结构，说明事物的性状。例如：

即桸布诚有颂。这块布很耐穿

迄种袜无颂。那种袜子不耐穿

（4）泉州话的“有”“无”可以对举或连用，构成疑问句式“有……无”或“……有无”：例如：

迄蕊花有芳无？那朵花香不香

迄领衫买有无？那件衣服买到了吗

第四节　分布与变化

一、分布

泉州市区及各县通行闽南话，但由于各地发展不平衡，以及受厦门、漳州、漳平、大田、尤溪、莆仙等邻近方言的影响，市区和郊区（泛指市区以外的县市乡镇）说话存在差别。

市区和郊区说话的差别，主要是在“腔”上。“腔”是一种约定俗成的说法，实际上指的是土音。“腔”的不同，就是土音的差别。泉州方言各地“腔”的差别，主要是由声调的差异造成的，其次才是声韵。例如，以鲤城话为代表的泉州腔，其主要特点是：声调七个，上声分阴阳，如“古”读 [kɔ˥]，“柱”读 [t‘iau˧]，去声不分阴阳，调值 41；“猪”读 [tɯ˧]，“飞”读 [pə˧]。泉州腔主要分布于鲤城区、丰泽区、洛江区、惠安县、南安市的南部（包括丰州）和晋江市西部的安海、磁灶、内坑一带。以桃城话为代表的永春腔，其主要特点是：声调七个，但上声只有一个，古上声全浊声母字调值 22，归阳去；去声分阴阳，阴去调值 21，阳去调值 22；“猪”读 [t‘ɯ˧]，“飞”读 [pə˧]。永春腔主要分布于永春县的东部（蓬壶以东）、南安市北部的一部分地区和安溪县的大部分地区。以龙浔话为代表的德化腔，其主要特点是：声调七个，上声两个，去声不分阴阳，各个调类的调值与泉州腔明显不同，例如“猪”读 [tɯ˧]、“林”读 [lim˧]、“古”读 [kɔ˥˩]、“锅”读 [ə˧˥] 等。德化腔主要分布于德化县（除西北部的上涌、葛坑一带外）的大部分地区。以青阳话为代表的晋江腔，其主要特点是：声调六个，比泉州腔少了阳上；凡泉州腔读 [ɯ] 的，晋江腔均读 [i]，如“猪”，泉州腔读 [tɯ˧]，晋江腔读 [ti˧]，“此”，泉州腔读 [ts‘ɯ˥]，晋江腔读 [ts‘i˥]，“居”，泉州腔读 [kɯ˧]，晋江腔读 [ki˧]；此外，还有一些泉州腔读 [ə] 的字，晋江腔读为 [e]，如“飞”，泉州腔读为 [pə˧]，晋江腔读 [pe˧]。晋江腔主要分布于晋江市大部、石狮市以及南安市的洪濑、洪梅、罗东、九都、梅山一带地区。以安溪县长坑话为代表的长坑腔，其主要特点是：声调八个，四声各分阴阳，阴平为升调，调值 13，不同于泉州腔的平调；阳上为升调，调值 35，跟泉州腔平调也有异；去声分阴阳，阴去 21，阳去 22，跟永春腔相同，但与泉州腔明显不同。“猪”读 [tɯ˥]，“飞”读 [pə˥]。长坑腔主要分布于安溪西部长坑和永春西部一都一带。上述各腔的内部不都是完全一致的，常略有分歧。例如，在永春腔里，阴去的调值在永春、南安和安溪的湖头一带为 21，在安溪的大部分地区为 41；古日母在永春的蓬壹、仙夹、湖洋和安溪的龙清等少数地区读 [dz]，其他大部分地区读 [l]。方言混杂区的语音与市区语音的差别更大。例如，通行于泉港区山腰、后龙、南埔一带的惠北话，有舌尖边擦清音 [ɬ]，凡市区读 [s] 的，它读 [ɬ]，如把“沙”[sa˧] 读为 [ɬa ˧] 等。通行于惠安县崇武山霞、涂寨一带的惠东话，大都把市区读 [ts‘] 的读为 [s]，例如把“菜”[ts‘ai˥˩] 读为 [sai˥˩]，把“草”[ts‘au˥] 读为 [sau˥]。此外，还把中古宕摄开口三等韵和梗摄开口四等韵的部分字读为 [iŋ]，例如市区的“张”[tiũ˧]、“场”[tiũ˧˥]，惠东话分读为 [tiŋ˧]、[tiŋ˧˥]。通行于德化县上涌、汤头、春美、大铭、桂阳一带的上涌话，没有 [p] 收尾的入声韵尾和 [m]、[ŋ] 收尾的鼻音韵尾。如“急”，市区读 [kipɔ]，上涌话读 [kikɔ]；“贪”，市区读 [t‘am˧]，上涌话读 [t‘an˧]；“冰”，市区读 [piŋ˧] 上涌话读 [pin˧]。通行于德化县葛坑、杨梅一带的葛坑话，与市区差别较大，互相通话已相当困难。方言混杂区语音上的一些特点，在邻近一些方言中常常可以找到踪迹，如惠北话的 [ɬ]，莆仙话也有，而且是莆仙话的特点之一。

二、变化

1991年后，随着普通话的普及，方言使用频率不断降低，使用空间急遽缩小：从使用群体看，上世纪末以来出生的青少年用方言表情达意的能力越来越低，有的甚至完全弃用；从语音系统看，韵母与声调略有变化；从词语运用看，一方面是新词语（包括网络语）大量产生，另一方面是方言向普通话靠拢的趋势不断加快。

个别韵母、个别声调有合流的迹象。由于受周边方言影响等缘故，青少年中韵母［ə］与［e］、［ɯ］与［i］有混同的趋势，例如：赔［pə^{24}］＝爬［pe^{24}］，余［ɯ^{24}］＝姨［i^{24}］，据［kɯ^{41}］＝记［ki^{41}］；阴平与阳上趋同，如：近［kun^{22}］＝军［kun^{33}］，舅［ku^{22}］＝龟［ku^{33}］。

部分词语的方言读音已经消失。例如："晏［an^{41}］""蛇［sia^{24}］""鳖［piat^{5}］"、趁［t‘in^{41}］""早［tsɔ^{55}］""草［t‘sɔ^{55}］"这样的文读音，由于口语中难得出现，青少年已经基本读不出来了；而像"七［tshiak^{5}］""叔［tseʔ^{5}］""五谷［gɔ^{22}kak^{5}］"这样的白读音，也因为日常交际中不常出现而消失。

因错误类推等原因而误读的方言词大量增加。例如："植［sit^{24}］物"读成"直［tit^{24}］物""繁殖［sit^{24}］"读成"繁直［tit^{24}］""车祸［ə^{22}］"读成"车货［hə^{41}］""导［tɔ^{41}］航"读成"赌［tɔ^{55}］航""娱［gu^{24}］乐"读成"吴［gɔ^{24}］乐""实况［hɔŋ^{55}］"读成"实矿［k‘ɔŋ^{41}］""寂［tsip^{5}］寞"读成"淑［siɔ^{k5}］寞"等等。

有些方言词已经消失或正在消失。例如：洞葛（拐杖）、烛龟蜡（巧克力）、奥屎（糟糕，差劲），冬瓜（南瓜）、番大麦（玉米）、番黍（高粱）、番姜（辣椒），虼蚤（跳蚤）、虱母（虱子）、日婆（蝙蝠）、美蝶（蝴蝶）、田婴（蜻蜓），油炸鬼（油条）、家贿（家财，家产）、门牵（门环）、瓽勺（勺子）、霸灰（水泥）、尿燥（尿布），胖风（吹牛皮）、碰钉（批评，斥责）、着寒热（患疟疾）、籴（买）、粜（卖）、水流破布（办事拖拉、磨蹭），计或禮［tsau^{24}］（都）等方言口语词，本世纪出生的青少年大都不说，全部采用普通话的说法；有的方言词语则为方言的另一种说法所替代，如"烧汤（热水）"说成"烧水""洗浴"说成"洗身"等等。还有一些方言常用的口语词，如"十所牙"（十来个）、"十出岁"（十岁多）使用频率明显降低，随着时间的推移很有可能逐渐被淘汰。

出现一大批新词语。随着社会生活的急遽变化、新鲜事物的大量涌现，泉州方言同其他各地的方言一样，增加许多新词语。这些新词语，除了语音外，在词形和语义方面绝大部分与普通话没有明显差别，例如：歌舞厅、电子邮箱、机顶盒、驾照、文化衫、老总、雪碧、可乐、T恤、牛市、熊市、大龄青年、单身贵族、街舞、婚外恋、花心、按揭、买单、炒鱿鱼等等；还有些词语，换用个别带有方言色彩的语素，例如：侬脉（人脉）、乌箱（黑箱）、乌车（黑车）、拍的（打的）、拍卡（打卡）、拍拼（打拼）等。带有鲜明地域色彩的词语只是很小一部分。例如：老政府（背后戏称父母亲）、头的（领导）、老鳖（城府深）、老鸟啪（活动能力超强，贬义）、醉龟或麻龟（醉鬼）、片仔或鸡（三陪小姐或妓女）、鸭（男妓）、长夹的（相对长期的婚外情人）、大猴（大款）、手铳（为人或办事很鲁莽）、幼齿（本指年幼的儿童，引申为年轻、单纯、可爱，或嫩、萌）、牵一顿（聚餐）等。由于受台湾闽南语歌曲的影响，不说"秘步"（绝招），而说"撇步"，不说"一垛歌"（一首歌），而说"一条歌"等等。

有些方言词语使用范围扩大。例如"摕"本只用于拿有手柄的器具或东西：摕汤匙（拿调羹）、摕铅笔（拿铅笔）、摕箸（拿筷子）、摕旗（举旗）等，现在则可以泛指拿一切东西：摕钱（拿钱）、摕册（拿册）、摕面巾（拿毛巾）等，甚至还可以表示"掌握"，例如：拙重要的代志伊袂起。（这么重要的事情他掌握不了。）

第五节　谚语俗语

泉州谚语俗语主要来自泉州地区百姓对日常生活观察体验的经验性总结，是泉州百姓生活中约定俗成的一些总结性、经验性固定口头语，是泉州方言的一个重要内容，也是泉州民间民俗文化的重要组成部分。其涵义丰富，道理浅显易懂、耐人寻味，生活气息浓郁，读起来形象生动、朗朗上口，因此广泛流传在人民群众的生产和生活当中。本节选录部分流传较广的泉州方言谚语俗语，一般采用传统的方言俗写字（包括借音字、训读字和方言字），以保持地方特色。谚语俗语加以注释，方便读者理解。按照下列音序排列：A，B，E，G，H，I，K，k‘，L，M，N，O，P，P‘，S，T，TS，TS‘，U。

A

【鸦片仙，行路倥倥颠】 释义：经常抽鸦片（吸毒）的人往往身体不好，走起路来摇摇晃晃。

【腌臜食，腌臜肥；清气食，目吐蕾】 释义：过分追求饮食干净，反而导致营养不良。

【也着箠，也着糜】 释义：教育孩子，该严则严，该爱则爱。

【鸭子落水身就浮】 释义：指人在某一种环境中磨炼就自然适应。

【爱睏酒，精神茶】 释义：酒会使人嗜睡，茶却可以提神。

【爱拼则会赢】 释义：敢于拼搏才能取得胜利。

【爱人好，自己好；爱人歹，自己歹】 释义：希望别人好，自己也会好；希望别人坏，自己也会坏。意指好心有好报，坏心遭报应。

【爱水无惊流鼻水】 释义：喜欢漂亮就不怕因少穿衣而着凉。

【闇人厚福】 释义：傻瓜福分多。意指傻瓜有时比聪明人运气更好。

【暗看西北乌，半暝有风雨】 释义：傍晚若西北边天空黑压压的，半夜一定有风雨。

【暗暝满天星，明日稳好天】 释义：晚上如见满天星，明天定是大晴天。

【暗雨朝暝】 释义：晚上开始下的雨，往往要下到天亮。

【翁勢某翘头】 释义：丈夫有本事，妻子便神气。

【红霞乌肚，随随落雨】 释义：红霞黑肚皮，马上就下雨。

B

【墨鱼炒韭菜，呣食是恁代】 乌贼炒韭菜是很好吃的东西，如果不吃，那可是你们的事情。比喻有好东西不懂得要，损失是自己的。

【目睭袂贮得一粒沙】 释义：比喻做事认真，容不得半点马虎。

【慢吞食无份】 释义：比喻动作太慢会失去机会。

【万金家伙食会尽，百般手艺食勿会了】释义：家财再多，也有吃完的时候；一技在手，不用为生活发愁。

【万银买无好名声】 释义：钱再多也买不来一个好名声。

【蠓仔恶，卜落雨】 释义：蚊子到处咬人显得特别凶狠，预兆雨将至。

【马看踢蹄，人看从细】 释义：从马踢脚就能分辨其优势，从人幼年就可看出其品质。

【蚂蚁搬家，雨仔微微】 释义：蚂蚁搬家，预兆将下蒙蒙细雨。

【蚂蚁相拍会落雨】 释义：蚂蚁打架，定有雨下。

【未食五月节粽，破裘呣甘放】 释义：端午节未到，冬衣别换掉。

【卜俭俭年冬，呣通俭米缸空】 释义：要节俭应在逢年过节时，平时不能过于节俭。

【卜教囝学泅，呣教囝爬树】 释义：可以教儿子学游泳，不能教儿子学爬树。意指教给孩子技能要充分考虑其实用性。

【卜扭牛鼻，呣拔牛尾】 释义：要扭住牛鼻子，别强拉牛尾巴。比喻解决问题应该抓住事物的关键。

【卜食呣讨趁，食久山也崩】 释义：只吃不劳动，吃久山也空。喻指坐吃山空。

【暝长到冬节，日长到夏至】 释义：从冬至日开始，夜比昼长；从夏至日开始，昼比夜长。

【民以食为天，无食倥倥颠】 释义：老百姓以食为天，肚子饿步履维艰。
【问路靠喙水，行路靠脚腿】 释义：问路不怕费口舌，走路全靠一双腿。
【无惊代志难，就惊不耐烦】 释义：不怕事情太困难，就怕做事没耐心。
【无惊七月半鬼，只惊七月半水】 释义：农历七月半发大水，容易造成巨大损失。
【无惊学𠍼，只惊呣学】 释义：不怕学不会，只怕不学习。
【无良心话呣通说，无良心钱呣通趁】 释义：没良心的话不能说，没良心的钱不能赚。指说话、挣钱都得凭良心。
【无落水呣知水深】 释义：没下过水就不知道水有多深。喻指没亲身经历就没有真实感受。
【无某真艰苦，衫破自己补】 释义：没有老婆可真苦，衣服破了自己补。
【无钱行无路】 释义：没钱难办事。
【无三不成礼】 释义：事情不过三，难以成礼节。意指成事不能怕失败，一蹴而就不现实。
【无食过猪肉，也看过猪行路】 释义：指虽然没亲身经历过，但丰富的阅历可以使人略知一二。常用于自诩见多识广。
【无食三年菜，呣知别人家庭代】 释义：没成过家，就不懂别人家的事。
【无食乌豆，𠍼放乌豆屎】 释义：没吃黑豆，拉不出黑豆屎。指事出有因。
【无贪财，祸𠍼来】 释义：不贪财，祸不会来。
【无那个尻川，呣通食泻药】 释义：劝人办事要量力而行。
【芒种过，制茶无好货】 释义：芒种过后，也就过了制茶的好时节。
【芒种土，滥糁糊】 释义芒种时节的土，可以随便糊。意指芒种季节种什么作物都会成活。
【芒种夏至，起厝师傅食自己】 释义：芒种、夏至不适宜盖房子，盖房子的师傅找不到活干。
【芒种夏至，日头生刺】 释义：芒种到夏至，阳光特别强，容易将皮肤晒伤。
【芒种雨，日曝路】 释义：芒种日若下雨，接下去的天气很炎热。
【某大姊，家伙胖胖起】 释义：娶个年龄比自己大的女人做妻子，由于她成熟、善于理财，将能很快发家致富。
【某令较大熕枪】 释义：老婆的命令比枪炮还厉害。形容对老婆言听计从。
【买卖算分，相请无论】 释义：做买卖时锱铢必较，相互请客时则不计较。意指做生意时可斤斤计较，但对待朋友就得大方些。
【𠍼驶船嫌溪弯】 释义：不会驾驶船反而怪河道弯。讽人不检讨自己的本事，净推客观原因。

E

【会的食喙水，𠍼的食脚腿】 释义：有本事的人动个嘴，没本事的人跑断腿。意指有本事的支使人，没本事的受差遣。
【会肥肥脚腿，𠍼肥肥面水】释义：胖在腿上是地方，胖在脸庞不适当。意指肢体健壮才是健康的表现。
【会吠的狗𠍼咬人】 释义：会叫的狗不咬人。意指表面气势汹汹，实际不可怕。
【会说呣值会做】 释义：会说不如会做。意指夸夸其谈不如踏实肯干。
【会做新妇两边瞒，𠍼做新妇两边传】 释义：好儿媳两边瞒，坏儿媳两边传。

G

【勢泅水，做水鬼】释义：善于游泳的人因麻痹大意更容易溺死。比喻本事再大，过于自负，也会吃亏。
【月头呣虬，月尾拍结球】 释义：月初不节俭，月底哭丧脸。

【牛仔毋识虎】释义：同“初生牛犊不怕虎”，讽刺人不知深浅或厉害。

【外甥较大皇帝，母舅较大天地】释义：泉州风俗，娘家的人都得到最高的礼遇。

H

【寒露、霜降，日落就暗】释义：寒露、霜降过后，太阳下山天就黑。

【寒露脚毋露】释义：寒露睡觉脚不外露。意指到了寒露，天气逐渐转凉，夜间睡觉必须注意保暖。

【合家好同姒，住厝好厝边】释义：一同生活需要好妯娌，选择住家需要好邻居。意指兄弟合在一起生活，妯娌的关系非常重要。

【后生毋拍拼，食老无名声】释义：年轻不努力，年老无名气。

【后生毋讨趁，到老即怨叹】释义：年轻不挣钱，老来空悲叹。

【后生无节准，老了食碰粉】释义：意指年轻时不注意保养身体，到老年必然体弱多病。

【夏毋睏席，冬毋睏石】释义：泉俗认为，夏天不能睡草席，冬天不能睡石板，否则易生病。

【夏至日头长，冬节日头短】释义：夏至白天最长，冬至白天最短。

【夏至无瞋雷，割稻披棕蓑】释义：夏至不闻雷声，割稻必有雨声。

【火着空心，人着虚心】释义：火旺要空心，人强要虚心。意指人越有本事越要虚心。

【货问三家赡食亏】释义：问过三家才买货，包你买到便宜货。

【兄弟若同心，田塗变成金】释义：兄弟一条心，田里的土变成金。

【现钱买现货，过后无相找】释义：做生意时，钱、货必须当面点清，否则日后找麻烦，谁都可以不认账。

【乡下亲戚，食饱就行】释义：来自乡下的亲人，吃饱就告别走人。

【好布也要好纱，好新妇也着好乾家】释义：要想织好布，好纱离不了；有了贤惠儿媳，还需婆婆好。意指和谐的婆媳关系需要双方共同努力。

【好差好请，赡辛苦病疼】释义：指性格随和乐于配合，有益于身体健康。

【好额赡过三代】释义：家族富裕，不出三代。

【好狗赡镇路，歹狗镇路头】释义：好狗不挡路，坏狗把路阻。喻指好事物不会阻碍人们前进，坏事物则是羁绊。

【好花插前毋插后】释义：好花应当插前面，不要插后面。意指好事应该抢先做或做在明处，以免徒劳无功。

【好喙毋值箠】释义：好话劝说，不如棍棒伺候。好放劝说，不如棍棒伺候。

【好记势毋值烂笔头】释义：再好记忆力，不好破铅笔记。意指勤动笔墨，有助记忆。

【好囝毋免教，歹囝教赡乖】释义：好儿子不用教，坏儿子教不好。

【好囝一个就有望，歹囝多个无采工】释义：好儿子，养育一个就有希望；坏儿子，养育一群也没指望。意指生儿育女不能只管生而不重视培养。

【好酒沉瓮底，好馅包腹里】释义：喻指好事物往往最后才出现。

【好锣好鼓，好翁好某】释义：好锣好鼓，贤夫贤妇。意指好夫妻应该像好锣鼓，配合默契。

【好某娶会着，较好食补药】释义：贤妻能娶到，胜过吃补药。意指娶到好妻子有益于身体健康。

【好牛多人犁】释义：好牛众人使。意指能者多劳。

【好天着积雨来粮】释义：晴天应备雨天粮。喻指未雨绸缪才能减少损失。

【好馅不如好粿，好头不如好尾】释义：陷好不如皮好，头妙不如尾妙。意指好的结局比好的开头更为重要，做事应该善始善终。

【好心乞雷舂】释义：好心地却被雷劈。意指好心不一定得好报。

【好友不如牵手】释义：朋友亲密，不如夫妻。

【好种呣传，歹种媮断】 释义：好种不流传，坏种传不断。喻指好的事物不易流传，坏的事物却容易为人所接受。

【好竹出好笋，好老爸出好囝孙】 释义：好的竹子长出好笋，好父亲养出好子孙。意指好上辈会培育出好晚辈。

【和气会生财，顾客捷捷来】 释义：意指和气可以赢得顾客。

【虎行路也会盹眠】 释义：老虎走路有时也会打瞌睡。喻指再精明的人也会有疏忽的时候。

【夫妻相骂媮隔暝】 释义：夫妻争吵，隔夜就好。

【富贵不离祖，贫穷不离某】 释义：富贵不忘祖辈恩情，贫穷不忘患难夫妻了。

【鱼媮离得水，秤杆媮离得秤锤】 释义：鱼儿离不开水，秤杆要秤砣伴随。喻指事物各有所依赖。

I

【医生惊治嗽，塗师惊掠漏】 释义：当医生最怕咳不停，泥水匠最怕补屋顶。

【烟火好看无若久】 释义：焰火虽然好看，但不能维持太久。

【枵腹肚无嫌好歹食】 释义：肚子饿啥都觉得好吃。

【枵虎呣咬囝】 释义：老虎再饥饿，也不吃虎子。

【枵呣剃头，饱呣洗身】 释义：泉俗认为人饥饿时理发、吃饱时洗澡均有伤身体。

【药媮治假病，酒媮解真愁】 释义：假病药难治，心愁酒难解。

【忧多伤神，气大伤身】 释义：忧愁生气，伤害身体。

【幼瓜无瓤，幼囝无腹肠】 释义：小瓜没瓜瓤，小儿没心肠。意指年幼之人心地纯洁。

K

【虼蚤虱母嫌多，塗糜粪燥无嫌多】 释义：跳蚤、虱子一个也觉得多，泥肥、垃圾永远不觉得多。意指有用的东西多多益善。

【家和万事成，家不和通世穷】 释义：家庭和睦，万事成功；家庭不和，永远贫穷。意指家庭和睦可以带来幸福。

【敢摔香，敢咒誓】 释义：敢拿香就敢发誓。喻指一旦采取行动，就决不后退。

【教囝无好害伊一世人】 释义：意指没有良好的家庭教育会毁掉孩子的一生。

【自己的物好食，自己的厝好住】 释义：自家的食物吃得爽心，自己的房子住得舒心。

【自己呣亲，给人看轻】 释义：自己不亲，让人看轻。喻指家庭不和睦，外人瞧不起。

【自己刣，赚腹里】释义：自家养猪自己杀，内脏全部属自家。讽人窝里斗，结局可悲。

【甘蔗随目喫】 释义：甘蔗应该一节一节啃。喻指做事因该循规蹈矩。

【婀仔爱年兜，大人乱糟糟】 释义：小孩喜欢过年，大人心烦意乱。

【婀仔爱有伴，老人惊孤单】释义：孩子喜欢有同伴，老人格外怕孤单。意指孩子与老人都害怕孤单。

【婀仔尻川三斗火】 释义：孩子屁股三斗火。意指小孩子元气盛。

【婀仔起大人祸】 释义：孩子间的吵闹，往往导致家长之间的争斗。

【讲长讲短，讲食煞尾】释义：说长论短，讲吃了断。意指人们在一起聊天，通常以饮食的话题收场。

【猴蚓滚塗，天卜落雨】 释义：蚯蚓把土翻，必是下雨天。

【猴蚓一畚箕呣值龙一尾】 释义：蚯蚓一簸箕比不上一条龙。喻指一大堆无用之人比不上一个有用之才。

【九月起九降，十月寒仔揭揭控】 释义：九月北风劲吹，十月寒冷难耐。

【加水加豆腐，加草加火烌】 释义：意指多一事不如少一事。

【家搬穷，火搬熄】 释义：搬家穷，挪火灭。指劝人少搬家。

【家伙分妗平，拍到廿九暝】 释义：家产分不平，一年到头闹不停。

【家里无猫，老鼠脚跷】 释义：家里无猫，老鼠跷脚。意指监管者不在，一切乱了套。

【家里有贤妻，生活妗路渣】 释义：家中有贤妻，生活差不离。意指贤妻善于理家。

【假病免药医，真病无药医】 释义：假病不用医，真病无药医。意指一旦患上真正大病，就很难找到治愈的药物。

【嫁出的查某仔，泼出的水】 释义：嫁出去的女儿像泼出去的水。

【嫁着好翁食妗空，嫁着歹翁艰苦一世人】 释义：嫁给好丈夫，吃穿皆富足；嫁给坏丈夫，一辈子受苦。意指女子择偶关系到一辈子的生活。

【隔壁亲戚，礼数照行】 释义：亲戚近在隔壁，礼俗照施无疑。意指亲戚不论远近，礼俗必须一致。

【隔顿饭通食，过头话呣通说】 释义：隔顿的饭可以吃，过头的话不能说。

【行船趁船食，船破做乞食】 释义：行船人靠船吃饭，船损坏只好要饭。

【行船着看风势】 释义：行船要依据风向而定。

【行船走马无三分性命】 释义：旧时认为常在船上、马上奔波的人生命难有保障。

【严官府出厚贼】 释义：官府严厉，盗贼更多。喻指管理或管教过严，可能适得其反。

【金山挖久也会空】 释义：喻指坐吃山空。

【金乡里，银厝边】 释义：和睦的邻里关系至关重要。

【紧行无好步，慢行好步数】 释义：下棋太快下不出什么好招数，慢慢下才能有好招数。比喻做事要深思熟虑，不要操之过急。

【紧早不紧晏】 释义：播种早稻时得抓紧时间赶节气，播种晚稻时则不用太着急。亦可指做事情赶早不赶晚。

【球靠气，人靠志】 释义：皮球靠打气，才能鼓起来；人得有志气，才能有出息。

【高山出好茶，大海出龙虾】 释义：意指优良的环境可以孕育出优良的产物。

【古意看做戆】 释义：忠厚看作傻瓜。意指厚道人容易被瞧不起。

【鸡卵密密也有缝】 释义：鸡蛋再密也有缝隙。意指世上没有不透风的墙，要想人不知，除非己莫为。

【鸡细腹里全】 释义：鸡虽小，内脏全。同“麻雀虽小，五脏俱全”。

【鸡仔啄碎米，虬俭过日子】 释义：小鸡啄碎米，节俭过日子。喻指经济条件不好，就要注意节俭，勤俭持家。

【季节掠得着，赛过食补药】 释义：季节抓得着，胜过吃补药。意指对农业生产而言，抓准季节十分重要。

【拣啊拣，拣着一个卖龙眼】 释义：拣了又挑，挑了又拣，最终拣个卖龙眼的。讽人挑肥又拣瘦，最后没有好结果。

【斤鸡两鳖，食仔勇叱叱】 释义：意指一斤多的鸡、几两重的鳖，肉嫩味美，营养丰富。

【拳头 烧酒 曲】 释义：指泉州人闲时消遣的三件事：武术、烧酒、南音。

【近溪搭无渡】 释义：靠近溪边反而搭不上渡船。比喻因过于自信，有利环境反而带来不利影响。

【骨力食力，贫惰吞澜】 释义：勤劳者自食其力，懒惰者只能咽唾液。代指多劳吃得好，不劳不得食。

k‘

【起早雷，午时雨】 释义：清早雷响起，中午会下雨。

【缺喙爱胡须，臭头爱髻溜】 释义：长着兔唇的人喜爱留胡须，患有黄癣的人喜欢梳辫子。比喻爱美之心人皆有之，有生理缺陷的人也一样。

【曲会滥糁唱，话𫠛滥糁说】 释义：曲子可以随便唱，话却不能随便说，否则将惹来是非甚至灾祸。

【乞食过溪行李多】 释义：乞丐过溪行李多。比喻平时看起来没什么东西，一旦整理起来，零碎的杂物却一大堆。

【苦老无苦穷，苦团𫠛精灵】 释义：担心年纪大而不担心贫穷，最令人担心的是孩子不精明。指儿辈不争气比年老体衰、贫穷更可怕。

【开饭店无惊人大食】 释义：开饭店就不怕客人大吃大喝。比喻有备而来，敢作敢为。

【睏前洗脚手，胜过啉补酒】 释义：睡前洗手洗脚的好习惯，比喝补酒更有利于身体健康。

L

【若卜生活好，勤劳、节俭、储蓄三件宝】 释义：若想生活好，勤劳、节俭、储蓄离不了。

【若卜勇健，经常锻炼】 释义：若想身体强健，就得经常锻炼。

【六月起风台，寒死婀仔栽】 释义：农历六月刮台风，天气会冷得小孩受不了。

【六月天，七月米，八月石头会煎粿】 释义：农历六、七月的天气炎热，八月的石头甚至被晒得能煎饼。

【六月蕹，较毒饭匙枪】 释义：六月的空心菜，比眼镜蛇还毒。

【六月无风台，有雨无路来】 释义：农历六月若没有刮台风，则雨水下不来。

【男惊入错行，女惊嫁错人】 释义：男人最怕入错行，女人最怕嫁错人。

【荏马也有一步踢】 释义：再弱小的马也有踢一脚的本事。

【荏人厚世事】 释义：弱小之人事端多。

【人卜面皮，树卜树皮】 释义：人要脸皮，树要树皮。指做人面子很重要。

【人忌嗽，厝忌漏】 释义：人怕咳嗽，屋怕顶漏。意指人若咳嗽难医好，房屋漏水难修好。

【人多喙杂】释义：人多嘴杂是非多。

【人脚、狗鼻、和尚头】 释义：人的脚、狗的鼻子、和尚的脑袋，这三个地方最怕冷，是薄弱部位，应该特别注意保护。

【人脚迹有肥】 释义：人的脚印有肥料。指亲朋好友之间应常来往，人气旺很有好处。

【人靠衫妆，佛靠金装】 释义：人靠衣服装饰，佛靠金箔装饰。比喻外表包装的重要性。

【人若无路用，万丁也小姓】 释义：人要是没用，就算人丁兴旺，也照样受人欺负。

【人是五谷造，会食即会作】 释义：谓五谷是人生存的根本，能吃才能劳动。

【人水𫠛配饭，心水赢过鸭母生金卵】 释义：人长得再漂亮也不能当菜下饭，心灵美的人比能下金蛋的母鸭还宝贵。

【力细呣担重，话轻呣劝人】 释义：体弱力小则不要挑重担，位卑话轻则不敢劝他人。比喻做事得量力而行，不要做自己力所不能及的事。

【老马识路途，老人通世故】释义：老马识得道路，老人通晓世故。比喻上了年纪有经验的人熟悉情况，能起引导作用。

【老人老步定】 释义：老人虽说年纪大了，但步伐却很小心稳当。比喻老年人经历丰富，办事稳妥。

【闹热哙过，烧热恶退】 释义：红白喜事铺张讲排场，热闹一下子就过去了，但随之而来的债务却让人苦不堪言。

【理无说𫠛清，人无学𫠛灵】 释义：道理不说不清楚，做人不学就糊涂。意指道理服人靠阐述，人要聪明靠学习。

【理出众人喙】 释义：道理出自众人口。说明舆论的力量不可低估。

【年头若呣作，年尾作无路】 释义：年头不好好干活，年终想干也没有机会了。比喻做事宜早不宜迟。

【惹龙惹虎，呣通惹着赤查某】 释义：招惹了龙惹怒了虎，都不要去招惹泼辣女人。形容泼辣女人难招惹。

【了钱过运】 释义：花钱来消除厄运。义同“破财消灾”。

【啉滚水，食熟菜，肠胃健康无败害】释义：喝开水、吃煮熟的菜是一种好的饮食习惯，对健康没害处。

【拧牛头，呣通拧牛尾】 释义：扳牛头没关系，但千万不要去拉牛尾巴，会把牛惹恼的。

【量力担担，寸腹食水】 释义：根据自己的力量决定挑多重的担子，掂量自己肚子的大小决定喝多少水。比喻凡事得量力而行。

【立春瞋雷十日雨】 释义：立春日打雷将接连下十天雨。

【立春起北风，雨水白茫茫】 释义：立春日刮北风，预兆接下去阴雨不断。

【日时走趴趴，暗暝点灯管】 释义：白日四处闲逛，浪费时间，晚上只好熬夜加班。形容该工作的时候不好好工作，等到该休息时才临时搞突击。

【软涂深掘】 释义：软土易挖，结果被越挖越深。比喻老实软弱之人易被人欺负。

【两人无相嫌，糙米煮饭都会黏】 释义：两人若不互相嫌弃，用不好的米煮出来的饭吃起来也觉得黏稠好吃。比喻人与人相处，只要彼此包容，再苦也甜。

【忍气求财，激气相刣】 释义：忍气求财，斗气相残。谓和气生财，互相斗气对双方都没好处。

【论辈无论岁】 释义：只论辈分，不论岁数。意指在家族中，起决定作用的是辈分而不是岁数。

【汝看我殕殕，我看汝雾雾】 释义：你看着我觉得不清不楚，我看着你觉得模模糊糊。意指你没把我放在眼里，而我更看不起你。

M

【媒人喙，胡累累】 释义：媒人的嘴，信口雌黄。谓媒人说话不可信。

【呣识呣惊，半识半惊，尽识尽惊】 释义：不知道不害怕，知道一些害怕多一些，全都知道最害怕。比喻：知道得越多担心也越多；越是内行的人越谦虚。

O

【学好三年，学歹三日】 释义：人学好要三年，学坏只要三天。

P

【别人囝死赊了】 释义：别人的孩子永远死不完。讽人事不关己，高高挂起。

【爸母无嫌囝怯势，囝儿无嫌爸母穷】 释义：父母不会嫌弃儿子难看，子女不会嫌弃父母贫寒。

【平平路跋倒猪母，小火星烧倒大厝】 释义：平路上跌倒了母猪，小火星烧毁了大房屋。比喻：看似毫无危险的情况，若不小心也可能酿成大祸；小东西可能毁了大事物。

【朋友友朋，钱财分明】 释义：朋友是朋友，在钱财方面还是得分清楚。

【保平安较好趁大钱】 释义：保平安胜过赚大钱。

【保平安较好添福寿】 释义：平平安安胜过添福添寿。

【补漏趁好天，读书趁后生】 释义：修理屋顶要利用天晴，博览群书要趁着年轻。意指年轻正是读书时。

【补胎较好补月里】 释义：怀孕期进补胜过坐月子进补。意指孕期进补特别重要。

【跋折脚骨倒勇】 释义：脚跌断过却因此更有劲。比喻因祸得福。

【半桶屎大溢】 释义：只装半桶的屎尿容易晃荡溢出。意指有一知半解的人往往喜欢表现自己。

【肥水𫞼流过别人田】 释义：意指自己的利益从不愿意被他人分享。

【佛靠扛，人靠妆】 释义：意指佛靠人抬才显灵，人靠打扮才好看。喻指得体的打扮对人来说至关重要。

【拍狗着看主人】 释义：打狗得看主人。比喻惩治某人得顾及其主子的脸面。

【破柴看纹理，说话凭道理】 释义：劈柴得顺着木头的纹理，说话必须讲道理。

S

【相分食有剩】 释义：互让食物吃有余。

【三分人才七分妆】 释义：有了美丽的相貌也得注意打扮。

【三年水流东，三年水流西】 释义：比喻世事难料，人不可能一辈子顺利，也不可能永远倒霉。

【三人好拍索，四人好坐桌】 释义：三个人好编绳，四个人刚好坐一张四方桌。比喻不同的活儿对人数有不同的要求。

【三双来，六椀去】 释义：比喻礼尚往来，投桃报李。

【三个人四五样心，趁钱无够买点心】 释义：三个人四五种心思，赚钱不够买点心。指不齐心协力，就难以成事。

【三月半，寒仔𫞼爬田岸】释义：农历三有中旬天气非常寒冷，冷得手脚僵硬上不了田埂，干不了农活。

【三月穿三样，四月穿蠓帐】 释义：农历三月是春夏过渡之时，天气冷暖不定，人们穿什么的都有；可到了四月天气就很热了，大家都穿起了夏装。

【三月起风台，寒死姛仔栽】 释义：三月刮的台风，会把小孩冷死。指农历三月刮台风，天气会非常寒冷。

【衫裤笑破无笑补】 释义：笑人衣服破，不笑补丁多。意指生活节俭是美德，不会为人所嘲笑。

【衫着穿新的，人着用旧的】 释义：衣服要穿新的才漂亮，用人得用旧的才有所了解。

【瘖账肥算盘】 释义：一笔笔小账目在算盘上加起来，就是一笔挺大的款子。比喻积少成多，不起眼的小开支，汇总起来就是一大笔钱。

【虱多𫞼痒，债多𫞼想】 释义：虱子多了不觉得痒，债务多了不会去想。比喻破罐子破摔，事情糟糕到了一定程度反而麻木了。

【瘖人厚火气，肥人𫡵喘气】 释义：民间认为瘦子火气大，爱发火；胖子则老是喘气。

【细水长流年年有，大啉大食𫞼长久】 释义：细水长流年年有，大吃大喝难长久。意指量入为出，日子好过；大肆挥霍，好景不长。

【说人人到，说鬼鬼哭】 释义：说谁谁就到。常用于劝人不要在背后说人家坏话。

【生着迹较好识拳头】 释义：功夫再好也比不上人家出身好。比喻再有本事也比不上出身好有背景。

【时顿赴会着，较好食补药】 释义：三餐能赶上，胜过喝参汤。意指按时进食有益健康。

【先生缘，主人福】 释义：俗指医生能否治好病人的病，与病人的机缘和运气有密切关系。

【先小人后君子】 释义：意指合作办事之前先把条件讲好，免得日后产生纠纷互伤感情。

【少年𫞼晓想，到老呣成样】 释义：年轻时不懂得多为将来打算，老了则不成样子，无所作为。

【心歹无人知，喙歹极厉害】释义：黑心藏肚里，没有人知道；坏话挂嘴上，人人都听到（影响特大）。意指胡乱说话，后患无穷。

【身正无惊影斜，脚正无惊鞋歪】 释义：身正不怕影斜，脚正不怕鞋歪。比喻只要自身没问题，即使外部出了问题也不用担心。

【上元小年兜】 释义：元宵是小除夕。在泉州元宵节非常热闹，像过年一样。

【霜降水，饿死鬼】 释义：霜降雨水过多，来年饥荒难躲。

【输人呣输阵，输阵碗糕面】 释义：个人比试可以输，但阵容架势不能输。喻指就算实力不如人家，也要想法保住面子。

【山食也会崩】 释义：比喻钱财再多也有用完的时候。

【山高人横】 释义：旧时说法，山越高人越蛮横。

【细汉呣学习，大汉来不及】 释义：少年不学习，长大来不及。意指学习必须趁年轻。

【细汉偷揣针，大汉偷扛杉】释义：小时偷拿一根针，长大偷扛一根衫。意指小时不教育，长大铸大错。

【细空呣补，大空叫苦】 释义：有了小洞不缝补，破成大洞才叫苦。喻指小问题不及时解决，酿成大问题将难以收拾。

T

【逐项会，不如学一项精】 释义：样样都会不如精通一样。

【澹冬节，干年兜】释义：冬至下雨，春节会晴。

【陈林半天下，苏吴占一半】 释义：陈林已占半边天，所余苏吴占一半。意指陈、林、苏、吴为泉州一带的四大姓氏。

【住厝好厝边，种田好田边】 释义：意指居家要找好邻居。

【着俭家，呣通俭客】 释义：持家要节俭，待客要大方。

【着算了食，呣通食了算】释义：要算好后才吃，别吃完后才算。意指饮食花钱多，应该计划好才消费。

【着想了才做，呣通做了才想】 释义：应该想好才做，不要做后才想。

【涨鸡肥，涨狗瘖，涨人成人瘅】 释义：过分进食，鸡会肥，狗会瘦，人比狗更瘦。

【丈母看团婿，愈看愈意爱】 释义：丈母娘对女婿总是特别疼爱。

【当家即知柴米贵，出门即知行路难】 释义：意指只有亲身经历，方知其中甘苦。

【长衫叠马褂，样式太歹看】 释义：穿衣内长外短太难看。

【道理一条无两条】 释义：真理只有一个。

【大担担倒人，细担担倒山】释义：大担可以压倒人，小担能够削平山。意指急于求成“欲速则不达”，而“只要有恒心，铁杵磨成针”。

【大空无底】 释义：奢侈是个无底洞。喻指挥霍浪费可能带来严重后果。

【大闹热大失礼，小热闹小失礼】 释义：大场面失大礼，小场面失小礼。意指场面越大越容易因考虑欠周而导致失礼。

【大人无教示，婀仔𫗴成器】 释义：家长不教育，孩子不成器。

【大人无理落，婀仔四界踏】 释义：大人不管教，孩子四处跑。意指对孩子要严加教育。

【店头是死的，生理是活的】 释义：商店是死的，生意是活的。意指做生意要懂得灵活变通。

【对人无求，免忧免愁】 释义：意指无求于人，没有任何心理负担。

【猪牵到京城也是猪】 释义：喻指事物的本质不会改变，走到哪里都一样。

【趁钱有数，性命着顾】 释义：挣钱有定数，身体别疏忽。劝人不能要钱不要命。

T'

【天顶出红云，劝君莫行船】 释义：天上出现红色云团，预示气候反常，不能冒险出海。

【天顶是天公，地上母舅公】 释义：天上最大是天公，地下最大母舅公。

【听某喙，大富贵】 释义：听老婆的话，一辈子幸福。

【跳过沟，食三瓯】 释义：动一动就肚子饿，再吃三碗没问题。常指年轻人食欲强，饭量大。

【讨食食𫗴肥，借穿穿𫗴水】 释义：向人要饭吃吃不饱，向人借衣穿美不了。劝人应当自食其力。

TS

【在家靠爸母，出外靠朋友】 释义：在家依靠父母，出门仰仗朋友。

【在家日日好，出门朝朝难】 释义：在家样样方便，出门什么都困难。

【十分本事用七分，留落三分给团孙】 释义：十分本事用七分，留下三分给子孙。比喻做事得留有余地，多为子孙后代着想。

【十月怀胎，艰苦无人知】 释义：女性生儿育女实属不易。

【坐一冬，三年空】 释义：冬天农闲不抓紧搞农田建设，就会影响今后的农事。

【只会讲，变无蠓】 释义：只会说不会做无用。

【钱未赚到手，呣通大虾配烧酒】 释义：钱财尚未挣到手，可别大虾配烧酒。意指挣钱不容易，花钱要节制。

【食补呣值睏补】 释义：饮食对身体的滋补作用比不上睡眠。

【食饱呣通媥记得枵时代】 释义：吃饱了不要忘记挨饿时的事。比喻：人要懂得忆苦思甜；不要好了伤疤忘了痛。

【食饭较大皇帝】 释义：吃饭时比皇帝还大。意指吃饭是人最重要的事，要专心致志，不要轻易打扰，也不要边吃边干其他事。

【食过冬节圆，就算又一年】 释义：吃过冬至的汤圆，就算又过了一年。民间认为吃了冬节圆，就算是又过了一年。

【食紧弄破碗】 释义：吃饭吃太快，容易打破碗。比喻做事太着急容易出差错。

【斟酌无败害】 释义：凡事谨慎没有坏处。

【真病无药医，真药医假病】 释义：致命的病无药治，药能治好的病都不是致命的病。

【种田媥离田头，划船媥离船头】 释义：种田要常往田里照看，撑船要常在船头察看。

【众人喙毒】 释义：意指舆论威力大。

【众人扛山山会动】 释义：团结力量大无穷。

【众人一样心，黄塗变成金；三人四样心，趁钱不够买灯心】 释义：喻指团结一心能成事，人心涣散事难成。

【一罕过三冬】 释义：稍微一拖延，三年眨眼间。喻指时光易逝，做事要趁热打铁。

【一喙食媥成阿肥】 释义：一口吃不出个胖子。

【一理通，百理同】 释义：意指道理一通百通。

【一年补到冬，呣值补立冬】 释义：一年到头天天进补，比不上立冬日进补。

【一人爱一项，无人爱相同】 释义：指各人的兴趣爱好不同。

【一人建媥起东西塔，众人造会好洛阳桥】 释义：一个人盖不起东西塔，众人能造成洛阳桥。喻指人多力量大。

【一人苦一项，无人苦相同】 释义：各人的烦恼各不相同。

【一声呣知，百项无代】 释义：凡事推不知，包你没关系。意指少开口没灾祸。

【一时想无到，终身苦到老】 释义：一时考虑不到，导致终生苦恼。

【一物一物治，说破呣值钱】 释义：事物互相制约，一旦掌握规律，就可化难为易。

【一样米饲百样人】 释义：一样的大米养育百样人，意指芸芸众生，身形各异，秉性不同。

【一圆无两圆媥瞋】 释义：一个铜板碰不响，两个铜板响叮当。喻指双方都有责任。

【一支草，一点露】 释义：即使最不起眼的小草，也有沾上露水的机会。意指天无绝人之路。

【酒肉朋友，相交媥久】 释义：酒肉朋友，相交不会长久。意指建立在酒肉基础上的朋友关系不能维持太久。

【酒着少啉，话着少说】 释义：酒要少喝，话要少说。谓酒多误事，言多必失。

【上山一日，落海也一日】 释义：上山一天，下海也一天。指上山和下海劳作，都得一天工夫，二者没有什么不同。

【指头仔伸出有长短】 释义：意指事物必然存在差距，不能强求一律。

【蛇无头𫠛行路，桶无篾会散箍】 释义：蛇没头走不了路，桶不用篾条箍住会散架。比喻失去了关键部位，事物将陷于瘫痪状态。

【全家勤，厝前厝后出金银】 释义：全家辛勤，房前屋后产金银。意指勤劳可以致富。

【做人着存后路】 释义：做人做事要留有余地。

【水清鱼就现】 释义：喻指原因弄清楚，真相就大白。

【水涨船就浮】 释义：水涨船高。

【前人栽树，后人荫影】 释义：前人栽树，后人乘凉。比喻前人劳动，造福后人。

【船头站乎在，无惊船尾起风台】 释义：船头稳稳站立，不怕船尾台风起。

【饲狗识主人】 释义：养狗认主人。

【青盲精，哑口灵】 释义：盲人和哑巴等残疾人在欠缺某项生理机能的情况下，别的感官往往更加敏锐。

【粟多出好米，人多出正理】 释义：谷子多了出好米，众人讨论出真理。

【穿衫看寒热，交友分好坏】 释义：穿衣服据天气，交朋友看品质。意指交友要慎重。

【笑穷无笑贱】 释义：笑人贫穷而不笑人下贱。意指职业无高贵低贱之分。

【树无惊根多，人无惊读册多】 释义：多读书多获益。

【聪明靠目睭，富裕靠脚手】 释义：聪明需要耳目精，富裕依靠手脚灵。

【厝惊无稳，人惊忘本】 释义：房子最怕地基不稳，为人最怕忘记根本。意指做人不能忘本。

【厝里无猫，老鼠跷脚】 释义：意指群龙若无首，一切就乱套。

【喙说呣值目见】 释义：听人说不如亲眼见。意指耳听为虚，眼见为实。

【春天婀仔面，一日变三变】 释义：春天犹如孩子脸，一天里头变三变。意指春天天气多变。

【出门一趁早，二趁饱，三趁秋清，四趁有阵】 释义：出远门，四要领：一趁早，二图饱，三盼凉爽，四爱伴好。

U

【有风呣通使尽帆】 释义：风大不必用全帆。意指做事要留有余地。

【有理说𫠛输，无理说𫠛赢】 释义：有理输不了，无理赢不了。意指有理不怕强辩。

【有钱人惊死，无钱人惊无米】 释义：富人忧虑不能长寿，穷人担心无米下锅。

【有请有辞，有来有去】 释义：中国传统礼节，有来无往非礼也。

【有偌大的脚，穿偌大的鞋】 释义：喻凡事讲求实际，量力而行。

【有山头就有鹧鸪】 释义：有什么环境就有什么样的人。

【有鱼有肉也着有菜甲】 释义：凡事讲求平衡搭配，红花还得绿叶扶持。

【有知识，野紧就出色；无知识，永远𫠛发迹】 释义：有知识，很快就有出色的表现；没知识，永远没有出头的机会。

【有状元学生，无状元先生】 释义：意指青出于蓝而胜于蓝。

【闲时爱讲虎，遇着就知苦】 释义：平时喜欢讲大话，遇到困难才喊苦。

第二章 民俗

第一节 岁时习俗

一、春节

春节，是一年（农历年）之始，也是中国传统节日中最隆重、最重要的节日，泉州俗称“过年兜”。早些时候，泉州春节习俗活动从农历十二月廿三开始至正月十五。节前，家家拂尘、舂粞、做糕粿，购办年货，贴春联，内外布置一新。在外地工作的家人也在节前赶回家过年，阖家团聚。除夕（年兜日）祭祖，供桌上摆满各色糕粿、鸡鸭鱼肉等丰盛菜肴。中设“过年饭”，以陶钵盛大米（象征衣食丰足），上搁碗糕（象征“发”，兴旺发达）、红橘（吉祥如意）、九鬃芋（人丁兴旺）、红鸡蛋、红米丸、红枣（团圆美满）和米粞蒸制的金、银锭（财源广进），中插春枝（年年有余）。桌前置火炉（家运亨通、红火）。直到傍晚，焚金楮、放爆竹，子孙跪拜，完成祭礼，俗称“辞年”。辞年后，举行家宴，合家吃团圆饭，俗称“围炉”。聚餐后，长辈给子孙分压岁钱。子时（正月初一十一点至一点）一到，家家户户在厅堂上烧香点烛，供上红圆子、柑橘、糖品、蜜饯、甜茶，敬祀祖先，在家门口燃放鞭炮，迎接农历新年来临，俗称“开正”。初一到初五，称为“新正”。初一，俗称“贺正”，亲友或邻居互相走访拜年，发送贺卡，见面互道“恭喜”。初二，俗称“女婿日”，女婿陪同出嫁的女儿回娘家。春节期间，亲戚朋友相互拜年，政府机关、街道老人会等有的还举行“团拜会”。20 世纪 90 年代初，时兴明信片、电话拜年。近些年，电脑网络、手机短信拜年逐渐流行，文化娱乐活动也丰富多彩，有南音演唱、高甲戏、猜灯谜、攻炮城、登山、旅游、唱卡拉 OK 等。1999 年起，春节假期通过调整双休日集中休假 7 天，有的家庭就利用假期外出旅游或短途自驾游，有的家庭到酒店聚餐。初九天公生（天诞），当天子时，家家户户在厅堂设供桌摆各种供品，焚香点烛后叩拜天公保佑，祈求幸福生活，而后烧“天公金”及“长钱”。敬祀天公后，再把供桌撤下，重新摆到厅堂，把大烛移到厅堂神案上，把大天公灯挂到厅口檐下。

二、元宵节

农历正月十五元宵节，又称上元节，泉州俗称“上元小年兜”，其隆重程度不亚于除夕。节前，家家户户做元宵丸，蒸糕粿。元宵丸以白糖、炒花生米、芝麻、冬瓜糖、鲜橘皮、焗葱白的熟猪油、香蕉油（香料）拌和捏为丸馅，沾湿后置于盛有糯米粉的盘中，反复数次滚转而成，然后用开水煮，丸子浮水时就熟了，食之香甜不腻。元宵日清晨，以元宵丸汤供祀祖先、神明，并作一家人的早餐。续备丰盛菜肴和糕粿祭祀祖先，礼仪如除夕。晚间举行家庭夜宴，合家吃团圆饭。

泉州素有元宵闹花灯之俗，一千多年来，花灯活动长久不衰，历代流传下来的诸如禽兽鱼龙、花卉瓜果等灯品，多达数百种。从花灯品材料而言，传统多为篾骨纸质花灯，后有绸质花灯，清末民国有料丝花灯和玻璃花灯。1991—2010 年，泉州花灯有塑料花灯，电光、电动彩灯问世，造型新颖，技艺精巧，流光溢彩。泉州的元宵夜，灯火齐明，五彩缤纷，开元寺、承天寺、威远楼等处，年年举办花灯展览，灯摊遍布街头，家家户户为孩子购买各式花灯。街道上观灯群众人山人海，小孩手提花灯，成群结队游于街巷间，不少海外侨胞和台港澳同胞回乡观光，与乡亲欢度良宵。泉州市区元宵前后，除举办传统灯展外，还开展各种文化娱乐活动，如文艺踩街、猜灯谜、攻炮城、举办舞会，或诗词吟咏、南音演唱、象棋比赛等等。

三、清明节

清明节是民间传统的溯源追本节日，主要活动是祭祖扫墓。清明节前后20天内为扫墓期，泉州俗语云："清明不回家无祖"。一般外地的子孙都要回家参加祭祖扫墓活动，旅居海外的侨胞和无法赶回的外地子孙，会汇钱回家，以资备办节日所需用品。清明节当日，每个家庭备肴馔、煮润饼菜在厅堂上祭祀祖先。一家人携带清明粿、糕饼等果盒，上坟祭扫，除棘草，培墓土，献五色纸钱，描红墓碑文字，焚香点烛，烧金楮，燃放鞭炮，缅怀先人，寄托哀思。昔时土葬，清明节前后十天还有"拾骸"习俗。殡葬改革后，各地推行火葬，骨灰盒统一存放殡仪馆，存骨灰盒的人家也在清明期间，上馆瞻拜祖先。人们采用鲜花祭祀、无烟祭祀、居家祭祀、代理祭祀、错峰祭祀、社区祭祀、集体祭祀、网上祭祀等科学、文明、环保的祭祀方式，进行祭拜。各机关团体、学校在清明节期间组织干部、学生到烈士陵园缅怀先烈，开展革命传统和爱国主义教育。

四、端午节（五月节）

农历五月初五端午节，泉州俗称"五月节"，主要习俗是插艾叶、吃粽子、赛龙舟等。节前，家家户户包粽子、煎䭔（䭔方言 dē，淀粉类煎成的软质饼），敬祀祖先；采艾株、榕叶枝、桃枝插在门上；妇女插头簪，小孩胸戴香袋、腕系长命缕，晒曝衣物、烧艾叶菖蒲汤沐浴。正午，以食盐配茶叶、蒲姜、薄荷晒制的"午时茶"（有的用炒），备作防治中暑、腹痛、呕泻之用。

旧时，泉州城区及安海各铺境宫庙均奉龙王头，名"唆啰嗹"，是龙神的代表。每年端午节，城区有迎"唆啰嗹"采莲的习俗。当日清晨，先向"唆啰嗹"焚香礼拜，接着抬出龙头沿街巷游行"采莲"。采莲队伍，由一"铺兵"头戴清兵笠、腰系草绳挂着装酒尿壶，脚穿草鞋，故意装扮得邋遢不堪，一路如醉似颠，手举长杆红旗前导；两人抬锣，两人抬鼓，随后沿途敲打；一老汉指挥领唱《采莲歌》，有的还加乐队伴奏；几名男扮女装的花婆，手提漆篮，载歌载舞，动作滑稽可笑；最后由2～4人抬"唆啰嗹"摇摇晃晃，压阵徐行。"铺兵"挨家挨户登门入宅，摇旗拂扫，借龙驱邪，祈求平安。鲤城、丰泽以及沿海的晋江、石狮、南安、惠安一带，都有这种民俗活动。

端午节下午，城区晋江江滨各铺境组织龙舟队，在晋江下游的浯江水域和洛阳江下游举行龙舟竞渡。参赛龙舟为狭长轻舟，船首插三角红旗，上写铺境名，每船两舷各若干人划桨，船尾一个操舵，一人打鼓指挥，龙舟快捷如飞。两岸观众人山人海。赛龙舟的同时，还表演"水上捉鸭""水下捉猪"。在大海船船首平伸一根长约2丈的杉木，涂满牛油，末端绑一个活底木箱子，内装活鸭或活猪。竞技者须沿杉木走到尽头，迅速打开活门，使猪（鸭）落入江中，再下水捉猪（鸭），成功者为胜，猪（鸭）归其所有。参加者往往还没走到末端，即落入江中，动作惊险，博得岸上观众阵阵笑声、掌声和喝彩声。这一天，石狮蚶江镇举办一年一度的海上赛龙舟和海上泼水节，泉港沙格等地开展龙舟比赛活动。

五、七夕（七娘妈生）

农历七月初七，也称"七夕节"或"乞巧节"，泉州俗称"七娘妈生"。泉州人认为"七娘妈"是未成人孩童的保护神。因此，凡有16岁以下未成年人的家庭都要做"七娘妈"敬、烧"七娘妈"亭。当天中午，备花粉、胭脂、果盒、糖粿、三牲、油香饭和各种菜肴，在厅前檐下供祀七娘妈，摆七只酒盏、七双筷子、七乘小型纸轿，纸糊扎的七娘亭上贴七娘妈坐像，七娘亭上还有用纸剪贴的剪刀、尺子、镜子。小儿解下端午系过的长命缕置于案前。敬奉完毕，把供桌上的胭脂、花粉、芙蓉、香花、五色线等物品，用红纸包起来抛上屋顶，好让喜鹊衔去送给"七娘妈"梳妆打扮。

泉州少年儿童有拜七娘妈为"契母"（义母）之俗。初生儿于第一个七夕举行缔契仪式，称"新契"；16岁七夕举行解契仪式，称"洗契"。这两次"七娘生"宴客送礼，仪式最为热闹。近年来，拜七娘妈为义母及七夕乞巧之俗较少见。许多青年将这天当成“情人节”，向女友送玫瑰花、礼物，或男女青年相约聚会，还有的青年男女选择在这天结婚登记。

六、中元节（七月半）

农历七月十五，是道教中元节、佛教盂兰盆会的日子，泉州俗称“七月半”或“鬼节”。传统中元节包含敬祖祀先和做普度两项主要内容。这天，家家户户设供桌备办丰盛的菜肴酒饭，怀念、祭祀祖先。筵席摆好后，主人拈香跪拜，请祖宗来享祭宴，并保佑儿孙一家康健平安、家景发达等等，稍停，卜杯讨得允准，才焚烧金银冥币，待金纸焚烧殆尽才可以撤筵。

七月又称“鬼月”，根据道教的说法，在中元节期间，阴间地府很多无主的孤魂野鬼，长期没人奉敬，常于此时到民间寻找食物，为了不让这些孤魂野鬼到处骚扰，于是民间便于中元令节之时，设盛宴普施众鬼魂，所以称“普度”或“普施”。希望在“普施”敬奉之后这些孤魂、散鬼不要来干扰平静的人间生活，让人人平安健康。普度期间，泉州沿海各镇各角落各村，以轮流方式，对亡灵进行普度，自农历六月十五后开始，到八月十五前后，在海边、江边、河边，做水醮或举办水普活动，请戏酬神、竖灯篙、攻炮城、放河灯、烧王船、法船等等。期间男女不婚嫁，老人不祝寿，新屋不乔迁。如有人不幸在此月亡故，不停柩在堂，只能举行出殡仪式，而不举行“归虞”引魂仪式，因旧俗云“七月不引鬼入宅”。包括其他喜庆之事，也尽量避免在这期间举行。

七、中秋节

农历八月十五，中秋月圆人团圆，是泉州古老的传统佳节，主要习俗是赏月、吃月饼、博“状元饼”。当日中午，泉州习俗蒸甘薯、芋头，备月饼（旧时自煎芋饼），祭祀祖先神明，并作午餐。当日夜晚，泉州习俗除家人围聚庭院，赏月品茶吃月饼外，还常一家人或一群朋友聚博“状元饼”。备盒装状元饼一套，内分状元、榜眼、探花、进士、举人、秀才大小月饼 6 式 63 个，最大状元饼 1 个，大如碗面；最小秀才饼 32 个，仅有铜钱般大小。参加者轮流掷骰子，赢得各式月饼。夺得状元饼者，被视为福运大，有的还放鞭炮庆祝。泉州人在中秋夜还有多种娱乐活动。如在露天广场演奏弦管（南音），放“孔明灯”：或一家人、一群朋友在新桥至浮桥江上，泛舟游赏“笋江月色”。有的随带“弦管”，江上月下，丝竹清韵，同度良宵。一些青年人还利用中秋之夜到野外或海边沙滩聚会，赏月品饼，烧烤饮酒，载歌载舞，别有一番乐趣。

八、冬至（冬节）

冬至，泉州俗称“冬节”，也称为“小年兜”，泉州人常说“清明不回家没祖，冬至不回家没某（老婆）。”清明与冬至作为古代中国传统民俗中的春冬二祭，是中华传统文化的一个重要节点。冬至是廿四节气中阴气尽、阳气生的大节气，闽南地区把它与清明、七月半、八月中秋、春节一样视为重要的节庆活动，都要进行隆重的孝祖敬亲仪式，民间俗称“吃冬”“吃祖”。冬至前一两天，家中主妇即要用精选的糯米搓丸子，搓丸时往往捏制些小巧玲珑的家禽、牲畜（母鸡、小狗之类）、三牲（猪头、猪脚、鸡，或花鱼、墨鱼、蠘）等的吉祥物，寓意“六畜兴旺”，蒸熟祀祖后供孩子玩耍。是日清晨，各家把丸子配上田薯或槟榔芋，加白糖煮成甜丸汤敬神祀祖。冬至，各宗族开宗庙祠堂举行祭祖仪式，俗谓“祭冬”。由族中德高望重的耆老主、陪祭，礼毕开祭宴。泉州惠北地区（即今泉港沿海地区界山、南埔、后龙、峰尾），洛江、安溪、永春、德化部分乡镇还有冬至上墓扫墓的习俗。

九、尾牙

“做牙”是农历每月初二、十六敬奉土地公的一种民间信仰活动，供品以糕点、面包类为主，寓意“发”，即发财。二月初二做“头牙”，家家户户备“五牲”敬土地公，祈求一年财运亨通；十二月十六是最后一次“做牙”，故称“尾牙”。泉州历来商业发达，许多人把财神爷和土地公合为一谈，所以“尾牙”最为隆重。各家商铺都备办丰盛佳肴，点香烛，烧金纸，燃放鞭炮，虔诚祭拜土地公，祈求生意兴隆，财运亨通，然后用祭祀的供品宴请受雇的伙计，表示犒劳，俗语说“尾牙香香，无吃弄店窗。”据说，古时候店铺的伙计来年是否继续留用，老板通常在席间先敬酒，待鸡肉上桌时，便把鸡头对着要解雇的伙计；筵席散后分红包，又把第一包红包分给要解雇的伙计，而且钱会比别人多一些。故俗语说：“头牙吃得汗直流，尾牙吃得目屎（眼泪）流”，这是“尾牙”雇工们心酸的生动写照。1991—2010 年，泉州“做尾牙”仍然非常盛行，但很多企业公司和商家都把筵席办在酒楼菜馆里，宴请的对象不仅是雇工，还有亲戚朋友，筵席中有时还有抽奖活动，“尾牙”这一天，酒店菜馆总是爆满，很多商家企业得预定。随着改革开放的深入，一些较大规模的商家企业，一改过去的习俗，举行文艺晚会、开展歌舞比赛、体育游戏，或奖励先进、慰问员工，激发职工以厂为家、爱岗敬业的热情，给“尾牙”注入新的内容，形成欢乐、文明的“尾牙文化”。

十、法定节日

元旦　1 月 1 日为元旦。法定假期 1 天。清宣统三年（1911 年）之前，正月初一称为“元旦”。1949 年 9 月 27 日，中国人民政治协商会议第一届全体会议决定，把农历正月初一改为“春节”，公历 1 月 1 日定为“元旦”。

国际劳动妇女节　3 月 8 日为国际劳动妇女节，又称“联合国妇女权益和国际和平日”，是全世界劳动妇女的节日。

国际劳动节　5 月 1 日为国际劳动节，又称“五一国际劳动节”，是世界上大多数国家的劳动节。

青年节　5 月 4 日为青年节，是为纪念民国 8 年（1919 年）5 月 4 日中国学生爱国运动，使青年继承和发扬五四运动的光荣传统而设立的节日。

国际护士节　1912 年，国际护士理事会将南丁格尔的诞生日公历 5 月 12 日定为国际护士节。

国际儿童节　1949 年 11 月，国际民主妇女联合会在莫斯科召开执委会，决定将每年公历 6 月 1 日作为国际儿童节。

中国共产党诞生纪念日　7 月 1 日，是中国共产党成立纪念日。民国 31 年（1942 年）6 月，中共中央发出纪念中国共产党诞生 20 周年和抗日 4 周年的指示。当时正处在抗日战争的艰难时期，未能查证“一大”召开的准确日期，因此，中共中央确定把召开“一大”的民国 10 年（1921 年）7 月的月首，即 7 月 1 日作为中国共产党成立纪念日。

中国人民解放军建军节　8 月 1 日，是中国人民解放军诞生纪念日。民国 22 年（1933 年）7 月 11 日，中华苏维埃共和国临时中央政府根据中央革命军事委员会 6 月 30 日的建议，决定 8 月 1 日为中国工农红军成立纪念日。1949 年 6 月 15 日，中国人民革命军事委员会发布命令，以“八一”两字作为中国人民解放军军旗和军徽的主要标志。中华人民共和国成立后，将此纪念日改称为中国人民解放军建军节。

教师节　民国 21 年（1932 年），国民政府曾规定农历八月廿七（后又定公历 9 月 25 日）孔子诞辰为教师节，中华人民共和国成立后废除。1985 年 1 月 21 日，第六届全国人大常委会第九次会议作出决议，将公历 9 月 10 日定为中国教师节。教师节定在 9 月 10 日，是考虑到全国大中小学新生从入学开始，即尊师重教，可以给“教师教好、学生学好”创造良好的气氛。

国庆节　10 月 1 日，是中华人民共和国国庆纪念日，法定假期 3 天。1949 年 12 月 3 日，中央人民政府委员会第四次会议接受全国政协的建议，通过《关于中华人民共和国国庆日的决议》，决定每年10月1日，即中华人民共和国宣告成立的伟大日子，为中华人民共和国国庆日。

第二节 生活习俗

一、服饰

（一）服装

20世纪90年代后，随着生活水平的提高，泉州百姓的服饰日趋多样化，讲究美观、时尚。男性时兴夹克衫、便装、牛仔服、T恤衫，城镇部分中老年人穿中山装。西装渐渐退出主流，只是在重大场合穿着。女性则追求式样新颖、花色鲜艳以体现穿着时的线条美。夏装多穿着连衣裙、短裙、裙裤等，一些年轻女子喜爱穿紧身衣，夏季喜着露肩、低胸、露肚脐的上衣。冬装穿着厚领、带毛领的各式面料的短外衣、呢大衣、羊毛衫、风衣等等，也有的外穿短裤、短裙，内套厚长筒袜的。青少年穿着以T恤衫、牛仔服、夹克衫、运动服等为主。各中、小学校则统一穿校服，大都以舒适、大方、简便的运动服为主。

泉州丰泽东海浔埔女的服装简朴宽松，上衣为布纽扣的斜襟掩胸右衽衣，其肩、臂、胸、腰的尺度力求与身体相协调，既显示出柔和的曲线，又不失女性苗条与丰满。宽筒裤便于在海滩上劳作，挑担行走又轻松自如，适合于渔民劳动需要。裤以黑、蓝色为主，裤筒宽一尺左右，裤头多用白色、蓝色，俗称“大裾衫、阔脚裤”。

惠安东部沿海妇女的服饰别具一格。黄斗笠、花头巾、圆摆衫、宽筒裤，银裤链，造型奇异，色彩协调，俗称“封建头，民主肚，节约衫，浪费裤”，即衣短裤长，上身的斜襟衫（截衫），又短又窄，衣身、袖管、胸围紧束，衣长仅及肚脐，肚皮外露，衬托出女性身段的曲线美；袖长不到小臂的一半且紧束，袖口滚接二环节，一环为黄或金黄色，一环花布；上衣下摆弧度为椭圆形，向外弯展至袖拢，使腰间五彩塑料丝裤带和银裤链显耀示人，又可避免劳动时弄脏衣沿衣袖。裤子多是黑色的，也有深蓝色的。裤筒甚为宽大，裤头只到肚脐下。裤式腰围小、臀围大，裤筒为30厘米，大筒裤的裤脚则有的宽达40厘米，便于生产劳作。惠女服饰在色彩、款式、线条、图案等方面的配合相当协调且恰如其分，既带有传统韵味，又有现代气息。

（二）鞋帽

男性一年四季多着皮鞋或旅游鞋，夏季穿皮凉鞋，过去常穿的塑料凉鞋已较为少见。女性着鞋更显多样化，春夏季着凉鞋、厚高跟鞋，老年人多穿低后跟或平底皮鞋。秋冬季年轻女子多穿高跟鞋或旅游鞋，2000年后又流行穿高筒靴。

泉州地区气候温暖，戴帽者较少，青年男性有戴帽的大多为棒球帽，中老年人多戴棒球帽、鸭舌帽等。

（三）发型

20世纪90年代后，男性发型以短分发、平头为主。女性发型变化较多，或长发披肩，或巧挽云髻，或波浪式烫发，或直板离子烫等，频频翻新。近年更是染发成风，各种颜色在年轻人头上大放异彩。一些专门设计高档发型的“发屋”“美发店”应运而生，生意兴隆，有专门经营新婚女子发型设计的，价格不菲。

（四）配饰

20世纪90年代后，男女配饰以项链、戒指、耳环为主。女性佩戴首饰质地与款式常换常新，从黄金、三色金、K金、玫瑰金到钻石、宝石不断演变，玉器首饰也深受居民喜爱。很多女性以衣服的颜色与格调来搭配首饰，首饰从项链、戒指、手镯、脚环、耳环，讲究系列。部分男性则时兴戴金戒指和金项链，并以粗、大、重为时尚。男女性戴手表也渐成时兴，是一种时尚和身份的象征，且手表大多较为名贵。女性还流行带坤包，式样各异；男性青年则时兴背方包，背带长及腰下，皆以进口包为时尚。

浔埔女和惠安女头饰较为独特，浔埔女头饰俗称“簪花围”，将秀发盘于脑后，系上红头绳，梳成圆髻，然后再穿上一支骨簪，另用鲜花的花苞或花蕾串成花环，少则一、二环，多则四、五环，再以发髻为圆心，圈戴在脑后，整个头上所戴鲜花姹紫嫣红，花团锦簇，打扮得犹如一座春意盎然的小花坛。浔埔女的骨笄头饰乃古代“骨针安发”之遗风，系全国独有的“活化石”。惠安女头披花头巾、戴金色斗笠，上穿湖蓝色斜襟短衫，下着宽大黑裤。花头巾的花大多是小朵的蓝色花，衬以白底，显得活泼、亮丽；头巾紧捂双颊，只露眉眼和嘴鼻，衬出惠女含蓄和恬静的美。浔埔女和惠安女因其独特的服饰，与湄洲女并称福建“三大渔女”，成为当地旅游亮点。

二、饮食

旧时，泉州沿海地区特别是惠安农民三餐以地瓜、地瓜干等为主食，市区居民、小康人家才于晚餐配以细粮（白米粥或地瓜粥）。改革开放以来，大批农业人口转向工贸，百姓三餐均以细粮为主，大多每日“一干两稀”，鸡鸭鱼肉蛋品开始摆上寻常百姓家的餐桌。节庆之时，从单纯求“吃饱”向“吃巧”过渡，讲究烹饪几盘色、香、味俱全的菜肴。过去饮酒多用地产的地瓜酒或米酒，20世纪90年代后，各式瓶装酒层出不穷，如名牌白酒、啤酒、葡萄酒、洋酒，在宴会或小酌中盛行。可乐、果汁或各式易拉罐饮料，在筵席中已很普遍。泉州地处东南沿海，有丰富的海产资源，筵席风味以大鱼、大虾、鲍鱼、红膏蟳见长。口味较为清淡，百姓大多不习惯吃辣，诚如谚语“咸甜淡无味”，一些外来打工经商的新泉州人吃不习惯。过去办桌（设筵席）分粗细两种，现在筵席讲究精巧、营养、高档。过去粗桌上常见的炒冬粉、红烧肉、肉丸、肉夹包、封猪脚、封芋茸之类的，早已是日常餐桌上的菜肴，设在家宅的粗桌也不再以此为主食。

20世纪90年代后，麦当劳、肯德基、披萨等西餐逐渐时髦。很多小孩生日就选在肯德基。同时段，泉州市区旧街区、江滨路边、晋江岸边、洛阳桥边及各地热点海景边出现许多海鲜大排档，生意非常兴隆。随着外来人口增多，本地菜谱有较大变化，除保留传统的精华外，又吸收许多外地烹饪技术，菜肴更加丰富多彩。泉州菜系仍以闽南菜为主，清淡的粤菜盛行，偏辣的川菜、湖南菜逐渐被接受。桂花蟹、油蒸红膏蟳、炒面线、炸雪鱼、七彩汤、清蒸鳍鱼、蛋炸墨鱼、油炸大龙虾、红豆莲子炖鲍鱼等是酒店常见的菜肴。泉州出名的风味小吃有肉粽、蚝仔煎、甜粿、封猪脚、惠安地瓜粉团、泉港浮粿、永春白鸭汤、永宁煎包、牛肉羹、芋圆、花生仁汤、鱼丸、三合面、面线糊、薯粉团、田螺肉碗糕、花生喜糖、绿豆饼、蒜茸枝等。崇武鱼卷、深沪鱼丸贡丸、鲤城肉粽、洛阳蚝煎、安溪豆干、永春榜舍龟、德化过饥草汤、晋江土笋冻等地方特色美食，构成“名、优、特”系列菜肴。

三、居住

泉州至今仍保留着不同时期的建筑风格。明清时期，三开张（间）或五开张（间）的土木结构的“皇宫起”大厝盛行一时；二十世纪二三十年代，华侨返乡时兴建筑双层或三层钢筋水泥的洋楼。1958年之后，采用本地花岗岩建筑的“石枋厝”。20世纪90年代后，随着经济社会发展，建起具有时代色彩的一二十层高楼，沿街沿路，高耸雄伟，构绘泉州市区的一道道崭新亮丽的风景线。楼房外观设计新颖大方，外壁饰以瓷砖、马赛克或粉刷涂料，镶配高大的铝合金或塑钢门窗。建筑物楼顶或成几何图形，或安装琉璃瓦。内部设计则注重通风采光，合理安排。有较宽敞的客厅，顶上吊板，下贴地板砖或石板材，甚为高档。同时房屋内配备有厨房、卫生间等现代化设施。在市区，居住小区陆续开发新的楼盘，这些高层建筑，配备物业管理，安装有电梯，配有保安等，为购房者的家居生活提供方便。商品房中，楼中楼、错层套房是另一时尚和消费，成为一些高收入阶层追捧的对象，单身公寓受到年轻人和外来打工或经商者的青睐。

农村住房建设仍以单门独户砖混结构房为主，层数也多达三层以上，装修同商住房类似，新颖大方，较过去的土木、砖石结构更加美观坚固。此外，城镇居民还时兴修建或买别墅。

四、行乘

改革开放后，二轮、三轮摩托车载客兴起，并逐渐取代自行车、马车而成为城乡，特别是街居、镇村之间的重要交通工具。农村镇村之间水泥道路纵横交错，形成网络。一段时间内，二轮摩托车成为普通家庭必备的交通工具。一些工厂也配以工具车（带斗汽车），有的运输专业户则建置大型卡车或货柜车跑长途，有的成立私人运输车队或公司，规模较大的公司有几百辆之多。1994 年，泉州市区首家的士公司—雄鹏的士公司成立，方便市民出行。近年来，不少家庭备有小汽车，而且逐渐普及寻常百姓家，一些主干道开始从四车道拓宽成六车道。公交汽车遍布全市中心市区及农村各村落，实现村村通公交，且五六分钟一个班次，方便出行。乡村有“港田”摩托车载客，市区摩托车、中巴车或的士招手就到。长途汽车则有豪华大巴，通过高速公路抵达省内以至全国各地，车上大多设有卧铺、电视、厕所，日夜兼程，甚为快速便利。1992 年，漳泉铁路湖泉肖段开工通车。1996 年，晋江机场通航。2010 年 4 月，泉州动车站通车。2010 年，泉州市城镇每百户家用汽车拥有量 17.52 辆。市、县、乡、村四通八达的公路网络，城乡居民出行方便快捷。

第三节 礼仪习俗

一、婚嫁

登记、订婚 中华人民共和国成立前，男婚女嫁全由父母包办，结婚前必须遵守繁琐的俗礼，即议婚、送年庚、排八字、订聘、送吉课、送书与回书等仪式。随着人们的思想观念变化，男女青年有选择对象的自主权利。在工作或社会交往中，互相认识，自由恋爱，或经亲友介绍，或父母代为物色，更多地通过联系，互相了解，建立感情，待条件成熟，达到法定婚龄，双方即同往乡镇或街道办事处办理结婚登记，领取结婚证书，确立夫妻关系。泉州民间，特别是农村，仍有订婚之俗，常在结婚登记前或登记日举行，双方交换纪念品，合影留念，并与双方亲属举行便宴，向亲友分发喜糖，不请客不送礼。20 世纪 90 年代，属于变化最快的时期，作为嫁妆之一的摩托车先是“重庆嘉陵”，后来是 2 万多元的“大黑鲨”，再后来是四五万元甚至是 7 万多元的“太子车”和几十万的小汽车。酒席规模也越来越大，档次越来越高。2000 年后，随着经济的快速发展，嫁妆更上一个档次，有送存折的，而且数字越来越大，有几万、几十万、几百万不等。婚房越来越大，甚至有女方陪嫁套房、店面。订婚礼金高达数十万元，黄金首饰之类加起来多达数百克甚至千克，还有成套的蓝宝石、红宝石、钻石等首饰。订婚时，男家需办“贺礼桌（婚筵）”、女家需办“团婿桌”。

婚礼 20 世纪 90 年代后，泉州城乡开始流行新娘出嫁前请专业化妆师化妆、梳理头发。迎亲队伍到女方家后，女方家要煮甜鸡蛋招待，新娘挥泪告别父母上轿车，要从车内丢出一把纸扇，让家人拾起，有从他人姓（闽南语“扇”“姓”同音）之意，俗信这样做可以使女儿与丈夫夫唱妇随，让娘家放心，故称“放心扇”。洛江罗溪、晋江安海还有女儿一出门就关紧大门的习俗，是让女儿不再恋家，一心随夫之意。轿车到夫家，鞭炮齐鸣，送嫁妈先进门，边念吉语，边撒一种用竹心、茶叶、小锡箔缘、香料混合的“钱”，寓意新娘与夫家有缘，得家人疼爱。男家父母在此时需稍作回避，以免“对冲”。20 世纪 90 年代以来，婚礼大多在酒店举行，现场布置彩门、鲜花、会场，放映新郎新娘婚纱照录像；雇有专业司仪，从拜天地、拜父母、夫妻对拜，到喝交杯酒，新郎新娘表白爱情到父母发表感言、祝酒词，出现交流糅杂中西文化的新仪式。在市区，则流行在酒店举行“联姻”，双方亲友欢聚一堂，酒家备有专职司仪主持。新娘新郎出场亮相，祝酒均有一定仪式。也有的新婚夫妇采用旅行结婚形式。男女双方办理结婚登记后，一同外出旅行，共度蜜月。事后备喜糖礼饼分送亲友，不请客；或仅办两三席酒筵请至亲好友。2000 年后，集体婚礼再次兴起。婚礼形式文明、简朴、隆重、热烈，节俭朴素，不铺张浪费。

二、生养

生育 随着时代的进步，优生优育观念的树立，人们在孕期定期到医院检查，在医生指导下进行安胎、保胎。分娩时到医院分娩。

弥月 俗称满月。产妇娘家要置办“满月红”、食材、红灯笼、虎仔帽及布料、金首饰等物送男家，还要送相当数量的鸡蛋供婴儿剃头之用，同时蒸制一些“满月圆”，以供婴儿剃头分赠邻居亲友。女婿家则回赠三牲、煎米粿、粽子等物，现在米粿、粽子已被糕饼、饮料所代替。满月前一天，要请理发师为婴儿剃头，剃头之后，须分赠邻居以鸡蛋、满月圆及硬币。满月这一天，婴儿开始睡摇篮，年轻的母亲哼《摇篮歌》哄婴儿入睡，“捂捂摇，捂捂睏，婴仔乖乖睏，一暝大一寸。摇啊摇，婴仔摇，狗仔乖幺幺，一暝大一尺”。

洁月 俗称四月日，开始让婴儿坐“轿车”。婴儿的姑妈须赠送“涎围兜”，外婆家则送黑裘衫、银手链（后来改为金手链）及帽子、布料等，还有面粉蒸的“四月日桃”，男家则备粿粽回赠外婆家，现今粿粽均被其他食品代替。

周岁 俗称“度晬”，娘家置办金首饰、鞋帽、衣服及面粉蒸的“四脚龟”向外孙祝贺，男家仍然要备两色物品回赠外婆家，一般是糕饼与饮料。男家要蒸香油饭惠赠邻居、亲友、堂亲，现在改为惠赠袋装大米、桶装花生油，有的人家还多加饮料、蛋糕、饼干等其他物品。中午要隆重孝敬七娘妈、床母，还要置办酒席，宴请亲友。酒席过后，要举行趁龟、抓阄仪式。

十六岁 男称成丁，女称及笄，意即长大成人仪式。男丁家往往大办酒席，隆重庆贺。外婆家要赠送毛巾、扇子、服装、金首饰、自行车、彩电、摩托车等丰厚礼物及红包。其他亲友也有比较贵重的馈赠，一般也是以金首饰为主。男家仍备两色物品回赠外婆家。十六岁是最后一次敬祀床母、檐口妈、七娘妈等神明，供品要特别丰盛，还要把外婆家与亲友赠送的首饰、衣物、电器等礼品一并陈列祀敬祖宗神明。祀敬之后，主人家要把供奉过的供品分给亲戚朋友，意在让大家同庆、同祝、同祈，也算是正式告知孩子过槛长大成人了。

三、寿庆

泉州人过生日，一直沿袭古代以农历出生年月日为依据的习惯，部分当代青少年也过阳历生日，泉港区个别乡村有每年正月初三统一为老人过生日的习惯，过生日分两种，逢十的，叫“做大生日”，不逢十的叫“做闲生日”。还有一风俗，大生日有“男做九，女做十”之说。闲生日较为简单，一家人团聚，早晨在厅堂烧香点烛放鞭炮，吃鸡蛋面线，中午或晚上家庭会餐。做大生日则颇为隆重，寿庆前夕，在外地的儿孙都要提前回家，女儿要和女婿、外孙回娘家，同时送来烛炮、猪腿、面线、鸡鸭蛋、金首饰或红包等寿礼，现在改为送生日蛋糕和红包。做大寿前一天，要“送面”，过去是用熟面条分赠族亲邻居，后改用方便面及猪肉罐头代替，近来大多回赠大米、花生油、味精、猪肉干等。寿庆当天，一家老小天未亮即起床，高烧红烛，大放鞭炮。有的人家还摆香案桌敬天公，感谢上苍保佑老人家健康长寿。儿媳应在太阳初升之时，到祖厅焚香点烛、敬五果、放鞭炮，为长辈祝寿。早餐，合家吃长寿面，各加两个太平蛋，中午或晚上在家里或酒店举行生日宴，宴请亲友邻居。寿星的内外家人统一穿红衣服，显喜气、热闹。生日宴祝寿请客，不收红包，个别来宾以大烛、喜炮、烟花作贺，也有关系较亲密或家道殷富的亲友赠送电器或金首饰。20 世纪 90 年代，有的还时兴在有线电视台点歌或放映电影。时下，赠送花篮、放充气彩门较为流行。近年来，泉州城乡移风易俗，很多老人自觉地简办寿庆，把节约下来的资金捐赠给社会公益事业或设立教育基金，进行奖教奖学活动或资助家庭贫困学生。

四、丧葬

“丧礼”多有繁文缛节，丧家必须恪守，不可随心所欲。寿高而多福者的丧事，要举行点主、祀后土、摆祭品、办祭读奠文等一系列象征荣耀的活动。反之，一切只能从简。泉州本地丧俗，花甲（60岁）过后而亡，丧礼从重。若死者虽年逾花甲且儿孙满堂，但其父或母或双亲依然健在，丧事不得过分铺张（以其未尽养老送终之故）。老年人或危重病人临终，家人即将其移至大厅边或祖厅中，亲戚朋友日夜守护，直到去世。助丧者自此开始忙碌，为死者盖被盖面布，点两支脚尾香，一支白蜡烛，一盏脚尾生油灯，备一碗棺头饭，买陶钵、烧库银。安排人分头到死者亲朋好友家“报死”讯。由族亲或主事者开具死者生辰死日，请僧道或找择日师择定入殓、出殡、安葬、落土等几个丧葬重要节点的时日，这叫“开斗书”。之后，孝男孝女要到附近古井去“乞水”。依据古时安排，由专业“雕虎师”为死者净身穿七重寿衣。再依吉时把死者扶坐厅中交椅，面前摆五味菜十二菜肴，请死者享用，谓“辞生”，取视死如生之义。这时要把死者双脚放在米斗上，僧道把米斗内早就备好的银角子、铜钱镍币分给孝子孝孙，俗称“散手尾钱”，孝眷要趁机用麻绳或绒线穿铜线挂手腕上，直至三年脱孝时才脱下。尸体入殓时，要铺水被寿席，入殓时要请弦管吹拉弹唱，孝眷跪哭。由土公及亲人抬死者入棺收殓。收殓毕，即盖棺，用四个“饼龟仔”木锲锭钉牢棺盖两侧，“盖棺论定”。随后，把死者所用的衣服被褥、碗筷盆壶、药瓶等等旧物，连同褥席等，送到室外旷地指定地点点火焚烧，这叫“送草”。大殓后，死者亲属要按俗披麻戴孝，丧家贴出讣告报丧。设灵堂于大厅中，让亲朋来“拜乌”吊唁。有名望人家要办祭，一般人家做“一夜火光”或“做功德”。现代人简略大多俗礼，放哀乐或请乐队、弦管歌吹等。有身份者到殡仪馆开追思会或“告别仪式”。出殡时，需有出铭旌及红白灯笼，由云轿、主亭引道，把死者送至殡仪馆火化。

死者逝世后七日、十四日、四十九日、百日，亲眷都要备办祭奠物到坟上祭奠，并在这几个节日里请亲友及帮助丧者参加祭奠及“飨胙”，设席招待，以表谢意。死者去世一周年，丧家要做“对年”，丧主家备办筵碗祭物，祭祀死者，也“飨胙”招待亲友。死者三年期，丧家更要备办如仪，此前三年，丧家春节家中一律不准贴春联。孝眷七日后把手挂的“手尾索串”钱币一并解下，连同金银冥币一起焚化，且所有戴孝者脱孝服孝巾过火。之后，丧主请亲友宴饮，表示三年服丧礼毕，悲尽喜来。城中旧俗，三年其实只有两年足，其计算方法即从死者谢世日起算，到第二年该日为对年，再过一年即三年。

第四节 行业习俗

一、农业习俗

割稻饭 泉州农村大多聚族而居，生产、生活互助成俗。割稻季节，亲邻义务互帮，主人备较丰盛饭菜祀“田头公”，并款待帮工者，俗称“割稻饭”。

看大社 农作物成熟，为防兽害和盗窃，在田野间搭起草寮，由村社人丁轮值守夜：寮中备大锣、火镜，用以报警或驱害，遇有紧急信号，村人赶往支援，俗称“看大社”。

尝新 新谷登场时，泉州部分农村煮新米饭，配上酒肉，全家大小一起尝新，有的还把谷穗、三牲（鸡、肉、鱼）供奉祖宗。

乡规民约 泉州民间常围绕农业生产和公共生活订立乡规民约，以此规范基层社会生活、净化社会风气。乡规民约管理保护本村地产和公共环境；关心照顾孤寡老弱，扶助缺劳动力户；劝导守法遵纪、家庭和睦、兴办教育、文明祭祀等事项，村民互相监督，共同遵守。

二、建筑业习俗

建筑工匠包括泥瓦匠、木工、石工等。泉俗建厝造宅于破土动工之日，要在正厅处立一土地公神位，办馔肴敬祀，然后泥瓦匠（师傅头）用铁钎沿宅址四周挖戳一遍，称“动土”“破土”。接着，泥瓦匠于厅中心立一基石牵绳测量、纳地基。新建宅厅门和家门底下须埋五谷；门柱顶箍红布，柱底下须压铜钱；厅中梁须系八卦等等。建筑期间每月的初二、十六日，及下矴、安门、上梁、封归合脊，房主人要设宴招待工匠，故俗谚有“初二、十六，土刀斧凿；封归合脊，师傅肚必”（肚必：方言意谓“撑破肚子”）。

三、商业习俗

拜师学艺　学徒一般由长辈引领，带上礼品，到师傅家正式拜师。有的还举行拜师宴。20 世纪 90 年代以后，旧式的拜师学艺逐渐被举办培训班的形式所取代。

开张、收盘与收账　新开店铺，要装饰门面，隆重悬挂招牌，张灯结彩，择吉日开张。招牌先用红布覆盖字号，悬挂时揭去红布，鸣放鞭炮，同时敬祀财神。老式招牌多制成匾额，悬挂于店屋内正中，有的于店外骑楼窗下沿写招牌，招牌多为当时名家手笔。商店开业常在商店门口与大厅摆设宾朋赠送的花篮、牌匾、盆景。场面大的设置充气拱门、悬挂气球与祝贺彩带，举行揭牌、剪彩仪式，业主宴请宾朋；宾朋在电视上题词或点歌祝贺。商店一般于除夕日暂停营业，至来年正月初五日开张，开店门时要放鞭炮，希望新的一年生意兴隆。店铺生意亏损，无法继续经营，即收盘倒闭。从商业道德出发，有些厚道的收盘店户，在店铺倒闭后，仍尽力支付债务，偿还拖欠，以保持信誉。凡店家被人拖欠的账款，在端午、中秋、冬至等节日前夕，均可派人上门催收，债户一般也尽力清还。农历年终，欠款未清者应在除夕前清理完毕。“欠过年”对双方都有损来年“财气”。或经双方商定，债务人可延至明年端午节前清还。

牙祭　旧俗，各店家每逢农历的初二、十六日做“土地公生”，晚餐为职工加菜或略备薄酒，以示对职工辛劳的敬意，俗称“做牙”。二月初二日首次“土地公生”，即“头牙”，店铺开店利市，热闹一番。十二月十六日末次“土地公生”，俗称“尾牙”，当晚，店主设宴招待全体职工，并对来年去留有所表态。散席后结算工资并分红利。

四、教育习俗

泉州自古推崇儒学，尊师重教之风沿袭千年。20 世纪 70 年代末，全国恢复高考制度，社会各界更是把子女教育视为头等大事。2005 年，泉州重启中断百年的祭孔仪式。

泉州城区境内有保存完好的府文庙，是让学生祭拜的地方。祭品有糖葱一盒（糖葱是一种由白糖制成的多孔糖食，象征甜而通的意思）、青葱一束、红鸡蛋一对、麒麟帖一个（里面印有祷祝词及姓名）以及笔墨等。家长让小孩奉香叩拜孔子后，孩子就算进了孔子门。泉州歌谣云：“头日糖葱甜，二日竹篦连（被老师戒尺罚打），三日走去镇（躲），四日寻唔见（找不到，指出走）。”反映旧时代教书先生严厉。每年秋季开学前，泉州府文庙举行“开笔礼”暨“新学年、拜孔子、送红蛋”活动，活动从 8 月 30 日持续至 9 月 1 日，家长和孩子可在这三天前往泉州市区府文庙大成殿内领取红蛋。

五、渔航习俗

渔航船工，大多是鲤城、丰泽、石狮、晋江、惠安和南安沿海一带人。每逢过年，船上也贴春联，头桅写“一见大吉”，主桅写“八面威风”“万军主帅”，舵房写“满载盈归”，船眼写“龙目光彩”。对联写：“顺风顺水顺人意；得财得利得天时。”“五湖四海任舟行；三江九曲随舵转。”，或“生意兴隆通四海；财源茂盛达三江。”船上皆奉祀天上圣母（妈祖）。神龛横批“海国安澜”，对联：“身居湄洲真显赫；神在船中保平安。”船舶每年首航正月逢七、二月逢八不开航。启航出海须选择吉日，祭妈祖或天公，然后取若干供品倒入海中祭祀“好兄弟”（海难鬼魂）。船中忌讳把碗翻覆，或说“沉”“翻覆”“破”“慢走”等不吉利的话。海上生产，渔民忌第一艘开航（开海门），最后一艘归港（关海门）。解决办法多借妈祖上船助威或神前掷筊（闽南语称“卜杯”）决定。

第五节 民风习尚

一、勤劳拼搏

旧文献载，泉州民风，“刚质，颇有尚气之习”，“俗朴而淳，士农工贾，各世其业”，“人素质实”。说的虽然是明清时代，毕竟形成风气千百年，至今依然。泉州人大多勇于开拓进取，颇有竞争意识和拼搏精神。“泉州人个个猛”、“输人不输阵”、“骨力食力”（勤劳称“骨力”）、“善讨善趁”（谋生称“趁食”），这一类俗谚俚语，至今仍为泉州人称道。若是游手好闲，则被邻里共鄙为“没出息”“臭肉”。勤劳拼搏的精神，泉属各市县皆有特色。

早时，泉州人“拳头烧酒曲”，尚武拼搏，日常安居乐业，以酒抒郁解闷，却生性浪漫乐观，闲暇时间喜欢欣赏梨园、高甲戏，喜唱南音、弦管自娱，其乐融融。

晋江、石狮、惠安、南安、安溪等地泉人离乡背井，出洋谋生者，“亲引亲”“邻帮邻”，远涉重洋，开拓创业，靠的就是勤劳拼搏精神。泉属人不仅在海外展示他们勤劳勇敢的创业精神，在国内，在改革开放年代，同样敢为天下先，发展乡镇企业，为侨乡带来繁荣。

惠安地瘠民贫，男子多外出谋生，从事工匠、渔、航以及教书等职业。建筑工匠足迹遍布天南海北，营造房舍园庭、庙宇殿堂或纪念性的建筑物。渔民及舵工老舭，则长年在海上捕鱼、航运，与海洋苦斗。惠安师傅，素称勤劳能干。妇女在家，不论奉养翁姑，培育子女，种田织布，建造房屋，礼节应酬等里外大小事，一应承担。她们既能扛大石又能拿绣花针，具有勤劳、俭朴、勇敢、聪明、贤惠的美德和自我牺牲的奉献精神，因而“惠安女”名闻天下。泉州市委、市政府特发文件，在泉州弘扬“惠女精神”。

泉州其他各县（市、区），得山海地利，物产丰饶，百姓勤劳拼搏，爱拼敢赢，为当地经济社会发展做出积极贡献。

二、乐善好施

泉州人“习俗好义，凡郡中兴建大事及寻常施舍，虽家非素封，亦耻居人后”，“风俗淳厚，其人乐善，素称佛国”。泉州人多以能奉献公益为人生最大乐事，诸如修桥造路、扶贫济困、兴办文教卫生事业等等，有钱出钱，无钱出力。

泉州古代桥梁、乡间道路、寺庙宫观、灯塔路亭等多由民间集资建造。甚至20世纪30年代初修建的大型桥梁顺济桥（新桥），也是由民众集资公建的。中华人民共和国成立后，侨胞捐建及民间集资修建的桥梁、道路不胜枚举。

近代以来，泉州地区的华侨热心兴学，捐建校舍，有小学、有中学，几乎凡有华侨的乡村市镇，便有侨办学校，华侨办学，已成传统。

泉州市属各县（市、区）旅外侨胞和台、港、澳同胞，还捐建各级医院、卫生院及文化、体育场所等等。

一二十年来，泉州企业家热心公益、慈善事业，不断兴教助学，修桥造路，捐资襄助公益事业，涉及全社会的方方面面。

三、尊老爱幼

泉州老年人在家庭里、社会上普遍受到敬重。旧时，子女早晚要到父母房中问候请安，儿媳要端盆水让父母、公婆盥洗；老人有病，儿辈照料护理，亲尝药汤；儿辈侍候寒暖，不出远门（《论语·里仁》：“父母在，不远游”）。社会上，老人有较高地位，宴会上被尊上席，有疑难常向老人请教，村、族里事务多推举老人主持。若有人对父母不孝，则被邻里同劝或共责。少年气盛而路上私斗，虽素不相识的老人也可严厉呵斥，年轻人无不低头敛手。对孤儿孤女，族亲戚友或邻里常给资助和照料，甚至收养栽培，直至成人。

泉州人历来注重礼貌，待人和气谦恭。讲究仪表，整洁大方。俗语云“树要树皮，人要脸皮”，即使贫寒之家也不愿褴褛败相。商店伙计常招呼顾客“请吃茶！”医生到病家诊病，家主人送“先生礼”（出诊费），例须用红纸包致礼金；医生再三推让，直到主人送出家门外方才收纳；医生若觉察病家经济不景气，也有不收“先生礼”的。

四、耿介正直

泉州是朱松、朱熹父子过化之地，有“海滨邹鲁”之称，崇儒向学，正直公道、家国情怀是泉州人的追求和毕生实践。旧时泉人为官“任事行法，不善委曲绚人”，“尤耻于面谀而短于辞说”，士人则“尚廉耻而多清议，一行有失，则阖郡传讥”，老百姓“帖帖愿谨，自取衣食”。若有人“休官而美田宅者，衣冠不齿也”（乾隆《泉州府志·风俗》）。各行业的人共同关心本行业的命运，俗云“同舟以济”。人际关系难免有争端或冲突，有时竟因细故而酿成大祸。故无论邻里村社，皆有几位公正而德高望重的人充当“公亲”出面调解，把“大事化小，小事化了”，甚至双方亲善如故。

五、崇儒向学

自中唐欧阳修中进士后，泉州士子接踵登第，崇儒向学之风日盛，自唐贞元年间（785—805 年）开始，到光绪三十一年（1905 年）废除科举，其间，泉州共有进士 2504 人。作为宋大儒朱熹的“过化之地”，泉州人“地瘠栽松柏，家贫子读书”，千百年来，泉州人把读书科考作为实现人生理想、报效国家、改变家族和自身命运的重要途径，耕读传家、诗礼传家，亦商亦儒。即便成为全国经济发达重要城市，读书明礼仍为泉州百姓首选。为此崇儒向学之风持续大盛，不仅有钱人家倾力投资子女教育，一般人家，也都把教育子女，作为重要依托。

六、坚韧包容

自古以来，泉州人在严酷的自然环境下学会坚忍和坚韧，学会了“海纳百川，有容乃大”。暴雨台风、霹雳惊涛、山瘴瘟疫，教会了泉州人靠山吃山、靠海吃海，并且在与大自然险恶环境斗争中，炼就了坚韧不拔、自强不息、从容不迫、不屈不挠、包容兼容的气质。打猎讨海，输赢笑笑，商海沉浮，起起落落，失败了重头再来，屡败屡战，奋斗不息。

七、崇祖恋根

泉州人的祖宗意识特别强，年节中的春节、清明、端午、冬至自不必说，一般人家就是初一、十五也都要在家中敬祀祖宗。特别是清明节、冬至节，泉州人往往不远万里回到家乡祭祖扫墓。在闯荡江湖的时候，不忘家乡，发达了认祖归宗，报效桑梓。

卷四十七 宗教 民间信仰

西晋初年，道教、佛教开始传入泉州，境内分别建有白云庙和建造寺。泉州是古代海上丝绸之路的重要起点城市之一，伴随着泉州经济和海外贸易的发展，世界各大宗教从陆路和海路传入。泉州成为伊斯兰教传入中国最早的地区之一。随后，景教（古天主教）、摩尼教、印度教相继传入泉州。19世纪末叶，基督教、天主教再度传入，日本教也曾经在泉州传播。泉州建造大量宗教活动场所，造就许多著名的宗教人士，留下大量胜迹、文物，因而泉州素有“世界宗教博物馆”“泉南佛国”“闽南蓬莱”之称。多种宗教共生共荣、和谐相处，是泉州市宗教文化独特的特点。1991—2010年，泉州市重视扶持合法宗教的发展，鼓励引导宗教团体和信教群众发扬爱国爱教的传统，参与社会公益事业，为社会服务，把宗教力量凝聚到推进泉州市改革、发展、稳定的大局中。

泉州民间信仰对象广泛，有自然信仰，对天地山川、日月星辰、风雨雷电、动植物等自然现象崇信有加；也有人鬼信仰，除了信仰自己的祖先以外，许多被神格化的历史人物和人格化的神仙鬼怪，都成了被崇拜的对象，如关羽、岳飞、妈祖、吴夲、萧太傅、广泽尊王、清水祖师、通远王、田都元帅等等。此外，还有各种大小城隍和境神，分布在泉州城乡各个角落。

第一章 宗 教

第一节 道教

一、发展与传播

（一）发展

早在秦汉之际，泉州就有隐者和方士巫术的活动。秦代，有一个名叫大道的人，从中原到泉州，修真于清源山左峰，受到后人供奉，其地取名“大道岩”。同期，又有道渊结庐修炼于惠安万岁峰。

汉代，泉州人陈寨善禁咒（指咒语）术，为人治病多愈。道教创立不久，左慈、葛玄、郑思远等著名道士相继入闽云游或传教，晋江内坑瑞云岩有葛仙翁寄迹之处，故名“仙境”。又传，其显道术化杖为龙，故又名“葛州”。

西晋太康年间（280—289年），泉州建有道教宫观白云庙。东晋末年，信奉天师道的孙恩、卢循起义失败后，部分徒众流散在泉州沿海，称为“游艇子”。

南朝梁代，相传有唐、宝、志、化、郎五公修隐于惠安的灵鹫山。安史之乱后，中原动荡，泉州僻处东南，比较稳定，一些有避世思想的官宦和知识分子，到道教中寻找精神寄托。诗人秦系（浙江人），建中元年（780年）到南安九日山隐居，长年足不离山，致力于注释《老子道德经》，自号“东海钓客”。

五代十国时期，王审知家族、留从效、陈洪进等相继统治泉州，推崇道教，宠幸道士，倡建道教宫观庙宇。

宋代，朝廷尊崇道教，倡建大量道教宫观，重用道士，编辑道书，追封大批道教神祇及民间神祇，泉州逐渐进入儒、道、释三教合一时期。泉州历史上著名的道教宫观庙宇多为宋代修建。清源山成为当时泉州的道教中心，老君岩等道教庙观、洞岩达 50 余处。

元代，执政者偏重佛教，但对道教亦予支持。元贞元年（1295 年），天庆观改为玄妙观；至正年间（1341—1368 年），永春修建三清观；南安建吴真人祠。史载元代泉州著名道士有晋江的杰道、德化的吴济川、徐友山及光孝观住持陈义高等人。

明代，朱元璋令郡县访求应祀神祇，赐给名号，有司致祭，对道教的世俗化起重大影响。泉州修建的道教宫观达数十座。清代，朝廷限制道教，严禁道士及巫觋以方术惑乱民心，道教渐趋式微。泉州新建道教宫庙甚少，以前所建的重要宫庙大部分因年久失修而圮坏湮没，仅有小部分获得修葺。

清末民国初，泉州府城周围有正一派道士二三百人。此时，住观道士已很少见，大多在民间做法事，著名道士甚少。

中华人民共和国成立后，实行宗教信仰自由政策，多数道教界人士按照传统的形式继续活动。1954 年，泉州文艺界人士和道士为抢救道教文化遗产，成立“泉州道情组”，搜集整理道教音乐、舞蹈。1980 年后，泉州市宗教活动逐步恢复。随着宗教房产政策的落实，泉州通淮关岳庙、花桥慈济宫、泉州天后宫、富美宫、南安凤山寺、安溪城隍庙、永春桃源殿、石狮城隍庙、晋江宝泉庵等著名宫庙先后修复。由于道教传入泉州时间极早，泉州的岁时、婚事、生育、寿庆、丧事、营建和避邪等民俗，无不打上道教的烙印。此外，泉州的地方戏曲、雕刻艺术、医药、体育、民间文学等，都深受道教的影响。泉州老地名受道教影响颇深，如龙头山、天公观、城隍口、天后路、二郎巷、土地后等。泉州地区至今仍流行一些道教风俗，如“龙宫献宝”“土地公土地婆”“天公生敬天公”等。

（二）传播

泉州是中国古代对外通商贸易的重要港口，海上交通发达，泉州先民的足迹遍及东南亚一带乃至日本等地。泉州先民在离乡之前，大多要到各自崇信的宫观祈祷、许愿，并取香火或神像随身携带到异国他乡奉祀。随着这些先民在客居地繁衍生息，逐步建起各种宫庙，供奉从家乡分香的神祇。泉州成为道教对外传播的重要地区之一。东南亚各国的华人社会中，供奉泉州乡土神祇的宫庙甚多：

明永乐年间（1403—1424 年），晋江安海人陈景弘随郑和下西洋，到晋江青阳石鼓庙取顺正王香火同行，后来，在菲律宾建“顺正王庙”奉祀。泉州通淮关帝庙于清代传入菲律宾，岷尼拉黎刹大街有一座菲华通淮庙，北怡罗戈省也有一座泉州涂门关帝庙分灵。

清代，保生大帝、郭圣王、清水祖师、妈祖、关帝、上帝公等由泉州人传入马来西亚和印度尼西亚。清道光年间（1821—1850 年），泉州人、漳州人在新加坡建立“天公坛”“天福宫”。新加坡裕廊通淮庙，系泉州分灵。

民国 14 年（1925 年），泉州东岳庙道士陈高追在新加坡塞亚雷路设立“混元道堂”，传授道法符箓，发展教徒。其三子陈国显、四子陈国铭承袭职业。陈国显为新加坡道教总会第一副主席（曾任主席）。民国 22 年，泉州安溪道士施玉泽于旅居新加坡，在义顺淡水港设“广应道坛”，传子施荣源、孙施成振。道士姚池初在武吉知马设“高济道坛”，传子姚铭增、姚榕林，后迁武吉巴督。

民国 37 年，泉州晋江深沪宝泉庵的“大道公”（保生大帝）香火由乡人蔡绍周恭请到马尼拉建庙，又分炉到宿务。菲律宾的“大道玄坛理事会”“九霄大道观董事会”“九八龙霄宝殿理事会”等道教组织以及宫观负责人大多是泉州籍华人。

泉州传播到海外及中国台港澳地区的宫庙，大多仿照闽南的建筑形式。创建时，有的还聘请泉州工匠前往设计施工。有的还到泉州采购、订制木材、石雕工艺品，聘请泉州名匠前往雕塑神像。在宗教仪式、民风、习俗方面，保留着故土的特色。

二、宫观道场

泉州道教文化遗产相当丰富，如白云庙、花桥宫等，在海外都有较大的影响。清源山麓的老君造像，是全国现存最大最古老的道教石刻造像。著名的宫观，如元妙观、泉州府城隍庙、泉州花桥慈济宫、广灵万仙妃宫、泉州东岳行宫、泉州天后宫、泉州通淮关岳庙、泉州苏夫人姑庙、霞洲妈祖宫、法石真武庙、永宁城隍庙、虎岫寺、石狮城隍庙、祥芝斗美宫、安海雩云殿、深沪宝泉庵、南安凤山寺、惠安青山宫、崇武天后宫、安溪城隍庙、永春百丈岩、德化大卿宫、德化龙湖寺、德化石壶祖殿等均得到修复或重建。1992年6月，泉州惠安县政协文史组在该县张坂镇崧山村发现清代道教道场遗址。该遗址占地2500平方米，道场里石碑正面阴刻竖文“天官赐福”，背面上横刻：“元亨利贞”，下竖刻八卦图和“神卦驱煞降祯祥”字样，在道场遗址上，尚有三座底宽3米，高2米，用块石叠成的圆柱体和八座这样大小圆柱体基石，其间有复杂的石砌通道。1996年，泉州市政府结合泉州市区东街旧城改造的拓宽，规划出6660多平方米作为元妙观复建用地，海内外善信闻讯慷慨解囊。5月，深沪镇海宫拆旧翻新扩建落成。1997年，新加坡菲莱芭城隍庙捐资翻建安溪城隍庙。1998年，泉州市重建清源洞的裴仙祠、观音殿，以及南台三清殿。12月，深沪崇真殿举行重光醮会。2000年起，泉州东岳行宫重塑东岳大帝等神像，在殿的左侧建小庙，奉祀十殿阎君、血封夫人妈等。2003年，泉州广灵万仙妃宫登记为正式宗教活动场所。2007年，泉州城隍庙殿宇募资修葺，重塑城隍神像。5月，泉州市晋江下游防洪岸线整治工程需要，就近迁建的霞洲妈祖宫，旧建筑被保留下来。2009—2010年，泉州霞洲妈祖宫建造慈航殿，作为妈祖文化活动场所，成立董事会，开展妈祖文化学术研究、遗产保护、联谊交流、慈善活动、项目建设等工作。泉州的主要宫观道场有元妙观、泉州府城隍庙、东岳行宫、清源山道观、广灵万仙妃宫、霞洲妈祖宫、花桥慈济宫、通淮关岳庙、天后宫、法石真武庙、富美宫、丰山洞、紫帽山金粟洞、深沪宝泉庵、凤山寺、青山宫、安溪城隍庙、石壶寺、金液洞、孚济庙等。

元妙观 俗称“天公观”，初名“白云庙”，位于鲤城区东街新府口，始建于西晋太康年间（280—289年），唐神龙元年（705年）改名中兴观，后屡易其名，元贞元年（1295年）改名元妙观至今。明代管理泉州道教事务的道纪司就设置在元妙观。元妙观前殿为老子祠，供奉三清，后殿供奉玉皇大帝诸神。庙中各种神像、青石龙柱、龙陛雕刻精美。当时，元妙观、东观庙、关帝庙和府城隍庙并称泉州道教四大庙，为泉州历史上的道教活动中心。1994年，泉州市宗教局同意市道教协会筹备复建工作，列为东街旧城改造的重要建设项目。1995年，泉州元妙观举行复建动土仪式。2000年1月，泉州元妙观三清殿重建竣工，面积340平方米。2007—2010年，泉州元妙观重新成为泉州道教的活动中心。2007年，泉州元妙观二期工程“凌霄殿”复建竣工，面积700平方米。至此，泉州元妙观实际占地面积4000余平方米，建筑面积2000余平方米。复建后的泉州元妙观为中国古典宝殿式建筑，气势磅礴，典雅精致，融合闽南古建于一炉。

府城隍庙 府城隍庙原在萼辉铺(今镇抚司巷)，系北宋嘉祐二年(1057年)侍郎赵涯建，称“明烈王庙”。明嘉靖二十三年（1544年），由于泉州大旱，南门桥十字街又发生特大火灾，焚毁民居三百七十余间，促使泉州知府俞咨伯将庙移建于资寿寺故址（今北门梅石街新村小学），清乾隆、道光年间又多次重修，其规制与府衙相同。20世纪50年代该庙被改作麻袋厂，20世纪70年代初又大部分被拆毁，改建为小学校舍，麒麟壁也移至开元寺西塔旁。1992年，泉州府城隍庙经泉州市人民政府批准登记为市级文物保护单位。1997年，泉州府城隍庙登记为道教活动场所，成立管理委员会。2007年，泉州府城隍庙因殿宇朽坏，管委会募资修葺，重塑城隍神像。2010年，泉州府城隍庙占地面积约600平方米，建筑面积近300平方米，为二进三开间，香火旺，信众日集。

东岳行宫 位于泉州东门外凤山南坡，俗称“东岳庙”，建于宋绍兴二十二年（1152年）。宋至清代多次重修。主祀东岳大帝，神祇众多，建筑规模庞大，颇具特色。清代后期，东岳行宫由附近陈姓道士管理香火和为信众作法事，还设“嘉礼戏”（傀儡班）专为信徒敬神演出。1991—2010年，泉州东岳行宫管理委员会建立。为信众的信仰需要，修建正殿后，重塑东岳大帝等神像，在殿的左侧建小庙，奉祀十殿阎君、血风夫人（专管妇人难产、血晕而亡的田川氏）等。

清源山道观 位于清源山风景名胜区内，包括老君岩，祀裴仙的清源洞，南台三清殿。清源洞，传为吕纯阳修真处。南宋绍兴年间（1131—1162 年），据传有一姓裴道士为追赶一条伤害生灵的大蛇到此，后坐化于洞口，此洞因又名裴仙洞。山门从东入，立二石为标志，内地平旷，前列三石塔，逶迤向西，有石构山门，清初粘本盛勒“第一洞天”四字于门上，入门岩石镌“蓬莱”二字，旁书元至治元年（1321 年）造。内左右皆有石塔，拾级而上，又有石室，门匾曰“天公作筑”，螺阳陈文辉书。曲而东，镌“清源洞”三字于石壁。石室广约 6 尺，高、深各 2 米多，镌刻有“出世清真”“栖碧”“蜕岩”等字。明陈惠书“有仙则名”。门联云：“道满好斟三盏酒；山灵长笑一枝花。”又有清施琅题联石刻“海静分明水月，山高咫尺神仙”。有洪承畯书写的“洞天真隐”石刻。蜕岩始建于绍兴年间，后废。元至正十八年（1358 年）僧法昙复之，大德五年（1301 年）僧一聪新之。元统二年（1334 年）僧契因修之。明万历年间（1573—1620 年）詹仰庇重修。清顺治十六年（1659 年）同知彭清典又修。康熙十八年（1679 年），觉罗霍拓修裴仙像。1989 年，有华侨重塑裴仙像于洞中。1991—2010 年，老君岩，祀裴仙的清源洞，南台三清殿成为清源山风景区的主要景点之一。1998 年，清源山道观重新修建。2000 年，清源山道观重建落成，登记为宗教活动场所。2002 年，清源山道观管委会成立。2010 年，清源山道教文化区列入泉州市城建预备项目，并复建北斗殿和真君殿，发掘老君岩的宗教文化、石雕文化、海丝文化内涵，把老君岩打造成道教文化的发祥地和宗教文化旅游胜地。

广灵万仙妃宫 位于鲤城区东街广灵路。俗称广灵宫，主祀万仙妃，始建于唐代僖宗乾符六年(879 年)，祀奉的是一位传说中“有功德于民”的民间妇女，名叫巧姑。1991 年，信众组成广灵万仙妃宫复建筹备组，负责复建工作，海内外信众纷纷捐资。1995 年，广灵万仙妃宫参加道教协会。1997 年，广灵万仙妃宫复建工程竣工，重塑神像，组建广灵万仙妃宫管理委员会。1998 年，由于“广灵宫”的知名度较高，古城东街“菜巷”更名为“广灵路”。2003 年，广灵万仙妃宫登记为正式宗教活动场所。

霞洲妈祖宫 位于鲤城区江南街道霞洲社区，始建于明天启二年(1622 年)。1982 年，霞洲妈祖宫复建。1991 年，霞洲妈祖宫扩建后殿。2007 年 5 月，泉州市晋江下游防洪岸线整治工程需要，就近迁建的新庙，而旧庙建筑也被保留下来。2008 年 8 月，霞洲妈祖宫新建的正殿、前殿完工。2009 年 10 月 25 日，霞洲妈祖宫举行落成典礼，台湾鹿港天后宫、台南大天后宫、澎湖天后宫、台湾北港朝天宫等庙宇代表前来祝贺。前殿为歇山式建筑，正殿为重檐歇式建筑。2009 年，霞洲妈祖宫开始建造慈航殿，作为妈祖文化活动场所。同年，成立霞洲妈祖宫董事会。2009—2010 年，霞洲妈祖宫开展妈祖文化学术研究、遗产保护、联谊交流、慈善活动，并与台湾地区妈祖宫庙频繁开展交流活动。

花桥慈济宫 位于鲤城区中山南路北段西侧。俗称“花桥宫”，宋明道二年（1033 年）泉州疫病流行，吴夲到泉州行医，不分贵贱，广施丹药，拯救黎民，民众颂为“神医”。吴夲，宋代同安人，业医有善行。吴夲修身养性，炼丹药以医济世，故尊称为“吴真人”。宋景祐三年（1036 年）吴夲逝世，民众为纪念其为民除病的功德，在其生前行医过的“花桥”建宫奉祀，俗称“花桥公”。明永乐年间（1403—1424 年），明成祖敕封吴夲为“保生大帝”。1985 年，泉州华侨朱金卜等人捐修前殿、大殿。1990 年，台湾台南学甲慈济宫捐资修建后楼，将原二层楼房改建为三层义诊楼。1991—2010 年，为纪念吴夲，每年三月十五，海峡两岸均举行清醮奠祭仪式，历久不衰。闽台尚有数以百计的“慈济宫”供奉之。1992 年，花桥慈济宫被列为第三批市级文物保护单位。

通淮关岳庙 位于鲤城区涂门街，俗称“美帝庙”，始建年代不详。以前通称关帝庙，民国 3 年增祀岳飞，故改今名，简称通淮庙。明嘉靖年间（1522—1566 年），长史李一德重修。明万历年间（1573—1620 年），复于庙右塑关帝及刘备、张飞、诸葛亮诸像，俗称“三义庙”。明天启和清顺治、雍正、乾隆、道光等朝屡次加赐封号或扩建、修建殿宇，规模不断拓展，享有官方隆重祭典，香火鼎盛，分灵遍及台湾和海外各地。庙中现存的碑刻有：清乾隆四十三年（1778 年）官献瑶撰的《重修泉郡通淮街关帝庙碑》和乾隆四十二年重修收支情况的石刻，清咸丰七年（1857 年）《关圣帝祖茔碑记》《立看守碑》，清嘉庆二十四年（1819 年）台湾林光夏所书的石刻，道光二十年（1840 年）苏廷玉书的《关帝觉世真经》。1993 年，泉州道教文化研究会在通淮关岳庙创建泉州道教文化陈列馆，接待海内外学者、宗教界人士。2007 年，通淮关岳庙进行保护性修缮。2010 年 6 月 22 日，第二届海峡论坛 · 台湾百家关帝庙信众福建谒祖会香暨泉州首届海峡两岸关帝文化节开幕式，在市区通淮关岳庙举行。其间，通淮关岳庙管委会组织神尊安座仪式、关帝祭典仪式、关帝神轿巡游及民俗阵头踩街活动、关帝文化交流座谈会、关帝文化展（塑像、书画、图片展）、纪念关帝诞辰 1850 周年活动摄影大赛、通淮关岳庙广场《唱歌拼输赢》义演等系列活动。

天后宫 位于鲤城区南门天后路，宋庆元二年（1196 年）建，原称“灵惠天妃宫”。祀海神林默娘，俗称“妈祖”。天后宫历代皆有修葺。明永乐时郑和奉旨重修。顾珀《天妃宫记》称，明嘉靖十九年（1540 年）“先修正殿五间，重建寝殿七间，凉亭四座，两廊三十间，东西轩及斋馆二十八楹。”清乾隆元年，于后殿祀林默娘父母。道光二十三年至二十五年重修大殿。大殿原有天妃坐像，通高 2 丈，仪态端庄，为明代泉州名匠王弼塑造；山门东侧塑水精将军千里眼，西侧塑金精将军顺风耳，两座立像，通高 2 丈，造型奇特。正殿原有雕刻精美的盘龙石柱、大型壁画、鹿港郊铁钟等等文物。此宫是中国东南沿海、台湾及南洋一带现存最早、最大的一座妈祖庙。民国 20 年（1931 年），泉州天后宫改作学校，宫后梳妆楼台地建教室楼房，后殿东斋馆被居民占用，全宫神像无存。1984 年，泉州市文化部门修建大殿，恢复旧制，并建殿前西凉亭及西廊两间。1987 年，泉州天后宫列为国家重点文物保护单位。1989 年，泉州天后宫设闽台关系史博物馆于宫内。1990 年，泉州台胞捐资重塑天后神像，重建山门及戏台，修建露庭及山门前庭。2007—2010 年元宵节期间，在泉州天后宫“泉澎乞龟民俗活动”。2007 年，澎湖乡亲的“米龟”首次登陆泉州时，总共用 1.2 万斤大米。随着活动影响增大，“米龟”年年“发福”，2008 年重 2 万斤、2009 年重 2.5 万斤，2010 年增加到 3 万斤。

法石真武庙 位于丰泽区东海街道石头街，俗称上帝宫，奉祀真武帝君（即玄天上帝，被尊为后渚港一带的保护神）。庙建于宋代泉州海上交通贸易繁荣时期。宋时泉州知州以此庙作为祈祭海神之所。宋末张世杰、陆秀夫奉端宗南下，曾在此驻跸，故又有“圣殿”之称。现存的庙宇为清代建筑。山门结构为牌坊体，嵌竖匾“武当山”。两边墙壁上嵌着砖刻太上老君、瑶池王母以及八仙的人物画。庙有明嘉靖十二年（1533 年）晋江知县韩岳所写的“吞海”石碑，榕荫盖地。岩右有一座八卦凉亭。凉亭后面为露庭、真武前殿。前殿之后为真武殿，重檐歇山顶，正中塑真武帝君，披发仗剑，跣足踏龟蛇。神龛上巨匾“掌握玄机”，系乾隆年间福建陆路提督马负书所题。

富美宫 位于鲤城区南门水巷富美渡头，建于明正德年间（1506—1521 年）。主祀萧太傅（西汉名臣萧望之），配祀文武尊王及王爷 24 尊，旁有夫人宫。清道光元年（1821 年）重修。光绪七年（1881 年）移建于现址，民国 23 年（1934 年）重修。现存庙宇为清代建筑。庙中檐椽斗拱雕刻精美。

20 世纪 60 年代起，富美宫祭祀活动中断。至 1988 年 5 月，重新设立董事会管理，并重修庙宇。泉州民间王爷崇拜由来已久，庙宇遍于江滨、沿海，而富美宫则列各宫之上，素有泉郡王爷行宫之称，祭祀隆重。原宫旁设有制作王船的作坊，每逢灾患之年，均举办大型醮会，按例送王船。王船仿民船体形，又称“彩船”，载重在十吨以上。船上设有神坛，置有神像并配大牌、凉伞、兵器、乐队和各种生活用品、药材以及活公羊、公鸡等，装饰威严。据传，建宫以来，富美宫送出的王船达百艘。 有些王船漂抵台湾沿海， 被当地村民恭迎前去奉祀。因此，富美宫便成为台湾王爷信仰的发祥地之一。

丰山洞 位于洛江区马甲镇。双髻山亦名“丰山”，又称“仙公山”，主祀何氏九仙祖师，俗称“大仙公”。丰山洞岩宇始建于南齐（480—502 年）。明嘉靖年间（1522—1566 年），信徒林西塘（马甲人） 捐资重修丰山洞，引仙游九鲤湖何氏九仙香火供奉于洞中。山南面，从河市开始，有古代铺筑的石阶路，是信众“求仙”的“仙路”，每隔二里有石亭，依次有望仙亭、荷潭印月亭、白鹤腾空亭、正心亭、宽心亭、明心亭、心亭等，遗存有仙门、仙井、仙茶、仙棋盘、观日台、杨梅洞等，以及宋朱熹题诗、王十朋题字、张瑞图题碑、李光地题匾等摩崖石刻多处。何氏九仙即民间传说中的应天真人等。据传，这几人原籍江西九江郡，因反对其父参与淮南王造反，相携出走。入福建，住过福州于山、福清石竹居、白云洞等处。后择居于仙游枫亭及榜头九鲤湖，采药炼丹，济世救人。一日骑湖中九条鲤鱼升天，得道成仙。明代以后，仙公山岩宇区有三处建筑群：一为丰山仙洞，祀九仙祖；一为白水岩，祀佛教三世尊；一为朝天阁，祀五文昌夫子。

紫帽山金粟洞 位于紫帽山右峰南侧。唐元德真人郑文叔居此。相传有人路过洛阳，遇一道士委托其带书信给郑文叔。文叔收信后，送给带书人半升粟。带信人归家一看，竟是金粟。山上有宋宁宗书石刻“金粟之洞”。右峰绝顶有凌霄塔。西有石鼓、丹炉、试剑、棋局、仙迹、仙掌诸峰；北有天湖岩；南有古玄室，明正统九年（1444 年）道士吴云静建，今不存，有景泰四年（1453 年）石刻一方。左峰有吴云静蜕骨瘗处，还有盘古洞、小丹邱诸胜迹。小丹邱系吴云静所建的修炼处所，后来明代名士陈琛、陈让兄弟在其中读书。

深沪宝泉庵 位于晋江市深沪镇南春村。始建于唐初。明季遭倭寇焚毁，崇祯年间（1628—1644 年）重修。清道光《晋江县志》载：“深沪石壁山，右为青山，有‘市心保井’，亦名宝泉，遂以名庵。庵左无蚊，亦以为隐（罗隐）谶云”。前殿奉佛，中殿奉玄天上帝，后殿祀广泽尊王。清末仅存后殿。咸丰十年（1860 年），深沪船商吴子治从台湾台南学甲慈济宫奉保生大帝神像（俗称“大遭公”）回深沪敬奉于宝泉庵。20 世纪 40 年代，香火再传到菲律宾、中国香港等地。1982 年重修。

凤山寺 位于南安市诗山镇西北的凤山 （郭山）。又称威镇庙。奉祀广泽尊王，俗称郭圣王、圣王公，即郭忠福，出生于古南安金谷（金谷今属安溪），人称郭孝子，年十六坐化。里人感其孝，建祠以祀。宋赐建庙。该庙于明嘉靖年间（1522—1566 年）毁于倭寇，万历年间（1573—1620 年）重建。清道光年间（1821—1850 年）和光绪初期 两次重修。是闽南著名寺庙。分灵远至印度尼西亚、马来西亚、菲律宾、缅甸、新加坡等国，并广泛传播于台湾等地。民国 16 年（1927 年）以前，台湾的信徒，每三年就要组团到凤山寺祖庙进香朝拜。1978 年冬，凤山寺重建后，正殿规模宏伟，两侧分置钟楼、鼓楼、左右偏殿和左右厢房，第三进为后殿。

青山宫 位于惠安县山霞乡下坂村。又名灵应庙、诚应庙、灵安王庙，北宋太平兴国年间（976—984 年）建，祀三国时守卫东南沿海牺牲的名将张悃。清乾隆《泉州府志》载：张悃，三国吴将，尝屯军该地以御寇。清《惠安县志》载，张悃尝集民兵训练以卫乡里，殁后常有灵异出现。青山宫为清代建筑，硬山式，三进。有明洪武十六年（1383 年）《重建青山庙寝宫记》和成化元年（1465 年）《重修诚应庙碑记》石刻两方，但字迹已模糊不清。清末以来，屡有修建，1982 年重修。

安溪城隍庙 原位于安溪县城大东街。始建于南唐保大十四年（956 年）。明景泰年间（1450—1457 年），邑人陈贞德重建。明成化年间（1465—1487 年）至清乾隆年间（1736—1795 年），先后有十任安溪知县主持重修。明太祖对全国有名望的城隍分级加封，安溪城隍被加封为“显佑伯”。故安溪城隍庙有联曰：“宠赐袍冠八闽第一；褒封伯爵五邑无双”。庙宇占地 1000 平方米，正殿供奉城隍，两庑分设阴阳司、速报司、赏善司、罚恶司、延寿司、增禄司和阴阳判官二将军。清乾隆《泉州府志》载有明詹源《城隍庙记》。该庙历代香火鼎盛，并分香传播中国台湾地区和新加坡。抗日战争期间庙曾被毁，1990 年秋，择安溪县城北凤山南麓重建。

石壶寺 位于德化县石牛山中狮岩（顶岩）石壶洞（又称紫霄洞）。主祀张公法主（张慈观）、萧公圣君 （萧朗庆）、章公真人（章朗瑞）。始建于南宋，后遭雷火，洞石崩塌。明正统年间（1436—1449 年）迁建今所。历代均有重修。民国 25 年（1936 年），殿堂和神像遭张雄南匪兵焚毁。20 世纪 80 年代，马来西亚华侨、台港澳同胞和本地人士捐资重建，1986 年正殿落成。殿为重檐歇山式，面宽五间，进深一间，门楣镌“石壶祖殿”匾额。1991—2010 年，台湾多处法主公庙信徒到此寻根谒祖。

金液洞 位于德化县盖德乡三福村。元至正二十五年（1365 年），道士吴济川、徐友山结庵于此修炼。翌年吴济川逝去，徐友山即募缘塑像，兴建洞宇，明洪武元年（1368 年）三月竣工。徐友山去世后，乡人亦塑像崇奉。20 世纪 80 年代，乡民集资维修，又复旧观。

孚济庙 位于金门岛上。相传唐德宗时“护骥将军”陈渊率 12 个姓氏到岛上牧马、垦荒、种杂粮，使金门逐步开发起来，陈渊死后，当地人称其为“马祖”“ 牧马侯”，建庙祀奉。现存建筑为清末风格，仅有山门、正殿和后院。规模不如以前，但有关“牧马侯”的神话故事，一直流传至今。每逢节日，当地百姓仍进行祭祀。

其他宫观道场

鲤城区：晋江县城隍庙、铁炉庙、苏夫人姑庙（苏夫人宫）、奇仕妈宫、舍人宫、约所关帝庙、塔顶宫、龙济宫、玉泉宫、青龙宫、赤涂古庙。

丰泽区：广利庙（龟山庙）、段湖宫（西湖宫）、天妃宫、威惠庙。

洛江区：康济庙、龟峰岩、顺济宫、郭垅庙。

泉港区：晋安郡王祠、东岳庙、灵慈宫、乌石宫、莲山宫、瑞云殿、笔架寺、白石宫。

石狮市：朝天寺、石狮城隍庙、文祠、永宁城隍庙、金沙古地、龙显宫、妈祖宫。

晋江市：青阳山石鼓庙、崇真殿、霁云殿（真武行宫）、紫霄宫、嘉应庙、东石寨关夫子庙、东石天后宫、南岳庙、安海城隍庙、昭惠庙、妈祖宫、三公宫、赖厝紫宵宫、屿头慈济宫、古庙（忠义庙）、真如殿、程坑宫、飞瓦古忠庙、东福宫（相公宫）、护国宫、南宫古地、霞溪宫、龙王庙、张林城隍庙、安境圣地、钱塘圣母宫、东宫古地、拱秀庙、桂山宫、鳌头慈济宫、灵安殿、盘龙宫、镇峰宫。

南安市：威镇庙（郭山庙）、庐岭庵、天心洞、仙迹岩、开化洞、慈济宫、龙溪堂、西碧岩、天凤庙、南山寺、荣溪宫、桃源宫、城隍庙、英都昭惠庙、云山寺、万公妈宫、美林慈济宫、寮洋宫、漳州姑墓、顺济宫、灵安庙、朝云殿、应魁慈济宫、太乙真人庙、深坑四方堂、方正堂、关圣庙、坑口宫、向阳昭惠庙、南川宫、龙山宫、石竹庙（灵佑宫）、千金庙、镇江宫、乌墩庙、昭毅将军祠。

惠安县：东岳行宫、昭惠庙、天后宫、顺济侯庙（凤山通灵庙）、大岞妈祖宫（东宫）、灵应庙、大蚶庙、青山祖庙、登庸武庙、南门天妃宫、盘龙妈祖庙、魁星庙、崇武天后宫、溪底妈祖宫、灵安尊王宫、三官宫、和寮宫、龙溪庙、古帝宫、关帝宫、城隍庙、东岳庙、三天玄宫、崇武城隍庙、东桥虎母公宫、护海宫。

安溪县：东岳行宫、洪恩岩、骑虎岩、兴义殿、兴福堂、泰湖岩、衡阳庵、灵惠庙、九峰岩、中亭庙、岱屏岩、清风洞、龟峰堂、关帝庙、灵护庙、福美宫、安山庙、玉湖殿、铜锣庙、显应庙、泰山岩、石堂宫、威镇庙（濠内庙）。

永春县：桃源殿（玄帝行宫）、昆仑古庙、昆仑洞、百丈岩、魁星岩、石玉洞、南山宫、城隍庙、龙山岩、万春寨、真武殿、真宝殿、吉祥庵、昭善宫、云峰寺、陈坂宫、承春庙、大白岩、岱山岩、丛桂庵、锦峰宫、天湖岩、帝君宫、飞龙宫、龙湖岩、石玉古洞、榜头宫、蓬壶仙洞、龟龙宫。

德化县：祖龙宫、大卿宫、龙图宫、城隍庙。

金门县：灵济宫、三忠宫（显明宫）、妈祖庙（顺济庙）。

附：古代泉州的三座城隍庙

城隍为中国古代的城市保护神，被纳入道教的神仙体系后，又是人们幻想中的地方阴司主宰。传说中它能剪恶除害、护国安邦、降雨抗旱、放晴防涝。为此，城隍的信仰深入人心，经久不衰，其庙宇遍及全国城镇。一般而言，一个城市只有一座城隍庙，泉州素有“世界宗教博物馆”之称，“泉人颇惑于鬼神之说”，因此泉州府城出现三座城隍庙：晋江县城隍庙、泉州府城隍庙和龙宫庙。

晋江县城隍庙兴建的时间最早，但原址莫考。清黄昌遇《重建晋江县城隍庙碑记》曰：“我晋之有城隍也，始于唐，历宋元明屡有迁移，规制不可考。”逮至明万历年间，在北门谯楼前（今福医大附属第二医院）建魏公祠即生韩古庙（崇奉北宋名相、魏国公韩琦），晋江县城隍则附祀其内。清乾隆十七年（1752年），晋江知县黄昌遇又另建晋江县城隍庙于原谯楼西北侧（今泉州六中校内）镇抚司巷，嘉庆、道光年间还进行三次重修和扩建，其规制与县衙一样，规模很大。民国6年（1917年）兴办泉中学校（今泉州六中），该庙被改为校舍至今，尚存山门、东西两庑、拜亭和正殿。

泉州府城隍庙原在萼辉铺（今镇抚司巷），系北宋嘉祐二年（1057年）侍郎赵涯建，称“明烈王庙”。明嘉靖二十三年（1544年），由于泉州大旱，南门桥十字街又发生特大火灾，焚毁民居三百七十余间，促使泉州知府俞咨伯将庙移建于资寿寺故址（今北门梅石街新村小学），清乾隆、道光年间又多次重修，其规制与府衙相同，甚为雄伟壮观。50年代该庙被改作麻袋厂，20世纪70年代初又大部分被拆毁，改建为小学校舍，麒麟壁也移至开元寺西塔旁。

龙宫庙在三教铺(今九一路东段北侧)，始建年代无考，原应是供奉龙王，大概清末才改祀城隍。由于“求雨屡验，为民御灾疗病，普沾其泽，功德在民”，该庙于清光绪十八年（1892年）被敕加“昭威”封号。光绪二十一年（1895年）曾进行重修，其规模也不小。20世纪60年代中因建九一路，此庙被拆毁殆尽，至1993年在原址的一角临时搭盖一小间延续香火。

三、神祇

道教在泉州传播、发展过程中，地方神祇纷纷出现，代有兴衰。宫观庙宇大体有三种类型：一是供奉道教尊神，教徒修持和举行宗教活动的场所，如元妙观、东岳庙等；二是供奉道教俗神，官方祭祀和信众礼敬的场所，如关岳庙、天后宫、城隍庙等；三是为主供奉地方神祇或兼祀道教尊神、俗神以及佛、道合祀。三种类型构成一个多层次、多神崇拜网络。各宫庙的祭祀活动虽各有特色，但大体都遵循道教仪规。泉州道教与民间信仰有着不可分割的密切关系。

泉州道教奉祀的尊神有：玉清元始天尊、上清灵宝天尊、太清道德天尊、玉皇大帝、紫微中天北极大帝、天地水三官大帝、玄天上帝、南斗星君、北斗星君、水德星君、东岳大帝、太乙救苦天尊、雷声普化天尊，等等；奉祀的俗神有：关圣帝君、文昌帝君、四海龙王、八仙、张天师、阎罗王、城隍、土地、灶神、财神、二郎神、哪吒、门神户尉，等等。

四、主要活动

东岳庙、文庙、关岳庙、天妃宫、慈济宫等处是泉州老市区道教举行祭祀活动主要活动场所。此外，九日山昭惠庙是船舶远航前官吏祈风之所；法石真武庙、泉州天后宫为祭海之所；承天寺内的龙神庙为祭祀龙王神之所；东岳行宫、清源洞等多处是祷雨之所；通淮关岳庙和一些“王爷宫”是设醮祈安、驱除瘟疫之所，瘟疫流行时还时常抬神巡境。这些活动，往往有道士参加或主办。

随着时代的变迁，人们生活、工作节奏的加快，泉州道教法事中的斋醮亦与时代相适应，许多斋醮仪式简化。绝大部分的民俗法事主要是在宗教活动场所进行，如庆祝神诞、祈神佑福、消灾解运、还愿酬神、求财气、拜文昌、拜太岁等。道教组织成立后，泉州各地道教界在国家重要节日、纪念日或道教界重大活动，亦适时举办大型斋醮活动。

1995年5月，泉州道教协会成立，会址设元妙观。8月，永春县道教协会成立；11月，南安市道教协会成立。

1996年7月，惠安县道教协会成立。

1997年1月，元妙观启建奠基新安五方坛大醮3天，设有天皇坛，由永春道士掌坛；青龙坛，由惠安道士掌坛；白虎坛，由南安道士掌坛；朱雀坛，由晋江道士掌坛；玄武坛，由泉州市区道士掌坛。2000年，泉州元妙观复建工程落成。

1999年5月，晋江市道教协会成立。

2001年11月，德化县道教协会成立

2003年中元节，泉州元妙观举行追荐抗日战争牺牲英烈中元大法会。德化道教界举行祈祷世界和平祝愿祖国统一大法会暨传道斋醮。同年，石狮市、泉港区道教协会成立。

2004年10月，泉州各地道教组织举行庆祝中华人民共和国成立50周年祈祥大法会。12月，泉州真济宫举行祈福迎祥道场。

2005年1月，泉州道教界一些宫观举行印度洋地区地震海啸祈祷大法会。8月，泉州元妙观、南安郭山庙举行“纪念抗日战争暨反法西斯胜利60周年和平大法会”。

2008年5月，泉州各地道教组织及宫观举行为四川地震灾区人民祈祷大法会。

2009年8月21日，为“8·8”台湾台风水灾举行祈福解厄大法会，追荐罹难台湾同胞。10月，泉州元妙观举行“庆国庆，祈祥纳福大法会”。

2010年5月7日，泉港区道教协会举行“赈灾祈福大法会”，祈愿列圣庇佑灾区，重建玉树等。

五、文化影响

泉州“打城戏”剧种源于道教。道士做法事之后都要演“法事戏”。法事戏初较简单，由道士扮演一男一女，攻打“鬼城”超度亡魂，叫“打桌头城”。后来逐渐发展为舞台戏，演员数十人，有布景、道具和固定的剧目，形成具有特色的表演艺术，称为“打城戏”，为群众所喜闻乐见，并传播到东南亚一带。传统剧目有《目连救母》《宝莲灯》等。泉州提线木偶也演《目连救母》剧目，可表演七昼夜，群众称其为开“大笼”打鬼戏。

清源山的老君石雕像、泉州府城隍庙的麒麟壁、元妙观的飞龙石柱和神像雕塑，均具有很高的艺术价值，并对泉州的建筑和雕刻艺术产生一定的影响。

道教的医药、炼丹术、气功、健身法等在泉州民间有一定的影响。有些著名的中医，本身就是修道之士。有的则得自修道之士的传授。如宋代的吴夲，明代的余廷瑞、连希谷、李晹，清代的何天伯、黄秉衡、何中安等人。近代，市区有得自道士真传，专事丹膏丸散生产和销售的作坊、店铺十多家。泉州有一些民间传说、谚语和地名，来自道教。地名如观口、观东巷、土地后、二郎巷、奇仕巷、裴巷、平水庙、天后路、城隍口、小城隍、上帝宫巷、登仙桥、大希夷、小希夷等等。

1989年12月，泉州市区道教文化研究会成立（1997年更名为泉州市区民间信仰研究会），出版《泉州道教文化通讯》《泉州道教文化研究》《泉州民间信仰研究》等季刊。

1991年，泉州市老子研究会成立，该会是泉州市研究老子、道学和道教文化的群众性学术团体。

1992年3月，泉州市老子研究会年度学术交流会举行，这是全省首次举行的老子学术交流活动。闽台40名专家、学者交流的学术成果。

1993年3月，石狮老子研究会成立。

1994年6月，泉州老子研究会企业文化委员会成立。该会系泉州老子研究会直属的社会团体。该委员会以老子·道家·道教文化的基本特征、地位及其在当今世界经济文化和科学发展中的作用为研究课题，以推动泉州企业文化的发展，提高泉州企业家运用老子思想成功管理企业的素质。

2003年11月，泉州市道教协会承办全国性的大型道教学术研讨会，接待省内外专家学者百多人，提高了泉州道教的知名度。

2010年9月25日，首届南安·国际凤山文化旅游节开幕式在南安诗山举行。开幕式上举办富有地方特色的广泽尊王祭祀活动。祭祀按照道教传统科仪、礼制、仪规，结合地方古老的标准，通过高规格、高层次的祭典活动，共祈国运昌隆、社会和谐，展现了闽南文化风情。

六、公益事业

20世纪90年代以来，泉州道教组织不忘服务社会，以回报社会为己任，乐善好施，开展赈灾济困、扶贫、捐资助学等社会善举。为落实福建省委统战部制定的支援少数民族乡村建设方针，泉州道教界帮困扶贫7个民族村。资助省市文化教育、道教生态村的建设、资助社区老年协会、全国抗击“非典”等。

1995—1998年，泉州元妙观为社会捐资10多万元（包括两江流域特大洪灾的救助）。1999—2002年，捐资20余万元（包括扶贫助困，助学等）；2003—2005年，捐资70多万元（包括资助省市文化事业、全国“抗非典”、印度洋地震海啸灾区、社区、公益等）；2008—2009年就捐资近200万元（包括救助四川汶川地震灾区、少数民族村的新农村建设等）；2009年8月，为8·8风灾的台湾同胞捐款10余万元；2010年，先后为台湾水灾，省内的几个乡村建设，资助困难户治病、升学、社区公益等捐款150余万元。

七、交流交往

1996年10月，泉州天后宫举行建宫800周年纪念活动。同时举行“泉州与妈祖信仰”学术讨论会。来自日本和中国香港、台湾、北京及省内等专家学者60多人参加，收到论文39篇。台湾16座宫庙主持人及2000名台湾信众专程前来赠送匾额及进香。

1997年3月，泉州道教文化访问团一行25人应邀赴台访问。

1999年12月，泉州道教协会交流访问团一行20人，应台湾玄天上帝弘道协会邀请赴台访问。

2002年5月，台湾云林褒忠聚保宫412人到泉州富美宫谒祖进香。

2003年1月，由台湾中华道教总会组织，21个宫庙和单位组成的台湾宗教直航两岸文化交流参圣团一行72人，到泉州开展道教文化交流。9月，台湾地区台南市西罗殿120多位信众组团到石狮城隍庙谒祖进香。11月，“道教思想与社会发展进步研讨会”在泉州举行，省内外教授、专家、学者100多人参加。

2004年11月，台湾三清道祖弘道协会到泉州进行道教文化参访交流。

2007年11月，台湾宜兰县三清道祖弘道协会一行15人到泉州进行道教文化参访活动。

2009年4月，台湾保生大帝进参团100多人到安溪县感德镇石门村参拜保生大帝。

2010年6月，泉州首届海峡两岸关帝文化节举行，台湾100座关帝庙及其信众2000多人参加。活动包括组织参观闽台缘博物馆、神尊安座仪式、文化节开幕式、关帝祭典仪式、关帝神桥巡游及民俗阵头踩街活动、关帝文化交流座谈会、关帝文化展（塑像、书画、图片展）、纪念关帝诞辰1850周年活动摄影大赛、通淮关岳庙广场《唱歌接输赢》义演等。

第二节　佛教

一、传播

泉州素有“泉南佛国”之称。西晋太康九年（288年）南安九日山建造第一座佛寺——建造寺（今延福寺），为福建最早的佛寺之一。

南朝陈天嘉三年（562年），印度僧人拘那罗陀来到九日山，挂锡建造寺，翻译佛经。在此前后，德化戴云山有僧人在石室蜕化。隋初，陈后主之子镜台到永春避难，奉佛祈求平安，佛教也开始传入永春。但其时由于经济条件限制，所建寺院不多。

唐代，泉州海上交通开始兴起，经济逐渐繁荣，佛教文化也相应兴盛。佛教的某些教义变成大众的观念，融入民众的日常生活。先后建造佛寺数十座，著名的有开元寺、东禅寺、梵天寺等。名僧有匡护、怀晖、令言、文偁、智亮等。

五代，闽王王审知笃信佛教，命令浮海运木到泉州建造天量寿塔（西塔）。泉州刺史王延彬优礼僧人，大造佛寺。五代闽国，泉州建有佛寺54座，著名的有福清寺、云台寺、平山寺、西禅寺、承天寺、水陆寺、崇先广教寺、空相院等。其时名僧有被朝廷赐号“真觉大师”的义存、住锡九日山的无等、被闽王赐号“逍遥大师”的袭礼等。

宋代，泉州海上交通发达，经济繁荣，寺院僧人积累雄厚财力，并由于南宋政府发卖度牒，僧尼大量增加，两宋期间增建崇福寺、南华寺、西资岩、雪峰寺、科山寺、海印寺、瑞象岩、赐恩岩、清水岩、南天寺、法石寺等一批寺院。古人称道泉州。其时名僧有被朝廷赐号“真觉禅师”的省澄，赐号“慧日禅师”的文矩，赐号“法慧大师”的行通，赐号“悟空大师”的清豁，赐号“法济大师”的道岑，赐号“文慧大师”的法周，赐号“真觉道者”的志添，赐号“昭应广惠慈济善利大师”的普足，赐号“昭觉大师”的子琦，赐号“灵应大师”的道询，以及了性、守净、义波、有朋等。

元代，统治者尊崇佛教，僧人地位尊贵。泉州又建有弥陀岩、碧霄岩等数十座岩寺。名僧有谥号“广明通慧普济禅师”的妙恩、赐号“佛心正悟大师”的契祖、赐号“佛果弘觉大师”的如照以及伯福、大圭等等。

明代，泉州所建佛寺著名的有释迦寺、碧云寺、金沙庵等27座，名僧有正映、本源、法果、吴容、正森、广轮、真空、正派、元贤等人。明中后期，地方政府听任豪强势族侵夺寺产，甚至“奉例变卖”寺产以充“兵饷”，不少寺院“僧亡寺废”。嘉靖以后，倭患的加剧，社会的动荡，也给佛教以沉重打击。泉州开元寺、承天寺被军兵占住，一度变成锻造兵器的场所。

清代，地方政府严格限制寺院的创建和寺产数额。200多年中，建有铜佛寺、慧济寺、宿燕寺、庆莲寺、朵莲寺等40多座。名僧有超宏、德林、机锐、太积、德萃、圆实、宗标、元飞、海印等人。但因清朝废除僧侣考试和度牒制度，寺众良莠不齐。

民国期间，建造的佛寺有金粟寺、慕西寺、天莲寺等数十座。名僧有如幻、云果、弘一、转道、妙月、会泉、转逢、性愿、圆瑛、转解、转尘、广空、元镇、广钦、宏船、瑞今、常凯等。

中华人民共和国成立后，泉州市贯彻宗教信仰自由政策，在佛教界倡议改革，废除封建压迫制度，一些有一技之长的僧人还俗参加社会工作。

1991—2010年，佛教界人士参政议政，参加各级人民代表大会、政治协商会议。广大佛教徒按照中国佛教协会倡导的“人间佛教”“庄严国土、利乐有情”的精神，爱国爱教，使宗教与社会主义社会相适应，佛教再度复苏。新建、修复一批佛寺。2010年，全市信仰佛教群众100万人左右。

二、流派

唐、宋后，泉州佛教渐趋世俗化，一些佛寺兼祀道教神祇，乃至孔子、文昌帝君以及乡土神祇。佛教的寺庵与道教的宫观经常相互更替、取代。善男信女从要求救苦救难目的出发，信奉观音菩萨的最多，很多寺庙专祀观音菩萨。南禅青原法系宗师义存为南安人。义存的法孙楞拙和尚在南安创建雪峰寺，培养许多名僧，之后，青原一派在泉州大盛。

明崇祯年间，临济、曹洞宗再度兴起，福州鼓山涌泉寺僧元来、元贤到泉州大力阐扬曹洞一宗。

清末，佛化和尚在南安雪峰寺弘法，其门下出现不少传承临济宗的名僧。

现代泉州佛教禅宗以临济、曹洞两宗为多，他们法门并修，互相渗透，但又分立门户，各有传人。两系传人都编有辈分的字序以命名。近代临济派系有“转、瑞、广、传、道、法”诸字序；曹洞派系一支以妙月和尚的“妙”字开始，有“妙、福、元、常、理”等字辈，另一支以性愿和尚的“性”字为首，有“性、觉、妙、真、如”诸字辈。他们各自有其传统寺院。还有一批外地到泉州和佛学院校出身的僧尼，不属上述派系。禅宗尚有“云门”一派传入安溪。德化有一种娶妻、食荤的佛教居士，称为“香花和尚”，不属正宗的佛教徒。弘一来到泉州，着力振兴律宗，倡办“南山佛学院”“佛教养正院”以培养僧材。弘一有12位侍者，其中广洽、妙莲、圆拙、传贯、瑞今、瑞等、性常、瑞安后来均成为弘法一方的名僧。弘一著有《律学要略》《四分律比丘戒相表记》《南山律在家备览要略》等书。

三、寺院庵堂

1991年后，泉州市许多寺庙重修重建和开放，寺庙成为主要的旅游、休闲、朝圣的处所。

1991年，泉州市有佛寺339座。著名的寺院有开元寺、承天寺、崇福寺、安福寺、少林寺、海印寺、接官亭观音寺、赐恩岩寺、弥陀岩寺；泉港虎岩寺、石狮凤里庵、晋江西资岩、晋江灵源寺、晋江龙山寺、晋江紫竹寺、晋江草庵寺、南安延福寺、南安灵应寺、南安雪峰寺、惠安净峰寺、惠安平山寺、惠安科山寺、安溪清水岩、永春雪山岩、永春普济寺、德化灵鹫岩、德化戴云寺等。

1992年，泉州境外信徒募款重修泉州少林寺照墙、大殿、弥勒殿和报恩堂等，中国佛教协会会长赵朴初为之书额“东禅少林寺”。

1994年，泉州接官亭观音寺复建中殿，单檐歇山式，面阔二间，进深三间，祀释迦、文殊、普贤和十八手观音。

1997年，台湾信众及旅外人士捐资重新修建德化戴云寺殿宇，整理周围环境。全寺由大雄宝殿、祖师殿及禅房等附属建筑群组成。

1998年，泉州少林寺武僧团成立，数年中先后招收数百名学员学习少林拳术。晋江灵源寺重新修葺殿堂，在旧殿后面凿山平坡扩建一列崭新殿堂。寺周围胜迹甚多，有师姑井（又名“灵泉井”）、七星墩、步云关、望江石、紫云室、石镜道人之塔、灵壶天等。

2000年，泉州开元寺的准提禅寺改建为泉州佛教博物馆、弘一大师纪念馆，在西翼建有功德堂、尊胜院、水陆寺和麒麟壁。

2010年，全市经政府批准登记的佛教场所有455座，均对外开放，信教群众100万人以上。

泉州佛教的主要寺院庵堂有开元寺、承天寺、崇福寺、铜佛寺、宿燕寺、海印寺、宝海庵、释迦寺、慕西寺、少林寺、安福寺、接官亭观音寺、赐恩岩寺、弥陀岩寺、天莲寺等。

泉州开元寺　位于泉州市鲤城区西街。始建于唐垂拱二年（686年）。寺址原是州民黄守恭的桑园。相传当时“守恭昼梦僧乞其地为寺，守恭曰：必须桑树产白莲乃可。僧喜谢，忽失所在。越二日，园中桑树果开白莲。守恭即产莲处建尊胜院，延匡护大师居之。有司以瑞闻，敕建莲花道场”。今大殿匾额“桑莲法界”及殿西“桑莲古迹”即源于此。初建大悲阁正殿。长寿元年（692年）改名“兴教寺”，神龙元年（705年）改名“龙兴寺”，开元二十六年（738年）改称“开元寺”。历五代至宋，旁创支院百余所，支离而不相属。元至元二十二年（1285年）僧录刘鉴义呈请朝廷批准，合众支院为一寺，赐额“大开元万寿禅寺”，延僧妙恩住持，衲子竞集。元末社会动乱，寺受破坏。明洪武、永乐年间渐次重建。成化、弘治间（1465—1505年）衰落，至隆庆、万历时（1567—1619年）佛宇僧舍大半被居民占住。万历二十二年（1594年）、崇祯间（1628—1644年）虽曾重修，但已不能尽复旧观。迨至民国，圮坏更甚。民国12年（1923年），僧转道、转物合力募资、圆瑛主持重修，但也难全其功。 1981年后，泉州市落实宗教房产政策，收回大部分被侵占的房产；海内外信徒捐资翻拆重修天王殿、大雄宝殿、藏经阁、东西两廊以及西侧水陆寺，增建五观堂、弘一法师纪念馆、祖堂、道祖塔院、地藏阁等。新加坡侨僧广净募资最力。全寺规模宏大，占地7800平方米。中轴线有紫云屏、天王殿、拜亭、拜庭、东西两廊、大雄宝殿、甘露戒坛、藏经阁和五观堂；东翼有檀樾祠、祖堂、道祖塔院、地藏阁和准提禅寺；西翼有功德堂、尊胜院、弘一法师纪念馆、水陆寺和麒麟壁。镇国、仁寿两塔分别耸立在东西两广场中。1989—1992年，泉州开元寺开始全面翻修。2006年6月，以展示泉州开元寺文物精粹为目的的泉州首家佛教博物馆竣工。2010年，泉州开元寺举行弘一大师诞辰130周年纪念日，首次展出多年来一直珍藏在寺内的弘一大师的几十件书法、手稿等文物。

泉州承天寺　位于泉州市区南俊巷，规制宏大，被称为“闽南甲刹”。原是五代清源军节度使留从效南园。五代，周显德年间（954—960年）始建，初名南禅寺，置僧田900石，僧省僜为第一世住持。宋景德四年（1007年）赐名承天，嘉祐年间（1056—1063年）改名能仁，政和七年（1117年）复名承天寺，另名月台寺。元至大年间（1308—1311年），泉州承天寺建塔七座，后毁于火灾。明洪武、永乐年间（1368—1424年），僧原辅、道陵、智庄、得众、至昌先后修葺；嘉靖三十八年（1559年）增建檀樾祠，不久毁于兵；嘉靖三十九年（1560年），僧方灿募缘重建佛殿；万历年间（1573—1620），僧宗彬、慈约再度修建。清康熙三十年（1691年），郡人施世骍重修；嘉庆十四年（1809年），内阁中书曾宝光暨僧淡起、淡融、然修、奕秋等重修；清光绪年间（1875—1908年），寺宇破落，云果法师募缘修复泉州承天寺大雄宝殿、功德楼及僧寮、库房。1982年，泉州市政府决定修复承天寺，成立修建委员会，新加坡侨僧宏船发愿募资重建，信众何慧忠捐1000万元。1985—1989年，泉州承天寺开始修建工程，以清康熙三十三年（1694年）《敕封月台承天禅林胜境图》为蓝本设计，基本恢复原有规模。全寺总面积约5万多平方米。其布局：山门面西，百米甬道旁原有石塔7座（现有5座）和高大榕树5棵，塔系宋景德中（1004—1007年）僧祖珍建。寺院坐北向南。中轴线近300米，有弥勒殿、放生池、大雄宝殿、法堂、文殊殿；东翼依次为圆常院、广钦佛教图书馆、僧寮、客堂、龙王殿、大悲阁、五观堂、一尘精舍、祖堂，以及公园式的“南园故址”；西翼有檀樾王公祠及其他建筑物。2007年3月，泉州承天寺西侧“开闽三王祠”举行“三王文管处”挂牌仪式暨春祭大典。2010年，泉州市在承天寺举行建寺1050周年庆典活动之际，该寺重建的月台别院正式开馆并对外开放，弘一大师蜡像揭幕面世。

泉州崇福寺 位于泉州市区东北隅。宋初平海军节度副使陈洪进有女出家为尼，陈洪进特在“松湾古地”（其地曾有晋松4株）为之建此寺，并拓罗城包之。初名“千佛庵”，太平兴国年间（976—984年）赐名“崇胜寺”，至道中（995—997年）改名“洪钟寺”，元祐六年（1091年）改名“崇福寺”。全寺占地面积近1.33公顷。20世纪30年代，泉州崇福寺住持僧妙月和尚托钵菲律宾，募资重新寺宇。20世纪80年代，新加坡常凯、中国香港元果等僧人捐资复建泉州崇福寺大雄宝殿、天王殿、钟楼、鼓楼、稍复旧貌。其后，台湾著名学僧常觉继募巨资，重新修复各座殿宇、重建大悲殿、藏经阁、客堂、僧舍等等，又绿化全寺，铺砌道路。寺内有洪钟、斜塔、千人鼎，称为“镇山三宝”。洪钟：铸造于明洪武十九年（1386年），高2米、圆径1.27米、重800余千克，用纯铜铸成，钟身铸楞严神咒，钟声洪亮，相传可达10多里外的洛阳桥。斜塔：建于宋代，高13.33米，广6.66米，七层八角形，用花岗石砌成，每面镌刻佛像。斜塔又名“应庚塔”，相传塔能应欹斜，斜向某方即预兆该方五谷丰登、六畜兴旺。2000年，释常觉出资并主持泉州崇福寺拆塔重修，再复旧观。2008年5月，崇福寺与中侨（集团）公司签订协议，中侨集团将0.6公顷土地归还崇福寺。

泉州铜佛寺 位于泉州市区百源川池边。原名“百源庵”。始建于明万历年间（1573—1619年），创建人杨元锡。清乾隆十七年（1752年）施国宝重修，易名铜佛寺。寺内16尊佛像，全系铜铸，高皆四五尺，雕塑技艺精妙。全寺占地面积约2000平方米。

泉州宿燕寺 位于鲤城区江南街道亭店社区。传说附近有古代五百比丘墓，清末杨嘉姑斥资在老君山洞建佛堂道场，时有喜燕投宿，故名为宿燕寺。原寺宇主殿不到30平方米，两厢似燕翅。1980年以来，宿燕寺住持、旅菲比丘尼广仁扩建大雄宝殿、大悲殿等殿堂和其他楼阁、法堂彩门、大花园、放生池、僧舍、素餐馆等，创办了文莲（该寺第三代住持）赠药处。广仁还在菲律宾建造了一座宿燕寺和五层大厦的文莲施诊所。泉州宿燕寺周围风景优美，历来为旅游胜地。

泉州海印寺 位于丰泽区法石宝觉山上，建于宋代。原有海印室，南宋朱熹题额的“天风海涛”楼，后废，匾额尚嵌寺壁。清末及民国初年僧介修重建山门、大殿及右边的朱熹祠。清宣统二年（1910年），泉州海印寺主持僧因建坛求雨不得而筑柴为塔自焚。里人感其德，以其骨灰塑像奉祀寺中，称之为“醒世佛”。1985年，菲律宾爱国华侨何瑶琨居士捐献巨资重修寺宇，又重新修复大悲阁及东西两侧双层的客厅、僧舍和回廊。左边的宝觉院，为朱熹讲学之处。寺背山面海，可眺望远近海面，历来为游览胜地。菲律宾有其廨院。相传宋末蒲寿庚曾在附近建“望海楼”。

泉州宝海庵 位于鲤城区临江街道聚宝新城北侧。宋《诸蕃志·天竺国》载：“雍熙间（984—987年）有僧罗护那航海而至，自言天竺国人。番商（在泉州的阿拉伯商人）以其胡僧，竞施金缯珍宝。僧以所得财物购隙地建佛刹于泉之城南，称宝林院。有殿宇三进和放生池，当年池碑至今犹存。明崇祯年间（1628—1644年）被洪水所毁，清顺治年间（1644—1661年）鼓山僧莲西重修，改今名。清康熙三十三年（1694年）进士黄覲光、清光绪十年（1884年）里人陈祥云先后两度倡修。1981年后，林现尊赎地建舍和翻建后殿。1989年，爱国侨僧广净、广安捐资重建。

泉州释迦寺 位于泉州市区东鲁巷，寺址原系元代显宦蒲寿庚书房之一隅，明代创一小庵堂。明万历年间（1573—1619年），大学士李廷机（字九我）之女，因许婚未嫁而未婚夫夭亡，到此庵静修。李九我因此出资修佛殿、斋堂等，寺宇初具规模。明天顺三年（1459年）锡兰王子世利巴交喇惹来中国朝贡后定居泉州，其后裔世济美于清雍正三年（1725年）购民田一段二丘、注池一口、临池厝地基一所六间、民房一座三间、粪池二口、厝前秧夹园一段。这些田厝池塘，后皆为释迦寺寺产。释迦摩尼寺1989年翻建重修。寺中有释迦悟道像一尊，高10厘米，青铜质，为五代时造；有佛经《卍字藏经》全藏，宋版元印《大云经》一部，存放开元寺。释迦寺承弥陀岩临济宗源流，清代分炉有惠安释迦寺、泉州宿燕寺、晋江福安寺、庆莲寺；民国时分炉有晋江朵莲寺、泉州天莲堂以及菲律宾宿燕寺等。

泉州慕西寺 位于泉州市区顶埔。建于民国26年（1937年），释广净购枣园地建精舍，迎其师祖转逢和尚居住，释弘一为其书额“慕西觉苑”。1979年，广净归国倾资翻建殿堂、重塑佛像，易今名。

泉州少林寺 位于泉州市区东门。清乾隆《泉州府志》载：镇国东禅寺“唐乾符中（874—879年）郡人郭皎、卓怿建，僧齐固者居之。广明元年（880年）赐今名。宋德祐年间（1275—1276年）、元至正年间（1341—1368年）两遭火，寻复建。明宣德十年（1435年）重修，后废”。相传，此寺系南少林寺部分遗址，毁于清乾隆中（1736—1795年）。近代此寺仍存，只是规模缩小。1992年，泉州境外信徒募款重修了照墙、大殿、弥勒殿和报恩堂等。中国佛教协会会长赵朴初为之书额“东禅少林寺”。1997年，泉州少林寺完成首期工程：大雄宝殿、五观堂、僧舍。1998年，泉州少林寺成立武僧团，数年中先后招收了数百名学员学习少林拳术，其中有来自法国、以色列的学员。2006年11月，泉州少林寺复建，首任方丈常定法师。

泉州安福寺 位于鲤城区江南街道曾林社区龙首山麓。《泉州府志》载：唐垂拱三年（687年）建，《八闽通志》载：唐嗣圣元年（684年）建。元至正间毁，僧智妙重建。明正统、天顺年间相继修葺，后废。现存系清光绪年间于旧址西侧重建，坐南朝北，中为大雄宝殿，西为报恩堂，东为僧舍，前有石埕，总面积约400平方米。有二尊石佛系唐代所存。

泉州接官亭观音寺 又名“泉郡接官亭”，位于鲤城区浮桥镇黄甲街。始建年代无考，传说系为迎接宋幼主莅泉而建。建筑群由主殿、拜亭、石埕、中殿和接待室等组成。占地面积5880平方米，建筑面积746平方米。主殿为清代建筑，单檐歇山式，中为通道，东西各有一间殿堂。正面壁上嵌有两方石刻竹石壁画。东堂祀观音菩萨，石柱上有张瑞图手书的楹联。南壁上嵌有集晋代王羲之书法的“观音大士像记”石刻，明万历三十年（1602年）所刻。中殿，1994年复建，单檐歇山式，面阔二间，进深三间，祀释迦、文殊、普贤和十八手观音。前有拜亭。

赐恩岩寺 位于清源山左峰。相传唐朝皇帝将此山赐给后唐武荣第一任刺史许稷，因名“赐恩”；又一说南宋宰相李邴在山腰寺院隐居，四次受朝廷恩赏，故又名“四恩”。赐恩岩寺在山腰，为清代及近代重建，列为一排。佛殿有白衣观音造像一尊，刻于北宋元祐年间（1086—1094年），由天然岩石雕成。寺之石柱上刻有明李贽撰的“不必文章称大士，虽无钟鼓亦观音”的楹联。寺后巨石相连，有明清摩崖石刻多处。有一天然石室，上刻“高山仰止”四大字，传为唐欧阳詹读书处。2003年，重新修葺和扩大寺宇。

弥陀岩寺 位于清源山右峰。弥陀岩亭内有阿弥陀佛石刻立像，高5米，宽2米，头结球髻，右手下垂，左手平放胸前，赤足踏莲花，造型端庄慈祥，雕工精致，雕于宋末元初。明天启年间（1621—1627年）曾刷金，现已剥落。旁有元代石室，内有元碑一方。记载石佛、石室雕筑的经过。原有寺院，颇具规模。清末民初，泉州诗人在此结社活动。后寺圮像存。2000年，释道兴募资重建寺宇。

泉州天莲寺 位于丰泽区汀洲湖内。原在洪衙埕，后搬到土地后路，原系私家佛堂，始建于民国17年（1928年）。1988年，旅菲华侨募资移建于今址。寺为两层宽广楼房，颇具规模。

泉港虎岩寺 位于泉港区涂岭镇虎岩山腰。清嘉庆《惠安县志》载：“伏虎岩在昆仑山南，宋祥符中（1008—1016年）僧道养隐此，能伏虎。元泰定中（1324—1327年）连应元刻其事于石上。有清泉石室，蔡忠惠（蔡襄）母卢氏家焉，忠惠尝读书于此”。原名昆山寺，后改称今名。现存建筑为清代所遗，1983

年修葺。寺坐东朝西，占地413平方米。由三宝殿、观音殿、禅房、斋房在同一水平线上一列组成单进结构，外有游廊。旁有明崇祯间（1628—1644年）所建的小阁、庭台。寺左有宋代建筑清泉石室，名“水岩洞”。庭台边有一棵数百年的枷冬树。

泉港九峰寺 位于泉港区界山镇九峰山。1647年年初建，名静胤寺。至1864年，因山有九个峰头，故改今名。1993年道量法师募资300多万元扩建寺宇。规模面积1.33公顷，建筑面积3000多平方米。依山建筑有天王殿、大雄宝殿、大悲殿、规模颇为宏大壮丽，寺前建有可作露天会场的大石平台，寺中有数十幅刨光的影雕石刻，寺旁有许多奇名雅致的奇石，寺左有一长列的道教建筑物。

泉港清莲庵 位于泉港区界山镇鸠林村，始建于明成化四年（1468年）。二十世纪八九十年代大修。全寺占地面积8000平方米。建有大雄宝殿、观音阁、僧舍楼。大雄宝殿占地280平方米；大雄宝殿之后的观音阁为三层水泥砖石结构，一层为香火堂，二层为藏经室、有历代祖师传世之物，三层奉祀观音大士。曾在寺中驻锡过的兴辉、行亮、高参等法师都曾到东南亚等地弘扬佛法，与当地佛寺因缘殊胜。

石狮凤里庵 位于石狮市凤里街道宽仁社区，占地460平方米。相传，始建于隋大业三年（607年），为供奉观音菩萨的佛庵，庵前雕有一对石狮子。庵堂在海外具有一定影响，对研究石狮市的历史具有重要价值。

石狮虎岫寺 位于石狮市永宁镇宝盖山麓之东。原名真武宫，初属道教宫观，初建于唐贞观年间(627—649年）。宋绍兴二十五年（1155年）蔡梦良增建一八角石龛，高一丈六尺，每角八尺四寸。明代洪武二十四年（1391年），成为佛、道合一的寺宇，改名为虎岫寺。明嘉靖年间（1522—1566年）僧云静住持该寺。清道光二十二年（1842年）邑人林振蒿、蔡名标修建寺宇，添建聚星楼及禅房。咸丰三年（1853年）扩建拜亭、山门，同治二年（1863年）邑人林慰文、林显文增建观音堂。民国23年（1934年）又有塔石村华侨李逢耀捐资扩修寺宇。

石狮华林精舍 位于石狮市灵秀镇钞坑山。1994年释广辙、释团慈创建。占地0.47公顷，建筑面积6000多平方米。精舍五层，一层为地藏殿，二层为大雄宝殿，三层为圆通宝殿，四层为供奉西方三圣。右侧建有功德堂、骨灰堂等建筑。

石狮洛伽寺 位于石狮市黄金海岸东畔宫屿岛。占地面积1万多平方米。香港友邦集团供地，1997年开始创建。至2001年竣工，建造了山门、观音殿、法堂、钟鼓楼、僧舍以及露天观音菩萨大石像。

晋江龙山寺 位于晋江市安海镇型厝村北的龙山之麓，故名。原名天竺寺，又名普现殿，俗称观音殿。清泉州府教授柯琮璜《安海龙山寺古刹考》称：“高僧一粒沙行经安海北，见大樟树十数围，瑞光顶现，乃雕千手千眼观音祀之”。《晋江县志》载：“寺隋皇泰年间（618—619年）修建”。千余年来，几经修复，现存殿宇大都是近代建筑。全寺南北长77.5米，东西宽54.40米，面积4200平方米。有放生池、山门、华表、照墙、钟鼓楼、金刚殿及东西廊庑、天坛、圆通宝殿、大雄宝殿等主要建筑和功德堂、东西厢房。大殿为重檐歇山式建筑，面宽五间，殿高11.3米。寺中最有特色的千手千眼观音造像，取自一棵千年樟树的躯干，身高4.2米，两胁旁支1008只手，雕刻精美，结构匀称。还有明代大书法家张瑞图书写的“通身手眼”匾额。台湾地区从此寺分支传衍的龙山寺有490座。

晋江灵源寺 位于晋江市灵源山之南麓。始建无考，传说隋初名僧一粒沙曾来此驻锡。原来山巅建有紫云室，称为“旧宫”，后迁址山之西南，初名“灵泉庵”，后改名“灵源禅寺”。寺以圆通宝殿为主体，东西两侧有钟鼓楼、厢房等建筑。近几年来，重新修葺了原来殿堂，并于旧殿后面凿山平坡扩建了一列崭新殿堂。唐代著名道士蔡明睿居此，宋代名士林知曾在此处隐居读书。因有很多灵验的传说，故遐迩闻名。寺周围胜迹甚多，有“师姑井”（又名“灵泉井”）、“七星墩”（传说宋代泉州知府王十朋曾在此祈雨）、“步云关”“望江石”“紫云室”“石镜道人之塔”“灵壶天”等。

晋江南天寺 位于晋江市东石岱山之麓，俗称石佛寺，初名石佛岩，建于宋嘉定九年（1216年）。《泉州府志·方外》载，僧守净镌刻石佛于岱峰山，现存寺宇面积约1000平方米。分为山门、前殿、大殿和廊庑几部分，大殿为重檐歇山式。依山岩镌刻有弥陀、观音、势至三尊佛像，每尊高约6米、宽3米。

石像后面岩石上凿有一个高 7 米、宽 18 米的石龛。石龛两侧有一对神采飞扬的石雕龙柱。摩崖之上刻有传说南宋泉州太守王十朋（一说守净）书写的“泉南佛国”四个擘窠大字。旅菲华侨于 20 世纪 60 年代、80 年代两次重修，后又新凿放生池，全面美化环境。

晋江西资岩 位于晋江市金井镇卓望山南麓。有石雕释迦、观音、势至佛像，高各 4.5 米，宽 1.62 米，又有石雕踏龟玄武与坐鲤观音等，俗称大石佛寺。建于南宋绍兴十八年（1148 年），明、清屡次重修。1983 年，海外乡亲捐资重修。

晋江草庵寺 位于晋江市华表山麓。古为草构建筑，故名。乾隆《晋江县志》载：“草庵，元时建，祀摩尼佛”。寺中有依山岩凿刻的摩尼光佛坐像。高 1.52 米，宽 0.83 米，散发披肩，端坐莲坛，背雕毫光四射纹饰。据元至元五年（1339 年）碑记载：“谢店市信士陈真泽立寺，喜舍本师圣像”。原寺前石岩上，有明正统十年（1445 年）镌刻的摩尼教教义：“劝念：清净光明，大力智慧，无上至真，摩尼光佛”，现仿刻于寺之西侧岩石上。寺历经修葺，现存单檐歇山式石构建筑，系民国 11 年（1922 年）重修。殿面阔三间，进深二间。民间作为佛教寺院供奉。寺前有“万石峰中月色泉声千古趣，八方池内天光云影四时春”楹联。1991 年 2 月，联合国教科文组织官员到此地考察，认为草庵摩尼光佛为世界仅存。

晋江朵莲寺 位于晋江市池店镇华洲桥尾。原为供奉“都主公”的后寮宫。民国初，徐宏智姑改建为佛寺，奉三世尊佛。占地面积 599 平方米，有门楼、正殿、厢房等建筑。修持尼众，建立规矩完备的女丛林制度，有寺田 3 公顷，农禅结合，并增设农工养老院，收容失赡老妇及失养幼女。1979 年，海外侨僧捐资重建。

晋江紫竹寺 位于晋江市罗山街道石刀山麓。传说始建于隋代。唐时迁建于半山腰，明洪武间又迁今址。占地面积 735 平方米，由拜亭、正殿和厢房等组成。寺内存有石炉 2 个、明宣德铜佛 1 尊、印度汉白玉佛 1 尊。另有宋代石柱础 1 个和石塔、石经幢构件各 1 件。

晋江福林寺 位于晋江市龙湖镇檀林村南溪边。初建年代无考。清同治年间（1862—1874 年）移溪重建。占地面积 544 平方米，由放生池、门楼、正殿、后殿和左右厢房组成。正殿面宽三间，进深七间，单檐硬山式。存有清同治五年重建碑记 1 方、《憨山大师醒世歌》碑刻 1 方。弘一法师曾来此闭关修持，并手植红菊花 1 株，至今尚存。

晋江庆莲寺 位于晋江市池店镇高山，原有小庵堂，名“高山亭”。清光绪年间（1875—1908 年），赖素姑扩建，改今名，成为规矩完备的女丛林。20 世纪 80 年代，侨僧宏船捐资重建。并扩大规模，增建大雄宝殿、偏殿、放生池等。其后，住持向愿法师再增建弘法楼、泉州女子佛学苑校舍、办公楼、僧舍以及多层骨灰楼等。

南安延福寺 位于南安市丰州镇九日山，始建于西晋太康九年（288 年），是福建全省最早的第二座、泉州第一座佛寺。曾是佛教名刹，南朝梁普通中（520—526 年）印度高僧拘那罗陀曾在该寺翻译佛经，唐高僧无等在此驻锡，谪相姜公辅、诗人秦系等都在附近结庐。该寺初建于距今址二里许的九日山上，唐大历三年（768 年）移建今址。名士欧阳詹为寺题额。唐会昌年间（841—846 年）一度寺废。大中五年（851 年）重建，唐皇赐名为“建造寺”，规模宏大，有支院 54 所，其中 21 所获皇帝赐额。宋初，节度使陈洪进把所有支院合并，并增建奉先院、讲经堂、钟鼓楼、星宿堂。五百罗汉堂及“浴室”“影堂”等建筑，为十分宏大的禅林。宋元时期，延福寺的通远王祠，曾是府郡官员为海外交通祈风祭祀之所。元代之后，此寺逐渐衰落。1988 年，印度尼西亚华侨黄和合捐资 135 万元重建大雄宝殿，颇具规模。

南安天柱岩 位于南安市蓬华镇天柱山巅，建于宋代咸淳九年（1273 年）。其时有广东潮州海阳和尚肖来子，云游至天柱山巅的湖平驻足结庐，乡人破土建岩迎其住持。殁后尊称为“云岩祖师”。历代屡经修葺，1983 年印度尼西亚名僧圣忠捐资全面翻建殿宇，辟建上山公路。又从缅甸运来 1 尊高 2 米、宽 2.5 米、重 3.8 吨的玉佛，从台湾运来大钟大鼓。寺中有明代大书法家张瑞图手书的“华藏世界”、赵朴初所题“天柱岩”等匾额。

南安灵应寺 位于南安市洪梅镇玳瑁山中。始建于宋初。宋皇祐年间（1049—1054 年），佛教徒李文愈在此修持，圆寂后乡人将其肉身塑为佛像，尊称为“灵应祖师”，并就地建立道场，称“灵应岩”。明末毁于兵火，清初僧如幻倡议重修，改称“灵应寺”，清末定眉和尚把农禅结合所得累积逐步修葺，殿宇建筑形式犹如民间“超度”的“纸厝”。寺后存有一棵千年杜笙树。20世纪90年代，旅居新加坡侨僧广净及其徒弟传建募集巨资全面翻建扩建殿宇。山门、天王殿、钟鼓楼、大雄宝殿、观音阁和观音广场、六角华亭、放生池等，颇具规模。又以其山林繁茂，被辟为省级森林公园。

南安雪峰寺 位于南安市康美的杨梅山山腰。唐末名僧真觉原籍南安，杨梅山有其葬亲的“白马坟”。因其在闽侯创建雪峰寺，南宋樗拙和尚敬慕真觉，即在白马坟附近创建佛寺，原为小庵，号“樗拙三筑”，后扩建，命名“南安雪峰寺”，俗称“小雪峰”。主殿为重檐楼阁式建筑。楼分三层，每层建筑面积500多平方米，最高层前后分别供奉三世尊及观音菩萨、十八罗汉，并有宽敞回廊，左右两侧有钟、鼓楼。二层是祖师殿，中间供奉1984年侨僧广净、妙灯特地从海外运来的高2米余、重2.75吨的白玉雕释迦牟尼像。殿前新建有宽敞亭阁和放生池。山门之内有缓步径、洗心泉、芭蕉阪、山月楼等胜景；寺之后有太虚洞、晚晴亭、转逢和尚舍利塔等。此寺为闽南禅宗的重要传播地。近代东南亚、闽南的许多名僧都曾在此驻锡过。清宣统三年（1911年），佛化和尚在该寺主持历时18天，规模宏大的传戒法会，来自全省的四众（指出家男女二众，在家男女二众）弟子481人受戒。雪峰寺历经多次重修，清光绪二十年至三十年（1895—1904年）耗银三万多两修葺。1983年，海外爱国侨僧广洽、广净、妙灯和著名华侨李光前夫人陈爱礼等善信捐资修葺扩建，1988年10月举行重建落成典礼。

惠安平山寺 位于惠安县城西北郊。始建于后梁贞明二年（916年），原名乾峰寺，因寺地处东平山，故明末改为今名。明崇祯十六年（1643年），做过知县的赵玉成从平山寺住持僧沏际剃发出家，法名悟因，其道行高洁，为时人所重。清兵入关后，原潮洲府学教授刘佑之子刘若，亦从沏际出家，法名超弘，号如幻，后成为闽南名僧。寺后废圮。1988年，曾在此寺习经，后到新加坡的释晴晖倡议重修，得到海外侨亲陈慧中、陈妙馨居士等施助，计捐资280万元，终使古刹重光。现全寺占地约1万平方米，建筑面积3200平方米。中轴线依顺山势建有弥勒殿、大雄宝殿和观音阁。两厢为钟楼、鼓楼、祖师厅、尊客堂、香积堂、功德殿和观音阁。观音阁的两侧分别为藏经馆、纪念堂。大雄宝殿的释迦牟尼大玉佛系新加坡龙山寺、普陀寺、普明寺合赠，特地从缅甸运来。各殿堂的佛像全系用寿山石雕琢而成。寺附近有元元统三年（1335年）的六层石塔，有如幻题写的“观潮”手迹，有新建的晚晴亭、朝晖亭、磊亭、六角亭和其他景观。中国佛教协会会长赵朴初亲自为寺题匾和撰写了冠头门联：“平地起精蓝，昔有名贤于兹脱白；山川多瑞气，久荒梵宇又见重新”。

惠安科山寺 位于惠安县城西科山。科山原名高山、高士山。因宋代卢瞻（字圣瞻）于此山结庐读书，后登科，故名“登科山”，也名“高士峰”。寺建于宋元祐年间（1086—1094年）。宋时为道士院，明景泰年间（1450—1456年）道士陈静怀重建，后始有僧侣驻足，名僧寄寓。寺宇宽宏，东殿前部为大雄宝殿，中部为观音堂，后部为报恩堂。东北侧有关圣殿，其后有文昌阁（“科山书院”旧址）。寺之周围有几座古亭和一些石刻。因“登科”之名，惠安历代学子应考，均喜到此祈取功名。随着国家恢复高考制度，20世纪80年代后，亦有高考考生家长上山进寺祈福。

惠安净峰寺 位于惠安县净峰山。始建于唐咸通二年（861年）。寺宇建筑面积2000平方米，由观音殿、李仙祠、文昌祠、三宝殿一字排列组成。旁侧辅有海月楼和僧舍等。寺屡经兴废，现存建筑系清光绪三十年（1904年）修葺。1982年，海内外各界人士再作全面修复，并扩建山门、庭台、田栏、花圃、放生池、数座山亭、登山古道及增设电灯照明等。三宝殿辟为“弘一法师纪念室”，海月楼辟为“尊客堂”。民国24年（1935年），近代名僧弘一在净峰山驻锡曾撰一对联：“是真仙灵，为佛门作大护法；殊胜境界，集僧众建新道场”，悬挂于寺门。山中有清代及民国年间摩崖石刻4处。

安溪清水岩 位于安溪县蓬莱山。岩寺建于北宋元丰六年（1083年），供奉清水祖师，原属道教及民间信仰寺院。岩寺建筑群背山面壑，依顺山势分三层布局，外观似一个“帝”字。第一层为“昊天口”，石梯廊道通向第二层“祖师殿”，供祀金身如来和清水祖师，第三层为“释迦殿”，东西两侧为檀樾厅、观音厅、芳名厅等。殿后最高处为清水祖师埋骨的“真空塔”。清水岩以清水祖师陈普足命名。陈普足（1047—1101年）永春县小岵乡人，一生做了许多善事。宋孝宗隆兴二年（1164年）赐封为“昭应大师”，其后叠受加封，嘉定三年（1210年）被加封为“昭应广惠慈济善利大师”。明嘉靖年间（1522—1566年），泉州大开元寺曾两次派寺僧日盈及正隆住持清水岩。印度尼西亚、新加坡、泰国、缅甸、马来西亚等国都有清水岩的分炉，在中国台湾的廟院多达90多座。

安溪普陀寺 原名龙安院，又称善惠寺，位于安溪县参内镇凤山东麓。宋建隆二年（961年）建，初名龙安。宋治平二年（1065年）更名善惠。民国初期，该寺毁于山火。开山立寺1000多年。2002年，当地群众在开垦山地时，发现该寺遗址。同年10月，县文物管理委员会在寺院遗址和劝农摩崖石刻（宋宣和三年立）处立碑，列入县文物保护单位。该遗址被发现后，当地信众自发邀请几位僧人来此活动，并临时搭建一处活动场所，主奉观世音菩萨，定名为安溪县凤山普陀寺。2005年1月，经省民族与宗教事务厅批准登记为宗教活动场所。2007年，该寺开始筹建，南海普陀山方丈戒忍法师为该寺题名。2008年11月2日，举行圆通宝殿奠基大典，该殿供奉高8米的钢制贴金南海观音。2010年11月27—29日，安溪凤山普陀寺住持普空法师率迎请团前往浙江舟山普陀山迎请南海观音到该寺永久供奉。

安溪泰山岩 位于安溪县湖头镇西南隅。主祀显应祖师，始建于宋绍兴四年（1134年），是安溪三大岩寺之一。由于年久失修，仅存数处遗迹。1995年7月，县政府公布为县级文物保护单位。2004年，聘请专家重新规划设计，保持原有建筑特色，主体建筑分布在东西中轴线上，自东往西，依次为山门、中殿、后殿，投资1600多万元，建筑面积2300多平方米，景观28处。2005年1月，登记为宗教活动场所。同年5月13日，显应祖师诸神像进殿，举行庆典活动。（李仙祠及祖师殿为道教及民间信仰场所。）

安溪洪恩岩 位于安溪县虎邱镇圭峰山。相传南宋建圭峰岩，明万历移建洪恩岩，主祀显应祖师。1997年起，先后投资近1000万元，进行景区规划，修复岩寺及景点，景区面积扩至8平方千米，有莲华石座、古风佛石、观音潭等18个景点。2002年10月，登记为宗教活动场所。2003年6月，安溪县政府公布为县级文物保护单位。

永春雪山岩 位于永春县呈祥乡戴云山南麓，海拔1366公尺。始建于唐光启年间（885—888年），原名碧莲岩，因山顶一湖形如莲花座而得名。北宋名僧古平在此弘扬佛法，逝世后被人尊称为“古平祖师”。宋隆兴元年（1163年）乡民合力拓建，易名雪山岩。清末民初，僧散寺圮。1990年，驻锡台湾广成岩的永春籍僧人传斌、道空筹资110多万元重建。现全寺总面积1800平方米，主殿300多平方米，颇具规模。

永春普济寺 位于永春县蓬壶镇蓬山东麓。始建于五代（907—960年）。明代多次扩建。曾名“普济院”“普济禅寺”“蓬山济寺”。近代名僧性愿法师在此寺任方丈，弘一法师在此寺修持。其后迭受火灾等厄运，损坏严重。1988年，台胞林玉书、廖花香夫妇捐资百万元修建殿宇。现寺为两进悬山式砖木结构，主殿按原样重建，增立两副石雕龙柱，重塑佛像，新建山门、钟鼓楼、回廊、六和厅、祖师房、放生池等，规模远胜往昔。

德化灵鹫岩寺 位于德化县九仙山。始建于唐朝开元年间（713—741年），废圮已久。1988年年初，曾在该寺卓锡、现美国美洲佛教会永远顾问兼副会长释宽净倡议重修，美国洛杉矶若修德善堂及美籍华人宏仁、宏华、宏震、宏法等捐资100多万元，重修了大雄宝殿、祖师殿、钟楼、鼓楼及僧舍、客堂，又从海外运来3尊玉佛，每尊重约2吨。赵朴初为该寺题写了匾额。寺附近有弥勒洞，内有弥勒石佛，高2.7米，宽3米，周长8.9米。

德化戴云寺 位于德化县戴云山峰峦环抱之中。戴云山海拔1856米。此寺是泉州地理位置最高的佛寺。始建于后梁开平二年（908年），因唐代泉州开元寺祖膊和尚（释知亮，身毒即今印度人）常到戴云山说法讲经，建寺后奉其为开山始祖。历代曾经多次重修，至近代濒临倾颓。1997年，台湾释传斌率信众及郑点金等旅外人士捐资350万元重新修建殿宇和整理周围环境。全寺由大雄宝殿、祖师殿及禅房等附属建筑群组成。寺前一口放生池。公路从山下直达寺前。是戴云山重要旅游景点之一。

其他寺庙庵堂

鲤城区：同莲寺、金粟寺、释迦寺、一峰书寺、观音阁、妙音寺、庆同庵、慎斋堂、道德堂、惠仁寺、东壁寺、方园堂、方德堂、圆常院、龙溪寺、紫竹林、光明寺、大本堂、慈德堂、青莲寺、大希夷宫、保福寺、金仙堂、秀峰寺、鹳石岩、西禅寺、浮桥观音宫、妙音寺、祖佛宫、观音阁。

丰泽区：福清寺、金莲寺、千手岩、瑞象岩、福先招庆院、观音宫、云麓寺、大山边观音宫、法石禅寺、东海观音寺、柯厝宫、东边宫、观音宫、枝林宫。

洛江区：观音宫、圆通寺、岭霞宫、观音宫、石皮宫、植福堂、玉叶寺、建兴岩、岭头亭、西龙寺。

泉港区：太白峰寺、天湖岩寺、瑞云殿、灵慈宫、重光寺、青龙洞、九峰寺、青莲庵、东岳庙、永全社、莲山宫、义烈庙、离相寺、曾炉寺、龙见宫、青狮古洞、龙凤宫、虎岩寺、乌石宫、山头寺、燕山寺、龙济宫、兴福寺、清音寺、清德庵、富美宫、东张宫、大圣岩寺、观莲洞、祥云寺、华林寺、天妃宫、昆山寺、三宝寺、云门寺、大埔园寺、观音亭、慈济宫。

石狮市：慎诚寺、普闻寺、金沙庵、白衣寺、静修禅寺、华林寺、莲华寺、五台庵、慈音寺、普莲禅寺、圆通庵、法净寺、碧云寺、宝光禅寺、洛伽寺、梅福寺、普门禅寺、紫树林寺、慈航寺、慧源禅寺、清净寺、龙兴寺、东福寺、甘露寺、法雨禅寺、灵秀寺、龙海寺、凤里庵、三源寺、妙通寺、仁慈寺、莲江寺、慈济寺、祥溪寺、观音阁。

晋江市：龙江寺、灵鹫寺、福莲寺（镇美宫）、不二庵、福莲堂、莲花寺、白毫庵、净慧寺（适南亭）、海光禅寺、南宫古地、金粟洞、熊山寺、水心亭、青莲寺、慎斋堂、中亭寺（朝天寺）、圆通庵、光明寺、西安寺（望海亭）、西天寺、美林寺、程坑宫、仙景寺、福海堂、紫隐寺、龙寿寺（凤竹宫）、净莲寺、应台亭（应桥亭）、福灵寺（忠义古庙云水寺）、普尼堂、海潮寺、福庆庙、慧济寺、报恩寺、世斋堂、晋兴堂、天竺庵、觉海庵、大觉寺、观音大士亭、溥济庵、普照寺、法云寺。

南安市：龙溪堂、隐秀寺、白云寺、开化洞、普济堂、普济岩、宝寿院、菩提院、树德寺、建兴寺、南无禅寺、东林寺、慧泉寺、太湖岩、龙溪寺、西碧岩、龙须岩、宝寿观音院、华鼎岩、云从古室、古竹岩、宝湖岩、龙兴寺、天封寺、天竺寺、五塔岩、涌莲寺、石室岩、一片寺、南海寺、冷水亭、慈云寺、普照寺、龙峰寺、瑞迹岩寺、峰山岩寺、福寿寺、双灵寺、壹亨寺、飞瓦岩、永宁庵、白莲寺、康店观音庵、仙迹岩、玉佛寺、福安堂、天香寺、慈觉林、大慈林、慧月禅院、东安寺、西安寺、上庵寺、西华岩、石亭寺、大和佛堂、飞龙寺。

惠安县：如笔架寺、是禅寺、西门龙泉宫、晴霞寺、云峰寺、海潮庵、靖海庵、恒淡庵、虎屿岩寺、一片瓦寺、溪莲寺（金相寺）、大中寺、白岩寺、报劬院、华林寺、灵应寺、鼓峰寺（东坑寺）、鼓莲寺、瑞集岩寺、龙山寺、红莲寺。

安溪县：宝光堂、东岳寺、凤池庵、华美宫、宗教院、双安寺、观音亭、成道院、海潮庵、东山庙、福全殿、南华岩、福海院、美莲宫、凤山岩、仙峰岩、美安堂、补陀岩、延福廊桥、天竺亭、金沙岩、达摩岩寺、崇福堂、吴山寺、白云亭。

永春县：观音寺、天仙寺、西峰寺、天龙寺、无极殿、白马寺、大善寺、龙山寺、毗蓝岩、天禄岩、仙崆岩、隐善堂、魁星岩、乌髻岩、华岩室、仙洞真宝殿、云峰岩、清泉岩、鼎仙岩、开元寺、龙昇岩、狮峰岩、雪山岩、惠仙岩、福田寺、圆明禅寺、幢山庵、紫云禅寺、大白岩、丘峰岩、太峰岩、梧洋岩、西兴寺、石狮岩、黄乾岩、达理岩、延寿寺、岱山岩、正觉寺、湖安岩、南湖岩、垂云寺、丛桂庵、北埯室。

德化县：程田寺、龙湖寺、西天寺、西华岩、登龙亭、蔡岩、狮子岩、永安岩、大白岩、柱峰岩、碧象岩、仙峰寺、香林寺。

金门县：闭藏院、章法寺、碧山庵、太武岩寺、太文岩寺、灵济寺、小嶝佛祖宫（章法寺）。

四、主要活动

清宣统三年（1911 年），漳州、泉州、汀州佛教徒设闽南佛教会于泉州承天寺，佛化任会长。

民国 18 年（1929 年），中国佛教协会晋江分会成立，推举转尘为理事长，广义、常凯、转逢、庄荣标等为常务理事，妙月为监事长。当时晋江分会有会员 793 人。其中，僧人 242 人、尼姑 452 人、居士 99 人。

民国 30 年（1941 年），中国佛教协会晋江分会会员代表大会在泉州召开，会员 803 人。

1952 年，泉晋佛教联合会筹备委员会成立，释妙莲为主任。下设晋江、泉州两组。其中，晋江县所属寺院 104 座，会员 418 人。

泉州市佛教协会是在原泉州市（指今鲤城、丰泽、洛江三区）佛教协会基础上扩大范围成立的。1954 年、1983 年先后召开第一次、第二次佛教徒代表会议，推选一届、二届理事会，释妙莲为会长。

1987 年，泉州市佛教协会召开各县（市、区）参加的第三次佛教徒代表会议，推选了第三届理事会，释妙莲为会长，陈珍珍、陈妙莲、释向观、伍泽旭、释宝心、释传哲、叶泗游、吴元英、庄荣标、李素晖等为副会长，叶泗游兼秘书长，吴松柏、释开慈、张淑阶、释传为等为副秘书长。惠安、南安、永春、石狮、晋江等县（市）先后成立佛教协会。全市有佛教寺院 339 座，僧人、尼姑等 1000 多人。

1992 年，台湾广钦和尚的徒弟传悔、传斌、传平、传奉、传闻等人在泉州承天寺，筹资兴办创建广钦和尚图书馆。

2000 年举行第四次代表会，推选了释道元为会长，吴松柏、释向愿、释传哲等为副会长。

2006 年，泉州市佛教协会召开第五次代表大会，道元法师连任会长。

五、公益事业

1990 年，全国佛教协会副会长圆拙法师提议并捐资创建的泉州佛教义诊所，当年，为患者义诊 2 万多人次。

1991 年 2 月，泉州市佛教协会弘法基金会成立，开展各种社会慈善活动：捐助残疾人事业，开展赈灾助危活动，支持希望工程等。同年，泉州开元寺帮助永春县东关镇金城畲族村建饮水工程，使村民全部用上标准自来水。从该年度起，泉州宿燕寺续设文莲赠药处；泉州承天寺续设泉州佛教义诊所，义诊施药，每年售药、赠药 70 多万元，义诊近 3 万人次。

1999 年 4 月，泉州市佛教协会弘法慈善委员会赴安溪县湖上乡盛富畲族村挂钩点，捐资 1.5 万元，扶持 75 名特困生，并捐献衣服 2 万多件。

2001 年，泉州开元寺捐资 8 万元，支持德化县民族村建设。

2002 年 8 月，泉州市佛教协会到安溪、永春、德化慰问部分受灾少数民族村群众，并捐款 20 万元。同年，泉州爱国华侨福严尼长老及云水寺住持元昇法师筹资开办云水寺慈静敬老院，是晋江第一家由佛教寺院开设的敬老院，又是晋江首家佛教义诊所，建筑面积 3000 平方米，床位数 65 张，60 名老人入住，收取低标准的费用（每人每月 1000 元），部分特困孤寡老人由云水寺出资。护工 17 名，专业人员 2 名，云水寺 5 名僧尼常驻养老院协助日常管理。养老院内设义诊所，入住老人小病可治疗。2010 年 5 月，晋江市安海云水寺慈静敬老院义诊卫生所开诊。除住在敬老院里的老人能享受贴心的医疗护理外，同时该所还免费对外义诊。

2008 年，南方发生特大雪灾时，泉州佛教界发起慈善之旅，捐款 400 多万元；汶川地震时，泉州市佛教界向灾区捐款捐物达 600 多万元。

2010 年，泉州佛教界为青海玉树地震灾区和闽北水灾捐款近 300 万元。

六、交流交往

1991 年 2 月，台湾中华佛教青年会林政贤居士等人到泉州参访寺庙。

1992 年 10 月，泉州市举行泉州少林寺复建典礼，来自亚洲、欧洲、大洋洲的 7 个国家和中国台湾、香港地区等500多名来宾参加；承天寺创办的“广钦佛教图书馆”建成并对外开放。

1996年12月，韩国佛教界知名人士、世界成道会指导法师、大觉寺住持佛心大师（俗名林光华）一行到泉州寻根。

2000年，泉州少林寺应旅法福建同乡会邀请，前往巴黎表演南少林武术。12月，在泉州举行“纪念弘一法师诞辰120周年暨学术研讨会”。

2004年，瑞士精武体育总会长周国英一行25人到泉州少林寺拜师学艺。

2006年8月，甘肃泾州大云寺14粒真身佛祖舍利首次在市博物馆展出。11月26日，泉州市少林寺复建后首任方丈常定法师举行升座大典。来自海内外佛教界人士、遍及世界各地的泉州南少林弟子及社会各界人士汇集泉州少林寺，共庆这一禅宗武林盛事。同年，印度尼西亚慧雄大和尚、圆山大和尚率众到承天寺参访。

2010年，加拿大佛教会长达义大和尚等到泉州少林寺参观。

第三节 伊斯兰教

一、传入

泉州是海上丝绸之路的起点，是伊斯兰教传入中国最早的地区之一。早在唐初，便有伊斯兰教创始人穆罕默德的高徒到泉州传教。随着海外贸易的繁荣，泉州成为东方“第一大港”，大批的阿拉伯和波斯穆斯林到泉州经商、游览，其中一部分人长期居留泉州，与汉人通婚，繁衍后代。元代是泉州伊斯兰教鼎盛时期，府治所在地曾建有清真寺七座，曾经出现“回半城”“半蒲街”的盛况。元末，泉州穆斯林人数锐减。现存的清净寺是中国最古老、具有阿拉伯建筑风格的著名大寺；灵山圣墓是海内外穆斯林景仰、朝谒的处所。2010年，泉州存有约300方伊斯兰教石刻，是泉州与阿拉伯人民友好往来的历史见证，是专家、学者宝贵的研究资料。

二、泉州清真寺

（一）泉州清净寺

泉州清净寺阿拉伯文为“艾苏哈卜清真寺”，即“圣友寺”，始建于北宋大中祥符二年（1009年），是中国沿海四大伊斯兰教古寺之一。

1961年，被国务院列为第一批全国重点文物保护单位。2007年，阿曼苏丹卡布斯出资50万美元修建新礼拜堂，坐落清净寺东侧，占地近800平方米，仿伊斯兰文化风格建筑，与历史上的“奉天坛”相仿。2009年10月，泉州清净寺举办建寺1000周年暨清净寺新礼拜堂落成庆典。

（二）白崎清真寺

明洪武年间（1368—1398年），郭仲远创建于泉州台商投资区百崎乡白奇村，后废。清康熙四十八年，都督陈有功致力复兴泉州伊斯兰教，捐资在白崎埭上村助建一座新的清真寺，后倒塌。清末改建于白崎乡大山村，至20世纪50年代被拆建为民房。

（三）陈埭清真寺

陈埭清真寺位于陈埭岸兜丁氏祠堂边，建于1990年，是陈埭穆斯林礼拜和伊斯兰三大节日的活动场所。1991年，陈埭清真寺接待联合国教科文“海上丝绸之路”考察团。1993年4月11日，陈埭镇清真寺正式对外开放，中外来宾200多人参加庆典仪式。1994年，泉州国际“海上丝绸之路”学术研讨会，其间，阿拉伯四国驻华大使和中国官员在此种下“友谊常青树”。2007年10月，300多名穆斯林盛装来到寺内参加开斋节庆典活动。

三、圣墓和伊斯兰教石刻

（一）圣墓

位于泉州市区东郊灵山半山腰中，与东湖毗邻。据《闽书》《闽书抄》记载，是唐武德年间（618—626 年）到泉州传教的穆罕默德三贤、四贤逝后所葬之墓。据说因“二人自葬是山，夜光显发，人异而灵之，名曰圣墓”。1987 年列入第三批国家重点文物保护单位。此墓坐北朝南，背靠一块巨大岩石，东、西、北三面依山叠成半圆形壁岸，沿壁岸筑成马蹄形石回廊。回廊九间十柱，其中数柱呈梭形，梭柱为南北朝至初唐流行的柱式。墓室位于回廊正中，有石盖亭保护，呈方形，并排着两座花岗岩雕琢的伊斯兰教塔式石墓。回廊正中，竖立一方元至治二年（1322 年）重修的阿拉伯文碑，旁竖郑和行香碑，此外回廊还立有五方记录清代夏必第、郭拔萃、马建纪、陈有功和江长贵等五度重修圣墓的汉文碑刻。墓园周围为墓葬区，埋着数以百计的元代以来留居泉州的穆斯林外侨及其后代。每逢开斋节、古尔邦节，穆斯林都到灵山举行宗教活动，先到圣墓敬谒（默祷），然后到各自的祖先坟墓“游坟”。

（二）伊斯兰教石刻

泉州现存 200 多方伊斯兰教石刻，是研究泉州伊斯兰教的重要实物，又是泉州与阿拉伯友好往来的历史见证。大体可分为两大类，一类是教寺建筑石刻，一类为墓葬石刻。比较重要的有：

元至正吴鉴撰写的《重修清净寺碑》、明正德的《重立清净寺碑》。竖立在清净寺内。

明万历李光缙撰写的《重修清净寺碑记》。竖立在清净寺内。

明永乐《敕谕》碑。嵌于清净寺北墙。文曰：“大明皇帝敕谕米里哈只，朕惟能诚心好善者，必能敬天事上，劝率善类，阴翊皇度，故天锡以福，享有无穷之庆。尔米里哈只，早从马哈麻之教，笃志好善，导引善类，又能敬天事上，益效忠诚，眷兹善行，良可嘉尚。今特授尔以敕谕护持，所在官员军民一应人等，毋得慢侮欺凌。敢有故违朕命，慢侮欺凌者，以罪罪之。故谕。永乐五年五月十一日。”

重修圣墓阿拉伯文碑。竖立在圣墓回廊正中。

郑和行香碑。竖立于圣墓柱廊的西侧。

马建纪重修温陵圣墓碑（1818 年）。竖立于圣墓柱廊西侧。

江长贵重修圣墓碑。竖立于圣墓柱廊东侧。

回族郭姓家族墓葬石刻：“大元郭氏德广公墓”墓碑石；郭泰暨陈氏墓葬；郭铁塔式石墓盖；郭奇墓葬；陈孺人、曾孺人、郭启、郭绍、王氏、李氏塔式石墓盖；郭崇儿墓葬；郭淑献墓葬。均在惠安白崎。

回族丁姓家族墓葬石刻：丁善暨庄氏墓葬碑刻；丁观保、丁宽、丁敏塔式石墓盖；丁福保暨施氏塔式石墓盖。均在灵山圣墓附近。

伊斯兰教徒墓碑石刻、墓盖石刻、挡垛石刻等，现存 150 多方。显示古代伊斯兰教徒的墓葬形式以及墓主来自波斯和阿拉伯各国。

四、交流交往

1990 年起，泉州市加大对伊斯兰教史迹的维修、保护，改善泉州市伊斯兰教协会的办公条件，泉州市伊斯兰教协会先后聘请宁夏、青海、河北等地的阿訇前来主持教务，穆斯林宗教活动逐步正常。

1992 年，晋江市选送 12 名回族青年到内蒙古呼和浩特清真小寺学习阿文和经学。

1993 年 5 月，泉州市伊斯兰教协会应世界伊斯兰教联盟邀请，参加“中国穆斯林朝觐团”派员赴沙特阿拉伯伊斯兰教圣地麦加朝觐，是近 300 年福建省穆斯林第一次派出赴麦加参加朝觐活动的代表。

2001 年 2 月，沙特阿拉伯外交部政治事务次官助理（副部级）图尔基·本·穆罕默德·本·沙特·卡比尔亲王率团参观泉州清净寺并题词。

2004 年 2 月，约旦、阿曼、印度尼西亚、伊朗等 13 个国家驻华使节访问清净寺。

2006 年 10 月，泉州清净寺组织境内外 500 多名穆斯林举行开斋节大会礼。

2007 年 6 月，阿曼驻华大使访问清净寺，落实捐建新礼拜堂事项。同年 12 月，阿曼苏丹捐建泉州清净寺新礼拜堂签字仪式举行，并向泉州市伊协转交首笔捐款 220 万元。同年，阿曼苏丹卡布斯国王出资 50 万美元兴建清净寺新礼拜堂。

2009 年 3 月，福建省伊斯兰教协会第三次代表大会在泉州召开。同年，阿曼苏丹国驻华大使阿卜杜拉·萨阿迪一行参加清净寺建寺 1000 周年暨清净寺新礼拜堂落成庆典。

第四节　天主教

一、传入

天主教传入泉州，有记载的第一次传入时在元代，且泉州是管领江南诸路天主教的所在地。它随元军南来，随元朝覆灭而湮没无闻；第二次传入时在明末清初，后因康熙皇帝禁止传教而濒临绝迹。第三次传入时在鸦片战争后，外国传教士凭借帝国主义势力涌入传教，活动遍及全市各地，曾经设立教堂、圣所 32 处。

20 世纪末，泉州天主堂收回教堂，并进行修葺。惠安县天主教恢复活动，泉州市和惠安县相继成立“天主教爱国会筹备组”。

2000 年 3 月，泉州市召开天主教第一届代表大会，选举产生首届市天主教爱国会主席。

2001 年 12 月，泉州市花巷天主教堂新堂翻建工程动工。

2004 年 11 月，泉州市花巷天主教堂新堂建成。

2008 年 11 月，泉州市天主教爱国会换届，选举主任、副主任和秘书长等。

二、教堂

唐代、元代、明代，泉州天主教堂详况已不可考。鸦片战争之后，泉州天主教的教堂、圣所共有 36 处。其中，今属鲤城 1 处、晋江 2 处、石狮 1 处、惠安 21 处、南安 7 处、安溪 2 处、永春 1 处、德化 1 处，共有教徒 1000 多人。

1980 年后，惠安县 5 处教堂恢复活动。

1983 年，泉州天主教堂获准开放，恢复宗教活动。

1995 年，厦门教区委派江连谟神父主持泉州天主教会。

2001 年，泉州市花巷天主教堂重建，2003 年竣工，占地 1550.8 平方米，建筑面积 975 平方米，可容纳 1000 多人，是典型的哥特式红色教堂。

2010 年，泉州市登记天主教活动场所 6 处，信徒约 1000 多名。

第五节　基督教

一、传入

古基督教在唐代、元代、明代数度传入泉州。

鸦片战争后，基督教（新教）的一些教派先后传入泉州。其中，有英国长老公会、伦敦公会、美国归正教公会、美国美以美会（又名卫理公会）、英国安立甘公会（又名圣公会）。

清光绪三十四年（1908 年），基督复临安息日会开始到泉州市区、惠安等地传播。

民国 20 年（1931 年），泉州基督教派统属中华基督教会闽南大会管理。闽南大会在泉州设有泉州区会、惠安区会及以后分出的永德大区会。

中华人民共和国成立后，泉州基督教徒多能响应吴耀宗等发起的“自治、自传、自养”三自爱国运动。

1979年后，泉州市落实宗教信仰自由政策，绝大多数的教产退还教会，恢复了正常的宗教活动，相继成立各级教会组织。

2010年，泉州市登记基督教活动场所189处，信徒约13万人。

二、教堂

（一）泉州南街堂

位于泉州市区中山中路374号，原清靖海侯施琅书塾旧址。清同治二年（1863年）英国长老会杜嘉德牧师到泉州传教，清同治五年即于施琅将军新花山旧址购地设布道所。清光绪三年（1877年）三月改建为教堂。清光绪六年十一月，英国医生颜大辟由英来厦门，翌年到泉州，借礼拜堂为群众诊病，从中宣传教义，时有两年。此时进教者，约半由医病而受道。清光绪二十四年建牧师楼。

民国5年（1916年），陈宣令牧师献捐3000银元扩建哥特式新楼，雄伟壮观，可容纳1500人聚会。民国38年建26米高的钟楼。1958年泉西堂、聚宝堂合并该堂聚会。“文化大革命”期间停止聚会，教堂被工厂占用。“文化大革命”后，政府落实宗教房产政策，市政府拨款20万元和0.13公顷地补贴工厂迁出。

1980年12月，泉州南街堂重新开放，恢复宗教活动。21世纪初，泉州南街堂进行大规模翻建整修。该堂是泉州基督教活动中心，市基督教三自爱国会和市协会会址，存有比较完整的历史资料。

（二）泉州西街堂

位于泉州市区西街208号。清光绪二十一年（1895年）英国长老会文高能牧师筹建，翌年分立为堂会。1958年，该堂合并于泉州南街堂，场所作宗教界举办“爱国针织厂”，后改为二轻系统之荧灯光厂。1989年，泉州市政府拨款6万元补贴工厂搬离。同年12月，重新修葺并举行复堂典礼。

（三）泉州聚宝堂

位于泉州市区聚宝街。清光绪十四年（1888年），开设宣道所，黄铭额、耶娟姆等任传道。设教20余年，信徒增加逾百户。民国2年（1913年），聘请牧师黄英德专理堂务。民国4年，购置牧师楼，并办国民学校，培养信徒子女。民国12年，兴建新教堂，“文化大革命”期间，教堂被改作粮库，1986年冬返还牧师楼后部分房屋，装修后恢复聚会。市政府拨款28万元和0.13公顷地补贴南门粮库迁出。1992年，在原址重建新堂。1995年，重建牧师楼。

（四）泉州基督教聚会处

位于泉州市区金刚巷。聚会处又称“小群派”。民国24年（1935年）由兰进阳、蔡志崇从厦门传入泉州，初在西街孝感巷信徒吴仁杰家中聚会。民国27年，在金刚巷购置旧屋修建教堂。1984年后逐渐收回房产，重新开放活动。

三、主要活动

1987年12月，召开泉州市基督教第三届代表会议，选举张春泉任爱国会主席、协会会长，魏守仁、李鸿礼、朱天来任爱国会副主席，苏伟垣任秘书长；蔡振瑞、刘惠民任协会副会长，蔡振瑞兼协会总干事。

1991—2010年，泉州市基督教义诊队累计出诊323次，诊治病人12.65万例。

1992年9月，泉州市举行第四届基督教代表会，选举爱国会主席、副主席和秘书长，选举协会会长、副会长和总干事。同年，泉州市基督教组织参与扶贫助残、助学、救灾等活动，包括为非洲灾民捐款。

1995年8月，泉州市基督教组织600多名信徒与教牧人员在泉南堂举行“纪念抗日战争胜利50周年及为世界和平祈祷”集会，并对与会者进行爱国主义教育。

1996年10月，近百名医务人员组成泉州市基督教义诊队。

1997年7月17日，泉州市举行第五届基督教代表会，选举爱国会主席、副主席和秘书长，选举协会会长、副会长和总干事。

2002年，泉州市基督教教会选送22人报读各级神学院校，加强“两会”、堂会自身建设，提高教牧人员基本素质。

第六节 其他宗教

一、摩尼教

旧译“明教”“明尊教”“末尼教”“牟尼教”，伊朗古代宗教之一，公元3世纪由摩尼创立。约6至7世纪传入中国新疆地区。

唐武周延载元年（694年）摩尼教始在汉族地区传播。摩尼教传入泉州也在唐代。明何乔远《闽书·方域志》记载：唐会昌年间，摩尼教僧侣呼禄法师避难入闽。先到福清，再到福州传教，秘密收徒。之后，到泉州秘密传教。死后，埋葬在清源山下。五代时，摩尼教继续在泉州活动，清源都将徐铉写的《稽神录》里记载一个摩尼教在泉州活动的故事。宋代，摩尼教称为“明教”。

南宋乾道二年（1166年），许多泉州人迁往温州，传播明教。

元代，摩尼教可以公开活动，泉州是“管领江南诸路明教”的所在地。

附：草庵

位于晋江市罗山街道办事处苏内村，是中国现存最完整的摩尼教遗址之一。元至元五年（1339年），摩尼教徒在华表山麓雕刻摩尼光佛像。庵前曾建龙泉书院，明代古文运动领袖王慎中等人读书于此，有“草庵十八硕儒”的美称。近代著名高僧弘一法师（李叔同）3次驻锡草庵，留存碑记、楹联等墨宝。1996年，草庵石刻被国务院公布为第四批全国重点文物保护单位。草庵景区还有万石梅峰、千年古松、摩崖石刻、华表山古寨等景点。

二、印度教

印度教是南亚印度半岛极有影响的宗教，古称婆罗门教、吠陀教，公元7世纪改今名。信仰湿婆（大自在天神）、毗湿奴（遍照天神）、梵天（创造之神）三位主神。

印度教传入泉州的确切时间，历史文献没有记载。但从一些石刻遗物和族谱资料看，可知宋元时期印度教曾在泉州传播。

泉州市区新门外有一石柱，俗称“石笋”或“石祖”。石笋由5节石块连接，地面4节石块高3.10米，底座周长4米，第4节周长2.26米。这座大型石柱，状似男性生殖器，有的学者认为是一种原始宗教的遗迹，有的学者认为是印度教在泉州的遗物，属崇拜物“林加”（男性生殖器）。据乾隆《泉州府志》记载：北宋大中祥符四年（1011年），泉州知州高惠连把这根石柱击断为二，后于明代加以修复。

北宋雍熙年间（984—987年），有印度僧人啰护哪航海至泉州，在城南建宝林院（现为佛教宝海庵）。元代，泉州市区南校场附近建有一座印度教寺，寺毁于元末兵乱，遗构件流散各处。

20世纪20年代，泉州市发现和出土一大批印度教石刻，地点多数在南校场（今旧车站）附近，还有在市区平水庙附近出土12方石刻，在东街南俊巷发现一方印度教石雕卧牛，在市区小山丛竹亭附近出土一方石雕卧狮。印度教寺庙遗存的200多方石刻，有明初移装于开元寺大殿前须弥座的74方毗湿奴，相间以狮或人面狮身石雕；有开元寺大殿后两根雕着印度教神话故事的十六角形石柱，还有两根同样造型石柱竖在天后宫寝殿；位于市区县后街尾的白耇庙的焚帛炉，嵌有两方湿婆神话浮雕，有一尊高 1 米的毗湿奴立身像，收藏于泉州市海外交通史馆宗教石刻陈列馆，等等。这些历史遗存，是泉州作为世界宗教博物馆的生动例证。

三、日本教

日本佛教净土真宗的两个支派于 19 世纪末先后传入泉州。因其传自日本，故俗称“日本教”。光绪二十二年（1896 年），驻厦门的日本教大谷派东教派遣教士到泉州传教。日本教的教义与佛教基本相同，供奉的也是释迦牟尼佛、观世音菩萨，但教徒可以娶妻，不必茹素。农历每月初一、十五、二十八日为聚会礼拜日。礼拜时由教士烧香上供，后率众诵经礼佛，诵经时只敲钟而不设木鱼。首任日本教士水谷魁耀起初在泉州市区南校场头（今讲武巷）租一所民房作为教堂。不久，信徒增加，就转到大寺后租一庄姓大厝为教堂，又购何姓大厝改建为教堂的大厅，称“观音厅”。大厅可容纳三四百人聚会，正中塑释迦牟尼立像。教堂全称为“大日本真宗大谷派本愿寺布教所”。旧址位于现西隅小学。不法教徒“恃教士为护符，视平民如鱼肉”，为非作歹，“迹近匪类”，严重干预地方政法，破坏社会治安。在泉州的教徒看清日僧侵略面目，纷纷退教。最后一名传教日僧大内正雄死后，只由本地少数教徒支撑残局。民国 4 年（1915 年）初，袁世凯与日本签订卖国的“二十一条”，全国掀起反日怒潮，泉州的日本教即告消亡。大寺后的日本教寺、学堂、医院均被废弃，改作西隅小学校舍。

第二章　民间信仰

第一节　自然崇拜

自然崇拜是以自然物、自然力和天体为主要崇拜对象的民间信仰，如天地、日月星辰、风雨雷电、山川水火、动物植物、灵石等等，在泉州人的社会生活中影响较大的有天地崇拜、生殖崇拜等。

一、天公

天公，民间又称天帝、玉皇大帝、玉皇上帝、昊天上帝、玉皇、玉帝。泉州民间普遍信仰玉皇，泉州东街元妙观，又称天公观，奉祀玉皇。泉州百姓家里大都挂“天公灯”，上面书“祈求平安”和一个“心”字，表示一心诚敬，乞求玉帝赐福于民。正月初九为“天公诞”。泉州人凡结婚、生子、寿庆都要拜天公，感谢天公，兴办“谢天”盛典，携带祭品往天公观“烧天公金”。平常过年或正月初九“天公诞”，在本宅“祈年拜天”烧天公金，祈求上天赐福。

二、土地公

泉州民间普遍崇拜土地神（福德正神），俗称土地爷、土地公。民间供奉土地公，祈求五谷丰登、人畜兴旺、生意兴隆、财源广进。自农历二月起，每逢初二、十六日，家家户户及店铺、作坊都敬祀土地公，借以祈求人安、财旺、年丰。境内店铺民居，大都摆设土地龛焚香膜拜。民间迁新居或商家在开业前，都要安放土地神；乡村境主宫，除祀主神明外，同时供奉土地神。民俗死者安葬，要在墓左侧立“后土”（土地神）石碣，举行祭祀。每年清明节扫墓，都要兼祀土地神。

三、月娘

泉州有中秋拜月赏月的习俗。祭祀时摆上瓜果、月饼、花生糖、芋头、番薯等，祷告“月娘”，祈求合家平安。拜“月娘”时，念颂“月娘月光光，起厝田中央，三年好雨水，米粟几落缸”等有关拜月的童谣。

四、文昌帝君、魁星

又称“文曲星”“文星”，是中国传统信仰中主宰人间功名、禄位之神。魁星，又称奎星，主宰文章兴衰之神。泉州市区及惠安、安溪、永春、德化等地保留有文庙，以及市区玄妙观文昌殿、清源山南台岩魁星阁、惠安魁星庙、崇武文昌祠、永春魁星岩等，奉祀文曲星和魁星。祈福仕途高升的人在每年农历二月初三到文昌庙、魁星庙，供奉鲜花、水果、茶食、点心等供品，民众对学生学业不理想也供奉文昌帝君。在供奉之时，选用供品“葱”（象征聪明）、“芹菜”（代表勤奋好学）、“肉粽”（代表高中状元），以求学业有成。

五、水神

泉州地处滨海，民间奉祀水神甚多，如禹王（大禹）、伍大帝（伍子胥）、晏公（海神平浪侯）、龙王爷、清源妙道真君（二郎神赵昱）等。奉祀禹王的有鲤城平水庙；奉祀伍大帝的有鲤城河岭宫、孝友宫、孝悌宫；奉祀晏公的有鲤城永潮宫、三义庙，惠安崇武晏公庙；奉祀龙王爷的有丰泽东湖福远庙、鲤城龙宫庙、晋江龙湖的龙王庙；奉祀清源妙道真君的有鲤城二郎庙。

六、灶神

灶神是中国古代民间信仰中的五祀神之一，也称灶公、灶君、灶王爷等，是各家各户的“司命之神”，泉州民间信仰灶神十分广泛。过去泉州民间城乡几乎每家每户都在厨房灶位设龛或张贴灶神爷画像，除平时供祀外，主要是在每年农历腊月廿三或廿四“祭灶”时集中拜供。后因城市居民多住商品房，也较少有传统的火灶和灶龛，故设供不多，但在农村设供奉祀的还十分普遍。

七、生殖神

生殖崇拜是自然崇拜的一种特殊形态，泉州市区新门外、德化、安溪、惠安、南安、石狮等地有石笋崇拜遗迹。石笋状似男性生殖器，有的学者认为是一种原始宗教的遗迹，有的学者认为是印度婆罗门教在泉州的遗物，属崇拜物“林加”（男性生殖器），是古印度教中的湿婆教派和性力派共同的崇拜对象。但石祖（笋）崇拜早在北宋就已融入民间信仰，长期以来，主要以信仰民俗的形态存在于民间。

泉州市区新门外，有一大独石柱，俗称石笋或石祖。乾隆《泉州府志》记载，北宋大中祥符四年（1011年）泉州知州高惠连把这根石柱击断为二，后于明代加以修复。历代知府设立露天祭坛、称“山川坛”，每年春秋两次，在此祭祀风云、雷雨、山川之神，祈求风调雨顺、国泰民安。

德化龙门滩、大铭、葛坑、杨梅等乡镇以及安溪龙门镇均有石笋，其中德化县雷锋镇蕉溪村还设有石笋宫。

八、植物神

植物神崇拜主要体现对树神的崇拜。泉州地区对樟树的崇拜较为普遍。德化美湖乡美湖小学旁一株植于唐代的古樟树，高28.01米，树的胸围16.74米，冠幅东西33.8米，南北39.95米，人们称为“樟树王”，视为“树神”。德化葛坑乡长坑村有一株植于唐代的银杏，高32.5米，树的胸围6.4米，有“树王”的传说。

第二节　祖先崇拜

一、祭祖

泉州民间敬祖之风源远流长、世代相袭，以祈求先祖魂灵保佑子孙、福荫后代。泉州又是朱熹过化之地，明代理学重镇，民间崇尚忠孝仁义蔚然成风。祠堂、家庙、家宅都在厅堂正中设龛供奉祖先神位（木主）。除年节、忌辰祭祀外，每月初一、十五日也焚香致敬。家人出生、婚嫁、寿庆、中举、出仕、致富、荣旋、脱险、解厄，以及华侨出洋、返梓等，都要上祠堂、祖厅拜祖。

泉州人宗族观念很深，祭祖是宗族的一项重要活动。各地祭祖时间不尽相同，比较一致的是每年清明节与冬至两次祭奠较为隆重，俗称“春冬两祭”。届时，宗族长老召集族人“开祠堂门”（祠堂正大门平时一般关闭，由左右二侧门出入需逢宗族大事方可开放），准备祭祖程序。“春冬两祭”礼仪繁多，一般由宗族各房轮流承办“主筵”和数席“全筵”，依照次序摆放。“主筵”居中，两侧摆放“全猪”“全羊”。祭祀时，由德高望重、身着礼服的族中长老一人担任“主祭”、数人担任“陪祭”。由两名“礼生”（司仪）站立东西两侧（俗称“东西班”），根据礼仪程序导引进行。一般由“主祭”行“献礼”（即将“主筵”摆放的各种祭品逐一敬献给先人）。其次，由“读祝生”启读“祝文”（歌颂祖先的疏文）。最后，再次行“献礼”。其间，配以相应的音乐伴奏，虔敬致诚。祭祖仪式结束后，由“读祝生”启读“祝告而成”（表示仪式顺利完成），焚化“金帛”“禹门”，燃放鞭炮，并邀请各房份及宗亲、乡邻代表入席聚餐。

泉州是著名侨乡及台湾同胞的重要祖籍地，因此每逢“春冬两祭”，旅外侨亲、台湾乡亲均组团参加，以示尊祖敬宗之意。祭祖便成为联系乡情的重要渠道。在社会新风尚的影响下，许多家族、宗族创办“教育基金会”“敬老基金会”“互助会”等组织，利用“春冬两祭”举行“助学”“敬老”“扶贫”等慈善活动。

二、修谱 晋主

修谱　族谱是宗族文化的重要组成部分，民间一般在建造祠堂的同时，部署族谱的编修工作。族谱主要内容包括谱序、家族世系和血缘关系图表、族规家规、昭穆（字辈排行）、祠堂祖墓、族产、重要历史人物、墓志铭、文艺作品等，编修时一般由宗族中的“读书人”或“官宦”担任，组成编纂机构，制定编辑方案，并根据宗族的成年男丁按人头收取费用，俗称“拾丁钱”。另一种是聘请专业的人士担任主笔。旧时族谱一般是用毛笔抄录，以后为石印本或木刻印刷本，今多为数字化印刷。由于受到敦宗睦族观念的影响，修谱时，注重将家族迁徙外地的资料收录其中，因此族谱中保留下许多泉州先辈移居台湾、侨居海外的珍贵资料，成为台湾同胞及海外侨胞寻根认祖的重要线索。早期女子不登族谱的陈规陋习逐渐被摒弃，许多新修族谱男女同登族谱。

族谱编修完毕后，要在新落成（或翻修）的祠堂内举行合谱仪式，祭拜祖先，告知修谱经过。所谓合谱，即把已经重新增修好的房谱和总谱，一齐拿到宗祠中去，同新近要进入总龛的众多神主牌并列放在长案桌上，待举行祭谱、朱笔点谱仪式之后，总谱放入谱匣，用红绸布包裹，插上“金花”，系上红系绳，放置于祠堂神龛前，房谱则由各房份取回保管。

晋主　晋主之俗，即将村中各户已经故世家长神主，经过点主仪式以后，统一礼请进入家庙宗祠大神龛中供奉，这些木牌神主精工雕刻，刻上名讳，油漆安金箔，摆放在大神龛中，永享祭祀，晋主乃进亡者之主牌。此外，尚有进长生禄位入神龛者，仪式同晋主一并举行，只是刻上某某长生禄位，这是为一些尚且在世而想永享祭祀者而设，对于其家族成员也是一种荣誉。晋主仪式一般非常隆重，仪式完毕后，均要操办筵席，合族欢聚。

第三节 圣贤崇拜

一、孔子

旧时泉州府城有府、县文庙各一座，各县也都有县文庙，奉祀“大成至圣先师”。祭孔每年分春、秋二祭，俎豆馨香，礼乐雍和，奉行读祭文、献帛等古典仪式。民间私塾、社学、书院，皆设孔子牌位，凡学童启蒙、学子进学，必先虔诚叩拜。泉州礼孔思想深远，故有“海滨邹鲁”之称。文庙除成为祭孔主要场所外，每年重大文化庆典活动大都在文庙举行。2005年起，泉州府文庙恢复了中止百余年的入学拜孔子送红蛋仪式，当年正月初九至十一，上万泉州市民带着孩子到府文庙参加活动，府文庙送出大红鸡蛋1.8万个。府文庙每年春、秋两季入学前举办“新学年、拜孔子、送红蛋”仿古拜孔入学教育活动，即按照中国传统私塾入门入学的礼教，让学生模仿古人入学“规矩”：入学之前拜孔子、入学拜老师、接受入学红鸡蛋、入学接受老师教育，意在效法古人，倡导尊师重教的传统风尚。泉州著名剧作家王仁杰曾经特地为泉州府文庙大成殿孔子塑像创作一副对联“六卷经书既定中华道统，两庑俎豆重开吾邑斯文。”泉州人尊师重教，重视传统文化弘扬，从修复文庙、扩建广场到孔子坐像落成开光等，市民都自发参与支持。

二、关帝

泉州人多信奉关帝（关羽），以其忠义勇武，浩然正气，奉为保境卫民的神明。旧时，泉州府城东、西、南、北、涂、新、水七个城门附近都有关帝庙，各县及铺境、乡村也都有奉祀关帝，其中涂门街通淮关帝庙香火最盛。人们凡有祈望，往往到关帝庙抽签问卜，求示吉凶。农历六月廿四日为关公诞辰，关平、周仓、马君爷纪念日为农历五月十三日，这两日善男信女都到关帝庙行香许愿，举行庆典活动。

三、先贤

民国前泉州及各县均立有先贤祠。历代乡贤名宦如欧阳詹、韩琦、王十朋、真德秀、蔡清、陈紫峰、詹仰庇等，死后泉州人奉他们为神，建庙专祀。还有的如汉代萧望之（萧太傅）、唐代张巡（武安尊王）、许远（文安尊王）、五代张悃（灵安尊王）、宋代岳飞（岳忠武王）、林默娘（妈祖）、吴夲（保生大帝）等，以及本地的英雄人物，由于他们生前的英烈事迹，死后也为百姓所奉祀。

四、“十班公”等

明代嘉靖年间，倭寇骚扰泉郡，从洛阳桥南窜入，桥南、庄任、杏宅、西福、浔美、乌屿、媽头、院前、城东、南埔10个乡村的乡民与当地驻军联合抵抗，与倭寇血战，保境卫民。事后，乡人在琯头附近挖一穴合葬抗倭死难，并在墓前建一座小庙以为纪念。该庙楹联云：“化骨埋名载道碑，卫乡拒倭崇英魂”。民众称为琯头“十班公”。这10个乡村轮流于每年农历八月廿一、廿二日，在此致祭。据说这是十班公遇难的日子。此外，安海三公宫，是奉祀三位抗御倭寇的无名英雄；惠安东岭（今东桥）的虎母公、崇武的十二爷宫，也是敬奉抗倭牺牲的无名英烈的所在地。

五、“庄脚妈”

庄脚妈宫在府城南校场。清代咸丰年间，林俊农民军的首领之一邱二娘，惠安人，失败后在南校场受剐刑（俗称：“米筛花割”，一种酷刑）。人们同情她、纪念她，在她就义附近的南校场花园头建庙奉祀，称之为“庄脚妈”，庙旧址在今旧车站。每年农历六月廿四日致祭，这是她受难的日子；也有改在义全境普度的前一天（农历七月廿二日）致祭的。泉属各县多地建有“庄脚妈”宫或“游路夫人”宫。

第四节　神祇崇拜

一、妈祖

妈祖，姓林名默，又称默娘，北宋泉州府莆田县湄洲屿人，据传生于建隆元年（960 年）三月廿三日，雍熙四年（987 年）九月初九“羽化升天”。传说妈祖生前聪颖灵悟，能预知气象变化，有驱邪治病和泅水航海的本领，常救人于水厄海难，她一生扶危救困，济世救人，备受人们的敬重和爱戴，被尊为航海保护神，是历代船工、海员、旅客、商人和渔民共同信奉的神祇，在船舶启航前要先祭天妃，祈求保佑顺风和安全，有的在船舶上还立天妃神位供奉。南宋绍兴二十六年（1156 年），妈祖首次得到朝廷褒封，此后，历代统治者不断赐封号，共计 36 次，从夫人、妃、天妃、天后到天上圣母，至高无上的海神地位确立。每年农历三月廿三日为妈祖诞辰，泉州民间在祭祀的供品中有一种颇具特色的“鳌山”（泉州俗称“米龟”，即米粿），分“大龟”“二龟”“三龟”。卜得“鳌山”米者视为有福气，第二年妈祖诞辰须敬还。泉州城南的天后宫始建于南宋庆元二年（1196 年），主要供奉妈祖，同时供奉道教神仙及地方王爷神。宋元以来，妈祖信仰随着泉州人海外贸易的足迹，在世界各地广泛传播。

二、通远王

通远王又称乐山福王、乐山神、善利王、通远神翁、白须公、通远善利广福王、白衣叟、福佑帝君等。民间传说，通远王原系永春乐山的山神——乐山王，唐咸通年间，九日山延福寺重建，得到乐山王神助，运送木材至九日山下，于是新建的延福寺大殿命名为“神运殿”，大殿东侧建“灵乐祠”奉祀乐山王。以后历代官方及民间祈风祈雨屡有应验。北宋景德年间，朝廷敕封其为“通远王”，赐庙额“昭惠”。“通远王”这一封号，有掌管交通远方诸事之神的意思。晚唐至北宋，通远王由山神变为水神和海神，在泉州广受航海者崇敬，官府每年都到昭惠庙向通远王祈风，保佑海上顺风，航行安全。通远王信仰主要在泉州、南安、晋江、惠安沿海一带。

三、王爷

泉州民间王爷信仰由来已久，由于古代医疗条件落后，自然环境非常恶劣，瘴疔瘟疫横行，天灾水患不断，老百姓生命财产受到很大的威胁，当时民众普遍认为是邪魔妖道鬼怪在作祟，而王爷被认为可以驱除瘟疫、保护乡里，因此在民间成为一种非常普遍而重要的信仰。据不完全统计，泉州有萧、李、池、马、赵、温等 108 位王爷，一般供奉三尊王爷的庙称为“三王府”，供奉四尊王爷的称为“四王府”，以此类推，有的庙宇供奉的王爷多达几十尊。富美宫是泉州最为有名的王爷庙，是“泉郡王爷行宫”，建于明正德年间，清道光年间前后多次重修。主要供奉西汉名臣萧望之（萧太傅），配祀文武尊王及王爷二十四尊。每逢灾患之年，均举办大型醮会，按例送王船或烧王船，王船仿民间船舶造型，船上设有神坛，安置神像，祭祀的“王醮”是最特殊的宗教科仪之一。据传，历代富美宫先后送出的王船达万艘。因泉台仅一衣带水之隔，有些王船漂抵台湾沿海，被当地村民恭迎前去奉祀。因此，富美宫便成为台湾王爷信仰的发祥地之一。嘉义县东石港先天宫，于今尚保存一条民国14年（1925年）从富美宫送出的王船供人观赏、朝拜。

四、“奇仕妈”

“奇仕妈”原名陈靖姑，五代时古田县人，与林纱娘、李三娘同师学道，行医济世，驱邪救民。陈靖姑逝后，人们为纪念她，奉为妇幼保护神，泉州人则视其为生育神。“奇仕妈”即祈嗣妈。无子嗣人家，多往祈求。祈子当天，婆婆领媳妇到奇仕妈宫，上供行香，“卜杯”求神许可取花，如神示应允，则取神案上的红、白纸花若干放进媳妇衣兜，并奉请奇仕香火，点上红枣灯迎回家中，祀于媳妇房中，祈生贵子。泉州古城奇仕妈宫在西街东塔前白塔巷（台魁巷）内。

五、夫人妈

泉州各地都有夫人妈的信仰。夫人妈多泛指民间最高的女神，为妈祖、青山妈、七宫妈、注胎娘娘（又称注骨娘娘、注生娘娘）等。惠安东部沿海对夫人妈的信仰，最为明显，且富特色。早年奉祀的夫人妈是为保护家人，特别是小孩的女神，没有神像，属鬼魂信仰。后因信仰范围日广，逐渐出现泥塑、木雕、纸扎和牌铸的小尊神像。对象多是夭折的女孩或男婴，以及遭不幸或意外死亡的亲人（多为女性）。甚至家人有重病或遇险、遭难，经巫觋胡指有什么前世恩怨种种的关系人在作祟，为了化仇结缘，把一些不认识的游魂或缥缈虚诞的鬼神，也予敬祀。这些塑像都是小尊的，或称姑仔（未成年女孩）、太子（未成年的男孩）、夫人（妻子）、将军（前世或阴间的丈夫）、将娘（前世或阴间的妻子）、大人（长辈），或称伯、叔、婶和姊妹伴等等。不论男女神像，统称“夫人妈”，祀于房中小龛里或放置厅中的一角，奉为家中的保护神。

第五节　学术研究

1995年，泉州市区民间信仰研究会成立（前身为1989年成立的道教文化研究会）。1999年10月下旬，泉州民间信仰研究会配合通淮关岳庙董事会与泉州师院合办“海峡两岸泉州学学术研讨会”。2000年7月，泉州市区民间信仰研究会配合泉州通淮关岳庙，举办“关岳信仰民俗”学术研究会，有厦门大学、福建师范大学、福建社会科学院、泉州师院及本地专家学者80人出席会议，提供论文30多篇。2009年10月，海峡两岸“民间信仰与慈济和谐”文化研讨会在泉州举办，海峡两岸的专家学者及台湾宫庙代表、泉州市区民间信仰研究会全体理事近200人与会，提供论文45篇。2010年6月，泉州通淮关岳庙举办首届海峡两岸关帝文化节，其间，举办海峡两岸关帝文化学术座谈会。

第三章　宗教事务管理

第一节　宗教管理

中共十一届三中全会后，泉州市恢复宗教事务管理机构，落实宗教政策。

1980—1992年，泉州市落实归还宗教房产19.89万平方米，占应落实的面积93%；安排开放佛教寺庙55座、基督教堂90座、伊斯兰教寺2座、天主教堂2座；推荐安排宗教职业人员担任各级人民代表、政协委员 32 人；恢复和重新建立各种宗教团体；宣传贯彻宗教政策，引导宗教与社会主义社会相适应，做好社会稳定工作；帮助、指导各宗教团体培养爱国爱教的宗教职业人员；发动兴办公益事业和参加扶贫、助残、救灾等活动；帮助宗教界人士积极开展海内外宗教联谊活动。

1992 年 9 月，泉州市贯彻《福建省宗教活动场所登记管理暂行规定》，把宗教活动纳入宪法、法律、法规和政策的轨道，使政府对宗教活动场所的管理逐步走向规范化、制度化和法治化，保障公民宗教信仰自由的权利和宗教活动场所的合法权益，防止和制止一切利用宗教和宗教活动进行违法犯罪活动。

1994 年 1 月，泉州市宗教活动场所登记发证大会暨新春座谈会在开元寺举行，会上向 20 座佛寺、基督教堂、清净寺颁发登记证书。同时，泉州市各级政府职能部门加强对宗教活动场所的管理，要求各寺观教堂建立健全民主管理机构，制定各寺观教堂的宗教规约及各项规章制度，促使宗教活动逐步走向正常化、制度化。

1995 年，泉州市宗教团体和宗教活动场所登记，实行年检制度。贯彻“保护合法、制止非法、打击犯罪、抵制渗透”的原则，实现“团结、稳定、服务”的宗教工作目标。加强全市各宗教团体和宗教活动场自身建设，坚决刹住乱滥建寺观教堂和民间信仰活动场所的不良风气，保障社会稳定和经济健康发展。

1996 年起，泉州市贯彻执行国务院颁布的《宗教活动场所管理条例》，对全市已登记的宗教活动场所进行年检，使其管理规范化、制度化。泉州市宗教局配合公安部门依法打击取缔“一贯道”“观音法门”“呼喊派”等邪教组织，及时制止加拿大“圣经之道”组织传教人员的非法传教，抵制境外敌对势力渗透，查禁取缔邪教“呼喊派”活动点 49 个、基督教非法聚会点 53 处。同年，泉州市针对乱建寺庙宫观、露天宗教造像进行专项治理。

1997 年，泉州市宗教局开展基层宗教责任制的试点工作时提出《关于明确基层乡村宗教工作职责范围的意见》。

1998—1999 年，泉州市宗教局配合市人大常委会开展宗教两个法规的执法检查，监督促进宗教活动依法行事。1998 年，泉州市对宗教活动场所进行检查、清理。同年，市宗教局获得国务院宗教局授予的“全国宗教活动场所登记工作先进单位”称号。

2000 年，泉州市按照《宗教活动登记条例》规定，批准登记 500 多座寺观教堂修葺或翻建。各座宗教活动场所大多建立健全各种管理制度。同时，美化、绿化环境，使寺观教堂既是宗教活动场所，又是重要旅游资源。2003 年，泉州市登记的宗教活动场所 603 处。

2005 年，泉州市对宗教团体按其条例规定开展活动、组织宗教活动、认定宗教教职人员、编印宗教内部资料性出版物、举办宗教院校、选派和接受宗教留学人员、开展对外友好交往活动等。

2006—2007 年，泉州市完善县（市、区）、乡、村三级宗教工作网络，把宗教工作责任制落实到基层；对乱滥建宗教活动场所进行检查制止；市佛教会在市区宏福园建 1 座坐龛式焚化炉，供佛教徒往生后焚化之用。

2009 年，泉州市开展宗教活动场所换证工作、规范宗教活动场所财务管理试点工作、创建“和谐寺观教堂”活动。维护宗教领域的安定稳定，帮助宗教活动场所解决历史遗留问题和宗教矛盾纠纷，清净寺新礼拜堂举行落成庆典，帮助开元寺事务管理处完成职工岗位设置和合同签订，龙溪寺 500 多平方米寺产归还宗教团体使用。

2010 年，泉州市民宗局组织宗教团体负责人前往西藏、青海等地学习考察，加强爱国宗教团体和宗教界人士队伍建设。支持宗教活动场所开展“和谐寺观教堂”创建活动。全市 5 个宗教活动场所、1 个宗教团体和 1 名个人被评为全国“和谐寺观教堂”创建活动先进集体和个人。鼓励和支持宗教界开展慈善活动，发动全市宗教界为慈善事业和支援各地灾区的捐善款 1100 多万元。全市开展“宗教院校教育及宗教人才培养”专题调研，稳妥做好天主教、基督教专项工作，处理好宗教领域的热点、难点问题和突发事件。

第二节　民间信仰管理

随着泉州市经济的快速发展和广大信众的热忱捐资，许多民间信仰活动场所得到修缮，信仰活动亦日趋活跃。政府部门加强对民间信仰的规范管理。2002年，泉州市在确定民族宗教部门工作职能时，明确将民间信仰管理列入其中。2004年，泉州市民族宗教局增设民间信仰工作科，各县（市、区）民族宗教部门也指定专人负责民间信仰管理工作。2006年，泉州市确定59处民间信仰活动场所作为首批管理试点，其中鲤城西岳龙山寺，丰泽忠显庙，洛江龟峰岩，泉港龙山宫、仙境宫，惠安护海宫，南安福安堂，晋江嘉应庙、普尼堂，石狮妈祖庙，安溪犀山岩、阆苑岩，德化泉山宫作为市联系点。2007年，丰泽区、惠安县被确定为省民宗厅民间信仰试点管理工作联系县，鲤城花桥慈济宫、丰泽顺济宫作为省民间信仰活动场所联系点。2009年8月，福建省民间信仰活动场所联系点管理工作现场经验交流会会议在泉州举行，与会人员到泉州花桥慈济宫现场观摩交流。

第三节 管理机构

1979年1月，晋江专署下设宗教事务处，配备干部3名，原泉州市人民政府下设宗教事务科，配备干部4名 ，各县在统战部内配1名专职或兼职干部。1986年地改市后，宗教事务机构建制不变。当年5月，鲤城区宗教事务科并入泉州市宗教事务处，干部增至7名。

1990年12月，泉州市宗教事务处更名为宗教事务局，正式定为泉州市人民政府的二级局（恢复宗教处时未定级别）。1991年6月改为一级局，归政府序列，编制13名；晋江县、南安县和惠安县政府内设宗教事务局，编制3至5名；鲤城区和永春、安溪、德化三县政府内设宗教事务科，编制1至3名。宗教工作机构作为政府的一个部门，仍接受党委统战部指导。石狮建市后，宗教工作任务附属于侨台外事局。

1995年，泉州市保留“泉州市宗教事务局”，加挂“泉州市民族事务委员会”牌子，原属民政部门工作职能的民族事务划与宗教事务局合署办公。

2001年，泉州市级机关机构改革，民族宗教机构名称改为泉州市民族与宗教事务局，行政编制12名，工勤事业编制2名。各县（市、区）设立民族与宗教事务局。惠安县、晋江市、南安市、鲤城区为一级局，归政府序列；泉港区、安溪县、石狮市为二级局，属政府工作机构，与统战部合署办公；德化县、永春县、丰泽区、洛江区，在统战部增挂民族宗教局牌子，有政府民族宗教局印章，有专人负责民族宗教事务。

卷四十八 人 物

第一章 人物传

人物传收录1991年1月至2010年12月辞世的泉州籍（或长期居住在泉州）对社会发展有较大贡献或有较大社会影响的人物（涵盖政治、军事、经济、科技、教育、文化、艺术、卫生、体育、宗教等方面）。以人物生年为序排列。

瑞今法师

瑞今法师（1905—2004），俗姓蔡，名德分，字寂声，号谁真。清光绪三十一年农历十二月二十九日（1905年2月3日）出生于晋江县十都东埕乡（今晋江市东石镇东埕村）。民国5年（1916年），在南安雪峰寺从转敬和尚出家，法号瑞今。

民国8年（1919年），转敬应邀担任厦门南普陀寺知客执事，瑞今即随师到南普陀寺学习经教。民国10年，瑞今前往莆田光孝寺，在微嘉老和尚座下受具足戒，后仍回南普陀寺修持。其受学于太虚、常惺、兴慈、弘一诸师。考入安徽迎江佛学院，为常惺入室弟子，两年后归厦门南普陀寺，执教于闽南佛学院。

民国16年（1927年），瑞今法师与南岳觉三法师往漳州南山寺南山佛化学校（后改称“南山小学”），任南山寺监院兼幼僧班主任。

民国19年（1930年），瑞今法师随弘一法师在漳州、泉州、厦门一带说法。民国21年，任南普陀寺养正院院长。民国23年，弘一法师在南普陀寺创办佛教养正院，瑞今法师任教务主任，为佛教培养不少人才。后又与慧云、广洽诸法师刊行《佛教公论》杂志，被众人推为社长。《佛教公论》杂志一直到抗日战争前夕才停刊。

七七事变后，时任厦门佛教会会长的瑞今法师组织僧伽救护队。后因南普陀寺遭驻军占用，敌机轰炸，僧众分散。瑞今法师携带《佛教公论》文稿及设备撤入泉州承天寺。第二年，应邀至晋江东石龙江寺任住持。民国22年（1933年），弘一法师在泉州开元寺尊胜院主办南山律苑，瑞今法师参与学习戒律，并赴晋江草庵宣讲《弥陀经》。民国31年，瑞今法师应南安雪峰寺之邀，任该寺方丈，并被推为南安县佛教会理事长。其间，到泉属各县，如雪峰、宿燕、承天、草庵等寺讲梵网戒经、弥陀经等。民国35年，南渡菲律宾，任马尼拉信愿、华藏二寺住持多年。

1952年，瑞今法师率团参加在日本东京召开的第二届世界佛教徒友谊会（简称“世佛会”），返菲后即成立“世佛会”菲律宾分会，并被推选为分会会长。1956年，瑞今法师组团参加在尼泊尔召开的第四届世佛会，会后顺道经印度，瞻礼佛陀诸圣迹。1958年，瑞今率代表团至泰国曼谷出席第五届世佛会。1959年，与印顺、妙钦诸师发起创办能仁中学。1965年，率代表团到台湾出席第一届世界华僧大会，与来自世界各地的华僧进行联谊与佛教学术活动。1971年，应韩国佛教会之邀，抵韩传授菩萨。

1981年，瑞今法师荣任世界佛教僧伽协会副会长，世界佛教华僧会荣誉主席。1984年，法师八秩福诞，佛教学界发起祝寿活动。

1985年，瑞今法师组团回国朝觐五台山，还到北京参访，并拜访中国佛教协会会长赵朴初，后经西安、太原、重庆、成都、大足、武汉、广州等地参观，广结善缘。1987年，瑞今法师率信众回国参访厦门南普陀寺、鼓浪屿日光岩寺、漳州南山寺，泉州开元寺、承天寺、崇福寺、晋江安海龙山寺、东石南天寺、龙江寺。其间，参观东石侨声中学，了解家乡教育事业发展情况。1994年，其捐资在家乡东石镇兴建大觉寺。1995年秋，大觉寺竣工，瑞今法师回国主持大觉寺落成典礼。

1999年，瑞今法师回国在故乡大觉寺小住。2001年秋，马尼拉圆通寺组团往南海普陀山朝圣，其随团至晋江东石大觉寺与众善信欢聚，并率信众前往南安雪峰寺禅视。2003年秋，大觉寺举行佛七法会，瑞今法师于寺中小住十几天，并到泉州承天寺礼佛。

2004年，瑞今法师世寿百年，圆寂于菲律宾。

瑞今法师精佛法，善属文，著有《华严宝丛稿》一书，书中附有于右任、竺摩法师、洪丕谟等题赠。

蔡尚思

蔡尚思（1905—2008），号中睿，清光绪三十一年十月十四日（1905年11月10日）出生于德化县在坊里浔中乡（今浔中镇浔中村）诗敦。少时曾从事农牧劳动，民国2年（1913年），入私塾启蒙，后入德化县立第一高等小学读书。民国9—13年，在福建省立第十二中学（今永春一中）求学。

民国13—17年（1924—1928年），蔡尚思到北京，先后考入北京孔教大学国学研究科、北京大学国学研究所。民国18—23年，先后任上海大夏大学、复旦大学和武昌华中大学讲师、教授。民国24—31年，同时任沪江、复旦、东吴等大学和无锡国学专修学校教授，光华大学历史系主任。民国35—38年，任沪江大学教授。1949年起，兼任上海商务印书馆特约编辑。

1949—1952年，蔡尚思任沪江大学副校长、代校长。1952年起，在复旦大学先后任历史系主任、教授，中共复旦大学委员会委员、校务委员会委员，研究生领导小组副组长。1976年后，历任复旦大学副校长、社会科学学术委员会副主任、研究生部副主任、中国思想文化研究室主任等。

蔡尚思是中国当代著名历史学家、中国思想史研究专家，研究领域涉及中国通史、中国古典文学、中国文化史、学术史、中国思想史、哲学史等。曾师从蔡元培、王国维、梁启超、章太炎、顾颉刚、范文澜等名家。其学习勤奋，治学严谨，学识深邃，著作等身。主要学术著作有《中国思想研究法》《中国历史新研究法》《中国传统思想总批判（正补编）》《中国文化史要论》《中国文化的优良传统》《孔子思想体系》《中国近现代学术思想史论》《中国古代学术思想史论》《中国礼教思想史》《论语导读》《墨子思想要论》《周易思想要论》等20多部和300多篇论文。90多岁时仍然笔耕不辍，有不少著作是在耄耋之年完成的。2005年，《蔡尚思全集》出版，共8卷400多万字。2006年，因其在中国思想史研究领域有独特见解和丰富著述，获得上海市学术贡献奖。

2008年5月20日，蔡尚思在上海病逝。

梁披云

梁披云（1907—2010），又名雪予，学名龙光，清光绪三十三年（1907年）三月七日出生于永春县二十二都蓬莱巷（今吾峰镇吾顶村）。民国元年（1912年）入私塾，民国3年入城镇教会小学，民国8年考入省立十二中学，半年后转集美中学。

民国12年（1923年），梁披云考入武昌师范大学英语系。翌年转读上海大学，先后受业于于右任、瞿秋白、沈雁冰、郑振铎、陈望道等；民国15年毕业，授文学学士学位。民国18年，梁披云与许卓然、秦望山等到泉州创办黎明高中，被推任校长，宣传自由和民主思想，鼓励进步人士抗日救亡。民国19年，赴日本早稻田大学政经部大学院读研究生。民国21年，先后出任惠安县县长、永泰县县长及兴泉省顾问。民国22年，远渡南洋，任教吉隆坡尊孔中学。民国23年，任《益群报》总编辑。民国25年，赴印度尼西亚棉兰苏东中学任校长，创办《苏东月刊》。民国29年，参加陈嘉庚率领的南侨归国慰问团回国慰劳抗日将士。民国32年，回国任国立福建音乐专科学校校长，并获选国民参政会参议员。民国33年，任国立海疆学校校长。民国36年，调任福建省教育厅厅长，筹建研究南洋问题的学术团体——中南学社。

1950年，梁披云重赴印度尼西亚，倡办华文大学。1963年，任印度尼西亚《火炬报》华文版主编，以雪庐为笔名，在该报发表三四十首诗词。1966年回国，同年9月定居澳门，从事东南亚侨务工作。

1967年，梁披云在澳门策划组织归侨总会工作。1968年4月，澳门归侨总会成立，梁披云被选为主席。归侨总会开展多方面工作，被誉为“侨胞之家”。1974年，梁披云在香港创办书谱出版社并任社长。

1979年，在泉州创办黎明学园，梁披云任董事长，巴金为名誉董事长。黎明学园发扬黎明高中的优良传统，举办形式多样的教育，为培养建设人才做出贡献，深受社会好评。1981年，任福建省政协委员。1984年春，在黎明学园基础上，创办黎明职业大学，被推任校长；同年，被省政府授予“乐育英才”光荣匾和金质奖章，以表彰其对教育事业的贡献。1987年10月，黎明大学董事会正式成立，梁披云任董事长，巴金为名誉董事长。

1990年4月，梁披云在澳门创办福建学校，为福建乡亲子弟提供就学机会。鉴于其对教育、文化事业贡献巨大，1997年，澳督韦奇立授予其文化勋章；2001年，澳门特别行政区政府授予其银莲花荣誉勋章；2007年，授予其金莲花荣誉勋章。

梁披云曾任第六、第七、第八届全国政协委员，全国侨联顾问，澳门特区筹委会委员，澳门特区第一届政府推委会委员。梁披云是中华文化教育基金会顾问，中国东方文化研讨会顾问，国际儒家联合会顾问，中国文联荣誉委员；曾任澳门归侨总会创会会长、澳门福建同乡会创会会长、厦门大学名誉教授、华侨大学董事会创会董事、第二届董事会增补副理事长、第五届董事会荣誉董事、黎明职业大学名誉校长名誉董事长等职。梁披云几十年如一日地支持华侨大学的发展和建设，为华侨大学在澳门的招生、宣传及办学点的设立做出贡献。

梁披云还是著名的书法家。其幼承家学，爱好书法，初习欧、褚、李（邕）、颜，继及苏、米、赵、刘（墉）。后又得于右任、沈尹默等书法大家的指点，深悟各家书法精髓，博采众长，形成自己苍劲古朴、凝重雄厚又飘逸豪迈、端庄清丽的独特风格，富有浓烈的书卷气和金石味，在书法界独树一帜。1984年，梁披云主编出版发行《中国书法大辞典》，内收有辞目1.3万条，220余万字，附图2500条幅。其还精于书法篆刻理论，著有《中国篆刻大辞典》。其书法篆刻作品多次入选全国书法篆刻展、国际书法展，为博物馆、艺术馆、纪念馆收藏或被碑刻。1998年，香港（海外）文学艺术家协会授予其中华文学艺术家当代书法大师“金龙奖”。

梁披云工旧体诗词。丰富的阅历让其厚积薄发，旧体诗意境深邃，格调隽雅。其诗作积稿千余首，行书手录400余首，结集为《雪庐诗稿》，由澳门特别行政区政府文化司署列为文化丛书第一号出版发行。

2010年1月29日，梁披云在澳门镜湖医院逝世。

廖博厚

廖博厚（1907—2002），清光绪三十三年（1907年）出生于安溪县兴一里上卿乡（今尚卿乡翰卿村）。

民国16年（1927年）春，廖博厚毕业于厦门集美师范学院。民国19年夏，廖博厚在泉州参加中共组织领导的互济会。民国29年，在南安洪濑加入中国国民党。民国30年，脱离国民党。至1949年5月，先后在厦门、南安、晋江等地任小学教员、校长及厦门建和行会计；1949年6—11月，在泉州从事策反工作和支前工作。

1949年11月至1951年3月，廖博厚任晋江地区各界人民代表会议常委会秘书。1951年3月至1956

年6月，任泉州市（县级市）卫生局局长。其间，1951年9月，加入中国民主同盟（简称“民盟”），任民盟泉州市委会主任委员。1956年7月至1966年6月，任泉州市人民政府副市长。1978年10月至1986年1月，任泉州市政协副主席。1986年1月至1991年1月，任泉州市（地级市）政协副主席。

廖博厚是第一届至六届、八届至九届泉州市人大代表，第一届至第四届福建省人大代表，第一届至八届民盟泉州市委会主任委员。

2002年12月25日，廖博厚在泉州病逝。

王应睐

王应睐（1907—2001），清光绪三十三年十一月十三日（1907年12月17日）出生在金门县一个华侨家庭，童年就读私塾，后进入英华书院上学。

民国14年（1925年），王应睐提前从英华书院毕业。后进入福建协和大学和南京金陵大学攻读化学，获学校颁发“金钥匙”奖，并留校任助教。民国22年，进北平燕京大学化学研究生院，从事氯仿甲苯对蛋白酶的作用以及豆浆与牛奶消化率的比较等研究。民国25年，受金陵大学聘请担任讲师。抗日战争全面爆发后，回到鼓浪屿。民国27年，考取“英庚款”留学英国剑桥大学，攻读博士研究生，从事维生素研究。其所建立的维生素B1的硫色素荧光测定法，能简便准确地测定食物及尿等。王应睐还建立其他B族维生素测定法及维生素C的电位滴定法，可以准确测定在有颜色的组织提取液中维生素C的含量。因其成绩卓然，研究生毕业时，获免试待遇，并于民国30年获英国剑桥大学生化博士学位；同年，王应睐受聘剑桥大学Dunn营养实验室，继续从事维生素研究。其和Moore在国际上首先发现合成的纯维生素A过量时有毒性，在英国生物化学杂志上发表题为“维生素A过多症”一文，引起各国学者重视。民国32年，王应睐到剑桥大学工作，对血红蛋白的研究取得突出成果。其提供完整实验数据，证明豆科植物的根瘤中含有血红蛋白。这一发现有助于从生物化学的角度解释生物进化学说。民国34年，王应睐被南京中央大学（今南京大学）聘请为生化教授。民国37年，到上海中央研究院科学研究所筹备处担任研究员。

1950年，中国科学院生理生化研究所成立，王应睐任研究员兼副所长。1955年，被选聘为中国科学院学部委员（院士）。1958年，加入中国共产党。1961－1966年，任上海生化学会理事会主席。1979—1987年，任中国生化学会理事长。1981年，当选比利时皇家科学文化与美术院外籍院士。1984年，任上海生物化学研究所名誉所长。

王应睐是中国《生物化学与生物物理学报》的名誉主编，曾任中国科学院上海生物工程基地专家委员会主任，为基地筹建提供许多宝贵意见。1986年12月被聘为“匈牙利科学院名誉院士”，1987年后任中国生化学会名誉理事长，1988年12月当选捷克斯洛伐克科学院外籍院士。

王应睐是第三、第五、第六届全国人大代表。

2001年5月5日，王应睐在上海逝世。

柯贤溪

柯贤溪（1908—2002），清光绪三十四年五月廿七日（1908年6月25日）出生于晋江县十一都沪厝垵乡（今晋江市英林镇沪厝垵村）。幼年家贫，9岁丧父。为了谋生，柯贤溪11岁进入“福泉新”科班学戏，14岁出科，先后加入“象山”班、“新溪乐”班、“福祥”班、“旧溪东”班、“后田”班、“溪后”班、“福庆成”班。

民国24年（1935年）10月，柯贤溪应菲律宾桑林社邀请赴马尼拉演出，场场爆满，被誉为“闽南第一丑”“丑大王”。民国25年，转到菲律宾怡朗演出，边演戏边教戏。民国26年回国，又在“福庆成”班演出。抗日战争时期，柯贤溪编唱《抗日歌》，每晚加演宣传抗日。

民国 35 年（1946 年），柯贤溪参加泉州大光明戏院主办的高甲戏表演赛，获得金牌 1 块、锦旗 1 面，被誉为“丑大王”。由于国民党发动内战，物价飞涨，民不聊生，无法演出，只好散班，回到家乡卖海蛎。

1951 年，柯贤溪组织晋江第一个自负盈亏的高甲戏剧团“晋江民间高甲戏剧团”并任团长。1956 年，加入中国共产党。1960 年夏，被选为戏曲界代表，赴京出席全国文学艺术界第三次代表大会；同年年底，参加厦门高甲戏丑角会演，被公推为“丑王”，在男丑表演基础上开创高甲戏的女丑表演艺术。柯贤溪根据不同年龄妇女有着不同表演程式，专门编有“女丑十八法”，成为蜚声海内外的高甲戏艺术界一代宗师。1961 年，随福建省高甲戏代表队进京演出《扫秦》，饰演剧中的疯僧，受到国务院总理周恩来、副总理陈毅的赞扬。

1979 年，柯贤溪赴京参加中国文学艺术工作者第四次代表大会和中国戏剧家协会第三次代表大会，当选为中国剧协第三届理事会理事。1980 年，被评为福建省劳动模范，当选为福建省文联委员、福建省剧协常务理事、福建省政协委员、晋江县政协常务委员。1982 年，受聘于福建艺术学校泉州分校高甲班当指导老师。

1984 年，柯贤溪被晋江高甲戏剧团聘为艺术顾问、指导老师。1987 年，口述《金魁星》剧本，由剧团编剧伍经纬记录整理改编，边演边改，历经数载，渐趋完善。1996 年，《金魁星》参加省第二十届戏剧会演，获优秀剧目奖，编剧二等奖等。1998 年，与晋江高甲戏剧团《金魁星》剧组同赴北京，参加文化部文华奖大赛，《金魁星》获第八届文华奖 5 个大奖，即文华新剧目奖、文华编剧奖、文华舞美设计奖、文华音乐设计奖、文华表演奖（授给柯老弟子赖宗卯）。该剧还获得第十二届田汉戏剧奖剧本二等奖及 1997 年度曹禺戏剧文学奖二等奖。

柯贤溪的高甲戏丑角表演在闽南地区、东南亚等地有广泛影响。其从艺 80 多年，表演《管甫送》《唐二别妻》《番婆弄》《金魁星》等一批群众喜闻乐见的优秀剧目，被誉为“高甲戏第一丑”，被文化部领导和专家称为“柯派丑角表演”艺术家；其所开创的艺术流派被称为“柯贤溪表演艺术”，俗称“肖罗溪表演艺术”。2008 年，高甲戏柯派表演艺术被列入中国非物质文化遗产名录。

2002 年 10 月 31 日，柯贤溪逝世。

庄晚芳

庄晚芳（1908—1996），原名友礼，笔名庄友、庄骥、挽风、茗叟，清光绪三十四年七月廿四日（1908 年 8 月 20 日）出生于惠安县山腰埭港村（今泉港区山腰街道埭港村）。幼年家境贫困。

民国 13 年（1924 年），16 岁的庄晚芳考取厦门集美高师班。厦门集美高师班毕业后，任惠安县立螺阳初级中学（惠安一中前身）教员。民国 19 年，考入南京中央大学农学院农艺系。民国 23 年大学毕业，到安徽祁门茶叶改良场工作。民国 27 年，在福建省福安农校讲授茶叶课。民国 28 年，任福建省茶叶管理局副局长。曾到崇安筹办福建省示范茶厂，并在武夷山下组织开辟数千亩新茶园。不久，转至浙江衢州协助吴觉农筹办东南改良总场。民国 32 年，被福建省农林公司聘为总经理。其间，吸收侨资，改善经营，为闽茶复兴打下基础。民国 37 年，先后赴中国香港地区、新加坡和马来西亚考察，访问著名爱国华侨陈嘉庚。

中华人民共和国成立后，庄晚芳先后任复旦大学农学院、华中农学院、浙江农业大学教授及国家供销总社茶叶加工研究所名誉所长、全国茶叶学会副理事长、浙江茶叶学会副理事长、中国农学会顾问。

庄晚芳从事茶叶教学和科研工作 60 余年，是茶学家、茶学教育家、茶叶栽培专家，中国茶树栽培学科的奠基人之一。其讲授过茶树栽培、茶叶加工、茶叶经济、茶叶贸易等课程，先后 3 次主编全国高等农学院校统一教材《茶树栽培学》。其针对茶叶科技中的课题，深入实际调查研究，撰写许多专著，发表过的主要著作有《东南茶树品种调查》《台湾茶业》《中国的茶叶名》《茶作学》《茶树生物学》《茶树栽培教材》《茶树根系研究》《茶树选种研究》《茶树原产地问题》《中国茶史教论》《祖国茶业一日千里》等，与他人合著的有《茶树育种学》《中国名茶》《饮茶漫话》《茶树生理》《论茶树变种分类》等。其编写《中国茶史教论》等教材和《怎样合理采茶》《衰老茶园如何改造》《怎样建设新茶园》等科普小册子。

庄晚芳致力于研究祖国茶文化的恢复和发展，提出“中国茶德”设想，将现代茶文化提高到一个新的境界，将“中国茶德”精辟地概括为“廉、美、和、敬”四字。

庄晚芳十分重视培养中青年教师和科技人员，学生遍布祖国各地，其中不少人已成为中国茶业领域的骨干力量。20 世纪 60 年代开始，庄晚芳除为国家培养茶叶栽培的研究生外，还为国外培养茶业专业研究生多名。1984 年获中国农学会颁发的从事农业工作 50 周年表彰状。后享受国务院政府特殊津贴。

1996 年 5 月 2 日，庄晚芳在浙江省杭州市病逝。

庄为玑

庄为玑（1909—1991 年），字文山，笔名沃若，泉州西街裴巷人，清宣统元年（1909 年）出生，原姓黄，幼年过继给大舅父庄笃亭，故改姓庄。

民国 11 年（1922 年），庄为玑考进泉州培元中学，在《儿童世界》发表第一篇小说。民国 16 年毕业，先后在培元中学、西隅学校任教。民国 18 年，考进厦门大学文学院史学系，毕业时获史学系文学士学位，到厦门大学附设中学任教。民国 24 年，其在《厦门大学学报》发表《中国方志改革刍议》论文，提出“革新旧志，方志入史”的新见解。次年，又发表《泉州方志考》，提出重修新志的原则与方法。

民国 25 年（1936 年）4 月，庄为玑和吴文良发现泉州中山公园（今体育场）的唐贞观墓群，参加考古发掘。同年秋，庄为玑转赴新加坡华侨中学任教，次年到集美中学任教。民国 27 年秋，庄为玑随集美中学内迁安溪县，在安溪后垵村发现一座唐初古墓，其报请批准发掘，后发表《安溪唐墓的发掘与研究》，得到史学界的重视。民国 30 年，受邀到晋江县中（今泉州一中）担任教务主任。民国 33 年秋，应聘出任晋江县教育科长。此时，其重新校订乾隆版《晋江县志》。同年秋，到仙游县海疆学校担任讲师，将校订的《晋江县志》交付晋江县文献委员会铅印出版。民国 35 年，回厦门大学任教。经过几年努力，编纂成 6 卷 60 万字的《晋江新志》。中华人民共和国成立后，庄为玑三修《晋江新志》，著名方志学家朱士嘉教授誉之为“解放后第一部私人编写的县志”。

1956 年，庄为玑在泉州后渚港发现 5 座藏有元代白瓷佛像的小石塔，经查证，这与《元史》记载至元二十九年忽必烈为进攻爪哇召集各地战船云集后渚港有关。1973 年，庄为玑应邀参加修订泉州海交馆陈列大纲。同年 8 月 18 日，在陪同考察后渚港时，根据搬运工人提供的线索，发现一艘宋代沉船并参与考古发掘。

庄为玑一生的学术研究成果累累，著述颇丰，除《晋江新志》外，还有《古刺桐港》《泉州地方志论集》《福建历史地理》《厦门史迹》《海上丝绸之路的著名港口——泉州》等专著，发表论文 100 多篇，著述总字数达 400 多万字。由于其在学术研究上的杰出成就和贡献，被推选为中国考古学会理事、中国海外交通史研究会理事、中国古陶瓷研究会副会长、泉州历史研究会副会长，并受聘为中国航海学会、中国造船工程学会、中国地理学会、中国地名学会、福建省考古博物馆学会以及福建省、厦门市、泉州市地方志编纂委员会顾问。

1991 年春节，庄为玑应邀到泉州参加联合国教科文组织的“中国与海上丝绸之路”国际学术讨论会，由于感染风寒引起并发症，于同年 2 月病逝，享年 83 岁。弥留之际，其把一生所珍藏的 2000 多册图书分别捐赠给厦门大学图书馆和泉州市档案局。

庄明理

庄明理（1909—1991），曾用名汉光、哲铼，笔名庄稼，清宣统元年（1909 年）二月出生，泉州东门外东塘头村人。庄明理先后在乡间私塾、小学和培元中学念书。

民国 15 年（1926 年），其父庄文莉在马来西亚槟榔屿（简称槟城）去世，17 岁的庄明理前往槟城。次年，往印度尼西亚苏门答腊民礼市其舅父经营的“义丰兴”自行车店当学徒，后当技工并升任经理。在民礼市，经常参与当地侨团的社会活动。

民国17年（1928年）5月3日，“济南惨案”发生。庄明理任民礼华侨筹赈济南惨案救济会募捐委员和民礼青年抵制日货锄奸团副团长。次年3月，被印度尼西亚当局拘捕驱逐出境。

庄明理回国后，在泉州民生铁工厂和以文印字馆工作，任晋江县总工会筹备会常务委员。民国19年（1930年）3月，总工会被查封，庄明理再往槟城，被选出席在新加坡召开的闽侨救乡代表大会。同年，参加孙中山创办的阅书报社，自己创办侨校、侨报，历任晋江会馆副主席、金果工会主席、司机公会主席、中华总商会理事等职。“九一八”事变后，任槟城华侨筹赈东北难民、伤兵委员会募捐委员。一二八淞沪事变后，庄明理奔走募捐，支持十九路军抗日。

七七卢沟桥事变后，庄明理被选为槟城华侨筹赈执行委员会总务主任，秘密组织槟城华侨抗敌锄奸团。翌年，改组为槟城华侨抗敌后援会。在任槟城汽车司机公会主席期间，组织500多名华侨机工（包括司机、修理工）回国支援抗日战争。民国29年（1940年）2月，被英国殖民当局借故驱逐出境。

受陈嘉庚委托，庄明理回国后视察滇缅公路并慰问华侨机工。尔后加入陈嘉庚率领的南侨慰问团，负责总团财政工作，兼任南侨总会常驻滇缅公路代表。慰问结束后，又陪同陈嘉庚视察闽、赣、粤、桂、黔、滇等8省。

民国30年（1941年）12月，庄明理来到重庆，与在重庆的华侨合股开办中国电化厂，并任常务董事。不久新加坡沦陷，很多华侨回到重庆，庄明理担任重庆归侨青年联谊会主席，接待安排逃难的归国华侨。

民国35年（1946年）年初，庄明理参加中国民主同盟。不久后去香港，在《华商报》揭露蒋介石集团撕毁《双十协定》、阴谋发动内战的罪行；同年，再度到马来西亚，组建中国民主同盟槟城分部，任副主任委员，并创办民主同盟槟城分部机关报《商业日报》，自任社长。民国37年6月，庄明理再次遭英国殖民当局逮捕，释放后仍受监视。

1949年6月，应中共中央邀请，庄明理随陈嘉庚一起回国参加新政治协商会议筹备会；同年9月，在北京出席全国政协第一届全体会议，并被选为政协全国委员会委员，参加开国大典。

1955年，庄明理任华侨投资辅导委员会副主任委员，在广州、福州、上海、天津成立华侨投资公司。1956年，任中国侨务委员会副主任，负责筹建在泉州的华侨大学和武汉、集美、广西的华侨补习学校；10月，全国归侨联合会成立，庄明理被选为副主席，连任4届。

庄明理曾任政务院参事，第四届至第六届中国民盟中央委员会常务委员，第一至五届全国人民代表大会代表，第六、第七届全国政协常务委员，第七届全国政协华侨委员会副主任，华侨大学副董事长，中国银行监事，香港集友银行常务董事，中国儿童与少年福利基金会副会长，宋庆龄基金会理事，集友陈嘉庚教育基金会名誉会长等职。

庄明理主要著作有《忆毛主席同陈嘉庚先生的交往》《南侨报国觅知音》《陈嘉庚回国慰劳前线》《陈嘉庚与南侨机工》《陈嘉庚的遗言》等回忆录。

1991年5月，庄明理在北京病逝。

林梦飞

林梦飞(1909—1994)，清宣统元年(1909年)五月出生于台湾省台北府，祖籍晋江县二十三都石壁乡(今石狮市蚶江镇石壁村）。

民国15年（1926年），林梦飞毕业于黄埔军校；同年，在中央军校政治科受训。民国16年，任国民革命军第二十四师叶挺部七十二团连指导员；同年，四一二反革命政变发生时，在反击湖北军阀进攻武昌的战役中负伤。同年7月，二十四师开往江西，在虎岗宣布起义，其由于受伤未愈，与部队失去联系。出院后辗转回到厦门，与中共同安党组织取得联系，被派到马巷洪厝村组织农民协会，开展农民运动。

其后因中共同安秘密机关受包围，被迫赴汕头暂避。

民国18—21年（1929—1932年），林梦飞在四十九师张贞部任上尉营副、少校营长。十九路军入闽后，张贞被免，林梦飞离开部队转赴上海市任保安处上尉中队长。其后，到江西庐山军事教官训练班受训半年，民国24年年底回闽。民国25—31年，林梦飞先后任永春县社训总队少校教官、武平县县长、永泰县县长、南安县抗日战争自卫团上校团长、德化县清剿张雄南股匪司令部上校参谋、莆田县县长、福建省保安二团上校团长、泉州兴泉地区指挥部上校副指挥官等职。

民国35—38年（1946—1949年9月30日止），林梦飞先后任南京国民政府国大代表，福建省保安司令部组训处少将处长，福建省第四行政区专员兼少将保安司令，厦门警备司令部少将参谋长，并在泉州创办《群力报》，兼任厦门《时代晚报》董事长。民国37年年底，林梦飞在厦门参加“三民主义同志联谊会”，接受中共华南局领导。1949年，策动国民党325师起义。其间，林梦飞多次营救中共党员和进步群众上百名。在解放厦门之前，巧妙摆脱军统特务头目毛森的追捕，投奔解放区，成为解放厦门的有功之臣。

1949年11月，林梦飞回厦门工作，与张圣才等共同组织裕康船务行，引进石油、西药、汽车零件等被封锁物资和民生用品。1951年，创办厦门飞达照相纸工业社，担任厦门感光化学厂厂长。

1950年，林梦飞加入中国国民党革命委员会（简称“民革”）。1984年6月起，任民革福建省委员会副主任委员。1985年，被授予“为四化服务先进个人”。1988年1月至1994年8月，林梦飞任福建省政协副主席（其间，1988年5月至1992年7月，任民革福建省委员会主任委员。1992年7月起，任民革福建省委员会名誉主任委员）。

林梦飞曾任厦门市人大常委会委员，民革厦门市委会副主委、主委；民革福建省第二、三届委员会候补委员，第四届委员、第五届常务委员；民革中央委员、民革中央监委会常委；福建省政协常委，福建省黄埔军校同学会会长，

1994年8月15日，林梦飞在厦门去世。

张文裕 王承书

张文裕（1910—1992），曾用名少岳，清宣统二年一月九日（1910年2月18日）出生于惠安县涂寨镇。小学毕业后，考入泉州培元中学。

民国16年（1927年），张文裕中学尚未毕业，因反抗包办婚姻，带着培元中学校长徐锡安的推荐信到北京燕京大学，被破格录取，进入物理系学习。由于学习成绩优异，从四年级开始就在物理系任教，同时进行研究生学习。民国20年完成大学学业，民国22年取得硕士学位。

民国23年（1934年），张文裕考取“英庚款”，到英国剑桥大学留学，在该校卡文迪什实验室攻读博士学位，导师是该实验室主任、著名物理学家卢瑟福。张文裕在卡文迪许实验室从事核反应研究，与同事合作，利用高压倍加器产生的γ射线和快中子轰击不同的元素，发现多种放射性元素，并首次在一些核中观察到激光放射性现象的（γ，n）和（γ，2n）反应，和160（n，p）16N过程。民国26年，抗日战争全面爆发，张文裕申请提前回国参加抗日。民国27年获博士学位后，到四川大学任教授。民国28—32年，任昆明西南联合大学物理系教授、南开大学教授。

民国28年（1939年），张文裕同王承书（1912—1994，女，原籍湖北省武昌市，民国元年6月26日出生于上海）结婚。民国30年8月，王承书到美国密歇根大学攻读博士学位。后又从事2年博士后工作，曾任大学副研究员、研究员，并两度在普林斯顿高级研究所工作。其间，王承书与其导师G.E.乌伦贝克合作完成多篇有关稀薄气体动力学方面的重要论文，研究成果处于这一领域世界前沿。民国32年，张文裕应美国普林斯顿大学邀请，赴美国继续从事核物理研究和教学。至1949年，张文裕在大学帕尔麦（现改名为亨利）实验室工作、任教授。其间，张文裕与S.罗森布鲁姆合作建造一台α粒子能谱仪，测量击中放射性元素的α粒子能谱，并进行μ子与核子相互作用的研究，发现μ介原子，从而开创关

于奇异原子领域的深入研究。1950—1956年，张文裕转到美国普渡大学任物理教授。其间，张文裕系统地研究海平面的大气贯穿簇射，并对 Λ° 奇异粒子做了系统全面的研究（当时对 e° 的研究成果，同30年后粒子表所列结果相当，足见当时的工作水平）。

1956年6月，张文裕、王承书夫妇冲破重重难关，带着6岁的儿子张哲，从旧金山回国。回国以后，张文裕任中国科学院物理研究所、原子能研究所研究员，宇宙射线研究室主任；王承书在清华大学任教授。为较全面、完整地研究高能宇宙射线粒子引起的高能核作用，张文裕在云南高山站建设当时国际上规模最大的云室组，从中发现一个质量可能10倍于质子质量的重粒子，并培养一批宇宙射线研究人才。后王承书作为提炼铀的专家，在核工业部五局任总工程师。1957年，张文裕当选中国科学院数理化学部委员。1958年，王承书任中国科学院原子能研究所热核聚变研究所副主任。1959年，王承书被派往苏联原子能研究所实习3个月，在回国的火车上，用笔名郭臻翻译有关热核聚变研究的《雪伍德计划》一书。1961年，王承书加入中国共产党，同年3月，调任中国科学院原子能研究所铀同位素分离研究室研究员、副主任。1961—1964年，张文裕任苏联杜布纳（今属俄罗斯）联合核子研究所研究员、中国组长，领导一个联合研究组，把重子共振态归纳成核子和超子的激发态，提出一个重子能级跃迁图，据此对 Λ° 超子和核子散射过程进行研究，取得显著成果。1964年起，张文裕先后任中国科学院原子能研究所副所长兼宇宙线研究室主任、中国科学院高能物理研究所所长；王承书先后担任华北605所副所长、第二机械工业部第三研究院革命委员会副主任、核工业部科学技术局总工程师和核工业部科学技术委员会常委等职，并任国家自行设计和加工的大型气体扩散机研制工作的总设计师。1978年5月12日，张文裕加入中国共产党，兼任中国科学技术大学近代物理系主任；同年，王承书任核工业部研究员、科学技术局总工程师、部科学技术委员会常委、高级顾问、“七五”国家重点科技项目——离心和激光分离铀同位素两个专家组的组长。在二机部工作中，王承书指导成立一个级联理论小组，进行大量计算，得出级联中的丰度随时间变化的理论曲线，经不断核对，理论曲线和实测数据获得很好吻合，为完成中国第一颗原子弹的装料计划做出贡献。国家下达研制大型扩散剂任务，王承书任总设计师，参加物理参数的选择工作，完成中国自行设计、制造的大型扩散机。1978年，该项目获全国科学大会奖、国防科委特别奖等多项奖。1979年后，张文裕任中美高能物理联合委员会第一、二届中方主席。1980年后，王承书先后任中国科学院数学物理学部委员（院士），第一、二届中国核学会常务理事，同位素分离学会第一届理事长和第二届名誉理事长，兼任清华大学工程物理系教授和大连工学院物理系教授。1984年后，张文裕因健康原因，改任高能物理研究所名誉所长。张文裕联合18名科学家，给国务院总理周恩来写信，要求建造1台高能高速器，以开展高能物理实验研究。1988年，北京正负电子对撞机实现对撞，1989年建成，中国有了自己的高能物理实验基地。1990年后，离心法在中国走向工业应用阶段，激光法也取得实验上的重大突破。王承书提出求解玻尔兹曼方程本征值的理论，并扩展玻尔兹曼方程的应用等。

张文裕曾任《中国科学》和《科学通报》的主编、副主编，中国物理学会理事、常务理事、名誉理事，中国核学会的名誉理事，中国高能物理学会的第一任理事长，后被选为名誉理事长。

张文裕是第二至六届全国人大代表，第四、第五、第六届全国人大常委会委员。王承书是第二届全国政协委员，第三、第四、第五届全国人大代表。

1992年11月5日，张文裕在北京病逝；1994年6月18日，王承书在北京逝世。

黄克立

黄克立（1910—2004），清宣统二年（1910年）八月出生于泉州城厢（今鲤城区）。中学就读于厦门集美中学，后在厦门大学修读经济学。

民国24年（1935年），黄克立毕业于厦门大学经济系后，被聘为厦门大学会计系主任，跟随陈嘉庚。这在当时是少有的殊荣，因而被誉为“厦大之星”，名噪一时。

抗日战争全面爆发后，黄克立历任国民政府财政部特派员、同安县政府县长、直接税晋江分局局长、福建省合作供销处总经理、福建省政府顾问、台湾省财政处副处长、台中市政府市长。其间，参加福建的抗日斗争和台湾的战后重建工作。

民国 36 年（1947 年），黄克立偕夫人和 2 个儿子、1 个女儿离开家乡到香港。民国 37 年，出任陈嘉庚开办的香港集友银行董事兼副总经理。1955 年，引进南洋资金，主持成立海外信托银行，出任副董事长。接着，又参股成立香港工商银行，被推举为副董事长兼常务董事。不久后，应邀兼任泛印集团及澳门国际银行副董事长。

1969 年，黄克立与南洋华商合资，在香港创办永固纸业有限公司，并率先开拓彩盒市场，美化产品包装，大大提高香港产品的档次，在本地及国际市场备受欢迎。同时，还担任星洲南大财团、亚洲保险、安全货仓、闽长置业等公司董事长或董事，主要从事金融、证券、工业、房地产。

1979 年以后，黄克立组建香港重信投资有限公司和河联投资有限公司，出任董事长或副主席，从多种渠道引资、为内地经济建设服务。1995 年以来，曾 3 次受到国家领导人接见。

黄克立爱国爱港，为祖国的繁荣发展和统一事业奋斗不渝。是第六届全国政协委员，第七、第八、第九届全国政协常委，曾任香港特别行政区推委会委员，团结香港工商界人士，特别是闽籍乡亲，为香港回归做出贡献。1997 年 7 月 2 日，黄克立首批接受香港特别行政区政府授予的大紫荆勋章。香港回归祖国以后，黄克立为维护香港的稳定和发展做了许多有益的事情。

2004 年 5 月 1 日，黄克立在香港病逝。

黄 萱

黄萱（1910—2001），女，清宣统二年（1910 年）九月十六日出生，南安人。

民国 8 年（1919 年），9 岁的黄萱随父亲黄奕住回鼓浪屿定居，后入鼓浪屿女子师范学校读书，和林巧稚是校友。黄奕住十分重视女儿的教育，聘请名师对上过小学和女子师范学校的黄萱继续进行语文、英文、音乐等教育，还重金延请名师施教经书格律 5 年，为黄萱的古典文学功底打下深厚基础。

1951 年 11 月，经岭南大学医学院教授陈国桢夫人关颂珊推荐，黄萱为失明多年的著名学者陈寅恪试任助手。1952 年 11 月 22 日，中山大学聘任黄萱为陈寅恪的兼任助教。1955 年 9 月 15 日，由陈寅恪提出，中山大学正式聘黄萱为专任助教。其能根据大师的需要准确地从浩瀚的书海找到某一句话的出处，也能紧跟大师的思路忠实地记录其口述论说，而且反复修改。在黄萱的帮助下，13 年间，陈寅恪大师相继完成《元白诗笺证稿》《论〈再生缘〉》《柳如是别传》等近 100 万字的著作。黄萱以勤奋和任劳任怨赢得大师认可。陈寅恪在《关于黄萱先生工作鉴定意见》里写道："总而言之，我之尚能补正旧稿，撰著新文，均由黄先生之助力。若非她帮助我便为完全废人，一事无成矣。"陆健东在《陈寅恪的最后 20 年》一书中断言："如果陈寅恪晚年所找的助手不是黄萱而是其他人，则陈氏晚年著述便无法预料了。"黄萱任陈寅恪助手直至 1969 年 10 月陈寅恪去世。

1973 年，黄萱从中山大学退休，1980 年迁回鼓浪屿定居。

2001 年 5 月，黄萱在厦门逝世。

陈乃昌

陈乃昌（1910—2004），别名罗光（加入中共组织曾用名），清宣统二年（1910 年）生于印度尼西亚一个华侨家庭，祖籍安溪县。

民国 13—16 年（1924—1927 年），陈乃昌就读集美学校师范部。其间，参加革命活动，在集美学校创建国民党左派组织"福建青年协社"，创办《星火周报》，并带领一支宣传队回安溪宣传孙中山的联俄、联共、扶助农工“三大政策”。

民国 16 年（1927 年）6 月，陈乃昌加入中国共产党。民国 17 年 8 月至民国 18 年 4 月，在上海大陆大学工作。民国 18 年 5 月至民国 22 年 4 月，在中共厦门市委工作。其间，受中共组织的委派回祖籍地开展农民武装斗争，不幸被国民党逮捕，后经中共组织和进步华侨营救获释。民国 22 年 5 月，赴上海参加工人运动，任上海纱厂总工会宣传部部长。民国 24 年，赴日本东京从事进步文化工作，并参与中共组织工作。民国 25 年回国，任上海《大公报》特约记者，从事中共秘密工作和统战工作。

抗日战争全面爆发后，陈乃昌一直在周恩来的直接领导下，从事中共组织的工作和对国民党上层有关人员的统战工作。曾在国民党军政部第三厅负责宣传工作，同时兼任孩子剧团指导员。与此同时，陈乃昌以笔为枪，撰写《关于反战》《反托派》《揭露日本田中首相秘密奏折侵占满蒙论》《社会法西斯主义论》《论苏德战争》《欧洲民族解放运动与反希特勒法西斯战争》《贺郭沫若五十寿》等文章，批判汉奸媚日卖国，反对帝国主义侵略，拥护支持抗日战争。

抗日战争胜利后，陈乃昌继续从事中共地下党工作。上海解放前夕，任敌伪汉奸珠宝及有价证券清理处负责人，为收缴和妥善保护敌伪汉奸逆产及金银财宝，阻止其被国民党运往台湾做出重要贡献。陈乃昌团结民主进步人士，创办并主编《真理与自由》杂志，传播革命思想。先后兼任上海大夏大学、复旦大学、震旦大学教授，主讲马列主义哲学、政治经济学课程。同时，参加组建中国民主建国会、九三学社工作。

上海解放后，陈乃昌先后任上海市军管会房地产管理处（后改为上海市房地产管理局）处长、上海市财经委员会委员，负责房地产工作，协助查明并修缮中共第一次全国代表大会会址。1954 年，任中共中央统战部处长。1960 年，任中共中央马恩列斯编译局研究室主任，主要从事马列主义研究工作，先后撰写过《建党学说》《马列主义产生的历史背景》《追随周恩来的岁月》《马克思主义发展史话》等著作，富有史料价值和研究价值。1961 年，在中国国际贸易促进委员会工作。1981 年，任中国国际贸易促进委员会顾问。1985 年，享受国家机关副部长级待遇。之后，享受国务院首批颁发的政府特殊津贴。

陈乃昌是第五、六、七届全国政协委员，中国华侨事务委员会委员，中国国际商会委员。

2004 年 6 月 4 日，陈乃昌在北京病逝。

张楚琨

张楚琨（1912—2000），祖籍泉州，民国元年（1912 年）1 月出生，著名的社会活动家、爱国侨领、老报人。早年随家人侨居新加坡。

民国 26 年（1937 年），张楚琨在新加坡任《南洋商报》副刊主编兼评论员。抗日战争全面爆发后，张楚琨以《南洋商报》特派员和驻重庆记者的身份，经常采访国共高级将领和政治领袖，包括董必武、周恩来、叶剑英和叶挺等人，在国际上发表大量中国国内的抗日新闻。民国 29 年，参加陈嘉庚组织的“南侨慰劳团”回国声援抗日。民国 21 年新加坡沦陷于日军前夕，与郁达夫、胡愈之等进步文化人士流亡印度尼西亚，长达 3 年多。民国 34 年抗日战争胜利后，在南洋经营国际贸易，与好友高云览合购 2 艘远洋轮船，为山东解放区运送急需物资，后将轮船捐献给国家。民国 35 年，协助陈嘉庚创办《南侨日报》，为董事并兼任总经理。同年加入中国民主同盟，任民盟新加坡分部主任委员。

1949 年，张楚琨回国参加全国政协会议，出任中华人民共和国政务院情报总署专员。

作为中国新闻社的创办人之一，张楚琨出任副社长兼副总编辑，并担任新华通讯社华侨广播编辑部主任。1955 年，调任厦门市副市长，除了负责文化、教育、体育、卫生和侨务等方面的工作外，主要任务是协助陈嘉庚工作。其间，协助陈嘉庚重建集美学村，扩建厦门大学校舍，创立厦门华侨博物院，陪同陈嘉庚“祖国万里行”，是陈嘉庚在京治病的榻前密友之一。1956 年，参与创立中华全国归国华侨联合会（全国侨联）。20 世纪 60 年代返回北京，先后参与主持国家侨务工作及全国政协常务委员会活动，并在全国侨联和中国民主同盟担任领导职务。回京后几十年间，张楚琨持续关心并支持厦门大学、华侨大学、集美大学的工作以及厦门的建设事业。

2000 年 2 月，张楚琨去世。

郭礽疆

郭礽疆（1912—2002），又名维新、长春，民国元年（1912 年）1 月出生，南安市蓬华镇人，从小随父母到厦门就学。

民国 17 年（1928 年）秋，郭礽疆毕业于省立十三中学；同年，通过堂兄郭子仲（安南永边区创始人之一）介绍，郭礽疆加入共青团，任团支部书记，与叶启亨（即叶飞）同一支部，在同学中宣传反帝、反封建、反对国民党独裁统治，鼓吹革命；并受组织委派，到厦门淘化大同酱油厂参加团支部活动，组织工人运动。同时，在厦门市思明东路开办鹭潮书社，销售左翼书刊，传播革命思想。民国 18 年春，淘化大同酱油厂团支部遭破坏，避居南安老家。民国 19 年秋考入福建省厦门职业高中，选修测绘科，毕业后任厦门土地管理处测量员。民国 20 年秋，组织上通知其转移闽西苏区，适逢其父去世，未能及时转移，从此与组织失去联系；同年，共青团福建省委代理书记叶飞出狱后，郭礽疆把叶飞接到家中养伤 20 多天后才让其安全转到闽东。民国 25 年，郭礽疆考入福建省县政人员训练所土木工程系，毕业后到厦门市政府建设科任科员。

抗日战争全面爆发后，郭礽疆避难中国香港、越南等地，不久返回厦门鼓浪屿，在海坛路开设“复昌”糖油店，后又到厦门大同路帮助二哥经营祖业“恒发号”粮油店。民国 33 年（1944 年），郭礽疆主持经营“恒发号”粮油店。抗日战争胜利后，与几位好友集资筹创福建省第一家以机器生产饼干的大中华饼干厂。民国 37 年，因社会动乱，经济危机，通货膨胀，饼干厂歇业。

中华人民共和国成立后，郭礽疆参加民主建政运动，被公推为大同街第一任街长，被评为厦门市街政优秀工作者。1954 年，其率先申请对大中华饼干厂实行公私合营，带头接受社会主义改造，被厦门市人民政府委任为大中华饼干厂厂长。1956 年，调任厦门市工业局副局长，分管基层建设，并参与杏林、后江埭 2 个新工业区的规划筹建工作。

1958 年，民建厦门市委会成立，郭礽疆当选为主任委员。此后，又当选为第二届主任委员。帮助工商界接受社会主义改造，教育工商业者爱国守法，遵章纳税，发动工商界捐机献炮支援抗美援朝战争。

“文化大革命”期间，郭礽疆蒙受迫害。粉碎江青反革命集团后，民建厦门市委会恢复活动，郭礽疆连续当选第三、第四届民建厦门市委会主任委员。1988 年 8 月，其主动辞职，被推举为第五届民建厦门市委会名誉主任委员。

郭礽疆历任第五、第六、第七届全国政协委员，福建省政协常委，厦门市政协副主席，厦门市人大常委会副主任，民建中央委员、民建中央咨议委员、民建福建省委员会副主委。

2002 年 6 月 9 日，郭礽疆在厦门病逝。

李温平

李温平（1912—2010），民国元年（1912 年）2 月出生，惠安县山腰古县村（今属泉港区前黄镇）人。

民国 16 年（1927 年），李温平考取唐山交通大学（今西南交通大学），专攻土木工程，民国 23 年毕业。民国 24 年年初，李温平远渡重洋，到美国宾夕法尼亚大学攻读硕士学位，随后转入密歇根大学，攻读运输工程博士学位。在短短的 1 年多时间里便拿到硕士学位，不久又读完博士课程。民国 25 年年底，接受湖南大学聘书回国，边工作，边继续学业，完成博士论文；民国 28 年，密西根大学正式授予其运输工程博士学位。

抗日战争全面爆发以后，国民政府退居西南。李温平全力投身于川滇东路、川中公路和东西公路的修筑工程中。民国 30 年（1941 年），受命调往滇缅公路局保山、下关工程段任段长兼美籍总工程师的助理，负责中国第一段沥青路面的铺设工程。经过李温平和施工队的努力，以前每天只能通过300辆汽车的土石路，很快就可以通行2000辆。

民国31年（1942年）5月，日军占领缅甸，滇缅公路中断。民国32年，中美双方在重庆秘密商定，为保证对日反攻的胜利，决定修建一条从印度列多到缅甸密支那，再从密支那经中缅边界37号界桩进入云南腾冲、保山的滇缅新公路。李温平以中方负责人的身份，出任军事委员会战时运输管理局副总工程师，兼第一工程队总队长。

民国33年（1944年）年初，中、印、英、美军在缅甸的全面反攻开始。中美双方签订怒江战役协议，联合抢修滇缅公路。李温平任滇缅公路抢修工程总工程师。在中国首次将爆破法用于公路建设上，大大缩短工期。军方限令30天通车，李温平带领施工队在美军协助下，仅用15天就完成任务。

此后，李温平又参加抢通保（山）密（支那）的公路工程。曾被断言不可打通的路段，仅用2个多月时间，就主持修通长约300千米的保密公路。国民政府颁发给李温平一枚抗日勋章，美军总部授予一面锦旗，上面绣着中印公路路线及开通日期。民国34年（1945年），盟军总部决定授予其“自由勋章”。

1950年，李温平率领中国第一支机械筑路队伍——铁道兵第一机筑总队开赴渑池，开始修复陇海铁路。带领全队人员一连修复18座桥梁、4座涵洞，几个月内就将铁路接到甘肃天水。此后，李温平到北京，在新成立的交通部属下的中国建筑总公司任职，先后参加长春第一汽车制造厂、官厅水库、武汉长江大桥等重大工程的建设。

李温平是第五、第六、第七届全国政协委员。同茅以升、张维、唐振绪等在北京组织唐山交大校友会，并任副会长。

李温平离休后，担任中国科学院爆破工程公司董事长兼学术委员会主任。1986年，中国土木工程学会授予荣誉证书，表彰其“半个世纪来，为中国的土木工程建设工作辛勤耕耘，做出了优异成绩”。

1989年10月8日，中共中央老有所为评选委员会在人民大会堂为李温平颁发“全国老有所为精英奖”。1993年，国务院为其颁发“有特殊贡献”证书，享受国务院政府特殊津贴。

2010年5月19日，李温平在北京逝世。

林一心

林一心（1912—2010），曾用名林多王，民国元年（1912年）10月出生于永春县蓬壶乡西昌村。

民国18年（1929年）春，林一心加入中国共产党领导的中国反帝大同盟，开展学生运动。后转赴上海开展工运工作，民国20年加入中国共产党。民国20—27年，在上海从事党的秘密工作，先后担任上海中国青年反帝大同盟负责人和国难教育社党的负责人。由于工作环境复杂，党组织两次遭到敌人破坏，林一心在身患重病，条件极其艰苦的情况下，仍然坚持开展工作，继续开展群众运动，发展党员。八一三事变后，参加上海难民工作委员会，担任组织部部长，领导开展救国救亡工作。民国27年4月，调任中共浙江省金华县委书记，后历任金衢特委宣传部部长、组织部部长、特委书记，浙江省委候补委员，领导当地对敌斗争，为抗日战争时期浙江省党的基层组织建设和发展做出贡献。

民国28年（1939年）7月，林一心在中共浙江省第一次代表大会上被推选为中共七大代表，后作为领队率浙江代表组奔赴延安，出席中共七大会议。民国30年1月至民国34年10月，在延安中央党校参加整风学习，任中央党校一部秘书科科长、华中干部大队中队长。

民国34年（1945年）11月，林一心赴东北任黑龙江省军区政治部主任，中共黑龙江省委委员。随后担任黑河地委书记兼军分区政委。领导黑河土地改革运动，贯彻全国土地会议精神，为当时黑河的农业发展奠定基础。

1949年8月，林一心南下担任中共福建省厦门市委第一任书记，1951年起任中共福建省委组织部副部长、部长、省委委员，1956年后任省委副书记、省委书记处书记兼省纪委书记、省检察院检察长、省政协副主席，兼任华侨大学党委书记。林一心落实党和国家的决策部署，深入基层，贴近群众，不顾体弱多病，忘我工作，为福建省的建设与发展发挥重要作用。

1965 年，林一心先后担任中华人民共和国华侨事务委员会党组副书记兼政治部主任，华侨事务委员会副主任。“文化大革命”中受冲击。1975 年恢复工作后，任中共福建省委书记、省政协副主席。1979 年 2 月，林一心调任国务院侨务办公室党组副书记、副主任，贯彻党的侨务政策，拨乱反正并积极开展民间外交和维侨、护侨工作。1994 年，林一心经中央批准离职休养。离休后，担任中国侨联顾问、中国海外交流协会常务理事等职。

林一心是中共七大、十二大代表，十二届中央纪律检查委员会委员，第一、第二、第三届全国人大代表，第五届全国政协常委。

2010 年 3 月 6 日，林一心在北京逝世。

蔡继琨

蔡继琨（1912—2004），民国元年（1912 年）生于晋江金井镇塘东村。自幼天资聪颖，先后就读泉州佩实小学（现通政小学）、集美小学、厦门双十中学。在厦门双十中学，蔡继琨担任学校铜管乐队队长。中学毕业后，先后在厦门集美水产航海学校和商科学校就读，后转考进入集美高级师范专科学校音乐专业，其间，编导并演出话剧《一片爱国心》，从此和音乐结下不解之缘。

民国 21 年（1932 年），蔡继琨以全省会考第一名的优异成绩从集美高级师范专科学校毕业，毕业后留校任管乐队教练。同年，又考取福建省官派公费留学德国的资格。民国 22 年，蔡继琨改赴日本东京帝国高等音乐学院，学习指挥和作曲。以处女作管弦乐曲《浔江渔火》获日本现代交响乐曲作品大赛首奖，当时的中国驻日大使特地在大使馆为其举行庆功宴。民国 26 年春，蔡继琨回国积极投身到抗日救亡运动中，先是组建福建音乐师资训练班，培训全省中小学音乐教师，后又组织战地歌咏团、南洋侨胞慰问团等，到抗日前线以及菲律宾、新加坡、马来西亚、印度尼西亚等国家慰问和宣传，并募集抗日经费。民国 29 年，蔡继琨创办福建音乐专科学校（后更名为国立音乐专科学校），并任校长。民国 31 年，在重庆创办中华音乐教育学院，这是一所专门培养抗日战争时期音乐人才的高等学府。抗日战争胜利后，到台湾，先后任台湾大学音乐学院和台湾师范大学音乐教授、台湾音乐教育厅厅长、台湾交响乐团团长。

1949 年，蔡继琨应菲律宾马尼拉中央大学音乐学院和马尼拉演奏交响乐团之聘担任教授和指挥，在菲律宾音乐界、教育界享有盛誉，先后获得马尼拉交响乐团董事会优秀指挥及杰出服务奖、联合国教科文组织颁发的优良服务奖。经常作为代表出席欧美各地国际音乐会议及演奏。

1983 年，蔡继琨回国，先后被厦门大学、华侨大学、福建师范大学、安徽师范大学、吉林艺术学院聘为名誉客座教授，被长春电影制片厂管弦乐团、福建省歌舞剧院聘为名誉音乐指导及乐团首席客座指挥，为社会音乐事业，培养音乐人才。

1988 年，已经定居福州的蔡继琨开始筹建福建社会音乐学院（私立）。经多方反复协商，福建社会音乐学院与福建师范大学、厦门艺术教育学院等院校联办，开展函授教育等灵活的办学形式，于 1988 年下半年开始招生。但此时的音乐学院只是一种过渡形式，没有自己独立的校舍。为尽快完善音乐学院，蔡继琨不顾年迈，东奔西跑，勘察校址，后经省政府同意，定在福州仓山首山村。为筹集资金，其变卖在菲律宾的别墅、车辆、名贵字画，带着 11 箱珍贵乐谱、资料和全部积蓄回到福州。又到美国、东南亚各国四处游说，发动海外华侨捐资捐物。1993 年，福建社会音乐学院奠基；1994 年竣工，结束福建近半个世纪以来没有专门音乐学院的历史。1994 年，福建省政府批复同意成立福建音乐学院，蔡继琨亲自担任学院董事长、院长，并保留“福建社会音乐学院”院名。9 月，学院招收第一批学员 60 多人，开设声乐（美声与民族唱法）、键盘（钢琴、手风琴）、管弦乐（含民族乐器）三个专业，蔡继琨还担任指挥课的教学任务。为了表彰蔡继琨在音乐教育和创办音乐学院的卓越贡献，2003 年 11 月，省政府为蔡继琨颁发“乐育英才”奖匾、奖状；同年12月，蔡继琨获第三届中国音乐会金钟奖组委会特别奖——终身荣誉勋章。2004年，入选“感动福建”2003年度十大人物。

2004年3月21日，蔡继琨在福州逝世。

庄重文

庄重文（1912—1993），又名庄碧荣，民国元年（1912年）10月19日出生于惠安县（今泉港区）山腰埭港村。1932年8月，集美水产航海学校毕业，后赴新加坡。

民国35年（1946年），庄重文移居香港，1958—1959年任香港东华三院总理。20世纪60年代，成立庄士集团，业务遍及中国香港、中国内地、东南亚及欧美各国。1968年起，连续三届当选为香港中华厂商联合会会长，后又任香港厂商联合会永远名誉会长；曾任香港贸易发展局委员、工商咨询委员会委员，被推崇为香港工业界杰出领袖。曾任美中贸易咨询组织香港区主席、学术交流基金会主席兼亚洲区主席、钟声慈善社永远名誉会长等职务。获美国圣三一大学荣誉法学博士、英国圣公会大学人文学博士学位，并获得英国圣安得烈宇宙研究院邀任该院院士。1978年后，庄重文帮助筹建厦门高崎国际机场，捐助家乡兴建宾馆，扶助福建各地开办水产养殖场；促成美国工商业巨头组成考察团并作为第一批涉足中国大陆贸易使者到北京，为打开中美贸易通道做出贡献。1984年，庄重文创立香港集美校友会，首任理事长，后又出任陈嘉庚国际学会名誉会长。1987年起，庄重文担任中华文学基金会顾问，出资设立“庄重文文学奖学金”“庄采芳奖学金”“庄重文优秀校长奖”等奖励项目，多次受到国家领导人接见，曾被聘为福建省国际文化经济交流基金会名誉会长。

1993年4月6日，庄重文在香港逝世，享年80岁。

曾纪华

曾纪华（1913—1997），民国2年（1913年）1月19日出生于惠安县城关。9岁父亲故，家道中落。县立小学毕业后，随兄往晋江谋生。

26岁时，母亲逝世，曾纪华离乡外出闯荡，先至香港，不久后，只身赴缅甸谋生。几经奋斗，创办兴华国货公司，专营中国货品。

太平洋战争爆发后，南洋沦陷，曾纪华回到重庆，创办制药厂，满足军需民用。民国31年（1942年），曾纪华曾与时任财政厅厅长严家淦到福建调查战时侨眷生活状况。半年奔走，行迹遍及闽南沿海各县份。在侨乡石狮，其目睹侨眷一日三餐难保，还得交钱粮，遂与严家淦商议，豁免石狮三区钱粮（改“完”代金，与惠安同）。此恤民之举，深得民心。抗日战争胜利后，曾纪华无条件将制药厂捐献给国民政府。并在中国上海、厦门、香港、台湾，以及菲律宾、印度尼西亚、新加坡、马来西亚、缅甸等地经商。民国35年（1946年），再度到缅甸仰光发展事业。1950年，创建香烟制造厂，并从事仰光与中国香港、印度尼西亚、菲律宾等地的大米出口业务。至20世纪60年代，其创办的公司遍布东南亚及港台地区。

20世纪70年代初，曾纪华于香港创办闽侨第一小学、闽侨第二小学及闽侨中学；1983年，在惠安首创“曾纪华奖学金”。1987年，曾纪华与6位乡亲在香港创立香港惠安同乡会，为永远会长。1989年，曾纪华捐建惠安一中“曾纪华教学研究楼”。1991年，率香港惠安同乡会代表团参加台北市惠安同乡会主办的第三届亚洲惠安社团联谊会。1993年，惠安海外联谊会创会，被聘为名誉会长。还担任过香港闽侨会馆董事长、世界曾氏宗亲会理事长等。1995年，又捐资兴建“曾纪华科学楼”，在惠安城关建“纪华幼儿园”，在厦门成立“曾纪华厦门国际人才交流基金会”。曾纪华捐资公益与教育事业金额超过2000多万元，福建省人民政府为表彰其功绩，在惠安一中为其树碑纪念。

1997年5月11日，曾纪华在香港逝世。

李引桐

李引桐（1913—2002），民国2年（1913年）2月24日生于南安县芙蓉乡后田村（今南安市梅山镇竞丰村后田），泉州培元中学毕业。民国23年，中学毕业后赴新加坡，投奔宗亲李光前，得到李光前的赏识和栽培。一年后，李引桐被委派到南益橡胶公司下属的安顺分厂当财务，此后几年先后在芙隆、吉隆坡等几家分行掌管财政，并逐渐参与决策。

民国30年（1941年）12月太平洋战争爆发，日本侵占东南亚后，李光前在东南亚的产业悉数被没收，南益公司的员工大多就此失业。民国31年，李引桐从吉隆坡来到马六甲，与几个梅山乡亲联合开杂货店，经营大米生意。几年间，李引桐积攒下可观财富，购得40.47公顷荒废橡胶园。太平洋战争结束后，李光前南益公司的资产获归还，李引桐被聘为南益公司总巡，全权处理泰国橡胶业务。不久，又被任命为泰国南暹公司总经理，到泰国主持公司业务。1954年，南暹公司面临债务危机，李光前决定放弃，李引桐便与朋友一起贷款买下南暹公司，创立泰国德美行有限公司，任董事长。在其精心经营下，德美行的标准胶生产和出口逐渐在泰国独占鳌头，成为橡胶出口的“超级王国”，李引桐也成为继陈嘉庚、李光前之后的第三代胶业巨子。

中华人民共和国成立初期，以美国为首的西方国家对中国进行封锁，橡胶是中国急需的重要战略物资。朝鲜战争期间，李引桐以“国家现在有难，我理应分忧，不能袖手旁观”的心态，冒着风险通过香港、澳门两地辗转运送大量橡胶到国内。为从根本上解决问题，李引桐开始筹划将外国的橡胶树种引回国。为此，李引桐组成考察团到海南岛了解当土壤、气候状况，选择胶园地址。李引桐精心挑选适合海南岛生长的优质橡胶枝并秘密包装好，于1956年运回国内，又以优厚待遇秘密聘请1位橡胶种植专家，到海南岛传授技术，指导管理，同时引进橡胶生产的新设备、新工艺和产品检测仪器，使新中国建立起达到世界先进水平的橡胶生产基地。为纪念李引桐的突出贡献，中国种植和生产的橡胶品种用“桐1号”“桐2号”“桐3号”等“桐”字号来命名，李引桐也被誉为中国的“橡胶之父”。

此后，李引桐一直致力于推进中国和马来西亚的民间交往，曾多次组织和参与马来西亚工商代表团赴中国访问和考察。为了促进中国和马来西亚建交，李引桐多方穿针引线，1974年5月，中国和马来西亚正式建交。李引桐也被誉为“中马建交的和平使者”。

1989年，李引桐设立“泰国梅山福利基金会”，将每年经营橡胶获得利润的三分之一用于泰国的教育、卫生、社会福利等公益事业，同时资助当地贫侨后裔以及德美行员工子弟助学、奖学。1993年6月5日，中华人民共和国、中央军委授予李引桐先生“一等功臣”荣誉称号，并颁发一枚国家一级和平勋章，以表彰其在中马建交中所做的贡献。同年，泰国总理代表国家授予其金质奖章。1998年，泰国国王授予其“1998年杰出华人”称号，以表彰李引桐对泰国的重大贡献。

李引桐长期捐资扶持家乡的教育事业和公益事业，为梅山镇和南安市的教育事业和公益事业做出较大贡献。厦门大学、集美大学、华侨大学、黎明大学、培元中学等大中小学校都得到其捐助。1998年，省政府授予其捐资助学金质奖章。

2002年11月12日，李引桐病逝于厦门。

2004年，省政府又授予其“福建省捐赠公益事业特别突出贡献奖”。

盛国荣

盛国荣（1913—2003），号曙光，民国2年（1913年）11月出生，泉州南安人，为八代中医之后。盛国荣7岁熟背《汤头歌诀》和《药性赋》，13岁熟记《内经》《神农本草经》《伤寒论》等医典，16岁开始诊病开药。

民国 35 年（1946 年），盛国荣到厦门设立诊所，次年取得中医师考试及格证书，不久被推选为厦门市中医师公会理事长。中华人民共和国成立后，先后担任厦门市中医研究社社长、厦门市第一届中医研究班班主任、集美医院中医科负责人、厦门第一医院中医科主任。1956 年，受聘担任厦门大学海外华侨中医函授部兼职教授、名誉院长。1959 年，任厦门中医学院负责人、教授。1962 年，任厦门中医大专班中医教研组组长。1963 年，任福建中医学院基础教研组主任。1977 年，任福建医科大学中医基础学教研组主任，福建中医学院副院长、教授。曾担任福建省中医学会副会长、全国高等医药院校中医专业编审委员、《中国大百科全书·中医内科》编委等职。多次应邀到东南亚国家和地区讲学，并兼任新加坡、菲律宾、印度尼西亚等国家以及中国香港、台湾地区的中医药学院的客座教授、名誉院长。此外，还曾担任厦门市人大代表，市政协委员、常委，福建省人大常委会委员，省政协常委，全国政协第五届、第六届委员。

盛国荣执医 70 余载，积累了丰富的临床经验，发表论文 100 多篇，出版专著 10 多部，主要著作有：《中医基础学》《中医诊断学》《内经要略》《温病要义》《伤寒论浅释》《盛国荣医学论文集》等。1990 年被授予“国家级中医药专家”称号；1993 年 10 月起享受国务院政府特殊津贴；1994 年 11 月获人事部、卫生部、国家中医药管理局联合授予的“全国继承老中医药专家学术经验指导老师”荣誉证书。其业绩先后被《中国当代名人录》《中国教育专家名典》《世界名中医》和《国际名人传记词典》等重要辞书收载。

2003 年 6 月 13 日，盛国荣因病逝世。

吕敦村

吕敦村（1914—1997），民国 3 年（1914 年）1 月出生，曾用名吕新光，南安丰州人。先后就读丰州中南小学、集美中学、福州师范学校。

民国 23 年（1934 年 ）8 月，吕敦村到中南小学任教。

民国 25 年（1936 年）9 月，吕敦村南渡印度尼西亚谋生，在玛琅建丰油厂和建和信局任职员。民国 30 年被派往香港，联系侨汇工作。因太平洋战争爆发，民国 32 年，其滞留上海，到纸厂当临时记账，工余入读上海大夏大学。1945 年 8 月至 1950 年 12 月，在福建协助联系恢复泉州、厦门海外侨汇。

1952 年 4 月，吕敦村当选为第二届泉州市归国华侨联谊会主席。此后，连任第三、第四届主席。1956 年 9 月，吕敦村调任南安华侨中学校长兼副董事长。1961 年 9 月，当选为晋江专区侨联副主席兼秘书长。1970 年 9 月，被下放安溪县祥华公社当宣传队队员。1972 年 4 月退休。

1979 年 5 月，因侨务工作需要，吕敦村复出，当选为第二届晋江地区侨联副主席兼秘书长。1984 年 6 月，被补选为主席，此后连任第三届泉州市侨联主席。1986 年 1 月，当选为泉州市政协副主席兼三胞联谊委员会主任。1987 年 4 月，任泉州华侨历史学会会长和泉州华侨历史博物馆筹建委顾问。1997 年 7 月，被聘为第四届泉州市侨联名誉主席。

吕敦村长期从事侨务工作，热心社会公益事业，先后获评全国侨联工作先进个人及全国侨联、省侨联工作积极分子等荣誉称号。历任泉州市、南安县人民代表，第一、第二、第三届全国侨联委员，第六、七届全国政协委员，第三、第四、第七届福建省政协常委，第一、第三、第四届泉州市政协委员。

1997 年 12 月，吕敦村在泉州逝世。

陈其焜

陈其焜（1914—1999），原名仲丙、字跃毂，民国 3 年（1914 年）3 月出生于德化县清泰里水流坂乡（今雷峰镇瑞坂村），后迁居北京市。

民国 24 年（1935 年），陈其焜考入黄埔军官学校，为黄埔军校第十四期毕业生。其接受中共委派，任中美合作所华安特训班中校团长、国民革命军京粤铁路驻防军军长。解放战争时期，任中国人民解放军第一野战军情报处处长。抗美援朝回国后，在缅甸、巴基斯坦中国大使馆供职。1957 年回国，任对外安全部副部长。

1999 年 6 月，陈其焜逝世。

洪椰子

洪椰子（1914—2000），民国 3 年（1914 年）3 月出生于海南省琼海县鱼良坡村一户雇农家里。民国 19 年 1 月，到马来西亚打工谋生。

民国21年(1932年)4月,洪椰子在马来西亚巴生港口加入列宁主义青年团(马共),从此走上革命道路。不久，洪椰子回国。民国 22 年 6 月，加入中国共产党；12 月起，任中共金门特支宣传委员、金门特区区委书记，带领金门广大盐民闹“盐潮”，举行抗暴政斗争。民国 27 年 1—5 月，任厦门鼓浪屿青年抗敌服务团（受中共领导）常务委员、宣传部部长；5—8 月，任厦门青年战时服务团宣传部副部长及第二、第八工作队长；8 月起，先后任中共漳浦县委区委书记、宣传部部长。民国 31 年 5 月起，任中共漳（漳州）南（南靖）工委书记、平和县委副特派员。其间，洪椰子坚决执行中共中央“隐蔽精干”和中共福建省委坚持武装反顽自卫的方针，转战于闽南山区，进行艰苦卓绝的游击战争。民国 33 年 2 月起，任中共闽粤边经济工作队支部副书记。民国 34 年 2 月起，任中共闽粤边区委员会机关报《新民主》报社长，中共闽粤边区委员会秘书主任。其间，洪椰子以《新民主》报为阵地，以笔杆子为武器，撰写了一篇篇直指国民党黑暗统治的战斗檄文，把党的政策策略送进千家万户。

1949 年 12 月起，洪椰子任中共福建省委农民运动委员会秘书长。1951 年 9 月至 1952 年 10 月，任中共龙岩地委常委、宣传部部长。1952 年 10 月至 1953 年 5 月，任中共龙岩地委副书记。其间，参加闽西军民剿匪反霸建政工作，指导完成土地改革和农村农业合作化。1953 年 5 月至 1955 年 7 月，洪椰子任中共龙溪地委副书记。1955 年 7 月起，任中共龙溪地委书记。1956 年 6 月，当选为中共福建省委候补委员；同年，当选为中共八大代表。1961 年 3—10 月，任福建省农业厅厅长；10 月起，任中共龙岩地委书记处书记、兼中共龙岩县委书记。1963 年 8 月起，任中共晋江地委代理书记；11 月，当选为中共福建省委委员。1964 年 5 月至 1968 年 9 月，任中共晋江地委书记。1969 年 12 月至 1973 年 3 月，晋江地区革委会主任（其间，1971 年 7 月至 1973 年 3 月，兼任中共晋江地委副书记、山美水库工程指挥部党的核心小组组长、山美水库移民领导小组组长）。1973 年 9 月至 1981 年 5 月，任福建省农林水口领导小组成员。1981 年 5 月起，任福建省农委副主任、中共福建省农委党组成员。1983 年，离职休养。1984 年 6 月，经中组部批准，享受副省长级待遇。

2000 年 6 月 21 日，洪椰子在漳州病逝。

叶　飞

叶飞（1914—1999），原名叶启亨，祖籍南安市金淘镇。民国 3 年（1914 年）5 月 7 日出生于菲律宾奎松省一个华侨家庭。

叶飞的父亲叶孙卫，今南安市金淘镇占石村人，因生计无着到菲律宾谋生。叶飞 5 岁就和二哥叶启存一起被送回国。

民国 14 年（1925 年），叶飞报考厦门中山中学，插班初中二年级。在中学时代即受到大革命的影响，积极阅读进步书籍，接受革命思想。民国 17 年 5 月，叶飞在厦门加入中国共产主义青年团，从此走上革命道路。民国 17 年年底，叶飞离开学校专门从事地下革命活动，担任共青团福建省委宣传部部长、代理团省委书记。民国 19 年 7 月，因共青团机关遭敌破坏，在厦门被捕入狱，在狱中 1 年半。出狱后，担任共青团福州中心市委书记。民国 21 年 3 月，转为中国共产党党员。

民国22年（1933年）5月，叶飞率领工农自卫队取得“霍童暴动”胜利；12月，与闽东中共组织的其他领导人一起，发动全区性武装暴动。民国23年2月，成立闽东苏维埃政府，创建闽东红色根据地；3月，福建党组织遭到严重破坏，闽东党组织与中央失去联系，叶飞临危立断，主持召开会议，建立中共闽东特委，随后又成立中国工农红军闽东独立师。民国23—26年，叶飞历任中共闽东军政委员会主席、闽东独立师政委、闽东特委书记等职，在极其艰险的条件下，领导闽东地区军民坚持3年游击战争，先后指挥闽东独立师取得闽浙边区的沙埕、桃坑等战斗胜利；多次粉碎国民党军队“清剿”，恢复和重建闽东4块游击区，为发展革命力量、坚持南方游击战争做出突出贡献。

抗日战争全面爆发后，中国工农红军闽东独立师编为新四军第三支队第六团，叶飞任团长。其坚决贯彻中共中央向敌后发展的指示，于民国28年（1939年）5月，率部从茅山地区出发，与共产党领导的无锡、江阴游击队合编后，任江南抗日义勇军副总指挥、东路地区军政委员会书记，并继续率部向上海近郊挺进，在无锡东北黄土塘首战中，取得毙伤日伪军近百人的胜利；6月，指挥夜袭浒墅关火车站，迫使宁沪线停运3天；7月下旬，其部突入虹桥机场，击毁敌机4架；年底，率部与丹阳游击队合编为新四军挺进纵队，任该纵队副司令员，后北渡长江，在扬州、泰县地区开展抗日斗争，参与开辟苏北抗日根据地。皖南事变前部队改编，叶飞任苏北指挥部第一纵队司令员兼政委。民国29年3月，奉命率部驰援半塔集，粉碎国民党顽固派的反共逆流；6月，指挥郭村保卫战；随后，率部参加黄桥战役，取得重大战果。皖南事变后，叶飞担任新四军第一师副师长、第一旅旅长兼政委。民国33年3月，叶飞指挥著名的车桥战役，扫除敌伪据点，歼灭日军465人，受到上级表彰。民国33年12月，任中共苏中区委书记、新四军第一师师长、苏中军区司令员；后率部抵苏浙边地区，任苏浙军区副司令员，参与领导建立苏浙皖敌后新区。

解放战争时期，叶飞任山东野战军第一纵队司令员、华东野战军第一纵队司令员兼政委。民国35—37年（1946—1948年），先后参与指挥宿北、鲁南、莱芜、孟良崮、豫东、睢杞等战役，都出色地完成任务。在孟良崮战役中，在陈毅、粟裕同志的领导下，叶飞受命率部分割敌人并参与组织总攻，各部队密切协同，为全歼国民党“王牌军”整编第七十四师做出贡献。民国38年3月，叶飞担任第三野战军第十兵团司令员，参加渡江战役，率领所部突破国民党军防御阵地，并争取江阴要塞国民党军起义，为我军顺利突破长江天险起到重要作用。随后，率部解放丹阳、常州、无锡，切断宁沪铁路，占领苏州；5月，率部参加上海战役。上海解放后，率第十兵团进军福建，先后组织指挥福州战役和漳（州）厦（门）战役，歼灭国民党军队10余万人。

中华人民共和国成立后，叶飞历任南京军区副司令员兼福建军区司令员，福州军区司令员兼政委，福建省人民政府省长，中共福建省委副书记、第一书记，福建省政协主席，中共中央华东局书记处书记等职。其指挥部队清除匪患，在农村开展镇压反革命和反霸斗争，发动群众进行土地改革，在城市积极恢复工业和手工业，振兴商贸，稳定物价，促进解放初期福建省的社会稳定和国民经济的重建及发展。叶飞和省委其他领导一起，带领全省广大干部群众，为改变旧福建基础薄弱的落后面貌而努力奋斗，建立福建第一批新兴的工业基地，修建铁路、公路、海堤、水电站，兴修水利，植树造林，发展农业生产，振兴文教事业，教育工作进入全国先进行列。叶飞为福建省的社会主义革命和建设做出卓越贡献，受到全省人民的爱戴。在福建工作期间，叶飞还致力于巩固海防和加强海上军事斗争，制订和完善正确的防御策略，组织指挥东山岛防御作战。1958年，由毛主席点将，叶飞受命指挥震惊中外的炮击金门，实现党中央和毛主席的战略意图，取得军事斗争和政治斗争的重大胜利。

“文化大革命”期间，叶飞受到迫害。1975年1月，出任交通部部长，坚决贯彻中央关于整顿的指示，坚决抵制江青反革命集团一伙的干扰，着力提高运营能力。江青反革命集团被粉碎后，叶飞在交通战线积极拨乱反正，千方百计振兴国家交通事业。为国家造船工业发展，远洋船队壮大，为扩大港口泊位，发展长江水运，为开创高速公路和集装箱运输的建设，都做出突出贡献。叶飞坚决拥护改革开放，积极引进外资，引进国外先进科技和管理经验。在国务院领导的支持下，创建蛇口工业区，对深圳特区的建设起到了积极作用。

1979年2月，叶飞奉命调到海军工作，先后担任海军第一政委、海军司令员。1979年7月，在叶飞支持下，海军党委决定在团以上领导干部中开展实践是检验真理唯一标准讨论的补课，端正思想路线。同时抓紧落实政策，解放干部。叶飞深入部队掌握第一手材料，对海军装备建设、编制体制、战场建设和提高海军综合作战能力等重大问题，提出一系列指导意见。1980年在中国向南太平洋发射运载火箭试验中，叶飞和其他领导一起，指挥部队首次远航太平洋，完成党中央、国务院和中央军委赋予海军的任务。

1983年3月、1988年3月，叶飞连续当选为第六、七届全国人民代表大会常务委员会副委员长，并兼任全国人大华侨委员会主任委员。1984年被推举为全国侨联第三届委员会名誉主席。叶飞重视社会主义民主和法制建设，为坚持和完善全国人民代表大会制度做出重要贡献。多次深入城市乡村、部队学校、厂矿企业视察工作，调查研究。组织制定《中华人民共和国归侨侨眷权益保护法》，积极落实党的侨务政策，支持建设深圳华侨城。致力于扩大海内外爱国统一战线，利用自己的影响，积极在华侨中宣传党的政策和祖国建设成就，联络爱国华侨支持祖国现代化建设，推进祖国统一大业。

叶飞1955年被授予上将军衔，荣获一级八一勋章、一级独立自由勋章、一级解放勋章。是第一、第二、第三届国防委员会委员，中共七大代表、十三大代表、十五大特邀代表，中共八届、十一届、十二届中央委员，中共十届中央候补委员。1988年荣获一级红星功勋荣誉章。

1999年4月18日12时，叶飞因病医治无效在北京逝世。

李温仁

李温仁（1914—1999），民国3年（1914年）5月出生，惠安县山腰古县村（今属泉港区前黄镇）人。

民国26年（1937年），李温仁毕业于北平燕京大学，获理科学士学位及全能银杯奖。民国30年，毕业于北平协和医学院并获博士学位。1956年参加中国共产党。

民国36年（1947年）至1984年，李温仁首先在全国开展腰交感神经切除术治疗闭塞性脉管炎、全胃切除后食管十二指肠直接吻合术、胰岛细胞瘤切除术、横结肠代食管术治疗全胸段食管切除（为了癌肿）、用心包膜片扩大右心室狭窄的流出道等8种手术；创建亚洲第一座（世界第三座）医用高气压手术治疗舱，并用于临床救活垂危濒于死亡病人的生命；首创在舱内3ATA氧气下进行心脏体外循环心内直视手术，高压氧对煤气中毒有起死回生之效，后来在全国各地（已有1800个大小不同的高压氧舱）推广，治疗60多种缺氧性疾病。研制成平板式变温器，用于体外循环心内手术较进口的圆筒式变温器为优，为国家节省不少外汇。用Mustard's手术矫治心脏大动脉转位。

1960年，在莫斯科全苏联暨国际外科学大会上，李温仁横结肠代食管术的报告，受到欧美外科教授的高度赞扬。1978年，其创建福建省心血管病研究所并任所长。1984年，在美国洛杉矶的第八届国际高压氧医学大会上，李温仁关于“高压氧3ATA下阻断循环心内直视手术30例无一例死亡”“高压氧3ATA下体外循环心内直视手术48例，仅1例换双瓣于术后36小时死亡”的2篇论文，得到30多个国家300多名教授专家的好评。大会主席、美国著名血管外科博士、教授杰克森赞扬说：“李温仁博士在这个领域里做出了真正的贡献，任何人简直不敢相信这样尖端的工作会出自你们的国家”。故将李温仁聘为美国第十届高压氧医学会国际顾问。1987年，在澳大利亚悉尼召开的第九届国际高压氧医学大会上，李温仁发表4篇论文，被大会聘为国际高压氧医学基金会副主席。1990年，在荷兰国阿姆斯特丹召开的第十届国际高压氧医学大会上，李温仁发表2篇论文，被大会选为第十一届国际高压氧医学会主席，任期3年。会议决定第十一届国际会议于1993年在中国福州召开，由李温仁担任大会的主席和主持人，致开幕词并报告中国压氧医学的发生和发展情况。

李温仁首创的“横结肠代食管术”和“高气压手术治疗舱的临床应用”获得1978年全国科学大会奖和卫生部医药科技大会奖。1978—1999年，李温仁获得福建省科技进步奖8次。1982年，曾获美国克利夫兰医学中心授予“高水平国际学者”的荣誉奖状。其发表全国性论文60余篇，著书4部，培养硕士研究生 11 名，业绩录于《英国剑桥》和美国的《世界名人字典》中。

李温仁是第五、第六、第七、第八届全国人大代表，第五届福建省人大常委会副主任；历任青岛山东大学医学院外科副教授、福州协和医院院长兼外科主任、福建医学院副院长、外科教授，福建省立医院副院长、院长；曾任农工党中央委员会常委、农工党福建省委员会主委、名誉主委。李温仁是国际高压氧医学会的终身会员，中国高压氧医学的创始人，中国高压氧医学会主委、名誉主委，中华医学会资深会员，中华胸心外科学会常委，福建省分会主任委员。

1999 年 11 月 1 日，李温仁在福州逝世。

郑声党

郑声党（1914—2000），民国 3 年（1914 年）出生于晋江县二十四都龟湖乡（今石狮市宝盖镇）。自幼聪慧好学，喜爱读书。后因家境贫寒，辍学劳作。

民国 17 年（1928 年），郑声党到菲律宾谋生。最初在马尼拉同乡店中当店员，后做食品生意。抗日战争胜利后，在马尼拉开设禾乃食品厂有限公司和建筑公司，其后又创办 U.S 金属工业有限公司。20 世纪 80 年代中期，在厦门投资设立激光模具厂。郑声党连续三届被聘为菲华石狮市各乡联合会荣誉理事长。郑声党爱国爱乡，80 年代后期开始捐建家乡教育、文化、卫生等各项公益事业。郑声党夫妇在石狮市设立郑声党蔡碧霞家族教育基金会，其投资创立的禾乃（石狮）食品有限公司所获全部盈利用于资助文化、教育等公益事业。鉴于郑声党对家乡公益事业的贡献，福建省政府分别于 1990 年、1992 年、1994 年、1996 年、1998 年 5 次给予立碑表彰；全国人大常委会原副委员长卢嘉锡亲笔题词：“不为名利，不求闻达，造福桑梓，报效祖国”。

2000 年 4 月 7 日，郑声党在马尼拉逝世。

蔡琼霞

蔡琼霞（1915—2003），女，民国 4 年（1915 年）2 月 5 日出生于晋江县二十五都浦内乡（今石狮市宝盖镇玉浦村），菲律宾著名华侨慈善家。曾读过多年私塾，善赋诗。

民国 26 年（1937 年），蔡琼霞随丈夫陈延奎往菲律宾。初相夫教子。后丈夫患病残疾，她全力承担家庭重担，在亲友帮助下抚养永栽、永灿、永年、永涵、永杰等 5 子和惠如、惠敏 2 女成人。1964 年，蔡琼霞支持长子陈永栽创业。子女事业有成后，蔡琼霞致力于菲律宾社会公益和慈善事业，捐资赈济当地水、火、地震灾害，扶持贫病民众，捐助医疗事业、奖励习医学子。其历任菲律宾福川香烟厂名誉董事长、亚洲啤酒厂医学专科奖学基金会名誉董事长，菲华各界联合会、香港特别行政区委员会、香港各界庆祝回归委员会顾问，获菲律宾总统授予“菲律宾模范母亲”称号。她关心祖国、家乡慈善公益事业，捐建福建医科大学第二附属医院、晋江市医院爱国楼、泉州市侨乡体育场、陈延奎图书馆、第二实验小学等，捐资各级侨联设立慈善公益基金，捐资赈济大兴安岭火灾、青海地震、华东水灾、华南水灾等自然灾害受灾民众，捐资云南省创办一所少数民族小学，捐助家乡病残急需治疗的乡亲，支持国家游泳中心和北京 2008 年奥运场馆建设。鉴于蔡琼霞对家乡公益事业的贡献，福建省人民政府予以立碑表彰，并受到中国领导人的接见。1997 年，厦门市政府还授予其“厦门市荣誉市民”称号。

2003 年 11 月 12 日，蔡琼霞在马尼拉逝世。

王今生

王今生（1916—2009），民国 5 年（1916 年）7 月出生，曾用名王扁、梦秋，南安市丰州镇人。

民国 19 年（1930 年）3 月，王今生参加革命工作；4 月，加入中国共青团；8 月转为中国共产党党员，任南安城关区委委员、团区委书记；9月，王今生组织群众支持配合“惠安暴动”。“惠安暴动”失利后，党组织受到严重破坏，王今生一度与党组织上失去联系。

民国23年（1934年），王今生得知菲律宾工会活动尚处在半公开状态，就去菲律宾，与菲律宾工会取得联系，重新找到党组织。中国工农红军长征时期，王今生在菲律宾通过报纸时刻关注着红军的一切消息。日寇南侵菲律宾时，其参加华侨抗日游击支队（简称“华支”），任第一任支部书记。在菲律宾打击日本侵略者，开展3年游击战。民国29年6月，在菲律宾重新加入中国共产党；同年，任菲律宾华侨店员救亡协会党组成员、宣传部部长。民国30年起，历任菲律宾马尼拉特委支部书记、菲律宾华侨劳工联合会党组成员、宣传部部长。

1949年6月，王今生回国参加解放战争；同年7月至1954年4月，历任闽南地委财委总务科长，平和县财粮科长、秘书，运输公司漳州分公司经理，平和县人民政府县长。1954年5月至1957年6月，任福建省侨委办公室副主任、侨委生救处处长。1957年7月，调至晋江地区工作。1958年5月至1961年12月，任泉州市人民政府市长。1959年8月至1968年9月，任泉州市政协副主席。1961年11月至1962年12月，任晋江地委统战部副部长、侨联主席。1963年1月至1968年8月，任中共泉州市委副书记。

“文化大革命”期间，王今生被错误审查，但仍顶着压力，为受到诬陷和打击迫害的归侨奔走呼告。1971年，王今生建议曾一起在菲律宾战斗过的林清江以海外华侨名义给党中央领导写信，反映菲共、“华支”的实际情况，为被诬陷为“美蒋特务”的归侨平反昭雪，信几经辗转送到周恩来总理手中，中央因此成立由组织部、外交部、联络部、统战部、中侨委组成的调查组，最终推翻所谓的“美蒋特务组织”案件，数百归侨得以平反。

1982年9月，王今生恢复中共泉州市委副书记职务。1987年1月退休，1995年1月24日改为享受厅局级政治、生活待遇。

退休后，王今生不顾年高体弱，继续关心家乡的建设事业。其团结和联络有识之士，建立泉州历史文化中心，并担任董事长，积极倡导泉州学研究，抢救一批地方文献史料，并积极地保护推广泉州南音、木偶戏、高甲戏、打城戏等非物质文化遗产，倡导成立泉州民间乐团。同时，致力保护地方文物古迹，潜心古建筑保护和修复工作。担任承天寺修建委员会主任后，倾注全部心血。还主持重建、整修或新建崇福寺、开元寺、少林寺、延福寺、漳州南山寺、威远楼及泉州华侨历史博物馆、儿童医院（一期）、黎明大学（一期）等十多项大型工程。

2009年7月3日，王今生在泉州逝世。

梁灵光

梁灵光（1916—2006），民国5年（1916年）11月出生于永春县二十二都蓬莱巷（今吾峰镇吾顶村）一儒商家庭。4岁进小学，在泉州培元读完高小；民国17年考入上海立达学园初中部；民国20年初中毕业后在家1年；民国21年重返立达学园读高中，并参加党的地下活动。后在厦门任进步刊物《平话》编辑。

民国24年（1935年），梁灵光参加一二九学生运动。民国25年2月，参加党的秘密组织“上海抗日青年团”；同年6月，赴马来西亚吉隆坡尊孔中学任教，组建雪兰莪州反帝大同盟、华侨抗日救国会、左翼作家联盟3个进步团体，并担任主席。七七事变后，梁灵光回国，在苏北参加抗日战争。民国29年8月，加入中国共产党。历任苏中三分区如皋县政府县长兼警卫团团长，苏中军区四分区游击指挥部政治部主任，南通县抗日民主政府第一任县长兼保安旅旅长、警卫团团长，四分区专署专员。解放战争期间，历任新四军华中九分区司令员兼专员，华东野战军第11纵队第33旅第一任旅长，中国人民解放军第29军参谋长、军党委常委。

1949年9月后，梁灵光历任厦门市人民政府第一任市长、中共厦门市委书记。1954年11月起，任中共福建省委工交部部长。1955年3月起，先后任福建省工业厅厅长，福建省人民委员会工业办公室主任。1956年3月后，任福建省人民委员会副省长，中共福建省委常委、书记处候补书记、书记，主持福建省人民委员会常务工作，并兼任省计委、物委、编委及省支前委主任。“文化大革命”期间受到迫害。

1975年年初恢复工作，任中共福建省委常委、省革命委员会副主任。1977年11月起，梁灵光任轻工业部部长、中共轻工业部党组书记，负责轻工业部的重组工作。

1980年11月起，梁灵光任中共广东省委书记兼广州市委第一书记、广州市人民政府市长。1983年3月起，任中共广东省委书记、广东省人民政府省长，兼任暨南大学校长。1985年7月起，任广东省顾委主任，兼任香港中旅集团第一任董事长。主持广州工作期间，梁灵光坚持实践是检验真理的唯一标准，解放思想，实事求是，调整国民经济，减少流通环节，放开市场，改革外贸体制，狠抓市政建设，改善投资环境。任广东省人民政府省长期间，主管深圳、珠海、汕头经济特区的创办工作，在中共中央和中共广东省委的领导下率先提出“大、中、小”珠江三角洲经济开发区的构想，推动“小”珠江三角洲的建立。其发挥广东的人文地缘优势，落实侨务政策，推动广东经济体制综合改革，率先在全国进行物价体制改革，抓好基础设施和基础工业建设，为探索广东先行一步和以后的全面发展打下基础。

1988年5月，梁灵光被选为第七届全国人大常委会委员、华侨委员会副主任委员。其关心华侨工作，多次出访美、日、东南亚、欧洲及南美洲等地，与当地华侨建立联系。

梁灵光是中共十二大、十三大代表，第十二届中央委员，第二、第五、第六、第七届全国人大代表；泉州黎明大学董事长、中国新四军研究会名誉会长、广州新四军研究会会长。

梁灵光在其大半个世纪的革命生涯中，无论是革命战争年代，还是在社会主义革命和现代化建设时期，始终保持全心全意为人民服务的宗旨，保持坚定的共产主义理想信念，为中国人民的解放和社会主义建设事业，鞠躬尽瘁，贡献毕生精力。其著有《梁灵光回忆录》，主编中国改革系列丛书《辉煌十五年·珠江三角洲卷》《足痕》《广东工业产品大辞典》等。

2006年2月25日，梁灵光在广州病逝。

辜振甫

辜振甫（1917—2005），字公亮，民国6年（1917年）1月6日出生于台湾彰化县，祖籍惠安县螺阳镇上坂村。祖先于清朝康熙年间（1662—1722年）从惠安县迁往台湾彰化县鹿港镇，叔祖父是前清宿儒辜鸿铭。辜振甫妻子严倬云系严复孙女。

民国29年（1940年），辜振甫毕业于台北帝国大学（今台湾大学）政治系，后到日本“帝国大学”（东京大学前身）研究财政及工商管理。1975年，获韩国高丽大学荣誉经济学博士学位。1992年5月，获美国宾夕法尼亚大学荣誉法学博士学位；8月，当选世界管理理事会下属学术机构国际管理学院院士。

1988年6月，辜振甫被聘为台湾地区行政当局领导人幕僚机构顾问。1990年11月，当选“台湾海峡交流基金会”董事长。1991年，被聘为台湾地区行政当局主管部门资政。1993年4月27日，辜代表台湾海基会与祖国大陆海协会会长汪道涵在新加坡举行“汪辜会谈”。1998年10月应邀率团到大陆参访，进行政治、经济对话，为推动两岸商谈与对话进程发挥重要作用。海协与台湾海基会的商谈与对话中止后，在台湾政局发生重大变化的情况下，依然承认九二共识，希望两岸在此基础上恢复谈判。

辜振甫是中国国民党第九届候补中央委员，第十至十三届中央委员，第十二、第十三、第十四届中央常务委员。喜京剧，善油画，懂诗文，著有《杂存》《辜振甫言论选集》以及小说《浮云》。

2005年1月3日，辜振甫在台北病逝。

王永庆

王永庆（1917—2008），民国6年（1917年）1月18日出生于台湾台北市新店直潭，原籍安溪县长卿镇。

民国21年（1932年），15岁的王永庆先到茶园做杂工，后到台湾南部嘉义县的一家米店当了一年学徒。1年后，王永庆向父亲商借200元创业。民国31年，王永庆结束卖米生意，在新店老家购买3.33公顷土地。民国32年，转向木材生意发展，赚取5000万元旧台币。

1954年，王永庆筹资创办福懋塑料公司。1957年建成投产，随后更名为“台湾塑料公司”。1958年，成立南亚塑料公司，直接作为台塑产品的下游加工与销售业者。1964年，王永庆加入中国国民党，实力逐渐伸向文教宣传方面。1972年购下《联合报》四分之一的股权及《经济日报》的所有股权，任联合文化事业公司常务监察；5月，在台湾当局压力下，退出《联合报》《经济日报》股权，所有资金转为债权。1983年，成立南亚电路板项目组，首度经营电子产业。台塑集团在王永庆的严格管理下，发展成为台湾企业的“王中之王”，下辖台湾塑胶公司、南亚塑胶公司、台湾化学纤维公司、台湾化学染整公司、台旭纤维公司、台丽成衣公司、育志工业公司、朝阳木材公司和新茂木材公司9家公司；同时，在美国经营几家大公司。1993年，台塑成为全世界最大的PVC生产业者，“南亚”成为全球最大的PVC加工业者；同年，王永庆应聘为中国国民党第十四届中央评议委员。

1994年，王永庆在台湾南部投资新台币90亿元成立石化专业区。在世界化学工业界居“50强”之列，王永庆成为台湾唯一进入“世界企业50强”的企业家。2000年9月，台塑石化公司油品全面上市，正式供应全台湾加油站，成为台湾第一家民营油品制造业者。2006年6月5日，台塑企业行政中心成立，90岁高龄的王永庆正式宣布交棒。

王永庆关注大陆的经济建设和家乡的公益事业。1990年1月，到大陆洽谈在厦门投资化工企业。后将投资地区延伸到广东与安徽。2004年6月，王永庆偕夫人李宝珠和女儿王瑞华、女婿杨定一一行首次回家乡安溪参访，考察在安溪捐办公益事业事宜。2005年，捐赠巨额资金投入残疾人事业，捐建安溪明德特殊教育学校，捐赠13套进口人工耳蜗给特教学校及安溪其他耳聋患者；夫人李宝珠捐款的同时还捐赠该校10台笔记本电脑。2008年5月四川汶川发生地震后，捐款巨额资金用于灾区恢复建设。

2008年10月15日，王永庆在美国病逝。

杜 伦

杜伦（1917—2007），曾用名杜铁高，祖籍晋江县河市区锦丰乡（今洛江区马甲镇新生村）围仔厝，民国6年（1917年）4月15日出生于印度尼西亚苏岛火水山埠。幼年在印度尼西亚上华人学校念书。

民国24年（1935年），杜伦回到故乡，并在舅舅的资助下，在上海一所大学就读预科班。抗日战争全面爆发后，杜伦积极参加抗日救亡宣传活动，参加军官训练团学习。其间，加入中国共产党组织。之后，杜伦由长沙转至广西桂林，进入徐特立为主任的八路军驻桂林办事处工作，并在广西大学组织发动，开展学生运动。

民国29年（1940年）5月，杜伦随同徐特立一起奔赴延安，进入中央马列学院海委研究班学习。民国33年，杜伦回延安。其后，被派往外国语学校英语系学习。民国34年，被组织派往辽宁开展工作，先后任辽宁本溪市军政干校政治处主任，三地委干部科和宣传科干部，县委宣传部部长，抚顺市文教局长。

1949年4月，杜伦奉调进京；同年8月，随广东干部南下到广东。其间，先后任潮阳军管会主任，潮阳县党委副书记，广东省华建投资公司总经理，广东省工业厅副厅长，中共汕头市委副书记。

1965年12月，杜伦调任中共晋江地委副书记，1974年，调任龙溪地区革命委员会副主任、中共龙溪地委副书记。1980年起，杜伦历任福建省外贸办副主任，香港华闽（集团）有限公司、福建华侨投资公司总经理，中共福建省顾问委员会委员。1990年离休，享受副部级待遇。

2007年9月1日，杜伦病逝。

王汉杰

王汉杰（1917—2008），又名爱奎、黄杰，民国6年（1917年）11月出生于晋江县二十三都水头乡（今石狮市蚶江镇水头村）。

民国 20 年（1931 年），王汉杰离家赴南洋谋生，曾在菲律宾东坂岸省仙彬洛市几家五金店、杂货店当店员。抗日战争期间，参加当地华侨抗日救国联合会组织的抵制日货等活动。民国 26 年 9 月，参与组织菲律宾东坂岸省华侨抗日店员救亡协会仙彬安洛市分会的工作，并担任组织部部长、秘书长，不久加入共产党组织。民国 28 年 5 月，参加菲律宾华侨回国慰劳团，奔赴安徽参加新四军，先后担任新四军教导队青年队队长兼中共新四军教导队支部组织委员、教导队三队副政治指导员等职务。亲历“皖南事变”，突围后辗转回到家乡石狮。为了找到组织，不久王汉杰重返菲律宾，通过组织审查恢复组织关系，并继续担任仙彬安洛市华侨店员抗日救亡协会秘书长，领导当地华侨店员开展抗日救亡斗争。民国 31 年，跟随党组织赴农村组织菲律宾人民抗日军，开始武装反抗侵略的斗争。此后，王汉杰历任菲律宾人民抗日军华侨支队支队长、南吕宋第 11 军区委员兼参谋长、菲国人民抗日军中央军委委员兼南路远征军参谋长、菲律宾华侨抗日游击支队长等职，兼负责华侨委员会的统战工作。抗日战争胜利后，王汉杰受命担任华侨抗日游击支队退伍军人同志会主席兼统战工作。

民国 35 年（1946 年）7 月，王汉杰参加香港中共华南分局的整风学习。之后先后担任中共闽粤赣边区委员会闽南地区游击支队副队长、副政委、地委常委、闽粤赣边区纵队司令部参谋处主任兼作战科长。1949 年，被派往福州与华东野战军十兵团联络，迎接解放大军南下福建。

中华人民共和国成立后，王汉杰历任中共福建省委华侨工委主任，福建省人民政府华侨事务委员会（后改侨务办公室）副主任、主任、党组书记，省委统战部第一副部长兼省侨委主任、党组书记，中共福建省委对台办负责人，中共福建省委统战部副部长兼省侨办主任、省外事办主任，第二、第三、第四届全国侨联副主席，福建省人大常委会华侨委员会主任等职。

“文化大革命”期间，王汉杰含冤坐牢 9 年。平反复职后，做了大量拨乱反正、落实政策的工作。王汉杰长期从事党的统战侨务工作，是福建省侨务事业奠基者之一。为团结争取广大华侨华人支援及参加祖国建设和统一大业，王汉杰从事华侨权益维护工作，广交深交海内外朋友，为福建经济建设牵线搭桥、出谋划策。古稀之年仍然心系侨情，努力做好侨联工作，办好“归侨之家”，热心为侨胞服务，受到海外华侨华人和归侨侨眷中的信任与敬重。1995 年 2 月，王汉杰离休。

王汉杰是第二、第三、第四、第六、第七届全国政协委员，第五届全国人大代表；中共福建省委第三届委员，第五、第六届福建省人大常委会委员，第一、第二、第三届福建省政协常委；第一、第二、第四届福建省侨联主席，第五、第六、第七届名誉主席；福建省见义勇为基金会顾问。

2008 年 9 月 30 日，王汉杰在福州病逝。

王水九

王水九（1917—1994），字清秀，民国 6 年（1917 年）出生，今惠安县东岭镇埔殊村人。幼年读过两年私塾，因家道中落辍学改学木工。20 岁已成为远近闻名的巧匠。

民国 26 年（1937 年），王水九为避被抓壮丁，南渡新加坡，当过小贩、杂工，继而承包工程。抗日战争胜利后，王水九承包的工程已受业界推崇。民国 36 年，自创王水九建筑工程公司。10 多年间，业务渐及新加坡、马来西亚、印度尼西亚、美国等地。随着新加坡经济的发展，又先后开办王水九实业、施臂机械、标美、富美工程、樟楠木器等私人有限公司，任董事主席，从事房地产开发、建筑机械、木器等产业。

1961 年起，王水九蝉联星洲太原王氏公会会长、太原王氏公会互助会主席 20 年之久。1967 年起，任王氏慈善开闽公司信托人。1970 年，首倡组建新加坡太原王氏教育信托基金公司，任理事长。后历任新加坡惠安公会执委、慈善、监察、财政、福利等部正、副主任。

1983 年，王水九再次返乡，获知惠安急需培养建筑职业人才，遂决定创办以其父命名的开成建筑职业中专学校。1984 年元旦，学校动工建设；1985 年秋开始招生。1983—1994 年，王水九先后投入 1100 多万元，建校舍和购置教学设备等，为家乡培养大批的建筑职业人才。同时，设立王水九奖教奖学金，每学期颁发给开成职校、埔殊小学师生。王水九还捐资兴建家乡埔殊小学校舍，在该校以其夫人名义设立陈玉莲教育信托基金，实行义务教育。王水九还资助泉州华侨历史博物馆、惠安县医院，以及乡村公路、桥梁、埔殊村公益事业，获福建省人民政府颁发的“热忱支持福建教育事业并做出重大贡献”的荣誉证书、金质荣誉奖章和“乐育英才”纪念匾。

1994 年 8 月 8 日，王水九在新加坡病逝。

1995 年 10 月，王水九获福建省人民政府立碑表彰。2004 年 4 月，福建省人民政府追授王水九“福建省捐赠公益事业突出贡献奖”金质奖章。

黄厚哲

黄厚哲（1917—2003），民国 6 年（1917 年）出生，南安人。民国 31 年（1942 年）毕业于厦门大学生物系并留校任教。

1949 年，黄厚哲在南安参加中共领导的泉州团队，任区队长，成功策反南安县政、军、警的起义，为南安县和平解放做出突出贡献，同年 7 月加入中国共产党。厦门解放后，黄厚哲先后兼任厦门大学科研处副处长、《厦门大学学报（自然科学版）》执行主编、生物学系主任以及厦大出版社首任社长兼总编等职，并被推选担任中国遗传学会理事、福建省遗传学会副理事长、福建省自然辩证法研究会副会长以及厦门市生物学会理事长。曾 3 次荣获福建省文教战线先进工作者称号，并被评为厦门市劳动模范，享受国务院政府特殊津贴。

黄厚哲在讲坛上勤奋耕耘 53 个春秋，先后主讲 10 多门生物学主干课程，编著的 67 万字的全国高校教材《生物学概论》，分别获得国家教委颁发的全国高等学校优秀教材二等奖和国务院高等教育贡献奖。1983 年，黄厚哲代表课题组在第十五届国际遗传学会上宣读揭示水稻雄性不育及育性恢复现象机理的论文，博得国际同行的称赞。这一成果为中国深入开展水稻雄性不育研究、培育高产杂交水稻奠定重要的理论基础。在其筹划和领导下，厦大生物学系成立生化专业和生物技术教研室，开展基因工程研究，为生物学系在微观领域的发展奠定重要的基础。

2003 年 7 月 2 日，黄厚哲因病逝世。

王孝岁

王孝岁（1917—2002），民国 6 年（1917 年）出生于祖籍晋江市罗山镇。晋江沙塘小学毕业。

15 岁时，王孝岁随父王若察往菲律宾马尼拉。初当学徒、店员，后继父业从商。20 世纪 50 年代起，创办菲律宾宝利化学、大西洋油漆制造、精华钢铁产品、太平洋矿业、实地产业等 13 家颇具规模的企业，主营油漆制造、化工、房地产、钢铁、矿业、农场、制衣等业。1975 年，中华人民共和国和菲律宾建立外交关系。王孝岁与五弟王孝酒为迎接祖国使节到菲律宾做了大量工作。1981 年，国家主席李先念访菲时接见王孝岁、王孝酒兄弟。20 世纪 80 年代，王孝岁的家族企业在美国、加拿大等国家和中国香港地区获得发展。

王孝岁历任菲华商联总会常务理事、董事、副理事长、常务顾问和菲律宾太原王氏宗亲总会理事长、菲律宾铁业公会和沙塘同乡会永远名誉理事长，及多家其他菲华社团荣誉职务。热心菲律宾和菲华社会慈善公益事业，对菲律宾农村教育屡捐资；在香港设有晋江沙塘王若察柯银娘纪念基金；在家乡捐资建泉州师院、幼师、晋江沙塘中小学校舍和罗山卫生院、沙塘村村道等，乐捐家乡各项社会公益事业。获福建省人民政府授予“乐育英才”“兴医利民”奖匾。

2002 年 5 月 22 日，王孝岁在菲律宾马尼拉逝世。

林梧桐

林梧桐（1918—2007），民国7年（1918年）2月28日出生于安溪县崇善里大墘乡（今蓬莱镇联中村）一个侨属家庭。

民国26年（1937年），林梧桐前往马来西亚谋生。当过木匠，种菜务农，做五金生意，投资铁矿业，经营建筑业。1951年，林梧桐成立建发有限公司，承建多项政府重点建设工程，获得成功。20世纪60年代，林梧桐的建筑公司发展成为马来西亚最大的建筑企业之一，其也成为马来西亚著名的建筑商。1963年，林梧桐向马来西亚彭亨州政府申请云顶森芭的土地，将云顶开发成国际著名的旅游避暑胜地，成为世界最大的综合性的高原度假娱乐城。1965年4月，云顶高原有限公司成立。1965年8月，云顶集团成立，商业集团总资产超过220亿美元。林梧桐还涉足种植业、房地产业、造纸业和发电业等。2002年，林梧桐获国际产业联盟授予的“产业风云人物奖”。2007年，美国杂志《福布斯》公布的全球富豪排行榜中，林梧桐名列第204位，是马来西亚第三大富豪。

林梧桐先后获马来西亚杰出“经理奖”“最佳雇主奖”“政府特别奖”等多项奖励，获得马来西亚吉兰丹州苏丹颁赐拿督（DJMK）荣衔，雪兰莪州苏丹封赐太平局绅（JP）及拿督（DKMP）勋衔，还获得马来西亚最高元首封赐丹斯里（PSM）勋衔。

林梧桐致力于增进马来西亚安溪乡亲的团结，热情服务安溪同乡。历任马来西亚雪隆安溪会馆会长、雪隆安溪基金会主席、林氏基金会主席、马来西亚安溪总会会长、世界安溪乡亲联谊会永远荣誉会长等职。

1979年，林梧桐偕夫人李金花及儿子参加马来西亚政府贸易考察团来华访问，参加中马贸易谈判，受到中国国家领导人接见。

1984年，林梧桐回乡捐资兴建代贤中学和附小校舍。2000年，捐资扩建代贤中学，2004年3月，捐资兴建安溪梧桐体育馆，并以其侄林海水的名义捐资（为当时个人捐资数额较高者之一）建设龙门隧道，捐资建设世界安溪乡亲联谊大厦、蓬莱卫生院院舍，修建蓬莱镇所在地至彭亭的水泥路及桥梁，以其先父名字设立石泉慈善基金会，并捐赠善款。林梧桐多次获福建省人民政府授予的“福建省捐赠公益事业突出贡献奖”金质奖章，“乐育英才”“惠泽桑梓”匾额及荣誉证书。2004年3月30日，福建省人民政府对其捐建梧桐中学和梧桐体育馆分别两次为其立碑表彰。

2007年10月23日，林梧桐在马来西亚逝世。

林文鸳

林文鸳（1918—2003），民国7年（1918年）出生于南安县三十都胭脂巷（今属南安市柳城街道三堡村）。

民国23年（1934年），林文鸳随姑父到新加坡谋生。初当店员，后自营小生意，开设合成发五金行。抗日战争胜利后，其事业迅速发展。至20世纪60年代，有“新加坡船舶五金行总管家”之誉。20世纪70年代，林文鸳任董事长的合成发集团居新加坡外向型企业前列，成为最主要的石油工业器材供应商。20世纪80年代，成为著名跨国集团和一级上市公司，并开始在泰国曼谷和中国石家庄、厦门、泉州等城市投资设厂、开发房地产。至20世纪90年代，其经营网络遍及东南亚各国和沙特阿拉伯等国家和地区。

林文鸳历任新加坡南安会馆主席、名誉主席，新加坡中华总商会董事、常务董事和五金机械公会永久名誉主席，新加坡福建会馆常务理事，新加坡宗乡联合总会常务董事，对新加坡教育和慈善公益事业贡献卓著，历任多所中学、医院董事主席、董事，荣膺新加坡总统颁赐公共服务勋章（P.B.M）。林文鸳热心家乡慈善公益事业，捐资兴建南安市榕桥中学、三堡小学校舍，捐建家乡三堡村村政和南安侨联会所、中旅社、凤山寺等。2002年，福建省政府予以立碑表彰。

2003年6月8日，林文鸳在新加坡逝世。

蔡其矫

蔡其矫（1918—2007），民国 7 年（1918 年）12 月 11 日出生于晋江县三十二都园坂乡（今晋江市紫帽镇园坂村）一华侨家庭。1923 年入私塾。

民国 16 年（1927 年），蔡其矫随家人去印度尼西亚泗水，入泗水小学读书。民国 18 年冬，独自乘船回国，先后在厦门、泉州读书。“一·二八”淞沪抗战后，蔡其矫参加自发组织的抗日宣传队，到南安、惠安一带宣传抗日。民国 22—24 年，先后在泉州培元中学、上海泉漳中学、暨南大学附中学习。民国 25 年年初，参加“上海暨南大学学生救国会”组织，宣传抗日，参加当时上海的各次游行示威活动，并与国民党暗探特务展开各种斗争。

民国26年（1937年）夏，蔡其矫中学毕业后回晋江老家；11月，与全家人往印度尼西亚。民国27年1月，蔡其矫从印度尼西亚泗水，经新加坡、仰光、中国香港、汉口到南昌；5 月，在南昌集合要好的救亡朋友辗转到达延安；6 月，在陕北公学华侨训练班学习；7 月，被分配到海外工作团任秘书，后到河南确山新四军第四支队任宣传干事；11 月，因病回延安，考入鲁迅艺术学校文学院第二期。民国 28 年 7 月，参加由延安陕北公学、鲁迅艺术学校等四校联合成立的华北联合大学学习。民国 29 年 1 月，在华北联合大学加入中国共产党。民国 29—33 年，历任晋察冀边区华北联合大学文学系教员、军区政治部抗敌剧社文学辅导员、中共河北涞源县委机关通讯干事。民国 34 年 8 月，参加北方分局党校整风学习。民国 37 年 8 月起，历任晋察冀军区作战处军事报道参谋、华北联合大学文学系教员、中共中央社会部一室一科军政组长。

在抗日战争和解放战争中，蔡其矫创作大量反映抗日民族气节的诗篇和歌词。其中，《乡土》和《哀葬》获晋察冀边区诗歌奖第一名和第二名；歌曲《子弟兵战歌》被晋察冀边区指定为部队必唱歌曲；作品《兵车在急雨中前进》被诗人、文学评论家、报告文学作家徐迟称之为解放战争中的优秀之作。

1949 年 10 月至 1952 年 8 月，蔡其矫任中央人民政府情报总署东南亚科科长。1952 年 8 月至 1957 年 11 月，任中央文学讲习所教员、教研室主任。1954 年和 1956 年，蔡其矫先后到东海舰队、南海舰队采风体验生活，创作大量反映海防建设和水兵生活的诗篇，被评论家称之为“海洋诗人”。1957 年 12 月至 1958 年 7 月，任长江流域规划办公室宣传部部长。20 世纪六七十年代，撰写反映福建的历史、人文、地理、艺术和民情风俗的诗歌，并发表在《福建集》《祈求》《双虹》《迎风》等诗集中。“文化大革命”期间，受到错误批判。

中共十一届三中全会后，蔡其矫曾在中国作家协会文学讲习所任教，为全国许多作家授课。后历任福建省文联专业作家、作家协会副主席、名誉主席、顾问等职。其续写《海神妈祖》及众多福建历史人物，创作的诗歌在全国各大刊物中发表，并多次获得省、部级优秀奖。1988 年，蔡其矫离休；1992 年起，享受国务院政府特殊津贴。2006 年 7 月，省文联授予其“福建省首届文艺家成就奖”称号。

蔡其矫从事文学创作 70 余年，出版的诗集有《回声集》《回声续集》《涛声集》《迎风集》《福建集》《司空图（诗品）》《蔡其矫选集》《蔡其矫抒情诗选》等 10 多部。翻译的国外诗歌作品，受到广大读者的欢迎。

2007 年 1 月 3 日，蔡其矫在北京病逝。

李焕之

李焕之（1919—2000），又名昭彩，祖籍晋江池店。民国 8 年（1919 年）1 月出生于香港。少年时代，李焕之在厦门度过，当时的学名李钟焕，字焕之。民国 23 年，毕业于厦门双十中学初中部，在泉州培元中学就读高中。

民国 25 年（1936 年），李焕之考进上海国立音乐专科学校。16 岁为郭沫若的诗篇《牧羊哀歌》谱曲。民国 27 年 7 月，到延安鲁迅艺术学院音乐系，并于同年 11 月加入中国共产党。毕业后，留校担任乐理、作曲课程的教学，并主编《歌曲月刊》《民族音乐》2 个刊物。抗日战争胜利后，任华北联合大学文艺学院音乐系主任。

李焕之在群众歌曲、艺术歌曲、合唱曲、歌剧、交响乐、管弦乐、民族管弦乐等领域都留下脍炙人口的音乐作品。20 世纪 40 年代，参与创作歌剧《白毛女》。开国大典前，为《中华人民共和国国歌》管弦总谱和乐配器，还创作合唱《社会主义好》《保卫祖国》，管弦乐《春节组曲》《第一交响曲——天风海涛》，古筝协奏曲《汨罗江幻想曲》等。

中华人民共和国成立后，李焕之担任中国音乐学院工作团团长、中央歌舞团艺术指导。1957 年，带领并执棒指挥北京青年民歌合唱团赴莫斯科参加第六届世界青年联欢节合唱比赛，获得金质奖章。1958 年 10 月，李焕之参加首都文化界慰问团，到厦门前线慰问，以厦门为题材，创作《第一交响乐——英雄海岛》。1960 年，创建中央民族乐团，并担任团长。

1981 年，李焕之作为中国作曲家的首席代表，出席香港亚洲作曲家大会与音乐节，并在会上做《当代中国音乐概述》报告。1985 年 2 月 6 日，首都民族文化宫专门举行李焕之及夫人李群的作品音乐会。1987 年年初，李焕之应香港中乐团之约，创作一部箜篌、大合唱与民族管弦乐协奏的《箜篌引》，以唐代诗人李贺的《李凭箜篌引》和顾况的《箜篌歌》摘句为词而谱曲；4 月，香港中乐团公演，轰动香江。

1999 年 5 月 23 日，文化部艺术司和中国音乐家协会共同举办的李焕之作品音乐会在北京音乐厅举行；同年底，李焕之因癌症晚期双耳失聪，但仍坚持完成单乐章民族管弦乐《大地之诗》。

李焕之先后任中国音乐家协会副主席、主席、名誉主席和中国文联荣誉主席；曾任第三届全国人大代表和第五、六、七届全国政协委员。

2000 年 3 月 27 日，李焕之在北京逝世。

张水荃

张水荃（1919—2009），民国 8 年（1919 年）6 月出生于新加坡。10 岁随父母回到原籍南安县三十四都岭兜乡（今南安市官桥镇岭兜村），在家乡就读小学。

民国 22 年（1933 年），张水荃参加革命活动当通信员。民国 24 年，因叛徒出卖党组织，张水荃被迫重返南洋，定居棉兰，先后在棉兰福成利公司及李光前名下的福顺橡胶有限公司当职员。抗日战争胜利后，张水荃创办锅厂、米粉厂，兼营航运业、土特产和橡胶贸易。民国 36 年，张水荃与同乡王振墙合办振福树胶公司。1956 年，移居新加坡。之后，在新加坡创办福顺树胶有限公司、张水荃父子有限公司，在新加坡、马来西亚地区经营建筑、房地产、投资、贸易，营建张水荃父子大厦。1965 年，张水荃重返棉兰投资，开设百货公司，独资建 IRWAN 织袋有限公司。后与堂亲联合创办日里橡胶品工业有限公司并出任公司董事长。1968 年，其与朋友合资在印度尼西亚创建棉兰亚沙汉橡胶有限公司，该公司发展为印度尼西亚最大的橡胶生产企业之一。20 世纪 70 年代，又进入金融、房地产等领域，在投资、贸易、房地产、通讯、加工制造业、农场种植等方面创下显著业绩。

1953 年起，张水荃先后捐建南安梅岭中学教室、德美堂、水荃楼、念慈楼、李氏基金楼，募集资金投入梅岭中心小学新校区建设；投资南安梧园幼儿园、五星中学及土泥分校，晋江坑美小学，泉州新华小学，广州华侨新村小学，南安官桥医院、南安侨联、南安官桥侨联、土厘水库、德味水库、土厘大道建设。1990 年以后，其捐资助建南安体育馆，首倡扩建南安岭兜革命烈士陵园，投资兴建官桥自来水厂、新蓝开发区、梅桥开发区，南安当时最高建筑“成功大厦”。1999 年开始，赞助经费，利用暑假期间组织新加坡青少年回乡举行“回乡夏令营”活动，勉励他们爱国爱乡。年逾古稀后，仍奔波于新加坡、菲律宾、印度尼西亚、马来西亚等地，向海外乡亲募集资金支持家乡教育事业。2004 年，福建省人民政府授予其“乐育英才”牌匾和“福建省捐赠公益事业突出贡献奖”金质奖章，并立碑表彰。

2009 年 10 月 18 日，张水荃在新加坡病逝。

郭全明

郭全明（1919—1998），民国 8 年（1919 年）7 月出生，河北省临城县人。

民国 30 年（1941 年）8 月，郭全明参加革命工作。民国 31 年 9 月，加入中国共产党。1949 年随军南下福建。1957 年 12 月至 1963 年 1 月，先后任中共德化县委书记、第一书记；1963 年 1 月至 1968 年 4 月，任中共德化县委书记。其间，均兼任县人民武装部政委。

“文化大革命”初期，郭全明受迫害。1972 年 6 月，恢复工作，先后任中共福建省运输公司晋江分公司委员会书记、晋江分公司革委会主任。1975 年 5 月至 1979 年 11 月，任中共永春县委书记、县人民武装部政委。

1979 年 11 月至 1983 年 3 月，郭全明任中共晋江地委常委、晋江地区行署副专员。1983 年 4 月离休。

1998 年 1 月，郭全明在河北省临城县逝世。

陈 明

陈明（1919—1999），民国 8 年（1919 年）8 月 3 日出生于永春县二十二都苏坑乡（今苏坑镇）。

民国 14 年（1925 年），陈明随他人前往马来西亚。民国 21—25 年，在马来西亚吉隆坡、槟榔屿等地参加进步学生时事研究会和业余剧团等进步团体，从事抗日救亡活动。

民国 27 年（1938 年），陈明回国在上海读高中，继续参加进步学生运动；5 月，奔赴延安参加革命队伍，随后加入中国共产党，先后在陕北公学、中共中央党校学习，历任中共中央西北局宣传部秘书，中共陕甘宁边区固林县委宣传部副部长、部长，中共延属地委研究组干部、秘书处秘书，延安中学地干班副主任、教员，中共延属地委宣传部副部长、部长，中共咸阳地委宣传部部长、青委书记。

中华人民共和国成立后，陈明任中共陕西省委政策研究室副主任兼陕西省人民政府土地改革委员会副秘书长。1953 年 4 月至 1968 年，任陕西省统计局局长（其间，1963 年 9 月至 1967 年 1 月兼任省计划委员会副主任），是陕西统计工作的奠基人，培养造就一支统计骨干队伍。其熟悉统计业务，多次参加全国统计工作的重要会议和参与起草统计工作的指导性文件，成为全国统计界的知名专家，在全国和陕西统计界享有较高声誉。

1972—1981 年，陈明先后任福建省计划委员会副主任兼省地震局局长、福建省人民政府秘书长。1978 年，负责恢复和组建福建省统计局，陈明任局长、中共福建省统计局党组书记。1981 年 12 月至 1983 年 5 月，任陕西省人民政府副省长（其间，1982 年负责筹建西安统计学院）。1983 年 5 月起，任陕西省人大常委会副主任；11 月，被选为中国统计学会副会长。1984 年，任西安统计学院首任院长、中共西安统计学院委员会书记。1988 年，任中共陕西省委顾问委员会常委。

陈明先后担任第一至第五届西安市侨联主席，陕西省侨联主席、名誉主席，第三、第四届全国华侨联副主席、顾问职务。

1999 年 1 月 23 日，陈明在西安病逝。

庄清桂

庄清桂（1919—2007），民国 8 年（1919 年）9 月出生于惠安县山腰（今属泉港区）。早年就读于惠安锦山小学、省立晋江中学（今泉州五中）。

青年时代，庄清桂就读于福建协和大学。民国 28 年（1939 年），参加沙县学生军训；结业后，被派往宁洋县安坑乡任民校校长。民国 31 年 8 月，任锦山小学民教部主任，后任名誉校长。民国 36 年，在协和大学就读时被选为协和大学闽南同乡会会长，曾参与营救被特务拘捕的进步同学；同年5月，加入中国农工民主党，并受农工民主党福建省委员会指派为晋江地区特派员。民国37年8月，应晋江县立中学（今泉州一中）校长汪土星之聘任该校教务处主任，后代理校长。泉州解放前夕，校内军事教官、共产党员石富海策动交警起义未竟，国民党交警到校逮捕石富海，庄清桂掩护石富海逃脱。同时，庄清桂积极支持解放军二十七军参谋长鲁军、营长高锦堂到校组织师生参加解放厦门、金门战役，这部分师生后来转为参加抗美援朝的战斗部队。1949年6月，庄清桂参加中国民盟，任民盟泉州市委会筹委。

1950年，庄清桂参加福建省教育厅新民主主义教育研究班学习。1953年5月，调任农工党泉州市委会专职干部，任第一、第二届副主委。反右派斗争和“文化大革命”期间，其受到冲击。1980年，落实政策恢复职务。1984年8月至1985年12月，任农工党泉州市委会副主委。1985年12月至1988年4月，任农工党泉州市委会主委。1988年4月起，任农工党泉州市委会名誉主委。

1986年至1991年3月，庄清桂任泉州市政协副主席，是泉州市第一届各界人民代表会议代表，第一、第二届泉州市人大代表，第一、第四、第五、第六届泉州市政协常委；农工党福建省委员会委员、常委。

2007年2月18日，庄清桂在泉州病逝。

陈青山

陈青山（1919—2003），原名欠火、荣火，民国8年（1919年）10月出生于惠安县洛阳陈埭头村（今属泉州台商投资区）。3岁时随父亲移居马来西亚。

在马来西亚槟城钟灵中学读书期间，陈青山受马来亚共产党地下组织的影响，于民国24年（1935年）加入“读书会”及“学生联合会”等外围组织。民国25年3月，加入马来亚共产党。

抗日战争时期，陈青山历任马来亚共产党槟城委员会常委、组织部部长等职。参与组建马来西亚各界抗敌后援总会槟城抗敌后援会，积极参与领导当地的抗日救亡运动，支援祖国的抗日活动。参加并领导马来西亚星洲工人运动，组织多次千人以上的工人罢工斗争和著名的“五一”10万工人大游行示威运动。因从事革命活动，陈青山两次被英国殖民当局逮捕入狱，面对威胁利诱，英勇顽强，不屈不挠，经受残酷斗争环境的锻炼和考验。

民国30年（1941年），陈青山被马来西亚殖民当局驱逐出境。返回祖国后，经中共南方局审查批准转为中国共产党，派往海南参加抗日战争。历任广东省第十四区民众抗日自卫团独立队政治部宣传科科长、组织科科长，琼崖抗日游击队独立第一纵队第四支队政治委员、琼崖抗日游击独立纵队政治部组织部部长、纵队第三总队政治委员兼中共广东省琼崖区委员会东区地方委员会书记、琼崖纵队政治部副主任等职。其参加领导五指山根据地的创建工作，以根据地为依托，抓住有利时机，率部主动出击歼灭敌人，粉碎国民党军队的“清剿”企图。1950年2月，陈青山率部接应第四十军渡海登陆作战，出色地完成任务，为解放海南岛做出贡献。

中华人民共和国成立后，陈青山历任海南军区政治部副主任兼四十三军政治部副主任、广东省军区政治部主任、海南军区副政治委员、广州军区政治部副主任等职；1955年获授大校军衔，1957年获二级独立自由勋章和二级解放勋章，1964年被授予少将军衔，1988年获授中国人民解放军一级红星功勋荣誉章。

1984年6月，陈青山以副兵团待遇离职休养，出任广东省侨联顾问，出席第三次全国归侨大会，并当选全国侨联委员，后任全国侨联顾问。

2003年3月27日，陈青山在广州逝世。

颜彬声

颜彬声（1919—2000），民国8年（1919年）出生于永春县二十三都徐山村（今石鼓镇社山村）。

民国 24—30 年（1935—1941 年），颜彬声在莆田涵江友丰布行、泉州瑞泰面货批发商店、厦门美德堂酒店、上海鸿荣行当过店员。民国 32—35 年，在厦门与人合作开设联谊行（后改为“永联行”），出任经理。民国 36 年，永联行与上海南光公司联合为总公司，颜彬声任厦门分公司经理。1952—1956 年，创办上海天亨化工厂，任厂长。

1957 年，颜彬声在香港定居。1958—1978 年，先后在香港创办民生公司杂货店、鸿发农场、新棉有限公司、联诚棉业有限公司，出任董事总经理。1980 年，筹建亿裕有限公司，经销国产麻棉纱布。1982 年，创办香港联华电影有限公司，后又创办惠基电影有限公司。1983 年，在香港创办汉联公司，在美国、加拿大与人合作创办千金国际集团、利华、益华、联益等有限公司。

1984 年，颜彬声应邀列席福建省政协会议；同年，受聘为福州市商会顾问，并被推选为香港永春同乡会理事长。1985 年，创办广东深圳南春经济贸易开发公司。1988 年，前往海南省投资，在三亚市、儋州市那大兴建综合性农贸市场。1989 年，香港新中行绸布有限公司股东重新组合，颜彬声被推选为副董事长，商务范围扩大到美国、加拿大和中国广东、海南、福建、江苏、湖南、宁夏、黑龙江等省（自治区）。1990—1999 年，其先后任北京中华文学基金会理事，海南省三亚市政协委员，第五、第六、第七届福建省政协委员、省文学基金会副会长、省儿童基金会理事，厦门市政协委员、永春县归国华侨联合会顾问等职。

颜彬声热心公益事业。1984 年，其与永春籍乡亲捐资复建永春县城留安塔。1989 年，捐资 100 万元设立颜彬声科技教育基金会。1993 年，捐资 200 万元重建永春城隍庙。1988—1998 年，颜彬声捐建永春中医院办公大楼、儿童公园，修复永春文庙、魁星岩桃陵祠，资助南音社、永春五中、社山小学、西安幼儿园等。1998 年，捐资 80 万元成立颜彬声老人福利基金，每年用其利息慰问特困老人 100 名。2001 年，获福建省人民政府立碑表彰，并获授金质奖章、奖匾、荣誉证书。

2000 年 6 月，颜彬声在香港病逝。

黄仲咸

黄仲咸（1920—2008），民国 9 年（1920 年）1 月出生于南安县十二都山兜乡（今南安市码头镇仙都村）。

民国 24 年（1935 年），黄仲咸到印度尼西亚帮其兄打理杂货店。后在其兄扶持下独立经营，走创业之路。不久，黄仲咸与出身书香门第的戴子媛结为夫妻。他们接手其兄的一个旧农场，发展种植业、兴办养猪场。其后投资航运业，建立船队，兴建花布印染厂和尼龙化纤厂。黄仲咸斥巨资组建商业银行和房地产公司，其经商区域从原居住的小岛转移到印度尼西亚的首都。

民国 34 年（1945 年），黄仲咸在印度尼西亚干耶低组建建南公司，经营布匹和收购土特产。1951 年，在印度尼西亚锡江成立南安公司，专门经营布匹生意。1954 年，举家迁至雅加达。经营涉及种植业、航运业和纺织印染业。1960 年，在印度尼西亚雅加达组建美华有限公司。1964 年，组建印度尼西亚大众福利银行。1967 年，组建印度尼西亚金环银行、金库银行。1968 年，组建雅加达商业银行，开办雅加达百利达面店。1969 年，在印度尼西亚万鸦佬组建印度尼西亚苏拉威西银行，在雅加达组建百利达尼龙线厂。1970 年，在印度尼西亚锡江组建印度尼西亚农工银行。1972 年，将雅加达商业银行、苏拉威西银行、农工银行合并为必利达银行。1973 年，组建雅加达必利达保险公司。1974 年，组建雅加达必利达纸厂。

20 世纪 90 年代中期，黄仲咸敏锐地察觉到华人在印度尼西亚办银行的危机，果断割卖银行，变卖全部不动产，到其他东南亚国家以及中国台湾、香港地区发展。在香港，黄仲咸创办必利达公司等 4 家公司。

20 世纪 50 年代，黄仲咸开始资助家乡公益事业。1978 年，捐资建造各种楼宇及村道等 50 多个项目，总面积达 12 万多平方米，受益单位包括 20 多所中小学、幼儿园、医院。其助建扩建长汀“希望小学”、安溪一中教学楼和南安儿童乐园、妇幼保健院等 10 多个工程。创设福建省黄仲咸文学奖，资助地方史志的编纂和出版，支持灾区群众重建家园，为家乡老人发放生活补贴。1990 年，其创建南安市黄仲咸教育基金会，开展奖教助学活动。1993 年，捐资在南安市区兴建南安必利达大厦；1994 年，独资在厦门市区捐建厦门必利达大厦，并将其作为“黄仲咸基金”的永久性产业，所得到利润作为扶持国家教育、文化、卫生、福利事业的发展，支持关心社会弱势群体以及其他公益事业的资金来源。2000年，黄仲咸偕夫人戴子媛回国定居。2002年起，黄仲咸的公益活动扩大到全省老区、山区。2005年2月3日，黄仲咸和夫人戴子媛在厦门市公证处立下遗嘱，将南安必利达大厦、厦门必利达大厦、香港中行寄存的1.1万两黄金、厦门中行800多万元存款、南安水头镇4公顷地皮的使用权及其全部收益归福建省黄仲咸教育基金会所有。2006年4月20日，黄仲咸在香港中行按时价将1.1万两黄金售出，所得款项6458.1万港元悉数转入福建省黄仲咸教育基金会账户中。8月18日，将厦门必利达大厦产权过户给福建省黄仲咸教育基金会。

黄仲咸为振兴家乡教育倾其资财，捐资教育、文化、卫生福利等社会公益事业。福建省政府9次授予黄仲咸“乐育英才”金质奖章，并于1995年立碑表彰。1995年，教育部授予其“尊师重教、振兴中华”奖牌。1999年10月1日，黄仲咸应邀参加中华人民共和国成立50周年庆典，受到党和国家领导人接见。2003年10月22日，黄仲咸获福建省人民政府授予“福建荣誉公民”称号。2004年5月，获福建省人民政府颁发的“福建省华侨捐献公益事业突出贡献奖”；9月，获“福建省首届感动教育十大杰出人物”称号。2005年1月，在中央电视台、《海峡都市报》、东南电视台主办的评选活动中，黄仲咸获“感动福建·2004年度十大人物”称号。2006年5月，获首届“八闽慈善奖”。2008年4月12日，获民政部2007年度“中华慈善奖提名奖”。

2008年7月30日，黄仲咸在厦门病逝。

洪天紫

洪天紫（1920—1999），民国9年（1920年）2月20日出生于南安县二十一都杏埔乡（今南安市霞美镇杏埔村）。年少时在家乡读书。

13岁时，洪天紫随亲友往印度尼西亚泗水，当过小贩、店员。抗日战争胜利后，创立洪氏贸易公司、洪氏印务贸易公司。其后又创办N·S硫磺采矿场。20世纪70年代，到香港创立建源实业公司和塑胶厂。1990年起，投资创办香港宝辉贸易公司、天紫贸易有限公司。

1972年起，洪天紫在家乡杏埔村捐资兴建杏光小学校舍、围溪造田、设诊所、铺路、修缮古迹，以及捐助南安县医院、南安侨联和丰州镇侨联基本建设。1987年，捐建泉州市第一医院住院大楼宝莲楼。1991年起，捐建丰州宝莲中学（校址在今霞美镇）。此后，洪天紫加大对家乡教育事业的投入，先后捐建敬长小学、张坑小学、云东小学、柳城小学校舍；并在捐建宝莲中学初中部之后，续建宝莲小学和宝莲中学高中部校舍。1996年，出资设立宝莲中学教育基金会。鉴于洪天紫对家乡公益事业的贡献，福建省人民政府予以立碑表彰。

1999年7月10日，洪天紫在泉州市第一医院病逝。

杨德山

杨德山（1920—2008），民国9年（1920年）5月1日出生于河北省磁县彭城新华村。

民国26年（1937年）10月，杨德山在家乡河北省磁县报名参加八路军，在第一二九师警卫营二连三排八班当战士、班长。民国27年2月，加入中国共产党。历任太行区五地委警卫队警卫班长，河北涉县第五区公安干事、区委委员，河北磁县公安局审讯股长，磁县彭城派出所所长、区委委员，太行六分区公安处社会科长、审讯科长。1949年2月，随军南下任直属中队指导员；同年8月，任中共南安县委常委、公安局局长。

1952年7月，杨德山任晋江专署公安处社会科长、副处长、地委委员。1956年5月，任中共晋江地委常委、晋江专署公安处处长。1965年12月，任福建省公安厅第七处处长、中共福建省公安厅党组成员。

1969年10月，在永定县革委会保卫组任副组长；11月，任中共龙岩地区马坑铁厂委员会副书记、马坑铁厂领导小组副组长。1972年4月起，先后任龙岩地区革委会保卫组副组长、组长，中共龙岩地区革委会保卫组支部书记。1973年，任龙岩地区公安局局长。1975年10月至1983年3月，任中共晋江地委常委（其间，1975年10月至1978年9月兼任晋江地区革委会副主任，1978年9月至1983年3月兼任晋江地区行署副专员）。1983年3月，经中共福建省委批准离休。

离休后，杨德山担任泉州市老区建设促进会顾问，热心老区的建设和发展，热心社会公益。

2008年3月12日，杨德山逝世。

施维鹏

施维鹏（1920—2004），民国9年（1920年）5月21日出生于晋江。

施维鹏高中毕业后，在其父施能杞设于衙口的百货店协助店务。民国29年（1940年）赴菲律宾宿务协助经营白金行百货商场。1960年，设立艾山诺经营旅馆，后又经营白金楼中餐馆，投资金融业、房地产、建筑材料等业。

施维鹏历任宿务临濮堂施氏宗亲会理事长、菲律宾浔江公会副理事长、旅菲临濮总堂名誉顾问、世界临濮堂施氏宗亲总会咨询委员、宿务菲华商会监事长、宿务百货商会永远名誉理事长、宿务东方学院副董事长、宿务善举公所名誉理事长、菲华宿务志愿防火会常务顾问等社团职务，在菲律宾捐资教育和社会慈善等公益事业。

20世纪60年代起，施维鹏开始捐输家乡公益事业；20世纪80年代捐资参与兴建晋江南侨中学、衙口中心小学和幼儿园校舍和设立奖教奖学金，创立“衙口中心幼儿园施维鹏父子施嘉骏施嘉骐教育基金会”，对云南地震和苏浙皖、长江、松花江等地的水灾亦捐资赈济。为表彰施维鹏对家乡公益事业的贡献，2003年，福建省政府和泉州市政府给予立碑表彰；2004年福建省政府授予“福建省捐赠公益事业突出贡献奖”金质奖章。

2004年9月8日，施维鹏在菲律宾宿务逝世。

蔡子民

蔡子民（1920—2003），原名庆荣，民国9年（1920年）6月出生于台湾彰化一个传统的书香门第，祖籍晋江县十九都许宅乡（今石狮市灵秀镇前廊村古宅自然村）。民国22年4月在台湾台中市第一中学读书。民国25年4月在日本东京巢鸭中学读书。

民国28年（1939年）4月，蔡子民在日本东京早稻田大学学习。民国34年9月，在日本东京《华侨日报》任总编辑。民国35年8月，返回台湾创办《自由报》并担任总编辑。民国36年2月，台湾爆发“二二八”起义，蔡子民投身到人民斗争中；9月，在国民党当局的围追堵截中，冒险到上海，担任上海台湾旅沪同乡会总干事，并加入中国共产党。1949年7月，加入台湾民主自治同盟。

中华人民共和国成立后，蔡子民一直从事对台广播编辑工作。1962年9月，转到外事工作岗位后，仍悉心研究台湾历史，关心台湾问题，结集出版《台湾史志》一书。1969年4月，任对外友协亚洲组组长。1971年2月，在外交部江西“五七干校”学习。1978年6月，在国务院侨务办公室干部。1979年6月，任文化部对外联络司副司长；同年10月起，任第二、第三届台湾民主自治同盟总部常务理事。1981年3月至1985年5月，任中华人民共和国驻日使馆文化参赞。回国后，历任台湾民主自治同盟常务委员、宣传部部长，第四、第五届台湾民主自治同盟中央主席团主席。1992年4月和9月分别率领全国人大代表团出席在喀麦隆首都雅温得召开的各国议会联盟大会和在瑞典首都斯德哥尔摩召开的各国议会联盟第88次大会，并代表中国政府在大会上发言。1997年起，蔡子民任第六届台湾民主自治同盟中央名誉主席、海峡两岸关系协会顾问、中华海外联谊会副会长。1997年6月，蔡子民作为中国政府代表团成员出席7月1日香港回归祖国典礼。1998年3月至2003年3月，任第九届全国政协常务委员、台港澳侨委员会副主任。

蔡子民是第四、第五届全国人大代表，第六、第七、第八届全国人大常委会委员。

2003年4月11日，蔡子民在北京病逝。

张海天

张海天（1920—2002），民国9年（1920年）11月17日出生于惠安县崇武铺港墘乡（今崇武镇港墘村）。民国26年考入集美农校，民国27年转学泉州中学。

民国30年（1941年）秋，张海天考入集美水产航海学校。其间，其秘密阅读许多进步书籍，受到革命理论熏陶。民国32—33年，先后在惠安港墘复兴小学、东岭前林狮峰小学任校长或教员。民国33年11月，加入中国共产党。民国34年2月，再回复兴小学任教；3月，任中共惠安港墘支部书记。民国35年6月，任中共（闽中）惠安县工委委员，负责惠东南工作片。民国36年10月，任中共（闽中）惠东区工委书记及港墘海上交通站负责人。1949年2月，任闽浙赣纵队闽中支队惠安人民游击大队副大队长，参与领导“三朱反围剿”“港墘反围剿”及解放惠安县城等一系列革命斗争。

1949年9月，张海天任惠安县人民政府副县长；10月，任中共惠安县委常委、惠安县人民政府副县长。1950年年初，先后组织、带领民工，参加同安、福清、晋江3个机场建设，完成战备任务。

1952年起，张海天先后任晋江专署建设科科长、农林局局长。1961年5月至1968年9月，任晋江地区专署副专员、中共晋江地区专署党组成员（其间，1965年1月起兼任晋江共产主义劳动大学校长），参与领导晋江下游两岸的防洪堤和金鸡拦河闸等重大水利工建设。

1967年6月，张海天任晋江专区军管会生产指挥部办公室主任。1971年间，受命担任山美水库修建工程指挥部副指挥。同时，积极推广农业育种家陈罗庚的甘薯“新种花”高产良种。1973年，任晋江地区生产指挥处领导小组副组长。

1977—1979年，张海天被下放劳动。

1982年8月至1983年3月，张海天任晋江地区专署副专员；1983年10月，离休。

张海天离休后，先后被选为第十一、第十二、第十三届泉州市人大代表。其关心民生，发挥余热，积极承担人大常委会、老区办、党史办、计生委、泉州侨乡开发协会等工作，并以各种形式捐助希望工程和贫困群众，为社会做出积极贡献。

2002年1月11日，张海天病逝。

石延明

石延明（1920—2008），民国9年（1920年）12月出生于山西省浮山县史演河乡左家沟村。青少年时，参加抗日救亡活动。

民国33年（1944年），石延明加入中国共产党。民国34年，任中共浮山县二区分委组织委员，分管岭西五村乡土改和减租减息斗争。民国36年，任中共浮山县三区区委组委、副书记。1949年3月，加入中国人民解放军长江支队，随军南下福建。

1949年8月入闽后，历任中共闽清县二区区委书记、四区区委书记、县委组织部副部长兼农会主席，中共永泰县委组织部部长、副书记，中共闽侯地委审干办公室副主任、地委纪委副书记。1956年11月至1968年9月，任中共晋江地委纪委第二副书记、副书记。“文化大革命”中，下放晋江地区养路段参加修建洛阳大桥。1975年，调回中共晋江地委负责落实干部政策工作。1979年11月至1983年3月，先后任中共晋江地委常委、组织部部长，地委常委、纪委书记。1983年3月离休后，任泉州市老体协、老龄委、关工委顾问。

2008年2月，石延明病逝。

谢希德

谢希德（1921—2000），女，民国10年（1921年）2月1日出生于泉州城厢（今鲤城区），祖籍晋江二十一都祥芝乡（今石狮市祥芝镇）。其父谢玉铭是著名的物理学家、教育家，为氢原子光谱精细结构研究的首创者。

民国31年（1942年），谢希德就读于厦门大学数理系，民国35年毕业，民国36年赴美国留学。

1951年，谢希德获美国麻省理工学院物理系博士学位。1952年，她与丈夫曹天钦（中国著名生物化学家、中国科学院上海分院院长，曾任上海市人大常委会副主任）回国，任复旦大学物理系教授。1956年，谢希德被调到北京大学参加五校合办的半导体专门组，从事半导体人才培养工作。1958年，与教授黄昆合著《半导体物理学》出版；同年，兼任上海技术物理研究所副所长。1962年9月，晋升教授。1965年，作为中国固体物理代表团团长出席英国物理学会固体物理学术会议。1978年，出席全国科学技术大会，被授予“先进工作者”称号；10月，任复旦大学副校长、中共复旦大学委员会委员兼现代物理研究所所长。1980年4月，被评为全国“三八红旗手”；同年10月，当选为中国科学院物理学部委员（院士）。1982年9月，当选为中共十二届中央委员。1983年，被任命为复旦大学校长，成为国内重点大学第一位女校长。1987年10月，当选为中共十三届中央委员。1988年4月，当选为上海市政协第七届委员会主席。1991年起，享受国务院政府特殊津贴。

20世纪70年代，谢希德开展与MOS器件相结合的硅、二氧化硅系统有关的表面研究，试制电荷耦合器件，并主持建立表面物理研究组，指导开展半导体表面理论研究，先后编著《表面物理》《群论及其在固体物理学中的应用》等专著。20世纪80年代，其倡议建立中国自然科学基金会，以推进中国基础科学研究。其从事半导体物理和表面物理的理论研究，是中国这两方面科学研究的主要倡导者和组织者之一，领导课题组在半导体表面结构、Si/Ge超晶格的生长机制和红外探测器件、多硅孔发光、蓝色激光材料研制、锗量子点的生长和研究以及磁性物质超晶格等方面取得出色成果。

20世纪80年代后，美国、加拿大、日本、英国等国家相关学校先后10次授予谢希德荣誉博士学位。1988年，谢希德当选第三世界科学院院士。1990年，被选为美国文理学院外籍院士。其科技业绩分别编入《中国科学家辞典》《中国科苑英华录》。

2000年3月4日，谢希德在上海逝世。

李尚大

李尚大（1921—2008），又名霄然，字法仁，昵称“肥啊”，民国10年（1921年）4月10日出生于安溪县感化里（今湖头镇湖二村）。早年就读其父李瑶悌（号和声）创办的慈山小学，后到厦门双十中学和集美中学、福建学院就学。

民国36年（1947年），李尚大出任安溪中正中学（今蓝溪中学）校长。后与友人合资在厦门经营“太平进出口行”。民国37年9月，前往香港。

1952年，李尚大辗转到印度尼西亚，从码头搬运工做到工头再到仓库管理员。后与友人合作开店，经营土特产品生意。20世纪60年代，转营伐木业。事业有成后，成立和声（木材）有限公司，任董事长。20世纪70年代以后，创办胶合板厂、钢铁厂、瓷砖厂等，并涉足酒店、房地产、石油等行业。20世纪90年代初，李尚大将事业交给儿子李川羽、李龙羽，兄弟俩成立尚大集团。尚大集团Wisma46大楼成为当时雅加达最高的地标性建筑。

1965年印度尼西亚排华时，有一大批已放弃印度尼西亚国籍而没有返回祖国的华侨，被印度尼西亚当局在巨港、棉兰等地“圈地为牢”。这些华侨无法求学、就业，生活、就业各方面遇到诸多困难。1992年起，李尚大多方交涉，耗费许多心血和财力，直至1996年，终于使30多万印度尼西亚华侨重新获得印度尼西亚国籍。李尚大还兴建学校，让这些华侨子女就学。1989年，其带头发起创建印度尼西亚雅加达安溪福利基金会，并任该会多届主席。还在印度尼西亚西加里曼丹首府坤甸创办西加里曼丹大学等。

李尚大年轻时受到陈嘉庚爱国兴学思想的教育，爱国爱心，热心公益。1985年12月，其第一次回乡，之后逐步把生意交给儿子管理，专办公益事业。李尚大以独资或与胞弟李陆大等合资的方式承办或助办公益事业。经常往返于安溪和印度尼西亚，亲自参加大部分项目的选址和规划，参与图纸设计论证，到工地巡视；或电话了解工程进度，或用书信叮嘱施工安全。此外，还捐建泉州黎明职业大学吴龙江大楼、陈后潮大楼、慈山大楼等7座大楼，捐建集美大学村牧楼、尚大楼、灿英楼和集美中学福山楼；帮助厦门市人民政府和厦门大学联办医学院，帮助厦门市中山医院兴建心血管研究中心；协助蔡继琨筹建福建音乐学院；提供低息贷款，为省交通部门解决建路资金；为北京燕京华侨大学捐建校舍，为北京外贸大学创设奖学金。20多年间，因捐办公益事业而书写的信件已知的有1272封。

1989年，李尚大带头发起创组印度尼西亚雅加达安溪福利基金会，被推为该会主席。积极支持著名侨领唐裕的倡议，于1992年10月在新加坡成立世界安溪乡亲联谊会并召开第一届大会；还先后率印度尼西亚乡亲组团回乡参加1994年、1997年在安溪举行的第二、第三届世界安溪乡亲联谊大会。李尚大是新加坡安溪会馆名誉主席，厦门集美大学校董会第一、第二届副主席，泉州黎明职业大学第二任董事长。

1994年11月，国家主席江泽民出席在印度尼西亚举行的亚太经济合作组织第三次领导人非正式会议，李尚大及其夫人吴灿英等受到江泽民主席接见。1996年10月1日，李尚大应邀参加中华人民共和国成立47周年庆典大会。李尚大还多次受到胡锦涛等党和国家领导人的接见，多次获福建省人民政府授予“福建省捐赠公益事业突出贡献奖”金质奖章、奖匾、荣誉证书，并受到立碑表彰。

2008年11月2日，李尚大在新加坡逝世。

2009年3月，李尚大再次获福建省人民政府立碑表彰；11月，集美大学在诚毅学院举行李尚大铜像揭幕仪式。

季　海

季海（1921—2001），民国10年（1921年）10月出生于江苏省滨海县一贫苦家庭，少时在家读私塾，后在该村担任民办教员。

民国31年（1942年）11月，任滨海县獐沟区旧河乡农会主任、治安委员；12月，加入中国共产党。民国33年4月起，历任獐沟区旧河乡乡长、民政助理员，獐沟区委员，阜东县县公安局内勤干事、派出所所长，临海区委副书记，淮海前线支前司令部担架营政治教导员。1949年1月，参加中国人民解放军，任渡江支队新兵营政治教导员、第29军第85师后勤处后勤股副股长。

1950年1月，季海参加淮海、渡江战役后随军到福建开展工作，先后任第29军干部工作队队长，中共连城县委秘书、土改队指导员，中共连城县附城区委书记兼附城区政府区长。1951年8月，任中共连城县委宣传部副部长。1952年4月，任中共连城县委组织部副部长。1953年2月，任连城县人民政府副县长。1954年8月，任中共连城县委副书记。1955年10月，任中共龙岩地委五人小组副组长。1956年5月，任中共龙岩地委监委副书记。1958年10月，任中共龙岩地委组织部副部长。1959年10月，任福建省人民检察院龙岩检察分院检察长。1961年8月，任龙岩地区中级人民法院院长。1963年11月，任中共龙岩地委监委副书记。1965年6月，任中共连城县委书记。1972年2月，到霞浦县蹲点，任县革委会副主任。1975年7—11月，任中共惠安县委副书记；1975年11月至1977年6月，任中共惠安县委书记。1977年8月，任晋江地区农办主任。1979年12月，任福建省人民检察院晋江检察分院检察长，参加检察机关恢复重建。

1983年12月离休，享受地专级待遇。

2001年5月25日，季海逝世。

李陆大

李陆大（1923—2007），昵称“陆啊”，民国12年（1923年）3月15日出生于安溪县感化里（今湖头镇湖二村）。先在其父李瑶悌（号和声）创办的慈山小学读书，后就读厦门双十中学和集美中学。

民国35年（1946年），李陆大毕业于厦门大学政治系。此后，在安溪中正中学（今蓝溪中学）任庶务处主任。20世纪50年代，在集美财经学校任教。1957年，李陆大前往香港，与其兄李尚大先后在中国香港、印度尼西亚、新加坡等地创办公司，经营木材、房地产、食品厂和金融业等。后定居新加坡，与李尚大一起创办和声有限公司。

1985年，李陆大与李尚大共同捐资兴建安溪湖头慈山小学校舍，创建慈山学校初中部，后又捐资创建慈山财经学校。1992年，在家乡兴学助教，修路建桥。李陆大尊崇祖宗，富有孝心，敬老尊师，待友诚恳。1988年起，每年春节在安溪举办“迎春敬老宴”，连续18年，受宴请的老人高达5万多人次。1996年起，每年春节在湖头举办敬老宴会，宴请李氏家族老人。至2007年，为1000多名行动不便的老人分发红包。

1994年，李陆大向中国扶贫基金会一次性捐资。国际小行星命名委员会批准将中国科学院紫金山天文台发现的编号为“3609”号的小行星命名为“李陆大星”。1996年4月，北京举行“李陆大星”命名典礼。

2004年3月，李陆大因捐赠家乡公益事业贡献突出获福建省人民政府立碑表彰；4月，又获福建省人民政府授予“华侨捐赠公益事业突出贡献奖”。

2007年2月15日，李陆大在新加坡病逝。

何瑶煌

何瑶煌（1923—2004），民国12年（1923年）7月出生于晋江县三十六都（今泉州市丰泽区东海街道）。7岁时父亲去世，16岁辍学当学徒。

1949年，何瑶煌往新加坡，在其兄瑶琨的激成公司协助工作。20世纪60年代，创建大同（新加坡）有限公司、香港美山贸易有限公司。20世纪70年代，创建美鸣电子（菲律宾）有限公司、美明电子（香港）有限公司。1983年后，在厦门合资开发“佳美花园”，北上苏州投资房地产业，营建苏美中心大厦。

何瑶煌历任香港中药公会永远会长、港九中华药业商会名誉会长、华侨大学董事、黎明大学常务董事、泉州师范学院名誉董事长。

20世纪50年代，何瑶煌发动海外侨胞捐资创办东海华侨农业中学（后更名为“东海中学”）。1980年，捐资在泉州市区兴建贤銮福利大厦；并独资创办泉州贤銮福利基金会，奖学和助学并重，建立起从小学、初中、高中、大学优秀奖、研究生奖、国际奥林匹克竞赛和国家级五科竞赛获奖者嘉奖等系列奖项，对于促进学校教学质量的提高和鼓励学生好学上进起了重大作用；同时，该基金会还每年拨款资助盲聋哑和开智学校改善办学条件，资助华侨大学贫困优秀生，资助青少年宫举办钢琴、小提琴比赛，举办青少年贤銮科技奖等。何瑶煌先后于1985年、1990年、2000年3次获福建省人民政府颁发金质奖章、牌匾和荣誉证书，泉州市人民政府也给予表彰。

2004年4月6日，何瑶煌在泉州逝世。2004年5月，福建省政府予以立碑表彰。

柳偶春

柳偶春（1923—1999)，民国12年（1923年）出生于祖籍地惠安县东岭镇。

柳偶春少时随父往新加坡，曾返乡读小学。10岁重返新加坡，随父经营金定有限公司。1958年接掌父业，先后创办泉协成私人有限公司、金定实业私人有限公司，均任董事主席，主营五金和船用金属器具，建有金定大厦。

柳偶春热心社会活动，历任新加坡惠安公会监委、常委、副主席、主席，甘榜南区咨询委员会副主席、星洲惠华国术研究社名誉社长及多家慈善机构董事。柳偶春热心家乡公益事业，其父去世后即遵父嘱捐助其父生前在家乡创办的苍湖小学。1968年，捐资在苍湖小学增建苍湖中学校舍和添置教学设备。1980年，捐资续建苍湖中学学生宿舍和配套设施，捐资建成惠东华侨医院门诊大楼及住院部大楼，添置救护车和其他设备。1991年，捐资另行重建苍湖小学校舍。1992年，捐资建惠安县医院八层门诊大楼柳金定楼，后又捐建东岭镇文化站、湖边村老人协会，以及资助惠安县侨联建设，捐资家乡公益事业，福建省政府曾三次颁授捐资办学、兴医金质奖章，1996年予立碑表彰。

1999年2月，柳偶春逝世。

蔡友玉

蔡友玉（1924—2002），民国13年（1924年）10月21日出生于晋江十九都石狮亭乡宽仁（今石狮市凤里街道宽仁社区）。

民国26年（1937年），蔡友玉往菲律宾，在杂货店当童工，同时在马尼拉中西学校读夜校。20岁起，铺地摊经营杂货。抗日战争胜利后，受聘一大公司为经理。20世纪40年代末期，在夫人洪淑佩支持下创办隆发酒厂，酿造享誉东南亚的隆发酒系列产品；其后创办菲律宾纺织厂、伟明顿塑胶厂、文得示织造厂、伟明顿成衣厂和菲律宾聚乙纤维有限公司等企业，成为菲华商界一位有影响实业家。

蔡友玉致力于发展中菲友谊，被誉为“中菲友谊的友好使者”。1974年，蔡友玉应中国国务院邀请，蔡友玉率领旅居新加坡、菲律宾等国的华侨赴北京参加国庆庆典，受到国务院总理周恩来的接见。其热心同乡社团工作，曾先后任石狮宽仁旅菲同会理事长、菲华石狮市各乡联合会（后易称同乡总会）首届理事长和第二至第四届会长、石狮市同乡总会创会会长，同时担任描仁瑞拉厂商联合会名誉会长。蔡友玉与其夫人洪淑佩捐资福建省各地教育、慈善公益事业，设立蔡友玉家族教育基金会，在龙岩市和安溪县捐建希望小学。因对福建各地捐资公益事业贡献巨大，获福建省政府立碑表彰。

2002年3月7日，蔡友玉在马尼拉病逝。

吴序良

吴序良（1924—2006），民国13年（1924年）12月出生于南安县二都岐山乡（今鲤城区浮桥街道岐山社区）。

民国30年（1941年），吴序良随叔父到印度尼西亚泗水做生意。其间，吴序良结交抗日志士，宣传抗日。民国34年，参加泗水战时华侨服务团。民国35年，参加罢市罢工斗争，抗议骚扰华侨。民国37年，被荷兰军警逮捕，翌年获释。

1950年年初，吴序良参加中共组织的新民主主义同志会，从事秘密活动。1952年，参加泗水华侨联合会，任主任秘书。1953年，任泗水唯一爱国日报《大公商报》经理，刊发贴近侨心的文章，介绍祖国新气象，传播中华优秀传统文化。

1963年，吴序良应中国华侨事务委员会的号召回国。1964年2月，在福建省华侨投资公司晋江专区办事处工作。1976年，在泉州市外事组工作。1978年，任泉州市侨联副主席。1983年，任泉州市人大常委会副主任。1984年6月起，吴序良任鲤城区侨联主席。1986年1月至1991年3月，任泉州市（地级市）人大常委会副主任。1988年10月至1998年6月，任泉州市侨联副主席。

1989年，吴序良出席全国侨代会；1992年，兼任福建省侨联副主席。是第三、第四届省政协委员，第八届全国人大代表、全国人大常委会华侨委员会委员。1996年11月离休。

吴序良热衷教育与社会公益事业，致力于人大和侨务工作，在鼓励和发动海外侨胞回泉投资办厂和捐建公益事业等方面做出贡献。1981年和1989年，其先后2次为满堂红中学（今泉州十五中）筹集教育资金港元500万元、人民币400万元；1993年，为泉州历史博物馆和黄石小学各筹集资金100万港币；参与筹建侨友针织厂等企业，主持建设泉州侨联大厦。

2006年2月2日，吴序良在泉州逝世。

陈泗东

陈泗东（1924—1994），字延颖，号幸园，曾用笔名史彤、思桐，鲤城区平水庙人，民国13年（1924年）生。父亲陈砥修，字仲瑾，光绪二十八年（1902年）举人。陈泗东5岁入学。民国27年在私立泉州中学校（今泉州六中）初中毕业，进培元中学高中部；民国30年春进福建省立长汀中学，民国31年秋转省立龙溪中学。民国32年8月高中毕业。民国33年秋，考进上海暨南大学文学院历史地理系。

民国35年（1946年）3月，陈泗东加入中国共产党，任中共暨大支部宣传委员。民国36年1月，其写下《为美军迭次暴行，上海学生上书蒋主席》刊登在上海《文汇报》；同年5月，其积极参加“反饥饿、反迫害、反内战”斗争，被上海市学生联合会推选代为赴南京请愿代表，后因遭到反动当局通缉，陈泗东被学校勒令退学。民国36年，陈泗东到台湾继续从事地下斗争。民国37年春，在台湾被捕入狱。后由父亲陈仲瑾保释回泉州治病，与中共地下组织失去联系。中华人民共和国成立后，陈泗东先后任西隅中学（1955年改为泉州四中）教务主任、校长。1952年9月，重新参加中国共产党。10月，加入中国民主同盟（简称“民盟”），任民盟泉州市委会宣传部部长。1956年6月当选为政协泉州市第一届委员会委员，9月当选为泉州市第二届人民代表大会代表。1957年被划为“右派分子”。“文化大革命”中遭受批斗。1972年调到泉州市文物管理委员会（简称“文管会”）。1974年参加泉州后渚港宋代古船的发掘工作。1978年落实政策平反，1980年恢复党籍。至1984年，陈泗东先后任泉州市文管会办公室主任，泉州市文化局副局长兼泉州市地方志编纂委员会办公室主任，泉州市第八届人民代表大会代表，政协泉州市第四届常务委员、文史资料研究委员会副主任、提案审查委员会委员。

陈泗东在任时，一直致力于泉州地方历史研究，倡导开展“泉州学”研究，在泉州历史文化名城保护、考古发掘，泉州历史文献资料的搜集、整理和研究工作方面倾注了大量心血。其参与创建泉州历史研究会，任秘书长、副会长、会长；创办并主编《泉州文史》；主持泉州市辖区内文物史迹镌文立碑标识与抢救工作；参与主编《中国历史文化名城·泉州卷》《泉州文物古迹》等书；倡议翻印明万历、清乾隆两部《泉州府志》；主持编辑《泉州旧风俗资料汇编》；组织主持或参与泉州台湾关系史、泉州海外交通史、泉州历史与文化等各种学术讨论会；撰写、发表《泉州湾宋船沉没原因及带有文字的出土物考证》《泉州少林史迹阐微》等20余篇论文。

1985年6月，陈泗东离休后，历任中国海外交通史研究会顾问、泉州市社会科学联合会副主席、福建省历史学会常务理事兼厦门分会副会长、福建省文史研究馆馆员、福建省中华诗词学会副会长、泉州市人大常委会科教文卫工作委员会委员、政协泉州市文史委员会副主任、泉州市华侨历史学会副会长、泉州刺桐吟社社长、泉州南少林研究会会长等20多个社会职务，不遗余力推动泉州地方文史的研究工作。其参与组织吴真人、俞大猷等学术讨论会；参加联合国教科文组织“海上丝绸之路”综合考察泉州国际学术讨论会；参与复建泉州承天寺、重建少林寺、兴建泉州市图书馆、成立中国南音学会、泉州方言研究会、发起成立泉州南少林研究会及创办《泉南文化》等工作。并积极协助政府开展联系海外侨胞、台湾同胞、港澳同胞的工作，1986年11月，陈泗东被选为泉州市金门同胞联谊会副会长，兼福建省金门同胞联谊会理事。1987年，被福建省委省政府授予“离休后，继续发挥余热，成绩显著”奖状。1988年夏，参加日本“浦添市—泉州市缔结友好都市纪念学术研讨会”。同年，被授予福建省“老有所为精英奖”。1989 年，被日本东京政法大学冲绳文化研究所聘为客座研究员。因长期从事泉州地方史研究，陈泗东曾被誉为“泉州通”。其论著《幸园笔耕录》，包括了泉州历史、方言、考古、风俗、史迹、戏剧到东西交通史、科技史、华侨史、武术史、人物史、艺术史、艺文史等研究。

1994 年 7 月，陈泗东因病去世。

吴克泰

吴克泰（1925—2004），原名詹世平，祖籍安溪，民国 14 年（1925 年）2 月 15 日出生于台湾宜兰县。

民国 35 年（1946 年），吴克泰加入中国共产党，曾任中共台北市工委委员、台北学委会书记。民国 36 年，参加台湾人民反抗国民党暴政的“二二八”起义。1949 年 5 月 4 日，率台湾五四青年代表团到北京参加第一届全国青年代表大会。

中华人民共和国成立后，吴克泰历任中国国际广播电台日语组组长、亚洲部副主任、国内部副主任，中国国际信托投资公司业务部副总经理、联络部主任、信息中心副主任。1983 年起，历任台盟总部常务理事、组织部部长，台盟第四届中央委员会主席团委员，台盟第五届中央委员会常务委员。

吴克泰一生致力于祖国统一大业，为促进海峡两岸的往来与合作做出贡献。

吴克泰曾任第五、第六届全国政协委员，第七、第八届全国政协常委，台盟中央原顾问，中国和平统一促进会理事，中国国际友谊促进会理事。

2004 年 3 月 1 日，吴克泰在北京病逝。

曾星如

曾星如（1925—2008），又名焕硕，祖籍安溪县龙门镇龙山村，民国 14 年（1925 年）12 月 6 日出生于印度尼西亚泗水。7 岁回乡，先后就读龙文小学、集美中学和省立龙溪中学。毕业后在家乡小学任教。民国 35 年，前往香港谋生，先后打短工、当小职员、做小买卖。后来，自己创办公司，发展为集团性企业，经营服装、水产、丝印、地产等行业，业务拓展到美国、加拿大等地。

20 世纪 60 年代，曾星如开始经营布匹服装业，成为国产西装在香港的总经销商。之后，创办大洋水产公司、华利（源记）虾栏和德记鱼栏贸易公司，成为中国粮油食品总公司在香港的总经销商。1980 年后，曾星如先后创办 29 家公司，并在其中 26 家公司任董事主席，成为香港著名的企业家，担任香港福建商会副理事长。1983 年，曾星如参与发起组建香港安溪同乡会，任第一至第三届会长。1984 年 2 月，曾星如与安溪县联益发展公司各投资 50 万元，创办安溪第一家合资企业——安星藤器企业有限公司，1985 年 1 月正式投产，产品出口亚洲及欧美 40 多个国家和地区。至 1989 年底，该公司创汇 2230 万美元，成为福建省首批外商投资产品出口企业和创汇大户之一，获福建省和全国外经贸行业先进单位及全国出口创汇先进企业等称号。安星公司先后在安溪县 15 个乡（镇）设立 69 个加工点，吸纳 7000 多名劳动力，5 年发放工资 5000 万元，扶持 6000 多户农民脱贫；该公司除安置劳动力外，还向农村收购竹梢、芒草、地瓜藤作原料，让全县农民增收 1500 多万元。公司还允许领原材料回家加工，许多农家妇女一边带小孩，料理家务，一边编制竹藤产品，每个月都有几百元的收入。安星藤器企业有限公司为安溪藤铁工艺品产业培育大量技术人才，推动安溪藤铁工艺品企业的发展，使安溪成为藤铁之乡，为安溪脱贫致富做出贡献。曾星如还投资创办安星服装厂、安星丝花厂、安星纸品工业、安星轻工实业有限公司。1985 年，曾星如捐赠香港保良局资产兴办慈善事业。1986 年，曾星如联合香港知名人士设立香港福建经济发展促进会，并担任会长，为福建经济建设提供科技服务。

曾星如先后捐建龙门镇龙山村小水电站，龙门医院手术室，捐赠龙门医院救护车 1 辆，在龙门镇捐建1幢3层的“秀美敬老基金楼”，作为老年人活动中心，资助家乡中、小学及华侨大学。1993年，在安溪县城捐建“星如敬老基金楼”，建筑面积6000多平方米，造价198万多元。基金楼年租金收入（约20多万元）作为凤城地区老年团体及老年人活动经费。时任福建省委书记陈光毅为基金楼题写“星如敬老基金楼”。为表彰曾星如对家乡公益事业的贡献，福建省人民政府授予其“福建省捐赠公益事业突出贡献奖”金质奖章、“惠泽桑梓”匾额及荣誉证书。

曾星如曾任全国政协第八、第九届委员，全国工商联执委、全国侨联名誉顾问、中国外商投资企业协会常务理事，福建省政协常委、福建省商会副会长、福建省外商投资企业协会名誉会长、福州华南女子学院董事长、华侨大学董事及基金会理事等职，并先后任香港福建同乡会第十一、十二届理事长，第十三届监事长，香港特别行政区第一届政府推选委员会委员，为香港回归祖国做大量工作。

2008年8月21日，曾星如在香港病逝。

吴家熊

吴家熊（1925—2010），民国14年（1925年）出生于晋江县三十三都（今泉州市鲤城区浮桥街道）。3岁时，父母因染鼠疫，双双辞世，吴家熊在堂兄和大嫂的照顾和抚养下长大成人。

民国37年（1948年），吴家熊在兄嫂的资助下前往印度尼西亚谋生，先后当店员、推销员等。20世纪50年代末至60年代初，吴家熊与他人合伙创办公司，经营饲料与土产输出。后创建万顺公司，经营农产品。1982年，成立大马集团，任董事长兼总经理。吴家熊两次被《经济新闻》杂志评选为东南亚50位著名大富豪及企业家。

20世纪60年代，吴家熊通过香港与内地进行贸易往来。改革开放初期，大马集团率先进驻中国市场。20世纪90年代，吴家熊独资35亿多元投资泉州东海滨城，成为促进中国和东南亚国家贸易往来的典范。

吴家熊先后捐建泉州市满堂红中学（后改名“泉州第十五中学”）科技楼、新步学园、浮桥老人会馆、浮桥繁荣大道、泉州侨乡体育中心吴家熊南少林国术馆，捐资满堂红教育基金会、新步小学教育基金会；捐资北京燕京大学、华侨大学、集美大学、江苏南京人民医院、鲤城区慈善总会等，范围涉及教育、医疗卫生、老龄等事业，各项公益捐资近亿元。2004年5月16日，获福建省人民政府授予“捐赠兴办公益事业”纪念匾，并受到立碑表彰。

2010年9月2日，吴家熊在新加坡逝世。

张田丁

张田丁（1926—2010），民国15年（1926年）年5月19日出生于山西省武乡县贾豁李家庄村。

1939年4月，张田丁加入中国共产党。曾在中共武乡县第四区青年宣传队参加抗日救亡宣传工作。民国30年2月，为武乡县活庄学校学生。民国31年1月，为太行三中（太行联合中学）学生。

民国28年（1939年），张田丁从太行三中毕业后，在中共太行第四地委（河南省温县二区）工作。历任温县二区首届农会主席，五区副区长、代理区委书记。民国37年12月，任中共太行第四地委办公室干事。1949年，任长江支队第五大队直属中队副政治指导员。

1949年9月，张田丁任中共龙溪地委办公室干部。1952年，任中共南靖县委宣传部部长。1953年12月，任中共南靖县委副书记。1956年3月起，历任中共龙溪县委副书记，福建日报社编辑部组长，中共福建省委文教部办公室副主任，中共厦门市钢铁厂委员会书记，厦门第二轻工业局局长，厦门市计划经济委员会主任。

1971年5月，张田丁任中共同安县委副书记。1975年12月，任中共福建省广播电视局党组成员、政工处处长。1977年8月至1980年12月，先后任中共惠安县委书记、县革委会主任。1979年11月起，任中共晋江地委常委。1980年12月至1984年2月，任中共晋江地委副书记（其间，1980年12月起兼任中共泉州市委书记，1983 年 12 月起兼任泉州市人民政府顾问）。

2010 年 12 月 6 日，张田丁在泉州病逝。

李玉树

李玉树（1926—2003），民国 15 年（1926 年）5 月 26 日出生于菲律宾黎刹巴石社，原籍南安县三十八都下赵乡（今南安市水头镇新营村）。

李玉树毕业于菲律宾马布亚工学院土木工程系。1962 年，其父去世，其继承家业，主要经营伐木场、木材加工厂、香港福建参茸行和建筑公司。

李玉树秉承父亲遗志主持菲律宾巴西市华侨小学建设和办学，捐建马尼拉华侨中学校舍两座。历任菲华商联总会理事、财务委员，菲律宾陇西李氏宗亲总会常务理事兼财政、西文书主任，菲律宾巴西华侨小学董事长等社团职务。其热心家乡教育事业，1981 年与夫人陈秀琼独资捐建南安新营中学，后又独资捐建新营职业学校，捐资在家乡水头镇建公路，乐捐家乡社会公益事业，获福建省政府授予捐资办学金质奖章和立碑表彰。曾应国务院总理李鹏、国家副主席王震等国家领导人邀请，到北京参加国庆 35 周年、40 周年观礼，并受到接见。

2003 年 5 月 2 日，李玉树在马尼拉逝世。

范秉炫

范秉炫（1926—1995），民国 15 年（1926 年）年 5 月生，山西省高平县人。

民国 31 年（1942 年）11 月，范秉炫参加革命工作，历任太行区交通第八督察处干事，陵高县、修武县交通局局长，太行区陵川县邮政局秘书。1949 年 2 月，参加长江支队南下服务团。1949 年 10 月，加入中国共产党。历任福建支前财粮部南安官桥总站副站长、南安县农税科副科长、财政科科长。1955 年 3 月至 1960 年 7 月，任南安县人民政府副县长。1960 年 7 月至 1968 年 5 月，任南安县人民政府县长。1972 年 3 月后，历任中共天湖山煤矿委员会常委、革委会副主任，书记、革委会主任。1977 年 11 月至 1979 年 11 月，任中共德化县委书记、德化县革委会主任，中共福建省第三届委员会委员。1979 年 11 月至 1982 年 11 月，任中共晋江地委第一副书记、晋江地区行署专员。1982 年 11 月，任中共龙岩地委副书记。1986 年，任泉州市人大常委会筹备组成员、中共泉州市委顾问。1987 年 4 月离休。

1995 年 9 月，范秉炫逝世。

范增智

范增智（1926—2007），民国 15 年（1926 年）6 月出生于河北省丰润县老黄牛庄子镇七王庄。

民国 32 年（1943 年）6 月，范增智在河北省遵联县二区公安队任战士、班长。1944 年 2 月，调至冀热辽军区四区队后，任军区第 15 团 1 连 3 班班长。民国 34 年 10 月起，先后任东北人民自治军第 7 纵队第 91 师第 55 团 1 连司务长、副指导员、指导员。民国 35 年，加入中国共产党。1949 年 3 月，任中国人民解放军第四野战军第 44 军第 130 师团民运干事、股长、教导员。1952 年 7 月，任第 88 团干部处副处长、处长。

1953 年 1 月，范增智入朝参加抗美援朝。1954 年 1 月，任副团长；5 月，回国，在速成学校读书；同年，被授予少校军衔。1955 年 6 月，在南昌步兵学校任营长、大队长。1959 年 1 月，任晋江军分区第二副政委。1962 年 1 月，任闽北指挥部军务处处长。1963 年 1 月，任守备第 72 团团长。1964 年 6 月，任陆军第 84 师炮兵第 364 团政委。1968 年 8 月，任第 84 师政治部副主任。1969 年 7 月，任第 85 师副政委。1972 年 10 月，任福建省三明军分区第二政委。1975 年，任三明军分区政委。1976 年 5 月，任晋江军分区政委；

11 月，任中共晋江地委副书记。1978 年 12 月，任建阳军分区政委。1983 年 1 月离休。

范增智参加过辽沈、京津、四平、朝鲜金城反击战等战役战斗，曾立二等功 1 次，三等功 10 次；曾获授独立功勋荣誉章、三级解放勋章和独立自由奖章。

2007 年 5 月，范增智病逝。

姚荣辉

姚荣辉（1926—2008），民国 15 年（1926 年）11 月出生于菲律宾，祖籍晋江县四都（今晋江市内坑镇）。幼年回晋江读书。

民国 35 年（1946 年），姚荣辉前往菲律宾马尼拉。不久，在族叔开办的鞋店习商，先后由店员、采办升至经理。

1956 年，姚荣辉经营创办永久鞋业商店。1959 年，开设制鞋厂。1965 年，创办曼哈丹轮胎制造公司，任董事长兼总经理。随后，又经营地产业及金融业，创设永久地产、恒安地产及康利财务公司，成为菲律宾商界巨擘。1998 年起，被聘任为瓦努阿图驻菲律宾名誉总领事，参与国际外交活动。

姚荣辉首创描仁瑞拉厂商联合会，担任创会会长，深得旅菲华侨华人拥戴，先后被推举为菲律宾洪门秉公社理事长、菲律宾舜裔联谊会会长、菲华妫内五姓联宗总会主席。1992 年，当选为菲华商联总会理事长。1993 年 7 月，姚荣辉会同旅菲晋江乡贤黄呈辉、陈永栽等人发起成立菲律宾晋江同乡总会。2004 年 6 月 16 日，菲律宾宋庆龄基金会在马尼拉成立，姚荣辉出任首届理事长。

1994 年，姚荣辉组织菲律宾华商联总会访问团回国访问，其间，受到国务院副总理朱镕基的接见。姚荣辉同北京、上海、福建等地工商界人士广泛接触，开创中菲两国工商组织友好往来的历史，备受海内外的赞誉。1997 年，中国政府特邀其出席香港回归祖国庆典。

姚荣辉热心家乡公益事业。曾捐资兴建晋江市内坑中学校舍、运动场等。1991 年，参与捐建华侨大学教学楼，被聘为华侨大学董事会董事。1993 年，与新加坡侨商李成义领头捐资，兴建泉州市残疾人康复中心。1994 年，南安撤县建市，其捐资支持南安市的体育卫生事业。还在菲律宾募资，在家乡古山村兴建 4 层楼的姚氏宗祠，作为该村公共活动场所。

2008 年 3 月 24 日，姚荣辉病逝。

王为谦

王为谦（1926—2010），民国 15 年（1926 年）出生于晋江县二十六都杏墩村（今晋江市新塘街道杏田社区）。青年时代就读于泉州建国商校。

1950 年，王为谦前往香港谋生。1953 年，创办新元贸易公司。1962 年，新元贸易公司成为日本 TDK 电子产品在菲律宾、以色列，中国港澳地区和内地总经销。1968 年起，与胞弟王金陵等在印度尼西亚创办万国钢铁有限公司，成为印度尼西亚钢铁行业龙头。其后，又投资创办锰合金厂和塑胶厂。1978 年起，新元贸易公司在广州和厦门设立中国铝业、中外合资厦门东南铝业有限公司。继而在中国广东、福建、内蒙古、陕西和美国、加拿大投资创办 20 多家企业，经营房地产、酒店、餐饮、娱乐、水产养殖加工和铝制品、电脑磁盘及其他产业。东南亚金融危机期间，王为谦在印度尼西亚的企业受到严重冲击，由其弟整合为大型路桥建设企业。经 10 年奋斗，新元贸易公司又发展成为拥有香港运通世纪集团及中国铝业、伟和建筑工程、福建水产（香港）、集银（香港）、厦门东南铝业、集银（深圳）发展等 10 多家企业的集团公司。

1957 年，王为谦参加、发起恢复香港福建体育会。20 世纪 80 年代起，王为谦为首发起成立香港、亚洲、世界晋江同乡会和香港泉州市同乡总会。王为谦是香港特别行政区首届政府推委会委员、香港特别行政区第十届全国人大代表选举会议成员。历任香港福建商会理事长，福建体育会理事长及监事长，香港福建社团联会顾问，香港泉州市同乡总会、福建同乡会永远荣誉会长，香港华侨华人总会名誉会长，中华全国归国华侨联合会顾问，香港晋江同乡会、亚洲晋江社团联合会、世界晋江同乡总会首届会长和创会会长等诸多社团要职。

王为谦为外商到福建投资、贸易牵线搭桥，协助引进国外先进设备，为福建经济建设做出贡献。1988年，在泉州创办泉州运通兴业有限公司。王为谦热心家乡公益事业，捐资助建晋江机场，捐资家乡杏田村建校舍、修公路、办工厂、增设电力设备；捐资兴建华侨大学、福州华南女子学院和投资企业所在地的公益事业。2007年10月，王为谦获福建省人民政府、泉州市人民政府立碑表彰。

2010年8月14日，王为谦在厦门中医院病逝。

沈　慧

沈慧（1927—2001），女，曾用名意治，民国16年（1927年）2月7日出生于菲律宾马尼拉，祖籍晋江县三十四都清芒乡（今晋江市紫帽镇清濛村）。曾就读于中西小学、南洋华侨中学。

民国29年（1940年）1月，沈慧在马尼拉参加学生联合会。民国30年8月，在菲律宾加入中国共产党。民国31年起，当过小学教员，在华侨抗日反奸大同盟做妇女抗日救亡工作。民国34年，任菲律宾华侨抗日锄奸追击团常委。民国36年12月，参加华南局在香港举办的党内整风学习班学习。民国37年8月，沈慧奉命返回菲律宾从事地下工作。1949年1月，再度抵港；7月，到闽西南地委机关游击区工作。

中华人民共和国成立后，沈慧曾先后在龙溪地委文教部图书馆、厦门贸易公司人事科工作。1951年5月，任泉州市妇联福利部副部长兼鲤中妇联主任。1952年6月起，历任中共泉州市桐山区委组织委员，泉州市民主妇女联合会主席、主任。1956年7月，任泉州市人民委员会副市长。1957年12月，任福建省妇联晋江专区办事处副主任。1958年，任福建省妇联晋江专区办事处主任。1971年12月，任中共晋江地区第二医院委员会副书记、第二医院革委会副主任。1973年6月，任晋江地区妇联主任、省妇联晋江地区办事处主任。1978年9月，任晋江地区行署副专员；12月，兼任晋江地委统战部部长。1982年8月至1983年3月，任中共晋江地委常委。1986年1月，任泉州市（地级市）人大常委会副主任。1992年3月离休。

沈慧是第五届福建省人大代表、人大常委会委员，第五届福建省政协委员，中共福建省第三次代表大会代表、省委候补委员，全国妇女第四次代表大会代表，全国第三次归国华侨代表大会代表，全国侨联委员，中共第十二届代表。

2001年12月3日，沈慧逝世。

林木荣

林木荣（1927—2009），民国16年（1927年）5月出生于安溪县新康里仙境寨（今虎邱镇仙景村）。

民国35年（1946年），林木荣随父亲前往马来西亚经营小杂货店。1957年，到锡矿场当职工。1962年，购置矿山经营矿业生意。1968年起，林木荣和其家族先后开办荣吕实业有限公司、和利建筑有限公司、林木荣父子有限公司、利马有限公司、和利锡矿有限公司和速润有限公司等，从事锡矿业的开采和经营活动；同时，经营建筑业和石油业生意。20世纪70年代起，林木荣开始投资房地产。1983年，创办甘文丁机构有限公司，任公司董事主席。1989年，林木荣父子在华社领袖支持下，收购部分家族控股企业，整合成马化银行集团和马种植、马沙林、马化控股、万能企业、万能万宁、万利管理、南洛园丘、置地通用、大城市发展等14家集团公司，经营金融、博彩、种植、贸易、航运、木材、锡矿、种植业、房地产、制造业等，成为马来西亚著名实业家。林木荣还在北京、黑龙江、吉林长春等地投资4亿元，经营旅游业、建筑业及水电业；在大连、广州、珠海等地投资3亿多元与当地合资经营建筑业、医院等。

林木荣对马来西亚经济建设和社会事业做出不少贡献。1977年，获马来西亚雪兰莪州苏丹封赐的太平局绅（J. P）及有功勋衔（P. J. K）；1981年，再获封赐皇室拿督（D. K. R. S）勋衔。林木荣历任雪兰莪安溪会馆执行董事、马来西亚安溪总会副会长、雪兰莪林氏宗祠主席、孟加兰民众华小学教协会主席等职务。

林木荣热心家乡公益事业，捐资助建安溪乡亲联谊大厦、蓝田水库电站、龙门隧道、虎邱卫生院、官桥医院、金榜中小学等，支持家乡的经济建设和社会发展。曾获福建省人民政府颁发的“乐育英才”“兴医济民”“惠泽桑梓”等金质奖章、奖牌。2004年，获福建省人民政府授予“福建省捐赠公益事业突出贡献奖”金质奖章，并受到立碑表彰。

2009年3月15日，林木荣在马来西亚吉隆坡逝世。

李昭进

李昭进（1927—2010），民国16年（1927年）10月15日出生于晋江县十四都井尾（今晋江市金井镇）。李昭进幼年失父。

民国26年（1937年），李昭进前往菲律宾，在木材厂当学徒，并进夜校读书，学会多国语言。民国36年冬，与人合伙开办时代木厂。20世纪50年代，独资创办菲律宾木材制造有限公司，经营原木采伐及加工，继又从事房地产开发。20世纪60年代中期，设立菲律宾宇宙产业有限公司、洲际地产开发有限公司，任董事长。后移资美国，在华盛顿州设立宾士顿地产企业有限公司和实戈地产开发有限公司，在洛杉矶也创办企业。20世纪80年代后期，李昭进与郑周敏家族合资设立亚洲世界国际集团，任董事，持有该集团10%股份；参与该集团在菲律宾、加拿大、美国，以及中国台湾、香港、河南洛阳、厦门等地的一系列投资活动。

李昭进曾任菲律宾木商公会理事长，北黎刹总商会理事长，北黎刹育仁中学校长和理事长，菲华商联总会常务理事兼外交、工商、联络、组织主任，菲华体育总会副会长，旅菲石圳同乡会理事长等职。1975年，中菲建交，菲众议院和外交部采纳李昭进建议，在厦门设总领事馆，委任其为菲律宾驻厦门名誉总领事。其将在厦门莲花新村的房屋赠予菲驻厦门总领馆，并捐名牌轿车1辆。促成中国在菲律宾宿务设领事馆。1995年2月，李昭进被菲律宾外交部聘为中国华南事务顾问，为中菲友好交往做出贡献。1997年，李昭进促成菲律宾长途电话公司向中国购买1颗航天通信卫星，获中国长城工业公司颁发奖牌。其多次捐资菲律宾公益事业和华文学校，并捐建菲律宾农村校舍12座，捐资总额达1000多万菲币。

1984年开始，李昭进在故乡金井镇石圳村捐资公益事业，在泉州、厦门设立5个文教公益基金。20世纪90年代，捐资在华侨大学建设教学楼、教学厅，赞助办学、设教师奖励金。福建省政府授予其“乐育英才”的奖匾、金质奖章和荣誉证书，并于2002年立碑表彰；泉州市人民政府授予其泉州捐赠公益事业功勋奖。

2010年7月1日，李昭进在菲律宾逝世。

张其载

张其载（1928—2005），民国17年（1928年）9月出生于山西省沁水县。

民国34年（1945年），张其载参加革命工作，任山西中村卫生合作社会计。民国35年，加入中国共产党，调任沁水县民兵医院会计。民国36年，任沁水县供销合作社会计。民国37年，任中共沁水县委办公室干事。

1949年，张其载随军南下，任长江支队四大队四中队秘书。后任中共福清县委办公室秘书。1950年，任福清县龙田区政府区长。1951年起，先后任福清县供销合作社副主任、主任。1953年，任福清县人民委员会工商科科长，后任中共福清县东张区委书记。1954年，任福清县财办副主任。1955年，任中共福清县委常委、财贸部部长。1958年，任晋江地区大田钢铁指挥部副指挥。1959年，任中共泉州钢铁厂委员会书记。

1962年，任中共泉州市委（县级市）副书记兼工交部部长。1963年，任泉州市人民政府副市长兼财贸部部长。1964—1968年，任泉州市人民政府市长。“文化大革命”中进学习班、干校学习劳动。1972年，下放永春，任中共永春县委常委、永春县革委会副主任。1975年，任晋江行署工交办主任。1977年6月至1979年11月，任中共晋江地委常委兼工交办主任；1979年11月至1983年3月，任中共晋江地委常委、晋江地区行署常务副专员；1983年3月至1985年12月，任晋江地区行署常务副专员。1986年1月至1991年3月，任泉州市政协主席、中共泉州市政协党组书记。1991年，经中共福建省委批准离休。离休后，担任泉州市老年大学校长、老龄委主任、老体协会长等老年团体的多项职务。

2005年1月20日，张其载病逝。

黄奕缺

黄奕缺（1928—2007），民国17年（1928年）12月出生于南安县三区罗溪镇（今南安市罗东镇）一个普通农民家庭。民国31年，进入陈天恩傀儡科班学艺。

1952年，黄奕缺应邀加入刚组建的泉州市木偶剧团。1953年，在参与排演古典神话剧《张羽煮海》《三姐下凡》《宝莲灯》时，黄奕缺对传统木偶构造进行大胆改革和创新，提高木偶的表现力。1956年，在表演神话剧《水漫金山》的小沙弥时，其对小沙弥木偶大动“手术”，在肩头、臀部和双脚增设关节和线位，使得小沙弥的表演更生动逼真。1959年，其表演的木偶戏被选中到北京怀仁堂参加中华人民共和国成立10周年献演。1978年，在创作、主演神话剧《火焰山》里的孙悟空时，其为木偶增加转头线和操作技巧，又创作舞金箍棒、反手遮阳、翻、滚等一系列高难动作，创新泉州提线木偶的传统线功。1979年，黄奕缺赴京参加庆祝中华人民共和国成立30周年献演，《火焰山》获“演出一等奖”。黄奕缺主攻净角，构想、创立的“以提线木偶表演为主、综合杖头木偶和掌中木偶表演于一台”的综合演出形式，极大地推动木偶艺术的进步和发展。1990年，小节目《驯猴》入选参加中央电视台春节联欢晚会演出。《驯猴》表演完全展现其高超的表演技巧。传统的提线木偶最多只有16条线，其把木偶小猴控制线加到36条，10个指头几乎同时勾、挑、提、抽操作30多条线，木偶小猴儿在其控制下，仿佛有生命，灵动、调皮，能弹吉他、能跳迪斯科，甚至能骑自行车。《驯猴》开创演师与木偶间“无遮挡式”的演出形式。1992年，黄奕缺参加全国木偶皮影会演，表演《钟馗醉酒》《舞狮》《驯猴》，获文化部艺术局颁发的“特别荣誉奖”。2002年，其创作的《古艺新姿活傀儡》木偶造型获文化部第十届文华奖文华舞台美术奖，同时获文华表演奖。

黄奕缺是国家一级演员，演技精湛绝妙。其足迹遍及祖国大江南北，为近千万观众演出近万场精彩节目。黄奕缺曾随团到美国、英国、法国、德国、荷兰、瑞士、日本、韩国、朝鲜、埃及、阿曼、阿联酋、伊拉克、新加坡、菲律宾、马来西亚、罗马尼亚等国家，以及中国台湾、香港、澳门地区进行文化交流，为弘扬中华优秀传统文化、增进木偶艺术界的友好和交流做出重要贡献，在国际偶坛享有盛誉，被誉为“国际木偶大师”。

黄奕缺是中国戏剧家协会会员，中国木偶皮影艺术学会名誉会长，世界木偶联合会会员，福建省木偶艺术学会常务会长，中国泉州木偶剧团艺术指导、名誉团长。

2007年1月5日．黄奕缺在泉州病逝。

黄长溪

黄长溪（1929—2007），民国18年（1929年）1月出生于厦门，祖籍南安金淘。

民国37年（1948年）秋，黄长溪就读于上海新中国学院经济系，后转上海大学外文系，肄业。1949年8月回厦门，在祖父黄奕住创建的商办厦门电话公司鼓浪屿交换所任主任。1952年后，任厦门电话公司业务课主任兼厦禾汽车公司经理、厦门电话公司代经理。

1953年，黄长溪加入中国民主建国会。1954年9月，任厦门电话公司第一副经理。1958年起，先后任厦门市工商联副秘书长、副主委、主委。1980年起，黄长溪先后任厦门市人民政府副市长，厦门市工商联主委、省工商联副主委，厦门建设发展公司副总经理，厦门经济特区管委会副主任。1982年10月至1988年1月，任福建省人民政府副省长；其间兼任福建省华侨投资公司董事长。

1988年1月起，黄长溪任福建省人大常委会副主任兼华侨委员会主任、全国工商联副主席。1989年12月起，任福建省省人大常委会副主任，全国侨联副主席，全国工商联副主席，第七届全国政协常委，第八届全国人大常委会委员、华侨委员会副主任委员。1998年3月起，任第九届全国人大常委会委员、全国侨联副主席、全国工商联副主席。2005年3月退休。

2007年7月25日，黄长溪在厦门逝世。

洪世清

洪世清（1929—2008），民国18年（1929年）5月出生于晋江县第二区安平镇（今晋江市安海镇）。其从小对石佛寺（即晋江南天禅寺）的宋代文物产生浓厚的兴趣，后来受在安平桥澄渟院住锡的弘一法师指点，走上艺术之路。

民国36年（1947年），洪世清考进中国美术专科学校。1954年毕业后，留校并参加筹建版画系。先后师从齐白石、黄宾虹、潘天寿、刘海粟诸大师。

洪世清对于国画、水粉画、版画、摄影、篆刻及石雕均有精深造诣。国画中尤工指墨画，喜写动物，且以熊猫图最负盛名。为了抢救国宝大熊猫，洪世清曾将自己历年精心绘制的20幅《熊猫图》捐献给国家义卖，受到美术界的称颂。其水粉画融中西绘画于一体，构思新颖，手法多变，形成独特的艺术风格。在版画方面，其撰写《铜版画技法》《石版画技法》《版画技法》等专著。1985年，在浙江大鹿岛创作90多件岩雕作品引起海内外美术界的极大关注。1992年，在惠安崇武岛半月湾海滨主持创作大型岩雕海生动物艺术群《鱼龙窟》，制作100多件作品，成为全国独特的"岩雕海生动物美术画廊"，国内各大报刊、电视台以及港台和海外媒体均作专文评价及专题录像。1994年，因其在文化艺术领域中的特殊贡献，享受国务院颁发的政府特殊津贴。1996年，获得全国鲁迅版画奖。1997年，获得浙江省鲁迅文学艺术奖。

洪世清是中国美术学院教授、中国美术家协会会员、中国版画家协会会员、西泠画院画师。

2008年11月13日，洪世清在杭州病逝。

朱江水

朱江水（1930—1996），民国19年（1930年）5月出生于晋江县第二区安平镇（今晋江市安海镇）仁寿村上岭。

民国34年（1945年）8月，朱江水参加中共秘密组织领导的革命活动。民国37年4月，加入中国共产党；同年10月，任中共晋南同县工委五星区第五支部书记。1949年2月，任晋江县天亮乡民运委员。

1950年2月，朱江水任晋江泉安汽车公司接管工作队队员；同年4月，任晋江县第六区农会干事、副主任。1951年7月起，任中共晋江县委组织部干事。1953年5月起，任中共晋江县第十一区区委副书记；1954年8月起，任书记。1955年9月起，任中共晋江县英墩区委书记；12月，当选为中共晋江县委委员。1956年7月起，任中共晋江县委财贸部副部长；12月起，先后任中共晋江县委农工部副部长、部长。1957年10月起，兼任中共晋江县东石区委员会第一书记。1958年3—10月，任中共晋江县可慕乡委员会书记；同年12月至1959年9月，兼任中共晋江县罗山人民公社委员会第一书记。1960年5月起，任中共晋江县委农村工作部部长（其间，1964年4月起任中共晋江县委常委）。1965年5月至1968年5月，任中共南安县委副书记。1976年1月起，任晋江地区农业局局长。1977年6月起，任中共安溪县委书记，县革委会主任。1979 年 4 月，兼任安溪县人武部第一政委。1980 年 12 月至 1983 年 3 月，任中共晋江地委常委、晋江地区行署副专员。1983 年 3 月至 1985 年 12 月，任晋江地区行署副专员。1986 年 1 月至 1991 年 3 月，任泉州市政协副主席、中共泉州市政协党组副书记。1991 年 10 月离休。

朱江水曾任中共福建省委候补委员、委员，中共泉州市第六届委员会委员；中共福建省第三次代表大会代表，泉州市第十届人民代表大会代表。

1996 年 4 月 4 日，朱江水在泉州逝世。

林　鹏

林鹏（1931—2007），民国 20 年（1931 年）12 月 18 日出生于晋江，原籍龙岩。

1951 年，林鹏进入厦门大学深造。1953 年，林鹏第一次接触红树林。1955 年 8 月，林鹏任厦门大学助教。1962 年 11 月，被厦门大学聘为讲师。1981 年 4 月，被厦门大学聘为副教授。1982 年起，任厦门大学环境科学研究所副所长。1984 年起，任厦门大学生物系副主任。1986 年 6 月，被聘为博士生导师。1986 年 8 月，被聘为教授。2001 年 11 月，当选中国工程院院士。

20 世纪 70 年代，国外仍将中国的红树林列为空白。林鹏下决心纠正这一错误认识。其带领科研组深入沿海省份，特别是到海南东寨港、广西英罗湾和福建九龙江口 3 个红树林基地，分别进行为期 6 年、5 年、11 年的定点系统考察。1996 年，龙海市甘文尾围垦工程准备在九龙江口上马，其顶住各方面的压力，到实地考察论证，认为工程不仅损害 33.33 公顷红树林，还将影响防洪抗潮能力，危及海沧、漳州 2 个码头。林鹏独立撰写和参加编写的书籍有 14 部。44 万字的《植物群落学》是中国第一部植物群落学著作。其发表 300 多篇论文。其中，获国家自然科学二等奖 1 次、国家科技进步三等奖 1 次，省（部）级二等奖 4 项、三等奖 8 项。其主要成就有：建立海岸红树林湿地定位研究基地，揭示红树林的“三高”（高生产率、高归还率、高分解率）特性，为发展河口海湾大农业提供基础；建立红树林修复生态工程体系；建立九龙江口红树林种质基地；揭示红树林具有抵御全球变化、防灾减灾效益；首次发现红海榄等红树植物体有甲烷负通量作用；应用分子生态学技术，揭示中国红树种群遗传特性；建立红树抗胁迫、胎生和陆海迁移进化新观点；参与联合国教科文组织的《国际红树林宪章》制定，界定中国真红树种类标准；参与编撰《中国植被》巨著，编撰南亚热带植被类型、区划和红树林三部分，并主编《福建植被》和参与编撰《福建综合农业区划》等；主持自然保护区科学考察及其专著主编工作等。

林鹏曾任国家教委理科环境教学指导委员会委员副主任兼生态学教学指导组组长，国家级自然保护区评委会委员，国际红树林生态系统学会（ISME）理事会第一、第二届理事，中国生态学会理事、常务理事，福建生态学会理事长、名誉理事长，被誉为“中国红树林之父”。其还是福建省科学技术协会第二、第三、第四届委员，国家教委会高校理科环境教学指导委员会首届委员、第二届副主任兼生态学教学指导。

2006 年 9 月 11 日，林鹏因公出车祸，有关医院全力组织抢救。2007 年 5 月 12 日，不幸逝世。

苏昌培

苏昌培（1932—2008），民国 21 年（1932 年）7 月出生于永春县武陵区（今蓬壶镇）。

1949 年 8 月，苏昌培加入闽粤赣游击队永春工作队投身革命。1952 年 9 月，加入中国共产党。1953 年 12 月起，先后任永春县劳动科科长，岵山区、城关区区长，县粮食局局长，中共湖洋公社委员会书记。1967 年 2 月起，被下放到“五七干校”劳动。1972 年 4 月起，先后任中共德化县三班公社委员会副书记、书记，中共永春县委常委。1977 年 11 月起，任晋江地区农业局局长，农委主任。1982 年 7 月起，任中共南安县委书记。1983 年 12 月起，任中共莆田市委书记兼市人大常委会主任。1987 年 5 月起，任中共福建省委委员、福建省人民政府副省长、中共福建省人民政府党组成员。1993 年 1 月起，任中共福建省委委员、省人大常委会副主任、中共福建省人大常委会党组副书记。1995 年 10 月起，任福建省人大常委会副主任、中共福建省人大常委会党组副书记。2004 年 12 月，经中组部批准离休。

苏昌培是第九届全国人大代表、全国人大常委会农业和农村委员会委员。

2008 年 10 月 21 日，苏昌培在福州病逝。

庄明宣

庄明宣（1932—2009），民国 21 年（1932 年）8 月出生，惠安县东园镇（今属泉州台商投资区）龙苍村埭村自然村人。

1957 年，庄明宣毕业于厦门大学中文系。毕业后留校工作，先后任中文系副主任、校长办公室主任、校务委员会秘书长、厦门大学海外教育学院院长、厦门大学海外华文语言文化教学研究所所长，教授。

庄明宣是全国对外汉语教学学会常务理事、福建省东南亚华文文学暨香港文学研究会会长。

庄明宣参加撰写与主编有《台湾中篇小说选》(1～4集)、《台湾作家创作谈》、《台湾新文学辞典》、《台湾新文学概观》、《台湾文学史》（上下卷）、《厦门大学校史》、《厦门大学校史资料丛书》等，其中《台湾文学史》获福建省第二次社会科学优秀成果一等奖、第八届图书奖、华东第五届优秀文艺图书一等奖。《台湾新文学概观》获厦门市社会科学优秀成果二等奖。1993 年 10 月起，享受国务院颁发的政府特殊津贴。

2009 年 1 月，庄明宣逝世。

何曼试

何曼试（1933—2009），民国 22 年（1933 年）8 月出生于仙游县。

1952 年 10 月，何曼试在山东农学院农学系学习。1959 年 10 月起，先后任晋江专区农科所技术员、小麦组组长、农艺系副主任（其间，1964 年 3 月至 1966 年 5 月，兼任工会主席）。1979 年 11 月起，任晋江地区农科所麦类研究室主任。1982 年 5 月起，先后任晋江地区农科所助理研究员、麦类研究室主任、副研究员、麦类研究室主任，学术委员会副主任、主任。

何曼试从事麦类作物育种研究 40 多年，首创华南麦区小麦加速育种进程的“南育北繁”新途径。其主持育成 25 个小麦新品种。其中，有 1 个品种通过国家审定，5 个品种通过省级审定，10 个品种编入《中国小麦品种志》，15 个品种编入《华南小麦品种志》，17 个品种编入《中国小麦品种及其系谱》。这些新品种在全国 10 多个省（区）大面积推广应用，其中“晋麦 2148”曾经成为全国 8 个省（区）小麦当家品种，推广面积 216 万公顷，增产粮食 5.64 亿千克，为华南麦区推广面积最大、使用时间最长的小麦品种之一。其主持的科研项目获得科技成果奖励 13 项次。其中，“晋麦 2148 新品种选育”成果于 1985 年获国家首届科技进步二等奖，“红芒、晋麦 2148 新品种选育”成果于 1984 年获农牧渔业部技术改进一等奖，4 项成果于 1978 年获福建省科学大会科技成果奖；“泉麦 1 号新品种选育”成果于 1994 年获福建省科技进步三等奖。

何曼试先后在《中国农业科学》《福建农业科技》等刊物发表论文 20 篇，其中《晋系小麦育种工作的回顾与展望》获福建省自然科学优秀学术论文二等奖。还参加编著《中国小麦品种志》《华南小麦品种志》《福建主要粮油作物优良品种》《福建省企业标准——农作物种子标准》等书刊。其科技业绩分别被编入《新中国科技精英谱》《中国科学技术人物辞典》《当代福建科技名人》《国际知识界名人录》（英国国际传记研究中心）和《国际杰出领导者名录》（美国传记研究所）等传记、名人录中。1992 年被美国传记研究所授予“对人类做出具有卓越贡献的英勇盾牌银质奖”。

1978 年，何曼试代表晋江地区农科所小麦组出席全国科学大会及福建省科学大会，担任组长的小麦组获得全国及全省先进科技集体奖状。1985－1992 年，其先后获“福建省五一劳动奖章”“国家级中青年有突出贡献专家”“福建省优秀专家”“泉州市优秀拔尖人才”等称号；1991 年起，享受国务院政府特殊津贴；1997年、1998年和2004年，分别获“全国优秀科技工作者”“福建省有突出贡献的农业科技工作者”“福建省杰出科技人员”称号。

何曼试是中共福建省第五次代表大会代表，中共泉州市第七次代表大会代表；第六、第七、第八届泉州市政协委员，第十一届泉州市人大常委会委员。

2009年7月，何曼试在泉州病逝。

吴　同

吴同（1933—2004），民国22年（1933年）10月13日出生于南安县三区丰州镇西埔村（今泉州市丰泽区北峰街道招丰社区）。

吴同毕业于福建师范学院中文系。1956年10月至1987年10月，先后在泉州二中、泉州五中任教。其勤勉治学，为人师表，“立士林气节，作学子楷模”，教学上精益求精，尽心尽职，先后多次获市、校“先进工作者”“先进班主任”等荣誉称号，并获得全国园丁荣誉纪念章和从教30周年荣誉证书。

1981年12月，吴同加入中国国民党革命委员会（简称“民革”）。1984年8月起，先后任第七、第八、第九届民革泉州市委会副主委，第十届主委，第十一届名誉主委。1996年3月至2001年4月，任泉州市人大常委会副主任。

吴同曾任第六、第七届泉州市政协委员、常委、副秘书长，第十二、第十三届泉州市人大代表；第七、第八届福建省政协常委；第六、第七届福建省人大代表；第六届民革福建省委员会候补委员、第七届委员、第八届常委；民革全国代表大会第八、第九届代表。

2004年4月15日，吴同在泉州病逝。

李祖荫

李祖荫（1934—2003），民国23年（1934年）出生于菲律宾，祖籍晋江池店。

高中毕业后，李祖荫开始协助其父经营伐木场，从伐木业到塑料行业、进出口贸易以及农副产品、港口服务，由于为人诚信，善于经营，商务活动规模逐渐扩大，遍布世界各地。其父去世后，与两位弟弟共同继承父亲事业，并增设锯木厂，设立菲律宾UZION贸易公司、塑料进出口公司，投资银行业。

李祖荫历任菲律宾近南学校董事长、旅菲凤池同乡会理事长、陇西李氏宗亲总会常务理事等社团职务，长期担任菲律宾洪门联合总会理事长、世界洪门总会副理事长、菲律宾中华总商会参议员。

改革开放以来，李祖荫多次率团回国省亲访问。在北京期间，其曾受到邓小平、江泽民等多位党和国家领导人的接见。李祖荫热心家乡公益事业。20世纪80年代初期，李祖荫第一次返乡即开始捐资，晚年更捐巨资首倡发动海外乡亲全面更新池店中心小学、池店中心幼儿园校舍，新建晋江二中校舍，以及池店镇一系列公益项目。2002年9月，获福建省人民政府立碑表彰。

2003年2月6日，李祖荫在马尼拉逝世。

谢振酬

谢振酬（1934—2009），民国23年（1934年）12月出生于南安县金淘东门村。

1939年，谢振酬随母前往印度尼西亚雅加达与父亲团聚。1965年起，经营日用品、针织、食品加工等，后进入房地产业、金融业等。

谢振酬先后捐建南安近思小学、近思第二小学、甄陶中心小学、南光中学、南安市科技大楼、南安一中教学楼、南安侨光中学电教楼和体育场、东门村基础设施等。多次获福建省人民政府授予捐赠公益事业“乐育英才”奖匾和金质奖章。2002 年，获福建省人民政府立碑表彰。

2009 年，谢振酬在印度尼西亚逝世。

陈福接

陈福接（1935—2006），民国 24 年（1935 年）4 月，出生于安溪县新溪里虞宗乡（今官桥镇吾宗村）。1954 年 10 月，陈福接考入上海交通大学。1956 年 3 月，加入中国共产党；同年 11 月，分配到哈尔滨军事工程学院工作并参军入伍。

入伍后，陈福接一直从事电子计算机的研制工作。1958 年，其参加“331”电子计算机研制，设计运算器的除法器，独立完成全部程序设计，同年该样机能解题运行。同年，陈福接受到国务院总理周恩来接见。1959 年，陈福接带队到汉口改进、生产“331”机。1964 年，参加 441-B 的调试、试算。1965 年 5 月，组织 441-C 高炮指挥仪的研制。1970 年，南迁长沙，从事“718”工程计算机、银河巨型机的研制，陈福接是主要设计者、领导者和学术带头人。1983 年，陈福接被选为第六届全国人大代表。1987 年，出席第二次全军英模会议。1990 年，获劳动部授予“中青年专家”称号。1991 年起，享受国务院政府特殊津贴。1983—1993 年，任计算机系主任兼计算机研究所所长，完成“银河石油地震数据处理系统”的研制；建成西南计算中心银河亿机系统；研制成“银河仿真 -1”“仿真 -2”“银河超级小型机”。特别是任“银河 -2”工程总指挥时，于 1992 年研制成功“银河 -2 并行巨型机”。1993 年，中央军委授予计算机研究所的“科技攻关先锋”荣誉称号。

1996 年，陈福接获得首届“湖南科技之星”称号。1997 年，再获光华科技基金一等奖。

陈福接是中国著名的计算机系统研制专家，曾任国防科学技术大学顾问，电子计算机系主任兼研究所所长，国防科学技术大学计算机学院教授、博士生导师，专业技术少将（专业技术一级、文职一级）。兼任中国计算机学会体系结构专委副主任，信息存贮技术专委副主任，中国计算机学会委员、理事、常务理事；是南昌陆军学院顾问，解放军指挥技术学院兼职教授，厦门大学客座教授。指导培养博士研究生 23 人，硕士研究生 16 人，指导博士后 1 人。先后发表报告及论文 200 多篇，主要有《一种容错主存结构的研究》《并行计算机体系结构进展》等。著有《电子计算机磁芯存贮器》《大规模并行机程序并行化理论与技术》等著述。其科研成果获国家级科技一等奖 2 项，部委级一等奖 2 项，部委级二等奖 5 项。荣立二等功 2 次，三等功 2 次。

2006 年 3 月 10 日，陈福接在厦门病逝。

吴庆星

吴庆星（1935—2005），民国 24 年（1935 年）7 月 2 日出生于缅甸，祖籍洛江区马甲镇霞井山边村。

民国 30 年（1941 年），吴庆星随父母回国生活，抗日战争胜利后又随父母重返缅甸，居仰光市郊的沃降埠。20 世纪 50 年代中期，吴庆星又回到北京求学，学成后又回到缅甸，此后在泰国、中国香港等地从事经营饲料和粮食生意。20 世纪 90 年代初，吴庆星为实现爱国爱乡的远大志向和父母遗愿，主动舍弃国外十分优越的生活条件，毅然举家回国，开始投资兴业、筹资办学宏伟事业，先后投入巨资在家乡兴办仰恩大学及其附属中小学、幼儿园，大学成为新中国第一所民办本科院校。1991 年，吴庆星投资建设福建最大年产 20 万吨饲料的现代化协昌饲料厂和集世界一流屠宰、羽绒加工先进设备和技术于一体的和昌食品加工厂。1994 年，设立仰恩基金会，大学更名为“私立仰恩大学”。2000 年，吴庆星向马甲珍稀动物养殖场无偿捐赠 120 条世界珍稀动物缅甸鳄鱼。2001 年 8 月，全国侨联特授予仰恩大学为爱国主义教育基地。2004 年福建省政府授予吴庆星“福建省民办高等教育事业发展突出贡献奖”。

2005 年 9 月 17 日，吴庆星在家乡马甲逝世。

陈火旺

陈火旺（1936—2008），今安溪县长卿镇玉南村人，民国 25 年（1936 年）1 月 19 日出生。1956 年，毕业于上海复旦大学数学系，留校任教。同年，加入中国共产党。1956 年 9 月至 1959 年 2 月，在北京大学数理逻辑专业进修。1965 年 10 月至 1967 年 2 月，在英国皇家物理所进修。

1967—1968 年，陈火旺主持设计并成功研制中国第一个符号宏汇编器，其提出的递归结构式的符号宏指令产生技术为许多单位所引用。1970 年 8 月，陈火旺调入长沙工学院。1971 年，主持和领导全国 Fortran 编译程序会战，负责编译器的总体设计。1973 起，负责中国首枚洲际导弹发射试验工程中心计算机 DJ151 语言系统研制，担任符号宏汇编系统和 FortranIV 编译系统设计师，提出因子分解式全局优化技术，是国内第一个具备全局优化的编译系统。1974 年，中国第一 Fortran 编译系统研制成功，开创中国国产计算机装备 Fortran 语言新时代。1978 年 10 月，陈火旺调任国防科技大学，先后任国防科技大学计算机系兼研究所副主任、副教授、教授，国防科学技术大学计算机学院教授（专业技术一级、文职特级）、博士生导师。1978—1984 年，陈火旺参加中国第一台巨型计算机“银河 -1”的研制工作，负责软件系统总体设计，提出一整套用软件工程方法研制大型软件的方案和规划，直接主持设计并成功研制向量 Fortran 语言，为向量识别器的研制奠定基础；其率先在国内倡导和开展面向对象方法的研究，主持设计国内第一个面向对象集成化软件开发环境，主持研制成功英汉机器翻译系统，把中国的英汉翻译技术提高到国际水平；主持研制非单调推理系统，把 PROLOC 从单调发展到非单调，达到国际先进水平；针对军用软件中的正确性、可靠性和安全性，大力倡导高可信软件理论、技术和方法的研究。其先后主持完成国家自然科学基金、国家863计划等项目10多项。在计算机软件和理论方面有重要影响，在《Journal of Logic and Computation》（《逻辑与计算》）和《中国科学》等国内外刊物和学术会议上发表论文 100 多篇。先后获全国科学大会奖 1 项、特等国防科技成果奖 1 项、国防科工委科技进步奖一等奖 2 项。1985 年，陈火旺荣立二等功。1987 年 6 月，陈火旺任国防科技大学研究生院副院长。1990 年，获授少将军衔。1991 年，获国家“有突出贡献中青年专家”称号，并享受国务院政府特殊津贴。1997 年，当选为中国工程院信息与电子工程学部院士。1998 年，获“何梁何利基金科学与进步奖”。

陈火旺是中国计算机软件方面最早的博士生导师之一，指导和培养博士后 16 人、博士研究生 50 人、硕士研究生近百人。其是中国最早的工科计算机专业教学计划与专业目录的编制主持人，编（译）计算机方面著作 4 部，其中《程序设计语言编译原理》获国家级高等学校优秀教材奖，是国内迄今为止影响最为广泛的教材之一，被重印 10 多次。其是国务院学位委员会学科评议组较早的成员之一，为国家计算机软件学科的构建和学位制度的建立做了大量开创性工作。其主持的“坚持教学、科研、生产三结合，促进计算机学科建设”研究，获国家级优秀教学成果特等奖。陈火旺在主持国防科学技术大学研究生院工作期间，为国防科学技术大学学科建设奠定基础。其曾任中国计算机科学理论专业委员会名誉主任、全国高等院校计算机专业教学指导委员会主任委员、国家“863”计划信息领域第一届专家委员会委员、湖南省计算机学会理事长、中国人民解放军总装备部科技委员会兼职委员。

陈火旺撰有《能行连续泛函》《串行运算向量化》等论文、研究报告60余篇；主编《数理逻辑与控制论》《程序设计语言编译原理》《程序设计方法学基础》等书。

2008 年 2 月 2 日，陈火旺在长沙病逝。

黄文彬

黄文彬（1936—1998），民国 25 年（1936 年）出生于马来西亚沙捞越实文然镇，祖籍丰泽区东海法石村。

1956 年，黄文彬高中毕业，在其兄黄华强的家族商行襄理业务。1960 年开始创业，承包建筑工程，开办肥皂厂、开金矿，事业迅速发展。1965 年，与友人在沙巴经营木业获得成功。1968 年，创立婆罗洲出版公司，创办《国际时报》《国际晚报》。1970年，创办黄文彬企业有限公司，经营房地产和房屋发展生意，在沙巴大面积开发森林，成为“木材大王”。1978年，创办金泉成控股有限公司，在沙捞越投资多家企业，拥有数十家不同行业的子公司，为华人商界中的成功者。20世纪80年代初，在吉隆坡、槟城等地投资房地产业，收购上市公司、金融公司；在新加坡、澳大利亚设立公司。80年代后期，集团旗下有10多家公司分布在马来西亚、中国香港、新加坡、澳大利亚，在中国内地有木基工业。1975年起，黄文彬先后被选为古晋中华总商会副会长、会长；1978年，选为马来西亚中华工商联合会会长，担任会长20年，直至逝世。担任许多华人社团、工商团体、教育、文化、慈善等团体要职，先后捐输马来西亚各项公益600多万马元，称为“教育活动家”。1978年，黄文彬荣膺沙巴州元首封赐为PGDK拿督勋衔；1984年，获马来西亚最高元首封赐P.S.M丹斯里勋衔；1993年，获砂劳越州元首封赐DA拿督阿玛勋衔。曾多次与马来西亚政府官员率团访华，受到李鹏等中国国家领导人接见。

1998年10月，黄文彬在马来西亚逝世。

蔡清洁

蔡清洁（1937—2002），民国26年（1937年）7月7日出生于晋江县容卿乡西坑（今石狮市灵秀镇灵狮村西坑）。

1951年，蔡清洁在石光中学就读，半年后随母亲赴菲律宾定居，先后就读马尼拉中正学院、国立菲律宾大学、马波亚工程学院。1962年，从菲律宾国立大学化工系毕业后协助其父经商，后自创亚泰综合钢铁厂。1973年，与同学黄呈辉合资创办菲律宾泰祥炼钢有限公司，此后又与友人合资经营超级市场和房地产公司，创办颐和园酒家、电子电信器材公司、威尔顺电子制造厂和亚泰证券投资公司。1991年起，在石狮投资建灵秀山庄旅游区、庆莲桥开发区；在南京投资大酒店，进行大规模房地产开发；在厦门与旅菲同乡林玉燕建华菲大厦。1993年，投资菲律宾国华银行，任副董事长兼行政委员会主席。

蔡清洁青年时代投身社会活动，历任菲华商联总会理事、常务理事、董事，第二十二届、第二十三届（1997—2001年）执行副理事长，第二十四届理事长。任马尼拉中正学院董事长、菲律宾钢铁公会副理事长、菲律宾石狮市同乡总会副理事长。

蔡清洁捐建菲律宾大学校友楼和2座教授楼，大举捐输马尼拉中正学院，捐献菲律宾政府乡村小学校舍30多座。关心帮助家乡教育、慈善公益事业和厦门大学、鹭江大学建设，捐输厦门、石狮公益事业。1996年，获福建省政府立碑表彰。因对促进中菲友谊和两国文化、经济交流做出贡献，三次受到国家主席江泽民的接见。

2002年5月1日，蔡清洁在马尼拉逝世。2002年6月19日，在菲律宾第一届杰出华裔菲人奖颁奖典礼上，获追勋“杰出成就奖”。

陈伯钦

陈伯钦（1937—2008），民国26年（1937年）出生，惠安县东园镇群青村葛上自然村（今属泉州台商投资区）人。先后就读惠群小学，惠南中学、培元中学。

1960年，陈伯钦毕业于海洋电子工程学院。1963年，加入中国共产党。先后在海军电子工程学院、海军工程学院、解放军通讯工程学院、海军工程大学电子工程学院工作，历任助教、讲师、副教授、教授、硕士生导师；系纪委副书记、教研室支部书记。1996年起，享受国务院政府特殊津贴，正师级，技术5级。

陈伯钦长期从事军事水声电子工程的专业教学和科研工作，创建声呐系统分析课程，独立完成调研、编著教材；主讲、指导、课程设计和培养师资，该课程成为适应现代军事专业发展必需的主干课程。其指导研究完成“水声电子设备的可靠性分析及软件分析工具的研究与实践”，主持并作为主要研究者完成“水面舰艇攻潜训练仿真器”“水面舰艇电子对抗模拟训练系统”“声呐环境仿真器”等7项科研项目，达到国际同类产品的先进水平并为国内首创。研究成果批量生产，并投入各舰队使用。

陈伯钦先后编著《声呐基础》《声呐系统分析》《声呐装备与系统》等6部教材，在《海军杂志》《中国军事教育》等军事专刊上发表《我国未来反潜预警特点和发展构想》《声呐环境仿真器可靠性模型及性能计算》等论文10多篇。参加撰写《中国军事百科全书》海军技术部分条目、《海军百科全书》海军探测技术部分条目，《海军装备维修名词术语》声呐词条。陈伯钦因在军事科学理论研究和军事实践中做出重大贡献，先后获国家科学技术进步三等奖一项，中国人民解放军科学技术进步一等奖两项、二等奖一项，三等奖一项；中国人民解放军院校优秀教学成果军队级四等奖一项，先后荣立中国人民解放军二等功、三等功各1次。

2008年5月12日，陈伯钦在南京病逝。

林俊德

林俊德（1938—2012），民国27年（1938年）3月13日出生，永春县介福乡紫美村人。少时家境贫寒，先后就读永春桃星南湖小学、西安中心小学（今实验小学）、儒林小学。1949年，考入永春一中。

1955年，林俊德考入浙江大学机械系机械制造专业。1960年大学毕业，分配到浙江嘉兴工学院任教。随后，被调到国防科委西北核试验训练基地从事核武科研工作，从此隐姓埋名，成为新中国核试验科研队伍中的一员。1961年，林俊德被授予中尉军衔；同年3月至1963年1月，被派到哈尔滨军事工程学院进修核武器专业。1963年5月，接受研制测量核爆炸冲击波压力自记仪的任务并担任组长，同时，担任科研课题组组长，按期完成参试前的全部技术准备和考核工作，并参加首次核试验。1964年6月，加入中国共产党。其先后任第二十一试验训练基地研究所一室学员、技术员、组长、副主任、主任、副研究员、研究员，研究所科技委副主任，基地科技委副主任、总工程师，基地技术部六室研究员等职，博士生导师，专业技术一级，享受正军职待遇。1978年4月，林俊德被国防科工委授予“先进科技工作者标兵”称号。1987年8月1日，被总参谋部、总政治部、总后勤部授予“中国人民解放军英雄模范”称号，光荣出席中国人民解放军建军60周年英模代表大会。1988年，林俊德被授予大校军衔；1990年，获国家“有突出贡献的中青年专家”荣誉称号，参加共青团中央组织的“奋斗者的足迹”知识分子报告团，受到党和国家领导人接见，同年，享受国务院政府特殊津贴。1993年7月，晋升少将军衔。1997年，获国防科工委颁发的伯乐奖。1999年9月18日，应邀出席中共中央、国务院、中央军委在人民大会堂召开的表彰为研制“两弹一星”做出突出贡献的科技专家大会，受到中共中央总书记江泽民等党和国家领导人的接见。2001年，当选为中国工程院院士。

林俊德是总装备部防护工程技术专业组成员，国防科技大学、西安交通大学、同济大学、国家地震局地质研究所博士生导师，中国科技大学兼职教授；曾担任中国力学学会爆炸力学专业委员会副主任委员，中国土木工程学会防护工程学会常务理事，中国岩土力学与工程学会岩土动力学专业委员会委员，总装备部防护工程技术专业组成员，总装备部核试验技术专家组总体工程组召集人等。其长期从事核试验爆炸力学与试验工程研究，专业理论基础扎实、科研试验经验丰富、学术技术造诣深厚，是中国核试验技术领域主要学术技术带头人之一，扎根戈壁投身国防科技事业52年，参与了中国全部核试验任务，为国防科技事业做出重大贡献。其先后荣立一等功1次、二等功1次、三等功2次。获国家科技进步奖一等奖1项、二等奖1项、三等奖1项，国家技术发明三等奖1项、四等奖1项，部委级科技进步奖一等奖4项、二等奖7项、三等奖16项。撰写《地下核爆炸力学》《地下核试验工程》2部专著，编著出版《地下核试验力学与工程》教材。

2012年5月4日，林俊德确诊为胆管癌晚期，其仍把病房当作战场，与死神争分夺秒，奋斗到生命最后一息。2012年5月31日，林俊德在西安病逝。

2013年1月，中央军委追授林俊德同志“献身国防科技事业杰出科学家”荣誉称号；同年，林俊德当选为2012年度全军践行当代革命军人核心价值观模范和“感动中国2012年度人物”；9月被评为第四届全国道德模范。2018年，经中央军委批准，增加“献身国防科技事业杰出科学家”林俊德为全军挂像英模。2019年9月25日，林俊德入选“最美奋斗者”个人名单。

黄松禄

黄松禄（1939—2005），民国28年（1939年）11月生于泉州城厢（今鲤城区）。幼时家境贫寒，生活艰苦。1960年12月，在泉州七中高一时加入中国共产党。

1962年7月，黄松禄应征入伍，先后在福鼎边防大队鱼井哨所当战士、班长、派出所民警。1969年5月起，任宁德地区公安处治安科干部、副科长。1975年7月起，任罗源县公安局局长。1978年9月起，任晋江地区公安处治安科副科长、科长兼办公室主任，中共泉州市委常委、泉州市公安局局长。1983年2月起，任福建省公安厅副厅长、中共福建省公安厅党组成员（其间，1983—1985年在中央政法大学法律专业学习）。1985年5月至1994年8月，任中共福建省公安厅党组书记、省公安厅厅长、中共福建省委政法委副书记、武警福建省总队第一政委，被国务院授予人民警察副总警监警衔。1994年8月至2001年7月，任中共福建省委常委、政法委书记，中共福建省公安厅委员会书记、省公安厅厅长，武警福建总队第一政委。2001年7月起，任福建省人大常委会副主任、中共福建省人大常委会党组成员。

黄松禄是第四、第五、第六届省人大常委会委员，第七、第八届福建省人大代表，中共十四大、十五大代表。

2005年5月，黄松禄在福州病逝。

陈再成

陈再成（1941—1997），民国30年（1941年）1月出生于安溪县第二区蓬莱乡（今蓬莱镇）彭格村。

1959年9月，陈再成考入厦门大学。1963年8月被分配到福建省农业科学院任技术员。1964年2月，任永安烤烟试验站“五反”工作队副队长。1965年1月，任惠安社教工作队秘书。1966年8月，任福建省农业科学院人秘组干事。1970年3月，任福建生产建设兵团二师政治部组织科干事。1972年10月，任龙溪地区漳浦县委组织部干事。1975年11月，任漳浦县教育局副局长。1977年1月起，历任中共龙溪地委组织部干事、副科长、副部长。1985年5月，任漳州市委常委、秘书长。1990年5月至1996年3月，任泉州市人民政府副市长、中共泉州市人民政府党组成员，其间兼任福建省漳泉铁路工程指挥部总指挥。1996年3月至1997年3月，任泉州市人大常委会副主任。陈再成担任泉州市人民政府副市长期间，兼任漳泉肖铁路工程建设总指挥。

1997年4月14日，陈再成在泉州病逝。

许兴泰

许兴泰（1941—2006），民国30年（1941年）12月出生于德化县第一区浔中镇丁溪村一个瓷雕艺人之家。

许兴泰从事瓷雕艺术40多年，刻苦自学，饱览古今中外陶瓷专著，潜心雕塑艺术的研究与创作，在继承传统瓷雕技艺的基础上，博采众长，不断创新，以精湛艺术造诣创作的瓷雕精品，享誉海内外。其作品被中国历史博物馆、国家珍宝馆、福建工艺美术珍品馆收藏。《嫦娥奔月》《大弥勒佛》《天女散花》《洒水渡海观音》《捻珠观音》《托钵立莲观音》等分别获省、部级以上嘉奖；与胞弟许兴泽合作研制的1.75米立龙观音获中国工艺美术百花奖，被中国工艺美术馆珍藏。

许兴泰是中国陶瓷艺术大师，高级工艺美术师。1990年，被中华全国总工会授予“全国自学成才者”

称号。1993 年，被评为中国工艺美术大师。1997 年 9 月，参加中国工艺美术大师表彰大会，受到国务院总理李鹏接见。

许兴泰先后任第三届德化县政协委员，第四、五届政协常委；第七届泉州市政协委员。

2006 年 5 月 1 日，许兴泰逝世。

邱华炳

邱华炳（1942—2003），民国 31 年（1942 年）9 月出生于晋江县石狮区祥芝镇东埔村（今属石狮市鸿山镇）。

1966 年 7 月，邱华炳毕业于厦门大学会计专业。毕业后，任福建龙海酒厂会计、财务科长。后到厦门大学任教，历任教授、博士生导师、福建省人民政府咨询专家，兼任国务院学科评议组成员、教育部经济学科教学指导委员会副主任。其在教育园地辛勤耕耘，出成果、育人才，成绩显著，曾获国家级优秀教学成果奖。

邱华炳长期致力于财政、税收、投资理论与实务研究。著有《中外宏观投资比较研究》一书，对中华人民共和国成立以来的宏观投资与实践进行较为深刻的总结与反思，在立足国情的基础上，系统地、多层次地比较中国与外国宏观投资的经验。这部著作填补中国投资理论界的空白，全国哲学社会科学规划办公室以“成果要报”的形式，呈送中共中央、国务院作决策参考。邱华炳任厦门大学经济学院院长期间，为该院争取到 4 个国家级重点学科，占全校国家级重点学科项目的三分之一。

邱华炳曾担任中国资产评估协会副会长、中国财政学会常务理事、中国国有资产管理学会常务理事、中国投资学会理事，福建省财政学会副会长、福建省投资学会副会长、福建省税务学会副会长等。

邱华炳出版《现代财政学》《投资项目经济评价》《中外宏观投资比较研究》等专著或教材 20 余部，发表学术论文数百篇，多数获得国家、省部级各种奖励。

2003 年 7 月 3 日，邱华炳病逝。

郭廷标

郭廷标（1942—2009），回族，民国 31 年（1942 年）10 月出生，惠安县东园镇东园村（今属泉州台商投资区）人。先后在东园小学、惠南中学就读。

19 岁时，郭廷标考上福州大学化学化工系。大学毕业后，由国家分配到东北地区工作。

20 世纪 70 年代中期，郭廷标在中共鞍山市委办公厅任秘书。1985—1987 年，先后任鞍山市钟表厂厂长、市印染厂厂长、市纺织工业公司经理。在全国厂长、经理文化考试中获得第一名。1987 年 11 月 2 日，任辽阳市人民政府市长。1990 年 1 月，调任丹东市人民政府市长。1992 年 2 月，任辽宁省人民政府副省长。

郭廷标在辽宁工作期间积极推进企业制度创新转变，先后组织制定辽宁省老工业基地调整改造规划、科技兴省规划以及全省国有大中型企业 3 年改革脱贫方案，使全省工业生产在调整中保持稳定的增长。2002 年末，全省国有企业与脱困目标如期实现，国有企业发生重大的变化，国有企业数量由 20 世纪 90 年代初 1420 户调整到 2000 年 431 户，但国有资产却增长近 2000 亿元。2004 年 2 月，任辽宁省政协主席。2005 年 2 月，被增补为第十届全国政协委员。2008 年 3 月，任全国政协经济委员会副主任。

2009 年 12 月 23 日，郭廷标在厦门病逝。

黄光汉

黄光汉（1942—2007），民国 31 年（1942 年）11 月出生于菲律宾一个华侨家庭，祖籍惠安县张坂霞美村（今属泉州台商区张坂镇）。1947 年，其父（爱国华侨黄长水）从菲律宾移居香港，主持泉昌有限公司业务，出任经理。黄光汉随父到香港。

1950 年年底起，黄长水到内地担任公职。此后，黄光汉到广州读书。1963 年 3 月，黄光汉离开华南师范学院，放弃所学的化学专业，前往香港承继年迈祖父黄世仙的事业，经营香港泉昌有限公司。1967 年，黄光汉出任泉昌有限公司总经理。1993 年起，任该公司董事长兼总经理。先后创建泉昌发展有限公司、泉昌投资有限公司，分别经营食品加工设备和从事国内外投资等。此后，黄光汉开办北京同仁堂崇文门药店，后在福建厦门、泉州等市设立连锁店，经销北京同仁堂药品。2001 年 11 月，北京同仁堂（加拿大）有限公司成立，并在温哥华、多伦多、满地哥等地设点开店。曾任香港华丰国货有限公司董事长。

1985 年 12 月 18 日，黄光汉被聘为中华人民共和国香港特别行政区基本法起草委员会咨询委员会委员。1996 年 11 月 2 日，全国人民代表大会香港特别行政区筹委会第六次会议公布 400 名推委会委员名单，黄光汉名列其中。香港回归祖国后，黄光汉连任香港特别行政区第二、三任行政长官选举委员会成员。1999 年，被香港特别行政区政府评为太平绅士。2002 年，获香港特别行政区政府颁授的银紫荆星章。

1987 年春，黄光汉被香港福建中学董事局推举为注册校董；1988 年 1 月，任福建中学校监；1991 年春夏，任福建中学有限公司董事局主席。1995 年 9 月，经香港教育署批准，福建中学开办“新移民学童适应课程”。学校从当初为侨眷子弟服务扩大到为新移民子弟服务。2000 年夏，黄光汉任旅港福建商会教育基金会有限公司董事局副主席。

1987 年秋，香港惠安同乡会成立，黄光汉被推举为会长，后为永远会长。其联络在香港的泉州人，创办香港泉州同乡总会，被推举为会长，后为永远荣誉会长。其主持社团工作，福建乡亲有困难，就尽量帮助解决。1997 年 5 月 8 日，由 112 个闽籍社团组成的香港福建社团联会成立，其被一致推选为执行主席。黄光汉还担任过旅港福建商会副理事长、理事长，香港中华总商会副会长，香港侨界社团联会副会长等职。

黄光汉曾带头捐款 30 万港元，并发动闽籍乡亲和社会人士捐资筹集款额 560 万元，用于改造香港福建中学（小西湾）校园。2002 年 7 月，其捐款 20 万元给福建省慈善总会。和社团其他负责人一起筹集善款 20 万港元，帮助福建省龙岩、三明 2 市因白内障而失明的患者提供免费手术。1998 年 1 月，河北省张家口市张北、尚义 2 县发生强烈地震，黄光汉发动闽籍社团和乡亲捐款 100 多万元；7 月，长江水灾，其又发动闽籍社团和乡亲们赈灾捐款，筹得港元 280 万元，支持灾区。

黄光汉是第七、第八届福建省政协常委，第七、第八、第九届全国人大代表，第十届全国政协常委，全国侨联顾问。

2007 年 7 月 6 日，黄光汉在香港病逝。

杨仁崔

杨仁崔（1943—2006），原名杨人崔，民国 32 年（1943 年）出生于晋江县安海区东石镇（今晋江市东石镇）郭岑村。年少时先后就读于东石中心小学、晋江养正中学。

1960 年，杨仁崔考入福建农学院；1964 年，考取该校研究生；1967 年毕业，师从著名农学家卢浩然从事水稻良种培育研究。1972 年，杨仁崔培育出“奎福三号”，在闽西北山区推广应用。1980 年，运用遗传控制水稻病虫害新技术和遗传材料，培育出高产又能抗白叶枯病、稻飞虱等病虫害的“金早六号”“金早九号”。1988 年，在国际上首次发现籼稻光温敏核不育种系，并首先登记温敏核不育第一号基因“tms-1”；其研究的“‘光敏’核不育水稻的光温反应及温敏核不育的鉴定”获 1993 年农业科技进步二等奖，“杂交稻籼型不育系的遗传育种研究”获 1995 年国家科委科技进步三等奖。

1995 年，杨仁崔执笔的超级稻研究文章发表在学术刊物上；同时，其以专题报告的形式上报国家科委和农业部，并向国内同仁通报。中国水稻研究权威杨守仁读完其报告后，郑重地写了一封信并附上杨仁崔的报告，寄给国务院领导并得到批示。1996 年 6 月，中国超级稻选育项目正式启动。同时，中国超级稻专家委员会成立，杨仁崔由农业部提名任专家委员会常务副主任，承担超级稻选育研究的重任。2001 年 8 月，其带领的课题组所培育的“稻 e 特优 86”在示范田经专家测试验收，亩产达 1176 千克，超过预期指标。2005 年 9 月，其领衔育成的超级杂交糯稻首个巨胚杂交稻研究通过福建省科技厅成果鉴定。专家鉴定认为，该项成果居国内外同类领先水平。

杨仁崔先后主持国家“863”高新技术发展计划项目、国家自然科学基金、国家重点攻关和国家计委、农业部重点项目，以及福建省农业重大项目、福建省科学基金重大项目、水稻育种攻关项目等 30 多个研究项目。其在水稻遗传育种研究与教学 30 余年中，选育水稻良种 20 多个，推广 1000 多万亩。

杨仁崔历任研究员、教授、博士生导师，福建农林大学作物遗传育种研究所所长、中国农学会理事、国际水稻遗传协会会员、亚太地区育种家协会会员。1991 年起，享受国务院政府特殊津贴。

2006 年 3 月 21 日，杨仁崔病逝。

吴青田

吴青田（1945—2006），民国 34 年（1945 年）8 月出生，南安市诗山镇人。

1962 年 5 月，吴青田入伍。先后在福建省晋江县武警集训队、深沪边防派出所、莆田县独立连历任警士、文书、班长。1965 年 12 月起，在福建省军区独立第二团任排长、政治处干事。1969 年 3 月起，在福建省军区独立第一师政治部、陆军第 85 师炮兵团政治处任宣传干事、宣传股长。1973 年 1 月起，在福州军区政治部干部部工作，历任计划调配组副组长、计划调配科副科长、科技干部科科长、科技干部处处长。1983 年 9 月，在北京解放军政治学院高级班大学专科就读。1985 年 6 月毕业后，任厦门市人武部副政委。1988 年 10 月，获授大校军衔。1990 年 9 月，任厦门警备区政委；10 月，任中共厦门市委常委。1994 年 3 月，任福建省军区政治部主任。1996 年 7 月，获授少将军衔。1999 年 7 月，任福建省军区副政委。2000 年 4 月，任中共福建省军区委员会书记、省军区政委。2001 年 8 月，任中共福建省委常委。2005 年 8 月退休。

吴青田是第十届全国人大代表。

2006 年 10 月 11 日，吴青田在福州病逝。

黄印春

黄印春（1950—2001），1950 年 1 月出生于南安县洪濑镇集新村。1966 年，毕业于国光中学。

1967 年，黄印春在南安县集新小学任教。1973 年，毕业于厦门大学中文专业。1974 年 1 月起，先后在福建省教育厅教材编辑室、高教处和福建省高教厅办公室工作。1984 年 5 月，任福建省高教厅办公室副主任。1987 年 2 月，调入中共福建省委办公厅工作，先后任综合处副处长、党群处处长。1993 年 9 月，任中共福建省委政策研究室副主任、省委办公厅厅务会成员。1998 年 2 月至 2001 年 2 月，任中共泉州市委副书记（其间，2000 年 10 月兼任中共泉州师范学院委员会书记）。2001 年 2—4 月，任福建省教育厅副厅长。

黄印春在经济管理、科技教育和精神文明建设方面颇有研究，论文多次获国家级、省部级奖。

2001 年 4 月 17 日，黄印春在福州逝世。

何团经

何团经（1950—2003），1950 年 1 月出生，福清人。1965 年 9 月，在福建财贸学校学习。

1968 年 9 月，何团经入伍。1968 年 12 月起，先后在霞浦县相洋公社和霞浦县印刷厂劳动锻炼。1970 年 5 月起，在霞浦县财政局工作（其间，1972 年 2 月加入中国共产党）。1974 年 6 月起，任中共霞浦县水门公社委员会秘书、委员。1975 年 5 月起，任中共霞浦县水门公社委员会副书记、水门公社革委会副主任。

1978年8月起，任霞浦团县委书记。1980年6月起，任中共霞浦县沙江公社委员会书记。1983年7月起，任中共霞浦县委副书记。1983年11月起，任中共寿宁县委副书记、寿宁县人民政府县长。1989年3月起，任中共寿宁县委书记。1989年12月起，任中共福安市委书记。1991年9月起，任中共宁德地委委员、福安市委书记。1993年6月起，任中共龙岩地委副书记、龙岩地区行署副专员。1995年4月起，任中共三明市委副书记、三明市人民政府市长。1997年11月起，任福建省乡镇企业局副局长、中共福建省乡镇企业局党组书记。1998年1月起，任福建省乡镇企业局局长、中共福建省乡镇企业局党组书记。2000年3月起，任福建省林业厅厅长、中共福建省林业厅党组书记。2002年5月至2002年6月，任中共泉州市委副书记；2002年6月至2002年12月，任中共泉州市委副书记、泉州市人民政府代市长；2002年12月至2003年2月，任中共泉州市委副书记，泉州市人民政府市长、中共泉州市人民政府党组书记。

何团经是中共福建省第七届纪委委员。

2003年2月22日，何团经在杭州病逝。

第二章 人物表

第一节 烈士

本节收录1991—2010年泉州市已知被授予或追认为烈士的人物43人。

1991—2010年泉州市烈士名表

表48-2-1

姓名	出生时间	籍贯	原工作单位及职务	牺牲简况	授予时间
吴春风	1960年	南安	南安县向阳乡坑头村民兵	1990年8月，受9号台风影响，南安县向阳乡坑头村连日暴雨，8月30日凌晨，村民吴声概屋后发生滑坡，一家七口被压在土石内。吴春风闻讯赶去抢救，当救出第三个人时，山体再次滑坡，吴春风牺牲	1991年
陈为炽	1967年	德化	广东省深圳市蛇口保安服务公司保卫队长	1991年4月13日，在蛇口执行伏击盗窃案犯任务时被歹徒杀害牺牲	1991年
冯其昌	1965年	德化	惠安县公安局边防派出所正排职干事	1991年9月26日，在泉州湾秀江海面执行海上巡逻任务时，为打击违法犯罪活动，保护战友生命安全，被不法分子撞入海中而牺牲	1991.11
林晓强	1970年	泉港	湖南省溆浦空军某部队井卫连上士代理排长	1991年4月13日执行任务中被歹徒伤害，1991年5月20日牺牲	1991年
傅田华	1972年	鲤城	厦门消防支队三中队战士	1992年10月14日，厦门大同路194号发生重大火灾，傅田华为抢救群众生命财产牺牲。	1992年
施秀棉	1937年	晋江	晋江金井信用社草湖埔分社出纳、会计	1993年8月13日，为保护国家和集体的财产，与持刀、枪闯入信用社抢劫的歹徒搏斗而牺牲	1994年
张极生	1916年	南安	新四军鄂豫地区随县北区区长	1946年6月下旬，国民党调集22万军队围攻中原解放区，张极生同妻子吴大群在突围战斗中身负重伤被俘，后遭敌杀害	1994年11月追认
康志浓	1976年	惠安	八三四二三部队五七高炮一营三连	1995年9月1日，在江苏射阳部队战备演练中牺牲	1995年

续表 48-2-1

姓名	出生时间	籍贯	原工作单位及职务	牺牲简况	授予时间
刘美恋	1973 年	南安	武警福建总队泉州边防检查站见习学员	1995 年 6 月 21 日，在惠安县执行边防检查任务途中，为保护战友生命安全牺牲。	1995 年
许世默	1947 年	石狮	石狮市凤里街道五星社区治保委员	1994 年 7 月 16 日，一名江西务工人员掉入枯井，许世默下井救人，由于缺少有效的防护措施，在井下被毒气熏晕而牺牲	1995 年
李志强	1970 年	晋江	晋江市内坑镇基干民兵排长，镇民兵治安联防大队成员	1994 年 9 月 16 日，在晋江市内坑镇白垵村东风酒家救火现场，为抢救战友被货车撞伤牺牲	1995 年
王清朝	1974 年	石狮	南海舰队三八二零一部队海军下士	1996 年，第 15 号强台风正面袭击广东，王清朝及 11 名战友在抗击强台风的斗争中为保护国家财产而牺牲	1996 年
陈琼华	1950 年	惠安	福建大田县黄城国有林场	1996 年 2 月 11 日，在抢救大田县黄城国有林场山鬼弯森林火灾中牺牲	1997 年
庄美华	1954 年	惠安	福建大田县黄城国有林场	1996 年 2 月 11 日，在抢救大田县黄城国有林场山鬼弯森林火灾中牺牲	1997 年
吴凯达	1971 年	南安	南安市公安局交警大队三级警司	1996 年 4 月 30 日凌晨，与战友在执行追查嫌疑车辆任务时牺牲	1998 年
张稚生	1901 年	惠安	陆军第八十师二三九团第一营营长	在宦溪隆虎山崖阻击日寇进犯福州的战斗中牺牲	1999 年追认
黄振辉	1972 年	南安	南安市公安局	1996 年 7 月 28 日凌晨，在执行追捕罪犯任务中，为保护 2 名民工的生命安全，不幸牺牲	1999 年
郑春晓	1971 年	南安	南安市公安局	1996 年 7 月 28 日凌晨，在执行追捕罪犯任务中，为保护 2 名民工的生命安全，不幸牺牲	1999 年
傅敏超	1963 年	泉州	泉州市公安局丰泽分局东湖刑警中队中队长	1998 年 10 月 23 日，在侦破一起贩卖假币案中，与犯罪嫌疑人搏斗中，被刺中心脏牺牲	1999 年
蔡福平	1977 年	泉港	南昌消防支队一中队班长	1999 年 7 月，在执行救火战斗中为保护战友牺牲	1999 年
施志凤	1979 年	泉港	武警福州支队福清中队战士	1999 年 11 月，在执行任务中被犯罪分子杀害牺牲	1999 年
洪松林	1921 年	南安	闽浙赣边区纵队安南同（安溪、南安、同安）大队英都游击队战士	1949 年 10 月下旬，随部参加解放金门的作战，在攻打金门岛战斗中牺牲	1999 年追认
黄艺垒	1980 年	福建	某部队战士	2000 年 7 月 22 日，在漳州市诏安县参加海训时为抢救战友和保护武器牺牲	2000 年
邓飞虎	1966 年	德化	泉州市公安局肖厝分局泉港沙格边防派出所副营职所长	2000 年 2 月 1 日凌晨，在缉私战斗中身负重伤，经抢救无效牺牲	2000 年
刘权接	1926 年	德化	中国人民解放军第四野战军战士	中华人民共和国成立前失踪	2000 年追认
庄俏东	1970 年	惠安	惠安县公安局民警	2001 年 12 月 18 日，在前往福州办案途中发生交通事故，为保护战友牺牲	2001 年
庄景峰	1974 年	泉港	惠安县公安局刑警大队黄塘刑警探组	2001 年 5 月 29 日，在重庆缉拿黑恶势力骨干成员过程中身受重伤，抢救无效牺牲	2001 年
陈贵川	1977 年	漳浦	武警晋江市消防大队一中队	2003 年 5 月 25 日，在执行晋江英林镇大雄电器仓库灭火战斗中为抢救战友而牺牲	2003 年

续表 48-2-1

姓名	出生时间	籍贯	原工作单位及职务	牺牲简况	授予时间
许建昌	1963 年	晋江	晋江市安海镇前坡村农民	2001 年 6 月 22 日，在晋江市安海镇一米粉厂为救落井民工，窒息昏迷，沉入井中牺牲	2004 年
林建权	1964 年	德化	德化县上涌镇党委副书记	2004 年 2 月 28 日，在德化县上涌镇为扑灭森林火灾牺牲	2004 年
李　素	1971 年	德化	德化县上涌镇农民	2004 年 2 月 28 日，在德化县上涌镇为扑灭森林火灾牺牲	2004 年
郭清楚	1970 年	德化	德化县上涌镇农民	2004 年 2 月 28 日，在德化县上涌镇为扑灭森林火灾牺牲	2004 年
郭春梅	1970 年	德化	德化县上涌镇农民	2004 年 2 月 28 日，在德化县上涌镇为扑灭森林火灾牺牲	2004 年
蔡志成	1983 年	石狮	石狮市凤里街道新华居委会联防队员	2002 年 12 月 4 日，在执勤时勇斗 3 名持刀歹徒牺牲	2004 年
刘荣兰	1987 年	泉港	泉港圭峰中学学生	1999 年 11 月 12 日，在泉港区郭厝林果场石潭为救落水的 4 名学生，溺水牺牲，时年 12 岁	2004 年追认
胡长泰	1992 年	湖北鄂州	南安市石井菊江小学学生	2004 年 5 月 27 日，在南安市石井镇一池塘为救落水儿童牺牲，时年 12 岁	2004 年
许少强	1965 年	泉州	中国银行泉州分行保卫科干部	2004 年 3 月 11 日，在丰泽区一网吧勇斗持刀抢夺歹徒，被歹徒刺伤后牺牲	2006 年
苏志杰	1981 年	厦门思明	安溪县消防大队	2006 年 7 月 27 日，在安溪金谷镇救援被洪水围困工人时被洪水卷入坝底牺牲	2006 年
林炳明	1983 年	台商区	泉州台商投资区洛阳镇云庄村村民	2006 年 10 月 6 日，在洛阳江为救落水青年而牺牲	2007 年
苏泗来	1950 年	南安	南安康美农民	1987 年 12 月 21 日，康美乡赤岭村村民房屋着火，苏泗来积极参加灭火，在清理火灾现场时，因抢救其他村民，被掉落的石板压成重伤，经抢救无效牺牲	2008 年追认
瞿洪鑫	1988 年	湖北	保安	2007 年 3 月 11 日，在鲤城区浮桥护城河为救落水女子，不幸牺牲	2008 年
李服从	1959 年	南安	中共南安市诗山镇委员会副书记	2009 年 1 月 12 日，在梅山镇扑灭森林火灾时牺牲	2009 年
邱晋东	1974 年	石狮	石狮市公安局永宁派出所民警	2007 年 7 月 1 日，在执行抓捕网上通缉犯任务中不幸牺牲	2009 年

第二节　全国劳动模范和先进工作者

本节收录 1991—2010 年泉州市获评全国劳动模范和先进工作者 37 人。

1991—2010 年泉州市全国劳动模范和先进工作者名表

表 48-2-2

姓名	工作单位及职务	表彰机关	表彰时间
许炎平	福建省惠安啤酒厂工人	国务院	1995 年
张华安	福建省金鹿集团董事长	国务院	1995 年
李天仁	泉州公共交通公司经理	国务院	1995 年

续表 48-2-2

姓名	工作单位及职务	表彰机关	表彰时间
王千万	安溪县感德镇岐阳村电工	国务院	1995 年
洪寒晴（女）	晋江市农业银行信用社营业员	国务院	1995 年
黄孙奎	泉州海滨城市信用社负责人	国务院	1995 年
陈宇尊	泉州高甲戏剧团团长	国务院	1995 年
王恒山	泉州电业局工人	国务院	2000 年
陈振欣	中国工商银行泉州市鲤城支行副股长	国务院	2000 年
吴海水	晋江市磁灶镇下灶村党总支书记	国务院	2000 年
程汉川	福建惠泉啤酒集团股份有限公司董事长	国务院	2000 年
陈文化	泉州市安溪县半林林场工会主席	国务院	2000 年
苏尧棠	福建省佳美集团公司董事长	国务院	2000 年
叶根元	泉州市环卫处副科长	国务院	2000 年
吕忠文	泉州市艺术馆馆长	国务院	2000 年
施维雄	晋江市地方税务局局长	国务院	2000 年
许连捷	福建恒安集团有限公司首席执行官	国务院	2000 年
李春兴	晋江市竹树下村党总支书记	国务院	2000 年
康　飚	福建炼油化工有限公司董事长	国务院	2000 年
李锦榕	鲤城区环卫所职工	国务院	2000 年
王秀黎	泉州安记食品有限公司技术员（外来务工人员）	国务院	2000 年
魏远荣	丰泽艺兴艺品有限公司财务总监（外来务工人员）	国务院	2000 年
黄碧山	南安市丰州镇旭山村农民	国务院	2000 年
李惠珍　（女）	泉州市第二实验小学副校长	国务院	2000 年
吴助仁	石狮玉湖社区党支部书记	国务院	2000 年
曾静萍	福建省梨园戏实验剧团团长	国务院	2010 年
张志祥	泉州电业局送电部线路走廊保护管理专责	国务院	2010 年
刘泉生	泉州市汽车运输总公司副总经理。	国务院	2010 年
王　珊	泉州师范学院音乐与舞蹈学院教师	国务院	2010 年
苏建堆	福建省泉州龙鹏集团有限公司董事长	国务院	2010 年
张秀惠	晋江市巨峰鞋业有限公司董事、行政总监	国务院	2010 年
蔡天守	晋江天守企业机构董事长兼总裁、晋江市东石镇梅塘村支部书记	国务院	2010 年
周永伟	福建七匹狼集团有限公司董事局主席	国务院	2010 年
黄垫华	洛江区罗溪镇前溪村党支部书记	国务院	2010 年
陈其伟	泉港区涂岭镇黄田村党支部书记	国务院	2010 年
康庆山	福建联合石油化工有限公司生产部调度经理	国务院	2010 年
李树山	南安市官桥镇党委书记	国务院	2010 年

第三节 省级劳动模范和先进工作者

本节收录 1991—2010 年泉州市获评省级劳动模范和先进工作者 437 人。

1991—2010 泉州市省级劳动模范和先进工作者名表

表 48-2-3

姓名	工作单位及职务	表彰机关	表彰时间
傅火儒	泉州市第七中学校长	福建省人民政府	1991 年
史建忠	泉州市开元皮塑制品厂厂长	福建省人民政府	1991 年
黄凌晖（女）	泉州市鲤城农业机械公司经理	福建省人民政府	1991 年
傅子污	泉州制药厂厂长	福建省人民政府	1991 年
郑华森	泉州人造花厂有限公司副总经理	福建省人民政府	1991 年
李必生	泉州市邮电局局长	福建省人民政府	1991 年
颜金镖	泉州百货采购供应站总经理	福建省人民政府	1991 年
戴泉明	泉州电视台记者	福建省人民政府	1991 年
张文辉	省梨园戏实验剧团团长	福建省人民政府	1991 年
王建设	泉州市化工建材公司水泥科科长	福建省人民政府	1991 年
林金山	中国泉州国际经济技术合作公司总经理	福建省人民政府	1991 年
黄仁生	泉州市市政工程处副主任	福建省人民政府	1991 年
王世铭	福建炼油厂物资供应处处长	福建省人民政府	1991 年
杨振声	泉州市医药分公司送货员	福建省人民政府	1991 年
叶根元	泉州市环境卫生管理处驾驶员	福建省人民政府	1991 年
林作明	省第五建筑工程公司泥水队长	福建省人民政府	1991 年
艾良法	省公路局泉州分局工程队站长	福建省人民政府	1991 年
王恒山	泉州供电局班长	福建省人民政府	1991 年
陈国富	泉州铸造厂车间副主任	福建省人民政府	1991 年
曾景川	省第一公路工程公司班长	福建省人民政府	1991 年
陈南山	泉州源和堂蜜饯厂工人	福建省人民政府	1991 年
赵世玉（女）	泉州机床厂车间副主任	福建省人民政府	1991 年
刘强法	鲤城区河市乡白洋村党支书	福建省人民政府	1991 年
吴文化	漳平市国营城口林业采育场书记	福建省人民政府	1991 年
施炳煌	晋江县城镇建设综合开发公司	福建省人民政府	1991 年
许猛义	晋江县科学技术协会主席	福建省人民政府	1991 年
王尚秋	晋江县委办公室驾驶员	福建省人民政府	1991 年
庄垂祥	晋江县青阳镇莲屿村农民	福建省人民政府	1991 年
王宗港	晋江县青阳镇高霞村党支部副书记	福建省人民政府	1991 年
洪瑞鹊	石狮市食品公司畜牧良种场场长	福建省人民政府	1991 年
林国志	石狮市莲埭华联针织厂厂长	福建省人民政府	1991 年
唐熊飞	浑明磊石材有限公司经理	福建省人民政府	1991 年

续表 48-2-3

姓名	工作单位及职务	表彰机关	表彰时间
吴敏超	福建省惠桥塑料制品厂有限公司经理	福建省人民政府	1991 年
陈元英（女）	惠安县后龙供销合作社营业员	福建省人民政府	1991 年
张祝良	惠安县崇武镇大岞村党总支书记	福建省人民政府	1991 年
庄志元	惠安县山腰种鸡场负责人	福建省人民政府	1991 年
张华安	南安县蚊香总厂厂长	福建省人民政府	1991 年
吕火把	南安县耐火材料厂党总支书记	福建省人民政府	1991 年
吴乌嫌（女）	南安县水头镇招待所服务员	福建省人民政府	1991 年
周淑丽（女）	南安县溪美镇环境卫生管理处工人	福建省人民政府	1991 年
黄进坤	南安县罗东镇冬青水库管理所主任	福建省人民政府	1991 年
陈慧英（女）	南安县康美镇东旭村党支书	福建省人民政府	1991 年
林春逢	安溪县粮油贸易公司经理	福建省人民政府	1991 年
林春水	安溪县公安局龙涓派出所所长	福建省人民政府	1991 年
黄瑞杯	安溪县邮电局湖头支局乡邮员	福建省人民政府	1991 年
林全朝	安溪县剑斗镇东阳村村主任	福建省人民政府	1991 年
张美服	安溪县大坪乡萍洲村党支书	福建省人民政府	1991 年
施贻深	永春县东平乡农技站站长	福建省人民政府	1991 年
林长青	天湖山矿务局曲斗矿队长	福建省人民政府	1991 年
廖碧霞（女）	永春县仙夹乡龙湖村村主任	福建省人民政府	1991 年
苏新添	永春县一都乡美岭村党支书	福建省人民政府	1991 年
李明智	德化县电力公司经理	福建省人民政府	1991 年
陈文开	德化县总工会主席	福建省人民政府	1991 年
王诗目	德化第二瓷厂烧成车间班长	福建省人民政府	1991 年
许兰花（女）	德化瓷厂彩画车间班长	福建省人民政府	1991 年
苏尧棠	德化县宝美瓷厂厂长	福建省人民政府	1991 年
姚天源	浦城森工医院院长	福建省人民政府	1991 年
李天仁	泉州市公交公司经理	福建省人民政府	1994 年
吴慰萱	泉州市公路局局长	福建省人民政府	1994 年
黄钦贵	省盐业公司泉州分公司经理	福建省人民政府	1994 年
陈伯耕	泉州电业局局长	福建省人民政府	1994 年
黄孙奎	泉州市海滨城市信用社主任	福建省人民政府	1994 年
盛　明	泉州市化工建材总公司总经理	福建省人民政府	1994 年
吕耀明	泉州市第三医院院长	福建省人民政府	1994 年
吴锡兰	泉州市鲤城区河市镇城关小学校长	福建省人民政府	1994 年
唐文扬	泉州市钟楼百货大楼交电部副经理	福建省人民政府	1994 年
陈宇尊	泉州市高甲戏剧团团长	福建省人民政府	1994 年
徐金瑞	华侨大学应用化学系副主任	福建省人民政府	1994 年
郑标民	泉州市公安局交警支队办公室副主任	福建省人民政府	1994 年
万贻金	泉州联泰皮具有限公司总经理	福建省人民政府	1994 年

续表 48-2-3

姓名	工作单位及职务	表彰机关	表彰时间
陈庆元	泉州元鸿集团公司总经理	福建省人民政府	1994 年
蔡振宗	晋江盐场工会主席	福建省人民政府	1994 年
洪寒晴（女）	晋江市农行金井信用社会计	福建省人民政府	1994 年
陈龙琪	晋江市第五中学校长	福建省人民政府	1994 年
邱家耀	晋江市龙湖供销社主任	福建省人民政府	1994 年
张建良	南安市锅厂车间主任	福建省人民政府	1994 年
黄意宣	南安市电力公司经理	福建省人民政府	1994 年
黄世平	南安市洪濑糖厂厂长	福建省人民政府	1994 年
戴育才	南安市第四建筑工程公司工人	福建省人民政府	1994 年
黄俊技	惠安坚石水泥制品有限公司总经理	福建省人民政府	1994 年
叶秀元	惠安山腰盐场东海工区主任	福建省人民政府	1994 年
邱仅生	惠安县第七建筑工程公司经理	福建省人民政府	1994 年
高美玲（女）	惠安赤湖防护林场工人	福建省人民政府	1994 年
潘进水	惠安县洛阳农机厂厂长	福建省人民政府	1994 年
孙诗山	惠安县张坂“七一”垦区综合场场长	福建省人民政府	1994 年
王千万	安溪县感德供电公司经理	福建省人民政府	1994 年
陈文化	国营安溪半林林场办公室主任	福建省人民政府	1994 年
涂九如	永春县水泥厂电修车间主任	福建省人民政府	1994 年
郭矩业	永春化肥厂原料车间检修班班长	福建省人民政府	1994 年
陈东海	永春县财政局副局长	福建省人民政府	1994 年
陈秀玲（女）	德化瓷厂成型车间工人	福建省人民政府	1994 年
李世春	德化第二瓷厂装窑工人	福建省人民政府	1994 年
郑添恩	德化第一中学校长	福建省人民政府	1994 年
吴玉岛	石狮市医药公司经理	福建省人民政府	1994 年
吴桂林	泉州市鲤城区江南镇新塘村党支	福建省人民政府	1994 年
吴家响	晋江市安海镇人民政府企业办会计	福建省人民政府	1994 年
陈长波	晋江市永和镇茂亭村村主任	福建省人民政府	1994 年
黄崎峰	南安依人制衣有限公司副总经理	福建省人民政府	1994 年
李火赞	南安市石井镇淘江村党支书	福建省人民政府	1994 年
陈世界	南安市溪美镇金街村党支书	福建省人民政府	1994 年
张秀英（女）	安溪县福前农场格口分场工人	福建省人民政府	1994 年
张特炉	永春县横口乡横坑水泥厂厂长	福建省人民政府	1994 年
郑廷殊	德化县三班镇东山洋村农民	福建省人民政府	1994 年
洪志伟	石狮林边玩具塑料厂厂长	福建省人民政府	1994 年
余公望	福建炼油化工有限公司车间主任	福建省人民政府	1997 年
张以平	泉州市汽车运输总公司总经理	福建省人民政府	1997 年
苏明明	泉州市邮电局科长	福建省人民政府	1997 年
陈金来	省第五建筑工程公司队长	福建省人民政府	1997 年

续表 48-2-3

姓名	工作单位及职务	表彰机关	表彰时间
万定芳	泉州市市政工程处副主任	福建省人民政府	1997 年
林纯纯	泉州纺织品采购供应站总经理	福建省人民政府	1997 年
周贻赐	泉州五矿（集团）公司总经理	福建省人民政府	1997 年
王晓霞（女）	中国工商银行石狮市支行科员	福建省人民政府	1997 年
王仙龙	泉州市公安局科员	福建省人民政府	1997 年
吕忠文	泉州市艺术馆副馆长	福建省人民政府	1997 年
吴世艳（女）	泉州市卫生局市直卫生党委副书记	福建省人民政府	1997 年
吴季怀	华侨大学材料物理化学研究所所长	福建省人民政府	1997 年
邱聪明	泉州市后渚港务公司经理	福建省人民政府	1997 年
李锦阳	泉州市环境卫生管理处工人	福建省人民政府	1997 年
李小燕（女）	泉州市鲤城区机关幼儿园园长	福建省人民政府	1997 年
黄冬凡	晋江粉末冶金厂车间副主任	福建省人民政府	1997 年
施维雄	晋江市地方税务局局长	福建省人民政府	1997 年
施纯义	晋江市公安局青阳分局局长	福建省人民政府	1997 年
陈文荣	石狮市公安局刑警大队科员	福建省人民政府	1997 年
蔡朝瑞	石狮关区陆运进出口货物报验中心工人	福建省人民政府	1997 年
庄小兰（女）	福建惠泉啤酒集团公司车间主任	福建省人民政府	1997 年
陈灿辉	惠安县渔具厂组长	福建省人民政府	1997 年
余清雄	惠安县地方税务局局长	福建省人民政府	1997 年
王　英（女）	肖厝山腰镇华侨医院护士长	福建省人民政府	1997 年
李火胜	南安市化肥厂厂长	福建省人民政府	1997 年
王志恭	泉州市公路局南安分局局长	福建省人民政府	1997 年
白建英（女）	南安市环境卫生管理所清洁工	福建省人民政府	1997 年
刘宝娜（女）	南安市码头供销总店营业员	福建省人民政府	1997 年
张一勤	泉州市山美水库管理处主任	福建省人民政府	1997 年
谢少扬	安溪县化肥厂厂长	福建省人民政府	1997 年
谢方玄	安溪县交通局测量员	福建省人民政府	1997 年
黄进兴	泉州市公路局安溪分局道班长	福建省人民政府	1997 年
郑怡中	省公路稽征局永春稽征所副所长	福建省人民政府	1997 年
汤志强	永春县第一建筑工程公司组长	福建省人民政府	1997 年
陈德发	德化县国家税务局局长	福建省人民政府	1997 年
杨永义	泉州市鲤城区东海镇法石村书记	福建省人民政府	1997 年
吴海水	晋江市磁灶镇下灶村书记	福建省人民政府	1997 年
李贤领	石狮市永宁镇前坡村农民	福建省人民政府	1997 年
张汉辉	惠安县崇武镇潮洛村书记	福建省人民政府	1997 年
刘永才	肖厝南埔机械厂厂长	福建省人民政府	1997 年
陈泽殊	南安市陶瓷原料中心总经理	福建省人民政府	1997 年
陈进兴	南安市洪梅镇新林村书记	福建省人民政府	1997 年

续表 48-2-3

姓名	工作单位及职务	表彰机关	表彰时间
陈双算	安溪县祥华乡旧寨村农民	福建省人民政府	1997 年
王燕文	安溪县官桥镇恒美村胜利养殖场场长	福建省人民政府	1997 年
苏新添	永春县一都镇美岭村书记	福建省人民政府	1997 年
潘贤抄	永春县建筑工程路桥工程处主任	福建省人民政府	1997 年
蒋金椿	德化县桂阳乡王春村农民	福建省人民政府	1997 年
林凡	福建炼油化工有限公司焦化车间班长	福建省人民政府	2000 年
蔡永鑫	中国工商银行泉州丰泽支行行长	福建省人民政府	2000 年
范柳青（女）	泉州轻工工艺进出口（集团）公司总经理	福建省人民政府	2000 年
庄炳奎	泉州市肖厝山腰盐场班组长	福建省人民政府	2000 年
杨春柳	泉州中侨（集团）股份有限公司味精厂经营负责人	福建省人民政府	2000 年
王　鼎	省电信公司泉州市分公司机务员	福建省人民政府	2000 年
郑金腾	福建省天湖山矿务局局长	福建省人民政府	2000 年
吴敏达（女）	泉州东艺雕刻有限公司部门经理	福建省人民政府	2000 年
吴助仁	石狮市湖滨街道办事处新湖村市场管理员	福建省人民政府	2000 年
曾　琛（女）	晋江钻石体育用品有限公司缝球工	福建省人民政府	2000 年
李丝绵（女）	晋江市池店农村信用社新店分社复核员	福建省人民政府	2000 年
黄天火	南安市闽发铝厂董事	福建省人民政府	2000 年
陈澄清	福建凤竹集团有限公司总经理	福建省人民政府	2000 年
张儒德	晋江市磁灶镇上厝村养鸡专业户	福建省人民政府	2000 年
林太极	南安市水头镇大盈村工会主席	福建省人民政府	2000 年
郭湖海	南安市蓬华镇山城村种养户	福建省人民政府	2000 年
王山井	泉州市有志石材有限公司副董事长	福建省人民政府	2000 年
黄碧山	南安市第五建筑工程公司项目经理	福建省人民政府	2000 年
陈丽红（女）	安溪县城厢镇光德村淡水养殖场农民	福建省人民政府	2000 年
林生伟	永春县蓬壶镇美中村党支部书记	福建省人民政府	2000 年
苏建堆	泉州龙鹏集团有限公司副总经理	福建省人民政府	2000 年
郭振辉	福建惠泉啤酒集团股份有限公司总经理	福建省人民政府	2000 年
康庆山	福建炼油化工有限公司车间主任	福建省人民政府	2000 年
蒋亚龙	泉州市环境卫生管理处驾驶员	福建省人民政府	2000 年
刘锡杰	泉州市人民检察院副处长	福建省人民政府	2000 年
黄衍宝	省公路稽征局泉州稽征处处长	福建省人民政府	2000 年
李维义	泉州市急救指挥中心主任	福建省人民政府	2000 年
卢天民	泉州市北渠管理处主任	福建省人民政府	2000 年
张文土	泉州市公路局直属分局养路工	福建省人民政府	2000 年
谢希鹏	泉州市中级人民法院庭长	福建省人民政府	2000 年
林培华（女）	泉州市鲤城区教育局局长	福建省人民政府	2000 年
吴珊红（女）	丰泽区泉秀街道华丰居委会主任	福建省人民政府	2000 年
李奕亭	石狮市公安局刑警大队侦查员	福建省人民政府	2000 年

续表 48-2-3

姓名	工作单位及职务	表彰机关	表彰时间
张晚金	晋江市委办公室科员	福建省人民政府	2000 年
洪月琼（女）	南安市地方税务局征收分局会计	福建省人民政府	2000 年
许成金	惠安县半岭小学教师	福建省人民政府	2000 年
刘清珠（女）	惠安县医院妇产科科主任	福建省人民政府	2000 年
刘亚立	安溪县芦田学区招坑小学教员	福建省人民政府	2000 年
谢彤芬（女）	安溪县（铭选）医院办公室主任	福建省人民政府	2000 年
李实魁	德化县教师进修学校教师	福建省人民政府	2000 年
张志祥	泉州电业局送电部班长	福建省人民政府	2003 年
陈建筑	福建恒安集团有限公司工人	福建省人民政府	2003 年
张孝礼	泉州市蔬菜公司总经理	福建省人民政府	2003 年
李克超	泉州市邮政局局长	福建省人民政府	2003 年
欧西杰	泉州轻工工艺进出口（集团）公司部门经理	福建省人民政府	2003 年
苏文滨	泉州恒泰皮具有限公司总经理	福建省人民政府	2003 年
蔡炳河	泉州市广海房地产发展有限公司董事长	福建省人民政府	2003 年
杨宝山	中国建设银行泉州市分行行长	福建省人民政府	2003 年
张子超	泉州市第七中学分校教师	福建省人民政府	2003 年
林建声	泉州市城东中学教师	福建省人民政府	2003 年
王　珊（女）	泉州市师范学院艺术系主任	福建省人民政府	2003 年
林天成	泉州市公路局总工程师	福建省人民政府	2003 年
颜伟宏	泉州市地方税务局办公室主任	福建省人民政府	2003 年
谢燕南	泉州市国家税务局局长	福建省人民政府	2003 年
徐西鹏	华侨大学校长助理	福建省人民政府	2003 年
王永初	华侨大学教师	福建省人民政府	2003 年
蔡东升	福建野豹儿童用品有限公司总经理助理	福建省人民政府	2003 年
郑木枝	福建惠泉啤酒集团股份有限公司经理	福建省人民政府	2003 年
康　飚	福建炼油化工有限公司总经理	福建省人民政府	2003 年
李春兴	福建凤竹集团有限公司董事长	福建省人民政府	2003 年
林福椿	福建冠福现代家用股份有限公司董事长	福建省人民政府	2003 年
苏建国	福建省第五建筑工程公司晋江分公司经理	福建省人民政府	2003 年
林瑞英（女）	泉州市洛江区双阳镇计生办统计员	福建省人民政府	2003 年
方炳金	泉州市公安局泉港分局后龙派出所所长	福建省人民政府	2003 年
李炳坤	泉州市泉港区国土规划建设局土地科科长	福建省人民政府	2003 年
周栋田	晋江市东石贝类养殖场养殖专业户	福建省人民政府	2003 年
吴庆锥	晋江市人民法院庭长	福建省人民政府	2003 年
黄雄伟	晋江市地方税务局局长	福建省人民政府	2003 年
黄志敏	南安市公安局科员	福建省人民政府	2003 年
周志望	南安市地方税务局局长	福建省人民政府	2003 年
洪竞敏	南安轴承有限责任公司董事长	福建省人民政府	2003 年

续表 48-2-3

姓名	工作单位及职务	表彰机关	表彰时间
洪秀枞（女）	南安市电信局财务处理员	福建省人民政府	2003 年
李振生	南安市梅山镇榕中村党总支书记	福建省人民政府	2003 年
施明碳	石狮市地方税务局局长	福建省人民政府	2003 年
杨宗仁	惠安县电力公司经理	福建省人民政府	2003 年
刘克铭	惠安县螺阳学区松光小学教师	福建省人民政府	2003 年
陈欠水	惠安县残疾人联合会理事长	福建省人民政府	2003 年
殷炳雄	安溪第一中学校长	福建省人民政府	2003 年
林水德	安溪县高甲戏剧团演员	福建省人民政府	2003 年
陈志思	安溪县电力公司工人	福建省人民政府	2003 年
吴传家	安溪县祥华乡祥华村茶农	福建省人民政府	2003 年
蔡一心	永春制药厂厂长	福建省人民政府	2003 年
林劫波	永春宏泰实业有限公司技术负责人	福建省人民政府	2003 年
陈荣天	德化县第一中学教务处副主任	福建省人民政府	2003 年
柯逢荣	德化宏益陶瓷雕塑研究所副所长	福建省人民政府	2003 年
陈新兴	泉州市惠安县崇武镇党委书记	福建省人民政府	2005 年
钟乌晓	晋江工商局深沪工商所	福建省人民政府	2006 年
王木昌	惠安县水产局	福建省人民政府	2006 年
苏志杰	安溪县公安消防大队二中队班长	福建省人民政府	2006 年
张火树	安溪县大坪乡萍州村党支部书记	福建省人民政府	2006 年
吴家再	南安市计划生育局	福建省人民政府	2006 年
郑胜利	石狮市永宁镇计划生育办公室主任	福建省人民政府	2007 年
翁国明	晋江市计划生育委员会职工	福建省人民政府	2007 年
陈成扶	南安市社会治安综合治理委员会办公室主任	福建省人民政府	2007 年
李永木	晋江市公安局局长	福建省人民政府	2007 年
洪序酒	泉州市水土保持委员会主任	福建省人民政府	2007 年
吴观福	泉州市供销合作社联合社主任	福建省人民政府	2007 年
陈连泰	南安市地方税务局局长	福建省人民政府	2007 年
朱跃斌	惠安县医药公司经理	福建省人民政府	2007 年
磊能通	晋江市对外经济贸易委员会主任	福建省人民政府	2007 年
蔡华谈	石狮市对外经济贸易委员会主任	福建省人民政府	2007 年
王重庆	泉州市科学技术委员会主任（1998.7.17 病故）	福建省人民政府	2007 年
陈祖庆	惠安第三中学一级教师	福建省人民政府	2007 年
黄明福（女）	泉州市第二实验小学高级教师	福建省人民政府	2007 年
林培玲（女）	泉州市鲤城区实验小学书记、校长、小学高级教师	福建省人民政府	2007 年
蔡美莲（女）	泉州市鲤城区临江街道办事处计生办主任	福建省人民政府	2007 年
庄铭理	晋江市财政局局长	福建省人民政府	2007 年
颜春呈	晋江市水利电力局局长	福建省人民政府	2007 年
张双枝	泉州市第一建筑工程公司项目经理	福建省人民政府	2007 年

续表 48-2-3

姓名	工作单位及职务	表彰机关	表彰时间
叶天恩	晋江市人民法院行政审判庭审判员	福建省人民政府	2007 年
庄建良	泉州市第一医院院长	福建省人民政府	2007 年
柳新群	晋江市公安局副局长兼刑警大队大队长	福建省人民政府	2007 年
陈太平	泉州市人事局局长	福建省人民政府	2007 年
王惠榕	泉州市林业局副局长	福建省人民政府	2007 年
颜古城	安溪俊民中学教务处主任、中学高级教师	福建省人民政府	2007 年
李惠珍（女）	泉州市晋光小学教导主任、小学高级教师	福建省人民政府	2007 年
王日新	安溪县监察局局长	福建省人民政府	2007 年
伍秀枞（女）	泉州市妇女联合会主席	福建省人民政府	2007 年
陈欠水	泉州市残疾人联合会副处级干事	福建省人民政府	2007 年
吴庆锥	晋江市人民法院经济庭庭长	福建省人民政府	2007 年
李远志	福建省电信公司石狮市电信局局长	福建省人民政府	2007 年
张连枝	福建省惠东建筑工程有限公司董事长	福建省人民政府	2007 年
林庆峰	安溪县规划建设局局长	福建省人民政府	2007 年
吴共湖	泉州市建设局局长	福建省人民政府	2007 年
郭景仁	泉州市归国华侨联合会副主席	福建省人民政府	2007 年
黄曼丽（女）	泉州外国语中学高级教师	福建省人民政府	2007 年
郑梦如	永春县教师进修学校小学教研室主任、中学高级教师	福建省人民政府	2007 年
李丹阳	晋江市科学技术局局长	福建省人民政府	2007 年
杨文龙	德化县国土资源局局长	福建省人民政府	2007 年
郑珠桂（女）	泉州市公路局德化分局雷锋公路站站长	福建省人民政府	2007 年
骆灿堂	泉州市委政法委书记	福建省人民政府	2007 年
曾静萍（女）	福建省梨园戏实验剧团团长	福建省人民政府	2007 年
林建春	泉州市委宣传部副部长、文明办主任	福建省人民政府	2007 年
陈元殿	泉州市水利局局长	福建省人民政府	2007 年
林玉仙	德化县九仙山气象站站长	福建省人民政府	2007 年
吴友平	泉州市粮食局局长	福建省人民政府	2007 年
杨逸蓉（女）	泉州市林业局局长	福建省人民政府	2007 年
李火生	泉州市民政局救济科科长	福建省人民政府	2007 年
曹娥平（女）	福建省泉州市鲤城区人口计生局局长	福建省人民政府	2007 年
周连期	福建七匹狼实业股份有限公司董事长	福建省人民政府	2007 年
王国珍（女）	泉州海天轻纺有限公司总工程师	福建省人民政府	2007 年
陈水妹（女）	福建省福马企业集团有限公司高级经济师	福建省人民政府	2007 年
林荣宗	泉州九牧王洋服时装有限公司技术总监	福建省人民政府	2007 年
王良星	利郎（中国）有限公司总经理	福建省人民政府	2007 年
庄美娥（女）	惠安县双喜制衣有限公司财务总监	福建省人民政府	2007 年
赵建河	泉州格林服装有限公司设计师	福建省人民政府	2007 年
周华富	彬伊奴（中国）有限公司生产部经理	福建省人民政府	2007 年

续表 48-2-3

姓名	工作单位及职务	表彰机关	表彰时间
洪肇奕	福建柒牌集团有限公司高级经济师	福建省人民政府	2007 年
柯鸿程	南安南丰纺织有限公司车间主任	福建省人民政府	2007 年
吴端萍	泉州市丰泽区轻纺创业管理办公室负责人、经贸局局长	福建省人民政府	2007 年
丁聪岭	石狮市服装城筹建办公室主任	福建省人民政府	2007 年
陈伟勇	福建省纺机行业协会筹备组副组长	福建省人民政府	2007 年
张汉杰	福建省纺织行业协会副会长、常务理事	福建省人民政府	2007 年
黄印平	南安纺织行业管理办公室负责人	福建省人民政府	2007 年
张世雄	福建省服装服饰行业协会常务理事、副会长	福建省人民政府	2007 年
骆良益	福建省泉州市民族与宗教事务局局长	福建省人民政府	2007 年
陈　茹（女）	福建新华发行（集团）有限责任公司泉州分公司外文门市部经理	福建省人民政府	2007 年
胡连荣	荣誉酒店集团、石狮市荣誉大酒店董事长	福建省人民政府	2007 年
陈爱民	石狮市公安局凤里派出所所长	福建省人民政府	2007 年
龚万全	福建省泉州市文化局局长	福建省人民政府	2007 年
谢婉彬（女）	泉州市南安国光中学	福建省人民政府	2007 年
曾志兴	华侨大学	福建省人民政府	2007 年
赵艺阳	泉州市安溪县第一中学	福建省人民政府	2007 年
周明超	泉州市群峰机械制造有限公司机师	福建省人民政府	2007 年
曾静萍（女）	福建省梨园戏实验剧团团长	福建省人民政府	2007 年
杨小婷（女）	泉州市嘉太中外名酒有限公司副总经理	福建省人民政府	2007 年
谢志毅	泉州市安溪县水利局局长	福建省人民政府	2007 年
连　绵	泉州市泉港区山腰盐场场长	福建省人民政府	2007 年
林荣东	泉州三盛橡塑发泡鞋材有限公司营销总监	福建省人民政府	2007 年
吴荣光	福建鸿星尔克体育用品有限公司总裁	福建省人民政府	2007 年
陈天奖	福建雅客食品有限公司总经理	福建省人民政府	2007 年
柯文托	福建优兰发集团实业有限公司总经理	福建省人民政府	2007 年
林和平	石狮市富贵鸟集团公司董事长	福建省人民政府	2007 年
黄海鸣	泉州贵格纸业有限公司技术员	福建省人民政府	2007 年
许黎明	泉州宝峰鞋业有限公司车间主任	福建省人民政府	2007 年
陈忠实	福建欧美龙体育用品有限公司研发中心主任	福建省人民政府	2007 年
施能辉	福建浔兴拉链科技股份有限公司总裁	福建省人民政府	2007 年
苏清远	清美（中国）有限公司副总经理	福建省人民政府	2007 年
陈诗从	晋江市经济发展局局长、晋江市食品行业协会副会长	福建省人民政府	2007 年
蔡文雄	泉州市城镇集体工业联合社办公室主任	福建省人民政府	2007 年
林加星	福建省泉州市公交发展有限公司驾驶员	福建省人民政府	2007 年
林文儒	福建省泉州市建设局局长	福建省人民政府	2007 年
陈巧生	福建省泉州市洛江区建设局局长	福建省人民政府	2007 年
庄琼霞（女）	鲤城区计生服务站	福建省人民政府	2008 年

续表 48-2-3

姓名	工作单位及职务	表彰机关	表彰时间
王亚榕	鲤城公安分局临江派出所	福建省人民政府	2008 年
黄嘉鸿	福建泰克通信有限公司	福建省人民政府	2008 年
王维贤	中国工商银行股份有限公司泉州丰泽支行	福建省人民政府	2008 年
欧阳国煌	泉州恒利艺品有限公司	福建省人民政府	2008 年
陈国成	福建格林集团有限公司	福建省人民政府	2008 年
余金荣（女）	泉州市洛江区罗溪中学	福建省人民政府	2008 年
汪义路	泉州市公安局洛江分局治安大队	福建省人民政府	2008 年
黄垫华	泉州市洛江区罗溪镇前溪村	福建省人民政府	2008 年
陈惠民	泉州市泉港区少体校	福建省人民政府	2008 年
廖培坤	泉州港务集团副总经理兼肖厝分公司	福建省人民政府	2008 年
陈其伟	泉港区涂岭镇黄田村	福建省人民政府	2008 年
张俊明	中国电信股份有限公司晋江分公司	福建省人民政府	2008 年
张秀惠（女）	晋江巨峰鞋业有限公司	福建省人民政府	2008 年
颜清祥	晋江市公安局巡警	福建省人民政府	2008 年
刘泉生	晋江长途汽车站	福建省人民政府	2008 年
周爱华	福建柒牌集团有限公司	福建省人民政府	2008 年
彭晓芬（女）	晋江季延中学	福建省人民政府	2008 年
李章凯	晋江市财政局	福建省人民政府	2008 年
施能坑	福建浔兴集团有限公司	福建省人民政府	2008 年
张鸿志	晋江市儒南养鸡场	福建省人民政府	2008 年
张文章	晋江市森林义务消防队	福建省人民政府	2008 年
吴金程	晋江磁灶大埔村	福建省人民政府	2008 年
蔡永钦	晋江市龙湖镇政府	福建省人民政府	2008 年
高觉慧	石狮石光华侨联合中学	福建省人民政府	2008 年
林丽娜（女）	石狮湖滨街道玉湖社区	福建省人民政府	2008 年
吕培榕	石狮市大帝集团有限公司	福建省人民政府	2008 年
蔡文聘	石狮市永宁镇前埔村	福建省人民政府	2008 年
黄沿海	南安市一中	福建省人民政府	2008 年
王乌嫌（女）	华辉集团有限公司	福建省人民政府	2008 年
林添火	南安市移动通信公司	福建省人民政府	2008 年
蔡东孟	南安市东田镇湖山村	福建省人民政府	2008 年
黄洁珍（女）	南安市人民法院	福建省人民政府	2008 年
黄华雄	泉州市金鸡汽车教练所	福建省人民政府	2008 年
王建业	南安市仑苍镇辉煌村	福建省人民政府	2008 年
潘泽川	南安市乐峰印山林场	福建省人民政府	2008 年
郑建家	南安市溪美街道崎峰社区	福建省人民政府	2008 年
王连拱	南安市地税局	福建省人民政府	2008 年
傅孙焕	福建飞越鞋服有限公司	福建省人民政府	2008 年

续表 48-2-3

姓名	工作单位及职务	表彰机关	表彰时间
范正韬	福山轴承有限公司	福建省人民政府	2008 年
潘鹏鸿	惠安县公安局东岭派出所	福建省人民政府	2008 年
庄莎玲（女）	惠安县八二三实验小学	福建省人民政府	2008 年
林奕森	惠安县农村信用合作社	福建省人民政府	2008 年
林清斌	惠安县东园镇中心卫生院	福建省人民政府	2008 年
林小群	惠安县国家税务局	福建省人民政府	2008 年
蒋细宗	泉州豪翔石业有限公司	福建省人民政府	2008 年
杨庆聪	惠安县洛阳镇屿头村	福建省人民政府	2008 年
张建新	惠安县对外贸易经济合作局	福建省人民政府	2008 年
林秀成	福建三安钢铁有限公司	福建省人民政府	2008 年
杨景队	福建省安溪荣德选矿厂	福建省人民政府	2008 年
柯杰良	福建省安溪县供电有限责任公司	福建省人民政府	2008 年
段华刚	安溪聚丰工艺品有限公司	福建省人民政府	2008 年
李宏彬	安溪县公安局刑警大队	福建省人民政府	2008 年
谢文坚	安溪城厢镇砖文村	福建省人民政府	2008 年
黄俊杰	安溪县城厢镇经岭村	福建省人民政府	2008 年
苏清泉	福建泉州美岭集团公司	福建省人民政府	2008 年
施云飞	永春县农村信用合作联社	福建省人民政府	2008 年
谢良坡	永春县坑仔口镇魁斗村	福建省人民政府	2008 年
郭根才	泉州市公路局永春公路分局	福建省人民政府	2008 年
颜少敏	永春县中医院	福建省人民政府	2008 年
李志铭	福建省阳山铁矿	福建省人民政府	2008 年
黄耀生	德化县医院	福建省人民政府	2008 年
郑珠桂（女）	德化县公路分局	福建省人民政府	2008 年
黄礼开	福建炼化公司党委工作处德化乡国宝乡格头村	福建省人民政府	2008 年
林文昌	福建冠福现代家用股份有限公司	福建省人民政府	2008 年
傅志昌	泉州鸿昌机械制造有限公司	福建省人民政府	2008 年
褚　立	九牧王（中国）有限公司	福建省人民政府	2008 年
吴世璜	泉州万龙石业有限公司	福建省人民政府	2008 年
李国锋	特步（中国）有限公司	福建省人民政府	2008 年
周洪波	福建联合石油化工有限公司生产部调度经理	福建省人民政府	2008 年
赵冰洁（女）	华侨大学	福建省人民政府	2008 年
陈成联	泉州市房地产管理局	福建省人民政府	2008 年
洪立强	泉州第五中学	福建省人民政府	2008 年
高瑛瑛（女）	泉州市儿童医院	福建省人民政府	2008 年
陈永水	泉州市农业科学研究所	福建省人民政府	2008 年
黄丽玲（女）	泉州金星大酒店	福建省人民政府	2008 年

续表 48-2-3

姓名	工作单位及职务	表彰机关	表彰时间
黄　斌	中国农业银行泉州市分行	福建省人民政府	2008 年
环志敏	中国移动福建公司泉州分公司	福建省人民政府	2008 年
林丽珠（女）	泉州市地方税务局征收分局	福建省人民政府	2008 年
洪完明	泉州中级人民法院	福建省人民政府	2008 年
曾群慧	中国电信泉州分公司	福建省人民政府	2008 年
谢志坚	福建省泉州电业局	福建省人民政府	2008 年
陈英杰	泉州晚报社	福建省人民政府	2008 年
陆　东	福建联合石油化工有限公司	福建省人民政府	2008 年
李云华	南安市疾病预防控制中心防疫员	福建省人民政府	2009 年
蔡天守	福建天守服装织造发展有限公司总裁	福建省人民政府	2009 年
刘明亮	泉州市对外贸易经济合作局局长	福建省人民政府	2009 年
谢陆伟	晋江市商务局局长	福建省人民政府	2009 年
薛文华	石狮市广播电视事业局局长	福建省人民政府	2009 年
陈文望	泉州市机构编制委员会办公室主任	福建省人民政府	2009 年
辜景峰	泉州市统计局局长	福建省人民政府	2009 年
吴中培	泉州市科技局局长	福建省人民政府	2009 年
李其旦	晋江市安海镇计生办主任	福建省人民政府	2009 年
夏学哲	石狮市农办主任	福建省人民政府	2010 年
龚庆丰	石狮市鸿山镇计生办负责人	福建省人民政府	2010 年
洪明向	石狮东鹏纺织贸易有限公司总经理	福建省人民政府	2010 年
王衍筑	石狮盖奇织染服饰有限公司董事长	福建省人民政府	2010 年
林圣传	石狮盛派服装公司	福建省人民政府	2010 年
陈跃飞	永春县农业局副局长、主任科员	福建省人民政府	2010 年
林淑燕	安溪县金谷镇党委副书记、镇长	福建省人民政府	2010 年
戴景胜	南安市人大常委会副主任	福建省人民政府	2010 年
施养市	福建翔升纺织有限公司	福建省人民政府	2010 年
王丹兵	泉永机械配件有限公司	福建省人民政府	2010 年

第四节　仕外泉州籍副部级以上领导干部

本节收录 1991—2010 年已知仕外泉州籍副部级以上领导干部 35 人。

1991—2010 年仕外泉州籍副部级以上领导干部名表

表 48-2-4

姓名	籍贯	职务	任职时间
庄炎林	安溪	全国侨联主席	1989 年 12 至 1994 年 6 月
郑励志	安溪	上海市政协副主席	1988 年 4 月至 1993 年 2 月

续表 48-2-4

姓名	籍贯	职务	任职时间
王汉斌	惠安	全国人大常委会副委员长	1988 年 4 月至 1992 年 10 月
		中共中央政治局候补委员、全国人大常委会副委员长	1992 年 10 月至 1997 年 9 月
黄宗汉	南安	中央军委办公厅副主任，少将	1996 年 8 月至 1997 年 12 月
林祖乙	鲤城	交通部副部长	1985 年 6 月至 1992 年 9 月
林子亮	鲤城	湖南省政协副主席	1988 年 1 月至 2003 年 1 月
罗豪才	安溪	全国政协副主席	1998 年 3 月至 2008 年 3 月
林祖赓	鲤城	厦门大学校长	1990 年 7 月至 1999 年 4 月
庄玉辉	泉港	解放军 309 医院结核病研究室主任　文职将军衔	
刘运来	鲤城	江西省政协副主席	1997 年至 2008 年 1 月
施性谋	晋江	福建省政府副省长	1988 年 1 月至 1998 年 1 月
		福建省人大常委会副主任	1998 年 1 月至 2009 年 9 月
何少川	鲤城	福建省委常委、省委副书记、政协副主席、全国政协台港澳侨委副主任	1985 年 6 月至 2009 年 9 月
陈荣春	惠安	省政协副主席	1998 年 1 月至 2003 年 1 月
李金标	南安	中国人民解放军石家庄陆军学院副军级干部	
吴永川	鲤城	解放军南京政治学院副院长、政委，少将军衔	
李雪莹	安溪	中央纪委驻信息产业部纪检组组长，中华全国归国华侨联合会副主席（兼）	1993 年 12 月至 2007 年 3 月
刘梧桐	南安	北京军区通信总站主任（军级）	
洪永世	永春	福建省委常委兼中共厦门市委书记	1999 年 8 月至 2001 年 12 月
陈保定	惠安	国防科工委科科技部副部长（副军、少将），国防科工委办公厅主任（正军、少将），中国人民解放军总装备部军兵种装备部部长（正军，少将）	
郭廷标	惠安	辽宁省政协主席、党组书记	2004 年 2 月至 2008 年 1 月
洪华生	南安	福建省政协副主席、省人大常委会副主任	1988 年 1 月至 2008 年 1 月
朱亚衍	泉港	福建省政府副省长、厦门市人民政府市长、省委常委、省人大常委会副主任	1998 年至 2008 年 1 月
张高丽	晋江	广东省政府副省长、中共广东省委常委、广东省政府副省长，中共广东省委常委、广东省政府副省长、中共深圳市委书记，中共广东省委副书记、深圳市委书记，中共广东省委副书记、深圳市委书记、市人大常委会主任，中共山东省委副书记，省政府代省长、省长，中共山东省委书记、省政府省长，中共山东省委书记、省人大常委会主任，中共天津市委书记，中共中央政治局委员、天津市委书记	1988 年 1 月至 2012 年 11 月
林　军	安溪	中国侨联副主席	2004 年 7 月至 2008 年 1 月
		中国侨联主席，中共十六大、十七大代表，中共第十七届中央委员会候补委员	2008 年 1 月至 2017 年 6 月
倪英达	鲤城	福建省检察院检察长	2003 年 2 月至 2016 年
郑育文	泉港	解放军外国语学院党委书记、政委，少将	2002 年 3 月起
蔡英挺	晋江	中国人民解放军南京军区副参谋长，福建某集团军军长，中国人民解放军南京军区参谋长、司令员，中国人民解放军军事科学院院长	2002 年至 2017 年
庄聪生	晋江	全国工商联党组成员、专职副主席	2009 年 12 月至 2015 年 6 月

续表 48-2-4

姓名	籍贯	职务	任职时间
陈　桦	泉港	福建省委常委	2006 年 11 月起
		省委常委、省政府副省长	2008 年 1 月至 2013 年 1 月
陈志铭	永春	空军报社社长，少将军衔	
刘赐贵	泉港	中共厦门市委副书记、市长	2007 年 4 月至 2011 年 1 月
张飞猛	南安	中国人民解放军安徽合肥炮兵学院副军级干部	
杨建华	南安	中国人民解放军总参谋部军事作战部副军级干部	
庄钊文	南安	国防科技大学副校长、少将军衔	2006 年起
洪捷序	南安	福建省政府副省长	2008 年 1 月至 2018 年 1 月

第五节　泉州籍院士

本节收录 1991—2010 年泉州市当选院士 19 人。

1991—2010 年泉州籍院士名表

表 48-2-5

姓名	出生年月	籍贯	工作单位和职务	当选年份
施教耐	1920 年 11 月	晋江	中国科学院分子植物科学卓越创新中心、植物生理生态研究所研究员	1991 年
张乾二	1928 年 8 月	惠安	厦门大学教授、中国科学院福建物质结构研究所研究员	1991 年
王启明	1934 年 7 月	石狮	中国科学院半导体研究所研究员、所长，博士生导师	1991 年
黄荣辉	1942 年 8 月	泉港	中国科学院大气物理研究所副所长、研究员、教授、博士生导师	1991 年
李龙土	1935 年 11 月	南安	清华大学材料科学与工程系教授	1997 年
陈火旺	1936 年 2 月	安溪	国防科学技术大学计算机学院教授、博士生导师	1997 年
欧阳钟灿	1946 年 1 月	鲤城	中国科学院理论物理研究所研究员、中国科学技术大学物理学院院长	1997 年
吴新涛	1939 年 4 月	石狮	中国科学院福建物质结构研究所研究员、博士生导师	1999 年
李幼平	1935 年 5 月	鲤城	中国工程物理研究院科技委主任	1999 年
林幼堃	1923 年 10 月	泉州	伊利诺大学航空航天工程系教授、佛罗里达大西洋大学“希密德杰出学者讲座”教授	2001 年
林　鹏	1931 年 12 月	晋江	厦门大学环境科学研究所副所长、国家教委理科环境教学指导委员会委员	2001 年
林俊德	1938 年 3 月	永春	中央军委总装备部某实验训练基地研究员、少将	2001 年
陈桂林	1941 年 12 月	南安	中国科学院上海技术物理研究所研究员	2001 年
郭光灿	1942 年 12 月	惠安	中国科技大学教授	2003 年
陈木法	1946 年 8 月	惠安	北京师范大学教授、博士生导师	2003 年
姚建年	1953 年 9 月	晋江	中国科学院化学研究所研究员、国家自然科学基金会副主任	2005 年
李爱珍	1936 年 5 月	石狮	中国科学院上海微系统与信息技术研究所研究员、博士生导师	2007 年
刘兴土	1936 年 9 月	永春	中国科学院东北地理与农业生态研究所研究员、博士生导师	2007 年
杨永斌	1954 年 8 月	金门	中国工程院院士、台大特聘教授、台湾云林大学校长	2009 年

说明：其中林幼堃为美国工程院院士、李爱珍为美国国家科学院外籍院士

第六节 享受国务院政府特殊津贴专家

本节收录1991—2010年泉州市享受国务院政府特殊津贴专家175人。

1991—2010年泉州市享受国务院政府特殊津贴专家名表

表48-2-6

姓名	籍贯	出生时间	工作单位	职务及职称	享受年份
陈祥耀	惠安	1922年	福建师范大学文学院	教授	1991年
辜联昆	永春	1928年	厦门大学	副校长、教授	1991年
黄金陵	惠安	1932年	福州大学	校长、博士生导师	1991年
黄荣金	惠安	1933年	中国科学院福建物质结构研究所	研究员、博士生导师	1991年
郭秋华	惠安	1933年	惠安县实验小学	校长、党支部书记、特级教师	1991年
潘克桢	永春	1933年	中国科学院福建物质结构研究所	研究员、博士生导师	1991年
刘兴土	永春	1936年	中国科学院东北地理与农业生态研究所	研究员、博士生导师	1991年
洪碧荣	石狮	1937年	上海建筑设计研究院	总工程师	1991年
王永初	惠安	1937年	华侨大学	教授、博士生导师	1991年
曾文冲	永春	1938年	胜利石油管理局	教授级高级工程师	1991年
苏璧泓	鲤城	1926年	福建省肿瘤医院院长、福建医学院教授	教授	1992年
林仲热	永春	1929年	河南省项城莲花味精创业集团		1992年
郭奇珍	永春	1930年	厦门大学化学系	教授	1992年
郑国绮	永春	1930年	中国社会科学院经济研究所	教授	1992年
王宝灿	惠安	1931年	华东师大河口海岸研究所	所长	1992年
吴德斌	惠安	1931年	福建农林大学	教授	1992年
魏振雄	惠安	1931年	中央财经大学中惠会计师事务所董事长	主任会计师	1992年
黄启宇	惠安	1932年	福建师范大学	教授	1992年
傅轶青	南安	1932年	中国航天科技集团公司第801研究所大型火箭发动机研究室	主任、所长、总工程师	1992年
庄钟庆	惠安	1932年	厦门大学中国语言文学系	教授	1992年
庄锦良	惠安	1932年	湖南省地质研究所总工程师	教授	1992年
林金枝	永春	1932年	厦门大学南洋研究所	教授	1992年
陈秉忠	南安	1933年	集美航海学院基础部	主任、教授	1992年
王连元	惠安	1934年	机电部印刷机械研究所主任	高级工程师	1992年
邱文仁	惠安	1934年	福建师范大学生物系	副教授	1992年
黄启圣	惠安	1934年	厦门大学	教授、博士生导师	1992年
吴慧山	惠安	1934年	核工业部北京地质研究院科技委	副主任、高级工程师	1992年
潘才暹	永春	1934年	中国农业科学院作物育种栽培研究所	研究员	1992年
林金庭	永春	1934年	南京电子器材研究所	研究员	1992年
康金章	永春	1935年	福州大学	教授	1992年
陈锡欣	惠安	1935年	天津市文物博物馆学会副理事长	研究馆员	1992年

续表 48-2-6

姓名	籍贯	出生时间	工作单位	职务及职称	享受年份
洪惠馨	南安	1935 年	集美大学水产学院	教授	1992 年
李添臣	南安	1935 年	电子工业部第廿四研究厅	副总工程师	1992 年
刘庆堂	惠安	1936 年	中国首艘远洋中层拖网船	船长、高级工程师	1992 年
张振聪	惠安	1936 年	福建省机械科学研究院	教授级高级工程师	1992 年
刘健民	永春	1936 年	水利部南京水文研究所	研究员	1992 年
康仲涵	永春	1936 年	福建医科大学	校长、教授	1992 年
许应松	惠安	1936 年	惠安县机械厂	总工程师、高级工程师	1992 年
林连堂	惠安	1936 年	厦门大学	副校长、教授	1992 年
王其藩	惠安	1936 年	复旦大学教研室	主任、博士后导师	1992 年
李爱珍（女）	石狮	1936 年	中国科学院上海冶金研究所	研究员、博士生导师	1992 年
郑瑞琼（女）	永春	1937 年	厦门中山医院	主任医师	1992 年
陈荣辉	惠安	1937 年	上海医用光学仪器厂	总工程师、高级工程师	1992 年
黄恭情	南安	1937 年	江苏省苏州市动物园	总兽医师、研究员	1992 年
王碧清	鲤城	1937 年	东南大学	总建筑师、高级建筑师	1992 年
吴清江	石狮	1938 年	中科院水生所学术委员会	副主任、博士生导师	1992 年
许经勇	惠安	1938 年	厦门大学经济系	主任、教授、博士生导师	1992 年
郑新水	永春	1938 年	永春县结核病防治所	主任医	1992 年
陈国平	惠安	1938 年	上海海运集团	高级船长	1992 年
孙煌	惠安	1939 年	福建画院	专业画家	1992 年
陈文福	泉港	1939 年	电子工业部第 48 研究所研究室	主任、高级工程师	1992 年
庄庆兴	泉港	1941 年	青海省地质研究院	高级工程师	1992 年
连万德	泉港	1941 年	四川泸州长江工程机械集团长江起重机厂	教授级高级工程师	1992 年
何志铭	永春	1940 年	航空航天工业部研究所	所长、研究员	1992 年
庄瓦金	惠安	1941 年	漳州师范学院数学系	教授	1992 年
郑自然	石狮	1941 年	中国航天技术杰出的科学家		1992 年
郑钧正	永春	1942 年	中国疾病预防控制中心辐射防护与核安全医学所研究室	主任、研究员（教授）、博士生导师	1992 年
刘腾达	泉港	1942 年	国家电网华东电力设计院	总工程师	1992 年
郑宗汉	惠安	1943 年	华侨大学计算机系	高级工程师	1992 年
卢思立	鲤城	1943 年	泉州市工艺美术公司	高级工艺美术师	1992 年
黄秀珠（女）	鲤城	1941 年	国家电网热工研究院振动故障诊断中心	主任、总工程师	1992 年
叶　澜	南安	1941 年	华东师范大学	教授、博士生导师	1992 年
杨剑民	鲤城	1945 年		高级工艺美术师	1992 年
柯家耀	泉港	1954 年	福建省外贸投资（控股）公司	教授级高级工程师	1992 年
庄锡亮	泉港	1929 年	中国医学科学院抗菌素研究所	主任、教授	1993 年
林述寅	永春	1930 年	煤炭科学研究总院重庆分院	高级工程师	1993 年
陈章太	永春	1932 年	中国社会科学院语言文字应用研究所	研究员、博士生导师	1993 年

续表 48-2-6

姓名	籍贯	出生时间	工作单位	职务及职称	享受年份
潘儒文	永春	1932 年	中国计量科学研究院研究员		1993 年
庄万清	泉港	1934 年	泉州市林业局	高级工程师	1993 年
赵令勋	惠安	1934 年	中国科学院地理科学与资源研究所	研究员、教授	1993 年
夏诗坂	永春	1934 年	内蒙古包头市环境监测站		1993 年
陈荣美	德化	1935 年	德化县种子公司经理		1993 年
柯渊旋	鲤城	1935 年	福建医科大学耳鼻咽喉第三研究室	主任	1993 年
郑俊华	德化	1935 年	北京医科大学	教授、博士后导师	1993 年
林金堵	永春	1935 年	解放军总参谋部 56 所	教授级高级工程师	1993 年
黄沂木	惠安	1936 年	厦门大学计划统计系	主任、教授	1993 年
潘瑞展	永春	1936 年	浙江金华大学生物技术系	主任、教授	1993 年
林玉水	惠安	1936 年	福州大学机械系	副教授	1993 年
尤玉柱	永春	1936 年	中国科学院古脊椎动物与古人类研究所	研究员	1993 年
李赵来	南安	1936 年	浙江农业大学体育部	教授	1993 年
黄家英	永春	1936 年	成都科技大学计算机及自动控制系	教授	1993 年
王尔祺	永春	1938 年	厦门大学信息科学与技术学院	教授	1993 年
郑元甲	泉港	1939 年	中国水产科学研究院东海水产研究所	研究员	1993 年
庄水成	泉港	1939 年	湖南长沙水泵厂	党委书记、高级工程师	1993 年
庄福连	惠安	1939 年	福建医科大学附属第一医院	主任医师	1993 年
黄圣明	永春	1940 年	华南热带作物学院		1993 年
颜金村	永春	1940 年	厦门市出入境检验检疫局		1993 年
汪朝宗	惠安	1941 年	中石油辽宁石化公司	教授级高级工程师	1993 年
李庆辉	南安	1941 年	河南省洛阳冶金部耐火材料研究院	高级工程师	1993 年
庄良田	泉港	1942 年	中国第 13 化学建设公司	高级工程师	1993 年
洪华生（女）	南安	1944 年	厦门大学海洋与环境学院	院长、教授、博士生导师	1993 年
张华安	南安	1944 年	福建金鹿日化股份有限公司	董事长兼总经理	1993 年
姚天源	晋江	1945 年	石狮华侨医院	中医主任医师	1993 年
吴冲龙	惠安	1945 年	中国地质大学（武汉）地矿信息系统研究所	所长、教授	1993 年
李国清	同安	1946 年	泉州海外交通史博物馆	副馆长、研究员	1993 年
庄志雄	泉港	1946 年	中国毒理学会理事长、广州中山大学	教授、博士生导师	1993 年
杨伟豪	惠安	1946 年	福建省歌舞剧院创作中心	一级舞蹈编导	1993 年
许兴泽	德化	1947 年	德化县新发瓷厂	厂长、高级工艺美术师	1993 年
庄宗明	泉港	1951 年	厦门大学经济学院	副院长、校长助理、教授	1993 年
尤民生	鲤城	1954 年	福建农林大学	副校长、教授、博士生导师	1993 年
李维明	南安	1955 年	福建农林大学	教授	1993 年
黄维礼	惠安	1955 年	泉州市政府、华侨大学	副市长、教授	1993 年
黄培强	惠安	1962 年	厦门大学化学系	研究员、博士生导师	1993 年
庄宗杰	泉港	1933 年	贵阳医学院	教授、副院长	1994 年

续表 48-2-6

姓名	籍贯	出生时间	工作单位	职务及职称	享受年份
杨翔翔	鲤城	1935 年	华侨大学	副校长、教授	1994 年
陈承惠	永春	1936 年	国家海洋局第三海洋研究所	研究员	1994 年
陈昌图	永春	1937 年	机械电子工业部桂林电器科学研究所	副所长、教授级高级工程师	1994 年
张礼吉	永春	1937 年	江苏连云港鑫森机械制造公司		1994 年
庄万宝	泉港	1940 年	总参工程兵技术装备研究所	正师职高级工程师	1994 年
王仁杰	鲤城	1942 年	泉州市戏剧研究所	一级编剧	1994 年
高璇墩（女）	南安	1946 年	泉州市儿童医院新生儿科	主任	1994 年
陈其焕	永春	1938 年	国家海洋局第三海洋研究所	研究员	1995 年
许一纬	鲤城	1941 年	泉州市高甲戏剧团	一级编剧	1995 年
王挺良	永春	1942 年	葛坑林场	场长	1995 年
郑小波	永春	1957 年	南京农业大学	校长、教授、博士生导师	1995 年
林叔荣	永春	1934 年	厦门大学数学系	教授	1996 年
李国南	鲤城	1942 年	华侨大学外国语学院	教授	1996 年
刘海峰	泉港	1959 年	厦门大学教育研究院	院长、考试研究中心主任	1996 年
施玉山	鲤城	1933 年	华侨大学党委	书记、教授	1997 年
颜明山	永春	1934 年	中国科学院福建物质结构研究所	研究员	1997 年
蔡国海	永春	1935 年	浙江金华大学生物技术系	主任、教授	1997 年
郭铁民	永春	1944 年	福建师大经济法律学院	院长、教授、博士生导师	1997 年
黄志明	惠安	1945 年	浙江大学化工学院	教授、博士生导师	1997 年
刘　波	泉港	1957 年	福建农科院	院长、研究员、博士后	1997 年
李钦辉	惠安	1963 年	厦门市人力资源和社会保障局	副局长、主任技师	1997 年
林庆元	永春	1938 年	福建师范大学历史系	教授	1998 年
庄友祥	泉港	1941 年	中国原子能科学研究院	教授	1998 年
吕忠文	南安	1944 年	泉州市艺术馆	馆长、一级编剧	1998 年
林其仁	安溪	1956 年	福建医大附属二院特外三科	主任、教授	1998 年
周延安	晋江	1957 年	泉州市儿童医院	院长、主任医师	1998 年
陈庆华	泉港	1964 年	福建师范大学环境科学与工程学院	院长、教授、博士生导师	1998 年
庄　岩	泉港	1956 年	厦门一中	高级教师	1999 年
张列刚	南安	1959 年	解放军空军装备研究院	高级工程师	1999 年
施能泉	晋江	1946 年	泉州晚报社	社长、总编辑	2000 年
陈秉发	晋江	1943 年	泉州市农科所水稻研究室	主任、副研究员	2001 年
柯双溪	南安	1947 年	南安市医院	院长、内科主任医师	2001 年
吕国荣	鲤城	1963 年	福建医科大学附属第二医院	主任医师	2001 年
林家彬	惠安	1957 年	国务院发展研究中心社会发展研究部	研究员	2002 年
徐西鹏	鲤城	1965 年	华侨大学	副校长、教授、博士生导师	2002 年
郑金贵	永春	1949 年	福建农林大学	校长、教授、博士生导师	2003 年
余建星	永春	1958 年	天津大学	副校长、教授、博士生导师	2003 年

续表 48-2-6

姓名	籍贯	出生时间	工作单位	职务及职称	享受年份
林建筑	安溪	1952 年	泉州市公路局	局长、高级工程师	2004 年
颜光华	永春	1933 年	上海财经大学工业经济系	主任、教授	2007 年
苏东青	鲤城	1954 年	泉州电业局	变电检修工高级技师	2008 年
张晓坤	惠安	1963 年	厦门大学生物医学研究院	院长、教授、博士生导师	2008 年
苏清河	德化	1941 年	德化莹玉艺术陶瓷研究	艺术总监	2009 年
庄毓聪	惠安	1951 年	福建省美术家协会	副主席、国家一级美术师	2010 年
王恒山	鲤城	1952 年	泉州电业局	技术总监、高级技师	2010 年
黄泉福	惠安	1961 年	惠安县九龙工艺美术有限公司	级工艺美术师	2010 年
柯逢荣	德化	1962 年	德化县宏益陶瓷雕塑研究所	所长、高级工艺美术师	2010 年
刘锡杰	泉港	1963 年	泉州市检察院检察技术处	处长、主任法医师	2010 年
庄诗美（女）	惠安	1965 年	中山大学生命科学学院、基因工程教育部重点实验室	教授、博士生导师，主任	2010 年
陈永贤	泉港	1927 年	厦门市第一医院检验科	主任、副教授	未知
黄步安	南安	1931 年	广东省科学中心	高级工程师	未知
庄玉辉	泉港	1935 年	解放军 309 医院结核病教研室	主任、研究员、博士生导师	未知
刘华信	泉港	1936 年	华侨大学	教授、博士生导师	未知
庄其廉	泉港	1937 年	湖北潜江市汉江油田	高级工程师	未知
王青松	泉港	1937 年	福建省农科院	研究员	未知
黄钟瑾	鲤城	1937 年	南京大学	副教授	未知
李希露（女）	泉港	1938 年	水利部黄河水利勘测规划设计院	教授级高级工程师	未知
张其德	惠安	1939 年	中国科学院植物研究所	教授、研究员、博士生导师	未知
张文珍	泉港	1939 年	华侨大学应用物理系	教授	未知
李希菲（女）	泉港	1940 年	中国林业科学院资源信息研究所	研究员	未知
陈秀卿	泉港	1940 年	中国传播工业总公司系统工程部	研究员	未知
陈一峰	惠安	1943 年	福建省美术家协会	主席、一级美术师	未知
吕培成	南安	1944 年	陕西国核集团公司	副总工程师	未知
陈亚妍	永春	1944 年	中国预防医学科学院环境卫生检测所	研究员	未知
吴冲浒	惠安	1945 年	国家钨材料工程技术研究中心、厦门钨业技术中心	主任	未知
郭银土	惠安	1945 年	福建商业高等专科学校	党委书记、教授	未知
方照华	惠安	1946 年	河南省文联、河南省美术家协会	副主席、主席	未知
庄伟健	泉港	1958 年	福建农林大学	教授、博士生导师	未知
连琏（女）	泉港	1962 年	上海交通大学船舶海洋与建筑工程学院	副院长，教授、博士生导师	未知
谢宝贵	南安	1963 年	福建农林大学	教授	未知
郭文硕	泉港	1963 年	福建农林大学	教授、博士生导师	未知
陈　江	泉港	1964 年	福建医科大学口腔医院	院长、主任医师、教授、博士生导师	未知

第七节　中国工艺美术大师

本节收录1991—2010年泉州市获评中国工艺美术大师4人。

1991—2010年泉州市中国工艺美术大师名表

表48-2-7

姓名	荣誉称号	授予时间
卢思立	第四届中国工艺美术大师	1996年
许兴泰	第四届中国工艺美术大师	1996年
苏清河	第五届中国工艺美术大师	2006年
吴祖赞	第五届中国工艺美术大师	2006年

第八节　省级工艺美术大师

本节收录1991—2010年泉州市获评福建省工艺美术大师46人。

1991—2010年泉州市省级工艺美术大师名表

表48-2-8

姓名	荣誉称号	授予时间
许兴泽	第二届福建省工艺美术大师	2002年
许瑞峰	第二届福建省工艺美术大师	2002年
苏清河	第二届福建省工艺美术大师	2002年
苏玉峰	第二届福建省工艺美术大师	2002年
陈桂玉	第二届福建省工艺美术大师	2002年
陈德卿	第二届福建省工艺美术大师	2002年
周雅各	第二届福建省工艺美术大师	2002年
柯宏荣	第二届福建省工艺美术大师	2002年
王文生	第二届福建省工艺美术大师	2002年
吴水木	第二届福建省工艺美术大师	2002年
王景然	第二届福建省工艺美术大师	2002年
刘碧兰	第二届福建省工艺美术大师	2002年
郑国明	第二届福建省工艺美术大师	2002年
杨长生	第二届福建省工艺美术大师	2002年
吴祖赞	第二届福建省工艺美术大师	2002年
孔武战	第三届福建省工艺美术大师	2005年
吴敏达	第三届福建省工艺美术大师	2005年
王经民	第三届福建省工艺美术大师	2005年
刘国文	第三届福建省工艺美术大师	2005年
杨庆聪	第三届福建省工艺美术大师	2005年
张建奎	第三届福建省工艺美术大师	2005年
黄华宗	第三届福建省工艺美术大师	2005年

续表 48-2-8

姓名	荣誉称号	授予时间
松春明	第三届福建省工艺美术大师	2005 年
詹宁宁	第三届福建省工艺美术大师	2005 年
苏友谊	第三届福建省工艺美术大师	2005 年
陈明华	第三届福建省工艺美术大师	2005 年
陈明良	第三届福建省工艺美术大师	2005 年
邱双炯	第三届福建省工艺美术大师	2005 年
赖礼同	第三届福建省工艺美术大师	2005 年
曾玉真	第三届福建省工艺美术大师	2005 年
孙文宏	第三届福建省工艺美术大师	2005 年
郑君亮	第三届福建省工艺美术大师	2005 年
黄泉福	第三届福建省工艺美术大师	2005 年
李珠琴	第三届福建省工艺美术大师	2005 年
黄义罗	第三届福建省工艺美术大师	2005 年
周梅森	第三届福建省工艺美术大师	2005 年
王向荣	第三届福建省工艺美术大师	2007 年
公向新	第三届福建省工艺美术大师	2007 年
吴德强	第三届福建省工艺美术大师	2007 年
林向阳	第三届福建省工艺美术大师	2007 年
蒋惠民	第三届福建省工艺美术大师	2007 年
苏献忠	第三届福建省工艺美术大师	2007 年
陈仁海	第三届福建省工艺美术大师	2007 年
林健全	第三届福建省工艺美术大师	2007 年
吴小锦	第三届福建省工艺美术大师	2007 年
杨峰岩	第三届福建省工艺美术大师	2007 年

第九节　特级教师

本节收录 1991—2010 年泉州市获评国家级特级教师 66 人。

1991—2010 泉州市特级教师名表

表 48-2-9

姓名	工作单位	授予时间	姓名	工作单位	授予时间
庄碧林	泉州师范学院	1994 年	王春恩	泉州市第三中学	1994 年
郑再垦	永春县第三中学	1994 年	陈挺秀	安溪县教师进修学校	1994 年
郑景章	泉州市第一中学	1994 年	施惠民	晋江市第一中学	1994 年
黄警尘	晋江市养正中学	1994 年	郑添恩	德华县第一中学	1994 年
谢文璜	安溪县第一中学	1994 年	董介鼎	泉州市第一中学	1994 年
何崇亮	泉州市第五中学	1994 年	谢仁濂	泉州市第七中学	1994 年
林汉辉	惠安县第一中学	1994 年	陈德照	泉州教育学院	1994 年
蔡长溪	泉州市第六中学	1994 年	陈龙琪	晋江市第五中学	1994 年
吴金斗	南安市丰州中心小学	1994 年	张国芬	惠安县实验小学	1994 年

续表 48-2-9

姓名	工作单位	授予时间	姓名	工作单位	授予时间
曾育人	惠安县黄塘中心小学	1994 年	陈毓鹏	泉州市培元中学	2002 年
李汉志	安溪县实验小学	1994 年	林鸿平	泉州幼儿师范高等专科学校	2002 年
郭德贵	惠安县教师进修学校	1994 年	李冰霖	安溪县沼涛实验小学	2002 年
林心明	泉州市实验小学	1994 年	黄明福	泉州市第二实验小学	2002 年
陈安土	南安市第一实验小学	1994 年	卓和平	泉州市普教室	2002 年
王嘉聪	泉州师范学院附属小学	1994 年	杨君荔	泉州市刺桐幼儿园	2002 年
林润生	安溪县教师进修学校	1994 年	陈世明	泉州幼儿师范高等专科学校	2002 年
郑梦如	永春县教师进修学校	1994 年	许远望	晋江市养正中学	2002 年
李承茂	晋江市金井学区	1994 年	林少安	南安市第一中学	2002 年
黄锦山	惠安县教师进修学校	1994 年	赖辉煌	丰泽区城东中学	2002 年
陈雅芳	泉州幼儿师范高等专科学校	1998 年	黎湘兴	永春县第一中学	2002 年
丘熙洽	泉州教育学院	1998 年	黄曼丽	泉州市第一中学	2002 年
余显华	晋江市养正中学	1998 年	陈智才	泉州市盲聋哑学校	2002 年
刘连雨	惠安县第一中学	1998 年	刘小坤	南安市教师进修学校	2002 年
郭英伟	晋江市季延中学	1998 年	辜秀绢	永春县教师进修学校	2002 年
林智玄	永春县华侨中学	1998 年	许长华	晋江市第二实验小学	2002 年
洪　峰	泉州师范学院	1998 年	陈云生	泉州市城东中学	2006 年
杜德专	泉州市晋光小学	1998 年	高觉慧	石狮市华侨中学	2006 年
黄全法	惠安县教师进修学校	1998 年	王世谋	德化县第一中学	2006 年
张庆辉	泉州肖厝涂岭中心小学	1998 年	杨来源	安溪县第一中学	2006 年
蔡小玲	泉州幼儿师范学校附属幼儿园	1998 年	苏建华	泉州市实验小学	2006 年
董胜厚	安溪县第一中学	1998 年	谢锦霞	泉州市第二实验小学	2006 年
郭金棠	德化县教师进修学校	1998 年	林培玲	鲤城区实验小学	2006 年
苏文普	南安市教师进修学校	1998 年	陈忠川	南安市第一小学	2006 年
林火炎	泉州市第五中学	1998 年	陈明雄	惠安县八二三实验小学	2006 年
苏元平	泉州市第五中学	1998 年	黄志强	泉州师范学院附属小学	2006 年
陈世宗	惠安县荷山中学	1998 年	邹慧敏	泉州儿童发展职业学院附属幼儿园	2006 年
王声云	南安市第一中学	1998 年	曾大洋	泉州市教育科学研究所	2006 年
孙坚力	泉州市实验小学	1998 年	蔡玉霖	泉州市教育科学研究所	2006 年
王煌生	南安市教师进修学校	1998 年	余跃明	南安市教师进修学校	2006 年
颜加城	德化县实验小学	1998 年	黄侨明	南安市教师进修学校	2006 年
张培基	泉州师范学院附属小学	1998 年	林　燎	泉州市第五中学	2006 年
徐昌裕	德化县第一中学	2002 年	沈慈萍	晋江市养正中学	2006 年
赵艺阳	安溪县第一中学	2002 年	陈国璋	南安市第一中学	2006 年
李实魁	德化县教师进修学校	2002 年	谢雅礼	永春县美岭中学	2006 年
吴文山	泉州市第一中学	2002 年	刘德华	泉州市盲聋哑学校	2006 年
黄飞跃	南安市国光中学	2002 年	何水影	泉州市实验小学	2006 年

续表 48-2-9

姓名	工作单位	授予时间	姓名	工作单位	授予时间
李惠珍	泉州市第二实验小学	2006 年	曾忠民	惠安县第一中学	2010 年
林贤平	泉港区前黄中心小学	2006 年	陈忠煌	石狮市永宁中学	2010 年
傅结龙	安溪县凤城中心小学	2006 年	徐明杰	晋江市养正中学	2010 年
颜遐遗	德化县实验小学	2006 年	林建成	南安市侨光中学	2010 年
刘雪芬	泉州儿童发展职业学院附属幼儿园	2006 年	林其冬	安溪县湖头中心学校	2010 年
许秀平	丰泽区实验幼儿园	2006 年	林佩珊	晋江市实验小学	2010 年
李杰然	泉州市教育科学研究所	2006 年	王炳辉	南安市新侨中学	2010 年
施紫雄	泉州市教育科学研究所	2006 年	陈宏明	泉州市第五中学	2010 年
洪亚臻	南安市教师进修学校	2006 年	郑玉华	泉州幼儿师范学校附属幼儿园	2010 年
黄清柱	永春县教师进修学校	2006 年	李志忠	泉州师范学院附属小学	2010 年
周志宏	泉州市教育科学研究所	2010 年	黄献串	南安市第一实验小学	2010 年
佘　雯	泉州市实验幼儿园	2010 年	戴仲达	南安市柳城小学	2010 年
涂大庆	德化县第二实验小学	2010 年	杨淑延	南安市第一中学	2010 年
曾旭晴	泉州市实验小学	2010 年	刘志清	晋江市实验幼儿园	2010 年
李昭明	永春县华侨中学	2010 年	陈荣桂	惠安县第一中学	2010 年
张达红	惠安县实验小学	2010 年	郑劭煌	泉港区鸾峰小学	2010 年
苏建伟	泉州市第一中学	2010 年	杨清海	晋江市秀延中学	2010 年
杨凯红	南安市实验幼儿园	2010 年	傅瑞珏	晋江市金井毓英中心小学	2010 年
林丽卿	安溪县实验小学	2010 年	王志民	惠安县小岞中心小学	2010 年
王志龙	惠安县第一中学	2010 年			

第十节 正高级职称人员

本节收录 1991—2010 年泉州市获评正高级专业技术职务任职资格人员 936 人。

1995—2010 年泉州市获得正高级专业技术职务任职资格人员一览表

表 48-2-10

姓 名	工作单位	职称	获得时间
翁文锦	安溪县医院	主任医师	1995 年
廖进宝	安溪县医院	主任医师	1995 年
李碧水	安溪县医院	主任医师	1995 年
叶汉年	泉州市第一医院	主任医师	1995 年
曾庆欣	泉州市第一医院	主任医师	1995 年
向　骏	泉州市第一医院	主任医师	1995 年
顾天生	泉州市第一医院	主任医师	1995 年
郭介基	泉州市第一医院	主任医师	1995 年
刘思赵	泉州市第一医院	主任医师	1995 年

续表 48-2-10

姓 名	工作单位	职称	获得时间
周亚华	泉州市第一医院	主任医师	1995 年
陈国梁	泉州市防疫站	主任医师	1995 年
陈孙能	惠安县医院	主任医师	1995 年
张英灿	晋江市医院	主任医师	1995 年
李国威	石狮市医院	主任医师	1995 年
徐玲莹	泉州市中医院	主任医师	1995 年
刘文淑	永春县医院	主任医师	1995 年
薛蓉蓉	泉州市第三医院	主任医师	1995 年
吕耀明	泉州市第三医院	主任医师	1995 年
黄水龙	南安市医院	主任医师	1995 年
陈诗祥	南安市医院	中医主任医师	1995 年
曾华林	惠安县医院	中医主任医师	1995 年
徐延新	泉州市中医院	中西医结合主任医师	1995 年
许一纬	泉州市歌剧团	一级编剧	1995 年
徐振忠	黎明职业大学	教授	1996 年
陈秋贵	泉州市国专医院	主任医师	1996 年
吴鼎昌	泉州市第一医院	主任医师	1996 年
施振宗	泉州市第一医院	主任医师	1996 年
林泽编	泉州市第一医院	主任医师	1996 年
宋景文	泉州市第一医院	主任医师	1996 年
黄丁龙	泉州市第一医院	主任医师	1996 年
陈宝珠	泉州市第一医院	主任医师	1996 年
黄启权	泉州市第一医院	主任药师	1996 年
张复秀	泉州市人民医院	主任医师	1996 年
李开基	泉州市人民医院	主任药师	1996 年
许振宜	晋江市中医院	主任医师	1996 年
高俊鹏	晋江市安海医院	主任医师	1996 年
柳心田	晋江市卫生防疫站	主任医师	1996 年
许森兴	惠安县医院	主任医师	1996 年
郭景祥	惠安县卫生防疫站	主任医师	1996 年
黄子健	安溪县医院	主任医师	1996 年
吴梅培	安溪官桥医院	主任医师	1996 年
林建富	安溪县医院	主任医师	1996 年
黄捷香	安溪县医院	主任医师	1996 年
施宣楼	石狮市医院	主任医师	1996 年
黄重阶	南安南侨医院	主任医师	1996 年
陈俊明	泉州师范学院	教授	1997 年

续表 48-2-10

姓 名	工作单位	职称	获得时间
诸葛辂	安溪县高甲剧团	一级编剧	1997 年
王来斌	泉州师范学院	教授	1998 年
张治国	泉州师范学院	教授	1998 年
张万义	泉州师范学院	教授	1998 年
林 荣	泉州市第一医院	主任医师	1998 年
邱庆南	泉州市第一医院	主任医师	1998 年
林文荣	泉州市第一医院	主任医师	1998 年
林必杰	泉州市第一医院	主任药师	1998 年
施秀清	泉州市儿童医院	主任医师	1998 年
刘德桓	泉州中医院	主任医师	1998 年
何玉成	泉州市卫生防疫站	主任技师	1998 年
郭文彬	泉州市卫生防疫站	主任技师	1998 年
张振辉	泉州市人民医院	主任医师	1998 年
吴端源	泉州市人民医院	主任医师	1998 年
陈继川	泉州市人民医院	主任医师	1998 年
刘大锦	惠安县医院	主任医师	1998 年
张胜宗	惠安县医院	主任医师	1998 年
黄建来	惠安县医院	主任医师	1998 年
翁桂阶	惠安县医院	主任医师	1998 年
张栋材	惠安县医院	主任医师	1998 年
刘银兴	惠安县医院	主任医师	1998 年
李秋金	惠安县医院	主任医师	1998 年
许松楚	晋江市医院	主任医师	1998 年
郭为汀	晋江市医院	主任医师	1998 年
周建宣	南安市中医院	主任医师	1998 年
洪志源	南安市医院	主任医师	1998 年
周 捷	南安海都医院	主任医师	1998 年
林 玲	福建医大附属二院	主任医师	1998 年
李毅中	福建医大附属二院	主任医师	1998 年
黄子扬	福建医大附属二院	主任医师	1998 年
林其仁	福建医大附属二院	主任医师	1998 年
李玉昆	泉州海交馆	研究馆员	1998 年
李国清	泉州海交馆	研究馆员	1998 年
王连茂	泉州海交馆	研究馆员	1998 年
吴乔生	泉州市图书馆	研究馆员	1998 年
庄荣沛	泉州市歌剧团	一级作曲	1998 年
李文章	省梨园戏实验团	一级作曲	1998 年

续表 48-2-10

姓 名	工作单位	职称	获得时间
陈世兴	泉州师范学院	研究员	1999 年
林华东	泉州师范学院	教授	1999 年
张祖辉	泉州师范学院	教授	1999 年
曾文斗	黎明职业大学	研究员	1999 年
林培庆	市农业区划委员会	教授级高级农经师	1999 年
王盈盈	泉州市儿童医院	主任医师	1999 年
吴明娥	泉州市儿童医院	主任医师	1999 年
陈莉莉	泉州市人民医院	主任医师	1999 年
何德康	泉州市人民医院	主任医师	1999 年
蒋 炜	泉州市人民医院	主任医师	1999 年
黄淑黎	泉州市人民医院	主任医师	1999 年
李兴法	惠安县医院	主任医师	1999 年
庄腾芳	惠安县精神病疗养院	主任医师	1999 年
柯双溪	南安市医院	主任医师	1999 年
戴铁铮	南安市医院	主任医师	1999 年
江德宗	永春县医院	主任医师	1999 年
吴金祺	永春县医院	主任医师	1999 年
陈天翔	惠安县医院	主任医师	1999 年
蔡光斗	泉州市第一医院	主任医师	1999 年
傅华全	泉州市第一医院	主任医师	1999 年
林再泉	南安市医院	主任医师	1999 年
余国丰	南安南侨医院	主任医师	1999 年
李汉章	安溪官桥医院	主任医师	1999 年
郑月娇	永春县医院	主任医师	1999 年
陈树民	泉州市国专医院	主任医师	1999 年
黄真真	泉州市第一医院	主任医师	1999 年
陈古元	泉州市第一医院	主任医师	1999 年
杨玉欣	泉州市第一医院	主任医师	1999 年
王清辉	泉州市第一医院	主任医师	1999 年
高璇璇	泉州市儿童医院	主任医师	1999 年
饶立德	泉州市儿童医院	主任医师	1999 年
郭芹梅	泉州市儿童医院	主任医师	1999 年
丁秀贝	泉州市中医院	主任医师	1999 年
王泉英	泉州市中医院	主任医师	1999 年
林禾禧	泉州市中医院	主任医师	1999 年
张永树	泉州市中医院	主任医师	1999 年
吴成芳	泉州市中医院	主任医师	1999 年

续表 48-2-10

姓 名	工作单位	职称	获得时间
潘敬新	福建医大附属二院	主任医师	1999 年
叶超平	福建医大附属二院	主任医师	1999 年
刘为安	福建医大附属二院	主任医师	1999 年
庄铭忠	福建医大附属二院	主任医师	1999 年
吴瑞兰	福建医大附属二院	主任医师	1999 年
戴冠青	泉州师范学院	教授	2000 年
郭更新	泉州师范学院	教授	2000 年
黄益生	泉州师范学院	教授	2000 年
方航仙	黎明职业大学	教授	2000 年
苏秀瑛	泉州市第一医院	主任医师	2000 年
黄增敏	泉州市第一医院	主任医师	2000 年
李善春	泉州市第一医院	主任医师	2000 年
林万朝	泉州市第一医院	主任医师	2000 年
殷大金	泉州市卫生防疫站	主任医师	2000 年
黄丽华	泉州市第三医院	主任医师	2000 年
何曼琼	泉州市儿童医院	主任医师	2000 年
李美昭	泉州市光前医院	主任医师	2000 年
黄美玲	泉州市人民医院	主任医师	2000 年
黄安明	泉州市人民医院	主任医师	2000 年
许真真	泉州市中医院	主任医师	2000 年
姚天源	石狮市医院	主任医师	2000 年
谢昆成	安溪县中医院	主任医师	2000 年
王祖耀	泉州市儿童医院	主任医师	2000 年
高锦团	福建医大附属二院	主任医师	2000 年
黄荣桂	福建医大附属二院	主任医师	2000 年
陈国桢	福建医大附属二院	主任医师	2000 年
施亚雄	福建医大附属二院	主任医师	2000 年
李希圣	福建医大附属二院	主任医师	2000 年
付小杯	福建医大附属二院	主任医师	2000 年
李炎川	福建医大附属二院	主任医师	2000 年
徐惠贞	福建医大附属二院	主任医师	2000 年
苏亚一	福建医大附属二院	主任医师	2000 年
何美玉	福建医大附属二院	主任医师	2000 年
杨 波	福建医大附属二院	主任医师	2000 年
李华东	福建医大附属二院	主任医师	2000 年
杜心清	福建医大附属二院	主任医师	2000 年
潘敬新	福建省医大附属第二临床医学院	主任医师	2001 年

续表 48-2-10

姓名	工作单位	职称	获得时间
黄鼎明	福建省医大附属第二临床医学院	主任医师	2001 年
朱　兰	福建省医大附属第二临床医学院	主任医师	2001 年
吴伟峰	福建省医大附属第二临床医学院	主任医师	2001 年
王鲤珍	福建省医大附属第二临床医学院	主任医师	2001 年
许锻炼	福建省医大附属第二临床医学院	主任医师	2001 年
李国前	泉州第一医院	主任医师	2001 年
伍伯聪	泉州第一医院	主任医师	2001 年
苏智军	泉州第一医院	主任医师	2001 年
吴建平	泉州第一医院	主任医师	2001 年
黄文瑞	泉州第一医院	主任医师	2001 年
郭南鸥	泉州第一医院	主任医师	2001 年
李维义	泉州市 120 急诊中心	主任医师	2001 年
黄良竹	泉州市儿童医院	主任医师	2001 年
吴建民	泉州市人民医院	主任医师	2001 年
林爱花	泉州市人民医院	主任医师	2001 年
黄卿眼	丰泽区妇幼保健院	主任医师	2001 年
王振民	南安市卫生防疫站	主任医师	2001 年
纪　文	南安市医院	主任医师	2001 年
廖世宏	安溪县医院	主任医师	2001 年
叶金练	安溪县医院	主任医师	2001 年
曾献礼	晋江市医院	主任医师	2001 年
林介平	石狮市医院	主任医师	2001 年
许耀明	石狮市医院	主任医师	2001 年
苏稼夫	泉州市中医院	中医主任医师	2001 年
何松林	泉州市人民医院	中医主任医师	2001 年
张碧山	惠安县惠东华侨医院	中医主任医师	2001 年
曾进德	德化县中医院	中医主任医师	2001 年
周来兴	永春县中医院	中医主任医师	2001 年
余以平	永春县医院	中医主任医师	2001 年
洪天启	晋江英林中心卫生院	中医主任医师	2001 年
张贻锦	泉州市皮防院	中医主任医师	2001 年
汪水良	泉港区测绘队	高级工程师	2001 年
陈辉麟	肖厝水产养殖公司、乡镇企业	高级工程师	2001 年
辜志强	鲤城区环境监察站	高级工程师	2001 年
张　翼	鲤城区建设局	高级工程师	2001 年
李群宏	鲤城区建设工程质监站	高级工程师	2001 年
吴明坤	鲤城区经济信息中心	高级工程师	2001 年

续表 48-2-10

姓名	工作单位	职称	获得时间
林　伟	中国工商银行泉州分行	高级工程师	2001 年
胡伟宏	中国工商银行泉州分行	高级工程师	2001 年
吴志呈	中国工商银行泉州分行	高级工程师	2001 年
江莉菁	中国工商银行泉州分行	高级工程师	2001 年
沈瑞聪	中国工商银行泉州分行	高级工程师	2001 年
王晓雄	泉州市城乡规划局	高级工程师	2001 年
庄惠诗	泉州市城乡规划设计院	高级工程师	2001 年
陈志军	泉州市测绘管理站	高级工程师	2001 年
黄碧丽	泉州市园林管理处生产技术科科长	高级工程师	2001 年
庄长江	福建省梨园戏实验剧团导演兼编导	一级导演	2001 年
黄少龙	泉州木偶剧团编导	一级导演	2001 年
汪照安	福建省梨园戏实验剧团作曲	一级作曲	2001 年
颜佩琼	泉州市高甲戏剧团艺术室主任	一级演员	2001 年
赖宗卯	高甲戏柯派表演艺术传人、晋江市高甲戏剧团副团长	一级演员	2001 年
胡华兴	中共泉州市党委党校	教授	2001 年
陈永泉	中共泉州市党委党校	教授	2001 年
吴承业	华侨大学	教授	2001 年
郭亨群	华侨大学	教授	2001 年
吴季怀	华侨大学	教授	2001 年
徐西鹏	华侨大学	教授	2001 年
吕少蓬	华侨大学人事处	研究员	2001 年
洪尚任	华侨大学教务处	教授	2001 年
池　进	华侨大学教务处	教授	2001 年
陈鸿儒	华侨大学科研处	教授	2001 年
李基杰	华侨大学资产处	研究员	2001 年
赵建军	华侨大学研究生处	教授	2001 年
张禹东	华侨大学经管学院	教授	2001 年
郑向敏	华侨大学经管学院	教授	2001 年
胡日东	华侨大学经管学院	教授	2001 年
叶民强	华侨大学经管学院	教授	2001 年
林　峰	华侨大学工商管理系	教授	2001 年
金世容	华侨大学工商管理系	教授	2001 年
龚德恩	华侨大学工商管理系	教授	2001 年
庄培章	华侨大学国际经济学	教授	2001 年
王志江	华侨大学国际经济系	教授	2001 年
郭东强	华侨大学管理信息系	教授	2001 年

续表 48-2-10

姓 名	工作单位	职称	获得时间
黄海德	华侨大学社科系	教授	2001 年
王全义	华侨大学数学系	教授	2001 年
曾文平	华侨大学数学系	教授	2001 年
黄心中	华侨大学数学系	教授	2001 年
郑永树	华侨大学数学系	教授	2001 年
陈尔明	华侨大学数学系	教授	2001 年
王加贤	华侨大学信息学院	教授	2001 年
谢红毛	华侨大学信息学院	研究员	2001 年
王建成	华侨大学信息学院	教授	2001 年
蔡灿辉	华侨大学电脑系	教授	2001 年
郑宗汉	华侨大学电脑系	正高级高工	2001 年
张全伙	华侨大学电脑系	教授	2001 年
吕东庚	华侨大学电脑系	教授	2001 年
陈启泉	华侨大学电脑系	教授	2001 年
余金山	华侨大学电脑系	教授	2001 年
柯金锁	华侨大学电脑系	教授	2001 年
张银月	华侨大学电子系	教授	2001 年
张文珍	华侨大学电子系	教授	2001 年
蒲继雄	华侨大学电子系	教授	2001 年
吴逢铁	华侨大学电子系	教授	2001 年
徐金瑞	华侨大学材料学院	教授	2001 年
林金清	华侨大学材料学院	教授	2001 年
翁荣周	华侨大学材料学院	教授	2001 年
陈秀琴	华侨大学材料学院	教授	2001 年
方柏山	华侨大学材料学院	教授	2001 年
陈道明	华侨大学外语学院	教授	2001 年
李国南	华侨大学外语系	教授	2001 年
王全凤	华侨大学土木系	教授	2001 年
林建华	华侨大学土木系	教授	2001 年
马时东	华侨大学土木系	研究员	2001 年
王永初	华侨大学机电学院	教授	2001 年
郑耀林	华侨大学机电学院	教授	2001 年
杨国成	华侨大学机电学院	教授	2001 年
施敏芳	华侨大学机电学院	教授	2001 年
江开勇	华侨大学机电学院	教授	2001 年
刘雄伟	华侨大学机电学院	教授	2001 年
黄宜坚	华侨大学机电学院	教授	2001 年

续表 48-2-10

姓 名	工作单位	职称	获得时间
毛 翰	华侨大学中文系	教授	2001 年
王建设	华侨大学中文系	教授	2001 年
阮温陵	华侨大学中文系	教授	2001 年
李素彩	华侨大学中文系	教授	2001 年
许 总	华侨大学中文系	研究员	2001 年
赵许明	华侨大学法律系	教授	2001 年
邹立刚	华侨大学法律系	教授	2001 年
汤黎虹	华侨大学法律系	教授	2001 年
刘 塨	华侨大学建筑系	教授	2001 年
陈海啸	华侨大学体育部	教授	2001 年
李天赐	华侨大学华侨华人所	研究员	2001 年
杨玉杰	华侨大学环保所	研究员	2001 年
张渭滨	华侨大学图书馆	教授	2001 年
徐训树	华侨大学出版中心	编审	2001 年
索松华	泉州师范学院	教授	2002 年
刘世杰	泉州师范学院	教授	2002 年
钱立洁	泉州师范学院	教授	2002 年
张奕加	泉州市第一医院	主任医师	2002 年
林 琪	泉州市第一医院	主任医师	2002 年
叶晓明	泉州市第一医院	主任医师	2002 年
李爱禄	泉州市第一医院	主任医师	2002 年
陈丽光	泉州市第一医院	主任医师	2002 年
陈为义	泉州市第一医院	主任医师	2002 年
李伯达	泉州市第一医院	主任医师	2002 年
薛访梅	泉州市中医院	主任医师	2002 年
许嘉玲	泉州市儿童医院妇幼保健院	主任医师	2002 年
杨俭治	泉州市儿童医院妇幼保健院	主任医师	2002 年
庄婉珠	泉州市儿童医院妇幼保健院	主任医师	2002 年
廖培良	泉州市急救指挥中心	主任医师	2002 年
李艾恩	泉州光前医院	主任医师	2002 年
黄文益	泉州光前医院	主任医师	2002 年
刘农民	泉州光前医院	主任医师	2002 年
吴春荷	惠安县医院	主任医师	2002 年
傅国荣	惠安县医院	主任医师	2002 年
陈碧英	惠安县医院	主任医师	2002 年
王慈祥	惠安县医院	主任医师	2002 年
李志忠	惠安县医院	主任医师	2002 年

续表 48-2-10

姓 名	工作单位	职称	获得时间
林华渊	南安市医院	主任医师	2002 年
陈清清	南安市医院	主任医师	2002 年
陈庆钱	晋江市医院	主任医师	2002 年
苏礼辉	晋江市医院	主任医师	2002 年
许宏璇	晋江东石逸民医院	主任医师	2002 年
李国梁	安溪县医院	主任医师	2002 年
周紫荆	安溪县医院	主任医师	2002 年
杨土生	石狮市医院	主任医师	2002 年
林玉深	永春县医院	主任医师	2002 年
王文川	泉州市中医院	中医主任医师	2002 年
黄英伟	惠安县中医院	中医主任医师	2002 年
刘汉光	惠安县中医院	中医主任医师	2002 年
黄旺惠	南安市医院	中医主任医师	2002 年
翁宜峰	安溪县医院	中医主任医师	2002 年
王清良	安溪县中医院	中医主任医师	2002 年
吴松树	泉州市人民医院	主任医师	2002 年
郭森仁	晋江市医院	主任医师	2002 年
胡桂莲	泉州市卫生防疫站	主任技师	2002 年
洪添吾	泉州市第一医院	主任医师	2002 年
姜德森	泉州师范学院	教授	2002 年
黄科安	泉州师范学院	教授	2002 年
曾焕鹏	泉州师范学院	教授	2002 年
赖新民	泉州师范学院	教授	2002 年
陈桂炳	泉州师范学院	教授	2002 年
张锦川	泉州师范学院	教授	2002 年
郑伟民	泉州师范学院	教授	2002 年
陈水德	黎明职业大学	教授	2002 年
李武祥	泉州市第一医院	主任医师	2002 年
王振宏	黎明大学	教授	2003 年
贤景春	泉州师范学院	教授	2003 年
赵秦莲	泉州师范学院	教授	2003 年
陈雅谦	泉州师范学院	教授	2003 年
闫树全	泉州师范学院	教授	2003 年
李永春	泉州师范学院	教授	2003 年
齐运方	泉州师范学院	教授	2003 年
张福阁	泉州师范学院	教授	2003 年
袁丽华	泉州市第一医院	主任医师	2003 年

续表 48-2-10

姓 名	工作单位	职称	获得时间
庄建良	泉州市第一医院	主任医师	2003 年
王祖耀	泉州市儿童医院、妇幼保健院	主任医师	2003 年
周延安	泉州市儿童医院、妇幼保健院	主任医师	2003 年
李德田	永春县蓬壶医院	主任医师	2003 年
林清泉	晋江市医院	主任医师	2003 年
苏金榜	泉州市皮防院	主任医师	2003 年
黄悦祥	泉州市皮防院	主任医师	2003 年
凌久德	泉州市人民医院	主任医师	2003 年
王金练	南安市医院	主任医师	2003 年
吴秀娟	永春县妇幼所	主任医师	2003 年
陈淑端	永春县医院	主任医师	2003 年
曾美珠	惠安县医院	主任医师	2003 年
林良栋	泉州市第三医院	主任医师	2003 年
陈 靖	永春精神病人疗养院	主任医师	2003 年
林志智	永春县医院	中医主任医师	2003 年
林祖贤	永春县医院	中医主任医师	2003 年
林玉芬	泉州市正骨医院	中医主任医师	2003 年
明德松	泉州市第一医院	主任技师	2003 年
高宪成	泉州市人民医院	主任技师	2003 年
黄清莲	南安市卫生防疫站	主任技师	2003 年
施群力	泉州市人民医院	主任医师	2003 年
蔡子鸿	石狮市医院	中医主任医师	2003 年
袁放成	泉州师范学院	教授	2003 年
王 珊	泉州师范学院	教授	2003 年
雷体沛	泉州师范学院	教授	2003 年
王博文	黎明职业大学	教授	2003 年
陈笃彬	泉州师院	研究员	2003 年
吕振奎	泉州师范学院	教授	2003 年
吴 洪	泉州师范学院	教授	2003 年
黄重庆	泉州市双阳中学	中学高级教师	2004 年
吴文士	华侨大学材料学院	教授	2004 年
洪金德	华侨大学材料学院	教授	2004 年
孙向英	华侨大学材料学院	教授	2004 年
王维德	华侨大学材料学院	教授	2004 年
林碧洲	华侨大学材料学院	研究员	2004 年
黄妙良	华侨大学材料学院	研究员	2004 年
张荣堂	华侨大学土木工程学院	教授	2004 年

续表 48-2-10

姓　名	工作单位	职称	获得时间
彭兴黔	华侨大学土木工程学院	教授	2004 年
王仁谦	华侨大学土木工程学院	教授	2004 年
方建成	华侨大学机电学院	教授	2004 年
黄　河	华侨大学文学院	教授	2004 年
关瑞明	华侨大学建筑学院	教授	2004 年
赵冰洁	华侨大学素质中心	教授	2004 年
张云波	华侨大学厦门校区	主任医师	2004 年
马必胜	华侨大学校医院	主任医师	2004 年
朱同堡	华侨大学校医院	教授	2004 年
王志亮	华侨大学法学院	教授	2004 年
王丹丹	泉州师范学院	教授	2004 年
林比宏	泉州师范学院	教授	2004 年
刘玉生	泉州师范学院	教授	2004 年
吴泽民	泉州师范学院	教授	2004 年
陈延民	泉州师范学院	教授	2004 年
丁志聪	泉州师范学院	教授	2004 年
黄　方	福建医科大学附属第二医院	主任医师	2004 年
周佳彦	福建医科大学附属第二医院	主任医师	2004 年
粘朝晖	福建医科大学附属第二医院	主任医师	2004 年
陈景林	福建医科大学附属第二医院	主任医师	2004 年
周志平	福建医科大学附属第二医院	主任医师	2004 年
陈宝琨	福建医科大学附属第二医院	主任医师	2004 年
陈献南	福建医科大学附属第二医院	主任医师	2004 年
黄杰苗	福建医科大学附属第二医院	主任医师	2004 年
林金矿	福建医科大学附属第二医院	主任医师	2004 年
余茂清	福建医科大学附属第二医院	主任医师	2004 年
杨振铭	福建医科大学附属第二医院	主任医师	2004 年
陈峻严	福建医科大学附属第二医院	主任医师	2004 年
黄红红	福建医科大学附属第二医院	主任医师	2004 年
洪育明	福建医科大学附属第二医院	主任医师	2004 年
赖清泉	福建医科大学附属第二医院	主任医师	2004 年
吴春林	福建医科大学附属第二医院	主任医师	2004 年
张茹斌	福建医科大学附属第二医院	主任医师	2004 年
高瑛瑛	泉州市儿童医院	主任医师	2004 年
庄德义	泉州市儿童医院	主任医师	2004 年
郑天文	泉州市儿童医院	主任医师	2004 年
谢江斌	泉州市儿童医院	主任医师	2004 年

续表 48-2-10

姓 名	工作单位	职称	获得时间
许虢荡	泉州市儿童医院	主任医师	2004 年
马 奇	泉州市第三医院	主任医师	2004 年
林泽涯	泉州市第三医院	主任医师	2004 年
欧阳筠淋	泉州市第三医院	主任医师	2004 年
朱国曙	泉州市中医院	主任医师	2004 年
许文娟	泉州市中医院	主任医师	2004 年
郭明玉	泉州市中医院	主任医师	2004 年
林振川	泉州市中医院	主任医师	2004 年
林志苇	泉州市中医院	主任医师	2004 年
王秀宝	泉州市中医院	主任医师	2004 年
陈 敏	泉州市中医院	主任医师	2004 年
陈佳山	泉州市中医院	主任医师	2004 年
许笃聪	泉州市中医院	主任医师	2004 年
吴超英	泉州市中医院	主任医师	2004 年
张建新	泉州市中医院	主任医师	2004 年
戴一娜	泉州市卫生防疫站	主任医师	2004 年
谢汉瑜	泉州市卫生防疫站	主任医师	2004 年
陈丹青	泉州市卫生防疫站	主任医师	2004 年
洪思让	泉州市光前医院	主任技师	2004 年
黄硕新	泉州市光前医院	主任药师	2004 年
黄万金	泉州市光前医院	主任医师	2004 年
许建国	泉州市医药研究所	主任医师	2004 年
苏 齐	泉州市人民医院	主任医师	2004 年
叶传勇	泉州市人民医院	主任医师	2004 年
马培青	泉州市人民医院	主任医师	2004 年
苏辉煌	泉州市人民医院	主任医师	2004 年
钱 呈	泉州市人民医院	主任医师	2004 年
刘新宜	华侨大学人文学院	教授	2004 年
李中斌	华侨大学工商管理学院	教授	2004 年
吴春安	华侨大学资产处	研究员	2004 年
洪辉煌	泉州师范学院	研究员	2004 年
彭丽花	中共泉州市委党校	教授	2004 年
林英明	泉州晚报社	高级编辑	2004 年
林专红	鲤城区卫生防疫站	主任技师	2004 年
杨锦凉	晋江市医院	主任医师	2004 年
李跃辉	晋江市医院	主任医师	2004 年
陈宇鹏	惠安县医院	主任医师	2004 年

续表 48-2-10

姓 名	工作单位	职称	获得时间
何水兴	惠安县医院	主任医师	2004 年
张跃清	惠安县医院	主任医师	2004 年
郭本传	惠安县中医院	主任医师	2004 年
欧阳筱彬	惠安县中医院	主任医师	2004 年
林春辉	惠安县防疫站	主任医师	2004 年
陈朝阳	惠安县防疫站	主任医师	2004 年
庄耀明	惠安县妇幼保健院	主任医师	2004 年
蔡伟锋	惠安县医院	主任医师	2004 年
胡速成	惠安县医院	主任医师	2004 年
陈国明	惠安县医院	主任医师	2004 年
陆颖忠	惠安县医院	主任医师	2004 年
郑伦生	惠安县医院	主任医师	2004 年
张水生	惠安县医院	主任医师	2004 年
刘清珠	惠安县医院	主任医师	2004 年
谢 岩	惠安县医院	主任医师	2004 年
骆建祥	惠安县防疫站	主任技师	2004 年
吴利芳	石狮市医院	主任医师	2004 年
黄建州	南安市医院	主任医师	2004 年
郑金泉	南安市医院	主任医师	2004 年
洪 砌	南安市医院	主任医师	2004 年
叶立民	南安市医院	主任医师	2004 年
陈志生	南安市医院	主任医师	2004 年
刘祯定	南安市医院	主任医师	2004 年
苏文举	南安市医院	主任医师	2004 年
黄安乐	南安市皮防院	主任医师	2004 年
陈钟敬	南安市洪濑中心卫生院	主任医师	2004 年
林剑生	安溪县医院	主任医师	2004 年
谢启旋	安溪县医院	主任医师	2004 年
谢宝清	安溪县医院	主任医师	2004 年
王明峰	安溪县医院	主任医师	2004 年
陈河水	安溪县妇幼保健院	主任医师	2004 年
刘雅美	永春县妇幼所	主任医师	2004 年
谢 娜	永春县中医院	主任医师	2004 年
余亚七	永春县医院	主任医师	2004 年
陈秀玲	永春县医院	主任医师	2004 年
邱朱星	永春县医院	主任医师	2004 年
林呈钱	永春县中医院	主任医师	2004 年

续表 48-2-10

姓 名	工作单位	职称	获得时间
林振华	永春县达埔中心卫生院	主任医师	2004 年
李志平	德化县医院	主任医师	2004 年
林嫦琼	德化县医院	主任医师	2004 年
陈贻言	德化县医院	主任医师	2004 年
宋建华	德化县中医院	主任医师	2004 年
黄耀生	德化县医院	主任医师	2004 年
黄克希	德化县卫生防疫站	主任医师	2004 年
王金水	中共泉州市委党校	教授	2005 年
刘桂庭	泉州市城市规划设计研究院	总规划师、教授级高级规划师	2005 年
苏 明	泉州市城市规划设计研究院	教授级高级工程师	2005 年
洪思让	泉州市卫生防疫站	主任技师	2005 年
林春建	福建省第五建筑工程公司	教授级高级工程师	2005 年
蔡自力	福建省第五建筑工程公司	教授级高级工程师	2005 年
林少川	泉州晚报社	高级编辑	2005 年
常向真	福建凤竹纺织科技股份有限公司	教授级高级工程师（研究员待遇）	2005 年
杨江云	黎明职业大学高教室	教授	2005 年
李洪喜	黎明职业大学	研究馆员	2005 年
袁建军	泉州师范学院科研室	教授	2005 年
李建成	泉州师范学院	教授	2005 年
洪清泉	泉州师范学院	教授	2005 年
谢嘉华	泉州师范学院	教授	2005 年
谢 英	泉州师范学院	教授	2005 年
万建明	泉州师范学院	教授	2005 年
黄 坚	泉州师范学院	教授	2005 年
宋金玲	泉州师范学院	教授（2005 年 11 月调入）	2005 年
陈名实	泉州师范学院	研究员（2005 年 3 月调入）	2005 年
郑文谦	泉州师范学院	研究员	2005 年
吕良超	福建医科大学附属第二医院	主任医师	2005 年
霍建宏	福建医科大学附属第二医院	主任医师	2005 年
苏志明	福建医科大学附属第二医院	主任医师	2005 年
吴友谊	福建医科大学附属第二医院	主任医师	2005 年
孙建国	福建医科大学附属第二医院	主任医师	2005 年
曾昭浚	福建医科大学附属第二医院	主任医师	2005 年
王文怀	福建医科大学附属第二医院	主任医师	2005 年
姚学东	福建医科大学附属第二医院	主任医师	2005 年
吴文华	福建医科大学附属第二医院	主任医师	2005 年
林秀琳	福建医科大学附属第二医院	主任医师	2005 年

续表 48-2-10

姓名	工作单位	职称	获得时间
吴凌峰	福建医科大学附属第二医院	主任医师	2005 年
许雄伟	福建医科大学附属第二医院	主任医师	2005 年
李伯义	福建医科大学附属第二医院	主任医师	2005 年
蔡思清	福建医科大学附属第二医院	主任医师	2005 年
邱建龙	福建医科大学附属第二医院	主任医师	2005 年
查金顺	福建医科大学附属第二医院	主任医师	2005 年
张　强	泉州市第一医院	主任医师	2005 年
李碧玲	泉州市第一医院	主任医师	2005 年
宫淑杰	泉州市第一医院	主任医师	2005 年
何伟民	泉州市第一医院	主任医师	2005 年
张长青	泉州市第一医院	主任医师	2005 年
曾金表	泉州市第一医院	主任医师	2005 年
郑辉明	泉州市第一医院	主任医师	2005 年
潘群雄	泉州市第一医院	主任医师	2005 年
马　奇	泉州市第三医院	主任医师	2005 年
苏辉煌	泉州市人民医院	主任医师	2005 年
钱　呈	泉州市人民医院	主任医师	2005 年
谢江斌	泉州市儿童医院	主任医师	2005 年
许虢荡	泉州市儿童医院	主任医师	2005 年
黄硕新	泉州市光前医院	主任医师	2005 年
陈丹青	泉州市卫生防疫站	主任医师	2005 年
吴利芳	石狮市医院	主任医师	2005 年
黄建洲	南安市医院	主任医师	2005 年
郑金泉	南安市医院	主任医师	2005 年
洪　砌	南安市医院	主任医师	2005 年
叶立民	南安市医院	主任医师	2005 年
陈宇鹏	惠安县医院	主任医师	2005 年
何永兴	惠安县医院	主任医师	2005 年
张跃清	惠安县医院	主任医师	2005 年
郭本传	惠安县中医院	主任医师	2005 年
欧阳筱彬	惠安县中医院	主任医师	2005 年
林春晖	惠安县卫生防疫站	主任医师	2005 年
陈朝阳	惠安县卫生防疫站	主任医师	2005 年
庄耀明	惠安县妇幼保健院	主任医师	2005 年
林剑生	安溪县医院	主任医师	2005 年
谢启旋	安溪县医院	主任医师	2005 年
谢宝清	安溪县医院	主任医师	2005 年

续表 48-2-10

姓 名	工作单位	职称	获得时间
谢 娜	永春县中医院	主任医师	2005 年
刘雅美	永春县妇幼保健院	主任医师	2005 年
李志平	德化县医院	主任医师	2005 年
林嫦琼	德化县医院	主任医师	2005 年
陈贻言	德化县医院	主任医师	2005 年
宋建华	德化县中医院	主任医师	2005 年
陈跃飞	永春县柑桔科学研究所	农业技术推广研究员	2005 年
杨双智	福建省泉州歌剧院	一级作曲	2005 年
张天鹏	泉州市高甲剧团	一级导演	2005 年
陈素萍	泉州市高甲剧团	一级演员	2005 年
吴艺华	福建省梨园戏实验剧团	一级演员	2005 年
陈美娜	福建省梨园戏实验剧团	一级演员	2005 年
李 红	福建省梨园戏实验剧团	一级演员	2005 年
龚万里	福建省梨园戏实验剧团	一级演员	2005 年
王胜利	福建省梨园戏实验剧团	一级演员	2005 年
王景贤	泉州市木偶剧团	一级编剧	2005 年
黄项飞	晋江市档案馆	研究馆员	2005 年
黄水源	石狮市人大常委会	注册高级策划师	2006 年
陈 平	泉州市药品检验所	主任药师	2006 年
李秀婷	泉州市药品检验所	主任药师	2006 年
林元益	泉州市公安局刑事侦查支队	主任法医师	2006 年
刘惠川	泉州市商业银行	高级会计师	2006 年
刘咏梅	泉州市审计局	高级审计师	2006 年
张金伙	鲤城区审计局	高级审计师	2006 年
郭熙哲	福建医科大学附属二院	主任医师	2006 年
蔡英健	福建医科大学附属二院	主任医师	2006 年
汪勇芬	福建医科大学附属二院	主任医师	2006 年
刘逢生	福建医科大学附属二院	主任医师	2006 年
施清泉	福建医科大学附属二院	主任医师	2006 年
李毅宁	福建医科大学附属二院	主任医师	2006 年
柯庆峰	福建医科大学附属二院	主任医师	2006 年
赵春安	福建医科大学附属二院	主任医师	2006 年
黄双英	福建医科大学附属二院	主任医师	2006 年
叶克菁	福建医科大学附属二院	主任医师	2006 年
蔡幼妹	福建医科大学附属二院	主任医师	2006 年
骆良钦	福建医科大学附属二院	主任医师	2006 年
蔡志谋	福建医科大学附属二院	主任医师	2006 年

续表 48-2-10

姓　名	工作单位	职称	获得时间
胡伟鹏	福建医科大学附属二院	主任医师	2006 年
洪志林	福建医科大学附属二院	主任医师	2006 年
邱连升	福建医科大学附属二院	主任医师	2006 年
朱家稷	福建医科大学附属二院	主任医师	2006 年
郭燕妮	福建医科大学附属二院	主任医师	2006 年
林宝凤	福建医科大学附属二院	主任护师	2006 年
庞荷莲	福建医科大学附属二院	主任护师	2006 年
吕丽华	福建医科大学附属二院	主任护师	2006 年
陈耿淳	福建医科大学附属二院	主任护师	2006 年
郭素珍	福建医科大学附属二院	主任护师	2006 年
程　琳	华侨大学材料学院	教授	2006 年
胡纯铿	华侨大学材料学院	教授	2006 年
黄惠莉	华侨大学材料学院	教授	2006 年
王士斌	华侨大学材料学院	教授	2006 年
许绿丝	华侨大学材料学院	教授	2006 年
汤玉枢	华侨大学法学院	教授	2006 年
殷　勤	华侨大学工商学院	教授	2006 年
戴秋莲	华侨大学机电学院	教授	2006 年
马拥军	华侨大学科研处	教授	2006 年
颜醒华	华侨大学旅游学院	教授	2006 年
王丽霞	华侨大学人文学院	教授	2006 年
洪国彬	华侨大学商学院	教授	2006 年
王景河	华侨大学商学院	教授	2006 年
庄昔聪	华侨大学体育部	教授	2006 年
涂　帆	华侨大学土木学院	教授	2006 年
朱　鸿	华侨大学文学院	教授	2006 年
陈克明	华侨大学厦门校区	教授	2006 年
金福江	华侨大学信息学院	教授	2006 年
洪申我	黎明职业大学	教授	2006 年
陈亦可	华侨大学材料学院	研究员	2006 年
陈庆煌	华侨大学校医院	主任医师	2006 年
郭　良	华侨大学校医院	主任医师	2006 年
魏亚隆	华侨大学校医院	主任医师	2006 年
陈立德	福建省泉州画院	一级美术师	2006 年
郭　宁	福建省泉州画院	一级美术师	2006 年
林剑仆	福建省泉州歌剧团	一级舞台美术设计师	2006 年
黄连金	泉州市木偶剧团	一级舞台美术设计师	2006 年

续表 48-2-10

姓 名	工作单位	职称	获得时间
陈鹏鹏	泉州市文物保护研究中心	文物博物专业研究馆员	2006 年
林振礼	泉州师范学院	编审	2006 年
苏振明	泉州市建设工程质量监督站	享受教授、研究员待遇的高级工程师	2006 年
林建筑	福建省泉州市公路局	享受教授、研究员待遇的高级工程师	2006 年
何耀堂	泉州市水利水电工程局	享受教授、研究员待遇的高级工程师	2006 年
林春建	福建省第五建筑工程公司	享受教授、研究员待遇的高级工程师	2006 年
蔡自力	福建省第五建筑工程公司	享受教授、研究员待遇的高级工程师	2006 年
于 凯	泉州市第一医院	主任医师	2006 年
张静文	泉州市第一医院	主任医师	2006 年
庄黎明	泉州市第一医院	主任医师	2006 年
叶芳芳	泉州市第一医院	主任医师	2006 年
裴玉玲	泉州市第一医院	主任医师	2006 年
颜如玉	泉州市第一医院	主任医师	2006 年
麻海龙	泉州市第一医院	主任医师	2006 年
欧阳永娥	泉州市第一医院	主任医师	2006 年
刘宪鸣	泉州市第一医院	主任医师	2006 年
潘意坚	泉州市第一医院	主任医师	2006 年
李瑞锋	泉州市光前医院	主任医师	2006 年
高天海	泉州市中医院	主任医师	2006 年
刘华煌	泉州人民医院	主任医师	2006 年
李 红	泉州人民医院	主任医师	2006 年
魏佳欣	泉州市丰泽区疾病预防控制中心	主任医师	2006 年
蔡秀来	泉港医院	主任医师	2006 年
张柏坚	惠安县医院	主任医师	2006 年
刘爱霖	惠安县医院	主任医师	2006 年
钟玉蛟	惠安县医院	主任医师	2006 年
郑晋花	惠安县医院	主任医师	2006 年
黄志川	惠安县医院	主任医师	2006 年
吴晋怀	惠安县医院	主任医师	2006 年
唐桑梓	晋江市医院	主任医师	2006 年
庄垂镇	晋江市医院	主任医师	2006 年
骆沙鸣	晋江市医院	主任医师	2006 年
苏肇植	晋江市医院	主任医师	2006 年
林荣出	晋江安海医院	主任医师	2006 年
吕俊忠	石狮市医院	主任医师	2006 年
戴棉棉	石狮市医院	主任医师	2006 年
柯金完	石狮市医院	主任医师	2006 年

续表 48-2-10

姓 名	工作单位	职称	获得时间
李添宗	石狮卫生院	主任医师	2006 年
陈秀霞	南安市医院	主任医师	2006 年
黄奕铁	南安市医院	主任医师	2006 年
李元湖	南安市康复医院	主任医师	2006 年
潘培川	安溪县医院	主任医师	2006 年
林金宝	安溪县中医院	主任医师	2006 年
王英明	安溪县中医院	主任医师	2006 年
吴一德	永春县医院	主任医师	2006 年
李幼红	永春县医院	主任医师	2006 年
叶高扬	永春县医院	主任医师	2006 年
苏祥接	德化县医院	主任医师	2006 年
李松川	德化县医院	主任医师	2006 年
曾昭怡	德化县医院	主任医师	2006 年
苏接续	德化县医院	主任医师	2006 年
张国伟	泉州市第一医院	中药主任药师	2006 年
傅清流	泉州市儿童医院	主任技师	2006 年
戴树荣	南安市农业与渔洋局	农业技术推广研究员	2007 年
李玉珍	福建君宇律师事务所	一级律师	2007 年
张少鹏	福建和晟律师事务所	一级律师	2007 年
杨惠山	泉州师范学院	教授	2007 年
秦太明	泉州师范学院	教授	2007 年
曾文章	泉州师范学院	教授	2007 年
黄鸿琼	泉州师范学院	教授	2007 年
薛　和	泉州师范学院	教授	2007 年
谢进金	泉州师范学院	教授	2007 年
林金良	泉州师范学院	高校教育管理研究员	2007 年
曾群守	福建省第五建筑工程公司	享受教授、研究员待遇的高级工程师	2007 年
李宝美	泉州市第一医院	主任医师	2007 年
颜国栋	泉州市第一医院	主任医师	2007 年
辛培玲	泉州市第一医院	主任医师	2007 年
吴晓民	泉州市第一医院	主任医师	2007 年
陈伟芳	泉州市第一医院	主任医师	2007 年
吴伟岗	泉州市第一医院	主任医师	2007 年
曾志远	泉州市第一医院	主任医师	2007 年
郭人敦	泉州市第一医院	主任医师	2007 年
黄书提	泉州市第一医院	主任医师	2007 年
郑柏菁	泉州市第一医院	主任医师	2007 年

续表 48-2-10

姓 名	工作单位	职称	获得时间
许葆雄	泉州市第一医院	主任医师	2007 年
王邦彦	泉州市第一医院	主任医师	2007 年
许国安	泉州市第三医院	主任医师	2007 年
曾华彬	泉州市人民医院	主任医师	2007 年
林小鸣	泉州市人民医院	主任医师	2007 年
林炳煌	泉州市人民医院	主任医师	2007 年
陈皓洁	泉州市儿童医院	主任医师	2007 年
李志鸣	泉州市儿童医院	主任医师	2007 年
黄新芳	泉州市儿童医院	主任医师	2007 年
柯一帆	泉州市妇幼保健院	主任医师	2007 年
黄向阳	泉州市光前医院	主任医师	2007 年
曾奕民	泉州市疾病预防控制中心	主任医师	2007 年
潘宝忠	泉州市疾病预防控制中心	主任医师	2007 年
陈文芳	泉州市疾病预防控制中心	主任医师	2007 年
吴志服	泉州市卫生局卫生监督所	主任医师	2007 年
张克宏	泉州市卫生局卫生监督所	主任医师	2007 年
方振扬	泉州市中医院	主任医师	2007 年
孙伟芬	泉州市中医院	主任医师	2007 年
毛晋荣	泉州市中医院	主任医师	2007 年
柯明远	泉州市中医院	主任医师	2007 年
黄聪阳	泉州市中医院	主任医师	2007 年
吴培增	泉州市中医院	主任医师	2007 年
郭伟聪	泉州市中医院	主任医师	2007 年
林惠珠	鲤城区妇幼保健院	主任医师	2007 年
吴炳坤	惠安县医院	主任医师	2007 年
陈丽丽	惠安县医院	主任医师	2007 年
林世阳	惠安县医院	主任医师	2007 年
陈金炉	惠安县医院	主任医师	2007 年
王灿阳	晋江市医院	主任医师	2007 年
郑秋平	晋江市医院	主任医师	2007 年
陈嫦娅	晋江市妇幼保健院	主任医师	2007 年
吴维特	晋江市安海医院	主任医师	2007 年
张启煌	晋江市磁灶中心卫生院	主任医师	2007 年
吴惠莲	晋江市计生服务站	主任医师	2007 年
黄 刚	石狮市医院	主任医师	2007 年
许真真	石狮市医院	主任医师	2007 年
王清茂	石狮市医院	主任医师	2007 年

续表 48-2-10

姓 名	工作单位	职称	获得时间
李永定	石狮市医院	主任医师	2007 年
颜　峻	石狮市医院	主任医师	2007 年
高凤才	石狮市医院	主任医师	2007 年
潘晓群	南安市医院	主任医师	2007 年
戴端平	南安市医院	主任医师	2007 年
陈民理	南安市医院	主任医师	2007 年
郑永福	南安市医院	主任医师	2007 年
林再全	南安市医院	主任医师	2007 年
陈　清	南安市医院	主任医师	2007 年
洪桂琴	南安市妇幼保健院	主任医师	2007 年
郑邦林	南安市海都医院	主任医师	2007 年
黄自在	南安市南侨医院	主任医师	2007 年
施荣南	安溪县医院	主任医师	2007 年
陈婉珍	安溪县医院	主任医师	2007 年
林　立	安溪县医院	主任医师	2007 年
黄海松	安溪县中医院	主任医师	2007 年
陈水平	永春县桃城卫生院	主任医师	2007 年
郑春生	永春县医院	主任医师	2007 年
陈志聪	永春县医院	主任医师	2007 年
洪建利	永春县医院	主任医师	2007 年
赵建鲁	永春县医院	主任医师	2007 年
颜少敏	永春县中医院	主任医师	2007 年
苏高峰	永春县防疫站	主任医师	2007 年
张文再	永春县防疫站	主任医师	2007 年
曾宪杰	德化县医院	主任医师	2007 年
柯一峥	德化县医院	主任医师	2007 年
周江宁	德化县医院	主任医师	2007 年
孔江华	泉州市第一医院	主任护师	2007 年
许绵绵	泉州市第一医院	主任护师	2007 年
陈萍萍	泉州市第一医院	主任护师	2007 年
郭淑婷	泉州市中医院	主任护师	2007 年
陈春祝	泉州市疾病预防控制中心	主任技师	2007 年
陈　玲	泉州市疾病预防控制中心	主任技师	2007 年
陈志平	泉州市疾病预防控制中心	主任技师	2007 年
傅素虹	鲤城区疾病预防控制中心	主任技师	2007 年
陈安丽	安溪县医院	主任药师	2007 年
郑重禄	洛江区经济作物站	享受教授、研究员待遇的高级农艺师	2008 年

续表 48-2-10

姓 名	工作单位	职称	获得时间
李 晖	泉州市建设局总工办	享受教授、研究员待遇的高级工程师	2008 年
苏世灼	华侨大学	享受教授、研究员待遇的高级工程师	2008 年
陈建华	福建省第五建筑工程公司	享受教授、研究员待遇的高级工程师	2008 年
王高雄	福建医科大学附属二院	主任医师	2008 年
王耀国	福建医科大学附属二院	主任医师	2008 年
邱成志	福建医科大学附属二院	主任医师	2008 年
黄金钟	福建医科大学附属二院	主任医师	2008 年
黄素真	福建医科大学附属二院	主任医师	2008 年
梁振源	福建医科大学附属二院	主任医师	2008 年
陈春雷	南安市中医院	主任医师	2008 年
梁世山	泉州市第一医院	主任医师	2008 年
王志刚	泉州市第一医院	主任医师	2008 年
林荣民	泉州市中医院	主任医师	2008 年
黄建忠	泉州市人民医院	主任医师	2008 年
苏 丹	泉州市人民医院	主任医师	2008 年
顾思平	鲤城区万祥医院	主任医师	2008 年
许超尘	泉州市正骨医院	主任医师	2008 年
李志忠	晋江市医院	主任医师	2008 年
陈思潮	南安市医院	主任医师	2008 年
许华萍	德化县医院	主任医师	2008 年
许金星	德化县医院	主任医师	2008 年
王奕珊	泉州市中医院	中医主任医师	2008 年
张嘉男	泉州市中医院	中医主任医师	2008 年
黄朝阳	泉州市中医院	中医主任医师	2008 年
黄碧玲	泉州市中医院	中医主任医师	2008 年
蔡向阳	福建医科大学附属二院	中药主任药师	2008 年
吴德红	泉州市第一医院	主任护师	2008 年
黄盈煜	泉州市疾病预防控制中心	主任技师	2008 年
吴力群	泉州师范学院	研究馆员	2008 年
朱煌连	泉州市艺术馆	研究馆员	2008 年
于怡青	华侨大学	教授	2008 年
王建军	华侨大学	教授	2008 年
刘向晖	华侨大学	教授	2008 年
苏朝晖	华侨大学	教授	2008 年
李朝阳	华侨大学	教授	2008 年
王爱平	华侨大学	教授	2008 年
方瑞明	华侨大学	教授	2008 年

续表 48-2-10

姓 名	工作单位	职称	获得时间
刘　颖	华侨大学	教授	2008 年
孙德明	华侨大学	教授	2008 年
李宝霞	华侨大学	教授	2008 年
陈婉玲	华侨大学	教授	2008 年
林俊国	华侨大学	教授	2008 年
胡培安	华侨大学	教授	2008 年
姜泽华	华侨大学	教授	2008 年
黄远水	华侨大学	教授	2008 年
王炳庆	泉州师范学院	教授	2008 年
许月云	泉州师范学院	教授	2008 年
黄志宏	泉州师范学院	教授	2008 年
李子蓉	泉州师范学院	教授	2008 年
陈雅芳	泉州儿童发展职业学院	教授	2008 年
蔡幼妹	福建医科大学附属二院	教授	2008 年
赵昕东	华侨大学	研究员	2008 年
谢明红	华侨大学	研究员	2008 年
詹辉乾	泉州师范学院	研究员	2008 年
陈亚兵	泉州师范学院	研究员	2008 年
许志荣	泉州晚报社	主任编辑	2008 年
郑其兴	泉州晚报社	主任编辑	2008 年
王文博	泉州人民广播电台	主任编辑	2008 年
方　莉	泉州电视台	主任记者	2008 年
刘文辉	泉州电视台	主任记者	2008 年
李白燕	泉州南音乐团	一级演员	2008 年
雷黛琴	泉州歌剧团	一级演员	2008 年
王琼芬	安溪县高甲戏剧团	一级演员	2008 年
郭飞跃	泉州市艺术馆	群众文化研究馆员	2008 年
陈健鹰	中国闽台缘博物馆	文博研究馆员	2009 年
陈建中	泉州市博物馆	文博研究馆员	2009 年
林德民	泉州市博物馆	文博研究馆员	2009 年
陈丽华	泉州海外交通史博物馆	文博研究馆员	2009 年
蔡建秀	泉州师范学院	教授	2009 年
李志伟	泉州师范学院	教授	2009 年
陈明玉	泉州师范学院	教授	2009 年
吴鸿丽	泉州师范学院	教授	2009 年
程广文	泉州师范学院	教授	2009 年
曹茂才	泉州师范学院	教授	2009 年

续表 48-2-10

姓 名	工作单位	职称	获得时间
李国清	泉州师范学院	教授	2009 年
颜 昶	泉州师范学院	教授	2009 年
杨小霞	泉州市第一医院	主任医师	2009 年
何 芳	泉州市第一医院	主任医师	2009 年
蒋建家	泉州市第一医院	主任医师	2009 年
朱志侠	泉州市第一医院	主任医师	2009 年
辛 军	泉州市第一医院	主任医师	2009 年
张和平	泉州市第一医院	主任医师	2009 年
许荣誉	泉州市第一医院	主任医师	2009 年
林伟年	泉州市第一医院	主任医师	2009 年
苏振民	泉州市儿童医院	主任医师	2009 年
傅金木	泉州医高专附属人民医院	主任医师	2009 年
潘培南	泉港区疾控中心	主任医师	2009 年
陈文提	南安市医院	主任医师	2009 年
黄诸侯	晋江市安海医院	主任医师	2009 年
杨声波	晋江市安海医院	主任医师	2009 年
许志鹏	石狮市医院	主任医师	2009 年
庄 健	惠安县医院	主任医师	2009 年
黄伟贤	泉州市中医院	中医主任医师	2009 年
李晓峰	泉州市中医院	中医主任医师	2009 年
桂永洪	永春县医院	中医主任医师	2009 年
黄春晖	永春县医院	中医主任医师	2009 年
张建敏	德化县医院	中医主任医师	2009 年
许辉煌	德化县医院	中医主任医师	2009 年
潘 剑	德化县中医院	中医主任医师	2009 年
江美卿	泉州医高专附属人民医院	主任护师	2009 年
薛宗明	丰泽区建设工程质量监督站	享受教授、研究员待遇的高级工程师	2009 年
黄俊贤	清濛开发建设有限公司	享受教授、研究员待遇的高级工程师	2009 年
叶 敏	福建宏远集团有限公司	享受教授、研究员待遇的高级工程师	2009 年
黄东方	安溪县茶叶科学研究所	享受教授、研究员待遇的高级工程师	2009 年
杨国昕	泉州晚报社	高级编辑	2010 年
黄永超	泉州电视台	高级编辑	2010 年
沈文锋	泉州人民广播电台	高级编辑	2010 年
詹碧英	中共泉州市委党校	教授	2010 年
黄美香	泉州市经济作物站	享受教授、研究员待遇的高级农艺师	2010 年
郑云斌	泉州师范学院	教授	2010 年
李寄萍	泉州师范学院	教授	2010 年
王秀华	泉州师范学院	教授	2010 年
张建成	泉州师范学院	教授	2010 年

续表 48-2-10

姓名	工作单位	职称	获得时间
陈世平	泉州师范学院	教授	2010 年
郑燕玉	泉州师范学院	教授	2010 年
潘雅静	泉州师范学院	研究员	2010 年
杜翠琼	泉州医学高等专科学校	教授	2010 年
黄永础	泉州市第一医院	主任医师	2010 年
林志斌	泉州市第一医院	主任医师	2010 年
黄子厚	泉州市第一医院	主任医师	2010 年
卓志强	泉州市儿童医院	主任医师	2010 年
郑忠实	泉州市儿童医院	主任医师	2010 年
黄宏琳	泉州市儿童医院	主任医师	2010 年
黄柏青	泉州市儿童医院	主任医师	2010 年
洪建东	泉州市儿童医院	主任医师	2010 年
陈冬梅	泉州市儿童医院	主任医师	2010 年
王进义	泉州市第三医院	主任医师	2010 年
柯东龙	泉州市第三医院	主任医师	2010 年
房超青	泉州市第三医院	主任医师	2010 年
庄碧如	泉州市光前医院	主任医师	2010 年
李怀阳	泉州市光前医院	主任医师	2010 年
吴文斌	泉州市疾病预防控制中心	主任医师	2010 年
王伟明	泉州市疾病预防控制中心	主任医师	2010 年
相　葵	泉州市疾病预防控制中心	主任医师	2010 年
郭玉军	泉州东南医院	主任医师	2010 年
杨国栋	泉州东南医院	主任医师	2010 年
林文琛	石狮市医院	主任医师	2010 年
叶敏慧	石狮市医院	主任医师	2010 年
张少雄	石狮市医院	主任医师	2010 年
陈子卿	惠安县医院	主任医师	2010 年
何灿庭	惠安县医院	主任医师	2010 年
林　进	安溪县医院	主任医师	2010 年
郑晓军	泉州市中医院	中医主任医师	2010 年
陈　勇	泉州市鲤城区鲤中社区卫生服务中心	中医主任医师	2010 年
庄毛平	泉港区华侨医院	中医主任医师	2010 年
蔡炳川	惠安县公费医疗门诊部	中医主任医师	2010 年
黄少明	南安市医院	中医主任医师	2010 年
黄建立	永春县医院	中医主任医师	2010 年
王元白	泉州市儿童医院	主任技师	2010 年
欧阳燕玲	泉州市疾病预防控制中心	主任技师	2010 年
王礼瓶	泉州市水利局总工程师办公室	享受教授、研究员待遇的高级工程师	2010 年

卷四十九 县（市、区）概况

第一章 鲤城区

第一节 自然环境

一、地理位置

鲤城区位于晋江下游的三角平原地带，东与泉州市丰泽区相连，南与晋江市交界，西与南安市、晋江市接壤，北与南安市、泉州市丰泽区毗邻。东西最大距离 10.8 千米，南北最大距离 8.7 千米，总面积 53.74 平方千米。2010 年，全区常住人口 36.81 万人。

二、地形地貌

鲤城区地势西高东低，平坦开阔，地貌有低山、台地、平原等类型，其中台地和平原占全区总面积的 70% 以上。辖区耕地面积 1886 公顷，林地面积 1000 公顷，森林覆盖率 19.7%。境内最高峰紫帽山海拔 517.8 米，最低点南门外原第九码头海拔 7 米。晋江从南安市丰州镇进入鲤城区，流经浮桥、江南、海滨、临江街道，境内流程 11.36 千米。浮桥、江南一带为晋江泥沙的海洋沉积构成地势平坦的平原。

三、气候

鲤城区属亚热带海洋性季风气候。其特点是夏长无酷热，冬短无严寒，日照充足，季风明显，雨量充沛。多年平均气温 21.2℃，最低月平均气温 10.5℃，最高月平均气温 30.2℃。年平均日照时数 1664 小时。降水充沛，空气湿润。年平均降雨量 1441.8 毫米；年平均降雨日数为 104.6 天。极端年最大雨量 2033.9 毫米（2000 年），极端年最少雨量 907.4 毫米（1991 年）。无霜期达 358 天。主要自然灾害有旱涝、台风、暴雨、地质灾害等。台风与暴雨灾害年均发生 5 ～ 6 次，主要发生在 5—10 月。

四、自然资源

晶洞花岗岩出露于江南玉霞，赤土有赤土泥煤矿点，树兜有泥煤矿化点。植被以亚热带常绿阔叶林为主。境内盛产龙眼、甘蔗、荔枝等。1999 年，经济林地 1167 公顷，其中龙眼地 783 公顷。其他动植物稀少。

第二节　经济建设

一、概况

1997 年 9 月，原鲤城区划分为鲤城、丰泽、洛江三个区。鲤城区面对发展空间变窄，审时度势，提出“五年重造一个鲤城”目标，制定“城市跨江发展、小城区大商贸、科教兴区”三大发展战略。2001 年，提前一年超额完成“五年重造一个鲤城”目标，经济总量达到区划调整前原鲤城区水平，人均地区生产总值处于全省前列。

2003 年起，由于泉州市对区财政体制调整，442 户“辖区外企业”划归丰泽，财政减收和新区农村劳动力转移压力大等，区委、区政府确立“繁荣古城、建设新区、做大做强做优中心城”发展方向，实施江南新区建设规划，推动经济增长方式由粗放型向集约型转变，全区主要经济指标呈两位数增长。2003 年，在全市率先基本实现小康。2005 年，地区生产总值 109.07 亿元，首次突破百亿大关；人均地区生产总值 3.37 万元，是全省人均水平的 1.8 倍，泉州市人均水平的 1.58 倍；财政总收入从 2003 年 6.6 亿元增至 7.61 亿元，增长 13.2%。

2006—2010 年，鲤城区提出“将产业发展顺序由‘二三一’转变为‘三二一’”“打造‘四个百亿产业’”、实施产业提升规划，保持区域经济持续快速发展。2007 年，地区生产总值、财政总收入、人均地区生产总值、居民人均可支配收入等主要经济指标基本达到全面建设小康社会的目标要求。2010 年，地区生产总值、工业生产总值、财政总收入均比 2005 年成倍增长；三大产业构成为 0.18 ∶ 43.6 ∶ 56.22（扣除泉州经济开发区以后的实际数据计算结果），第三产业增加值占比高出工业 10.2 个百分点，第三产业对经济贡献率达到 28.3%，实现工商税占全区总税的 57.75%。

二、农业

1998 年，鲤城区耕地面积 984 公顷，种植粮食作物、油料作物、水果、蔬菜，农业总产值 9375 万元。1999 年后，因工业用地扩张等原因，耕地面积急剧减少，但深化农村改革，农业经济稳中有升。2002 年，耕地面积减至 677 公顷，农业总产值增至 1.06 亿元，增长 13.13%。1998—2002 年，坚持以市场为导向，调整农业结构，扶持发展蔬菜、水果、畜禽、花卉等四大主导产业，发展城郊型农业。至 2002 年，建立一批蔬菜基地、水果基地、畜禽基地，发展规模经营，创立“东璧”龙眼、“山益”无公害水果系列、“凌霄塔”无公害蔬菜及“延陵”丝瓜、“田中”金瓜“坂头”空心菜等传统名优果蔬名牌。2003 年后，随着江南新区城市化建设步伐加快，农业种植面积和畜牧生产进一步减少，农业总产值逐年下降，但农业向规模化、优质高效发展。2010 年，农业总产值减至 5308 万元。日春股份有限公司、富源茶叶有限公司，茗山茶业开发有限公司被列为泉州市农业产业化重点龙头企业。“东璧龙眼”获得农业部农产品地理标志产品；“日春茶业”“富源茶业”“茗山茶业”等副食品加工获得绿色食品标志使用权。辖区内 5 个水果生产基地、4 个蔬菜生产基地通过无公害农产品产地认定，6 家农业企业系列产品分别获得全国著名商标、福建省名牌农产品、泉州市农业品牌金奖。

三、工业

1998 年，以王宫、火炬、仙境工业小区为基础，新开发江南工业园区共 35 公顷，全区工业企业 2319 家，工业总产值 65.05 亿元，占全区经济总量的 85.2%。集体、台港澳、外资、合资、独资多种所有制企业齐头并进。当年，规模以上工业企业 151 家。其中，国有企业 3 家、集体企业 76 家、台港澳独资或合资企业43家、外资企业11家、中外合资合作企业18家。国有集体企业工业产值占规模以上企业工业总产值41%。2000年始，调整产业结构，发展新兴产业和高新技术产业，改造提升传统产业，江南工业园区被农业部命名为“第三批全国乡镇企业示范区”。2001年，启动建设江南高新技术电子信息产业园区，规划面积6平方千米。2002年，形成以轻纺鞋服、工艺美术、机械、塑料制品、电子信息五大支柱产业为主体的工业体系；工业产值77.4亿元，占全区经济总量的86.2%。2003年始，工业企业向工业园区集中，支柱产业、规上工业企业效益日益明显，工业经济保持稳健发展态势，2003年，五大支柱产业企业数、工业产值分别占全区工业企业数、工业总产值74.80%、79.88%。2003—2005年，规上工业企业从248家增至283家，工业产值从55.81亿元增至88.7亿元，工业产值占全区工业总值比重由46.62%上升至86%。2006年，经国家发改委审核江南高新技术电子信息产业园区更名为福建泉州高新技术产业园区（江南园）。2006年始，以项目和品牌带动，壮大主导产业，提升传统产业，培育新兴产业，推进企业自主创新，工业持续快速发展。2010年，全区工业企业1063家，工业总产值从2005年的103.57亿元上升至222.44亿元。其中，规模以上工业企业331家，实现规模工业产值204.01亿元；销售收入达到亿元以上的企业36家。高新技术开发区江南园区1～6期开发建设373.33公顷。其中，企业用地260公顷，基础设施与配套项目用地111.33公顷。入驻企业231家，投产企业214家；实现工业总产值123亿元，实现工商税收6.2亿元，成为鲤城区工业发展和税收来源的主要基地。以园区为核心的“泉州微波通信产业集群”被列为首批国家级“技术创新产业集群”的试点，园区先后被国家和省有关部门确定为“全国先进科技产业园”“国家火炬计划泉州微波通信产业基地”“中国汽车工程机械配件产业基地”“国家针织纬编材料开发基地”等称号；11月29日，经国务院批准，高新技术产业园（江南园）升格为国家级高新技术产业区，成为“泉州高新技术产业区”的主园区。

四、商贸

国内贸易 1998—2002年，鲤城区推出“小城区、大商贸”发展战略。在老城区建成温陵生活资料市场和新门、北门、龙宫农贸市场，在江南新区建设城市次中心批发市场走廊，扩建汽车、建材、蔬菜、侨乡旧货、旧车交易中心五大专业市场。1998年，全区社会商品零售额22.7亿元，比1997年增长13.2%。2002年，社会商品零售额30.1亿元。其中，国有商业占3.72%，非公有制商业占94.29%，外资企业占1.99%。2003年，43家国有商贸企业改制，占全区国有商贸企业53家的83%。2004年，全区共有各类市场29个。其中，特色街14条，农贸市场10个，专业市场5个，一批外资品牌企业在境内开业。2005年，大商贸发展格局初具雏形。世界500强的沃尔玛、苏宁电器、永辉超市等国内外大型商业企业在区内落户，改变老商业街业态。2006年起，现代商贸业迅速成长，并呈现出商品流通规模扩大、市场设施建设加快、新业态竞相发展等特点。2010年，全区实现社会商品零售额122.94亿元，比2005年增长118.5%，年平均增长17.15%；各类商品市场增至34个；形成省级特色商业街6个，省级以上商业示范社区6个，营业面积超过0.5万平方米的大型商场9家、超过1万平方米的批发市场5处。电子商务稳步推进，1000多户企业上网发布信息或建立网站或主页，开展网络购销和招商业务，建立面向消费者的电子商务平台，全省首家网店商城投入试营业，开辟网上商城和在线交易，促进电子商务与传统商业的结合。总部经济初显端倪，森美石化、安利、华远电讯、新华都物流等一批国际国内名牌企业在区内设立总部。文化创意产业方兴未艾，编制泉州中心城区文化创意产业园发展规划，源和1916创意园建成并试运行，T淘园、六井孔等文化创意园先后动工建设。

对外贸易 1998—2002年，鲤城区应对世界经济遭受亚洲金融危机的冲击和全球市场萎缩，以及加入WTO等诸多因素的影响，外贸业务平稳发展。2002年，新批“三资”企业50家，合同利用外资6500万美元，企业自营出口7856万美元。2003年起，鲤城区外贸进入快速发展时期。2010年，企业自营进出口总额6亿美元。其中进口1.11亿美元，出口4.89亿美元。纺织鞋服仍然是出口的主要商品，全年出口 2.35 亿美元，占全区出口总额 48.2%。光伏产品出口高速增长，出口 6253 万美元，占全区出口总额 12.8%，钧石能源为主要出口大户。机械行业出口增长较快，出口 5140 万美元，占全区出口总额 10.5%，奇星机械和华盛机械为主要出口大户。出口的主要产品有纺织物、服装、鞋、太阳能照明灯具、机械配件、陶瓷工艺品、旅行用品、钢制家具、塑料日用品，销往 74 个国家或地区。

第三节　社会事业

一、教育

教育规模 1991 年，鲤城区持续贯彻实施《中华人民共和国义务教育法》，实施九年义务教育。2010 年，辖区有区属公办幼儿园 5 所（省级示范性幼儿园 4 所、市级示范性幼儿园 1 所）、民办和集体办幼儿园 68 所，在园幼儿 14717 名，专任教师 224 名（公办）。公办小学 28 所（省级义务教育标准化学校 8 所、市级教学管理先进学校 7 所），在学小学生 22953 名，专任教师 1156 名，小学适龄儿童入学率 100%。公办中学 5 所（省示范高中 1 所、省重点职校 1 所、三级达标中学 1 所），民办中学 2 所，在学中学生 16693 名，专任教师 1010 名；初中适龄人口入学率、小升初升学率、九年义务教育覆盖率均为 100%。区域内有鲤城教师进修学校、电大鲤城学院、鲤城职教中心、特教（开智）学校各 1 所。有泉州经贸学院、泉州市财贸职业技术学校、福建省财会管理干部学院泉州分院、泉州电视大学、黎明大学成教部等市属、省属院校；及市属中学（职）5 所，市属小学 3 所。

“两基”教育 1998 年，鲤城区重点抓好教育“两基”巩固、提高及向两头（幼教、高中）适度延伸的工作，全面消除市区薄弱学校。同年，鲤城区被省政府授予“基本普及九年义务教育，基本扫除青壮年文盲县（区）”。2000 年，鲤城区高质量通过省教委“实验教学普及县”复评。2003 年，鲤城区首批通过全省“双高普九”验收的县（区）。2006 年，鲤城区以优秀等级通过省政府对县（区）级政府教育工作督导评估（即“教育强区”省级试验收），系全省首家通过验收单位。同年，在江南新区公办中小学全面推行免除义务教育阶段学杂费；2008 年，鲤城区落实免除城市义务教育阶段学杂费、中等职业教育家庭困难学生资助政策。2010 年，鲤城区被教育部授予“全国社区教育示范区”称号。

江南新区教育事业 鲤城区制定《江南新区教育发展规划》，规划建设达标中学、达标小学及省优质幼儿园各一所，筹建高等院校。启动第二实验小学（江南新区）建设工程，按照三级达标中学、省示范小学标准改（扩）建泉州十五中学和明新中学、新华中心小学、明新中心小学、侨星小学、华岩小学、紫侨小学等。在延陵安置小区等配套建设标准化小学，将 22 所小学撤并整合为 16 所。在闲置小学校舍创办 4 所公办幼儿园，以适应新区城市化发展对教育资源的需求。鲤城区出台《关于小学均衡发展办学共同体建设的实施方案》，由 4 所窗口学校分别对应老城新区其他小学组成办学共同体，实现优质学校与普通学校共同成长。泉中职校、区职教中心、凌霄中学职业教育部分等整合到明新职校，增强职业教育的实力。

校园网络建设 2001 年起，鲤城区实施“校校通”工程，在中小学普及“多媒体教室”“计算机教室”，建设校园网络；广泛运用信息管理平台，开发应用办公管理、教务管理、学籍管理、成绩管理、学生素质管理等功能；依托“班班通”网络，开展学科教研、区域资源共建、课题研究。至 2010 年，泉州七中、泉州六中、鲤城实小、西隅小学、通政小学、第二中心小学等建成省、市现代教育技术示范学校，达标学校。

二、科技

1998—2002 年，鲤城区将“科教兴区”发展战略列为经济社会发展三大战略之一，实施高新技术产业化工程、技术创新工程、科技成果转化工程、民营科技发展等八大工程。10家高新技术企业和25家技术创新示范企业成为技术辐射源，促进产业结构的优化升级；浮桥星火技术密集区成为国家级星火技术产业带——泉州湾星火技术密集带的重要组成部分，福建泉州高新技术电子信息产业园区成为福建省信息产业六大基地之一，鲤城区成为福建省科技成果转化推广重点示范区。2003年，鲤城区出台首个地方政府支持企业创新的综合性文件《鲤城区科技进步激励办法》。至2010年，全区共实施科技项目834项，其中，国家级科技项目67个、省级科技项目52个、市级科技项目111个；泉州雷克微波公司的“无线通信系统中射频技术及产业化”项目和福建钧石能源的“非硅晶－微硅晶叠层薄膜太阳能电池成套关键技术”项目被列为国家“863”计划。3次获得全国科技进步先进区称号，区科技局被科技部评为“全国科技管理先进单位”。

2010年，全区与高校（科研单位）建立11个公共技术服务平台，有国家级工程实验室1个（火炬电子高端陶瓷电容实验室），省级工程技术研究中心2家，省级行业技术中心5家，市级技术研究中心16家，市级行业技术中心14家；国家火炬计划重点高新技术企业5家，省级高新企业30家；国家企事业知识产权试点单位3家，省级企事业知识产权试点单位9家。先后获得“国家级火炬计划特色产业基地”和“国家创新基金创新型产业集群”称号。高新技术产业产值占工业总产值的比例48%，57项科技成果和专利技术获得上级科技进步奖和专利奖。其中，国家级2项、省级4项、市级51项；海天轻纺的“高导湿涤纶纤维及制品关键技术集成开发”项目获得国家科技进步二等奖，系泉州市历年来获得最高级别的科技奖。钧石能源获得泉州市科技重大贡献奖，有4家企业获得泉州市科技创业奖。庄昆杰获得福建省第二届杰出科技人才奖；福建文创太阳能建立“庄松林院士工作站”，是鲤城区首个院士工作站。

三、文化

鲤城区作为千年古邑，历代州（府）治所的所在地，文化积淀丰富。以梨园戏、高甲戏、提线木偶、南音为标志的戏曲音乐活化石，以闹元宵、花灯制作、歌吹漫步、拍胸舞、火鼎公婆为载体的传统民俗，以“皇宫起”“燕尾脊”“出砖入石”为特色的闽南建筑技艺，彰显中原文化与闽越文化的融合，展现了唐宋时期的历史遗存。

戏曲 20世纪90年代以来，涌现一批优秀作品和优秀演员，多人多次获得曹禺奖、文华奖和梅花奖。多次举办国际木偶节、国际南音大会唱、南少林武术节、国际广场民间艺术节等大型活动和海上丝绸之路与伊斯兰文化等国际学术讨论会，有20多年历史的“威远楼之夏”戏剧节以及持续10多年的关岳庙广场民间职业剧团调演成为南戏荟萃的嘉年华和民众喜闻乐见的文化盛会。

文学艺术与群众文化 1998—2002年，鲤城区实施《福建省繁荣社会主义文化“芳草”计划》《海峡西岸（闽东南区域）文化走廊建设规划》。以南音和南少林武术为纽带，开展对外文化交流。舞蹈《偶趣》获得第十届全国“群星奖”决赛金奖，一批油画、书法、诗歌、文学作品获得文化部和福建省的奖励。2003—2010年，相继建成区群众（职工）文化活动中心、区图书馆、区老年人体育活动中心等文化体育设施以及镇、街道老年人活动中心及村（居）老年人活动场地“2003年区人大一号议案”的建设任务。2003年，启动省级文化先进区创建工作，于2007年被省政府正式授予“省级文化先进区”称号。2008—2009年，鲤城区被文化部授予“中国民间艺术之乡”“全国文化先进单位”称号，区文化馆通过“国家一级馆”验收。2010年，鲤城区图书馆获得“国家一级图书馆”称号。“温陵南艺坊”作为中国的艺术表演团体参加第三届韩国釜山国际表演艺术节。创作舞蹈《鲤跃龙门》、民俗表演节目《笋江闹元宵》参加中国民系（闽南）文化节暨第二届中国泉州“海丝”文化节大型民俗踩街表演，获一等奖。同年，辖区内有电影院2家，社区文化活动中心12处，总面积860平方米。各类图书室14个，藏书2万多册。业余文艺表演队伍28支，人数1235人。

文物与非物质文化遗产保护 2006—2010年，陆续有12个非物质文化遗产项目被国务院、福建省人民政府列为国家级、省级非物质文化遗产。其中，南音、拍胸舞、梨园戏、提线木偶、李尧宝刻纸、江加走木偶头雕刻、杨阿苗民居营造技艺列为国家级非物质文化遗产。汇编《鲤城区非物质文化遗产普查成果丛书》，以及《鲤城区非物质文化遗产图典》，收集100个项目的文字材料和图片。至2010年，鲤城区有各级文物保护单位72处。其中，全国重点文物保护单位5处（开元寺、清净寺、天后宫、府文庙、德济门）、省级文物保护单位15处、市级文物保护单位52处；在第三次全国文物普查工作中，全区227处文物调查点被纳入登记名录。

四、医疗卫生与计划生育

医疗卫生 原鲤城区作为泉州市的中心，辖区范围内有省级、市级、区级医院和医疗保健机构10多家，医疗资源丰富。辖区内有福建医科大学附属第二医院、泉州市第一医院、泉州中医院、边防支队医院等6家高等级医院和一些高水平的保健服务机构，居民的医疗保障水平较高；同时，建立健全区、街道（镇）、社区（村）三级医疗卫生网络，实现医疗保健服务全覆盖。2010年，全区有公办医疗卫生机构11所，社会办门诊部10所，民营医院8所，个体诊所93所，社区卫生服务站20所，医务室9所；拥有病床位384张，卫技人员1172人，每百个人口卫生技术人员0.46人，比1997年增加0.2人。鲤城区被国家中医药管理局命名为“全国中医药特色社区卫生服务示范区”。

计划生育 1998—2002年，鲤城区人口再生产实现从“高出生、低死亡、高增长”到“低出生、低死亡、低增长”的转变。年平均人口出生率为7.88‰，自然增长率为1.85‰。先后被评为福建省“计生工作先进一类区”、福建省“计生三为主先进区”。此后，又连续多年被省政府评为全省计生先进一类区，连续多年计生整体综合评分居全市第一。区计生局被国家人口计生委评为2004年度全国计划生育质量管理小组活动先进单位。2010年，人口出生率8.42‰。出生人口政策符合率97.15%。区计生站被评为全国计划生育优质服务示范站，鲤城区获得“全省人口和计划生育综合改革示范区”称号。

五、体育

鲤城区“大众武术”“乡村篮球”“校园足球”“江河冬泳”等群众性体育活动活跃。自1993年张晓峰获首届全国武术比赛第一名以来，鲤城区在国际及全国拳、南拳、器械、双器械、大刀等项目均取得优异成绩。获三届世界传统体育锦标赛7枚金牌、7枚银牌、16枚铜牌；一届国际五祖拳武术比赛获5枚金牌、2枚银牌；一届国际南少林武术邀请赛2枚金牌；三届全国武术之乡武术比赛6枚金牌、10枚银牌、1枚铜牌；全国传统武术大赛3枚金牌、10枚银牌、2枚铜牌。

2002年，鲤城区组织参加福建省第十二届运动会，总分排名居全省县（市、区）第八，全市第一。2006年，组织参加福建省第十三届运动会，总分排名居全省县（市、区）第六，全市第二。2010年，组织参加福建省第十四届运动会，获得5枚金牌、4枚银牌、6枚铜牌。组织参加泉州市第七、第八届运动会，总分均列全市第三。实施《全民健身计划纲要》，开展群众喜闻乐见的群体活动。坚持举办全民健身日活动和万人健身健步跑活动。广场舞活动遍及各个社区，老年人运动广泛开展，共举办6届老年人运动会。2010年，辖区内有体育场馆2个（中山公园体育场、菲友体育馆），学校体育活动场地20个，社区安装健身器材12个，经常参加体育活动的人员占常住人口的70%。

第四节　城区建设

一、古城保护

20世纪30年代，古城区形成的“一纵两横”的街道格局（一纵即中山路，两横即东西街和涂门、新门街）。

1998年始，按照“在保护中更新，在传承中建设”的发展理念，开展古城保护提升。1998—2002年，市、区两级在拓宽改造涂门街、新门街、义全街、北门街、状元街、美食街、县后街南段、打锡街、南俊路、庄府巷、后城巷、东门头等街道时，拆除旧建筑物，临街道建2～4层商住楼房，楼房的外立面仿泉州传统民居“皇宫起”特色，屋脊为上翘的燕尾脊，立面为红白相间的“出砖露石”，临街为骑楼走廊，保持闽南建筑风格；清净寺前面一带，建成青白色为主色调、拱形窗户的仿阿拉伯建筑风格，形成与清净寺相互协调的特色。1998年，在整治建设长度2.3千米的中山路时，以“保护为主、修旧如旧”为原则，保留南方骑楼式的建筑风格。2001年，中山路整治获得联合国教科文组织颁发的“亚太地区文化遗产保护优秀奖”。2003—2010年，在拓宽环城西路、环城北路、学府路、湖滨路的同时，逐步完成城南片区一期、西街东段片区保护性建设，逐步推进南俊街北拓、美食街北拓及城南片区二期、水门巷、米仓巷等危旧房片区改造。建设与改造中，既建设一批保留传统风格的新楼房，又建有广场、停车场、社区服务中心、社区医疗中心、绿地等公共设施，提升泉州古城的历史街区、街道格局呈网状化，城市功能品位。2010年，中山路入选第二批中国十大历史文化名街。

二、新区建设

1998年起，鲤城区实施“贯通南北、开发两岸、繁荣南区”的跨江发展战略，对整个江南新区32平方千米的面积重新进行城市发展建设规划编制。1998—2010年，新建笋江桥、改造浮桥片区、拓宽浮桥街，兴建江南自来水厂和江南锦美110千伏变电站，推进工业小区的基础设施建设。2002年，设立泉州市江南高新技术电子信息产业园（简称江南园），使之成为带动全区经济升级和发展的生力军；年底，鲤城行政中心由老城区迁往江南新区，实现靠前指挥，启动江南新区的全面建设。2003年，江南园升格为泉州高新技术开发区，大批工业向园区集聚。2005—2010年，推进基础设施、排洪排涝、园区、商贸物流、社会事业、住宅小区“六大工程”建设。泉州大桥立交桥通车、完成常泰路一、二期、繁荣大道拓宽改造等道路建设，形成“四纵三横”交通网络；建成两个排洪排涝泵站，整治南干渠，基本解决新区洪灾；在江南街道、常泰街道的16个社区建设自来水入户系统，新建35台供电公用变台区和改建一批供电线路，建设数千米的光缆，发展无线电宽带，从根本上解决新区供水供电问题，提高信息化普及率；建成汽车配件贸易中心、江滨蔬菜批发市场，江南商贸物流中心，海峡电子汽配城等一批现代商贸企业；调整幼儿园和学区教育资源，推进中小学扩建和升级，建成一批社区卫生服务中心，教育卫生等社会事业明显进步；持续实施“江南新区环境大整治”，人居环境得以改善和优化。建成一批经济适用房、安置房和商住区。加快工业园区建设，成为泉州地区重要的技术创新示范基地和鲤城区电子信息产业集聚和经济增长的主阵地。

三、市政建设

1997—2004年，鲤城区复建芳草园。建有崇正书院、“三洲芳草”牌坊、涵碧亭等景点和“荷风藕香”景区。

1998年起，市区主次干道实施路灯无线监控，定时开关，定时检测；城区街巷路灯完好率保持在95%以上。同年12月，正式启动被称为“跨世纪一号工程”的晋江下游防洪堤16.7千米改建加固工程。北岸市区堤段和南岸东埔至笋江桥堤段，由土石结构的混合堤改为钢筋混凝土结构，金鸡至塔顶段，采用堤路结合的方式加高加宽防洪大堤（2008年全部完工）。同年，建成南北两岸的江滨大道（总长14.27千米，宽40米）；全面整治泉州古城八卦沟、笋浯溪和系列内沟渠等淤积严重的泄洪系统。同月，完成笋浯溪整治，全长2.3千米。

1998—1999年，鲤城区相继建成横跨晋江两岸的笋江大桥（桥长250米、宽15米，全长1.2千米）、顺济新桥（桥长928米、宽15.5米），开辟老城区与江南新区之间沟通的新通道，成为“跨江发展”战略的重要保障。

1999—2010年，分期分批对城区小街巷进行路面翻建与维修。翻建、修补139条街巷路面，面积15万平方米。

2000—2003年，鲤城区分期建设江滨公园，公园总占地面积167公顷，由石笋公园、江南公园、金山公园组成，具备市民休闲、体育锻炼、文化游览等功能。先后对南环路进行拓宽改造，全长8.05千米。2000年，改造扩建中山公园，将以往专一的体育公园改造成为集休闲、健身、文化于一体的综合性公园；公园占地6.8公顷，分为绿化文化共享区、健身活动区、球类活动区、榕荫幽居区四个片区。

2001年，对东环城河、小八卦沟、七中河沟等重点河段进行全面整治。同年1月，完成八卦沟东、中段整治工程。工程总长1.5千米。至2002年，维修公厕77座，城区公厕全部实现冲水式化。同年，中心城区绿化总面积804公顷，人均公共绿地面积6.69平方米，城区绿化覆盖率31.24%。

2002年起，根据创建国家环保模范城市工作要求，组织实施城区“创模”计划，27项“创模”考核指标均达到或优于国家考核要求。完成晋江流域工业污染源综合整治“零点计划”，布设404个区域环境监测点，完成21.06平方千米噪声达标区和烟尘控制区创建工作，覆盖率达100%。

2003—2008年，开展南低渠和江南片区内涝整治工程，建设东浦排涝泵站、金浦排涝泵站等内涝排除设施，同时配套建设一号、二号、三号污水提升泵站，系统解决新区的排涝排污问题，改变江南新区由于市政配套设施与园区开发建设的不同步，内涝和污水排放影响新区发展的状况。改造95条小街巷路灯，解决无电源、无电杆、线路老化或混乱等问题，并在城区东街、涂门街、新门街、北门街、打锡街、中山路、温陵路、南俊路等主干道实施夜景工程。2006年始，在江南新区的南环路主要路段实施夜景工程。

2005年，建成笋江路全长1.6千米。池峰路鲤城段长8.14千米。常泰路全长3.1千米，成为江南新区的主干道的组成部分；改造县道301线，使之提升为市政道路。同年，鲤城区建成城市绿地系统。

2006年年初，辖区有泉州公交发展有限公司1家公交企业。2007年5月，设立泉州市第二公交发展有限公司，获准运营线路3条（2010年，增辟运营线路2条）。当年，鲤城区“创模”工作通过国家考核验收，获得“国家环保模范城市”称号。

2007年，建成温陵路东湖公园口人行天桥、泉州大桥桥南立交桥等城市天桥。同年，建设笋江公园，公园占地27公顷，由休闲艺术广场、景观休闲广场、人工湖及景观绿化带组成，“拍胸舞”石雕群和音乐喷泉是休闲广场的一大亮点。

2008—2010年，对西街、新华路北段片区及部分街巷的排水系统进行清淤、改造。

2010年，鲤城区制定《鲤城区城乡一体化“绿色城市”工程实施方案》，绿化率37.6%，绿化覆盖率40.48%，人均公共绿地面积10.55平方米。同年，在施琅将军的故居及“秋、冬”二园的遗址上建设释雅山公园，公园面积4.33公顷，分为“桂蕊飘香”“金秋菊韵”“怀古情思”“梅林疏影”“踏径寻幽”等六大意境区；新建红梅、金山、江南、新门外、坂头5个垃圾转运站，增强垃圾的及时处理能力。

第五节　居民生活

一、居民收支

1998年，鲤城区城市居民人均可支配收入8443.9元，农村居民人均纯收入4850元。2002年，城市居民人均可支配收入11364元，农村居民人均纯收入6526元。2003年，江南新区村改居，原有农民转为居民，居民消费与收支，均按城市居民统计，当年居民人均可支配收入12691元。“十一五”期间，居民人均可支配收入有较大幅度增长，2010年达27448元，比2006年增长36.1%。

1998—2010年，随着经济的发展和机关事业单位政策性调资、在岗职工平均工资逐年增长，城市居民收入相对增加，消费支出也呈增长趋势；居民消费明显转型，以温饱型为主的消费比重下降。2010年，人均消费支出中，食品支出比重36.8%，比1998年下降8.5个百分点；而家庭设备、医疗保健、交通通信、教育文化娱乐等消费支出显著提高。

二、劳动就业

1998年，伴随市、区两级国有企业改制，职工身份置换，辖区内累积大批下岗职工。鲤城区成立区再就业中心、区职业介绍中心、6个镇（街道）劳动服务站设立职业介绍所，为下岗职工提供劳动咨询、职业介绍等无偿服务。1998—2002年，全面实施“再就业工程”，使下岗职工的基本生活得到保障，共安置失业和下岗职工超过1万人。依托社会力量办学，完成就业前后及转岗专业培训；与相关企业单位联办车工、电脑操作与维护等培训班，开展岗前培训和职业技能等级鉴定，培训并取得上岗证7750人，取得初级证书1040人。1998年，建立下岗职工再就业服务中心。2000年，确认泉中职校、明新职业中专学校、凌霄中学职校为培训点，设置电脑应用与维修、文秘等11个专业，2002年在校学员1670名。2001年，建立人才劳动力市场。2003—2006年，全区有街道、社区职业介绍所41个，介绍6000多名下岗职工，到社区个体企业、物业管理等行业就近就业，年均职业培训2万多人。其中江南新区劳动力转移1000多人。组织美容师、美发师、餐厅服务员、客户服务员等专业培训和技能鉴定，并按照“就业、保障、维权”原则，开展劳动派遣工作。2008—2010年，全区组织各类职业培训6万多人次，安置下岗职工逾2500人（包括40岁至50岁下岗人员），新增就业4.4万多人。年失业率控制在0.86%以内，居省、市前列。

根据工业快速发展，劳动用工紧缺的实际，鲤城区组织规模以上企业、职校前往省内外劳务输出地开展劳务合作活动，引进外地劳动力，稳定辖区内企业生产经营，保障经济发展。2010年，4批、13家规模企业和2所职校赴甘肃、宁夏等地，与6个县级以上就业机构签订劳务合作协议、与3家职校签订校企合作协议，达成用人意向3000多人。

三、社会保障

社会保险 1999年，鲤城区失业保险的征收范围从国有企业扩展到事业单位、“三资”企业、乡镇企业、私营企业，不断扩大失业保险统筹覆盖面。2000年，新增投保企业40多家，人数500多人。2001年1月起，国有、“三资”、个体企业的养老保险金由地税机关征收，扩大社会保险统筹覆盖面；5月1日起，机关事业单位社会保险养老金全部由区人事局转移到劳动和社会保障局。此后，逐年扩大企业职工基本养老保险覆盖面和加大社保费的征收力度。至2010年，全区参加企业基本养老保险4299家，参保人员46005人，扩大社会保险覆盖面人数2900人。1998—2010年，连续10次调整提高基本养老金水平，退休人员人均累计增加养老金820元；同时，保证每年按时足额发放企业退休人员养老金。

2003年，全面推进医疗保险制度改革，当年参加医疗保险单位218家13847人。在完成公务员医疗保险工作的基础上，医保扩面工作转向非公有制企业，全年新增投保单位5个，参保人员357人，其中农民工和外来务工人员27人，实现零的突破。医保基金的征收缴费率保持在99%。至2010年，全区参加医疗保险单位2434家3.99万人。同年，全区城镇居民基本医疗保险参保人数7.89万人。推进“失业保险”“工伤、生育保险”，全区参加失业保险单位4753家，4.04万人。全区参加工伤保险4.44万人，企业参保2821家，参加生育保险3.73万人。规范和完善医疗救助工作机制，医疗救助困难居民4399人次。

居民最低生活保障制度 1996年5月1日和1998年1月1日，分别在全市率先实行城市居民和农村居民最低生活保障。至2002年共发保障金590.4万元，累计城市居民1229户3677人，农村居民1201户2780人得到保障。2010年，1057户2456人被列入低保范围，全年发放低保金及临时补贴553万元，月人均补差 186 元。实施廉租房制度，2010 年，691 户 1942 人享受城市低收入住房困难家庭保障。

老年事业　1998 年，鲤城区老年福利会成立，区财政拨款 100 万元作为启动资金，社会各界捐款 20 万元。1999 年，全区各镇（街道）均成立老年福利会。各级老龄组织参与“廉政建设”“创卫迎国检”“创建优秀旅游城市”“计划生育宣导”“社会综合治理”“基层换届选举”等活动。至 2010 年，全区 4.15 万 60 岁以上老年人均持有可享受医院挂号、参观旅游、乘坐公交等方面的优待的“老年人优待证”。为全区 23 名百岁老人和 147 名长寿老人发放高龄营养补贴，确定 18 个社区为居家养老试点单位，对年满 70 周岁以上生活不能自理且市区无子女照顾的六类老年人提供居家养老补贴，居家养老服务的老年人达到 4962 人。

2000 年，各镇（街道）老年人活动中心和体育场所建设工程启动，共建成老年人活动中心 7 处，总建筑面积 6080 平方米。至 2010 年年底，老年人体育健身活动场所达到 79 处，面积达到 17000 平方米，每天参加活动的老年人达到 7000 人左右。发展老年人教育事业，至 2010 年年底，全区有区级老年学校 1 所、镇（街道）级 6 所、社区老年学校 39 所。

第二章　丰泽区

第一节　自然环境

一、地理位置

丰泽区位于泉州市中心区域的温陵路以东，西南与鲤城区接壤、西北与南安市毗邻、东南与晋江市、东北与洛江区隔江相望，东濒临台湾海峡。全区土地总面积 129.63 平方千米，海岸线长 21 千米。

二、地形地貌

区内地形属福建东部沿海花岗岩丘陵与平原地貌区的一部分，地势由高渐低从西北向东南延伸倾斜，平缓起伏不大，全区地貌视海拔高度可分为低山、丘陵、台地和平原 4 种类型。主要以丘陵为主，丘陵交错主要分布在北部和中部低山群中，海拔在 500 米以下，地势北高南低，北部山峦起伏，海拔在 500 ～ 800 米之间，为戴云山脉向东南延伸，海拔在 8 ～ 9 米之间，为平原的一部分，地处晋江下游北岸，洛阳江下游南岸，境内水系分属晋江水系，独流入海水系和木兰溪水系。

境内有清源山、大坪山、桃花山 3 座山。清源山海拔最高，达 498 米。最高峰为北部的大阳山，海拔高 621 米；南部有国公爷山，大小桃花山为代表的低丘陵、台地。晋江、洛阳江两江流经境内，两江出海口在境内东南部的泉州湾。

三、气候

丰泽区属亚热带海洋性季风气候，夏无酷暑，冬无严寒，雨量充足，四季常青，气温宜人。年平均气温 18.8℃。冬季盛行东北风、夏季盛行西南风，常年主导风向为东北，年平均风速 3.8 米 / 秒，最大风速为 24 米 / 秒，沿海大于 8 级风日为 56.8 天 / 年。无霜期达 310 天以上，年降水量 1000 ～ 1800 毫米，年平均日照达 1900 ～ 2000 小时。

四、自然资源

区内耕地面积542.5公顷;林地面积3853.33公顷，森林覆盖率40%，以杉木、马尾松及阔叶树树木为主，有自然保护小区3个，湿地保护区1个，野生动植物资源较为丰富；浅海滩涂面积2217.3公顷，盛产鱼、虾、贝、牡蛎、蛏等海产品。

区内已探明的矿产资源主要是花岗岩石材矿场和黏土矿场等较丰富，且具开采价值。已发现的泥煤、磁铁矿、金、钢、钴等矿产，多数属矿化点。小矿种有地热、矿泉水等。辖区地处泉州市中心市区，在《泉州市矿产资源开发与保护规划》中被列为非金属矿产资源禁止开采区、矿山地质环境保护与恢复治理重点区。

第二节 经济建设

一、概况

1997年设区起，丰泽区开始创业历程。2004年，经济总量突破100亿元；2007年，突破200亿元；2010年，突破300亿元大关。2010年，财政收入达17.5亿元，年均增长19.9%，是1997年的10.4倍，其中地方一般预算收入11.3亿元。全社会劳动生产率由1997年的8.9万元上升到2010年的13.4万元，2010年实现利润9.3亿元，是1997年的22.7倍。

2005年，第三产业增加值占地区生产总值比重首超50%，成为泉州市第一个三产比重超50%的县区。三次产业结构从2002年的2.0 ∶ 50.2 ∶ 47.8调整到2010年的0.5 ∶ 44.4 ∶ 55.1，第一产业、第二产业比重分别下降1.5和5.8个百分点，第三产业比重上升7.3个百分点，初步形成以服务型经济为主的城市经济结构。2010年，工业总产值达386.4亿元，其中规模以上工业产值达348亿元，占全区工业总产值的90.1%，是建区时的11.5倍，年均增长18.4%。亿元企业56家，产值289.5亿元，占全区规模以上工业产值的83.2%，增长17.0%。规模以上工业电子制造业产值20.5亿元，占全部规模以上工业产值的5.9%。全区服务业增加值178.4万元，其中交通运输仓储邮政业增加值11.5亿元，占地区生产总值比重3.6%。全区社会消费品零售总额达112亿元，是建区时的10.8倍，其中年零售额超亿元企业17家，实现零售额46.2亿元，占全社会消费品零售总额的41.3%。金融业增加值26.9亿元，房地产增加值19.6亿元；领SHOW天地、锦绣庄艺术园文化创意园快速发展，子燕公司发行的动画片《燕尾侠》多次获奖；环球鞋网、商虎中国成为等较大的第三方电子商务平台。

二、工业

1997年后，丰泽区工业企业发展迅速，企业强化品牌名牌意识，企业步入创品牌和走品牌经营之路。具有条件和实力的品牌产品和品牌企业着力培育和发展自主知识产权、优势明显、市场影响力强的国际品牌。

全区工业企业和工业经济的发展经历利用“三闲”（闲资、闲人、闲房）起步、“三来一补”铺路、“三资”企业上路、工业园区开发迈大步和体制、管理、技术、名牌等创新的阶段。工业企业兴办发展以“侨资侨力”为依托，以“四轮驱动”（镇办、村办、联办、户办）为形式，以“千军万员”（供销人员）拓市场为战略，以科技兴企、创名牌为手段的发展模式。多次呈现出跳跃式的发展态势。工业企业从区划调整建区时的846家发展到2010年年底近1300多家。规模工业企业从建区时的98家增至2010年年底的344家。其中，产值超10亿元的企业有5家，超5亿元至10亿元的企业7家，超亿元至5亿元的企业44家。

三、农业

丰泽区地处城乡接合部，农业人口占大多数，是一个由农村逐步向城市转变的新区。1997 年，全区农业总产值 3.02 亿元；粮食生产稳定，总产量 1.23 万吨。农业综合开发势头良好，全区涌现种植 1.33 公顷以上蔬菜专业户 5 户、种植 2 公顷以上龙眼专业户 58 户、初具规模化经营禽畜专业户 79 户、年产值 15 万元以上水产专业户 180 多户。水产业支柱地位得到巩固，总产量 2.07 万吨，产值 1.85 亿元，占农业总产值的 61.3%。农村综合经济效益有所提高，全区平均村财收入 66 万元。全区 16 个建制村基本完成村容村貌整治任务及村建规划工作。

四、商业

1997—2010 年，第三产业快速发展，业态结构有所提升，2005 年第三产业比重超 50%，是泉州市第一个第三产业比重超过 50% 的县（市、区），产业结构由“二三一”调整为“三二一”，至 2010 年三次产业比重为 0.5 ∶ 44.4 ∶ 55.1，初步形成以服务型经济为主的城市产业结构。

丰泽区推动“便利消费进社区、便民服务进家庭”工程，东湖社区被评为国家级社区商业示范社区，丰泽、铭湖社区被评为省级商业示范社区；形成麦德龙、奇龙、新华都、好又多、安盛等超市和大卖场的生鲜区域。

五、旅游业

丰泽区以清源山为龙头，融合“海丝”文化、闽南文化、都市休闲文化为一体的都市文化休闲旅游产业集群，形成环清源山文化旅游圈、环东海湾“海丝”民俗文化旅游区、环桃花山公园休闲旅游带的“一圈一区一带”格局。区内有老君岩、弥陀岩、三世佛、灵山圣墓、南少林寺、真武庙、西湖公园、森林公园、海外交通史博物馆、华侨历史博物馆、泉州博物馆、闽台缘博物馆、蟳埔民俗文化村、领 SHOW 天地景区、锦绣庄民间艺术园及南戏、南音、南建筑、南少林武术等珍贵的文化遗产。三星级及以上酒店 18 家，旅行社 16 家；海陆空交通网络全面形成，交通便捷。

第三节　社会事业

一、教育

1991 年，丰泽区有 3 所中学、61 所小学，教育基础薄弱。至 1997 年建区时，无一所达标学校。其后，区政府全面实施“科教兴区”战略，坚持把教育放在优先发展的地位，建设教育强区。2010 年，丰泽区有普通中学 9 所（公办 5 所、部门办 1 所、民办 3 所）。其中，城东中学于 2007 年被省教育厅确认为省一级达标高中，泉州九中于 2009 年被确认为省二级达标中学；小学 31 所（市属 1 所，民办 2 所）；幼儿园 74 所（市属 1 所，区公办 4 所）。其中，省优质幼儿园 4 所、市优质幼儿园 4 所、区优质幼儿园 8 所；中职学校 10 所（区属公办 1 所，市属公办 3 所、省属 1 所、民办 5 所）；教师进修学校、特教学校（市属）各 1 所。辖区内有华侨大学、泉州师范学院、黎明职业大学、泉州儿童发展职业学院、福建电力职业技术学院、泉州理工学院、泉州信息职业技术学院 7 所大专以上院校，整个教育体系门类齐全完整。1998 年，丰泽区幼儿园学生人数 4790 名，小学学生人数 1.55 万名，中学生人数 7962 名。校舍建筑方面，幼儿园 4.51 万平方米，小学 10.68 万平方米，中学 4.27 万平方米。2002 年，连续五年全区教育工作皆顺利通过省、市教育“两基”跟踪检查；2003 年 4 月，丰泽区被教育部授予“全国幼儿教育先进区”称号。2005 年，“双高普九”工作以高分通过省人民政府教育督导室评估验收。2006 年，丰泽区被省人民政府教育督导室授予“高水平高质量普及九年义务教育区” 称号。2009年，丰泽区先后被省人民政府教育督导室授予“福建省教育工作先进区”称号，被教育部授予“全国推进义务教育均衡发展工作先进地区”称号 。2010年，全区教育工作暨区党政主要领导抓教育工作均以高分通过市级督导核查，分获优秀等级。区域内幼儿园学生人数1.6万名，小学生人数2.39万名，中学生人数1.01万名。校舍建筑面积，幼儿园12.5万平方米，小学12.52万平方米，中学26.32万平方米。

丰泽区坚持“两为主”（即以流入地区政府管理为主，以全日制公办中小学为主）原则，把外来工子女的入学工作纳入学校的招生计划，确保辖区内外来工子女都能平等接受义务教育。2010年秋季，全区小学在校生总数中外来工子女占62.83%，初中在校生中外来工子女占48.2%。加大扶贫助学力度，落实“两免一补”工作，各中小学继续采取减免杂费、代办费等措施帮助经济困难的学生入学。2009年，区财政投入1168.17万元用于免除全区义务教育阶段学校2.73万名在校生学杂费，投入147.37万元为东海、城东、北峰、清源、华大等次中心城区义务教育阶段学生免费提供教科书，发放次中心城区义务教育寄宿生生活费补贴30.12万元。2010年，全区中小学学额巩固成效良好，小学适龄儿童入学率达99.99%，小学辍学率为0；初中适龄人口入学率达99.55%，初中辍学率为0.59%；6～15周岁三类残疾人口义务教育入学率为99.43%（视、听、智力残疾人口义务教育入学率分别为100%、100%、99.25%）。

二、科技

1997年后，丰泽区制定并实施一系列促进科技进步和技术创新的政策和措施，组织实施市级以上各类科技计划项目130项，区级科教兴区重点项目190项。其中，国家重点新产品3项、省级重点新产品33项。发展软件开发、微波通信、机电一体化等三大高新技术产业，探索研发仪器仪表、新型材料、生物医药等三大高新技术，培育发展南方路机、福建先创、雷克通讯等一批在全国、全省具有较高知名度的高新技术企业，有省级以上高新技术企业38家，市级技术创新示范企业14家，国家星火计划龙头企业技术创新中心1家，省级技术创新中心7家，市级技术开发中心11家，市级工程技术研究中心5家，省市级制造业信息化示范企业16家，省市级专利试点单位7家。建立福建南方路面机械有限公司博士后工作站，获得省市科学技术奖102项，获得专利授权1207件。

1997—2010年，丰泽区获省、市科技进步奖62项，其中，省科技进步奖二等奖2项、省科技进步三等奖15项、技术发明二等奖1项，泉州市科技协作奖1项、科技创业奖3项、科技进步奖一等奖3项、二等奖11项、三等奖26项。

三、文化 体育

1997年，丰泽区8个镇（街道），均无独立的镇（街道）文化站，多与镇（街道）、村（社区），以及老年协会等单位合署办公，缺乏独立的文化站。2007—2009年，新建、改建社区书屋52家，启动社区图书室网络管理服务平台。

2009年11月，丰泽区文联在东海街道宝山社区新建成丰泽区文艺家创作交流基地——宝山创作基地。2010年，在区内开展非物质文化遗产普查工作，形成《丰泽非物质文化遗产普查成果汇编》，出版《蟳埔民俗》。《丰泽文学》被中国现代文学馆收藏，散文集《作家笔下的丰泽》收入国家、省、市级文学界40多位作家60多篇（章）以丰泽为背景的佳作；6月，在蟳埔社区新建成丰泽区文艺家创作基地——蟳埔创作基地。丰泽区76个社区文化活动场所较为完备。全区共66个社区设有图书阅览室，占社区总数的89.18%，图书阅览室总面积3965平方米，平均每个图书阅览室面积53.58平方米，图书阅览室总藏书14.13万本，平均每个图书阅览室藏书1910本；丰泽区所属社区有室外活动场所63个，占社区总数85.13%，平均面积1290.01平方米。

丰泽区有以南戏、南音、南建筑、南少林为代表的历史文化遗产和大量珍贵的中外文化瑰宝。丰泽区有清源山石造像群、伊斯兰教圣墓、施琅墓道碑和泉州港古建筑4处全国重点文物保护单位，急公尚义坊、蟳埔顺济宫、黄守恭及开元寺祖师塔、弘一法师舍利塔、王审邽墓、清源山摩崖石刻和明代丁氏回族墓群7处省级文物保护单位，鹧鸪巡检司遗址等44处市级文物保护单位，以及后渚港、江口码头、乌屿码头等众多海丝文化遗迹；拥有蟳埔女习俗等1项国家级非物质文化遗产，清源茶制作技艺、蚵壳厝等12项市、区级非物质文化遗产。

丰泽区组织参加第六届全国武术学校（馆）武术比赛，获得太极拳、女子南拳、传统器械一类三项冠军和团体项目第三名；组织参加福建省第十三届运动会，获得11枚金牌、5枚银牌、3枚铜牌及总分第一的好成绩，享有“全国武术之乡”美誉。丰泽区共有体育场地597个。其中，标准体育场地308个，占全市总数的7.44%；非标准体育场地289个；体育场地总占地面积71万平方米，总建筑面积13.6万平方米。丰泽区各街道、社区、各单项体育协会依托节假日开展篮球、乒乓球、拔河等系列体育赛事，体育设施不断增加，辖区体育基础设施包括泉州侨乡体育中心和海峡体育中心两个综合性体育馆，内设篮球场、体操训练馆、游泳馆、国术馆、羽毛球馆、网球馆等；泉州浦西江滨体育公园（系国家青少年户外体育活动营地）、东湖公园、刺桐公园、丰泽区剑影武术学校（系培养青少年武术特长的专业学校）等。

四、卫生

1991年，丰泽区仅有3所乡（镇）卫生院和61所农村卫生所，条件差，设施简陋。1997年后，丰泽区建立健全公共卫生五大体系和社区卫生服务体系。新建东湖、泉秀、清源、华大4所街道社区卫生服务中心，率先在全市实现以街道为单位的社区卫生服务中心全覆盖。2010年，辖区内医疗卫生机构161个。其中，中央直属卫生保健机构1个，省级司法系统医院1个，军队医院1个，市级公立医疗卫生机构7个，高校校办医院2个，市管民办医疗机构1个，区级公立医疗卫生机构14个（其中社区卫生服务中心8个，不含服务站），区管民办医院18个、门诊部28个，社区卫生服务站17个（其中公办6个），个体诊所60个，医务室11个，卫生技术人员1955人，按户籍人口计算，每千人口拥有床位5.58张，每千人口拥有卫技人员8.97人。各公立社区卫生服务中心（站）2010年门急诊人次数23.77万人，人均门诊费用42.28元。泉州市正骨医院晋级为“三级乙等”中医骨伤专科医院。泉州市第一医院城东院区、泉州医高专附属人民医院新院区投入使用。

1997年后，丰泽区实行社区计生工作者“区管、街道聘、社区用”的制度，应用指纹身份验证系统开展“双查”；开展“婚育新风进万家”活动和创建“新型生育文化示范基地”。区、街道两级先后与驻军180医院等10多所医疗单位合作，建立生殖保健定点单位，开通生殖健康服务绿色通道。全面实施“避孕方法知情选择、生殖道感染干预、出生缺陷干预”三大工程，开展避孕方法知情选择工作，普及面和知情同意率达100%。建立健全有利于遏制出生性别比升高的工作机制。建立《丰泽区持证育妇跟踪管理服务责任追究制度》，组织卫生、公安、计生等有关部门定期对医疗保健机构、个体诊所、非法行医者、药品批发及零售企业进行拉网式的清查。建立完善B超管理制度、施行终止妊娠手术管理制度、终止妊娠药品管理制度、出生婴儿统计和婴儿死亡登记报告制度、综合治理出生人口性别比失衡联席会制度、持证育妇引产审批制度，规范人口秩序。建区以来，政策符合率每年都在98.5%以上，保持全省一类先进区水平。

第四节 城区建设

一、城区建设

1997—2010年，丰泽区力实施项目带动战略，区内先后建成（设）泉州博物馆、闽台缘博物馆、海峡体育中心、泉州市行政中心、泉州迎宾馆等一批市级重点项目，改造和整治津淮街、东涂片区、东湖街道、丰泽街道部分城中村、温陵路北拓、南少林片区、城东片区、华大片区、法石片区等重点工程，建设滨江大道、仕公岭立交桥、坪山路高架桥、大坪山隧道，北山隧道、晋江大桥、田安大桥，泉州高铁火车站等一批重要交通设施，建设海星、宝秀、见龙亭、美仙山、海城花苑等住宅小区。2010 年，全社会固定资产投资达 87.3 亿元，是 1997 年的 15.1 倍，年均增长 23.6%，全区投资超亿元的项目有浦西城市综合体开发、城东片区开发、福炼一体化项目总部、火车站站前大道、见龙亭小区等 14 个项目，合计投资 56.6 亿元，占全社会固定资产投资的 81.4%。1997—2010 年投资累计达 370.2 亿元。

二、城区交通建设

1997—2010 年，丰泽区拥有的泉州火车站、长途汽车站、客运中心站、汽车东站、丰泽客运站，以及国家一类口岸的后渚港，国道 324 线、省道 307 线、沈海高速公路，构成发达的立体交通体系。辖区内的沿海大通道丰泽段、江滨大道丰泽段、大坪山隧道，以及后渚大桥、晋江大桥推动着“大泉州”东拓战略的实施。

建区时，丰泽区公路里程 165.45 千米，平均每百平方千米国土公路密度 130.8 千米。2008 年年底，全区公路里程增加至 267.84 千米，平均每百平方千米国土公路密度 211.73 千米。2010 年，有国道（包括高速公路）21.47 千米、省道 35.03 千米、县乡村道 211.34 千米。2003 年，在村村通公路的基础上，在全省率先实现全部硬化。泉厦高速公路和福泉高速公路分别于 1997 年和 1999 年通车，丰泽段全长 9.8 千米，构筑区域快速交通通道。公路路面等级不断提级延伸发展，逐步形成以干线公路为骨架，以县乡村公路为补充，干支相连、纵横交错、四通八达的公路交通网络，为促进丰泽经济全面提速发展营造良好的交通运输环境。

全区道路客货运输行业形成以国有、集体、股份、私有等多种经济成分并存的运输经营体系。区内拥有汽车客运站 4 家；拥有道路客运企业 7 家、各类客运车辆 220 辆、9352 座位；出租汽车客运企业 11 家、出租汽车 817 辆、4085 座位；城市公交企业 2 家、公交车辆 988 辆、56341 座位，于 2007 年实现公交全覆盖。2010 年，福厦高铁泉州站的开通运营也给辖区道路客运企业带来机遇和挑战，客货运输量加速增长。

丰泽区拥有水运企业共 9 家，拥有营运船舶 40 艘，载重 37.53 万吨。区航运企业主要经营沿海地区、长江中下游及珠江三角洲地区的煤炭、钢铁、矿建材料、粮食等货物运输。2010 年，丰泽区共有道路客运站 4 个。其中，一级站 2 个、二级站 1 个、三级站 1 个。

泉州市沿海大通道丰泽段是福建省、泉州市重点建设项目，工程西起宝洲路口，向东沿海接后渚跨海大桥连接线，为城市Ⅰ级主干道，集市政、交通、旅游、防汛、防潮、国防战备等功能于一体。全长 11.93 千米，宽 46 ～ 50 米，分 3 期建设。丰泽段 2002 年开工建设，2007 年 7 月泉州沿海大通道丰泽段第三期工程顺利合龙。

第五节 居民生活

一、居民收支

1997 年，丰泽区加强“米袋子”和“菜篮子”工程建设，市场供应充裕，物价稳定，物价管理和监督检查力度加大，重点进行农村电价整顿和物价大检查工作，全年社会商品零售物价指数 99.3%，居民消费价格指数 102%。社会消费品零售总额达 4.68 亿元。城乡居民收入增加，市区居民人均可支配收入 7400 元，农民人均纯收入 4300 元。

2000 年，丰泽区农民人均纯收入 5410 元，年均增长 8.1%，成为全市首批农民人均纯收入突破 5000 大关的县（市、区）；城镇居民人均可支配收入 10045 元，年均增长 10.2%。全区有 39.3% 的建制村基本实现宽裕型小康，丰泽、东湖、泉秀街道全面实现宽裕型小康。

2010年，城镇居民人均可支配收入27448元，是1997年的3.7倍；居民人均消费支出16872元，是1997年的3.0倍；在岗职工年平均工资23533元，是1997年的3.1倍。居民消费从基本生活资料消费型为主转向享受和发展资料消费型为主，居民家庭恩格尔系数由1997年的45.4%下降至2010年的36.8%；耐用消费品拥有量快速上升，每百户家庭拥有彩色电视机194台、洗衣机99台、电冰箱116台、空调器223台、家用电脑101台、微波炉94台、淋浴热水器134台；消费结构持续升级，汽车、数码产品、旅游、健身休闲等成为居民消费新宠。

二、社会保障

1997年后，丰泽区新增就业人数10余万人，引导外来务工人员有序就业12.2万人；实行“两保合一，失地叠加”，实现“全民医保”。2010年，参加职工养老、失业、医疗、工伤和生育保险人数分别达5.8万人、5.2万人、5.3万人、5.2万人和5.2万人；同年，居民最低生活保障标准提高到每人每月260元，低保对象795户1676人，全年累计发放保障金366万元；城镇登记失业率0.82%，保持全省较低水平。

三、和谐社会

1997—2010年，丰泽区把构建和谐社会、确保安定稳定放在重要位置，坚持从解决人民群众最关心、最直接、最现实的问题入手，保障人民群众安居乐业。社会治安防控体系和工作机制不断完善，综治考评位居全市前列，获“全省首批平安县（市、区）”称号和全省创建“平安家庭”示范区。创新流动人口服务管理模式，新设立10个管理所、58个管理站。丰泽区推进全省社区矫正试点工作，深化“五五”普法工作，通过司法部督查评估验收，获首批“全国法治创建活动先进区”。开展城市困难居民医疗救助、困难群众及外来务工人员临时补助、义务教育救助、自然灾害应急救助和法律援助等工作，成立区慈善总会并筹集善款7019多万元，设立街道爱心捐助服务中心， 符合条件的计生困难家庭可到“中心”领取款物，每人每年220元以上。提高计生户“低保金”标准，计生困难户享受标准每月比非计生户多10%，每人每年增加264元。对计划生育困难家庭的夫妇年满60周岁后，每人每月领取80元的扶助金。推行养老保险，独生子女死亡，不再生育同时不领养孩子的对象可参加社会养老保险，区政府支付1万元，其余部分由街道和个人承担，不愿意参加养老保险的，一次性补助1万元。实行外来人员子女接受义务教育和外来人员计生服务享受与本辖区居民同等待遇。推行“一个核心、四位一体”（即以社区党组织为领导核心，以社区居委会、社区工作站、业主委员会、物业服务企业为一体）的社区管理新模式。开展特色社区创建工作，优化社区人文人居环境。完善社区服务体系，建立社区服务中心（站），创新社区服务方式。开展“创建和谐社区、培育文明市民”和文明城区创建活动，推进和谐社区建设，市民文明素质和城区文明程度持续提高。

第三章　洛江区

第一节　自然环境

一、地理位置

洛江区位于泉州市中心城区东北部的洛阳江畔，东北毗邻仙游县，西连南安市，南接丰泽区，东与惠安县、泉港区相连。全区土地总面积 403.8 平方千米。2010 年，全区常住人口 18.72 万人。

二、地形地貌

属福建东部沿海花岗岩丘陵与平原地貌区的一部分，整体地势北高南低，以丘陵平原为主，整体呈狭长状分布。北部分布为中低山、低山，中部、西南部为丘陵山地，南部为洛阳江河口平原。从南到北，地形呈滩涂、平原、台地、浅丘、低丘、高丘、低山的梯层地势。东西两面为高、低丘，中间为河谷小盆地。区内山峰海拔一般为 500 ～ 800 米，最高峰九楼山，海拔 885 米；其次为大磨山，海拔 799.6 米；双髻山（又名仙公山），海拔 758.5 米。

辖区内河流主要有洛阳江、罗溪和龙潭溪。境内最大的河流为洛阳江，发源于罗溪镇朴鼎山南麓，全长 45 千米，流域面积 230 平方千米，年均流量 1597.2 立方米 / 秒，主要支流有河市东溪。罗溪为晋江水系，为晋江上游东溪的支流，发源于罗溪镇朴鼎寨，境内长 19.3 千米，流域面积 85 平方千米。龙潭溪属木兰溪水系的支流，发源于虹山乡，经仙洞和寺埔村入仙游县，往北流入木兰溪，洛江区境内长 10.7 千米，流域面积 32.88 平方千米。

三、气候

属亚热带海洋性季风气候，其特点是温和湿润，四季分明。春季温暖，夏无酷暑，秋高气爽，冬无严寒。多年平均气温 20.7℃。境内大部分地区常年无霜，年实际日照数仅为 2000.5 小时，日照率 45% 左右，常年降雨量 1200 ～ 1500 毫米。洛江属典型季风区，一年中除 6 月外，各月最大风速皆在 8 级以上。

四、自然资源

洛江区已发现各类矿产 15 种，有钨、钼、金、银、硫铁矿、叶蜡石、高岭土、陶瓷土（瓷石）、耐火用黏土、砖瓦用黏土、建筑用花岗岩（凝灰岩）、饰面用及雕刻用辉长岩、冶金用脉石英、建筑用砂、矿泉水等。经过地质普查有资源储量的有 3 种。冶金用脉石英：矿石品位为 $SiO_2$97.96%，探明的矿石资源量为 18.16 万吨。饰面用辉长岩：探明的矿石资源储量 41.42 万平方米。建筑用花岗岩（凝灰岩）：虹山乡、罗溪镇、马甲镇为凝灰岩矿，河市镇主要为花岗岩，经勘查发现 6 处矿区，均为小型矿床，探明的基础储量 21.11 万平方米，推断的矿石资源量为 151.03 万平方米。全区已发现矿点 50 余处，通过地质普查工作的矿区有 8 处，其规模均为小型。

第二节　经济建设

一、概况

1997 年，洛江区地区总产值 8.86 亿元，工农业总产值 16.19 亿元，财政总收入 2936 万元。区委、区政府优化农业结构，调整企业结构。2001 年，地区总产值 17.73 亿元，实现地区总产值翻一番。2001 年以后，继续调整产业结构，发挥区位优势发展商贸业。优化投资环境、招商引资，培育新的经济增长点。2010 年，地区生产总值 72.63 亿元，工农业总产值 17.98 亿元，财政总收入 7.53 亿元。

二、农业

1997年后，洛江区围绕发展特色农业思路，发展以水果、蔬菜、畜禽、花卉、水产为支柱的特色农业，引进泉美、旭泰等一批科技含量高、规模大、辐射力强的项目，培植龙头企业，培育、推动农业产业化经营，农业效益和农村经济整体素质明显提高。2000年，引进台农、崧远等农业综合开发项目，洛江区农业综合开发项目获国家正式立项并开始实施，花卉、蔬菜、水产、畜禽、水果生产基地规模进一步扩大，调整龙眼品种结构。光大、荣祺、阳江蔬菜等8家农产品加工企业被列入市级百家农业产业化“龙头”企业。2001年，引种两系杂交水稻、黑米、红米等粮食优良品种，完成粮食总产量3.96万吨。实施“特色农业工程”，常青园、超大蔬菜基地等项目投入建设，扩大种植规模，带动农民增收。2003年，建立无公害生产示范片66.7公顷，华丰果牧公司获批省无公害食品生产基地，加锥农场获批省无公害龙眼生产基地。荣兴食品有限公司成为福建省第一家获得国家卫生注册认可的腌制类食品生产企业。2005年，全区1.2万公顷商品林林权改革完成。创立“泉州洛江龙眼”品牌。推进新农村建设，发展虹山茶叶、后溪米粉、南塘无公害蔬菜、山边槟榔芋等特色农业项目。2009年，加快特色农业基地发展，完成龙眼低产园改造266.67公顷、高接换种23.33公顷，新增蔬菜基地20公顷，中药材20公顷，油茶26.67公顷，名优水果13.33公顷。2010年，新增特色农业基地80公顷，引进推广农业优良品种266.67公顷。

三、工业

1997年后，洛江区新批注册资金50万元以上的内资企业208家，新批和增资外资企业52家，合同利用外资累计2.5亿美元。马甲高科技园、河市工业基础小区、双阳工业小区等成片工业区建设形成一定规模。实现工业总产值13.3亿元，城乡企业总产值14.4亿元。1998年，实施“科技兴企”战略，共申报技术改造、科技攻关项目17项，开发省、部新产品9项，3家企业被确定为泉州市技术创新示范企业。完成工业总产值16.95亿元。2001年，开展“企业发展年”活动，提高工业经济规模。全区产值超千万元企业40家，其中超亿元企业3家。2003年，举办全省第二届华侨经济开发区招商会。南方机械获国家火炬计划重点高新技术企业称号。2004—2005年，加快工业园区建设，建设双阳华侨经济开发区市政配套设施。2006年，经国家发改委批准，原有万安开发区、双阳华侨经济开发区整合成为省级经济开发区，即洛江经济开发区。同年实现工业总产值78.06亿元，规模以上工业产值61.3亿元，规模以上工业企业135家，其中产值超亿元企业16家，初步形成机械五金、轻纺、树脂陶瓷三大主导行业。2009年，累计申报和实施省、市技改项目企业12家，投入科技资金6.5亿元，新增省级高新技术企业2家，市级技术研发机构3家，申报省著名商标认定7项、市知名商标认定3项，通过各类管理体系认证企业4家。至2010年年底，全区有工业企业747个，其中年产品销售收入500万元以上工业企业195个，工业总产值208.27亿元。

四、商贸物流

1997年，洛江区国有流通企业发挥主渠道作用，自选商场、连锁超市开始兴起。1998年，洛江区完成粮食、食品、医药等国有企业改制工作。1999年后，洛江区加大市场开拓力度，组织参加各类商品交易会、经贸洽谈活动、“9·8”贸洽会。洛江区出台《洛江区扶持专业市场建设优惠政策》，万安农贸市场投入使用。此后，中心区商贸、邮政、餐饮娱乐等综合服务功能不断完善。2003年，五金机电商城首期6.67公顷开始投建，2004年，9.5万平方米竣工并投入使用，举办首届海峡两岸五金机电交易会。2007年，引进天宇物流等11家物流货运企业，运力提高到5673吨，双阳物流园区初选6家物流龙头企业入驻。2010年，洛江区组织参加第八届“6·18”项目成果交易会，对接项目56项，总投资16.46亿元；

“9·8”投洽会，签约项目7个，总投资2.16亿美元。红星美凯龙（华祥店）完成建设并顺利投入运营。运输物流企业运力提高至1.14万吨，增长19.5%。

五、旅游业

洛江区旅游资源丰富，有全国重点文物保护单位洛阳桥、宗教朝拜圣地仙公山、风光旖旎的仰恩湖游览区、施琅将军陵园、俞大猷公园、罗溪龟峰岩、虹山观瀑景区等。1997年后，洛江区加大旅游建设力度，初步形成黄金旅游专线。同年，建设马甲亚热带动植物观赏园，建设闽侨航空旅游城度假别墅区、游泳池等基础配套设施，开发建设马甲玉泉康济庙等。洛江区参与创建中国优秀旅游城市活动，进行洛江区旅游业发展规划，加强旅游宣传推介，拍摄旅游专题片《洛江风情》在泉州电视台播放，组织参加各类旅游推介会，推出“洛江一日游”“半日游”旅游线路。组织旅游企业参加资质考试。2000年，全区旅游总收入4100万元，接待游客28万人次。申报马甲仙公山为省级风景区，2002年获批。2003年，仙公山、洛阳桥入选“泉州十八景”；同年，完成俞大猷纪念馆修缮并正式开馆，承办纪念民族英雄俞大猷500周年诞辰活动。2005年，引进社会资金投资建设仙公山生态旅游项目。2008年，金威假日酒店按四星级标准建设投入营业。2010年，洛江区生态旅游业持续发展，实现旅游总收入6986万元。

六、房地产业

1997年，洛江区房地产开发公司成立，房地产业开始起步。1998年，建设吉源花苑居住小区、海逸花园别墅区。至2000年，中心区房地产开发形成一定规模，带动装潢、建材、广告、中介、物业管理等行业发展。2002年，建设万荣公寓、万源花苑、美尔奇花苑等房地产项目，首富商业城投入营业。马甲镇以仰恩大学扩建为带动，新建商品楼6幢17000平方米。2003年，房地产开发持续升温，建成吉源小区二期、汉唐商城、万祥商厦、美尔奇花苑、万荣公寓等居住小区，竣工和销售面积分别为12.15万平方米和7万平方米。2005—2007年，房地产业保持较快发展势头，开工72.5万平方米、竣工81.3万平方米，完成投资9.14亿元，商品房预售面积12万平方米。2006年，完成万安片区“退二进三”试点工作，引进星级酒店落实建设用地。2009年，新开工房地产面积25.34万平方米、竣工22.86万平方米。2010年，房地产销售保持活跃，实现销售总额21.33亿元。

第三节 社会事业

一、教育

1997年后，新建泉州第十一中学，新（扩）建其他校舍近3.2万平方米，新建教师宿舍200套8751平方米。开展文明学校创建活动，南少林武术学校于2000年被评为省级文明学校，马甲中心小学被福建省教育厅评为省级农村示范小学。同年，继续加强教育“两基”工作，通过市“两基”跟踪督导检查；完成马甲中学教学楼、教师宿舍建设，泉州第十一中学完成初、高中部教学楼建设并于秋季招生；新建9个电脑室、语音室、生物室，新添图书1.7万册。开展学校文化体育活动，双阳小学足球队获市级运动会冠军。罗溪中学“一分钱基金会”的经验被省教育厅作为典型经验推广。2002年，加快示范校和达标校建设，马甲中学通过省三级达标完中市级验收，就南中学、双阳中学被确认为泉州市普通初中达标学校，南少林武术学校、敬德中心小学被评为市级示范中（小）学。2003年，仰恩大学招生规模扩大3000多人，新建教学楼、宿舍楼13万平方米，校区面积扩大近1倍。建成敬德职业学校，撤并6所小学。2006年，区财政对教育拨款6982万元，实行全区义务教育免收学杂费及“两免一补”制度，累计减免学杂费450

万元。鼓励扶持发展民办幼儿园，10 所幼儿园（班）通过登记注册验收，幼儿入园率达 72.4%。2009 年，全面完成义务教育“普九”债务化解任务，加强学前教育工作，理顺幼教编制，建立幼教保障机制。2010 年，加强学校基础设施建设，全区所有小学实现“十配套”，教育“两项督导”以双优通过省政府评估（考核）。全区共有中学 8 所，其中，完中 4 所（包括私立南少林武术学校），初级中学 4 所；小学 38 所，幼儿园（含办学班）54 所；全区小学在校生总数 11873 名，适龄儿童入学率 99.98%；全区在园幼儿 6175 人，学前三年入园率为 88.5%，学前一年入园率达 99% 以上；初中在校生 5492 人，年入学率为 100.6%，年辍学率为 2.30%；普高招生 1250 名，高中在校生 3085 名。职校招生 324 名，在校生 700 名。中、小学和幼儿园教职工 1799 名。

二、科技

1997 年后，洛江区落实“科教兴区”战略，获得“全国科技进步先进区”四连冠和“福建省科普先进区”称号。马甲镇、河市镇先后被评为省级科技示范镇，马甲镇被市政府批准为市级星火技术密集区创建单位。2000 年，全区有省级高新技术企业 4 家，市级技术创新示范企业 8 家，民营科技型企业 30 家，民营科研所 6 家。洛江生产力促进中心正式启动运转，发挥中介服务作用，全区技术创新服务体系初步形成。2004 年，泉美园艺技术创新中心被列为国家星火计划龙头企业技术创新中心，凹凸精密机械有限公司被列为市针织机械行业技术开发中心。2006 年，推动科技成果转化现实生产力并形成自主知识产权，2 个项目通过结题验收，4 个项目通过科技评审鉴定。河市电教设备有限公司作为第一批泉州市企事业专利试点单位通过泉州市专利局考核验收。2007 年，创建 2 个市级科技示范镇、4 个示范村、10 个示范户。2010 年，巩固全国科技进步先进区“四连冠”成果，申报市级以上科技项目 43 项，立项 35 项，获得上级科技项目资金 1669 万元。

三、文化

1997 年后，洛江区在马甲镇文化中心综合楼创建市级“农村儿童文化园”，建设中心城区小型电影院、录像厅等文化设施，规划设计洛江区文化艺术中心。1998 年，举办福建省九仙传说与信仰学会研讨会。2000 年，邀请泉州市高甲剧团到万安街道、河市镇巡回演出，组织到边远山村展演科教电影，邀请泉州书画家到区内采风，举办笔会。组织参加第二届泉州旅游节暨第六届中国泉州国际南音大会唱活动；组织 6 支代表队参加“端午闹西湖”活动之一的龙舟表演赛；举办洛江区首届“社区青年文化节”。 2001 年，话剧小品《公鸡下蛋》获全国第十一届“群星奖”银奖。2002 年，组织参加第七届中国泉州国际南音大会唱暨中国古乐大会唱、泉州“海丝”文化节、民俗游园活动和踩街等。2003 年，承办纪念民族英雄俞大猷 500 周年诞辰活动，组织参加中国民系（闽南）文化节暨第二届中国泉州“海丝”文化节活动。2007 年，开展非物质文化遗产保护工作，分别有 3 个和 5 个项目入选省、市非物质文化遗产名录。完成 1 个乡镇综合文化站、5 个农村文化示范点、6 个全民健身点建设，建立两家“农家书屋”。2009 年，完成罗溪综合文化站改造和马甲镇农民体育健身中心等 36 个农民体育健身工程点、10 家“农家书屋”建设。2010 年，双阳街道综合文化站完成建设；同年，全区有“农家书屋”23 家。至 2010 年洛江区有洛阳桥 1 处全国重点文物保护单位，仙公山摩崖石刻等 3 处省级文物保护单位，24 处市级文物保护单位。

四、卫生

1997 年后，洛江区建设区防疫妇幼保健大楼、马甲中心卫生院综合楼等乡镇卫生院配套设施。马甲中心卫生院通过市“一级甲等”医院评审并通过创建地段医院考核验收。洛江区妇幼保健所被确认为一级甲等妇幼保健所。洛江区疾病预防控制中心和卫生监督大队成立。2000 年，全区法定报告传染病发病率逐年下降，为 136.76/10 万人，巩固基本消灭丝虫病成果，达到卫生部颁发的“消灭丝虫病标准”。2000 年，全区儿童“四苗”全程接种率达 96.55%，通过市卫生局计划免疫“三分之一”目标考核。开展以乡镇为单位的初级卫生保健达标工作，以区为单位的初级卫生保健达标工作通过省级复核审评。2001 年，洛江区完善三级卫生网络建设，创建村级甲级卫生所 26 所，洛江区“120”急救分中心建成并运作。2003 年，加强“非典”防控，加强三级卫生预防保健网络建设。2008 年，建设双阳社区卫生服务中心和马甲医院、罗溪、虹山卫生院综合楼，并添置医疗设施。2009 年，加强甲型 H1N1 流感等重点传染病防控工作，遏制疫病流行。2010 年，建设河市卫生院医技综合楼，全面实施国家基本药物制度并实行药品零差率销售。

1997 年，洛江区计生“五清理”回头看工作初见成效，计划生育率达到 96%，人口自然增长率下降到 5‰，全区计生合格村率达到 83.1%。2001 年，进入计生二类先进区行列。2005 年，实施“关爱女孩”五项工程和奖扶制度，综合治理出生人口性别比问题，各项责任指标呈良性发展态势，全区人口出生率 12.54‰，出生人口政策符合率 97.9%。2007 年，综合治理出生人口性别比失衡问题，人口计生主要责任指标呈良性发展态势，获得省级“计划生育优质服务先进区”称号。2008—2009 年，稳定低生育水平，人口出生率、出生人口政策符合率得到控制。2010 年，全区人口出生率 10.58‰，出生人口政策符合率 93.84%。

五、体育

1997 年，洛江区举办福建省第三届龙舟锦标赛。1998 年，获“全国武术之乡”称号。2000 年，组团参加第三届全国武术之乡武术比赛，获得传统器械 4 个一等奖，南拳第三名，75 公斤级散打第三名。进一步推动全民健身运动，成立区老年人体育协会和洛江区武术协会。参加第十二届省运会，获 7 枚金牌，11 枚银牌，11 枚铜牌。2003 年，组织参加福建省第五届农运会和泉州市第七届运动会并获多个奖项，南少林武术学校女子健身队获“全国亿万妇女健身活动先进集体”称号，万安街道获“全省体育先进社区”称号。开展群众性文体活动，2004 年，新建 10 个全民健身点，万安街道获“全国城市体育先进街道”称号。2006 年，组队代表泉州市参加福建省第十三届运动会的三个项目比赛获得 2 枚金牌 3 枚银牌 5 枚铜牌的好成绩。组队参加福建省首届“全国武术之乡”武术比赛，获 6 个第一，4 个第二、1 个第一，团体总分第四。2007 年，获“全国武术之乡建设工作先进单位”称号，获得福建省第六届农运会乒乓球男女团体各第三名、泉州市第八届运动会体育道德风尚奖。2008 年，完成承办全国农运会毽球花毽项目竞赛和接待任务，完成虹山乡综合文化站改造建设及 10 个社区全民健身点、10 个农家书屋、24 个省级农民体育健身工程点建设。2010 年，完成 1 个省级农民体育健身活动中心和 4 个乡（镇、街道）青少年校外体育活动场所建设。

第四节　城乡建设

一、城镇规划

1997 年后，洛江国民经济主要依靠农业收入，经济基础薄弱，采取以镇（乡）区为中心的分散化建设模式，严重制约连片规模的发展。通过实施城镇建设和完善城乡基础设施配套建设，城镇一体化建设具备进一步加快和全面推进的发展后劲和潜在优势，中心城区由建区初期的 3 平方千米向 33 平方千米规划区推进，城区规模扩大；完成中心城区控制性详细规划、市政专项规划、中心区环评大纲，以及各镇区总体规划，双阳、马甲镇区市政专项规划，全区土地利用总体规划、乡级土地利用总体规划和 64 个中心村规划调整，初步形成中心城区、镇区、中心村 3 个层次总体规划和专项规划相应配套的城镇体系。

中心区城市建设迅速发展，建成万安科技工业园区、万安开发区Ⅱ期工程，完成安吉大道及绿化、路灯等配套建设，高标准、高品位完成吉源花苑居住小区一期工程建设，建设首富商城、汉唐、万荣公寓、美尔奇花苑、万祥商厦、武夷花苑等房地产项目；泉州第十一中学完成初、高中部教学楼建设；区计生服务大楼、防疫妇幼保健大楼、社会福利中心、交通、地税、工商、土地、检察、公安等办公大楼相继投建或建成。至 2010 年，城镇化水平达 49.3%。

二、道路建设

1997 年后，新建主次干道，改造路面，铺设人行道，改善交通。1997—2001 年，洛江大道白洋路段、朋山岭隧道、安吉大道、万虹公路万安至河市段拓改等工程陆续竣工通车，路网配套工程顺利进展。2003 年，配合市级建设大坪山隧道及连接线工程，建设朋山岭隧道连接线延伸工程，完成县道 310 线河市路段拓改。2005 年，配合福厦铁路泉州段、朋山岭第二隧道及接线工程建设。完成滨江大道首期 1.4 千米 70% 工程量建设。2006 年，动工建设滨江大道二期 3.6 千米、万虹公路马甲至罗溪段拓改工程。完成双阳阳新街、印尼街建设。2008 年，加强道路等基础设施建设。推进滨江大道三期半幅路建设；完成县道 310 线河市段建设及县道 304 线（罗溪东环路）拓改路基建设。2009 年，配合完成福厦高速铁路、泉三高速公路南惠支线建设及沈海高速公路扩建工程在洛江区域的建设任务，完成县道 304 线（罗溪东环路）拓改工程建设。至 2010 年，滨江大道三期通过验收，基本完成万虹市政道路拓改一期工程 8.8 千米和经二路建设。

三、公用事业

1997 年后，洛江区改善公用事业建设，城市公共交通网、城区管道供水网、供电网日益完善。各镇区进一步加强基础设施建设，建成马甲供水一期工程并投入使用，投建万安引水工程及双阳供水工程，实施农村电网改造和供电体制改革，改善农村用电用水条件。开展“城市管理年”活动，投建中心区垃圾转运场、达标公厕、环卫基地等市政设施。设立洛江区环卫、城监机构，逐步规范城市建设与管理。2002 年，建设双阳自来水厂和 11 万伏变电站。组织万安、双阳、河市区域排水、排洪、排污设施规划设计，完成塘西排洪渠一期近 800 米建设。2003 年，完成万虹公路 6 千米路灯工程建设。完成马甲自来水厂扩建工程、仰恩大学供水专线建设。马甲、罗溪两座 3.5 万伏变电站建成并投入使用。2004 年，完成沿万虹公路 13 千米供水主管道和排污管道建设。2005 年，基本完成双阳阳新街建设。完成万安至双阳 8 千米供水管网铺设。完成双阳片区至河市 16.5 千米路灯架设。配合省、市有关部门加强供水、供气、电力设施建设，2007 年完成西福引水工程、河市供水管道、LNG 中心城区供气主管道建设，500 千伏泉州大园变电站、220 千伏洛江田边变电站、万安、马甲 110 千伏变电站动工建设。动工建设河市至马甲 7.5 千米路灯工程，完成 6.2 千米污水管网建设。2009 年完成双阳中心城区 6.6 千米供水管网、1.1 千米污水收集管网、滨江大道 4 千米污水主干管道、河市至马甲 7.5 千米路灯工程、110 千伏马甲变电站建设。2010 年，完成“十二五”市政行业发展规划编制工作；同步推进供水、排污和电力、通信综合管线等市政设施建设，铺设万虹路供水管网 8 千米，万安中心区实现与泉州中心城区并网供水。

四、城镇建设

1997 年后，随着城乡经济的迅速发展和城乡建设总体规划的实施，洛江区统筹协调城镇发展空间布局，小城镇建设步伐加快。2000 年，作为泉州市小城镇建设试点的马甲镇新建 6 幢商住楼，面积 7700 平方米，铺设街道 3 条总长 410 米。2001 年，完成马甲镇区市政规划、虹山乡集镇总体规划及 16 个中心村规划调整工作，马甲镇区建商住楼 2 幢、建筑面积 4000 多平方米，双阳镇“侨居工程”完成 2 幢 5000 平方米商品房建设。2002—2006 年，完成河市镇区溪堤整治、马甲自来水厂扩建、罗溪白银新街等一批项目建设，新建镇区居住楼房 18.12 万平方米。2005 年，完成双阳“镇改街道、村改社居”及第一批街路命名工作。2007 年，完成镇区 5.95 千米道路硬化、1.2 千米溪堤改造及 5.12 万平方米商住楼建设。2008 年，推进马甲新庵梧埔片区改造建设，建设罗溪镇区中街整治及新农贸市场综合楼，累计新建镇区居住楼 5.2 万平方米。2010 年，加强小城镇规划管理，办理选址定点、规划设计条件 45 宗，总用地面积 103.91 万平方米。

第五节　居民生活

1998 年，洛江人均总收入为 3824 元，人均纯收入 3236 元；人均生活消费支出为 1947 元。其中，食品消费支出为 982 元，服饰支出为 98 元，恩格尔系数为 50.4%。此后，洛江区落实民生工程，不断落实优抚安置政策，加强社会保障工作，扩大养老、失业、医疗、工伤和生育保险覆盖面，完善城乡居民最低生活保障制度，建设福利生产基地等一系列民政福利事业设施；建设廉租房、侨居造福工程、“五保户”安居工程、贫困残疾人和计生二女户安居工程，农村居民人均住房面积从 1997 年的 24.6 平方米提高到 2001 年 32 平方米。2002—2006 年，转移农村富余劳动力、推行农村税费改革落实农民减负政策，全区 90% 以上的村达到宽裕型小康村标准，累计新转移农村劳动力 7300 多人，累计减轻农民负担 3800 多万元；建立扶贫帮困挂钩制度，落实各级扶贫资金 1400 多万元、扶贫项目 180 多个，32 个经济欠发达村和不适应村整顿转化工作。此后，随着洛江社会经济发展，洛江中心城区高楼林立、车水马龙、夜景灯火辉煌，人民生活水平逐渐提高，人民越来越注重精神文化生活，加之全民健身活动蓬勃开展，广场舞、太极养生操等日渐在群众中盛行，群众业余文娱活动日渐丰富。2010 年，人均总收入 9153 元，人均纯收入 8197 元，人均生活消费支出 5807 元，其中食品支出 2640 元，恩格尔系数降到 45.5%。

第四章　泉港区

第一节　自然环境

一、地理位置

泉港区位于福建东南沿海突出部，介于泉州湾与湄洲湾之间。东濒台湾海峡，南与惠安毗邻，西北与仙游县接壤，西南与洛江区、惠安毗连。全区陆地面积 321 平方千米，岛屿面积 0.8 平方千米，海域面积 119.6 平方千米，沿海线长 156 千米。2010 年，全区常住人口 31.35 万人。

二、地形地貌

泉港三面濒海西依山，海域宽，航道深，常年不冻不淤，是避风天然良港，列为国家一类口岸和中国国际四大货运中转中心之一。地貌属福建东部沿海花岗岩丘陵与平原区的一部分，地势西北高，东南低，西丘陵地带，群山连绵，峰峦起伏。区内 54 座山峰海拔一般为 200 ～ 800 米，以笔架山、大雾山为最高峰，海拔高 803 米，笔架山海拔 727 米，大雾山海拔 797.6 米。境内溪河交错，主要河流有菱溪、坝头溪、龙马溪、正古溪、栖霞内河沟等，溪（河）水循地势自西北向东南注入湄洲湾海域，溪（河）总长 66.9 千米，流域面积 168.9 平方千米。辖区内最大的河流为坝头溪，源自涂岭镇吊船山、经泗洲、涂岭，进入山腰龙田，东南流经山腰菜堂入海，全长 23.33 千米，流域面积 86.42 平方千米。坝头溪有 99 条源流，俗称 99 曲。沿海地区开阔平坦，大多为海积沙土平原、河谷冲积地和台地。

三、气候

泉港属亚热带海洋性季风气候，夏无酷暑，冬无严寒，四季分明，雨量充沛，夏暑常受台风、旱涝的影响。年日照 2206 小时，平均气温 17.2℃～20.8℃，年降雨量 1000 毫米，沿海常年有 154 天 6 级以上的大风。自然灾害有旱涝、台风、霜冻等。

四、自然资源

矿产资源以非金属矿产为主，有黏土、花岗岩、花岗岩瓷石矿、高岭土等。其中花岗岩储量大，刨光变好，花岗岩质瓷石矿可采储量千万吨以上。深水岸线 5.5 千米，可建万吨级至 15 万吨级码头，泊位数十个。肖厝港为国家一级口岸，全面建成后年吞吐量可达 5000 万吨。林果品 51 科 150 多种，还有龙眼、荔枝、余甘等水果，红茶等。

泉港区浅海滩涂宜养面积约 4200 公顷，贝类养殖有牡蛎、缢蛏、鲍鱼等。藻类养殖加工有紫菜、海带等。网箱养殖的鱼类有石斑鱼、花鲈、大黄鱼、美国红鱼、真绸鱼、包公鱼、锯缘青蟹等，是泉州最大的海水网箱养殖基地。海洋鱼类 58 科 110 多种。

日晒盐、石材和花岗岩瓷石矿是泉港主要矿产资源。山腰盐场年产 10 万吨，是福建省两大国有盐场之一，产品远销国内外。

第二节　经济建设

一、概况

1995 年，肖厝镇财政收入 5700 万元，财政支出约 7200 万元，由惠安县财政补助 1500 万元。1996 年 7 月，肖厝开发区管委会成立，同年，地区生产总值 19.51 亿元，财政总收入 8490 万元，预算内财政收入 6606 万元。与石狮等六县（市、区）进入大泉州“半小时经济圈”。

1996 年 7 月 11 日，肖厝党工委、管委会正式挂牌成立，统一管理协调肖厝区域的经济建设、社会发展事务，享有县级市管理权限、土地审批、人事任免权等。国民经济持续快速健康发展，地区生产总值、工农业总产值、财政总收入等主要指标连年保持 20% 以上的增长速度。2000 年 4 月 12 日，国务院批准肖厝经济开发区为县一级行政区，定名为泉港区。原惠安县的山腰、南埔、后龙、涂岭、前黄、界山、峰尾 7 个镇为行政区域。“十一五”期间，全力实施“以港立区、石化强区、科教兴区、依法治区”四大战略，着力打造“五大园区”和“三条经济繁荣带”，国民经济综合实力不断增强，经济发展步入快车道。地区生产总值、工业总产值增幅连续四年居全市首位，年均分别增长 17.85% 和 22.94%，农民年均纯收入增幅连续三年居全市第一，年均增长 10.9%，财政收入增幅两年居全市第一，年均增长 137%。其中，2010 年地区生产总值 191.85 亿元，增幅居全市首位；财政总收入 74.38 亿元，同比增加 58.4%，地方级财政收入 7.8 亿元。人均纯收入达 9570 元，同比增加 8.7%；　港口吞吐量 2400 万吨，同比增加 20%。

二、农业

泉港区耕地面积 4933 公顷，山地面积 13653 公顷。全区农作物主要有粮食、油料、甘蔗、蔬菜、瓜果等，总播种面积 12047 公顷。2009 年粮食产量 3.71 万吨、油料产量 6683 吨、甘蔗产量 2403 吨、蔬菜产量 3.13 万吨。水果有龙眼、枇杷、柑橘、荔枝、余甘、杨桃等，涂岭龙眼被列入“福厦公路龙眼带工程”。茶叶远销日本、东南亚各国及港澳等地区。畜牧有猪、牛、山羊、鸡、鸭、兔、蜂等。2009 年，农业总产值 13.92 亿元。

三、渔盐业

20 世纪 80 年代后，泉港乡镇在发展海洋捕捞的同时，发展海水养殖业，贝类养殖种类有牡蛎、缢蛏、花蛤、贻贝、鲍鱼等。惠屿岛是泉港最大养殖鲍鱼基地，年产值 2500 多万元。上西海带养殖面积 187 公顷，年产值达 2500 万元，产品得过国家发明奖、金奖。网箱养殖鱼类有石斑鱼、花鲟等，是泉州最大的网箱养殖基地。全区建成肖厝、金腊、溪南、上西、峰尾等 7 个海水养殖基地。金燕海洋生物科技股份有限公司利用末水紫菜提取琼脂的先进技术，填补国内空白，获国家发明奖以及省、市科技进步奖一等奖，产品远销日本、韩国、俄罗斯等国家和欧洲、东南亚一些地区，出口率达 90% 以上。

2010 年，山腰盐场总面积 14 万平方千米，其中盐场 11 万平方千米，生产的日晒盐以“细、白、纯、干”而著称。更细盐达到国家一级标准，年产日晒盐 10 万吨，是福建省两大国有盐场之一和盐重点生产、出口基地，全国 107 家食盐定点企业。山腰盐场是福建省 300 强纳税企业之一，产品畅销 6 个省市，远销新加坡、菲律宾、马来西亚、关岛（美）、印度等国家，以及中国台港澳地区。获“全国轻工出口创汇先进企业”“省级先进企业”等荣誉称号。福盐牌食用盐，富含硒、硼、锌等人体必需多种微量元素，经中国绿色食品发展中心许可使用绿色食品标志。

四、石化港口

2000 年后，泉港区加快石化产业、港口物流和城市要素三大集聚，发挥泉港区位优势和政策优势，加快现代化石化港口新城建设，促进泉港的政治经济和社会的统筹协调发展。实现从昔日贫困荒芜的小渔村到湄洲湾石化基地先导区，现代化石化港口新城的嬗变。2005 年 7 月 8 日，福建炼油乙烯一体化合资项目工程在泉港区举行开工仪式。2007 年炼油能力从 1989 年建厂初的 250 万吨，提高到 2007 年的 1200 万吨。

第三节 社会事业

1997 年 4 月，开工建设供电、通信、排水、排污等配套设施，动建庄园市场、汽车站、泉港一中、肖厝医院（泉港）、实验幼儿园、妇幼保健院、卫生防疫站、计生服务站、邮电和机关办公楼及 1 号居住区。兴建山腰中学、清美中学、三川中学、鸠林中学等，一批文化和社会事业先后建成投入使用；11 月，省政府评估验收通过肖厝基本普及九年义务教育和基本扫除青壮年文盲；12 月，肖厝初始推行殡葬改革，湄洲湾氯碱工业开工建设，全区新建村部 87 幢，修缮村部 13 幢。1998 年 1 月，实施城乡居民最低生活保障；同年 3 月，整顿农村合作基金会。

至 2010 年，泉港区实施就业、安居、帮困、医保、助学等“五大民生”工程以“市政建设年”活动为契机，投资 9.3 亿元建设市政项目 20 个，基本建成锦绣广场，实施祥云中路、锦绣街、埭沙路改造工程，启动建设会议中心（万星影城），完成城区南部排洪沟整治工程、文化中心、石化安置区（柳山小区）

等三个项目前期工作。兴建泉港一中，已建成省一级高中达标示范校。兴建的泉港第一实验小学和实验幼儿园交付使用。全区新办高中校5所，初中校4所，新建校舍面积7.3万平方米，修缮改造34所小学，中小学生人均校园、校舍面积均超过教育部规定的标准。区内普通中学22所，教职工数2190人，在校生28169人。小学67所，教职工数2034人，在校生16794人；幼儿园有学前班80所，教职工数240人，在园生8707人；职业中学1所，特殊教育学校1所。同时，还有南埔职业中专学校、少体校、教师进修学校和福建广播电视大学泉港工作站等。

全区有各类医院机构170个，医院、卫生院等机构14个，医生309人。其中，区级医疗机构2个，民办医疗机构3个，镇级医疗机构5个，村级医疗机构104个，个体诊所57家。区级卫生防疫机构1个，妇幼保健机构1个，形成区、镇、村三级卫生服务网络，改变建区前的医疗卫生情况。

至2010年，泉港在加快经济建设的同时，统筹城乡文化和社会事业发展，促进社会安定与和谐。建设锦绣广场，泉港植物园，逸涛文化广场、七星街、区文化中心，万星影城，设立北管艺术陈列室、古船模陈列室，协同泉州艺校设立泉港戏曲培训基地，招收北管方向的泉港生员。各镇（街）改扩建创办综合文化站，培育锦祥、龙山等一批文化示范点。

2010年，全区拥有“农家书屋”81个，民间职业剧团28个，群众业余演出队65支，电影放映队30支。“三堂建学堂”试点21个，村级篮球场53个。组织开展“泉港文艺奖”，文化示范户评选活动，举办6届“泉港之夏”文艺巡回演出、7届“泉港论坛”研讨会、10届南音大合唱、6届北管音乐会、坝头元宵灯谜街、少数民族文化节、全民健身节；14届“圭峰之春”文艺晚会。2007年，第三次全国文物普查共登记不可移动文物148处。其中，区级以上文物保护单位54处，省级2处，省级文化名村1个，市级以上非物质文化遗产保护项目名录11个，其中国家级1个。山腰街道获被文化部授予“福建省首批闽南文化生态保护实验区示范点”“中国民间文化艺术闽南戏曲之乡”。

第四节　城乡建设

1997年，肖厝管委会在山腰建设1.1平方千米的城市起步区，按照“规划先行，逐步推进”的原则，高标准、高水平地完成城市总体规划和市政规划，推进新区建设，起步区自来水管网建设基本完成，锦祥商住区、管委会机关居住小区、金山街、中心工业区及南北五路两侧的建设开始逐步启动，城市路网基本形成，一大批社会事业开始筹建，卫生防疫大楼、妇幼保健大楼、计生服务大楼起步建设。

2000年，根据“现代化石化港口新城”的城市定位，建设从山腰街到南北五路（南山路）、驿峰路（港六街）到川沙路（中兴街）的中心起步区5平方千米，推进一批形象工程和标志性工程建设，拓展第三产业发展空间，完善城市功能，为全区提供配套完善的城市经济文化中心。

2003年1月，泉港区提出围绕“工业化、城市化、现代化”发展目标，实施“以港立区”“石化强区”“科教兴区”“依法治区”四大战略，规划建设“石油化学、港口物流、生态农业、海洋经济、城市生活”五大园区，加快形成驿峰路、通港路两条工业走廊，泉港经济发展步入跃升阶段。同时，根据城市总体规划的功能区分，在尽快完善城市起步区的基础上，加快向东向南滚动发展，扩大中心城区规模。

2004年，泉港区提出瞄准世界级石化基地的发展目标和定位，做大做强石化产业和港口物流。泉港的城区（乡）建设服务于石化产业的发展思路；12月，提出按照“三年打基础，六年上规模、十年基本建成石化产业基地”的发展构想，明确“坚定不移地加快国家级石化产业基地和现代化港口新城建设”的城镇化发展定位。

2005年，泉港区提出加快国家级石化产业基地和现代化港口新城建设，明确发展重点推进石化基地，主枢纽港、城市生活配套建设。房地产投资14.9亿元，建成商品房299万平方米，集中建设4个安置区，形成3个人口较集中的商贸片区，城市建成城区面积6平方千米，城镇人口10.6万人，城市规模不断扩大，高起点建成一批行政事业单位办公设施，推进城市基础设施建设，实施城市形象工程，基本形成铁路、公路、港口运输的立体交通网络，以南北五路、驿沙路、金山街为框架的“H”形城区基本形成。突出石化、港口、滨海特色。加快城市“东进、南拓、靠海”步伐，推动行政、商贸、文化、旅游等服务要素及人流、物流、资金流的集聚，增强人居环境的吸引力，形成创业型城区。

2007年，泉港区提出加快建设湄洲湾石化基地先导区，建设海峡西岸经济区和泉州现代化工贸港口城市，构建以港口为依托，以石化产业为支撑、以城区为配套的联动发展格局，建设一个充满生机与活力的现代化石化港口新城；12月，编制《泉港区石化港口新城总体规划》，确定泉港立足全局，面向未来，凸显生态和环保的城镇化发展布局。

2008年6月，泉港区提出“努力把泉港建设成为省、市石化产业集聚的龙头区域，全省港口物流体系的新增长点、东南沿海重要的能源基地，对台石化产业合作的重要平台，充满生机活力的创业型城区”。

至2010年，建成城区面积8平方千米，城市道路形成以驿峰路、通港路连同324国道（泉港段）、福厦高速公路（泉港段）和沿海大通道等区域性交通干线构成的立体交通大动脉，以泉二路（祥云路）、泉三路（学府路）、泉五路（南山路）以及港二街（锦绣街）、港三路（中兴街）和港五街（新民街）等构成的城区主干公路网，拓展与南北五路和沿海大通道连接城区交通支线路网。全区高速公路19.87千米、国道16.07千米、省道34.5千米、县道53.16千米、乡道125.54千米、村道213.96千米。其中，高速公路19.87千米、二级公路112千米、三级公路7.1千米、四级公路314.7千米、等外公路146.87千米，专养公路99.4千米，设有县组公路养护机构一个及三个公路养护管理站。

第五节 居民生活

1996年，肖厝经济开发区管委会成立后，坚持以经济建设为中心，按照“三个有利”的标准，实现国民经济持续快速发展。2000年，泉港区地区生产总值、工农业总产值、财政总收入等主要经济指标年增长在20%以上，人均纯收入3640元，比1995年增长43%，全面实现基本小康。泉港设区后，坚持以“农业增效、农民增收、农村繁荣”为目标，持续推动三农改革和发展。实施乡村道路亮化工程，群众饮水工程，农村就医工程，医疗保障工程，平安创建工程。泉港“行路难、上学难、看病难、饮水难、休闲难”已成为历史。2010年，农民人均纯收入9570元。人均居住面积57.74平方米。全面实施城乡低保，免除农业税，实行义务教育、新型农村合作医疗、新型农村养老制度。全区乡村道路照明亮化105千米，解决2.4万名群众的饮水难，新农合参保率达99.8%，个人统筹资金由100元提交到150元，全区9046名特困对象纳入低保，344户1346人领取廉租住房补贴。

全区居民户、电视、冰箱、空调、电器普及率达80%以上，手机、电脑全普及全覆盖，家庭小车占住户40%。随着体制改革和新城市建设，贸易市场产销两旺，百姓需求也逐步转向高层次、高质量，商业、金融网点迅速发展集结。至2009年，全区有工商银行、中国银行、建设银行、农业银行、兴业银行、民生银行、邮政储蓄银行、农村信用社等金融机构9家，2009年居民储蓄存款年末余额23.7亿元。区内有超市商场40多家，酒店宾馆14家，各类商业网点8500多个，各种集贸市场8个。城镇居民人均可支配收入15039元，人均居住面积46.57平方米。

2010年，全区新农合参保率99.8%，个人统筹基金由100元提高到150元，全区有9046名特困对象纳入低保。依法治区成效显著，平安村居创建面达97.1%，平安家庭创建面达92.38%。

第五章 石狮市

第一节　自然环境

一、地理位置

石狮市位于福建省东南沿海突出部。东濒台湾海峡，西与晋江市境毗邻，南临深沪湾海域与晋江围头湾海峡相接，北接泉州湾水域，东、南、北三面临海。海岸线长67.6千米。2009年，按照第二次全国土地调查最新数据，石狮市土地总面积177.69平方千米（其中，陆域面积157.15平方千米，沿海滩涂面积20.54平方千米）。2010年，全市常住人口63.67万人。

二、地形地貌

石狮市属闽粤沿海花岗岩丘陵亚区的一部分，地貌类型以台地和滨海平原为主，地形中间高、四周低，地势南高北低，广阔平坦，海岸线长而曲折。处于华南褶皱系闽东火山断拗带，东南沿海动力变质带中段，构造体系属新华夏系第二隆起带。晚三叠世至侏罗纪时期，由于砂岩、砂砾岩等粗碎屑岩沉积及中酸性火山岩喷发，地质构造运动形成变粒岩、浅粒岩、片岩。石狮东临大海，加上台湾海峡地形狭管效应致使一年四季大风频繁，域内河流多为单独入海的间歇性溪流，溪小流短，径流量少，地下水资源较贫乏，水质较好。2010年，工农业及生活用水量80%靠晋江金鸡南渠引水。

三、气候

石狮市属亚热带海洋性季风气候，年平均气温21℃～22℃，年平均降雨量为1239毫米，其中，最高为1551毫米，最低为861毫米。“风头水尾沙漏地”是昔时人们形容石狮海风大、溪小径流少、土壤贫瘠的形象说法。

四、自然资源

石狮市植被种类较多，域内植物67科220种，出现非地带性的植物群区，境内原始植被类型为亚热带季雨林，为次生常绿阔叶林取代。2010年，境内森林均为人工植被，沿海地区以木麻黄纯林分布最广，混交林面积少。森林覆盖率低，林分蓄积量少，属防护林。森林覆盖率12%，林分质量差，不能成材，由于人类活动频繁，原生植被破坏殆尽，现为次生植被和人工林植被。

石狮市区域面积小，人为活动频繁，未能形成野生动物适生环境。境内野生动物有13目29科57种，爬行动物有1目3科6种，哺乳动物有1目1科2种，鸟类有10目23科46种。

石狮市海域及渔场处于外海高温高盐暖水和沿岸低温低盐冷水团交汇处，是南来北往鱼群必经之地，形成多种经济鱼虾类索饵的良好场所，海域生物品种繁多，种类近千种。其中经济鱼类215种，常见的有100多种，还有头足类、虾蟹类、贝类、藻类等丰富的海水生物资源。

石狮市矿藏资源以非金属矿为主，有高岭土、型砂、玻璃砂、钛铁矿砂、锆英石砂、独居石砂、海贝壳、黑黏土、钾长石、泥煤、花岗石、水晶等矿点，以及矿泉水资源。

第二节 经济建设

一、概况

1991年，石狮市在“灵活高效的行政管理体制”下，推进“福建省改革开放的综合试验区”建设，组织企业到北京、上海、大连、西安等地举办石狮商品展销会。借助菲华石狮市各乡联合会，以及中国香港、澳门2个石狮市同乡公会成立之机，开展招商引资。1992年，加大内引外联力度，扩大土地成片开发规模；同时，兴建大堡污染控制区工业区，促使石狮经济迅猛发展。当年社会总产值33.7亿元，工农业总产值22.9亿元。1994年始，石狮综合经济实力持续位居福建省第二位。1997年，以“招商年”为契机，新批准外商投资项目70个，合同投资1.64亿美元，“八大工业园”和石湖万吨级码头及祥芝、梅林码头等龙头项目稳步推进。2002年，全市实现地区生产总值107.5亿元，工农业总产值178亿元，财政收入7.1亿元，实现第二次飞跃，位居全国最发达县（市）第十六位，石狮市获中国纺织工业协会、中国服装协会颁发“中国休闲服装名城”殊荣。2007年1月，石狮市先后获首批“中国（2006—2007）建设社会主义新农村特色县”和“2007中国大陆最佳商业城市榜”称号；2008年，成为“改革开放30年来30个最受关注的城市”；2009年，被《福布斯》杂志评为“中国最具商业活力的沿海开放城市”。至2010年，全市地区生产总值370.2亿元，财政总收入33.3亿元，综合经济实力位居全国百强县（市）第二十二位，全省十强县（市）第二位，人均地区生产总值1.7万美元，达到中等发达国家水平。

二、项目投资

1997年年底，石狮市有“三资”企业达1320家。其中，合资项目520个，合作项目63个，外商独资项目737个。投资总额21.8亿美元，利用外资总额18.9亿美元。1998年前后，石狮市抓住香港、澳门回归的机遇，加强交流与合作，利用海峡两岸纺织服装博览会、“9·8”投洽会等展博会开展招商引资活动，使招商行为从单一的政府行为逐步向以企引资、网上招商、项目招商、以侨引商等全方位、多层次的招商方式转变。投资方向由劳动密集型的服装加工业逐步向资金、技术密集型的漂染、后整理、纺织面料转移，鼓励外商投资第三产业，促进石狮纺织服装产业链的形成、发展、升级。

2000年后，石狮市借助“海博会”“闽台对渡文化节”“永宁古卫城暨城隍文化节”等交流平台，相互牵线搭桥、加强对接，推动石台两地经贸交流与合作。石狮市委、市政府抓住两岸先后加入世贸组织、中国台湾地区第三波产业外移机遇，按照“同等优先、适当放宽”原则，接纳台湾纺织服装、机械电子等产业转移。韩国、日本、菲律宾等国家以及中国台港澳产业企业与石狮板块企业的对接逐渐扩大，在信息交流、行业资讯、流行时尚、设计理念等方面进行交流与合作。

2003年前后，外资向纱线、纤维生产等纺织服装产业链的前端延伸，一批大纺织项目相继建成投产。2006年，工业企业引进外资合同数64个，投资总额18.48亿元，其中合同外资额13.7亿元。2007年，国家出台加工贸易限制类和禁止类项目，石狮市及时调整加工贸易的产业结构，新增水产品和卫生用品类等加工项目以应对市场竞争。2008年，从“大招商”向“招大商”“招优质商”转变，从“引入资金”向“引入技术设备、管理方式”转变，从“招商引资”向“招商选资”转变。2009年，通过广交会、华交会、美国拉斯维加斯国际服装展等知名展会招商，其中，水产品综合开发投资总额1亿美元，石湖码头四号堆场项目投资总额5500万美元，压力容器项目投资总额1500万美元。至2010年，外资企业支撑着纺织、染整、服装、五金配件、体育用品、食品饮料等行业的升级与发展，旅外乡亲在石狮累计投资45亿美元，占全市吸收外资总数的85%。投资领域也由纺织服装、制鞋等传统劳动密集型企业开始转向居民服务、商务服务、房地产开发、批发零售、住宿餐饮业等现代服务业；台胞在石狮投资项目249个、投资总额28.91亿元、合同利用台资24.40亿元，涉及服装、电子、机械、食品等产业。

三、工业

改革开放以后，从家庭作坊式仿制生产港服洋服到规模企业生产经营，石狮服装业的长足发展带动鞋帽业、五金机械、印刷包装等制造业的迅速崛起、壮大。1991年起，石狮服装业进入“上规模、上档次”的高速发展时期，一批规模民营服装企业通过吸收、合股、联营形式嫁接国营大厂，大量引进国外先进的生产设备，建设标准厂房，扩大企业规模。各企业坚持以市场为导向，建立国内外信息网络，及时掌握国际市场的产销信息，促使开发境内外最新服装产品，形成石狮服装“新、奇、优、廉、多”的特点，涌现出30多家产值千万元以上的服装工业企业，出现“爱花”“全家福”“斯特兰”“恩比亚”“野豹”“闽狮”“爱乐斯”“卡斯”“高尔普”“金泰克”“威明”等20种服装品牌。1996年始，开展第二次创业，作为主导产业的服装纺织业向企业规模化、产品优质化、行业配套化发展，制鞋、电子、塑料、染整、食品等产业发展最为迅速。各企业以争创名牌为突破口，引进高新技术，采用先进设备，招聘科技人才，全面推行质量管理体系，提高企业的管理水平和产品质量，培植“富贵鸟”“斯特兰”“狮王”等一批名牌产品，树立石狮名牌形象。1997年，全市工业产值105.46亿元，比1987年增加41.1倍。工业产值占工农业总产值的93.9%。全市工业企业总数达3708家，企业集团29个。主要产业有服装、纺织、印染、制鞋、电子、机械、化工、食品、塑料、五金、建材等10多个大类100多个小类。

2000年，“三资”企业的体育用品加工业务迅速发展。外资投资企业工业总产值78.39亿元，比1999年增长13%。2002年，被中国纺织工业、中国服装协会授予“中国休闲服装名城”称号。2003年3月，占地66.67公顷、定位亚洲第一服装城的石狮服装城项目动工建设。同时，设立服装工业园区、科技园区、规划建设休闲运动服装基地、童装基地、西裤基地和染整制造基地，提出实施“六名”工程，从培育名家、名牌、名企、名店、名师、名模等六个方面推进中国休闲服装名城的建设，20多名国际国内影星、明星作为石狮品牌服饰的代言人，形式多样的品牌服装走遍全国、迈向世界。以石狮为中心的泉州纺织服装区域形成一个庞大的服装产业集群，成为全国重要的纺织服装生产基地。2005年，石狮市委、市政府制定《关于加快纺织服装产业发展的决定》和《关于加快五金机械、印刷包装、鞋业鞋材、体育用品、食品加工、电子信息等六大类产业发展的决定》。在突出纺织服装主导产业壮大升级的同时，培育五金机械等六大产业，促进各产业由“石狮制造”向“石狮创造”转型，推进产业经济向节能减排、低碳经济、环境友好、资源节约型发展，新建PTA、王老吉饮料、鹏程纺织、致高纺织等一批重大生产性项目，相继出现一批龙头企业和福建省、泉州市高新技术企业。2008年，省重点建设项目鸿山热电厂一期1200万千伏工程动工。2009年，220千伏香山变电站工程和110千伏城西输变电工程相继竣工运行。

2010年，福建石狮鸿山热电厂、泉州港石湖作业区5号、6号泊位工程、泉州石湖港石材物流区、石狮服装城物流配送区、石狮海兴新型生物质PTT差别化短纤维、石狮华联服装配件生产项目、石狮清源水煤浆生产项目、石狮益家仓储物流配送中心等一大批重点项目动工或竣工，有力推动石狮工业体系的更新换代。石狮初步形成纺织服装、鞋业鞋材、电子科技、精细化工、五金机械、仓储物流六大产业集群。全年全市工业总产值651.72亿元，其中纺织服装产值311.79亿元，占工业总产值47.8%。历年累计有3家企业产品获“中国名牌产品”称号，28家企业产品获过“国家免检产品”称号，64家企业产品获过“福建名牌（农）产品”称号，累计获得中国驰名商标34件，福建省著名商标97件，泉州市知名商标59件，注册商标16756件。涌现出野豹、爱登堡、哈德利、彬伊奴、卡宾、威兰西、华联等一大批名牌企业。

四、农业

20世纪90年代，随着工业和城市建设的发展，石狮植被和耕地资源逐年缩减，粮食产量也呈下降趋势，第一产业在国民经济中比重进一步降低。2000年起，石狮市委、市政府调整优化农村经济结构，引导农民开展多种形式的土地流转，推行土地股份合作制试点，集约经营土地，农业走规模化、产业化道路，进一步解放农村生产力。同时，以持续发展型、工业拉动型、劳务带动型、商贸推动型、服务产业型和社会互动型六种特色新农村建设典型为示范，掀起旧村改造新村建设的热潮，进一步提高新农村建设质量和水平。2006年，石狮市率先在全省实现村村通自来水、通公交车、通水泥路，实现户户通有线电视，获“全国社会主义新农村建设特色县”称号。祥芝镇被评为全国创建文明村镇工作先进镇，宝盖、蚶江、灵秀、鸿山、祥芝、锦尚6个镇入围全国千强镇。2009年，福建省重点建设项目石狮市引水二期工程动工。2010年，石狮市农业总产值26.7亿元，在三次产业结构中仅占4.0%。农民人均纯收入12422元，恩格尔系数39.7，达到富裕型标准，全市农民过上富裕文明的生活。

五、渔业

石狮三面临海，港湾众多，渔业资源丰富。1991年起，石狮进一步完善渔港建设，鼓励建造大马力钢质渔轮，发展海洋捕捞和开发海水养殖。1993年，石狮市水产品总量突破10万吨，被评为全国“渔业百强县（市）”之一。1995年后，石狮市实施海洋生产“蓝色工程”计划，加大投入建设力度，利用高新技术开发水产品精加工，形成以祥芝水产食品开发公司为龙头的骨干企业；各种名、优、特、新水产加工品多次在全国、全省评比中获奖，并畅销全国各地、出口创汇。1997年，石狮市委、市政府将发展海洋产业作为培育新经济增长点的重点，以海洋捕捞、水产养殖、水产品加工构成蓝色产业的基本框架，促进海洋捕捞、养殖、加工业全面发展；当年石狮海洋捕捞产量居全省的县（市）级首位；祥芝镇、永宁镇分别被评为全省“渔业十强镇”的第一名和第十名；祥渔村和梅林村分别被评为“渔业十强村”的第二名和第四名。1998年，石狮市实施以海洋捕捞、水产养殖、水产品加工为基本框架构的蓝色产业工程。2002年，出台《关于实施“爱海、用海、养海”发展战略的决定》，发展海洋经济，促进海洋捕捞、养殖、加工业全面发展。2008年、2009年，推广牡蛎、海蜇、江蓠（龙须菜）、方斑螺、巴非蛤、蛏、星洲红鱼等特色养殖，吊养牡蛎以及梭子蟹、九孔鲍和黑鲍、南美白对虾养殖成为新的增长点。石湖海域试养江鳐、海蚌等新品种。全市水产品加工有腌制品、腌熏制品、干制品、冷冻品、熟食品及药用保健品，常见且数量较多的有目鱼干、小什鱼、小带柳、江鱼、紫菜、海带等干制品。开发生产的D－氨基葡萄糖盐酸盐、硫酸盐（钾型、钠型）及两种食品级甲壳多糖等药用保健品，产品质量居全国领先水平，全部出口创汇。2009年，福建省重点项目祥芝国家中心渔港项目投入运行。2010年，石狮沿海5个镇、人口18万多人，专业渔村20个，渔业人口5万多人，渔区人均收入12695元，全市渔业经济总产值48.15亿元，占农业总产值近七成。是全国“渔业百强县（市）”和全省“渔业十强县（市）”之一。

六、商贸

1991年始，石狮市委、市政府采取“政府搭台，企业唱戏”“走出去，请进来”的办法，创新市场营销方式，支持和帮助企业拓展市场，加快流通。每年在石狮和国内大中城市举办数次展销会、订货会，并在全国大中城市的大型商场设立销售专柜，建立连锁店。1995年起，进一步组织企业到菲律宾、越南、中国香港等地办展销，开拓国际市场，使石狮的产品“走向全国，走向世界”。1998—2003年，健全完善市场网络，推进石狮服装城和布料、辅料、小五金等一批专业市场建设；全市有商业街18条、专业服装批发市场8个，有国内外营销网点5000个以上，基本形成全球性的服装销售网络，年销售额超过120

亿元。石狮鸳鸯池面料市场跃居全国十大面料市场，新兴的亚太纺织面料市场和南洋街布料商业街汇聚来自东南亚及全国各地1000多家布料供应商。

2003年后，石狮服装企业创新营销模式，利用连锁经营、特许经营、电子商务等新型营销方式开拓市场，形成批发、零售、专卖、商场四位一体的产品营销体系。2007年，经营石狮服装的全国性商业网点共有5000多家，海外营销网点或办事处超过300家，营销网络四通八达。外贸成为石狮纺织服装业的重要市场，外销比例达到纺织服装业产值的40%。与此同时，石狮市加快发展以第三产业为主导的现代城市经济，港口物流发展成为新亮点，石湖港实现首次对台直航。每年利用海峡两岸纺织服装博览会、“9·8”投洽会，开展招商引资活动，鼓励外商投资第三产业，促进石狮纺织服装产业链的形成、发展、升级以及产业链的成龙配套。为扩大产品出口，政府及时调整扶持外贸出口的相关政策，培育增加自营进出口企业，外贸企业开拓境外基地，减少中间环节，实现经营利润最大化。随着中国与东盟自贸区全面建成，双方贸易成本降低，石狮众多企业采取各种措施抢抓机遇。2009年年初，泉州籍“新成信”轮从石狮梅林码头出发首航金门，2010年4月，“易运”轮从石湖港启航驶向台湾，两地实现直接往来。同年，全市实现社会消费品零售总额198.55亿元，比1998年增长185.9%。全年进出口贸易额达14.16亿美元，其中出口贸易（均为企业自营出口）12.3亿美元。石狮市龙整进出口贸易有限公司等25家重点企业出口占全市出口总额的80.7%；进口贸易额1.86亿美元。外资企业支撑着纺织、染整、服装、五金配件、体育用品、食品饮料等行业的升级与发展。当年第十三届海峡两岸纺织服装博览会实现成交额78.1亿元，累计实现成交额300多亿元。

第三节　社会事业

一、教育

1991年，石狮市政府实施“科教兴市”战略，开始向城市化教育的体制和模式发展。1994年11月，石狮市义务教育达到省颁“六项督导”评估指标的优级水平；12月，石狮市委、市政府联合印发《关于贯彻实施〈中国教育改革和发展纲要〉若干问题的决定》，建立“分级办学、分工管理、分类指导”教育管理体制；为适应民营经济为主的市情特点，在发展普通教育的同时，发展职业教育。1996年6月，石狮实现基本普及九年义务教育和基本扫除青壮年文盲的目标。1997年，石狮市委、市政府联合印发《关于进一步加强教育工作的决定》，以建设教育强市为目标，全面落实素质教育，培养跨世纪人才。1998年后，以“科教兴市”为战略和改革创新为动力，整合资源、调整布局，实施“双高普九”，实现外来人员子女入学与本市户籍学生同等待遇、一视同仁。与此同时，从长兴职业技术学院到福建闽南理工学院，从泉州育青职业技术学院到泉州纺织服装职业学院，部分中等职业学校开始升格或转制重组。2010年，石狮有各级各类幼儿园（班）79所，其中公办7所，省级示范园1所、市（地）级示范园4所，县（市）级示范园8所；教学班454个，在园幼儿1.68万名，学龄幼儿3年入园率92.5%。义务教育阶段学校80所（含完中校的初中部），其中民办校2所，初中、小学在校学生分别有4.43万名和1.33万名；有普通高中5所（不含保留完中建制的石狮五中），其中，一级达标中学2所（石光华侨联合中学、石狮一中）、二级达标中学1所（永宁中学）、三级达标中学1所（石狮三中）、普通完中1所（石狮八中），达标中学占普通高中校80%，办学规模175个教学班、在校学生8.94万名。2010年，石狮市被列入全省首批接受创建“教育强市”评估县（市）。

二、科技

1991年起，石狮市委、市政府确立“科教兴市”的发展战略，先后制订“八五”“九五”科技发展计划，出台一系列鼓励发展个体、私营科研和技术服务企业、引进科技人才、开发高新技术的优惠措施和奖励科技进步的办法，促进科技事业与经济建设同步发展。市财政每年安排不低于财政预算支出总额的1%作为科技三项经费，并建立科技发展基金。1994—1995年，石狮市进入全国科技百强县（市）行列。1996年1月，石狮市委、市政府召开全市科技大会，部署实施“科教兴市”战略，规划科技发展六大工程（企业创新与高新技术产业化工程、农科教结合与科技普及工程、绿色科技产业工程、蓝色科技产业工程、国民经济信息化工程、智力开发工程），并把1996年定为科技发展年，在全市开展“创建全国科技工作先进市”活动，加快“星火”技术密集区、高新技术产业开发区、社会发展综合实验区的建设步伐。成立生产力促进中心，培育技术市场，为企业提供科技服务。全市有个体、私营科研机构40家，各种科技协会、研究会等20个。1997年4月10日，石狮市获国家科委授予“全国科技工作先进县（市）”称号。1998年后，石狮市根据“九五”计划、“十五”规划和“十一五”科技规划，实施“科教兴市”“科技强市”和可持续发展战略，以科技项目为抓手，实施科技开发、科技创新、科技推广应用，促进科技交流，优先支持带动性强、可实现技术跨越、拥有自主知识产权、具有石狮市优势和特色的科技项目，重点推进服装行业新技术新工艺、电子信息技术、新材料等高新技术开发研究。至2010年，石狮市共承担及实施国家级的科技计划项目38项、省级科技计划项目49项、泉州市科技计划项目143项、石狮市科技计划项目830项。研发的科技项目经专家评审达到国内领先的10个、国内先进的5个、通过评审的2个；获得省科技进步奖7个、泉州市科学技术奖27个、石狮市科学技术奖的单位和个人111个。石狮市实现全国科技进步先进市“八连冠”，被列为省知识产权强县试点单位。石狮市开发电子、计算机、光机电一体化、精细化工、食品、医药、新材料等高新技术项目164个。其中，15个项目获国家、省、地（市）级奖励，97个项目获国家专利，5个项目列入国家级“火炬”计划项目，30个项目列入省级“火炬”计划项目，19个科技产品通过省级技术成果鉴定。

三、文化

1991年，石狮市文化馆创办《石狮文艺》季刊，编纂出版《石狮市民间文学》，同年，石狮市政府兴建市广播电视大楼。1992年，石狮市交谊舞协会和绿洲读书社先后成立，与市书画协会、南音协会、摄影协会、中华诗词学会、文学工作者协会、音乐舞蹈协会、摄影协会等共同开展文艺宣传和创作活动，促使民间的文艺创作、文艺会演、报刊出版等文化活动蓬勃开展。实施“精品战略”和“人才战略”，实施文艺创作精品工程，推介有一定影响的石狮本土文艺新人和文艺作品，打造石狮文艺名片。石狮各文艺单位选送文艺精品参评“泉州市刺桐文艺奖”。

2000年起，每年由石狮市委宣传部、市文联联合主办，各镇（街道）轮流举办石狮市侨乡谜会；5月，蚶江镇被文化部命名为“中国民间艺术（灯谜）之乡”。2006年，蚶江海上泼水节成功申报福建省非物质文化遗产保护项目。2007年，福建省文化厅、泉州市文化局、石狮市政府在蚶江举办首届闽台对渡文化节暨蚶江海上泼水节。此后，该项活动成为每年端午节传统节目。2010年，石狮完成全国第三次文物普查及福建省涉台文物普查登记工作，全市登记文物点238处。其中，全国重点文物保护单位1处、省级文物保护单位3处、市级文物保护单位24处。

石狮市作家作品入选及获得市级文艺奖项近300件，入选及获得省级文艺奖项200多件，入选及获得国际及全国文艺奖项共130多件（40多人次）。全市9个镇（街道）均设有综合文化中心，设有村文化室（社区活动中心）127个，农家书屋96个，全市90%以上村（社区）符合宣传文化设施“五个一”（一个影视放映室、一个图书阅览室和棋牌活动室、一个活动排练厅、一个文化宣传画廊、一个文化信息资源共享工程服务点）标准，各村普遍配置图书阅览室、灯光球场、剧台、广播室、文化活动室。至2010年，石狮市文联与石狮市委宣传部共举办7届石狮市元宵笔会，邀请白桦、舒婷等全国著名的作家参加。石狮市先后获“福建省民间文化艺术之乡”“省级文化先进市”“全国文化先进市”和“中国民间文化艺术之乡”称号。

四、卫生

1991年，石狮市开展创建卫生城市、卫生镇、卫生村活动，实施初级卫生保健规划，加快城乡卫生基础设施建设，使环境卫生面貌大为改观。1994年12月，石狮市获“省级卫生城市”称号。1996年3月，石狮市通过“爱婴市”的省级评审；同年4月，通过农村初级卫生保健工作的省级复评，成为泉州市唯一的“初保合格市”。1998—2010年，石狮市卫生事业跨越式发展，卫生体制改革深入推进。2001年，终止实行40多年的公费医疗制度，实施城镇职工基本医疗保险制度；探索新型农村合作医疗制度，从农村全民医疗保险到新型农村医疗保险再到新型农村合作医疗，启动“社保医疗一卡通”。与此同时，许多医疗机构频繁更名、搬迁、整合，新的医疗机构不断增设，医疗技术设备不断更新，疾病防疫和健康保健水平不断提高，公共卫生稳步推进，卫生服务质量不断提升，人民健康水平不断提高。石狮市医院通过二级甲等医院评审验收；传染病、地方病得到有效控制，主要健康指标均位居全省前列。2010年，全市有各级各类医疗卫生机构229个，卫生技术人员1930人；实际开放床位数1320张；医疗机构门、急诊187.50万人次，年住院8.10万人次，全市床位使用率93.85%，平均住院日为4.17天，全年病床周转次数74.51次。全市人民群众的健康水平和人口平均期望寿命明显提高，年人均寿命达75岁。

五、体育

1991年后，石狮市增加体育投入，建立10个群众性体育协会，依靠群众集资，侨胞、企业家投资，兴建一批体育场、武术馆、乒乓球训练基地、保龄球场、游泳池等，青少年和老年人的体育活动空前活跃。体育界与海外侨胞和台港澳同胞的体育交往十分频繁，增进“三胞”与家乡的情谊。1992年，石狮市获国家体委首批命名的“武术之乡”称号。至1997年，石狮市先后承办全省、全国和国际性的体育竞赛近20场次；有49名优秀运动员进入省级或国家级体育代表队。2000年，被国家体育总局授予第七批“全国体育先进市”称号。2010年，石狮少年足球队代表泉州出征第十四届省运会，夺取银牌，为历史最好成绩。至2010年，石狮市先后承办第六届全国农运会舞龙舞狮项目比赛、第十六届全国冬泳锦标赛等大型体育活动，连续举办3届石狮海上长泳活动。石狮蚶江北狮队连获第三、第四、第五、第六届全国农运会冠军，并获国际比赛冠军，被誉为“天下第一狮”。在泉州市运会上竞技综合实力从1998年的第八名跃升至金牌总数第四名、总分第五名。石狮市设立2个国家级训练基地（国家级柔道、摔跤训练基地），建立石狮市军民共建龙狮训练基地，建设镇级农民体育健身中心3座、市级青少年校外体育活动中心1座、镇级青少年校外体育活动场所5处、村级农民体育健身灯光篮球场75座、健身路径150套等。

第四节　城乡建设

一、前期规划建设

1991年，石狮市加强城市工业小区、路网、排水排污、居民区、自来水管线等具体规划并分期实施。1994年6月，根据市区和沿海三镇建设超常规发展的状况以及港口规划建设的因素，调整城市总体规划，将城市定性为贸工港口城市，规划面积159.92平方千米，中心区规划40平方千米，以蚶江、祥芝、永宁三组团烘托中心区，形成“三星拱月”城乡一体化的格局。此后，石狮市历届政府按照规划推进旧城改造和新市区建设，拓宽改造市区主干道，新建市区东西南北走向及环城18～56米宽的主次干道。加大城市园林绿化建设。兴建九二路北侧音乐喷泉街心公园、市区西南部鸳鸯池公园、山兜村西侧大北山风景林。1995 年，全市园林绿化覆盖率达 25.1%，人均占有公共绿地 6.7 平方米。至 1997 年，全市累计完成基本建设投资 60 多亿元，其中水、电、路、通信等基础设施投资 10 亿多元；全市房屋建设总投资近 50 亿元，总建筑面积 1240.56 万平方米。全市人均居住面积 41.89 平方米，其中市区人均居住面积达 35 平方米。

1998 年，石狮基本形成一个城市中心区和沿海三镇为组团的贸工港口城市发展雏形。同年，石狮市引水工程动工建设，从根本上改善全市生产生活用水质量。1999 年后，石狮市委、市政府提出建设“两个适宜”美好家园、构建“和谐石狮”目标，创新发展理念和发展模式，建设精品石狮，城镇规划建设突飞猛进，九二路东段、铜锣湾时代广场、步行街、镇中路等项目改造使石狮街道豁然开朗。在原有建成区的基础上，不断向四周、向农村拓展。推进公共服务设施和商品房住宅建设工程，公务大厦、人民广场、德辉广场等建设，拓展东部区域。2002 年，石狮服装城的动工兴建，带动整个西南片区拓展。此后，体育场馆、博物馆、青少年活动中心、龟湖公园等文体中心区建设，使新区向东北角不断延伸。

二、总体规划建设

2004 年，启动新的石狮市城市总体规划修编工作，坚持“一市一城”的思路，把整个石狮当作一座城市来规划营建。城市体系规划为四大经济片区，由 1 个中等城市带 1 个中等城镇、3 个小城镇组成。永宁镇启动黄金海岸改造开发建设等 28 个项目；祥芝镇加强垃圾中转站莲坂中转站等基础设施建设，推进祥芝文化公园、镇政府广场等休闲公园项目；蚶江镇加快石湖港泊位建设，推进沿海大通道项目，启动镇区改造前期工程；鸿山镇着手规划建设鸿山新大街，伍堡农贸市场、莲厝农贸市场、东埔水产品批发市场、鸿山公园相继建成投入使用；锦尚镇相继建成石锦路、锦南路、东阳路、沿海繁荣大道、锦永路、科技路等，初步形成“三横三纵”道路网络。2008 年，石狮成为福建省唯一入围“中国最具投资潜力中小城市 20 强”的城市。

2009 年，国务院出台《关于支持福建省加快建设海峡西岸经济区的若干意见》后，石狮市纳入泉州市 2980 平方千米规划范围，其中蚶江、祥芝两镇纳入泉州市 980 平方千米核心区范围内。为此，石狮市主动对接、融入环泉州湾建设，及时调整规划空间结构：“一心、两带、三组团”。确定向北建设环湾新城（蚶江镇和祥芝镇）、向南拓展永宁滨海新城新的城市发展方向，把石狮打造成海西宜居、宜创业的滨海花园城市，全力以赴投入“七大片区”开发、改造建设。至 2010 年，中心城区建成区向东扩展至学府路，东北至香江路、濠江北路一带，北至北环路（部分直至沿海大通道），西至西环路以西、西北至明珠广场一带，南至南环路、西南至服装城以南同兴路。市中心城区面积 52.6 平方千米，比 1998 年增加 44.5 平方千米，城镇化水平 75.1%，位居全省县级市首位。

第五节 居民生活

1991 年，石狮市原郊区农民转型为城市居民后，居民人均生活水平大幅度提高，农村居民食物结构由原来的温饱型转向营养型。1992 年，石狮市国民经济总体水平实现“一年翻一番”之后，城市居民人均生活费收入和农民人均纯收入均连年呈两位数快速增长。1993 年，石狮市经济进一步高速发展，市场繁荣，城乡居民及外来人员实现充分就业，当年人均地区生产总值 11480 元，比 1992 年增长 40%。凤里、湖滨 2 个街道和蚶江镇率先达到基本实现小康。1994 年，石狮市政府围绕着“以城带乡、城乡一体、以富帮贫、共同富裕”的战略目标，加快“奔小康、建新村”步伐。至 1995 年，全市 7 个镇、115 个村（居）全部基本实现小康的目标，小康户数达 4.5 万户，占全市农户数的 95.74%。全市人均地区生产总值达 1.84 亿元，人均财政收入 1150 元，分别居全国县（市）级第八位和第六位，城镇居民人均生活费收入 6700 元，农民人均纯收入 4100 元。1996 年，石狮市委提出以“创五好、上亿元、建新村”的农村工作为主线，发展农村经济，推动农村向“宽裕型”小康迈进。1997年，石狮市在城市中心区和沿海组团实施建设时，加快城乡一体化建设，工业区、商业区、住宅区和文化设施服务区的生活环境渐趋完善，全市有73个村完成新村建设规划和近期改造的控制性常规的编制。当年，32个村（居）达到宽裕型小康目标。

1998年起，石狮市深化农业农村体制改革，推进农业产业化，改善农业生产条件，发展非农产业，畅通流通渠道，采取一系列措施促进农民增收。城乡居民家庭的整体生活水平迅速提高，消费结构逐渐由数量型向质量型转变。城镇职工开始推出福利分房，并随着家庭收入的增加而购买自有住房。石狮市农村居民整体生活水平由基本小康向宽裕型小康、富裕型迈进。2001年，石狮农村基本实现宽裕型小康。2002年起，市委、市政府实施“四市三海”战略，推动石狮经济转型升级，有效控制市场物价，注重共同富裕，通过民政保障、社会慈善、海外捐助等形式，扶助弱势群体，提高全体市民的生活水平。随着农民收入水平的提高和富裕文明小康建设进程的推进，前埔村、前山村、厝仔村、草柄村等新农村建设示范村均先后投入几百万至上千万元用于改旧建新和新村建设，完成“改路、改厕、改圈、改水、改建旧房”和“通水、通电、通路、通电话、通广播电视”等“五改五通”，提高绿化率，使脏乱差小村庄变成道路四通八达、环境优美整洁的园林式农村社区。各镇各村花几十万元拆旧建新房者大有人在。新居一般占地约80～100平方米，各种家具、电器、设施一应俱全。汽车、摩托车成为农民基本交通工具。从2004年起，实行城乡统一的最低生活保障制度，城镇居民人均可支配收入每年增长1000元以上。2005年10月，全市掀起建设社会主义新农村的热潮，农村群众生活水平迅速提高。当年城镇居民人均可支配收入16508元，比2004年增加4583元，增幅达38.4%。农民人均纯收入8523元，在全省率先突破1000美元关口。2007年，农民人均纯收入突破万元大关，达10005元。2008年，农村居民恩格尔系数41.2%，接近联合国提出的恩格尔系数40%，达到富裕型标准。

2010年，石狮市城镇居民人均可支配收入28388元，农民人均纯收入12492元。城镇人均家庭收入29532.61元，城乡居民储蓄存款余额248.59亿元。城镇居民恩格尔系数37.5%，农村恩格尔系数39.7%，均处于相对富裕阶段。城镇居民人均住房建筑面积56.69平方米，多数城市居民居住在环境幽雅、交通便利的新建住宅小区里。农村人均住房面积73平方米，比1998年增加41.43平方米。农村居民手机、摩托车、电动助力车的拥有量与城市居民不相上下。城乡居民过着富裕文明的生活。

第六章　晋江市

第一节　自然环境

一、地理位置

晋江位于福建东南沿海，东濒台湾海峡，西和南安市接壤，南与金门县隔海相望，北同鲤城区、丰泽2区毗邻，东北与石狮市相连；三面临海，海岸线长12千米，海域面积11520公顷，滩涂面积1920公顷，陆地面积649平方千米。2010年全市常住人口198.64万人。

二、地形地貌

晋江市地质属闽东滨海加里东隆起带，地势由西北向东南倾斜。地貌以台地平原为主，丘陵多为低丘，呈条带状或弧丘状分布。西北部的紫帽山海拔517.8米，为境内最高峰。海拔100～300米的罗裳—灵源和灵秀山脉分别纵贯中部东西。福建省四大河流之一——晋江，流经东北部，与横贯市境的支流九十九溪于泉州湾汇合入海。流域一带的晋东平原是泉州市最大的冲积平原，土地肥沃，河网密布，为水稻主要种植区。中部及南部广大地区丘陵起伏，多属侵蚀剥蚀台地，为甘薯、花生、大豆主产区。湖泊分布在滨海一带。东部的龙湖、虺湖是福建著名的淡水湖。海岸曲折，多港湾、岛礁，海岸线长，主要港湾有泉州湾、深沪湾、围头湾。受地质构造控制，地形、气候等因素的影响，市境溪河除晋江、九十九溪、九溪外，其余的溪流均独流入海。

三、气候

晋江市属亚热带海洋性季风气候。日照充足，热量丰富，蒸发旺盛，季风显著。夏长不酷热，冬短无严寒。春夏多雨，秋冬少雨，年平均气温 20℃～21℃，年降水量大致在 911.7～1231 毫米。年平均日照时数 2130 小时。台风、旱涝、雷暴为主要自然灾害。

四、自然资源

晋江市地带性植被类型为南亚热带季雨林，天然植被破坏殆尽，人工植被占优势。动物中，野生动物现存甚少，水生动物品种繁多，资源丰富。海洋捕捞的主要鱼类有 100 多种，经济价值较高的有带鱼、鲨鱼、海鳗、鲳、鲷、毛虾、梭子蟹、鱿鱼、乌贼等。浅海滩涂和陆上工厂化养殖的主要贝藻类有牡蛎、缢蛏、花蛤、巴非蛤、鲍鱼、紫菜、海带、江蓠等。淡水鱼类有青鱼、草鱼、鲢鱼、鲤鱼、鲫鱼、罗非鱼、胡子鲶、鲈鱼等 20 多种。海珍品有大黄鱼、石斑鱼、栉江珧、西施舌、鲍鱼、海参、日本对虾、青蟹等 10 多种。已发现矿产 12 种。其中，金属矿产 2 种，非金属矿产 10 种。优势矿产主要是饰面用花岗岩、建筑用石材、玻璃用砂和铸型用砂 4 种。巴厝白、内厝白花岗石 1998 年被评为“中国名特石材品种”。

第二节　经济建设

一、概况

中共十一届三中全会以后，实行改革开放，晋江发挥侨乡优势，闯出一条独具侨乡特色的经济发展道路，形成以市场经济为主、外向型经济为主、股份合作制为主、多种经济成分并存、共同发展的经济格局和运行机制，创造和发展创新引人注目的“晋江模式”“晋江经验”，使晋江从农业县一跃成为闻名海内外工贸港口城市。1989 年，晋江财政总收入在福建省首超亿元。1991 年，被评为全国百强县（市）的第 55 名。

1992 年，晋江撤县设市后，晋江把握邓小平南方谈话及撤县设市的重要历史机遇，建立市场机制，发展民营经济，培育产业集群，实现由工业城市向经济大市转变，经济社会发展实现第二次跨越。当年，晋江市财政总收入突破 2 亿元大关。1999 年，晋江市地区生产总值居全国百强县（市）第 5 位，地方财政收入居全国百强县（市）第 13 位。21 世纪，晋江坚持以科学发展观为指导，探索新型工业化、城市化发展道路，推进全面建设小康社会进程，在率先实现宽裕型小康的基础上，初步实现由注重经济发展向追求经济社会全面协调可持续发展转变，经济社会发展实现新的跨越。1992—2010 年，晋江经济以年均 21% 的增幅保持快速发展态势。其中，1992—1995 年，着力构建市场体系和市场机制，突出抓好“六五规模”工程，经济实现跨越式大发展，连续多年保持高速度、高增长态势，1992 年、1993 年、1994 年、1995 年地区生产总值增长率分别达 73.8%、76.3%、78.2% 和 25.6%，在全国百强县市的排名位次由 1991 年的第 55 位跃升至 1994 年的第 15 位。 2002 年，省委副书记、省长习近平总结提出以“六个始终坚持”和“正确处理好五大关系”为主要内涵的“晋江经验”。在“晋江经验”的指导下，晋江综合经济实力连续多年稳居全国前列、连续17年居福建首位，成为福建省经济社会发展的“排头兵”。当年，晋江市分别被列为全国地区生产总值、最发达的100个县（市、区）的第七、十四位。

2003—2010年，县域经济基本竞争力居全国百强县市的五至七位。晋江市经济实力连续17年保持“福建省十强县（市）”首位。还入选首届“中国50家投资环境诚信安全区”，获得“全国中小城市综合实力百强”和“全国最具区域带动力中小城市百强”等称号，还是中国著名的“品牌之都”。2006—2010年，经济增长速度分别达到16.0%、16.9%、16.3%、12.5%、11.9%，年均增长14%。

2010年，晋江市地区生产总值现历史性突破，达908.88亿元，占泉州的1/4、福建省的1/15，经济总量超过省内3个设区市（莆田、南平、宁德）。20年间，地区生产总值用3年跃上百亿元（1994年），用4年跃上200亿元（1998年），用了8年跨越500亿元（2006年）。按常住人口计算的人均地区生产总值为46221元，折算为6980美元（1美元折合人民币6.6227元）。按户籍人口计算的人均地区生产总值看，1991年晋江人均地区生产总值只有2065元，不足400美元，2010年突破1.2万美元。财政总收入实现历史性的突破，突破百亿元台阶，达到100.23亿元，成为福建省首个财政收入超百亿元的县级市。

二、农业经济

2010年，全市实现农林牧渔业产值29.56亿元，是1991年的3.8倍。其中，渔业总产值完成16.11亿元，占54.5%，所占比重较1991年提升36.1个百分点；牧业总产值完成6.24亿元，占21.1%。农业总产值完成6.1亿元，占20.6%；农林牧渔服务业产值1.08亿元，占3.7%；林业总产值完成0.02亿元，占0.01%。调整种植业结构，减少粮食作物，增加蔬菜等经济作物。同年，粮食总产量仅6.14万吨，比1991年减少10万吨，蔬菜总产量22.78万吨，比1991年增加15.83万吨。晋江依靠临海优势，发展渔业生产，使得渔业经济在第一产业中的比重不断提高，并成为第一产业的重要支撑。全市实现水产品产量20.87万吨，比1991年增加15万吨。实施“知识、技术、品种”等更新工程，推进畜牧业向规模化、专业化、区域化发展，不断提高畜牧业养殖效益。全市实现肉蛋奶产量3.8万吨。其中，肉类产量2.42万吨，禽蛋产量1.03万吨，奶类产量0.35万吨。2010年增加耕地流转面积1066.67公顷，全市累计达6346.67公顷，占全市常用耕地面积的35.5%。全市农业机械化水平达53%。

至2010年年底，全市拥有加工企业带动型、专业市场带动型、中介组织引导型为代表的产业组织269个。其中，拥有国家级农业产业化重点龙头企业3家（分别是福源备品、福马食品、乐天食品），省级14家，泉州市级31家，晋江市级60家。全市60家市级龙头企业、示范基地实现产值69.74亿元，带动省内外农户22.3万户增收9.01亿元。

三、工业经济

1991年，晋江市民营工业（本文所指民营工业指扣除国有和集体外的其他经济成分的工业）经济占全部工业经济的75.9%，经过20年的发展变化，2010年，民营工业经济占比提升至95.61%。

晋江市发挥产业集群基本形成和民营经济活力较强的优势，引导企业加快战略创新，做大做强做久企业，不断增强经济发展后劲，涌现出许多规模大、竞争力强、效益好的企业。至2010年年底，全市纳入规模以上统计范围的工业企业达1462家。分别占泉州市的29.1%和全省的7.7%。全年完成规模以上工业产值1859.57亿元，分别占泉州市和全省的29.7%和8.5%；占全部工业总产值的比重由1998年的23.8%迅速提升到88.92%。2010年，年产值超亿元企业达373家，累计完成产值1480.09亿元；年产值超5亿元的企业75家，累计完成产值816.86亿元；年产值超10亿元的企业26家，累计完成产值487.24亿元。在规模工业企业中，五大传统产业1100家，实现产值1364.18亿元，占规模以上工业产值的73.4%；五大新兴产业183家，产值271.38亿元。全年工业经济效益综合指数为207.59%。

晋江市引导企业主动适应市场发展需要，实施品牌战略，1996年起，相继提出“质量立市”“品牌立市”战略，2002年，提出打造“品牌之都”的战略构想，出台一系列鼓励争创品牌的优惠政策，扩大企业产品影响力和市场占有率，提升晋江“品牌之都”的集聚力和辐射力。2010年，晋江市拥有恒安、安踏、361度、七匹狼、利郎等“国字号”企业品牌126个。其中，中国驰名商标30件（国家工商总局认定），中国名牌产品24项，中国国际知名品牌2项；拥有福建省著名商标251件，福建名牌产品108项：10个商标入选中国最有价值商标500强，6个品牌入选中国行业标志性品牌，晋江成为全国拥有中国名牌最多的县级市之一。心相印纸品、安踏运动鞋、七匹狼夹克衫、浔兴拉链等10项产品在全国同类产品的评比中市场占有率位居第一。晋江市先后获“世界夹克之都”“中国纺织产业基地”“中国拉链之都”“中国鞋都”“中国食品工业强县”“中国国家体育产业基地”“福建省装备制造业重点基地”等称号，磁灶镇、永和镇、东石镇、深沪镇、英林镇、龙湖镇和新塘街道分别被授予“中国陶瓷重镇”“中国石材之乡”“中国伞都”“中国内衣名镇”“中国休闲服装名镇”“中国织造名镇”“中国运动服装名镇”称号。

1998年12月8日，恒安国际在香港联交所上市，掀开晋江企业进军资本市场的序幕。2001年年初，晋江在福建率先成立上市办。2004年4月，凤竹纺织在上交所上市，成为晋江第一家A股上市公司；8月，七匹狼在深圳中小板上市，成为福建第一家中小板上市公司，也是晋江第一家上市的服装企业。2005年8月，中国休闲食品（蜡笔小新）在新加坡主板上市，成为晋江第一家在国外上市的企业。2006年12月，浔兴股份深交所上市。2010年，晋江市工业增加值完成562.28亿元，占地区生产总值的61.87%。工业总产值完成2090.14亿元，是1991年的75倍，其中规模以上工业产值达1859.57亿元。全市共有上市公司31家。

四、商贸

1991年，晋江市全社会商品出口总值不足1亿美元，2010年则达68.68亿美元。2010年，晋江市自营出口（海关数）22.23亿美元。自营出口主体总数达269家。其中，出口超千万美元企业58家，超5000万美元企业9家，超亿美元企业1家。

2005年8月19日，晋江市正式开展对台小额贸易以来，打造对台小额贸易常态化、多样化、双向互通的平安通道，促进晋江对台小额贸易的顺利发展，业务量快速增长。2010年，晋江市对台小额贸易货值3800万美元，上缴税收6086万美元。初步实现“小额贸易”向“大额贸易”转型。

20年间，随着投资环境的不断改善和国家利用外资优惠政策的出台，大批外来资金涌入晋江，创办大量“三资”企业，掀起晋江外向型经济发展的新一轮高潮。21世纪，晋江市在释放经济内力的同时，把握放宽外资准入领域的机遇，鼓励原有的“三资”企业增资扩营，把招商工作重点转移到产业链配套、新产业形成和服务贸易业拓展上来，对世界500强、台湾100大企业的招商选资工作取得实质进展。至2010年，晋江市累计批准成立外商投资企业4247家，开业投产2838家；投资总额（含增资）累计108.11亿美元，合同外资总额累计6.64亿美元；实际利用外资累计6.28亿美元。跨国制造业的美国保洁公司、意大利满誉集团，高科技产业的冠科光电、金保利能源，商贸业的沃尔玛、大润发、万达、宝龙等入驻晋江。

第三节　社会事业

一、教育

1991—2010年，晋江把优先发展教育放在重要战略位置上。1991年全面实施初等义务教育。1992年3月，晋江被泉州市推荐接受省政府首批实施义务教育6项督导评估的县，以优秀成绩通过福建省检查验收。经省评估“六项督导”达优。1993 年，获省“实验教育普及市”“实验义务教育先进市”“多渠道筹措教育经费先进单位”称号，获“全国教育先进市”称号。1996 年通过省政府对晋江教育“两基”验收达标。连续 6 年通过“两基”跟踪复查，被评为“省教育两基先进市”。2003 年，首批通过福建省“双高普九”验收。2005 年，被评为“年度福建省教育工作先进市”。还先后获得“全国幼儿教育先进市”“全国艺术教育先进单位”“福建省德育先进县（市）”“全国农村学校艺术教育实验（县）市”等称号。

“十五”期间，全市多渠道投入教育经费 18.65 亿元。其中，市财政投入 13.13 亿元，农村附加 2.39 亿元，华侨捐资 1.55 亿元，群众捐资 1.4 亿元。全市中小学新增校园面积 45.52 万平方米；新增校舍面积 51.25 万平方米；危旧校舍改造取得新进展，拆除危旧校舍 9.9 万平方米，新建改造中小学校舍 16.39 万平方米。教育装备水平继续提高，9 个镇（街道）通过泉州市小学“十配套”达标乡镇验收。

“十一五”期间，晋江市财政投入教育增加到 11.73 亿元，多渠道筹集教育资金约 3 亿多元。全市中小学校园占地面积从 551.89 万平方米增加至 585.58 万平方米，生均面积从 23.64 平方米增加至 25.56 平方米，全市中小学校舍建筑面积从 203.76 万平方米增加至 243.02 万平方米，生均从 8.72 平方米增加至 10.61 平方米。学校体育运动场（馆）面积从 195.25 万平方米增加至 210.05 万平方米，生均面积从 8.36 平方米增加至 9.17 平方米；计算机从 1.92 万台增加至 2.5 万台，生机比从 12 ∶ 1 增加至 10.9 ∶ 1；图书藏量从 470.09 万册增加至 538.98 万册，生均数从 20.13 册增加至 23.23 册；固定资产总额从 13.86 亿元增加至 33.37 亿元，增加 140.74%。

二、科技

1991—2010 年，晋江市委、市政府实施“科教兴市”战略，科技进步环境不断优化，科技创新体系逐步完善、自主创新能力不断增强，高新技术产业快速发展、知识产权保护成效显著。1992 年始，晋江市财政科技专项投入占财政总支出的 1% 以上，2010 年达到 3%。建立总金额 1416 万元的科技发展基金。金融部门每年为企业的技术引进改造，设备更新提供超亿元贷款。企业科技开发经费占销售收入比重逐年增加。骨干企业科技创新的经费占 3% 以上，高新技术企业达 5% 以上，大型企业如安踏、恒安、浔兴、凤竹等每年用于科研、技改、产品开发、人才引进的经费均超过 2000 万元。全市每年各项科研和技改投入达 20 亿元以上。晋江市加快“传统产业高新化、高新技术产业化”步伐，加大高新技术企业培育力度，发挥科技工业园区、泉州出口加工区等载体作用，引进一批电子信息、新型材料等高新技术项目和原创型项目，增强高新技术产业的发展后劲。

2006—2010 年，晋江市组织实施各级各类科技计划项目 840 项。其中，国家级 25 项、省级 39 项、泉州市级 110 项、县级 666 项，争取上级扶持资金 3857 万元，县级资金资助 1.33 亿元。获国家科技进步奖 1 项、省级科技奖 11 项、泉州市级科技奖 16 项、晋江市级科技奖 666 项。晋江市专利申请量达 5503 件，专授权量 4191 件。其中，发明专利 62 件、实用新型 1325 件、外观设计 2804 件。2006 年后，共获得泉州市级以上专利奖 15 项和本级专利奖 34 项。此外，全市有 6 家企业被认定为专利试点企业，其中，国家和省专利试点企业各 2 家，泉州知识产权试点单位 7 家。

2010 年，晋江市高新技术产业产值达 490.29 亿元，占地区生产总值的 9.3%。全市累计引进各类人才 4.2 万多名，其中高级人才 5800 名。培训人才 16 万多人次。晋江博士后工作站累计引进博士后 61 名，涉及经济管理、软件开发、模具制造等多个企业急需的专业领域。先后主持国家级项目 8 个、省（部）级项目 14 个；获省（部）级奖励 7 次、发明专利 10 项、实用型专利 2 项、出版专著 16 篇。

三、文化体育

1991—2010 年，晋江市坚持以政府为主导，动员社会参与，群众共建共享，加大市、镇、村三级文体设施建设力度，为市民的精神文明活动提供载体。建成并投入使用的重大文体事业设施有晋江博物馆、图书馆新馆大楼、祖昌体育馆、晋江体育场、晋江游泳馆、运动员宿舍楼、施琅将军故居修缮及史迹景观建设等。建设文化中心、戏剧中心、档案馆新馆等大型文化设施，改造五店市传统文化街区、草庵公园龙泉书院以及图书馆旧馆。新建农家书屋150家，实现全市村、社区全覆盖工作目标。2010年，全市有103个民间文化社团、36个体育社团。

晋江市级文体设施建设规模位居全国县级市前列。有体育中心1个、高尔夫球场1个、体育馆11座、网球场5个、体育场7个、田径场21个、游泳馆3座、室外游泳池12个、篮球场808个、排球场61个、各类经营性体育健身场所近60家、健身路径362套。全市每万人拥有体育场地12.7个，人均占有体育场地1.68平方米，是全国平均水平的两倍。推动农村文体阵地“四个一”建设，铺设健身路径104条，50%以上的建制村建立文化室和文体活动中心，活动面积均在30平方米以上。

晋江市编制出台《文化产业发展规划》，成功申报6家泉州市级以上文化产业示范基地。开展闽台东石灯俗、全民健身日、戏剧展演节以及“文化遗产日”等群众性文体活动。有国家级文物保护单位5处，省级文物保护单位5处，县（市）级文物保护单位102处。编辑与出版《晋江文化丛书》1～5辑。编纂出版《晋江市志》和专志、部门志、镇村志共20部，《晋江年鉴》16卷，整理校点旧志3部等。对非物质文化遗产进行全面普查，加强对入选首批国家级非物质文化遗产名录的南派布袋戏、高甲、南音等剧种的传承保护、传统剧目整理等工作，公布13项晋江市级非物质文化遗产名录，其中8项入选泉州市级非物质文化遗产名录。5人入选第二批国家级非物质文化遗产代表性传承人。开展“乡土文化进校园”“乡土文化进企业”等活动，增强学生爱国爱乡之情，促进外来建设者对晋江的认同。注重传统剧种的创作参演指导工作，青艺高甲戏剧团夺取福建省职业剧团会演“六连冠”，继高甲戏《金魁星》获第八届“文化新剧目奖”“中国曹禺戏剧文学奖”之后，木偶戏《万里长虹》又获第九届“文化新节目奖”；高甲小戏《花婆闹春》参加中央电视台2006年春节戏剧晚会；木偶戏《人偶婚嫁情》代表福建省参加全国第三届少数民族文艺会演并获单项节目最高奖——优秀节目奖。

晋江市引导社会力量，特别是民营经济力量，参与举办形式多样、丰富多彩的文化体育活动。2003年后，承办中日女排对抗赛、中古女排对抗赛、中日羽毛球对抗赛、国际乒乓球挑战赛、亚太男篮球巡回赛等各类国际单项赛事10多场及中国男篮职业联赛、全国“足协杯”足球赛等国家和省级赛事500多场次。中国羽毛球队、中国乒乓球队、中国男子篮球队、中国女子篮球队、中国女子排球队等国家队先后来到祖昌体育馆，为晋江人民献技。全市经常参加体育活动人数达40多万人，约占全市（户籍）人口的40%以上。业余训练成绩喜人，获各级各类奖项200多项。其中，国家级12项、省级86项。2000年市农民篮球队获全国农运会三连冠。优秀运动员李冬英、陈鸿源代表国家队参加世界锦标赛、奥运会等。

四、卫生

1991—2010年，晋江市依据新时期卫生工作方针，开展创建国家卫生城市活动，增加卫生投入，加强医疗卫生单位及医疗卫生队伍建设与管理。至2010年年底，晋江市各级各类医疗卫生机构总数882家。全市各类卫生专业技术人员4104名（含村卫生所和民营医疗机构）。其中，执业医师1194名、执业助理医师351名、注册护士1043名、药剂员259名、检验人员164名、其他卫生技术人员1093名。总床位数3579张（含民营医院740张）；全市千人卫技人员数2.99名，千人床位数2张。市财政投入医疗卫生经费2.16亿元。卫生人才队伍不断发展壮大；同年，全市公立医院卫生机构在编人员1950名，高级职称128名、中级职称385名、初级职称1182名、硕士55名、本科879名、大专746名。人口结构趋向合理，计生管理水平稳步提高，人口出生率为15.85‰，人口自然增长率为8.74‰，政策符合率94.22%。

第四节　城乡建设

一、城市规划建设

1992年，晋江撤县设市后，进一步加强规划编修工作，完成新一轮城市总体规划整体纲要，提出“产业提升、城建提速”的发展战略，构建“全市一城、一核两翼”的空间发展格局，主动融入大泉州发展战略，打造“现代产业基地，滨海园林城市”，抢占泉州新一轮发展的制高点。市区建成区面积60平方千米、人口53万，城镇化水平54%。基本完成环湾片区控规，开展城东环湾片区产业策划，促进产业结构升级。完成近期重点项目详细规划、专项规划，完成火车站周边地块、晋南水城、安海镇钢材交易市场、桥头商贸区、东石镇东埕片区、池店南片区、城北片区控规及印刷产业基地、装备制造业基地等园区控规编制；完成泉安路拓改工程、迎宾大道西北延伸线工程、南港路市政道路、晋南污水处理厂一期工程、晋江火车站综合经济区市政专项等；完成福全历史文化名村保护规划、市区户外广告专项规划导向及整治规划、罗裳山生态公园方案设计、草庵摩尼教遗址公园总体概念规划、草庵景区景观设计；基本完成快速公交系统规划、市域生态绿地保护规划、晋江市商业网点、教育网点规划等。进一步完善以专项规划为基础，控制性详细规划为核心的城市规划体系。完成金井综合改革建设试点总体规划修编等。

晋江撤县设市以后，晋江市委、市政府从实际出发，参考国际先进城市的经验，提出建设珠链式侨乡新型城市的构想。立足于把晋江649平方千米的市域都作为城市来建设，坚持“工贸结合，转型外向，城乡一体，协调发展”的方向，建设青阳、安海、晋南等三个各具特色的经济区，用高等级的现代化公路和现代通信设施把三个经济区的各个镇连接进来。通过调整市区行政区划，设立青阳、梅岭、西园、罗山、新塘、灵源6个街道，实施“一带四区”工程，进一步丰富新城区建设内涵。在世纪大道两侧，有以市政府办公大楼、市民广场、电力大厦、博物馆、图书馆、体育中心、戏剧中心等为代表的行政中心区，以26家企业总部大厦建设为代表的总部商务区，以品牌博览馆、闽南商贸物流项目为代表的会展物流区。

2009—2010年，相继策划、陆续推出9个组团、2个体系，以及一批大的项目组，城市改建范围逐步扩大，总用地规模1.09万公顷，总拆迁量超840万平方米，总征地面积达5133公顷，这是晋江有史以来最大规模的旧城改造。2010年，完成城镇建设项目投资239.71亿元。全市中心城区建成面积已由2000年的12.8平方千米拓展到2010年的60平方千米，城镇化率由2006年的45.8%提升至2010年54%。

二、基础设施建设

1992年，晋江自撤县设市以来，首先进行基础设施的建设，推动城市化进程。据统计，从1992—2002的11年间，晋江累计完成固定资产投资254.05亿元。2003—2010年，累计完成全社会固定资产投资1264.35亿元，是1992—2002年4.98倍。2010年，晋江全社会固定投资就完成320.80亿元，占2003—2010年累计所完成固定资产投资的23.37%。2010年，晋江房地产投资完成60.89亿元，是1991年的1522倍。全市商品房施工面积507.9万平方米，竣工面积122.3万平方米，销售面积93.13万平方米；年末共有房地产开发企业91家。随着万达·城市广场、世茂·御龙湾、晋龙·宝龙城市广场等一批大型城市综合体陆续开工建设，晋江城市品位大大提升，人居环境大为改善。

至2010年末，全市拥有公路1887.65千米，比1991年增加1308千米。全市陆域公路密度为290千米／百平方千米，位居全国前列，城市“畅通工程”达国家模范管理城市。2010年，围头、深沪二港区合计完成港口货物吞吐量812.2万吨、集装箱31.35万标箱、杂货154万吨，加上东石、安海2个港区，全市港口货物总吞吐量达1000万吨。始建于1955年3月的泉州晋江机场，2010年运输旅客达197.71万人次，运输货邮2.294万吨。安全保障航班2.01万架次，实现第15个航空安全年。随着晋江机场的通航，晋江市形成陆、海、空齐全的立体交通运输网络。市、镇村成为“全省第一个开通程控电话的县级市”“第一个电话万户镇、2万户镇”“第一个电话千户村”“第一家县（市）信息网”等。全面完成“村村通”工程，实现全市各建制村网络100%覆盖。另一方面，晋江电信实现19个镇、389个村（社区）的全方位网络覆盖，建成包含总容量达50万门的程控电话网，1万多信道的小灵通网络，基站达3000多个的基础通信网络；在全市建成5000多皮长千米的光缆总长、1000多沟千米管道总长，并实现全部村（社区）100%光纤、宽带覆盖。全市固定电话用户数量达到57万户，移动电话300多万部、互联网用户28万户。全市用电量达114.24亿千瓦时，其中工业用电量94.93亿千瓦时。全市拥有自来水厂13个，供水规模达到67.8万吨/日，全市有265个村（社区）通自来水，全市普及率达68.1%。

三、经济开发区建设

1994年1月9日，泉州市政府批准同意设立“泉州安平开发区晋江管理处”并作为晋江市人民政府派出的科级行政机构，行使镇一级的管理权限。2000年，福建晋江经济开发区动工建设，2003年被省政府批准为省级开发区，2005年被列入省级开发区示范区，2006年经省政府批准、国家发改委正式审核公告，更名为“福建晋江经济开发区”。2009年全面启动拓展规划，形成“一区九园”发展格局，总规划面积98平方千米。“一区九园”布置格局：五里综合工业园、安东集控工业园、东石台资产业园、英林服装贸易园、新塘现代物流园、省装备制造业基地金井深沪园、省装备制造业基地安海内坑园、中国包装印刷产业（晋江）基地（位于磁灶）、深沪中小企业创业园。开发区主要以发展高科技产业和晋江市传统支柱产业为主，逐步形成生物制药、新型材料、纺织服装、鞋业、食品业、纸业、物流业、伞业等几大产业集群。至2010年底，五里综合工业园及安东集控工业园拥有规模以上企业105家，完成规模以上工业产值193.21亿元，占全市的10.3%；全社会固定资产投资直报项目完成30.6亿元，完成财政税收6.06亿元。

2005年6月3日，经国务院批准设立泉州出口加工区，2006年12月22日，通过国家发改委、海关总署、财政部、国土资源部、商务部、税务总部、工商总局、质检总局、外管局九部委封关验收，2009年1月16日，厦门海关批复泉州出口加工区启动封关运营，正式运作。2010年，进出口货运总量2.5万吨，价值1.674亿美元。保税物流进口总值7970.66万美元，全年海关征收税款达3343.3万元。

四、新农村建设

2005—2010年，晋江市“百村示范、村村整治”工程累计完成投资14.51亿元，拆除旧房4274幢109.65万平方米，整理土地190.9万平方米，新建房屋2173套82.61万平方米，铺设自来水管665.55千米，道路硬化614.59千米，修筑排水沟414.64千米，填埋茅厕6258个，新建公厕339幢1.46万平方米，购置垃圾桶2.05万个，垃圾车157辆，新建垃圾屋、围1025座，架设路灯1.39万支，绿化122.59万平方米，其他公共设施322座41.37万平方米。

2007年起，“百企联百村、共建新农村”活动在全市范围内开展，得到工商企业家们的支持。全市有56个村和101家企业结对共建，合作意向奖金6亿元，投入建设资金1.95亿元；有75个村（社区）采用股份合作方式出资组建“改造建设投资公司”，总注册资金1.45亿元，投入建设资金4.66亿元。涌现出公益捐助型、产业带动型、合作建设型、劳动协作型、智力支持型5种村企结对共建模式，初步形成新农村建设与社会扶贫工作良性互动的格局。

第五节　居民生活

一、社会就业

1991—2010 年，晋江落实就业政策，采取一系列措施来鼓励就业，不仅基本实现本地劳动力充分就业，吸纳来自全国 20 多个省（自治区、直辖市）的 100 多万名劳动力来晋江就业，为晋江经济社会发展提供强有力的劳动力要素保障。建成市级和陈埭等多家镇级劳动力中心服务市场，构建以市级人力资源市场为龙头、镇级劳动保障所为支撑、村（社区）劳动服务窗口为基点的三级服务平台，开展就业指导“一站式”服务，免费提供求职登记、职业指导、岗前培训等方面服务；同时，以失地农民、社会待业青年、零就业家庭为重点，免费为其提供职业介绍、技能培训，建立培训资金直补用人单位机制，鼓励企业对各类员工开展初级技能、专项技能及在岗技能提升等各项培训；此外，推动农业富余劳动力转移就业培训、劳动预备制培训、创业培训的展开，形成独具特色的职业培训制度，提高劳动者的技能素质和就业能力。2006 年后，城镇新增就业人数 8.87 万人，农村劳动力转移人数 3.75 万人，城镇登记失业率平均值为 0.275%，控制在 0.3% 以内，就业局势保持良好。根据第六次人口普查数据，2010 年，全市就业人员达 131.61 万人，三次产业构成中，第一产业从业人员 3.45 万人，第二产业从业人员 92.64 万人，第三产业从业人员 35.52 万人，占比分别为 2.6% ∶ 70.4% ∶ 27.0%，制造业成为吸纳劳动力就业的最重要产业。与 2000 年的第五次人口普查相比，第一产业从业人员占比下降 7.5 个百分点，第二产业占比提升 3.0 个百分点，第三产业占比提升 4.5 个百分点，就业结构呈现出服务业从业人员占比迅速提高、第二产业从业人员占比稳步提高、第一产业从业人员快速下降的格局。

二、收支水平

1992 年，晋江撤县设市以来，居民收入水平大幅提高。2010 年，全市城镇在岗职工平均工资收入达 29019 元，是 1991 年的 11.7 倍。农村居民人均纯收入达 10542 元，是 1991 年的 8.7 倍；城镇居民可支配收入 21858 元，是 2007 年的 1.4 倍（注：晋江从 2007 年开始开展城镇居民收支情况调查）。

2010 年末，城乡居民储蓄存款余额达 473.7 亿元。农民人均收入的主要构成：人均基本收入（工资性收入 5493.5 元和家庭经营收入 5131.7 元）保持平稳增长态势。人均财产性收入 966.2 元，同比增长 14.13%，人均转移性收入 347.7 元。全市城镇居民主要收入来源中，人均工资性收入 10718.89 元，占家庭人均总收入的 47.9%；人均经营性收入 4743.23 元，占家庭人均总收入的 21.2%；人均财产性收入 2831.89 元，同比下降 3.4%，占家庭人均总收入的 12.7%；人均转移性收入 4075.12 元，占家庭总收入的 18.2%。农村居民人均生活消费支出 9249 元，是 1991 年的 10.8 倍，人均住宅面积 65.7 平方米；城镇居民人均消费性支出 16098.81 元，人均住宅面积 79.64 平方米。

三、社会保障

1997 年，晋江市开展机关事业单位养老保险工作。1998 年，实行最低生活保障制度，不断规范完善城乡一体的低保制度，先后九次提高城乡低保标准，保障标准从每月 120 元提高到 280 元；五保标准提高到月人均 460 元。全市享受最低生活保障的城乡居民（含五保）由 1998 年的 1138 户 1156 人扩大到 2010 年的 8958 户 21571 人，占全市人口总数的 2% 左右。2005 年晋江在福建省内率先启动新农合，将新农合和城镇居民基本医保两项制度并轨，在全省率先建立城乡一体化医疗保障体系。2009 年，晋江市被国务院列为国家首批新农保试点。至 2008 年，全市初步建立社会保障体系框架，保险覆盖面涉及机关、事业单位和国有、城镇及其职工，其中养老保险的覆盖面发展到所有的经济组织。

2010年，晋江市进一步加强“五险统征”工作，加大基本养老保险扩面力度，完成省市下达的参保任务。全市参加城镇职工基本养老15.88万人，同比增长121.97%，扩面2.86万人。全市新农合参合人数从2006年的77.73万人增加到95.64万人，年参合率从80.78%提高到98.18%，新农合成为医改中群众受益最直接、感受最深刻、反映最欢迎的惠民工程；同年，晋江市新农合筹资标准提高至180元／人。

四、慈善事业

2002年12月18日，晋江市慈善总会成立，确立每年的12月18日为“晋江慈善日”；通过政府引导、社会合力、民间运作，制度化募集善款，逐步形成捐赠为主、增值为辅的善款筹集机制，基本建立起包括日常募捐、定向捐赠、冠名基金、留本捐息及“慈善一元捐”、重大突发性灾难紧急募捐等项目和方式在内的慈善募捐制度。晋江市形成一个市（慈善总会）、镇（爱心援助中心）、村（“爱心慈善援助站”）三级联动的慈善网络平台，389个村（社区）全部建立“爱心慈善援助站”，建站率达100%。至2010年年底，市慈善总会累计募集善款10.75亿元，拨出善款4.59亿元，惠及10万多人次。

第七章 南安市

第一节 自然环境

一、地理位置

南安市位于福建省东南沿海，晋江中游。东接鲤城区、丰泽区、洛江区，东南与晋江市毗邻，南部与金门县及厦门市翔安区的大、小嶝岛隔海相望，西南与厦门市同安区交界，西通安溪县，北连永春县，东北与仙游县接壤。辖区最南为石井镇的大佰岛，最北为向阳乡的洋坪自然村，最东端是洪濑镇的大洋村，最西端是翔云乡的椒岭村。南北最大距离82千米，东西最大距离45千米，总面积2036平方千米，海岸线32.8千米。2010年，全市常住人口150.4万人。

二、地质地貌

南安市地质结构，其基底属于华厦古陆、闽东南新华厦火山岩基底隆起带的一部分。以官桥为界，西北部属福鼎—云霄火山断陷带，南部属闽东南沿海大陆边缘坳陷变质带。侏罗系上统南园组是南安地层主体，面积约占全市面积的60%。南安背山面海，地势西北部高、东南部低平，呈阶梯状下降态势。全境低山丘陵占73%，平原占21%，水面占6%。境域西部、西北部、北部边缘有云顶山、天柱山、五台山等（海拔高800米以上），属戴云山系的余脉，林深草茂，是林业发展基地；中部被高盖山、杨梅山、白马山、大阳山、凤凰山、九日山等及晋江东溪西溪水系河流纵横分割为5个丘陵盆地和3处河谷平原，是发展农林茶果业、畜牧业的重要基地；东部南部海拔50米以下的河谷、浅丘岗地、冲积平原，是发展农业种植业和水产养殖业的主要基地；南部石井湾的滨海平原、埭田、滩涂，适宜水产养殖和海水制盐；石井港码头至金门澎湖的直接往来航线是海峡两岸客运、货运、小额贸易交流的黄金水道。

三、气候

南安属于亚热带湿润季风气候。在一年四季中，春季冷暖交替频繁，低温阴雨多，但气温回升快；夏季气温高、湿度大、日照强、少酷暑，台风频繁、雨量集中，常造成洪涝灾害；秋季温度适中，少雨多旱；冬季温度低雨量少、天气干冷，但无严寒，多年平均无霜期332天。市内气温有西北、西南、东北部偏低，南部东部较高的特点。1989—2010年，总体气候变暖，年平均气温21.5℃。常年降水量为1000～2000毫米，雨量从南部沿海向西北部山区逐渐增加。年平均日照1844.2小时。冬季多东北风和西北风；夏季多东南风和西南风。每年都有自然灾害的影响和发生，主要是台风、洪涝、干旱、雷暴及寒潮、冰雹、龙卷风、地震等，灾情时轻时重。

四、自然资源

南安矿产资源丰富，有黑色金属矿、有色金属矿、非金属矿等，非金属矿是最主要的优势矿种，尤以花岗岩和高岭土最多，且具有较大的经济价值和开发利用前景。至2010年，市境内已发现矿产资源有饰面用花岗岩、工艺用辉绿岩、建筑用花岗岩（凝灰岩）、建筑砂、高岭土、陶瓷土（瓷石）、绢云母、伊利石、叶蜡石、铁、锰、铅锌、钨、钼、泥炭、地下热水等33种，产地306处。矿床规模：大型4处、中型8处、小型152处，矿点105处，矿化点37处。溪美乌页山铁锰矿，仑苍蔡西钼矿，东田高山、官桥岭兜、官桥云溪的高岭土矿，康美大埔山工艺用辉绿岩等6处被列入福建省资源储量表。境内水资源由晋江水系和沿海水系构成，多年平均水量在16.3亿立方米；入境水资源主要来自晋江西溪上游和东溪上游（包括龙门滩跨流域引入山美水库的水）多年平均入境水量41.4亿立方米；地下水资源允许开采量1.027亿立方米。

第二节　经济建设

一、概况

1991—2010年，南安市全面实施农业稳市、工业立市、经贸活市、科教兴市等一系列政策、措施。南安从一个农业县发展为现代化工贸城市，综合经济实力跻身全国县域经济基本竞争力百强县（市）、全国中小城市综合实力百强县（市）。1993年5月12日，南安撤县建市，标志着南安迈进城市化、工业化的发展阶段，南安历史翻开崭新的发展篇章。南安市制定并实施“工业立市”“工业强市”发展战略，走产业—基地—市场联动发展的新型化工业化道路，实现从传统工业到现代工业的跨越式发展。21世纪后，南安工业推进产业转型升级，发展高新技术产业，壮大支柱产业。一批企业在经营规模、技术水平、产品质量等方面跃居行业前列，成为国内行业的领军企业。1993年，南安市地区生产总值43.92亿元、财政收入2.21亿元、固定资产投资8.45亿元，分别比1990年增长359.41%、211.27%、364.29%。2006年1月，南安市第十四届人大三次会议通过南安市“十一五”规划，围绕建设海西“两个先行区”和建设现代化侨乡工贸城市的目标，确立“双擎驱动、四翼拓展、城乡融合、优势互补、梯度推进、联动发展”的发展战略，推进沿海舞起、中部崛起、四翼奋起、整体腾飞。2010年，南安市地区生产总值482.1亿元、财政总收入38.2亿元，分别是2005年的2.2倍和2.4倍；实现农业总产值29.6亿元、工业总产值924.2亿元、社会消费品零售额165.7亿元，分别是2005年的1.3倍、2.3倍和2.0倍；实现全社会固定资产投资总额164.31亿元、合同利用外资1.46亿美元，分别是2005年的3.2倍、1.26倍；实现城镇职工平均工资30938元、城镇居民可支配收入21339元、农民人均纯收入9565元，分别是2005年的2.1倍、1.8倍和1.6倍。当年，南安入选福布斯中国最佳县级城市25强第23位，全国县域基本竞争力百强县第

48位，中国中小城市科学发展百强县第45位，中国最具投资潜力百强县第30位，中国商标十强县第10位。

二、农业

1991—2010年，南安贯彻执行党中央、国务院关于加强农业、农民和农村工作的一系列方针政策，以农业增效、农民增收、农村发展为目标，推进农村经济体制改革，完善家庭联产承包经营责任制，开展山海联动农业综合开发，调整优化农业产业结构，推广应用农业科学技术，实行农业标准化建设和产业化经营，创建优质农产品品牌，农林牧渔各业蓬勃发展，在全市形成粮油、禽畜、水果、花卉、茶叶、水产品、蔬菜、食用菌等农业支柱产业，建成5个现代农业示范区、27个省级无公害农产品基地，培育29家省级、泉州级农业产业化（农牧业产业化）龙头企业，认证78个无公害农产品、21个绿色食品和7个有机食品。全面实施《中华人民共和国农业法》和《中华人民共和国农业技术推广法》。在种植业推广应用农业“五新技术”：新品种、新技术、新肥料、新农药、新机具。承担福建省农业厅、农科院、农大和泉州市农业局农科所等部门、院校的农业科研项目60多个，实验内容涉及农作物栽培、植物保护、茶果园艺、土壤肥料、畜牧兽医、水产养殖、农业机械、沼气利用、农村经营管理等。2000—2005年，10多个农业产业化经营龙头企业以“公司＋基地＋农户”“专业合作社＋农户”“订单农业”“股份农业”等多种形式，带领一大批农户围绕粮油、食品、果蔬、畜牧、水产、茶叶、花卉、食用菌等优势产业开展新产品开发和系列精深加工。2010年，新建农民专业合作社43家，全市共有农民专业生产合作社72家，入社农户800多户，带动农户8500多户，年创造产值（收入）1.9亿元，促进社员增收1300多万元。全市有省级农业产业化重点龙头企业3个、省级农牧（林）业产业化龙头企业6个、泉州市级农业产业化重点龙头企业21个，有农业部定点农产品批发市场2个。龙头企业带动原料基地9333.33公顷、农户3万户，农户增收近2000万元。全市获得认证的绿色食品有18家21个，无公害农产品有68家78个，有机食品有7个；主要农产品有龙眼、桂圆干、绿茶、乌龙茶、杨梅、芦柑、生猪、肉牛、大米、甘薯、蔬菜、鸡蛋、鱼、虾、紫菜、食用菌等。承担国家级、省级试验项目19组，有227个参试新品种新组合。全市农林牧渔产值29.28亿元。其中，种植业13.84亿元，林业4236万元，畜牧业13.46亿元，渔业15.56亿元，比重结构为47.27∶1.45∶45.97∶5.31。

三、工业

南安市实施“工业立市”“工业强市”发展战略，走产业一基地一市场联动发展的新型工业化道路，持续实施体制改革、机制创新、招商引资、技术改造、自主创新等举措，实现从传统工业到现代工业的跨越式发展。20世纪90年代初，南安县委、县政府作出发展乡镇企业、振兴南安经济的战略决策，先后制定发展乡镇企业的一系列政策措施，1991—1993年连续3年组织开展“乡镇企业年”活动，动员社会各方面力量创办、发展工业企业。至1995年，全市工业企业和个体工业户1.03万家，实现工业总产值138亿元，分别是1989年的2.38倍和20.38倍，1989—1995年工业总产值的年平均增长速度达到61.29%。20世纪90年代下半叶，在工业生产数量上不断增长的同时，南安工业更在“经营上规模、技术上水平、质量上档次”和培育规模企业、龙头企业、明星企业上发力作为。1997年始，部分集体和挂靠集体企业甄别产权、组建股份合作制企业，一些家族企业引入现代企业制度，建立股份有限公司或有限责任公司。至2002年，大部分工业企业按照《中华人民共和国公司法》进行规范化改造，成立股份有限公司或有限责任公司；南安市委、市政府先后出台一系列政策措施，引导和激励企业“做大、做强、做优”，同时培植支柱产业和龙头企业，精心打造产业基地。工业企业想方设法扩大经营规模，引进优秀人才和先进技术，努力提升企业技术水平和产品质量，积极争创名牌产品。1997年起，开始在企业中开展质量管理认证工作，以提高工业企业整体素质和竞争力。至2000年年底，南安市已形成石材陶瓷、水暖阀门、消防器材、五金制品、纺织服装、塑料化工等支柱产业，全市拥有规模以上企业 20 家，拥有福建省名牌产品 11 个，80 家企业获得 ISO9000 质量管理体系认证证书。

21 世纪后，南安工业推进产业转型升级，发展高新技术产业，进一步壮大支柱产业。同时，加大人才引进、技术改造、产品研发和争创名牌力度，一批企业在经营规模、技术水平、产品质量等方面跃居行业前列，成为国内行业的领军企业。

2010，南安市工业经济主动顺应经济发展需求，创新工作思路，拓展作为空间，保持平稳、健康、向上的发展态势。工业总产值 924.2 亿元，规模以上工业产值 761.5 亿元。全市拥有规模以上工业企业 851 家，年产值 521.63 亿元；5 家企业获得中国名牌产品证书，20 家企业的产品被国家质检总局评定为国家免检产品，84 个产品被评定为“福建省名牌产品”；63 家企业注册商标被确认为“中国驰名商标”。

四、贸易招商

1991—2010 年，南安市发挥地处海峡西岸闽南金三角地带和著名侨乡、港澳台胞主要祖籍地的优势，运用中央赋予的特殊政策和灵活措施，出台优惠政策、改善投资环境，开展招商引资，对外经贸合作发展迅猛。2001 年前，南安市有 4 家“三资”企业和民营企业获得外贸出口经营权。2003 年，在全市有外贸出口经营权的 35 家企业中，“三资”企业和民营企业占有 33 家，出口额达 1.50 亿美元，成为外贸出口创汇的主体。出口的大宗产品有石材陶瓷、针织服装、五金机械、建材、轴承、雨伞、箱包、鞋革、家具、塑料、橡胶、玩具、工艺品、日用制品、粮油食品等，销往的国家和地区有东南亚、欧美、中东，以及中国香港、中国台湾等。2010 年，全市新批外商投资项目 31 个，总投资额 20357 万美元，合同利用台资 14649 万美元。2010 年末，全市共有注册台资企业 110 多家，总投资额 5.89 亿美元，合同利用台资 3.18 亿美元。投资项目涉及光电 LED、精密机械、五金、建材、雨具、纺织、服装、鞋革、陶瓷制造及食品、水果、水产加工等行业。其间，还以小额贸易形式与台湾进行杂货、农土特产品经营。同年，南安市全社会消费品零售总额 165.72 亿元；全市有限额以上商业企业 85 个、零售额 76.71 亿元（批发零售企业 67 个、零售额 72.09 亿元，住宿餐饮业 18 个、营业额 12.02 亿元），占全社会消费品零售总额的 45.93%；全市有 5 亿元以上商品交易市场，拥有摊位总数 3094 个、营业总面积 9.72 万平方米、商品成交额 25.85 亿元。其中，有专业市场 2 个、摊位 1014 个、营业面积 8.12 万平方米、商品成交额 20.89 亿元；综合市场 3 个、摊位 2080 个、营业面积 1.6 万平方米、商品成交额 4.96 亿元。

第三节　社会事业

一、教育

1991—2010 年，南安市牢固树立“强市必先强教”的理念，认真落实教育优先发展战略，构建起学前教育、义务教育、职业教育、特殊教育、高等教育、成人教育协调发展的国民教育体系。1989—1993 年，南安新建初中校 13 所，扩建初中教室 175 间，面积 1.23 万平方米。1991，南安有 401 所幼儿园（点），在园幼儿 3.35 万名；有小学 645 所（其中，中心小学及完小 438 所，教学点 207 所），小学生 17.04 万名；职业中学 2 所。全县有中小学教职员工 1.04 万名，其中专任教师 9390 名。1993 年，全市普通中学 61 所。2001 年，经福建省人民政府和教育部批准，由福建师范大学与福建省东方实业发展有限公司联合创办福建师范大学闽南科技学院；11 月，经泉州市政府报请省教育厅批准，南安师范学校并入泉州师范学院，成立泉州师范学院高等职业技术学院。2010 年，南安市有各级各类学校 542 所。其中幼儿园 160 所，小学 302 所，特殊教育学校 1 所，普通中学 80 所，中等职业学校 6 所。学前 3 ～ 5 周岁在园幼儿 4.09 万名，有专任幼儿园教师 2018 名；小学在校学生 8.86 万名，适龄儿童入学率 99.99%；普通初中在校生 4.85 万名；普通高中在校学生 1.31 万名；中等职业学校学生 1 万人。其中，国家级重点职校 1 所；省部级重点职校 3 所。泉州师范学院高等职业技术学院设有 27 个高职专科专业，设有省级职业技能鉴定站，在校生 2400 多名，专兼职教师 100 多名。全市教职工 1.37 万名，其中有专任教师 1.25 万名。

二、科技

1991—2010 年，南安市实施科技兴市战略，推进科技创新体系建设，科研项目、成果丰硕，科研经费逐年增加，建立适应社会主义市场经济体制、以企业为主体、产学研相结合的技术创新体系，多次获“全国科技进步先进市”称号。1991—2010 年，南安市（县）共组织实施各级各类科技项目 1444 项。其中，国家级科技项目 65 项，省、部级科技项目 177 项，泉州市级科技项目 233 项，本级科技项目 969 项。市财政投入的科技三项费用（新产品试制、中间试验、重要科学研究补助费），也逐年增加。至 2008 年，南安市获得泉州市级以上的各项科技成果奖共 38 项。其中，省部级 17 项，省厅（委）级 8 项，泉州市级 13 项。2010 年，南安市财政投入的科技三项费用达 6147 万元，比 2009 年增长 28.04%。2010 年，南安有 15 个科技产品通过省级鉴定，3 个达到国际先进水平、10 个达到国内领先水平、2 个达到国内先进水平；有 6 个科技项目通过泉州市级评审，2 个达到国内领先水平、3 个达到国内先进水平、1 个达到省内先进水平。泉州天龙环境工程公司的 2 个科技项目，获巴黎国际发明银奖和铜奖。同年，全市专利申请量 1604 件，发明专利 168 件、获授权 15 件，实用新型专利 929 件、获授权 677 件，外观设计专利 507 件、获授权 503 件。专利申请量和授权量均居全省前列。全市新增加 1 个国家级知识产权示范创建单位，8 个省级知识产权试点优势企业，1 个专利技术展示交易中心。

三、文化

1991—2010 年，南安市文化事业蓬勃发展，一批文化设施先后建成，群众文化活动日益活跃，创作成果丰硕，文化产业持续繁荣，逐渐形成具有南安侨乡特色、形式丰富多彩的社会大文化格局，1999 年，获“全国文化先进县（市）”称号。1991 年，南安县有民间职业剧团 40 多个。1995—2008 年，南安市高甲戏剧团创作和演出一批优秀剧目，多次夺得国家级奖项。其中，高甲戏《大汉魂》1995 年获文化部“文华新剧目奖”“文华导演奖”及中宣部“五个一工程”提名奖；1997 年，编播制作广播文艺节目《高甲戏“大汉魂”欣赏》获得中国广播文艺奖一等奖，这是泉州市历史上获得的首个国家级广播节目一等奖。同年 11 月，高甲小戏《仙姑酒楼》获全国第七届群星奖银奖，高甲小戏《施大头卖剑》获得全国第七届群星奖铜奖；1999 年，高甲戏《沉浮记》获得第六届中国戏剧节剧目、剧本、导演、演员四项奖项；1999 年 10 月，大型高甲戏《龙头铡》获福建省第二十一届戏剧展演剧本二等奖、音乐创作奖；2001 年 12 月，小戏《十步送哥》获全国第十一届群星奖金奖；2005 年，南安高甲戏剧团创作演出的《洪承畴》获文化部艺术司、中国戏剧家协会、中国戏曲学会联合主办的第八届“映山红”民间戏剧节优秀演出奖。2010 年，南安市有民间职业剧团 30 多个。全市有全国重点文物保护单位安平桥、郑成功墓、九日山摩崖石刻、蔡氏古民居建筑群、南坑窑址 5 处，福建省级文物保护单位寮仔窑遗址、陀罗尼经幢、五塔岩石塔、延平郡王祠、诗山塔、南安中宪第、聚奎楼、省新林氏民居、莲花峰石刻、开化洞阿弥陀佛造像、妙峰山弥陀造像等 11 处，市级文物保护单位 58 处。2007 年开展第三次全国文物普查，共登记不可移动文物 550 处。全市公布 3 批 11 类 29 项南安市级以上非物质文化遗产保护名录。《英都拔拔灯》《蔡氏古民居建筑群营造技艺》列入国家级和省级非物质文化遗产保护名录 2 项。泉州市级非物质文化遗产保护名录 11 项。

四、医疗卫生

1991年以后，南安市深入开展医疗体制改革，募集资金进行医疗机构基本建设，1997年实现全部乡（镇）建有卫生院、村村建有卫生所，形成覆盖全市城乡的医疗卫生服务网络。医疗服务质量和水平不断提高，卫生服务日趋完善，公共卫生状况持续好转，2002年被评为福建省农村初级保健工作市、省级卫生城市。1991年，南安县有各级各类医疗卫生机构（单位）722个。其中，国有集体医疗卫生机构（单位）30个，病床1507张，卫生技术人员1570名、管理及工勤人员327名；有乡村卫生所（室）656个、医生586名、卫生员396名。1994年，开始实施护士执业考试制度。1998年起，开展执业医师、执业助理医师资格考试认定。2007年1月，南安市出台《南安市新型农村合作医疗制度实施意见》，启动新型农村合作医疗制度。当年，参加新农合的农民每人参合基金60元。其中，中央、省财政补贴24元，泉州、南安财政补助16元，农民个人筹集20元。2008年，政府补助标准提高到每人每年80 80元，农民个人缴费仍为每人20元。同时，免除计生“二女户”“独女户”和五老人员、重点优抚对象的每年个人缴纳金额。2008年末，全市参加新农合的村民有110.56万人，享受住院补偿7.4万人次。

2010年，全市新增卫生技术人员编制480名，并适当调整卫生技术人员高、中、初级技术岗位的结构比例。南安市有各级各类医疗卫生机构（单位）932个。其中，国有集体医疗卫生机构（单位）35个（泉州市国专医院、南安市直医疗卫生单位7个、社区卫生服务中心3个、乡镇卫生院23个、盐务局属医院1个），病床3.98万张，卫生专业技术人员2147名、管理及工勤人员175名；有民营医院1个、门诊部16个、个体诊所14个；有乡村卫生所（室）866个，医生1168名。南安市医院、南安市中医院、南安南侨医院分别被认定为三乙、二甲、二乙综合医院。全市参加新农合人数122.49万人，参合率97.72%，筹资标准为每人每年150元，全年筹集基金1.84亿元，统筹基金支出1.64亿元（住院支出1.61亿元、特殊门诊支出115万元，上缴泉州大病统筹支出245万元），支出率89.29%。全市住院补偿10.06万人次，占参合人数的8.21%，次均住院费用4768.02元，次均补偿1598.69元，实际补偿率33.53%。

五、体育

1991—2010年，南安市体育事业蓬勃发展，各级政府及社会各界投入巨额资金兴建众多体育活动设施，全民运动健身广泛、深入开展、竞技体育成绩斐然。1996年，被国家体委命名为全国群众体育先进县（市），1997年命名为全省体育先进县，2006年、2008年，先后获“全国群众体育先进单位”“全国全民健身先进集体”称号。1989—2004年，南安举办第五、六、七届南安市运动会，来自乡镇、市直机关的20多个代表团和数千名运动员、教练员和裁判员参加比赛。2010年，南安市组织举办闽台男子篮球邀请赛。1990—2008年，南安市承办的全国性比赛有全国女篮精英赛（1990年）、全国“五里桥杯”篮球赛（1993年）、华东地区钓鱼协作赛（1995年）、全国青年乙组篮球比赛（1996年）、全国男子篮球邀请赛、全国女子篮球精英赛（1999年）、全国女子篮球甲级联赛（1999—2007年）、中国乒乓球超级联赛（2001年）、第六届全国运动会“崎峰杯”女子篮球附加赛（2008年）、第六届全国农民运动会南安赛区女篮比赛（2008年）10项。承办的全省性体育比赛有7项。承办泉州市级体育赛事20项。

第四节　城乡建设

一、城区建设

1995年，为适应南安市撤县建市后社会、经济和城市建设快速发展的需要，重新编制《南安市城市总体规划（1995—2020）》，2020年再次调整，城市划分为城北、城南、城东、城西四大组团，2005年对城北组团、城东组团的用地布局进行调整，2007年4月，福建省人民政府正式批准南安市城市总体规划局部调整规划。2006年起，中心城区建设确立“以江（西溪）为轴，东进西连，北拓南疏，拥江发展”的工作方针，把城市路网、市政设施、片区改造、社会事业布局作为建设重点，拉大框架，全力推进。开展新市民中心、教育中心、体育中心、会展中心、商务中心和观音山现代物流基地园区等12个项目详细规划和沿海、中部两个区域发展规划的编制，中等规模城市清晰显现；续建新建江北大道、外二环路和柳美北路等13条市政道路；加快企业总部商务区、经济适用房、美林中心、河滨、柳南、柳东等片区改造建设步伐；建设城区防洪堤、市区污水处理厂及污水管网、LNG管网、垃圾焚烧发电厂等生态工程；建设南安一中新校区、会展中心南片区；建设市人力资源大厦、南安商报社、市广电中心、国家篮球训练中心、八月湖垂钓中心；开展武荣公园及园林绿化工程、成功街立面改造、人行道改建、夜景亮化等工程，提升城市品位；完成市区高速公路互通口柳东片区、柳东小区、光机电贸易中心、城西滨江片区、榕桥项目集中区的规划编制和前期工程实施；推进市区迎宾大道、江北大道两侧景观整治和美化亮化工程建设；发展公共交通，连接市区以外乡镇，方便群众出行；推进市区和中心镇的20多个房地产开发、安居工程建设项目；成立市行政执法局和乡镇行政执法中队，依法规范城市管理；全面执行城镇保洁的市场化运作，提高环卫水平。

二、乡镇建设

1994年，诗山镇、眉山乡率先开展乡镇区规划编制。1995年，第一轮乡镇总体规划编制在全市展开，官桥镇编制《南安市官桥镇总体规划》，罗东镇镇区规划也开始编制。1997年，水头镇编制《水头镇区建设规划》。1998年3月，雪峰华侨经济开发区完成雪峰开发区规划编制；4月，洪濑镇编制《南安市洪濑镇规划》。1999年，石井、省新、英都、码头、九都、蓬华6个镇及向阳乡的完成规划编制。2000年，乐峰、康美、霞美、丰州、东田、仑苍、翔云7个镇区完成规划编制。2001年，随着官桥、梅山、洪梅3镇镇区完成规划编制，全市24个乡（镇）、开发区都完成总体规划编制。2002年，水头镇开展总体规划的调整修编工作。2005年，梅山、罗东、九都、金淘、蓬华5个镇完成新一轮总体规划的修编。2008年，石井、洪濑、康美、霞美、东田、官桥等镇修编总体规划。其间，水头、梅山分别被列为全国、全省小城镇建设示范镇，仑苍、诗山、洪濑、官桥被确定为省级城镇体系规划中心镇。2008年年底，全市建制镇镇区建成区、乡建成区面积共8500公顷，实有住宅建筑面积1244.36万平方米，人均居住面积27.67平方米；公共建筑面积405.48万平方米，生产建筑竣工面积268.49万平方米；拥有自来水厂9座，日供水能力5.25万吨，自来水普及率74.38%；实有道路长度656.84千米，人均公共绿地3.89平方米。2010年，对52个镇、村规划编制进行修编，217个小城镇建设项目累计完成投资额60.5亿元。

乡镇居民住宅小区的规划建设是城镇建设的重要组成部分，2000年起，先后开展水头镇的荷楼片区、顶乡片区、百宏香榭花都、宏发豪庭、商贸大厦，官桥镇的五星片区、祥和片区、蓝桥片区、温泉新都城，洪濑镇的洪六路拆迁安置小区、东溪生活配套小区、隘门街片区，石井镇的成功国际城、海滨小区，霞美镇的中骏广场一期、综合市场、滨江汽配生活配套区，梅山镇的聚丰苑、香池小区，丰州镇的九日山庄、锦绣山庄，及仑苍镇南北大道片区，泉南家居生产基地生活区，金淘镇泉三高速公路亭川村拆迁安置区，诗山镇区改造三期等规划，用地面积共196.82万平方米，建筑面积共441.95万平方米。

三、乡村建设

1995年，南安市385个建制村按照“四图一书”规划要求进行山、水、路、村庄统一规划，于1997年全部完成。1995—2006年，农村拆旧建新和环境卫生整治全面开展，推出官桥内厝村、英都霞溪村、石井淗江村、眉山乡“红十字博爱新村”等一批示范单位和典型。2007—2008年，对村庄规划进行修订，完成90多件，159件正在编制中。2008年年底，全市编制的规划的建制村302个、自然村1738个，村庄户籍人口96.31万人，村庄现状用地面积1.8万公顷。全市村庄实有住宅建筑面积3424.19万平方米，人均居住面积35.55平方米；公共建筑面积211.08万平方米，生产建筑竣工面积294.06万平方米；日供自来水能力3.91万吨，自来水普及率32.55%。2010年，开展乡村清洁家园行动，有8个乡镇、89个村通过省级验收，14个乡镇建设垃圾中转站，100多个村级饮水工程竣工。

第五节　居民生活

一、城镇居民生活

1991年后，城镇居民收入水平的提高主要依靠扩大居民就业面和收入面。当年，县城市社会经济调查队在城关镇的中山、民主、新华3个居委会开展城市住户抽样调查，调查的50户205人中，有86人就业，就业率41.95%；居民家庭人均实际现金收入2001.12元。

2010年，城镇家庭就业率67.28%，人均家庭收入24107.67元，可支配收入21339.26元；同比2008年，工资收入增长28.91%，家庭经营收入增长30.57%，财产性收入增长44.49%，转移性收入增长17.49%。

1996年，南安通过农村小康水平验收，居民生活向宽裕型小康水平转变。当年，城镇居民家庭用于居住和设备用品的人均支出为328.15元，是1991年的1.62倍。2010年，该项支出2411.96元，是2008年的1.4倍。

2010年，城镇居民人均生活消费支出14972.94元，其中用于5类服务性项目支出的占比为41.12%，比1991年上升5.79个百分点。这表明，居民的生活消费支出重点，从基本生活类项目向服务发展类项目转变提升，生活质量得到提高。

1991—1994年，机关单位实施公有住房制度改革，工作人员购买原居住的公有住房，取得房屋产权。县城（城关镇）分期进行拆迁改造建设，兴建新街道、商住合一的综合大楼和居民住宅小区，部分居民住上多层多居室单元套房。

2000—2008年，南安市区及水头、官桥、洪濑、梅山、诗山等镇兴建大量的商品房住宅小区，众多居民购置入住新的单元套房。城镇居民调查户的人均住房面积从2000年的13.96平方米增加到2010年的42.73平方米。

二、农民生活

1991年，县农村社会经济调查队进行70户农村住户抽样调查，农民人均家庭现金收入1196.95元，其中家庭经营净收入974.85元，占总收入的比重为81.44%。家庭经营净收入是家庭经济的主要来源，这种状况一直延续到1999年。2010年，农民家庭人均收入9564.56元。其中，工资性收入5942.84元，占比62.13%；家庭经营净收入3025.72元，占比31.63%；财产性收入148.89元，占比1.56%；转移性收入447.11元，占比4.68%。

1991—1996年，农民家庭生活消费支出以食品、衣着、居住三大类项目为主。

2008年，农民家庭人均生活消费支出中，用于基本生活类的食品、衣着、居住的支出额3591.63元，占比为66.42%，比1991年下降15.09个百分点；用于发展服务类的5类项目的消费支出额为1815.66元，占比33.58%，比1991年上升15.09个百分点。这表明，农民生活消费支出的重点已经从基本生活类项目向服务发展类项目转变提升，生活质量得到提高。这个态势一直延续到2010年。

20世纪90年代，农村中钢筋混凝土结构、砖混结构、石头结构的新式2～3层楼房逐渐增加。1996年，第一次全国农业普查表明：农民人均住房面积36.98平方米；在住房结构中，钢筋混凝土占10.41%、砖混占 15.92%；砖石木占 59.76%、土坯房占 13.08%。

2010 年，农村居民人均住房面积 55.74 平方米，其中楼房面积占 86.99%，平房面积占 13.01%。住房建筑结构中，钢筋混凝土结构占 29.25%、混合结构占 42.09%、砖石木结构占 28.34%。居住条件中，炊事燃料使用液化石油气的占 57.34%、使用电能等的占 31.66%；饮用水使用管道自来水占 56.99%；清洁卫生使用淋浴热水器的占 81.52%，使用抽水马桶的占 75.98%。

第八章 惠安县

第一节 自然环境

一、地理位置

惠安县位于福建省东南沿海突出部，介于泉州湾与湄州湾之间，东濒台湾海峡，南隔泉州湾与晋江市、石狮市相望；西南接洛江区，西北与仙游县毗连；北邻泉港区（2000 年析出）。东北隔湄洲湾与莆田市遥对。2010 年，全县行政区域土地总面积 671.2 平方千米（含泉州台商投资区，下同），海域面积 1833 平方千米，海岸线长 214 千米，全县常住人口 94.42 万人。

二、地形地貌

惠安地质构造属于浙闽活化陆台，地质的基底由变质岩系组成，盖层广泛分布着中生代火山岩系。县域花岗岩石资源丰富，储量达 100 万立方米以上。地貌属于东南沿海低山丘陵区，地势西北高东南低，自西部、西北部向东部、东南部呈明显的阶梯状下降，由低山过渡到丘陵和台地，以丘陵台地为主。境内有大小山岭 1082 座，海拔高度 200 米以上的有 85 座，多分布于西部和西北部。惠安山脉为戴云山东伸余脉。境内溪流短浅，多独流放海。全境山多岩深耕地少，地下水比较匮乏。土壤类型多样，以砖红壤土和红壤土为多，由于侵蚀严重，耕地土层浅薄，质地多沙。其间还有小块海湾滩涂淤积地，为盐碱质黏土。中部、东部平原和河谷两岸，为江河冲积和内海滩涂淤积，土层深厚，土壤肥沃。

三、气候

县域地处低纬度，又濒太平洋，形成亚热带海洋性季风气候，年平均气温 20.4℃，年平均降雨量 1152.5 毫米，无霜期 306 天。温暖湿润、雨量充沛、四季常春；自然灾害较为频繁，主要为旱、涝、风灾等。

四、自然资源

惠安县依山傍海，资源丰富。惠安县海域广阔，形成众多天然良港。海域面积 1833 平方千米，海岸线长 214 千米（含泉州台商投资区）。主要港湾有湄洲湾、大港湾、泉州湾，有条件优越的崇武港、斗尾港、辋川港等 12 个港口。其中，斗尾港可供 30 万吨巨轮自由出入，是全国四大中转港口之一；崇武港是国家级中心渔港。惠安素有“全国渔业强县”之称，水产资源极为丰富，水生生物达 369 种，其中海洋鱼类 115 种，水产珍品当数崇武大黄鱼、鲨鱼、鲳鱼、马鲛鱼、鳗鱼、带鱼、桂花鱼、对虾以及崇武鱼卷等。海洋矿产资源丰富，海沙、花岗岩、高岭土等滨海非金属矿产总储量达 1.16 亿吨以上。海上风能资源为发展风电提供天然条件，沿海潮汐能蕴藏量 1.59 亿千瓦时，可装机容量 166 万千瓦时，年发电量可达 5200 万千瓦时。惠安除甘薯、稻谷、大麦、小麦、玉米、高粱、大豆、蚕豆等大宗粮食作物，花生、甘蔗、茶、果蔬等经济作物外，还有众多著名的地方土特产，人称“天然维生素王”的余甘以及荔枝、龙眼，产品远销日本、东南亚各国和中国台港澳地区的龙雀铁罗汉茶叶。林副产品主要有油茶、蜂蜜等。

第二节　经济建设

一、概况

1990年起，惠安县在农村深入推行家庭联产承包责任制，在公有制企业推行承包经营责任制和厂长（经理）负责制，逐步建立起适应市场经济的现代企业制度，同步推进计划、投资、财税、金融、外贸、流通、土地使用、住房、社会保障等各项配套改革，加大招商引资、重点项目建设和开发区建设力度。21 世纪初，惠安县实施大港口、大产业、大城区、大市场、大文化的“五大”发展思路，建设具有闽南侨乡特色的现代化工贸港口旅游城市。经过 20 多年的改革发展，惠安从一个农业大县迈向工业强县，从温饱型社会迈向宽裕型小康社会，并逐步形成以港口和城区为依托，支柱产业和区域特色并驾齐驱的发展格局，成为福建省重点经济开发区、临港石化工业基地、文化旅游和民营经济发达的经济强县。地区生产总值从 1991 年的 11.68 亿元上升到 2010 年的 399.37 亿元，增长 33.2 倍；财政总收入从 1991 年的 7222 万元上升到 2010 年的 31.01 亿元，增长 41.9 倍；农民人均纯收入从 1991 年的 916 元上升到 2010 年 9551 元，增长 9.4 倍。

二、工业与建筑业

改革开放新时期，惠安坚持走“工业立县”道路，通过发展乡镇企业和新兴产业，创建工业园区，优化产业布局，推进工业经济突飞猛进。1991 年，实现工业总产值 7.05 亿元，乡镇企业总产值 6.19 亿元，建筑业完成建安施工产值 1.70 亿元。福建炼油厂开工，惠泉啤酒厂 3 万吨生产线等一批重大建设项目投产。至 2000 年，乡镇企业发展达到高潮，全县乡镇企业达到 16291 家，完成总产值 289.65 亿元，企业产品近 2000 种，形成全国最大的石工艺美术品生产出口基地和校服生产基地。2000 年，全县已批工业小区规划 19 个，面积 16 平方千米。至 2010 年，实现工业总产值 689.02 亿元，比 1990 年增长 96.73 倍。建立 13 个工业园区，面积 20.6 平方千米。石雕石材、食品饮料、鞋服箱包、建筑装饰等传统产业不断壮大。至 2010 年，全县规模以上企业 655 家，产值超亿元企业 99 家，新增一批中国名牌产品驰名商标，石油化工、装备制造、光电信息等战略性产业快速崛起。

惠安雕艺历史悠久，先后被授予“中国雕艺之都”“中国民间雕刻艺术（石雕）之乡”等称号，是惠安县的支柱产业之一。2010 年，惠安县石雕业产值 94.70 亿元，在产企业 1300 多家，从业人员 11.80 万人。建筑业是惠安的传统产业，素有“中国建筑之乡”之称。1990 年后，惠安建筑业迅猛发展，10 多万建筑工匠遍布全国各地，从业人员素质和建筑技术水平迅速提高，并由传统手工作业向大型机械化综合施工发展，在全国各地高速度高质量地完成一大批高难度工程。建筑业成为惠安国民经济重要支柱产业之一。

至 2010 年，惠安有建筑施工企业 98 家、从业人数 12.93 万人，施工产值 170 亿元，返乡缴纳所得税 1.22 亿元。

三、农业

1990 年后，惠安县加快转变农业发展模式，通过调整优化农业产业结构，建设现代农业示范基地，实施“粮食工程”“林果工程”“菜篮子工程”，推进农业规模化经营，吸引外资、民营资本投入农业，以及发展生态、旅游观光农业等，使传统农业逐步向现代农业转变。1991年，农业总产值7.03亿元，粮豆总产量16.85万吨，水产品总产量10.33万吨，进入“全国渔业先进县”行列。至2000年，水产品总量达1625吨，首次获“全省水产十强县”称号，全县建立200多个农产品生产基地，建设0.37万公顷走马埭现代农业示范园区，大港湾省级科技兴海示范区开发水产养殖面积1333.3公顷，涌现出超大集团、中绿公司、恒丰养殖场、金熊公司等一批省、市、县农业龙头企业。至2010年，实现农业总产值40.11亿元，比1991年增长4.7倍。建成特色农业基地265个，设立对台农业合作基地，申报国家级台湾农民创业园，推进崇武国家级中心渔港建设。

四、商贸服务业与外向型经济

20世纪80年代中期起，惠安县注重发挥侨台优势，扩大对外开放，着眼国内、国际两个市场，发展外向型经济。1984年10月起，第一家外资企业落户惠安。20世纪90年代后期起，惠安深入推进商业企业产权制度改革，促进个体、股份制商业迅速发展，扶持发展商品市场，形成多种经济形式、多种经营方式，多渠道、少环节的商品流通体制。至2000年，全县集体商业、饮食服务业网点651个。2005年起，以现代物流为重点的生产性服务业、以文化娱乐、休闲健身、养老幼托、社区服务等为重点的城镇服务业，以房地产、金融保险、产权交易、电子商务、旅游为重点的新兴服务业快速崛起，商贸服务业发展环境进一步优化，成为经济增长的主要来源。2006—2010年，围绕建设海峡西岸重要港口和物流基地，加快商贸服务业发展步伐，规划建设斗尾物流园区，建设达利商业综合体，引进大型商贸企业，初步形成雕艺石材、鞋服箱包、建材家居、五金机电、农副产品、汽车等专业市场。至2010年，全县有台港澳同胞投资企业、海外侨胞投资企业及外商投资企业816家，投资总额累计15.03亿美元，其中开工投产企业552家，实际到资14.95亿美元。全县实现全社会消费品零售总额120.04亿元，是1991年零售总额4.54亿元的25.4倍。

第三节 社会事业

一、教育

1990年后，惠安县深化教育教学改革，推进素质教育，建设教育强县。1993年，中考及格率连续10年居全市前列，扫盲工作获全国、全省“巾帼扫盲奖”。1997年，初等教育通过省政府 “两基”评估验收。1999年，实现全县中、小学校与教育局电脑联网，确定一批实验学校，实行计算机网络教学。1999年通过省级验收，成为“实验教学普及县”。2003年，教育“两基”巩固率小学99.84%、中学97.84%。“十一五”期间，实施教育强县工程，各类教育协调发展，全面完成中小学校标准化建设，“义务教育发展基本均衡县”通过国家评估认定，获省级“教育工作先进县”称号。

二、科技

1990年起，惠安县通过组织实施科技兴县和可持续发展战略，开展技术创新，应用高新技术改造传统产业，推动全县经济健康协调发展。1993年，28个项目获国家、省、市、县科技成果奖和科技进步奖。2000年，全县有省级民营科技工业园区1个、科技示范乡镇5个、科技示范村（基地、场）60个、重点科技示范户316户，省级星火技术密集区1个，市和县级科技创新示范企业21家，民营科研机构34家，形成门类齐全、行业广泛的科技示范体系。建立县、乡镇、村三级科技经济信息网络，全县农业先进适用技术覆盖率95%，农作物优良品种覆盖率97%以上。1996—2000年，组织实施国家、省、市、县科技和星火计划项目近400项，获各级科技成果奖41项。2005年，再获“全国科技进步先进县”称号，崇武、洛阳镇被授予“十五”省级星火技术密集区。2007年，又获第三批“全国科普示范县”称号。2009年，绿谷高新技术孵化基地竣工，实现县（市）科技进步先进县“六连冠”。1990—2010年，惠安县委、县政府把科学技术作为第一生产力，实施“科教兴县”战略，不断完善全县科技基础设施，鼓励企业和个人开展科技研究和攻关，引进项目、技术、人才，加强与科研院校的交流合作，开发新产品，推广新成果。1990—2010年，实施各类科技项目1087项。其中，国家级28项，省级73项。共获得省级科技进步奖29项，市级科技进步奖40项；泉州市科技协作奖6项。

三、文化 体育

1990年起，惠安县围绕“文化先进县”“体育先进县”创建目标，加强文化体育基础设施建设，实施精品战略，广泛开展群众性文体活动，竞技体育频频获奖，全民健身运动不断推进，文体事业呈现蒸蒸日上新景象。21世纪初，惠安县以旅游业为龙头的第三产业蓬勃发展，全县围绕建设“海西国际旅游度假区”目标，加快旅游重点项目建设，完成崇武古城修缮保护工程，青山湾旅游景区等重点旅游项目建设，申报国家级海洋公园，打造“滨海风光”“魅力名镇”“惠女风情”“惠安雕艺”等特色旅游品牌。“九五”期间，建成县文化中心、体育馆等一批文体设施。舞蹈《金锣闹港》《海乡情韵》《好年冬》《赶送节》等一大批优秀作品，先后在全国获奖，高甲戏、南音、木偶戏佳作频传。2006年，“惠安石雕艺”和“惠安女服饰”被列入国家第二批民族民间文化保护工程名录。2008年“惠安传统建筑营造技艺”被列入第二批国家级非物质文化遗产名录，惠安县被文化部授予“中国民间文化艺术之乡”。据2007年起开展的第三次全国文物普查结果，惠安县登记不可移动文物374处，县级及以上文物保护单位142处。其中，崇武城墙、洛阳桥、施琅墓为国家级文物保护单位，省级文物保护单位8处。2004年，全县有线电视光缆进村率100%，有线电视入户率41.7%。至2010年，有线电视入户率达83.49%。

四、卫生

1990年，惠安县有医疗卫生机构（含泉港区）26个，拥有病床1418张，各种卫生技术人员1019名，获得主治（主管）医师职称的163名。全县有745个村级医疗点，初步形成城乡医疗卫生网络。1991年，实现计划免疫“四苗”接种率85%目标；1996年，实现以镇为单位接种率85%目标，麻疹、白喉、破伤风等传染病得到有效控制。1998年，实现消灭丝虫病和碘缺乏病目标。惠安县医院被卫生部授予“二级甲等医院”称号。1998年，卫生工作实现省级初级保健达标，被命名为“省级卫生县城”。2000年，实现以乡、镇为单位的初级卫生保健达标。2006年起，实行免费婚检，婚检率达100%。2006年，实现“省级计生优质服务先进县”目标。至2010年，全县设有26家公立医疗卫生机构，乡镇以上卫技人员1356名。有民营医院3家，卫技人员121名。村级卫生所339所，卫生人员1013名。县级医院成为集临床医疗、科研教学、预防保健为一体的综合型医院，乡镇卫生院达到国家规范化、标准化卫生院建设标准。新型农村合作医疗参与人数88.62万人，参合率达98.99%。群众看病难、看病贵的状况得到缓解，健康水平有较大提高。

第四节　城乡建设

一、基础设施建设

1990年起，惠安县集中人力、物力、财力，建设一批基础设施，以改造全县10条县、乡公路为主的

“先行工程”全面铺开。“九五”期间，旧城改造和新区建设步伐明显加快，固定资产投资累计115亿元，建成以县城为中心、通往各乡镇和沿海港口的“三纵三横”公路网络，全县公路通车里程498千米。建成惠安火车站，漳泉肖铁路过境。建成崇武港1000吨级码头、辋川500吨级码头。建成自来水厂和供水站11个，其中城南水厂日供水10万吨。建成110千伏输变电站4个，年供电量12亿千瓦时。加快宽带化、智能信息网建设，至2010年，全县固定电话用户23.3万户，数字移动电话56.18万户，语音用户47万户，平均每2人拥有1部电信语音通信工具，实现村村通宽带。至2010年，累计实施重点建设项目633个，完成投资355.17亿元，中化1200吨炼油、泉州修造船厂、30万吨原油码头、5.5万亩的外走马埭围垦工程等一大批大型项目建成或基本建成。完成80千米的沿海大通道惠安段，崇武国家一级渔港以及一批水、电、路等基础设施建设，全县公路总长由1990年的496.04千米，发展到2010年的1225.09千米。

二、城镇建设

1984年始，惠安县开展首轮县城和集镇总体规划编制。1991年起，惠安县实施旧城改造与新区建设并举的方针，城市改造建设进入快速发展阶段，同时加强村镇规划建设。至2009年，编制《惠安县域城镇协调发展规划》，确立“一心四区”城镇空间布局结构，规划编制从“城乡二元结构”向“城乡统筹”转变，城乡规划一体化体系基本形成。2002年，全县实行国有土地出让（招标、拍卖、挂牌）制度，惠安房地产走上综合开发的道路。房地产市场随着经济发展逐渐活跃。全县房地产企业有63家。2006—2010年，实施旧城改造，完成拆迁面积74.4万平方米，新建建筑面积210万平方米，县城规划面积56平方千米，建成区面积由9平方千米拓展到21平方千米；黄塘、崇武分别被列为省级和市级小城镇试点；基本建立城镇一体化格局，常住人口城镇化率49.24%。2010年，全县已有一批初具雏形的新型集镇，建成110个新农村建设示范村。

第五节　居民生活

一、城镇居民生活

1990年，惠安县职工总数5.19万人，年人均工资1839元；城乡居民储蓄存款余额42544万元。随着国家改革开放各项政策实施，经济迅速发展，就业渠道不断拓宽，城镇居民收入水平稳步提高。至2010年，城镇居民人均可支配收入为21059元。全县在岗职工23.02万人，在岗职工年均工资2.95万元。城镇居民储蓄存款余额149.39亿元。城镇居民生活水平总体达到小康水平。

随着经济收入的不断增加，消费水平不断提高，城镇居民生活水平得到一定的提升。逐步追求吃讲营养，穿求名牌，住图宽敞、舒适、豪华、环境优美，用的讲究高档美观，新的消费观念在城镇居民中逐步形成。虽然用于食品方面的绝对数仍在增加，但其在消费支出中的比重却呈下降趋势，消费支出更多地投向衣着、生活日用品、住房和文化娱乐等方面，教育及娱乐服务质量大幅度上升。

2010年，城镇居民最终消费支出为78.48亿元，在总支出中，食品占26.63亿元，衣着占5.39亿元，居住占5.13亿元，家庭设备用品及服务占3.96亿元，医疗保健占3.02亿元，交通和通信占9.88亿元，文化娱乐服务占7.45亿元，其他商品和服务占3.13亿元。城镇每百户居民家庭主要耐用品，摩托车为84辆，家用汽车10辆，彩色电视机160台，家用电脑86台，空调158台，固定电话98部，移动电话236部。

二、农村居民生活

1990 年，全县农村居民人均年纯收入 846 元，年人均总支出 1124 元，其中生活消费支出 867 元。随着农村家庭联产承包责任制的不断完善，全县农村经济发展较快，农民增收幅度较大，农民生活水平提高，吃、穿、住、用等方面均得到较大的改善。但因历史、自然条件等因素的制约，全县仍然有部分农村居民生活还比较困难。

2010 年，全县农村居民人均年纯收入 9551 元，比 1990 年增长 10.29 倍，年人均总支出 12896 元、生活消费支出 6098.56 元。在食品消费方面，2010 年农村居民人均食品消费支出 1913.73 元，年人均消费粮食 95.76 千克、肉禽及其制品 19.16 千克、水产品 16.71 千克。食品消费占生活总消费的 54.6%。在衣着消费方面，农民的穿着观念发生较大变化，穿着水平朝中高档方向发展。2010 年，农民人均穿着消费 506.83 元；在家庭主要耐用品方面，每百户农民中拥有摩托车 130 辆，汽车 3 辆，电话机 103 部、移动电话 235 部，热水器 93 台，彩色电视机 143 台，此外抽油烟机、热水器、电冰箱等也大量进入寻常百姓家。

三、社会保障

1990 年起，随着经济的快速发展，人民群众的生活水平也显著提高。1998 年，全县农村基本实现小康和初级电气化目标。2005 年，基本实现宽裕型小康县目标。2010 年，农民人均收入 9551 元，是 1990 年 846 元的 11.29 倍；城乡居民储蓄存款余额 149.39 亿元，是 1993 年 9.36 亿元的 15.96 倍。人们消费水平逐步由温饱型向享受型、由物质型向精神型转变。社会保障体系不断健全，形成以基本养老、基本医疗、工伤、失业、生育保险为主体的城镇职工社会保险，农民基本养老保险，征地农民基本生活保障三个层次的社会保障体系，实现社会保障全覆盖，初步建成一个经济繁荣、民生宽裕、社会和谐、生态优美、城乡一体的海峡西岸现代化港口工贸旅游城市。

第九章　安溪县

第一节　自然环境

一、地理位置

安溪县位于泉州市西北部，晋江西溪上游，东毗南安市，西邻漳州市华安县，南连厦门市同安区，北接永春县，西南与漳州市长泰县接壤，西北与龙岩市漳平市交界。2010 年，全县面积 3057.28 平方千米，东西长 74 千米，南北宽 63 千米，县境呈圆形，俗称“一块碟”，是泉州市地域最大的县份。2010 年，全县常住人口 97.74 万人。

二、地形地貌

安溪县属戴云山脉东南坡的延伸，西北高，东南低，高山多，海拔千米以上的山峰 2934 座。以湖头西缘的五阆山至龙门跌死虎山西缘为界，东部称外安溪，西部称内安溪。外安溪地势较为平缓，平均海拔 300 ～ 400 米，以低山、丘陵串珠状河谷盆地为主。

三、气候

安溪县属亚热带气候，夏季长且炎热，冬季短而严寒，年均气温 19℃～ 20℃，年降水量 1600 毫米，适合粮食作物和经济作物生长。内安溪地势较为高峻，平均海拔 600 ～ 700 米，以山地为主，土壤多为酸性红壤和砖红壤。内安溪属中亚热带气候，常年云雾缭绕，年均气温 16℃～ 18℃，年降水量 1800 毫米，秋冷较早，春来较迟，年相对湿度 78% 以上，为铁观音等名茶的栽培提供得天独厚的自然环境。

四、自然资源

安溪县已发现或探明的金属矿和非金属矿 28 种，主要有铁矿、含钛磁铁矿、锰矿、无烟煤矿、石灰石矿、高岭土矿、花岗岩、含石英角闪辉长岩等。其中，储量铁矿 2741 万吨，石灰石矿 2.17 亿吨，无烟煤矿 1047 万吨，花岗岩 4 亿立方米。位于县境西北部感德镇潘田村的潘田铁矿，是全国重要的富矿。水能资源比较丰富。境内有晋江西溪和九龙溪两大水系。泉州市的母亲河——晋江的源头位于安溪县西北部桃舟乡达新村云中山梯仔岭东南坡谷。水能资源蕴藏量 37 万千瓦，可供开发量 26 万千瓦，占全市可开发总量的 27.5%。山地资源丰富。全县山地面积 22 万公顷，有林地面积 21.33 万公顷，占泉州市有林地总面积近 1/3，林木蓄积量 434 万立方米，森林覆盖率 67.1%。森林中蕴涵诸多珍贵的生物资源与物种。列入国家级保护的动物有 30 种，其中国家一级重点保护野生动物有云豹、黑麂、蟒、鼋、黄腹角雉 5 种。国家级保护的植物有 12 种，其中国家一级重点保护野生植物有南方红豆杉、银杏 2 种。名胜古迹众多，旅游资源丰富。有国家 AAAA 级旅游区清水岩，国家 AAA 级旅游区凤山，全国农业旅游示范点中国茶都，省级自然保护区云中山，省级森林公园凤山、阆苑岩、龙门。安溪名胜古迹旅游线、生态茶园观光线和休闲度假旅游线，构成富有特色的安溪茶文化旅游线，被列为中国三大茶文化黄金旅游线之一。

第二节 经济建设

一、概况

1991 年前，安溪是泉州市唯一的贫困县。同年，安溪地区生产总值（当年价，下同）6.25 亿元，财政收入 6040 万元，农民人均纯收入 617 元。1997 年，全县地区生产总值 44 亿元，财政收入 1.95 亿元，农民人均纯收入 2709 元，分别比 1991 年增长 6.04 倍、2.23 倍、3.39 倍；同年，省委、省政府宣布摘掉安溪贫困县帽子，全县实现基本小康，初步完成农村由温饱向全面小康的历史性跨越。2003 年，安溪跨进“全国地区生产总值前 100 名的县（市、区）”。全县地区生产总值 100.06 亿元，财政收入 5.82 亿元，农民人均纯收入 4012 元，分别比 1997 年增长 1.27 倍、1.98 倍、0.48 倍。全县有 15 个乡（镇）、307 个村（社区）实现宽裕型小康。此后，加紧实施科教兴县、科技兴企、科技兴农战略，全面加快城乡一体化、产业化进程。2010 年，产业结构不断优化，三次产业比为 8.0 ∶ 57.7 ∶ 34.3。全县地区生产总值 305.99 亿元，财政收入 16.57 亿元，农民人均纯收入 8405 亿元，分别比 2003 年增长 2.06 倍、1.76 倍、1.09 倍。第六次跻身“全国经济基本竞争力与科学发展百强县”、连续上榜“福建经济实力十强县”。

二、工业

1991 年，安溪县委、县政府系统地提出“‘八五’打基础，‘九五’立支柱，‘十五’迈大步，‘十一五’上台阶”的总构想，开始实施“建设基础工业，发展县域经济”的计划。同年，全县工业总产值 4.88 亿元。1994年，实施县委、县政府提出“建设三个中心城镇、四个中心城市、五大农业基地、六大主导产业”的构想。1996年，实施县委、县政府制定“增后劲、立支柱、建基地、奔小康”的发展战略。至1998年，初步形成以食品饮料、建材冶炼、竹藤工艺、服装鞋帽、包装印刷六大产业为重点的工业体系。全县工业总产值63.39亿元，比1991年增长12倍。

1999年后，全县工业发展着重在“特、优”上下功夫，即发展传统特色产业和优势产业。2002年，形成以茶业、工艺业、建材冶炼业三大特色产业和纺织服装鞋帽业、包装印刷业、电子机械制造业三大优势产业为主体的工业结构，全县工业总产值133亿元。2003年，县委、县政府审时度势地制定“工业强县、茶业富民”的发展战略，提出安溪经济发展以推进工业化、城镇化、茶业产业化，全面提升经济竞争力、文化软实力为基本方向。围绕“工业强县”目标，发挥资源、区位、人文优势，推动经济发展从以农业为主逐步向工业为主转变。重点发展三大特色产业，着力打造三大优势产业，注重培育食品加工、商贸物流、生物制药三大新兴产业，初步形成一个工业大县的架构，三安钢铁、集安锰铁、八马茶业、铁观音集团、恒星工艺、三元岩水泥等一批工业企业迅速发展壮大。按照“政府扶持、市场运作”的思路，打造城区、德苑、龙桥、湖头四大工贸园区，引领各类工业企业向园区集中，形成“一区带四园”格局。2007年，工业园区规划面积50平方千米，建成20平方千米，入驻企业526家，实现工业产值147亿元。钢铁产量突破110万吨，是福建省第二大钢铁生产基地；水泥产量250万吨，占泉州市水泥总产量2/3。至2010年，在全省率先实现建筑饰面石材行业和黏土机砖厂整体退出，淘汰水泥落后产能327万吨，实施各级重点科技项目254项，以三安、闽华、泰兴、纬璇等龙头企业为代表的建材冶炼、电源电器、包装印刷、纺织服装等行业，实现新一轮技改扩建，竞争实力不断增强。引进中国国际信息技术福建产业园、湖头光电产业园、海峡茶博园等一批大项目，信息技术、光伏光电等新兴产业兴起。同年，全县工业企业2863家，总产值513.94亿元，其中规模以上工业企业302家，产值426.05亿元，占总产值82.9%。

三、农业

1991年后，安溪县深化农业经济体制改革，农村土地在继续稳定和完善家庭联产承包责任制的基础上，实施农科教相结合和可持续发展战略，以发展现代农业为目标，以调整农业产业结构优化农业经济结构为主线，以市场为导向，以科技为支撑，以农业增效、农民增收、农村稳定为重点，培育新的经济增长点。同年，全县耕地面积3.25万公顷，农业总产值3.15亿元，农民人均纯收入617元。2000年，扩大农业对外开放，加强山海合作，开展农业综合开发，抓好生态农业建设，加快农业产业化和农业现代化进程，促进全县农业经济快速、健康发展。同年，全县农业总产值16.68亿元，农民人均纯收入3345元，分别比1991年增长4.28倍、4.42倍。2001年后，实施县委、县政府提出“搞规划、建基地、抓种养、促工商”等重要举措，先后建立茶叶、水果、林竹、畜禽、食用菌五大农业特色基地，产业结构不断优化，生产布局更趋合理，农、林、牧、副、渔全面发展。2010年，全县农业现代化稳步推进，林业造林绿化1.7万公顷，退茶还林、还果、还耕524公顷，新建中小型水库36座，治理水土流失7667公顷。同年，全县耕地面积31489公顷。农业总产值38.11亿元，农民人均纯收入8405元，分别比2000年增长1.28倍、1.51倍。全县有15个乡（镇）、310个村（居）基本实现宽裕型小康。

四、茶业

1991年，安溪茶叶打造文化品牌，推出安溪茶乡独特的民俗活动茶王赛，并走出安溪，步入全国各大中城市，安溪铁观音的声誉日升。同年，全县茶园面积0.98万公顷，茶叶产量0.77万吨，茶叶出口0.59万吨。1995年3月，安溪县被农业部首批百家中国特产之乡命名暨宣传活动组织委员会命名为“中国乌龙茶（名茶）之乡”。1996年，实施县委、县政府制定“优质、精品、名牌”战略，启动以西坪、虎邱、祥华、长坑、感德、剑斗、龙涓、芦田等乡（镇）为重点6666.67公顷铁观音基地建设和4000公顷绿色食品茶叶基地建设。1998年，县委、县政府因势利导提出并实施“创名牌、拓市场，保名牌、抓质量，建市场、组集团”的“三步走”发展思路；以“绿色、品牌、诚信、文化”为主线，培育茶叶市场和“2112”工程。2000年，建设中国茶都——投资规模5亿元的茶叶大市场。同年，全县茶园面积1.5万公顷，茶叶产量1.43万吨，茶叶出口0.67万吨。2001—2002年，举办海峡两岸茶文化交流会和中华茶产业国际合作高峰会，茶叶市场迅速向国内外40多个国家和地区拓展，年外销乌龙茶8800吨，打造“凤山”“八马”“日春”“魏荫”等一批质量信得过、市场打得响的茶叶品牌。安溪铁观音获得茶界首件“中国驰名商标”“影响世界的中国力量品牌500强”“中国世博十大名茶（第一位）”“外商最熟悉最喜欢的中国农产品品牌”。2005年起，连续3年创造性地举办“安溪铁观音神州行”大型媒体联合考察、交流、采风活动，涉足华南、华北、华中、东北、西北主要茶叶销区的中心城市，展示安溪铁观音的品牌形象，提升安溪铁观音知名度和市场占有率。2007年，全面实施“生态、健康、品牌、文化、素质”五大工程，搞好铁观音、生态茶园、无公害茶叶、绿色食品茶叶、有机茶叶五大茶叶基地建设。2010年，多措并举推动茶业提升。全县茶园面积4万公顷，茶叶产量6.3万吨，约占全国乌龙茶总产量的三分之一，茶叶出口1.3万吨，涉茶总产值81亿元，涉茶收入占农民年均纯收入55%。茶产业给安溪人民带来巨大的实惠，出现“一业兴、百业旺”的局面，带动印刷包装、机械制造、食品加工、交通运输、仓储物流、餐饮旅馆和房地产业的发展。安溪铁观音从一片名不见经传的“小茶叶”，蜕变成驰名中外的“大产业”，创造茶园面积、茶叶产量、受益人口、从业人员、茶农收入、平均单价等10多项全国第一，再次被评为“全国重点产茶县（第一位）”。

五、工艺业

1991年，安溪把藤铁工艺业作为特色产业纳入县乡两级经济发展规划，改善投资环境，扶持藤铁工艺业发展。同年，全县藤铁工艺企业5家，从业人员6382人，总产值3459万元。1995年，全县藤铁工艺企业64家，从业人员1.12万人，总产值1.01亿元。1996年，加强对藤铁工艺业的扶持，引导企业走产业化道路，培育出安星藤器、永发工艺品、尚卿工艺品等一批骨干企业。1999年，全县藤铁工艺企业217家，从业人员32450人，总产值9.07亿元，比1995年增长7.98倍。2000年5月，县政府出台《安溪县鼓励藤铁工艺产业化建设优惠办法》，制定《安溪县藤铁工艺“百亿工程”建设总体规划》，在用地、税费、服务等方面给予优惠，扶持藤铁工艺业发展。县财政设立100万元藤铁创业基金、500万元扶持外贸出口退税基金和500万元藤铁工艺业建设发展基金。同年，全县藤铁工艺企业280家，总产值突破10亿元大关，出口创汇1.33亿美元，初步走上产业化发展道路。2002年7月，安溪被农业部中国特产之乡推荐宣传活动组织委员会授予“中国藤铁工艺之乡”称号。2003年，引导藤铁工艺企业技术创新，推动行业调整、转型和优化升级。2005年，全县藤铁工艺企业266家，其中规模以上企业44家，总产值31.35亿元。2006年3月，县政府制定《关于促进藤铁工艺业优化升级的实施意见》；5月，安溪县藤铁工艺行业管理委员会成立，加强对藤铁工艺行业的协调管理。2007年，全县藤铁工艺企业425家，其中规模以上企业59家，总产值46.53亿元。2010年，全县藤铁工艺业逐步发展成为社会化的区域产业集群，融家居饰品、花园家具、礼品、灯具、圣诞礼品于一体的独具特色、品种齐全的行业体系，材料涉及竹、藤、木、皮、金属、陶瓷、树脂、丝花、玻璃、钣金、大理石、马赛克等十二大系列品种。同年，全县藤铁工艺企业437家，总产值48.30亿元，比2007年增长3.8%；出口创汇约占全国同类产品交易额40%，产品远销美国、欧盟、加拿大、日本及南美洲、澳大利亚、中东等50多个国家或地区。

第三节　社会事业

一、教育科技

1991年后，安溪坚持把教育放在优先发展的战略地位，加大教育投入，优化教育资源配置。同年，全县幼儿园50所，在园学生13857名，小学431所，在校学生10.71万名，中学32所，在校初中生2.79万名，高中3766名。1995年，县委、县政府印发《安溪县1995—1998年基本实现教育“两基”规划的通知》，提出“聚全县之力，攻‘两基’之坚，建教育强县”的奋斗目标，把普及九年义务教育摆在重中之重的地位。1997年，全县基本扫除青壮年文盲。1998年，全县教育“两基”如期通过省政府和教育部验收。1999—2003年，全县教育“两基”巩固提高工作连续5年通过省、市跟踪督导。2004年，优化教育布局，全面实施“双高普九”。2010年，“双高普九”通过省级评估验收。同年，全县幼儿园162所，在园学生3.62万名；小学270所，在校学生6.37万名；中学59所，在校学生初中3.63万名，高中2.23万名；中等职校8所，在校学生1万名；特教学校1所，在校学生120名。同年，全县高考每万人本科录取人数位居泉州市前列。全县形成学前教育、小学教育、中等教育、成人教育和特殊教育等比较完整的国民教育体系。

1991年后，安溪实施科技兴县战略，落实依靠科技进步振兴安溪经济措施，建立企业创新服务中心，设立安溪县科技进步奖，提高科技进步对经济增长的贡献率。1999年11月，安溪科技部评为全国科技工作先进县。2001年起，加大科技投入，加快科技自主创新支撑系列建设，安溪县连续3次通过科技部科技进步考核，被评为2005—2006年全国科技进步考核先进县。至2010年，全县实施科技计划项目国家级12项、省级37项、市级149项；获科技成果奖省（部）级22项、市（厅）级63项；申请国家专利322件，得到国家授权专利270件，获“福建省知识产权强县”称号。

二、文化体育

1991年后，安溪县传统戏曲高甲戏、南音老树新枝，佳作迭出；铁观音茶文化博大精深。1995年，安溪高甲戏《玉珠串》进京演出，获得中宣部“五个一工程”奖、文化部“文化新剧目奖”和中国文联、中国剧协“曹禺戏剧文学奖”3项大奖。1996—2002年，安溪高甲戏连续6年参加中央电视台春节联欢晚会、戏剧晚会。其中，《老鼠嫁女》《辟丑献艺》《金龙戏珠》等剧目先后11次登上中央电视台。2004年12月，安溪在中国茶都广场举行“飘香的歌”文艺演出。安溪茶艺表演巡回大江南北和出国表演。2005—2006年，安溪县茶文化艺术团先后在国内各大中城市和日本、韩国、法国、科威特、意大利、比利时等国家演出1200多场次，铁观音茶文化成为文明安溪的象征。2006年5月，安溪文庙被国务院列为第六批全国重点文物保护单位。至2009年，还有省级文物保护单位安溪瓷窑址、清水岩、李光地宅祠、石门西湖殿、西坪土楼5处，县级文物保护单位37处。2008年6月，安溪乌龙茶（铁观音）传统制作技艺入选第二批国家级非物质文化遗产名录；11月，安溪被文化部命名为“中国民间文化（茶文化）艺术之乡”。2010年，全县有县文化馆1个，乡镇文化站24个，村文化室321个，农村书屋71家，广播电视站22个，有线广播人口综合覆盖率89.82%，电视人口综合覆盖率92.15%，有线数字电视整体平移增至8.5万户。

1991年后，学生、职工、居民、老年人成为各种体育运动的主体，篮球、气排球、门球、乒乓球、登山、钓鱼、拔河成为群众性体育运动项目。2000年，安溪被评为第七批“全国体育先进县”。2007年，县总工会被全国总工会表彰为“申奥运”全国亿万职工体育活动月先进单位。至2010年，竞技体育为国家培养举重、田径、射击、游泳等国家一级运动员13名。其中，国家级运动健将帆船运动员陈秀梅先后8次获得全国锦标赛、亚运会和世界公开赛冠军或第一名；国家级运动健将孙丽美、刘蔚明、王英菊、苏保英、陈亚雄等在全国翻波板、帆船、田径、射击锦标赛中屡屡夺冠。

三、卫生

1991年后，安溪县开展爱国卫生运动，各种传染病得到有效的预防和控制；医疗卫生系统不断优化，群众就医条件明显改善。当年，全县医院（卫生院）28家，卫生人员1125名，床位713张；村级医疗机构391个，医卫人员410名。1997年，建立“120”急救中心。2000年，全县实现初级卫生保健规划目标。2001年，全县实施职工医疗保险制度。2002年，安溪县被卫生部等5部委授予“全国农村初级卫生保健工作先进县”。2003年，安溪成为全省三个新型农村合作医疗试点县之一，“新农合”的经验被誉为“安溪模式”，医疗保障体系初步建立。2006年，安溪被国家中医药管理局授予“全国农村中医工作先进县”。2007年，安溪被卫生部等8个部委定为“全国新型农村合作医疗先进试点县”。至2010年，全县医院（卫生院）25家，卫生人员1756名，床位1616张；村级医疗机构473个，医卫人员658名。完善基本公共卫生服务，建立居民健康档48万份。全县参加“新农合”农民91.84万名，参合率97.65%，累计发放门诊医疗补助金4.13亿元，受益农民2.5万名。安溪计划生育工作坚持“宣传教育为主，避孕节育为主，经常性工作为主”的方针，实行“计划生育与发展农村经济相结合、与帮助农民勤劳致富奔小康相结合、与建设文明幸福家庭相结合”。2010年，全县人口初婚率10.69‰，出生率11.84‰，出生人口政策符合率91.84%。

第四节　城乡建设

一、县城建设

1991年前后，安溪县对县城进行四次规划编修，旧城改造和新区开发全面展开，全面落实“显山、露水、增绿、加亮、拔高、拓展、配套、人文、品位”九大举措，全力打造现代山水园林城市名片。实施大同路、中山路、工会、城东、龙津等12个旧城片区改造，启动新加坡花园、世纪豪庭、龙凤都城、三远江滨花园等25个新区开发建设。与此同时，相关配套设施、公共设施全面启动，河滨南路、城西大桥、龙津大桥完成拓改，城区东西二环路、建安大道建成通车，污水处理厂、夜景工程等一批市政工程设施有序推进，凤山森林公园、龙津公园、金钱山公园、江滨公园、茶都公园等16个公园先后建成。2001年，实施大县城建设“东拓南进、主辅双城”计划与“一轴双城三团组”规划，形成东拓南进、主辅协调发展的大县城建设格局。启动安溪全国茶叶批发市场、安溪特产城、安德物流中心、安溪建材城、安溪农贸新城等市场建设，茶博汇、茶博园、茶学院加快构建，宝龙城市广场，永隆国际迎宾馆和商贸城、金融行政服务中心、澳门风情一条街等一批城市综合体加快推进，强化大县城产业集群、要素集散、综合服务和文化凝聚功能。尤其是“大龙湖”的建成、“十里诗廊”的竣工，使安溪大县城配套更全、景观更美、品位更高，成为全省乃至全国的“山城明珠”。2010年，县城区域面积扩大到25平方千米，人口增加到22万人，水域面积8平方千米，绿化面积26.8万平方米，城市污水处理率77%，垃圾无害化处理率93%。

二、村镇建设

1991年后，安溪统筹城乡建设协调发展，按照“依托产业、市场引导、聚集资源、突出特色”的发展思路，扎实推进小城镇建设。推进南翼新城、湖头新城建设。湖头中山路片区改造、龙涓万客茶叶城、蓝田环镇路等一批项目先后建成。蓬莱、湖头、官桥、龙门、尚卿、龙涓、感德、祥华等新型集镇初具雏形。建成魁斗镇奇观村，城厢镇经岭村、经兜村，尚卿乡尤俊村，龙门镇溪坂村，湖头镇美溪村等一批中心村、精品村、示范村。2010年，南翼新城、湖头新城建设全面提速，8个中心城镇和19个小城镇完成新一轮总体规划，引进新华都集团在蓬莱、尚卿、感德、祥华、剑斗、长坑、西坪、大坪、虎邱、龙涓等10个乡（镇）建设城镇商业综合体，镇区开发建设水平显著提升。138 个示范村完成各类建设项目 707 个，21 个乡（镇）、272 个村（社区）通过省级“家园清洁行动”验收，人居环境不断改善。

三、基础设施

（一）交通

1991 年，安溪公路通车里程 1525 千米，公路密度 49.9 千米 / 百平方千米，且大多路面窄、等级低，制约着全县经济社会的发展；同年，以交通基础设施建设项目为载体，编制实施《安溪县农村公路网“十五”计划和 2020 年远景规划》，加快省道、县道公路建设。1995 年，漳泉肖铁路全线贯通。2005 年，实现通建制村公路混凝土路面硬化率 100%。2007 年，全县形成以 4 条省道（S206、S207、S307、S308 线）为骨架，以 11 条县道（通乡镇）为支线，以通 436 个建制村乡道为辅线，以通各自然村村道为延伸的四通八达公路网络。2010 年，加快县道、省道拓改和高速公路建设，金厦高速公路快速推进，厦沙高速和莆永高速安溪段及泉三高速南安至安溪连接线先后启动，长泉高铁正在加快前期工作。同年，全县公路通车里程 4717 千米，公路密度 154 千米 / 百平方千米，比 1991 年增长 2.09 倍。

（二）通信

1991 年，安溪县电话交换机为 HJ09 长途市话农话合一自动交换机，容量 2000 门。城市固定电话用户 1187 户，农村固定电话用户 790 户。1992 年，购置 F-150 程控电话交换机，容量 1 万门，城市固定电话用户 1949 户，农村固定电话户 972 户；在县城凤山建成第一个模拟移动电话（俗称“大哥大”）基站。1993 年年底，移动电话用户 212 户。1995 年，全县程控电话交换机扩容至 6 万门，城市固定电话用户 11198 户，农村固定电话用户 9633 户；在县城凤山建成第一个数字移动电话（GSM，俗称“全球通”）基站，引进芬兰诺基亚公司设备，能容纳近千个用户。2000 年，全县程控电话交换机扩容至 13.17 万门，城市固定电话用户 2.77 万户，农村固定电话用户 9.17 万户；新建 GSM 基站 47 个，移动电话用户 7.36 万户。2005 年，全县程控电话交换机扩容至 29 万门，城市固定电话用户 4.34 万户，农村固定电话用户 15.08 万户；新建 GSM 基站 26 个，移动电话用户 31.48 万户。2010 年，信息化建设向纵深推进，宽带网络、3G 信号基本实现县域全覆盖。全县有交换母局 4 个，模块局 22 个，固网交换机容量 2160 万门，移动通信交换机容量 80 万门，城市固定电话用户 4.97 万户，农村固定电话用户 12.85 万户，泉灵通用户 3.69 万户，移动电话用户 63 万户，互联网用户 7.68 万户。

（三）电力

1991 年，安溪县有水电站 308 座，总容量 36705 千瓦，总发电量 1.14 亿千瓦时；火电站 1 座，总容量 1500 千瓦，总发电量 92 万千瓦时，通电户数 18.7 万户，户通电率 98.46%，总用电量 1.33 亿千瓦时。1995 年，采取中外合资、股份制形式，建设具有蓄水调节功能、总容量 2.5 万千瓦的蓝田水库电站。2000 年，淘汰或改造一些径流小的水电站，全县水电站减至 182 座，容量增至 12.39 万千瓦。同年，实施“两改一同价”（农村电力体制改革、农村电网改造、实现城乡用电同网同价）政策。2003 年，建设福建省首座燃用煤矸石火电厂，容量 10 万千瓦。同年，全县通电用户 26.08 万户，户通电率 100%，总用电量 8.57 亿千瓦时。2010 年，全县总用电量 25.98 亿千瓦时，比 2003 年增长 1.43 倍。

四、环境保护

1991—2010 年，环境保护纳入安溪县经济社会发展战略，实行环保目标责任考核制度，整顿矿业生产，治理石材加工废石渣，建立生态保护区，强化流域水环境、工业园区等环境监测和综合治理措施。2010 年，落实节能减排措施，万元地区生产总值能耗下降 2.6%，化学需氧量、二氧化硫排放量分别削减 325 吨、2755 吨。安溪县城区大气环境质量达到国家二级标准，晋江水系和九龙江水系断面水质保持三类标准，城区环境噪声达到二类标准。

第五节 居民生活

一、城镇居民生活

1991 年，安溪县经济社会持续快速健康发展，城镇居民生活水平不断提高。同年，全县城镇居民人均可支配收入 1053 元，人均消费性支出 1119 元，人均住房面积 14.4 平方米。1995 年，全县城镇居民人均可支配收入 2947 元，人均消费性支出 2608 元。2000 年，全县城镇居民人均可支配收入 5689 元，人均消费性支出 4129 元，人均住房面积 19.28 平方米。2005 年，全县城镇居民人均可支配收入 8350 元，人均消费性支出 5810 元，人均住房面积 26.34 平方米。2010 年，全县城镇居民人均可支配收入 13975 元，人均消费性支出 9719 元，人均住房面积 34.79 平方米，分别比 1991 年增长 12.27 倍、7.69 倍、1.42 倍。

二、农民生活

1991 年后，安溪实施扶贫开发工作，发展农村经济，农民人均纯收入逐年增加，农民生活水平逐年提高。同年，全县农民人均纯收入 617 元，人均消费支出 568 元，人均住房面积 20.2 平方米。1995 年，全县农民人均纯收入 1634 元，人均消费支出 1636 元。2000 年，全县农民人均纯收入 3345 元，人均消费支出 2566 元。2005 年，全县农民人均纯收入 5156 元，人均消费支出 4039 元。2010 年，全县农民人均纯收入 8405 元，人均消费支出 5810 元，人均住房面积 32.2 平方米，分别比 1991 年增长 12.62 倍、9.23 倍、59.4%。城乡居民耐用消费品迅速普及，电视机、电冰箱、电脑、洗衣机、热水器、空调器等家用电器逐步升级换代，各种档次小轿车进入寻常百姓家。农民生活从过去温饱不足向全面小康社会跨越。

三、社会保障

1991 年后，安溪养老、医疗、失业、工伤、生育五项保险制度先后建立。同年，全县参加企业职工基本养老保险 175 家，参保职工 8139 名；参加企业职工失业保险 62 家，参保职工 10287 名。1993 年，全县参加农村社会养老保险 235 人。1995 年，全县参加机关事业单位职工养老保险 173 家，参保职工 2116 名；参加企业职工工伤保险 110 家，参保职工 6250 名；参加企业职工生育保险 110 家，参保职工 6250 名。1998 年，建立城乡居民最低生活保障制度。全县低保对象 2351 户，4675 名。2000 年，全县参加城镇职工基本医疗保险 321 家，参保职工 2.11 万人。2010 年，全县参加企业职工基本养老保险 2553 家，参保职工 2.98 万名；参加机关事业单位职工养老保险 250 家，参保职工 3473 名；参加农村社会养老保险 19 人；参加职工失业保险 1473 家，参保职工 18950 名；参加企业职工工伤保险 1828 家，参保职工 2.31 万名；参加企业职工生育保险 1828 家，参保职工 2.2 万名；参加城镇职工基本医疗保险 2306 家，参保职工 4.76 万名。全县低保对象 1.36 万户，2.15 万名，发放低保金 2534.9 万元，实现应保尽保。完成“安居工程”185 户、“造福工程”2300 人，建设廉租住房 341 套，1.7 万平方米。

第十章 永春县

第一节 自然环境

一、地理位置

永春位于福建省中部偏南，东与莆田市仙游县交界，西与龙岩市漳平市相邻，南与南安市、安溪县连接，北与德化、三明大田县毗邻。地域东西最长 84.7 千米，南北最宽 37.2 千米，总面积 1456.87 平方千米。2010 年全县常住人口 45.22 万人。

二、地形地貌

地势由西北向东南倾斜，呈长条状，以蓬壶镇马跳峡谷为界，西部地区属中山地带，山岭是北东、北西走向，千米以上山峰 70 座，雪山为境内最高峰，海拔 1366.1 米，是晋江东溪上游发源地。

三、气候

永春属亚热带季风气候区。1991—2010 年，四季分明，日照充足，湿润多雨，无霜期长。春季冷暖交替频繁，降水集中，常有洪涝灾害；夏季常酷热，午后多雷雨，偶有台风影响；伏秋季节太阳辐射量大增，常有干旱发生；冬季无严寒，但亦有霜冻或结冰发生，无降雪。年平均气温 20.7℃，年均降水量 17827 毫米，平均风速 1.6 米 / 秒，风向最多是偏东风。

四、自然资源

境内地质构造错综复杂，岩浆活动普遍而强烈，蕴藏着丰富的非金属矿。发现近 200 处矿点、矿化点，矿种有无烟煤、石灰岩、高岭土、地热、矿泉水、铅锌、铁、锰、银、钼、金、铀、砷、萤石、脉石英、叶蜡石、明矾石、花岗岩、凝灰岩等 30 种。天湖山煤田是福建省主要煤炭基地之一，盘龙山矿泉水属于“世界名泉”，素有“矿泉水之乡”之称，下洋铅坑石灰石矿、介福郎溪高岭土在省内外占有重要位置。县域内均为晋江水系，桃溪、湖洋溪汇入晋江东溪，是山美水库最重要的汇水区；一都溪、坑仔口溪汇入晋江西溪。全县年平均水资源 14.84 亿立方米，人均拥有水资源大于 3000 立方米 。

第二节　经济建设

一、概况

1995 年，永春县地区生产总值比 1991 年增长 283.37%，年均增长 21.28%。2000 年，全县地区生产总值比 1996 年增长 90.47%，年均增长 18.54%。2005 年，全县地区生产总值比 2001 年增长 68.05%，年均增长 13.08%。2010 年，地区生产总值比 2006 年增长 71.65%，年均增长 11.18%。产业升级步伐加快。

二、农业

1995 年，永春县农业总产值 6.24 亿元，比 1991 年增长 182.77%，年均增长 12.6%；粮食总产量 14.96 万吨，比 1991 年的 13.16 万吨增长 13.68%；水果总产量 14.04 万吨，被评为“中国 100 个水果总产量最高县市”，比 1991 年的 5.02 万吨增长 179.68%；茶叶总产量 3503 吨，比 1991 的 2137 吨增长 63.92%。2000 年农业总产值 8.9 亿元，比 1996 年增长 29.27%，年均增长 7.96%。2000 年粮食总产量 15.55 万吨；肉蛋、奶总产量 2.98 万吨，同比增长 4.6%；柑橘总产量 20.06 万吨，同比增长 3.1%；茶叶总产量 3973 吨，同比增长 2.5%；蔬菜总产量 10.07 万吨，同比增长 20.9%；食用菌总产量 1.37 万吨，比 1998 年增加 3500 吨，增长幅度 33.6%。2005 年，农业总产值 12.12 亿元，比 2001 年增长 28.18%，年均增长 4.24%。芦柑、茶叶、食用菌等八大农业特色基地初步形成规模，打造永春芦柑、永春佛手茶等优质品牌，31 个农产品获无公害、绿色食品标志使用权认证。2006 年，永春县被评为“全国农田水利建设先进县”“全国优秀农产品产业带建设示范县”。2010 年，农业总产值 17.13 亿元，比 2006 年增长 33.56%，年均增长 1.44%，比 2005 年增长 24.1%，芦柑、茶叶、食用菌等特色产业巩固提升，新增国家地理标志保护产品 4 项、国家农业标准化示范项目 2 个、无公害绿色食品认证 35 个。农村土地承包责任制、林权制度、农村集体“三资”管理制度等农村改革持续深化。

三、工业

1991 年，永春县启动开发建设县工业区，1993 年首次被评为“福建省 1993 年经济发展十佳县（市）”。工业经济效益明显提高，内部结构进一步调整，资源优势逐步向产业优势转化，能源、建材、陶瓷、化工、食品饮料、竹木加工等行业初具规模。企业产品质量和管理水平进一步提高。1995 年，工业总产值比 1991 年增长 391.77%，年均增长 39.06%。“九五”期间，工业生产稳步增长，2000 年工业总产值比 1996 年增长 114.99%，年均增长 22.52%。县政府将开发建设工业区、发展工业企业作为经济工作的重点。至 2000 年，完成探花山工业区、榜头工业区的水、电、路、电信、绿化等基础设施，有 27 家企业落户。“十五”期间，2005 年工业总产值比 2001 年增长 103.80%，年均增长 17.06%，规模以上工业产值占工业总产值 47.9%，比 2000 年提高 26.8 个百分点。高起点规划建设探花山工业园区，入驻企业 87 家，投产企业 61 家，实现产值 12 亿元；加快农村剩余劳动力培训转移，解决企业用工问题。盘活乡镇闲置土地和厂房，引办劳动密集型小企业、加工点 391 家，吸纳农村剩余劳动力 1.6 万人就业；轻纺鞋服、陶瓷树脂、食品饮料、纸品包装、矿产能源、医药化工等产业逐步形成，一批新兴工业骨干项目陆续投产。2010 年工业总产值比 2006 年增长 69.23%，年均增长 17.98%，规模以上工业产值年均增长 25.8%，工业增加值比 2005 年增长 96%。工业园区、国有资产和国有企业、煤炭等各项管理体制不断完善。

四、第三产业

（一）交通运输 1992 年，全县乡镇交通运输企业发展到 1054 个，职工 3257 名，总收入 11724 万元。1993 年，全县交通运输业年产值 1.5 亿元，比 1992 年的 1 亿元增长 49.8%。1996 年，全县有农民车队 30 多支，拥有营运车辆 4000 多部，汽配维修点 200 多个。1997—2010 年，民营货运车队以合作社、运输公司形式出现，私人经营客车、货车逐渐增多。

（二）加工业 1991—1995 年，永春县创办加工企业 29 家。汉口制香厂、宏泰包装用品厂、顺德堂调味品有限公司等 11 家企业被县政府确认为全县龙头企业和骨干企业。1997 年，永春逢源食品饮料公司生产的逢源牌果汁系列饮料产品被省政府确定为该年度省级名牌产品及第三届全国农业博览会“中国名牌产品”。1998 年，坑仔口镇蛇头涂布白板纸厂、环华纸业有限公司、万盛饲料有限公司、宏益纸业有限公司等企业投产后产值在千万元以上。

（三）住宿饮食业　1993年，永春县商业饮食业总产值5952万元，比1992年的4060万元增长46.6%。2006年，住宿餐饮业零售总额1.91亿元，为2005年的105.6%。2007年，全县有旅馆业26家，国有控股餐饮业3家，从业人员123名。全年住宿餐饮业经营总额2.24亿元。住宿增加值1915万元，餐饮业增加值6063万元。

（四）旅游　1994年，永春县成立旅游领导小组，旅游逐渐成为有组织的活动。2000年9月，成立旅游局；全年接待国内外游客31.8万人，旅游总收入1.9亿元。2001年5月，举办中国永春牛姆林生态旅游推介会。2002年4月，永春县举办第四届泉州旅游节。2004年，县旅游事业局制定《永春县旅游行业安全生产责任制度》等5个安全制度。2005年1月，《永春县旅游发展总体规划（2005—2020年）》通过省、市评审专家组评审；“五一”旅游黄金周期间，横口乡政府在牛姆林生态旅游区举办朱德红军革命旧址红色旅游及金山寨铁观音茶叶绿色食品推介活动；7月，成功打造国家AAAA级牛姆林、AAA级百丈岩等旅游区品牌。2002—2005年，牛姆林、百丈岩、魁星岩等旅游景点景区逐步完善。新建印尼民俗风情园、湖洋镇建设龙山水上休闲娱乐中心、北溪村拓宽旅游公路和旅游步行道等、乌髻岩修建望仙亭、大雄宝殿等。2004—2005年，永春酒店、永春美湖酒店被市旅游饭店星级评定委员会评定为三星级酒店。蓬壶镇仙岭农业旅游示范点建成中华农民体育学园、八桂园；仙洞山—普济寺旅游区建成神农大帝主殿、弘一法师陈列馆等；蓬壶镇观山村、岵山镇北溪村入选泉州“十佳魅力乡村”；蓬壶镇沈家大院、五里街镇巽来庄土楼入选泉州“十佳古民居”。岵山北溪村获福建“优秀乡村”称号；至年底，永春县有3家旅行社和3家旅行社营业部，有3家星级酒店和牛姆林青钱柳山庄、绿叶情山庄、风雅颂、悦华山庄4家景区接待酒店。2008年，泉州永春举行邮政杯“永春十景”专家评选会，评选出牛姆林、百丈岩、魁星岩、乌髻岩、仙洞普济、北溪村、东关桥、岱山岩、雪山岩、船山岩“永春十景”；侨联大厦被市旅游饭店星级评委会评定为三星级饭店。2009年，开工建设东溪大峡谷景区。

（五）金融　永春县金融机构充分运用品牌优势，开辟新的储源，拓展存款空间。2010年年底，各项存款余额88.9亿元，比1991年年初增加85.16亿元，增长22.77倍。专业银行执行指令性贷款限额控制，按专业分工范围适时调剂、择优扶持发放贷款。农村信用社实行以存定贷、比例管理的计划性调控，重点解决“三农”的生产资金和扶持乡镇企业发展。2010年年底，永春工行、农行、中行、建行、农信联社、邮储银行贷款余额总数48.79亿元。1991—2010年，永春各行解付的侨（外）汇3.36亿元。1991—2010年，永春人保公司、永春人保财险公司、永春人寿保险公司、永春平安财险公司开办各类保险，保费收入接近150亿元。

第三节　社会事业

一、教育

1991—1992年，永春县普通教育、成人教育、职业教育和幼儿教育齐头并进，实施初级中学义务教育，永春师范、仓满幼儿园、教师新村一期工程如期完成。1993年，永春县兴办达埔中学。1994年，永春县以优级水平通过省“六督”评估验收。永春三中被确认为省三级达标高中。“实验教学普及县”通过省级验收，“两基”达标工作进展顺利。1995年，扫除青壮年文盲688人，非文盲率96%，新建2所初中校；新加坡实业家郑仓满捐资创办“仓满幼儿园”；永春第一所民办新华幼儿园创办；永春县通过省“实验教学普及县”验收；永春县聘任第一批治安副校长。1996年，永春县教育“两基”工作通过省教育督导室评估验收；创办县特殊教育学校；通过市政府高标准扫除青壮年文盲工作验收；永春县被评为全国“两基”工作先进县。1997年，获评全国教育“两基”工作先进县。1999年，玉斗中心小学获评省农村示范小学，仓满幼儿园获评省级标准幼儿园，县实验幼儿园获评省优质幼儿园。永春三中被确认为省普通中学二级达标学校，永春一中被确认为省普通中学一级达标学校。省教育厅把永春县列为“十五”期间全省实施高水平高质量普及九年义务教育（即“双高普九”）县，永春县通过省政府“双高普九”验收，福建省第二届农村学校卫生工作现场会在永春三中举办。永春六中被确认为省普通中学三级达标学校，永春三中被确认为省普通中学一级达标学校。投入1亿多元实施中小学危房改造和教育信息技术工程，新建校舍51幢，建筑面积7.5万平方米。永春县城乡义务教育均免收学杂费，永春三中被国家体育总局批准为全国青少年体育俱乐部，永春县获评为“福建省教育工作先进县”。2006年，被确认为“双高普九”县。2007年，全县有各类学校231所，在校学生8.2万名；港永幼儿园动工兴建；永春县代表队夺得泉州市中小学生运动会田径比赛高中组和初中组团体总分第一名。2009年，永春侨中把白鹤拳创编成白鹤拳操列入课间操项目；世哲幼儿园被确认为省示范性幼儿园。2010年，永春县获“福建省教育工作先进县”称号；全县有4名考生考上清华、北大，理工类英语单科145分，居全省第一名。

二、科技

1991年后，永春县建立科技奖励基金会，组织科技协作开发高新技术产业，重视科技人才培训。1995年，实施科技计划30项，发展民营科技机构3家。举办多次永春生物医药产业基地发展报告会、产学研合作现场会、项目对接会、发展论坛等产业项目、成果推介活动。获省级科技进步奖2项、市科技进步奖9项，相当于市级科学技术奖5项，获实用新型专利7项（科技），县科协获评为全国科普先进单位。1996—2000年，全县获省级科技进步奖4项、市科技进步奖10项，发明专利4项、实用新型专利11项。1998年，举办35场科技信息发布会。1999年，县科技服务中心成立。2001年，全县企业着重科技兴企，顺德堂醋豆胶囊获市科技进步三等奖及首届泉州国际互联网络名优特产品博览会产品金奖；逢源饮料有限公司等3家企业获市科技示范企业；永春三鼎窑业公司获首届泉州国际互联网络名优特新产品博览会贡献奖。2004年，通过质量体系认证企业45家53项。2005，年建立中国永春芦柑网、永春农业网、“96115”热线、玉斗镇茶叶网、蓬壶镇食用菌信息网等，形成永春农业科技信息服务网络，永春县被泉州市列为农村科技信息化示范县。永春制药厂、永春芦柑、永春果珍果酒厂等企业与中国农业科学院、中国柑橘研究所、福建省农业科学院等单位进行技术合作，开发新产品，开展行业里互访参观活动，交流生产技术。获省级科技进步奖2项、市科技进步奖9项；发明专利8项、实用新型专利6项（科技）。2007年，全县各类专业技术人员1.2万名。其中，高级职称664名，科研机构40家、科技示范基地60个；申请专利26件，授权专利14件；创建县科技局、蓬壶镇、石鼓镇、东关镇4个新农村科技示范乡镇农村科技远程培训视频系统。2008年，成立永春县农村科技信息服务分中心。2010年，永春县实施各类科技计划项目340项，取得科技成果78项；获市科技进步奖10项；发明专利5项、实用新型专利30项；获“全国科技进步先进县”“国家级林业科技示范县”称号。

三、文化体育

（一）文化

1991年，永春鼓队舞参加省第六届民间舞蹈节被选送参加华东地区会演，获演出奖和创作奖；县文化馆被省文化厅定为福建省“芳草计划示范点”。

1991—1995年，永春县连续举办4届芦柑节，每届芦柑节各具特色，有文艺踩街、大型团体操、文艺演出等系列活动。永春广播电台开始采用调频广播，有线电视实现与市有线电视台联网。县文化馆被省文化厅定为福建省“芳草计划示范点”，县图书馆获“国家二级馆”称号。县志办每年编写一部《永春大事记》，1994年，县志办出版清乾隆二十二年重印《永春州志》点校本。2000年，永春县被中国文化部命名为“中国纸织画之乡”。2001—2005年，由县文化馆创作编排、永春职专100多名学生表演的民间传统节目“鼓队舞”，获市文化局、市文联举办的第三届世界福建同乡恳亲大会大型民俗文艺踩街活动一等奖。2001年，永春县承办第四届泉州旅游节，在县棣兰体育场举行开幕式和广场文艺表演，2800多名师生参加演出。2002年，县政府公布第四批重点文物保护单位16处。2005年，晋江流域考古调查队在永春县发现龙山寨遗址、岩庄山遗址、金山仑遗址、马头山遗址等15处青铜时代遗址。遗物多为石器和陶片，还有少量原始青瓷。永春纸织画被列入福建省首批非物质文化遗产代表名录，周文虎被列入福建省首批非物质文化遗产项目代表作传承人。2007年，第三次全国文物普查，登记不可移动文物305处。其中，省级文物保护单位5处，县级文物保护单位57处。

2007年，全县有文化站10个，文化馆1个，博物馆1个，图书馆1个，民间职业剧团15个，木偶剧团12个。2010年，创建15个文化示范村；建设下洋、东关、玉斗、坑仔口和五里街镇5个乡（镇）综合文化站，建设31家农家书屋；编辑完成100多万字的《千年非遗在永春》。在棣兰体育馆举办第二届2010“海峡论坛·两岸传统武术交流大赛”永春交流大会。永春桃源文化艺术传播公司联合厦门动漫公司、明之艺文化传播公司出资拍摄《永春白鹤拳》动漫电视剧；组织永春白鹤拳各武馆拳师24名、10名南音社骨干参加首届闽南文化节的武术会演、传统武术比赛、花灯展和南音大会唱。建设县级青少年校外体育活动中心1个，乡镇青少年校外体育活动场所16个、全民体育健身中心1个，村级农民体育健身工程59个。县志办编纂出版《永春县姓氏志》；县志办编纂的《永春简史》完稿（2011年付印）。出版《永春统计年鉴》《中国共产党福建省永春县组织史资料（第二册）》。新增国家级、省级非物质文化遗产保护名录分别为1个和3个、省级重点文物保护单位3处。获中国戏剧文学奖金奖3个，被命名为“中国民间文化艺术之乡”。

（二）体育

1990—2007年，县少体校部分运动员在国际比赛中获冠军5次，亚军3次；在全国性比赛中，获冠军16次，亚军20次，第三名14次。永春县少体校为各级体育院校和运动队输送优秀体育人才，评为国际级运动健将4名，国家级运动健将9名；涌现出陈亚琼、陈尊荣等国际、国家级运动健将。永春县少年儿童业余体校1992—2000年设武术班，1994年增设游泳班。

农民体育活动以民间体育和传统项目为主，主要有武术、球类、棋类、舞龙、舞狮、拔河、登山、角力、健步行，健身操和新出现的定点投篮、跳舞、冬泳等项目。1996年，永春县农民体育协会成立。1997年，永春县获评“全国群众体育先进单位”，次年获评“全国体育先进县”。蓬壶镇获全国“亿万农民健身活动先进乡镇”称号，湖洋、一都、蓬壶、五里街镇获“福建省亿万农民健身活动先进乡镇”称号。2006年，蓬壶镇仙岭村建成“中华农民体育学园”主体工程武术馆。1998年，永春县少年儿童业余体校被省体委确定为福建省羽毛球单项优秀体育后备人才训练基地。2002年，举办永春白鹤拳演武大会。2005年，《永春白鹤拳——苏瀛汉系列》教学光盘在全球发行。2006年8月举行永春白鹤拳选拔赛（选出4名运动员代表永春参加全省民间传统武术比赛）。2008年建成白鹤拳科技楼、白鹤拳影雕长廊、文化广场。先后建立蓬壶镇观山村白鹤拳训练中心、永春白鹤拳（孝德研究会）训练馆、五里街镇大羽村永春白鹤拳史馆等大型设施。大多数乡镇、村、企业设有球类运动场、文化活动室、体育公园、健身路径、晨晚练点等体育设施。永春白鹤拳被列入福建省非物质文化遗产代表作名录。同年，永春县有翁公祠、大羽、桃源武术馆和孝德、怡云、白鹳武术研究会等白鹤拳组织；8月举办“迎奥运、办农运”永春白鹤拳文化夏令营，来自瑞士、德国及永春的20名青少年参加活动。至2009年，永春县获省武院批准确认武术段位的白鹤拳师有七段1名，六段62名，五段90名，四段199名，有数十名教练员和一批裁判员。

四、卫生

1991年以来，永春县医院、卫生院的医疗设备进一步改善，农村改水改厕有新进展，各种传染病发病率较大下降。计生工作成效显著，1995年，全县出生5177人，人口出生率9.93‰；计划生育率87.81%，人口自然增长率5.5‰；全县新建13个计生服务站。2000年被命名为全省第一个“国家卫生县城”。同年9月，永春县委、县政府制定《关于落实〈中共中央、国务院关于加强人口与计划生育工作稳定低生育水平的决定〉的贯彻实施意见》，围绕稳定低生育水平的中心任务，制定和完善落实计划生育工作责任机制，推进计生工作各项任务的全面落实。2002年5月，县委、县政府印发《关于开展人口与计划生育综合改革工作实施方案》，就人口与计划生育指导思想、总体目标、基本原则和综合改革的具体内容等作出部署。深化医疗卫生体制改革，进一步完善药品公开招标制度，出台实施新的医保方案。

2004年，永春县成立药品不良反应（简称“ADR”）监测工作协调小组。2005年创办永春博爱医院。全县医疗机构实施分类管理，促进医疗机构之间公平、有序的竞争。海外侨胞、台港澳同胞捐献大批的医疗设备，各种传染病得到有效预防和控制，加强农村改厕、城乡水改工作。

永春县环保、疾控部门对县级医院和乡镇卫生院的医疗污水处理情况予以监测，每年监测均合格。建制村卫生所覆盖率100%。人口自然增长率年均7.28‰。2006年，获“国家卫生县城”称号；8月在原有县药品监督管理局基础上组建食品药品监督管理局，加强食品药品监督管理；创办民营医院—永春中山医院。2007年，全县各类医疗卫生机构362个，卫生技术人员811名，病床位852张。人口平均寿命74岁。永春县经省政府批准确定为新型农村合作医疗工作试点县，农村合作医疗参合率99.67%；永春县卫生局制定下发《永春县医院管理年活动实施方案》，成立由医疗卫生专家组成的全县医疗质量指导小组，定期对医疗质量进行检查督导。

第四节　城乡建设

1991—1995年，永春县市政建设按高起点、高标准的要求，完成县城总体规划调整和主干街道的改造及配套工程，县城通往各乡镇的柏油路铺设完成年度计划。完成八二三东路、环城路拓宽等旧城改造工程。建设城关的第二自来水厂工程。“先行工程”投资1.1亿元，完成省道305线17.5千米的拓宽改造任务，“三郊线”永春路段完成路基工程58千米。邮电通信投资8000多万元，5.1万门程控电话扩容，实现乡镇通信程控化。建成龙门滩一、二级电站，先后完成11万伏变电工程，全年发电量1.2亿千瓦时。商业服务网点遍布乡村各地，餐饮业、服务业经营商店日益增加。

1996—2000年，在县城区街道安装夜景路灯1020盏、射灯180盏；县城新增公共绿地1.1公顷；投入600多万元高标准完成城防工程建设4.3千米。启动岵山—环岛、石鼓—榜头—德风、曲斗桥—溪塔格3条公路拓宽建设，全县公路硬化由1999年的69%提高到2000年的80%；实现程控电话扩容1.1万门，总容量11.6万门。全县有19个乡镇有线电视与县中心网络联网，启动达埔、东平、东关3个现代农业示范园区建设，面积74.70公顷。完成12个乡镇24个老区村、少数民族村的通水任务，解决2.3万人饮水问题；做好农电“两改”（ 即农村电力体制改革、农村电网改造）工作，组织开工118个村，完成2个试点村农网改造，电价从每千瓦时0.98元降至每千瓦时0.85元。县财政拨出122.5万元专项资金重点扶持18个相对贫困村发展20个生产性项目并产生效益。加快旧村改造和新村建设步伐，拆除旧房514座8.65万平方米，盘活土地64.8公顷，新建房屋960座25.43万平方米。

2001—2005年，全县固定资产投资年平均7.69亿元，2005年比2001年增长32.75%。县城建成区面积由2000年的6平方千米扩大至2005年的10平方千米，旧城改造66万平方米，城区绿化覆盖率37.3%。建设桃城小区二期改造和溪滨花园城、福龙丽景等新区。实施城区职校路、师范路、前洋小区等路灯工程，桃溪大桥至花石格栏杆工程，德风溪下游防洪工程，化龙街排洪工程，桃溪湖滨花园（留安大桥段）景观工程，桃溪东区中路、工业区（南星）标准厂房道路及管网工程，城雕，八二三东路等夜景工程和电网改造、广播电视综合信息网改造工程。把探花山工业园区纳入城市建设，完成总体规划及控制性详细规划调整，构筑“县城东南新区”。推进蓬壶县域次中心和下洋、湖洋、达埔3个省、市中心镇规划建设，做好下洋新村、蓬壶观山等新村示范点建设，促进信息、人口、技术、人才等要素向城镇集中，全县城镇化水平达42.5%。实施实事项目55个，完成79个省、市、县定贫困村的290个扶贫项目建设和“造福工程”239户1420人。通村公路硬化923千米，全县公路通车里程2327千米。建成县城污水处理厂并试运行，县城垃圾填埋场和蓬壶、达埔等乡镇垃圾处理场建成投入使用，建设新的县自来水厂。县城中心至各乡镇光纤联网工程全部完成，架设光缆250千米，覆盖全县22个乡镇、148个建制村。

2010年，城乡发展空间进一步拓展，县城建成区面积由2005年的10平方千米扩大到15平方千米、人口由10.6万人增加到16万人。蓬壶县域次中心和下洋、达埔、湖洋等重点城镇建设加快，城镇化水平由42.5%提高到48%。基础设施形成较为完善的体系，铺设供水管道41千米、污水管道52.4千米；新增220千伏变电站1座、35千伏变电站4座、35千伏以上线路180.6千米；泉三高速公路通车，改造省道和县道169.7千米，建设公路“绿色长廊”375千米，实施农村公路“上衔下延”和提级改造285千米、安保工程320千米，全县公路里程由1708千米增加到2640千米。“一区多园”工业平台进一步拓展，县工业园区新增用地155公顷，生物医药产业园、轻工基地、蓬壶农副产品加工园、达埔篾香产业园、苏坑和介福陶瓷工业园等载体建设步伐加快。完成20户以上农村广播电视“村村通”工程313个、有线广播电视网络扩容升级改造4.5万户、数字电视整体转换8.4万户。

第五节　居民生活

1991—1995年，永春县城乡居民生活条件有较大改善，生活水平有明显提高，逐步从“温饱型”向“小康型”过渡。根据抽样调查，1995年，农民人均纯收入2122元，比1991年的827元增长156.59%，5年人均纯收入1339元；1995年，城镇居民人均可支配收入3818元，比1991年的1292元增长195.51%，人均可支配收入2465.4元。1995年，全县社会商品零售总额5.97亿元，比1991年的2.33亿元增长156.22%。

1996—2000年，永春县城乡居民生活水平逐步提高，农民每年人均纯收入3132.6元，城镇居民每年人均可支配收入4674.4元。1996年被省委、省政府确定为全省“农村小康建设示范县”。2000年全县消费品零售总额13.05亿元，比1996年的7.52亿元增长73.54%，商品零售价格指数99.6，居民消费价格指数101.7。物价指数走出1998年、1999年的低谷阶段。根据2000年抽样调查，城市居民50户中，居住面积10平方米以下13户，10～14平方米15户，14平方米以上22户；农村人均住房面积31.07平方米。

2001—2005年，永春县农民每年人均纯收入4304.4元，年均增长7.9%；城镇居民每年人均可支配收入7823元，年均增长6.2%。恩格尔系数在44%以下，城镇登记失业率在1.8%以下，初步建立社会保障体系，基本实现宽裕型小康。推行殡葬火化改革，全县火化区火化率达100%。

2006—2010年，永春县城镇居民人均可支配收入年均增长12.7%，农民人均纯收入年均增长8.4%。培训各类劳动者7万人次，城镇新增就业4.46万人，城镇登记失业率由1.8%下降至1.48%。全县参加社会保险人数比2005年增加5.21万人次。发放城乡低保金4702.5万元，实现“应保尽保”。完成“造福工程”搬迁安置7175人、地质灾害隐患点搬迁安置472户、贫困残疾人安居工程120户、计生二女户安居工程355户、低保安居工程61户。建设覆盖全县的避灾中心（点）103处，可容纳灾民1.85万人。

第十一章 德化县

第一节 自然环境

一、地理位置

德化县位于福建省中部，泉州市西北部，东邻福州市永泰县、莆田仙游县，南接永春县，西连三明市大田县，北毗三明市尤溪县，县境东西长62.1千米，南北宽60.4千米，土地总面积2232.16平方千米。2010年全县常住人口27.79万人。

二、地形地貌

德化县以中低山为主，大部分地区海拔700米以上，千米以上的山峰有258座，最高山峰为戴云山主峰、海拔1856米，有“闽中屋脊”之称。其中，中山占土地总面积64.9%，低山占土地总面积22.2%，高丘占土地总面积12.9%。全县地势由中部略向四周倾斜，呈层状逐级下降。其中，高岭土、铁矿石、石灰石远期储量均在亿吨以上，黄金储藏量20吨，位居全省前列。

三、气候

德化县属亚热带季风气候，四季分明，雨量充沛，潮湿多雾，冬无严寒，夏少酷暑等特点。1991—2010年，总体气候变暖，年平均气温18.5℃，比气候平均值高0.2℃；年平均降水量1847.7毫米，比气候平均值多23.9毫米，属正常范围。随着全球气候逐渐变暖，年降水量呈增多趋势，旱涝兼具；日照充足，年平均日照时数1811.2小时，年际无明显变化。境内溪流分属闽江水系和晋江水系，主要溪流集雨面积2000多平方千米，水能蕴藏量近50万千瓦，其中可开发利用31.2万千瓦。多年平均水资源总量24.92亿立方米，人均水资源占有量8150立方米，是全国人均的3.8倍、全省人均的2.5倍。土壤主要由5个土类组成，以山地红壤面积最大，占山地土壤总面积80%；山地黄壤次之，占15%；还有赤红壤、山地黄红壤和极少量的泥炭沼泽土。森林覆盖率77.7%，主要有杉木林、毛竹林、针叶林、阔叶林、针阔叶混交林等9个植被类型，大部分为原生性植被；有黄山松林、南方红豆杉林、柳杉林、映山红灌丛、睡莲沼泽等51个群系、92个群丛；有高等植物284科、928属、2067种，其中珍稀濒危或特有植物115种。水生鱼类有15科、38属、48种，陆生脊椎动物30目、85科、352种。其中，国家一级保护动物4种，国家二级保护动物36种。有真菌10目、39科、136种，土壤和树体微生物有10目、18科、35属、56种。自然保护区面积居泉州市首位，拥有戴云山国家级自然保护区、石牛山国家森林公园和地质公园。

第二节 经济建设

一、概况

1991年12月，德化县委、县政府提出“小县大城关”发展思路，加快“大城关”建设步伐。1992年7月，中共德化县委七届六次全会提出“强化城关、发展集镇、推进东西、共奔小康”发展策略，后被称为“小县大城关”发展战略。1993年12月，“小县大城关”发展战略进入实施阶段。1999年，德化县委九届二次全体会议通过《中共德化县委、德化县人民政府关于加快实施科教兴县战略的决定》。2000 年，按照德化县委“十五”计划的建设，县政府修编《德化县城市总体规划》，把城镇体系空间结构划分为“一主二次三轴”，“一主”即以县城为中心，包括三班、盖德、龙门滩 3 个卫星镇，树立“大城关”概念。2006 年，德化县委第十一次代表大会报告中，提出坚持“五大战略”，即工业强县战略、大城关发展战略、市场多元化战略、科教兴县战略、可持续发展战略。

二、发展水平

2010 年，德化县地区生产总值、财政总收入、一般预算收入分别为 102.21 亿元、8.73 亿元、4.96 亿元，比 2005 年增长 74.6%、62.1%、96%；三次产业结构比为 7.4 ∶ 56.1 ∶ 36.5。工业经济提升壮大，规模以上工业企业数量和产值分别由 2005 年的 173 家、66.7 亿元增至 2010 年的 230 家、110.9 亿元；2006—2010 年，陶瓷业、矿产业、电力业产值分别达 328.52 亿元、63.74 亿元、26.13 亿元，比“十五”增长 121.4%、11.25%、101%，日用工艺陶瓷产业集群被评为“中国百佳产业集群”“中国瓷都·德化”特色区域称号通过复评，获“全国‘十一五’水电农村电气化县”“福建省初级水利化县”称号。2010 年，全县工业总产值 128.26 亿元，比 2005 年增长 94.4%。特色农业加快发展，新增无公害农产品 20 个，达 22 个，设立农产品营销点 35 个，全县存栏德化黑鸡 50 万羽、德化黑兔 9 万只、德化黑羊 2 万只，德化黑鸡、德化黄花菜列入国家地理标志保护产品，德化黑鸡、德化黑兔列入国家畜禽遗传资源保护名录，获“中国早熟梨之乡”“中国油茶之乡”“中国竹子之乡”称号。旅游业为主的三产得到培育，岱仙湖获“国家水利风景区”称号，石牛山国家 AAAA 级旅游景区通过国家验收，德化县列入“全国低碳旅游实验区”，获“中国最佳生态旅游县”“福建最佳旅游目的地”“福建省优秀旅游县”称号，全县接待游客量和旅游总收入分别年均递增 28.6%、36.8%。

第三节　社会事业

一、教育

1995 年，德化县实施“大城关”战略，调整学校布局。1998 年始，撤并 20 人以下的分班；150 人以下完全小学改设初级小学，3 ～ 5 年级学生集中到 150 人以上的完全小学就读，创办寄宿制小学。1999 年起，农村中小学生逐步向城关聚拢，撤并 5 所中学和 162 所小学；新办八中、六中和三中霞溪初中分校，德化一中和八中升格为高级中学。2010 年，城区校舍面积 31.63 万平方米，占全县校舍的 68.71%。其中，小学校舍 7.05 万平方米，占 51.89%，在校生 1.67 万名，占全县 89.98%；中学校舍 11.05 万平方米，占全县 60.17%，在校生 9599 名，占全县 57.97%；幼儿园校舍 3.51 万平方米，占全县 93.19%，在园幼儿 8904 名，占全县 95.01%。“大城关”教育构架基本形成。

1996 年，第一所民办学校——绿剑武术学校创办，设 19 个班，招收幼儿、小学、初中学生 850 名，办成九年义务教育兼武术专业的全日制学校。其后，隆德学校和旺旺幼儿园创办。隆德学校发展成幼儿、小学、初中、高中、中专及职业培训多层次教育学校。2010 年，全县有民办幼儿园 35 所，在园幼儿 4326 名，占全县 46.16%。隆德学校获全国“民办教育百强学校”。德化县教育形成公办、集体、民办多层次办学格局。

20 世纪末，德化县加大教育基础设施建设，至 2010 年，全县小学 37 所，在校生 1.85 万名，学校占地面积 28.84 万平方米，建筑面积 13.58 万平方米，“十配套”中占地面积、实验室建筑面积、图书馆建筑面积达标校各 37 所，体育场面积达标校 23 所，数学自然实验仪器达标校 30 所，音乐教学仪器配备达标校 27 所，美术教学仪器配备达标校 28 所，体育器材配备达标校 29 所；特殊教育学校校舍 1380 平方米，6 班 455 人；17 个乡（镇）通过泉州市小学“十配套”达标乡镇验收。至 2010 年，全县普通中学

16 所，在校生 1.66 万名，学校占地面积 44.33 万平方米，建筑面积 18.36 万平方米，“十配套”中占地面积、实验室建筑面积、图书馆建筑面积、数学自然实验仪器、体育器材配备达标校各 16 所，体育场面积达标校 12 所，音乐、美术教学仪器配备达标校各 15 所。

1994 年，德化城关职业中学升格为中等职业技术学校。2005 年德化陶瓷职业技术学院创办。至 2010 年，全县高等职业学院 1 所，设 54 班，在校生 1892 人，教职工 201 人；中等职业学校 1 所，设 41 班，在校生 1537 人，德化职业学校获得“全国学校艺术教育工作先进单位”等荣誉。

1997 年，德化县通过省政府“两基”验收，全县非文盲率 97.63%，脱盲巩固率 98.96%。1998 年，省委办公厅向全省推广德化老年教育先进经验。2005 年，德化县老年大学被评为省老年教育先进集体。2007 年，德化“县—乡（镇）—村”老年教育办学模式被《中国老年报》推荐为全国三种老年教育办学模式之首。

二、科技

1991—2000 年，德化县围绕“科技兴瓷”“科技兴农”战略，实施陶瓷新产品开发、果园低产改造和食用菌、再生稻等科技项目 416 项。其中，国家级 3 项，省级 7 项，市级 13 项。开发新产品 2000 多种，获国家专利 106 件。优化陶瓷“油烧立方窑”“电热立方窑”“电热旋转窑”窑炉结构，降低窑内温差，实现节能减排；“95 陶瓷阀片”填补了德化县特种陶瓷生产的空白；稀土陶瓷捏塑抽象人物、莹玉红高瓷质、节能稀土陶瓷系列新产品、多晶莫来石耐火纤维在陶瓷梭式窑应用等获福建省科技进步奖，白玉瓷等 29 项产品分别获部级奖励。冠峰耐热瓷有限公司、德化第五瓷厂被省确认为高新技术企业。

2001—2010 年，德化县实施富民强县专项行动计划和国家火炬计划，实施科技项目 503 项。其中，国家级 10 项，省级 29 项，市级 84 项。开发出纳米不粘耐热煲、轻质陶瓷、骨灰瓷、自生釉骨瓷、再生陶瓷、骨锂瓷、夜光陶瓷、自清洁陶瓷、纳米灭菌等陶瓷产品和陶瓷新材料上千种。改釉烧、烤花两道烧成工艺为一次烤花工序，节约能耗 25%；大型瓷雕微波烘干技术试验和“专用导热油烘干技术试验”，分别获得提高 80% 成品率和节能 30%，节约成本 20% 的效果；采用化学方法合成生物陶瓷新材料，能耗降低 40%；引进“水转印花纸生产技术”采用国产化材料生产水转移花纸底纸，填补福建省该技术的空白；开发“低温一次烧成环保陶瓷”“中温氧化高白瓷”“红壤陶釉下彩工艺品”“轻质白云釉熔块的制备、白云土的标准化生产工艺控制规程”经省科技厅鉴定达国内领先水平；“耐高压、高性能真空开关管管壳”“废瓷回收再生陶瓷技术”“高温大红釉陶瓷”达国内先进水平；“德化玉瓷”“自生釉骨瓷”经省经贸委专家组鉴定为国际领先水平；研发出的水龙头陶瓷阀芯、耐高温真空开关波纹管技术，实现德化县高新技术陶瓷零的突破；建成的全自动电热隧道窑，节约烧成成本 50%，节约能耗 34.4%。推广电热窑炉 280 个（条），年节约木材 6 万立方米；推广废料、废水、废瓷回收，开发再生陶瓷，年新增产值 2000 万元；推广计算机集散控制系统和现场总线控制系统窑炉技术，年节约燃料—柴油 2000 多吨，降低燃料成本 700 多万元，提高整体效益 5000 多万元；推广电热高温隧道窑，实现综合节能 8%，年节约能耗 1.5 亿元；在 38 条天然气隧道窑炉中推广、应用节能燃烧器、空燃比例阀和窑炉自动控制系统 1200 多套，为企业直接节约能源 15% ～ 20%。全县陶瓷固体废物再生率 90% 以上，废水回收率 80% 以上，单位生产总值能耗下降 1.6%，二氧化硫排放量削减 4%，化学需氧量排放量削减 1.1%。

1991—2010 年，全县科研机构从 5 家发展到 248 家；科技人员从 2745 名增至 8409 名，增长 2.06 倍。培育出省高新技术企业 13 家，119 家企业通过 ISO 质量和环保体系认证，冠福家用进入“中国科技名牌企业 500 强”，德化五厂评为“中国高新技术产业优秀企业”，佳美集团有限公司获福建省工艺陶瓷星火行业技术创新中心。获中国名牌产品 2 个，中国陶瓷行业名牌产品 4 个，中国出口名牌产品 2 个，国家免检产品 3 个，福建省名牌产品 5 个，省著名商标 7 枚，泉州市知名商标 13 枚。“德化白瓷”获国家质检总局认证为国家地理标志产品。网兴网络信息中心收入全国陶瓷企业 10000 多家，在全国陶瓷网站中排名第一，被评为“中国行业电子商务100强”。科技产品获巴黎国际第83届技术发明展览评比银奖和巴黎国际发明博览会第83届雷比那竞赛“特别荣誉”奖各1个，获第21届尤里卡万国发明博览会（巴黎）金奖1个，获科技部和埃及社会发展基金会金字塔奖5个。获科技部主办的各种博览会、交易会、洽谈会、展示会特别金奖1项，金奖（金杯奖）15项，银奖（二等奖）9项；获中国陶瓷工业协会、国家轻工业局等举办的全国性博览会、展示会金奖（一等奖）18项，银奖（二等奖）6项，铜奖（三等奖）11项，优秀奖（纪念奖）6项，最佳创意奖1项，最佳工艺奖2项；获全国科技创新大赛一等奖1项，中国科协学会管理中心全国优秀学术成果二等奖2项；获福建省科技进步二等奖1项，三等奖15项，省科学技术二等奖、三等奖各1项；获国家专利798项。

三、文化

1991—2010年，德化县开展培训、采风、征文、大奖赛和作品展，催生大批文艺新秀，德化县文学作品在市级以上报刊发表1500多篇（首）。其中，在省级以上报刊发表197篇（首），被出版社辑入文学作品集的作品255篇（首）。美术、书法、摄影作品30幅入选全国大奖赛，28幅入选省文化成果展，30幅入选福建省美术、书法、摄影、手工制艺作品展；出版文艺、书画作品集、画册、影册50多部。9篇（首）文学作品分别获全国新闻奖暨报纸副刊作品铜奖、华东地区报纸副刊好作品三等奖、北京伯乐文学研究所首届“伯乐杯”报告文学大奖赛三等奖。2枚篆刻作品获“全国西泠社篆刻大赛”二等奖，6幅书画作品获省级奖励。编纂出版《中国谚语集成·福建卷·德化县分卷》《中国歌谣集成·福建卷·德化县分卷》《中国民间故事集成·福建卷·德化县分卷》。

1991年，福建省“南星杯”职工优秀歌手邀请赛在德化县举办。1993年，举办首届中国德化国际陶瓷节，开展《瓷都风采》大型文艺踩街、“瓷都潮”书画作品展和《沸腾的瓷都之夜》系列活动。1996年，举办第一届文化艺术节。举办“瓷都之歌”原创作品音乐会、南音大会唱、演唱会、大奖赛、歌舞晚会和“慰问外来员工文艺会演”。2001年，举办首届广场文化艺术节。2002年，举办首届民间民俗广场文化节。常年组织文艺、图书、电影“文化三下乡”，开展“百场万人文化活动”。

2006年，德化瓷烧制技艺列入第一批国家级非物质文化遗产名录。2007年，德化县普查登记不可移动文物519处。其中，屈斗宫德化窟址（包括浔中、盖德、三班）列为全国重点文物保护单位，九仙山弥勒造像列为省级文物保护单位，县级文物保护单位58处。2006年，德化陶瓷博物馆建成开馆，建筑面积5670平方米。屈斗宫德化窟址被列入“十一五”期间全国100处国家大遗址保护专项。《德化文物志》《中国白·福建德化瓷》《德化陶界研究论文集》《德化瓷史与德化窑窟》等10多部专著出版。2009年，德化山歌列入省级非物质文化遗产名录。德化县瓷文化列福建省闽南文化生态保护实验区示范园区。县陶瓷文化研究会成立，县陶瓷博物馆被评为“国家二级馆”“全国科普示范基地”，顺美、三德、月记窑3家企业被授予市级文化产业示范基地，国际当代陶艺家德化月记窑工作室成立。先后举办“闽南文化节——德化瓷史瓷艺展”“月记窑有德有壶双联展”“月记窑国际当代陶艺家（柴烧）研讨会”“善十八罗汉大型瓷塑作品展”“福建省德化县民间收藏展”“德化县陶瓷版权创意大赛”和上海“月记窑之夜—帝娜克·凡及德化白瓷壶艺展”、福建省博物院“历史的对话——德化古今陶瓷艺术展”；承办全国古陶瓷协会第二次委员会会议；组织参加“福建省非物质文化遗产传承项目现场表演”等。陶瓷工艺作品先后获中国工艺美术百花奖评比二等奖2个，银质奖和珍品奖各1个，全国陶瓷艺术创作设计评比一、二、三等奖4个，全国工艺美术陶瓷评比二等奖2个，中国工艺美术大师精品展金奖、银奖、铜奖和优秀奖9个，中国艺术博览会二等奖1个，全国首届民间工艺品制作大赛金奖2个。获北京首届博览会金牌奖1个。2010年，建成连接18个乡镇的光纤电视联网工程，实现省、市、县、乡有线电视大联网。建有传输108套数字电视、40多套模拟电视的现代化机房。广播电台开设《政风行风热线》《咱厝的声音》《娱乐乐翻天》《百姓广场》等九档直播互动栏目；有线电视终端用户3.2万户。编播的节目有20多个在中央台播出，300

多个在省台播出，1000 多个在市台播出。加盟黄河台和城市联盟协作网，选送作品在全国 83 家电视台展播，10 部专题片到美国等地播出。111 个“村村通”完成模拟改数字，设卫星地面接收站 9675 个，实现 20 户以上自然村“村村通”工程，有线电视网络外观众能收看到 3 台以上电视节目。

四、卫生

1991 年后，德化县调整、充实德化县爱国卫生委员会，成立创建卫生县城指挥部和灭鼠指挥部，开展节日性、季节性爱国卫生活动。提倡“爱瓷城环境、创卫生县城”，实行“门前三包”卫生区划包干负责制。1991 年，德化县实行新生儿计划免疫接种建卡制度。1992 年，德化县实施“2000 年人人享有卫生保健”规划，推动初级卫生保健工作的发展。1994 年，建立计划免疫管理系统，建立“疾病监测信息报告管理系统”。1996 年农村卫生三项建设经省卫生厅评审，达到农村初级保健基本合格县标准。1997 年后，实施“123 健康工程”，创建等级医院（站），实施“家园清洁行动”和城市“绿肺计划”。2002 年 18 个乡镇初保工作全部达标，实现初级卫生保健合格县目标。2010 年，全县有公立医疗卫生机构 27 个，床位 630 张，村级卫生所 207 个。全县医疗卫生机构建设占地面积 5.38 万平方米，房屋建筑总面积达 5.06 万平方米。全县 27.90 万人参加新农合。其中农村居民 25.91 万人，参合率 98.97%。全县建立居民健康档案 12.95 万份。

1997 年，德化县被卫生部列入“加强与促进结核病控制项目”县，实施《世行贷款／英国赠款中国结核病控制项目》、中央财政结核病控制项目和中国全球基金（第四轮）结核病项目，对可疑肺结核病人实行免费检查，对传染性肺结核病人实行免费治疗。至 2010 年，消灭（或基本消灭）血丝虫病、肺吸虫病、麻风病，消除碘缺乏病。卫生防疫站获卫生部“县级一等卫生防疫站”和省卫生厅“计量认证合格单位”荣誉。全县孕产妇系统管理 3253 人，管理率 88.76%，3 岁以下儿童系统管理 1.03 万人，管理率 89.46%。经市考评，德化县达“爱婴县”标准。

五、体育

1991 年，德化县农民体育协会（简称“农体协”）、钓鱼、信鸽、围棋、象棋等体育协会相继成立。每年“全民健身节”开展百场万人体育活动，举办各种球赛、自行车巡游、登山、冬泳、汽车越野和围棋定段定级赛及首届非公企业职工趣味体育等竞赛。协助举办德化国际男子篮球邀请赛；承办福建省首届越野精英汽车大奖赛；举办德化南安两县市冬泳比赛。泉州市第一届公仆杯篮球赛德化县代表队获冠军。德化县连续 2 年获得泉州市第五届、第六届全民健身先进单位。德化县有少年业余体育学校（简称少体校）1 所，体育等级裁判员 30 人。少体校开设田径、篮球、竞走、跳高、中长跑、武术训练项目。2000 年后，新增跆拳道、柔道、摔跤等训练项目，建立龙浔中心小学、第三实小、浔北分校、六中、五中、三中 6 个训练基地。至 2010 年，全县等级裁判员 86 人，国家二级社会体育指导员 17 人。培养出国家一级运动员 2 名，二级运动员 62 名。

第四节　城乡建设

一、县城总体规划

1993 年 8 月，《德化县城市总体规划》调整后，城市性质定义为“瓷城，德化县政治、经济、文化中心”。2001 年 10 月完成第三次修编方案，城市性质为著名瓷都，生活宜居、旅游城市。中心城区分为一个中心——中环路以内区域，政治、文化、商贸中心；三个片区——城北片区、城南片区、城东片区；四个组团——

城西生活组团、城北工业组团、城东工业组团、城南生活组团。2010年8月，完成第四次修编规划方案报批，城市性质定为“中国瓷都”“生态旅游宜居城市”。

二、市政建设

1988—2007年，在城区道路两侧种植天竺桂、雪松等树种总计2万多株。2007年年底，县城道路绿地面积达4.76万平方米，绿化覆盖面积5.24万平方米。2009年，在泉三高速德化连接线、宝美滨溪公园、戴云酒店至国税新村种植樟、月桂等乔木、灌木15万多株。

20世纪90年代，德化县城关建成塔雁、国税、龙东、湖前、金丰、金苑、景苑、凤凰、园丁、世科等小区绿化场所，总面积4780平方米。居民居住小区绿化，植物种类注重多种植物科学组合。2007年年底，城区绿地总面积246.12公顷、人均绿地面积7.21平方米。2009年，县城区新增绿地面积9.52公顷，绿地总面积达255.64公顷、绿化覆盖面积308.2公顷、绿化覆盖率35.02%，人均公园绿地面积8.03平方米。2010年，增加绿化面积15.5公顷、绿地率达29.32%、绿化覆盖率达35.35%、人均公园绿地达8.26平方米。

1993年9月，德化县城区防洪规划领导小组成立。至2010年，建成重力式石砌防洪堤16.14千米，工程量42.54万立方米，石方23.11万立方米。建设范围为浐溪两岸从世科桥至新隆桥，丁溪两岸从霞溪到丁溪口。工程按城区20年一遇的防洪标准建设，建筑物按4级设计，防洪堤高度5.5～12.5米之间，保护土地面积540公顷。

1996年，德化县政府建设浐溪两岸绿化带。南岸龙津桥至醒龙桥，北岸龙津桥至鸣凤桥。绿化带宽10米。1999年，北岸绿化带延伸至苏坂里。2007年，浐溪西岸绿化带延伸至浔东桥，沿溪改用石栏杆。

1997年，德化县自来水公司建设地热水工程，把雷峰镇蕉溪村温泉水引进县城，引水管道长8千米，日产地热水2000吨，可供应6600多户居民用水。2005年，地热水用户6271户，年供地热水33.6万吨。2008年，地热水用户6650户，年售水量38.9万吨，销售收入179.6万元；同年3月，县建设局在浐溪下游凤洋建设污水处理厂，解决污水污染问题。

2006年6月起，城市公厕照明用电接入城区路灯管网。2007年，中心城区桥梁和主干道两侧建筑物大部分安装夜景轮廓灯，亮化率95%以上。2007年年底，县城区龙津桥、鸣凤桥、云龙桥、醒龙桥、丁溪桥、龙湖桥6座桥安装投光灯126/LED灯带。2008年，县中心城区桥梁和主干道两侧建筑物安装夜景轮廓灯，在进城大道、浔南路、浔北路等安装路灯。2009年，县城区在城北路、陶瓷街等安装路灯250盏，完成龙津桥、鸣凤桥夜景改造。2010年，安装城区供水主管道9535米，年供水总量790万吨。地热水供水总量36.9万吨。

三、城镇建设

1991—1997年，德化县进行四期旧街改造，共拆迁旧店面381间，涉及464户，拆除旧房建筑面积9.77万平方米，拓宽改建西门、塔雁、兴南、德新、富东5条街道，新建商住房35幢。其中，店面543间、套房1044套，总建筑面积26.32万平方米。1991—2010年，德化县建设的住宅小区有园丁新村、国税新村、城后住宅区、宝美职工公寓、三班洞上幸福家园、三峡水库移民区、涌口水库移民区、阳馨小区。2002年，上涌镇“涌苑小区”、三班镇“大兴小区”、龙浔镇“英山小区”先后被列为省、市新城建设试点，上涌镇被列为泉州市小城镇建设试点。1998年后，德化县进行宝美、浔中、世科、丁墘、丁溪等“城中村”改造。新建城后路、瓷都大道、宝美街等。全县乡镇硬化公路69公路、新建村民住房2.85万平方米。2008年，瓷都大道、隆中路两侧旧街区改造完成安置房建筑面积1.6万平方米。2009年，瓷都大道两侧新建安置房0.5万平方米、装修8.8万平方米，铺设小区道路砼路面1500米、人行道铺砖1600平方米。雷峰镇、国宝乡、春美乡完成县道提级改造、铺设水泥混凝土路面56.7千米。全县提级改造村级公路36

千米。2010 年，办理房屋拆迁许可证 2 宗、拆迁建筑面积 12.82 万平方米。

第五节 居民生活

一、城镇居民生活

1991 年，德化县职工年均工资 2325 元，1994 年，国家进行机关企事业单位工资改革，不断提高干部职工资。1995 年，德化县职工年均工资 4508 元，比 1991 年增长 93.89%。2002 年，德化县职工年均工资突破万元大关，为 10773 元。2005 年，城镇居民非工资收入占实际收入达 27.6%。2010 年，非工资收入占实际收入 34.7%，非工资收入比 2005 年增加 7.1%。其中，经营性收入占 15.32%，财产性收入占 7.39%，转移性收入占 11.95%。2010 年，职工年均工资 24541 元，比 1991 年增长 9.6 倍。

2010 年，城镇居民食品年人均消费支出 5114.72 元，占人均生活消费支出的 41.94%。其中，粮油类占 644.24 元，肉禽蛋水产品类占 1789.75 元，蔬菜类 524.99 元，调味品 60.97 元，糖烟酒饮料类 1127.93 元，干鲜瓜果类 312.21 元，糕点、奶及奶制品 228.46 元，其他食品 95.51 元，饮食服务 330.66 元。人均住房面积达 32.19 平方米。其中，单栋住宅占 2%，四居室占 10%，三居室 46%，二居室 26%，一居室 2%，普通楼房 14%。据抽样调查，每百户耐用消费品拥有量为：摩托车 120 辆、助力车 8 辆，家用汽车 8 辆、洗衣机 96 台、电冰箱 84 台、家用电脑 58 台、彩色电视机 144 台。

二、农民生活

1991 年，德化县农民年人均纯收入 634.96 元，年人均家庭经营收入 841.70 元，占全年人均总收入 89.8%。从集体得到的收入 18.81 元，占 2%。1994 年，国家粮食收购价格、市场肉食蛋等副食品价格提高，农民收入大幅度增加，全县农民人均收入达 1408 元。1995 年，农民人均纯收入 1836 元，年均递增 25.6%。2002 年，德化县委、县政府推进宽裕型小康建设，宝美等 15 个村（居）达到宽裕型小康标准，浔中村经市验收达到宽裕型文明村标准，农民人均年纯收入 3713.02 元。2007 年，全县农民人均年纯收入达 5789.2 元。2010 年，全县农民人均纯收入 7356.59 元，工资收入占全年人均收入 53.1%，家庭经营收入占 42.98%，转移性收入占 3%，财产性收入占 0.9%。

1991 年，德化县农村居民人均生活消费支出 616.02 元，占年人均总支出 92%。1995 年人均生活消费支出 1626.9 元，比 1991 年增长 164%。2000 年 2463.83 元，比 1995 年增长 51.4%。2005 年 4115.37 元，比 2000 年增长 67%。2010 年，全县农民人均生活消费支出占人均总支出 77%。同年，生活消费恩格尔系数 43.4%，比 1991 年的 61.8% 下降 13.4 个百分点。

附 录

重要文献选编

中共泉州市委　泉州市人民政府
关于泉州市十二年来对外开放情况的总结报告

（1991 年 12 月 27 日）

根据闽委办〔1991〕53 号《关于总结研究我省对外开放工作的通知》精神，将泉州市十二年来对外开放情况，以及今后十年和“八五”期间对外开放的主要目标，任务和措施报告如下：

一、十二年来的主要成就

党的十一届三中全会以来，泉州市委、市政府认真贯彻执行党中央、国务院和省委、省政府的一系列方针政策，坚持党的实事求是的思想路线，从泉州的实际出发，充分发挥侨乡优势，解放思想，积极探索，走出了一条“‘三来一补’起步，乡镇企业铺路，‘三资’企业上路，成片土地开发进大步”的具有侨乡特色的外向型经济发展路子，对外开放工作取得显著成效：

——对外贸易大幅增长，出口商品结构不断优化，贸易往来的国家和地区日益增多。1991 年全市出口商品总值预计可达 18.97 亿元，比 1979 年增长 22 倍，年均递增 29.5%。出口商品总值占全市工农业总产值的比重，由 1979 年的 6.61% 提高到 17.8%，达到国务院对经济开放区出口要占工农业总产值 15% ～ 20% 的要求。出口商品结构中，工业制成品和深加工产品比重由 55% 上升到 90%，与 100 多个国家和地区有贸易往来关系。对台小额贸易也取得较好成效，已有 3 家专营公司，累计完成对台贸易额 1.13 亿美元。

——外资引进工作已具相当规模，投向更趋合理。从 1980 年 6 月创办第一家合资企业到 1991 年年底，全市预计批准“三资”企业 1418 家，总投资 43 亿元，其中外资 7.8 亿美元；实际投产企业 810 家，实际利用外资 2.5 亿美元。1991 年“三资”企业产值 24 亿元，出口 2.6 亿美元，分别占全市出口商品总产值和工农业总产值的 23% 和 14%，成为全市经济建设中的一支生力军。十二年来，泉州市“三资”企业经历由小到大、由初级单项到系列配套、由沿海到山区的发展过程，呈现出五个特点：一是投资规模不断扩大。平均单项投资额已达 300 万元人民币，其中单项投资额在 500 万至 1000 万元的有 86 家，1000 万至 1.5 亿元的有 51 家。二是正在向多元化集团式发展。已有 40 多户外商分别办厂 2 至 7 家，其中香港南益集团在南安已办厂 7 家。三是乡镇企业“嫁接”外资越来越多。累计已达 800 多家。四是台胞投资日益增加。已批准台胞投资企业 210 家，台资 1.76 亿美元，占全市外资总额的 23%。五是外商独资企业不断发展。已批准外商独资企业 252 家，外资额 3.12 亿美元，分别占 17.8% 和 41.6%。

——内外主体工程和配套设施全部由外方投资建设的成片土地开发取得重大进展，外经工作出现历史性的转折。全市已形成马甲、安平、蟠龙、肖厝、市区和石狮等六大成片开发区，开发面积 8 平方千米，总投资 32.62 亿元。其中马甲的仰恩系列工程已实际投入 1.5 亿元人民币，形成教育、科研、生产一体化，饲料、饲养、加工一条龙的综合开发区。最近又与外商签订了福埔、东海垵、灵狮、莲厝等 4 个成片土地开发项目，总投资 7000 万美元，开发面积 266.67 公顷。

——对外加工装配保持良好发展势头。1979 年在全省率先开展承接对外加工装配业务，十二年来从初期简单、少量、单一的服装加工，逐步发展到大批量、多品种、工艺较复杂的深加工。1979 年至 1991 年，全市加工装配工缴费累计创汇 8900 多万美元。与此同时，先后引进了大批先进设备，培养了一大批掌握各种生产技术的加工装配人员。

——对外经济技术合作发展迅速。劳务合作已从刚开始的港澳地区拓展到塞班岛、澳大利亚、新加坡、毛里求斯、美国、日本等地。到 1991 年年底，共完成营业额 2787 万美元，派出劳务 12000 多人次。目前在外人数达 4000 人。对外承包工程实力不断增强。累计成交金额 1735 万美元。境外投资办企业有新进展，正与美国、加拿大、肯尼亚、港澳等地客商洽谈合办房产、建材、制衣等企业。

——国际旅游业方兴未艾，对外文化交流日益频繁。十二年来，共接待海外游客 190 万人次，旅游创汇 3.9 亿元外汇人民币，接待游客人数居全省首位。对外文化交流活动深入发展，先后成功举办四届“海内外南音大会唱”、二届“中国泉州国际木偶节”和“泉州传统南戏展演周”、“泉州国际南少林武术研讨会”等大中型的多边性文化交流活动。组织了联合国海上丝绸之路考察活动。各文化艺术团体也先后 21 次出国出境访问。有力地增进了泉州人民与世界各国和各地区人民的相互了解和友谊，极大地提高了泉州在国际上的知名度。

二、主要经验和体会

十二年来，泉州市坚持对外开放，大力推进外向型经济的发展，主要做法和体会是：

（一）解放思想，实事求是，是发展外向型经济的关键。

十二年来，市委、市政府从关键环节抓起，反复强调要解放思想，勇于探索，实事求是，大胆去干，做到不唯上、不唯书、不唯旧、不唯安、只唯实。提倡敢于和善于坚持原则，反对无原则、无是非、无思路；敢于和善于探索，反对墨守成规，画地为牢，无所作为；敢于和善于开拓，反对只要乌纱帽，不敢担风险，畏首畏尾，暮气沉沉。围绕解放思想，我们突出抓了放胆、放权、放活这三个主要环节，在“放”字上下功夫。放胆，就是引导和鼓励广大干部群众，凡是有利于发展生产力和改善人民生活的就勇于探索，敢于试验，总结经验教训，大胆开拓创新。因缺乏改革经验造成的失误，市委、市政府主动承担责任。从而消除了广大干部群众的思想顾虑，坚定了改革开放的信心。放权，就是领导机关要放权，直接放给基层单位、经济实体、企业，使其真正有自主权。政府职能部门努力从传统权力观念中解脱出来，代之以新的思想观念、思维方式、工作方法和管理手段，做到管而不死，放而不乱。放活，就是结合本地、本部门、本单位的实际，创造性地贯彻中央精神，灵活运用方针政策，更好地服务对外开放。

经过十几年的艰苦努力，全市人民思想观念获得了新的解放，精神面貌有了很大改观，反映自然经济生产方式的、封闭的、缺乏进取意识的陈旧观念，已经和正在被与发展商品经济和外向型经济相适应的新的现代的思想观念所代替。“求是、团结、务实、创新”的泉州精神正在形成。

（二）扬长避短，发挥优势，打好侨牌，是大力推进外向型经济发展的有效途径。

泉州市是著名侨乡和台胞主要祖籍地，华侨和港澳同胞多达 503 万人，台湾汉族同胞中有约 800 万人的祖籍在泉州。广大“三胞”有爱国爱乡之心，有建设家乡的巨大热忱，又有雄厚的经济实力。十二年来，市委、市政府紧紧抓住这最具有影响力和潜力的华侨优势，因势利导，扬长避短，充分依靠和运用侨资侨力，大力发展对外经济，开创了外经工作的新局面。

我们启动侨力的首要措施是，认真落实党的侨务政策和地下党政策，争取侨心，吸引侨资。1948 年和 1985 年，先后为华侨、港澳同胞和归侨眷平反了“文革”中冤假错案 848 件，历史积案 989 件，为 2576 户侨户改变了错划的家庭成分，被错划没收的华侨私房 49 万平方米，99.8%得到归还。与此同时，快刀斩乱麻彻底解决折腾了二三十年的地下党历史遗留问题。这两项政策的落实工作走在全省前头，在海内外引起了强烈反响。侨胞、港澳同胞回乡旅游探亲、捐资办公益事业、投资兴办企业出现了新的热潮，很快形成了强大的经济力量。我们紧紧把握住这一有利时机，把抓好“三来一补”、大力扶持和发展乡镇企业作为发挥港台侨优势的又一重要措施。1983年到1984年，我们根据侨胞多、侨资多、劳力多的特点，因势利导，采取“放、帮、促”的方针，充分利用侨乡的“闲钱、闲房、闲人”，发动群众联办企业，开创了“小商品、大产值、小洋货、大创汇”的局面。在此基础上，1985年至1986年，我们又提出“联、扩、带”的指导思想，推动全市乡镇企业进入有引导、有规划的发展阶段。几年间，乡镇企业形成了以侨资侨力为依托，以股份式经济为主体，以国内外市场为导向，以区域化专业化生产为经营格局的自己的特色。借助乡镇企业这个载体，一大批劳动密集型产品走向国际市场，全市形成服装、纺织、鞋帽、包袋、茶叶、食品、编织、建材、工艺美术等10个颇具规模的出口生产基地。1991年乡镇企业总产值预计可达60亿元，出口交货总值14.12亿元。

针对外资大量涌入的新特点，1987年市委在总结归纳了前几年外经工作经验的基础上’适时提出并认真做好运用侨资侨力的“十篇文章”（引进侨资侨力与发展乡镇企业，与改造老企业，与开发本地资源，与发展旅游业，与内联，与加强城镇建设，与改善基础设施，与建设加工区、工业区，与建立海外窗口，与壮大、搞活金融事业等结合起来），把乡镇企业放在首要位置，鼓励乡镇企业转轨变型，“嫁接”外资。又把发展“三资”企业作为继续发挥港台侨优势的第三个措施。这个策略，促使外向型经济迅速发展，并有效地克服了在治理整顿中遇到的资金困难和市场疲软问题。目前全市外资企业中，属乡镇企业和外资结合的“侨”字号外向型乡镇企业占85%，石狮的新湖、晋江的恒安和鲤城的大丰等“三资”企业，都是乡镇企业“嫁接”外资的成功典型。

近两年来，根据国际国内经济形势和我市外向型经济的发展趋势，泉州市委、市政府又把成片土地开发作为发挥港台侨优势的第四个战略措施。经过探索、研究，市委、市政府提出成片土地开发要坚持“三个为主”的原则，即：发展规划、产业布局、合作对象以我为主；引进项目以中小型为主，积极争取大项目；以引进和发展劳动密集型企业为主，并有计划、有步骤地引进和发展技术密集型企业。实践证明，这一决策和做法是符合实际的。进行成片土地开发，可以避免引进单个项目遍地开花，小片土地开发一哄而起，造成基础设施跟不上，不能形成良好的投资环境；可以避免盲目引进，重复建设，造成产业结构不合理，不能实现理想的投资效益；可以避免将来发展到一定时候，留下许多后遗症，逼得我们停下来治理整顿，重新调整规划和布局，造成重大损失。成片土地开发是扩大开放的必然趋势，是我市外经工作历史性的转折，标志着市委和市政府在外经工作认识上的飞跃，即从必然到自由，开始进入了认识客观规律，并自觉地运用客观规律指导外经工作的新阶段。

（三）努力改善投资环境，不断增强对外资的吸引力，是发展外向型经济的基础。

解放以来，由于泉州市地处海防前线，国家投资少，基础设施相当薄弱，投资环境极不适应外向型经济发展的需要。针对这种状况，十二年来，特别是近几年来，我们把投资的重点放在交通、邮电、电力、通讯、港口、运输等重点基础设施项目的建设上，积极争取项目，多方筹措资金，累计投资16亿元，先后建成泉州大桥、龙门滩引水发电工程、肖厝万吨码头、后渚港五千吨码头、程控电话等大中型项目，开通了中国大连、上海、香港和日本等国内外航线，建成井山、石狮两个22万伏输变电工程和其他9条11万伏输变电线路，并正在抓紧筹建漳泉肖铁路、福厦高速公路厦（门）泉（州）路段，从而使投资环境迅速改观，吸引力大大增强，调动了外商前来投资的积极性。

与此同时，市委、市政府还致力于改善投资软环境。首先是结合本地实际认真制定了鼓励外商投资的一系列优惠政策和具体规定，把中央、省委赋予的特殊政策和灵活措施用好、用活、用出成效。十多年来，市委、市政府先后在税收、土地使用、企业管理、产品销售和物资供应、银行信贷、外汇管理以及投资保障等六方面制订了一系列优惠政策措施，吸引和鼓励外商来我市投资办厂。其次是提供优质服务，提高办事效率。市委、市政府专门成立外商投资工作领导小组、外商投资项目联合审批小组、外商投资企业服务公司，为外商投资提供“一条龙”服务、“跟踪”服务和现场办公，排忧解难。并建立外汇竞价市场，为外汇供需提供服务。同时，重视提高干部外经业务素质，采取举办讲座、短期集训、以会代训等方式，在全市干部中开展外经知识学习。从各方面有效地改善了我市的投资软环境，增强了外商投资的信心。

（四）加强领导，坚持两个文明一起抓，是外向型经济得以健康发展的根本保证。

市委、市政府切实加强对开放工作的领导，始终把这项工作作为发展侨乡经济的一项大事来抓。专门成立了由市委、市政府主要领导挂帅的“台侨外资引进领导小组”，建立机构，充实力量，定期研究工作，讨论决定重大事项，适时提出指导性的方针和原则，加强对外经工作的宏观指导。几年来先后提出了做好运用侨资侨力的“十篇文章”，努力实现“六个突破”（对外引进、对台贸易、创汇农业基地建设、出海口建设、建立海外窗口、工业向外向型经济转轨），坚持“三个为主”，加快成片土地开发等重大指导方针、原则和决策，确保全市对外开放工作的顺利、健康和卓有成效地发展。

十多年来，在对外开放中，市委、市政府始终坚持“两手抓”的方针。在积极推进外向型经济发展的同时，大力加强社会主义精神文明建设。开展不同形式、不同层次、不同内容的精神文明建设活动，为扩大开放创造良好的社会环境。立足灵魂建设，加强思想道德教育，促进社会风气持续好转。逐步建立健全“三资”企业中的党、团、工会等组织，加强企业职工思想政治工作，提高职工的素质，促进“三资”企业的健康发展。广泛开展反渗透、反颠覆、反和平演变教育，增强广大干部群众的拒腐防变能力。大力加强社会主义法制建设，依法打击各种经济犯罪和刑事犯罪活动，深入开展“扫黄打非”“除六害”的斗争，抓好社会治安综合治理工作，从而创造了一个适应对外开放的稳定、良好的社会环境。

三、今后的目标、任务和措施

今后十年和“八五”期间，我们要认真总结十二年来对外开放工作的经验，深入党中央、国务院关于对外开放的一系列方针政策，围绕党的“一个中心、两个基本点”的基本路线，实行“大中小项目一起上”和“侨港台外一齐来”的方针，充分发挥我市三胞多、对外贸易历史悠久，以及劳动力资源丰富、素质高的优势，以成片土地开发为重点，继续坚持“三个为主”，把握好“产业、项目、技术和政策”四个导向，扎扎实实做好运用侨资侨力的“十篇文章”，努力把我市外向型经济发展推向新的台阶。

1. 成片土地开发—“八五”期间，马甲、市区开发区要初步建成，发挥效益；安平、蟠龙、肖盾和石狮开发区要初具规模，部分投产。

2. 引进外资—“八五”期间规划引进外资项目 800 个，总投资 35 亿元，利用外资 5 亿美元，实际利用外资 3 亿～ 4 亿美元。

3. 对外贸易—“八五”末期 1995 年全市出口商品总值规划指标为 32.37 亿元，其中外贸收购总值 5.37 亿元，年均递增 14%，“三资”企业出口 5 亿美元，年均递增 19.6%。

4. 对外加工装配—“八五”末期 1995 年规划收入工缴费 1630 万美元，年均递增 12.4%。

5. 对外经济技术合作—“八五”期间规划完成劳务合作和承包工程营业额 6140 万美元，比“七五”翻一番。

为了全面实现上述主要目标，我们要继续扎扎实实地做好以下十项工作。

1. 继续认真贯彻执行中央和省委赋予的特殊政策和灵活措施，结合我市实际，进一步制订和完善各项有关优惠政策和措施，用好、用活政策，促进对外开放。

2. 充分发挥“港侨台”优势，继续做好运用侨资侨力“十篇文章”。认真总结经验教训，采取得力措施，把引进侨资侨力与发展乡镇企业、与改造老企业、与开发本地资源、与发展旅游业、与内联、与加强城镇建设、与改善基础设施、与建设加工区、工业区、与建立海外窗口、与壮大搞活金融事业结合起来，争取在这十个方面有新的突破和飞跃。

3. 突出重点，狠抓土地成片开发，带动外经工作的全面发展。成片土地开发作为我市外经工作发展的新阶段，是扩大开放的必然趋势。要在现已形成一定规模的基础上，继续加紧工作，积极努力，有领导、有规划、有组织地加快推进成片土地开发。做到开发一片，利用一片，支柱产业布局好一片。集中全力使马甲、安平、蟠龙、肖厝、市区和石狮等六大开发区初具规模，把开发区的产业引进与我市的技术进步密切结合起来，提高开发区主体产业的技术水平。以引进促开发，以开发促引进，逐步形成开发区各具特色的产业体系。通过引进和开发先进技术设备，力争把部分开发区创建成技术先进企业园区或高新科技园区。

4. 加强泉台经济技术合作。努力发挥泉台得天独厚的“三缘”优势，大力加强泉台经济技术合作和科技交流，继续努力改善投资环境，吸引更多的台资和高新技术、高级化产业到我市。拓展对台加工业务，争取扩大对台贸易的经营权限，把泉台经济贸易与技术合作搞得更活更大。

5. 大力发展出口创汇的乡镇企业，促进转轨变型，充分发挥乡镇企业在对外开放中的重要作用。继续发挥乡镇企业与“三胞”关系密切和经营机制灵活的优势，把乡镇企业“嫁接”外资，大力发展外向型经济作为主攻方向。建立和完善外向型经济服务体系，调整出口产品结构，抓好生产基地建设，在高质量、多品种、新款式、小批量、小商品、大创汇上下功夫，不断提高乡镇企业生产技术和经营管理水平，提高乡镇企业的外向度，把更多的乡镇企业推向国际市场参与竞争。

6. 把发展农业放在主要的战略地位上来抓，利用外资引进良种，改造传统农业，稳定粮食生产，合理配置农村产业，提高农业经管水平。努力提高农副产品的出口创汇能力，尽快实现从立足国内市场向立足国际市场，从盲目组织生产向主动参与流通，从只注重产中环节向关心产前产后过程等三个转变，大力发展外向型农业。坚持以农业为基础，以外贸出口为导向，抓好基地建设，为出口创汇提供可靠的物质基础。

7. 以引进技术先进企业为导向，促进我市六大支柱产业的发展。围绕我市计划今后重点发展的石油化工、轻工纺织、食品饮料、建材陶瓷、旅游服务、房地产等六大支柱产业，积极引进外资、技术、设备和管理经验，发展技术先进型和产品出口型项目。并利用外资加强老企业产业结构、产品结构调整，加强新技术的开发与运用，充分发挥公有制的主导作用，逐步建成劳技结合型、技术先进型、产品出口型的新企业，做到引进、消化、吸收、创新，努力促进六大支柱产业企业的大型化、技术的先进化和出口产品结构的高级化。

8. 依靠科技进步，大力加强出口商品基地建设。积极培植和建设一批出口超百万美元的“创汇大户”和创汇超千万元的出口“拳头”商品，抓好农业“十大基地”和工业出口商品生产专厂、专车间。加强工贸合作，建设100家工贸联营企业。扩大出口型“三资”企业比重，建立一批“三资”企业出口基地，1995年出口企业发展到500家，出口率提高到70%，当年出口百万美元以上的企业要达到200家。

9. 加快基础设施建设，改善投资环境，增强引进外资吸引力。继续致力加强交通、邮电、通讯、电力、港口和运输等硬环境的建设。努力改善投资软环境，理顺关系，加强协调，改进管理，优质服务，提高办事效率。为外商投资创造和提供一个适宜的、具有很强吸引力的优良环境，加快引进外资步伐。

10. 加强精神文明建设，为扩大开放创造一个良好的社会环境。要按照江泽民同志“七一”讲话精神，下大力认真解决精神文明建设中深层次的问题，充分发挥各级党组织在精神文明建设中的领导核心作用，立足灵魂建设，以共产主义的远大理想，建设四化、振兴中华的共同理想和社会主义必胜的坚定信念为核心，突出抓好理想、道德和法制教育，树立精神支柱。尤其要重视好抓反渗透、反颠覆、反和平演变教育。增强拒腐防变能力。广泛开展职业理想、道德、技能和规范教育。大力倡导和发扬“求是、团结、务实、创新”的泉州精神，逐渐形成建设社会主义物质文明和精神文明强大的凝聚力和向心力，推动和促进改革开放。

中共泉州市委 泉州市人民政府
关于加强山海协作促进农村经济全面发展的意见

（1992年5月27日）

为加强山海协作，充分发挥沿海地区优势，合理利用和开发山区资源，促进山海经济协调发展，特提出如下意见：

一、对沿海到山区投资办企业，在项目审批、工商登记、征用土地、能源物资供应、基建施工、技术改造、劳务安排、资金贷款等方面给予优惠。

二、沿海到省定贫困县、乡山区投资兴办企业，除生产国家规定不能减免税的产品外，从投产之日起，免征产品税、增值税三年，免征所得税五年；到省定贫困地区以外的山区投资兴办企业，纳税有困难的，可向当地税务机关申请减免税，税务机关应予支持，按税收管理体制报批。

三、沿海到山区投资兴办的企业，其所得税征收采用“代征率”办法。

四、实行统一核算的山海经济联合组织，内部各单位相互提供的产品，不征收产品税，只就经济联合组织对外销售的产品征收产品税。工业企业委托其他企业加工的产品，凡收回后用于本企业连续生产的，不征收产品税。

五、对采用补偿贸易方式，利用对方提供的资金、设备进行技术改造，扩大生产能力，然后以交付新产品的形式，分期偿还投资的企业，应当在交付产品时，根据实际销售收入就地征收产品税（增值税）、资源税。

六、沿海到山区兴办企业，进行技术转让、技术咨询、技术服务和技术培训者，年净收入不超过30万元的免征所得税，但超过30万元的部分，应缴纳所得税。

七、沿海与山区联合兴办科技项目，研制新产品（设备），获利后分成，沿海单位所得可适当高于山区单位；联合开发新产品所享受减免的产品税、增值税款，凡专项用于技术开发的，可不并入企业损益计征所得税。

八、对外地大专院校、科研单位来我市进行山海协作，联合开发科技项目经费有困难的，应在贷款方面给予优先安排；对联合试验成果应用在生产上，产品纳税有困难的，税务机关可根据申请给予减免税优惠。

九、对港、澳、侨、台胞在山区创办的“三资”企业，经营期限十年以上的，在减免税期满后，还可酌情在以后十年内继续给予减征企业所得税百分之十五至百分之三十。

十、与我市联合兴办的山海合营企业的创汇，扣除上缴中央部分后，计划外出口所得外汇，可实行“一九”分成，即市得一、企业得九。联合企业内的外汇分成，外方所得比例可从高。

十一、港、澳、侨、台胞和外商到山区兴办合营企业用地，按投资行业、土地用途和土地类别来确定土地使用费，每平方米用地每年收费标准为3至10元。产品全部出口企业，先进技术企业，社会效益特别好的企业和投资额大、回收期限长的开发性项目，免缴土地使用费五至十年。

十二、沿海到山区联合举办农、林、牧、渔、养殖等农业综合开发项目，从投产起五年内免征特产税。鼓励山区发挥劳动力的优势，到沿海地区承包土地进行农业集约经营。

十三、鼓励沿海科技人员到山区工作。单位组织科技人员到山区开展有偿服务，收入归单位。单位可从有偿服务净收入中提取30%—50%作为奖励，不计入单位奖金总额。优先录（聘）用沿海到山区工作的国家计划内自费大中专毕业生，在见习期内执行定级工资并向上浮动一级，五年后予以固定并向上浮动一级，满十年后固定二级再向上浮动一级，固定三级后不再向上浮动。

十四、实行山海干部交流制度，有计划地分期分批组织县（市、区）及乡（镇）主要领导干部进行一定期限的相互交流，取长补短，扩大知识面，丰富实践经验。

十五、此件所指沿海地区系鲤城区、石狮市、惠安县、晋江市和南安县的溪美、美林、仑苍、英都、金淘、诗山、码头、梅山、罗东、洪濑、洪梅、康美、丰州、官桥、水头、石井等乡（镇）；山区地区系安溪县、永春县、德化县、南安县的东田、翔云、眉山、蓬华、九都、向阳和鲤城区的罗溪、虹山等乡（镇）。

泉州市人民政府
关于加速高新技术产业走廊区建设的若干暂行规定

（1992年10月29日）

为加速泉州（鲤城—晋江—石狮）高新技术产业走廊区（简称“走廊区”）建设，促进对外开放和外向型经济的迅速发展，根据中共福建省委、福建省人民政府有关文件及（92）闽科新002号文件要求，制定本暂行规定。

一、“走廊区”包括马甲、鲤城、晋江、石狮等四个新开辟园区和界定的享受政策区域。具体范围，由泉州市人民政府和各有关市（区）政府规划。

二、“走廊区”可以比照享受国务院国发〔1991〕12号文和闽政〔1990〕02号文规定的所有优惠政策待遇。对于“走廊区”的高新技术企业和产品的认定工作，可按照（92）闽科新字001号文办理。

三、根据闽政〔1990〕2号文规定，“走廊区”管委会和各园区管委会均应成立火炬高新技术建设发展公司，作为园区经济实体。高科技园区的高新技术企业，可以是全民、集体、个体所有制，也可以是中外合资、合作或外商独资企业。国内大专院校和科研院所，民办科技机构，在“走廊区”内兴办的企业或科技开发机构，符合高新技术企业条件的可以认定为高新技术企业。上述发展公司和企业，均可享受国家和福建省人民政府的有关优惠政策待遇。

四、高新技术开发区建设用地，由开发区火炬高新科技建设发展公司向政府土地管理部门申请，给予一次性审批。建设发展公司可在本园区内组建房地产公司进行房地产开发。

五、在“走廊区”创办的高新技术企业可享受税收优惠。

1. 企业所得税率为15%，企业当年出口产品产值达到当年企业产值70%以上的，按10%的税率缴纳企业所得税。新办企业所得税从获利年度起，享受“二年免三年减半”的优惠。

2. 高新技术企业实施火炬计划开发范围的产品，符合新产品减免税条件的，经批准可按规定核减免产品税和增值税。其减免的税款用于技术开发的不计征所得税。

3. 国内科研单位与企业联办的中试基地实行独立核算，可视为科研生产联合体，免征所得税。

4. “走廊区”的高新技术企业所缴的各项税款，在不影响上缴部分，可以以创办三年的平均值为基数，新增部分五年内全部返还“走廊区”，用于“走廊区”建设。

六、“走廊区”鼓励外商投资兴办高新技术产业和进行高新技术产品开发，外汇能自求平衡，其产品允许有较大的内销比例，一般可在50%。若产品能顶替进口产品，可根据国内市场的需求，大部分甚至全部内销。同时，其使用土地的优惠条件可参照市外商土地成片开发的有关优惠政策办理。

七、高新技术企业开发的产品，企业可自行制定试销价格，经营不属国家控制价格的高新技术产品，企业可以自行定价。用于新技术和新产品开发的仪器设备可以实行快速折旧，年限可由企业自定。

八、银行每年在贷款总额中划出一定的比例作为高新技术产业开发的贷款额度，对于市级以上的重点高科技项目，予优先贷款，财政可视项目的情况给予限期部分贴息或贴息扶持。

有条件的高新技术企业集团公司，经人民银行批准，可以成立内部财务公司，办理企业内部的资金调剂业务。

九、设立高新技术企业风险保险基金，每年从高科技企业税前利润中提取一定比例作为风险保险基金，由“走廊区”统一调剂使用，待条件成熟再成立风险投资公司。

建立泉州市高科技产业开发资金，经人民银行批准，可以向社会发行债券，也可以吸收侨、台、港、澳资金，用于支持企业开发新技术、新产品和园区内的基础设施建设。

十、“走廊区”内的高新技术企业可享受进出口有关优惠政策。

1. 凡因生产出口产品需要进口的原材料，组器件和零部件，免领进口许可证，海关可凭出口合同以及“走廊区”的批准文件验收。

2. 经海关批准，高新技术企业可以在“走廊区”内设立保税仓库，保税工厂，海关可以按照进料加工的有关规定，以实际加工出口数量，免征进口关税和进口环节产品税，增值税。高新技术企业生产的出口产品，除国家另有规定外，出口产品免征出口关税。

3. 用于高新技术开发且国家不能生产的仪器和设备，凭审批部门的批件经海关审核后免征进口关税。

4. 经批准可在“走廊区”内设立技术进出口公司或允许火炬高技术建设发展公司拥有技术进出口权。有条件的高新技术企业，可申请外贸经营权，高新技术企业可根据业务需要在国外设立分支机构。

5. “走廊区”的高新技术企业根据对外商务，技术交流考察、培训、学术活动等需要，可按国办发〔1990〕9号文执行，办理一年内多次出国手续。

十一、“走廊区”引进的人才可享受以下待遇：

1. 住房：凡获得国家自然科学奖、国家发明奖、科技进步奖、科技星火奖一、二等奖或省部级一等奖的首位人员或学科带头人、重点项目主持人调入“走廊区”工作的，给予安排不低于三类标准的住房（三室一厅）；其他属于重点引进的专业技术人员和管理人员，根据用人单位住房条件，优先安排不低于二类标准的住房（两室一厅）；属于有特殊贡献的高级专家，如用人单位住房紧张，可参与在开发区筹建专家公寓。

2. 专业技术职务评聘：原已具有专业技术职务任职资格或已聘任的，引进以后继续从事本专业技术工作，可按相应的职务直接聘任。企业可增设相应的专业技术岗位，聘任相应职务。对引进后做出较大贡献的，可提前晋升专业技术职务；做出突出贡献的，可越级破格晋升专业技术职务。

3. 工资待遇：引进的人才保留原有的全民或集体所有制性质的工资基金，同样计算工龄，参加评定工资（记入档案）。受聘人才的工资报酬与企业直接商定。

4. 家属子女随调随迁问题：引进人才配偶及子女，可以随调或随迁（包括从第三地调入、迁入）。随迁配偶和子女没有工作的，符合招工条件的，由用人单位负责落实安排工作，劳动部门办理招工手续；符合招干条件的，由人事部门办理录（聘）用手续。具有中级以上专业技术职务人员的家属及其未成年子女属于农村户口的，调入迁入后即办理“农转非”手续。其他特殊人才的家属子女“农转非”，由省、市政府专项批准解决。

5. 为鼓励科技人才多做贡献，每年根据表现和贡献大小，评定一批拔尖人才，每评上一次可晋升工资一级（记入档案），贡献大的给予重奖。重奖的条件和要求参照闽委〔1992〕19号文规定执行。

6. 引进的方式可灵活多样。可以调动的形式到“走廊区”工作，也可以采取借调、兼职、停薪留职、留薪留职、辞职等形式到“走廊区”短期或长期工作，进行技术转让、技术开发、技术咨询、技术服务、技术入股或承包、承租、领办、创办、兴办、联办各种企业。

7. 欢迎出国留学人员到“走廊区”工作，其做法、要求和待遇执行闽委〔92〕20号文规定。

十二、本规定由泉州市高新技术产业走廊区管理办公室负责解释。本规定自下达之日起执行。

认真贯彻党的十四大精神，加快泉州改革开放和现代化建设步伐

——在中国共产党泉州市第七次代表大会上的报告

（1992 年 12 月 27 日）

同志们：

中国共产党泉州市第七次代表大会，在全市人民深入贯彻党的十四大精神，加快改革开放和现代化建设的新形势下召开了！现在，我代表中共泉州市第六届委员会向大会作报告。

这次大会的主要任务是，以党的十四大精神为指导，认真总结市六次党代会以来五年的实践和基本经验，确定今后一个时期的战略部署，动员全市广大党员和干部群众，进一步解放思想，从泉州实际出发，大力发展社会主义市场经济，加快改革开放和现代化建设步伐，夺取我市社会主义两个文明建设的更大胜利。

一、在改革开放中阔步前进的五年

市第六次党的代表大会以来，市委带领全市广大党员和干部群众，认真贯彻执行党的基本路线，坚持改革开放的方针政策，紧密结合泉州实际创造性地开展工作，全市社会主义物质文明建设和精神文明建设生机勃发，经济和社会面貌发生了深刻变化。今年国民生产总值在 1987 年提前三年实现第一个翻番的基础上，可达到 108 亿元，国民收入可达到 83 亿元，工农业总产值可达到 161.5 亿元，财政收入可达到 10 亿元，分别比 1987 年增长 133.7%、160.2%、181.4% 和 266.2%，发展水平位居全省前列。国有企业活力逐步增强，农业基础不断巩固，开发性农业和乡镇企业迅速发展，经济结构日趋合理，基础设施有较大改善。整个经济正朝着总量扩大、结构优化、效益提高、后劲增强的方向发展。改革从农村到城市向纵深推进，尤其是市场取向的改革率先起步并取得成效，为建立社会主义市场经济体制奠定了良好基础。开放步伐继续加快，外向型经济步向更高的层次，投资规模从小型单个项目为主，发展为大中小型项目一起上，成片土地开发形成更好的发展态势。至今年 11 月底，全市外商投资企业已达 2259 家，总投资 115.4 亿元，合同利用外资 17.4 亿美元。伴随经济的迅速发展，人民物质文化生活水平明显提高。贫困地区群众温饱问题基本解决，有的正向小康迈进。

与此同时，精神文明建设的加强有力地促进了广大人民群众思想道德素质和科学文化素质的提高。文明单位、文明村镇和明星乡镇相继涌现。社会各项事业协调发展。教育质量不断提高，一大批社会主义现代化建设人才脱颖而出。科技体制改革继续深化，科学研究和技术推广工作进一步加强。文化、艺术、卫生、体育、新闻等事业蓬勃发展。计划生育工作有了明显进步。环境保护取得了较大成绩。民兵和预备役工作常抓不懈，“双拥”工作有声有色，被国务院命名为“全国双拥模范城”。在城乡认真开展“普法”教育，以“严打”为重点的综合治理工作深入开展，社会治安秩序稳定。

党的建设提高到了一个新的水平。广大党员干部联系实际，学习马列主义基本原理和建设有中国特色社会主义理论，在改革开放和建设事业中充分发挥了骨干和先锋模范作用。坚持干部队伍“四化”方针，按照德才兼备原则，大胆选拔、使用干部，各级领导班子的整体素质有了较大提高，为改革开放和经济建设提供了坚实的组织保证。联系民主党派、人民团体和广大人民群众的渠道日益拓宽。基层党组织和党员队伍建设全面加强。努力探索“三资”企业和乡镇企业党建工作新路子。在城乡认真开展了有中国特色的社会主义思想教育。党风党纪党规教育和以“两公开、一监督”为主要内容的廉政制度建设收到较好成效。开展专项治理，严肃查处一批党内违纪案件，强化了党员遵纪守法意识，有效地遏制了以权谋私和行业不正之风的蔓延。

今年初，邓小平同志视察南方发表重要谈话，全市党员和干部群众受到极大鼓舞，思想更加解放，

认识更加统一。市委重新制定了90年代高速发展经济、全方位开放的发展规划，加大改革开放力度，提出在深化改革、吸收外资、基础设施建设、发挥中心城市功能、加强内联等十个方面实现新的突破，并组织实施一系列综合改革试验的新举措。以经济建设为中心的各项事业迈出更大的步伐，今年国民经济几项重要指标的增长幅度明显提高。为建立社会主义市场经济体制在更多领域里进行了积极的探索，农村各项改革和价格、金融、外贸体制以及土地使用、社会保险等制度的改革稳妥开展，机构改革措施逐步出台，尤其是市直41家国有企业引进外资，在彻底转换企业经营机制上作了大胆的尝试。这一改革举措在解放生产力、推动其他方面的改革上已经和正在产生深刻的影响。对外开放的步伐继续加快，运用侨资侨力工作别开生面，投资领域从第一、二产业向第三产业扩展，展现了广阔的发展前景。

可以说，市第六次党代会以来的五年，是我市各项改革取得较大成效、开放步伐全面加快的五年，是经济发展上一个大台阶、人民生活明显改善、科技文化教育等社会事业长足发展的五年，是安定团结政治局面巩固发展的五年，是党的建设、精神文明建设和民主法制建设不断加强的五年。这些成绩的取得，是我们在省委领导下，坚决贯彻执行党的十一届三中全会以来的路线、方针、政策的结果，是在历届地、市委打下的良好基础上，全市各级党组织和广大党员、干部、群众、人民解放军驻泉部队、武警部队齐心协力、共同奋斗的结果，是与各民主党派、海内外各界人士的关心支持、友好合作分不开的。

在充分肯定成绩的同时，我们也要清醒地看到，经济总量不大，基础设施比较薄弱，中央和省赋予的特殊政策、灵活措施还没有用足用活，职能部门的运行机制与市场经济的迅速发展还有许多不相适应的地方，党的建设和精神文明建设在新形势下还面临着不少新课题，等等。所有这些，都需要引起我们足够重视并不断加以解决。

同志们，回顾五年历程，我们所以能够克服困难，开拓前进，根本的原因就是坚定不移地坚持了党的“一个中心、两个基本点”的基本路线，按照我们党历来倡导的马克思主义基本原理同中国革命和建设的具体实践相结合的原则，把中央精神同泉州实际结合起来，创造性地开展工作。总结我们的基本经验，就是注意把握好如下几个关键性的问题。

坚持解放思想，大胆突破，创造性地贯彻执行党的路线、方针和政策。凡是有利于发展生产力，有利于增强综合国力，有利于提高人民的生活水平，就大胆闯、大胆试，敢于突破，敢于创新，在闯中取得经验，在突破中取得成效。我们进行以市场取向为重点的经济体制改革，探索发展社会主义市场经济的路子，大力发展以股份合作为主要形式的乡镇企业，在石狮开展综合改革试验、进行以“小机构、大服务”为主要特征的机构职能改革试点工作，在全市范围内大力引进外资进行成片土地开发，以及国有企业转换经营机制，这一系列改革开放的举措，都是以解放思想为先导的，都是在党的路线、方针、政策指导下，消除“左”的观念的影响，不被姓“社”姓“资”的抽象争论所束缚，反对生搬硬套旧条条框框，顺应时代发展潮流作出的。实践证明，泉州改革的路子走对了，而且必将越走越宽广。

坚持维护安定团结的政治局面，调动一切力量投入经济建设主战场。我们坚持把改革开放与四项基本原则统一起来，坚持把稳定作为一项重要任务来抓，充分调动各方面的积极因素。通过认真落实侨务政策、地下党政策和知识分子政策，拨乱反正，调动各方面建设社会主义的积极性；通过建立健全民主集中制和党内民主生活会等制度，增强党内团结和凝聚力；通过加强各级领导班子的建设，形成改革开放和现代化建设的坚强领导核心；通过完善人民代表大会和共产党领导的多党合作与政治协商制度，广泛联系人民代表，加强与各民主党派的合作，实行民主协商和民主监督，较好地发挥了人民代表和各阶层人士参政议政的作用；通过现场办公、下基层接访群众，每年坚持为群众办几件实事，及时解决群众反映集中的热点、难点问题，进一步密切了党群、干群关系。政治稳定，人心稳定，社会稳定，这是泉州这几年来改革开放和经济建设得以顺利进行的一个重要原因。

坚持从实际出发，探索具有侨乡特色的经济发展路子。泉州由于历史的原因，基础差，底子薄，经济发展能够取得今天这样的成就，是广大干部群众勇于开拓，坚定不移地走自己的路子的结果。我们立足侨、港、澳、台优势，从“三来一补”起步，发展乡镇企业并使之逐步形成铺天盖地之势，大办“三资″企业，推动成片土地开发，使外向型经济发展进入新的阶段。我们一直将培育市场、建设市场作为发展多种所有制经济的重要一环，坚持国家、集体、个人、外资一起上，初步建立多种所有制成分并存的市场体系。同时，抓紧搞好计划、价格、财政、金融、流通等方面改革，建立与商品生产相配套的生产要素市场，不断拓宽国内外市场。经过几年的努力，初步形成了“外向型经济为主，市场调节为主，多种所有制经济成分并存”的局面，乡镇企业、“三资”企业和个体企业成为我市市场经济的生力军，计划经济传统的模式在改革开放这场革命中已被冲破。

坚持两手抓，为改革开放和经济建设创造良好的环境。改革开放，发展侨乡经济，必须坚持党的领导，必须坚持社会主义的正确方向，还必须坚持在整个社会主义现代化建设进程中进行反对资产阶级自由化的教育和斗争，只有这样，各项事业才能沿着正确轨道发展。在实际工作中，我们始终坚持“两手抓”的战略方针，一手抓改革开放，一手抓打击犯罪；一手抓经济建设，一手抓民主法制；一手抓物质文明，一手抓精神文明。切实做到全党重视，发动群众广泛参与，两个文明一起抓，两项建设一起规划，两项资金一起安排，两个任务一起下，两个成果一起考核。形式多样、内容丰富、适应不同层次的精神文明建设活动，焕发了侨乡人民自强不息、奋力拼搏的精神，为改革和建设的顺利进行提供了有力的思想和政治保证。

二、加速泉州全面发展的主要任务

具有重大而深远历史意义的党的十四大，系统深刻地总结十一届三中全会以来14年我国的伟大实践和基本经验，精辟阐述邓小平同志建设有中国特色社会主义理论，确立了建立社会主义市场经济体制的改革目标，提出我国九十年代改革和建设的重要任务，是我们党在新的历史时期的光辉里程碑。十四大的召开，极大地鼓舞了全党同志和全国各族人民。我市广大党员和干部群众精神更加振奋，上下团结一致，到处呈现热气腾腾的改革开放和加速经济建设的喜人局面。我们要全面贯彻落实党的十四大精神，以邓小平同志建设有中国特色社会主义理论为指导，坚持党的基本路线，不断解放思想，实事求是，脚踏实地，真抓实干，加快改革开放步伐，努力建立和完善社会主义市场经济体制，加强社会主义精神文明建设、民主法制建设和党的建设，推动泉州经济建设和社会发展跃上新台阶。

贯彻十四大精神，最根本的就是要集中精力把经济建设搞上去。1996年全市国民生产总值要力争比1980年翻三番，到2000年翻四番，1995年提前五年实现小康目标，各项主要经济指标跃居全省前列。实现这一目标，将使我市的经济实力明显增强，以崭新的姿态跨进充满希望的二十一世纪。

今后五年，我们必须扎扎实实地做好以下几项关系全局的主要工作：

（一）进一步解放思想，树立适应社会主义现代化建设的新观念。

解放思想，实事求是，是十一届三中全会以来我们党一贯倡导和坚持的一条根本原则，是邓小平同志建设有中国特色社会主义理论的精髓。改革开放愈深化，市场经济愈发展，对思想解放的要求就愈迫切。实践充分证明，我市广大党员和干部群众的思想是比较解放的，在许多方面得改革开放风气之先。我们所以反复强调解放思想，是因为在社会主义现代化建设的具体实践中，将会遇到许多新情况、新问题，需要我们不断地去探索，去开创，以利改革和建设的顺利进行。当前，解放思想要警惕右，但主要是清除“左”的思想束缚，牢固树立“三个有利”的观念。由于“左”的思想和传统观念的影响，我们有些同志对建立市场经济体制，总觉得难以适应，思想跟不上；搞股份制，怕人家说是搞私有化；引进外资改造国有企业，怕影响公有制的基础；进行机构改革，怕削弱管理职能和调控能力；对一些新事物求全责备。如此等等，都说明解放思想的任务仍很繁重。我们在发展社会主义市场经济中，必须自觉地运用马克思主义的立场、观点、方法，增强执行党的基本路线的坚定性和自觉性。要看到对高度集中的计划经济体制进行根本性的改革，由计划经济向社会主义市场经济转化这样一场深刻的革命，必将引起经济基础和上层建筑各个领域的深刻变化。这就要求广大党员和干部群众都要树立社会主义商品经济的全新观念，改变计划经济模式下形成的旧思想，尽快学会运用市场这一配置资源和提供激励的有效方式，掌握价值规律和商品生产、市场交换手段，按照客观经济规律办事，在思想认识、领导方法、管理制度、价值观念、是非标准等方面都与社会主义市场经济相适应；树立生产力标准的新观念，只要有利于发展社会主义的生产力，有利于增强社会主义国家的综合国力，有利于提高人民的生活水平，我们就理直气壮地坚持，就大胆地试，放手地干；树立敢于超常规高速度发展的新观念，突破安于现状、故步自封的小生产意识，只要是有条件、效益好的，能快就尽量快；树立敢为天下先的新观念，接受新事物，勇于经受风浪的考验，通过艰苦的实践，创造经验，不断探索独具侨乡特色的泉州经济发展路子；还要增强建立现代化中心城市的意识，树立全局一盘棋的思想，正确认识市情，紧跟时代步伐，顺应历史发展潮流，吸收一切有益的经验，六百万人民同心同德，共同为建设现代化的侨乡城市泉州而奋斗。

解放思想需要极大的勇气、坚韧的毅力，需要实事求是的科学态度，需要求实务实的作风。只要广大党员、干部特别是各级领导干部，解放思想换脑筋，开动机器想办法，把党的路线方针政策同本地区、本部门的具体实际结合起来，因时因地制宜，勇于探索、大胆试验，及时总结经验，创造性地开展工作。我们就能够顺利地实现奋斗目标，我们的事业就能够无往而不胜。

（二）明确区位，加快发展步伐，努力增强经济实力。

泉州拥有“侨、台、文、山、海、热”等诸多优势，在闽东南经济发展格局中肩负着“南北拓展”和“中部开花”的“双肩挑”重任，经济发展速度完全有条件更快一些。为了实现1996年翻三番的战略目标，今后几年国民生产总值年均增长速度必须达到19.5%以上，从发展趋势看，这个增长速度是可能实现的。

加快发展速度，要按照因地制宜、合理分工、各展所长、优势互补、共同发展的原则，充分发挥各县（市、区）优势，加快区域经济发展，促进全市经济布局合理化。今后我市的经济发展格局为：以市区为中心，肖厝、石狮为两翼，沿“三路”（福厦公路的泉州段、泉州至安溪、泉州至德化三条公路）、“四湾”（湄洲、泉州、深沪、围头四个港湾）扩展，全方位开放，形成十一个外向型经济区域（即以市区、工业卫星镇及成片土地开发区为依托的泉州市区区域、青阳区域、石狮区域、晋南区域、安平区域、蟠龙区域、肖厝区域以及南安、安溪、永春、德化四个以资源开发和农业综合开发为基础的区域），超常规高速度发展晋江口三角地带，建立独具侨港澳台优势的泉州经济区。晋江、石狮、鲤城、南安、惠安沿海五个县（市、区），经济实力较强，是闽东南经济圈极具发展潜力的地区，具备超常规高速度发展条件，要进一步优化产业结构，加快市场取向的改革，放开步伐发展多种所有制经济，增大经济总量，使这一地带成为福建经济发达的地区之一。要充分发挥泉州中心城市的功能，结合老城区改造和新城区开发，大力发展高科技、高起点产业和第三产业，增强向周边地区的辐射能力。安溪、永春、德化三个山区县侨、港、澳、台的优势同样十分突出，而且有着其他地区不能取代的资源优势和产业特色，在大开放、大开发中要找准突破口，抓住重点，加强基础设施建设，实行更加优惠的政策，多利用一些国外资金、技术，努力发展优势产业和产品，求得经济发展的更高速度和更好效益。沿海和山区都要采取多种形式，互相支持，加强协作，同步发展，为实现整个泉州经济上一个大的台阶作出贡献。

（三）加大改革力度，建立和完善具有侨乡特色的社会主义市场经济体制。

泉州作为福建省综合改革和发展社会主义市场经济的试验区，在市场取向改革上获得了“时间差”的优势。我们必须按照十四大的要求，强化市场机制的作用，加紧建立和完善市场经济体制，在发展市场经济方面走在全省前列。今后必须突出抓好以下四个重要环节：

一是大力培育和完善市场体系。这是发展市场经济的基础。要继续采取有力措施，坚持国家、集体、个人、外资四个轮子一起转，调动各方面积极性，加强市场设施建设，下决心建立现代化、大型的超级市场，形成一批专业化、大规模的交易中心，并逐步建立适应社会主义市场经济体制要求的市场秩序。加快计划、价格、财政、税收、金融、流通等体制改革，进一步发展商品市场特别是生产资料市场以及技术、劳务、人才、信息和房地产市场，尽快形成内外贸相结合、国内外市场相融合的统一的、开放型的市场体系。

二是彻底转换企业经营机制，把企业推向市场。这是建立社会主义市场经济体制的中心环节。要加快企业改革步伐，通过成立各级国有资产投资经营公司，理顺产权关系，实行政企分开、两权分离，使企业真正从政府的“怀抱”走向市场的“海洋”，成为市场的主体。市直41家国有企业引进外资在转换经营机制方面迈出了第一步。当前要加强经营管理，加快项目引进和技术改造，妥善处理好转换经营机制过程中出现的问题，使生产和经营尽快上轨道。各县（市、区）、各部门在转换国有、集体企业经营机制问题上要大胆探索，办法可以多样。

三是放开发展多种经济成分，促进市场主体多元化。这是使我市市场经济继续保持领先地位的关键。要坚持泉州已有的发展特色，大胆鼓励和支持国有企业、集体企业、外商投资企业、私营企业、个体企业等各种经济成分在竞争中发展，调动各方面积极性，让广大群众投身市场经济的“海洋”，实现自我发展和优胜劣汰。

四是切实转变政府职能，建立适应市场经济要求的宏观调控体系。这是上层建筑适应建立市场经济体制的需要。转变职能的根本途径是政企分开，关键是下放权力，还权于企业。政府管理经济从直接管理转向间接调控，真正做到微观放开搞活，宏观管住管好。要切实下放管理权限，凡属企业职权的就不能干预，政府要把精力主要集中在统筹规划、掌握政策、信息引导、组织协调、提供服务和检查监督上，为企业和市场创造更好的外部环境。与此同时，要深化分配制度改革，积极建立待业、养老、医疗等社会保障制度和城镇住房制度，统筹兼顾国家、集体、个人三者利益，保证社会主义市场经济健康发展。

（四）发展和优化乡镇企业，推动经济持续稳定增长。

乡镇企业已成为我市国民经济的重要支柱，在调整农村产业和经济结构、推动生产力发展、安排剩余劳力、增加财政收入、满足社会生活多元化需求以及提高人民群众的收入水平等方面发挥了强有力的作用。凡是乡镇企业发达的地方，经济就繁荣，面貌就改观，充满生机和活力。以股份合作为特点的乡镇企业，是我市广大群众的一大创造，今后发展具有很大的潜力。要继续调动广大群众集资兴办企业的积极性，放开发展乡镇企业，形成“遍地开花”之势。特别是后进地区要奋起直追，采取得力措施，鼓励和支持发展乡镇企业。与此同时，要十分重视抓好乡镇企业上规模、上层次，按照社会主义市场经济的要求，努力推进企业集团化、生产集约化、经营外向化、技术管理现代化、产品优质名牌化、融资社会化、市场多元化。坚持高起点、高效益，通过联合、改组和技术改造，形成一批“大个头”企业和高科技企业；要强化质量意识，坚持以质取胜，力创一批“闯天下”的名优特新产品，保证乡镇企业在优化结构和提高效益的前提下持续高速地发展，增强我市经济发展后劲。

（五）认真调整经济结构，高度重视农业，加快发展第三产业。

加快泉州经济发展速度，必须优化第一产业，调整第二产业，大力发展第三产业。要全面加强和改进党对农村工作的领导，把党在农村的各项政策真正落实到基层。农业是国民经济的基础，必须把加强农业放在各项经济工作的首位，长期坚持，毫不动摇。要在继续完善家庭联产承包责任制和统分结合的双层经营体制的基础上，培育和组织好社会化服务体系，正确引导农民按照市场需要组织和发展生产。切实保护农民利益，减轻农民负担，调动农民生产积极性。不断优化农业生产结构，加强农业综合开发，保护耕地，科学用地，依靠科技保持粮食稳定增产，努力发展高产、优质、高效农业，从根本上实现自然经济向商品经济转变。继续发展第二产业，围绕支柱产业的形成，积极调整工业结构，下功夫加快重要原材料和基础工业的开发和建设，发展高新技术企业。大力促进第三产业的兴起，改变三大产业的比重。一、二、三产业的比例1990年为30∶41∶29，到1995年要调整为14∶51∶35，2000年达到9∶50∶41。

第三产业的兴旺发达，是现代化经济的一个特征。产业结构不合理，最突出的就是第三产业不发达。在调整经济结构中，我们一定要把第三产业放在重要位置，认真规划，充分发挥国家、集体、个人、外资四个方面的积极性，采取多种手段和灵活措施，加快发展商业、金融、旅游、信息、咨询、中介、房地产业和居民服务业等第三产业。尤其要发挥我市作为历史文化名城和“海上丝绸之路”起点所拥有的丰富旅游资源优势，把发展旅游业放在突出位置，努力把泉州建成具有第一流旅游设施的城市。

（六）充分发挥侨港澳台优势，进一步扩大开放。

泉州作为著名侨乡和台胞主要祖籍地，发挥侨、港、澳、台优势这篇文章做得好不好，关系到经济发展全局。要扩大视野，认真贯彻党的侨务政策和对台政策，坚持“深交老朋友、广交新朋友”和“大中小项目都欢迎”的方针，积极做好侨港澳台工作，进一步加强与华侨社团的联系，重点做好侨港澳台商大户、财团和年轻一代华侨华人的工作。要坚持全方位启动，扩大投资对象，把引进范围从港澳台拓展到东南亚以及世界各地，更多更好地利用国外资金、资源、技术和管理经验。外商投资领域要打破常规，不仅在第二产业积极引进外资，而且还要积极引导，拓展到第一和第三产业。

要扎扎实实地办好现有“三资”企业。重点抓好合同兑现、项目落实、资金到位、企业投产、产品质量、管理规范，特别要下决心在提供优惠政策、优质服务和优良环境上下功夫，力争谈一个办一个，办一个成一个，增强外商投资信心。认真搞好“三资”企业由审批改为登记的试点工作。成片土地开发是我市实现经济翻番的重头戏，要制定和完善有关政策规定，帮助解决实际困难，扩大招商，促其按合同加快开发进度，尽快形成规模，产生效益。

要加快外贸体制改革，促进外贸多元化，扩大进出口贸易，拓展境外经济技术劳务合作。进一步加强泉台经济技术交流，搞活对台贸易，争取在沿海地区开辟若干对台贸易小区，把海上贸易引到陆上来。要正视我国恢复关贸协定缔约国地位后所面临的激烈竞争，从现在起，就要从思想到物质等方面做好充分准备。

要加强内联工作，制定更加优惠政策，鼓励跨地区、跨行业、跨所有制的联合与合作，积极引进国内资金、技术和人才。大力开拓边境贸易，在黑河、乌鲁木齐、瑞丽等边境城市发展建设“泉州商品街”，使之成为我市对外贸易的前沿阵地。

（七）调动各方面积极性，大力加快基础设施建设。

几年来，我市基础设施建设有较大的进展，被评为全国“首批城市投资硬环境40优”之一，但由于原有基础差，经济发展较快，基础设施滞后的问题仍十分突出。如果不下大力气抓紧搞好，势必制约经济高速发展。我们一定要制定灵活措施，千方百计调动海内外各方面的积极性，参与建设，加快步伐，把基础设施搞好。

当前要认真做好公路、水运、铁路、民航、供水、电力、通讯、市政工程等八个方面基础设施建设的长、中、短期规划，首先把公路、机场、港口、船队和供电供水搞上去，力争经过几年的努力，有一个质的飞跃。近期全市要集中力量抓好泉州——石狮、泉州——安溪、泉州——德化三条公路干线的改造和漳泉肖铁路、福厦高速公路泉州段、肖厝5万吨级码头的建设、青阳机场改造，以及市区建设等。市区建设是全局性的工作，要认真处理好保护、改造和发展的关系、社会效益与经济效益的关系，使城区建设起点高、步伐快、质量好，以充分发挥中心城市功能。要制定优惠政策，采取综合补偿办法，大胆利用外资和各类贷款，鼓励外商投资经营，同时多渠道筹集社会资金，支持各项重点工程建设。基础设施建设必须坚持高速度、高质量，不动则已，动则必速，不能贻误战机。对关系全局的项目，各级党政领导要建立责任制，分工负责，实行服务、检查、督促、落实一条龙。各有关部门要从大局出发，密切配合，协同作战，加快建设步伐。

（八）加快党政机关机构改革步伐，简政放权，切实转变职能。

机构改革，精兵简政，是政治体制改革的紧迫任务，也是深化经济体制改革、建立市场经济体制和加快现代化建设的重要条件。要抓紧做好放权简政、转变职能、建立中介组织和人员分流等工作。综合经济部门的工作要转移到加强宏观调控上来，进一步下放权力，减少环节，简化手续，提高办事效率。要采取有效措施，大力发展社会中介组织，促进政府职能转变。要动员和鼓励机关干部到社会领办、创办经济实体，充实“三资”企业、乡镇企业管理队伍。要抓住41家市直国有企业全面合资的有利时机，适时地实施市直机关某些机构的改革。机构改革涉及面广，既要积极，又必须慎重，要统筹规划，分步实施。加快干部人事制度改革，逐步建立能上能下、能进能出、选优汰劣的机制。认真执行干部离退休制度，切实从政治上、生活上关心离退休干部，使他们老有所为，安度晚年。

（九）重视科技和教育事业，增强经济发展后劲。

科技是第一生产力。增强经济发展后劲，在相当程度上取决于科技进步的水平。我们必须加速科技成果商品化和向现实生产力转化，大力引进科技成果和科技人才。鼓励更多的科技人员投身经济建设主战场。大力推进“科技兴农”，实施“星火”“火炬”等项计划，积极抓好科技示范乡镇和农村科技示范体系建设。广泛开展“科技兴企”活动，提高产品的技术含量，增强竞争能力。继续热情扶持民办科技事业，加强科普工作，增强全民的科技意识。加快“鲤城——晋江——石狮”高科技走廊的建设步伐，使其在经济发展中起先导作用。

必须把教育摆在优先发展的战略地位，努力提高全体劳动者的素质。加快教育体制的改革步伐，使其与发展社会主义市场经济相适应。要为教育多办实事，增加投入，进一步鼓励社会办教育、集资办教育。积极调整和优化教育结构，坚持不懈地抓好基础教育，大打初中教育翻身仗，到1997年基本实现九年义务教育。下大力气发展职业技术教育，抓好高等教育、幼儿教育和成人教育，为加速我市经济发展源源不断地输送合格人才。要努力建设一支具有更好政治业务素质、数量充足、结构合理、稳定敬业的教师队伍，为全面提高教育质量提供保证。

知识分子是我们党的宝贵财富。各级党委和政府要认真落实党的各项知识分子政策，对知识分子做到政治上充分信任，工作上放手使用，生活上关心照顾，在全市范围内形成尊重知识、尊重人才的良好风尚。对有突出贡献的知识分子，要给予重奖，并形成规范化的奖励制度。

（十）坚持两手抓，做到两手硬，始终不渝地加强社会主义民主法制和精神文明建设。

邓小平同志一再告诫全党，在改革开放和现代化建设中，必须始终坚持两手抓，做到两手硬，这是我们党的各项事业沿着社会主义方向顺利发展的重要保证。

要进一步完善人民代表大会制度，完善共产党领导的多党合作和政治协商制度，巩固和发展新时期的统一战线，充分发挥人民代表、民主党派和各界人士的作用。建立健全民主决策、民主监督的制度和程序，认真推荐和选拔民主党派和无党派人士在国家机关担任领导职务。广开贤路，体察民情，采纳正确意见，最大限度地调动各方面的积极因素。

要高度重视法制建设。继续狠抓社会治安综合治理，建立健全综合治理目标管理责任制，坚持不懈地严厉打击敌对势力和各种犯罪活动，扫除各种社会丑恶现象。严格执行宪法和法律，多层次、多渠道地提供法律服务和法律保障，做到有法必依、执法必严、违法必究。强化法律监督机关和行政监察机关的职能，从严治警，切实加强政法队伍自身建设，提高执法水平。要把民主法制实践和民主法制教育结合起来，继续狠抓第二个五年普法教育，深入开展依法治市活动，不断增强广大干部群众的民主意识和法制观念。

建设高度的精神文明，是社会主义方向、特色和优越性的体现，是一项长期的战略任务。要不断充实和丰富精神文明建设的内涵，从优化“细胞”、健全“载体”入手，坚持虚事实做，深入开展创建文明城市、文明县城、文明村镇和文明单位活动，广泛发动百万群众积极参与，使精神文明建设活动成为社会生活中必不可少的重要内容。加强和改进对精神文明建设的领导，发挥政治思想工作的优势，进一步加强党的基本路线教育和爱国主义、集体主义、社会主义思想教育，自力更生、艰苦奋斗教育，抵御资本主义和封建主义腐朽思想的侵蚀，培养有理想、有道德、有文化、有纪律的一代新人。精神文明重在建设，要通过各种渠道增加投入，鼓励和支持海外侨胞、港澳台同胞踊跃捐建一批上档次、有特色的文化体育等设施。要坚持党的领导，增强全民国防意识，加强海防管理，充分发挥民兵预备役在两个文明建设中的作用。进一步使用开发军地两用人才，积极支持部队的改革和建设。更加广泛深入地开展“双拥”工作，努力拓宽军民共建的路子。必须正视我市人口面临的严峻形势，始终把人口控制摆在与经济建设同等重要的战略位置，党政第一把手亲自抓、负总责，坚决执行现行的计划生育政策，提倡优生优育，提高人口质量，有效地控制人口增长，使计划生育工作逐步走上经常化、制度化、规范化的轨道。要加快医疗卫生改革步伐，加强初级卫生保健工作。要重视和支持老龄工作。关心残疾人事业，为残疾人多办实事。必须增强环境意识，保护和合理利用自然资源，努力改善生态环境。

要重视和加强党对意识形态领域工作的领导，认真贯彻“双百”方针，坚持“二为”方向，积极推进文化体制改革，加强文化市场管理，鼓励创作健康向上、具有鲜明时代特征和地方特色的精神产品，繁荣文艺创作和丰富文化生活。加强广播、电视、新闻等方面的工作，坚持正确的宣传舆论导向，形成有利于改革开放和现代化建设的舆论氛围。

三、把党建设成为社会主义事业的坚强领导核心

江泽民同志在十四大报告中指出："党的基本路线要毫不动摇地坚持下去，社会主义改革开放和现代化建设要搞得更好更快，国家要长治久安繁荣富强，关键在于我们的党。"在新形势下，我们要按照十四大精神，努力探索党建工作的新途径，全面加强党的建设，不断提高党的执政水平和领导能力，充分发挥各级党组织在发展社会主义市场经济中的领导核心作用和党员的先锋模范作用，确保加速建设社会主义现代化泉州宏伟目标的顺利实现。

（一）加强思想建设，用有中国特色社会主义理论武装头脑。

党的思想建设是关系我们事业成败兴衰的重大问题。当前，党的思想建设的根本任务，就是要致力于提高党员的思想政治素质和理论水平，用建设有中国特色社会主义理论武装全党。要认真学习和宣传十四大的政治报告和新党章，使十四大精神在广大党员心中深深扎根，进一步增强贯彻执行党的基本路线的自觉性和坚定性，增强改革开放意识，努力探索发展社会主义市场经济的路子。要学习和运用唯物辩证法，着眼于解决改革开放和经济建设中的实际问题，解决思想认识上存在的偏差，使广大党员系统全面地掌握建设有中国特色社会主义理论，坚持一切从实际出发、实事求是的思想路线，自觉运用马克思主义的世界观和方法论去分析问题和解决问题，模范带头贯彻执行党的基本路线，从认识到行动都支持改革开放和经济建设，勇于到市场经济的汪洋大海中去拼搏，去创立业绩。

各级党组织要进一步建立健全理论学习制度，加强理论教育队伍和阵地建设，把在职学习与脱产培训结合起来，使之经常化、制度化。组织广大党员干部抓紧学习经济知识和经济管理，学习科学技术，使他们更好地熟悉经济工作，掌握经济规律，适应发展变化的新形势，在改革开放和经济建设中发挥排头兵的作用。

（二）加强领导班子建设，培养和选拔社会主义事业接班人。

正确的政治路线要靠正确的组织路线来保证。几年来，我市各级领导班子经过调整充实，改善结构，战斗力进一步增强，在改革开放和现代化建设中发挥了领导核心作用。随着社会主义市场经济的发展，我们必须进一步加强班子建设，大胆地选拔大批德才兼备的优秀干部进入各级领导岗位，把各级领导班子建设成为忠诚于马克思主义、坚持走有中国特色社会主义道路的坚强领导集体。

选拔干部，必须全面执行干部队伍"四化"方针和德才兼备原则。新时期衡量干部是否德才兼备，主要应当看执行党的基本路线的表现，看有没有为四化建功立业的事业心和责任感，看有没有开创新局面，把经济建设搞上去的能力。选拔任用干部要坚持原则和标准，充分发扬民主，走群众路线，防止和纠正用人上的不正之风。选拔大批优秀年轻干部进入各级领导班子是一项紧迫而又重要的任务。必须破除论资排辈、求全责备等思想观念的束缚，大胆选拔年轻干部。用人要看主流、看本质、看发展，切实把那些勇于改革，开拓创新，有实绩，群众公认的优秀年轻干部，大胆适时地选进各级领导班子。1993 年县、乡将换届选举。我们要拓宽知人渠道和选人视野，不仅从党政机关，还要从厂矿企业、高等院校、科研机构等地方挑选政治素质好，立志改革开放，实践经验丰富，有真才实学的干部；不仅要把担任下级主要领导职务的后备干部作为选人的主要来源，还要注意把那些还未进入我们的视野，但在改革开放和经济建设中做出显著成绩的年轻干部作为我们的选拔对象；不仅要选拔党员干部，还要善于选拔党外干部。同时必须十分重视妇女干部和少数民族干部的选拔、培养工作。

（三）加强党的基层组织建设，增强战斗力和凝聚力。

党的基层组织是党的全部工作和战斗力的基础。要用新党章规范各级党组织和广大党员的行为，推动基层党组织的全面建设，使党组织和全体党员为实现十四大提出的任务而努力奋斗。农村基层党组织要进一步搞好以党支部为核心的村级组织配套建设，注意发挥村民自治组织、村经济组织和各种群众组织的作用，积极带领广大农民走向市场，努力实现奔小康的目标。乡镇企业、外商投资企业、个体企业和企业集团等经济组织，要从各自的实际出发，积极探索党建工作的新路子，通过合理设置党组织，建立一套适应企业生产、经营特点的工作方法，逐步形成党的工作规范。机关党组织要紧紧围绕服务经济建设这个中心，整顿机关作风，教育党员增强执政党意识，进一步发挥保证、监督作用，促进各项工作落实。学校、街道等基层党组织，也都要根据各自的特点，加强自身的建设。在加强党的基层组织建设中，应当重视树立典型，总结推广全市亿元村、亿元乡镇、明星村镇、经济发展重点乡镇以及24个党建联系点的党组织坚持“两手抓”、党建工作与经济工作同步发展、党建带团建的成功经验。采取果断措施，整顿软弱涣散的班子，促进后进支部转化。

各级党组织在开展“创先争优”活动中，对共产党员的模范作用要有新的要求。积极倡导和鼓励广大党员成为带头贯彻党的路线、方针、政策的模范；带领群众发展社会主义市场经济，实现我市社会经济发展目标努力奋斗的模范；成为全心全意为人民谋利益，密切联系群众，遵纪守法的模范；成为解放思想，改革创新，崇尚先进，艰苦奋斗，无私奉献的模范，以实际行动增强党组织在群众中的凝聚力和吸引力。

（四）加强党风廉政建设，密切党群关系。

各级党组织必须清醒地认识到，在加快改革开放步伐和发展社会主义市场经济过程中，只有坚持从严治党的方针，坚决克服消极腐败现象，才能动员和组织全市人民同心同德地完成我市的社会经济发展目标。必须持久不懈地在全体党员中进行党性党风党纪教育。要教育党员干部树立全心全意为人民服务思想，正确对待和运用人民给予的权力，经得起执政、改革开放和发展市场经济的考验，自觉地克服和消除腐败现象。要加强廉政制度建设，搞好党内外监督。各级党政机关要针对各自的具体情况，着重在执法部门和掌握人、财、物的岗位，建立健全“两公开一监督”制度，建立有效防范以权谋私和行业不正之风的约束机制，接受人民群众和新闻舆论的监督。要切实加强纪检机关和监察部门的工作，防止把惩治腐败与改革开放对立起来，严格地执行党的纪律，严肃查处党员干部违纪违法案件，依照党纪国法惩治腐败分子，绝不手软。同时，建立健全以民主集中制为基础的党内各项制度，执行党内政治生活准则，增强党的纪律性。要保护和爱惜广大干部群众改革开放的积极性。正确处理好局部与全局的关系，下级与上级的关系，条条与块块的关系，特别在处理个人和组织的关系时，既要克服个人说了算、搞“一言堂”的倾向，又要反对不执行集体决议，自行其是。

各级机关和广大党员干部的工作作风和效率是直接关系经济发展速度的大问题。我们在搞好廉政建设的同时，要加强勤政建设，切实改进作风，提高办事效率。广大党员干部要立足本职，主动积极，兢兢业业，大胆负责，满腔热情地为经济建设服务。各级党组织要把为人民谋利益作为一切工作的出发点，注意为群众办实事，求实效，坚决摒弃繁文缛节，不搞形式主义。积极疏通和拓宽下级组织、党员和广大人民群众向上级反映情况和意见的渠道，切实保障广大党员和干部群众的民主权利。加强和改善党对工会、共青团、妇联等群团组织的领导，充分发挥他们密切党同人民群众联系的桥梁和纽带作用。维护和发展安定团结的政治局面，调动一切力量投身到两个文明建设中去。

同志们，今后五年是泉州发展的关键时期。抓住有利时机，加快改革开放和现代化建设步伐，大力发展社会主义市场经济，更快更好地建设社会主义侨乡城市，是全市人民的迫切愿望。让我们更加紧密地团结在以江泽民同志为核心的党中央周围，高举十四大旗帜，扎实苦干，奋发进取，沿着建设有中国特色社会主义道路阔步前进！

泉州市人民政府
关于进一步鼓励发展横向经济联合的意见

（1995年7月30日）

改革开放以来，我市横向经济联合工作取得了较大发展，内联企业已成为我市经济的一个重要组成部分。为进一步加强我市与省内、外兄弟地区的经济合作，鼓励外地成建制科研机构迁址我市；鼓励银行、非银行金融机构和列为国内前30名的会计师事务所、律师事务所、审计师事务所来我市设立分支机构；鼓励各种经济成分到我市投资能源、交通、基础设施项目，从事教育、文化，科学技术、卫生和社会公益事业等非营利性项目，创办高新技术企业、改造国有老企业、发展填补我市空白、有利于产品更新换代的项目，以及投资额在3000万元（其中客方投资额不低于50%）以上的工农业生产项目、大型商场、超级市场等，本着“扬长避短、形式多样、互惠互利、共同发展”的原则，特提出如下意见。

一、市、县（市、区）每年应从财政划出一定数额的资金设立专户，作为帮助、扶持内联企业发展生产的周转金。属生产经营性项目、产品质量上档次、经济效益高、还款来源有保证的，可向财政部门申请借用一定数额的3—6个月期限的低息周转金。

二、降低实际税收负担。经有关部门逐年审批，可用“先征后还”办法，由财政部门从地方留成部分予以返还。

1. 从获利年度起，两年内所得税实际征收税率为10%，第三年度起为15%。对科研单位的技术转让收入，免征营业税。

2. 客方分得的利润留在我市用于生产性企业、产品出口型企业及技术进步型企业的再投资，其所分得的利润三年内所得税实际征收税率为10%；对我市省定贫困地区再投资分得的利润，五年内免征所得税。

3. 用贷款新购建的房产，凡原值在200万元以上，还贷有困难的，三年内减免征收60%～80%房产税及土地使用税，减免税款应专项用于归还贷款。

4. 省政府规定1995年年底前可免征增值税的高新技术产品，以及改造国有老企业、在结构、性能、材质，技术特征等方面有显著改进或提高的产品，1996年度起，经市科委（经委）认定，三年内市、县（市、区）留成的增值税金额予以返还。

三、优先安排土地使用。对投资教育、文化、科学技术、卫生和社会公益事业、基础设施等非营利性项目的，可按划拨方式提供土地；投资产品出口型和技术进步型企业的，地价可适当给予优惠。成建制科研机构迁址我市的，以及会计师事务所、律师事务所、审计师事务所和银行、非银行金融机构来我市设立分支机构的，可在市区范围内优先提供土地和经营场所以及各种配套服务设施等。

四、支持内联企业与境外投资者合资合作，开展“三来一补”业务；鼓励内联企业的产品申请到境外展销。到境外进行经贸活动的，可给予优先审批；凡具备国家规定进口经营条件的，积极为其申报进出口经营权；符合条件的，经批准可进入公共保税仓库进行运作。创汇大户可申办多次往返港澳地区的护照。

五、提供优质服务，提高办事效率，改善内联企业的投资环境。

1. 简化审批手续。登记注册、项目立项、供电、供水、通信设施等予以优先安排。

2. 及时办理减、免各种税、费返还及各种优惠待遇手续。

3. 经批准，减免征收60%的城市基础设施配套费，减半征收市、县（市、区）按规定应收、本级所得的各种规费；严禁其他的摊派、收费项目。

4. 发动我市企业参资投股内联企业，帮助其拓展业务，发展壮大经济实力。

六、内联单位可以解决部分常住户口。

1. 成建制科研机构迁址我市的，其家属、子女户口随迁不受限制。

2. 其他内联单位申请解决常住户口问题的，可予以适当放宽条件。对资金确实到位并稳定一年以上的，投资注册资金人民币在200万元以上的单位（科研单位20万元以上），可根据其人才需求情况自行择才，申报办理客方派出或引进的相对稳定人员的常住户口。

3. 上述内联单位派出和引进的人员：具有高级职称，年龄在60周岁以下；中级（含技师）职称或大学（大专）毕业的，年龄在50周岁以下的；中专（高中）毕业的，年龄在40周岁以下（对于属紧缺专业、确有真才实学的，经组织、人事部门批准，年龄可适当放宽）；在泉州具有居住条件的，均可申报常住户口。

4. 符合上述申报条件的，由内联单位提出申请，经市经济技术协作办公室会同有关部门审核后，转公安部门批准，其随迁的家属、子女户口按规定审批，允许迁入我市。

5. 具有中级（含技师）及以上专业技术职称的人员及符合随迁条件的家属、子女户口的迁入，免缴城市增容费。其他人员户口的迁入，仍按原规定的标准收取城市增客费。

七、本意见适用范围以及经市经济技术协作办公室登记或报批的内联单位，其客方派出人员子女的就学问题予以照顾解决。

1. 成建制科研机构迁址我市的，经批准已在我市办理常住户口的，其子女入园、入学问题视同本地居民。

2. 夫妇双方均在泉州，或者其子女在原户口所在地就学确有困难的非泉州常住户口的管理人员、技术人员和职工的子女，可申请在泉州借读中、小学或幼儿园。

借读的收费标准：义务教育阶段的借读费减半缴交，非义务教育阶段按有关规定缴交一定的借读费。

学籍管理及升学：内联单位客方人员子女在我市修完学业，一般回学籍所在校取得毕业资格。从起始年级修完学业在原籍无学籍的，可在我市参加毕业考试，符合条件者发给毕业证书。义务教育阶段，可在我市升学。

本意见自一九九五年九月一日起执行。

中共泉州市委　泉州市人民政府
关于加速科学技术进步的若干意见

（1995 年 12 月 7 日）

各县（市、区）委、人民政府，市直各单位：

为了深入贯彻全国、全省科学技术大会精神，全面落实《中共中央、国务院关于加速科学技术进步的决定》和省委、省政府贯彻《决定》的实施意见，加速科学技术进步，确保我市迈向新世纪宏伟目标的顺利实现，特提出如下意见：

一、全面落实科学技术是第一生产力的思想，坚定不移地实施科教兴市战略

1. 改革开放以来，我市经济和社会发展取得了令人瞩目的成就。科技体制改革不断深化，正在向适应社会主义市场经济体制和科技自身发展规律的新体制转变，科技与经济结合的新机制初步形成。但总的来看，科技是第一生产力的思想尚未得到全面落实，科技事业基础差，科研力量薄弱，科技与经济结合的紧密度远远不够。这些问题制约着我市科学技术的进一步发展。

2. 目前我市经济发展正处在实现新一轮跨越的关键时期。推动我市经济发展由以外延扩大为主向以内涵扩大为主转化，实现我市经济从粗放型的初始积累阶段向集约化、效益型的更高阶段跨越，必须依靠科技进步。要全面落实科技是第一生产力的思想，坚定不移地实施科教兴市战略，促进科学技术进步，为泉州新一轮发展作出更大贡献。

3. 必须把经济建设切实转移到依靠科技进步和提高劳动者素质的轨道上来，进一步贯彻“经济建设必须依靠科学技术，科学技术工作必须面向经济建设，努力攀登科学技术高峰”的方针，把科技进步放在国民经济和社会发展的重要位置。坚持教育为本，努力提高全民科技文化素质。围绕“九五”计划和 2010 年远景目标，着力解决经济和社会发展中的热点、难点和重点问题，为实现我市经济和社会发展的新跨越提供强有力的科技和教育保障。

4. 实施科技兴市的战略目标是：到“九五”期末，科技事业有较大发展，培养造就一支跨世纪的强大的科技队伍，初步建立适应社会主义市场经济体制和科技自身发展规律的科技体制，初步实现经济增长方式从粗放型向集约型转变，技术创新能力和科技成果转化率大幅度提高，经济综合实力位居全省前列，科技进步对经济增长的贡献率由现在的 40% 左右提高到 50% 以上，高新技术产业产值在工业总产值中的比重达到 16%。到 2010 年，全市科技水平显著提高，科技体制更加完善，科技进步对经济增长的贡献率达到 60%，高新技术产业产值在工业总产值中的比重达到 25%。

5. 为实现上述目标，“九五”期间，全市科技发展要明确目标，突出重点，把握关键，努力创新。重点抓好八大工程：

(1) 农村科技示范工程。再建 10 个科技示范乡镇、100 个科技示范村、500 个科技示范户，使科技示范乡镇、科技示范村、科技示范户总数分别达到 30 个以上、200 个以上和 1000 个以上；建设国家、省、市三级星火密集区 8 个；扶持和发展区域性农村支柱产业 4 个：建立粮食、林业、畜牧、水产、果蔬、菌类等名优特农副产品生产科技示范基地 8 个；以市、县农科所为龙头，抓好 8 个粮油作物良种繁育推广基地。

(2) 企业技术创新促进工程。推动工业企业加速科技进步，特别是大力推动乡镇企业加快改造升级步伐，增强技术创新能力，完成二次创业。全市工业企业整体技术水平和管理水平上一个档次，70% 以上的大中型工业企业生产技术及装备达到国内先进水平，基本形成名牌产品体系，创造上亿元产值的科技型企业 30 家。

(3) 科技成果转化工程。实施各类科技成果转化计划 1000 项，大幅度提高科技成果转化率和规模效益，推动科技成果迅速转化为现实生产力。

(4) 科技兴海工程。大力开发海洋资源，发展海洋产业。重点开发海洋化工、海洋能源、海洋生物、海洋捕捞、港口运输、海水养殖及水产品保鲜和深加工技术。基本完成海洋管理体系的建立和完善工作，建设 1 个科技兴海示范县、5 个海洋开发试验区，扶持 20 个海洋产业化重点项目。

(5) 高新技术产业发展工程。重点发展电子信息、光机电一体化、生物工程、海洋新兴产业、精细化工、新型材料、高效节能等技术领域。高新技术产业走廊区全面运营。到 2000 年，全市发展高新技术企业 100 家以上，实现年创高新技术产业产值 230 亿，占全市工业产值的 16%。

(6) 跨世纪人才培养工程。到 2000 年，全市各类专业技术人员由现有的 6.7 万人增加到 10 万人，其中科技人员 4.5 万人，具有中、高级职称的科技人员 1.8 万人以上。

(7) 国民经济信息化工程。大力发展信息产业，加快各类数据库和信息基础设施建设，建立高效安全的信息网络管理系统。积极开通外地、海外电脑数据库，争取率先进入闽东南地区性信息公路。

(8) 社会科技事业建设工程。在中心城市建成科技城、科技馆和鲤城东南电子城，带动各县（区、市）科技设施的建设。建立轻纺研究所、化工研究所、海洋研究所、电子研究所、建材研究所、机械研究所等一批市级独立科研机构。加强现有全民独立科研所和法定技检机构的基础设施建设。

二、大力推动科技进步，实现我市经济和社会发展新的跨越

6. 大力推动农业科技进步，促进传统农业向高产、优质、高效的现代农业转变。依靠科技进步，努力提高单位面积产量和劳动生产率；发展生态农业，有效地开发利用资源；发展现代农副产品保鲜、贮藏、深加工业，提高农副产品的附加值和商品化率；因地制宜，推广适度规模经营，探索农业集约化经营模式，扶持技、农、工、贸一体化新型农村经济组织，加快农业产业化进程。

推广先进适用的农业技术成果。加强动植物优良品种、先进的耕作栽培技术和饲养技术、中低产田改造技术、病虫害与自然灾害综合防治技术、农副产品保鲜深加工技术、新饲料技术的推广应用。“九五”期间，配合农业科技成果推广工作，重点组织实施星火计划 200 项、丰收计划 100 项、燎原计划 100 项，建立一批粮食、林业、畜牧、果蔬、水产、菌类等各类农副产品生产科技示范基地和粮油作物良种繁育推广基地，形成农业生产科技示范网络，加强示范辐射，提高成果推广的规模效益。

按照“奔小康、建新村”的要求，以科技为先导，推动农村区域经济和社会的全面发展。继续加强科技示范乡镇、科技示范村的建设，加强与小城镇建设相结合的星火密集区的建设。

加强农村科技服务体系，为农业科技成果推广提供组织保证。建立健全市、县、乡、村四级农技推广服务机构。市、县两级农科所要把农业技术推广和服务工作作为主要职能。允许农业科研单位、农业科技成果推广机构经销与之相关的农用物资。鼓励和支持发展农村各种农业技术服务组织。充分发挥各类农业技术协会、学会、研究会等群众团体在农业科技成果推广方面的重要作用。

7. 大力推动工业科技进步，提高工业增长质量和效益。用现代高新技术改造传统技术，开发适销对路的高附加值的新产品。依靠科技进步，实行现代科学管理，推动乡镇企业生产上规模、产品上档次、管理上水平，全面提高企业的产品质量、市场竞争力和经济社会效益。加速工业科技成果的转化。加强科技攻关，加快对支柱产业和重点产业的技术改造和新产品开发，大力推广“三废”治理和节能降耗技术、微电子技术及自动化技术等高新技术成果。“九五”期间，重点实施工业科技攻关项 20 项、技改项目 500 项、新产品开发项目 800 项。在各支柱产业和重点产业中形成一批上规模、上档次、上水平的龙头骨干企业和一批“闯天下”的名牌产品。

推动企业形成技术创新机制，成为技术开发的主体。企业要实行总工程师负责制，建立技术创新机制，制定产品开发和技术改造计划，建立健全产品质量保证体系和科技进步指标考核体系。大中型企业要建立技术开发机构或行业技术开发中心，加强同高等院校、科研院所的联系与合作，实行自主开发与引进开发，合作开发相结合。切实改善科技人员的工作条件和生活待遇，充分发挥科技人员的积极性和创造性。同时鼓励职工开展技术革新和发明创造，支持群众团体开展技术创新活动。

各级政府和有关部门要积极支持企业的科技进步工作，落实有关企业技术创新的优惠政策。企业的技术开发经费可列入生产成本，并按规定建立科技基金。国家级新产品3年内、省级新产品2年内新增增值税地方分成部分，由同级财政返还企业。技贸活动享受现行税收优惠。要开展创建科技进步先进企业活动，对科技进步先进企业，政府在计划立项和资金上应给予倾斜。主管部门要把企业的技术进步指标作为考核企业经营者的重要内容。

8. 大力发展高新技术产业。推动产业结构升级，大幅度提高劳动生产率和经济效益。我市已确定电子信息，光机电一体化、海洋新兴产业、生物工程、精细化工、新型材料和高效节能技术等为重点高新技术开发领域。各县（市、区）要根据自己的优势，有侧重地组织实施高新技术项目，推动高新技术产业的发展。要加快高新技术产业走廊区建设，抓紧抓好市本级高科技园和鲤城、晋江、石狮高科技园以及马甲农业高科技园的建设，尽快在园区内引进、兴建、投产一批高新技术企业，使之真正成为我市高新技术产业的载体。要把改造传统产业同发展高新技术产业结合起来，通过在现有传统工业嫁接、移植高新技术，培育高新技术产业的生长点。要积极引进高科技项目，大力支持高新技术企业的发展。“九五”期间，全市要组织实施火炬计划300项，并扶持和促进部分高新技术产业发展成为我市新的支柱产业。

9. 依靠科技大力发展海洋产业。海洋是一个巨大的复合产业区。我市有海岸线421公里，浅海滩涂面积120万亩。要充分发挥海的优势，推动传统的海洋产业向现代海洋产业发展，建设“海上泉州”。密切结合海洋渔业、港口运输业、滨海旅游业、海洋化工、海洋矿业等产业发展的需要，大力推广应用海洋生物、海水养殖与捕捞、港口运输、海洋精细化工、海洋能源和海洋环境保护等先进技术，促使海洋生物、海洋矿物、滨海旅游资源得到有效开发利用。“九五”期间，重点实施各类海洋科技计划100项。

在开发海洋产业中，要认真组织海洋资源勘探调查，制定海洋产业发展规划。成立海洋管理办公室，加强海洋综合管理，建立海洋预报、预警、监测服务体系。

10. 推动第三产业和社会发展重点领域的科技进步。围绕把泉州建设成为现代化的工贸旅游港口城市的目标，重点加强现代计算机和信息技术的开发应用，大力发展信息产业，提高商业、金融、保险、邮电通信的社会化信息服务水平。加强信息基础设施和数据库建设，建立高效安全的信息网络管理系统，提高全市机关、企事业单位办公自动化水平，加快国民经济信息化进程。

坚持经济建设、城乡建设、环境保护同步规划、同步实施、同步发展。大力开发推广清洁能源技术、清洁生产技术、污染治理技术。坚持把“三废”处理和生态环境保护措施作为新上工程项目、住宅小区、工业小区评估论证的必备内容。优先发展清洁生产项目，限制重污染工业。到1996年底，全面完成建筑陶瓷生产行业烟尘污染整治工作。

积极推广计划生育、医疗保健的先进技术成果，重视常见病、多发病、老年病和重大疾病的诊断和防治新技术的研究和应用，加强中草药、海洋微生物药物的研究开发，提高人口素质和健康水平。进一步开展气象、水文和地震等自然灾害短中期预测、预报和防灾、减灾技术研究，建立健全自然灾害的预测、预报体系，努力提高对自然灾害的综合防御能力。

三、建立健全新型科技体制，进一步解放和发展科技生产力

11. 进一步解放和发展科技生产力，必须深化科技体制改革。到2000年，初步建立适应社会主义市场经济体制和科技自身发展规律的新型科技体制，形成高效的科技宏观管理体系、布局合理的科研开发体系、富有生机活力的科技运行机制、多元化的科技投入体系、全社会的科技进步体制。

12. 加强科技管理体制建设。强化市、县两级科技行政管理部门的职能，增强综合调控手段，把经济工作与科技工作紧密结合起来。经济主管部门应设立科技管理机构，技术密集的职能部门应设立总工程师职务，实行总工程师技术负责制。乡镇一级应建立科技行政管理部门。

13. 加强科技政策法规体系建设。认真贯彻执行科技进步法、专利法、技术合同法、知识产权保护法，以及国家和省有关科技奖励、技术市场、民营科技、高新技术产业等方面的政策法规。要结合我市实际，制定贯彻实施国家和省有关科技政策法规的具体措施和办法，规范、引导和推动我市科技事业更快更好地发展。成立泉州市知识产权办公室，依法保护知识产权人的权益。

14. 加强科研开发体制建设。按照“稳住一头、放开一片”的要求，建立和发展我市的科研开发体系。加强和壮大全民独立科研机构，大力发展各类民营科技企业，鼓励和支持企事业单位、大中专院校、社会团体兴办各类科研开发机构，巩固发展各类专业学会、研究会、行业协会，形成多种形式并存、多种经济成分竞相发展的科研开发体系。

民营科技企业是科技体制改革的产物，是社会主义科技事业的重要组成部分。我市民营科技企业已成为高科技产业开发的生力军，要采取有力措施继续给予扶持。民营科技企业在计划项目、贷款、税收、基建和出国审批等，应享受与全民科研所同等的待遇。

全民科研所要根据科技体制改革的精神，加强自身建设，调整内部结构，实行科学管理，建立富有生机活力的运行机制，提高科研水平，进一步面向经济建设主战场。

15. 加强技术市场体制建设。建立健全市、县两级技术市场管理机构，大力发展各种形式的技术贸易、中介、经纪机构，加快培养技术经纪人队伍。加强市、县两级科技信息研究所、人才交流服务机构建设，使之成为科技信息和人才交流的枢纽和窗口。加强技术市场管理，大力促进技术交易，推动科技成果转化为现实生产力。积极发展常设技术市场，形成市场网络，充分发挥技术市场在科技对外交流合作，引进技术和引进人才等方面的重要作用。

16. 加强技术监督体制建设。根据我市产业技术发展的要求，建立健全机电、食品、化工、轻纺、建材、医药产品技术检测和标准化中心，进一步完善产品检测、质量认证、公布等技术监督制度，引导企业产品采用国际标准，保证产品质量，加快企业产品升级换代。

17. 建立科技决策咨询体制。充分发挥科协以及各种专业学会、行业协会、同业公会等社团组织在项目论证、成果评价、软科学研究等方面的积极作用。各级各部门都必须建立科学的决策制度，加强决策的科学化、民主化，战略规划、重要建设项目及重大举措在决策之前应经过专家咨询论证。

四、建设跨世纪多层次科技队伍，充分调动科技人员的积极

18. 加速建设跨世纪的科技队伍。发挥教育主渠道作用，实施“一三五”人才培养工程，大力培养各类专业技术人员，培养一批学术、技术带头人和科技实业家。加快发展继续教育和各种成人教育、职业教育，造就大批的技术骨干，并注意从工人农民中选拔培养自学成才的专业技术能手。在重视培养本地人才的同时，积极从外地引进紧缺的科技人才。

19. 建立人才激励机制。完善奖励制度，建立泉州市科技奖励基金，凡获得市级以上科技进步奖和在科技管理、普及、宣传、推广、建议等方面作出显著成绩的，都应给予表扬奖励。获 1990 年以来省级科技进步三等奖或市级二等奖以上（排名前三名）的人员给予提升一个职务工资档次或奖励一级企业工资。对取得重大科技成果的主要贡献者，给予万元以上重奖，受益企业也要按创益比例进行奖励。对被国家、省批准享受政府特殊津贴的科技人员、专家、学者，给予增加 1 倍的津贴金额。

重视培养中青年科技人才，使他们成长为学术带头人、技术专家、科技管理专家、科技实业家。从明年开始，每两年进行一次拔尖人才的评选工作，对拔尖人才，要在专业技术职称、科研课题立项、出国学术交流和深造、成果评奖等方面给予更多的优惠和支持。设立泉州市青年拔尖人才资助基金，用于资助拔尖人才的进修、考察、研究等。20、切实改善科技人员的工作和生活条件，提高科技人员的待遇。对在全民所有制科研所和县以下（不含县）农林水事业单位工作的专业技术人员除享受已有的待遇外，其津贴部分在国家规定比例的基础上提高 8%，但不搞平均发放，要结合考核结果拉开等次。对连续在全民所有制科研所和县以下（不含县）单位从事技术研究、开发和推广的中级职称以上科技人员，工作男满 30 周年、女满 25 周年的，退休后按本人标准工资 100% 发给退休金。对从事科技研究、开发和推广的人员职称评定，在政策上给予倾斜。对具有中级技术职称以上的科技人员每两年至少进行一次公费体检。获 1990 年以来省部级科技进步奖二等奖以上（排名前三名）的教授级科技专家，享受厅级医疗保健待遇。对从外地引进的人才，要优先解决户粮、住房、子女入学、家属安置等问题。要逐步解决科技人员的住房困难，市政府在近3年内要筹集资金兴建工程师新村，第一批先建100套经济适用住房，优先解决获得市级科技进步奖以上和其他在科技工作中取得突出成绩的科技人员，以及我市急需引进的科技人才的住房困难。

21. 提高科技队伍的政治素质。科技人员要坚持党的基本路线，弘扬爱国主义精神，树立求实创新、拼搏奉献、团结协作的道德风范，在侨乡两个文明建设中起表率作用。

五、大力开展科技培训、科普教育和科技宣传，努力提高劳动者素质

22. 加强科技培训。开展多渠道、多形式的科技培训，培养现代产业职工队伍和农民技术员队伍。办好各类职业高中、中专学校、职工夜校、广播电视学校和函授学校等。重视依靠社会力量办学，支持有条件的企事业单位开办各类科技培训班。坚持先培训后上岗的原则，制定完善职工培训与劳动就业配套的政策。企业必须把职工技术培训纳入企业发展规划，建立技术岗位培训和考核升级制度。乡、镇要成立文化技术学校，坚持不懈地抓好文化教育和技术教育，使每个中青年农民都能掌握1～2门实用技术。各级政府及有关部门要把科技培训工作列入议事日程，制定计划，落实经费。

23. 加强科学技术的宣传和普及工作。认真贯彻落实中共中央、国务院《关于科学技术普及工作的若干意见》，大力宣传普及科技知识、科学思想和科学方法，反对形形色色的迷信和伪科学活动。加强科普宣传阵地建设，办好《侨乡科技报》《泉州科技》等各种科技报刊，《泉州晚报》、电视台、电台都要开辟科技专门栏目，加强科技宣传，努力形成崇尚科学、尊重知识、尊重人才的良好社会风气，提高全民的科技文化素质。

六、进一步扩大开放，加强科技合作与交流

24. 建立对外科技交流机构，充分发挥我市侨、台优势，加强对外科技合作与交流。鼓励和支持企事业单位、社会团体同海外科技组织建立合作交流关系，吸引侨资、外资设立各种科技奖励基金或兴办科技企业，鼓励科技实业家到海外创办企业。支持科技人员出国参加学术交流、考察和合作研究。各级政府要为科技人员和科技企业商务人员公务出国简化审批手续。大力发展技术进出口贸易，支持科技企业、高新技术产业的技术进出口工作。

25. 鼓励和支持企事业单位、社会团体以各种形式和外地科研院所、大专院校、大中型技术密集企业建立交流合作关系，开发科技项目，攻克关键技术。要实行优惠政策和措施，积极创造条件，吸引外地科研院所、大专院校、大中型技术密集企业到我市创办科技企业。同时鼓励和支持科技企业到外地创办分支机构。

26. 大力加强泉台科技交流与合作。充分发挥对台工作机构、社会团体的桥梁和纽带作用，推动泉台两地科技界在海洋、农业、中医药、地质、地震、气象等领域的科技交流和合作。高科技产业走廊区要积极引进台湾高新技术，进行独资、合资或合作开发。

七、建立全社会多元化科技投入体系，大幅度增加科技投入

27. 进一步改革投资体制。各级政府要调整优化投资结构，鼓励引导全社会多渠道、多层次增加科技投入，保证到2000年全市科技研究开发经费占全市国内生产总值的1.5%以上。加大财政投入力度，保证每年全市科技事业费的增长幅度高于财政收入增长幅度。市、县、乡科技三项费用和科学事业费占同级财政支出的比例要逐年增加，到2000年分别达到3.5%、2%和1%（乡、镇起点数应不少于5万元）。从明年起，市财政每年要安排一定数额的科技专项经费，用于科技事业发展基础设施建设和高科技园区建设。每年安排一定数额的科技周转金，用于支持民营科技发展、科技成果转化和星火密集区建设。

28、运用经济杠杆和行政手段，引导、鼓励各类企业增加科技投入，使其逐步成为科技投入主体。到2000年，一般企业和高新技术企业用于技术开发的经费分别不低于当年销售收入的1.5%和4%。企业重大技术引进项目立项时，应在资金中提取20%作为强化消化、吸收创新的专项经费。

29. 大幅度扩大用于科技成果转化活动的贷款规模。加快发放面向高新技术产业的风险贷款和面向重大科技成果转化活动的低息贷款，以及面向一般科技成果商品化活动的商业贷款，形成三者有机结合的新型科技贷款机制。

八、切实加强各级党委和政府对科技工作的领导

30. 各级党委和政府，特别是党政第一把手要亲自抓第一生产力，切实把思想认识统一到党中央的部署上来，在战略上把握好科技与经济的有机结合，真正把推动科技进步作为经济发展的关键。要抓科技体制改革，抓科技投入到位，抓人才培养，抓示范试点，抓政策措施落实，做好后勤保障，做好科教兴市、科教兴县和创建全国科技工作先进市、县活动的组织协调和督促检查工作。

各级领导干部，特别是党政领导干部要带头学习现代科学技术知识，增强科技意识，坚持用科学的态度、科学的思想和科学的方法处理问题，提高驾驭现代经济建设和科技发展的能力。要在尊重知识、尊重人才方面起表率作用，带头推动决策的科学化、民主化。各级党委、政府要制定科技进步考核制度，把科教兴市纳入各级领导干部任期目标。对各级领导在组织实施科教兴市战略中的重视程度、落实情况、具体成效进行认真考核，并将考核结果作为评价领导干部政绩的重要依据。由各级人大常委会任命的干部要将科教兴市工作作为向人大常委会述职的重要内容之一。市委、市政府每年至少召开两次专门会议研究科技工作，组织一次科技工作专项检查考核。

31. 加强全市科技工作的宏观决策与综合管理。调整充实市科技领导小组。各级科学技术委员会作为主管科技工作的综合职能部门，要进一步加强对科技工作的宏观管理和组织协调。要继续抓好各级政府选派科技副职工作，关心他们的工作、生活和学习，支持他们大胆开展工作，对取得显著成绩的要予以奖励。

32. 实施科教兴市战略是一项复杂的社会系统工程，也是历史赋予我们的光荣任务。各部门、各单位及社会各界要密切协作、共同努力，为实施科教兴市战略做出贡献。各级科协、学术组织、工会、共青团、妇联等群众团体和各民主党派要发挥在推动科技进步中的重要作用。广大科技工作者要走在实施科教兴市战略的前列。全市人民要动员起来，大力推动科技进步，为我市经济和社会发展实现新的跨越而努力奋斗。

各县（市、区）、市直各部门要根据中央《决定》、省《实施意见》和本意见的精神，结合实际制定具体措施，认真贯彻落实。

中共泉州市委　泉州市人民政府
关于加快乡镇企业发展的决定

（1996 年 1 月 28 日）

“八五”期间，我市乡镇企业持续快速健康发展，成为全市国民经济的重要支柱和最具潜力的增长源。“九五”期间，我市乡镇企业发展要注重内涵，走规模化、科技化、名牌化、外向化的结构效益型发展路子。要优化产业结构，推进规模经营，扩大外引内联，深化企业改革，推动科技进步，提高产品质量，保护生态环境，促进乡镇企业向更高层次发展。至 2000 年，乡镇企业总产值要保持 18.9% 以上的递增速度，达到 1500 亿元以上，出口交货总值达到 360 亿元以上，利税也应同步增长。为加快乡镇企业发展步伐，实现新一轮腾飞，特作如下决定：

1. 各级党委、政府要切实加强对乡镇企业的领导，将加快发展乡镇企业摆上重要议事日程。市、县（市、区）要成立发展乡镇企业领导小组，定期研究制定发展规划，协调各职能部门及时解决乡镇企业发展中出现的问题，为乡镇企业排忧解难，认真检查落实党的十一届三中全会以来中央、省、市制定的扶持乡镇企业发展的各项政策措施，保持政策的稳定性和连续性，真正做到领导到位、责任到人、政策兑现。

2. 各级政府和有关部门要对本地乡镇企业产品、技术、产业结构、企业管理作出合理规划，建立健全乡镇企业科技信息咨询、人才培训、企业管理、质量监督、法律咨询等多种服务机构，形成全方位、多层次的服务体系。各有关行业和职能部门要与乡镇企业主管部门密切配合，共同抓好乡镇企业的质量、财务、安全、环保、工商等管理工作，积极扶持，正确引导，强化服务，努力为乡镇企业发展创造良好的环境。

3. 各级乡镇企业主管部门要认真履行“规划、指导、管理、监督、协调、服务”的职责，对上当好参谋，对下搞好服务，对外做好协调，对内抓好自身建设。要认真贯彻国务院关于在机构改革中各级乡镇企业主管部门“只能加强、不能削弱”的精神，进一步加强市、县两级乡镇企业局的建设。乡镇一级的乡镇企业管理机构和人员编制按闽编〔1991〕140 号文、泉编〔1991〕37 号文执行。乡镇企业管理站（办）人员要配齐，队伍要相对稳定，不得随意抽调。

4. 为加强对乡镇企业的管理和服务，凡在我市地域内的乡（镇）、村集体企业，联户企业，乡、村股份制、股份合作制企业，乡镇企业引进资金创办的中外合资合作企业和内联企业，均划属乡镇企业进行统计、服务和管理。为便于统计和管理，该范围内的新办企业需送同级乡镇企业主管部门备案。

5. 积极开展山海协作，沿海、山区要结好对子，优势互补、联动发展。“九五”期间，晋江、南安、鲤城、石狮每年要与安溪联办 5 ～ 10 个有效益的经济项目，每年接纳一批安溪劳工；惠安等县每年要与安溪联办 3 ～ 5 个资源或加工型企业；沿海县（市、区）也要根据山区和本县产业发展需要，帮助山区县创办或联办 3 ～ 5 个有效益的经济项目。山区县要根据资源优势制定优惠政策，积极创造条件，接受沿海地区劳动密集型项目的转移。同时，有计划、有组织地向沿海地区输送合格的劳动力。

6. 积极调整产业结构，促进乡镇企业升级转型，依靠科技进步，提高乡镇企业的整体素质。要继续稳步发展第一产业，重点发展第二产业，配套发展第三产业。沿海乡镇企业发达地区要努力提高质量和效益，实现经济增长方式从粗放型向集约型转变，扶优限劣，促进支柱产业的升级转型，着力发展石化、机械，电子、基础材料工业等起点高、技术密集效益好、有发展前景的行业。乡镇企业欠发达的山区，要创造良好的软硬环境，鼓励乡镇企业充分利用山区资源优势，走资源开发产业化的路子，加快乡镇企业发展步伐。

7. 积极推行规模经营，引导乡镇企业走联合道路，组建企业集团，发挥规模优势，形成规模效益。市政府将每年确定若干上规模效益好的“龙头”企业，授予荣誉称号，并从以下几方面给予重点扶持：⑴

在贷款上予以优先安排。（2）优先安排企业发展用地。⑶用电用水重点保证。⑷凡年销售收入超亿元的，增值税、所得税（地方分成部分）比上年增收的部分，先征后由财政部门返还一年。（5）企业厂长（经理）、经贸人员可以申请办理出境多次往返手续，有关部门将从简从速给予办理。⑹企业所需人才，人事、科技部门应优先给予推荐和安排。（7）计划、人民银行等部门要创造条件，优先协助企业发放企业债券。今后，凡新办投资1000万元以上企业，各地要优先扶持，给予享受一定的优惠政策，促使规模企业尽快产生效益。

8. 加快乡镇企业小区建设。工业小区的建设要纳入农村城镇建设规划，服从服务于建设大泉州的整体规划布局，尽量少占耕地。对利用荒山、荒滩和围海造地开发的工业小区用地，土地部门要优先给予审批；确实需占用耕地的，要采取“用一造一”措施，确保耕地总面积。凡进入部、省、市级乡镇工业示范区的新办乡镇企业，从投资之日起一年内，增值税（地方分成部分）、城镇维护建设费先征后由同级财政按50%的比例返还。规模较大的工业小区要成立管理机构，负责小区的治安、环境卫生、劳务管理、供水供电等工作，以充分发挥小区的聚集效应。各部门要积极帮助改善乡镇工业小区的软硬环境。

9. 加强质量管理，提高产品质量，实施名牌战略。鼓励乡镇企业积极采用国际标准，推行全面质量管理，建立健全质量管理体系，开展产品质量认证、争创名牌产品活动。对获国家级以上名牌产品和省、部级名牌产品的企业和有关人员由同级政府分别给予2万元、1万元的奖励。要继续加强乡镇企业产品质量监督检验体系的建设，赋予各质检站（所）质量监督检验职能，完善其服务、监督、检验功能。

10. 进一步鼓励乡镇企业开展外引内联工作。坚持外引、内联并重，积极、合理、有效地引进资金、技术和项目，提高外引内联项目的履约率、到资率、开工率。各级乡镇企业主管部门要依法加强对乡镇中外合资企业和内联企业的管理。各级政府要有计划地组织乡镇企业到国外招商考察，鼓励乡镇企业到境外办企业、设窗口，直接参与国际市场竞争，促进乡镇企业与国际市场接轨。要加强“贸工农”基地建设，扶持出口创汇企业，组织“贸工农”出口基地项目招标投标，金融部门要在当年信贷规模内优先安排中标项目。

11. 有进出口经营权的乡镇企业，可以开展进料加工业务，继续实行国家规定的保税政策。对具备和符合申报自营进出口权的乡镇企业，有关部门应积极予以办理上报手续。具有自营进出口权的乡镇企业在完成出口任务后，有关部门应按外贸进出口公司同等待遇及时予以退税。对年出口100万美元以上乡镇企业厂长（经理）、经贸人员申请办理出境多次往返简化审批手续，公安、外事部门应给予支持。

12. 加强乡镇企业人才的培养引进，切实解决乡镇企业人才匮乏的问题。市、县两级应建立乡镇企业教育培训中心，有条件的乡（镇）也应建立培训中心，不断完善乡镇企业教育培训网络。要培养建立乡镇企业专业技术人才队伍，努力提高乡镇企业员工的整体素质。加强乡镇企业家的培训教育，组织企业家每年至少参加一次综合性培训，造就一批素质好、业务精的企业家队伍。广辟人才引进渠道，充实乡镇企业技术、管理人员队伍。对引进的外地人才，在户口迁入、住房、家属子女就业就学等问题上，要优先给予解决。鼓励大中专、技校毕业生到乡镇企业工作，其福利待遇、职称评聘给予优惠。有关部门每年要争取一定数额的“农转非”指标，用于解决符合条件的乡镇企业管理站（办）、厂长（经理）和业务技术骨干的“农转非”问题，“农转非”户口一般迁入企业所在县（市、区）的城关。

13. 依靠科技进步，促进乡镇企业上水平、上档次、上规模。要把乡镇企业的发展引导到依靠科技进步的轨道上来。各级乡镇企业主管部门和经委要从有利于乡镇企业发展出发，做好乡镇企业技术改造项目的论证及申报审批工作，同时做好项目的跟踪服务。对已审批的技改项目，金融部门要优先考虑，列入信贷计划。企业技改后新增所得税（地方分成部分）先征后由财政返还一年。鼓励乡镇企业发展高新技术产业，凡乡镇企业创办的高新技术企业，经省科委认定，可享受国家、省、市有关优惠政策，其技术开发费可据实列入成本，优先享受科技贷款。乡镇企业主管部门要和科委联合，加快科技市场建设步伐，加速科技成果推广。要积极开发新产品，凡经省科委、经贸委鉴定确认的新产品，按新产品的等级对企业及有功人员进行奖励。对国家级和省级新产品，分别享受3年内和2年内新增增值税（地方分成部分）

由同级财政返还的优惠。科委部门实施“星火计划”，要对山区进行倾斜，促进山区资源开发利用。市、县要建立科技开发咨询服务中心，为乡镇企业的科技开发、技术成果转让、技术咨询等提供服务。

14. 积极引导个体、私营、联户企业向股份合作制发展，扩大企业规模，提高企业管理水平。要引导一部分重点企业向有限责任公司、股份有限公司发展。抓好乡镇企业资产评估工作，积极鼓励市、县建立审计师、会计师事务所等中介服务机构，为乡镇企业服务。

15. 鼓励乡镇企业积极参与基础设施和市场建设。乡镇企业参与县以上批准立项的基础设施建设可参照省政府规定的外商投资基础设施建设的优惠政策执行。要进一步抓好市场建设，形成一批起点高、辐射面广、具有特色的商品批发专业市场和生产要素市场，积极发展连锁经营，扩大乡镇企业产品销售网络。各级政府要采取“政府搭台、企业唱戏”的办法，经常在本地或到外地举办展销会、洽谈会，帮助乡镇企业拓宽产品销售渠道。

16. 加大投入，增强发展后劲。（1）切实做好乡镇企业管理费的收取和管理工作。乡镇企业管理费要设立专户，由地方税务局代办征收，各级财政监管，各级乡镇企业主管部门专款专用，集中用于扶持乡镇企业发展。⑵市财政每年安排周转金 1500 万元和 200 万元乡镇企业技术开发基金，沿海县（市、区）财政至少安排 1000 万元、山区县至少安排 500 万元周转金，由市、县两级乡镇企业主管部门申报项目和财政部门统筹安排、周转使用，用于科技开发，建立健全质量监督检验体系，扶持上规模重点企业、出口创汇基地以及对山区的倾斜扶持。⑶金融部门要发挥资金主渠道作用，对乡镇企业的总信贷规模争取不少于当年总量的 60%。⑷乡镇企业应缴的所得税减征 10% 的社会性支出部分，集中 20% 作为乡镇企业发展基金，由乡镇统筹安排，同时要拓宽融资渠道，积极发展壮大农村（城市）信用社和农村合作基金会等金融信用组织，盘活民间闲散资金，扶持乡镇企业发展。（5）市、县要积极创造条件，成立乡镇企业发展基金会，为乡镇企业筹资融资服务。（6）金融部门应逐年增加山区县乡镇企业资金贷款规模，对山区县境外资金创办的企业要优先给予配套资金贷款。⑺各级体改、计划、人民银行等部门要为企业发放债券、股票上市提供方便。

17. 以“涵养税源、壮大财源”为原则，在国家、省规定的税收优惠范围内，乡镇企业只要符合条件，应予充分享受。税务部门应从支持乡镇企业发展出发，合理确定增值税进项抵扣和抵扣率；继续实行所得税带征办法。新办乡镇企业纳税确实有困难的，税务部门应落实给予办理缓交税的扶持措施。

18. 保护乡镇企业合法权益，任何部口或个人不得以任何借口和方式向乡镇企业乱摊派、乱收费、乱罚款、乱拉赞助，不得随意干涉乡镇企业的经营自主权。要明确确定乡镇企业负担的项目与标准，逐步实行限额和规范管理，切实减轻乡镇企业负担。各级政府和有关部门要严厉打击假冒伪劣产品的生产和销售，保护乡镇企业名牌产品和消费者的合法权益。

19. 行政执法执纪部门要立足于搞好服务，按法律法规程序对乡镇企业进行检查监督。对获市级以上劳动模范、省级以上乡镇企业家称号和市级重点扶持企业的法人代表行政执法时，应通知市乡镇企业局或报告当地县（市、区）政府。执法部门要严格依法执法，不得随意传唤乡镇企业法人代表和乱封单位账户，对造成不良后果的，要追究当事人责任。乡镇企业要自觉承担法律规定的义务，守法经营，依法治厂，正确处理国家、集体、个人三者关系，为社会多做贡献。

20. 认真抓好乡镇企业思想政治工作和企业文化建设，坚持两个文明一起抓。要加强乡镇企业党、团、工会组织建设，发挥党、团、工会作用，维护职工合法权益，提高乡镇企业员工的政治思想觉悟和主人翁意识，激发他们的爱国主义、集体主义热情，增强企业凝聚力和向心力，为乡镇企业发展提供精神支柱和思想保证。

高举邓小平理论伟大旗帜 把泉州社会主义现代化建设全面推向新世纪

——在中国共产党泉州市第八次代表大会上的报告

（1997 年 12 月 3 日）

同志们：

在全市人民深入学习贯彻党的十五大精神，扎实推进新一轮创业的新形势下，中国共产党泉州市第八次代表大会隆重召开了！现在，我代表中共泉州市第七届委员会向大会作报告。

中国共产党泉州市第八次代表大会是在世纪之交，总结过去、规划未来的极为重要的大会。大会的主要任务是：以党的十五大精神为指导，高举邓小平理论伟大旗帜，认真回顾总结市第七次党代表大会以来五年的丰富实践和基本经验，研究确定跨世纪的战略部署，团结和动员全市广大党员和干部群众，解放思想，抓住机遇，团结拼搏，开拓进取，加速泉州改革开放和现代化建设进程，把有中国特色社会主义事业全面推向二十一世纪。

一、过去五年的丰富实践及基本经验

站在历史的关口抚今追昔，有助于我们更深刻地理解过去，更科学地把握未来。五年前，泉州经济和社会发展处在一个十分关键的重要时期，面临着前所未有的机遇和挑战。一方面，邓小平同志视察南方发表重要谈话，提出“三个有利于”的根本判断标准和“发展才是硬道理”等科学论断，激发了全国人民的第二次思想大解放；党的十四大确立了建立社会主义市场经济体制的改革目标，指明了前进的方向，掀起了深化改革扩大开放的新高潮。另一方面，在全国大开放格局下，我市原有的政策、区位优势弱化；经济总量不大，一些主要经济指标位居全省中游；基础设施薄弱，制约经济发展的瓶颈问题日显突出。针对所面临的这种形势，市第七次党代表大会要求全市上下进一步解放思想，开拓进取，提出到 1996 年全市国内生产总值比 1980 年翻三番，到 2000 年翻四番，各项主要经济指标位居全省前列等奋斗目标。

实践证明，过去的五年，我们抓住了历史机遇，迎接了严峻挑战，全面完成市第七次党代表大会确定的各项任务，使泉州成为成功实践邓小平理论、经济发展最快、最具实力和活力的地区之一，不负时代赋予我们的使命！

五年来，市委高举邓小平理论伟大旗帜，始终坚持党的基本路线，以经济建设为中心，紧密结合泉州实际，创造性地开展工作，经济和社会发展实现了历史性的跨越。国民经济连年保持强劲的发展态势，经济总量和主要经济指标跃居全省前列，综合经济实力大大增强。1996 年全市国内生产总值比 1980 年翻四番，提前四年实现原定目标。预计 1997 年全市国内生产总值可达 773 亿元（现行价），按可比价格计算，比 1992 年增长 3.68 倍，年均增长 36.1%；财政收入可达 36 亿元，比 1992 年增长 2.59 倍，年均增长 29.1%。

改革向纵深推进。按照建立社会主义市场经济体制的要求，充分运用我市作为全国综合配套改革试点城市的探索权、试验权，以企业改革为重点，全面推进各项改革，初步建立社会主义市场经济体制框架主体，市场在商品交换和资源配置的主要领域发挥广泛调节作用。国有企业转机建制，焕发活力，从 1994 年起全市预算内国有工业连续三年实现整体无亏损，国有资产大幅增值。建成一批立足泉州、辐射全国的综合性、专业性商品市场。生产要素配置初步市场化，各类中介组织竞相发展。以养老和失业保险为主的社会保障体系初步建立。改变国家单一投资的体制，形成了投资主体多元化的格局。

全方位开放格局进一步形成。开放型经济迅速发展，外向度不断提高。在利用外资方面，五年间全市共批准外商投资项目 4005 个，投资总额 83.47 亿美元，已投产（开业）外资企业 3048 家，实际利用外资34.09亿美元，分别占改革开放十九年累计数的66%、84%、70%和88%。对外贸易大幅增长，对外经济技术合作不断取得新成果，泉台经贸合作持续发展。

农业基础得到加强。从深化农村改革、增加农业投入、实施科教兴农等方面促使农业不断升温。五年来，粮食稳定增产，连续两年总产量创历史最高水平，食物总量不断增加，水产品、茶叶、水果和肉、禽、蛋、奶等产量均有较大幅度增长。预计1997年全市农业总产值比1992年增长67%，乡镇企业总产值可达1080亿元（1990年不变价），年均增长51.5%，乡镇企业在国民经济中已是五分天下有其四。基础设施面貌发生根本变化。全市多渠道、多形式、多元化筹集巨额资金投入基础设施建设，制约经济发展的瓶颈矛盾大大缓解，立体交通网络基本形成，几代泉州人的梦想变为现实。境内公路主干道全面拓宽改造，密度居全省之冠，实现村村通公路。泉厦高速公路已建成试通车，福泉高速公路全线开工。漳泉肖铁路基本建成并投入货运试运行。泉州晋江机场建成并已开通国内13条航线。港口建设进展迅速，全市拥有国家一类口岸3个、二类口岸7个，跨入国家大型港口行列。电力工业总体水平显著提高，年网供电量居全省首位。通信能力超前发展，泉州本地通信网成为全国规模容量最大、技术水平最高的本地网之一，并提前两年实现村村通电话的目标。

城市建设日新月异。五年间中心城区面积扩展了一倍多，已具大泉州中心城市雏形。市政道路网络、城市公园、城市供水、内沟河整治、污水泵站等一批大、中型市政公用设施建成并投入使用。旧城区的涂门街、东街、湖心街等先后进行改造，既较好地保存文化名城风韵，又充分体现鲜明时代特征。新区建设在东片区加快开发的同时跨江向南拓展，泉州展览城和清濛科技工业区率先启动，为建设城南工贸新区奠定了良好基础。城区以北区域也在迅速崛起。城市绿化美化水平显著提高，绿化覆盖率达30.9%。

人民生活水平显著提高。预计1997年农民人均纯收入3650元，年均实际增长9.9%；城镇居民人均可支配收入6700元，年均实际增长9.5%。城乡市场繁荣，商品丰富。1997年全市消费品零售总额255亿元，比1992年增长3.08倍。市场物价得到有效控制。城乡居民储蓄大幅度增长。扶贫工作取得历史性成效。至去年底，全市基本实现小康，一些率先实现小康的地方正向宽裕型小康目标迈进。

精神文明建设迈出新的步伐。科技进步成效明显，科技对经济的贡献率已达46%。集中力量大打教育翻身仗，全市基本实现教育“两基”达标，从幼儿到高中阶段教育的办学规模均达到历史最高水平。文化艺术精品层出不穷，戏剧创作实现全国地级市中唯一的“文华奖”三连冠，并多次获得“五个一工程”奖等全国大奖。先后成功举办国际民间艺术节、南少林武术节等大型国际文化交流活动，被授予“全国文化模范市”称号。卫生、体育事业取得可喜成绩。全市总动员，攻坚克难，甩掉计生落后帽子，人口增长得到有效控制，基本实现计生创先目标。宣传舆论工作和思想道德建设进一步加强。双拥工作扎实推进，荣膺“全国双拥模范城”三连冠。以创卫工作为突破口的群众性精神文明创建活动深入开展，1996年通过省级卫生城市达标验收，正在向国家卫生城市的目标奋进。社会治安综合治理工作得到加强，社会秩序明显好转。

党的建设全面加强。坚持用邓小平理论武装党员干部，思想政治水平进一步提高。大力培养选拔优秀年轻干部，领导班子结构进一步优化。基层组织建设得到加强，广大共产党员发挥先锋模范作用，涌现出美岭村党总支等一批在全国、全省范围有影响的先进典型。“学美岭、创五好”活动深入开展，村级组织建设整体水平明显提高。党风廉政建设和反腐败斗争取得阶段性成果。

可以说，市第七次党代表大会以来的五年，是经济发展实现新跨越的五年，是社会面貌发生深刻变化的五年，是人民群众得到实惠最多的五年。这些成就与进步，是我们在省委的正确领导下，高举邓小平理论伟大旗帜，全面贯彻落实以江泽民同志为核心的党中央制定的路线、方针、政策的结果；是在历届地、市委打下的良好基础上，全市各级党组织和广大干部群众团结一致、奋力拼搏，人民解放军驻泉部队、武警部队齐心协力、共同奋斗的结果；是各民主党派、海内外各界人士全力支持、密切合作的结果。

前进的道路并不平坦，我们清醒地看到面临的矛盾和困难：综合配套改革的步子不够大，一些关键领域尚未取得突破；经济结构不够合理，国民经济整体素质和效益不高；对外开放面对全方位竞争的挑战，利用外资后劲不足；生态、生活和投资等环境建设滞后，与先进地区相比差距较大；山区、沿海发展不平衡，部分群众生活还有困难；人民群众对党风、政风、社会风气和社会治安的状况还不满意，安全生产和环境保护的形势依然严峻等等。我们要高度重视存在的问题，扎扎实实地加以解决。

回顾五年的历程，我们深深体会到，泉州的发展，关键在于不断解放思想，坚持实事求是，努力开拓工作新局面；在于把握大局，抓住重点，明确发展目标和思路；在于始终不渝地坚持两手抓，促进两个文明建设同步协调发展；在于坚持走群众路线，密切联系群众，最大限度地调动广大群众的积极性和创造性。

解放思想，真抓实干，创造性地开展工作。我们坚持以“三个有利于”为标准，鼓励和支持广大干部群众勇于思考，勇于探索，勇于创新，敢闯不合时宜、人为设置的“禁区”，敢闯前人未曾涉足的“盲区”，敢闯矛盾交错的“难区”，大胆革除束缚生产力发展的旧体制、旧框框，建立了较为灵活的经济运行机制。积极探索利用反映社会化生产规律的经营方式和组织形式，通过嫁接外资、国有民营、承包经营、股份合作等，鼓励和促进多种经济成分共同发展，从整体上增强国民经济综合实力。在国家实行宏观调控政策的大气候下，我们不是死守教条，生搬硬套，而是根据泉州的实际，因地制宜，区别对待，按照“能快则快”的原则，制定一系列政策和措施，鼓励和扶持有条件的地方加快发展，继续扩充经济总量，提高经济运行质量。在转变政府职能中，努力保证各种所有制经济在市场竞争中处于平等地位，实行政企分开，强化服务意识，增强引导功能，运用“政府搭台、企业唱戏”和“展览兴市场”等各种行之有效的方法，带领企业闯天下、占市场，帮助企业更快更好地发展。这些以解放思想为先导的举措，既体现了开拓精神，又注意了科学态度，有力地推动了改革在一些重要领域取得突破，推动了开放向更高层次更宽领域发展。

把握大局，抓住关键，促进经济建设不断上新的台阶。我市经济发展连年保持强劲势头，“八五”期间国民生产总值年均递增 42.39%。在较高基数和竞争更趋激烈的情况下，保持经济发展的良好态势，主要在于我们能够把握大局，善于审时度势，做到明方向、抓重点、攻难点、求实效。明方向，就是在经济进入新的发展时期，适时调整战略部署，提出以市区为中心，重点发展湄洲湾南岸、晋江口三角洲、围头湾地带和东、西溪沿岸四大经济区域的发展战略，形成各具特色的经济区域和重点产业带。抓重点，就是选准涉及全局性、方向性、战略性的发展重点，作出一系列战略决策，逐一突破，扎实推进。实施“以港兴市”战略，围绕建设现代化港口城市的目标，优先建设一批牵动全局、增强后劲的重点项目。实施大泉州城市发展战略，拓展新区，改造旧城基础设施，加快城市群建设，形成以市区为中心的“半小时经济圈”，凸显中心城市地位。实施“规模经营、科技兴企、市场拓展、结构调整、争创名牌、制度创新”六大战略，鼓励多造“太阳”和“月亮”，引导企业走股份制、集团式发展路子。扶植支柱产业，培育新增长点，使六大支柱产业占全市工业产值比重上升至三分之二强。攻难点，就是敢打硬仗，集中力量攻克影响全局的难点。举全市之力，攻贫困之坚，采取领导和机关单位挂钩贫困村、沿海发达乡镇与贫困村结对帮扶、企业家到贫困村投资开发等措施，基本消除绝对贫困。实行“倒计时”工作方法，坚决治理磁灶、官桥、内坑、水头四镇陶瓷烟尘污染，用一年时间降伏“乌龙”，同时使建筑陶瓷业在技术进步和产品结构调整上上了一个新台阶。党政一把手亲自抓、负总责，围绕计划生育工作争先创优目标，自加压力，负重拼搏，促使计划生育工作跃上一个大的台阶，逐步走上经常化、规范化管理轨道，朝着良性循环的目标迈进。集中领导，统一部署，平稳快速推进市区行政区划调整工作，在接到国务院关于同意鲤城区行政区划调整方案的批复不到三个月，就顺利完成区划调整的各项工作，使三个市辖区尽快挂牌、有序运作，确保了社会安定，促进了市区经济和社会持续稳步发展。

依托载体，典型引路，推进精神文明建设整体水平进一步提高。五年来，我们坚持不懈地把物质文明建设和精神文明建设作为统一的奋斗目标，坚持“两手抓”，做到“两手都要硬”，为改革开放和现代化建设提供强大的精神动力和智力支持。特别是党的十四届六中全会以来，我市从实际出发，不断探索加强精神文明建设的新思路、新举措，找准着力点，以点带面，推动全局。根据生活逐渐富裕起来的人民群众迫切要求改善生活环境、提高生活质量的愿望，我们以创建“卫生城市”“文明村镇”和“文明安全片区”为突破口，加快城乡基础设施建设步伐，下大力气治理环境，以优美整洁的生活环境陶冶城乡群众的道德情操，增强城乡群众的文明素质。抓住人民群众最为关注的治安问题，以创建“文明安全片区”为载体，全面实施社会治安综合治理，扎实抓好基层基础建设，开展群防群治，做好活血化瘀、化解矛盾工作，改善了社会治安环境，维护了社会稳定。在推进三大系列精神文明创建活动中，我们先后培育和推广了永春县美岭村、惠安县崇武镇、石狮市公安局刑警大队等一批不同类型的先进典型。这些典型，既有深厚的群众基础，又有浓郁的时代特色，真正发挥了示范作用，促进了全市精神文明建设整体水平的提高。

牢记宗旨，心系群众，以人民利益作为一切工作的出发点和归宿。五年来，我们牢记党的根本宗旨，在想问题、办事情、作决策的时候，始终把人民“拥护不拥护”“赞成不赞成”“高兴不高兴”“答应不答应”作为出发点和归宿，做到思想上尊重群众，感情上贴近群众，行动上深入群众，工作上依靠群众。在推进改革开放和加快经济发展的各项工作中，始终坚持走群众路线，重大决策让群众知情、理解、参与、支持。近年来如教育“两基”达标、名城保护与建设、公路拓宽改造、建筑陶瓷业烟尘污染治理、创建卫生城市、市区行政区划调整等工作，任务重、难度大、涉及面广，与群众关系密切，决策前都充分做好调查研究，注意听取各方面的意见和建议，全面考虑决策推出的时机、力度和社会承受能力，耐心细致地做好群众工作，广泛发动和充分依靠群众，使各项措施都有扎实的群众基础，保证了这些工作得以顺利推进。

形成核心，凝聚力量，最大限度地调动各方面的积极性。团结就是力量，团结才能出凝聚力、出效率、出政绩。五年来，我们坚持党的基本理论、基本路线、基本方略，认真贯彻民主集中制原则，切实加强各级领导班子建设，营造和谐融洽、团结向上的工作环境，班子整体力量得到充分发挥，形成富有战斗力的坚强领导核心，为改革开放和现代化建设提供了有力的保证。完善人民代表大会制度，坚持共产党领导的多党合作和政治协商制度，有效地调动了社会各方面参与两个文明建设的积极性。在制定关系经济和社会发展大政方针的过程中，广泛征求人民代表、政协委员、各民主党派和社会各界人士的意见，自觉接受民主监督，决策科学化、民主化程度进一步提高。始终把统战工作摆上重要位置，继续发挥侨台优势，突出重点，多领域、多渠道、多层次、多形式地开展海外联谊工作，形成最广泛的爱国统一战线。海外侨胞、台港澳同胞与家乡的联系更为密切，踊跃到家乡办实业、兴公益，参与家乡经济建设和社会发展的热情空前高涨。

二、加快经济发展的奋斗目标和主要举措

跨世纪的未来五年，是我市实现第二步战略目标、向第三步战略目标迈进的关键时期。我们面临加快发展的良好机遇和有利条件。和平与发展已成为当今世界的主题，经济全球化趋势日益明显，为我市外向型经济发展提供有利环境。党的十五大确立了社会主义初级阶段的基本路线和纲领，并且在公有制实现形式等重大问题上有新的突破，为我市多种所有制经济的发展带来新的历史性机遇。同时应当看到，经过近几年的不懈努力，我市基础设施较为完善，综合实力明显增强，为进一步发展奠定了坚实的基础。敢为天下先的泉州人探索出一条独具特色、极具活力的经济发展路子，积累了十分宝贵的经验，增强了抢抓机遇和能快则快的意识，形成了齐心协力、开拓进取的良好氛围。我们要充分运用已经积累起来的经验和各方面的有利条件，抓住机遇而不可丧失机遇，开拓进取而不可因循守旧，集中力量进行经济建设，把我市现代化事业全面推向二十一世纪。按照党的十五大提出的“东部地区要充分利用有利条件，在推进改革开放中实现更高水平的发展，有条件的地方要率先基本实现现代化”的要求，根据市委七届十一次全委会提出的下世纪前50年的发展构想，确定我市今后五年的奋斗目标。总的要求是：高举邓小平理论伟大旗帜，全面贯彻落实党的十五大精神，解放思想，实事求是，抓住机遇，开拓进取，大力推进各项改革，调整和优化经济结构，努力提高对外开放水平，继续推进湄洲湾南岸、晋江口三角洲、围头湾地带和东、西溪沿岸四大经济区域建设，促进沿海与山区协调发展，物质文明和精神文明共同进步。到2002年，全市国民经济综合实力继续居于全省前列，国内生产总值达1050亿元（1990年不变价），年均增长13.8%，出口商品总值50亿美元，财政收入66亿元，年均增长12.88%，农民人均纯收入6000元，城镇居民人均可支配收入11000元，人民的小康生活更加宽裕。

实现跨世纪的宏伟目标，任重而道远。我们要在党的十五大精神指引下，按照省委的部署，围绕“两个根本性转变”，坚持可持续发展战略，把握好经济发展的战略重点，采取切实有效措施，集中力量，扎实推进，走出一条速度快、效益好、整体素质高的经济发展路子，实现国民经济持续快速健康发展。

（一）强化农业基础地位，加快农业现代化步伐。

农业是国民经济的基础。要坚持把农业放在经济工作的首位，稳定党在农村的基本政策，坚决贯彻落实中央制定的延长土地承包期、稳定土地承包关系、切实减轻农民负担和按保护价敞开收购粮食等政策，调动和保护农民的生产积极性。

坚定不移地抓好粮食生产，实行基本农田保护制度，强化耕地保护措施，确保粮食种植面积，提高粮食产量。建立农业投入机制，多渠道增加投入，加强农田水利设施建设，改善农业生产条件，保护农业生态环境，促进农业可持续发展。念好山海经，继续推动山地开发，大种林、果、竹、茶，在扩大近海养殖的同时，发展远洋捕捞业，努力增加乡村集体和农民的收入。

加强对农村小康建设的领导，继续以小康建设统揽农村工作全局。要采取有效措施，大力扶持较为落后地区发展经济，帮助已脱贫农民建立良性自我发展机制，巩固扶贫成果，防止返贫。基本实现小康仅是农村经济和社会发展的一个阶段性目标。已基本实现小康的地方，不能满足现状，要因地制宜，分类指导，继续向宽裕型、富裕型小康目标迈进。

实现农业现代化是跨世纪农业发展的必然趋势。要强化科技兴农意识，积极推广先进适用技术，发展高产、优质、高效农业，促进农业增长方式转变，推动传统农业向现代农业发展。发展现代农业关键是大力推进农业产业化。要以国内外市场为导向，以资源优化配置为重点，以现代经济制度为运行机制，进行社会化、专业化生产和集约化、规模化、市场化经营，加快农产品生产基地建设，组建一批产加销一条龙、农工贸一体化的龙头企业，把千家万户农民的生产经营与国内外市场联结起来，切实解决农产品加工水平低、流通不畅等问题，提高农产品的规模经营效益和市场化水平，加速农业现代化进程。

（二）全面推进改革，加快建立社会主义市场经济体制。

充分发挥我市作为全国综合配套改革试点城市的优势，围绕建立比较完善的社会主义市场经济体制的目标，大胆探索，勇于实践，重点突破，全面推进。

从企业制度创新入手，进一步调整和完善所有制结构，建立适应社会主义市场经济和社会化大生产要求的企业运行机制。坚持从实际出发，积极大胆利用一切反映社会化生产规律的经营方式和组织形式，下大力气做好骨干国有企业、乡镇企业的公司制改革，加快现代企业制度的建设步伐。进一步放开搞活国有小企业，以股份合作制为主，也可运用改组、联合、兼并、租赁、出售和承包经营等形式，理顺产权关系，优化经营机制。积极推进支柱产业、重点产业和能源交通基础产业的骨干企业实行股份制改革，采取“强强联合”、国有与民营的资产重组等形式，组建大公司、大集团，并积极创造条件，争取股票上市。大力提倡、积极推进劳动者的劳动联合和劳动者的资本联合的股份合作制的发展。要特别重视乡镇企业股份合作制的引导和完善工作，沿海地区立足于提高，促进股份合作制企业不断上规模、上档次、上水平；山区着眼于发展，努力引导和扶持股份合作制企业迅速发展。鼓励企业职工在双方自愿、互惠互利的基础上，进行劳动联合和资本联合，形成利益一体的股份合作制企业。鼓励和引导个体、私营等非公有制经济快速健康发展。

继续深化国有资产管理体制改革，建立有效的国有资产管理、监督和营运机制，大胆探索股权式管理，盘活国有资产，确保国有资产的保值增值。进一步推进投融资体制改革，发展多元投资主体，拓展融资渠道。深化和加快金融改革，进一步整顿和规范金融秩序，依法加强金融监管，保证金融安全高效稳健运行，为经济发展提供良好金融服务。要以建立医疗、养老、失业保险和城乡居民最低生活保障制度为重点，扩大社会保障覆盖范围，加速建立健全社会保障体系，建立完善社会保险的管理、营运和监督体系，确保社会稳定。乡镇企业、三资企业要积极推行社会统筹和个人帐户相结合的职工养老保险制度。

继续发展各类市场，特别是资本、劳动力、技术等生产要素市场，促进市场上规模、上档次。积极培育跨所有制、跨地区的产权交易市场，促进产权流动。健全市场规则，加强市场管理，整顿流通秩序，尽快建立统一、开放、竞争、有序的市场体系，进一步发挥市场对资源配置的基础性作用。积极发展和规范市场中介组织，建立和健全市场中介组织的自律机制，更好地发挥中介组织服务、沟通、公证、监督作用，推动市场经济高效、有序发展。

（三）提高对外开放水平，加快经济与国际市场接轨。

世界经济一体化的发展趋势要求我们必须进一步增强开放意识，更广泛地参与国际分工和国际竞争，扩大对外贸易和对外经济技术交流与合作，提高对外开放水平。

建立与国际市场接轨的对外经贸运行机制。积极推进国有外贸企业建立现代企业制度，选择经营稳健、经济效益好的重点企业进行股份制改造，提高企业和资本的运作效率。大力推行外贸出口代理制，以国际市场需求为导向，调整、优化出口商品结构，提高出口商品的质量和档次，增加技术含量高、附加值大的产品出口。

积极合理有效地利用外资。加大招商引资力度，认真做好利用外资项目储备工作，继续加强对外资投向的引导，利用外资建设基础设施和发展基础产业、高新技术产业、高附加值产业，促进产业升级。加强对国际著名跨国公司、大财团的招商引资工作，力争在重大项目利用外资上有新的突破。沿海地区利用外资要在提高水平上下功夫，把利用外资同引进关键技术设备结合起来，加速改造传统产业，高起点地引进和发展先进技术项目。山区要发挥山地资源、自然资源和劳动力资源的优势，努力扩大外资规模。进一步加强投资软环境建设，转变政府职能，规范政府行为，提高服务水平，为外资企业发展提供良好环境。要重视间接利用外资工作，拓宽向国际资本市场融资的渠道，有计划有重点地利用国际金融组织贷款和外国政府贷款，推动利用外资向深层次、宽领域、高水平发展。

香港回归后，我市对台工作独特的区位优势更加突出，为泉台经贸合作进一步拓展提供了良好机遇。要以加强泉台经贸合作和促进双向交流为重点，紧紧抓住两岸试点直航实现历史性突破的有利时机，主动承接福州、厦门直航试点口岸的辐射，扩大泉台经贸合作。继续实行“同等优先、适当放宽”的政策，以港引台，以侨促台，拓宽台商投资领域。下大力气吸引台湾大财团、大企业来泉投资。积极开展泉台文化、科技和民间交流，密切两岸关系，把泉台经济合作与交流推向新阶段。

（四）全方位开拓市场，形成大流通格局。

随着市场竞争的日益激烈，开拓市场，占领市场，对提高企业竞争力和增强国民经济综合实力尤为重要。要树立强烈的市场意识，把开拓市场作为推动经济发展的一项迫切任务。

大力实施名牌战略，以名牌产品开拓市场。要坚持以质取胜，强化企业质量意识，引导企业按照国家标准、国际标准组织生产，全面提高产品质量。综合运用行政、经济、法律手段，鼓励、扶持和保护企业创立名牌，不断提高产品的品质和科技含量，争创一批在全国叫得响乃至国际市场上有一定影响的名牌产品，增强产品市场竞争力。

下大力气做好拓展市场工作。要研究市场需求变化的趋势和规律，搞好市场调查和市场预测，精心筹划占领市场的策略，有针对性地拓展市场，提高泉州产品的市场占有率。积极协助企业开拓市场，引导企业由单枪匹马独闯市场向联合拓展市场发展，提高泉州产品整体竞争实力。充分发挥商会、行业协会、同业公会和贸促会的作用，继续组织企业到全国各地和海外举办商品展销会。鼓励企业到内地投资或与内地企业合作，增强泉州经济对内地的渗透和辐射，抢占和扩大市场。

（五）加速优化产业结构，提高经济整体素质。

调整和优化产业结构是推进经济增长方式转变，提高国民经济整体素质和效益的一项关键性措施。要积极利用宏观经济趋于好转、新一轮经济增长开始启动这一有利时机，加速建立结构合理、配套完整、协调发展的产业体系，提高国民经济运行质量。

引导产业结构向高级化方向发展。在鼓励发展新兴产业和高技术产业，推进国民经济信息化的同时，积极引进先进技术设备，加快产业特别是支柱产业改造步伐，提高产业技术含量。有条件的地区特别是沿海发达地区，要加快传统产业、支柱产业由劳动密集型向技术密集型升级和转化，增强产业竞争力。

鼓励产业结构向外向化方向发展。主动参与国际分工，拓展国际市场，提高对外贸易占国内生产总值的比重。积极利用外资特别要注意吸纳国际大资本，改造主导产业、支柱产业，加快与国际市场接轨。要抓住台湾产业结构调整的有利时机，加强与台湾石油化工、建筑陶瓷、纺织服装、机械电子、信息软件业的合作，争取引入更多的台资投向基础设施、支柱产业和重点产业，提高产业外向度。

推进产业结构向合理化方向发展。从现实基础和实际出发，扬长避短，合理分工，突出特色，更好地发挥优势，有效地利用当地经济资源，形成特色产业，提高产业结构的合理化水平和经济效益。旅游业是我市六大支柱产业之一，也是我市特色产业，有巨大的发展潜力。要高度重视旅游业在国民经济中的地位，以承办“9•8”中国国内旅游交易会为契机，加快旅游业发展步伐，注重特色，发掘潜力，增加投入，大力发展具有历史文化名城、闽南侨乡和台胞主要祖籍地特色的旅游项目，丰富旅游资源内涵，完善旅游服务设施，推动旅游业快速健康发展。

产业结构调整必须依靠政策的强有力支持，制定优惠措施扶持重点产业和支柱产业的发展。必须以市场为导向，建立和完善产权市场，通过发挥产权市场运行机制，引导经济要素流向具有发展潜力的产业。采取各种措施，争取形成一批年销售收入达数十亿元的企业，培育一批行业“小巨人”，提高产业素质。

（六）增强中心城市功能，带动经济协调发展。

城市是区域经济、政治、科技、文化、教育、信息聚集中心，在经济和社会发展中起着主导作用。增强城市功能，有效发挥中心城市的辐射和带动作用，对推进我市四大区域经济发展，具有重要战略意义。

努力强化中心城市功能，提高中心城市的规模效益，更好地带动区域经济发展。从城市发展的长远性、系统性、配套性及与经济发展的一致性的基本要求出发，搞好城市分区规划，积极稳妥推进旧城基础设施改造，加快新区建设步伐，改善城市配套设施，重点建设一批牵动全局、关系长远的城市基础设施项目，为构筑现代化的大城市创造条件。积极鼓励中心城市商贸业、旅游业、金融业和高新技术产业发展，加快信息化进程，不断增强中心城市的聚合力和辐射力。要加快中心城市与周边地区的交通网、通信网、流通网、信息网的建设，进一步密切中心城市与各区域的经济技术合作关系，引导中心城市的传统产业向周边地区转移，鼓励资金、技术、资源、信息、人才跨地区、跨所有制、跨行业的流动。

加快石狮、晋江、南安、惠安、肖厝等次中心城市和农村集镇的发展步伐，提高农村工业化和城镇化水平。要大力发展第三产业，进一步搞好城镇规划，加快配套设施建设，增强城镇的辐射和接纳功能。加强沿海山区经济合作，促进沿海山区优势互补，联动发展。经济发达的沿海地区要在继续利用有利条件，实现更高水平发展的同时，从多方面加大对山区支持的力度，促进山区经济发展。山区要加快开放开发步伐，立足本地实际，努力把资源优势转化为经济实力，缩小与沿海地区经济发展的差距。

（七）实施“以港兴市”战略，为开放型经济发展奠定基础。

实施“以港兴市”发展战略，是促进泉州形成大工业、大流通、大市场的需要，也是推动泉州经济参与国际分工合作、实现与国际市场接轨的战略性选择。

发展港口经济，实施“以港兴市”，港口建设是重点。要搞好港口发展规划和布局，明确功能，更合理有效地开发和利用港口资源。树立适度超前意识，突出重点，分步实施，搞好港口配套建设。进一步拓宽筹资渠道，积极稳妥地试行股权融资，滚动发展，争取港口建设以超常规的速度发展，形成以泉州湾港区和湄洲湾肖厝港区为主干枢纽，大中小泊位比较齐全、功能适度集中、布局相对合理的港口群体，为港口经济发展奠定坚实基础。

依托港口，大力发展石油化工、海洋盐化、海洋矿产、电力能源等港口工业。特别要以具有国际水平的福建炼化公司为依托，充分利用肖厝石化工业开发建设全面启动的有利时机，积极参与肖厝区域建设，投资参股一些市场潜力大、效益高、成长性好的石化项目，推动石化后续加工业的发展，逐步形成以石化为龙头的港口大工业基地。积极创造条件，发展港口加工贸易区，利用两种资源，依托两个市场，发展两头在外的出口加工业，在广泛领域和更高层次参与国际经济大循环。与此同时，积极争取设立保税区、对台贸易区，进一步发挥现有保税库作用，促进以加工贸易为主导的港口经济的发展。

积极引导和扶持与港口配套的商贸、仓储、运输等港口服务业发展，把港口建成覆盖面广、辐射能力强、运作效率高的通商口岸。充分利用已经形成并逐步完善的陆上运输网络，集中力量搞好疏港公路、过境公路建设，增强港口集散能力，推进港口腹地向纵深拓展。努力发展海运业，建立起结构合理、经济安全、性能良好的运输船队，进一步强化港口枢纽地位。积极发展港口仓储业，加快仓储设施建设，改进传统仓储方法，提高港口物业管理水平，从根本上改变港口仓储业发展滞后状况，建立起与现代化大工业、大交通、大流通相适应的港口仓储业。

积极推进口岸管理体制改革，加强管理，规范行为，简化手续，提高效率，不断改善港口服务质量，努力创建一流口岸，营造宽松的通关环境，把港口经济发展推向新阶段。

（八）树立适度超前意识，建设现代化基础设施。

按照基础设施建设必须与经济和社会发展水平相适应，与其它产业协调同步发展的要求，围绕我市跨世纪的战略目标，适度超前地构筑和完善交通运输、能源、供水、邮电通信四大体系。

加速形成以港口为枢纽，海、陆、空运输相衔接，四通八达快捷高效的立体交通网络。主动配合搞好福厦铁路泉州段建设，尽快使我市铁路融入京九线，贯通广阔纵深腹地，拓展发展空间。完善空港管理，提高服务水平，增开连接国内大中城市的航线航班，积极创造条件，申报设立口岸，尽快开通国际旅游包机，提高泉州晋江机场的知名度和运输能力。注重完善基础设施配套建设，提高基础设施投资效益。

加强对基础设施建设的领导，建立项目责任制，确保建设速度和质量。充分发挥各方面的积极性，多渠道、多形式筹集基础设施建设资金，集中地方财力和引导社会资金向重点项目倾斜。认真总结几年来我市基础设施建设投融资尤其是利用外资的经验和成效，进一步拓宽融资渠道，扩大基础设施利用外资的规模。理顺基础设施管理体制，建立新的运行机制。

三、推进政治体制改革和民主法制建设

经济体制改革的深入和社会主义现代化建设的发展，对政治体制改革和民主法制建设提出了新的更高的要求。我们必须从保持和发挥社会主义制度的特点和优势，维护政治稳定、社会安定，充分调动人民群众的积极性，促进生产力发展和社会进步的需要出发，有步骤、有秩序地推进我市政治体制改革，进一步扩大社会主义民主，健全社会主义法制，实行依法治市，为经济体制改革和社会主义现代化建设提供有力的保障。

当前和今后一段时间，推进政治体制改革的主要任务是：发展民主，加强法制，实行政企分开、精减机构，完善民主监督制度，维护安定团结。发展社会主义民主政治，首先必须坚持和完善民主制度，加大民主监督力度。继续坚持和完善人民代表大会制度，支持各级人大常委会依法行使决定权、监督权和任免权，围绕我市经济和社会发展的重大课题深入实际视察检查，定期对人大常委会任命的干部和政府部门进行述职评议，加强对“一府两院”的监督，服务大局，促进发展。坚持和完善中国共产党领导的多党合作和政治协商制度。进一步推进政协履行职能的规范化、制度化，鼓励委员积极建言献策，不断提高参政议政水平。充分发挥政协独特的优势，使之成为党团结各界的重要渠道。巩固和发展广泛的爱国统一战线，重视和支持各民主党派加强自身建设，更好地履行参政党职能。进一步加大党外知识分子的培养、选拔、推荐、使用力度，切实做好统一战线的基础性工作。积极做好海外统战工作，认真贯彻落实党的侨务政策，团结广大归侨、侨眷和海外侨胞，最大限度地调动他们建设家乡的积极性。加强对台联络，特别要重视做好在台重要泉籍人士的工作，增进两岸往来，密切泉台关系，为祖国和平统一大业多做贡献。要高度重视非公有制经济人士的统战工作，引导他们守法致富，在我市非公有经济发展中继续发挥骨干带头作用。落实党的民族政策，积极扶持少数民族聚居地发展经济奔小康。发挥我市宗教历史悠久、内涵丰富的优势，开展对外友好交往，促进经贸和旅游业的发展。加强工会、共青团、妇联等群众团体的建设，使之在管理国家和社会事务中更好地发挥民主参与和民主监督作用，成为党密切联系广大人民群众的桥梁和纽带。进一步完善社会主义民主制度，建立健全民主监督和权力制约机制，实行公开办事制度，充分发挥党内监督、法律监督、群众监督和舆论监督的作用。坚持和完善以职工代表大会为基本形式的企业民主管理制度，组织职工参与改革和管理，维护职工合法权益。深化行政体制改革，实现国家机构组织职能、编制、工作程序的法定化。继续推进人事制度改革，引入竞争激励机制，完善公务员制度，建设一支高素质的国家行政管理干部队伍。

党的十五大把加强法制建设、依法治国提到党领导人民治理国家的基本方略的高度。要动员全市共产党员和人民群众，精心实施依法治市五年规划，把依法治市纳入我市国民经济和社会发展的总体规划，同经济工作、精神文明建设、城市现代化管理和社会治安综合治理紧密结合、同步实施，使之成为互为内容、协调发展的统一奋斗目标。要坚持不懈地抓好“三五”普法教育，大力开展“法律进千家万户”活动，引导和教育干部群众掌握法律武器，依法办事、依法律己、依法维护自身合法权益。领导干部要带头学法、懂法，做好表率，增强法制观念，提高依法决策、依法办事能力。各行政部门和司法机关都必须严格执行国家的法律法规，依法行政、公正司法，做到有法必依，执法必严，违法必究。要从制度上保证司法机关依法独立公正地行使审判权和检察权，建立冤案、错案责任追究制度，维护法律的严肃性，不断提高执法水平。

维护社会稳定，是大力推进新一轮创业，实现跨世纪宏伟目标的前提和保证。各级各部门要牢固树立群众观点，正确处理新形势下的人民内部矛盾。在新的历史条件下，随着改革开放的深入和经济关系的调整，经济和社会生活中出现了各种矛盾，其中一些涉及群众切身利益的矛盾比较突出。各级各部门要深入调查研究，做好深入细致的工作，活血化淤，化解矛盾，把问题解决在基层，消除于萌芽状态。当前要特别重视解决安全生产措施不落实、某些地方农民隐性负担加重、“三乱”现象回潮等不利于稳定大局的突出问题。加强政法工作，依法严厉打击各种犯罪活动，预防和减少刑事案件的发生。坚决扫除黄赌毒等社会丑恶现象，进一步净化社会风气。全面推进社会治安综合治理，坚持“打防并举、标本兼治、重在治本”的方针，进一步加强社会治安综合治理的基层基础建设，落实综合治理的各项措施，创造良好的社会治安环境。强化隐蔽战线工作，严密防范和及时打击敌对势力的渗透破坏活动，确保政治稳定、社会安定。

四、建设有侨乡特色社会主义文化

建设有中国特色社会主义文化，与我们一贯提倡的社会主义精神文明建设是一致的。有中国特色社会主义文化和经济、政治是有机统一、不可分割的整体。建设有中国特色社会主义文化是科学技术迅猛发展的要求，是综合国力激烈竞争的需要，也是人民群众的迫切愿望。泉州作为历史文化名城和著名侨乡，在文化建设方面具有明显优势。要抓住机遇，乘势而上，努力形成独具侨乡特色的结构优化、设施完备、人才密集、内涵丰富、充满活力的社会主义文化事业的新格局。必须坚持以马列主义、毛泽东思想和邓小平理论为指导，坚持“二为”方向和“双百”方针，把握好弘扬主旋律和提倡多样化的辩证统一；必须树立“大文化”观念，切实抓好理论、思想、道德、社会风尚和生活方式建设，全面加强教育、科技、文艺、新闻出版、广播影视、卫生、体育等文化事业建设，培育出更多的文化支柱产业和特色产品；必须在继承和弘扬优秀传统文化的基础上，紧贴时代脉搏，扩大国际交流，兼收并蓄，推陈出新，加快文化现代化建设步伐；必须坚持物质和精神并重，促进经济和文化互动，正确处理经济效益和社会效益的关系，加强规划，增加投入，健全机制，增进活力，实现经济与文化共同繁荣，创造出更加绚丽多彩的侨乡文化，满足人民群众日益增长的文化需求，凝聚和激发全市人民的力量，为实现新一轮创业提供精神动力、智力支持和良好环境。

（一）实施灵魂塑造工程，努力形成泉州新一轮创业的凝聚力和向心力。思想道德教育是根本。改革开放以来的实践反复证明，如果不切实加强文化建设，特别是思想道德建设，人们的价值观念、社会舆论和群众心理就会发生某种倾斜和失衡，社会道德和风气就会出现滑坡甚至逆转，而最终必将反过来影响经济发展和社会稳定。为此，我们一定要把灵魂建设作为文化建设的一项重点工程来抓，以培育“四有”新人为目标，坚持“以科学的理论武装人，以正确的舆论引导人，以高尚的精神塑造人，以优秀的作品鼓舞人”，大力倡导“团结、求是、务实、创新”的泉州精神，努力在全社会形成共同理想和精神支柱。坚持用邓小平理论武装全党、教育干部和人民，深入持久地开展以为人民服务为核心、集体主义为原则的社会主义道德教育，加强民主法制教育和纪律教育，引导人们树立正确的世界观、人生观、价值观，大力弘扬爱国主义、集体主义、社会主义和艰苦奋斗精神。坚持不懈地对拜金主义、享乐主义和极端个人主义等腐朽的思想观念开展严肃的批评与斗争，注意把改革开放实践中形成的新的价值观念，如竞争观念、效率观念、创新观念、开放观念和民主法律意识吸纳到新的价值观念体系中来，不断拓宽社会主义思想道德实践的范围和领域。要以战略的眼光来认识青少年思想道德教育的重要性，动员学校、家庭和社会力量，充分发挥各级“关心下一代工作委员会”的作用，共同努力，为青少年的健康成长营造良好环境。

（二）实施科教兴市工程，大力推进经济增长方式的转变。深化科技和教育体制改革，促进科技、教育同经济的结合。要围绕产业结构的调整和升级，集中力量解决经济社会发展的重大和关键技术问题，强化应用技术的开发和推广。大力发展高新技术及其产业，加快高新技术走廊区建设步伐，积极应用高新技术改造传统产业，使高新技术产业逐步成为我市新的经济增长点，成为能够带动国民经济快速发展的重要产业。组织实施技术创新工程，鼓励发展民营科技事业，建立行业技术开发中心，加强中试环节，推动成果转化。加紧培育技术市场，扩大对外科技交流与合作，吸引国内外资金、先进技术和智力，共同开发科技项目。认真落实知识产权保护政策，依法保护专利发明。要把教育摆在优先发展的战略地位，加大投入，优化结构，分层次、分区域启动教育现代化工程。尊师重教，加强师资队伍建设。实施素质教育，逐步实现“应试教育”向“素质教育”转变。高度重视学生智力开发和能力的培养，重视德、智、体、美、劳各项，全面提高教育质量和学生综合素质。在全面完成扫盲任务、基本普及九年制义务教育的基础上，进一步发展高中阶段教育，大力发展师范教育、职业教育、成人教育和高等教育，重视发展学龄前儿童教育和老年教育，提高全体公民素质。积极探索多种形式的筹资办学路子，形成政府、企业、社会团体、个人多管齐下、全社会共同办学的格局，促进和扶持各类教育更快更好地发展。知识分子是科学文化知识最主要的载体，是一个国家和民族科学文化水平的代表，在现代化建设中起着重要作用。要认真落实党的知识分子政策，建立一整套有利于人才培养和使用的激励机制，在全社会营造尊重知识、尊重人才的良好氛围，充分发挥他们的积极性和创造性。严格控制人口增长，是提高人口素质的基础。要全面贯彻计划生育“三为主”的工作方针，坚持“三不变”，推广“三结合”，加快“两个转变”，促使计划生育工作步入良性循环轨道。

（三）实施文化精品工程，进一步繁荣文学艺术、新闻出版、广播影视等事业。加强优秀民族文化遗产的保护和继承，突出宗教、戏曲、民俗等文化特色，在继续保持戏剧创作优势的基础上，进一步繁荣文学、音乐、舞蹈、美术、书法、摄影等艺术门类。精心组织、重点扶持反映时代主旋律，融思想性、艺术性、观赏性于一体的精品创作和生产，鼓励艺术科学理论研究，培育示范性、高品位的文化市场，促进文化艺术事业健康发展。要充分发挥侨乡体育中心、华侨历史博物馆、海交馆、图书馆、青少年宫、东湖公园、刺桐公园等一大批已建成的文化设施的作用，新建文化艺术中心等一批现代化文化设施，完善四级文化馆站网络，加快城乡小康文化建设步伐，推动社区文化、村镇文化、企业文化、校园文化和家庭文化的全面发展。大力发展文化产业，促进文化事业单位从单纯福利型向经营型转变。坚持一手抓繁荣、一手抓管理，规范文化市场，坚决禁止和取缔那些危害社会、毒化思想和教唆犯罪的精神产品。广泛开展对外文化交流活动，在重点巩固和发展与东南亚国家和地区文化交流的同时，进一步拓展与欧美、日本和大洋洲等国家和地区的交流活动。发挥台胞主要祖籍地的优势，挖掘对台文化辐射的潜力，加强泉台文化交流，促进两岸关系良性互动。加强新闻舆论管理，坚持党性原则，坚持实事求是，把握正确的舆论导向。

（四）实施环境优化工程，营造优美的自然环境、人文环境和良好的社会环境。环境体现一个地区经济和社会发展，特别是文化建设的水平。优美的环境既是文明的外在形式，又在潜移默化中陶冶人的情操、规范人的行为、提高人的文明素质。要高起点、高标准、高品位地构建现代城市景观，充分展现富有泉州特色的建筑文化、城雕文化、园林文化和广告文化，重塑泉州名城新形象。提高城市综合管理水平，改善城乡群众居住环境，特别要加大创卫力度，着力整治“脏乱、差”现象，不断提高城乡环境的总体水平，确保创建国家卫生城市目标的实现。推进卫生体育事业的改革和发展，初步建立起包括卫生服务、医疗保障、卫生执法监督在内的卫生体系。深化创建体育先进县活动，推动群众性体育健身活动蓬勃发展。促进“双拥”工作再上新水平，加强民兵、预备役部队建设，努力保持“全国双拥模范城”称号。广泛深入开展以创建文明安全片区为载体的文明城市系列活动，努力提高市民综合文明素质和城市文明程度；积极开展创建文明村镇活动，大力倡导移风易俗，坚决刹住封建迷信、铺张浪费、宗族纠纷、重殓厚葬等歪风陋习，树立农村社会新风尚；继续深入开展“创文明机关、做人民公仆”“创文明行业、建满意窗口”等活动，推行各种服务承诺制，以行业新风带动民风，实现社会风气的根本好转。

五、进一步把党建设好

高举邓小平理论伟大旗帜，实现这次大会确定的任务，把我们的事业全面推向二十一世纪，关键在于坚持、加强和改善党的领导，进一步把党建设好。各级党组织一定要从战略和全局的高度充分认识加强党的建设的极端重要性和紧迫性，不断增强责任感和使命感，以十五大精神为指导，围绕新时期党的建设总目标，从思想上、组织上、作风上全面加强党的建设，为推进我市新一轮创业、实现跨世纪宏伟目标提供有力的保证。

（一）充分发挥党的思想政治优势，不断把邓小平理论的学习提高到新水平。

加强党的思想建设，就是要坚持不懈地用马列主义、毛泽东思想、邓小平理论武装全体党员干部。各级党组织要以学习十五大精神为契机，努力把邓小平理论的学习提高到一个新的水平。当前，要把学习邓小平理论与学习十五大文件结合起来，特别要学深、学透、学好江泽民同志的报告，真正理解和掌握报告的主要内容和精神实质，用十五大精神统一全市党员干部的思想。必须弘扬好的学风，努力形成认真学习的风气、民主讨论的风气、积极探索的风气和求真务实的风气。坚持学以致用，联系改革开放和现代化建设实际，联系当前形势和任务，联系自己的工作和思想，努力在掌握理论的基本观点和精神实质上下功夫，自觉运用邓小平理论去观察、分析和解决改革与建设中遇到的实际问题。各级党组织要切实加强对理论学习的领导。继续在县（处）级以上干部中开展以讲学习、讲政治、讲正气为主要内容的党性党风教育活动。领导干部要带头学，尽可能学得更多一些、更好一些，为党员干部作出榜样。要认真制定学习规划，健全学习制度，加强理论教育队伍和阵地建设，充分发挥党校、干校、电台、报刊等宣传理论阵地的作用，努力在全市形成学好、用好邓小平理论的浓厚氛围。与此同时，为适应社会主义市场经济和现代科学技术迅速发展的需要，必须组织广大党员干部认真学习社会主义市场经济、经营管理和现代科技等知识，进一步提高党员队伍的整体素质。

（二）充分发挥党的组织优势，努力把各级党组织建设成为坚强的领导核心。

加强党的组织建设，充分发挥党的组织优势，关键在于加强领导班子建设和干部队伍建设，进一步把党的基层组织建设好。

加强领导班子建设，必须坚持和贯彻民主集中制，用制度规范领导干部的行为。要严格执行《中国共产党地方委员会工作条例（试行）》，自觉遵守党内生活准则和各项规章制度，保障党员的民主权利，疏通和拓宽党内民主渠道，充分发挥基层党组织和广大党员的积极性和创造性。必须自觉维护中央权威，牢固树立全局观念，在思想上、政治上同以江泽民同志为核心的党中央保持高度一致，严守党的纪律，确保政令畅通。必须完善党的代表大会制度，健全党委集体领导和个人分工负责相结合的制度，建立民主决策的制度，更好地发挥地方党委在同级各种组织中的领导核心作用。

按照革命化、年轻化、知识化、专业化的方针，建设一支适应社会主义现代化建设需要的高素质干部队伍，是我们的事业不断取得成功的关键。要以思想政治建设为重点，全面提高领导干部的思想政治素质。注重搞好班子的群体配备，选准配强“一把手”，优化班子组合，提高领导班子的整体功能。全面贯彻德才兼备原则，切实把政治坚定、群众公认、政绩突出、廉洁奉公的干部及时选拔到领导岗位上来。那些背离党的路线的人，那些贪图私利、弄虚作假、跑官要官的人，决不能进入领导班子。努力把我市各级领导班子建设成为整体素质优良、成员优势互补、坚决贯彻党的基本理论和基本路线、全心全意为人民服务、具有领导现代化建设能力、团结坚强的领导集体。认真执行《党政干部选拔任用工作暂行条例》，做到选拔任用原则不动摇、标准不走样、程序不变通，坚决防止和纠正选人用人上的不正之风。加大干部制度改革力度，扩大民主、完善考核、推进交流、加强监督，既要创造有利于优秀人才脱颖而出的良好环境，又要在干部能上能下方面取得明显进展。要坚持群众观点，广泛走群众路线，开阔选人视野，拓宽选人渠道，大力培养和选拔能够跨世纪担当重任的优秀年轻干部。加强后备干部队伍建设，多形式多渠道培养年轻干部，使之在实践中锻炼成长。继续推进干部交流，促使各级领导干部在各种环境和岗位上锻炼成长。重视做好妇女干部、非党干部、少数民族干部的培养选拔工作。完善干部离退休制度，从政治上关心、生活上照顾老干部，注意发挥他们的积极作用。

党的基层组织是党的全部工作和战斗力的基础。各级党组织要紧紧围绕党的基本路线，服从服务于党的中心任务，以改革创新精神大力加强和改进党的基层组织建设。农村基层组织建设要以乡镇党委建设为“龙头”，以奔小康建新村为主线，以“学美岭、创五好”、创建党建工作先进县、农村基层组织先进乡镇、农村百佳党支部等活动为载体，精心组织实施《泉州市 1997 ～ 2000 年村级组织建设规划》，推动村级组织建设薄弱村的整顿转化工作，进一步推行村务公开，加强村干部思想教育和业务培训，努力扩大基层组织的先进面。新经济组织党建工作重点要抓好发展党员、扩大党组织覆盖面、开展党的活动、加强群团建设、培育先进典型等，充分发挥党组织的政治核心作用，进一步探索适合我市实际的新经济组织党建路子。机关党的建设要在加强党组织自身建设、加强思想政治工作、发挥保证监督作用上下功夫，切实转变机关作风。街道党的建设要按照“一居一支部”的目标，及时组建党组织，努力壮大党的力量，加强党领导城市工作的组织基础。国有企业党的建设要适应公有制实现形式的不同情况，认真探索企业党建新路子，切实加强党对企业的政治领导。事业单位、科研院所、学校等的党组织要根据各自的工作特点，健全各项工作制度，不断增强党组织的生机和活力。与此同时，要进一步加强和改进党员的教育和管理，做好发展新党员工作，努力建设一支结构合理、素质优良，能担当跨世纪重任的党员队伍。

（三）充分发挥党密切联系群众的优势，积极推进党风廉政建设，以良好党风带动社会风气实现根本好转。

作风问题，归根到底是对人民群众的态度问题。历史经验证明，人民群众永远是我们党的力量源泉和胜利之本。无论环境发生什么样的变化，我们党的群众路线决不能忘，密切联系群众的优势决不能丢。各级党组织和广大党员干部一定要从巩固党的执政地位的政治高度，正确处理同人民群众的关系，始终把全心全意为人民谋利益作为全部工作的出发点和落脚点，认真执行党的路线方针政策，正确行使人民赋予的权力，真正向人民负责。要经常深入基层、深入群众，尤其要到最艰苦、最困难的地方去，倾听群众呼声，关心群众疾苦，为群众办实事办好事。

反腐败斗争是关系到党和国家生死存亡的严重政治斗争。各级党组织要切实把党风廉政建设、反腐败斗争摆上重要议事日程，进一步健全党委统一领导，党政齐抓共管，纪委组织协调，部门各负其责，依靠群众支持和参与的反腐倡廉工作机制。实行标本兼治、综合治理，增强广大党员干部廉洁从政意识，建立牢固的思想道德防线。领导干部要自觉接受监督，带头讲政治、树正气，做到自重、自省、自警、自励。继续抓好领导干部廉洁自律，重点解决以权谋私问题，严格禁止利用公款吃喝玩乐。加大办案力度，继续重点查办“三机关一部门”和县处级以上领导干部违纪违法案件，严肃查处金融、证券、房地产、土地批租等领域案件，严惩腐败分子。进一步拓宽监督渠道，健全监督机制，把党内监督和群众监督、制度监督、舆论监督结合起来，扎实推进党风廉政建设。

实施党的建设新的伟大工程，努力把我们党建设好，关键在于加强领导、完善机制、健全制度。各级党组织务必牢固树立“党要管党”“从严治党”的思想，不断强化“不抓党建工作就是失职、抓不好党建工作就是不称职”的观念，切实加强对党建工作的领导和指导。进一步健全和完善党委统一领导，党委书记亲自抓，分管领导具体抓，有关部门一起抓的领导格局和工作机制。要适应新形势对党建工作提出的新要求，及时调整和确定党建工作的目标任务，健全和完善党建工作责任制，把“关键在党、关键在人”的思想变为具体工作制度，推动“党要管党”“从严治党”落到实处。进一步解放思想、更新观念，以“三个有利于”为标准，勇于探索适应社会主义市场经济运行规律的党建工作新方法新途径，推动党建工作不断取得新成效。

同志们，今后五年，是我市改革开放和现代化建设的关键时期。我们相信，在党的十五大精神的指引下，抓住机遇，加快发展，跨世纪的宏伟目标一定能够顺利实现。让我们高举邓小平理论的伟大旗帜，更加紧密地团结在以江泽民同志为核心的党中央周围，同心同德，艰苦奋斗，扎实工作，奋发进取，把泉州社会主义现代化建设全面推向二十一世纪。

中共泉州市委 泉州市人民政府
关于大力推进乡镇企业改革发展和提高的决定

（1998年3月1日）

乡镇企业是我市国民经济的重要支柱。当前，乡镇企业进入了加快两个根本性转变、推进新一轮创业的关键时期，为进一步提高乡镇企业的整体素质，促进乡镇企业发展再上新的台阶，特作如下决定：

一、大力推进多种经济成分共同发展

1. 坚持多种经济成分乡镇企业共同发展的方针。根据中央和省委、省政府有关规定，乡镇（街道）办、村（含村民小组、居委会）办、联户（农民股份合作）办、户（即个体、私营）办和乡镇中外合资、合作、内联办企业以及乡镇企业在城市设立分支机构等形式的企业均属乡镇企业范畴，享受中央、省、市制定的乡镇企业各种优惠政策和扶持措施，履行乡镇企业义务。各级各部门要坚持“多轮驱动、多轨并行”的方针，促进各种经济成分的乡镇企业共同发展，依法保护乡镇企业所有权和经营自主权。任何单位和个人不得侵占乡镇企业财产。

2. 实施制度创新战略。要把乡镇企业改革重点放在产权制度、组织形式、经营方式的改革上，进一步规范、完善股份合作制，明晰产权，健全机构，完善章程。引导股份合作企业健全各种管理制度，优化企业内部决策机制、经营机制和监督机制。引导资产规模大、经营效益好的乡镇企业走“强强”联合的道路，以产权为纽带组建企业集团。鼓励乡镇企业采取兼并、联合、租赁、参股等形式，盘活小型、微利或亏损的乡镇企业和其他经济性质的企业，实现生产要素的优化配置。引导规模大、效益好、产品知名度高的乡镇企业通过资产重组，改制为股份有限公司，争取在境内外上市。各级乡镇企业行政管理部门要协助做好企业改制方案筹划及呈报、审批等服务工作。

3. 鼓励兴办股份合作制企业。工商部门为新办乡镇企业办理登记手续时，应根据企业的组织形式，坚持自愿的原则，鼓励兴办股份合作制企业。在乡镇企业年检时，不得改变原来股份合作制乡镇企业的集体经济性质。

二、积极改善乡镇企业的生产经营环境

4. 加快实施“科技兴企”战略。要鼓励乡镇企业依靠科技进步加快发展，努力提高技术水平和产品质量，增强市场竞争力。要把乡镇企业技改项目纳入省、市技改总盘子，立足服务，简化手续，加快乡镇企业技改步伐。对小规模（总投资在100万元以下）的技改项目，各县（市、区）和肖厝乡镇企业行政管理部门要会同有关部门进行论证、评估、初审，报同级经委审批。对中、大规模（总投资100万～3000万元）的技改项目，由市乡镇企业局会同有关部门论证、评估、初审，报市经委审批、上报。各职能部门要加强对技术进步项目的引导、协调，做好项目的储备和跟踪服务工作。

5. 实施质量兴企和争创名牌战略。引导乡镇企业贯彻落实国务院“质量振兴纲要”和市政府的实施计划，加强标准化、计量等技术基础工作，推行GB/T9000质量管理和质量保证标准，建立完善的质量保证体系，努力提高产品质量。鼓励乡镇企业争创名牌，加大“名、优、特、新”产品的宣传力度，提高名牌产品的知名度。乡镇企业产品申报名牌，由各级乡镇企业行政管理部门会同同级经委部门申报、考核、审查、上报。鼓励和扶持乡镇企业争创全国驰名商标和全省著名商标。凡获得国家认证的乡镇企业质量检测所站的监督计划应纳入全市技术监督检验的年度计划。

6. 强化资源和环境保护工作。乡镇企业要合理开发利用资源，保护耕地，保护环境。提倡在荒地劣地连片开发，注意节约土地。加大治理污染力度，环保部门要严格依据《福建省征收排污费实施办法》向乡镇企业征收排污费，其中75%份额用于补助重点排污单位污染源治理以及环境污染的综合治理。排污单位治理污染，应以本单位自有财力为主，不足部分可报经主管部门审查汇总后，向环境保护部门和财政部门申请给予补助金。

7．做好乡镇企业土地使用权和房屋所有权的认证工作。土地和建委部门要抓紧为乡镇企业办理土地使用权证和房屋所有权证，盘活资产存量，解决乡镇企业贷款和资产抵押问题。对1996年以前乡镇企业向有权审批部门申请用地并获批准但尚未确权，未经批准但已建成并经土地管理部门清查处理后的乡镇企业厂房，要积极、稳妥、优惠给予办理产权确认工作。对生产“名、优、特、新”产品及效益好的、急需贷款的企业，在申请土地使用权证时，土地管理部门应优先给予评估，尽快办理。建委部门应按市政府批转的意见进行确权。

8．努力为乡镇企业创造良好的生产经营环境。政法部门要加强企业所在社区的社会治安综合管理，切实做好外来人口管理。在办理外来人员暂住证、治安联防等方面，政法部门和企业之间要密切配合，政法部门要积极提供良好服务。凡进入企业进行治安检查、民事调查等，应事先与企业联系，取得企业的支持配合，以免影响企业正常生产秩序，为乡镇企业发展创造良好的社会环境。

9．继续按国家规定对乡镇企业实行税收扶持。乡镇企业要严格依法纳税，及时足额交纳税款。对于国家规定和省、市制定的扶持乡镇企业的各项税收减免政策，要切实兑现。凡列入省经委、科委计划，并通过鉴定确认后的新产品，其新增增值税地方分成部分按有关规定由同级财政返还给企业。新办乡镇企业纳税确有困难的，经申请，税务部门应给予办理缓交手续。税务部门对乡镇企业进行税务稽查，应严格遵循有关法律法规程序，做到公平、文明执法。

10．继续扶持重点骨干企业，大力发展规模经济。市政府每年确定一批纳税超一百万元的市级重点骨干企业，优先扶持。各县（市、区）和肖厝每年也要确定20～30家重点骨干企业，乡镇一级也要确定相应的重点企业，从各方面给予倾斜扶持，促进重点骨干企业尽快形成规模优势，带动区域经济的发展。

11．加强人才的培养与引进。要充分利用大中专院校和继续教育基地，多渠道、多形式培养乡镇企业所需专业人才；发挥各级培训中心作用，多渠道、多层次开展乡镇企业的职工继续教育、学历教育和专业技能培训。要通过“借、聘、兼、调”等办法鼓励各类人才向乡镇企业流动。凡在乡镇企业工作的专业技术人员或引进人员可享受市、县人民政府制定的有关优惠政策。优先对专业技术人员和熟练技术工人实行社会保险。要高度重视评定和考核确认技术职称和职工职业技能鉴定工作，对已评定为中级职称的技术人员，根据本人志愿可以办理“农转非”，努力创造一个加速培养人才、积极吸引人才、大胆使用人才的环境和机制。

12．依法保护乡镇企业的合法权益，切实减轻乡镇企业负担，严格执行中共中央、国务院《关于治理向企业乱收费、乱罚款和各种摊派等问题的决定》，坚决取消不符合规定的行政事业性收费、罚款、集资和各种摊派。凡属国家法律法规、国务院及财政部、国家计委和省政府明文规定之外向乡镇企业征收的行政事业性收费项目，国家法律之外向企业实施的罚款项目，国家法律法规和国务院明文规定之外向企业集资的项目，均一律取消。任何部门和单位不得以任何形式和名义向企业拉赞助、搞评比、乱摊派，增加企业的负担。要加强对乡镇企业负担的管理和监督。今后对乡镇企业的新增收费项目须经市减轻乡镇企业负担领导小组核准。对于超越范围的收费项目或摊派、赞助等，以及没有使用财税部门统一印制的收费票据的，乡镇企业可予以拒绝，并向监察部门和主管部门检举控告，或根据《乡镇企业法》，依法提出诉讼。对违反规定乱收费、乱罚款、乱集资和各种摊派的有关单位和责任人员，要严肃查处，对打击报复检举人或刁难企业的，要依法从重处理。

三、努力增强乡镇企业发展后劲

13．充分发挥金融部门的资金主渠道作用。按照“区别对待、择优扶持、效益优先”的原则，金融部门要逐年增加信贷投入，支持乡镇企业持续、快速、健康发展。对市、县确定的重点企业、高科技企业、出口创汇企业和进入乡镇工业小区的企业，要在信贷上给予重点扶持，适当放宽流动资金贷款的期限，正常的流动资金贷款最长可以放宽至三年。鼓励支持乡镇企业拓宽融资渠道，广辟资金来源。有条件的企业可通过发行债券、承兑汇票等方式解决资金不足。充分发挥农村信用合作社等金融机构的作用，多形式吸收社会闲散资金，支持乡镇企业迅速发展。

14. 加大外引内联力度。要积极、合理、有效地利用内地奖金和外资，争取国内、境外大企业、大财团来我市投资办厂。进一步改善投资软环境，扩大对外招商，提高利用外资的规模和水平。大力发展外向型经济，提高出口产品档次，优化产品结构，培植一批出口创汇拳头产品和企业集团。积极支持和鼓励符合条件的乡镇企业申报进出口经营权。

15. 加大投入，增强扶持力度。（1）要切实做好乡镇（街道）企业管理费收取、管理和监督工作。根据国家规定，按泉政综〔1995〕270号文及补充规定征收乡镇企业管理费，管理费主要用于扶持乡镇企业的发展。（2）依法建立市级乡镇企业发展基金，资金来源：①由市财政安排500万元作为铺底资金，今后每年度根据财力情况适当安排；②按市委〔1996〕1号文规定，市财政每年安排用于乡镇企业发展的周转金；③基金运用产生的收益；④市级当年收取的乡镇企业管理费拨出30%；⑤农村集体经济组织、乡镇企业、农民等自愿提供的资金。基金由财政部门实行专户管理、专款专用，以提高资金的使用效益。具体管理办法由市乡镇企业局、市财政局共同制定，报市人民政府批准实施。各县（市、区）和肖厝也要依法建立乡镇企业发展基金，管理与使用办法参照市级乡镇企业发展基金。⑶建立健全技术进步机制。1998年至2000年，市财政从市级科技三项费用中每年安排200万元，用于支持乡镇企业技术开发。同时，市财政每年安排专项事业费用于乡镇企业科技服务、人才培训、产品质量监督检测及统计业务等。各县（市、区）和肖厝也应参照执行。

四、切实加强对乡镇企业的领导

16. 始终把乡镇企业作为经济发展的战略重点来抓。全市各级党政领导要亲自抓乡镇企业，努力为乡镇企业发展创造一个良好的外部环境。要把乡镇企业纳入国民经济和社会发展总体规划，统筹安排，经常研究新形势、新情况，及时解决乡镇企业改革和发展中出现的困难和问题。各地各有关部门要从全局出发，坚决贯彻落实中央、省、市出台的鼓励乡镇企业发展的政策措施，更多地引导、支持、促进和保护乡镇企业发展。

17. 切实发展乡镇企业职能部门的作用。各级乡镇企业行政管理部门是各级人民政府主管乡镇企业的综合职能部门。凡是各部门制定的涉及镇企业的改革、管理、收费等政策措施，在文件出台前应征求乡镇企业行政管理部门的意见。各级乡镇企业主管部门要继续加强乡镇企业服务体系建设，加快健全各级乡镇企业会计师、审计师事务所等服务机构，努力为乡镇企业提供培训、咨询、检测、信息、资产评估和审计等多方面服务。抓好安全生产和文明生产。进一步加强乡镇企业散装水泥的组织领导工作，市乡镇企业散装办要切实搞好乡镇企业散装水泥的推广使用和专项资金的收缴工作，推动全市乡镇散装水泥业健康发展。

18. 进一步加强各级乡镇企业主管部门建设。要认真贯彻国务院关于在机构改革中各级乡镇企业主管部门“只能加强，不得削弱”的精神，进一步加强市、县两级乡镇企业行政管理部门的建设，充分发挥其规划、指导、管理、监督、协调和服务作用。要进一步加强乡镇（街道）企业站、办（经委）的建设，认真落实有关政策，及时为符合条件的企业站、办（经委）人员办理转为聘用干部和全民全同职工的手续。

19. 加强乡镇企业精神文明建设。加强乡镇企业的思想政治工作，广泛开展创建文明企业活动，用社会主义、爱国主义、集体主义思想武装广大职工，形成良好的劳资关系。加强艰苦奋斗、勤俭创业、移风易俗、遵纪守法、职业道德和科学文化教育，培养造就一支有理想、有道德、有文件、有纪律的企业家队伍和职工队伍，为乡镇企业的改革和发展提供强有力的精神动力、智力支持和思想保证。

中共泉州市委　泉州市人民政府
关于加快旧村改造新村建设若干问题的决定

（1999年4月24日）

推进旧村改造、新村建设是贯彻落实党的十五届三中全会、省委六届九次全会和市委八届三次全会精神，加快基本实现农业现代化进程，建设海峡西岸繁荣带的具体行动；是深化农村改革，保护土地资源和生态环境，扩大内需，拉动经济增长的客观要求；是建设“半小时城市群”，优化农村投资环境、提高生活质量，加速发展农村各项社会事业，促进农村“两个文明”建设协调发展的重大举措。同时，通过推进这项复杂的系统工程，将进一步培养、锻炼基层干部，加强农村基层组织建设，夯实推进我市新一轮创业的组织基础。这是一项造福人民的“德政工程”，符合广大农民群众的现实利益和长远利益，对于我市农村实现跨世纪发展的战略目标，具有重大意义。为进一步加快旧村改造、新村建设步伐，特作如下决定：

（一）指导思想。坚持以邓小平理论和党的十五大、十五届三中全会、省委六届九次全会精神为指导，立足我市农村实际，因地制宜，分类指导，按照“高起点规划、分步骤实施、按能力建新、有重点改旧、全方位整治”的指导原则，大力推进旧村改造和新村建设。

（二）目标任务。用7年左右时间，全市基本完成旧村改造、新村建设任务。在3～5年内，沿海农村和山区县城周边农村率先基本完成旧村改造、新村建设任务。其他村要做好规划、积极推进。当前的工作重点是：以“半小时城市群”范围、国道省道高速公路沿线及县城周边和重点乡（镇）为主，选择交通方便、基础较好、经济较发达、农民收入较高、有利于推动小城镇建设的100个村作为试点。经过努力，把我市农村基本建设成为规划科学、布局合理、各具特色、交通方便、设施配套、卫生整洁、环境优美的社会主义现代化新农村。

（三）基本要求。经济相对发达村应力求达到以下各项基本要求：（1）居住条件。住宅集中成片，庭院错落有序，居住小区与工业小区分离，人均住房建筑面积达到25平方米，钢筋砖（石）木结构比重超过80%；无害化卫生户厕普及率达80%以上。（2）生活环境。村牌路标设置规范，环境整洁优美，绿化覆盖率达25%以上；家禽、家畜集中圈养；有垃圾箱、垃圾转运场、无害化公厕等环卫设施，粪便处理率和综合利用率达100%；排水排污（包括污水、污气排放和工业垃圾处理）及环境质量指标符合环境保护和环境卫生标准。（3）基础设施。路架路网配套，乡村道路基本实现硬化，村间道路硬化率达80%以上；自来水普及率达到80%以上；各种线路管道埋设架设科学合理。（4）公共设施。有村办公场所和停车场；有小学、幼儿园、文化技术学校、老人活动室、图书室、广播电视室等文化教育和体育活动场所；有甲级村卫生所；有商品贸易聚散地或小商贸市场。外来人口较多的村应建立外来人口公寓。⑸村容管理。有一支稳定的村容村貌管理队伍及一套较为完善的管理制度。

经济相对欠发达村的旧村改造、新村建设着重从环境整治和住房整改入手，参照上述有关要求，以实现“五改”（改水、改厕、改路、改圈、改房）、“五通”（通水、通路、通电话、通电、通广播电视）和绿化、美化为主要目标。

（四）分类指导。根据我市各地经济发展不平衡，经济实力不一的实际情况，旧村改造、新村建设必须坚持“一村一策”的原则，采取分类指导、先易后难、梯度推进的办法。对经济发达的村，要按照总要求加快旧村改造、新村建设，尽快实现社会主义现代化新农村的目标。对经济较发达或有条件改旧建新的村，要抓紧搞好规划设计，加大投入，加快旧村改造和新村建设步伐，争取用3～5年时间建成新村。对经济相对欠发达，目前暂不具备改旧建新条件的村，可先着重制定建设规划，从环境整治和住房整改入手，力争在2005年左右基本完成旧村改造、新村建设任务。

（五）科学搞好旧村改造、新村建设规划。旧村改造、新村建设规划要先行，坚持统一规划、合理布局、因地制宜、综合开发、配套建设的原则，既要立足于高起点、高水平，体现规划的科学性和前瞻性，又要根据各地实际，妥善处理近期与远期、生产与生活、需要与可能、经济发展与环境保护关系，体现规划的适应性和广泛性；既要尊重历史、体现地方特色和丰厚文化内涵，又要满足农村经济社会进一步发展的需要。规划布局要集中紧凑，充分利用荒坡地、废弃地、旧宅基地，尽可能不占用生产用地。同时，规划编制要注意与城镇总体规划相衔接，与土地利用总体规划相统一，与生态环境保护和可持续发展相协调。

旧村改造、新村建设规划，应有中心村规划和所属自然村规划，包括居民住宅、公共建筑、道路交通、排水排污和其他设施的布局、人口分布、用地规模、发展方向、近期建设计划，以及重点区段项目布置等主要内容。城郊接合部的村要结合城镇规划，提倡相对集中建设多层公寓式楼房。规划编制应具备“六图一书”（现状图、总体布局图、近期建设详细规划图、给排水规划图、电力电讯规划图、道路竖向规划图、说明书）。严禁沿公路建设，防止公路街道化，确保公路运行安全畅通。新村建设规划确需靠近公路的，必须按照国家有关规定严格控制距离，避免在公路两侧平行进行建设。规划实施过程中，要注意做好文物保护工作，避免重点文物遭受破坏。各县（市、区）建设规划部门要主动为农民提供多种住房建设通用图集，规划建设不可囿于一种模式，房屋构造不宜千篇一律，要因地制宜，依山就势，错落有致，体现农村庄园特色。

要抓好旧村改造、新村建设规划的编制和调整完善工作。村规划应按照当地规划部门的要求组织编制，聘请具有相应资质的部门进行规划设计，各级建设规划部门应积极给予协调指导。四月底前要基本完成100个市定示范村总体规划的审批工作。今年底，全市沿海村和山区80%的村要完成规划审批工作。泉州市城市规划区内的村建设规划报市城乡规划局审批，其余的村建设规划由当地县级建设规划主管部门审批。规划经法定程序批准后，具有法律效力，任何单位和个人必须严格执行，不得擅自更改。确需更改的，应严格按程序报批。

（六）坚持“一户一宅”原则，严格控制住宅占地面积。要坚决贯彻执行“一户一宅”和人均用地面积为20平方米、六口以上户不得超过120平方米的政策规定。禁止农村居民在未达市计生行政主管部门规定的结婚年龄（以户口簿为准）借机分户。居住区内的公共用地在规划时应予留足。对村公共设施、公益事业建设可以申请使用集体土地，但要尽量利用荒坡地（非耕地）、空旷地和旧宅基地，农民建房用地，要符合村整体规划要求，并按有关程序申请审批，其用地收费标准，由村参照国家有关规定执行。鼓励农民拆旧建新，对于农民住宅按规划拆旧建新且占地面积不超过原来面积的，应简化审批手续，并免收宅基地的有关费用，原宅基地面积超过建房标准的，新建后面积超过部分按省政府有关文件规定执行。农户退出的旧宅基地，由村集体收回另作他用，可用作耕地或用于公共基础设施建设、绿化、工业用地，也可重新规划作为宅基地。旧村改造、新村建设完成后，各有关部门应尽快核发土地使用权证和房屋所有权证书。各级土地管理部门要积极做好土地权属登记，及时给予确权、颁发土地使用权证书。各县（区、市）政府负责本辖区内的房屋所有权证核发工作，鲤城、丰泽、肖厝由区（管委会）房地产主管部门负责初审，报市建设行政主管部门复审后，由市人民政府核发房屋所有权证。切实保护好农民房屋所有权方面的合法权益，减少房产纠纷，促进农村社会安定团结和农民安居乐业。

（七）切实加大扶持力度。各级各部门要制定优惠政策和扶持措施。在有关政策规定许可的范围内，能免则免，能减则减。各级规划设计部门在旧村改造、新村建设规划、工程设计上收费不得超过国家规定最低标准的50%。各级有关部门对旧村改造、新村建设的各项规费收取，属于地方财政收入部分，按国家规定的最低标准征收，所收部分全额作为县级旧村改造、新村建设资金，纳入同级财政列收列支，用于村级基础设施的补助，实行专款专用。各地要建立旧村改造、新村建设联合办公制度，为新村建设的项目审批提供“一条龙”优质服务；各级建设规划、交通、卫生、水利水电、电力、邮政、电信、广电、环保等部门对新村房屋建设的规划定点、放线、质量监督、竣工验收和基础设施建设等方面要提供优质高效服务。

（八）多渠道筹措建设资金。各地要加强政策引导和扶持，拓宽筹资渠道，依靠民力，运用侨力，借助外力，努力建立以村民投入为主体、集体投入为辅助、金融信贷积极支持、县（市、区）、乡镇财政酌情补助、奖励的多元化投入机制。金融部门要积极配合，制定按揭、抵押等具体办法，帮助解决农房建设的信贷投入问题。对五保户、特困户以及确有困难的烈军属、二妇女结扎户、独生子女户等，乡（镇）、村应采取措施，酌情给予扶持补助或提供多层住宅优先给予安置，其原宅基地收归村集体。新村的基础设施和公益事业的建设资金，要坚持“村集体为主，县（市、区）、乡镇扶持”、“谁受益，谁出钱”的原则，采取以村筹资投入为主，县（市、区）、乡镇财政适当补助，各受益单位和群众酌情资助的办法来筹集。鼓励海外“三胞”和外资、个体、私营企业捐资等多种形式兴建新村公共设施。

（九）进一步加强农村精神文明建设。各地要把旧村改造、新村建设纳入农村精神文明建设总体规划，增加对农村精神文明建设硬件设施的投入，切实搞好村镇文化、卫生体育设施等公益事业建设。要引导群众开展移风易俗活动，倡导兴建公墓，大力推行火葬，坚决制止乱修坟建墓、乱盖寺庙。通过创建“文明安全村”“卫生村镇”“文明家庭”活动，强化农村社会治安、村容村貌整治和环境卫生管理。要在农村全面推行“门前三包”、垃圾定点收集等卫生责任制，搞好环境治理和绿化美化，彻底改变乱倒垃圾、乱堆放杂物、乱占路的现象，大力解决“脏、乱、差”问题。要组织和引导乡镇企业深入开展文明企业创建活动，兴建村文化中心，开展普法教育和科普活动，实行依法治村，全面提高农民科技文化素质和法制观念。

（十）加强领导，稳步推进。各级党委、政府要把旧村改造、新村建设工作摆上重要议事日程，认真做好组织实施、协调指导、督促检查工作。县（市、区）、乡（镇）、村都要成立由党政一把手挂帅的旧村改造、新村建设领导小组，并设立办公室，负责协调处理旧村改造、新村建设中遇到的困难和问题。要切实做好宣传发动工作，营造浓烈的舆论氛围，把旧村改造、新村建设的重要性向群众讲清说透，进一步转变人们的思想观念，充分调动农民的积极性，以动员他们自觉地投身到旧村改造、新村建设中来。要按照“统一规划、统一设计、统一拆旧、各户自建、限期完成”的总体要求，根据各自的实际情况，采取拆旧建新、改旧建新、旧村改造、新村建设及村容村貌整治等多种形式，有计划、有步骤地推进旧村改造、新村建设。同时要把握好工作力度，讲究工作方法。示范村一定要选择那些村级领导班子强、群众基础好、积极性较高的村。在群众的思想工作未做好之前，切忌草率行动。要切实做到既积极又稳妥，既推进又稳定，真正把实事办好、好事办实。各级建设部门要把旧村改造和新村建设纳入质量管理监督范畴，做好建筑质量监督员的选派和培训工作，抓好村民建筑质量知识普及工作，努力建立政府职能部门与村民相结合的新村建设质量监督机制，加强工作质量管理，严把质量关。要进一步健全村务公开、村财公开的民主监督制度，坚决制止和查处在旧村改造、新村建设中可能发生的各种腐败行为。各地要切实加强领导，深入调查研究，认真总结推广成功经验，各有关部门要紧密配合，各司其职，各负其责，充分发挥职能作用，保证全市旧村改造、新村建设顺利推进。

各级各部门要根据本决定精神，结合实际制定具体实施方案，认真抓好落实。

中共泉州市委
关于加快国有企业改革和发展的决定

（1999年11月22日中共泉州市委八届五次全体会议通过）

为贯彻党的十五届四中全会作出的《中共中央关于国有企业改革和发展若干重大问题的决定》（简称《决定》）和省委六届十一次全会作出的《中共福建省委关于贯彻落实党的十五届四中全会精神加快国有企业改革和发展的决议》（简称《决议》），中共泉州市委八届五次全会作出如下决定。

一、深刻领会、认真贯彻党中央《决定》和省委《决议》

1. 市委全会一致认为，党的十五届四中全会《决定》和省委六届十一次全会《决议》，对于开创我国、我省国有企业改革和发展新局面，推进改革开放和现代化建设，加快新一轮创业，具有十分重要的意义。我们要增强国家的经济实力、国防实力和民族凝聚力，就必须不断促进国有经济的发展壮大。坚定不移地推进国有企业的改革和发展，从总体上增强国有企业的活力和国有经济的控制力，对于建立和完善社会主义市场经济体制，促进国民经济持续快速健康发展，提高人民生活水平，保持安定团结的政治局面，巩固社会主义制度都具有十分重要的意义。全市各级党组织要精心组织、认真学习，深刻领会《决定》和《决议》的精神实质，认真贯彻落实中央精神和省委要求，加快我市国有企业改革和发展。

2. 我市国有企业为国民经济持续快速健康发展做出了重大贡献，尤其是改革开放以来，在邓小平理论指导下，全市上下坚持解放思想，实事求是，敢于率先，大胆探索，在国有企业改革方面取得了突破性进展。在以放小为主，以股份合作制为主，以产权制度改革为主，放开搞活国有企业；引导非公有制经济参与国有企业改革；建立社会保障体系；构建新型的国有资产管理、监督、营运体系等方面取得了明显成效。同时，在机场、铁路、港口、供电、供水、高速公路、城市改造、商贸旅游以及肖厝经济开发区和清蒙科技工业园区等重点项目建设上，培育了一批国有经济新的增长点。全市国有企业653家，资产总额123.64亿元，盈利企业占60%，资产负债率53.05%。纳入改制的国有企业620家，已实施改制的企业595家，占96%。国有企业在国民经济中发挥着重要的作用，国有经济总体实力、控制力进一步增强，国有企业朝着社会主义市场经济体制的改革目标，迈出了前所未有的重大步伐。

3. 当前，我市国有企业改革与发展正面临着许多深层次的矛盾和问题。从总体上来说，我市国有企业技术创新能力不强，经济效益不高，经营机制不活，累积债务和社会负担较重；未改制企业改革难度大；部分已改制企业经营机制转换不够到位，法人治理结构不够规范，面临着许多新的困难；社会保障体系滞后，外部环境还不宽松；部分下岗职工劳动关系没有理顺，一些职工生活困难等等。要解决好这些问题和困难，我们必须坚定不移地贯彻党的十五届四中全会和省委六届十一次全体（扩大）会议精神，充分利用我市作为综合配套改革试点城市的有利条件，继续发挥侨、港、澳、台优势以及多种所有制经济共同发展的优势，大胆地利用一切反映社会化生产规律的组织形式和经营方式，努力探索促进生产力发展的公有制多种实现形式，扎实推进我市国有企业的改革和发展。

二、我市国有企业改革与发展的目标和要求

4. 改革和发展的目标。到2000年，全面完成国有企业改制任务。大多数国有企业初步建立现代企业制度。国有及国有控股企业资产负债率降至51%左右。中小企业支持服务体系和社会保障体系基本建立。国有经济管理体制进一步完善。

到2002年，建立国有经济布局新的架构，基本完成国有存量资产重组，国有经济的控制力和竞争力进一步提高。国有工交、商贸、建安、农林水系统大中型企业完成公司制改造，基本建立现代企业制度，企业技术装备水平和新产品开发能力明显提高，力争25%～30%左右的关键装备达到90年代国际先进水平，构筑起较高水平的技术创新体系。全市80%以上的经营性国有资产纳入新的营运体系。

在 2005 年之前，基本完成国有经济战略性调整和国有企业改组，培育几个骨干企业，形成比较合理的国有经济布局和结构，建立比较完善的现代企业制度，经济实力不断壮大，经济效益明显提高，科技开发能力、市场竞争能力和抗御风险能力明显增强。

到 2010 年，培育一批在国民经济重要行业和关键领域占支配地位的国有大型企业和企业集团，基本实现国有企业管理和技术装备水平现代化，在新兴产业和高新技术产业中起先导作用，使国有经济在国民经济中更好地发挥主导作用。

5. 我市国有企业改革的要求。我市国有企业改革要走在全省前列，实现江泽民总书记提出的“三个率先”，即率先实现国有企业改革和脱困的三年目标，率先推进国有大中型骨干企业初步建立现代企业制度，率先完成经济结构的调整和产业的升级优化。必须进一步明确改革的目标、任务，加强领导，扎实推进，努力增创国有企业发展新优势，推动泉州经济更快、更好地发展。

（一）进一步认识和明确国有企业的地位和作用。决不可因为我市国有企业在国民经济中所占的比重相对较小而忽视其重要作用，也不能因为对外开放不断扩大、非公有制经济的迅速发展而忽视其重要地位。要通过改革大力促进国有资产向优势企业集中，增强国有经济控制力；积极探索公有制多种实现形式，加快国有企业战略性改组；加速建立现代企业制度，完善国有资产保值增值机制。

（二）分类指导，因厂施策。我市国有企业改革的范围，包括工业，商贸、外贸、农业、水电、交通、建工等系统的国有企业。要加快国有企业布局战略性调整，有进有退、有所为有所不为，坚持从实际出发，因企制宜，一厂一策。对交通、供水、电力、机场、港口及地方金融等国有或国有控股重点企业，要集中力量扶强扶大，增强国有经济控制力；对目前困难和问题多，尚未改制的企业，要找准切入点，因厂施策抓好改制的落实；个别企业改制有困难的，要从制度建设、完善管理入手，精减冗员，实施再就业工程，创造改制条件；对已改制的企业，要进一步明确产权关系和劳动用工关系，继续深化改革；对国有农场、林场的改制，可侧重采用承包经营和租赁经营等方式；对国有商业、外贸、粮食企业和建工系统等其他企业的改革，要区别情况，分类指导，精心组织，整体推进。

（三）积极稳妥地推进改革。按照产权清晰的要求，科学合理地评估国有资产，既要防止国有资产流失，又要克服不切实际高估而影响改革方案的实施。改革方案要广泛征求意见，特别要多征求广大职工的意见，上下沟通，充分酝酿，不断完善。

（四）从制度上坚持和落实全心全意依靠工人阶级的方针，充分调动职工积极性。进一步理顺劳动关系，处理好下岗分流、减员增效和再就业的关系。职工安置要力求周全。要实行以岗定人，竞争上岗。对下岗分流的人员进行再就业培训，既要引导他们转变择业观念，又要从下岗职工的实际出发，积极帮助安排合适工作。要进一步落实“三条保障线”措施，健全完善社会保障体系，对特困职工要给予特殊照顾，以体现党和政府的温暖。

（五）通力协作，推动改制企业不断发展。各级政府尤其是有关职能部门对已改制企业要继续给予关心、支持和指导，帮助总结经验和排忧解难，促使企业不断发展壮大；已改制企业也要着力转换经营机制，增强市场竞争力，提高经济效益，切实增加职工收入；改制企业职工要转变观念，继续支持和参与企业改革，提高生产经营积极性。

三、加快结构调整和企业重组步伐，增强国有经济的控制力和竞争力

6. 大力促进国有资产向优势企业集中，优化国有资产布局。我市国有资产主要集中在工贸竞争性行业，工业体系“小而全”、地区行业结构趋同，资产运营效益不高。改革必须按照“三个有利于”的标准，坚持有进有退，有所为有所不为，促使国有资产向优势企业集中。缩短国有资产分布的战线，通过资本市场运作，转让部分国有资产，集中统筹投入重点行业和支柱产业，形成一批具有地方特色、实力雄厚的国有骨干企业。今后一段时期，国有经济要进一步加强供电、供水、交通、通信、金融等基础产业和石油化工、建筑房地产、啤酒饮料、生态旅游等重点产业，培育和发展电子信息，海洋综合开发、环保、生态农业等产业。其他行业和领域，可通过资产重组和结构调整，集中力量，加强重点，提高国有经济的整体素质。

立足于增强参与国际经济大循环的竞争力，制定和完善全市国有经济结构调整、优化的实施方案，努力探索独具特色的壮大国有经济规模的发展路子。要以“半小时城市群”为依托，发挥好中心城市功能，着力抓好全市区域经济结构调整，形成符合地区比较优势、各具特色的区域经济。多方面筹措产业结构调整专项资金，拓宽国有资本金的注入渠道，发挥政府投资主体作用，以增量促存量，培育国有经济的优势产业。

7. 加快国有企业战略性改组，实施大企业、大集团发展战略。

要坚持“抓大放小”，加快国有企业战略性重组力度。要着力培育实力雄厚、竞争力强的大企业和企业集团，充分发挥大企业、大集团在资本运营、技术创新、市场创新、市场开拓等方面的优势，使之成为国民经济的支柱和参与国际竞争的主要力量。组建企业集团，必须以企业为主体，以资本为纽带，以集团核心企业建立现代企业制度为基本条件，并同企业的产权结构、产业结构、产品结构的调整结合起来，通过市场来形成。既要防止用行政手段阻碍和拖延企业的联合，又要防止用行政手段勉强撮合，盲目求大求全。要发挥政府的政策引导和组织协调作用，充分调动企业和地方的积极性，鼓励企业集团实行跨地区、跨行业、跨所有制、跨国经营。各级财政安排的产业结构调整资金应逐年有所增加，以扶持企业的改制、改组、改造。

8. 进一步放开搞活国有中小企业。鼓励国有中小企业因地制宜、因企制宜，通过改组、联合、兼并、租赁、承包经营、抽本经营、拍卖转让、破产和股份合作、出售等形式进行改制，允许企业自主选择改制形式，允许企业根据自身的资产组织形式确定企业领导人的选聘方式，进一步放开搞活。对改制慢的企业，要采取有效措施推进；对亏损大户实行限期整顿；解散“空壳”企业，其人员按有关规定下岗分流；对已改制但未涉及产权改革的企业，要抓紧时机进一步完善深化。要不断总结经验，规范操作，注重实效，完善股份合作制企业。要积极扶持国有中小企业，使它们向“专、精、特、新”的方向发展，同大企业建立密切的协作关系，提高生产的社会化水平。大力支持、正确引导，促使国有中小企业和市内外大企业、优势企业建立密切的生产协作关系。积极为中小企业发展创造平等、宽松的市场竞争环境。建立扶持中小企业发展的服务体系，在筹融资、贷款担保、信息咨询、技术进步、社会保障、法律援助、人才培训等方面，为中小企业提供全面服务。在涉及产权变动的企业并购中，要规范资产评估，防止国有资产流失，防止逃废银行债务及国家税款，妥善安置职工，保护职工的合法权益，维护社会的稳定。在改制中，工商、税务、银行、土地、劳动、建委等有关部门，应制定优惠政策支持中小企业改制。

9. 调整所有制结构，积极探索公有制的多种有效实现形式。大力发展混合所有制经济。国有大中型企业尤其是优势企业，宜于实行股份制经济。国有大中型企业尤其是优势企业，宜于实行股份制的，要限期改为股份制企业。鼓励外资、侨台港澳资以及个体、私营、乡镇集体等非国有经济参与国有企业的改组、改造。国有企业可以利用自然资源、土地、厂房、设备、工业产权、专有技术等国有资产开展合资、合作，还可以采取补偿贸易、地租差价、许可证贸易等形式，通过招商引资，盘活存量资产，放大国有资本的功能，提高国有经济的影响力和带动力。各级政府要注重调整和引导产业发展方向，对一些政府认为需要建设、企业一时又看不准其经济效益前景的公共基础设施等项目，政府可以国有资本投资参股，待条件成熟再转让股权，把资本抽出投向其他产业，对产业发展起导向和带动作用。对政府投入基础设施的国有资本，要加强管理，提高效益，做到办一个成一个，确保国有资产增值。在坚持国有、集体等公有制经济为主体的前提下，鼓励和引导个体、私营等非公有制经济的发展。

10. 加快企业技术创新步伐。国有企业要按照市委八届四次全会确定的产业优化升级的方向，加快形成以企业为主体、以市场为导向、以产品为龙头的技术创新体系。加强技术开发力量和加大资金投入。强化企业技术创新意识，鼓励企业利用自有资金加大技术开发投入。到2000年，全市独立核算工业企业技术开发费占当年销售收入的比例要从目前的1.5%上升到3%；到2005年要力争达到6%。推进产学研结合，继续开展“企业找科技”活动，鼓励企业与高校和科研单位联合、协作共建技术研究开发中心。加强新产品、新技术、新工艺、新材料、新设备的引进、开发与应用。鼓励高校、科研单位及科技人员通过多种形式创办或参与创办科技型企业。要积极筹组成立市高新技术产业风险投资公司。

采用高新技术改造传统产业。要用足用好中央和省、市鼓励企业技术引进、改造和高层次人才引进的优惠政策，各级政府都要把可用于建设的财力，切出一定比例用于技术改造和引进，并优先向重点企业、重点项目和名牌产品倾斜，加大对重大技改项目的贴息和注入资本金。继续采取加速折旧、加大新产品开发费提取、减免税收等政策措施，鼓励企业进行技术改造。

四、加快建立和完善现代企业制度，强化企业管理

11. 建立和完善国有资产管理、营运和监督体系。要遵循“国家所有、分级管理、授权经营、分工监督”的原则，建立由政府管理、机构营运、企业经营三个层次的国有资产管理、监督、营运体系和机制。通过政府机构改革，实现政府社会管理职能与国有资产所有者职能分开。进一步建立和完善县（市、区）国资委及其所属国资营运机构对国有股权的管理、监督和股权代表、财务监督人员的委派制度，对国有资产进行有效的管理和监督。通过政府授权国有资产营运机构、大型企业和企业集团经营国有资产，实现对国有资产的管理职能与产权主体的经营职能的分离。建立出资人制度，明确国有资本的投资主体。待条件成熟时，逐步取消企业原有行政级别和行政隶属关系。建立国有资产保值增值和企业决策失误的追究制度，规范企业经营行为，允许和鼓励各地试点，探索建立国有资产管理、监督、营运的具体方式，探索从资产经营转化为资本营运的有效途径，实现国有资产的保值增值。

12. 建立规范的企业法人治理结构，转换企业经营机制。实行公司制改造的国有企业要建立层次分明的人事管理制度，构建权责明确的管理体系，明确股东会、董事会、监事会和经理层的职责，形成各负其责、协调运转、有效制衡的机制，董事会和监事会都要有职工代表参加。党委书记和董事长可由一人担任。董事长、总经理原则上分设，总经理由董事会聘任。

建立与现代企业制度相适应的企业分配制度和用工制度。要逐步形成企业优胜劣汰、经营者能上能下、人员能进能出、收入能增能减、技术不断创新、国有资产保值增值等机制。在国家政策指导下，实行董事会、经理层等成员按照各自职责和贡献取得报酬的办法。大力表彰有突出贡献的企业经营者，保障他们的合法权益。要建立健全企业经营管理者的激励和约束机制，积极试行基本年薪与效益年薪相结合、持有股权等分配方式，允许和保护主要经营者通过合法途径获得应有的收入，对经营者的年薪收入不封顶。同时，经营者也要承担相应的风险，增加透明度。市及县（市、区）可选择部分重点企业进行试点，总结经验，完善后逐步推开。继续完善企业职工岗位技能工资制，职工的工资收入水平及差别，由企业根据当地社会平均水平和本企业的经济效益来确定。允许和鼓励以资本、技术等生产要素参与收益分配。要进一步理顺企业劳动关系，改制企业都应与职工重新明确劳动关系。认真贯彻执行劳动预备制度和就业准入制度。

13. 全面加强和改善企业管理，实现管理创新。要广泛采用现代管理技术、方法和手段，发挥管理专家的作用，加强现代信息技术的运用。要健全和完善各项规章制度，严格考核，奖惩分明。重点抓好成本管理、资金管理和质量管理。建立健全统一的会计制度，及时编制资产负债表、损益表和现金流量表，真实反映企业经营状况。全面贯彻《质量管理和质量保证体系标准》，引导企业以贯彻实施GB/T19000-ISO9000系列标准质量认证为契机，加强对厂长（经理）和职工的培训，提高企业经营管理者和企业员工素质，提高企业的产品质量和管理水平。要坚持预防为主，搞好安全生产。进一步加强企业发展战略研究。企业要面向市场，制定和实施明确的发展战略、名牌战略、市场营销战略。加强供销队伍和网络建设，在拓展国内市场，提高泉州产品的市场占有率的同时，抓住我国即将加入世界贸易组织的有利时机，培育一批纺织、服装、鞋帽、轻工等低关税名牌产品，大力开拓海外市场。

14. 继续推进政企分开。政府对国家出资兴办和拥有股份的企业，通过出资代表行使所有者职能，按出资额享有资产受益、重大决策和选择经营管理者等权利，对企业债务承担有限责任，不干预企业日常经营活动。企业依法对所有者的净资产承担保值增值的责任，不得损害所有者权益。按“税保公共、利促发展”的思路，探索建立国有资产经营预算体系。各级政府对经营性项目的新增投资必须通过授权的国有资产营运机构注入。各级党政机关要按照中央的部署同所办的经济实体和直接管理的企业在人财物等方面彻底脱钩，原来已兼职的党政机关行政人员，应限期脱钩。

五、完善社会保障体系，优化企业外部环境

15. 加强建立和完善社会保障制度。进一步完善下岗职工基本生活保障、失业保险和城市居民最低生活保障制度，搞好“三条保障线”相互衔接。依法扩大养老、失业、医疗等社会保障的覆盖范围，加快全市企业住房制度和医疗保险制度改革的实施步伐，城镇国有、集体、外商投资、私营等各类企业及其职工都要依法参加社会保险，缴纳社会保险费，强化社会保险基金的征缴、管理和监督力度，提高收缴率。从明年起，可委托当地税务部门代征收非国有经济单位的社会保险费。要尽快完成事业编制企业化管理的企业养老保险体制的改革。积极探索养老保险基金的补充途径，包括变现部分国有资产，合理调整财政支出结构和上市公司转让的国有股的收入中划出部分直接用于充实社会保险基金。鼓励企业和职工个人积极开展补充养老保险。逐步推行企业离退休人员社区化管理。认真落实企业离休干部的政治、生活待遇，做好管理和服务工作。

16. 继续做好下岗分流、减员增效和再就业工作。要继续落实1998年中央10号和省委9号文件精神，规范职工下岗程序，认真办好再就业中心。要按照“三三制”原则落实国有企业下岗职工基本生活保障资金，财政负责的三分之一和兜底资金要通过调整财政支出结构予以落实。加强对下岗职工的技术培训，提高再就业能力，帮助下岗职工转变择业观念，鼓励下岗职工自谋职业。进一步落实和完善促进下岗职工再就业的优惠政策。充分发挥我市非国有经济发展快，就业门路广的优势，帮助下岗职工实现再就业。积极探索国有企业下岗职工再就业工作与完善城镇职工失业保险制度的衔接，建立市场导向的就业机制，逐步从依托再就业服务中心实现再就业过渡到通过劳动力市场实现就业的轨道上来。

17. 发展和规范各类市场和中介服务组织，依法维护正常经济秩序。加强法制建设，坚持依法行政，创造良好法制环境。继续完善商品市场，培育和发展要素市场以及中介服务组织，建立有利于商品、资金、产权、技术、人才、劳动力合理流动的统一市场体系。规范和整顿市场秩序及中介服务组织。加强市场监管，加强行业自律。社会中介服务机构要与政府部门彻底脱钩。营造公正、公平竞争的市场环境。依法严厉打击走私贩私、假冒伪劣产品及侵犯企业合法权益等经济违法犯罪行为。推进税费改革，清理整治乱收费、乱罚款和各种摊派，严格规范和控制对企业的各类检查评比。分离企业办社会职能，加快发展社区经济，建立规范的社区生活服务体系。加强社会治安综合治理，为企业生产经营创造良好的社会环境。

18. 认真落实中央《决定》精神，用好国家出台的各项政策，切实减轻企业负担。对符合条件的，要按规定组织实施企业债转股、技改贴息、银行呆坏账的核销；集体企业兼并国有企业可以享受有关鼓励政策；大力发展资本市场，加大国有企业直接融资的力度。企业将国家划拨的部分土地使用权有偿转让、或将企业资产变现以及异地搬迁改造企业所得的土地级差收入，应全部用于增资减债或结构调整或职工的分流安置；抓紧办理改制企业土地使用权和房屋所有权证的办证工作，并减免收取有关费用；加大对中小企业的信贷扶持，严格执行国家利率政策，对信用等级较高、符合国家产业政策、贷款风险较低的企业，贷款利率可适当下浮。

认真贯彻落实国家有关改善国有企业资产负债结构的政策规定。建立和完善国有企业资本金的注入和补充机制。各级政府、各部门原来用于国有工业企业有偿使用的周转金，经原审批部门批准，可转增国家资本金；企业负债中属地方拨改贷部分，经批准可转为国家资本金或债权单位投资；重点企业经批准，可按上缴所得税的15%返还给企业，转为国家资本金；股份有限公司、有限责任公司的国家股红利，经批准可留作增资扩股转增国家资本金；省内金融信托投资机构对我市国有企业的债权，经双方协调可转为股权；属政府或有关部门委托管理的资金，经批准可转为国家资本金；国有企业办三产的国有土地、房产进入市场增值部分，经批准可全部或大部分转作国家资本金；经确认的国家级、省级新产品，其新增增值税地方分成部分可按规定年限返还，转作国家资本金。企业也应建立起资本金自我补充渠道。同时，政府还要制定有关鼓励企业转制、健全社会保障机制、帮助企业解决政企不分所形成的历史遗留问题的政策措施。

六、发挥政治优势，加强党的领导和企业班子建设

19. 切实加强党对国有企业改革和发展的领导。坚持党的领导，充分发挥国有企业党组织的政治核心作用，是一个重大原则，任何时候都不能动摇。企业党组织的政治核心作用主要体现在：保证、监督党和国家方针政策在本企业的贯彻执行；参与企业重大问题决策，支持股东会、董事会和经理（厂会）依法行使职权；全心全意依靠职工群众，领导和支持工会、共青团等群众组织及职工代表大会依照法律和各自章程独立自主地开展工作；领导企业思想政治工作和精神文明建设，努力建设有理想、有道德、有文化、有纪律的职工队伍；加强党组织自身建设，发挥党支部的战斗堡垒作用和党员的先锋模范作用。企业党组织要认真贯彻党的基本路线，围绕生产经营开展工作，为实现党的任务和企业改革发展服务，积极探索发挥政治核心作用的途径和方法。加强和改革思想政治工作，引导广大职工积极支持和参与改革，切实解决职工的实际困难，维护社会稳定。

加强企业党建工作，按照“好班子、好队伍、好机制、好制度”的目标要求，适应国有企业“三改一加强”需要，大力加强企业基层党组织建设。建立健全党的组织生活制度，加强对党员的教育管理，做好发展党员工作，壮大党的队伍。要特别重视困难企业的党建工作，加强下岗党员和流动党员的管理，帮助他们解决实际困难。

20. 坚持“党管干部”原则，加强企业班子建设。建设高素质的经营管理者队伍。要按照企业的特点，建立对国有企业经营管理者的培养、选拔、管理、考核、监督的办法，并逐步实现制度化、规范化。积极探索适应现代企业制度要求的选人用人新机制，把组织考核推荐和引入市场机制、公开向社会招聘结合起来，把党管干部原则和董事会依法选择经营者以及经营管理者依法行使用人权结合起来。进一步完善对国有企业管理的具体办法，避免一个班子多头管理。对企业经营管理者实行分类管理。国有和国有控股公司的党委负责人和职工代表可以通过法定程序进入董事会、监事会；董事会监事会、经理层及工会中的党员负责人，可依照党章及有关规定进入党委会。党组织按照党章，工会和职代会按照有关法律法规履行职责。要加快培育企业经营管理者人才市场，建立企业经营管理者人才库，按照公开、平等、竞争、择优原则，打破人才部门所有，促进人才合理流动，优化人才资源配置，要切实加强对企业经营管理者队伍的教育培训，全面提高企业经营管理者的综合素质。

21. 全心全意依靠工人阶级。充分调动职工群众的积极性、主动性和创造性。要继续坚持和完善以职工代表大会为基本形式的企业民主管理制度，大力推行厂务公开和民主评议企业领导人制度，充分发挥工会和职工代表大会在企业民主决策、民主管理、民主监督中的作用，切实维护职工的合法权益，保障职工的权主权利。要大力推进企业精神文明建设，坚持用邓小平理论和党的基本路线武装广大职工，开展创建文明活动，教育职工爱岗敬业，发展企业文化，加强职工培训，不断提高职工思想道德和科技文化素质。

22. 各级党委、政府要坚定地站在国有企业改革的前列，正确处理改革、发展和稳定的关系。要深入调查研究，总结经验，研究新情况，解决新问题。区别不同类型的企业，实行分类指导。落实和完善各级党组织负责人挂钩联系国有企业制度。工会、共青团、妇联等群团组织要努力帮助职工办实事、好事。各有关部门要抓紧研究制定具体实施意见，通力协作，创造性开展工作。要加强舆论宣传，进一步形成有利于国有企业改革和发展的良好氛围。

中共泉州市委 泉州市人民政府
关于大力发展海洋经济的决定

（2000 年 7 月 10 日）

“发展海洋经济，建设海上泉州”，是市委、市政府认真贯彻党的十五届三中全会关于加快发展海洋产业、加强水域资源环境保护的精神以及省委六届九次全体会议关于进一步加快发展海洋经济的决定，根据泉州实际提出的二十一世纪我市经济发展的重要战略。实施这一战略，有利于发挥我市地处东南沿海的区位优势、海岸线长的优势和产业优势，进一步挖掘海洋资源，推动产业升级换代，促进经济结构调整，进一步扩大开发开放，加快海峡西岸繁荣带的建设。为大力推进海洋经济的快速发展，市委、市政府作出如下决定：

一、指导思想与奋斗目标

大力推进海洋经济发展的指导思想是：以邓小平理论和党的十五大、十五届三中全会精神为指针，认真落实省委六届九次全体会议关于进一步发展海洋经济的决定，按照市委、市政府关于“思源思进、再创新业”的要求，坚持两个转变（经济体制和经济增长方式的转变），强化三个观念（海洋国土观念、海洋经济观念和海洋保护观念），实施两大战略（科教兴海和可持续发展战略），继续扩大对外开放，充分发挥泉州区位优势、侨台港澳优势，加大海洋开发力度，加快海洋资源转化，不断壮大海洋经济的总体实力，促进海洋经济、社会和生态环境协调发展，经过 10 年的努力，争取在蓝色国土上再创一个泉州，使海洋产业成为泉州跨世纪发展的主要经济支柱。

海洋经济发展的奋斗目标是：到 2005 年，全市海洋产业增加值达 166 亿元（1990 年不变价，下同），5 年年均增长 14%，占国内生产总值的比重达 15% 以上；2010 年，海洋产业增加值达 275 亿元，5 年年均增长 10.6%，占国内生产总值达 19% 以上。

二、开发布局与产业发展

按照由近及远、由浅及深、循序渐进的开发原则，近期以海岸带和近海、浅海为重点，逐步向外海、深海空间拓展。分为三个开发层次、五个重点开发区域和五个重点产业。

——三个开发层次：

滨海经济繁荣带。以“半小时经济群”和肖厝开发区滨海地区为重点，发挥港口优势、产业优势、城市优势，巩固和发展海洋水产及其加工业、港口运输业、临海工业、滨海旅游业、海水制盐业、海上贸易和高科技产业，形成能够起龙头作用的海洋经济繁荣带。

浅海滩涂开发带。以浅海滩涂和海岛资源为重点，进行综合开发，形成水产作业区、自由贸易区、旅游度假区、农业良种场等综合性生产、经营格局。如在围头、崇武设立对台贸易区；在惠安大坠岛、肖厝惠屿岛、南安大佰岛建设旅游度假区；在惠安大竹岛建设农业良种引进试验场。

深海远洋产业带。以外海渔场、海洋矿产、海洋生物、海洋医药、海洋新能源以及远洋运输和贸易为重点，运用现代高新技术进行深度加工，形成海洋经济新的增长点。

——五个重点开发区域：

湄洲湾南岸枢纽港、大型临海工业区。包括肖厝的南埔、界山、峰尾、后龙、山腰、前黄及惠安的辋川、东岭和净峰北片区。充分利用深水良港优越条件，构建与福州、厦门等港协调联系的海上交通网络，带动以石化、钢铁、修造船舶、能源为主导的临海大工业迅速崛起，逐步建成为全国的重要工业基地，多功能的国际中转仓储港口。

大港湾、青山湾渔业旅游区。包括惠安的崇武、山霞、张坂东片区、东园、涂寨、东岭和净峰南片区。充分利用浅海滩涂面积大、海洋生物资源丰富以及港湾景观优美、民俗独特、石文化悠久的自然、地理、社会条件，大力发展传统石雕、渔业生产和滨海旅游业，形成以海洋渔业和旅游业为主的海洋经济区。

泉州湾高科技海洋综合开发区。包括惠安的张坂南片区、百崎、洛阳，丰泽的城东、东海，鲤城的浮桥、江南，晋江的池店、陈埭，石狮的蚶江。充分发挥城市功能较为强大、民营经济较为发达、科学技术较为密集、商业贸易较为繁荣的优势，以后渚为中心，建设秀涂、石湖深水港区，重点发展出口轻加工业、高新技术产业和第三产业，形成以中心市区为轴心的滨海城市群、产业带以及中心市区——晋江——石狮高新技术走廊。

深沪湾综合加工出口、滨海旅游区。包括石狮的祥芝、锦尚、鸿山、永宁，晋江的深沪、龙湖。充分利用水产资源旅游资源丰富的条件，大力发展养捕并举的现代渔业和水产加工业，千方百计激活黄金海岸、海底古森林等滨海旅游景点，形成新兴的海洋经济区。

围头湾轻工业、对台加工贸易区。包括晋江的金井、英林、东石、安海，南安的水头、石井。充分利用港口资源和对台区优势，设立对台交货点、对台贸易区，扩大对台贸易，建成对台经贸的主要“窗口”和基地。

——海洋经济产业发展重点：

港口交通运输业。充分利用泉州港口资源条件，加快全市四个港区的规划和建设步伐，使其发挥对全市海洋经济发展的巨大推动作用。至2005年，全市港口吞吐量3000万吨，其中集装箱40万标箱，万吨以上泊位10个以上。湄洲湾南岸港区建设成为亚洲重要的大型物资仓储中转港口。泉州湾港区以完善现有客运业码头设施建设、发展集装箱、件杂货的中小泊位为主，进一步开发秀涂、石湖作业区的深水泊位。深沪湾港区和围头湾港区建设成为以海上贸易为主，为地方经济和对台贸易服务的中型码头群。积极发展联结全市各港口的铁路、公路、水道、堤岸、航线配套建设，形成以港口为中心，各种运输方式相结合的综合运输网络；建设与码头相配套的仓库、保税库、机场、船舶修造厂以及其他服务设施；建立结构合理、技术装备精良的现代化运输船队。

海洋渔业。海水产品产量2005年达110万吨，年均增长4.4%；渔业加工产值2005年达15亿元，年均增长10.7%。坚持狠抓养殖、巩固捕捞、深化加工和因地制宜、各有侧重的渔业发展方针。改进传统渔业的开发和生产方式，逐步进行滩涂、浅海、外海、远洋、加工、出口等多层次、综合性开发。依靠科技进步，努力实现从粗放型经营向集约型经营转变。

临海工业。至2005年，临海工业产值175亿元，年均增长20.5%。石油化工以肖厝工业区、福炼公司为龙头，开发和发展中下游产品，建成我国东南沿海重要的石化基地。海洋加工业重点是稳定盐田面积，加强盐田改造，发展盐化工业和精细化工；配合搞好福州二化搬迁项目，争取近期建成3条主要生产线；积极开发海洋资源，发展海洋医药、海洋食品和海水综合利用。船舶修造业重点规划建设斗尾港15万～30万吨大型修造船厂，组建肖厝拆船股份有限公司。港口能源工业重点发展大型火电厂、核电站。海洋矿产及其深加工业，积极开发利用丰富的滨海矿砂资源，发展玻璃矿砂的采掘及其加工业，做好海峡油气勘察基础性工作。

滨海旅游业。至2005年，全市滨海旅游接待游客1000万人次，旅游收入62亿元。树立“大旅游、大产业、大市场”的观念，以秀丽滨海风光为依托，以“海上丝绸之路”为主线，重点抓好中心城区历史宗教文化游览区、黄金海岸度假区、崇武半岛游览区、围头半岛商贸度假区和安海湾历史文化游览区等旅游区的基础设施和配套服务设施建设，把泉州建设成为东南沿海一流的旅游胜地。

海洋科技、环保、服务业。发展适应性海洋高新技术产业，促进成果的转化。处理和解决好开发与海洋环境保护的矛盾，坚持走可持续发展道路。抓好海洋经济各种服务体系建设。

三、主要措施与扶持政策

各级党委、政府和有关部门要站在世界发展的高度来充分认识发展海洋经济的战略重要性和紧迫性，采取有力措施，协同推进全市海洋经济快速健康发展。

（一）扶持政策措施

1. 资金投入倾斜：坚持政府引导、社会动员、企业为主的投资原则，充分运用市场机制，严格按照经济规律办事，多形式、全方位拓宽筹资渠道，逐步建立以财政为引导、金融贷款为支撑、企业为主体、外资为辅助、社会为补充的多渠道、多层次资金投入体系。

各级财政要增加扶持资金的投入，加快重点渔港码头、大型修造船厂、水产品批发市场和围垦工程等一批海洋基础设施和重大项目建设。鼓励和扶持发展高产优质高效养殖品种。市政府每年重点扶持3家以上上规模、上档次的海淡水育苗科研基地；沿海县（区、市）政府每年重点扶持2家以上设施配套、功能齐全的育苗科研基地。支持拓展外海捕捞和开发远洋渔业，对更新改造的400匹马力以上的外海捕捞钢质渔轮、灯光围网、机钓渔船，其所需的贷款，财政按贷款额度给予适当贴息。重点扶持中上层鱼类及低值鱼类的精深加工和综合利用，凡新建或扩建的、年产值500万元以上的水产品加工企业，财政部门给予适当贷款贴息扶持。支持发展海洋旅游企业，各级财政部门对于企业在一定期限内的金融贷款给予适当贴息。扶持海洋科技发展，县（区、市）科技三项费用支出中应安排不低于10%的资金用于海洋科技投入；经市渔业和科技主管部门认定，达到推广条件的民办水产科研所，财政给予补贴开办费。加强海洋资源调查勘探的投入，实行资源有偿使用，征收的资源补偿费主要用于勘探经费。抓紧建设海上环保事故应急处理指挥中心，财政给予必要的扶持。

金融机构要大力支持海洋经济的发展，有条件的要设立海洋科技开发专项贷款基金和企业联合担保基金，为海洋技术开发、推广和海洋产业提供有力保证。特别是对预期效益好的渔港码头等基础设施，高附加值、高商品率、高创汇率的产品以及海洋高新技术的应用项目，各金融机构要主动、及早介入，参与可行性调研、论证和项目效益评估，优先给予信贷扶持，并在贷款利率上给予优惠。

积极引进和利用侨台港澳资金和外国资金参与海洋开发，兴办海洋新兴产业。加强泉港、泉澳、泉台经济交流与合作。争取外国政府和国际金融组织的优惠贷款。

活跃民间投资主体，鼓励企业和社会力量采取股份制、股份合作制等多形式、多渠道筹集资金，发展海洋经济。支持海洋企业集团和股份有限公司争取发行债券、股票，集中优势财力推动海洋经济快速发展。

2. 税费征收倾斜。鼓励开发荒水、荒滩、荒岛，对新开发生产农业特产品的，自开始收入时起一至三年免征农业特产税。科研单位发展优高品种养殖和苗种基地建设，在优高品种试验阶段，免征农业特产税。支持远洋捕捞渔业，其远洋捕捞渔船生产的水产品免征生产环节的农业特产税。对水产业生产的各种动物初级产品，适用低档税率的按13%征收增值税；对直接从事水产品的养殖、捕捞的单位以及个人销售自产的水产品，暂免征收增值税。鼓励海洋高新技术产业，经省科委认定的新办高新技术企业，从获利年底起，两年免征所得税，第三年至第五年按15%税率减半征收所得税；对省科委认定的高新技术企业，属于老企业达到标准的，从认定年度起，两年免征企业所得税，免税期满后减按15%税率征收企业所得税。扶持航运企业，参照对外贸易部门的做法，给予航运企业所得税一定的退税指标。对于货物从泉州口岸出口的生产经营企业，税务部门应按有关规定确保优先退税，足额退税。加大治理水上“三乱”力度，严格执行各种收费标准，实行政府统一的收费卡制，航运企业港口使用费在国家政策允许的范围内适当减收30%～50%。

3. 土地使用倾斜：在严格执行泉州市土地利用总体规划的前提下，对发展海洋经济所需的用地指标和应收缴的费用予以重点倾斜和优惠。开发未确定土地使用权的国有荒滩，从事渔业生产的单位或个人按规定办理审批手续后，享有不超过50年的土地使用权，在使用期限内允许继承、转包；使用期满后，在同等条件下可优先承包经营、租赁经营。涉及海洋经济项目征用土地应当支付的土地补偿费、安置补助费以及青苗、地上附着物补偿费等费用，酌情按比例予以减付。农业综合开发项目中直接为农、林、牧、渔业生产服务自用的管理房、仓库等，不属于改变用途从事非农建设的，可不办理农地转用手续。

4. 人才培养倾斜。加快海洋科技和管理人才的培养、引进和教育步伐。从机关、事业单位、非公有制企业以及外地引进海洋经济各业所需的人才，特别要引进海洋生物、海洋化学、海洋医药、海洋能源以及航海管理、航海通信等紧缺、急需的高、中级专业人才和特殊技能者。要在住房、工资福利待遇、专业技术职称评聘、子女就学等方面给予他们特别的优惠。发展海洋职业技术教育和在职管理人员、职工的继续教育，全面提高从事海洋产业劳动者的基本素质。

5. 科技发展倾斜。大力提供运用高新技术改造传统海洋产业，发展海洋新兴产业，加快海洋经济结构调整。引进国内外先进技术、设备和资金，通过科技推广、联合攻关、服务咨询、独资经营、股份经营等多种形式，改造、提高我市海洋捕捞、海洋运输和海水制盐等传统产业，兴办海洋生物、海洋能源，海洋医药、海洋环境保护等新兴产业。特别是要积极开展对台海洋科技交流与合作，利用其技术、资金和管理经验推动海洋经济的快速发展。鼓励和扶持海洋科技开发实体、科工贸联合体以及专业化、系统化、社会化海洋科技服务实体的发展，建设一批科技兴海示范区、示范企业（场）。

（二）管理协调政策措施

强化泉州市发展海洋经济领导小组的管理协调职能，负责全市发展海洋经济的重大决策和协调工作。领导小组下设办公室，负责日常事务办理工作，抓好各种政策措施的落实，并协调环保、渔政、港务、港监、海事、公安、缉私等单位，做好海上重大或紧急事件的协调处理和执法工作。各沿海县（市、区）也要成立相应机构，行使相应职能。要积极组织实施《泉州市海洋经济发展规划》。计划、土地、科技、水产、规划等部门要从全局性、综合性和长远性的需要，抓紧制定沿海海域大比例尺的功能区划。负责水文、水质、地理等资源管理的有关部门要制定专项发展规划。海洋经济各业主管部门要根据本行业实际，制定行业发展规划。

（三）海洋保护政策措施

坚持生态保护与污染防治并重的方针，实施海洋开发可持续发展战略。深入宣传贯彻《海洋环境保护法》，进一步提高社会各界对保护海洋资源和环境重要意义的认识。全面、系统开展海洋资源和环境容量调查，为合理开发和利用海洋资源提供可靠的科学依据。海洋资源实行有偿使用制度和许可证制度，严禁掠夺性开发、生产。坚持陆海并重、防治并举的方针，加强对现有陆地污染源和海岸工程的管理，建立污染源档案，推行排污许可证制度。加强环境、水产、港务、港监、海事等部门的协调，充分发挥“泉州市海域污染应急处理中心”的作用，确保海洋环境不受污染。建立健全防灾减灾和保险保障体系。加强海上自动监测和海洋气象预报，建设海岸防护工程、水利工程和沿海防护林工程，组建渔民互助保险基金会，建立海上救助机构，增强抵御自然灾害和弥补海难事故损失的能力。严格执行国家和省有关海洋资源开发、管理以及环境保护的法律，严惩各种违法、违规行为。

沿海各级党委、政府及有关部门要把发展海洋经济作为加快泉州经济社会发展的重要战略举措抓紧抓好，根据本决定精神，尽快制定实施办法，逐级实行目标责任制，务必把各项工作落到实处，共同推进海洋经济快速发展，实现再造一个“海上泉州”的战略目标。

中共泉州市委 泉州市人民政府
关于进一步加快开放型经济发展若干问题的决定

（2001年5月18日）

开放型经济在泉州国民经济发展中占有重要的地位。面对我国即将加入世贸组织的历史机遇，为进一步扩大对外开放，加快泉州经济现代化、国际化进程，促进国民经济持续快速健康发展和社会全面进步，特作如下决定：

一、发展开放型经济的指导思想和基本要求

1. 指导思想：以党的十五大、十五届五中全会和省委六届十二次全会、市委六届八次全会精神为指导，坚持“党政一把手亲自抓、分管领导具体抓、上下左右共同抓”的原则，紧扣发展这一主题，适应我国即将加入世贸组织的新形势，积极合理有效利用外资，千方百计扩大出口，加快实施“走出去”战略，切实提高泉州对外经贸的整体竞争力。

2. 基本要求：营造一个环境，突出两个重点，抓好三个突破，实现四个转变。营造一个环境，即努力为外向型经济发展营造一个综合配套的优良环境，让投资者满意，助投资者获利。突出两个重点，即全力扩大利用外资规模，提高利用外资质量和水平；切实提高企业出口能力，变供货大市为供货和出口大市。抓好三个突破，即投资载体、招商队伍和项目库建设要有新突破；对台经贸要有新突破；引进大型项目方面要有新突破。实现四个转变，即招商引资由被动、单一传统方式向主动、多元、科学化方式转变；外资来源由台港澳资金为主向台港澳侨欧美日资金并重重点突破台资转变；引进项目规模由中小项目为主向大中小项目并举、集中力量引进大财团、大项目转变；引进外资项目层次及外贸出口商品结构以劳动密集型为主向劳动密集型、资金密集型、技术密集型并重转变。

二、积极合理有效利用外资，进一步提高利用外资的质量和水平

3. 积极建好项目库。对外招商项目的筛选储备是利用外资的重要基础性工作。要根据我国加入世贸组织后对外开放领域进一步扩大的趋势，遵循国家产业政策和我市“十五”计划及产业结构调整要求，把外商投资重点和方向引向基础设施、重点产业、高新技术产业、农业、环保产业以及旅游、金融、商业、运输、中介服务等第三产业。要把握好招商项目前期工作所特有的超前性、技术性、政策性、滚动性、针对性等特点，认真研究筛选一批具有市场潜力大、投资回报好、有发展后劲、对外商有吸引力的招商项目。对产业关联度好、科技含量高、市场占有率大的项目，要实行以项目带政策，以提高项目的吸引力。招商项目要有明确的项目业主或承办单位，项目深度应达到预可行性研究以上。各级各行业主管部门要高度重视，加强领导，组织力量，扎实做好项目筛选储备工作。计划部门要认真进行项目筛选、论证、审核；外经贸、经委、财委、科委、建委、农办、旅游、环保等部门要主动配合、加强协作。同时注意发挥经济顾问组、中介组织及社会各方面力量在项目库建设中的积极作用。

4. 加强招商队伍建设。要适应招商工作面临的新形势，努力建设一支政治素质好、业务能力强、懂政策、懂外语、了解国际惯例的高素质招商队伍。通过定期举办招商业务知识讲座，选送优秀招商人员进院校深造、出国培训等办法，使招商人员在知识层次和业务水平上不断适应开放型经济发展的要求。要学习和借鉴外地的成功经验，适时组建专司招商工作的招商局或投资促进中心。通过建立专业招商机构与聘请境内招商顾问、选好境内外招商代理、设立境内外招商点等社会化多元化招商方式，延伸我市招商引资触角。

5. 加强投资载体建设。工业园区是开放型经济重要增长点，也是外资项目的重要承载体。各地要下大力气抓好工业园区建设。在当前土地供需矛盾突出的情况下，要充分开发未利用土地，有效地整合和盘活闲置土地资源。要扩大清濛科技工业区规模，加强科技招商工作，提升品位，加快发展，以现有的生产力促进中心为主体，建设高新技术创业服务中心，把它作为我市的“企业孵化器”，并加快博士后工作站、高校创业园、留学回国人员创业园的建设，提升园区科技含量。要结合沿海繁荣大道建设，着手规划和建设面向未来发展的市级工业园区。每个县（市、区）至少也要形成一至两个高起点、上规模、配套好的工业园区。要加快工业园区道路、供水、供电、通信等基础设施建设，健全完善金融、保险、通关及中介服务机构，充分发挥工业园区对外开放的窗口和示范效应，提高服务质量和水平，下决心造就“高效率”“无费区”“零投诉”的小气候、小环境，努力与国际通行的管理规则接轨。

6. 抓好项目跟踪服务。要大力构建与国际惯例接轨的管理网络和高效率的办事程序，建立健全项目审批的一条龙服务、企业建设过程的全方位服务和企业开工投产后的经常性服务等“三个服务体系”。各级各部门要定期对已签约项目进行全面梳理过滤，加大跟踪服务力度，力促意向变为合同，合同尽快履约。要为现有企业提供良好服务，促使企业增资扩营，抓好扩大规模的外延扩大再生产与进行企业技术改造的内涵扩大再生产，引进关联企业和配套服务项目，带动上中下游产业发展，延伸产业链。

7. 强化招商工作力度。招商引资工作牵涉面广、工作量大，必须各级各部门领导主动协力抓，全社会力量共同参与。城市基础设施建设利用外资项目由建委牵头，交通局、公用事业局、环保局、土地局等部门配合；交通、公路、港口利用外资项目由交通局牵头，计委、建委、规划局、土地局等部门配合；环保利用外资项目由环保局牵头，计委、建委、规划局等部门配合；农业利用外资项目由农办牵头，农业局、林业局、水产局、水电局、土地局等部门配合；第三产业利用外资项目由计委、财委牵头，旅游局、土地局、粮食局、供销社、人民银行等部门配合；社会事业方面利用外资项目由宣传部牵头，计委、教委、体委、卫生、文化、广电等部门配合；工业方面利用外资项目由经委、乡镇企业局牵头，计委、外经贸委、土地局配合；高新技术利用外资项目由科委牵头，计委、外经贸委配合；石化加工利用外资项目由计委牵头，泉港区及市经济顾问组配合。从获得项目信息开始，各级各部门应指定专人参与接待洽谈、跟踪管理，做到全过程介入。对重大项目，由市直各部门、各县（市、区）和项目单位共同组成项目班子，主要领导为第一责任人，各负其责，一抓到底，务求落实。外经贸委、外事侨务办、台办等职能部门要充分利用多种渠道，收集提供信息，联系挖掘项目，邀请境外客商来泉考察；各驻外联络处要注意捕捉国际著名公司的商贸投资信息，及时向相关部门反馈。对有投资意向的驻华外国公司，各级各有关部门领导要定期走访，加强联系，做好工作。特别要把“引资”和“引智”结合起来，努力引进现代化建设急需的项目、资金、技术、人才、信息和管理等资源。

8. 争取泉台经贸合作实现新突破。要坚持“加强台港澳、巩固东南亚、拓展欧美日”的招商引资方针，在继续发挥侨乡优势，对东南亚和港澳地区招商的同时，争取引进跨国公司、大财团和实现泉台经贸合作新突破。要深入研究海峡两岸相继加入世贸组织后加强合作的新途径、新方式和新领域，继续加强与台湾中小企业及泉台农业、服装、电子、石化、建材等方面的合作，尽快推出一批“炼化一体化”配套项目，把承接台湾第三波高科技产业的转移作为引进台资的重点。要抓紧制订我市重点产业利用台资规划，明确阶段性目标，想方设法吸收台湾大企业来泉投资。要组织小型精干的专业性和针对性较强的团组上岛招商。要切实帮助台资企业解决生产经营中的困难和问题，加强围头等对台贸易点的建设，完善设施，加强管理，不断扩大泉台民间贸易。

9. 建立项目责任体系。一是项目首谈负责制。由项目首次接触、洽谈的县（市、区）或市直有关部门负责，全力跟踪、推进、落实，以项目落户泉州为前提，形成规范有序的工作机制，避免不良竞争。二是重大项目信息报告制。对在招商引资过程中有关项目洽谈、政策优惠、收费项目及收费标准等发生重要变化的信息，对合作双方谈判中存在的重大分歧，对投资者和企业的重大投诉事项，对有令不行、有禁不止或者因工作疏忽造成不良影响的重大问题，要及时向上级领导及主管部门汇报，尽快妥善解决。三是项目定期会商制。由市外资办牵头，对重点项目定期组织集体会商，认真协调解决项目审批、投建中出现的问题。四是“一把手”工作推进制。对重大项目，主要领导要亲自过问；对重大项目信息，主要领导要亲自掌握；对重大项目的外方重要代表来泉，主要领导要亲自接待，对重大项目洽谈、建设过程中遇到的问题，主要领导要亲自协调处理。

10. 实行严格的考核和奖惩制度。从今年起，市及县（市、区）财政都要建立利用外资奖励资金，对全面完成市委、市政府及各县（市、区）委、政府下达的利用外资年度主要目标任务；对促成重大项目落户；对招商引资有功的单位或个人进行奖励。一是设立目标管理奖。对超额完成年度利用外资主要指标的授予“年度目标管理先进单位”，并给予奖励。二是设立重大项目目标管理组织奖。对认真组织协调，引进合同外资额超500万美元的第一产业项目、合同外资额超1000万美元的第二产业项目，以及引进基础设施和第三产业等重点外资项目的授予“年度重大项目目标管理组织先进单位”，并给予奖励。三是设立重大项目引进突破奖。对引进世界500强企业和台湾100家大企业来泉投资有突破的授予“年度重大项目引进突破先进单位”，并给予奖励。四是继续实行利用外资引荐奖。对成功引进外资在我市兴办国家《外商投资产业指导目录》中鼓励类和限制甲、乙类（不含经营性房地产开发）的外商投资企业的境内团体、企事业单位、中介机构或个人（不含涉外部门公职人员工作职责范围内招商引资工作）及境外有关人员或机构实行奖励，具体奖励办法按照《泉州市人民政府关于鼓励招商引资的暂行规定》执行。与此同时，对完不成市委、市政府下达的年度利用外资主要指标的单位给予通报批评，并责成该单位作出说明，提出整改意见。

三、努力扩大对外贸易，推动外贸出口上新台阶

11. 优化出口商品结构。积极实施“科技兴贸”和“以质取胜”战略，以国际市场为导向，加大高新技术改造传统产业的力度，加快优化出口商品结构。以技术创新为突破口，引导企业加快新产品研发，提高企业和产品的竞争力。要以加入世贸组织为契机，引导企业增强品牌意识和商标意识，鼓励更多的企业申请ISO 9000系列和ISO 14000系列质量体系认证。各县（市、区）要积极推动一批已有适当生产规模和出口优势的产品，进行技术改造，培育品牌产品，提高附加值和竞争力，促进对外贸易从劳动密集型向技术、资金密集型转变，从受托加工向自营加工、自主开发转变，从简单加工向深度加工转变。

12. 调整出口商品市场布局。要在巩固传统市场基础上，加大欧、美、日等发达国家出口市场的开发力度，组织更多适销对路的产品进入中东、东欧及独联体、非洲、拉美等潜力巨大的市场，努力扩大我市产品在上述国家和地区占有率。运用现代信息技术发展电子商务，开拓网上市场。组织各类外经贸企业参加知名的国际展览、展销会，进一步开拓市场，健全销售网络，完善售后服务。

13. 壮大外贸经营队伍。各县（市、区）要抓住我国即将加入世贸组织的有利时机，引导各类企业积极申报进出口经营权，并在政策扶持、业务指导和人才培训等方面提供帮助，努力争取扩大企业出口。要继续推进国有外贸企业产权制度改革，减持国有股，扩大员工持股比例，调动企业员工的积极性，提高外贸企业整体竞争力。

14. 加大对重点出口企业扶持力度。要加强关贸、银贸、税贸合作，努力为企业出口创造较为宽松的环境。要兑现国家及省、市扶持外贸出口的各项政策，协助企业做好出口奖励、贴息的核实和兑现工作，及时办理有关退税单证，加快退税进度。要认真执行《泉州口岸改善通关环境十条措施》，优化通关环境。市委、市政府每年将确定一批年出口额达到一定规模的企业为重点出口企业，并给予必要的扶持。实行“五优先”，即优先安排参加国内外交易会；优先安排国际市场参展补贴；优先安排出口退税和贷款基金；优先办理银行承兑汇票、贴现、进口押汇、出口押汇、打包贷款和封闭贷款；优先办理企业业务主管和主要外销员出国、出境手续。要引导企业依法经营，遏制走私、骗税、逃套汇和制假售假等违法行为。

四、大力发展对外经济技术合作，增强我市企业开拓境外市场的能力

15. 加快实施“走出去”战略。要积极鼓励我市企业以市场为导向，以贸易为先导，以效益为中心，抓紧实施“走出去”战略。一是以建立营销网络为先期目标。市及县（市、区）财政要设立国际市场开拓专项资金，鼓励企业积极参加国内外知名博览会、展销会，大力开拓国际国内两个市场。对各类重点出口企业给予一定的出国展销摊位费补贴。二是依托省里在境外设立的分销中心及晋江市在匈牙利的商品分拨中心等，大力拓展境外市场。三是实施外贸外经结合，积极开展境外加工贸易。要抓紧确定开拓国外市场的重点领域、重点项目、重点产品以及相关措施，充分运用我市拥有的对发展中国家比较适用的技术和产品，积极组织有条件的企业到中东、拉美、东欧、东南亚等国家或地区发展贸易、开拓市场、投资办厂，进行经济技术合作。各级外经贸部门要积极主动地向企业提供重点地区、重点国家的经济概况、贸易投资政策、风俗习惯等信息，引导企业经过大量商情调研，在建立自己的营销网络和渠道的基础上，到国外投资办厂，带动境外劳务合作和加工贸易投资。四是努力实现对外承包工程的恢复性发展。对外承包工程要转变经营方式，加强联合开发，实施重组整合，拓宽发展领域。要重点扶持和推动省五建、省公路一公司等与中泉公司合作，通过各种形式的联合，实现优势互补，积极开展境外工程承包，带动成套设备、建筑材料和技术劳务出口。五是切实加强管理，扩大对台渔工劳务合作。

五、实施环境优化工程，树立对外开放的良好形象

16. 努力实施环境优化工程。要在继续加强基础设施体系建设的同时，从政策环境、服务环境、法制环境、生态环境入手，营造一个富有凝聚力、吸引力、竞争力的投资和发展环境，促进我市扩大对外开放。各县（市、区）和市直各部门都要围绕优化环境制订出切实可行的办法和措施，主要领导对环境优化工程建设要亲自抓、负全责。

17. 积极做好我国即将加入世贸组织的应对工作。要加强对世贸组织有关规则和机制的研究和应用，深入研究并充分运用好过渡期保护政策，使我市产业更好地规避风险。要根据世贸组织规则，把规范产品的技术标准和环境标准作为一项重点工作来抓。要组织人员对世贸组织的主要成员国和我市产品的主要出口国的法律法规、关税、市场准入法规进行重点研究，并加强对企业的指导。要加大对世贸组织知识的普及、培训和研究力度，选派人员参加国家、省举办的应对入世培训班。由贸促会、商会、外商投资企业协会、台商投资企业协会及各行业公会分别牵头组织企业入世研讨活动，加强加快对世贸组织有关规则和机制的研究和运用。

加快政府职能和经济管理方式的转变。一是转变思想观念和工作方式，增强为企业服务意识，提高部门之间的协作协同能力，建立与世贸组织规则相适应、相接轨的行政管理体系和对外经贸的支持、服务、促进体系。二是继续推进政府审批制度改革，逐步建立适应社会主义市场经济要求的政府审批制度。上半年完成市级政府部门的审批制度改革，下半年完成各县（市、区）审批制度改革。三是认真组织清理涉及对外经贸的规范性文件。对清理后保留及重新修订的规范性文件要汇编成册，并向社会公布。四是增强政策的统一性和透明度，凡是与企业有关的政策、规定，原则上都应予以公布；一般性的投资贸易政策，应及时在政府指定的信息网上发布。

18. 切实抓好效能建设。进一步完善岗位责任制、服务承诺制、限时办结制、否定报备制、首问责任制、效能考评制和失职追究制等，更好地服务企业。继续坚持定期召开外商投资企业总经理座谈会暨政策说明会、口岸联席会、外商投资企业投诉接待日、重点项目跟踪责任制、领导现场办公、联合年检、检查登记许可制等行之有效的各种制度。在全市范围内普遍实行延时服务、预约服务、代办服务、宾客式服务，随时协调解决企业在建设、生产、经营中遇到的困难，增强外商投资信心。

19. 继续清理税外费。按照《关于促进外商投资进一步发展的若干规定的通知》（闽政〔2000〕文190号）和《关于印发福建省涉及外商投资企业税外收费项目目录的通知》（闽政〔2000〕5号）的规定，进一步清理税外收费，凡未列入《目录》的收费项目，一律停止征收。按照国家计委等6部办委《中介服务收费管理办法》（计价格〔1999〕2255号）精神，规范涉及外商投资企业的中介服务收费，禁止属于转移政府部门职能的收费行为；经同级政府主管部门批准的对外商投资企业举办培训班，必须严格按照《福建省培训班收费管理办法》（闽价〔1999〕费字126号）规定的标准收费，禁止以办班为名进行乱收费。

20. 规范对外资企业检查行为。下大力气彻底解决随意对外资企业进行检查的问题。对外商投资企业的检查应由有权检查机关实施，有权检查机关须经同级政府确认，并实行检查登记制；凡进入外商投资企业执行检查任务的人员，一律要向被检查企业出示由县（市、区）以上有权检查机关负责人签署的检查许可证明；每次检查完毕，应向被检查企业开具检查登记证。各级政府纠风办对各类检查实行监督，凡未按规定擅自到外商投资企业检查，或不如实填写检查登记证的，或借检查之名，向企业乱收费、乱罚款、乱摊派的，除不正当收入要退还企业外，还要追究检查单位的责任，并视情对有关当事人和单位领导给予纪律处分。

21. 建立投资环境评议评价制度。各级党委、人大常委会、政府、政协要加大对开放型经济发展各项工作的检查督促。各新闻媒体要加大舆论监督，对发现的问题要进行曝光，市纠风部门对解决问题不力的部门和个人要坚决处理。市效能办和外资办对全市有关涉外部门的工作效率、服务质量、执法水平、政策落实的程序等组织评议评价，并通报评议评价结果。评议评价结果作为单位评先、公务员考核、干部任用的一个重要依据。评议评价工作每半年进行一次，以有效形成改善投资软环境的促进机制。

22. 形成全社会关心、支持开放型经济发展的良好局面。各级各部门要增强服务意识，加强协调配合，改进工作作风，提高工作效率，努力在全市营造一个领导高度重视、部门支持配合、群众积极参与的发展开放型经济的良好局面。宣传、新闻等部门要通过各种形式和途径，加强对内对外宣传，形成一个全社会共同关心、支持开放型经济发展的舆论氛围，进一步扩大泉州在海内外的影响和知名度，让世界更多地了解泉州，让泉州更好地走向世界。

决定自发本文之日起执行。各县（市、区）、市直各部门要根据本决定精神制订具体实施意见。

全面实践“三个代表”重要思想 为在全省率先基本实现现代化而努力奋斗

——在中国共产党泉州市第九次代表大会上的报告

（2001 年 9 月 24 日）

同志们：

在全市人民深入学习贯彻江泽民总书记“七一”重要讲话精神、努力实践“三个代表”重要思想的新形势下，中国共产党泉州市第九次代表大会隆重召开了！大会的指导思想和主要任务是：以邓小平理论和江泽民总书记“三个代表”重要思想为指导，全面总结市第八次党代会以来我市两个文明建设和党的建设的成就和经验，确定今后五年的奋斗目标和工作任务，选举产生新一届市委、市纪委领导班子和出席省第七次党代会的代表，进一步动员和团结全市广大党员和人民群众，围绕我市改革、发展和稳定的大局，以经济建设为中心，解放思想，抢抓机遇，奋发努力，扎实工作，为把我市建设成为富裕、文明、安定的工贸旅游港口城市，在全省率先基本实现现代化而奋斗。

现在，我代表中共泉州市第八届委员会向大会作报告，请予审议。

一、过去四年工作的回顾与新世纪初的展望

市第八次党代会以来，我们走过了四年不平凡的历程。四年前，我市正处于由第二步战略目标向第三步战略目标迈进的关键时期，市委提出了到 2002 年，全市国民经济综合实力继续居全省前列，人民的小康生活更加宽裕，物质文明和精神文明共同进步的奋斗目标。四年来，我们高举邓小平理论伟大旗帜，认真贯彻党的十五大精神，努力实践“三个代表”重要思想，审时度势，先后召开了十次市委全会，作出了建设一支高素质干部队伍、实行依法治市、加强和改进农业农村工作、加快实施科教兴市战略、推进国有企业的改革和发展、制定国民经济和社会发展“十五”计划、坚持从严治党方针等一系列关系全局问题的重大决策部署；组织了市党政代表团赴浙江、上海、江苏等发达地区考察学习，走出泉州看泉州，取人之长，补己之短，进一步理清了我市加快新一轮发展的思路；按照省委的要求，就我市“增强经济发展后劲、增进精神文明建设实效、提高为人民服务质量、增强党的建设活力”这四个专题和“农村抓乡镇、城市抓社区”这两个基础工作开展了深入的调查研究，提出了初步的对策措施。这一系列重大举措，有力地推动了我市经济社会健康协调发展。

生产力水平上了一个台阶，综合经济实力保持在全省前列。国民经济持续、快速、健康发展，国内生产总值在去年突破千亿元大关后，预计今年可达 1160 亿元，比 1997 年增长 63.4%；财政总收入可达 68 亿元，比增 85.3%。继晋江、石狮、南安之后，惠安也跨入全国百强县（市）行列，全市七县（市）全部进入福建省经济实力十强或经济发展十佳，新设立的鲤城、丰泽、洛江、泉港四个区经济总量迅速壮大。经济结构调整迈出新步伐，三次产业比例由 9.9 ∶ 51.7 ∶ 38.4 调整为 7.5 ∶ 53.5 ∶ 39。纺织服装鞋业等传统优势产业优化升级，石油化工等新的产业长足发展，企业创名牌意识进一步增强，涌现出安尔乐、富贵鸟两个中国驰名商标及一大批省著名商标。农业基础地位进一步巩固，惠安走马埭等一批农业产业化基地逐步形成。改革开放向纵深推进，市场机制在配置资源中已明显地发挥基础性作用，开放型经济进一步发展。科教兴市和可持续发展战略扎实推进，经济发展质量进一步提高。

基础设施日臻完善，城乡面貌焕然一新。交通、通信、电力、水利等一批关系全局的重大基础设施项目相继建成，基础设施实现由基本适应型向适度超前型转变。海陆空综合立体交通网络进一步完善，福泉高速公路泉州段建成并率先投入营运，港口吞吐量位居全国沿海大型港口第 16 位，泉州晋江机场跻身全国 50 个大空港之列。现代化通信网络迅速形成，城乡电话用户超过 160 万户，信息化、数字化、智能化步伐加快。供电设施和网络更加完善，年供电量继续位居全省首位。晋江下游防洪堤工程等重点水利设施建设力度加大，防洪抗灾能力进一步提高。中心城市继续“东进、南下、西拓”，建成区面积由17.95平方公里扩大到43.85平方公里，给排水和垃圾、污水处理等市政设施日渐配套完善，历史文化名城的保护更新和城市绿化、美化、净化工程的实施，使古城更加亮丽。泉州已成为福建省三大城市之一，“半小时城市群”初步形成，小城镇建设步伐加快，旧村改造、新村建设稳步推进，全市城市化水平已达39%。

人民群众生活水平普遍提高，由基本小康开始向宽裕型小康迈进。农村小康建设成果进一步巩固和发展，沿海经济发达地区和部分山区开始走向宽裕型小康。多种所有制经济共同发展，人民群众就业门路拓宽，收入水平普遍提高。农民人均纯收入和城镇居民人均可支配收入已分别居全省第一位和第二位。城乡最低生活保障线得到落实，边远贫困村、少数民族聚居村和革命老区基点村的扶贫攻坚工作成效显著。人民群众衣、食、住、行、用条件进一步改善，教育文化、旅游娱乐、卫生保健等消费增加，电脑、汽车进入更多家庭。

精神文明建设迈出新的步伐，民主法制建设富有成效。宣传思想、新闻舆论和道德建设工作进一步加强，群众性精神文明创建活动进一步深化，“求是、团结、务实、创新”的泉州精神进一步弘扬。科技、教育、文化、卫生、体育、广播、电视等社会各项事业和计划生育、双拥工作、普法教育取得可喜成绩，获得全国科教兴市先进城市、全国卫生先进城市、中国优秀旅游城市、“全国双拥模范城”四连冠、全国法制宣传教育先进城市和全国民族团结进步模范集体、全国戏剧“文华奖”、“群星奖”等荣誉。社会主义民主法制建设取得新的进展。人大依法履行职责，政协积极发挥作用，爱国统一战线发展壮大。依法治市扎实推进，社会治安综合治理工作得到加强，获得全国社会治安综合治理优秀市称号。

党的建设全面加强，保持了先进性和纯洁性。领导干部“三讲”教育活动和农村“三个代表”重要思想学习教育活动取得初步成效，党员干部思想政治素质增强。坚持干部“四化”方针和德才兼备原则，扎实推进干部人事制度改革，树立了正确的用人导向。党的基层组织建设不断加强，尤其是非公有制经济组织和农村党建工作成效突出，涌现出美岭村、凤竹集团、钻石公司等一批全国、全省党建工作先进典型。党员队伍不断壮大，发展新党员25600多名。党风廉政建设责任制进一步落实，领导干部行为得到进一步规范，干部教育、管理、监督进一步加强，公开办事制度全面推行，机关效能建设扎实开展，查办违纪违法案件力度加大，腐败现象得到遏制，绝大多数干部经受住了考验。

泉州市第八次党代会以来的四年，是经济社会发展再创新辉煌的四年，是人民群众生活明显改善的四年，也是党的建设充满生机和活力的四年。四年来我们所取得的成绩和进步，是在省委的正确领导下，在历届地、市委打下的良好基础上，全市各级党组织励精图治和广大干部群众共同奋斗的结果，是各民主党派、工商联和社会各界人士精诚团结、齐心协力的结果，是人民解放军驻泉部队、武警部队大力支持、无私奉献的结果，也是港澳台同胞、海外侨胞和国际友人热忱帮助、真诚合作的结果。在此，我谨代表中共泉州市委，向所有关心和支持我市两个文明建设、为我市改革与发展做出贡献的同志们和朋友们表示衷心的感谢！

我们也清醒地看到，在工作中还存在不少问题，主要是：经济结构调整步伐不快，农业基础仍较脆弱，企业规模偏小、创新能力不强、名牌产品不多，经济运行质量和效益有待进一步提高；投资环境缺乏较强的吸引力，高科技和高级管理人才缺乏，城市化落后于工业化，经济发展的优势和潜力没有充分发挥；人口增长、经济发展给资源和环境带来的压力越来越大，可持续发展面临着严峻挑战；少数干部宗旨意识不强，官僚主义、形式主义仍然存在，消极腐败现象尚未得到根本遏制，社会治安状况和市场经济秩序还不能令广大干部群众满意。我们要正视这些矛盾和问题，采取有力措施加以克服和解决。

四年来，我们在工作中也积累了一些经验。认真总结并结合实践的发展充分运用这些经验，对于我们的事业继往开来具有十分重要的意义。

——必须始终坚持党的思想路线，解放思想，实事求是。始终高举邓小平理论伟大旗帜，把解放思想、实事求是贯穿于一切工作之中，从泉州实际出发，认真贯彻党的路线方针政策，创造性地开展工作。着眼于新的实践和新的发展，坚持“三个有利于”标准，坚定走“以市场经济为主，外向型经济为主，股份合作制经济为主、多种经济成分共同发展”的具有泉州特色的经济发展路子，敢于试，敢于闯，锐意创新，与时俱进，不断开创工作新局面。

——必须始终坚持“发展才是硬道理”，抢抓机遇，加快发展。始终抓住经济建设这个中心，把发展作为主题，明确发展思路，制定发展战略，落实发展措施。十分注重实实在在的发展、协调的发展和可持续的发展。通过加快发展，凝聚人心、增进团结，落实中央和省委的决策部署，解决前进中的困难和问题。

——必须始终坚持改革开放不动摇，大胆探索，增创优势。始终以改革统揽全局，围绕建立比较完善的社会主义市场经济体制目标，加大以市场为取向的改革力度，为经济建设和社会事业发展注入生机和活力。充分发挥我市毗邻台港澳和侨乡优势，加强投资环境建设，加大招商引资力度，积极利用国内外两个市场、两种资源，大力发展开放型经济。

——必须始终坚持“两手抓，两手都要硬”，相互促进，协调发展。始终把精神文明建设放在十分重要的战略位置，加强思想道德建设，发展科学文化事业，大力培养“四有”公民，为改革开放和现代化建设提供思想保证、精神动力和智力支持，实现两个文明建设共同进步。正确处理改革发展稳定的关系，坚持稳定压倒一切，严厉打击各种犯罪活动，维护社会安定稳定。

——必须始终坚持依靠人民群众，凝聚力量，共创伟业。始终把实现和维护最广大人民群众的根本利益作为一切工作的根本出发点和归宿，尊重群众的创造，倾听群众的呼声，反映群众的意愿，引导、保护和发挥好各方面的积极性，凝聚全市人民的智慧和力量，集思广益，群策群力，同心同德，艰苦奋斗，不断创造新的业绩。

——必须始终坚持加强和改进党的建设，增强活力，提供保证。始终以邓小平理论和江泽民总书记“三个代表”重要思想为指导，全面加强党的思想、组织、作风建设，坚持党要管党、从严治党，加大反腐倡廉力度，使各级党组织不断提高执政能力和领导水平，增强拒腐防变和抵御风险的能力，加强团结，发挥领导核心作用，为经济社会的健康发展提供可靠的政治保证和组织保证。

今后五年，我们将面临着纷繁复杂的国内外形势。世界政治多极化、经济全球化趋势增强，新科技革命迅猛发展，产业结构调整步伐加快。我国进入全面建设小康社会、加快推进现代化的新的发展阶段。加入世界贸易组织、申奥成功标志着我们将以更加开放的姿态融入世界发展潮流。西部大开发战略全面实施，各地竞相加快发展。可以说，国内外形势的深刻变化和发展趋势，既给我们提供了良好的历史性机遇，也对我们提出了严峻挑战。

今后五年，我们工作的指导思想是：高举邓小平理论伟大旗帜，全面实践“三个代表”重要思想，以省委提出的“四个专题”为着力点，围绕在全省率先基本实现现代化的目标，加快体制创新、技术创新、管理创新，实施科教兴市、产业升级、外向带动、山海联动和可持续发展战略，增强我市综合经济实力，大力建设有泉州特色的先进文化，不断提高城市化水平，重视推进人的全面发展，加强和改进党的建设，努力把侨乡泉州建设成为富裕、文明、安定的现代化工贸旅游港口城市。

今后五年，我们的奋斗目标是：

——经济发展后劲进一步增强，主要经济指标继续保持在全省前列。全市基本实现宽裕型小康，并向2010年全市人均国内生产总值比2000年翻一番以上、2020年在全省率先基本实现现代化的目标迈出坚实步伐。

——精神文明建设进一步取得实效，有泉州特色的先进文化更加繁荣。人们思想道德素质和科学文化水平不断提高，精神世界更加充实向上，文化生活更加丰富多彩。

——为人民服务的质量进一步提高，人民群众获得更多的经济、政治、文化利益。农民和城镇居民人均可支配收入均有较大幅度增加，依法行使民主的权利更加广泛，享受到更好的教育机会、文化成果和生活环境。

——党的建设活力进一步增强，“三个代表”的要求得到充分体现。各级党组织和党员队伍保持先进性和纯洁性，充满创造力、凝聚力和战斗力，更好地团结和带领全市人民夺取改革开放和现代化建设的新胜利。

二、大力发展先进生产力，加快经济建设步伐

大力推进先进生产力的发展，是我市率先基本实现现代化的客观要求。要始终坚持以经济建设为中心，把发展作为主题，把结构调整作为主线，把改革开放和科技进步作为动力，把提高人民生活水平作为根本出发点，促进国民经济持续、快速、健康发展。

（一）坚持把农业放在国民经济首位，进一步发展农村经济

要进一步健全和完善农业发展支持和保障体系。积极保护和开发耕地资源，完善农田水利配套设施，建立防灾减灾体系，改善农业生产条件。坚持依靠科技兴农，积极支持农业科技创新，大力推广优良品种和先进实用技术，努力提高农业科技含量。深化农村各项改革，建立科学规范的土地使用权流转机制，长期稳定以家庭承包经营为基础、统分结合的双层经营体制。

要积极调整农业结构。高度重视粮食安全，稳定粮食播种面积。以优化品种、提高质量、增加效益为中心，加快发展水产、林业、畜牧、茶果、花卉、食用菌各业，做好“山上泉州”和“海上泉州”两篇文章。发挥区域比较优势，发展壮大安溪茶叶、永春芦柑、南安龙眼、德化竹业等特色农业，形成规模化、专业化、商品化的农业生产格局。

要大力发展农业产业化。继续探索农业产业化经营的新模式新机制。积极鼓励和扶持一批重点龙头企业，建设一批企业化运作、规模化开发、系列化经营并且科技含量高、市场效益好、带动作用强的农业产业化示范基地。积极培育农产品知名品牌，提高市场竞争力。加强泉台农业合作与交流，积极引进台湾农业优良品种、资金、技术和生产经营方式，建设一批泉台农业合作示范项目。

（二）加快产业结构优化升级，再造市场竞争新优势

要发挥我市产业比较优势，积极运用高新技术和先进适用技术，改造提高我市纺织鞋服、建筑建材、工艺制品、食品饮料、机械制造五大传统优势产业，壮大产业群体，进一步增强对经济发展的支撑作用；依托现有基础和资源条件，立足高起点，注入高科技，扶持大项目，拓展产业链，培育壮大石油化工、电子信息、旅游服务三大主导产业，形成经济发展新的增长点。建设“数字泉州”，以信息化带动工业化，发挥后发优势，促进生产力跨越式发展。要优化企业组织结构，继续扶持大集团大公司发展，加大中小企业扶持力度，形成专业化生产、社会化分工协作的格局。要大力实施名牌战略，积极推进ISO质量管理体系认证工作，提高产品竞争力。

要着力以市场化、产业化和社会化为方向，放宽市场准入，引进竞争机制，促进服务业发展，提高第三产业在国民经济中的比重。要围绕建设中国最佳旅游城市目标，加强旅游资源开发、整合、推介，突出“海上丝绸之路起点”的主题，打造历史文化名城、惠安女民俗、郑成功史迹、安永德生态风光等特色旅游品牌，发展壮大旅游业。要大力发展现代服务业，积极鼓励多种经济成分参与经营，促进信息、金融、保险、会计、中介、咨询、法律服务等行业快速发展。同时，运用现代经营方式和先进技术改造传统流通业、运输业、餐饮业和市政服务业。要不断适应消费需求新变化，进一步发展以经济适用住房为重点的房地产业，推广和规范物业管理。要加快发展社区服务，改善农村服务条件，拓展教育、文化、健身、娱乐等服务领域。

（三）积极推进改革，完善社会主义市场经济体制

要继续发展多种所有制经济。加大对非公有制企业的扶持力度，促其创新制度，完善机制，增强活力，加快发展，更好地发挥对我市经济发展的重要作用。进一步深化国有企业改革，鼓励各种经济成分参与国有企业改制，实现产权主体多元化。引导和扶持企业进行规范化的公司制改造，逐步建立起现代企业制度，鼓励和引导有条件的企业通过上市，利用资本市场，实现低成本扩张，进一步提高企业素质，

增强竞争力。

要进一步完善市场体系。继续发展商品市场，建设和繁荣一批全国性、区域性商品批发市场，精心组织办好专业展销会，扩大影响，拓展物流。积极鼓励和引导企业不断创新营销模式，建立现代营销网络。积极培育和发展要素市场，促进土地、资金、技术、人才等资源向有发展前景产业、有效益项目流动。

要推进各项配套改革。按照社会主义市场经济的要求，深化财税体制改革和投融资体制改革，进一步建立健全国民经济宏观调节体系。坚持精简、统一、效能的原则，加快行政管理体制和机构改革，加强机关效能建设，提高政府行政效率。

（四）推动全方位多层次宽领域的对外开放，不断提高开放型经济水平

要围绕有利于整合我市经济资源，促进产业优化升级，积极合理有效地利用外资。抓好利用外资项目储备工作，不断创新和改进招商方式。进一步加强外资投向引导，把利用外资战略转到提升质量上来，既争取大项目、大企业尤其是世界 500 强和台湾 100 大的引进工作取得突破性进展，又继续做好技术含量高的中小项目的引进工作；既注重工业项目的引进，又注意三次产业并重；既努力引进国外资金，又积极引进先进技术、现代化管理和专门人才。积极推进工业园区建设，营造载体，形成规模。扶持现有外资企业发展，鼓励增资扩营。继续发挥侨乡优势，进一步做好侨的文章，密切泉港泉澳联系，在相互了解中把握商机，在增进乡情中拓展合作。加强泉台经贸合作，把握好台湾第三次产业转移机遇，着力构筑两岸纺织服装、石油化工等产业优势互补、共同发展的平台，力争在引进台湾电子信息等高新技术产业方面取得新的突破。进一步抓好投资软环境建设，营造亲近外商、吸引外商、服务外商、扶持外商的氛围。

要大力发展外贸出口。深化外贸体制改革，积极培育多元化外贸经营主体，支持重点企业出口。实施科技兴贸和市场多元化战略，优化出口商品结构，巩固传统市场，不断开拓新的市场。实施“走出去”战略，鼓励有比较优势的企业开展境外加工贸易，不断深化国际经济技术合作与交流。同时，鼓励企业加强内联，引资引智，并在西部大开发中抓住更多的商机，争取更大的发展空间。

要适应加入世界贸易组织的需要，培训、培养一批熟悉国际经贸规则的专门人才；提高企业综合素质，增强企业核心竞争力；转变政府职能，深化经济管理方式改革，做好入世过渡期工作，掌握主动权，提高对外开放水平。

（五）推进科技创新，发挥第一生产力的作用

要加强技术创新，引进高新技术，促进科技成果转化为生产力，提高科技对经济增长的贡献率。集中优势力量建设若干个高新技术产业区，办好高新技术企业孵化器、科技人才创业园、博士后工作站和科技中试基地，促进高新技术产业化。加快科技体制改革，推动企业与高校、科研机构进行多种形式的协作，促进产学研相结合，使企业成为技术创新的主体。

人是生产力中最具有决定性的力量。要大力培养一支熟练掌握各种劳动技能的产业工人队伍，造就一大批面向经济建设主战场的高素质人才。在全社会营造尊重知识、尊重人才的环境，建立科学、合理、公平、公正的用人机制，以事业留人、感情留人、待遇留人。制定和落实引进人才的优惠政策，增强我市对人才的吸引力，广纳优秀人才。

（六）培育区域特色经济，推进山海联动发展

要大力发展区域经济，重点培植适合当地发展的主导产业、骨干企业和重点产品，形成各具特色和有比较优势的“块状经济”。沿海地区要继续充分利用有利条件，按照率先基本实现现代化的目标和要求，提高工业化水平，实现更高层次的发展，加快形成湄洲湾南岸石化港口工业区、晋江口科工贸旅游经济区、围头湾地带对台贸易加工区。山区要继续发挥资源环境优势和传统产业优势，加大开放开发力度，尽快促进东西溪流域资源开发生态经济区的形成，逐步缩小与沿海的差距。沿海与山区要继续加强协作，按照“优势互补、互惠互利”原则，实现资源、人才、技术、资金等生产要素的优化配置，加快“对接”，实现“双赢”，促进山海共同发展、城乡共同繁荣。同时，要加大对山区以基础设施建设、生态环境保

护为重点的扶持力度，在项目、资金、人才、技术等方面予以重点倾斜，增强山区自我发展能力。

（七）建设大泉州城市，加快城市化进程

作为全省三大城市之一，要按照现代化大城市的发展方向和要求，进一步完善城市规划，继续推进“八大组团”的开发建设和历史文化名城的保护建设，精心塑造富有特色的城市形态和文化内涵，努力把泉州中心城市建设成为与“一湾”“两江”“四山”和谐相融的山水园林城市。要树立经营城市意识，引入市场机制，盘活城市资源，加快市政设施建设，加强城市管理，增强综合功能，提高中心城市的辐射能力，带动各具特色的次中心城市、山区县城、小城镇的建设以及旧村改造、新村建设的推进。积极改革户籍管理制度，鼓励和引导农村人口向城市和城镇聚集，提高城市化水平。

在建设现代化大城市的进程中，要加快立体交通体系建设。突出港口城市特色，以发展泉州湾中心港区和湄洲湾南岸泉州新港区为重点，完善规划，合理布局，挖潜配套，加快建设，提高吞吐能力，发展集装箱运输，推动港口经济的发展。加快实施后渚大桥、大坪山隧道工程，推进沿海繁荣大道建设，把沿线的港口、铁路、机场、滨海城镇、工业园区、旅游景点等连接起来，形成“一线串珠”格局。积极推动泉州至三明高速公路和沿海铁路的规划建设。

三、把握先进文化的前进方向，不断繁荣有泉州特色的文化

坚持先进文化的前进方向，不断推动文化创新与繁荣，实现物质文明和精神文明协调发展，是现代化建设的必然要求。泉州素有融合中西文化、古今文化的优良传统。要坚持马克思主义的指导地位，继承和保护泉州丰富的历史文化遗产，吸收和借鉴一切对我有用的外来文化，取其精华、去其糟粕，做到古为今用、洋为中用，不断发展丰富有泉州特色的先进文化，进一步提高全市人民的思想道德素质和科学文化素质。

（一）大力加强思想道德建设，在全社会形成共同理想和精神支柱

坚持以德治市和依法治市相结合，把社会主义思想道德建设作为发展泉州先进文化的重要内容和中心环节，努力建立适应社会主义市场经济发展的思想道德体系，全面提高人的思想道德素质，为经济发展和社会进步提供强大的精神动力。

要切实加强和改进新时期的思想政治工作。坚持不懈地用马克思主义、毛泽东思想、邓小平理论和江泽民总书记“三个代表”重要思想教育广大党员、干部和群众，倡导爱国主义、集体主义、社会主义思想，引导人们树立正确的世界观、人生观、价值观，坚定对马克思主义的信仰、坚定对社会主义的信念、增强对改革开放和现代化建设的信心、增强对党和政府的信任。把握正确的舆论导向，唱响主旋律，打好主动仗，以科学理论武装人，以正确舆论引导人，以高尚精神塑造人，以优秀作品鼓舞人。

要不断营造良好的道德风尚。全面加强社会公德、职业道德和家庭美德建设，在全社会形成团结互助、平等友爱、诚实守信、共同前进的人际关系和文明健康的生活方式。做到在发展社会主义市场经济，创造巨大的物质财富的同时，也能培养人们的高尚道德情操。

要大力弘扬泉州精神。“求是、团结、务实、创新”的泉州精神，是我市改革开放和现代化建设实践中形成的宝贵精神财富。新时期我们要不断赋予泉州精神新的时代内涵，深入学习永春美岭村的“艰苦奋斗，铁心拼搏”精神，南安地税局的“勤政为民，廉洁奉公”精神，晋江刑警大队的“特别能吃苦，特别能战斗”精神，惠安惠泉集团的“锐意改革，敢于领先”精神，把广大人民群众参与改革发展的主动性、积极性和创造性，最大限度地调动起来、凝聚起来，共同为实现我市新世纪的宏伟目标而不懈奋斗。

（二）加快发展教育科学文化事业，建设精神文明基础工程

要切实把教育摆在优先发展的战略地位，巩固提高教育“两基”成果，全面实施素质教育，改善农村办学条件，优化教育结构和布局；大力普及高中阶段教育，积极发展职业教育、成人教育、高等教育，力争创办泉州大学；深化教育体制改革，鼓励社会力量办学，发展教育产业，建设教育强市。努力提高科技水平，普及科技知识，引导人们树立科学精神，掌握科学方法，消除愚昧，反对封建迷信。大力发展体育事业，坚持群众体育和竞技体育协调发展，保持体育工作在全省的先进位置。进一步发展卫生保

健事业，积极推进医疗卫生体制改革，建立健全医疗服务网络，提高城乡医疗水平和保健水平。

要坚持“二为”方向和“双百”方针，繁荣文艺创作，生产更多无愧于时代、无愧于人民的优秀作品，提高侨乡文化品位。保护继承、发扬光大地方特色浓郁的“南音、南戏、南少林、南建筑”等传统文化艺术。发展新闻出版和广播电视事业，提高新闻出版物的质量和社会效益，建成配套完善、高效优质的广播电视综合信息网络。加快文化体制改革和文化基础设施建设，积极发展文化产业。坚持一手抓繁荣，一手抓管理，积极开展健康向上的文化活动，全面活跃城乡群众文化生活。加强与台、港、澳地区和友好国家的文化交流。

（三）进一步开展群众性精神文明创建活动，提高全社会文明程度

要围绕创建全国文明城市和国家级卫生城市，深入持久地开展群众性精神文明创建活动。创建文明城市，要积极建设优美的工作和生活环境，全面提高市民素质，推动投资环境优化和城市管理规范化，塑造文明城市形象；创建文明社区，要以建设现代化新型社区为目标，加强社区党的建设，提高社区服务水平，创建安全文明小区，敦睦邻里关系，提倡团结互助友爱，营造社区文明新风；创建文明村镇，要切实增强党的基层组织的凝聚力、战斗力，开展讲科学、除陋习、树新风活动，推进农村精神文明建设；创建文明行业和文明单位，要强化爱岗敬业、服务人民、奉献社会的意识，加强职业道德建设，不断提高服务水平和服务质量。同时，积极探索新形势下双拥工作的新途径，大力开展军警民共建活动，进一步密切军地关系，继续争创全国双拥模范城。加强民兵、预备役部队建设，广泛开展国防教育，提高全民国防意识。

四、努力实现最广大人民的根本利益，全面提高人民生活水平

实现好、维护好、发展好最广大人民的根本利益，是我们一切工作的出发点和归宿。要牢固树立以人为本的思想，把人民的利益举过头顶，诚心诚意为人民谋利益。

（一）全面推进宽裕型小康建设，完善社会保障制度

今后五年，是我市全面建设宽裕型小康社会，并向率先基本实现现代化迈进，使城乡居民的生活水平再上一个新台阶的新的发展阶段。要深入开展创建宽裕型文明村活动，沿海经济发达地区和山区有条件的地方要率先实现宽裕型小康目标，经济基础较差的地区也要立足自我发展，加快宽裕型小康建设。要积极扩大就业，继续发展有比较优势的劳动密集型产业以及就业容量大的服务业，健全劳动就业服务体系，最大限度地拓宽城乡居民的就业门路，不断增加人民群众的收入。特别要解决农民增产不增收问题，提高农业和农村经济的综合效益，促进农村富余劳动力向二三产业转移，确保农民收入有较大幅度的增长。坚决贯彻落实减轻农民负担的措施，取消农村不合理规费，严禁“三乱”，让农民休养生息。继续抓好扶贫攻坚工作，重视扶持相对贫困地区的群众改善生产生活条件，走好脱贫致富路。

要依法建立健全社会保障制度，加快形成独立于企事业单位之外、资金来源多元化、保障制度规范化、管理服务社会化的社会保障体系。不断健全以养老、失业、医疗保险为重点的社会保险制度，逐步把社会保险覆盖面拓展到所有企业，使各类企业的职工都能享受社会保险的待遇。全面执行城乡居民最低生活保障制度，把家庭收入低于当地最低生活保障标准的城乡居民，都纳入保障范围。切实保障妇女、未成年人、老年人、残疾人和外来劳动者的合法权益，积极发展社会福利、社会慈善、社会救济、优抚安置等社会保障事业，体现社会主义制度的优越性。

（二）加快依法治市进程，保障人民的民主权利和合法权益

要扩大社会主义民主。发展社会主义民主政治，是我们党始终不渝的奋斗目标。要把加强党的领导与实现人民民主一致起来。坚持和完善人民代表大会制度，积极支持各级人大及其常委会依法行使权力，密切人民代表与人民的联系。坚持和完善共产党领导的多党合作和政治协商制度，积极推进政治协商、民主监督和参政议政的规范化和制度化，拓展党团结联系社会各界的渠道。巩固和发展最广泛的爱国统一战线，重视和支持各民主党派加强自身建设，使其更好地履行参政职能；发挥侨乡优势，把港澳台同胞和海外乡亲的力量更好地凝聚起来；进一步落实党的知识分子政策、民族政策、宗教政策、侨务政策

和对台工作方针。加强对工会、共青团、妇联等群众团体的领导，发挥他们在管理国家和社会事务中的民主参与和民主监督作用。努力扩大基层民主，保证人民群众依法行使民主权利，依法管理好自己的事情，依法实现自己的愿望和利益。

要加强社会主义法制建设。推进政府工作法制化，依法行政，从严治政，进一步规范行政行为。积极推进司法改革，促进严格执法、公正司法，依法行使审判权和检察权，确保依法办案，提高执法水平。进一步完善依法监督的制度，建立健全行使权力的制约机制，防止滥用权力。坚持不懈地做好法制宣传教育工作，认真实施“四五”普法规划，提高全民的法律意识和法律素质。党员领导干部要带头学法，自觉地在宪法和法律范围内活动。要不断完善法律保障服务体系，建立健全法律援助等制度，切实维护人民群众的合法权益。

（三）全力维护社会安定稳定，创造人民安居乐业环境

维护社会安定稳定是一个重大的政治问题。要加强社会治安综合治理，不断健全社会治安工作的体制、机制，深入开展严打整治斗争，狠狠打击犯罪分子的嚣张气焰，增强人民群众的安全感。要大力整顿和规范市场经济秩序，坚决依法查处和制裁经济领域各种违法行为，营造公平竞争、规范有序和人民群众放心消费的市场环境。要强化隐蔽战线斗争，高度警惕和坚决打击境内外敌对势力的渗透破坏活动。要正确处理新时期的人民内部矛盾，重视人民群众来信来访，认真负责地解决群众合理要求和突出问题，耐心细致地做好群众的思想工作，把不稳定因素化解在萌芽状态，妥善处理各种群体性、突发性事件，确保社会政治稳定。要时刻把人民群众的生命财产安全放在心上，下大力气狠抓安全生产管理，杜绝重大恶性事故发生。

（四）走可持续发展道路，重视子孙后代的长远利益

实施可持续发展战略，功在当代，利在千秋。必须树立可持续发展观，既要考虑当前发展的需要，又要考虑子孙后代生存和发展的需要，坚持把控制人口、节约资源、保护环境放在重要的战略位置。

要严格执行计划生育基本国策，稳定低生育水平，促进优生优育，提高人口素质，突出抓好农村和流动人口的计划生育管理，追赶全省计生工作的先进水平。把控制人口增长和解决人口老龄化问题结合起来，积极发展老龄人事业。

要依法保护和合理开发土地、水、矿产、森林、海洋等资源，建立健全资源有偿使用机制，努力提高资源利用水平和效率。可再生资源要实现永续利用，不可再生资源的使用更要把节约放在首位。特别要大力提倡节约用水，缓解水资源紧缺矛盾。

要加强生态建设和环境保护，加大环境执法力度，努力遏制生态环境恶化。坚持实施“青山、碧水、蓝天、绿地”工程，重点保护和治理晋江、洛阳江源头及其流域生态环境。巩固造林绿化成果，加强各类生态公益林、自然保护区建设。强化海洋环境保护力度，把海洋污染控制在最低限度。加大水污染、大气污染和固体废物污染的控制和综合治理力度，巩固和提高“一控双达标”成果。大力发展环保产业，加强环保技术的研究、开发和应用。做好台风、地震和泥石流、山体滑坡等自然灾害的监测和防范工作。

五、按照“三个代表”要求全面加强和改进党的建设

实现新世纪初的宏伟目标，关键在于全面推进党的建设新的伟大工程，实践好、落实好“三个代表”重要思想，坚持党要管党、从严治党，使党始终保持先进性和纯洁性，充满创造力、凝聚力和战斗力。

（一）用“三个代表”重要思想武装党员干部，加强思想理论建设

江泽民总书记“三个代表”重要思想，是全面加强新世纪党的建设，做好各项工作的行动指南。各级党组织要认真学习贯彻江总书记“七一”重要讲话精神，把用“三个代表”重要思想武装党员干部作为加强党的思想理论建设的根本任务，深入持久地组织广大党员干部认真学习、深刻领会“三个代表”重要思想的科学内涵和精神实质，把党员干部的思想和行动统一到“三个代表”重要思想上来。学习“三个代表”重要思想，要同学习马克思主义、毛泽东思想和邓小平理论相结合，同学习政治、经济、法律、文化、科技等知识相结合，不断拓展学习的深度和广度。坚持和完善各项学习制度，认真落实干部教育

培训规划。党员领导干部尤其要重视学习，善于学习，带头学习。要坚持理论创新，发扬理论联系实际的学风，紧密联系我市改革、发展、稳定面临的新情况新问题，联系本地区本部门本单位的工作情况，联系自己的思想实际，努力提高运用“三个代表”重要思想指导实践、解决实际问题的能力。通过加强学习，提高政治敏锐性和鉴别力，始终保持思想政治上的清醒和坚定，正确认识最低纲领和最高纲领的关系，为实现党在现阶段的基本纲领而奋斗。

（二）坚持“四化”方针和德才兼备原则，加强干部队伍和领导班子建设

政治路线确定之后，干部就是决定因素。要坚持正确的用人导向，按照干部“四化”方针和德才兼备原则，选准用好干部。要认真执行《党政领导干部选拔任用工作暂行条例》，严格干部任用程序和标准，坚决排除各方面干扰，确保党管干部原则落到实处。要以德才论干部、凭实绩用干部，把干部引导到敬业务实、埋头苦干、团结奋进、扎实工作上来，坚决杜绝跑官要官歪风。高度重视年轻干部的培养选拔任用，鼓励年轻干部到艰苦环境和工作第一线去磨练，提高在复杂条件下开展工作的能力。要加强领导班子建设，努力提高各级领导班子的整体合力。以县（市、区）和乡镇（街道）领导班子建设为重点，下大力气优化班子结构，使班子中有更多的成员熟悉经济工作，增强驾驭社会主义市场经济的能力；认真培养选拔妇女、非中共党员和少数民族干部；重视班子中不同年龄段干部的配备，形成梯次结构。加强后备干部队伍建设。认真落实老干部“两项待遇”，切实做好老干部工作。

要不断深化干部人事制度改革，努力推进干部工作的科学化、民主化、制度化。落实群众对干部选拔任用的知情权、参与权、选择权和监督权。按照“公开、平等、竞争、择优”的要求，扩大公开选拔领导干部范围，推行干部竞争上岗制度，逐步形成干部能上能下机制。加大干部交流轮岗力度，着力培养干部适应能力和创新能力。制定和落实干部考核、任用、免职、辞职等相关制度，严肃干部人事工作纪律，努力从制度上防止和纠正用人上的不正之风，形成优秀人才脱颖而出的选人用人机制。

（三）加强党的基层组织建设，夯实党的工作基础

党的基层组织是党的全部工作和战斗力的基础。加强党的基层组织建设，必须坚持分类指导，典型带动，整体推进，以改革精神不断探索新路子。农村基层党的建设要适应农业和农村发展进入新阶段的要求，继续深化农村“三个代表”重要思想学习教育活动，提高村级班子的凝聚力和战斗力，带领群众共同富裕，努力壮大集体经济，加强精神文明建设和基层民主政治建设；非公有制经济组织党的建设要认真寻找党建工作与企业生产经营的最佳结合点，重点抓好扩大党组织覆盖面、壮大党员队伍和发挥党的作用工作；机关党的建设要以党建工作“走前头”为目标，切实加强和改进党组（党委）对机关党建工作的领导和指导，落实“一岗双责”，强化机关工作人员的宗旨意识，进一步树立办事高效、服务优质、廉洁勤政的机关良好形象；社区党的建设要根据社区党员分布，及时调整、健全社区党组织设置，适应大量“单位人”转变为“社会人”的新形势，努力拓展社区党建工作新领域。同时，要大力加强国有企业、学校、科研院所、社会团体等党的基层组织建设。努力把全市基层党组织建设成为全心全意为人民服务、能团结和带领党员干部群众为我市在全省率先基本实现现代化而共同奋斗的坚强战斗堡垒。

要大力加强党员队伍建设。从改革开放以来泉州社会阶层构成发生重大变化、非公有制经济组织等成为我市建设有中国特色社会主义重要力量的实际出发，正确把握判断人们政治上先进与落后的标准，认真做好发展党员工作。在坚持重点发展工人、农民、知识分子和干部中的先进分子入党的同时，把承认党的纲领和章程，自觉为党的路线和纲领而奋斗、经过长期考验、符合党员条件的社会其他方面的优秀分子吸收到党内来，不断增强党的阶级基础和扩大党的群众基础，提高党在全社会的影响力和凝聚力。积极探索建立符合泉州实际的、适应市场经济发展的党员教育、管理、监督新机制，严肃处置不合格党员，确保党员队伍的先进性和纯洁性。

（四）发扬党的优良传统，加强新时期党的作风建设

党的作风直接关系到党的形象和战斗力。要继承和发扬我们党长期以来形成的“理论联系实际、密切联系群众、批评与自我批评”的三大优良作风，进一步加强思想作风、工作作风、领导作风、学风和

生活作风建设，密切党同人民群众的血肉联系。

要坚持解放思想、实事求是，紧跟形势，与时俱进。坚定地坚持马克思主义的立场、观点和方法，坚持马克思主义的基本原理，善于从村情、镇情、县情、市情和各行各业的实际情况出发，创造性地贯彻党的理论、路线、纲领、方针、政策。自觉地把思想认识从那些不合时宜的观念、做法和体制中解放出来，从对马克思主义的错误的和教条式的理解中解放出来，从主观主义和形而上学的桎梏中解放出来，正确认识和处理新情况新挑战，以改革精神寻找解决问题的新办法新途径，不断开创事业发展的新境界。

要坚持一切为了群众，一切依靠群众，从群众中来，到群众中去，保证决策的制定和实施反映民意，顺应民心，符合广大人民群众的根本利益。进一步拓宽密切党群干群关系的渠道，认真落实领导干部下基层调查研究、驻村入户、挂钩联系等制度，真正为群众办好事办实事。坚决反对形式主义、官僚主义和弄虚作假歪风，坚持脚踏实地、埋头苦干，重实际、说实话、办实事、求实效。切实克服骄傲自满、固步自封、不思进取、无所作为的思想，保持奋发向上的精神状态。

要坚持共产党人的高尚情操与革命气节，注重党性修养。大力发扬艰苦奋斗精神，严格执行中央关于厉行节约制止奢侈浪费的有关规定，反对讲排场、比阔气。经常想一想“参加革命是为什么？现在当干部应当做什么？将来身后应该留点什么？”，做到在拜金主义、享乐主义、极端个人主义和灯红酒绿的侵蚀影响面前，一尘不染，一身正气。

（五）坚持从严治党，深入开展反腐败斗争

从严治党，反对腐败，关系到党和国家的生死存亡。要坚持把从严治党的方针贯穿于党的思想、政治、组织、作风、纪律和制度建设的各个方面，切实体现到对各级党组织、广大党员和干部进行教育、管理、监督的各个环节中去，保持党的先进性和纯洁性。要健全完善反腐倡廉领导体制和工作机制，继续加大领导干部廉洁自律、查处违纪违法案件、纠正部门和行业不正之风工作力度。要立足于教育，着眼于防范，坚持不懈地开展党性党风教育和警示教育，不断坚定党员干部的理想信念，增强宗旨意识和廉洁从政意识，严格按照党纪国法和各项规定履行职责，时刻保持清醒头脑，从思想上筑牢拒腐防变的堤防，经得起改革开放和执政的考验，经得起权力、金钱、美色的考验。要进一步加强制度建设，规范领导干部的行为，全面推行并逐步完善公开办事制度以及国有土地使用权出让招标拍卖、建筑工程招投标、政府采购等制度，把群众关心的热点、难点问题纳入公开范围，实行“阳光作业”，杜绝“暗箱操作”，铲除腐败现象滋生蔓延的土壤和条件。要切实加强党内监督、法律监督、群众监督，不断拓宽监督领域和范围，积极探索对领导干部实施有效监督的途径和办法。领导干部不论职务高低，都是人民的公仆，手中的权力都是人民赋予的，要自觉接受监督。要加大查办违纪违法案件力度，以事实为依据，以法律为准绳，严厉惩处腐败行为，以党风廉政建设的实际成果取信于民。要按照“谁主管，谁负责”的原则，明确领导责任，细化责任内容，严格责任考核，实行责任追究，落实党风廉政建设责任制。

（六）健全完善领导体制和工作机制，进一步加强和改进党的领导

民主集中制是我们党的根本组织制度和领导制度。各级领导班子和领导干部要坚持民主集中制原则，坚决维护党中央的权威，维护党和国家的集中统一，确保政令畅通。全面贯彻落实《中国共产党地方委员会工作条例（试行）》，严格按照“集体领导、民主集中、个别酝酿、会议决定”的要求，进一步完善党委议事规则和决策程序，完善集体领导下的个人分工负责制。凡属重大决策，都必须坚持党委集体讨论，不允许个人说了算。不断拓宽党内民主渠道，切实保障党员的民主权利，凡属党组织工作中的重大问题都应力求组织广大党员讨论，充分听取意见，保证基层党员和下级党组织的意见建议能够得到充分反映。

要坚持总揽全局、协调各方的原则，进一步强化党委领导核心作用。各级党委要集中精力抓好全局性、战略性、前瞻性的重大工作，努力把好方向、抓好大事、用好干部。要通过科学化、规范化、制度化的机制，加强对人大常委会、政府、政协以及群众团体的领导，统筹协调各方关系，做到总揽而不包揽，协调而不代替，最大限度地调动他们的主动性、积极性和创造性，充分发挥职能作用。人大常委会、政府、政协、人民团体的党组织及担任领导职务的党员干部，在依法进行职责范围的工作中，都必须坚决贯彻党的路线、

方针、政策和党委的决定，确保中央大政方针和省委、市委重大决策部署的贯彻落实，形成心往一处想、劲往一处使、齐抓共管、加快发展的合力。

要大力改进领导方式和领导方法，继承和发扬党在长期实践中形成的行之有效的做法，并不断根据新的实际加以丰富和发展，提高团结和带领人民群众紧跟时代潮流、勇于开拓前进的能力。要以世界的眼光、战略的思维冷静观察分析形势的发展变化，学会在错综复杂的“两难”中作出判断和抉择的有效方法和手段，提高领导水平和决策能力。要坚持抓基层打基础，认真落实省委关于城市抓社区、农村抓乡镇的要求，夯实这“两个基础”，使党的路线方针政策和各项决策部署在基层得到更好贯彻。

同志们，我们的事业任重而道远，我们的任务光荣而艰巨。让我们紧密团结在以江泽民总书记为核心的党中央周围，高举邓小平理论伟大旗帜，全面实践“三个代表”重要思想，在省委的直接领导下，团结和带领全市共产党员和人民群众，振奋精神，开拓进取，为圆满完成“十五”计划，加快建设富裕、文明、安定的工贸旅游港口城市，在全省率先基本实现现代化而努力奋斗！

中共泉州市委　泉州市人民政府
关于印发泉州生态市建设行动方案的通知

（2003年8月18日）

各县（市、区）委、人民政府、清濛科技工业区党工委、管委会、市直各有关单位：

《泉州生态市建设行动方案》已经市委、市政府研究同意，现印发给你们，请认真组织实施。

附件：泉州生态市建设行动方案

中共泉州市委
泉州市人民政府

泉州生态市建设行动方案

（2003年2月12日）

前言

泉州地处闽东南中部，地理位置和气候条件优越，自然资源特色明显，经济社会快速发展。2001年全市完成国内生产总值1125亿元，位居全国212个地级市（不含计划单列市）第3名。在经济增长的同时，生态环境建设同步发展。1992年，全市基本实现宜林荒山造林任务，1995年实现绿化达标。“九五”以来我市先后发出8个市政府令，组织实施2000—2004生态环境建设计划，制定加强“四山两江”保护、风景名胜区管理及市区环境、噪音的污染防治等一系列行政规章。至2001年，全市森林覆盖率58.2%，绿化程度91.3%，中心市区绿地率30.67%，绿化覆盖率33.7%，人均公共绿地面积8.14平方米。建成永春牛姆林、德化戴云山等一批省、市级自然保护区。湄洲湾南岸供水工程等10大省、市重点水利工程相继建成，耕地有效灌溉面积10.83万公顷，占耕地总面积79%。初步形成晋江流域洪水预警报系统、中尺度灾害性天气预警系统等防灾减灾体系。累计治理水土流失面积18.7万公顷，惠安、晋江被列为全国水土保持生态环境建设示范县（市），安溪县被列为福建省农业生态环境建设试点县。永春县被列为福建省生态示范县。“一控双达标”通过省级验收，各县（市、区）2001年度饮用水源水质达标率平均为67.5%，城市环境噪声达标区覆盖率58.1%，生活污水处理率30%以上，中心市区生活垃圾处理率90%。但是，我市生态环境仍比较脆弱，土壤多为花岗岩发育而成，容易造成水土流失，加之森林火灾及森林病虫害的影响，森林植被经常受到破坏；部分资源保证程度较低，人多地少矛盾十分突出，水资源分布不平衡，沿海个别县（市）缺水日益严重；资源浪费与局部环境污染现象比较严重，资源开发粗放，综合利用率不高，传统工业行业污染仍然存在，“白色污染”“餐桌污染”“噪声污染”“青山挂白”、矿业开发不当造成环境破坏以及机动车尾气污染等现象仍然突出；公众生态环境保护意识有待提高，生态理念宣传教育亟待加强等。

进入21世纪，泉州要加快工业化、城市化和现代化进程，率先在全省基本实现现代化，就必须正确处理经济、社会发展与生态环境良性循环的关系，实现经济、社会与生态、环境更高层次的协调发展。建设生态市，提高经济社会可持续发展能力，是全面推进泉州经济发展和社会进步的必然选择。鉴此，泉州市人民政府决定编制《泉州生态市建设行动方案》（简称“方案”），提出21世纪初中期泉州生态市建设的目标、任务和保障措施，力求与国民经济和社会发展规划相衔接。行动分三个阶段推进，第一阶段2002—2005年，第二阶段2006—2010年，第三阶段2011—2020年，重点突出第一阶段的行动任务。《方案》作为泉州生态市建设的总体框架性文件，将随着生态市建设的不断推进而适时作出必要调整和完善。

一、生态市建设的行动目标

（一）指导思想

泉州生态市建设的指导思想是：以邓小平理论为指导，按照江泽民同志“三个代表”重要思想的要求，围绕建设生态经济文明城市的目标，全面实施可持续发展战略，以经济、文化、城市三大建设为脉络，以现代科学技术为支撑，以提高人民生活水平和质量为根本目的，遵循经济规律和生态规律，充分发挥生态环境优势，发展生态效益型经济，加强环境保护和生态建设，全面提升经济综合竞争力和可持续发展能力，实现经济发达、社会进步、生态良性循环“三位一体”。

根据上述指导思想，生态市建设必须贯彻以下基本方针：

一是坚持经济效益、社会效益和生态效益的统一。树立新的发展观，改变粗放的资源利用方式，使经济社会发展与生态环境保护建设有机结合起来，建立循环经济体系、生态安全保障体系，促进生态环境良性循环，实现经济社会和生态环境的协调发展。

二是坚持物质文明建设和精神文明建设的统一。把生态文明作为社会主义精神文明建设的重要内容，培育和弘扬生态文化，丰富和拓展大泉州文化的内涵和外延，实现国家环保模范城市与全国双拥模范城、全国文化模范城市、全国科教兴市先进城市、国家卫生城市、国家园林城市、中国最佳旅游城市、全国文明城市“八城并进”。

三是坚持当前与长远、局部与全局的统一。生态市建设要统筹规划，与国民经济和社会发展中长期规划相衔接，整体推进、分步实施，突出近期工作重点，优先解决当前面临的重大生态环境问题，力争在短时期取得阶段性成果，为中长期目标的顺利实现打好基础。

四是坚持市场导向与政府调控的统一。充分发挥市场配置资源的基础性作用，以市场化、社会化为方向推进生态市建设，调动全社会参与生态市建设的积极性和创造性；政府主要通过加强宏观调控、制定经济政策、提供公共服务以及集中力量办大事等，为生态市建设创造良好的体制和市场环境。

（二）预期目标

1. 总体目标

泉州生态市建设的总体目标是：立足于现有自然生态环境和经济社会发展基础，经过20年的努力奋斗，力争做到：

——保持“一个平衡”（经济和社会发展与生态和环境建设的动态平衡）；

——实现“二个领先”（经济社会总体发展水平和可持续发展能力居全省和全国地级市领先地位）；

——构建“三大生态功能区”（西部中低山山原生态区；中部丘陵平原生态区；东部沿海及近岸海域生态区）；

——树立“四大形象标志”（高效、低耗、清洁生产、绿色消费的生态效益型经济先行区；自然资源永续利用、生态环境良性循环的可持续发展先行区；生活质量、环境质量同步提高、人与自然和谐相处的生态型城市、生态型村镇建设先行区；物质文明、精神文明、生态文明并重的先进文化建设先行区）；

——完成“五大系统建设”（生态经济系统建设；资源利用与环境保护系统建设；绿色人居环境系统建设；生态安全保障系统建设；生态文化系统建设）。

2. 分阶段目标

为了有步骤地推进生态市建设，根据不同发展阶段的不同发展任务，并与国民经济和社会发展规划的规划期相衔接，在时间上划分为三个阶段：

（1）启动阶段（2002—2005 年）

全面启动生态市建设，大力发展生态工业、生态农业、生态渔业、生态林业、生态旅游业，生态产业成为新的经济增长点，生态破坏和环境污染得到有效遏制，人居环境明显改善，防灾减灾能力提高，生态文化建设初显成效，全市基本实现宽裕型小康。

主要预期目标是：到 2005 年，人均国内生产总值 25500 元，城镇人口占总人口比例 48%，城市人均居住面积 18 平方米，农村人均砖混或砖木结构住房建筑面积 28 平方米，主要水系水质达到功能区质量标准比率 90%，近岸海域水质达到或优于二类水质标准比率 45%，工业固体废弃物综合利用率 70%，工业废水排放达标率 95%，城市生活污水处理率＞ 60%，城市生活垃圾无害化处理率＞ 90%，环保投入占当年国内生产总值比重 1.9%。

（2）推进阶段（2006—2010 年）

全面推进生态市建设，生态产业形成规模，生态和环境质量进入全省、全国地级市先进行列，人居环境舒适宜人，生态安全保障体系趋于完善，生态文化建设成效显著，可持续发展能力接近当时中等收入国家的水平。

主要预期目标是：到 2010 年，人均国内生产总值 38200 元，城镇人口占总人口比例 55%，城市人均居住面积 20 平方米，农村人均砖混或砖木结构住房建筑面积 32 平方米，主要水系水质达到功能区质量标准比率 95%，近岸海域水质达到或优于二类水质标准比率 55%，工业固体废弃物综合利用率 70%，工业废水排放达标率 95%，城市生活污水处理率＞ 70%，城市生活垃圾无害化处理率＞ 95%，环保投入占当年国内生产总值比重 2%。

（3）提高阶段（2011—2020 年）

生态市建设主要目标基本实现，生态效益型循环经济体系基本建成，生态和环境质量位居全省和全国地级市前茅，人居环境自然和谐，生态安全保障体系稳定可靠，生态文化日益繁荣，可持续发展能力达到当时上中等收入国家的水平，在全省率先基本实现现代化。

主要预期目标是：到 2020 年，人均国内生产总值 69600 元，城镇人口占总人口比例 65%，城市人均居住面积 25 平方米，农村人均砖混或砖木结构住房建筑面积 35 平方米，主要水系水质达到功能区质量标准比率 98%，近岸海域水质达到或优于二类水质标准比率 65%，工业固体废弃物综合利用率 80%，工业废水排放达标率 95%，城市生活污水处理率 90%，城市生活垃圾无害化处理率＞ 98%，环保投入占当年国内生产总值比重 4%。

（三）生态功能区划

为了有重点地推进生态市建设，根据生态环境要素特征和地域分异规律，并与全省生态功能区划相衔接，在空间上划分为三大生态区：

1. 西部中低山山原生态区

该区域范围包括晋江水系上游的流域部分，是晋江的河源地，其生态保育直接关系到泉州湾港口、航道的安全和可持续利用；其水源涵养能力的维护关系到沿海城市、产业走廊带的供水安全和防洪能力，因而其生态建设和环境保护对于受其影响的中下游地区生态安全具有重要意义。

生态建设重点是河源地水源涵养和生物多样性保护，山地自然生态系统的恢复和生态公益林的建设，水土流失治理和监控，高位盆谷地和丘陵山原地的高效高地生态农业和永春牛姆林、德化戴云山、安溪云中山生态保护区的建设。主要生态功能区包括：晋江上游河源自然生态恢复与水源保护生态功能区，安溪中部高位盆谷地与丘陵状山原地高地生态农业型生态功能区。

2. 中部丘陵平原生态区

该区域包括晋江流域的中游区域，是沿海区域与内陆区域之间的过渡带，其生态环境保护、人地关系协调、区域可持续发展对于生态市建设将起到重要的示范作用。

生态建设重点是加速水土流失治理，加强土地资源的保护和合理利用，加快传统农业向现代农业的转变，大力扶持和发展绿色食品和有机食品，建立高效集约的特色生态农业区。主要生态功能区是晋江中游水土流失治理与集约化特色生态农业生态功能区。

3. 东部沿海及近岸海域生态区

该区域陆域包括惠安县、晋江下游及石狮、晋江等，海域包括泉州湾、深沪湾及其外海域，是调控海陆生态系统之间物质流、能量流和信息流的关键区域，由于该区域原生生态环境已经受到人为的改造，形成了密集的人工创造和控制的生态环境（城镇等），成为全市经济最发达的区域，因而其生态建设、环境保护和治理，特别是点面污染源的治理，对于生态市建设至关重要。

生态建设重点是以国际花园城市为目标建设泉州生态城市；建设经济繁荣、景观优美、环境洁净的晋江、石狮沿海产业走廊带；控制工业污染、城市生活污染和海洋污染，维护海洋生物多样性，特别是河口湿地生态多样性；实施海洋灾害防治和生态安全重点监督，减少赤潮、风暴潮危害，防止海岸侵蚀；严格控制内湾区域围垦，确保港湾自然水深和冲淤动态平衡；建设滨海防风固沙林带，防治滨海风沙、旱地风蚀；实施海滨生态旅游区建设，提高区域生态承载力。主要生态功能区包括：泉州市生态城市建设型生态功能区，晋江、石狮沿海产业走廊带型生态功能区，崇武海域渔业与滨海旅游资源可持续开发生态功能区，泉州湾河口湿地保护与资源可持续开发生态功能区。

二、生态市建设的行动任务

（一）生态经济系统建设

1. 生态工业

（1）推行清洁生产

生态工业的本质就是清洁生产。推行清洁生产要与结构调整相结合、与企业技术进步相结合、与资源节约综合利用相结合、与加强企业管理相结合、与增加效益相结合，选择一批重点工业企业实施清洁生产试点，高标准、规模化培植清洁生产的典型，在典型企业的示范带动下，将清洁生产逐步推向全社会。纺织鞋服着重发展节水型漂染技术、生物酶水洗技术、无苯胶生产；建材业着重开发新型陶瓷材料、石粉综合回收利用；食品工业要积极应用生物技术、推广节能降耗；环保产业主要发展环保材料、空气、水、噪声污染防治设备、环保监测监控设施、麻石水膜除尘设备等。到2005年，电力、化工、冶金、轻工、机械、建材、制鞋、食品、化工等行业的骨干企业、创名牌企业普遍实施清洁生产，建成全省环保产业基地。

积极引导企业采用《国家重点行业清洁生产技术指南》《国家重点行业清洁生产技术导向目录》规定的清洁生产技术、工艺和设备，最大限度地减少污染物排放。引导企业进行ISO 14000环境管理体系认证。

加快清洁生产技术、工艺的推广和应用，产、学、研联合攻关和开展国际合作与交流并举，开发、引进、推广先进的清洁生产技术、工艺和设备，高起点、跨越式实现清洁生产。重点实施德化陶瓷清洁生产工艺推广工程。

（2）防治工业污染

狠抓工业污染源防治，结合产业结构调整，利用先进适用技术改造传统产业，重点抓好印染（漂染）、造纸、电镀、制革、建材、食品、化工、制鞋等行业的技术改造和污染治理工作，结合技术改造和技术创新，采用一批有利于环境保护的先进技术和工艺，加速淘汰一批落后的生产工艺和设备，依法关闭一批浪费资源、污染严重的企业。

加快工业污染集中控制区建设步伐，根据集中布局、集中控制的要求，对现有工业区进行整合，促进污染项目集中布点、集中治理，建设晋江电镀集中治理中心和工业垃圾处理焚化场，有效控制工业污染；继续抓好工业污染行业排污口规范化建设，2003年年底前完成印染（漂染）、造纸、电镀、制革等企业和工业区的排污口规范化工作，2005年年底前所有省、市重点企业工业污染源实现污染物排放自动监控。

实施工业污染源排污申报登记和排放污染物许可证管理制度，逐步由重点工业污染源排污许可证的发放扩大到所有工业污染源排污许可证的发放，促使所有企业排放污染物稳定控制在排放标准内。对实行污染物排放总量控制的企业因采用清洁生产技术和工艺而削减的污染物排放指标，允许实行有偿转让，或用于补偿企业自身生产规模扩大所增加的污染物排放量。

严格执行污染物总量控制，二氧化硫、烟尘、工业粉尘、化学需氧量、氨氮和工业固体废物6种主要污染物排放控制在总量指标内。

建立工业突发性污染事故监测和处理系统，提高污染事故应急处置能力。

（3）建设生态工业示范园区

以建设生态工业示范园区带动区域产业结构优化升级，重点启动泉港、清濛生态工业示范园区建设，按照工业生态学的原理进行规划和设计，进园企业按集中布局、集中控制的要求，建立废物交换系统，某一企业产生的副产品作为另外企业的生产原料或资源加以利用，形成资源循环利用的工业链和企业共生发展的产业群。

生态工业示范园区的所有企业都要按照生态环境保护的要求，开发低能耗、低物耗、低污染或无污染、可再生循环和能够安全处置的生产技术、工艺和产品，实现清洁生产和污染物零排放，实现园区的“产业化、绿色化、生态化”。

2. 生态农业

⑴生态农业模式推广

根据“整体、协调、循环、再生”的原则，充分发挥农业资源丰富和农业开发潜力大的优势，按照生态学和经济学的原理，应用系统工程方法，大力推广“粮—经—饲”三元种植、“稻—萍—鱼”立体种养、“牧—沼—果（蔬）”物质多层次循环利用和浅海滩涂、丘陵山地综合开发等生态农业发展模式，沿海地区重点推广浅海滩涂虾、贝、藻立体生态养殖；山区重点推广山顶造生态公益林、水源涵养林，山腰种果套草养畜放牧、栽培食用菌的复合型综合开发。重点建设惠安走马埭现代农业示范园区、晋东平原农业现代化示范园区、晋江紫帽山生态高科技农业综合示范园区、南安丰霞都市农业示范园区等。到2005年，全市建成4个生态示范乡镇，每个县争取建成1～2个生态农业示范乡镇，初步建立高效持续、良性循环的生态农业系统。

（2）无公害农产品示范基地建设

加大农业结构调整力度，大力发展高优农业，开发一批绿色食品、有机食品和无公害食品，按照绿色食品、有机食品标准，以生产生态化、品种多样化、产品优质化为目标，建设一批绿色食品、有机食品和无公害食品生产基地，重点建立茶叶、水果、水产养殖、蔬菜、畜禽、食用菌等A级绿色食品生产示范基地，并将有条件的产品进一步开发成AA级绿色食品。重点建设安溪国家级无公害农产品基地县；进一步加快永春万亩芦柑绿色食品基地、无公害茶叶基地、石鼓镇有机农产品试验区、南安万亩龙眼绿色食品基地、鲤城、丰泽、洛江无公害蔬菜生产基地和晋江蔬菜、花卉无土栽培基地的建设。

⑶农业污染防治

严格控制农药、化肥等的污染。推广应用高效、低毒、无残留生物农药，禁止使用有机磷农药，积极开展农作物病虫害的生物综合防治；大力发展有机无机复合肥、配方肥、生物肥，积极推广秸秆、粪便沼化还田，使用土壤改良剂，推广土壤生物修复技术，加快有机废弃物的资源化处理；推广使用可降解农膜，减少农业的“白色污染”。加快畜禽养殖场废弃物无害化、资源化处理。重点建设惠安超大有机肥料项目。到2005年，主要农产品生产基地病虫害综合防治覆盖率达80%以上，农药残留、化肥污染、禽畜养殖污染等基本得到控制。

（4）标准化农田建设

标准化农田建设是改善农田基础设施条件、提高农业综合生产、发展生态农业的重要措施。以改善农业生产条件和农业生态环境为目的，选择具有一定规模、集中连片、开发潜力大的基本农田示范片建设，坚持高标准、高质量，统筹规划，分年度实施，把示范片建成耕地格田化、品种优良化、排灌自动化、耕作机械化的高产稳产标准农田。重点建设晋东平原万亩水田示范区、洛江区万亩旱地改造工程以及石狮种子科技试验基地。

（5）发展清洁能源和可再生能源

加快沿海风、电、潮汐能电站和LNG项目的建设。结合农业生产结构调整，把沼气推广作为农村可再生能源工作的重点来抓，逐步实现农民家居清洁化和农业生产无害化。推广太阳能热水器，加快新建住宅楼太阳能一体化示范工程。至2005年，沿海农村和主要乡镇普及使用电、液化气等清洁能源，永春、德化、安溪三县完成水电农村电气化县建设任务。全市80%以上农户完成省柴节煤灶改造。建成石狮3000千瓦垃圾发电厂，争取开工建设南埔电厂、晋江LNG电厂、LNG项目。

3. 生态旅游业

（1）生态旅游资源保护

生态旅游是强调人与自然并存的和谐关系的一种旅游方式，尽量减少对生态环境的不利影响，确保旅游资源的可持续利用。发展生态旅游，首先是要加强生态旅游资源保护，清源山、石牛山风景区和牛姆林生态旅游区、九仙山休闲旅游区及其余以绿色植物为主要资源的旅游区、森林公园严禁滥开滥采山石林木，惠安崇武、石狮黄金海岸旅游度假区和晋江衙口、惠安青山湾等沙滩严禁挖沙，深沪湾国家海底古森林遗迹保护区重点加强防治海洋赤潮、油污、侵蚀等，保持旅游资源自然风貌的整体性和观赏性。

（2）生态旅游产品开发

积极开发以认识大自然、享受大自然、爱护大自然为内容的生态旅游，重点推出山林生态旅游、蓝色海洋生态旅游、绿色农业生态旅游等旅游产品系列，形成一批有特色、有市场、上水平、上档次的生态旅游精品，全面提高旅游业的经济效益、社会效益和生态效益。

（3）生态旅游景区建设

加快生态旅游景区建设，景区景点、交通设施和服务设施的规划设计、开发建设必须进行环境影响评估，落实环保措施，尊重自然、顺其自然，做到旅游开发和生态环境保护同步规划、同步实施，防止和杜绝建设性破坏。重点建设清源山旅游区、永春牛姆林生态旅游区、安溪清水岩、德化石牛山风景区、洛江马甲仙公山风景区、晋江紫帽森林生态观赏园。

（4）生态旅游标准化管理

加快制订符合旅游持续发展要求的生态旅游区建设规范和生态旅游产品质量标准、服务标准与管理标准，使生态旅游开发、经营、消费和管理实现制度化、标准化、规范化。

4. 绿色消费

（1）鼓励开发和营销生态产品。倡导绿色消费，减少消费过程产生的废物和污染物。严格禁止生产和销售含磷洗洁剂，使用可降解、无毒性、可循环利用的生态产品，推行绿色标志产品和生态企业认证制度，鼓励企业开设生态产品专卖店，促进绿色营销。

（2）治理“白色污染”。全面组织治理“白色污染”2002年年底前各县（市区）全面禁止生产、销售和使用一次性不可降解的发泡塑料餐具、塑料袋、农用薄膜等塑料剂。

（3）治理“餐桌污染”。从生产、流通、消费、监管等环节推进“食品放心工程”建设，重点抓好制售私宰肉和病害肉、蔬菜农药残留超标、水产品浸泡污水和福尔马林、居住小区二次供水污染、制售私盐、大米中使用矿物油及制售劣质调味品等方面的治理工作。

（二）资源利用与环境保护系统建设

1、资源利用和保护

（1）土地资源

土地合理利用。加强土地利用规划和计划管理，科学制定供地政策，严格控制建设用地总量，在保证重点基础设施项目和重大工矿企业用地的同时，积极推进“三个集中”，即农业向规模经营集中、乡镇企业向工业园区集中、农民向小城镇和中心村集中。

基本农田保护。完善基本农田保护工作责任制、基本农田认定制度、非农业建设占用基本农田许可制度、高额补偿和占补平衡制度，将基本农田保护纳入政府工作目标责任制，科学编制土地利用总体规划，严格实施土地用途管制，稳定耕地比重，降低未利用土地比重，大力提高园地比重，适度提高交通用地、居民点及工矿用地比重；对确因经济和社会发展需要对基本农田保护区进行局部调整的应报省、市人民政府批准，并严格按照调补平衡的原则，划定等质量的耕地作为基本农田保护区进行补充，确保2005年基本农田保护区面积稳定在226万亩以上。

土地开发、整理。加大土地开发力度，充分利用滩涂围垦的潜在优势，在严格执行科学论证的前提下，积极稳妥地推进滩涂围垦，重点建设泉州外走马埭围垦工程。把基本农田整理作为土地整理工作重点来抓，对于确需调整的基本农田争取做到“用地不用土”，剥离其耕作层用于改良其他耕地；对于江河溪流两侧坡度大于25度以上山坡地，不予审批土地整理项目，以防止新的水土流失。通过土地开发、整理，“十五”期间新增耕地5万亩。

退耕还林。有计划实施生态退耕还林工作，对坡度在25度以上浇灌无保证、土质低劣、水土流失严重的坡耕地优先实行退耕还林，并有计划抓好沿江沿河两侧地势低洼、耕作条件差、收成没保证的劣质耕地逐步退耕还林。

（2）海洋资源

海洋功能区管理。以海洋功能区划为海洋开发利用和生态环境保护的依据，严格按照海洋功能区划明确各海域的开发利用主导功能和功能次序，依据海洋功能区划开发利用海岛及周围海域的资源，并采取严格的生态保护措施，保证海岛地形、岸滩、植被以及海洋生态环境不受破坏。

海水养殖模式规范。建设一批生态养殖示范区，在近海海水养殖容量调查基础上，控制海水网箱养殖规模和养殖密度；大力推广人工配合饲料，规范养殖用药，减少海水养殖的自身污染。

海洋自然保护区和生态多样性保护示范区建设。完善晋江深沪国家级海底古森林遗迹保护区的建设，启动泉州湾河口湿地自然保护区、晋江石圳海岸动力变质岩自然保护区、惠安崇武半月湾海洋自然保护区的建设，重点保护动力变质岩和海滨沙滩、海湾生态环境；同时加强泉州海洋动物救助中心建设，抢救冲滩、误捕的海洋珍稀保护动物。

（3）水资源

水资源保护。实施水资源功能区管理，科学划定全市水功能区，明确各功能区的水质保护目标，对江河源头水体进行特殊保护；控制流域主要污染物排放总量，加大工业污染源和生活污染源治理力度，控制主要水源水体污染。重点建设晋江水质自动监测工程，开展山美水库水污染治理工作。到2005年，水污染和水环境退化得到基本遏制，饮用水水源水质达到国家地表水质Ⅱ－Ⅲ类标准。

蓄水调水。为了开辟新的水源点，缓解晋江下游水资源紧缺局面，尽快兴建龙门滩引水扩建工程（碧坑水库）和龙门滩四级水库电站，筹备建设西溪上游福潭水库、龙虎桥水库，建成一批蓄水工程，提高供水能力，适应经济和社会发展的需要。

节水灌溉。继续推进农业节水进程，大力开展以渠道防渗为主的节水灌溉和喷灌措施，完成山美灌区和其他中型水库灌区的节水改造，建成高标准的节水型灌区；建立节水农业示范点，增加节水浇灌面积，促进节约用水。重点建设晋南沿海万亩农地节水灌溉示范区。

（4）矿产资源

矿产资源利用和保护。加快编制矿产资源利用和保护规划，合理调整矿产资源开发布局，严格保护以市区“四山”（清源山、桃花山、大坪山、紫帽山）、“两江”（晋江、洛阳江流域）、高速公路、铁路、国道和省道、面城一重山和风景名胜区等为主的禁采区，禁止一切采矿活动；从严控制限采区，逐步淘汰采矿活动；加强可采区生态环境整治，在建和生产矿山以“谁破坏、谁恢复，谁污染、谁治理”为原则，确定矿山生态环境保护和土地复垦指标，由采矿权人负责生态环境的恢复治理；坚决打击非法采矿活动。重点对丰州一石垄公路沿线和惠安张坂闭坑矿山、丰泽马落山和马坂山预期闭坑矿山实施采矿迹地恢复治理。到2005年恢复治理率达到省定标准30%以上，基本解决“青山挂白”问题。

矿产资源开发和经营。巩固矿产资源秩序治理整顿成果，通过规范化、集约化改造，清理和关闭不符合办矿条件、开采方法落后、经营方式粗放、资源破坏严重、生态环境恶化、安全事故频发的小矿山；根据不同矿种开发的特性和规模要求，形成若干矿业基地和一批矿业开发龙头企业；积极推广先进的采、选、冶矿业技术，减少污染，达到经济、社会、生态效益的统一。

（5）森林资源

以提高可持续发展能力为目标，突出林业资源合理利用、节约和保护，提高林业资源综合利用水平，形成有序开发、有偿使用、供需平衡、结构优化、集约高效的林业资源培育、保护和管理新格局。重点是优化森林结构，大力营造阔叶林和以阔叶林为主的针阔混交林，提高阔叶林和生态公益林比例；生态公益林严禁商品性采伐，征占用生态公益林实行“占一补一”制度；抓好江河流域源头、干流两侧一重山的水源涵养林、水土保护林的建设。到2005年，更新营造阔叶林和针阔混交林1.3万公顷，封山育林3万公顷，生态公益林面积达27.8万公顷，占林地面积39.5%。

2. 环境综合治理

（1）晋江、洛阳江流域环境综合治理

流域水环境综合治理。在巩固“九五”期间水环境综合整治成果的基础上，防止流域环境污染回潮，实行流域污染物排放总量控制，根据流域水环境容量，制定流域水污染物排放总量控制标准，规定各县（市、区）水污染物排放总量，实行排污申报登记和排污许可证制度的动态管理，超出总量控制指标的不允许新批有水污染物排放的建设项目，确需新建、改扩建增加水污染物排放的建设项目，必须先行削减辖区内的污染负荷；从严控制流域新污染源，实行“四不批”政策，即建设项目环境评价不清楚的不批，环境容量不允许的不批，区域或流域污染物超标的不批，污染防治措施不可行的不批，杜绝新建项目出现污染物超标准排放现象。重点建设金鸡北高渠水源保护污水截流应急工程、金鸡南高干渠整治改造工程，以及两汇沿岸重点城镇污水垃圾处理设施。

流域规模化畜禽养殖场污染治理。划定规模化畜禽养殖场禁建区、禁养区，加快畜禽养殖场废弃物处理及其能源化综合利用，使畜禽粪便减量化、无害化、资源化，到2005年基本完成规模化畜禽养殖场禁建区的划定和综合治理工作，规模化畜禽养殖场废水排放达标率100%，废弃物无害化资源化处理率达40%。

流域水土流失治理。坚持长期治理、重点治理的方针，以小流域为单元，以流失斑为对象，采取工程措施、生物措施和农艺措施相结合，因害设防，增加投入，加快治理进程，改善流域生态环境。优先实施晋江上游水土保持生态环境建设工程，包括晋江上游崩岗侵蚀综合防治工程、重点小流域综合治理工程、源头生态林和水源涵养林自然修复与防护工程、生态茶果园水土保持工程、矿区侵蚀劣地治理工程，全面改善晋江上游生态环境。

（2）近岸海域环境综合治理

近岸海域污染控制。严格实施陆源污染物排海总量控制，加大对入海口环境质量监测，掌握入海污染物排放总量状况，控制陆源污染物排海对近岸海域生态环境的负面影响；加强对安海湾、晋江河口、洛阳江河口以及泉州湾内湾污染防治工作，重点开展对大米草、互花米草的治理；加强港口、船舶倾废的控制与管理，防止港口、船舶油污、生活污水和固体废弃物直接排海造成的海洋环境污染。

海岸、海洋建设工程管理。对港口、码头、围垦等重大海洋开发建设项目，严格开展工程环境评价、论证和审批工作，严把选址、布局、环保“三同时”和验收关，防止无计划开发对海洋生态环境的破坏，使海岸、海洋工程对海洋生态环境的影响减少到最低限度。

（3）交通干线环境综合治理

绿色通道建设是生态环境建设的重要组成部分。按照“高起点、建精品、创特色”的要求，明确建设标准，科学规划设计，努力提高绿色通道建设质量和档次，高速公路、国道、省道的绿化原则上按5～10米进行规划，平原地区林带绿化原则上按5～10米进行规划，科学种植，合理配置，乔、灌、花、草结合，绿化、美化、香化结合，做到一次栽植、一次成活、一次成型；充分利用现有自然绿化景观，加快交通干线两侧边坡的垂直绿化和岩石裸露山体的植被恢复，防止水土流失，发挥以林（草）护路、稳定边坡、改善环境的生态功能和景观效果。

“十五”期间，国道绿化重点是提高绿化质量、补植补齐绿化乔木、显要地段建设园林精品，新增达标绿化里程9.31千米，新增绿地面积23.27公顷；省道绿化重点抓好“三横四纵”7条省道的线路绿化，新增达标绿化里程216.993千米，新增绿地面积303.79公顷；县、乡道绿化重点抓好途经城镇、乡村和风景名胜区、旅游度假区的道路两侧绿化美化及汽车站绿化精品工程建设。

（4）河口湿地保护与资源可持续开发。

河口湿地是地球上除森林之外具有多功能的独特生态系统，是自然界最富有生物多样性的生态景观和人类最重要的生态环境之一。这类区域在本省以泉州湾为典型。加强泉州湾河口湿地保护，要正确处理好河口湿地开发与保护的关系，在开发中保护，在保护的基础上开发，保留一定面积的原始生态空间，保护生物多样性的繁衍和发展，通过恢复生物多样性来实现河口湿地功能的恢复，既节约成本，又符合自然规律。

（三）绿色人居环境系统建设

1. 生态型城市

坚持“以人为本”的理念，以创建“国家园林城市”“国家环保模范城市”为契机，加快大泉州生态型城市建设步伐，高效整治城市环境，完善城市基础设施，促进城市可持续发展。中心城市2005年前进入“国家园林城市”行列， 2010年前力争进入“国际花园城市”行列。

城市园林绿化。中心城市建成区绿化按“四山、两江、一湾、三环、一带、八团”的绿化布局，体现“城在林中”“水树相映”“以精取胜”“亚热带风光”四大特色，到2005年绿化覆盖率达40%以上，绿地率达35%以上，人均公共绿地达10平方米以上。晋江、石狮、南安市建成区到2005年绿化覆盖率达35%以上，绿地率达32%以上，人均公共绿地面积达8平方米以上。

城市环境综合整治。巩固市区烟尘控制区，积极推广清洁燃料，开展机动车排气污染综合整治，严格执行车辆报废制度，实行市区摩托车禁牌，治理尾气排放超标机车，实施公交车与出租车“油气”双燃料改造工程；防治扬尘污染，重点加强建筑工地管理力度，严肃查处不文明施工企业和工地；加大治理饮食业油烟污染力度；严格控制噪声污染，城市交通干线噪声控制在70分贝以内，到2005年噪声控制达标区覆盖率超过60%。

市政基础设施建设。按照海湾型城市和半小时城市群构架，着力整合、合理布局城市功能区，加快“东进、南下、西拓”步伐。重点续建后渚大桥、大坪山隧道及接线工程、沿海大通道丰泽段，新建泉州中心汽车站，拓宽改造华大至湖美大酒店324线、城西环路、城北环路和美食街北延段，配合抓好福厦铁路前期工作，完善城市综合交通网络。续建晋江下游防洪岸线整治工程和浦西滞洪二期工程，加快中心市区宝洲污水处理厂二期、江南片区排涝工程、东干渠、西湖公园配套工程建设，巩固和完善城市排洪排涝系统。

市容环境卫生。重点是以市场为导向，加快城市污水、垃圾处理产业化进程，建成一批城市污水处理厂和垃圾无害化处理场，提高城市污水、垃圾处理能力。到2005年，各设市城市、县城、泉港区建成1个以上污水处理厂和1个以上垃圾无害化处理场，完善配套管网，污水集中处理率达60%以上；生活垃圾无害化处理率达90%以上。

生态型住宅小区、生态型社区建设。注重生态住宅小区人居环境的规划设计，推广使用低污染、节能、可循环利用的绿色建材、构配件和装修材料，推广菜单精装修住宅模式，减少二次装修造成的污染和破坏；做好旧住宅小区的适应性改造，使旧住宅小区逐步达到生态住宅小区标准。组织开展创建环保模范社区、生态社区等活动，突出人与环境和谐的主题，努力营造功能完善、布局合理、建筑与环境相协调、相互依存的社区居住环境，建设和完善康体、医疗保健等设计，提高社区服务质量，营造良好的社区文化氛围。到2005年，中心城市建成区内建成10个环保模范社区，有50%以上的社区达到省定标准，30%以上的社区达到全国先进水平。

2. 生态型村镇

生态村镇规划管理。进一步加强和改进村镇规划编制工作，突出规划的生态内容，做到村镇规划与生态建设同步实施，充分利用自然条件加强景观建设，保护农村自然风貌；严格村镇规划调整、审批制度，将村镇生态建设年度目标纳入村镇目标责任制。到2005年，全市50%的小城镇规划得到进一步修编，省级试点村镇住宅小区规划设计和建设水平达到生态村镇标准。

村镇“脏、乱、差”整治。把治理“脏、乱、差”作为改善村镇生态环境的一项重要举措来抓，杜绝乱搭、乱建、乱占现象；村镇生活垃圾定点倾倒，集中堆肥处理，实现资源化利用；加快建设分散与集中相结合的生活污水处理系统，减少对村镇环境的危害。到2005年，农村自来水普及率达72%，各种水质达到国家Ⅱ类或优于Ⅲ类水质标准，卫生公厕比例达70%，乡镇至中心村道路硬化率达100%，村间道路及村中主干道道路硬化率达40%。

生态型农居建设。按照布局合理、设计科学、风格独特的要求，全面规划农村居民点建设，逐步使农村居民每户拥有一处适用、卫生、美观的庭院；结合农村居民点改造，加大改水、改厕力度，提倡家畜和家禽圈养，推行生活垃圾集中堆放，生活污水定点排放，改善农村居住卫生环境，以乡镇为单位，建设一批农村生活垃圾定点填埋场。加快农村电网的建设与改造，因地制宜发展小水电、沼气、太阳能等清洁能源，逐步减少薪柴的使用，保护农村生态环境。

（四）生态安全保障系统建设

1. 洪涝干旱灾害防御

洪涝灾害防御。继续开展晋江下游防洪岸线整治二期工程建设；加快病险水利工程除险加固，全面完成“358”三类水库除险加固建设；继续加强重点海堤的加固，防洪能力达到国家新颁布执行的标准；加大对重要河段的疏浚与整治工作力度，清除行洪障碍，确保行洪安全；建设晋江九十九溪防洪排涝整治工程、泉港城区防洪排涝整治工程、泉港坝头溪流域整治工程、惠安林辋溪防洪排涝工程、洛江城区防洪排涝工程，以及南安源兴洲、鲤城江南、晋江池店等片区的排涝工程，解决平原低洼地带内涝问题；继续完善晋江预警报系统，健全“泉州市防汛指挥决策支持系统”，建立科学高效的防汛指挥体系。

旱灾害防御。建设龙门滩引水扩建工程（碧坑水库）、龙门滩四级水库电站，缓解水资源紧张状况；大力发展新水源、灌区配套改造、旱片治理、节水灌溉、节水农业，逐步解决沿海与山区干旱问题。

2. 林业生态防护

沿海防护林。重点抓好421千米海岸线基干林带的合拢与老林带更新，沙荒风口与农田林网造林，改变老林带稀疏、残缺不全状况，提高沿海防护林的整体防御能力。到2005年，完成沿海防护林体系造林2345.3公顷。

森林防火。重点加快林火监测系统建设，提高对全市森林火灾监测预报、信息调度、扑救指挥的处置能力，确保一有灾情，及时发现，迅速处置，保护森林资源安全，降低森林资源损失；加快生物防火阻隔网络体系建设，充分利用自然阻隔带和现有工程阻隔带基础，工程措施和生物措施有机结合，形成有效的生物防火阻隔网络，增强森林自身防火综合能力。

3. 灾害性天气预警

中尺度灾害性天气预警。重点完善中尺度天气综合监测网，升级改进中尺度天气信息通信网络系统，扩充中尺度天气信息加工处理和业务应用系统，建立和完善综合气象服务系统，健全气象技术保障体系，使中尺度灾害性天气监测、预警能力和气象预报准确率明显提高，气象防灾减灾、气候资源开发利用等方面的气象服务能力明显加强，为防灾减灾和社会经济发展提供可靠的气象保障。

4. 海洋灾害防治

台风防范。实施渔业防台风工作预案，切实做好渔业防台风工作，重点新建崇武一级渔港，续建祥渔一级渔港、晋江深沪一级渔港和新扩建晋江金井围头、惠安小乍前内、石狮鸿山东埔、石狮永宁梅林、惠安张坂浮山、石狮永宁沙堤、石狮鸿山东明、丰泽浔埔、惠安东下坑等三级渔港，到 2005 年渔船就近避风比例提高到 80%。

海洋灾害监测。加快海洋环境监测站建设，加强各类海洋灾害的监测、监控和预警、预报，减少海洋灾害损失，保护渔民生命财产安全，保护海洋生态环境。

5. 农林病虫害和水产疫病防治

农产品疫病防治。加快我市国家级区域病虫监测站和动、植物病虫害防治网络建设，在搞好粮油作物病虫测报防治基础上，拓展经济作物病虫预警监控体系建设；加大危险性农业植物疫情的防范和治理力度，建立健全国外引种隔离种植圃，构筑植物检疫第三道防线；建立健全农畜产品质量检测和动植物疫病诊断检疫中心，建设国家级动植物疫情测报站，基本建成动植物疫病诊断监督，防疫监督系统，定期定点开展市场检疫和疫情普查，实施疫情封锁，严防动植物疫情传入与蔓延。

森林病虫害防治。加快森林病虫害中心测报站和森林病虫害防治检疫计算机网络建设，完善森林病虫害监测网络，形成面上监控和重点区域监控相结合的监测体系；加大危险性森林病虫害的防范和治理力度，定期开展疫情调查，实施检疫封锁，严防危险性森林病虫害的发生和蔓延；设立危险性森林病虫害综合治理示范片，采用营林技术和生物技术相结合方式进行综合治理。到 2005 年主要森林病虫害有效防治率和监测覆盖率均达到 85%。

水产疫病防治。加快水产养殖病害防治与水产品质量安全检测中心建设，在肖厝网箱养鱼基地、金井对虾养殖基地等重点养殖区域设立水产疫病监测点，建立健全市、县水产养殖病害防治体系，使水产病害、疫情的监测、预报和防治服务能力达到国内先进水平，水产养殖病害有效防治率力争达到 80% 以上。

6. 地震地质灾害防治

防震减灾。进一步建设地震监测预报体系、震灾预防体系、地震紧急救援系统；做好城市高层建筑重大工程等生命线工程项目的地震安全性评价和抗震设计，符合抗震设防标准。“十五”期间，重点抓好城市直下型地震断裂探测、GPS 基准点和基本点、地下流体地震前兆台网、沿海十四个数字化地下流体前兆观测台网、城市建筑物强震台网和地震宏观异常监测网络的建设。

地质灾害防治。重点完成地质灾害易发区所在县（市、区）的地质灾害调查和地质灾害防灾预案，初步建设起地质灾害群测群防、群专结合的防灾减灾预警系统；按照地质灾害点的危险性和危害性，有计划地开展重大地质灾害点的治理或位于危险区村庄和居民的避险搬迁，到 2005 年重大地质灾害隐患点治理率达 30%；严格控制人为诱发地质灾害的发生，加强新建项目地质灾害危险性评估工作，到 2005 年新建项目地质灾害危险性评估率达 90%，使地质灾害的发生率和危害性明显降低。

（五）生态文化系统建设

1. 开展舆论宣传活动

充分利用广播、电视、报刊等新闻媒介，广泛开展形式多样、丰富多彩的生态市建设舆论宣传活动，树立可持续发展的价值观，塑造人与自然和谐共存的理念，引导生态型生产方式和消费行为，形成人人关心生态环境、保护生态环境的社会风尚，树立人人为生态市建设做贡献的社会氛围。

2. 加强生态环境教育

在全社会开展多形式、多层次的以普及生态环境知识和增强生态环境保护意识为目标的生态环境教育，培育公众的生态环境意识，形成保护生态环境的社会价值观念、生活方式和消费行为，激发公众保护生态环境的积极性和自觉性。抓好生态建设和环境保护的基础教育，在中小学开展“绿色学校”“生态夏令营、冬令营”“科技活动周生态专题讲座”、环境保护公益活动等，培养具有生态环境保护知识的一代新人。

3. 着力培育生态文化

进一步丰富和拓展大泉州文化的内涵和外延，努力挖掘和打造泉州海丝文化、侨乡文化、对台文化、名人史迹文化，同时大力宣传和开发各县（市）特色文化，如安溪茶文化、德化陶瓷文化、惠安惠女文化、石雕文化等。要把培育生态文化与继承优秀传统文化、弘扬先进现代文化结合起来，把生态市建设与创建国际花园城市、国家园林城市、国家环保模范城市、全国文明城市、国家卫生城市、中国最佳旅游城市和双拥模范城市建设结合起来，加快文化基础设施建设，重点建设泉州市海交馆二期、泉州市博物馆、泉州图书馆新馆等工程，建成一批代表泉州文化事业发展的现代化的标志性文化设施和生态环境科普教育培训基地，培育积极向上的生态文化，提高全社会的生态文明程度。

三、生态市建设的行动保障

（一）加强组织领导

1. 建立生态市建设的决策协调机制

成立泉州市生态建设领导小组，由市长任组长，分管副市长任副组长，市政府有关部门为成员单位；领导小组下设办公室，挂靠市计委。领导小组负责生态市建设的宏观决策，研究和解决生态市建设中的重大问题；领导小组办公室负责组织实施生态市建设任务，协调解决生态市建设中的矛盾。

各级政府、部门要按照生态市建设的目标和任务，组织实施本地区、本部门的生态市建设行动，上下联动，齐抓共管，推进生态市建设目标实现。

2. 完善生态市建设的责任考核机制

各级政府、部门要将生态市建设的目标和任务列入国民经济和社会发展计划，按年度分解下达，明确责任单位，明确考核指标，做到生态市建设与国民经济和社会发展同部署、同实施、同检查，切实把生态市建设贯穿于经济社会发展的全过程。

实行生态市建设一把手负责制和目标责任制，把生态市建设成效作为各级政府、部门领导干部工作业绩考核的重要内容，对做出突出贡献的，给予表彰或奖励；对失职、渎职的，追究责任。

3. 健全生态市建设的执法监督机制

充分发挥各级人大及其代表的法律监督作用，加强对同级政府及有关部门的生态建设和环境保护的监督，对严重违反环境保护法律法规的重大问题，可依法向政府及有关部门负责人进行质询。

加强对生态建设和环境保护的执法检查，实行定期检查与经常性检查相结合、综合性检查与专项治理检查相结合；健全执法监督机构，加大执法力度，有法必依，执法必严，违法必究。设立生态市建设投诉中心和公众检举电话，鼓励检举揭发各种违反生态环境保护法律法规的行为。

4. 建立生态市建设公众参与机制

推行环境保护公众听证制度，组织资源回收利用、义务植树种草活动和环保志愿者行动，营造人人参与生态市建设的社会氛围。充分发挥广播、电视、报刊等新闻媒体的舆论监督作用，表彰生态市建设的先进典型，公开揭露和批评破坏生态环境的违法行为。

（二）拓宽投入渠道

1. 加大政府投入力度

各级财政要按照事权与财权相统一的原则，将生态市建设资金纳入本级预算，在“十五”期间逐年按一定比例增加对生态市建设的资金投入；坚持“专款专用、重点优先”的原则，统筹安排预算内外各类生态市建设资金的使用，优先保证重点生态环境建设项目的需要。

根据国家产业政策导向搞好项目储备，做好前期工作，积极争取国家和省级的资金支持和政策倾斜，力争有更多的生态环境建设项目列入国家和省级建设盘子。

加强政府投资的监督管理和追踪问效，提高政府投资的使用效率和效益。

2. 发挥政府引导作用

设立市级生态环境建设专项基金，用于引导社会资金投向生态环境建设和发展生态经济、绿色名牌产品。

采用 BOT （建设—运营—转让）、TOT （建设—运营—移交）、BLT（建设—租赁—转让）等融资方式，为政府投资生态环境建设新项目筹集资金或置换资金。

建立符合市场经济要求的价格补偿机制，保证社会资本对生态环境建设投入的合理回报；当价格补偿机制无法达到合理的投资回报时，将排污费、垃圾处理费等事业性收费在一定期限内转化为项目经营收入方式提高项目收益水平，以调动社会资本参与生态环境项目建设和经营的积极性。

3. 鼓励各类社会投资

积极鼓励民间投资，加大对民间投资市场准入的支持，取消一切不利于民间投资的限制性、歧视性规定，凡向外商开放的投资领域都优先鼓励民间资本进入。

按照“谁投资、谁经营、谁受益”的原则，鼓励各类社会投资主体以独资、合资、承包、参股、联营、特许经营等方式，参与生态市建设。

加快推进经营性生态环境建设项目的产业化进程，选择供水、污水治理、垃圾无害化处理等一批生态市建设的基础设施项目，引入市场竞争机制，吸纳社会资本参与投资建设和经营管理，建立投资主体多元化、运营主体企业化、运营管理市场化的发展机制。

（三）完善政策导向

1. 财政税收政策

运用财政补贴、财政贴息、投资补助、安排前期经费等财政手段和规定的税费减免等优惠政策，鼓励、扶持生态经济的发展和生态环境建设项目的建设。

运用税收杠杆引导资源综合利用、减少生态破坏和环境污染，对高耗能、耗水和影响生态环境的企业、产品实行高税赋政策，对低耗能、耗水和清洁生产的企业、产品实行低税赋政策。

2. 融资政策

积极支持和帮助生态环境建设项目申请银行信贷、设备租赁融资和国家专项资金；支持和帮助生态环境建设项目申请利用外国政府和国际金融机构贷款、发行企业债券和上市融资；政府的信贷担保机构对社会投资的生态环境建设项目申请银行贷款提供担保。

完善相应的管理制度，为生态环境建设项目将特许经营权、污水与垃圾处理收费权和林地、矿山、海域使用权等作为抵押物进行抵押贷款提供条件。

3. 土地政策

对重要生态环境建设项目用地，符合国家划拨供地目录的，可实行行政划拨；对重要生态环境建设项目使用耕地的，比照国家和省重点建设的线性工程项目，按省政府规定标准的70%收取耕地开垦费，同时可采取分期付款的方式支付地价。

4. 产业技术政策

突出科学技术作为第一生产力的作用，建立为生态市建设服务的科学技术支撑体系。围绕生态建设、环境保护、清洁生产、资源综合利用等领域的重点、难点问题，集中力量，协同攻关，开发一批新技术、新工艺、新设备；积极鼓励跨地区、跨部门、跨所有制的合作研制，加强产、学、研之间联合与合作，形成推动技术进步和技术创新的合力。

对研究开发出的科技成果，保护其知识产权并依法实行有偿转让，对其中技术含量高、市场潜力大并可形成产业化的项目，按高新技术产业有关优惠政策予以扶持。

5. 国际合作政策

进一步增强对外开放意识，充分利用加入WTO后的有利时机，围绕生态建设、环境保护、清洁生产、资源综合利用等领域在技术、资金、人才、管理等方面全方位开展国际交流和合作，学习借鉴国际生态建设、环境保护的先进经验与成功做法，积极引进和推广先进适用技术；鼓励企业与跨国公司进行高层次的合作，联合设计、联合开发，在此基础上增强自主创新能力，开发拥有自主知识产权的专利技术。

鼓励外商投资生态农业、生态工业、生态林业、生态旅游业和资源综合利用、污染防治等项目，同时防止外商投资过程的污染转嫁和新污染源的出现。

6. 人才政策

把培养、引进和使用专业技术人才作为一项重大的战略任务切实抓好，营造吸引人才、用好人才的环境，形成尊重知识、尊重人才的氛围，建立人才脱颖而出、人尽其才的机制；在充分利用现有人才资源的基础上，吸引和聘用国内外高层次专业技术人才以各种方式为泉州生态市建设服务。

充分发挥省内外有关方面专家的作用，组建生态市建设专家咨询小组，开展多种形式的咨询服务，为各级政府重大生态环境建设项目的决策提供科学依据。

7. 分配和奖励政策

建立按劳分配和按生产要素分配相结合的分配制度，允许和鼓励技术、管理等生产要素参与收益分配；允许从科技成果和技术专利开发收益中提取一定比例用于奖励职务发明者，或者从企业净资产增值部分中拿出一定比例作为股份奖励有贡献的技术和管理人员；对在生态建设、环境保护、清洁生产和资源综合利用等领域技术创新、科技成果产业化中做出突出贡献的科技人员给予重奖。

泉州市人民政府关于加快推进流通现代化的实施意见

（2003年7月3日）

为加快推进我市流通现代化，促进流通业成为支撑我市经济发展的重要产业，现根据福建省人民政府《关于大力推进流通现代化的意见》（闽政〔2003〕31号）精神，结合我市实际，提出以下实施意见：

一、推进流通现代化的工作思路

（一）基本思路：

认真贯彻落实党的十六大精神和省政府关于大力推进流通现代化的意见，进一步解放思想，更新观念，与时俱进。坚持多渠道、全方位搞活商贸流通，坚持多元化、多种经济推动商贸流通，坚持多种经营、多种业态发展商贸流通。以促进经济增长为中心，以改革开放和科技进步为动力，以流通产业结构调整为主线，以提高人民生活质量为出发点，全面估量加入世贸组织后新形势的要求，实行政府引导、企业为主、市场运作、政策扶持的办法，认真解决流通结构不合理、技术含量不高、竞争力不强等问题，大力推行新型营销方式、流通组织形式，发展各种流通业态，提高商贸流通业的组织化、市场化、现代化水平，促进我市国民经济持续健康快速发展。

（二）目标任务：

要紧密结合我市正在规划建设的生产要素集散基地对现代物流业的要求，以连锁经营、物流配送和电子商务等现代流通方式为重点，改造提升传统流通业，培育形成一批大中型流通企业集团、物流公司、电子商务企业和一定规模批发交易市场，促进中小流通企业发展，提高我市流通业整体竞争力。到2005年，基本建立以市场机制为基础、产业布局和结构较为合理、高效诚信运行的流通业体系，成为支撑我市经济发展的重要产业。

二、推进流通现代化的工作重点

（一）培育形成一批较大型流通企业集团。

加快实施流通业结构调整，按照国务院办公厅转发的《关于发展具有国际竞争力的大型企业集团的指导意见》精神，通过股份制改造、吸引民间投资、试办综合商社、发展连锁经营、组建企业集团等形式，促进流通企业资本集中，发展我市流通业的“联合舰队”。引导以优势企业为龙头、资产为纽带、品牌为载体，开展资产重组和业务联合；利用资本市场筹集资金，实现商品经营与资本经营相结合，把企业实力做强；通过商品共同联合采购、配送和转让商号使用权、输出管理等方式，把企业规模做大。形成一批主业突出、辐射范围广、有一定竞争力的商贸流通企业集团、物流公司、电子商务企业和较大规模批发市场。

（二）加快发展连锁经营。

积极推动连锁经营向更大范围、更深层次发展和延伸，实现规模化和规范化经营。不断提高连锁经营在流通业比重，重点发展以社区为中心、满足居民基本生活需求为主、具有多项服务功能的连锁超市、便利店。积极推进百货业态创新和转型。在行业上要不断拓展经营范围，从传统零售业、餐饮业向电讯、医药、烟草、汽车等第三产业多个领域渗透。在地区布局上要走内伸外延的道路，逐步扩大区域和范围，重点向城乡接合部、沿海和发达山区乡（镇）、村扩张，并加强向泉州周边地区发展。在形式上要积极探索特许经营发展模式，鼓励企业充分利用社会商业资源，运用商品、商号、配送、经营模式和管理技术等手段发展特许经营。

（三）扶持发展物流配送。

认真贯彻执行国家经贸委等六部委联合制定的《关于加快我国现代物流发展的若干意见》，坚持“政府引导、企业投资、市场运作”的发展模式，加大现有物流资源整合力度，吸引社会投资参与物流项目建设，发展社会化、专业化物流企业。积极推广物流先进技术，引导企业采用仓库立体化、装卸搬运机械化、商品配货电子化、物流功能条码化等先进物流配送技术，建立安全可靠、高效率的配送体系，推进物流现代化，集中力量建成区域性现代物流中心。

（四）鼓励发展电子商务。

大力推进电子商务基础设施建设，加快电子商务服务中心的建设，促进社会信用体系的建立，提高电子商务在商业交易中的比重。根据经济性、适用性的原则，以信息技术改造传统商业服务业，提高企业采购、配送、营销能力，推动企业广泛开展电子商务活动，引导企业上网，推进企业信息化。以有形市场为依托，培育发展若干重点商品与服务交易信息网络，形成区域性交易信息网络。

（五）改造提升商品交易市场。扶持发展与我市支柱产业、重点行业相配套的综合和专业市场。发挥优势，突出特色，开拓创新，增强泉州商品交易市场的聚集和辐射功能，形成具有较强辐射力的全国性和区域性市场。引进现代经营方式，优化整合现有商品市场，增加服务功能，逐步由个体商品交易为主转向公司、企业交易为主，由追求交易数量转向注重商品质量和服务质量，由传统贸易方式转向拍卖、网上交易等现代交易方式。做好“农改超”工作，以点带面，逐步推进。有计划、有步骤地抓好城市农贸市场超市化改造，推动城市农贸市场服务水平的提升。积极推行农产品安全卫生质量检测制度，逐步建立有利于提高人民生活质量，布局合理、结构协调、功能齐全、竞争有序的农副产品超市体系。

三、推进流通现代化的工作措施

（一）加快优化流通业结构。

重点发展一批产销一体化的流通组织，改造提升一批辐射面广、多功能的批发交易市场，建设若干家规范的大中型物流中心，发展一批有一定实力的连锁经营企业，建成一批农副产品生鲜超市，建设一批电子商务的基础设施和示范项目，重点培育若干家较大型综合超市、仓储商品和购物中心，稳步发展一批会展业、拍卖业、旧货业、租赁业企业，推进流通形式多样化。加强城市大中型商业网点的规划与建设，将商业网点纳入县城和重点集镇整体发展规划。引导投资开发连锁经营、物流配送、电子商务和批发市场等现代流通行业，以及新建居民区等商贸网点不足的区域，推进流通业合理布局。加快流通业国有经济战略性调整，有进有退，有所为有所不为。鼓励非公有制经济以参股、控股、收购和租赁等形式参与国有和集体流通企业的改革、改组和改造，促进各种所有制流通企业的相互渗透、相互发展。

（二）大力发展中小流通企业。

扶持发展就业型、农副产品收购加工型、社区服务型等中小流通企业，不断提高服务技术和水平，满足市场需求。鼓励中小流通企业向“精、专、特、新”方向发展，参与特许连锁和电子商务，形成与大企业、大集团分工协作、专业互补的关联产业群体。要建立健全中小流通企业的社会化服务体系，积极开展面向中小流通企业的资金融通、信用担保、技术支持、管理咨询、信息服务、市场开拓、人才培训等服务。

（三）加快对外开放的步伐。

要抓住我国加入世界贸易组织带来的新机遇，促进流通管理体制、企业机制、组织形式及服务品种的创新，促进先进服务技术和标准的引进，带动流通业整体水平的提高，增强参与国际竞争能力。要依照国家有关流通领域对外开放的承诺步骤，营造良好投资环境，创造条件吸引国际著名商业集团来泉投资，合资开办商业批发、零售企业、物流配送企业和饮食服务企业，带动连锁经营、物流配送、电子商务的发展。加强对台贸易关系，吸引跨国分销企业在泉州设立区域性商品采购中心、物流中心、分销中心，推动泉州企业与国际大型商贸企业开展各种形式的合资合作，逐步建立与国际市场接轨的贸易和物流网络体系，扩大泉州产品出口，参与国际市场竞争。

（四）加大规划指导力度。

要认真搞好生产要素集散基地的规划建设。以城市规划为依据，以市场为导向，以企业为主体，按照不同业态和不同规模的商圈范围，制定城市大中型商业网点发展规划，并向社会发布。加强对大中型商业网点设施（如大中型批发市场、大中型物流中心、大中型零售网点、商业街改造等）建设的指导，凡是在城市建设和改造大中型商贸设施必须按照规划实施，防止重复建设、浪费资源、无序竞争。

（五）促进流通业人力资源开发。

抓好流通企业在职员工尤其是高层管理人员的适用性培训，加强对现代流通理论知识、世界贸易组织规则的学习宣讲。鼓励社会各界举办各种网络远程教育、在职培训，加强流通企业从业人员的职业技能培训和职业技能鉴定，形成多元化、多层次的在职培训体系。通过政府与企业相结合的途径，建立有利于吸纳人才的机制，吸引国内外高素质人才加盟泉州流通业。

（六）推进社会信用体系建设。

要建立企业、中介机构和个人的信用管理体系，包括信用的征集、披露、评价、保险和失信等惩戒制度。强化政府架构信用体系的作用，建立相关标准，规范信用体系建设。培育和发展一批社会信用服务中介机构，承担信用征信、信用评估、信用担保服务。加强司法和社会监督，严厉惩戒失信行为，为流通业发展创造良好信用环境。在流通行业深入开展各种形式的创建文明行业活动，抓好以诚信经营为重点的职业道德教育，推进服务规范化建设，提高商贸行业精神文明建设的实效性。

（七）培育发展行业协会等中介组织。

适应市场经济发展和政府职能转变的需要，有计划、有步骤地引导组建流通行业协会，重点发展连锁经营、物流配送、电子商务等新型流通方式的行业协会，发挥已成立的流通行业协会的作用，赋予中介组织行业管理职能，完善它们在沟通政企、服务企业、行业自律等方面的功能，充分发挥它们在推动行业发展和实施行业管理中的重要作用。

四、推进流通现代化的扶持政策

（一）加大对具有一定规模、符合国家产业政策的流通企业资金扶持力度。对推进流通现代化建设和重要农产品市场检测检疫、信息系统建设等重点项目，财政部门每年要安排一定引导资金给予扶持。对列入本级政府重点项目规划面积在1万平方米以上的物流配送企业，同级财政应给予一定的贷款贴息支持。对企业建设物流中心、发展电子商务所需资金，符合产业政策，具有一定规模，金融单位应优先予以贷款扶持，并提供优质金融服务。

（二）对企业进行信息管理、物流配送、生鲜经营等技术改造项目中，凡符合国家产业政策的项目经贸易主管部门确认、税务机关批准，可享受国产设备抵免所得税的政策。增值税一般纳税人收购农业生产者销售的免税初级农业产品及向小规模纳税人购买的农业产品，凭农副产品收购凭证按收购总额的13%计算进项税额，准予抵扣。

（三）公安交通管理部门对连锁经营企业、物流中心和商业批发企业运送商品的小型货车，经指定车型、吨位，制定避开高峰期的通行时间，提供市区通行、停靠等方面的便利。

（四）直营连锁企业按《烟草专卖法》规定的条件由总部统一办理各门店卷烟零售许可证，并向总部所在地烟草公司统一订货，在泉州地区各烟草公司间统一适用流通。

（五）对经营正版书籍、报刊、音像制品的企业，如符合条件的，文化、新闻出版部门应积极为其申报有关手续，协助办理连锁企业总部专营商品许可证，各门店持总部批准文件（或许可证）原件到当地有关部门办理有关手续。

（六）对连锁经营企业实行由物流中心统一采购配送的商品质量抽查，统一抽查物流中心，不对其所属门店重复抽查。

（七）电力部门要积极配合省有关部门对较大规模的商贸企业、大中型批发市场、物流基地、大型物流中心用电价格改革措施的落实。

（八）工商行政管理部门对从事物流经营的企业，可以登记为物流企业；对连锁企业经营范围的核定，可按行业大类核定；对由连锁企业总部统一办理所属各门店专营商品经营许可证的，可凭总部统一办理的许可批文办理所属门店注册登记；对直营连锁企业各门店，可按非法人分支机构进行注册登记。

（九）企业以划拨土地为条件引进的资金和设备建设物流中心，可按原划拨土地使用权价格作价作为法人资产出资。企业以原划拨土地自行改造为物流中心，凡未涉及产权变更、转让的，可保留划拨土地性质。在列入规划的市重点项目中的大型物流基地内设立物流中心和物流企业新增用地，按仓储用地优先安排，实行有偿使用。经市人民政府批准，土地出让金及市政基础设施配套费可适当调低。

（十）在国有商贸企业改组过程中，企业法定代表人或经营管理层购买产（股）权资金不足的，经企业债权人同意，可用承担企业债务方式，置换企业股权。

五、推进流通现代化的组织领导

（一）加强规范管理。

各级各部门要切实转变职能，加强和改善对全社会流通业的指导和管理，减少行政性审批，把管理重点转移到行业规划、商业政策的制定实施及法律法规和相关国家标准、行业标准、地方标准等的贯彻实施，积极推动企业建立健全企业标准体系、质量管理体系。积极研究制定、完善规范市场主体和公平竞争等方面的政府规章，加大行政执法力度，强化监督管理，深入整顿和规范市场经济秩序，严厉打击制售假冒伪劣商品等违法犯罪行为，营造公平、公开、公正的市场环境。

（二）实行工作责任制。

推进流通现代化工作由市贸易发展局牵头负责，各有关部门配合，分工协作，共同推进。各有关部门要切实履行职能，加强机关效能建设，分解落实本实施意见的各项目标任务和工作措施，采取积极有效的措施，不断提高为企业服务的质量和水平，帮助解决推进流通现代化过程中遇到的问题，促进流通业的进一步发展。

福建省人民政府令

（第 87 号）

《福建省“海上丝绸之路：泉州史迹”文化遗产保护管理办法》已经 2003 年 11 月 3 日省人民政府第 7 次常务会议审议通过，现予以公布，自 2004 年 1 月 1 日起施行。

省长 卢展工

2003 年 11 月 7 日

福建省“海上丝绸之路：泉州史迹”文化遗产保护管理办法

第一章 总则

第一条 为了加强对“海上丝绸之路：泉州史迹”文化遗产的保护和管理，根据国家有关法律、法规，结合本省实际，制定本办法。

第二条 本办法适用于本省“海上丝绸之路：泉州史迹”文化遗产（以下简称泉州海丝遗产）的保护和管理。

本办法所称的泉州海丝遗产是指具有历史、艺术、科学价值的与“海上丝绸之路”有关的文物、建筑群和遗址。

第三条 泉州海丝遗产所在地县级以上地方人民政府负责组织、协调、监督文化遗产的保护管理工作。

泉州海丝遗产所在地县级以上地方人民政府的文化、文物、建设、规划、国土资源、民族与宗教、旅游、公安、环境保护等有关行政管理部门应当按照法定职责，做好泉州海丝遗产的保护管理工作。

第四条 泉州市人民政府依法确定相关机构作为泉州海丝遗产保护管理机构，具体负责泉州海丝遗产的保护和管理工作。

第五条 保护管理泉州海丝遗产应当加强同有关国际组织的交流与合作，开展促进文化遗产保护的科研活动，组织培训遗产保护管理的专业技术和管理人员。

第六条 泉州海丝遗产保护应当坚持依法保护、科学管理、加强监督、永续利用的原则。

第七条 任何单位和个人不得出让或者变相出让泉州海丝遗产资源。

第八条 任何单位和个人都有保护泉州海丝遗产的权利和义务，不得损害或者破坏泉州海丝遗产资源，有权制止和举报破坏泉州海丝遗产的行为。

对保护泉州海丝遗产做出突出贡献的单位或者个人，由泉州海丝遗产所在地县级以上地方人民政府或者有关部门给予表彰和奖励。

第二章 规划和建设

第九条 泉州市人民政府应当根据泉州海丝遗产保护管理的需要，组织编制泉州海丝遗产保护规划及其详细规划，并依法报请上级人民政府及国家有关部门批准后实施，作为泉州海丝遗产保护管理和展示利用的重要依据。

保护规划及其详细规划经批准公布后，必须严格执行，不得擅自更改；确需更改的，应当报经原批准机关批准。

第十条 泉州海丝遗产保护范围，按照其保护规划划分为保护区、缓冲区、环境协调区，分级进行保护。

分区界线由泉州市人民政府划定，并设立界碑（桩）。

第十一条 泉州海丝遗产保护范围内禁止建设可能造成污染环境、破坏生态和水土流失的设施，禁止进行任何损害或者破坏泉州海丝遗产资源的活动。

第十二条 在泉州海丝遗产保护区内，禁止任何建设活动；确因保护需要进行建设的项目应当符合保护规划及其详细规划，并依法报批。

第十三条 泉州海丝遗产缓冲区和环境协调区内确因生产、生活需要修建房屋或者其他设施的，应当符合保护规划及其详细规划，其布局、规模、高度、造型、材料、色彩等应当与遗产和景观风貌相协调，并依法报批。

第十四条 对不符合保护规划及其详细规划、污染环境或者有碍泉州海丝遗产景观风貌的原有建筑物、构筑物应当清理、整改。

第三章 保护措施

第十五条 在泉州海丝遗产保护范围内进行泉州海丝遗产展示活动，应当采取措施，确保泉州海丝遗产的安全。

第十六条 泉州海丝遗产保护管理机构应当对泉州海丝遗产的文物景点和人文景观作出明确的标志。

泉州海丝遗产保护管理机构应当在泉州海丝遗产的保护范围设立标志和保护设施。

第十七条 泉州海丝遗产保护管理机构应当建立保护监测制度，设立或者委托相关监测机构，对泉州海丝遗产保护状况进行监测，提出监测报告，报有关部门备案。对发现可能危及泉州海丝遗产安全的，应当及时依法采取相应措施予以保护。

第十八条 对可能属于泉州海丝遗产的地下或者水下文物遗存的区域，文物行政管理部门应当依法进行勘察，划定地下或者水下文物遗存的保护区域。

在前款划定的保护区域内进行工程建设的，应当事先由文物行政管理部门依法进行文物调查、勘探或者考古发掘。

在其他区域发现可能属于泉州海丝遗产文物遗迹的，建设或者施工单位应当采取措施保护现场，立即报告泉州海丝遗产保护管理机构和当地文物行政管理部门。考古调查、勘探、发掘结束后，报省人民政府文物行政管理部门决定保护措施。

第十九条 对泉州海丝遗产范围内的文物古迹进行维护和修缮时，应当遵循不改变文物原状的原则。其维护和修缮方案应当依法报批并严格按照保护规划进行。

第二十条 使用泉州海丝遗产资源的组织或者个人，应当与泉州海丝遗产保护管理机构签订《使用保护责任书》，负责保养、维修和安全防范，接受其指导和监督。

第二十一条 进入泉州海丝遗产保护范围内的任何单位和个人，应当爱护遗产资源和各项设施，遵守有关规定，维护公共秩序和环境卫生；不得破坏遗产的景观风貌，不得污染环境，不得危及文物安全。

第二十二条 任何单位和个人不得污损、刻划或者损坏泉州海丝遗产及其标志、界碑（桩）或者保护设施，不得擅自移动拆除标志、界碑（桩）或者保护设施。

禁止在泉州海丝遗产保护范围内设置垃圾堆放场地及其他有损于泉州海丝遗产资源保护的设施。

第二十三条 泉州海丝遗产遭受灾害，造成重大损失时，泉州海丝遗产保护管理机构应当采取必要的补救措施，及时向省人民政府有关行政管理部门报告。

第二十四条 泉州海丝遗产所在地各级地方人民政府应当根据保护规划，鼓励、支持在遗产保护范围内从事有利于遗产资源保护的绿化和生态保护。

第二十五条 泉州海丝遗产所在地各级地方人民政府应当采取措施，继承、保护和弘扬与泉州海丝遗产有关的历史传统文化精华，搜集和保存文化、艺术、工艺珍品，根据需要设置泉州海丝遗产博物馆（陈列室），出版、展示、宣传泉州海丝历史文化作品。

第四章 经费保障

第二十六条 泉州海丝遗产保护经费纳入泉州海丝遗产所在地县级以上地方人民政府财政预算。

第二十七条 泉州市人民政府依法设立泉州海丝遗产保护专项资金，保护专项资金可以通过政府投入、社会捐助、景区门票收入等多种渠道筹集。

第二十八条 鼓励国内外组织或者个人为泉州海丝遗产保护捐款、赞助。

第二十九条 泉州海丝遗产保护专项资金应当用于泉州海丝遗产的保护事业，专款专用，严格管理，不得挪作他用。

第五章 罚则

第三十条 违反本办法第九条第二款、第十一条、第十二条规定的，由泉州海丝遗产所在地县级以上地方人民政府的文化、文物、建设、规划、国土资源等有关行政管理部门，依照有关法律、法规进行处罚。

第三十一条 违反本办法第十八条第三款规定，未采取措施保护现场并立即报告的，由泉州海丝遗产所在地县级以上地方人民政府文物行政管理部门责令改正，并处以500元以上1000元以下的罚款。

第三十二条 违反本办法第二十一条、第二十二条规定的，由有关行政管理部门责令限期改正，并依法予以处罚。

第三十三条 违反本办法第二十九条规定，将泉州海丝遗产保护专项资金挪作他用的，由有关行政管理部门对有关责任人员依法给予行政处分；构成犯罪的，依法追究刑事责任。

第三十四条 国家工作人员在泉州海丝遗产管理工作中玩忽职守、滥用职权、徇私舞弊的，由其所在单位或者上级主管部门依法给予行政处分；构成犯罪的，依法追究刑事责任。

第六章 附则

第三十五条 泉州海丝遗产范围包括万寿塔、六胜塔、石湖码头、江口码头（文兴渡、美山渡）、九日山摩崖题刻、真武庙、天后宫、磁灶窑系金交椅山窑址等航海与通商史迹，老君岩造像、开元寺、伊斯兰教圣墓、清净寺、草庵摩尼光佛造像等多元文化史迹，以及德济门遗址、洛阳桥等城市建设史迹。分布在福建省泉州市所辖的鲤城区、丰泽区、洛江区、晋江市、石狮市、南安市和惠安县。

第三十六条 本办法自2004年1月1日起施行。

中共泉州市委　泉州市人民政府
关于进一步提升民营经济发展水平的若干意见

（2004 年 2 月 25 日）

为深入贯彻党的十六大和十六届三中全会精神，推进大泉州发展战略，引导民营企业向规模型、集约型、外向型和科技型转变，进一步提升民营经济发展水平，增强综合竞争力，结合我市实际，特提出如下意见：

一、放宽市场准入

1. 放开投资领域。允许民营资本进入法律法规未禁入的行业和领域。通过向社会公开招投标，有重点地在道路、桥梁、港口、水利、电力、公交、环保、道路养护、园林绿化、教育、医疗、文化、旅游、物流，以及现代服务、非基本公共服务等行业和领域中推出一批产业化、市场化项目，吸引民营企业进入投资、经营和管理。

2. 放宽企业设立条件。放宽科技型企业注册资本限制，允许以人力资本、智力成果等无形资产作价出资，由全体股东签订作价入股协议并作出担保承诺，经评估机构评估和会计师事务所验资后，工商部门予以登记，其作价出资的金额原则上不超过注册资本的 40%。引导符合私营企业条件的个体工商户及时变更登记。

3. 改革企业登记前置审批。凡是法律、行政法规未明确规定的，不得作为民营企业注册登记的前置审批条件；对部分企业登记前置审批事项改为后置审批的，实行告知承诺制；对部分前置审批事项予以取消的，实行直接登记制：对保留前置审批事项的，实行并联审批制。

4. 试行企业年检免审制度。对获得“泉州市工商信用良好企业”、国家驰名商标、中国名牌产品、国家出口免验产品、国家免检产品称号的企业和省级以上的高新技术企业试行工商年检免审制。对泉州市工商局直接登记且住所在鲤城区、丰泽区外的企业由所在地工商局负责年检。

二、培育壮大产业集群和块状经济

5. 优化规划布局。搞好五大基地区域布局和产业集群、块状经济发展规划，加快生产要素的聚集，发挥产业集群的块状效应，加速形成上中下游配套完整的产业链群，提升产业整体竞争力。

6. 推进载体建设。加大工业园区整合力度，重点建设一批产业链配套完善、具有区域特色的专业化工业园。鼓励板块龙头企业在已批准的各级开发区、工业区设立专业化工业园，优先提供用地，并给予地价优惠。支持县与县、县与镇以产业关联为纽带，高起点、高标准联合创办制造业基地，促进产业跨区域扩张。各级政府从土地出让金中提取的专项资金应优先用于专业化工业园基础设施建设。

7. 扶持板块龙头企业。鼓励板块龙头企业发展专业化协作生产，提高各类企业的产业链接和配套能力。经认定为板块龙头企业的，同等享受“泉州民营企业 100 强”的政策优惠，并优先安排工业企业技改贴息，属农业产业化龙头企业的，优先给予农业企业各专项资金扶持。龙头企业以产业链招商的，参照招商引资优惠政策给予奖励。

8. 提升市场互动水平。吸引民营资本参与改造或新建一批区域性、全国性专业市场，建设资金由各级财政适当给予贷款贴息，其仓储用地视同工业用地；对新建与经济板块相配套的专业市场在试营业期间给予工商管理费减免。

9. 健全支持服务体系。鼓励按经济板块建立全市性行业协会，市级行业协会专项资金，重点用于资助经济板块的行业协会开展行业服务；支持各行业协会建立行业性的信息网站，设立行业研发中心、检测中心和展示中心；对依托经济板块成立的行业技术研发中心，同级政府按筹建投资规模给予一定的资助。

三、扶持上规模上档次

10. 建立民营及中小企业发展专项资金。市本级财政从 2004 年起连续五年每年安排不低于 1500 万元作为民营及中小企业发展专项资金，各县（市、区）财政也要根据财力情况每年安排一定资金作为民营及中小企业发展专项资金。专项资金的使用办法由同级财政局会同有关部门制定。

11. 培育扶持大企业大集团。根据营业收入、税收和技术进步等指标每两年评定“泉州民营企业100强”。对评为“泉州民营企业100强”的企业，受益财政以上年企业上缴所得税为基数，对其后两年内企业上缴所得税每年比基期年递增10%以上的地方分成部分，用于扶持该企业发展。

12. 鼓励参与国企改制、改组和改造。民营企业购买、兼并国有工业、建筑业企业，按规定程序成交后，一次性付清现款的按经有权部门核准的评估价给予优惠20%。民营企业受让国有企业产权，享受与国有企业转制前相同的优惠政策，除国家法律法规另有规定外，原国有企业改制前已办理的各项专项手续和生产经营许可证不因改制变更而取消。

13. 积极推进股份制改造。支持和引导民营企业实行股份制改造，建立现代产权制度。民营企业改制，在办理工业用途土地使用权证、房屋所有权证和水、电、气及其他权证时，可直接变更企业名称，除工本费外，免收其他费用。企业改制前已办理的经营许可证和资质证书，不因企业变更登记而取消。

14. 鼓励争创品牌。对获得“中国驰名商标”“中国名牌产品”、国家出口免验产品称号的企业，由市财政一次性奖励100万元；对已获国家、省名牌产品称号或列入市名牌发展计划产品的企业产品，在政府采购时，同等条件下给予优先安排。

四、支持发展外向型经济

15. 鼓励开拓国际市场。加快建立外经贸信息发布查询体系。鼓励行业协会（商会）组织企业参加国际性专业博览会、展销会，对参会企业由同级财政给予30%的摊位费补贴。鼓励民营企业以自有注册商标的品牌产品出口，支持民营企业到国（境）外注册商标，所需资料、证明、手续优先办理。

16. 积极引导“走出去”。协调税务、海关和外汇管理部门，支持民营企业在国（境）外投资办厂，建立国际营销网络，开展国（境）外加工贸易。民营企业人员进行经贸活动需办理因公出国（境）手续，有关部门按《关于简化手续方便企业因公商务出国（境）的通知》（泉委办〔2002〕32号）规定办理。

17. 推动标准化生产。各级检验检疫、质量技术监督部门要积极帮助指导企业提高应对国外技术性贸易壁垒能力。对获得1SO 14000环境管理体系认证、HACCP危害分析和关键点控制体系认证、OHSAS 18000职业卫生安全管理体系认证和SA 8000社会责任标准认证的企业，分别给予一次性奖励5万元；对获得国家实验室认可的技术检测机构，给予一次性奖励3万元；对获得环境标志产品认证（I型）无公害食品、绿色食品标志认证、原产地域产品保护、原产地认证标记的企业，分别给予一次性奖励2万元，以上奖励资金由同级财政部门予以支付。

五、推进科技创新

18. 加大技改扶持力度。市、县两级每年确定一批技改重点企业，对已获国家出口免验和国家免检产品、驰名和著名商标、国家和省名牌产品的企业，以及省、市重点企业要优先列入市、县两级年度技改计划，可申请享受政府技改贷款贴息或补助。

19. 支持科技型企业发展。境内机构、企业和个人在我市设立科技企业孵化器的，可向工商行政管理部门申请企业法人登记。鼓励支持信息产品生产企业、信息技术开发服务企业发展。各级科技行政部门组织实施的重大科技项目，实行公开招标，鼓励民营科技型企业参加竞标。

20. 推动自主技术开发。鼓励民营企业加大科技投入，对新产品新技术开发以及科技成果引进、转化、生产过程中所形成的费用，按规定计入当期管理费用。鼓励支持有条件的民营企业建立工程技术研究中心、行业技术研发中心、企业技术研发中心，设立博士后科研工作站、博士或硕士实验基地，经认定为国家级、省级的，由同级财政从有关专项资金中分别给予50万元和20万元资助，对同时获得国家级、省级的以最高级次给予一次性奖励。

21. 大力提高企业信息化水平。加大实施“企业上网”工程力度，引导和组织企业推行网上营销，加快物流与电子商务融合，促进企业信息化和电子商务发展。经认定为省级和市级制造业信息化与电子商务示范企业的，由同级财政从有关专项资金中分别给予5万元和3万元奖励，对同时获得省级和市级的以最高级次给予一次性奖励。

六、改善融资服务环境

22. 加大金融创新力度。各类金融机构要积极创新信贷业务品种，满足民营企业的融资需求。大力促进商业信用票据化，解决企业短期流动资金需要。鼓励金融机构给予重点民营企业授信贷款额度。推行建设项目集合资金信托计划，拓宽民营资本投资渠道。支持有条件的民营企业上市融资。

23. 培育发展地方金融机构。支持市商业银行多渠道扩充资本金，拓展外币服务功能；加快农村信用社管理体制和产权制度改革，组建农村商业银行、农村合作银行或按县一级统一法人模式进行改革；鼓励更多国内股份制银行在我市设立分支机构，力促台资、港资金融机构入驻我市。

24. 建立中小企业信用担保体系。对采取股份制或会员制形式，由行业协会（商会）、社会团体、民营企业共同出资设立的信用担保机构，同级政府可按一定比例注入资本金。鼓励民营企业依法开展多种互助性融资担保，积极引进国内外有实力的担保机构到我市开展业务。

25. 加快解决融资权属凭证问题。各级各有关部门要本着尊重历史、尊重事实、有利发展的原则，从快从简协助民营企业确定土地、房产等物业的权属关系。对企业采用分期付款方式取得的土地使用权，可按其实际缴纳的比例办理土地使用权证。物价部门要加强产权办理、资产评估和变更相关服务的收费监管，降低企业办证成本。

七、提高用地保障水平

26. 确保项目用地需要。民营企业项目用地符合土地利用、环境保护、城市建设总体规划的，纳入年度计划用地指标。工业用地需调整土地利用总体规划的，优先办理报批手续。简化用地审批环节，对重大工业和重点招商引资项目，实行个案审批。各县（市、区）应从土地出让金中按不少于5%的比例提取资金用于调节工业用地成本，加大工业基础设施建设投入。

27. 实行工业项目用地优惠。工业项目用地（含经批准的以工业为主的开发区、工业园区的配套设施建设用地）的新增建设用地有偿使用费，市级分成的10%部分和县级分成的40%部分可以缓交3年；工业项目建设新增用地涉及菜地的，3年内免交新菜地开发建设基金。

28. 促进企业集约化用地。鼓励民营工业企业向已批准的工业园区集中，实行园区供地价格、面积与项目投资规模、建设进度、年度纳税额挂钩制度，提高单位土地面积产出率。对进入工业园区（开发区）的企业，可采取出让或租赁方式向其提供用地；采取租赁方式的，在项目设计设定的建设期内租金予以适度优惠。

八、优化人才、用工环境

29. 营造优良人才环境。设立各级人才发展资金，列入各级政府财政年度预算。用人单位设立的人才发展资金支出可直接进入成本。全日制高校本科及以上学历应届毕业生在我市实行先落户、后就业配套服务。大专及以上学历的毕业生到民营企业就业或自主创业，其档案寄存在人才服务中心的，三年内免收人事代理费、人才档案保管费。各级政府新建的经济适用房要安排一定指标用于民营企业引进的专业技术和管理人才申请购买。

30. 优化人才市场化配置。支持民营企业加强人才引进、培训和使用。重点扶持泉州人才市场发展。加快各级人才市场脱钩改制步伐，培育发展多种所有制人才中介机构。

31. 培育职业经理人队伍。鼓励本地高校和中介组织建立职业经理人才培训、评价与推荐机构。鼓励和组织本地知名企业高层管理人才、高校教师兼职参与企业经营管理人员培训活动。组织开展“泉州市十大民营企业优秀经营者”评选活动。

32. 加大技能培训力度。推动职业技能鉴定职能向具备条件的行业协会、中介机构转移。扶持各类技能培训基地、职业技术院校发展壮大，鼓励中、高等院校增设符合我市产业特点需要的专业。企业用于员工培训的经费，按职工计税工资总额的1.5%列入成本开支。

33. 优化区域用工环境。各级政府要完善企业用工预测、预警制度，加强与劳动力输出地发展“劳务订单”协作关系，对向我市输送劳动力的外地职业培训机构给予适当资助。严格执行《泉州市保障外来务工人员合法权益暂行规定》，保护外来务工人员合法权益。推行企业用工报备和不规范用工行为通报制度。凡本市居民在市内跨县（市、区）就业的一律只办理登记手续，不须办理暂住证。外来务工人员在本市一地办理的暂住证，在全市范围内有效，不必重复办理。

九、规范市场经济秩序

34. 加大市场整顿规范力度。各级政府有关职能部门要设立打假工作的协调机构，强化对打假工作的指导和协调，加强企业专有技术，品牌商标保护。

35. 健全公共信用服务体系。加快建立全市企业征信数据库，整合工商、金融、税务、技监、检验检疫、海关、公安、法院等部门有关法人和自然人的各项信用记录资料，建立信用公示和信用等级评估制度，健全信用咨询和监管系统，实现民营企业信用信息查询、交流和共享的社会化与制度化。

36. 建立健全市场中介组织。加快行业协会改革与发展，各职能部门要分期分批向重点行业协会转移职能。鼓励和规范经济鉴证、信息咨询、培训等各类民办中介服务机构的发展，为民营企业提供社会化、专业化、规范化服务。

十、营造良好发展氛围

37. 加大宣传力度。《泉州晚报》、泉州电视台等媒体要加大对民营企业的宣传力度，尤其对“全市民营企业100强”“泉州市十大民营企业优秀经营者”等各类先进典型企业和企业家，要加大宣传，扩大社会影响。

38. 提高区域整体形象。鼓励民营企业冠名“泉州”开展产品展示和品牌塑造活动，支持行业龙头企业、知名企业牵头组织开展有利于行业整合与提升的各项活动。

39. 拓宽政企沟通渠道。市政府每年至少召开一次企业家座谈会；设立政企沟通电话专线，方便企业及时反映生产经营中遇到的各种问题，每季度对办理情况进行一次梳理，并及时向企业反馈。

十一、优化政务环境

40. 维护正常生产秩序。实行停水停电预警、预告制度，对无特殊情况未预告或未按预告时间停水、停电给企业生产造成损失的，要追究有关当事人责任。除法律规定必须例行检查和上级统一部署或接到署名举报的检查外，各职能部门对民营企业的检查实行备案制度，事前将检查内容、时间、范围等提交同级监察局备案，备案情况年终向社会公布，未经备案和超出备案范围的检查不准进行。

41. 保护合法权益。加大对发生法律效力文书的执行力度，大力查处企业内部侵权案，依法处理民营企业申请的行政复议、行政执法投诉案件，积极为民营企业提供法律服务和援助，维护民营企业的合法权益。

42. 建设诚信政府。对已出台的经济类政策措施、规范性意见，都应在本意见下发一个月内集中上网公布；凡新出台的，从颁布之日起上网公布。及时兑现各项优惠政策，凡企业按政策规定应享受的各项优惠、奖励，有关部门应按规定时间办结，并及时向企业反馈。

43. 确保政令畅通。各县（市、区）、市直各单位要按照本意见的精神，结合实际，抓紧制订具体的实施办法，不折不扣地付诸实施并加强检查督促。各级各部门已出台的其他鼓励政策如优于本意见的，继续沿用，但不重复享受。

44. 成立投诉中心。监察机关要制定出台对损害经济发展软环境行为监督检查和实行责任追究的有关规定，加大对本意见贯彻执行情况的监督检查力度。依托市机关效能投诉中心设立市民营企业投诉中心，做到有诉必理，有错必纠。对民营企业提出的投诉事项，有关部门要在接到投诉后15个工作日内调查处理终结并予以答复，情况复杂的可适当延期，但最长不得超过1个月。经查确属“乱收费、乱检查、乱罚款”行为的，对具体责任人按党纪、政纪有关规定予以处分，触犯法律的移交司法机关处理。

本意见适用于混合所有制、外资及个私企业，自下发之日起执行。

中共泉州市委　泉州市人民政府
关于发展壮大中心城市的意见

（2004 年 12 月 17 日）

发展壮大中心城市，是全面建设小康社会、加快实现“两个率先”目标的战略抉择，是贯彻省委七届七次全会和市委九届九次全会精神，加快建设海峡西岸经济区泉州侨乡工贸中心城市的必然要求，是实施大泉州发展战略、提升泉州中心城市综合竞争力的现实需要。根据省委、省政府《关于发展壮大中心城市的若干意见（试行）》（闽委发〔2004〕14 号），结合我市实际，提出如下实施意见。

一、发展壮大中心城市的总体要求和主要目标

发展壮大中心城市的总体要求：以邓小平理论和“三个代表”重要思想为指导，树立和落实科学发展观，在海峡西岸经济区总框架下，全面提升城市的综合竞争力。坚持“打开大门、治理两江、保护古城、建设新区”城建方针和“东进、南下、西拓”发展方向，按照“两期三步”的思路，北承福州，南接厦门，淡出闽东南，建设大泉州。坚持中心城市、次中心城市、山区县城、重点小城镇四层联动，加快推进晋江、洛阳江两岸城市建设步伐，形成以中心城区为核心、以城镇滨海沿江带状连接为拱卫的泉州湾都市圈。坚持往中心城市靠，通过合力高度集聚、要素优化配置，使中心城市成为区域经济发展壮大的坚实平台，凸显工贸旅游港口城市这一经济功能定位；往海边上逼，通过城市行政中心外迁、城市布局调整，凸显泉州湾滨海城市这一形态定位；往第一层面上挤，通过各行各业争创一流业绩，实现“城市版本升级”，全面发挥作为全省第一层面、三大中心城市之一的带动、先导作用，凸显海峡西岸经济区中部枢纽城市这一区位和层级定位。

发展壮大中心城市的主要目标：经济综合实力和集聚、辐射功能显著增强，生产总值、财政收入占全市比重逐年提高；建成比较完善的现代化城市基础设施体系；人居环境不断优化；实现科技和教育、文化、卫生、体育等社会事业全面进步；就业比较充分，社会保障体系比较完善；建成对外开放、协调发展、全面繁荣、较具竞争力、影响力的海峡西岸经济区侨乡工贸旅游港口中心城市。

二、加快发展壮大中心城市步伐，充分发挥中心城市的龙头支撑和辐射带动作用

（一）高起点规划城市，做大中心城市规模

泉州中心城市立足省域中心城市、海峡西岸经济区中部枢纽城市、泉州湾滨海城市的城市定位，市域政治、文化、科教、商贸中心和市域高科技含量、高附加值的新兴工业基地、旅游服务基地的城市职能，跨江、面海的发展方向，框定泉州湾滨海城市基本形态。在城市空间发展战略上，改变以原有中心城区为核心向外拓展的思路，采用区域资源整合模式和基础设施共建、生态共保、产业共聚、利益共享的方式，通过统一规划，分期分步整合、扩容，做大做强中心城市，实现建设泉州湾滨海城市的目标。

抓紧完成 2770 平方千米规划区、4200 平方千米都市协调区的城市总体规划修编工作，做好与“十一·五”经济社会发展规划编制和各县（市）城市总体规划修编、土地利用总体规划、生产力布局规划、城市环境规划等的协调衔接。继续做好市行政中心东移的各项前期准备工作。

加强规划管理，健全城市规划专家咨询和公众参与制度。新修编泉州市城市总体规划一经批准，按照市委、市政府对中心城市实行“两期三步”［近期可分为两步，第一步，凸显工贸旅游港口城市的定位，培育城市经济增长点。对现中心城市八个组团的乡镇和惠安县（共约 1500 平方千米）进行区域资源整合，发展港区经济，突出中心城市的港口功能，并使泉港区与中心市区真正连接、融合在一起，迅速做大中心城市规模，中心城市总人口达到 250 万人，其中市区人口 100 万人，经济总量占全市的比重有较大提高。第二步，对 2770 平方千米规划区（包括鲤城区、丰泽区、洛江区、泉港区、晋江市、石狮市、惠安县全部和南安市三个街道及丰州、霞美、洪濑、官桥、水头、石井六镇）进行区域资源整合，中心城市总人口达到 400 万人，其中市区人口为175万人，进一步撑大中心城市骨架。远期即第三步，将4200平方千米的泉州都市协调区控起来、做起来、管起来，在条件成熟时实现泉州湾滨海城市真正意义上的整合。中心城市总人口达到500万人，其中市区人口386万人，最终形成泉州中心城市格局］的发展构想实行严格管理。

认真贯彻落实省委、省政府《关于发展壮大中心城市的若干意见（试行）》的精神，按照有利于中心城市功能发挥、优化资源配置的需要，适时推进行政区划调整，合理扩大城市规模。

（二）高标准建设和高效能管理城市，做美中心城市环境

1. 高品位保护名城。要结合泉州市总体规划修编和泉州海丝史迹申报世遗，做好古城控规的修编和历史文化名城的保护工作。在实施保护建设中，着力保护历史文化街区和地段、文物和纪念史迹、城市格局和肌理、山川自然形态和与城市发展共生的文化蕴藏。泉州古城保护与建设要始终贯穿“在保护中更新，在传承中建设”的主导思想，坚持以人为本的理念，在核心保护区重点实施钟楼、西街、学府路、天后北路和堤后路等片区的保护建设，致力于存古存旧，风貌完整；更新则力求承继特色，延续历史文脉。在风貌保护区，则以晋江下游风景游览园林和以西北洋滞洪区公园化建设为重点，修复海丝文化景点，结合历史文化遗存建设富有文化底蕴的滨水园林，新建市博物馆、南建筑博物馆，控制北峰组团开发强度，形成历史文化名城与国家风景名胜区清源山之间的田园风光过渡区，强化古城与山、海、江的相融关系，并成为城市的点睛之笔。

2. 高标准推进新区建设。加快城市建设步伐，推动城市向东、向南、向海湾发展。政治、经济和商业、文化中心逐步向新城区转移，推动城市规模不断扩张，新区不断繁荣。要在市区沿海大通道形成城市沿江、临海格局，加快推进晋江、洛阳江两岸城市建设步伐，认真搞好建设规划，促进沿江、临海的新的城市景观带和洛江阳江生态新城开发建设，体现山水和沿江、临海特色。在推进城市跨晋江、洛阳江发展中，要有意识地以泉州经济技术开发区和泉州大桥南片区城东综合商住小区、洛秀新区等项目为先导，促进江南池店组团和城东组团、洛秀组团的成片、成规模开发，提高新区的投资规模效益和带动效应。充分发挥惠安和城东、东海组团对外交通枢纽位置的优势，加快后渚至百崎、泉州至晋江和石狮至惠安的跨江、跨海大桥建设步伐。加快洛秀组团等市政基础设施建设步伐，完善路网路架。对一些不符合城市规划、影响城市景观的“城中村”进行彻底改造，配套完善各种基础设施和公共设施。科学规划工业园区建设，调整用地结构，实行土地成片统一开发，形成新区工业载体和城市发展平台。进一步保持新区房地产开发持续健康发展的态势，提高新区人居环境质量。

3. 大气魄建设市政基础设施。一要围绕建立现代化的立体交通网络，加快建设泉州沿海大通道、泉州至三明高速公路、泉三高速支线南安至惠安高速路、泉州晋江大桥、福厦高速铁路等进出城通道，建立快速便捷的城际立体交通体系。加快国道324线华大至洛阳桥段拓改工程、朋山岭隧道第二洞及其接线工程、沿海大通道后渚至万安段建设，形成泉州中心城市东片区新的外环通道。重视城市内外交通衔接，完善城区路网，加快建设绕城快速公路和进出城及连接机场、港口、铁路、高速公路的快速干道。积极规划建设轨道交通，进一步缩短城市时空距离。二要围绕强化信息中心功能，继续推进“数字泉州”工程建设，加快建立城市地理信息系统、电子政务、电子商务和社会公共服务等支持平台，提高中心城市信息网络的综合服务能力。三要围绕强化公共保障，完善中心城市供水、供电、供气、供热区域网络，保障城市正常运转。抓好城市防空、防震、防火设施建设，提高中心城市综合防灾减灾能力。四要围绕可持续发展，加快北峰、城东、东海等污水处理厂及管网建设，建设完善的城市污水、生活垃圾、危险废物、医疗废弃物、工业固体废物等处理设施，加大对城市大气、噪声等污染的治理力度。到2005年，我市城市污水处理率达70%以上，垃圾无害化处理率达到90%以上；到2010年，城市污水处理率力争达80%以上，垃圾无害化处理率达到95%以上，基本实现垃圾、污水处理无害化、减量化、资源化。

4. 大手笔改善人居环境。要按照创建国家园林城市、卫生城市、环保模范城市的内涵及要求建设城市，充分挖掘中心城市的特色和魅力，发展绿色经济，倡导绿色文明，推广绿色生活方式，营造绿色城市环境。要继续加强对“四山两江”和海域环境的保护管理，取缔开山毁木，继续封山育林，杜绝污染水体。以治水、

治气和增绿造景为着力点，抓好环泉州湾和河口湿地大环境整治，加大绿色景观通道、城市广场、城市中心区园林绿化、植物园、城市生态防护林绿色屏障建设，重视城市的历史文物、历史性建筑和街区、地段的保护，形成独特的城市风格。实施一批城市绿化项目建设，推动人居环境的改善，进一步完善与配套市政公共设施，提高中心城市的品位。2005 年中心城市规划建成区绿地率要达到 32% 以上，绿化覆盖率达到 37% 以上，人均公共绿地达到 8 平方米以上，加快山水园林城市建设，努力实现创建“国家园林城市”目标。

5. 高效能管理城市。综合运用经济、行政、法律等手段，重点整治市场、交通和公共场所秩序，扎实有效地在市区开展乱张贴、乱涂写广告专项整治活动，研究解决停车难、电动车等新引发的交通问题。一是整治关系民生环境的市容市貌。要贯彻落实《行政许可法》，进一步完善城市管理规章，健全行政执法监督机制和约束机制；深入开展城市管理进社区活动，完善社区市政、环卫、交通、照明设施，整治脏乱差，保持社区环境整洁卫生，提高社区居民生活质量；深入开展建筑工地、占道经营、市政道路、环卫设施等六项专项整治，改善市容市貌；继续实施“畅通工程”，2004 年达到二等管理水平；开展城市道路交通专项整治，切实做好禁鸣喇叭工作，确保道路畅通、交通有序；加强对执法人员的教育和培训，努力培养一支政治强、业务精、作风正的高素质建设行政执法队伍；严厉查处违法建设行为，狠刹抢建歪风。推进城市管理重心下移，将城市管理重点放在城乡接合部。二是完善关系民生质量的行业管理。要加大建筑业、房地产业、工商管理等的市场秩序整顿力度，确保行业管理规范化、制度化；抓紧 LNG 燃气管网项目的前期工作，明年动工建设，确保 2007 年前建成投入使用；优先发展城市公交，开辟环泉州湾城市群公交线路，积极推进沿海县（市）城际客运线路公交化运作，构建大泉州城市公交体系；实施光亮工程和夜景工程，美化、亮化、彩化城市，创造一个良好的生活和生产环境。

（三）增强发展动力，做强中心城市产业和功能

1. 发展壮大产业集群。以建设高新技术孵化、民生产品制造、石油化学工业、特色农业产业、生产要素集散等五大基地为载体，加快新型工业化进程，走一条项目带动推进载体建设、载体建设形成块状效应、块状效应提升发展平台的路子，推进产业集群和块状经济建设，壮大经济总量，建立完整的产业体系。要充分发挥区位优势，集聚产业、技术、人才和资金要素，推进石化、电子信息、旅游业、船舶修造业等主导产业，做大做强临海战略型产业集群；挖掘纺织服装业、鞋业、建筑建材业、机械制造业、工艺制品业、食品饮料业、农产品和水产品加工业等传统产业优势，整合提升传统产业集群；以高新技术产业为重点，培育新兴产业集群；实施项目、市场、名牌和信息化带动战略，提升产业集群综合竞争力。产业综合配套功能完善，建成若干个国际性、全国性的专业市场及一批研发中心、检测中心、展示中心、物流配送中心、信息发布中心和教育培训中心，继而建成海峡西岸经济发展的增长核心。

2. 积极发展现代服务业。按照泉州市区商业网点规划的要求，加快物流业、信息业、金融保险业、商贸连锁业、房地产业、会展业等生产服务和现代服务业发展步伐，提高服务业在城市经济和就业中的比重，增强中心城市综合服务功能。充分利用国内外两个市场、两种资源，提高我市流通现代化水平。培育和建设一批具有区域特色、较强集聚功能、影响力大的物流中心、大型专业市场、生产资料市场，重点建设鲤城汽车汽配、电子信息市场，丰泽树脂工艺品，洛江五金机电、泉美花卉，泉港石化，石狮服装、布料，晋江鞋业、华洲水产，南安建材、对台农副产品、官桥粮油和安溪茶叶等一批龙头专业物流中心。大力发展会展型商业，重点办好海峡两岸纺织服装博览会、中国（晋江）国际鞋业博览会、中国南安建材经贸洽谈会暨水头国际石材博览会、海峡两岸五金机电交易会等全国性、区域性会展活动，形成辐射国内外的会展中心市场，积极开拓国内外市场，提高泉州产品知名度和市场占有率，发展会展产业经济。积极引进国内外商贸流通大企业、大集团在泉州设立经营总部、销售总部或研发总部，打造区域性商务营运中心。

3. 大力发展旅游业。发挥政府主导作用，加大旅游投入，加强市场运作，推进旅游资源深度整合和开发。要通过办节等形式，整体推介“海上丝绸之路起点、中国著名侨乡、历史文化名城、世界宗教博物馆、‘四南’、泉州木偶”等特色旅游品牌。努力培育八大旅游精品：即以泉州历史文化名城为核心的城市旅游区，以“惠女风情”为特色的惠安崇武古城旅游度假区，以及安溪茶文化旅游区、德化瓷文化生态旅游区、石狮黄

金海岸商贸滨海旅游度假区、晋江对台滨海文化旅游区、永春牛姆林生态休闲旅游区、南安蔡氏古民居、丰泽法石社区的南建筑文化特色旅游区等。整合现有旅游景区，深化内涵，推出名胜古迹、寻根谒祖、宗教朝圣、戏曲文化、名人史迹、度假休闲、民俗风情、自然生态、滨海、健身娱乐、商贸购物等独具特色的旅游线路，打造旅游精品，突出多元文化，拓展休闲旅游、文化旅游、商务考察旅游等新的服务发展领域。要进一步完善“食、住、行、娱、购”等配套服务设施，使我市旅游业真正成为新的经济增长点，成为三大“主导产业”之一。在今后几年内，泉州旅游业要分三步走：第一步，至2007年建成全省主要旅游目的地，成为福建省三大旅游城市之一；第二步，至2010年建成国内一流旅游目的地，成为中国最佳旅游城市；第三步，至2015年将泉州培育成国际旅游城市，成为国际知名旅游目的地。

4. 加快泉州港口建设。泉州港口建设应立足于“福建省重要港口”的布局定位，依托泉州中心城市，完善建港条件和陆路交通条件，在主要依靠自身优势，吸引外资和民间资本加快港口发展的基础上，向港口层次高、辐射面广、功能齐全的更高目标迈进，把泉州港建设成为东南沿海重要的多功能国际性大港口。要结合泉州中心城市拓展方向，突出港口城市特色，把握世界航运发展趋势，完善泉州港总体规划，科学规划港口布局，整合港口资源，发展泉州港肖厝港区、斗尾港区、石湖港区、秀涂港区等，推进泉州港秀涂码头、肖厝集装箱码头建设，促进临港产业发展，提高港口吞吐能力，加快构建现代化的大港，进一步突显中心城市港口优势。近期致力于秀涂港区、石湖港区等泉州湾中心港区的开发建设，尽快扩充其吞吐能力、增强服务功能，并积极发展港口工业；远期重点建设斗尾作业区和肖厝作业区，以应对惠安和泉港未来可能出现的工业产业大发展；适当发展围头湾港区，以应对台湾问题的解决或两岸关系缓和以及对台贸易、旅游等方面的发展需求。努力把泉州湾港区建成以承担集装箱等货运为主，兼有客运的商业中心港；把围头湾和深沪湾港区建成以近洋和国内航线为主的中小型港区；积极推进泉州港深水集装箱泊位的建设，争取用5至10年的时间建成能够靠泊第六代集装箱船舶的深水港，力争在2015年前建设成为多功能的大型国际中转贸易港。

5. 加快社会文化事业发展。一是优化教育资源配置，调整中小学布局，满足城市新增人口就学需要。2005年普及高中教育。扩大高等教育办学规模，加快培养高素质人才；挖掘现有高校办学潜力，调整学科结构，提高办学层次和办学效益。继续支持办好华侨大学、仰恩大学，把泉州师院办成我市地方高等教育的龙头，2005年泉州师院扩至本科生8000人规模。积极创造条件组建地方性、多科性的泉州大学。引进培育一流的中小学校入驻中心城市新区，缩小新老城区基础教育差距，提高城市基础教育整体水平。发展现代远程教育网络，创办开放式的网络教育体系。积极鼓励和扶持社会力量办学，大力发展教育产业。提高高等院校科研水平，推进产学研紧密结合，增进高等院校与科研院所、企业的合作。二是弘扬优秀传统文化，加大“丝绸之路：中国泉州史迹”申报“世遗”和泉州南音申报“人类口头及非物质遗产代表作”工作力度。积极发展文化事业和文化产业，加大文化基础设施投入，重点推进梨园剧院、市博物馆、南建筑博物馆等一批现代化标志性文化设施建设，完善群众性文化娱乐设施，建设文化强市。三是加快科技发展，促进科技进步。依托泉州现有的产业基础和优势，以企业为主体，以市场为导向，围绕通信产品制造和海洋、环保、新材料等具有优势的产业，建设以泉港—惠安—鲤城—丰泽—经济技术开发区—晋江—石狮为龙头的高新技术产业走廊，全力建设包含研发、服务、试验三大功能，覆盖生产力促进中心、博士后工作站、高新技术创业服务中心和企业孵化基地等科研机构；组织实施一批重大科技开发、产业化项目、火炬计划项目、星火计划项目和技术创新项目，努力形成新一轮经济增长产业高地，力争在2010年前把泉州中心城市建成全省高新技术产业的研发中心、成果交易中心、高新技术产业化基地和产品出口基地，使高新技术产业成为经济发展的主要立足点和支撑点。四是加快发展卫生体育事业，不断提高人民群众的健康水平。建立健全疾病预防控制体系、卫生医疗救治体系、卫生执法监督体系，强化卫生准入制度，引入竞争机制，鼓励社会力量办医院，引进培育一流的综合性医院入驻中心城市新区，缩小新老城区基础医疗差距，提高城市医疗保健整体水平；广泛开展全民健身运动，完善体育场馆设施，大幅提高利用率，提高竞技体育水平。抓好人口与计划生育工作，重视发展城市老龄事业和妇女儿童事业，平均期望寿命、青少年儿童体质达到全国中上水平。

6. 拓展对外开放平台。继续开发和利用“港澳侨台”优势，坚持项目招商、产业链招商和工业园区招商，加大基础设施、公共事业、金融保险等现代服务业领域的利用外资工作，拓宽利用外资渠道，提高利用外资的质量和水平。充分发挥对台的独特优势，全面推动泉台经贸、科技、文化交流与合作，积极承接台湾产业转移。把握内地与港澳建立更紧密经贸关系安排的机遇，积极搭建泉港澳联合招商、基础设施与公用事业发展合作、金融合作、贸易合作、中小企业发展合作、旅游合作、物流业合作、人才合作八大平台，在更高的平台、更深的层次和更宽的领域进一步加强泉港澳合作。加强引资导向，坚持将吸引外资同产业结构调整相结合，重点做好石油化工、修造船业、汽车制造、电子信息、旅游服务等五大新兴产业和高新技术产业、服务业的招商引资工作，努力提高利用外资的质量和水平。大力实施以质取胜和科技兴贸战略，培育和壮大一批科技含量和产品附加值高的龙头企业和出口产业，促进我市向出口强市转变。大力拓展多元化市场，在巩固欧美日等传统市场的同时，深度开拓东盟市场，努力开拓俄罗斯、东欧、中东、非洲市场等新兴市场。积极应对技术性贸易壁垒，适应出口退税机制改革，鼓励发展加工贸易。积极实施“走出去”战略，引导企业赴境外投资办厂，设立分拨中心、销售中心和展示中心等贸易网点，主动参与经济全球化，扩大国际经贸合作。加快完善促进外经贸发展的政策，进一步健全完善外贸出口预警预测机制，不断创新招商引资激励机制和项目快速落地机制。

（四）拓展发展空间，增强中心城市辐射带动能力

1. 加快推进城镇化进程。坚持中心城市、次中心城市、山区县城、重点小城镇四层联动，调整修编城市规划，做好中心城市和市域内各县（市）之间城镇体系规划、城市总体规划的衔接和协调工作，优化城镇体系空间布局。坚持城市扩容、交通先行，不断延伸城市交通主骨架，拉开城市发展空间，促进人口集聚，合理扩大城市规模。依托市域交通网络，推动形成以中心市区为龙头，以次中心城市、山区县城为纽带，以小城镇为基础，分工有序、功能互补、规模协调的城镇体系。至 2005 年，全市城镇化水平达到 48%，2010 年达到 60%，2020 年达到 70%。

2. 加强中心城市之间的城际合作。要通过科学编制跨设区市的区域规划，强化规划的空间指导和约束功能，统筹协调各中心城市的发展，整合城市资源。加强中心城市之间在基础设施建设、产业开发、市场开拓、人才培养等方面的合作，实现产业互动、市场联动。要在保持原有缔结良好关系的基础上，进一步有目的、有选择地缔结新的友好城市。

3. 稳步推动城市联盟深入开展。积极推进厦漳泉等城市联盟，实现统一规划、整体布局、设施共建、资源共享、优势互补、协调发展。一是从规划对接入手。促进基础设施、社会事业设施的共建共享和产业的协作配套，实现要素资源的深度整合和优化配置。二是从项目实施入手。按照互惠互利的原则，通过经济纽带和市场化运作的方式，推动湄洲湾组合港、泉三高速公路和城市供水、供气、污水处理、公共交通等基础设施的协调共建。抓紧做好泉州江南池店组团与晋江污水处理厂合并扩容、环泉州湾大公交项目等城市联盟试点启动。在产业发展布局上淡化行政区划界限，深化城际产业协作，引导我市相关产业向三明、莆田延伸产业链，推动互利互惠促进区域产业集群的形成和发展。三是从机制建设入手。建立起推进城市联盟的行政首长联席会议制度和对口专业联合办事协调机制，促进城市联盟相关工作的落实。

4. 积极开展跨省区域合作。要充分利用沿海港口优势、对台通商优势和对外招商平台，加强中心城市与外省（市、区）的经贸合作，通过加快沿海港口码头、仓储等设施建设，完善口岸功能，构建中心城市连接周边省份的铁路、高速公路等城市快速交通网络，增强中心城市的外向型经济枢纽和商贸物流中心的辐射带动效应，使中心城市成为内陆省份的重要物资集散地，发展腹地不断向纵深推进。积极参与西部大开发，根据西部各省的资源和发展特点，有针对性地开展经济合作，不断扩大协作区域和协作领域。铁路、航空、海运方面争取开通更多的省（市）。

三、深化改革，创新机制，增强中心城市发展活力

1. 创新城市管理体制改革。一是按照“统一领导、分级管理、科学有序、协调高效”的要求，完善城市管理体制，进一步明确市、区、街道三级管理的职责与职权。事关全局的城市规划权、城市管理权、政策制定权要集中在市一级。学习借鉴深圳、福州、厦门等城市做法，积极推进城市管理综合执法，加大综合执法力度，争取市级明年底前成立城市管理综合执法局，并设立鲤城、丰泽、洛江分局，负责辖区内市容市貌、环境卫生、道路秩序、公共设施、园林绿化等的监督和维护。之前，各区先成立城管办，切实加强巡查监管。改革城市基层管理体制，加快城郊“镇改街道、村改社区”步伐，规范社区管理体制，建立良好的社区建设运行机制。深入开展城市管理进社区活动，理顺社区居委会与物业管理部门、业主管理委员会之间的关系，建立健全社区组织，坚持以人为本，注重提高居民的生活质量和文明程度，不断改进社区管理和服务，实现社区服务的社会化和产业化。二是遵循“统一、高效、权威”的原则，建立科学的公共安全预警和应急指挥机构，完善和落实对各类突发事件的处理预案，明确相关部门及人员的分工和职责，建立快捷、畅通、及时、准确的信息网络，确保信息及时公开，形成以政府为核心，多行业、多部门参与，统一指挥、反应灵敏、协调有序、运转高效的应急运行机制，有效应对各类突发事件。三是加快城市公用事业单位政企分开、管养分开和企业化转制，将属于行政管理的职能划归政府职能部门，经营业务实行市场化运作，进一步提高公用事业运行效率。

2. 深化城市投融资体制改革。一是对泉州市区城市地下管网建设投资进行体制改革。成立泉州市城市地下管网建设投资有限公司，负责城市规划区内给水、排水、燃气、电力、电信、有线广播电视、信息网络、交通信号等地下管网的新建、改建、扩建和维护、运营，改变我市地下管网工程建设与城市道路建设不同步，随意破路、破坏城市绿地等状况，保护城市市政基础设施，维护我市城市形象，提高城市管理水平，促进经济和社会发展。二是坚持政府引导、市场运作的原则，加快推进高速公路、港口码头、城市供水供气、污水处理、垃圾处理等基础设施和公用事业的市场化改革。运用价格、投资补助、贴息等多种手段，鼓励和引导社会资金以独资、合资、合作、联营、项目融资等方式，投资经营基础设施和公用事业。具备合理回报和一定投资回收能力的项目，应积极实行特许经营权制度和业主招标制度。要集中公用事业优良资产，将包括城市道路、桥梁、污水处理、供水、供气、环卫、公交等在内的城市固定资产和基础设施建设项目推向市场，实现优化组合，盘活存量资产。对城市市政公用设施的冠名权、广告使用权等进行公开拍卖，开发利用城市市政公用设施延伸资本。对目前部分国有企业长期闲置的土地、厂房及其他呆滞资产，要采取股权转让盘活开发利用。加大公益性项目的财政投入，对城市资源性消费品实行差额累进定价收费办法，建立投资—经营—回收的良性循环机制，推动城市投资多元化格局的形成。三是加快试行项目代建制步伐。全面推行经评审的最低价中标办法，进一步健全招标投标制度。

3. 统筹推进城乡户籍、就业管理和社会保障制度改革。一是完善以居住地和就业原则确定身份的户籍登记制度及城乡一体化的户籍管理体制。降低中心城市户口迁移的准入条件，对在城区有固定居住条件、合法职业及经济来源，与用人单位签订二年以上劳动合同的人员，可申请在城市登记常住户口。对引进或聘用人才，可在其居住地或就业单位登记常住户口。对以不改变户籍、国籍的形式来泉工作或创业的国内外优秀人才，试行引进人才居住证制度。对本科及以上学历毕业生可实行“先落户、后就业”的管理办法。完善城市住房、就业、教育、优抚安置、社会保障等配套政策，使符合条件取得城市户籍的居民享受同等待遇。完善“城中村”户籍改革配套措施。村集体经济组织改制为股份制企业的，其经营性资产全部实行清产核资，折股量化分配给原组织成员，原组织的债权、债务原则上由改制后的股份制企业承担，成员在改制后的股份制企业就业的重新签订劳动合同。原村属公益性事业的人财物移交社区居委会管理。二是大力促进就业和再就业。加大政府对促进就业的投入，建立覆盖城乡的劳动力市场，完善劳动力市场信息网络，发展民办职业中介机构，加快构筑制度化、专业化、社会化的城乡就业服务体系。加大职业培训工作力度。建立健全高级工培训中心，完善职业技能鉴定体系，加快高技能人才队伍建设，认真组织好再就业培训和农村劳动转移就业培训。积极推行劳务派遣、委托或联合企业培训，创新劳动就业和技能培训的服务方式，提高城乡劳动力就业的组织化程度。加大财税、金融支持力度，鼓励自主创业、自谋职业。根据不同职业的特征实行小时工资、日工资或周工资等薪酬制度，促进灵活就业。三是积极推进社会保障体系建设。改革社会保险基金征收管理体制，完善城镇失业人员灵活就业和进城农民工就业后的社会保险政策。采取适当补助的方式，解决城市困难企业、困难职工的医疗保险，积极推行新型的农村医疗合作保险制度。探索从土地补偿费、安置补偿金及土地出让收益等经费中安排部分资金，设立失地农民生活保障专项资金的办法，逐步建立被征地农民的基本生活保障制度。符合条件的，纳入城市居民最低生活保障范围。

4. 完善土地使用管理制度。进一步完善城市土地收购、整理、储备、出让的管理机制，对城市土地进行土地资本化。根据中心城市发展需要，依法合理调整、修编城市土地利用总体规划。按照城市土地利用总体规划、城市总体规划用途管制和兼容性的要求，对土地开发建设进行控制和引导。对与城市发展不相适应的控制用地，在不突破城市土地利用总体规划确定的城市建设用地规模前提下，允许当地政府对具备兼容性的地块进行调整、置换，报原规划审批机关批准。全市建设用地指标的安排，除确保国家和省、市重点建设项目外，优先满足中心城市建设需要。建立项目用地定额指标和土地投入产出率考核体系，鼓励集约利用土地，防止“圈地”和低效用地。在坚持土地集体所有制的前提下，探索农村集体土地使用权流转管理办法，允许农村集体经济组织和农户在城市土地利用总体规划确定的非农建设用地范围内，按照城市规划确定的用途，以土地使用权入股、租赁等方式参与经营性项目的合作开发。在市辖区内，乡镇改街道、村改社区，涉及农村集体经济组织全部成员转为城镇居民的，原经有权的人民政府批准使用的集体土地，确认为国家所有，直接为原集体建设用地使用者颁发或者换发国有土地使用证。

四、加强组织领导，促进中心城市健康协调发展

1. 加强领导。发展壮大中心城市事关全局，牵动各方，任务艰巨。各县（市、区）党委、政府要从实践“三个代表”、树立和落实科学发展观的战略高度，统一思想，提高认识，增强发展壮大中心城市的紧迫感和责任感。充分发挥党委的领导核心作用，总揽全局，协调各方，推进中心城市发展。市级已成立城市规划委员会、城市管理委员会、厦漳泉城市联盟工作协调领导小组等相关领导机构，近期将成立以市委书记为组长、市长为常务副组长的泉州市发展壮大中心城市工作协调领导小组，进一步加强组织领导和工作协调。强化专家顾问咨询作用，市政府经济顾问组要增加研究发展壮大中心城市方面的专家。各县（市、区）要成立党政一把手挂帅的发展壮大中心城市工作协调领导小组，强化目标责任制，党政主要领导亲自抓、负总责，明确中心城市发展的目标和思路，分解细化各项任务，有计划、有步骤地推进各项举措的落实。要抓住关键，及时解决中心城市规划实施、区划调整、交通市政设施建设、人口流动、环境保护、体制改革等方面存在的突出问题。由市委办、市府办牵头，抽调有关部门人员组成调研班子，加强调查研究，为发展壮大中心城市提供决策服务。

2. 凝聚发展合力。各县（市、区）要牢固树立“往中心城市靠，往海边上逼，往第一层面上挤”的意识，顺应大势、服从大局，把握主动、协力推进，主动呼应和对接中心城市。市直各有关部门要结合实际，认真贯彻落实加快发展壮大中心城市的各项举措。要转变观念，拓宽工作思路，改进工作方法，增强大局意识、责任意识、服务意识，按照各自的职能分工，通力合作，切实做好指导、协调、服务等工作，促进发展壮大中心城市各项政策措施的落实。各级党委、政府和新闻宣传单位要加大宣传力度，让社会各界充分了解发展壮大中心城市的重要意义、城市总体规划和政策措施，营造全社会关心、支持、参与中心城市发展的良好氛围，形成强大的发展合力。

3. 推进精神文明和民主法制建设。认真贯彻《公民道德建设实施纲要》，加强公民道德教育，熔铸、提炼和弘扬“敢为天下先、爱拼才会赢”的“泉州人精神”，打造“诚信泉州”。认真落实《福建省城市社区建设纲要（试行）》，加强公民道德教育，深化文明城市、文明社区、文明行业、文明单位等精神文明创建活动，增进精神文明建设实效，提高城市文明程度。构建学习型城市，促进人的全面发展和全民素质提高。加强民主法制建设，认真贯彻《全面推进依法行政实施纲要》，坚持依法行政。加大法制宣传力度，增强全体市民的法律意识，促进城市管理法治化。推进“平安泉州”建设，完善社会治安长效机制，构建城市治安防控体系，营造长期和谐稳定的社会环境，促进中心城市物质文明、政治文明和精神文明协调发展。

中共泉州市委 泉州市人民政府
关于增强自主创新能力的决定

（2006年8月2日）

各县（市、区）委、人民政府，泉州开发区党工委、管委会，市直有关单位：

为深入贯彻落实党的十六届五中全会、全国科技大会和市委九届十二次全会精神，全面落实科学发展观，增强自主创新能力，建设创新型城市，特作如下决定。

一、大力推进自主创新，努力建设创新型城市

1. 建设创新型城市是我市城市发展战略的历史抉择，是落实科学发展观的内在要求，也是推动海峡西岸经济区现代化工贸港口城市建设的必然要求。党中央、国务院提出增强自主创新能力、建设创新型国家，是事关社会主义现代化建设全局的重大战略决策，反映了全面贯彻落实科学发展观、加快经济结构调整和增长方式转变的新要求。当前，我市正处于全面建设小康社会、率先基本实现现代化的关键时期，经济发展面临着日益严峻的资源、环境、市场制约，长期以来形成的依靠资源要素大量投入来获取经济高速增长的粗放型增长方式已经难以为继，迫切需要增强自主创新能力，推进经济增长从要素驱动向创新驱动转变。全市上下必须从全局和战略高度出发，充分认识增强自主创新能力，建设创新型城市的重大意义，将其作为贯彻落实科学发展观的具体行动，作为推进发展模式转型的实际举措，采取切实有效的措施不断增强城市的持续创新能力和核心竞争力，为全面实现海峡西岸经济区现代化工贸港口城市的建设目标奠定良好基础。

2. 准确把握建设创新型城市的内涵。建设创新型城市的核心，就是把增强自主创新能力作为经济社会和科技发展的战略基点，着力推进原始创新、集成创新和引进消化吸收再创新，推动生产方式的根本转变和科学技术的跨越式发展；就是把增强自主创新能力作为推进发展模式转型的中心环节，建设资源节约型、环境友好型社会，推动经济社会又快又好发展；就是把增强自主创新能力作为城市发展的主导战略，贯穿于全力打造“和谐泉州”“活力泉州”“品牌泉州”的各个方面，使创新成为城市之魂。

3. 建设创新型城市的指导思想。以邓小平理论和“三个代表”重要思想为指导，认真落实“自主创新、重点跨越、支撑发展、引领未来”的科技工作方针，全面贯彻落实科学发展观，深入实施科教兴市、人才强市和可持续发展战略，坚持把推动自主创新摆在全部科技工作的突出位置，大力增强自主创新能力，增强区域经济核心竞争力；进一步确立企业在技术创新中的主体地位，形成一批拥有自主知识产权、知名品牌和较强国际竞争力的优势企业；以掌握核心技术及其知识产权为主要目标，着力完善区域科技创新体系，大力发展高新技术产业；建立健全知识产权保护体系和中小企业技术创新援助网络体系，加强从事知识产权保护和管理工作的力量，激励自主创新、鼓励科技投资、优化资源配置、保护创新成果、维护竞争秩序，促进专利技术和科技成果的实施、转化和产业化；积极发展循环经济、节约型经济，全面推进先进特色制造业基地建设，促进经济增长方式转变和发展模式转型，为全面建成小康社会提供强有力的科技支撑。

4. 建设创新型城市的总体目标。全面实施《泉州市“十一五”科技发展规划》，力争到2010年，基本建成与建设创新型城市相适应的区域创新体系。自主创新能力、科技进步水平显著提高，科技创新能力达到全省领先水平。科技创新环境和基础条件明显改善，创新人才队伍不断壮大，全社会科技投入大幅增加，在重点产业掌握一批核心技术及其知识产权，造就一批科技水平高、在国内外具有知名度的优势企业和自主品牌，自主创新在全市经济社会发展中的支撑和引领作用明显增强，实现由“泉州制造”转变为“泉州创造”。高新技术产业增加值占全市工业增加值的比重达到30%；规模以上企业高新技术产品产值占规模以上工业总产值的比重高于40%，全市科技进步对经济增长的贡献率达到55%以上，品牌经济占全市经济的比重达到30%。全社会研究开发投入（R&D经费）占当年生产总值的比重力争达到2%以上。到2015年，成为全国重要的先进制造业基地、高新技术产业化基地和高素质人才集聚基地，进入创新型城市行列。

二、确立企业创新主体地位，提升自主创新能力

5. 鼓励企业建立研发机构。鼓励各级科技进步企业、高新技术企业积极创建市级以上工程技术研究中心、企业技术中心、行业技术开发中心等高层次研发机构，积极鼓励规模企业在国内外设立、收购、控股具有独立法人资格的研发机构，不断提升企业自主创新能力。支持有条件的大中型企业独立或联合高校、科研机构组建研究开发院所，使之成为产业核心技术和共性技术研发的重要平台。鼓励企业工程（技术）中心、行业技术开发中心自愿有偿向其他企业开放，增强创新技术的外溢效应。对经认定的国家级、省级和市级工程技术研究中心、企业技术中心、行业技术开发中心予以重点支持，优先安排科技立项，分别一次性给予100万元、50万元、10万元的支持额度。

6. 引导企业加大创新投入。发挥科技计划对企业自主创新的导向作用，加大对企业研发活动、优秀专利产业化项目的支持力度。对纳入国家和省级科技计划的企业研发项目的，同级财政分别给予项目总额的20%和10%的配套专用资金。鼓励引导企业加大研发投入。规模企业技术开发经费占销售收入的比例达到2%以上，高新技术企业技术开发经费占销售收入的比例达到5%以上。企业研究开发新产品、新技术、新工艺所发生的各项费用，按国家有关规定享受相关税收优惠政策。允许企业研究开发仪器设备加速折旧。依照《福建省新产品、新技术鉴定验收管理办法》或《福建省重点新产品计划管理办法》鉴定的新产品、新技术，技术水平达到国际水平和国内首创的奖励10万元，达到国内领先的奖励7万元，达国内先进的奖励5万元。

7. 扶持科技型企业发展。全面贯彻实施《中共泉州市委、泉州市人民政府关于进一步提升民营经济发展水平的若干意见》，放宽科技型企业注册资本限制，允许以人力资本、知识产权、高新技术成果等无形资产作价出资，由全体股东签订作价入股协议并作出担保承诺，经评估机构评估和会计师事务所验资后，工商部门予以登记，其作价出资的金额原则上不超过注册资本的40%0鼓励科技人员和留学回国人员来泉创办科技型企业。加快培育科技型企业，对成长快、效益好的科技创业企业，优先推荐申报科技部科技型中小企业创新基金。积极扶持现有省级高新技术企业发展为国家级重点高新技术企业，对被确认为国家火炬计划重点高新技术企业和省级高新技术企业的，同级财政分别扶持20万元、10万元。

8. 大力推进产学研合作。鼓励企事业单位与高校、科研机构开展合作，建立以企业为主体、高校和科研机构参与的产学研联合体，提高企业的技术开发能力，或委托高校、科研机构承担企业研究项目，弥补我市研究机构和研究设施相对薄弱的不足。对列入科技三项费用扶持计划的、与国家重点大学（国家级重点实验室）或国家级研究所建立技术依托关系并实施具体研究开发项目的企业，同级财政扶持15万～20万元；与高等院校、省级重点实验室、省级研究所建立技术’依托关系并实施具体研究开发项目的企业，同级财政扶持5万～10万元。

9. 加快信息技术的广泛应用。积极发展电子商务，加快电子政务建设，推进公共服务领域信息化，着力提高公共管理水平和城市综合服务能力。坚持走新型工业化道路，大力实施制造业信息化示范工程，提高产业信息化水平。积极推动信息技术在广大农村或山区县的运用，加快特色农业信息化营销平台、技术服务平台建设，促进现代化农业发展。对经认定为省级和市级制造业信息化与电子商务示范企业的，由同级财政从有关专项资金上分别给予5万元和3万元奖励，对同时获得省级和市级的以最高级别给予一次性奖励。

10. 加大重点产业关键技术攻关。继续组织实施一批市场竞争力强、发展关联效应大、支撑产业升级作用显著的重大科技攻关项目，切实解决我市主导和支柱产业发展中的技术瓶颈和技术难题；积极支持引进先进技术的消化、吸收与再创新，鼓励开发成套装备中的关键配套件技术，促进装备业发展；积极研究开发清洁生产新设备、新技术、新工艺，加快建立循环经济的绿色技术支撑体系。

三、实施知识产权战略，提高企业核心竞争力

11. 认真实施《泉州市创建国家知识产权试点城市工作方案》，加强全市知识产权工作体系建设。发挥泉州市人民政府知识产权办公会议作用，加强对知识产权工作的组织领导和统筹协调。科研机构、高等学校和政府有关部门要加强从事知识产权保护和管理工作的力量。支持企业创造、实施、保护知识产权，支持建立以行业协会为主导的知识产权维权援助机制，有效保护企业的创新权益。建立健全知识产权保护体系，设立保护知识产权举报服务中心并开通 12312 公益服务热线。加大保护知识产权的执法力度，营造尊重和保护知识产权的法治环境。

12. 鼓励企业实施专利战略。从 2007 年起，安排泉州市知识产权发展专项资金，纳入年度财政预算。知识产权发展专项资金主要用于专利资助、专利实施、知识产权保护、表彰奖励、知识产权宣传培训、知识产权试点示范等。加大对获得国内外授权的发明专利、实用新型专利和软件著作权的支持保护力度。加快推进专利试点示范企业创建工作，培育和发展一批知识产权优势企业。对被列入国家、省、市专利工作试点的单位，由其所在地财政分别给予 10 万元、5 万元和 3 万元的奖励。

13. 实施技术标准战略。支持企业和行业协会积极参与国际标准、国家标准和行业标准的制订。对于参与制订国际、国内行业标准的企业和行业协会予以一定奖励。大力实施标准提升工程，鼓励企业积极采用国际标准和国外先进标准组织生产，促进企业核心技术和专利技术向标准转化。建立健全技术性贸易壁垒应对和防范机制。对获得 ISO 14000 环境管理体系认证、HACCP 危害分析和关键点控制体系认证、OHSAS 18000 职业卫生安全管理体系认证和 SA 8000 社会责任标准认证的企业，分别给予一次性奖励 5 万元；对获得国家实验室认可的技术检测机构，给予一次性奖励 3 万元；对获得环境标志产品认证（Ⅰ型）、无公害食品、绿色食品标志认证、原产地域产品保护、原产地认证标记的企业，分别给予一次性奖励 2 万元，以上奖励资金由同级财政部门予以支付。

14. 大力实施品牌战略。以自主品牌创新为着眼点，完善有利于企业品牌培育发展的政策环境和市场环境，形成“共担投入、共享利益、协调运作”的品牌培育市场化机制。采取各种措施，引导、鼓励、支持企业积极开展自主品牌经营，打造更多具有自主知识产权和国际竞争力的知名品牌，推进“泉州制造”向“泉州创造”转变。对获得“中国名牌产品”等国家级名牌称号的企业，市政府在报刊等宣传媒体上刊登祝贺广告，对其进行宣传，并对其实施技术改造、扩大品牌生产能力予以重点扶持。

四、加强创新服务载体建设，提高科技创新服务水平

15. 加快公共技术创新服务平台建设。结合我市五大国家级科技示范工程建设和重大科技专项计划，由政府、企业、高校、科研机构和行业组织等多元投入，共同参与，建设面向社会、资源共享的公共技术创新服务平台体系。对大型科学仪器设备、行业共性技术转让、科技创业、企业信息化、知识产权信息、农业科技服务等具有基础性、公益性的科技资源进行集成、整合、优化和提高，建设研究实验基地与大型科学仪器设备共享平台、中小企业信息化应用与服务平台（ASP 平台）、行业共性技术平台、科技创业公共服务平台、知识产权公共服务平台、科学数据与科技文献公共服务平台等平台。

16. 推动科技园区和科技孵化器建设。继续加强完善泉州高新技术产业走廊区建设，在市区建设泉州市软件园，大力吸引海内外知名高校、科研院所和自主创新型企业入园设立研究开发机构。推进高新技术创业服务中心建设，建设好台湾学者（泉州）创业园、高校创业园、博士后工作站。继续加大高新技术企业孵化基地建设力度，鼓励政府、大学和企业积极创办各类科技企业孵化器。办好鲤城国家火炬计划微波通信特色产业基地、德化国家火炬计划陶瓷特色产业基地和永春生物医药特色产业基地，提高产业集聚发展水平。

17. 积极培育创新服务机构。深化事业单位改革，通过机构整合和功能整合，建立起职责明确、评价科学、管理规范、优胜劣汰的现代创新服务体系。加快培育技术咨询、技术转让、无形资产评估、知识产权代理等科技服务中介机构和行业协会，提高其承接从政府转移出来的职能和服务的能力。加快发展金融、会计、法律、资产评估、技术服务、信息咨询等现代服务业，为创新型企业提供良好服务和支撑。

五、创新人才激励机制，为自主创新提供智力支持

18. 完善人才激励机制，充分发挥科技人才的积极性和创造性。全面贯彻落实《中共泉州市委泉州市人民政府关于贯彻落实中央和省人才工作战略部署进一步加强人才工作的若干意见》（泉委〔2005〕9号），进一步改善科技人才创新创业的政策环境。改革收入分配制度，积极探索体现科技人才价值的年薪制、项目收益分配制等多种形式的薪酬制度。科技职务成果进行转化，成果完成人可享有不低于该项目成果所占股份20%的股权，或享有不低于转让所得税后净收入20%的收益。

19. 优化创新人才发展环境。建立以业绩和能力为重点的自主创新人才评价指标体系。完善收入分配制度，促进技术要素参与收益分配。允许科技人员以智力支出作为技术开发费投入，通过合约明确投资者和投智者各自享有的成果权益，充分调动投资者和投智者的创新积极性。

20. 加大科技创新奖励力度。重奖有突出贡献的科技人员，按照市委泉委〔2005〕124号文精神，建立泉州市杰出人才奖，每两年评选表彰2-3名在我市科研生产一线做出突出贡献的杰出专家学者，一次性给予50万元重奖。加大市科技进步奖的奖励力度，市科学技术进步奖一等奖、二等奖、三等奖分别提高到5万元、3万元和1万元。每两年评选表彰奖励10家科技创新示范企业、10名优秀科技工作者。

21. 建立知识产权考核评价和激励机制。将知识产权申请量、拥有量和实施效益作为相关单位科技进步和管理水平的考核评价依据，经济、科技等相关部门在重大项目立项、验收、高新技术企业（项目、产品）认定等管理工作中，增加知识产权评价指标；设立泉州市专利奖，加大对优秀专利技术、产品开发、实施的奖励力度，认真落实对职务发明人的“一奖两酬”政策。

六、营造自主创新的社会环境，为建设创新型城市提供保障

22. 制定和落实有关税收激励政策。根据国家相关税收政策的调整，制定具体实施办法，发挥税收对自主创新的激励作用。允许企业按当年实际发生的技术开发费用的150%抵扣当年应纳税所得额。实际发生的技术开发费用当年抵扣不足部分，可按税法规定在5年内结转抵扣。进一步落实和完善高新技术企业和产品在所得税和增值税方面的优惠政策，鼓励投资和开发高新技术产品；进一步落实加速折旧、技改国产设备投资抵扣等优惠政策，鼓励技术设备更新改造；进一步落实“四技服务”等方面的优惠政策，鼓励科技服务业发展，促进科技成果转化和技术转移。

23. 发挥金融创新对增强自主创新能力的作用。制定符合企业自主创新的信贷管理和服务政策，建立自主创新贷款激励与风险补偿机制，完善与自主创新贷款相适应的组织形式、管理模式和运行机制，降低信贷门槛，增加信贷品种，简化信贷手续，为企业创新提供宽松、便利的融资环境。对国家鼓励的高新技术产品出口，银行可采用出口卖方信贷方式，也可向进口方提供保函，且办理出口信用险的情况下，开办出口买方信贷业务。对资信好的高新技术产品出口企业可核定一定的授信额度，在授信额度内开具履约保函、预付款保函等，并可适当降低资金抵押或保证金比例。大力推进金融工具创新，如无形资产抵质押贷款、融资租赁、典当融资、贸易融资等。积极促进开展知识产权专利质押业务试点。

24. 大力发展扶持创新型企业发展的信用担保机构和创业风险资金。积极发展担保市场，进一步落实税收优惠，降低担保机构的资本金设立门槛，强化其对创新型企业的融资担保服务。大力扶持发展创新型中小企业发展信用担保机构，政府利用基金、贴息等形式，引导金融机构支持自主创新，鼓励各类担保机构支持创新型企业的发展。建立健全中小型科技企业信用担保体系，加大对企业自主创新活动的贷款担保支持。建立科技创新风险投资机制，鼓励民资建立创业风险投资资金，积极引进境外风险资本，引导社会资金投向高技术创业企业。完善风险投资退出机制。加快发展区域产权交易市场，畅通非上市中小创新型股份制企业产权流通渠道。大力支持高新技术企业和科技型中小企业上市融资或发行企业债券。

25. 鼓励高新技术项目招商引资和高新技术企业总部迁入我市。对高新技术产业化招商项目实行前期工作经费补助，由招商项目落地建设所在地方政府财政根据首期投资额予以一定补助。

26. 充分发挥行业协会在建设创新型城市中的作用。要充分利用行业协会在行业服务、行业自律、行业沟通、行业协调和沟通政府制定政策的建言献策渠道等方面的作用，积极开展沟通对话、业务指导及政策调研，及时了解自主创新型企业的意见和建议，协调解决自主创新型企业生产经营中的困难和问题。充分发挥行业组织的尊权维权作用，加大对自主创新型企业合法权益的保护力度。鼓励行业协会主导或参与制定国际标准、国家标准、行业标准和地方标准。对依托行业协会成立的行业电子商务平台、行业技术研发中心、检测中心等，同级政府按投资规模给予一定的资助。

27. 实施全民科学素质行动计划。认真贯彻落实《全民科学素质行动计划纲要》，在全社会大力弘扬科学精神，宣传科学思想，推广科学方法，普及科学知识，牢固树立和全面落实科学发展观。支持发展科普事业，完善政府主导、社会力量广泛参与的科普投入机制。各级政府要把科普工作经费列入财政预算，保证年人均科普经费达到 1 元以上，并随财政收入的不断增长逐年加大投入。实施全民学习计划，健全企业家和员工科技素质培训制度，创建学习型城市。

28. 大力培育创新文化，培育企业家精神、团队精神、合作精神，积极倡导“爱拼敢赢”的泉州精神，大力弘扬“崇尚创新、勇于探索、敢冒风险、宽容失败”创新理念和价值观。大力开展科技人员学术交流、青少年发明创造、技术工人与农民技能竞赛等创新实践活动，使一切有利于社会进步的创造愿望得到尊重，创造活动得到鼓励，创造才能得到发挥，创造成果得到肯定。

29. 切实加强组织领导。各级各部门务必高度重视科技创新工作，切实加强组织领导，主要领导要亲自抓，全面协调整合各类创新资源，调整完善各项科技奖励政策，不断加强科技管理队伍建设，及时研究解决科技创新中的重大问题，积极推进科技进步。科技管理部门要加强对科技创新的宏观管理和综合协调，推进各项工作落实到位。充分发挥各民主党派和工商联、工会、共青团、妇联、科协等社会团体的职能优势，积极开展增强自主创新能力的相关动员和组织工作；宣传部门和新闻单位要围绕增强自主创新能力，加大科普宣传和实用技术推广力度，营造全社会共同关注、共同参与自主创新的良好氛围。

30. 深化科技管理体制改革。加快政府科技管理职能转变，改革完善科技计划管理体制，整合统筹科技资源，强化政府科技资金的导向作用。改革完善科技项目立项制度，建立科学公正的科技评估制度。改革完善绩效考核制度，提高科技投入与产出比，探索建立科技持续创新发展的新机制。

31. 加大政府财政性科技投入。切实落实中央和省有关增加科技投入的各项规定，建立财政性科技投入稳定增长机制，调整财政支出结构，大幅度增加财政科技投入。财政每年安排的科技支出（含科技三项费用、科技事业费）增长幅度必须高于经常性财政收入的增长幅度。

32. 建立健全科技进步目标考核制度。建立对县（市、区）科技进步目标责任制考核工作制度，把推进科技进步、加强自主创新能力建设的主要任务列入县（市、区）考核目标，与经济、社会发展的目标任务一同部署、一同检查、一同考核。确保推进科技进步、加强自主创新能力建设各项工作落到实处。

33. 本决定自公布之日起执行，由市科技局负责解释。本决定出台后被认定（确认）的、且符合奖励和扶持政策条件的企业方可享受本规定的奖励和扶持政策。各县（市、区）、市直有关部门可依照本决定制定相应的实施办法。

树立和落实科学发展观
全面建设海峡西岸经济区现代化工贸港口城市

——在中国共产党泉州市第十次代表大会上的报告

（2006年10月25日）

同志们：

现在，我代表中共泉州市第九届委员会向大会作报告，请予审议。

一、过去五年的工作回顾与主要经验

泉州市第九次党代会以来，在党中央和省委正确领导下，市委突出发展这一主题，突出党建这一保障，凝聚全市上下、海内海外、方方面面的力量，同心同德，奋发有为，全面完成了既定的目标任务，并向更高的发展平台跃升。

五年来，我们紧抓发展第一要务，致力突破经济运行中基础性、方向性、关键性的问题，推动实力提升后劲增强。全市生产总值保持全省首位，预计今年可超1800亿元；财政总收入可超180亿元，占地区生产总值比重由2001年的7%上升到10%，经济质量有较大提高。一是大力推进产业转型升级。整合提升传统产业，力促规模做大、优势互补、配套完善、层次提升。培育壮大新兴产业，石油化工、电子信息、旅游服务等产业有了新拓展，汽车制造、修船造船、生物医药等产业发展取得新突破。规模以上工业产值占全部工业的比重由2001年的36.3%上升到77.9%。资源利用率逐步提高，循环经济发展取得初步成效，单位生产总值能耗低于全省平均水平。二是大力激发经济发展活力。县域经济竞相发展，区域特色更加明显。项目带动扎实推进，累计完成全社会固定资产投资1805亿元，发展基础进一步夯实。积极引导民营企业建立现代企业制度，新增11家上市企业，境外上市企业数居全省首位。继续实施名牌战略，中国驰名商标、中国名牌产品分别达65枚、39枚，居全国地级市第一和第二位，荣获中国品牌经济城市称号。开放型经济再上新水平，累计出口、实际利用外资分别达106.7亿美元和49.4亿美元，多家世界500强企业入驻泉州，首个国家级出口加工区获批建设并已报验；泉台港澳合作全方位展开，泉州经济进一步融入全球。三是大力推进港城联动。加快建设城市重大基础设施，大力推进“一二三四”城建项目，东海、城东、江南等城市新区正在崛起，中心城市建成区面积达80平方公里，中心城区与沿海县（市）连绵成片，全市城镇化水平提高7.6个百分点，全省三大中心城市之一的地位更加突出。建成一批大中型码头泊位，与中远集团建立全面合作关系，今年货物吞吐量可突破5000万吨，港口发展迈入新的阶段。

五年来，我们全面推进党的建设，扎实开展保持共产党员先进性教育活动，不断提高党的执政能力。深入开展邓小平理论、“三个代表”重要思想、科学发展观、和谐社会和社会主义荣辱观的学习教育，大力宣传海峡西岸经济区建设的重大意义和丰富内涵，增强各级党组织和广大党员的全局意识、政治意识和责任意识。坚持正确用人导向，大力加强领导班子和干部队伍建设，深化干部人事制度改革，强化后备干部队伍和人才队伍建设，各级领导班子结构不断优化、整体功能不断提高，广大干部素质进一步提升。扎实推进农村、城市社区、机关和企事业单位党的基层组织建设，整顿转化831个不适应村，非公有制企业党建工作创出特色，党的执政基础进一步夯实。保持共产党员先进性教育活动取得了实践、制度、理论“三大成果”，广大党员进一步坚定了理想信念，提高了素质能力。不断壮大党员队伍，特别是做好在新的社会阶层中发展党员的试点工作，全市新发展党员3万名；积极探索党员管理新机制新办法，党员管理实效进一步提高。认真贯彻落实中央《建立健全教育、制度、监督并重的惩治和预防腐败体系实施纲要》，落实党风廉政建设责任制，坚持标本兼治、综合治理、惩防并举、注重预防的方针，深入开展党风廉政建设和反腐败斗争，立案查处违纪案件2824件，给予党纪处分2791人，其中县处级干部25人。大力加强机关效能建设，实行“日考勤、季评议、年述职、定期考核”制度，促进了机关作风转变。

五年来，我们着力加强精神文明建设，弘扬先进文化，促进人的全面发展。认真贯彻《公民道德建设实施纲要》，深入开展群众性精神文明创建活动，涌现一批全国精神文明建设先进典型，荣获全国创建文明城市工作先进城市称号。增加文化投入，中国闽台缘博物馆等一批重点工程建成使用，文化设施和服务网络日趋完善。实施艺术精品工程，《董生与李氏》《节妇吟》《钦差大臣》等26件优秀文艺作品荣获全国奖项。加强舆论引导，把握正确导向，唱响主旋律，凝聚人心，形成合力。利用闽南文化特色，加强对外、对港澳台文化交流。南音、“海丝”申报“世遗”工作取得重大进展，我市成为四个全国民族民间文化保护工程综合性试点城市之一。科技创新体系不断健全，信息化步伐加快，产学研合作更为密切，获得全国科技进步先进市“五连冠”。整合优化教育资源，基本完成3年中小学危房改造计划，全面推进“双高普九”，高中升学率达58%，泉州卫校等4所学校升格为大专，华侨大学、泉州师院通过国家本科教学评估。疾病预防控制、医疗救治和卫生监督体系建设基本完成，抗击“非典”取得阶段性重大胜利，高致病性禽流感等重大传染病得到有效防治，新型农村合作医疗试点工作顺利推进。建立和完善人口计生工作新机制，不断提高人口素质，稳定低生育水平，人口计生工作进入全省中上行列。全民健身活动形成热潮，获得2008年全国农运会举办权。

五年来，我们把构建社会主义和谐社会摆上重要位置，注重协调各方面利益关系，保障人民群众安居乐业。扎实推进民主法制建设，坚持和完善人民代表大会制度、中国共产党领导的多党合作和政治协商制度，制定和实施加强人大常委会、政协工作的意见，巩固和发展了民主团结、生动活泼、安定和谐的政治局面。统战、民族、宗教、外事、港澳台侨工作，以及工会、共青团、妇联等人民团体工作取得新进展。依法治市、综治工作、平安建设和双拥工作成效突出，获得全国社会治安综合治理优秀地市“二连冠”、全国民族团结进步模范集体“三连冠”、全国双拥模范城“五连冠”。统筹城乡发展，扎实推进社会主义新农村和城市社区建设，在全省率先基本实现宽裕型小康，城镇居民人均可支配收入年均增长11%，农民人均纯收入年均增长7.2%，2005年分别达14209元和6123元。强化就业指导和服务工作，完善就业促进机制，城镇登记失业率控制在1.2%以下，累计转移农村劳动力25万人。建立劳动力输出地工会与输入地工会就业维权联盟，“外来工维权新模式”获得2005～2006年度中国地方政府创新奖。社会保险覆盖范围不断扩大，纳入“低保”人数、发放资金分别增长1.9倍和2.7倍。实行医疗救助、挂钩扶贫、“造福工程”等措施，困难群众基本生活得到保障。以高度责任感做好防抗自然灾害工作，千方百计保护群众生命财产安全。扎实推进生态环境建设和治理工作，城市内涝等历史难题得到有效解决，城市污水、生活垃圾处理率和城市绿化率大幅提升，“四山两江”和海域环境保护进一步加强，获得国际花园城市、国家园林城市、最佳中国魅力城市、国家卫生城市、国家环保模范城市、水环境治理优秀范例城市和中国人居环境奖。

过去的五年，是泉州经济实力显著增强的五年，是城乡面貌极大改善的五年，是群众生活水平明显提升的五年，更是党的建设充满活力的五年。五年来，我们所取得的成绩与进步，是党中央和省委正确领导的结果；是在历届地、市委打下良好的工作基础上，全市各级党组织和广大党员干部群众团结一致、奋力拼搏的结果；是各民主党派、工商联、人民团体、驻泉部队、武警官兵和所有关心泉州发展的海内外人士齐心协力、大力支持的结果。在此，我代表中共泉州市委，向所有关心支持泉州现代化建设事业，为泉州改革发展稳定做出贡献的同志们和朋友们，表示衷心的感谢并致以崇高的敬意！

五年来，我们在加快经济社会发展中取得了可喜的成绩，也积累了成功的实践经验。

——坚持把中央、省委决策部署与泉州实际相结合，创造性开展工作。坚定不移地落实科学发展观等重大战略思想和建设海峡西岸经济区战略部署，召开十六次市委全会，开展“泉州人的再思考”大讨论，召开“加快泉州发展”研讨会、实现“走前列”新突破研讨会，提出了做大做强中心城市、发展壮大县域经济、完善社会主义市场经济体制、推进海峡西岸经济区建设、提高党的执政能力、建设社会主义新农村等中央、省委重大决策部署的贯彻意见，形成了力争五个方面“走前列”、实现“五个基本”，全面建设海峡西岸经济区现代化工贸港口城市的发展思路，不断开创泉州发展的新局面。

——坚持“发展才是硬道理”，谋求经济社会又快又好发展。紧紧抓住经济全球化、国家鼓励东部地区率先发展、支持海峡西岸建设的重大历史机遇，充分发挥民营、港口、侨台等优势，创新、创业、创造，促进经济社会全面协调可持续发展。解放思想，更新观念，革除制约发展的体制机制障碍，着力破解用工短缺、资金紧张、土地供应不足等瓶颈约束，使一切劳动、知识、技术、管理和资本的活力竞相迸发；树立居安思危、争创一流意识，奋力拼搏，你追我赶，形成强大的发展合力。

——坚持维护最广大人民的根本利益，让人民群众共享改革开放成果。尊重群众，依靠群众，每项重大决策的出台，都充分考虑群众的利益和承受能力，广泛听取各方意见，使决策得到群众的理解和支持。高度重视民生，千方百计解决事关群众切身利益的热点难点问题，尤其是下大力气提高群众收入水平、优化生产生活环境、健全防灾减灾体系、完善社会保障制度、开展扶贫济困活动，使发展成果惠及广大人民群众。

——坚持加强和改善党的领导，不断提高各级党组织的创造力、凝聚力和战斗力。以增强党的执政能力为目标，以开展保持共产党员先进性教育活动为抓手，大力加强领导班子和干部队伍建设，全面推进党的思想、组织、作风和制度建设。自觉适应新形势、新任务、新要求，谋全局、把方向、管大事，加强对经济社会重大事务的综合协调，适时提出有效应对措施，解决发展中的主要矛盾和突出问题。贯彻执行党要管党、从严治党的方针，切实抓好班子、带好队伍，充分发挥党组织的战斗堡垒作用和党员的先锋模范作用，带动全市上下进一步形成风正气顺、人和业兴的良好趋势。

在肯定成绩、总结经验的同时，我们也要清醒地看到，发展中还存在一些困难与问题。从外部环境看，国际贸易摩擦、绿色技术壁垒、汇率变动以及宏观调控的加强对各项工作提出了新的、更高的要求。从自身发展看，经济增长方式转变步伐不快，人才、资源、环境的瓶颈约束日益加大，产业转型升级任务繁重；中心城市功能较弱，港口辐射力偏低，综合竞争力亟待提升；区域、城乡发展不平衡、不协调状况依然存在。从发展保障看，体制机制尚不完善，公共服务体系尚未健全，安全生产、社会稳定尚有薄弱环节，市民综合素质亟须提高；少数党员和基层组织先进性作用发挥不够，党风廉政建设和反腐败斗争还需加强。对此，我们要积极应对，认真加以解决，力争赢得新一轮发展的主动权。

二、全面推进海峡西岸经济区现代化工贸港口城市建设

未来五年，是我市全面落实科学发展观，积极推进海峡西岸经济区现代化工贸港口城市建设，不断开创发展新局面，实现发展新跨越的五年。在新的历史起点上，我们要坚持以邓小平理论和“三个代表”重要思想为指导，以科学发展观统领全局，认真贯彻海峡西岸经济区建设战略部署，围绕继续走在全省发展前列目标，弘扬“创新、创业、创造”精神，落实“重在持续、重在提升、重在运作、重在实效”的要求，扎实推进海峡西岸社会主义新农村、经济强市、文化名城、和谐泉州四大建设，强化思想政治、班子队伍、基层组织、作风纪律四大保障，全面建设海峡西岸经济区现代化工贸港口城市。主要奋斗目标是：完成“十一五”规划确定的“五个基本”任务，并向更高的发展层面迈进。

——综合实力更加强劲。发展水平继续位居全省前列，跻身全国地级市先进行列。预期地区生产总值年均增长 11.5% 以上，人均生产总值达到 5000 美元，一般预算收入年均增长 16% 以上，财政总收入突破 350 亿元，力争更快更好些。

——增长方式更具科学。自主创新能力进一步增强，区域发展、城乡发展更加协调，生态环境不断优化，单位生产总值能耗保持低于全省平均水平，资源节约型、环境友好型社会建设取得显著成效。

——城市功能更趋完善。180 平方公里的大城市框架形成，历史文化名城焕发新的活力；港口、城市联动发展，中心城市集聚辐射能力持续增强，地位和作用更加突出。

——人民生活更为殷实。合理的收入分配制度基本建立，社会就业更加充分，城镇居民人均可支配收入和农民人均纯收入年均增长 7% 左右，城乡居民居住条件和生活环境进一步改善，人民生活质量跃上新的台阶。

——社会发展更显和谐。民主法制建设继续加强，各项事业全面发展，文明程度有新的提高，保障体系更加健全，行政管理和公共服务更具人性化，投资环境不断优化，安定有序的良好局面得到巩固。

——党的建设更富活力。党员先进性充分发挥，基层党组织的创造力、凝聚力和战斗力不断增强，党群干群关系更加密切，党的执政能力进一步提高。

实现上述目标，必须紧紧围绕建设海峡西岸经济区现代化工贸港口城市这一定位，突出重点，把握关键，扎实工作，全力推动泉州新一轮发展跃升，继续走在全省发展前列。

（一）建设富裕民主的海峡西岸社会主义新农村

切实把新农村建设摆在各项工作的重中之重，按照“生产发展、生活宽裕、乡风文明、村容整洁、管理民主”的要求，融入全局、立足“多予”、注重运作、重在实效，全面推进“规划、发展、基础、素质、保障”五大工程，力争新农村建设走在全省乃至全国发展前列。

突出机制创新，实现城乡互动。积极探索和完善“工业反哺农业、城市支持农村”机制，从政策、项目、资金、人才、服务、基础设施等方面向农村倾斜，深化农村综合改革，增强农村发展活力。强化公共财政对农村的转移支付和支持，依法保持逐年足量增长，增强财政对农村各项事业的保障能力。整合支农资金，建立多元化投入机制，引导社会资金参与，推动农村金融创新，拓展资金来源，支持示范村和欠发达村建设。

突出经济发展，促进农民增收。以农业产业化“1333”工程为龙头，加强基地建设，扶持骨干企业，发展特色农业，健全市场体系，培育农村合作经济组织，提高农业产业化、市场化水平。抓好粮食生产，加强粮食市场体系和储备体系建设，确保粮食安全。抓住工业化、城市化加速趋势，进一步发展县域经济，促进城乡资源要素双向流动，实施“万村千乡”工程，发展农村二、三产业；切实抓好农村劳动力的转移工作，促进农村富余劳动力向非农产业和城镇有序转移。落实山海协作、对口帮扶政策，实施“百村扶贫开发计划”和“造福工程”。落实农村增收减负政策，探索确保农民现实利益和长期稳定收益的办法。盘活和发展农村集体经济，增加村财收入。

突出公共服务，优化发展环境。加强城乡建设的规划统筹，积极引导耕地逐步向规模经营集中，企业逐步向工业园区集中，农村人口逐步向城镇和中心村集中，农房建设逐步向中心村集中。高度重视解决农村公共设施、公共产品、公共服务相对落后问题，实施农村公路提级改造、客运广电“村村通”和饮水安全工程，不断完善农村交通、水利、电网等设施，加强农村信息化建设；继续改善农业基础设施，健全自然灾害预测预警机制，构建防灾减灾体系。落实“百村示范、全面整治”，深入开展“清洁家园行动”和“小康环保行动”，建立常态化的卫生管理机制，整治和改善村庄环境。深入开展移风易俗活动，破除陈规陋习，倡导现代文明生活方式，形成健康向上的良好风气。

突出农民主体，激发内在动力。从实际出发，量力而行，尽力而为，分类指导，整体推进。尊重农民意愿，围绕农民生产生活需求谋划新农村建设，注重解决农民最关心、最迫切的问题，激发广大农民的主动性和创造性。大力发展农村社会事业，推进城乡教育、文化、卫生等协调发展；健全农村社会保障体系，逐步扩大农村新型合作医疗试点。加强农村民主政治建设，完善建设新农村的乡村治理机制。

（二）建设更富竞争力的海峡西岸经济强市

转变经济增长方式，整合提升优化传统产业，培育发展壮大“5+1”新兴产业，推进港城联动，打造先进制造业基地、现代化亿吨大港，推进改革开放，全面提高综合竞争力。

致力优化结构，建设先进制造业基地。加快实施“228”产业集群发展规划，做优一批起点高、产业关联度大、配套能力强、特色明显的产业园区，增强产业的集聚、提升、拓展能力。大力扶持，积极引进，加快发展一批拥有自主知识产权的规模企业、一批具有自主创新能力的科技型企业。以新技术、新项目带动传统产业整合提升优化，加快集群化、信息化、专业化、品牌化进程，打造若干个具有较强核心竞争力的国际知名品牌、若干个具有龙头地位的全国性专业化生产基地、一批在国内外市场具有影响力的著名企业，形成持续竞争优势。深化完善规划，加快推进“5+1”新兴产业的发展。石油化工要着力引进中下游项目，加快产业集聚，延伸产业链。船舶修造、汽车制造要着力在重大项目落地上下功夫，促其尽快形成规模。电子信息、生物医药要坚持人才引进和项目建设并重，以项目聚人才，以人才带项目，力争跨越式发展。旅游服务业要拓展内涵、提升层次，统筹整合自然、历史、人文等旅游资源，加强基础设施建设，进一步壮大旅游业；大力发展生产性服务业，增强信息服务、产品研发、市场营销、管理咨询、投资融资、财务审计等功能，促进服务业与制造业良性互动。扶持大市场、大流通发展，办好“鞋博会”“海博会”“海洽会”“石材博览会”“网上投洽会”等大型商展，发展会展经济；重点支持与产业集群相配套，集展示、交易、信息交流于一体的大型专业市场建设；加快现代物流园区、物流基地、物流中心规划建设，扶持发展专业物流和第三方物流，培育现代物流品牌；大力吸引大型零售企业设立采购物流中心，增强带动相关产业发展能力。

致力集聚扩展，壮大提升中心城市。围绕全省三大中心城市之一的目标定位，扩大城市规模，优化城市功能，拓宽发展空间。严格实施中心城市发展规划，抓紧建立都市区协调发展机制，统筹都市区基础设施、功能规划、产业布局，加快发展泉州湾沿岸的核心地带。实施港城联动发展战略，继续推进“一二三四”城建项目，抓紧规划建设石狮至惠安跨海大桥、乌屿大桥、大坪山第三隧道，加快城市一、二环路建设，构建支撑作用大、带动能力强的城市基础设施体系。合理调整和优化交通结构，完善城市快速路网，优先发展城市公共交通，加强交通管理，提高市民交通法规意识，下大力气解决群众出行难问题。加快发展现代城市经济，统筹城市商务区规划建设，设立商务集中区，积极引进国内外大企业、大集团，打造新的城市发展平台。着力提升城市公共管理和公共服务能力，创新城市建设理念、管理体制、运行方式，建设宜居创业城市。

致力内展外拓，打造现代化亿吨大港。调整和完善港口建设规划，使之与城市建设、临港工业和物流园区等规划相衔接。加大投入，统筹推进港口建设，拓宽疏浚公共航道，投建一批深水泊位和专用码头，形成以泉州中心港区和湄洲湾南岸港区深水泊位码头为主体的港口群。加快推进与港区对接的铁路、高速公路、干线公路建设，形成立体化集疏运体系。加强与周边地区及邻近省份的互联互动，建立联运协作机制，拓展港口腹地，开辟新航线，力争建成全国重要港口和十大集装箱港口之一。大力发展海洋经济，做大临港工业和港口物流，打造临海经济走廊。

致力改革开放，增强经济发展动力。放宽民营经济市场准入，推进国有企业和城镇集体企业改革，创新投融资体制，完善公共财政体系。创新行政管理体制，加强集中审批和网上审批运作，推进管理重心下移，建设服务型政府，在服务中实施管理，在管理中体现服务。健全社会组织，坚持培育、发展和管理并重，发挥各类社会组织提供服务、反映诉求、规范行为的作用。突出招商选资，用好用足政策，鼓励外资投向高新技术产业、先进制造业、现代服务业和基础设施，力争引进世界500强企业和跨国公司研发机构、区域总部取得新突破。发挥“五缘”优势，拓展“六求”作为，落实鼓励台商投资的政策，加强与台湾石化、电子信息、机械和现代农业、现代服务业的合作。深化泉港八大合作平台建设和泉澳四项合作，建立健全长效互动机制。实施“回归工程”，吸引海内外更多的泉籍企业家参与家乡建设。高标准建设国家级出口加工区和保税物流中心（B型），积极申报泉州台商投资区，打造新一轮发展的跃升平台。培育壮大外经贸经营主体，积极应对贸易壁垒，扩大外向带动空间。鼓励优势企业“走出去”，参与境外经济贸易合作区建设。

致力集约节约，发展循环经济。统筹资源的规划利用，发展节能、节水、节地、节材的工业项目，大力推行清洁生产，严格控制高耗能、高耗水、重污染建设项目，扶持一批循环经济试点企业和试点园区，推动产业循环式组合，推进节约发展、清洁发展和安全发展。重点抓好石化、纺织、建材等耗能行业节能技术改造和漂染、制革、造纸、电镀等耗水行业的污水净化再利用。继续建设节地型工业园区和多层厂房，提高土地资源集约利用水平。倡导绿色消费，建立再生资源回收利用体系，鼓励发展清洁能源，建设资源节约型、环境友好型社会。

（三）建设先进繁荣的海峡西岸文化名城

充分发挥先进文化的基础性、先导性作用，加强精神文明建设，推进文化传承创新，打牢团结奋斗的思想道德基础。

激发昂扬奋进的精神动力。建设社会主义核心价值体系，深化理论武装工作，促进社会科学发展，用发展着的马克思主义指导新的实践。牢牢把握正确舆论导向，倡导和谐理念，培育和谐精神，增强“活力泉州、品牌泉州、和谐泉州”的影响力，营造积极健康向上的主流舆论。深入学习实践社会主义荣辱观，推进公民道德建设和未成年人思想道德建设，加强科普工作，把群众性精神文明创建活动与和谐创建活动结合起来，推动形成我为人人、人人为我的社会氛围，争创全国文明城市。弘扬爱国主义和“三创”精神，塑造融合历史文明和时代特征的城市精神，传承泉州人善拼会赢、敢为人先的人文品质，营造海纳百川、有容乃大的人文环境，提升城市发展的凝聚力和创造力。

加快文化事业和文化产业发展。坚持把社会效益放在首位，大力发展公益事业，推动文化产业和文化事业协调发展。加大文化资源向农村倾斜，优先安排关系人民群众切身利益的文化设施建设，建立比较完善的公共文化服务网络。实施文化精品战略，大力培养文化人才，扶持原创性作品，着力打造一批具有泉州特色和全国影响的文化艺术精品；弘扬泉州优秀传统文化，坚持不懈地抓好“海丝”、南音申报“世遗”工作，有效保护、开发历史文化资源，加强对台文化交流与合作，建立和完善泉台民间性、常态化的互动联系机制，推动闽南文化保护区建设，服务祖国和平统一大业；不断扩大对外、对港澳文化交流。推进文化体制改革，增强文化事业单位活力和文化企业竞争力，培育文化产品市场和要素市场，促进文学艺术、新闻出版、广播影视等文化产业发展。发挥文化旅游资源优势，打响历史文化名城品牌，加强区域合作，培育龙头企业，推动文化和旅游联动互动。

推动社会全面进步。坚持把教育摆在优先发展的战略地位，强化政府对义务教育的保障，合理配置教育资源，促进教育均衡发展。全面实施素质教育，巩固提高九年义务教育，基本普及高中阶段教育，积极发展职业教育，办好高等教育，支持和规范民办教育，着力构建全民终身教育体系。加强农村三级卫生服务网络和以社区卫生服务为基础的新型城市卫生服务体系建设，完善医疗救助体系、疾病预防控制体系，提高医疗卫生服务水平和突发性公共卫生事件应急能力。治理“餐桌污染”，建设食品放心工程。广泛开展全民健身活动，发展竞技体育；全力办好第六届全国农民运动会，充分发挥全国性体育盛会对我市经济社会发展的推动作用。落实人口计生基本国策，建立健全工作新机制，稳定人口低生育水平，改善人口结构，提高人口素质。加强新形势下国防动员和民兵预备役工作，争创全国双拥模范城“六连冠”，增进军政军民团结，促进国防建设与经济建设协调发展。

（四）建设和睦安定的海峡西岸和谐泉州

按照民主法治、公平正义、诚信友爱、充满活力、安定有序、人与自然和谐相处的总要求，以解决人民群众最关心、最直接、最现实的利益问题为重点，全力构建和谐社会。

关注民本民生。更加重视就业工作，实施积极的就业政策，抓好统筹城乡就业试点，建立城乡一体的公共就业服务体系；健全再就业援助制度，着力帮助零就业家庭和就业困难人员就业。加强就业技能培训、职业介绍和就业指导，统筹做好新增劳动力、城镇失业人员、被征地农民和农村富余劳动力、大中专毕业生、城镇退役军人的就业工作。加强劳动保障和劳动者维权工作，完善维权机制，营造良好用工环境。完善社会保障制度，不断扩大社会保障覆盖面；适度提高“低保”标准，改善困难群体基本生活；关爱妇女儿童，发展慈善、老龄和残疾人事业，扶贫济困，互助友爱，构建新型城乡社会救助体系。加快廉租房建设，规范和加强经济适用房建设，逐步解决城镇低收入家庭住房困难。

加强诚信建设。重视政务诚信、商务诚信、社会诚信建设，增强全社会诚实守信意识。着力推行政务公开“阳光工程”，认真兑现出台的政策措施和所作的承诺；公职人员要遵守职业操守，诚实履行职责，增强公信力。健全与市场经济相适应的社会信用体系，尽快建立行业自律机制，完善企业信用登记和评估体系；探索建立失信惩戒制度，依法严惩虚假广告、恶意欠账、逃避债务等失信行为。加强公民特别是青少年的诚信道德教育，形成诚实为本、操守为重的社会风气。

推进依法治市。坚持公平正义，加强法制建设，保障人民群众在政治、经济、文化、社会等方面的权利和利益。以提高群众对法治环境的满意程度为根本目标，以加强依法治市、平安创建、公正司法、安全管理为重点，努力构建更加和谐有序的法治环境、更加安定稳定的治安环境。认真开展“五五”普法教育和社会主义法治理念教育，推进依法治市进程；严格依法行政，建设法治型政府；加强政法队伍建设，提升公正司法水平。深化平安创建活动，加强社会治安综合治理，严厉打击各类犯罪行为，完善群防群治防控网络，提高群众满意率和安全感；健全顺畅、高效的信访工作和矛盾调处体系，更加积极主动地正视矛盾、化解矛盾。加强社会管理，高度重视安全生产，健全完善应急管理体制机制，保持社会安定有序。

促进人与自然和谐。加快生态市建设，巩固深化“创模”成果，完善生态建设协调补偿机制，加强晋江、洛阳江流域环境保护与综合整治，保证水源水质安全。加强重大环境污染的应急体系建设，严格执行建设项目环评制度，抓好重点污染源治理，着力解决近海污染、大气污染和面源污染问题。加大水土流失治理力度，继续做好重点地区地质灾害防治；加强森林资源的培育和保护，积极发展生态公益林、水源涵养林、水土保护林等，构筑区域生态体系和沿海防护林，建设“青山绿水”的美好家园。

做好上述工作，我们要牢牢把握以下原则：

——必须把握机遇，主动融入大局。进一步增强机遇意识，抢抓中央支持海峡西岸建设的战略机遇，自觉把泉州发展放在海峡西岸经济区建设大局中，放在全国、全球背景来审视、来谋划、来发展。加强与周边城市产业、基础设施、要素资源的互动合作，主动承接“长三角”“珠三角”高新技术产业和现代服务业的辐射，密切与中西部地区人力、市场、资源的对接，实现优势互补、资源共享。

——必须科学发展，促进和谐进步。更加注重经济与社会的协调发展，大力发展社会事业；更加注重城市与农村、沿海与山区的协调发展，加快建立有利于改变城乡二元结构的体制机制，促进农村特别是欠发达地区发展；更加注重人与自然相和谐，切实解决危害群众健康和影响可持续发展的环境问题，推动经济发展由重增长速度向重增长质量、效益转变；更加注重困难群众的生产生活，给予更多的人文关怀和社会救助。

——必须深化改革，营造良好环境。突出改革重点，进一步消除影响发展的各种障碍和束缚，力争在优化服务、提高效率、激发活力上不断取得新突破；统筹推进经济体制、行政管理体制和社会管理体制改革，增强改革决策的科学性和改革措施的协调性，使改革的力度、发展的速度和社会的可承受程度相统一，使最广大人民群众从改革中得到更多实惠。

——必须扩大开放，提升发展层次。以战略的眼光、宏大的气魄，主动融入国际经济大循环，努力拓展两个市场，有效聚合两种资源，充分利用两类资本，全面提升经济国际化水平；积极有为应对外经贸政策和国际市场新变化，坚持引进外资规模、质量和效益并重，切实转变外贸增长方式，全方位引入资本、技术、人才和管理，不断提高对外开放水平。

——必须勇于创新，增创竞争优势。把自主创新作为第一驱动力，把区域创新体系构建作为主要抓手，努力建设富有活力、功能完善、开放竞争的创新型城市；发挥和完善政策导向作用，建立吸纳和融合各类创新资源的配置机制，形成有利于创新型人才、创新型企业进入的绿色通道，打造有利于自主创新的法制环境和服务环境；培育创新文化，保护创新热情，鼓励创新实践，宽容创新挫折，使一切有利于社会进步的创造才能得到充分发挥。

三、大力加强和改进党的建设，为海峡西岸经济区现代化工贸港口城市建设提供坚强保障

坚持立党为公、执政为民，加强党的执政能力和先进性建设，使党组织更富凝聚力和战斗力，广大党员永葆先进性和纯洁性，更好地发挥党的领导核心作用。

（一）强化思想政治保障

加强理论武装工作。坚持党委理论学习中心组等各项制度，深入学习邓小平理论、“三个代表”重要思想，组织学习《江泽民文选》，认真领会科学发展观、构建和谐社会、建设新农村等重大战略思想的深刻内涵，学习贯彻党章，全面把握建设海峡西岸经济区战略部署，增强贯彻中央、省委决策的自觉性和坚定性。坚持理论与实践相结合，运用马克思主义立场、观点、方法分析和解决问题，破除一切有悖于科学发展观的观念，纠正一切偏离科学发展观的行为，把思想理论成果转化为谋发展的动力、抓工作的思路、促成效的举措。

完善领导方式。加强执政能力建设，充分发挥全委会、常委会的集体领导和核心作用，对涉及本地区经济社会发展的全局性、战略性重大问题要科学论证、果断做出决策，全力以赴推动。支持人大及其常委会依法履行职能，保证人大代表行使职权；支持政府运用经济和法律手段加强经济调节、市场监管、社会管理、公共服务；支持政协做好政治协商、民主监督和参政议政工作。加强和改进党对统一战线工作的领导，凝聚各民主党派、工商联的力量，发挥工会、共青团、妇联等人民团体桥梁纽带作用，共同推进各项事业发展。

（二）强化班子队伍保障

加强领导班子建设。以科学发展观和正确政绩观为指导，努力把各级领导班子建设成为求真务实、开拓创新、勤政廉政、团结协调、奋发有为的坚强领导集体。深化以民主集中制为核心的制度建设，维护班子团结统一。严格执行《干部任用条例》，认真落实省委“五重五不简单〞要求，坚持“五湖四海、任人唯贤、公道正派”，重德才、看实绩、听民意，健全完善综合考核评价体系，全面准确地考察使用干部。加强后备干部队伍建设，培养选拔优秀年轻干部、女干部、非中共党员干部和少数民族干部。认真贯彻《公务员法》，深化干部人事制度改革，严格执行干部任期、交流、回避、辞职等制度。

加强干部队伍建设。高度重视干部的实践锻炼，鼓励干部到重点建设、招商引资、矛盾调处第一线磨练。加强干部的教育培训，引导干部进一步解放思想、与时俱进，保持蓬勃向上的朝气、敢闯敢试的勇气和敢负责任的风气，开拓进取、艰苦创业。切实关心和落实老干部政治和生活待遇，充分发挥老同志在改革发展稳定中的积极作用。坚持人才资源是第一资源的战略思想，加强党政人才、社会工作人才、企业经营管理人才和专业技术人才队伍建设，培养和引进经济社会发展特别是新兴产业和现代服务业需要的创新型、实用型人才，建立健全有利于人才脱颖而出、全面发展的新机制。

（三）强化基层组织保障

推进农村和街道社区党的建设。适应建设新农村与和谐社区要求，深化农村和城市党的建设“三级联创”活动，加强“五个好”党组织建设。健全镇、村党组织工作制度和议事规则，实行“一村一大学生”计划，关心基层干部的经济政治生活。总结推行以行政村设置党组织为主体，依托行业协会、龙头企业、专业市场等设置党组织的新模式，探索发挥农村党组织和党员作用的新途径。加强城市新区、开发区、新建居民区党组织建设，强化服务功能，推进和谐社区建设。继续抓好不适应村、经济欠发达村和后进社区的整顿转化工作，全面提升基层党建工作整体水平。

推进“两新”组织党的建设。统筹做好新经济组织党建工作，不断扩大党的覆盖面；充分发挥全国非公有制企业党建工作联系点的先行探索作用，巩固和发展“50100”计划工作成果，壮大党的力量，提高党的影响力。借鉴非公有制企业党建工作经验，切实加强新社会组织党的建设。

推进机关、企事业单位党的建设。强化“一岗双责”制，推动机关党建“走前列”，深入开展“三级联创”和创建“五好”党支部活动，提升机关党建工作服务大局、推动发展的水平，实现机关党建与业务工作协调发展。加强学校特别是民办学校党组织建设，重视做好思想政治工作，确保社会主义办学方向，保障教育事业健康发展。大力加强和改进国有企业、科研院所、文化团体等党建工作，切实发挥党组织的职能作用。

推进党员队伍的先进性建设。巩固和发展保持共产党员先进性教育活动成果，增强党员的先进性意识，完善先进性建设长效机制。做好发展党员工作，加强党员特别是基层党员、流动党员的教育管理和监督，构建党员发挥作用的有效平台，引导广大党员在各自岗位上发挥先锋模范作用，成为改革发展稳定的先行军和主力军。

（四）强化作风纪律保障

始终保持同人民群众的血肉联系。牢记“两个务必”“八荣八耻”，贯彻“八个坚持、八个反对”，健全联系和服务群众制度，提高做好新时期群众工作的能力和水平。严格执行群众工作纪律，认真解决损害群众利益的突出问题，以良好的作风凝聚民心、营造环境、树好形象。

努力从源头上预防腐败。认真落实党风廉政建设责任制，不断完善教育、制度、监督并重的惩治和预防腐败体系框架。健全思想教育长效机制，加强党风廉政教育，抓好廉政文化建设；健全制度体系，深化行政审批、财政金融、投融资、干部人事、司法等领域改革，完善工程建设项目招标投标、经营性土地使用权出让、产权交易和政府采购等制度，持之以恒地抓好办事公开工作；健全权力运行的监控机制，严格执行《党内监督条例》和《党员权利保障条例》，确保权力的正确行使。各级领导干部要自重、自省、自警、自励，真正经受住权力、金钱、美色的考验。

坚决遏制各种腐败行为。加大惩处力度，严厉查处大案要案，特别是要依法依纪查办领导干部以权谋私、贪污受贿、腐化堕落、失职渎职等案件，决不允许腐败分子危害发展大业。加大专项治理力度，着力查办侵害群众利益的各种案件，抓好治理商业贿赂专项工作。通过不懈努力，有效治理消极腐败现象，以反腐倡廉的实际成果取信于民。

同志们，建设海峡西岸经济区现代化工贸港口城市，走在全省发展前列，是泉州新一轮发展的宏伟蓝图，是省委的殷切期望，也是全市人民的共同心愿。使命神圣而伟大，任务光荣而艰巨。全市各级党组织和广大党员干部，要紧密团结在以胡锦涛同志为总书记的党中央周围，在党中央和省委的领导下，认真贯彻落实科学发展观，积极构建社会主义和谐社会，扎实推进党的执政能力和先进性建设，进一步振奋精神，开拓创新，同心同德，努力工作，共同开创更加灿烂辉煌的未来！

泉州市人民政府
关于扶持和促进光电信息技术产业发展的意见

（2007 年 5 月 6 日）

为了加快我市光电信息技术产业的发展，推动光电信息技术产业化基地的建设，进一步促进其产业集聚与产业链的形成，结合我市实际，提出以下意见：

一、适用范围

本《意见》所指光电信息技术产业包括光伏电子、集成电路、信息安全产品等电子信息制造业及软件。

二、行政服务与程序简化

（一）建立光电信息技术项目与企业联席会议制度。成立以市长为组长，常务副市长为总召集人，相关部门领导为成员的泉州市促进光电信息技术产业发展领导小组，定期或不定期召开联席会议，对光电信息技术企业和项目的报批、融资、用地、基建、环评、政策享受等方面所涉及的问题集中进行会办。会办意见形成纪要，由各职能部门按意见要求分头办理落实。

（二）由市政府有关部门和相关县（市、区）设立的行政服务中心或生产力促进中心、创业服务机构，为在泉州市投资创办光电信息技术企业的投资者提供投资咨询、工商注册、税务登记和项目立项等“一条龙”服务；对投资 8000 万元以上的投资者实行投资审批、工商注册、税务登记“绿色通道”政策；对于迅速成长的光电信息技术企业，采取由金融部门或风险投资机构、民间投资者进行产权交易、股权融资等形式给予扶持。

（三）创办光电信息技术企业的国内外投资者，凡具备设立法定条件的，工商行政管理部门应直接核准登记。

（四）经认定的光电信息技术成果可作为无形资产参与转化项目投资，技术成果占注册资本比例可达 40%，合作各方（不包括国有投资）另有约定的，从其约定。

三、土地使用优惠政策

对于光电信息技术企业获省级以上项目成果鉴定证明、国家专利证书，或经市科技行政管理部门组织有关专家评审确认其技术或产品具有国际先进水平以上的项目，每亩投资强度为 200 万元以上，投产后三年内平均每年的税收在 20 万元 / 亩以上的企业，可以享受以下条件：

（一）光电信息技术企业新增投资项目的建设用地，土地新增建设有偿使用费地方留成部分可以按《福建省人民政府关于保障工业发展用地经济发展的若干意见》（闽政〔2003〕6 号）精神予以缓交。免收购置生产经营用房的交易手续费和产权登记费；耕地开垦可在全市范围内平衡，由同级财政设立专项基金给予补贴企业技术研究和生产用地的耕地开垦费。

（二）土地使用政策：对投资企业实行有偿用地原则。以“招、拍、挂”取得方式，在全市范围内规划 1 ～ 2 个光电信息产业工业项目用地聚集区，符合投资规模条件的均可在聚集区内以“招、拍、挂”方式取得土地使用权，并执行《国土资源部关于发布实施〈全国工业用地出让最低价标准〉的通知》（国土资发〔2006〕307 号）的有关规定。

（三）对投资 2 亿元以上的光电信息技术企业，给予优先解决建设用地。

四、税收优惠政策

（一）对属于增值税一般纳税人的软件企业，销售其自行开发生产的经省级以上相关管理部门认定的软件产品，按 17% 的法定税率征收增值税后，对其增值税实际税负超过 3% 的部分实行即征即退政策。

（二）鼓励光电信息技术企业技术创新。对财务核算制度健全、实行查账征税的内外资企业、科研机构、大专院校等（以下统称企业），其研究开发新产品、新技术、新工艺所发生的技术开发费，按规定予以税前扣除，允许企业研究开发仪器设备报经税务部门批准后加速折旧。对上述企业在一个纳税年度实际发生的下列技术开发费项目，包括新产品设计费、工艺规程制定费、设备调整费、原材料和半成品的试制费、技术图书资料费，未纳入国家计划的中间实验费，研究机构人员的工资，用于研究开发的仪器、设备的折旧，委托其他单位和个人进行科研试制的费用，与新产品的试制和技术研究直接相关的其他费用，在按规定实行 100% 扣除基础上，允许再按当年实际发生额的 50% 在企业所得税税前加计扣除。

（三）所有缴纳省级以上的规费，由市各有关部门帮助争取按最低标准收取；本市所有行政事业性规费能免则免；不能全免的按最低标准收取；各类中介服务性收费，一律按最低标准收取。

五、财政优惠政策

（一）市级科技“三项费用”增设光电信息技术专项基金，每年安排一定资金，由市科技行政管理部门组织实施。主要用于对光电技术产业基地技术公共平台和工程技术研究中心建设和企业新技术、新产品研发的引导以及我市重点支持的光电信息技术开发转化项目的资助。

（二）经市科技行政管理部门组织专家认定的光电信息技术项目可优先列入市政府组织实施的各项技术创新引导计划，采取提供科研经费资助等形式给予扶持。

（三）政府采购采取优先支持光电信息技术企业的措施，在政府实施城市亮化工程以及交通、环保等领域，通过预算控制、招投标等形式同等优先购买光电信息技术产品或设备。

（四）被确认为国家火炬计划重点高新技术企业和省级高新技术企业的，同级财政分别给予扶持 20 万元、10 万元。

（五）符合国家科技型中小企业技术创新基金项目申报要求的，按相关规定同级科技行政管理部门给予立项支持并组织申报国家科技型中小企业创新基金。

（六）依照《国家科技成果鉴定办法》《福建省新产品、新技术鉴定验收管理办法》或《福建省重点新产品计划管理办法》鉴定的新产品、新技术、新工艺达到国内领先的由同级财政奖励 7 万元，达到国内先进水平的由同级财政奖励 5 万元。

（七）对于某些关键设备与仪器，企业可通过科学技术研究设备清单报批程序，向省科技厅与海关申请，免税入关。

（八）鼓励企业建立研发机构，被政府有关行政管理部门认定为国家级、省级和市级工程技术研究中心、企业技术中心、行业技术开发中心予以重点扶持，优先安排科技立项，由同级财政分别一次性给予 100 万元、50 万元、10 万元的支持额度。

（九）鼓励企业与高校、科研机构开展合作，建立以企业为主体、高校和科研机构参与的产学研联合体。对列入科技三项费用扶持计划的、与国家重点大学（国家级重点实验室）或国家级研究所建立技术依托关系并实施具体研究开发项目的企业，同级财政扶持 15 万～ 20 万元；与高等院校、省级重点实验室、省级研究所建立技术依托关系并实施具体研究开发项目的企业，同级财政扶持 5 万～ 10 万元。

（十）鼓励企业自主创新，拥有自主知识产权。被列为国家、省、市专利工作试点单位，由同级财政分别给予 10 万元、5 万元、3 万元的奖励。

（十一）鼓励光电信息技术科技、管理人员以技术、管理等生产要素参与收益分配。职务发明成果以技术入股的形式实施转化的，成果完成人可享有不低于该项成果所占股份 30% 的股权；以技术转让方式提供他人实施转化的，成果完成人可享有不低于转让所得税后净收入 30% 的收益；自行实施转化或以合作方式实施转化的，企业、科研院所或高等院校在项目盈利后 3 ～ 5 年内，每年可从实施该项目成果的税后净利润中提取不低于 10% 的收益，用于奖励成果完成人。

六、人才优惠政策

（一）国内外光电信息技术专业人才来泉工作，不受城市人口控制指标限制，凭企业用人协议优先办理户口迁入手续，其配偶、子女可同时随迁，免交城市增容费。子女需随从入学的，由所在地教育部门负责安排就地入学，免收借读费。光电信息技术企业急需的其他人才，由市人事局把关审批。

（二）市属企业引进的中、高级光电信息技术人才，由市政府安排专项资金提供住房补助、安排配偶就业和子女入学、给予相应的医疗保险等方面的资助，并从优享受市政府关于引进高层次人才的优惠政策。

（三）鼓励和支持社会力量创办光电信息职业技术培训教育机构，从优享受国家和省、市规定的各项优惠政策。

（四）对在发展我市光电信息技术及其产业中做出突出贡献的科技人员，可破格予以评定相应的专业技术职务任职资格，优先推荐申报各种荣誉称号和享受政府津贴。对贡献特别突出的，可授予“科技模范”或“科技功臣”等荣誉，并给予重奖。引导企业对发展光电信息技术及其产业做出重大贡献的人才给予奖励。

七、附则

（一）国家政策若有重大调整，本意见有关条款将予以相应调整。

（二）本办法自二〇〇七年五月六日起执行。

在泉州市纪念改革开放30周年大会上的讲话

（2008年12月24日）

泉州市委书记

今天，我们在这里隆重集会，纪念具有划时代意义的党的十一届三中全会召开30周年。前几天，中央、省委先后召开纪念大会，胡锦涛总书记、省委卢展工书记分别作了重要讲话。在改革发展的关键时期，认真学习贯彻胡锦涛总书记、省委卢展工书记重要讲话精神，回顾总结我市改革开放的辉煌成就和宝贵经验，对于我们坚定不移走中国特色社会主义伟大道路，奋力开创海峡西岸经济区现代化工贸港口城市新局面，具有十分重要的意义。

十一届三中全会的召开，是我们党发展史上的光辉里程碑，是中华民族伟大复兴史上的关键转折点。全会在党和国家面临向何处去的重大历史关头召开，重新恢复和确立党的正确思想路线、政治路线和组织路线，作出把党和国家工作中心转移到经济建设上来、实行改革开放的历史性决策，标志着中国共产党人在新的时代条件下的伟大觉醒，使我们伟大的祖国迎来了思想的解放、经济的发展、政治的昌明、教育的勃兴、文艺的繁荣、科学的春天。30年来，我们党团结和带领全国人民锐意推进各方面体制改革，使我国成功实现了从高度集中的计划经济体制到充满活力的社会主义市场经济体制的伟大历史转折；不断扩大对外开放，使我国成功实现了从封闭半封闭到全方位开放的伟大历史转折。

过去的30年，横跨了两个不同寻常的世纪。我国以世界上罕见的速度持续快速发展，经济从一度接近崩溃的边缘发展到总量跃居世界第四、进出口总额跃居世界第三、外汇储备跃居世界第一。中国人民的命运发生了深刻变化，实现从温饱不足到总体小康的历史性跨越，正朝着全面建设小康社会的目标迈进。我国改革开放造就的发展奇迹已经被世界所公认，为历史所记载。今天，13亿中国人民大踏步赶上了时代潮流，中国特色社会主义充满勃勃生机，为人类文明进步做出重大贡献的中华民族以前所未有的雄姿巍然屹立在世界东方。

30年风雷激荡的伟大实践充分表明，改革开放是决定当代中国命运的关键抉择，是社会主义发展的必由之路。胡锦涛总书记指出，改革开放以来我们取得一切成绩和进步的根本原因，归结起来就是，开辟了中国特色社会主义道路，形成了中国特色社会主义理论体系；我们积累的宝贵经验，概括起来，就是党的十七大阐明的“十个结合”；30年的历史经验归结到一点，就是我们党把马克思主义基本原理同中国具体实际相结合，走自己的路，建设中国特色社会主义。

过去的30年，泉州乘着改革开放春风，在省委、省政府正确领导下，历届党委、政府带领全市人民，解放思想，抓住机遇，艰辛探索，顽强拼搏，走出一条“以市场化为制度基础、民营经济与外向型经济互相促进为最大特色、县域经济发达为突出亮点、品牌化为突出优势”的发展道路，侨乡面貌发生翻天覆地的历史性巨变。全市经济社会发展从落后于全省、全国平均水平，一举跃升到经济总量连续10年居全省首位，地区生产总值增长126倍，人均生产总值增长74倍，工业总产值增长758倍，财政总收入增长327倍。城镇居民人均可支配收入、农民人均纯收入分别增长59倍、105倍，均居全省第二位。所有县（市）连续多年保持全省经济实力十强或经济发展十佳，晋江、石狮、南安、惠安、安溪5县（市）连续多届进入全国县域经济基本竞争力百强县（市）行列。泉州30年勇立潮头的创新、创造、创业实践，是全国改革开放的生动缩影，成为全国18个改革开放典型地区之一。

30年来，经济实力显著增强，发展水平持续提升。全市生产总值从不足10亿元（1978年）起步，分别用14年时间突破100亿元（1992年），10年时间突破1000亿元（2002年），5年时间突破2000亿元（2007年）。产业由小变大，从分散到集聚，形成20多个各具特色的产业集群，成为全省乃至全国重要的制造业基地。纺织鞋服、建筑建材、食品饮料、工艺制品、机械制造等产业得到培育壮大，成为经济发展的主要支撑；石油化工、电子信息、修船造船、汽车及零配件、生物医药、旅游服务等产业发展方兴未艾，为经济发展注入强大的后劲。民营经济无论在企业数量、产值还是就业人数上均已形成“十分天下有其九”格局，县域经济约占全市经济总量的80%，成为泉州经济发展最大特色和亮点。外向型经济依托侨乡优势、侨资带动迅猛发展，引资规模稳居全省前列，出口交货值约占全省四分之一。泉台交流合作深入开展，已批准台资企业1300多家，实际利用台资10多亿美元。科教兴市、质量立市、品牌带动等战略深入实施，依靠“质量起步、ISO上路、品牌开路”，形成40多个“国”字号区域特色品牌，中国驰名商标和中国名牌产品的数量位居全国地级市前列，“品牌经济城市”“品牌之都”的影响力不断扩大。

30年来，基础设施不断完善，发展环境日趋优化。固定资产投资年均增长28.1%，一大批交通、能源、水利、通信设施相继建成，适度超前的基础设施体系正在形成。现代化立体交通网络日益完善，2005年在全省率先基本完成通建制村公路硬化任务，全市公路通车总里程位居全省第一；高速公路、铁路、机场从无到有，“十一五”开始，高速公路建设年投资额保持50亿元以上，全长270千米的省道201线泉州段（泉州沿海大通道）基本建成；“亿吨大港”建设取得突破性进展。投资软环境不断优化，各级各部门服务意识、服务效率、服务质量进一步提高，泉州入选中国投资环境50优城市、台湾机电协会“值得推荐”的城市。环境保护和生态建设不断加强，人居环境持续优化，荣获国家园林城市、国家卫生城市、国家环保模范城市、水环境治理优秀范例城市等称号。

30年来，城乡建设互促互动，发展成果惠及全市人民。城市化水平不断提高，城镇建设日新月异。中心城市、次中心城市、县城、卫星城镇共同支撑了市域城镇体系发展，跨江面海的城市发展格局逐步拉开，一个现代化大都市雏形正在形成。中心城市老城区保护、利用、改造、复兴全面展开，古城保护建设有4个项目获“中国人居环境范例奖”、2个项目获联合国奖项，一批现代化片区建设有序推进。泉州撤地设市，石狮、晋江、南安先后建市，鲤城、丰泽、洛江、泉港相继设区，小城镇建设突飞猛进。农村面貌焕然一新，社会主义新农村建设扎实推进。城乡居民生活比较殷实，1996年，全市消除绝对贫困，在全省率先基本实现小康目标；2005年，又在全省率先基本实现宽裕型小康目标。城镇居民家庭恩格尔系数比1990年下降24个百分点，农村居民家庭恩格尔系数比1984年下降19个百分点，表明食品支出占消费支出的比重大幅下降，人民群众生活水平不断提高。城乡居民消费活跃，社会消费品零售额占全省近四分之一，建成年销售额上亿元的区域性、全国性专业市场28家，大型超市、专卖店、专业市场等新型业态加快发展，各类专业会展规模不断扩大、规格不断提升、影响力持续增强。

30年来，社会事业繁荣进步，发展氛围和谐稳定。科教兴市成绩斐然，荣获全国科技进步先进市“六连冠”，企业技术创新能力全面提高，科技进步对经济增长贡献更加突出；教育“两基”达标提前实现，高中阶段毛入学率达75%，全市拥有高等院校16所。文化软实力显著增强，人民基本文化权益得到更好保障，精神文明建设深入开展，建成一批有特色、有影响的大型文化设施，国家第一个文化生态保护实验区建设全面展开，荣获全国文化模范市、中国优秀旅游城市等称号。医疗设施和公共卫生体系建设得到加强，人口与计划生育工作持续推进，人口出生稳定在低生育水平，人口素质不断提高。体育事业蓬勃发展，全民健身活动形成热潮，成功举办第六届全国农运会、福建省第十一届运动会等大型赛事。人民群众充分就业，城镇登记失业率多年保持在1.2%以下，处于全省最低水平。社会保障制度不断完善，新型农村合作医疗基本实现全覆盖，城乡一体化低保体系逐步形成，30万名外来工、农民工参加职工医疗互助活动。依法治市、综治工作、“平安泉州”建设和双拥工作成效突出，获得全国社会治安综合治理优秀地市“二连冠”、全国民族团结进步模范集体“三连冠”、全国双拥模范城“六连冠”。

30年来，党的建设扎实推进，发展合力广泛凝聚。历届党委和政府正确定位自身职能，一届接一届、一茬接一茬，持续往前走，成功担当了经济社会发展推动者、管理者、服务者角色。基层组织建设不断加强，涌现出永春县美岭村、惠安县崇武镇等一批全省乃至全国先进典型，泉州成为全国非公党建联系点。干部人事制度改革逐步深化，党风廉政建设和反腐败斗争扎实推进。爱国统一战线持续发展壮大，侨台工作成效显著，海外联谊工作有声有色。各类群众组织创造性地开展工作，工青妇组织发挥了独特优势和桥梁纽带作用，“泉州外来工维权新模式”获得第三届中国地方政府创新奖。

泉州改革开放的光辉历程，有力地证明了十一届三中全会以来，我们党团结带领人民开辟的中国特色社会主义道路、形成的理论和路线方针政策是完全正确的；泉州改革开放的巨大成就，是广大干部群众团结奋斗的结果，是各民主党派、工商联、无党派人士、各人民团体共同努力的结果，是驻泉部队、驻泉单位积极参与的结果，是广大海外乡亲以及国际友人热心支持的结果。在此，我谨代表市委、市人大常委会、市政府、市政协，向所有为泉州改革开放和社会主义现代化建设做出贡献的同志们、朋友们，致以崇高的敬意和衷心的感谢！

在30年探索前进的历程中，我们不断积累形成了一些弥足珍贵的经验。我们深深体会到，“活、和、创、韧”，是实现侨乡跨越式发展的不竭动力，是推动新一轮发展最可宝贵的精神财富。

“活”是发展之源，就是内在活力、动力、积极性的激发。解放思想奏响了改革开放激昂雄浑的乐章，给泉州发展注入前所未有的生机和活力。泉州广大干部群众坚持以解放思想为先导，爱拼敢赢，敢为天下先，勇于突破思想樊篱，多次在发展的紧要关头，深入开展解放思想大讨论。坚持发展第一要义，不观望、不争论，多实践、多探索，从改革开放初期冲破资源匮乏、基础薄弱、技术落后等束缚找到出路，到抢抓“特殊政策、灵活措施”有利时机打好侨牌；从摆脱姓“资”姓“社”困扰，大力发展民营经济，引导多种所有制经济共同发展，到抢抓国家支持海西建设等一系列战略机遇先行先试，无一不是思想解放的最好诠释。

“和”是发展之基，就是和谐、和平、和睦、合力。2300万海内外泉州人，在改革开放大潮中和衷共济，各得其所，汇聚了和谐包容、合作协同的强大合力。干部队伍开明大气，有思路、有魄力，想干大事、能干成事，各行各业人才济济、藏龙卧虎。企业家队伍根植本土、顽强抱团、永不言败，勇立市场竞争潮头，主动承担社会责任，成为经济社会发展的中流砥柱。广大海外侨亲情系桑梓，慷慨解囊，捐助家乡交通、教育、医疗等公益事业，30年间全市共接受侨捐近70亿元人民币。近200万名在泉外来人员默默奉献自己的劳动、知识、技术，把泉州当成安居乐业的美好家园，成为推动泉州加快发展的新泉州人。全市人民众志成城，班子干部团结一心，部门之间协同配合，地区之间协调共进，风正气顺、人和业兴的氛围日益浓厚。

“创”是发展之道，就是创新、创造、创业。创新精神激励着泉州人民勇往直前，有力推进改革开放向纵深发展。从利用闲房、闲资、闲散劳动力发展乡镇企业，到采取嫁接外资、承包经营、股份制等形式搞活国有企业；从生产适销对路轻工产品抢占国内外市场，到采取贯标认证、技术创新、品牌创建、资本运营、电子商务等开拓有形无形市场；从推进投融资、行政管理、社会保障体制和现代企业制度改革，到深化农村土地、税费、集体林权制度等改革，一个又一个创新举措为泉州发展注入强大动力。创造激情在侨乡大地竞相迸发、充分涌流，催生了全国改革开放的“泉州典型”、经济发展的“泉州模式”、品牌创造的“泉州现象”、资本市场的“泉州板块”、古城保护的“泉州范例”，赢得了一系列足以自豪的荣誉。创业文化世代传承，改革开放初期，海外侨亲带着亲情返乡投资兴业，带动侨乡全民创业热潮。逐步富裕起来的泉州人，仍然保持着旺盛的“创新、创造、创业”热情，无论是政府、企业，还是沿海、山区，都在瞄准标杆、奋力争先，力争实现再一次大跨越、大提升。

“韧”是发展之要，就是锲而不舍、持之以恒地干事创业。改革开放的探索前无古人，充满机遇与风险、曲折与反复。30年来，我们一路攻坚克难，有效应对短缺经济、金融危机、国际贸易壁垒等困难，亚洲金融危机爆发以后，仅用两年时间，企业数量和规模又恢复甚至超过先前水平。30年来，我们一路化“危”为机，以不变的做大做强应对千变万化的市场风险，企业由小到大，由大到强，目前，全市亿元企业超过800家，境内外上市企业达35家。当前，金融海啸肆虐全球，全市上下咬紧牙关，鼓足信心，采取加强政、银、企合作，开拓国内市场扩大内需，引进技术设备借势转型等一系列积极措施，有效地“稳住大盘，固本培元”。

同志们！30年探索实践给予我们深刻的启迪。弘扬全市人民在改革开放伟大实践中创造出来的宝贵经验，关键要始终坚持解放思想，大胆突破不合时宜的僵化观念，敢闯、敢试、敢干，不断在先行先试中开拓创新、赢得主动；始终坚持发展才是硬道理，不管条件再差、风险再大、困难再多，紧抓发展不动摇、不懈怠、不折腾；始终坚持一切为了人民，一切依靠人民，放手发展、宽容失败，因势利导、推波助澜，切实保护好、引导好、发挥好广大干部群众的积极性；始终坚持不断提高领导发展能力，坚持“两手抓、两手硬”，总揽全局、协调各方，勇于承担、敢于负责，团结协作、广聚合力，统筹推进各项事业发展。

我们取得的成就已经载入史册，新的历史时期、新的历史起点赋予我们新的历史使命和责任。“海西应先行，泉州走前列”，要求我们必须与时俱进，开拓创新，找准新一轮改革开放的方向和突破口，持续推动经济、政治、社会、文化、生态建设和党的建设迈上新台阶。

站在新的历史起点上，我们要深入学习实践科学发展观，奋力开拓思想解放新境界。思想解放的程度，决定改革的深度和开放的力度。一个地区的发展，只有从世界和时代的坐标上去认识，才能准确把握。30年来，正是因为我们紧紧抓住我国大变革、大调整的历史机遇，主动融入经济全球化洪流，才使泉州的发展走在全省乃至全国前列。新时期的发展环境千变万化，各种新问题层出不穷，改革进入了攻坚阶段，我们既面临着前所未有的严峻考验，又迎来了前所未有的发展机遇。要把开展深入学习实践科学发展观活动作为推动新一轮发展的思想准备和思想发动，不断深化“解放思想，四求先行”大讨论，把思想和行动从那些不符合、不适应科学发展观要求的束缚中解放出来，增强忧患意识，始终居安思危，不因既有成就而自满，不为短期困难所吓阻。解放思想不能停留在思想认识上，必须落实到具体行动上。当前，要认真研究事关全市长远发展的深层次、战略性问题，注重把调研成果转化为看得见、摸得着的规划计划、项目方案、政策措施，真正以思想解放带动活力释放，以观念更新带动工作创新，进一步激发广大人民群众的创造伟力。

站在新的历史起点上，我们要坚持发展第一要义，奋力开启改革开放新征程。中国特色社会主义发轫于改革开放，改革开放是中国特色社会主义最鲜明的特征。我们要在新的实践中尊重人民的选择，尊重历史的结论，毫不动摇地拥护改革开放，参与改革开放，坚持改革开放，停顿和倒退没有出路。面对当前如此纷繁复杂的形势，我们必须坚持把发展作为解决前进中一切问题的“总钥匙”，紧紧围绕海峡西岸经济区现代化工贸港口城市目标，着力推动产业、港口、城市发展，走在科学发展先行区建设前列。要切实加大重要领域和关键环节的改革攻坚力度，构建有利于科学发展的体制机制，努力提高改革决策的科学性，增强改革措施的协调性。着力提高对外开放竞争力，加快构建高效、便捷、规范、透明的营商环境，积极引进大国企、大外资、大项目。加快转变外贸增长方式，致力建设区域性进出口商品集散基地，鼓励有条件的企业“走出去”。发挥对台工作优势，把握两岸“大三通”全面启动机遇，做大做强泉台海上货运直航，主动承接台湾产业转移，提升引进台资水平，扩大泉台人员交流往来，走在两岸人民交流合作先行区建设前列。

站在新的历史起点上，我们要顺应人民群众对发展的新期待，奋力开辟全面建设小康社会新天地。要把实现好、维护好、发展好人民群众的根本利益作为新一轮发展的出发点和落脚点，大力发展先进文化，协调推进社会事业建设，健全公共服务体系、社会保障体系、公共安全保障体系，扎实推进平安建设和社会治安综合治理工作，让改革开放的成果更加广泛惠及人民群众。要深入贯彻党的十七届三中全会和省委八届五次全会精神，立足国情重“三农”，融入全局重“三农”改革创新重“三农”，统筹协调重“三农”，坚持工业反哺农业、城市支持农村和多予少取放活方针，加强农业基础，深化农村改革，提升农村公共服务水平。继续集中财力为民办实事，尽力而为，量力而行，分类别、分层次、分阶段解决民生问题。积极推动生态市建设，发展生态效益型经济，加强资源节约型和环境友好型社会建设，全面提升经济发展竞争力和可持续发展能力。

站在新的历史起点上，我们要弘扬改革创新精神，奋力开创党的建设新局面。要坚持以加强党的执政能力和先进性建设为主线，以改革创新精神全面推进党的思想、组织、作风、制度和反腐倡廉建设，使党的建设工作更富有时代气息、更富有实际成效。要加强广大党员干部特别是党员领导干部的能力建设，致力提升推动科学发展的本领，提升做好新时期群众工作的本领，提升能够及时妥善协调处理多种情况、驾驭复杂局面的本领，努力造就一支过得硬、有能力、能运作的干部队伍。要坚持党要管党、从严治党，贯彻标本兼治、综合治理、惩防并举、注重预防的方针，深入开展党风廉政建设和反腐败斗争。广大党员干部、全体公职人员要戒骄戒躁、艰苦奋斗，踏踏实实做事，干干净净做人，始终保持蓬勃朝气、昂扬锐气、浩然正气。

30年峥嵘岁月，弹指一挥间。站在历史与未来的交汇处，我们完全有理由憧憬更加美好的明天，我们对于建设繁荣、文明、和谐的家园充满信心和豪情。让我们更加紧密地团结在以胡锦涛同志为总书记的党中央周围，高举中国特色社会主义伟大旗帜，深入贯彻落实科学发展观，振奋精神、开拓创新，扎实工作、攻坚克难，团结拼搏、奋力发展，为建设海峡西岸经济区现代化工贸港口城市，为服务推动海西“两个先行区”建设而努力奋斗！

《泉州市志》勘误

《泉州市志》第一册勘误表

表

页	行数	原文	更正
2	28	桃源场	桃林场
3	13	桃源	桃林
3	32	安溪	清溪
17	倒 13	进士第二名	进士第三名
35	8	永乐十三年（1415 年）	永乐十一年（1413 年）
35	9	郑和下西洋	郑和第四次下西洋
35	倒 13	邢部	刑部
162	倒 14	因治县	因冶县
176	6	王闽	闽王
256	表倒 10	雷锋	雷峰
286	倒 1	坑仔口	坑仔口溪
287	倒 11	下灶	下灶溪
288	倒 9	溪等村	等村
355	倒 8	南山	南平
395	23	领	岭
402	倒 16	濠沟路	濠沟墘
413	表 7	青少年宫	府文庙
429	11	正式宅	正色宅
436	倒 19	修茸	修葺
441	倒 14	和三胞	和台港澳三胞
452	5	奇庙	寺庙
508	倒 7	吾	浯

《泉州市志》第二册勘误表

表

页	行数	原文	更正
1005	倒 12	孩	硋
1042	倒 3	6629 个	6629 人
1317	表 19	雷锋	雷峰
1482	倒 2	马亚西亚	马来西亚
1546	倒 3	侣	似
1559	15	街	隅
1559	倒 11	岳忠武王	岳武穆王
1585	表 7	东风古港	东方古港

《泉州市志》第三册勘误表

表

页	行数	原文	更正
1625	8	卫生委员会	卫生运动委员会
1625	8	以防为主	预防为主
1634	表	单位：元	单位：万元
1821	15	未能编制	未能按编制
1897	12	成鱼	咸鱼

《泉州市志》第四册勘误表

表

页	行数	原文	更正
2366	倒 12	刺吏	刺史
2404、 2440、 2489	2 10 倒 14	锡仔山	释雅山
2530	1	燕	雁
2530	14	荀	笋
2607	倒 9	飞表	飞镖
2922	倒 8	跑拜俑	跪拜俑
2926	倒 5	黄宗祠	黄氏宗祠
3084	11	率	比重

《泉州市志》第五册勘误表

表

页	行数	原文	更正
3410	表 14	扳	坂
3923	倒 5	秦望山人	秦望山等人
3968	16	大学	大字
4169	倒 13	公元五四六年	公元 546 年

索 引

目录索引

A

B

C

G

H

J

K

L

M

N

P

Q

R

S

T

W

X

Y

Z

表格索引

编后记

《泉州市志（1991—2010）》的编纂工作自2007年启动，至2020年编修告成，即将付梓出版。本志作为续志，上承《泉州市志》，共设48卷，近600万字，全面记述了1991年至2010年20年间泉州自然、经济、政治、文化、社会等各方面的现状和发展变化。本志编修工作自启动到完成，历经十三载，主要经历四个阶段。

一、动员部署和资料征编阶段

2007年，根据《地方志工作条例》和福建省委、省政府关于做好第二轮修志工作的有关精神，泉州市委、市政府决定启动第二轮志书编修工作。为落实全国、全省地方志工作会议关于修志实施“精品战略”的部署要求，泉州市拟定二轮修志“三步走”规划：第一步“备修”，以理论研究和规划论证为主要任务；第二步“普修”，以部门志普遍编修和“用志”为主要任务；第三步“精修”，以“精品”标准完成市、县志编修任务。计划实行“总志＋专志”的编修模式，在部门志编修基本完成的基础上开展二轮《泉州市志》编修。7月，以市委书记为顾问、市长为主任的第二轮泉州市地方志编纂委员会成立。8月1日，《中共泉州市委办公室 泉州市人民政府办公室转发市地方志编纂委员会关于第二轮修志工作意见和泉州市部门志（专志）编纂规划的通知》（市委办〔2007〕92号）印发，200多部部门志（专志）编修规划下达，辖区内的市直和驻泉省部属单位一应承编相应的志目。8月2日，全市地方志工作会议召开，市政府对全市二轮修志工作作了全面动员部署。会后，市方志委在加强对下指导的同时，从多方面认真做好《泉州市志》（续志）开编准备。一是开展“泉州地改市20年纪事”和“泉州改革开放30年纪实”两部重要文献的编纂工作，对发展脉络和重要史实进行梳理；二是在部门志编修中介入重要专志的编修调研；三是组织人员对首部《泉州市志》作全面评析，为续志勘补和续接做准备。但由于涉及部门众多、进度不一等多种原因，计划编修的200多部部门志进展缓慢，“总志+专志”的编修模式未取得实质性进展。

二、再动员和篇目大纲拟定阶段

2012年，市方志委在全市调研的基础上，重新部署全市二轮修志工作。2012年11月29日，市政府召开全市二轮修志推进工作协调会议，协调推进二轮修志工作。其间，经省方志委同意，《泉州市志》续志编修下限由原规划的2007年延长至2010年。2012年12月，市方志委草拟《〈泉州市志（1991—2010）〉篇目大纲设计思路》，对二轮《泉州市志》的编纂指导思想、志书定位、编修断限、结构体裁、编纂原则、篇目设置、组织领导进行总体设计。2013年7月，《泉州市志（1991—2010）》篇目大纲初稿形成。经多次向各承编单位及社会各界征求意见修改完善后，于2014年4月形成送审稿，分别报请泉州市政府、省方志委审定，2014年6月、8月，市政府、省方志委先后批复同意并提出修改意见。

三、初稿编纂阶段

2014年11月，《泉州市志（1991—2010）》篇目大纲修订完成，以自然、经济、政治、文化、社会为序，首置图照、序言、凡例、总述、大事记；中设分志49卷，卷下设章、节、目三个层次，个别地方设子目；后殿重要文献、附录、索引、编后记，分为5册，总设计篇幅500万～600万字。

2014年12月1日，市委办、政府办联合印发《〈泉州市志（1991—2010）〉篇目大纲暨编纂任务分解表》，下发至各承编单位。2015年3月26日，市政府召开全市地方志工作会议对二轮修志进行再动员再部署。市方志委作为牵头单位，搭班子、建队伍、抓培训、征集资料，各项工作渐次开展。2016年年初，《泉州市志》总编室正式成立，并先后制定《泉州市地方志书编纂规范》《泉州市志（1991—2010）编纂须知》《泉州市志（1991—2010）人物篇编写方案》《泉州市志（1991—2010）图片资料征集内容及要求》等规范性文件。2016年6月，200余个承编单位提交撰写初稿，市方志委及时组织有关专家和工作人员审读初稿，并根据篇目大纲开始按自然、经济、政治、文化、社会分部类开展志稿分纂工作。2017年4月，志书初稿基本形成。2017年5月，市方志委制定《泉州市志（1991—2010）总纂工作方案》并成立总纂班子，开始总纂工作。2018年2月，形成评议稿，上报省方志委，并筹备召开市级志稿评议会。

四、修订完善和提交出版阶段

2018年4月底，市政府召开《泉州市志（1991—2010）》志稿评议会，邀请省方志委、各设区市和本市各县（市、区）方志系统专家参会评议。会后，市方志委认真梳理专家评稿意见，制定和实施修改方案，对志稿进行修改完善。2018年12月，因市级机构改革，市方志委和市委党史研究室合并设立中共泉州市委党史和地方志研究室，原泉州市方志委的全部职能划至新单位。合并后，市委党史和地方志研究室加快续志完善工作，于2019年12月完成修改，并反馈至各承编单位审定后再次完善，形成送审稿。2020年2月，报送市政府组织初审，并分别征求市保密、档案、司法、统计等部门和编委会成员及相关专家的修改意见，进一步修改志稿。2020年4月，经市政府同意，送审稿报送省委党史方志办审查验收。

2020年8月，省委党史方志办召开第一次审查验收会议进行意见反馈，市志总编室根据会议要求再次对志稿进行修改完善，将志稿呈送亲历20年的市级老领导审提意见，同时下发各承编单位征集史实、保密等方面的意见。在后期的修订完善中，许多领导和专家提出，泉州作为改革开放先行区之一，1991年至2010年的20年间，在市委、市政府的领导下，全市改革开放和各项事业取得跨越式发展，经济总量连续11年保持全省首位，城市建设也取得巨大成就，中心城市建成区面积增长了8倍，有必要设专章记述。因此，总编室吸收相关专家建议，在卷首大事记后增设“开放与探索”作为专记篇，记录20年间泉州的发展历程、发展规划、改革创新、特色创建、转型升级、科学发展，以期为读者起到全志的导读效果，让读者在回望历史的过程中感受泉州人民勇于创新、创业、创造的激情和魄力，从而更好感知泉州、审视泉州、热爱泉州。2020年10月，《泉州市志（1991—2010）》修订完稿呈报省委党史方志办终审，12月通过终审，提交方志出版社。

二轮修志历经十三载，泉州市始终坚持“党委领导、政府主持、地方志机构组织实施、社会广泛参与”的修志体制，历任市委书记兼方志委顾问，历任市长兼方志委主任，在党政工作大局上统筹地方志与经济社会各项事业和谐发展。志稿编纂过程中，市委、市政府领导高度重视、大力支持，为志书编修工作注入了强大动力；省委党史方志办和方志出版社、兄弟市方志机构和各级专家悉心指导帮助，为志书质量提升做出了重大贡献；全市各承编单位密切配合，为志书编修工作顺利开展奠定了基础；市方志委及之后的市委史志室领导班子一任接着一任干，为志书编修提供坚实保障；全体编纂人员团结协作、奋力拼搏，为志书编修工作默默奉献……二轮《泉州市志》的告竣，是多方面力量凝聚的结果，是集体智慧的结晶，是“万人修志”“众手成志”精神的实践成果。在此，我们一并表示衷心的谢意和崇高的敬意。

由于本轮修志时间跨度长、内容多、篇幅大，资料征集困难诸多，加之编审力量不足，编写水平有限，疏漏和不当之处在所难免，敬请广大专家、读者批评指正，以利三轮修志时予以勘误补遗。

总编室

2020 年 12 月